# WOWA, WOŁODIA, WŁADIMIR

## Krystyna Kurczab-Redlich

dziennikarka, w latach 1990–2004 była korespondentką polskich mediów w Rosji. Podczas drugiej wojny czeczeńskiej stała się też autorką filmów dokumentalnych o Czeczenii. Współpracowała m.in. z Polsatem, „Dziennikiem Polskim", „Życiem Warszawy", „Gazetą Wyborczą", „Rzeczpospolitą", „Newsweekiem", „Polityką", „Przekrojem" czy „Wprost".
Laureatka wielu dziennikarskich laurów, w tym: Nagrody SDP im. Kazimierza Dziewanowskiego dla korespondenta zagranicznego, nagrody Amnesty International za publikacje o łamaniu praw człowieka w Czeczenii, Nagrody im. Melchiora Wańkowicza za reportaże z Czeczenii. W 2005 roku na wniosek czeczeńskiej organizacji „Echo wojny", Amnesty International i Helsińskiej Fundacji Praw Człowieka jej kandydatura została zgłoszona do Pokojowej Nagrody Nobla. Autorka dwóch bestsellerowych książek o Rosji: *Pandrioszki* (2000) i *Głową o mur Kremla* (W.A.B. 2007).
Za tę drugą otrzymała Nagrodę im. ks. Józefa Tischnera.

# WOWA, WOŁODIA, WŁADIMIR

KRYSTYNA
KURCZAB-REDLICH

TAJEMNICE
ROSJI
PUTINA

Książka powstała w ramach stypendium Ministra Kultury
i Dziedzictwa Narodowego udzielonego w 2014 roku.


Wydanie I
Warszawa MMXVI

Książkę tę poświęcam pamięci tych, z którymi łaskawy los zetknął mnie na rosyjskich ścieżkach, a którym zły los odebrał życie: Annie Politkowskiej, Natalii Estemirowej, Galinie Starowojtowej, Siergiejowi Juszenkowowi i Jurijowi Szczekoczichinowi

# Wstęp

W carskim dworku z XIX wieku w miejscowości Nowo-Ogariowo pod Moskwą, nad rzeką o takiej samej nazwie, niemal codziennie od 2000 roku, mniej więcej o wpół do dziewiątej rano budzi się niewysoki mężczyzna. Niedługo po przebudzeniu, odziany w dres z jedwabno-bawełnianej materii, zaczyna ćwiczyć na specjalnie dla niego zbudowanej siłowni. W trakcie ćwiczeń ogląda w telewizji najnowsze wiadomości na kilku krajowych kanałach. Po rozgrzewce udaje się na basen. Czasem przepływa tylko tysiąc metrów, czasem więcej. Potem przychodzi pora na przemienną kąpiel w mniejszych basenach: gorąca woda ma 40 stopni, chłodna – 12.

Przy stole nakrytym do śniadania białą porcelaną zasiada około południa. Menu jest raczej skromne: kasza z jogurtem lub twaróg z miodem, żółty ser, masło. I koktajl o tajemniczym składzie, najprawdopodobniej z sokiem buraczanym i chrzanem.

Potem mężczyzna udaje się do gabinetu, gdzie pod flagą Federacji Rosyjskiej i herbem państwowym otwiera teczkę z najpilniejszymi dokumentami do podpisu. Następnie zagląda do teczki z dokumentami tajnymi…

Jeśli tego dnia jedzie do najważniejszej z komnat w twierdzy otoczonej długim na 2235 metrów murem grubości dochodzącej do 6 metrów, to kilkanaście opancerzonych aut przemyka na sygnale ulicami, na których już dużo wcześniej wstrzymano ruch. Do swojego miejsca pracy dociera przeznaczoną tylko dla niego windą i przeznaczonym tylko dla niego korytarzem. Pracuje długo, nieraz do północy. A bywa i tak, że jego podwładni są wzywani późnym wieczorem do jego rezydencji pod miastem.

Gdy odchodzą, zostaje sam. Kiedyś biegały tu dzieci, krzątała się żona. Jeszcze niedawno przyjacielsko trącała go nosem ukochana czarna labradorka. Ale i jej zabrakło…

Kim jest urzędujący w fortecy, od lat narzucający światu swoją wolę zagadkowy samotnik z Kremla, Władimir Władimirowcz Putin? I jakim państwem stała się Rosja pod jego rządami?

Krystyna Kurczab-Redlich

Część I

# Dzieciństwo od kulis

Raz… Niewielki biały samolot unosi się w powietrze. Dwa… Ostro przechyla się na lewą stronę. Trzy… Zanim doliczymy do dziesięciu, może dwunastu, ryje w beton.

Jest 9 marca 2000 roku. Godzina ósma czterdzieści jeden. Lotnisko Szeremietiewo. Ginie dziewięć osób, wśród nich – oprócz członków załogi – dwie znane w ówczesnej Rosji postacie: Zija Bażajew i Artiom Borowik. Zija Bażajew to właściciel ogromnej kompanii naftowej Alians, niezwykle sprawny przedsiębiorca, działacz państwowy, inicjator wielu działań charytatywnych. Artiom Borowik to szef holdingu Sowierszenno Siekrietno (Ściśle Tajne), wydającego gazetę o takim samym tytule oraz czasopismo „Wiersija", a także autor telewizyjnego programu również noszącego nazwę Sowierszenno Siekrietno. Dziennikarz znany z rzetelności i odwagi.

Z wraku samolotu znikają ich telefony komórkowe. Znika też teczka z dokumentami Borowika.

Akta śledztwa w tej sprawie od początku opatrzone są klauzulą „Ściśle tajne".

Trzy lata później.

W zawalonym książkami gabinecie Ogólnorosyjskiego Instytutu Materiałów Lotniczych naprzeciwko starszego pana o mocno pomarszczonej sympatycznej twarzy siedzi jasnowłosa kobieta i bardzo się dziwi. Naczelna redaktorka gazety „Sowierszenno Siekrietno" Galina Sidorowa rozmawia o problemach rosyjskiego przemysłu lotniczego z Josifem Fridlyanderem, jednym z największych w kraju specjalistów zajmujących się stopami metali używanymi w lotnictwie. Ten dziewięćdziesięcioletni naówczas człowiek uczestniczył w pracach komisji badającej przyczyny praktycznie wszystkich katastrof lotniczych w ciągu kilkudziesięciu lat. Także katastrofy jaka-40 z 9 marca 2000 roku. Galina Sidorowa się dziwi, bo miły starszy pan właśnie powiedział: „W moim sejfie leżą papiery związane z tą katastrofą, ale nie mogę ich pokazać. Klauzula »Tajne«". „Zdziwiona zadałam pytanie – pisze – jak to możliwe, przecież oficjalne rezultaty pracy komisji już opublikowano, na co Fridlyander tylko rozłożył ręce. Jasne, że ten naukowiec przez większą część życia pracujący w którejś z instytucji objętych tajemnicą państwową nie mógł się wtedy podzielić ze mną swoją wiedzą. »Pomyślę, jak to zrobić« – powiedział na pożegnanie. Ale choć rozmawialiśmy jeszcze nieraz, a Josif Naumowicz dzwonił nawet z życzeniami świątecznymi, ciągle smutno powtarzał: »Jeszcze nie mogę«"[1].

Josif Fridlyander zmarł w 2009 roku. Zawartość jego sejfu służba bezpieczeństwa instytutu przejrzała i zniszczyła.

Galinę Sidorową, posła nadzwyczajnego i pełnomocnego, członka Rady Polityki Obronnej, a od 2012 roku przewodniczącą Komitetu Wykonawczego Międzynarodowego Instytutu Prasy, trudno posądzać o konfabulowanie.

Początek prezydenckiej kampanii wyborczej Władimira Putina wypadł latem 1999 roku, a szczyt zimą roku 2000 – od początku stycznia po koniec marca.

W telewizji i gazetach pełno było Putina. Ilość jednak nie przechodziła w jakość: wiedziano wprawdzie mniej więcej, co robił w życiu, gdzie pracował, ale – w gruncie rzeczy – nie wiedziano, kim jest. Niewinne pytanie „Who is mister Putin?" zadane rosyjskim politykom przez amerykańską dziennikarkę Trudy Rubin na Forum Ekonomicznym w Davos w styczniu 2000 roku nie doczekało się wtedy odpowiedzi i nadal wirowało w powietrzu. A że wolność słowa rozhulana za czasów prezydenta Jelcyna jeszcze miała się dobrze, zdecydowanie nie we wszystkich pismach i programach telewizyjnych dominował ton adoracji.

Oto w czasopiśmie Artioma Borowika „Wiersija" z 18 stycznia 2000 roku ukazuje się tekst pod niemieckim tytułem *Das ist Putin* z jego fotografią w czapce niemieckiego oficera z okresu drugiej wojny światowej. Autorzy usiłują rozwikłać kilka niezbyt pochlebnych dla bohatera zagadkowych wydarzeń z wcześniejszych etapów jego życia. Niespodziewanie do najbardziej tajemniczego okresu, o którym pod koniec artykułu piszą, należy ten – wydawałoby się – najniewinniejszy: dzieciństwo Putina. Otóż większość informacji na ten temat jest ściśle tajna.

Rozwiązanie jednej z zagadek nastąpiło jak w kiepskim serialu. Jedni w nie uwierzyli, inni nie. Na wierze dobrze jest się opierać wówczas, gdy do dowodów sięgnąć nie można. Jeśli zaś można, warto się z nimi zapoznać.

Wedle tego kiepskiego scenariusza początek życia prezydenta wyglądał zupełnie inaczej niż w oficjalnej biografii: nie ten ojciec, nie ta matka, nie to miejsce urodzenia, nie ta data. Pytanie jednak, czy w ogóle powinno nas obchodzić skrywane za tymi faktami cudze nieszczęście? Czy nie należałoby raczej wzruszyć ramionami i nie zauważać problemu? Dla polityków liczy się postępowanie drugiego polityka, a nie to, co skrywa jego metryka czy psychologiczna podszewka. Dla obserwatorów jednak, dla dziennikarzy czy biografów pytanie, dlaczego polityk zachowuje się tak, a nie inaczej ma ogromne znaczenie. Tym większe, im bardziej jego działania wpływają na losy innych ludzi, społeczeństw, świata. Są politycy tacy jak Gandhi czy Havel, są tacy jak Hitler czy Stalin.

Truizmem jest twierdzenie, że szczęśliwe, a przynajmniej normalne dzieciństwo lepiej rokuje niż nieszczęśliwe i nienormalne. Oczywiście nie wszyscy, którym szczęśliwe dzieciństwo było dane, wyrośli na porządnych ludzi, podobnie jak nie wszyscy, którym szło jak po grudzie, stali się zbrodniarzami. Tak czy inaczej, szukając odpowiedzi na pytanie, dlaczego ktoś jest, jaki jest, nie sposób nie zajrzeć za kulisy jego dzieciństwa.

„Tak, jestem matką Wołodii" – wyznaje gruzińskiej gazecie „Alija" Wiera Nikołajewna z domu Putin, od kilkudziesięciu lat żyjąca w Gruzji, w wiosce Metechi. Jest początek stycznia 2000 roku. W Metechi zapewne jeszcze częściej niż w Tbilisi od lat brakuje prądu (w stolicy nie ma go czasem i przez dwa tygodnie, pojawia się na krótko i znowu znika). Telewizory w większości mieszkań są, ale ludzie odzwyczaili się od ich włączania. Często nawet nafty do lamp brakuje. Prowincja Gruzji żyje swoim ciężkim, biednym życiem. Niewiele obchodzi ją polityka własnego prezydenta Szewardnadzego, a jeszcze mniej sprawy Rosji, od której Gruzinom udało się odłączyć prawie dziesięć lat wcześniej. Dlatego sylwestrowy fajerwerk, jaki 31 grudnia 1999 roku odpalił Rosjanom prezydent Jelcyn, ogłaszając swoim następcą Władimira Putina, w gruzińskiej wiosce nie został zauważony.

Do wyznania Wiery z domu Putin może by wcale nie doszło, gdyby nie to, że w Metechi pojawili się ludzie szczególnie zainteresowani nią i rodziną jej męża Gieorgija Osiepaszwilego. Przybysze rozpytywali o synka Wiery, Wołodię, który przyjechał tu jako maleńki chłopczyk, żył u Osiepaszwilich, a zniknął, gdy miał niemal dziesięć lat. Przybysze prosili też o pokazanie zdjęć małego Wowy, a potem wszystkie zabrali, niektóre nawet bez wiedzy właściciela. Dużo tego nie było, kilka sztuk. Dopiero wtedy mieszkańcy Metechi zdali sobie sprawę z metamorfozy ich Wowy we Władimira Władimirowicza Putina.

Być może wszystko skończyłoby się na wioskowym szumie, gdyby nie to, że 3 stycznia 2000 roku do przedstawicielstwa Czeczeńskiej Republiki Iczkeria w Tbilisi przyszedł pewien Gruzin z informacją, że tuż obok, we wsi Metechi żyje prawdziwa matka Władimira Putina, którą on może im przywieźć za pół miliona dolarów. Czeczeni wyśmiali go, znając już z internetu biografię kandydata na prezydenta Rosji. Czarno na białym napisano w niej, że jego matka od roku nie żyje.

Sprawę zaczęli traktować poważniej, gdy pod koniec rozmowy pojęli, że gość jest z gruzińskich służb specjalnych, które chciałyby się pozbyć tej niewygodnej osoby cudzymi rękami. O Czeczenach porywaczach głośno było wtedy na świecie, więc przypisanie im jeszcze jednego porwania nikogo by nie zdziwiło, a oni nie mieliby najmniejszej szansy udowodnienia swojej niewinności, zwłaszcza w warunkach toczącej się w Republice wojny.

Gruzin położył na stole stare zdjęcie ciepło okutanego dzieciaka oraz ekspertyzę potwierdzającą, że to dziecięca fotografia

Władimira Putina. Potem włączył magnetofon, z którego popłynęły nagrane rozmowy z mieszkańcami wioski wspominającymi syna Wiery o imieniu Wowa, który przez lata żył wśród nich. Czeczeni zrozumieli, że jeśli Wiera Nikołajewna z domu Putin to istotnie prawdziwa matka przyszłego prezydenta Rosji, musi być osobą bardzo w tej chwili dla niego niewygodną i może jej się coś złego przydarzyć.

Stało się też jasne, że ujawnione podczas kampanii wyborczej poważne i w dodatku dość pikantne kłamstwo w biografii pretendenta może być miną, na której wprawdzie kandydat do objęcia władzy na Kremlu w powietrze nie wyleci, ale za której sprawą jego wizerunek mocno ucierpi. Wszystkim przeciwnikom Putina sprawiłoby to radość, Czeczenom zaś szczególną. Od pół roku rosyjskie bomby obracały ich kraj w perzynę, czołgi go rozjeżdżały, a obywateli torturowano niemal na każdym posterunku wojskowym – wszystko to na rozkaz dowodzącego „operacją antyterrorystyczną" Władimira Putina.

Szef Czeczeńskiego Centrum Informacyjnego w Tbilisi Chizir Ałdamow bezzwłocznie porozumiał się więc ze swoim szefem Wachą Ibragimowem i obaj postanowili zasłyszane rewelacje sprawdzić, a jeśliby się potwierdziły – nagłośnić. Tylko tak zyskaliby dla siebie i Wiery Nikołajewnej polisę asekuracyjną. Do nagłośnienia potrzeba jednak – oprócz relacji mieszkańców i samej Wiery – jeszcze materialnych dowodów, choćby w postaci zdjęć, a te ze wsi już ktoś zabrał.

Do Wiery Nikołajewnej Czeczeni pojechali z dziennikarzami gruzińskiej gazety „Alija".

W wiosce Metechi w pobliżu szkoły stoi niewielki dom, przy nim obrośnięta winem altana. Tam Wacha Ibragimow pierwszy raz spotyka niewielkiego wzrostu kobietę o zamaszystych ruchach i jasnych, głęboko osadzonych oczach.

„Niezręcznie mi to wszystko wspominać – mówi spłoszona obecnością dziennikarzy Wiera Nikołajewna. – Trudno wracać do starych błędów, pomyłek... Minęło już przecież pół wieku"[2].

A jednak próbuje mówić. Zacina się, śpiewne rosyjskie słowa wygrzebując spod usypiska gardłowej mowy gruzińskiej, usiłuje zamknąć całe lata w kilku prostych zdaniach. Jej błękitne, wyblakłe oczy to jaśnieją, jakby podświetlone od środka, to mętnieją zasnute łzami, bezzębne usta rozciąga uśmiech lub sznuruje płacz.

„Urodziłam się..." – zaczyna i zaraz przerywa, wstaje, idzie w głąb domu i wraca z pożółkłym, poplamionym dowodem osobistym[3].

Wiera Nikołajewna Putin urodziła się 6 września 1926 roku we wsi Tieriechino, niedaleko niewielkiego miasta Oczer, w obwodzie permskim na Uralu, jako jedyna dziewczynka wśród czwórki dzieci Anny Ilijczynej i Nikołaja Iłłarionowicza Putinów. Po wojnie zdecydowała się na naukę w miejskim Technikum Mechanizacji Rolnictwa. W tamtych powojennych czasach do szkół chodziły uczennice jeszcze niedawno harujące w zakładach zbrojeniowych i uczniowie, którzy właśnie rozstali się z karabinem. Więcej wśród nich było kobiet niż dziewcząt, więcej mężczyzn niż chłopców. Tam się właśnie spotkali: dorosła już Wiera Nikołajewna i Płaton Priwałow, mężczyzna, którego imię i nazwisko jeszcze dziś z trudem przechodzi jej przez gardło.

Przez jakiś czas mieszkali razem. Wiera była przekonana, że się pobiorą. Była już w ciąży, gdy...

„Przyszła paczka do niego, z jakimś jedzeniem – wspomina. – Wyjechał na kilka dni, no to paczkę otworzyłam. A tam słonina i list od żony. Zanim wrócił, już mnie nie było. Uciekłam do rodziców".

Nieślubne dziecko nie stanowiło w powojennej Rosji wielkiego problemu. Rodzice przyjęli córkę bez wyrzutów i zapewne się cieszyli z przyjścia wnuka na świat we wrześniu 1950 roku. Rok później Wiera, wtedy już technik elektromechanik, wyjechała na praktykę z chłodnego Uralu aż do gorącego Uzbekistanu, do Taszkientu. Obok hotelu robotniczego, gdzie mieszkała, stał barak – świetlica, dokąd przychodzili żołnierze z pobliskiej jednostki wojskowej, wśród nich Gieorgij Osiepaszwili, przystojny Gruzin. Tak się poznali. Gruzja, kraina pomarańczy i winorośli, jawiła się mieszkańcom biednej powojennej Rosji jako kraj mlekiem i miodem płynący, dlatego Wiera bez zastrzeżeń uwierzyła w opowieści Gieorgija, że jest bogaty i ma duży dom w Tbilisi.

Na surowym Uralu, gdzie dorastała, niewiele zapewne rozmawiało się o nieokiełznanej fantazji ludzi Kaukazu, toteż gdy Gieorgij powiedział: „Wychodzę z wojska, potrzebna mi żona, nie chcę być w domu sam, matka umarła, ojciec ponownie się ożenił", Wiera zdecydowała się w ciągu trzech dni.

„Wszystko stało się tak szybko" – wzdycha po latach. Może dlatego, że kiedy sobie wcześniej w *Swiatki* – jak to w Rosji od wieków w zwyczaju – przed świętem Trzech Króli wróżyła, w lustrze ujrzała mężczyznę w mundurze, podobnego do Gieorgija, a może dlatego, że chciał być z nią, mimo iż miała dziecko z innym, a może po prostu się zakochała... Tak czy inaczej, nie uciekła z wioski Metechi, gdzie Gieorgij nie miał nawet własnej chałupy, a w domu ojca zamiast podłogi było klepisko, nie uciekła, tylko po roku poprosiła matkę, żeby przywiozła jej tam synka. Anna Ilijczyna zrobiła to mimo oporu ze strony ojca Wiery, który nie pogodził się z wyborem jedynaczki. Ten stary komunista ponoć nienawidził Stalina (który był Gruzinem), a Gruzję uważał za kraj obcy i dziki, gdzie można spędzić wakacje, ale nie całe życie.

W tym miejscu właściwie kończy się prolog pisanego przez los scenariusza z Wierą Nikołajewną z domu Putin, po mężu Osiepaszwili, w roli głównej i na scenę wstępuje właściwy bohater.

Miał niespełna trzy lata, gdy po raz pierwszy ziemia osunęła mu się spod nóg. Został wyrwany z przyjaznych pieleszy domku w Tieriechino, z objęć kobiety, którą pewnie uważał za mamę, i mężczyzny będącego jak ojciec, i pozostawiony tam, gdzie wszystko było obce: nowa matka, nowy ojciec, nowy dom. Psychologowie twierdzą, że z czynników, które najbardziej wpływają na rozwój emocjonalny dziecka, zwłaszcza trzylatka (między innymi spokój, czułość, zaspokajanie potrzeb), najważniejsza jest potrzeba bezpieczeństwa[4]. Skoro zaś „na brak poczucia bezpieczeństwa w dużym stopniu wpływają rozstania z osobami najbliższymi, a dziecko przeżywa je tym mocniej, im jest młodsze, gdyż wtedy jego więzi z osobami bliskimi są najsilniejsze"[5], możemy sobie wyobrazić szok małego

Władimira po transplantacji na gruzińską ziemię. Układ nerwowy trzylatka jest jeszcze słaby, a rozpoczynające się formowanie własnego ja i wiary w siebie – bardzo wątłe. Łatwo je na tym etapie wzmocnić albo stłumić. W tym ostatnim przypadku mogą według psychologów wystąpić poważne zaburzenia, skłonność do kłamstw, agresywne, a nawet psychopatyczne, zachowania.

Ale przecież matka sprowadziła synka powodowana tęsknotą i miłością, więc może nie ma co przywiązywać nadmiernej wagi do krakania specjalistów od duszy ludzkiej? Dziecko miało dom? Miało, choć biedny. Matkę? Też, i to kochającą. Ponadto jasnowłosy i jasnooki chłopczyk nowej rodzinie się spodobał, można nawet usłyszeć, że był jej ulubieńcem. Zapewne dlatego w czasach, gdy aparat fotograficzny na wsi należał do rzadkości, ktoś zrobił małemu zdjęcie. Wowoczka nie ma na nim szczęśliwej miny. Jego ojczym Gieorgij podarował to zdjęcie swojemu bratu Wachtangowi mieszkającemu w Gori. Na odwrocie niewprawną ręką napisano po rosyjsku: „Na pamiątkę Ninie i Wachtangowi od Gogi. Syn Wowka. Wowka bardzo płakał, fotografować się nie chciał, zabrał fotografowi dzwoneczek i do domu, do domu... I tak zamiast bohaterem i wojakiem okazał się płaksą ten Wowik".

Jeśli nawet było tam chłopcu dobrze lub chociażby znośnie, to krótko. Gieorgij pracował w cegielni i właśnie kończył nowy dom. Wiera Nikołajewna spodziewała się dziecka. Ojczymowi cudzy chłopczyk zaczął zawadzać. Tymczasem cudzy chłopczyk rósł i oswajał się z goniącym go słowem *nabiczwari, biezrodnyj*, czyli bez rodziny, nieznanego ojca, bękart. Kaukaz to Kaukaz, swoje prawa ma. Pozamałżeńskie dziecko się w nich nie mieści. Kobieta, która je urodziła – też nie. Im chłopak robił się starszy, tym boleśniej się o tym przekonywał.

„Ojczym go bił?" – pyta Wierę Nikołajewną Wacha Ibragimow.

„Bić to nie bił, ale go tu nie chciał"[6] – odpowiada kobieta.

A cóż innego ma mówić o mężu, z którym przeżyła tysiące dni i nocy i który kręci się tu gdzieś w pobliżu... Po latach, grabiąc suche liście wokół jego grobu, Wiera Nikołajewna powie, z mozołem przebijając się przez wspomnienia: „Kłótliwy był [...]. Ciężkich chwil nie brakowało. Ale zawsze byliśmy razem [...]. On mnie potrzebował [...]. Jeśli z kimś się pobił, nie rozmawiałam z nim miesiącami. Ale to on szukał zgody, nie ja [...]. Takie było nasze małżeństwo. I dobre, i złe. Wszystkiego po trochu. Takie życie... Sama siebie nie rozumiem"[7].

A co tu rozumieć? Zatarte już dzisiaj emocje, kiedyś wyraziste i jasne, to była miłość.

W Metechi wystarczy odejść dalej od domu Wiery Nikołajewnej, zaczepić paru dawnych sąsiadów i zapytać o małego Wowę, by usłyszeć:

„O tu, pod tym domem, gdzie mieszkał, często kucał, opierał się o ścianę i milczał. Taki biedny chłopczyk [...]. Wiera go broniła, ale Gieorgij go bił, bił pasem. No i za kołnierz nie wylewał [...]. Raz Wowa był zamknięty w domu, strasznie zmarzł i zaczął krzyczeć, a ściany tu cienkie: »Ciociu Lilo, pomóż! Strasznie mi zimno!«. Smutne to było"[8].

„Bywało, że Goga kijem mu przyłożył i z domu na chłód wygnał, a i na ubranie skąpił, bo u nich się nie przelewało: chłopak zawsze w łatanych portkach chodził – wspomina sąsiad Osiepaszwilich, Mamuko. – Nikt nie miał tego za złe Godze. No bo kto ma ochotę cudzym dzieckiem się zajmować? W dodatku, gdy wszyscy za plecami się naśmiewają. Gadają: »Przytaszczyła Wierka bękarta, a od kogo – nie pamięta«. Długo Goga to znosił, aż w końcu go przegnał"[9].

„Od czasu naszej przeprowadzki mieszkaliśmy po sąsiedzku – wspomina Dali Gziriszwili. – Wowa miał wtedy chyba pięć lat. Byliśmy rówieśnikami. On drobny, jasnowłosy, ruchy miał szybkie, zamaszyste, jak u matki... Nie wiedziałam, że ma na imię Władimir. Wołało się na niego Wowa. Wszyscy go znali pod tym imieniem. Było mi go żal, oni żyli bardzo biednie. Zawsze dawałam mu jabłka, gruszki, winogrona, bo myśmy mieli winnicę. On brał wszystko. Zwykle czekał na mnie w tym samym miejscu, niedaleko ich bramy, wiedział, że zawsze coś dla niego schowałam [...]. Nieraz razem się bawiliśmy. Smutny był taki [...]. Często chodził na ryby [...]. Wiedziałam, że nie jest synem Gieorgija. Bardzo złościł się i płakał, kiedy go w dzieciństwie przezywali z powodu matki, nie wytrzymywał tego. Wioskowi wiedzieli, że go to złości, dokuczali mu, naśmiewali się, a on to brał bardzo serio i płakał"[10].

„Ciche, smutne, zamknięte dziecko – usłyszał Wacha Ibragimow od Nory Gogolaszwili, nauczycielki pierwszych klas szkoły podstawowej w Metechi. – Bardzo dobrze się uczył. A z zabaw najbardziej lubił walkę. Wcześnie zapisał się na sambo*. [...] W pocerowanych rzeczach chodził [...]. Kupowałam mu podręczniki. Im ciężko było. Mówiłam jego matce, że jeśli oddałaby go do adopcji, chętnie wezmę. Bardzo go było żal. Przylgnął do mnie jak kociak"[11].

„Mówią, że był pan jedynym przyjacielem Wowy, że obaj byliście prymusami, prawda to?" – Wacha Ibragimow zagaduje Gabriela Dataszwilego. „Tak. Poza mną Wowa faktycznie nie miał przyjaciół". „Był z niego zabijaka? Rozrabiał?" – dopytuje Ibragimow. „Nie, na odwrót, był cichym, zamkniętym chłopakiem. Po lekcjach często chodził z wędką nad rzekę, sam. Czasem przychodził do mnie i razem się bawiliśmy, a to w wojnę, a to fechtunku się uczyliśmy, w piłkę graliśmy i biliśmy się. On w tym był lepszy przez to jego sambo"[12].

Pewnego dnia Wowka zniknął. Przerażonej Wierze Nikołajewnej oznajmiono, że więcej go nie zobaczy. Już prawie dziesięcioletniego chłopca tym razem zdeponowano w domu bezdzietnego majora w Tbilisi. Rolę doręczyciela wzięła na siebie siostra Gieorgija. Dała się jednak uprosić i po paru dniach wskazała matce adres syna. Czy ta matka mogła zrobić coś innego, niż wywieźć go stąd jak najdalej? Do rodzinnego domu na Ural.

„Bardzo chciałam zostać na Uralu – opowiadała po latach dziennikarzom. – Chciałam zostać z Wowką, oderwać się od tego wieśniaczego życia, chciałam się uczyć... Ale czy to mogłam? W Metechi czekały dwie córki, a Gieorgij po dwóch dniach przysłał telegram: »Wracaj natychmiast!«. I groził sprowadzeniem przez

---

* Sambo (*Samoobrona biez orużija*) – samoobrona bez broni, to rosyjska sztuka walki zapoczątkowana w pierwszej połowie XX wieku, łącząca techniki dżudo z regionalnymi odmianami zapasów na terenach dawnego ZSRR.

milicję... Faktycznie wyszło na to, że Wowę zamieniałam na dziewczynki"[13].

Przed wyjazdem mały Putin podarował jedynemu przyjacielowi, Gabrielowi Dataszwilemu, swoją fotografię z podpisem: „Na pamiątkę Gabrielowi od Wowy".

„Tyle lat ją przechowywałem – mówi Gabriel. – Ostatnio szukałem, ale przepadła. Pojęcia nie mam jak i kiedy. No ale jeśli Wowa Putin pamięta życie w Metechi, powinien pamiętać i mnie"[14].

„Wowka strasznie płakał, kiedy odchodziłam. Serce mi pękało, ale nawet go nie przytuliłam. Jednak w najstraszniejszym koszmarze nie mogłoby mi się przyśnić, że żegnam się z nim na zawsze"[15] – mówiła do kamery Wiera Nikołajewna, a łzy, jedna za drugą, szukały drogi wśród zmarszczek i bruzd jej twarzy.

We współczesnym scenariuszu nie może zabraknąć telefonu. 20 stycznia 2000 roku Wacha Ibragimow dzwoni więc z Tbilisi do Moskwy, do znajomego Czeczena Zii Bażajewa, który pyta:

– Słyszałeś? W Groznym piekło. Ruscy zastosowali broń chemiczną. Zrobili z nas poligon!

– A czego można się spodziewać po armii z takimi dowódcami?

– Podobno Putin to *kythla* [czecz. „bękart" – przyp. aut.].

– Słyszałem. Myślisz, że to prawda?

– To jest prawda – odpowiada Ibragimow. – Rozmawialiśmy z jego matką, przyrodnią siostrą i świadkami jego dzieciństwa.

– To byłaby bomba w Moskwie! Przecież trwa kampania wyborcza – ekscytuje się Bażajew.

– Ale w Moskwie nikt nie zaryzykuje takiego tematu – wątpi Ibragimow. – Wszyscy tam na punkcie Putina powariowali.

– Ja jednak spróbuję – oświadcza Bażajew.

Po trzech dniach następuje kolejna odsłona dramatu i 23 stycznia z Moskwy do Tbilisi dzwoni Zija Bażajew i uroczyście oznajmia, że Artiom Borowik z telewizyjnego programu „Sowierszenno Siekrietno" bardzo się zainteresował tematem i uważa, że to „prawdziwa bomba", pod warunkiem jednak, że znajdą się jakieś zdjęcia, bo bez nich „sprawa zostanie przedstawiona tak, jakby jakieś zapadłe

Metechi chciało sobie przypisać zasługę wychowania przyszłego prezydenta Rosji"[16]. Radzi też, żeby się z tymi poszukiwaniami nie afiszować i dzwonić, gdy uda się zdjęcia znaleźć.

Wydawało się, że to zadanie niewykonalne.

Mijał luty. Czas umykał. Czas – wróg tych, którzy czekają, tych, którzy się spieszą, i tych, którzy marzą – jak tam i wtedy – że prawda zdoła wstrząsnąć światem. Tym dalekim światem, w którym długi żółty budynek dawnego KGB*, przemianowanego teraz na FSB**, na placu Łubianka i eleganckie gabinety Administracji Prezydenta Federacji Rosyjskiej na placu Starym, i paradne kremlowskie sale zamieniono w sztaby bojowe operacji „Następca".

Operacja zakończy się wyborami 26 marca. I nie zakłóci jej żadna burza w szklance metechijskiej wody.

„Podczas całego okresu pracy w Metechi, no i w Tbilisi, czuliśmy, jak potężne siły próbują nam przeszkodzić – wspominał Wacha Ibragimow. – W tamtym czasie, gdy toczyła się już wojna Rosji z Czeczenią, przedstawicielowi Czeczeńskiej Republiki Iczkeria w Tbilisi, do niedawna traktowanemu jak, powiedzmy, przedstawiciel Francji, odebrano status dyplomatyczny i potraktowano go jak zwykłego obywatela Gruzji. Co rusz się zjawiali panowie w cywilu, żądając, byśmy zakończyli wizyty w Metechi, a jeśli nie zakończymy, grozili wielkimi kłopotami. Oficjalnego nakazu w tej sprawie nie mieli. Działali na prośbę szefów, kolegów byłego naczelnika KGB Igora Giorgadzego. Tego samego, który oskarżony o zamach na prezydenta Szewardnadzego musiał uciekać z Gruzji i skrył się pod Moskwą na daczy chronionej przez tamtejsze służby. Giorgadze i Putin dobrze się znali: kończyli tę samą moskiewską akademię KGB, tyle że Giorgadze wcześniej. To on podarował Putinowi kaukaskiego owczarka o imieniu Małysz, którego widać na wielu zdjęciach Putina z tamtych czasów. Sami *giebesznicy* [tak

---

* KGB – Komitiet gosudarstwiennoj biezopasnosti (Komitet Bezpieczeństwa Państwowego), potężna służba specjalna chroniąca wewnętrzne i zewnętrzne bezpieczeństwo ZSRR.

** FSB – Federalna Służba Bezpieczeństwa, następczyni KGB w Federacji Rosyjskiej.

popularnie nazywają Rosjanie funkcjonariuszy KGB – przyp. aut.] już do Metechi nie przyjeżdżali, widocznie się uspokoili, odkąd zabrali ludziom zdjęcia Wowy i zakazali o nim gadać".

Nie uspokoili się jednak Czeczeni i niektórzy gruzińscy dziennikarze. Dawid Kikaliszwili z telewizji Rustawi 2 miał szczęście: trafił do mieszkającej w Tbilisi przyrodniej siostry Putina, o imieniu Sofija, tuż po tym, jak się jej udało wydobyć zdjęcie brata od znajomego *giebesznika*. Właśnie ta fotografia, z dedykacją: „Na pamiątkę Gabrielowi od Wowy", zniknęła z domu Gabriela Dataszwilego i pokazana została w programie Kikaliszwilego „60 minut". Czeczeni otrzymali kopię. Następną niespodziankę sprawił sam Gieorgij Osiepaszwili: od brata Wachtanga z Gori przywiózł zrobione niemal przed pół wiekiem zdjęcie chłopaczka z nieszczęśliwą miną, opatrzone dopiskiem o Wowiku, co okazał się płaksą.

Jest 7 marca 2000 roku. Znów dzwoni telefon.

Z relacji Wachy Ibragimowa:

„W Tbilisi z radością krzyczałem w słuchawkę:

– Są fotografie! Udało się! Mimo wszystko!

W Moskwie ucieszył się Zija:

– Wspaniale! Wielki sukces! Trzeba szybko je tutaj przekazać. Przygotujcie się. Za dwa albo trzy dni Artiom zadzwoni do was wieczorem i powie, kogo i kiedy przyśle po materiały. Spieszy się, już przygotowuje program w telewizji.

Z Tbilisi jeszcze dorzucają:

– Dla Artioma mamy też ważne materiały z 1999 roku. O wysadzaniu domów. A do Metechi pojedziemy z pomocą humanitarną. Przyda się Wierze Nikołajewnej.

– Znakomicie! – cieszą się w Moskwie. – Będzie świetne tło do programu Artioma. Tylko zbierzcie jak najwięcej dziennikarzy.

– Jasne! – odpowiadają w Tbilisi"[17].

Rozmówcy kończą i spokojnie wsuwają telefony do kieszeni.

Każdy chyba z innym uczuciem. Wacha Ibragimow uczestniczył w tych wydarzeniach nie we własnym imieniu, lecz – jakkolwiek by to patetycznie zabrzmiało – w imieniu narodu czeczeńskiego. Podczas gdy Zija Bażajew, choć też Czeczen, cały ten sensacyjny epizod lokował na dalszym planie, jako coś mogącego ewentualnie zaszkodzić kampanii wyborczej niechcianego kandydata na prezydenta. Bo Zija Bażajew był przede wszystkim biznesmenem, jego kompania Alians dobrze się już umocowała na Zachodzie, a odkąd reanimowała Rafinerię Chersońską, jedną z największych na Ukrainie, zyskała mocną pozycję w handlu ropą w Rosji i całej poradzieckiej okolicy. Loty wynajętym jakiem-40 należały do rutynowego rozkładu zajęć Bażajewa. Także w locie planowanym na 9 marca nie było nic szczególnego. Aż do chwili, gdy tamtego późnego popołudnia 8 marca Artiom Borowik raptownie zmienił swoje plany moskiewskie na kijowskie, wziął do ręki telefon, wystukał numer Bażajewa i powiedział: „Lecę z tobą jutro".

Dlaczego zmienił plany? Może jako właściciel holdingu Sowierszenno Siekrietno chciał doprecyzować warunki przejęcia przez Bażajewa pisma „Wiersija"? Ale przecież widywali się często i wszystko w tej sprawie było już ustalone... Pewnie chciał osobiście przejąć nieznane dokumenty z września 1999 roku dotyczące niedawnych ataków terrorystycznych, które wstrząsnęły Rosją: władza przypisywała je Czeczenom, lecz jej przeciwnicy widzieli w nich rękę FSB*. Dokumenty przygotowane przez Ibragimowa mogły te przypuszczenia potwierdzać. Niewątpliwie interesował się on również tajemnicą dzieciństwa Wowy. Jej ujawnienie dopełniłoby serię krytycznych wobec Putina artykułów, które już się ukazały w podlegających mu czasopismach. Miał uzasadnioną nadzieję, że nagłośnienie przykrego sekretu kandydata na prezydenta zmniejszy jego szanse w nadchodzących wyborach. I może z tych wszystkich powodów wolał telefonować do Tbilisi z Kijowa, a nie z Moskwy, gdzie – jak wyjawił Nikołajowi Zjatkowowi z gazety „Argumienty i Fakty" – po ostatnich publikacjach na temat Putina do tego stopnia poczuł się niebezpiecznie, że zapewnił sobie ochronę osobistą. Któryś z ochroniarzy wspominał, że rankiem 9 marca 2000 roku Artiom Borowik wychodził z domu w świetnym nastroju. I w takim nastroju wzbił się jakiem-40, o numerze 88170, w powietrze.

---

* O tych wybuchach będzie jeszcze mowa w dalszej części książki.

A w Gruzji tego dnia od rana Wacha Ibragimow zwijał się jak w ukropie, przygotowując ogromne przyjęcie dla oczekiwanych gości. Zgodnie z poleceniem „Zbierzcie jak najwięcej dziennikarzy" zawiadomiono, kogo się dało – dziennikarzy miejscowych i zagranicznych, nie wyłączając rosyjskich. Spodziewano się około pięćdziesięciu osób, a zgodnie z tradycyjną kaukaską gościnnością stół musiał być bogato zastawiony nawet w ubogiej wiosce.

Czekano jednak daremnie.

„Z dwóch autokarów, które się pojawiły u wlotu do Wąwozu Punkijskiego, gruzińskie władze nie wypuściły ani jednego dziennikarza. Pod eskortą wozów milicyjnych, przy niemal całkowicie zasłoniętych oknach odwieziono ich z powrotem, nigdzie się po drodze nie zatrzymując. Było to tym dziwniejsze, że dotychczas nikt nie miał trudności z dojazdem do Metechi"[18] – wspominał Wacha Ibragimow.

Późnym wieczorem, wróciwszy do odległego o wiele kilometrów domu, włączył telewizor i usłyszał: „Dziś rano na lotnisku Szeremietiewo...".

Ibragimow został z całą sprawą sam.

Nagłaśnianą przez niego wiadomość z Metechi wszędzie przyjmowano jak czeczeńską przedwyborczą kaczkę dziennikarską. Tymczasem 13 marca eksplodowała dawno zapowiadana przez media bomba: ukazała się niewielka książeczka o skromnym tytule *Ot pierwogo lica. Razgowory s Władimirom Putinym* (Z pierwszej ręki. Rozmowy z Władimirem Putinem)[19]. Miała posłużyć jako wizytówka nieznanego narodowi bohatera. Dołączono do niej zdjęcie ucznia Wowy w wieku około czternastu lat. Fotografię wyłowił z internetu Wacha Ibragimow i natychmiast pomknął z nią do Metechi. Zakładał, że różnica między wyglądem niemal dziesięcioletniego chłopca, który wioskę opuszczał, a czternastolatka widocznego na zdjęciu nie może być wielka, więc ciekaw był reakcji osób, które małego Wowę wspominały. Spotkania z nimi filmował.

Najbardziej zaskakująco zachowała się Wiera Nikołajewna: ledwie rzuciwszy okiem na zdjęcie, zawołała: „On, on!", zaniosła się

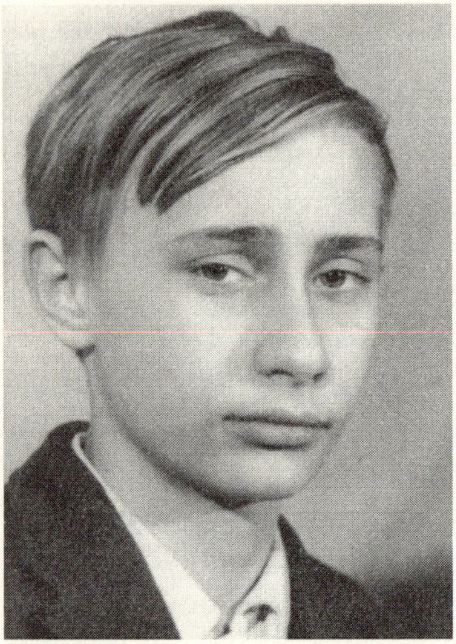
Uczeń Wowa

płaczem i uciekła. Inni mówili (także do kamery): „To on! Jasne, że on!". Wykrzykiwali: „Na tysiąc procent Wowa". Lub wzruszali ramionami: „No, podobny, ale głowy nie dam". Albo: „Nie mogę uwierzyć, że to ten sam. Wiem tylko, że w drugiej klasie siedziałem w ławce z chłopcem, którego zwali Wowa, a na nazwisko miał Putin. W czwartej klasie już go w naszej szkole nie było". Stare kobiety wyrywały sobie zdjęcie z rąk, mówiły: „O, Wowka się znalazł, a Wierka tak ryczała, że go na zawsze straciła". Jakiś staruszek wspomniał, że mu haczyk wędkarski z palca wyjmował, kto inny – że się z nim bawił albo bił, albo na ryby chodził…

Niechętna Czeczenom przyrodnia siostra Władimira, Sofija, fizycznie bardzo do niego podobna, krzyczała, że jeśli jej bratu coś się przez nich przydarzy, to ich pozabija, ale kiedy się uspokoiła, przyznała, że gdy pierwszy raz zobaczyła Władimira Putina na telewizyjnym ekranie, omal nie zemdlała. I że jakieś dwadzieścia, dwadzieścia pięć lat wcześniej szukała go przez milicję obwodu permskiego i wysyłała telegramy do miejscowości Tieriechino, skąd najpierw jej odpowiadano, że go tam nie ma, potem – żeby go więcej nie szukała. Więc ona pytań o niego ma dość, bo w pracy już na nią krzywo patrzą, jakby nagle rozum straciła, przypisując sobie nieistniejące pokrewieństwo. Na koniec wybuchła: „No, co się pytacie?! Nie widzicie?! Spójrzcie na niego i na mnie. Jeśli nie tak, to ciekawe, jak miałby wyglądać mój brat"[20].

Materiały zebrane przez nieszczęsnego Czeczena dotarły wprawdzie do pisma „Sowierszenno Siekrietno", lecz zanim ukazały się w numerze 16. pod tytułem *Naszli li w gorach Gruzji mat' priezydenta Rossii?* (Czy w górach Gruzji odnaleziono matkę prezydenta

Rosji?), był już 25 kwietnia. Minął miesiąc od wyborów i wiadomość o smutnym dzieciństwie prezydenta nadawała się co najwyżej do wykorzystania w scenariuszu jakiegoś kiepskiego serialu.

Odtąd nikt już nie wzbraniał dziennikarzom wstępu do zapadłej gruzińskiej wioski Metechi.

Ze specjalistycznych formułek używanych przez urząd ustalający przyczyny katastrofy jaka-40 o numerze pokładowym 88170 wieje nudą. W oficjalnym raporcie czytamy o „klapach podniesionych pod zbyt ostrym kątem", o „naziemnym oblodzeniu samolotu, które przyczyniło się do zmniejszenia nośnych właściwości skrzydła", o obecności na skrzydle „zamarzniętych cząsteczek wody, śniegu, szronu, co doprowadziło do przerwania strumienia powietrza i utraty sterowności", o „nieprawidłowym nachyleniu lotek", o „chwilowym obniżeniu wydolności pracy silników". Dziesiątki stron wypełnionych słowami utworzyły kurtynę oddzielającą widzów od rozgrywającego się na scenie epilogu.

Za kulisami jednak przez cały czas krzątali się ci, którzy w urzędowe protokoły nie uwierzyli: dziennikarze śledczy holdingu Sowierszenno Siekrietno, ich koledzy z „Nowej Gaziety" oraz adepci dziennikarstwa z Uniwersytetu Państwowego w Rostowie nad Donem, którzy podsumowali całe dochodzenie w obszernym, niezwykle szczegółowym raporcie. Wszyscy oni wciągnęli do śledztwa ekspertów specjalizujących się w katastrofach tego typu samolotów. Zastrzegli przy tym, że „o ewentualnym zamachu powiedzą tylko wtedy, gdy zdobędą poważne dowody". I zdecydowali się to zrobić, mimo że wielu ludziom – jak przyznawali – te dowody „mogą wydać się nieprawdopodobne", niczym z dreszczowca. Wydarzenia ostatnich lat potwierdziły jednak, że nawet najbardziej fantastyczne pomysły, takie jak choćby użycie do otrucia ludzi radioaktywnego talu czy polonu 10, przeniknęły ze scenariuszy fikcyjnych thrillerów do prawdziwego życia. A raczej do planów całkiem prawdziwej śmierci.

Śledczy zza kulis stawiają pytania. Zarówno proste, jak i bardziej złożone. Do prostych należy kwestia, czemu pozostałe samoloty startujące tamtego dnia o tej samej porze z lotniska Szeremietiewo wzbijały się w powietrze i kontynuowały lot bez lodowych przeszkód, a także – o jakim oblodzeniu mowa, skoro nawet członkowie komisji Federalnej Służby Transportu Lotniczego badającej szczątki jaka-40 tuż po katastrofie obecności żadnych „zamarzniętych cząsteczek" nie stwierdzili?

Inne pytania są trudniejsze i mają znaczenie zasadnicze.

Dlaczego wynajęty przez Ziję Bażajewa samolot o numerze 87440 zamieniono nocą na maszynę o numerze 88170, właśnie tę, która się rozbiła? Dlaczego część lewego skrzydła zniknęła bez śladu albo jeszcze na lotnisku, albo już w transporcie do Instytutu Techniki Lotniczej, gdzie miała być poddana badaniom? Dlaczego nie można ustalić, kto tamtej nocy zbliżał się do samolotu? Dlaczego pilotom, mimo prawidłowo wykonywanych manewrów, nie udało się przeciwdziałać przechyłowi w lewo? Czym ten przechył został spowodowany? I na koniec: dlaczego całe śledztwo nadal jest objęte tajemnicą?

Z ustaleń ekspertów wynika, iż część lewego skrzydła samolotu pokryto płynnym mazutem o specjalnym składzie opracowanym w laboratoriach KGB pod koniec istnienia ZSRR. Substancja ta zmienia strukturę przedmiotu, na którego powierzchni się znajduje, i udaremnia jego funkcje. To tłumaczyłoby dziwne zachowanie się lotek lewego skrzydła i utratę sterowności maszyny. Czyżby o tym właśnie mówiły ukryte w sejfie Josifa Fridlyandera dokumenty? Ekspert ten znał się przecież nie tylko na stosowanych w lotnictwie stopach metali, lecz także na preparatach mogących te stopy niszczyć.

W maju 2015 roku dziennikarze niemieckiej gazety „Die Zeit" odwiedzili niemal dziewięćdziesiecioletnią Wierę Nikołajewną w Metechi. Nie chciała z nimi rozmawiać. Krewni oświadczyli, że „ludzie ze służb specjalnych zabronili im wszelkich kontaktów z dziennikarzami". Opowiedzieli jednak o tym, że pielęgniarki, które pojawiły się tu parę lat temu i pobrały od niej krew do analizy, były pracownicami tych służb. Jeszcze raz potwierdzili, że odebrano im wszystkie zdjęcia i dokumenty poświadczające, że Władimir Putin to jej syn.

Dziennikarze „Die Zeit" zwrócili się też do kancelarii prezydenta z pytaniem, „czy możliwy jest związek państwa rosyjskiego ze śmiercią Bażajewa i Borowika, ale rzecznik prasowy prezydenta nie odniósł się do tej kwestii"[21].

## Dzieciństwo. Scena główna. Podwórko

Leningrad. Zaułek Baskowa. Dom pod numerem 12. „Klatka schodowa – okropna. Mieszkanie komunalne bez wygód. Ani gorącej wody, ani wanny. Toaleta wbita w kąt półpiętra. Zimna, obrzydliwa. Przy schodach metalowa poręcz. Schody wyszczerbione, niebezpieczne"[22].

Podwórko. Płaty tynku tu i ówdzie litościwie zakrywają cegłę, może kiedyś i czerwoną, teraz burą, miejscami sczerniałą. Futryny okien, dawniej zapewne białe, pociągnięto brązową farbą, która marszczy się i łuszczy na wyszczerbioną blachę parapetów. Podczas deszczu strumienie wody bryzgają z rynny urwanej gdzieś na wysokości pierwszego piętra i zamieniają studzienne podwórko w małe morze. Zapasowy odpływ łatwo się zatyka, a główny zniknął pod ruinami tej części domu, na którą spadła bomba. Ruiny już się dorosłym opatrzyły, ale dla dzieci wciąż pozostają fascynującą tajemnicą. Poszarpany beton na zamkniętym czterema ścianami placyku stanowi bojowe wyzwanie dla niewprawnych stóp. Pod murem piętrzy się sterta bali i desek, od lat niepotrzebna nikomu, pociemniała od śniegu i deszczu, smutna jak wojenne wspomnienie[23].

To królestwo tutejszej dziecięcej konfraterni. Jej cały świat.

Pewnego dnia…

„Mieliśmy wtedy po sześć, siedem lat, kiedy ciocia Marusia, matka Putina, przyprowadziła do nas małego Wowę – wspomina najbliższy jego przyjaciel z podwórkowych lat, Siergiej Bogdanow – »Chłopcy, to mój syn, Wowa Putin. Przyjmijcie go do swojej kompanii i nie róbcie mu krzywdy«"[24].

Czy na zapleczu leningradzkiego domu pojawił się ten sam Wowa, o którym daremnie chciała się czegoś dowiedzieć niejaka Wiera Nikołajewna Putin, po mężu Osiepaszwili, zamieszkała we wsi Metechi w Gruzji? „Jest w internacie" – uparcie odpowiadali jej rodzice z miejscowości Oczer na Uralu. A z czasem dorzucali: „On nie chce się z tobą widzieć".

Jeśli to był ten sam Wowa, to nie miał tu nic do powiedzenia. „Zdeponowano" go u Władimira Spiridonowicza Putina, krewnego rodziny Putinów z Uralu, jak pakunek bez adresu zwrotnego. Kim był Władimir Spiridonowicz Putin z Leningradu dla Nikołaja Iłłarionowicza Putina z Uralu, tego się już nie dowiemy. Może bliskim, a może dalekim krewnym, bo – jak powie po latach Wiera Nikołajewna – „prawie cała wieś to Putiny"[25]. Można przypuszczać, że bardziej niż bliskość pokrewieństwa połączyła te rodziny desperacja. Dziadkowie Wowy wiedzieli, że on do Gruzji wrócić nie może, bez względu na to, ile miałoby to jego matkę kosztować, i że dla jego dobra oni również muszą się z nim rozstać.

Desperacja Putinów z Leningradu narastała wraz z upływem lat naznaczonych tak tragicznymi zdarzeniami, jak wojna i śmierć. Ich pierwszy synek zmarł na początku wojny. Drugi, niemal trzyletni, chory na dyfteryt, umierał w domu dziecka w oblężonym mieście. Takie domy tworzono w nadziei, że maluchy zebrane razem łatwiej da się uratować niż każde z osobna. Niestety podczas trwającej dziewięćset dni blokady miasta nad Newą umierały z głodu tak jak półtora miliona innych dzieci i dorosłych.

Urodzony w 1911 roku Władimir Spiridonowicz Putin walczył podczas wojny na pierwszej linii frontu w specjalnym batalionie NKWD, był ciężko ranny, cudem przeżył. Jego o rok młodsza żona, Marija Iwanowna (z domu Szełomowa), cudem przeżywszy blokadę (wyciągnięto ją zemdloną spod stosu trupów), wyszła z tych koszmarnych lat wygłodzona i wyniszczona. Ot, jeszcze jedna para Rosjan, którym wojna zabrała wszystko: najbliższych, dom, zdrowie, zostawiając wszelako życie. Wycieńczony organizm Marii Iwanownej nie pozwalał jej w powojennych latach na ponowne macierzyństwo. Przyjmijmy jednak z najlepszą wolą, że dopiero po przekroczeniu czterdziestki kobieta nabrała sił i urodziła upragnione dziecko. Upragnione chyba także przez Władimira Spiridonowicza, ale raczej ze względu na szczęście żony niż własne. Wydaje się, że przy całym swoim surowym charakterze człowiek ten stawał się sentymentalny tylko wtedy, gdy o nią chodziło.

*Władimir Spirydonowicz Putin*

„Każda rodzina w naszym domu widoczna była jak na dłoni – wspomina Dmitrij Łobanow, dawny sąsiad Putina. – Od wczesnej wiosny do jesieni okna były otwarte na oścież. Wszystko, co się działo w mieszkaniach sąsiadów, natychmiast stawało się własnością podwórza"[26]. Czy w takich okolicznościach wieść o narodzinach późnego potomka państwa Putinów mogła przejść niezauważona i zniknąć w odmętach sąsiedzkiej pamięci wraz z bohaterem, który oto po latach zjawił się na tyle obcy, że trzeba go było przedstawiać: „To mój syn, Wowa Putin"? Oleg Błocki, biograf Władimira Putina, w książce *Władimir Putin. Istorija żyzni* (Władimir Putin. Historia życia) pisze, iż „rodzice Putina nie kupowali wcześniej dziecięcych rzeczy, uważając to za zły omen", a w wózku niemowlaka nie wozili, bo przygotowali dla niego „wielki pleciony kosz"[27]. Jeśli wózka nie było, to i spacerów z dzieckiem nie było. Sąsiedzi Marii Iwanownej nie pamiętają jej ani w stanie błogosławionym, ani pchającej wózek.

Jak to możliwe, że nie ma ani jednej fotografii maleńkiego człowieka, który wniósł do domu tak długo oczekiwaną radość? Pierwszy widoczny ślad jego obecności i wspólnoty matka – syn to zdjęcie bardzo dojrzałej kobiety z dużym chłopcem siedzącym sztywno na jej kolanach. Pod zdjęciem data: 1958. Po raz pierwszy umieszczono je we wspomnianej już książce, „zamówionej i opłaconej z funduszu wyborczego kandydata na urząd prezydenta Federacji Rosyjskiej

*Pierwsze zdjęcie Marii Iwanownej z Wową*

Putina Władimira Władimirowicza" (o czym informuje tekst na okładce), i noszącej tytuł *Ot pierwogo lica*... Najprawdopodobniej jednak zdjęcie zrobiono dwa lata później, zaraz po pojawieniu się chłopca w Leningradzie.

Jest jeszcze nieporozumienie związane z chrztem. Władimir Władimirowicz mówił dziennikarzom podczas kampanii wyborczej w lutym 2000 roku: „Sąsiadka, babcia Ania, była człowiekiem nabożnym i gdy się urodziłem, wraz z mamą, w tajemnicy przed ojcem, członkiem partii, sekretarzem oddziałowej organizacji partyjnej, pewnego dnia mnie ochrzciły"[28].

Kiedy i gdzie ten ważny dla wierzących moment nastąpił w życiu Putina?

On sam miejsce i datę uściślił w 2001 roku w rozmowie z agencją Interfax: „Działo się to w Spaso-Prieobrażenskim soborze [katedrze Przemienienia Pańskiego – przyp. aut.], jakieś półtora miesiąca po moim urodzeniu"[29]. Zastępczyni jego rzecznika prasowego utrzymuje natomiast, że „miał wtedy pięć miesięcy"[30]. Tak czy inaczej, wyraźnie chodzi o to, że Wołodia Putin jako niemowlę przebywał w Leningradzie, a to, w jakim wieku go ochrzczono, doprawdy nie ma znaczenia. Podobnie jak zdziwienie nowiną o chrzcie wyrażone przez Lubow Szełomową (kuzynkę jego matki) wobec dziennikarzy pisma „Sobiesiednik": „Nie pamiętam, by matka Wołodii, żona zapamiętałego komunisty, przejawiała szczególną sympatię do cerkwi"[31].

Z kolei żona Anatolija Sobczaka, mera Petersburga (w latach dziewięćdziesiątych ubiegłego wieku Putin był jego zastępcą), doskonale pamięta, że owszem, przyjął on chrzest, ale dopiero w 1993 roku w Jerozolimie, podczas oficjalnej wizyty mera w Izraelu[32].

Jeśli zatem ten tak bardzo prywatny obrządek staje się sprawą wagi państwowej, czyż nie najprościej udać się do Centralnego Archiwum Państwowego w Sankt Petersburgu i poszukać tam odpowiednich ksiąg metrykalnych? Widocznie nie, skoro o podobnych poczynaniach nie słychać.

Łatwiej ustalić, kto Władimira Putina chrzcił: mianowicie kierownik Rosyjskiej Misji Duchownej w Jerozolimie, metropolita Feodosij o nazwisku Siergiej Wasniew, który w 1989 roku wyjechał do Niemiec Wschodnich na staż. Wtedy przebywał tam również Władimir Putin. Pierwsze dziesięciolecie nowego wieku duchowny witał już jako władyka metropolii tambowskiej, a w 2008 roku, w uznaniu zasług, otrzymał z rąk Putina Order Przyjaźni i Honoru[33].

Prawdziwą zagadką w tym wszystkim pozostaje sam ochrzczony. Dlaczego tak mu na tym obrzędzie zależało? Czy rzeczywiście namówiła go wierząca w Boga żona? Czy też przeważyły jaśniejsze, być może wówczas jeszcze mocne strony jego charakteru? Czy chęć zadośćuczynienia za popełnione już winy? A może był to rodzaj przepustki do ewentualnego „tamtego świata”?

*Władimir Spirydonowicz Putin z żoną i Wołodią niedługo przed jego wyjazdem do Drezna*

Tak czy inaczej, w mentalności tego człowieka o wiele głębiej zagnieździły się prawdy głoszone przez ojca, zapamiętałego komunistę, niż przez wszystkie religie razem wzięte.

Stajemy na środku zapuszczonego podwórza, chwytamy płowowłosego chłopaka za kołnierz i pytamy: „Kim ty właściwie jesteś?". A Wowa Putin wyślizguje się nam z rąk i umyka w sobie tylko znanym kierunku. Milczący i gniewny. Nieufny i zły. Z rąk do rąk przerzucany jak gorący kartofel i tyleż samo doznający łaskawości i pieszczot co ta bylina. No, owszem, ma teraz prawdziwy dom, z tatą i mamą. Ale – jak wspomina częsty w tym domu gość, nauczycielka Wiera Dmitrijewna Guriewicz – „nie było u nich cackania się, przytulania, jakichś tam pocałunków, ojciec charakter miał surowy, raczej bezwzględny, niepobłażliwy. Przyszłam kiedyś do nich i mówię ojcu: »Pański syn źle się uczy«. A on: »No to co robić? Zabić go czy co?«"[34].

Płowowłosy dzieciak przyswaja sobie dwie życiowe umiejętności: musi kłamać, więc stara się to robić doskonale. Musi udawać kogoś innego, niż jest, więc ćwiczy się w domorosłym aktorstwie. To go chroni. Wchodzi mu w krew, staje się podstawą komunikacji z innymi. Niezauważalnie osiąga w tym poziom wręcz perfekcyjny, do czego przyczyniają się jeszcze inne okoliczności. Przede wszystkim ciężka ręka Władimira Spiridonowicza, z której znany jest na podwórzu. Jego bywalcy wspominają, że „chłop był krzepki", synowi co i raz się dostawało, a to ręką, a to pasem. Ot, znaleźli chłopcy niewybuch, zanieśli na posterunek milicji, gdzie Wowa, pytając, czy napiszą o nim w gazecie, rzucił znalezisko na stół. Przerażeni milicjanci wyzwali ich od chuliganów, a ojciec Putina oczywiście wsypał mu, ile wlazło. Kiedy indziej Wowa, marzący o karierze wywiadowcy, kazał chłopakom (w ramach przygotowań całego podwórzowego oddziału do tej kariery) hartować się, skacząc w samych majtkach na śnieżne zaspy. Potem chłopcy leżeli z anginą, a on brał od ojca lanie.

Innych podwórkowych bywalców widocznie bito rzadziej lub mniej dotkliwie, skoro po kilkudziesięciu latach poświęcają tyle uwagi karzącej ręce starego Putina. Razy zadawane przez człowieka, który przyjął na siebie rolę ojca, bolą zapewne mniej niż wymierzane przez obcego, który nienawidzi. Mimo to bicie pozostaje biciem. Rodzi strach i bunt. Zostawia w psychice trwały ślad.

Kiedyś, w odległej przyszłości, gdy przez trzy dni i trzy noce będą na dalekim morzu umierali ludzie zakleszczeni w pudle okrętu podwodnego „Kursk", wskazówki na zegarze prezydenckich emocji nie drgną. Świeżo upieczony prezydent Władimir Putin, spokojnie wygrzewający się na czarnomorskim piasku, powie rozgoryczonym rodzinom marynarzy, że jego wcześniejszy przyjazd przeszkadzałby tylko w akcji ratunkowej. Niedługo potem świat obiegnie jego odpowiedź na pytanie dziennikarza amerykańskiej telewizji o to, co się z okrętem stało. „Zatonął" – oznajmi Władimir Władimirowicz i skwituje to krótkim, ni to zażenowanym, ni to kpiącym uśmiechem.

Czyżby już na leningradzkim podwórzu kiełkował w nim cynizm, który w przyszłości stanie się jego znakiem rozpoznawczym widocznym choćby wtedy, gdy zezwolił na zagazowanie zakładników w teatrze Domu Kultury „Dubrowka" czy śmierć dzieci podczas szturmu na szkołę numer 1 w Biesłanie*.

Czy kij, pas i wyzwiska w Metechi oraz łojenie grzbietu w zaułku Baskowa wystarczająco tłumaczą przyszły brak empatii i nieliczenie się z uczuciami innych? Razy z ręki Władimira Spiridonowicza wymierzane były przecież w najlepszej intencji: ten żołnierz po ciężkich przeżyciach, sam będąc podobnie wychowywany, zapewne uważał, że tak postępować trzeba, że dzieciak pojmie, iż jest bity dla własnego dobra. Dzieciak z czasem może to i pojął, lecz doznany ból, strach i poniżenie raczej go nie uszlachetniły. Oschłość i znieczulica wniknęły w tkankę jego systemu nerwowego i zredukowały do minimum poczucie własnej wartości.

Czterdzieści lat później, gdy Władimir Władimirowicz Putin obejmował najwyższe stanowisko w państwie, grafolog kreślący

---

* O tragedii „Kurska" i o tych atakach terrorystycznych będzie mowa w dalszych rozdziałach.

jego portret psychologiczny na podstawie charakteru pisma stwierdził: „Autor tego tekstu prezentuje postawę zamkniętą tak w sensie fizycznym, jak i psychicznym, a przy tym z całych sił usiłuje się wyzwolić od znienawidzonego braku pewności siebie oraz zaniżonej samooceny [...]. Stara się zajść jak najwyżej i zdobyć jeszcze większe znaczenie, by odzyskać poczucie własnej godności, tłumione w procesie wychowawczym (najprawdopodobniej przez ojca)[35].

Jak wielu przed nim.

„Od dzieciństwa widział bicie i przemoc [...]. Pewnego dnia pijany ojciec z całej siły rzucił synem o podłogę [...]. Za nieposłuszeństwo bije go bez litości [...]. Bić – na zawsze zapada w jego podświadomość. Bić – znaczy wychowywać”[36]. To o Józefie Stalinie.

Za sprawą tego człowieka miliony istnień pochłonął wielki terror i „archipelag Gułag”.

„Między synem a jego władczym i łatwo wpadającym w furię ojcem wciąż dochodziło do spięć, co świadczy o gwałtowności, a nawet brutalności wzajemnych stosunków [...]. »Gdybym zebrał za jednym zamachem baty, które dostałem, już bym nie żył«”[37]. To o Adolfie Hitlerze.

Za sprawą tego człowieka 6 milionów ludzi zginęło w gettach, obozach koncentracyjnych i na polach bitew drugiej wojny światowej.

Bito Robespierre'a, bito Mussoliniego, bito Saddama Husajna...

Czy to znaczy, że zawsze w wyniku doznanej przemocy powstaje osobowość tyrana, despoty i okrutnika? Nie (Lenin, na przykład, dzieciństwo miał szczęśliwe), ale zwiększa prawdopodobieństwo takich zachowań.

Cofnijmy maszynerię czasu i wróćmy do domu numer 12 w zaułku Baskowa. Jest tam przecież jeszcze Marija Iwanowna – przeciwieństwo męża. „Sama dobroć” – mówią chłopcy z podwórza. „Człowiek delikatny, życzliwy, współczujący – wtóruje Wiera Dmitrijewna Guriewicz, nauczycielka początkowych klas w szkole podstawowej Putina. – Marija Iwanowna myślała tylko o tym, by Wołodia był syty, nakarmiony”[38]. „Całe nasze życie toczyło się na podwórzu – wspomina sam Władimir Władimirowicz. – Mama od czasu do czasu wychyli się z okna i zawoła: »Na podwórzu?«. Na podwórzu. No i dobrze..."[39]. Możliwe jednak, że „sama dobroć" Marii Iwanownej już chłopcu nie wystarczała, że przyszła za późno. Ale czy mogła się tego domyślać prosta, niewykształcona kobieta z biednej wsi, też nigdy po głowie niegłaskana? „Cackanie się" z dziesięcioletnim chłopakiem zapewne wydawało się jej niezręcznością. A może to on nie potrafił jej przytuleń i pocałunków przyjąć? Może miał przed oczami tamtą, inteligentniejszą, lepiej wykształconą, o piętnaście lat młodszą, o macierzyństwo bogatszą?

I oto na dziedziniec wbiega jasnowłosy chłopak, taszcząc ze sobą cały ten psychologiczno-fizjologiczny kram. Wbiega na dziedziniec, który sam w sobie jest złowrogim, zagmatwanym światem.

Siedem lat minęło od sławnego „zimnego lata" 1953 roku, kiedy po śmierci Stalina uważający się za jego następcę Ławrientij Beria zaordynował radosną amnestię i wypuścił z więzień oraz łagrów niemal milion najprawdziwszych kryminalistów. Ci, którzy nie zapadli po stepach, lasach, wsiach i miasteczkach *nieobjatnoj strany*, buszowali po wielkich miastach. „U nas na podwórzu ciągle pałętały się rzezimieszki z okolicy – wspominają starzy mieszkańcy. – Ukradł kto mięso na Niekrasowskim Rynku, to przed milicją dawał dyla przez nasz dom. Złodzieje wiedzieli, jak zgubić pościg. Od Rynku należało dobiec do naszego zaułka, skręcić w podwórze domu numer 12, dać nura w piwniczne okienko i spokojnie wyjść na zaułek Saperów"[40].

Tak więc chłopak jeszcze niedawno kojący nerwy szumem rzeki pełnej srebrzących się ryb i mający przeciw sobie niechętny, lecz niewielki i znany już świat, teraz musiał się zmierzyć z oporną materią ludzi oraz zdarzeń, za azyl mając ceglano-betonową studnię podwórzowych ścian.

Na podwórzu obowiązywały wilcze prawa. Jak w więzieniu. „Jedni byli hersztami, inni sługami. Starsi rządzili młodszymi. Dyscyplina surowa. Ton nadawały piętnasto-, szesnastoletnie chłopaki. Smarkacze nie mieli prawa do nich się pchać. Musieli słuchać: »Przynieś to, zrób tamto!«. I nie daj Bóg, żeby ten młodszy poskarżył się rodzicom! Mógł na zawsze zostać odszczepieńcem – mówi

Piotr Ilijcz, jeden z tych, co tu spędzili dzieciństwo. – A Wołodia Putin nie od razu pojął i przyjął prawa podwórzowego świata. No i z początku żyło mu się tu trudno"[41].

„Nie od razu". „Z początku". Najwidoczniej nie wśród takich praw wyrastał, nie w tym podwórzowym świecie, więc zżycie się z nim mocno bolało. Szybko jednak przyszedł czas wyrównywania rachunków. Pięściami. „Putin znał chwyty sambo, zanim jeszcze zaczął je tu trenować. I mnie też niejeden raz obronił. A we wszystkim chciał być pierwszy… No to niedługo na podwórzu wszyscy zaczęli się go bać" – wspomina Dmitrij Łobanow.

„Gdy się bił, musiał wygrać, bo inaczej robił się zły. Tak długo walczył, aż wygrał. Lubił zwyciężać, lubił być najlepszy, ale to chyba nic szczególnego?"[42] – upewnia się Wiera Nikołajewna z Metechi, opowiadając holenderskiej dziennikarce o swoim przepadłym synku Wowie. Tym samym, który według wspomnień metechijskiej nauczycielki „szybko zapisał się na sambo, a z zabaw najbardziej lubił walkę", tym samym, z którym – jak pamięta jego przyjaciel Gabriel Dataszwili – razem się bawili „w wojnę i w piłkę grali, i się bili", przy czym Wowa „był w tym lepszy przez to jego sambo". „Chociaż był niski, gotów był bić się z każdym… O skutkach nie myślał: od razu walił po mordzie – twierdzi przyjaciel szkolny Wiktor Borisienko. – A potrafił się bić z każdym, nawet z potężnym bandziorem. Jeśli, powiedzmy, ten go czymś uraził, Wołodia błyskawicznie skakał na tego byka, drapał go, gryzł, pękami włosy wyrywał, wyrabiał nie wiadomo co… Gdy już zaczynał się bić, był coraz bardziej rozsierdzony"[43].

Tenże Borisienko wspomina, jak jeden z nauczycieli ciągnął Putina za kołnierz przez korytarz, bo ten coś narozrabiał. Chłopak był wściekły. Długo nie mógł się uspokoić. Gdy już się wydawało, że doszedł do siebie, że przycichł, na nowo wybuchał wściekłością[44]. Niewspółmierną do przyczyny.

Prawie pół wieku później, w sierpniu 1999 roku, dwa tygodnie po tym, jak Putin został mianowany premierem, Boris Bieriezowski zobaczył go po raz pierwszy w skrajnej złości. „Twój przyjaciel tu był. Gusinski. On mi groził!". „Eee tam, on po prostu sprawdzał, jak zareagujesz" – bagatelizował sprawę Bieriezowski. Daremnie. „Rozsierdzony Putin powtarzał, jakby się nakręcając: »On mi groził! Nikt nie śmie mi grozić! On tego jeszcze gorzko pożałuje!«" – wspomina Bieriezowski i dodaje: „Tak rozwścieczoną jego twarz po raz pierwszy widziałem, gdy napomknąłem mu o Saszy Litwinience"[45].

Ponad pół wieku wcześniej nad rzeką Kurą, tą samą, nad którą z wędką przesiadywał Wowa, w odległym o kilkadziesiąt kilometrów Gori pewien chudziutki czarnowłosy chłopczyk też najbardziej lubił walczyć i ćwiczyć kriwi, czyli boks zespołowy. Na imię miał Josif, matka zwała go Soso, a do historii przeszedł jako Stalin. „Był krnąbrnym, ordynarnym, upartym dzieckiem, nieznośnym z natury – tak opisała go studwunastoletnia Chana Moszjaszwili, gruzińska Żydówka, przyjaciółka jego matki, która w 1972 roku emigrowała do Izraela. – Chorobliwie dumnym, jak często bywają ludzie długo upokarzani"[46]. I zawsze musiał wygrywać.

Ciekawe, że zarówno Soso, jak i Wowa poznawali arkana walki, broniąc siebie i swoich uwikłanych w nieproste życie matek.

Bo chociaż mężem Jekatieriny Gieorgijewnej Gieładze, matki Stalina, był pijący i bijący szewc Wissarion (dwóch chłopców urodzonych z tego związku przed Josifem zmarło), wcale nie jest pewne, czy to on spłodził przyszłego generalissimusa. Plotka przypisuje ten akt dwóm innym panom: albo arystokracie gruzińskiemu o nazwisku Egnataszwili, któremu dom prowadziła niespełna dwudziestoletnia śliczna Jekatierina, bita i poniewierana przez męża, albo często przebywającemu na Kaukazie podróżnikowi i przyrodnikowi polskiego pochodzenia – Nikołajowi Przewalskiemu, którego miała poznać w domu arystokraty o nazwisku Maminaszwili[47]. Oglądając choćby w encyklopedii zdjęcia Stalina i Przewalskiego, nawet najzagorzalszy wróg plotek zauważy, że to niemal ta sama twarz. Uderzające podobieństwo. Szewc Wissarion Iwanowicz, przy którego nazwisku w archiwach żandarmerii widnieje notatka: „włóczęga", najprawdopodobniej też na edukację Stalina nie łożył. Płacił podobno Jakow Egnataszwili, do którego Stalin zawsze odnosił się z wielkim szacunkiem.

Przepadł w mrokach historii szewc Wissarion uchodzący za ojca Josifa, przepadł też hulaka Płaton Priwałow, który najprawdopodobniej spłodził Władimira. Gdzie ich groby – nie wiadomo.

Soso musiał wygrywać i Wowka też musiał mieć ostatnie słowo. Po latach powie: „Rola, jaką wtedy na podwórzu odgrywałem, w dorosłym życiu byłaby rolą władzy sądowniczej"[48]. Koledzy pamiętają go jednak raczej jako egzekutora pospiesznych wyroków. Gorliwego i mściwego. Nawet jego najwierniejsza i zagorzała orędowniczka – nauczycielka Wiera Dmitrijewna Guriewicz ze Szkoły Podstawowej numer 193 w Leningradzie – przyznając, że Wołodia „to dobry człowiek", dodaje: „Ale zdrady i podłości nie wybaczy nigdy i nikomu"[49]. Czy zatem także najbliższemu człowiekowi – matce? Indagujący kandydata na prezydenta dziennikarze skonstatują: „Zdarzało się, że namyślając się nad odpowiedzią [...], Putin robił pauzę [...]. I tak, odpowiadając na pytanie, czy ktoś kiedyś go zdradził, długo milczał, zanim zdecydował się powiedzieć: »Nie«, po chwili zaś uściślił: »Przyjaciele nie zdradzali«"[50].

Czy leningradzki Wowa bierze odwet za Wowę z Metechi? Czy mając oparcie w nowym życiorysie, postanawia już zawsze wygrywać, a każde ustępstwo uważać za słabość? Jeśli tak, to czy mamy do czynienia z dojrzałym człowiekiem czy z wiecznie naprawiającym swoje dzieciństwo podrostkiem, który wyrósł, ale nie dojrzał?

Znane są jego lapsusy słowne prosto z podwórkowego slangu, na które sobie – piastując już wysokie urzędy państwowe – bez żenady pozwala. Gdy tylko traci grunt pod nogami, bo powiedzmy, że gdzieś za granicą dziennikarz zadaje mu niewygodne pytanie, robi się wściekły i wulgarny. Zaskakuje na przykład międzynarodową publiczność w Brukseli propozycją obrzezania – jak muzułmanina – dziennikarza ośmielającego się podać w wątpliwość przestrzeganie praw człowieka w Czeczenii[51]. Albo zapytany o swój ogromny majątek odpowiada: „Widziałem parę papierków w tej sprawie, wszystko to gadanie, bzdury po prostu. Wszystko wydłubali z nosa i rozmazali po tych swoich papierkach"[52]. Lub tłumacząc powolny – w porównaniu z Unią Europejską – rozwój Rosji, twierdzi, że „u nas z przeproszeniem wszyscy smarki przeżuwają i politykierstwem się zajmują"[53]. Znajdzie się też w jego wypowiedziach stwierdzenie, że „ni chrzanu nie robicie"[54], przy czym w potocznej ruszczyźnie słowo „chrzan" to wulgarne określenie bardzo męskiego organu.

To zaledwie skromna próbka słownictwa głowy państwa rosyjskiego. Czy tak się zachowuje dojrzały emocjonalnie człowiek? Czy to tylko usterka w wychowaniu, czy już w psychice? Bo nie w wykształceniu. Putin jest przecież absolwentem wydziału prawa.

Rozumienie prawa przez dorosłego Putina jest takie samo jak Wowy z zaułka Baskowa 12: prawo ma bronić „swoich" przed „obcymi". Dlatego „swoi" mówią, że „można na Putinie polegać", że „jest współczujący i ludzki". „Obcy" natomiast są pewni, iż to człowiek „absolutnie cyniczny", „zdecydowanie bezlitosny", a na widok włączonego dyktafonu odmawiają dalszej rozmowy. „Nie, on nie jest mściwy, on ma tylko bardzo dobrą pamięć"[55] – mówi, prosząc o nieujawnianie swojego nazwiska, jego współpracownik z administracji Petersburga, miasta, gdzie do dziś wiele osób zmienia się na twarzy, usłyszawszy słowo „Putin".

## Chuligan

Szkoła. Kolejna próba dla dziecięcych nerwów. Chłopak ma przecież lat dziesięć, a musi udawać młodszego.

By nie mnożyć jego traum, do nowej metryki wpisano – oprócz danych nowego ojca i nowej matki – także nowy rok urodzenia: 1952. Posłano więc Wowę powtórnie do pierwszej klasy, unieważniając gruzińską edukację. Rok szkolny rozpoczyna się we wrześniu, Władimir Władimirowicz przyszedł na świat – jak podaje oficjalna metryka – 7 października (kiedyś powie: „Urodziłem się w październiku, dlatego do szkoły poszedłem, gdy miałem prawie osiem lat"[56]). Czy ta minimalna różnica w czasie mogła przeszkodzić w wysłaniu go do szkoły rok wcześniej? Ale rok wcześniej przebywał jeszcze daleko od Leningradu. Te życiowe zawirowania bez wątpienia musiały się zapisać w umyśle i odbić na psychice małego człowieka. Wymagały stałego napięcia, zręcznego kluczenia, żonglowania prawdą. Codziennością stało się kłamstwo – nie to banalne, dziecięce, chroniące przed karą, lecz globalne, konieczne do życia jak mimikra. Dobre. Moralnie obojętne.

Lecz czy ktoś małemu Wowie mówił o moralności? Czy tłumaczył, że posłużenie się w jego sprawie narzędziem kłamstwa to wyjątek od przyjętych zasad? Czy starał się to wyjaśniać Władimir Spiridonowicz, bardzo do małego urwipołcia przywiązany, lecz skory do bicia – były żołnierz pacyfikacyjnego batalionu służb specjalnych NKWD, inwalida mający za sobą ponad pół wieku życiowych zmagań? Chyba nie, skoro Władimir Putin w przyszłości powie: „Ojciec w zasadzie się mną nie zajmował"[57]. Zapewne nie robiła tego ciężko przez życie doświadczona, zapracowana, zagoniona i w gruncie rzeczy sterroryzowana przez nieznośnego chłopaka Marija Iwanowna, która najwidoczniej jednak go kochała, bo zmieniła dzienne zatrudnienie, w przedszkolu, w piekarni, w laboratorium, na nocną pracę sklepowego stróża, byle tylko go upilnować. Pytanie, czy chłopak mógł być grzecznym, porządnym uczniem początkowych klas leningradzkiej szkoły podstawowej. Cóż wiedziały o życiu – w porównaniu z nim – otaczające go dzieci? Były zwykłe i nudne, podobnie jak podstawy wiedzy, które już przecież w Gruzji jako tako opanował.

Trudno się dziwić, że zapytany po latach przez dziennikarzy, czy lubił szkołę, szczerze odpowiedział: „Nieszczególnie. Mnie się na ulicy podobało"[58]. Szkoła mieściła się w tym samym zaułku, tuż obok domu, i sąsiadowała z jego podwórzowym królestwem. „Podwórze stanowiło bezpieczne zaplecze" i przez pierwsze cztery lata pomagało mu utrzymać „prawdziwe nieformalne przywództwo"[59]. „Było oknem na świat. A jakież to było podwórze! Chuligan na chuliganie. Atmosfera okropna: nieogoleni, brudni faceci z papierosami i portwajnem. Pijaństwo, przekleństwa, bójki. No a Putin pośród tej całej łobuzerii"[60] – opowiada bez żenady jego ówczesny przyjaciel Wiktor Borisienko.

Cóż, Władimir Putin jest dzieckiem epoki szczególnie trudnej, powojennej. Można by powiedzieć: było jak było, przeszło, minęło, podwórzowy zabijaka wyrósł na porządnego człowieka. Utrudnia to jednak sam bohater. Gdy zdziwieni jego wyjątkowo późnym, jak na sowieckie standardy, wstąpieniem do pionierów (dopiero w szóstej klasie) dziennikarze dopytują, czy wcześniej „rzeczywiście było aż tak źle", kandydat na prezydenta odpowiada: „Oczywiście, byłem przecież chuliganem, nie pionierem". „Żartuje pan?" – upewniają się dziennikarze. „Nie obrażajcie! – odpowiada poważnie. – Ja naprawdę byłem chuliganem"[61].

Koniec złudzeń: człowiek, który lada moment obejmie rządy nad jedną szóstą globu, rzeczywiście uważa, że przynależność do chuligańskiej bandy nobilituje. Przestępczy *modus agendi*, wdrukowany w jego umysł, nie poddał się korekcie, bo nigdy nie został przez niego uznany za zło. Sprawiedliwość to dlań prawo siły i szantażu, a podwórzowe wytykanie przywar innym („Ja zły? Ty jeszcze gorszy!") i łgarstwo to najskuteczniejsze argumenty na poparcie własnych racji.

Niedobrze rokuje to, że Władimir Władimirowicz nie rozstał się z Wową. Że jego dorosłe życie stanowi niemal klasyczne potwierdzenie prawideł psychologii, często (oczywiście, że nie zawsze!) upatrujących przyczyn przestępczości w trudnym dzieciństwie. Cóż da małemu hersztowi podwórza większą pewność siebie, większą wiarę we własne siły i większe poczucie dojrzałości życiowej niż dobrze przemyślany i zrealizowany, choćby nawet niewielki, występek?

A to grozi swojego rodzaju psychologiczną katastrofą: u młodocianych przestępców (bo kimże innym są rozzuchwaleni chuligani?) rozwija się przerośnięte ego, świadomość wszechmocy i narastającej bezkarności przy malejącym poczuciu winy[62]. Po latach, w 1999 roku, gdy zaczną się nim jako kandydatem na prezydenta interesować dziennikarze, przeczytamy: „Putin to prawdziwy »psychologiczny kanibal«: mówi jedno, myśli drugie, robi trzecie. Jeśli trzeba będzie wykonać coś nieludzkiego, za co on nie poniesie odpowiedzialności, wykona to. Rozstrzelać demonstrację pokojową? Rozstrzela. Sprowokować wojnę? Sprowokuje"[63].

W państwie demokratycznym osobliwości charakteru prezydenta pozostałyby tylko psychologiczną ciekawostką. W państwie rządzonym jednoosobowo nabierają zasadniczego znaczenia.

Po latach większość zachodnich polityków odkryje ze zdziwieniem, że Putin to chuligan. Człowiek niebezpieczny. Wandal.

Czerwiec roku 2013. Kolejne państwa, jedno po drugim, odmawiają wjazdu Edwardowi Snowdenowi, usiłującemu się ukryć po ucieczce ze Stanów Zjednoczonych z największą w naszych czasach ilością informacji skradzionych z Agencji Bezpieczeństwa Narodowego (National Security Agency – NSA) podlegającej Centralnej Agencji Wywiadowczej (Central Intelligence Agency – CIA). Gościny udziela mu prezydent Putin. „Wbija nóż w plecy USA", zachowuje się jak chuligan – grzmi w telewizji CBS demokratyczny senator Chuck Schumer i dorzuca: „Z doświadczenia wiem, że jeśli takiego chuligana się nie ukarze, staje się coraz gorszy".

Październik 2013 roku. Nietrzeźwego pracownika rosyjskiej ambasady, podejrzanego o stosowanie przemocy domowej, zatrzymuje w Amsterdamie holenderska policja. Po krótkim przesłuchaniu wypuszcza go i przeprasza za naruszenie immunitetu dyplomatycznego. Dwa dni później we własnym mieszkaniu w Moskwie zostaje ciężko pobity holenderski dyplomata Onno Elderenbosch. Komentując to zdarzenie, telewizja CNN stwierdza: „Podobne przypadki mogą się zdarzyć, i ostatnio się zdarzały, w stosunkach Rosji z różnymi państwami, ponieważ jej zachowanie coraz częściej przypomina zachowanie podwórzowego chuligana"[64].

Nadal jesień 2013 roku. 18 września. Morze Barentsa. Na wodach międzynarodowych zatrzymał się „Arctic Sunrise", statek Greenpeace'u pływający pod holenderską banderą. Ekolodzy dążą do tego, by ONZ całkowicie zakazała w Arktyce połowów i wierceń geologicznych przeprowadzanych także przez Rosję. Od statku odbija ponton. Działacze Greenpeace'u usiłują wdrapać się z niego na rosyjską platformę wiertniczą Prirazłomnaja, żeby rozwiesić transparent z napisem: „Dość niszczenia Arktyki".

Gdy dwoje z nich próbuje wejść na platformę, Federalna Służba Bezpieczeństwa Rosji (FSB) przeprowadza akcję niemal wojskową. Wśród krzyków, wyzwisk, strzałów z kałasznikowa w powietrze i wodę funkcjonariusze chwytają za linę i uderzają nią o burtę, mimo że zawieszona na niej dziewczyna krzyczy, iż już schodzi.

Następnego dnia nad statkiem zatrzymuje się helikopter. Zjeżdżają z niego na linach uzbrojeni po zęby ludzie i klęczącym na pokładzie ekologom, trzydziestu osobom z osiemnastu krajów, przystawiają karabiny do głów. Sąd rejonowy w Murmańsku wydaje nakaz ich aresztowania na dwa miesiące. Wbrew prawu, któremu podlegają pokojowe działania organizacji Greenpeace.

„Rosja pokazuje reszcie świata, co o nim myśli – komentuje w telewizji CNN rosyjska dziennikarka Masha Gessen. – Ten przekaz w gruncie rzeczy oznacza: »Będziemy wyprawiać, co nam się podoba, a wy nam nic nie zrobicie«. Tak mówi chuligan. Im bardziej zaś zdecydowanie będą protestować organizacje międzynarodowe, tym ostrzejsza stanie się reakcja Putina"[65].

Minie jeszcze parę miesięcy, nastanie rok 2014, zanim nazwisko „Putin" wywoła na świecie przerażenie, a on sam w poczuciu zupełnej bezkarności rzuci temu światu rękawicę w postaci Krymu i depcząc Ukrainę, zacznie się napawać swoją omnipotencją. Jego poczucie bezkarności nie bierze się jednak znikąd, lecz wynika z postępowania liderów polityki światowej, którzy przez lata, dla własnej wygody, groźnego chuligana traktowali jak *l'enfant terrible*.

## Portret

Czy to naprawdę ważne, kiedy Wowa zaczął biegać w pionierskiej czerwonej chuście? Co za różnica – w trzeciej czy w szóstej klasie? Zasadnicza, twierdzą znawcy epoki. Otóż każdy obywatel Kraju Rad powyżej lat ośmiu – chciał czy nie chciał – musiał należeć do pionierskiej organizacji imienia Władimira Iljicza Lenina. Przygotowywany był do tego od dziecka w oddziałach *oktiabriat*, czyli „październikowców", nazywanych tak dlatego, że pierwsze zastępy tworzono w latach 1923 i 1924 z rówieśników Wielkiej Socjalistycznej Rewolucji Październikowej. Wydaje się, że bałagan życiorysowy pozbawił naszego bohatera przynależności do *oktiabriat*, bo żaden gruziński kolega Wowy o istnieniu tej organizacji nie wspominał.

Gdy więc chłopaki w dalekiej Metechi ganiali nad rzeką, łowili ryby czy obrywali sobie uszy w sambo, ich rosyjscy rówieśnicy grzecznie się uczyli pięciu głównych zasad „październikowców":

*Oktiabriata* to przyszli pionierzy.

*Oktiabriata* są pilni, lubią szkołę, szanują starszych.

*Oktiabriata* to ci, co lubią pracę.

*Oktiabriata* są szczerzy i śmiali, zdolni i sprawni.

*Oktiabriata* zgodnie czytają i malują, bawią się i śpiewają, wesoło żyją.

No i jak się miało to dziecinne gaworzenie do dramatu Wowy Putina? Ustawienie go w zwartym pionierskim szeregu po tym wszystkim, co przeszedł, było równie niemożliwe jak zatrzymanie pioruna w locie. Ale zgodnie z nakazem Komunistycznej Partii Związku Radzieckiego (KPZR) do organizacji pionierów muszą należeć wszyscy uczniowie przed ukończeniem trzeciej klasy. Wszyscy – oprócz przestępczego narybku i religijnych odszczepieńców. Wowa do tej drugiej kategorii na pewno się nie zaliczał. Pozostaje zatem pierwsza. Poważny sąd zwany koleżeńskim, mający jednak w miejscach pracy czy zamieszkania kompetencje podobne do sądów państwowych, zamierzał nawet wysłać chłopaka na reedukację do internatu dla trudnej młodzieży. Ale Władimir Spiridonowicz wyprosił pozostawienie syna w rodzinie i sam za niego poręczył. Sąd prośbę uwzględnił.

Cóż takiego nawyrabiał ten dorastający, tryskający energią chłopak, podczas gdy inne dzieci, teoretycznie jego rówieśnicy, „zgodnie czytały i malowały, bawiły się i śpiewały"? Chyba dopuścił się ciężkiego – jak na swój wiek – przestępstwa: rozboju, kradzieży, bójki z uszkodzeniem ciała. I najpewniej (jak przypuszcza aktywista Komsomołu, komendant oddziałów pionierskich i przewodniczący Rady Drużyny Pionierskiej imienia Bohatera ZSRR I.D. Kudrina Siergiej Żakow) mały Putin musiał zajmować wysoką pozycję na liście bywalców miejscowej milicyjnej izby dla nieletnich[66].

Tych śladów dzieciństwa Wowy daremnie by teraz szukać w aktach. Zniknęły zapewne już wówczas, gdy Władimir Władimirowicz piastował stanowisko zastępcy mera Sankt Petersburga.

Pozostawmy jednak całą tę chuligańską przeszłość przyszłego prezydenta i wstąpmy na chwilę do wsi Metechi, położonej 30 kilometrów od Gori, gdzie urodził się Josif Wissarionowicz Dżugaszwili. Pójdźmy wiejską, wąską, lekko zabłoconą drogą, mijając niziutkie, biedniutkie domki z białej cegły. Na jednym niebieska pordzewiała tabliczka informuje po gruzińsku i po rosyjsku: „ulica Stalina". Idący drogą chłopcy zatrzymują się przy numerze 12, popychają żelazne wrota i wchodzą do amatorskiego warsztatu samochodowego, będącego równocześnie miejscowym salonem fryzjerskim. W zagraconym wnętrzu krzesło pod oknem udaje fotel fryzjerski. Starszy wąsaty człowiek w białym kitlu zaczyna się krzątać przy klientach, sprawnie manipulując grzebieniem i nożyczkami. To Suren, dzisiaj zwany dziadkiem, ten sam, który ponad pół wieku wcześniej strzygł Wowę *na boksa*. „Znaczy grzywkę zostawiamy długą, a reszta pod maszynkę" – objaśnia, stwierdzając, że Wowa już wtedy, a jakże, był dzielny jako „byk wśród cieląt"[67].

Światło z okna pięknie iluminuje podobiznę rozpartego w wiklinowym fotelu wąsatego jegomościa w białej kurtce z pagonami oraz w czarnych spodniach z lampasami. Portret otacza czarna ramka. Na przeciwległej ścianie, w ramce brązowej, tenże wąsaty jegomość w ciemnym mundurze kroczy wyprostowany, spoglądając przed siebie odważnie i dumnie. Takie lub podobne portrety Stalina wisiały niemal w każdym gruzińskim domu. U Wiery Nikołajewnej i Gieorgija Osiepaszwilich jego wizerunek witał przybyłych od wejścia.

A teraz… Jest 1961 rok. Zaułek Baskowa. Od pięciu lat trwa w Kraju Rad rozprawa z kultem jednostki, zapoczątkowana referatem pierwszego sekretarza KPZR Nikity Chruszczowa wygłoszonym na XX Zjeździe w 1956 roku. Portretami generalissimusa zapełniają się śmietniki. I oto Wowa wdrapuje się jak najwyżej na stertę próchniejących pod murem podwórka desek i w szczelinę w murze domu wbija gwóźdź, a przyjaciel Siergiej Bogdanow podaje mu wyciągnięty ze szkolnego stosu odpadków portret Stalina. Wowa wiesza go uroczyście i tryumfuje. Co chciał w ten sposób uratować od pogardy? Tamten wizerunek czy resztki rozbitego dzieciństwa? „Awantura była straszna" – dorzuca Bogdanow czterdzieści lat później.

Czas pokaże, iż ten portretowy heros zajął w psychice Władimira Putina miejsce kogoś bliskiego i ważnego. Autorytetu. Kiedy to się stało? Czy już wówczas, gdy wąsaty wódz w aureoli narodowego bohatera towarzyszył jego gruzińskim dniom? Czy później, w Leningradzie, gdy jego formalny ojciec Władimir Spiridonowicz chwalił się swoim ojcem – kucharzem u Stalina?

„Niby nic takiego, kucharz to kucharz – mówił Władimir Putin dziennikarzom. – Ale widocznie dobrze gotował, skoro po pierwszej wojnie światowej poprosili go, by pracował w podmoskiewskich Gorkach, gdzie wtedy żyli Lenin i cała rodzina Uljanowów. A kiedy Lenin umarł, dziadka przesunięto do jednej z dacz Stalina, gdzie długo jeszcze pracował"[68].

Gdy padały te słowa, był rok 2000. Od dawna żaden szanujący się polityk nie wspomniał nawet o Stalinie (nie mówiąc już o Leninie) i raczej wątpliwe, czy Gorbaczow lub Jelcyn chwaliliby się podobną bliskością. A Putin? Owszem, jakby słowo „Stalin" nawet przez moment nie kojarzyło mu się z czymś strasznym, wręcz przeciwnie – dawało powód do dumy, bo kandydat na prezydenta już na samym początku uraczył dziennikarzy opowieścią o dziadku Spiridonie, kucharzu wodzów komunizmu. Ciekawe skądinąd, czy urodzony w 1911 roku syn Spiridona, Władimir, zaglądał w Gorkach – jak to dzieciak – do ojcowskiego królestwa, czyli do kuchni w dworku odebranym kupcom Morozowom? Jeśli tak, to czy zetknął się tam ze schorowanym Leninem, który umarł dopiero w 1924 roku? A później w tajemniczej daczy Stalina może spotkał samego gospodarza?

Tak czy inaczej, duch wodzów rewolucji unosił się nad dzieciństwem zarówno Władimira, syna kucharza Spiridona, jak i Wowy, choć dziadek „o swoim życiu raczej milczał". „Nie był represjonowany?" – dziwili się dziennikarze, znając tragiczny los niemal wszystkich otaczających generalissimusa osób. „Jakoś nie był, choć prawie nikt, kto przez cały czas był przy Stalinie, nie ocalał. Dziadek ocalał"[69] – oznajmił niefrasobliwie Władimir Władimirowicz. Czyżby nie zdawał sobie sprawy ze szczególnego rodzaju zasług, jakimi – wedle znawców epoki – musiał się ów kucharz wykazać wobec organów bezpieczeństwa i – być może – także wobec samego

Spirydon Putin – kucharz Stalina i Lenina, fotografia z dedykacją dla „synka Wowy"

gospodarza? Siergiej Żakow, były kadrowy pracownik Zarządu „S" (wywiad) KGB ZSRR, w książce *Łże-Stirlitz* (Fałszywy Stirlitz) pisze: „To oznaczało, że ten kucharz był w stałym kontakcie z »organami« jako tajny pracownik, donosiciel" [70].

Dziadek Spiridon (który skądinąd nawet na fotografii dedykowanej jedynemu dziecku swojego syna nie nazwał go wnukiem, lecz „synkiem Wowy") przeżył Gospodarza (tak powszechnie nazywano Stalina) i resztę życia spędził w miejscowości Ilinskoje, w domu wczasowym Moskiewskiego Wydziału Partii, gdzie raczył szacownych gości produktami swojego kulinarnego kunsztu.

Syn owego mistrza kuchni, Władimir Spiridonowicz, również gadułą się nie okazał: „Rodzice prawie niczego mi nie opowiadali" – powtarza Władimir Władimirowicz dziennikarzom. Wie jednak, że ojciec walczył w Estonii w oddziałach ochotników NKWD. A czymże był Narodnyj komissariat wnutriennych dieł, czyli Ludowy Komisariat Spraw Wewnętrznych, jeśli nie aparatem represji? Od milicji poczynając, przez sądy, a na straszliwym systemie Gułagu wewnątrz Kraju Rad i represyjnych oddziałach na zewnątrz kończąc. Czymże początkowo była wojna w Estonii, jeśli nie zbrojnym zaborem tego kraju przez ZSRR, uzgodnionym z Niemcami w tajnym protokole paktu Ribbentrop–Mołotow?

Czy zatem Władimir Władimirowicz, opowiadając o swoim oficjalnym ojcu, nie zdaje sobie sprawy, że ten terrorem, rozstrzeliwaniami i deportacją „pomagał" Estończykom w ich „dobrowolnym przyłączeniu się do Związku Radzieckiego", a nie tylko – jak słyszą dziennikarze – bohatersko prowadził „dywersję na tyłach wojsk niemieckich"? Podczas jednej z takich akcji oddział Putina seniora, tak długo się ukrywał w pobliżu miejscowości Kingisepp po wykonaniu zadania, aż żołnierzom zabrakło żywności. „Nawiązali kontakt z miejscowymi, Estończykami, ci przynieśli im jedzenie, a potem wydali Niemcom" – relacjonuje przyszły prezydent.

Bez komentarzy. Dziennikarze pytań nie zadają.

Władimir Spiridonowicz z opresji w Estonii wyszedł cudem: ukrywał się przed Niemcami w błotnym jeziorze, oddychając przez trzymaną w ustach trzcinową rurkę. Później ledwie uszedł z życiem pod Leningradem, ciężko ranny na Newskim Przyczółku, którego obrona uchodzi za „jeden z największych błędów Stalina". „Jesienią 1941 roku, po ustanowieniu blokady Leningradu – pisze rosyjski historyk Mark Sołonin – w naszych rękach pozostał maleńki plac bitwy o rozmiarach 2 na 3 kilometry [...]. Newski Przyczółek nie mógł odegrać żadnej ważnej roli w przerwaniu blokady. Niemniej to poletko bitewne kazano utrzymać. Za wszelką cenę. Więc je utrzymywano. Przez czterysta dni. Niemiecka artyleria ostrzeliwała każdy metr tej ogromnej bratniej mogiły. Ogólną liczbę żołnierzy poległych na tym przeklętym skrawku różni badacze oceniają na 200–300 tysięcy. Dla porównania: przez pierwsze sześć miesięcy wojny (od 22 czerwca do 31 grudnia 1941 roku) Wehrmacht stracił na całym froncie wschodnim 209 595 żołnierzy. Mówiono, że na Newskim Przyczółku żołnierz Armii Czerwonej średnio przeżywał pięć minut"[71].

Przyszły prezydent, który sam przyznaje, że „była to krwawa jatka", pytany przez dziennikarzy, czy nie uważa, że za ten skrawek ziemi zapłacono zbyt wysoką cenę, odpowiedział: „Myślę, że na wojnie zawsze popełnia się wiele błędów... Trzeba odnosić się do tego pragmatycznie"[72].

Pragmatycznie. I kropka.

Kiedy trzynaście lat po tej rozmowie, w siedemdziesiątą rocznicę uwolnienia Leningradu od trwającej dziewięćset dni blokady niemieckiej (podczas której ludzie umierali z głodu, a kanibalizm nie należał do rzadkości), dziennikarze niszowej internetowej telewizji

Dożd' zadali widzom pytanie: „Czy nie należało poddać Leningradu, by uratować setki tysięcy ludzkich istnień?", Prokuratura Generalna pociągnęła ich do odpowiedzialności. Odłączono telewizję od kablowego nośnika i poddano represjom administracyjnym. Tymczasem rzecznik prasowy prezydenta oznajmił, że „stacja przekroczyła wszelkie dopuszczalne granice", czego nie wolno jej darować, bo „jeśli dopuścimy do tolerowania takich pytań, zacznie się u nas erozja nacji, erozja pamięci genetycznej". Czyżby więc po trzynastu latach rządów prezydenta rodem z leningradzkiego zaułka rosyjska nacja czuła się tak niepewnie, że jedno pytanie dotyczące przeszłości mogłoby spowodować erozję? Czy to raczej lider panicznie się bał pytań z dziedziny historii? Wszak wątpliwości rodzą się w umysłach niezależnych, mogą się więc przenieść z przeszłości we współczesność, a to już grozi indywidualizmem, dezynwolturą, demokracją. Buntem.

Putin senior nie musiał snuć długich opowieści: w pokoju z kuchnią w komunalnym mieszkaniu przy zaułku Baskowa ważny był duch wielkiego zwycięstwa pod wodzą generalissimusa, mniej liczyła się słów materia.

Wąsaty autorytet z czasów dzieciństwa Wowy niewiele stracił na sile oddziaływania tylko dlatego, że po roku 1956 spadł z piedestału. System, który go stworzył, trwał, trochę tylko mniej okrutny niż dawniej. Obywateli Kraju Rad, zarówno tych w zwykłych domach, jak i tych w łagiernianych barakach, nadal witała pieśń o „poranku, który jasnym światłem krasi mury starodawnego Kremla", kiedy budzi się „kipiący, potężny, niezwyciężony kraj ukochany, nasz sowiecki kraj"*. Zniknęła z niej wprawdzie zwrotka o Stalinie, w pochodach nie pojawiały się jego portrety, ale partia nadal dbała, by – jak ujął to jej piewca Włodzimierz Majakowski – jednostka była „zerem", jednostka była „bzdurą" i by liczył się tylko takich „bzdur" zlepek – kolektyw.

---

* W wersji śpiewanej w Polsce ten fragment piosenki brzmiał tak: „Moskwa gwarna już od rana, / Coraz więcej życia w niej. / Witaj, Moskwo ukochana, / Serce serc ojczyzny mej [...], / Najmilsze z miast, / Największe z miast, / O Moskwo ma, / Niezwyciężona siła twa!".

Skończył się okres „chruszczowowskiej odwilży" i w przestrzeni między władzą a społeczeństwem z wolna zamierał przelotny wiaterek swobody. Masowe represje należały wprawdzie do przeszłości, lecz łagry i więzienia nie pustoszały, a szpitale psychiatryczne zapełniały się pacjentami z nową jednostką chorobową: „przewlekłą schizofrenią", objawiającą się najmniejszą choćby wątpliwością co do słusznej linii partii i obranej drogi do komunizmu. A gdy w 1965 roku świętowano dwudziestolecie zwycięstwa nad faszyzmem, uroczystym pochodom znowu tu i ówdzie towarzyszyło znajome oblicze lekko uśmiechnięte pod wąsem.

Tu i ówdzie. Nienachalnie. Gdzieś w tle. O Stalinie nie wspominał żaden z sekretarzy generalnych partii komunistycznej. Strach już nie pętał całunem, a tylko spowijał ludzi gęstą, cienką tkaniną. Jedynie najzagorzalsi wyznawcy wodza kładli jeszcze rocznicowe goździki pod wmurowanym w kremlowską ścianę popiersiem. Następcy – Chruszczow, Breżniew czy Andropow – usuwali się w cień, ciągnąc za sobą wąsaty portret. Wydawało się, że stamtąd nie ma powrotu, że przepadnie na zawsze. Hulały w Rosji pierestrojkowe burze, rosyjska demokracja wchodziła w bolesny okres dojrzewania. Ślady po Marksach, Engelsach, Leninach, Stalinach znikały, zda się, bezpowrotnie.

A jednak stało się! Ślady odmieciono. Jak? Kiedy? Portrety otrząśnięte ze śmietnikowego pyłu przywierały do ścian budowli na placu Czerwonym już nie tylko w Dzień Zwycięstwa, tu i ówdzie mościły sobie miejsce na ulicach Moskwy. I oto znów górują nad przechodniami w Wołgogradzie, niegdyś zwanym wszak Stalingradem, butnie prezentują się na autobusach w Czelabińsku, nierzadko wychyną z jakiegoś pochodu, a jeśli kto ma życzenie, trafią wprost do domu po kliknięciu w internetowy link: „Portret Stalina kupić, zamówić, ściągnąć".

Po portretach przyszedł czas na pomniki. Kosztują więcej, zrobić je trudniej, nie dorównują więc liczbą konterfektom wodza. Ale powstają. Oto w Jakucku na dalekiej Syberii – trzy, w Machaczkale, w Woroneżu… Statuy lub tylko popiersia. Są jak wydobywające się spod gruzów historii wańki-wstańki, strażnicy nadchodzącej przyszłości, w której cofnie się czas o dziesięciolecia, nasyci ją strachem i wrogością. Strachem – na użytek wewnętrzny, wrogością – do reszty świata. Dlaczego? Bo Władimir Władimirowicz od dawna wie, że najłatwiej się rządzi stale gotowym do obrony, posłusznym podwórzem.

## Pionier

Czerwone chusty, białe koszule. W niedługim szeregu stoi Wowa. Wreszcie wstępuje do pionierów. Ostatni moment: to już szósta klasa. Potem zaczynają się obowiązkowe przyjęcia do Komsomołu, ale tylko dotychczasowych członków młodzieżowej organizacji. „To się odbyło w Sablinie. Uroczyście"[73] – wspomina nauczycielka Wiera Dmitrijewna Guriewicz.

Skąpy lasek. Na skraju drewniane zabudowanie, obszerne, parterowe, coś między chatą a hacjendą. Z boku tablica: „W tym domu w latach 1905–1906 bywał u swojej siostry A.I. Uljanowej (Jelizarowej) Władimir Iljicz Lenin". Zabudowanie to tak zwany Domek Lenina. Przyjmowanie tutaj w szeregi pionierów uważane jest za zaszczyt. Pewnego dnia 1966 roku padły tu, na polanie, słowa:

„Ja, Władimir Putin, wstępując w szeregi Ogólnozwiązkowej Organizacji Pionierskiej imienia Władimira Iljicza Lenina, uroczyście obiecuję wobec moich towarzyszy, że będę gorąco kochać swoją ojczyznę, żyć, uczyć się i walczyć, jak przykazał wielki Lenin i jak uczy partia komunistyczna, [a także] wiernie przestrzegać zasad pionierów Związku Radzieckiego".

Pierwszą zasadę uroczyście wygłosił zastępowy, a cały zastęp powtarzał za nim, skandując: „Pionier jest oddany ojczyźnie, partii i komunizmowi". Zastępowy recytował po kolei pozostałe zasady, a znad czerwonych chust powtarzano: „Pionier to uczciwy i wierny towarzysz, zawsze śmiało broniący prawdy. Pionier jest gotów zostać komsomolcem. Pionier chce zostać bohaterem walki i pracy. Pionier czci pamięć poległych i broni ojczyzny". Po ślubowaniu odśpiewano pieśń o pionierskiej przysiędze: „Powiewały nad zastępem nasze chusty jak flagi radośnie płomienne".

To radość tak stać wśród myślących i czujących podobnie. To radość śpiewać razem, że „jeden za wszystkich, wszyscy za jednego" i że „nigdzie nie znajdziesz szczęśliwszych od nas i od kraju, w którym żyjemy, bo to kraj najjaśniejszy – nasza wielka ojczyzna". Wspólny śpiew spaja jednostki w kolektyw. Spaja tak mocno i na tak długo, że jeszcze po latach odzywają się w głowie tamte dźwięki, przywołując tamtą atmosferę, tamte emocje. Wpadające w ucho melodie i słowa masowych pieśni, często piękne, dzieło najlepszych kompozytorów i poetów, budzą pogodny nastrój, dumę i entuzjazm: to nasza wielka ojczyzna, najwspanialszy, najpotężniejszy, jedyny taki na świecie, sprawiedliwy Związek Rad... My – awangarda, my – budowniczowie, my – najlepsi... Z przytwierdzonych do ścian radioodbiorników rozlegają się te pieśni w przedszkolach, szkołach, uczelniach, zakładach pracy, na obozach, konkursach, akademiach, festiwalach.

Samych pieśni pionierów było blisko pięćset. A jeszcze te dla komsomolców, dla partyjnych, dla kołchoźników, dla robotników... Pieśni o pracy, o miastach, o marynarzach, o sporcie... W ciągu siedemdziesięciu lat powstało ich tysiące. Od 1917 roku przekazywane z pokolenia na pokolenie, wnikające w podświadomość, utwierdzały w umysłach milionów ludzi na obszarze całego Związku Radzieckiego przekonanie, że mityczna wizja to rzeczywistość.

„Drogi Towarzyszu – czytamy dziś we wpisie Jeleny Iwanownej Muchin na portalu Sowieckaja Muzyka. – Te pieśni znały kiedyś wszystkie wsie i miasta naszej niezmierzonej Ojczyzny. Niektóre z nich i teraz są znane praktycznie wszystkim, którzy urodzili się i wyrośli w naszym kraju. Te pieśni to pomniki naszej niedawnej przeszłości, w której nasze państwo próbowało zbudować społeczeństwo socjalistyczne. To był interesujący czas, czas nie tylko Gułagu, ale i wielkich budów, entuzjazmu, zwycięstw i wiary w »jasną przyszłość całej ludzkości« [...]. Młodym chcemy tylko przypomnieć minioną epokę i kraj, który z samozaparciem bohatersko budował »świetlaną przyszłość«; chcemy przypomnieć ludzi, którzy w tym kraju mieszkali".

„Pamiętam jeden z największych strachów mojego dzieciństwa: że mogłam się urodzić w państwie kapitalistycznym, a nie w Związku Radzieckim. I byłam niewypowiedzianie szczęśliwa, że żyję właśnie tam! To myśmy na apelach, akademiach i zebraniach skandowali w najgorszych czasach stalinowskich (i potem też): »Dziękujemy partii za nasze szczęśliwe dzieciństwo!«”[74] – pisze Irina Smith, mieszkająca w Londynie rosyjska dziennikarka.

„Może i zdawałam sobie sprawę z tego, że nam się to szczęście wmawia. Ale innego nie znaliśmy. Znaliśmy tylko z czytanek okropną prawdę o życiu gdzie indziej. Pamiętam historię o straszliwie biednej rodzinie amerykańskiej, która szukała w jakimś miasteczku jedzenia. Zobaczyli wreszcie kopiec ziemniaków. Ale gdy zaczęli je obierać, okazało się, że w środku są fioletowe. Zatrute przez kapitalistów! Specjalnie, żeby biedacy nie mogli ich jeść... No więc jak miałam nie wierzyć, że żyję w najszczęśliwszym państwie świata? U nas ziemniaki – owszem – bywały fioletowe, ale to ze zwykłego, rodzimego przemrożenia” (Lena z Wilna).

„Lubiłam być pionierką. W pionierskiej organizacji były same pozytywne rzeczy, a przede wszystkim poczucie przynależności do kolektywu i do najpotężniejszego państwa na świecie” (Daria).

„Przepiękna przeszłość! Chusta w kolorze flagi narodowej, poczucie, że kraj dobry, ogromny, pierwsze książki, wspaniały obóz w Arteku, mili nauczyciele, sympatyczne zabawy. I iluż dobrych towarzyszy z tamtych lat!” (Aleksiej).

„Wspólne pieśni, wspólna radość, wspólna duma z wielkiej i potężnej ojczyzny, którą szanuje cały świat” (Siergiej).

Takich wpisów jest mnóstwo i na portalu SSSR Nasza Rodina, i na innych, podobnych.

Takich ludzi jest w dzisiejszej Rosji większość. W latach sześćdziesiątych ubiegłego wieku rówieśników Władimira Putina było około 40 milionów. A wcześniej? A później? Przecież pionierzy, Komsomoł i Komunistyczna Partia Związku Radzieckiego skończyły swój oficjalny żywot dopiero w 1991 roku. Rosję zapełniają więc zarówno rówieśnicy Putina, jak też ich starsi bracia i siostry oraz wychowane przez nich dzieci. W programie partii komunistycznej na lata 1919–1961 uznano szkołę za oręż w walce o „przeradzanie się społeczeństwa w komunistyczne" – mówił 3 października 2004 roku w opozycyjnym radiu Echo Moskwy historyk Igor Dołucki. Potem był program (1961–1986) „formowania nowego człowieka". Zauważmy, że to „przeradzanie się" i „formowanie" odgradzała od reszty globu żelazna kurtyna, rozpłatawszy świat na dwie nic niewiedzące o sobie części. Zauważmy też, że istotą tego „przeradzania się" i „formowania" było totalne zakłamanie. „W nauce dominowały dogmatyka, ortodoksja, scholastyka, otwarta apologetyka w sferze nauk socjalnych, zmuszonych do obsługiwania kolejnych utopii władzy sowieckiej"[75] – konstatuje socjolog Siergiej Magaril.

Przyznać się do kłamstwa i je odwołać potrafi tylko człowiek dojrzały. I Gorbaczow, i Jelcyn też wyrastali wśród pieśni masowych i totalitarnej indoktrynacji, a przecież zdobyli się na odwagę, by je odrzucić. Nie potępić, lecz przesunąć do zamkniętej na zasuwę przeszłości. Obaj – Michaił Gorbaczow, sekretarz generalny KC KPZR, i Boris Jelcyn, pierwszy sekretarz KPZR obwodu swierdłowskiego – potrafili jednak ocenić, choć każdy w innej mierze, krach systemu komunistycznego i degradację imperialnych tęsknot: zimnowojenna rzeczywistość dogorywała. Postąpili – przy wszystkich popełnionych błędach – jak dojrzali przywódcy dużego formatu.

Niezmienną pamięć o wielkiej Rosji imperialnej zachowały natomiast miliony dawnych pionierów i komsomolców, przechowując nieskomplikowany, czarno-biały obraz tamtej rzeczywistości. Jedynej, z jaką mógł się zmierzyć umysł infantylizowany, karmiony przez dziesięciolecia uproszczonymi prawdami, historycznymi mitami, nieprzygotowany do przyjęcia jakichkolwiek sprzecznych z nimi faktów. I – co niebawem zademonstruje przyszłość – czy to w czasie wojny w Gruzji, czy to podczas pacyfikacji Ukrainy – żelazo tej kurtyny okaże się trwałe mimo otwartych granic, internetów i Facebooka.

Miliony, które wychodziły na place całego Związku Radzieckiego pod koniec pierestrojki, demonstrowały przeciwko temu, co znały – głównie przeciw partyjnej nomenklaturze i niedostatkowi, nie domagały się zaś tego, czego nie znały, czyli demokracji w całej jej złożoności.

Owszem, naród w większości miał dość prawd głoszonych przez jedną partię. Ale gdy za czasów Jelcyna w Dumie Państwowej, nowym parlamencie Rosji, pojawiło się partii kilkanaście, a każdy deputowany domagał się czegoś innego, gdy na oczach zdumionych obywateli, oglądających te zmagania na żywo w telewizorze, krzyżowały się różne racje – nastąpiło zmęczenie. Tak jakby ludzi przywykłych do powolnego spaceru zmuszono do biegu. Nie przypadkiem coraz chętniej słuchano sloganów monotonnie wygłaszanych przez lidera komunistów Giennadija Ziuganowa: szare komórki odpoczywały przy znanych dźwiękach. Gdyby nie fałszerstwa wyborcze, Ziuganow pokonałby demokratę Jelcyna już w 1996 roku.

Przeskok od komunizmu do demokracji dokonał się dla Rosjan zbyt gwałtownie, był właśnie jak udział w biegu bez treningu. Nie przerobili bowiem lekcji historii, krótko zabawiwszy się demokracją w zamierzchłej przeszłości wielkiego Nowogrodu, utopionego za karę we krwi przez Iwana Groźnego, a zdobycze rewolucji lutowej okazały się krótkotrwałe i zostały rychło krwawo zniszczone przez rewolucję październikową. Rosyjskie samodzierżawie, w przeciwieństwie do zachodnioeuropejskiej demokracji, nie przeszło kolejnych etapów ewolucji, a rządy cara lud przyjmował niemal jak dogmat o Trójcy Świętej. Dopóki władcy nie rozstrzelano.

„W Rosji dramatycznie zabrakło epoki prawdziwego absolutyzmu oświeconego. Jego szkoły zastąpić nie zdoła żandarmska, despotyczna przeszłość. Każda nowa era reformatorskich i liberalnych idei przeraża rządzących państwem absolwentów akademii tyranii, boleśnie odczuwających brak twardego gruntu pod nogami. Więc po reformatorach nieodmiennie przychodzi nowa epoka, długa, bezbarwna i nudnie powtarzalna: epoka stagnacji, epoka zastoju. Jej hasłem zawsze jest »Porządek i Stabilizacja«" – pisał pod koniec epoki Jelcyna wybitny rosyjski historyk Aleksandr Janow i dodawał: „Zawsze w dziejach Rosji po okresie liberalizujących reform następował odwrót od nich ku despotyzmowi, autorytaryzmowi zwanemu później totalitaryzmem"[76].

Tak więc wolna od cenzury prasa, roznamiętniona ideologicznie telewizja, cały ten jarmark w Dumie czy to, że choćby dziś możesz sobie, bracie, założyć skrajnie opozycyjną partię, a nawet że już możesz przestać się bać władzy – wszystko to wielu przypominało raczej lunapark, po którym zdezorientowani błądzili, szukając wyjścia. Miliony niegdysiejszych pionierów zaczęły marzyć o zawróceniu biegu historii i powrocie do zrozumiałych prawd. A gdy w melodii hymnu rosyjskiego rozpoznały przywrócony przez Putina dawny hymn Związku Radzieckiego, radośnie strzepnęły pył z czerwonych chust i gotowały się do drogi. Powrotnej.

## Nauczycielka

Uważa się za najważniejszą kobietę w jego życiu. Jest na pewno jedyną, która chce o nim mówić. Ba! Pisze nawet wspomnienia o ich relacjach. Trwały cztery lata. Były niemal codzienne. I – jak się wydaje – dość bliskie, a nawet, jak wynika z cytowanej tu książki *Ot pierwogo lica...*, zaskakująco częste i szczere. Po latach wspomina: „Mogliśmy rozmawiać godzinami. O wszystkim. On bardzo lubił rozmawiać o przyszłości, a ja zawsze mu powtarzałam: »Najważniejsze jest to, by nie zająć czyjegoś miejsca, bez względu na to, jak bardzo by ci się ono podobało«. A on wszystkiego słuchał".

Wiera Dmitrijewna Guriewicz, nauczycielka języka niemieckiego i wychowawczyni Wowy, tak opisuje go w swojej książce *Władimir Putin. Roditieli. Druzja. Uczytiela* (Władimir Putin. Rodzice. Przyjaciele. Nauczyciele): „Chłopak niewielkiego wzrostu, bladolicy, z głęboko osadzonymi oczami szarego koloru, nad nimi wyraźne czarne brwi, bardzo się od włosów różniące. Nazywałam go dla siebie »jasnogłowym«, co potem znalazło uzasadnienie"[77].

Znajomość z małym łobuzem zawarła, kiedy powierzono jej wychowawstwo klasy czwartej Szkoły Podstawowej numer 193 w Leningradzie. Znajomość się pogłębiła, gdy nauczycielka założyła kółko języka niemieckiego, a „Wołodia nawet z dużym zainteresowaniem uczestniczył w zajęciach [...]. W piątej klasie jeszcze nie bardzo dał się poznać, lecz wyczuwałam w nim potencjał, energię, charakter. Łatwo mu przychodziła nauka języka, chłopak miał bardzo dobrą pamięć, elastyczny umysł. Pomyślałam: będzie z niego pożytek. Postanowiłam poświęcić mu więcej uwagi"[78].

Z tego, co Wiera Dmitrijewna mówi dziennikarzom, i z tego, co sama pisze, wynika, że często gościła w domu Putinów, a los chłopca istotnie leżał jej na sercu. Choć była matką maleńkich córek, żoną, znajdowała czas na – jak się wydawało – ponadobowiązkowe wizyty u rodziców swojego podopiecznego. Możliwe jednak, że wchodziły one w zakres jej dodatkowych obowiązków. Na emeryturę przeszła bowiem w randze kapitana milicji, pracowała też jako rejonowy inspektor do spraw nieletnich i starszy wychowawca w izbie zatrzymań miejscowego MSW.

Wierze Dmitrijewnej udało się – do pewnego stopnia – zająć miejsce oficjalnej matki Wołodii, Marii Iwanownej. Wyraża się o niej, owszem, z sympatią („Matka Wołodii była bardzo ciepłym człowiekiem, życzliwym, usłużnym, sama dobroć"), ale i z lekceważeniem („Jego matce brakowało wykształcenia, nie wiem, czy skończyła pięć klas"[79]). A co do swojej roli w życiu przyszłego prezydenta nauczycielka nie ma wątpliwości: „W dzieciństwie wpływ na Wołodię wywierały dwie osoby – jego tata i ja... Prawdziwym komunistą był jego tata".

Matka w tym przekazie nie istnieje.

„Pamiętam, jak przyszedł do mnie w gości zaraz po tym, gdy zaczął pracować na Kremlu. Siedzieliśmy wtedy, trzymając się za ręce"[80] – wspomina nauczycielka. Nie matka.

Rósł więc mały człowiek zakleszczony między przywiązanym do Stalina ekszołnierzem NKWD a wierną pryncypiom radzieckiego ustroju mentorką. Jeśli dodać do tego piониersko-komsomolską atmosferę szkoły, otrzymamy przynajmniej częściowe wytłumaczenie późniejszych działań prezydenta.

Niewątpliwie wpływały na nie także jego kompleksy. Nie tylko te związane z wyglądem, bo i niewysoki był, i przezywali go w szkole „Uti-Puti" (od *utkinogo*, czyli „kaczego" chodu), lecz również te wynikające z komplikacji rodzinnych. Dramat pozostawienia (porzucenia?) przez biologiczną matkę zabliźnia się trudno. Wszystko zdaje się wskazywać, że kompleks braku miłości w dzieciństwie manifestował się ciągłą potrzebą bycia zauważanym w dorosłości.

Stąd to kreowanie się na herosa. Stąd ten hełm i mundur żołnierza, odrzutowiec i łódź podwodna, strój płetwonurka i poskromiony lampart (*notabene* z zoo, wcześniej unieszkodliwiony uspokajającym zastrzykiem). Zapewne tak mu doradzają specjaliści od wizerunku, ale najwyraźniej widać, że ta maskarada sprawia mu przyjemność jak chłopcu. Czy możliwe, by satysfakcjonowała człowieka naprawdę silnego? W jednej z charakterystyk Putina psycholog ma wątpliwości: „Nie potrafię wytłumaczyć jego namiętnego zainteresowania różnymi »zabawami wojskowymi« (lataniem w kabinie odrzutowca, pływaniem na okręcie wojennym lub w łodzi podwodnej, przyjmowaniem defilad) niczym innym jak tylko wynikającą z kompleksów słabością charakteru. Wyraża się ona w tym, że jest łasy na pochlebstwa i zaspokaja potrzebę swojej wielkości przez »wielkomocarstwowy status Rosji«"[81].

Część II

# Kariera

Zimą 2000 roku Putin, tymczasowo pełniący wówczas obowiązki prezydenta, scharakteryzował swoją karierę tyleż żartobliwie, co krótko:

„W gruncie rzeczy moje życie jest bardzo proste, całe jak na dłoni:
Skończyłem szkołę, poszedłem na uniwersytet.
Uniwersytet skończyłem – do KGB.
KGB skończyłem – znowu na uniwersytet.
Z uniwersytetu – do Sobczaka.
Od Sobczaka – do Moskwy, do Kancelarii Prezydenta.
Potem – do Administracji Prezydenta.
Potem – do FSB.
Potem mianowali mnie premierem.
Teraz pełnię obowiązki prezydenta. To wszystko!
– Były chyba jakieś szczegóły? – dopytują dziennikarze.
– No, były…”[1].

## Sportowiec

Szczegóły… To w nich, jak wiadomo, tkwi diabeł. Albo i całe diabłów stado. Ot, takie proste na pozór stwierdzenie: „Skończyłem szkołę, poszedłem na uniwersytet”. A gdzie miejsce na sport, panie prezydencie? Istotny element pańskiego ówczesnego życia i największy powód do dumy?

Można zrozumieć, że dorosły Putin nie chce pamiętać o pobieranych w Metechi naukach sambo, więc dziennikarzom oznajmia:

„Sportem zacząłem się zajmować, kiedy miałem dziesięć, jedenaście lat". To znaczy – w Leningradzie.

Kiedy kandydat na prezydenta odpowiadał na pytania dziennikarzy (w lutym i marcu 2000 roku), nawet nie przypuszczał, że Czeczeni nakręcili już filmowy dokument w miejscu jego dzieciństwa i że jest w nim mowa o nauce sambo, ani że kiedyś koledzy z leningradzkiego podwórka przypomną sobie Wowę, który zjawił się tam, znając już zasady tej walki. To mniej tu ważne. Ważniejsze jest to, czy sport wpływał na naukę przyszłego władcy niemal jednej szóstej globu, czy ją uzupełniał, czy może – w znacznej mierze – zastępował?

Tak czy inaczej, to był jeden z najważniejszych momentów w jego życiu – gdy pierwszy raz stanął na progu siermiężnej sali sportowej klubu przy alei Kondratiewskiej w Leningradzie. „Skromna sala należała do Stowarzyszenia Sportowego »Trud« – wspomina. – Tam miałem bardzo dobrego trenera. Nazywał się Anatolij Siemionowicz Rachlin [...]. Ten trener odegrał w moim życiu decydującą rolę. Jeśli bym nie zaczął zajmować się sportem, nie wiadomo, jak by się to wszystko dalej ułożyło [...]. To Anatolij Siemionowicz, w gruncie rzeczy, wyciągnął mnie z podwórka"[2].

Anatolij Salomonowicz (bo tak brzmiało jego prawdziwe *otczestwo*, lecz w tamtych czasach, gdy jeszcze unosiły się opary niedawnej stalinowskiej antysemickiej nagonki, lepiej było, jeśli czyjś ojciec miał na imię Salomon, zmienić je na przykład na Siemion) okazał się dla podopiecznych podarunkiem od losu. Trenerskie szlify zdobywał w Instytucie Pedagogicznym i miał w sobie tyleż z wychowawcy, co z trenera, bo małego bisurmana udało mu się okiełznać, dorzucając do zajęć sportowych – oprócz autorytetu – garść zwykłego ludzkiego ciepła. Być może tego właśnie dotychczas brakowało. Anatolij Rachlin przychodził do rodziców chłopca, chwalił go za śmiałość, zwinność, wytrzymałość i uczciwość. I stało się: Wowa zaczął się lepiej uczyć, Wowa zaczął systematycznie trenować...

„Większość młodzieży pasjonowała się wtedy tańcami – wspomina nauczycielka. – W szkolnym klubie »Kristal« odbywały się wieczorki, wystawialiśmy także spektakle, ale Wołodia nie brał w tym wszystkim udziału. On raczej nie lubił towarzystwa. Wolał sport. Uczył się walczyć, żeby się umieć bronić. Cztery razy w tygodniu trenował i osiągnął niezłe rezultaty. Lubił to swoje sambo. Zaczął brać udział w zawodach i często z grupą wyjeżdżał do innych miast"[3].

Sambo zmieniło się w dżudo. Szkoła podstawowa - w szkołę średnią, specjalizującą w chemii. Wybraną nieoczekiwanie, raczej ze względu na idącego tam przyjaciela niż własne zainteresowanie naukami ścisłymi, którego dotychczas zupełnie nie wykazywał. Wołodia był chłopcem zamkniętym, nieskłonnym do zwierzeń, więc nawet matkująca mu nauczycielka mogła się takiemu wyborowi szkoły tylko dziwić. Tak czy inaczej, najważniejszy stał się sport.

Z przestworzy internetu wynurza się kawałek pożółkłej gazety. Jaki tytuł i data - nie wiadomo. Szkoda, bo na stronie widać zdjęcie Wołodii (smutne, jak większość zdjęć z tamtego okresu), a obok podpis: „Zawodnik dżudo Władimir Putin, jeszcze mało znany szerokiemu gronu specjalistów i kibiców, w zakończonym właśnie turnieju podczas spartakiady po raz pierwszy został zwycięzcą. Władimir trenuje w klubie «Turbostroitiel» u Anatolija Rachlina. Zajęcia z dżudo z sukcesem łączy z walkami sambo".

*1970 rok. Do Tbilisi na zawody sambo przyjechał Wowa (pierwszy z lewej), przed nim Wasilij Szestakow, Igor Brodow i Arkadij Rotenberg*

A teraz inna gazeta, inne zdjęcie: płowowłosy szczupły chłopak przerzuca przez plecy potężniejszego od siebie bruneta. Brunet nazywa się Wasilij Szestakow i tak wspomina dawne czasy: „Gdy chodziliśmy do średniej szkoły, trenowaliśmy co drugi dzień. Kiedy pojawiły się pierwsze rezultaty, zaczęli dla nas organizować zgrupowania. To było trudniejsze:

trenowaliśmy dwa razy dziennie, nie licząc rozgrzewki, która trwała ponad godzinę. Treningi – ponad dwie godziny. Zaczęliśmy wyjeżdżać na piętnasto-, dwudziestodniowe zgrupowania"[4].

Tak więc sport jak swoisty, przytulny batyskaf przetransportował naszego bohatera przez nudnawe odmęty szkolnej nauki aż na uniwersytet. Choć ta prestiżowa uczelnia w Leningradzie słynęła z niedostępności (na jedno miejsce przypadało czterdziestu kandydatów), nasz bohater dostał się tam za pierwszym podejściem. Widocznie ten fakt budził niekiedy zdziwienie, bo Putin wyjaśniał, że na kursach przygotowawczych dowiedział się, iż są sporządzane listy sportowców mających pierwszeństwo w przyjęciu na uczelnię. „Dokładnie wiedziałem – mówił – że mnie na takiej liście nie ma!"[5].

Czyżby? Anatolij Rachlin, trener Putina, wylicza jego osiągnięcia sportowe z tamtych lat:

W 1970 roku, a więc w roku wstąpienia na uniwersytet, Władimir Władimirowicz wygrywa Mistrzostwa Szkół Wyższych Leningradu w sambo, a w 1971 roku – Mistrzostwa Młodzieżowe w sambo, w 1972 – Międzynarodowy Turniej Młodzieżowy w dżudo. Później bierze jeszcze udział w Młodzieżowych Mistrzostwach Krajów Nadbałtyckich, Młodzieżowych Mistrzostwach Leningradu, mistrzostwach seniorów i znów w Mistrzostwach Szkół Wyższych miasta nad Newą. Podobnie w 1973 roku walczy na mistrzostwach Leningradu w sambo, a w 1974 wygrywa mistrzostwa w Wilnie; bierze też udział w turniejach w Talinie i w Kiszyniowie. Tak samo w 1975 roku[6].

Internauci twierdzą, że z tymi tytułami coś się nie zgadza, gdyż jak czytamy w książce o igrzyskach 2014 roku, „mistrzem w sportach walki zostawało się w ZSRR po zwycięstwie w ważnych zawodach, a Putin takich zwycięstw, jak wywęszyli użytkownicy sieci, nie miał"[7]. Tak czy inaczej, nasz bohater albo walczył, albo jeździł na zawody. Dodajmy do tego rozpoczynające się wczesnym rankiem rozgrzewki, potem – treningi, wyjazdy na zgrupowania. On jednak, jak zapewnia, znał we wszystkim miarę: „Kiedy zacząłem studiować na uniwersytecie, pojawiły się inne bodźce, inne wartości, głównie skupiłem się na nauce, a do sportu odnosiłem się już jak do sprawy drugorzędnej”[8]. Te wszystkie zwycięstwa i walki przychodziły mu najwidoczniej bez fizycznego wysiłku i odrywających od nauki codziennych treningów.

Tak czy inaczej, fakty wskazują na to, że w osobowości przyszłego prezydenta duch prawa przegrywa jednak z duchem sportu. O duchowym przesłaniu walk Wschodu Putin potrafi mówić pięknie, co może stwierdzić każdy, słuchając go w filmie *Uczimsia dziudo s Władimirom Putinym* (Uczymy się dżudo z Władimirem Putinem), który pojawił się z okazji rocznicy urodzin prezydenta 7 października 2008 roku: „Miałem to szczęście, że jeszcze w swoich dziecięcych latach trafiłem do wspaniałego świata męstwa, szczerości i szlachetności, do świata, gdzie największą wartością okazuje się nie tylko siła fizyczna, lecz także zalety charakteru”[9]. Natomiast rozmawiających z nim dziennikarzy zapewniał: „Dżudo to nie sport po prostu, lecz filozofia; to szacunek dla starszych, dla przeciwnika, tam nie ma słabych; w dżudo wszystko, zaczynając od rytuału, a kończąc na jakichś drobiazgach, niesie w sobie elementy wychowawcze: wychodzi się na dywanik, kłania jeden drugiemu”[10].

Trudno jednak sobie przypomnieć, kiedy jako prezydent wykazał się „szacunkiem dla przeciwnika” – czy to wobec przedstawiciela rodzimej opozycji, czy Czeczena, Gruzina, Ukraińca... Chyba bliższa mu jest końcowa część tej wypowiedzi, a mianowicie, że: „A można by inaczej: zamiast się pokłonić, od razu dać przeciwnikowi w łeb”.

Przez lata spędzone w sportowej sali Władimir Putin zyskał – oprócz sportowych doświadczeń – dozgonnych przyjaciół. Ów brunet przerzucany niegdyś przez plecy to Wasilij Szestakow, teraz potężny, ciężki mężczyzna, deputowany do Dumy Państwowej, były szef Międzynarodowej Federacji Sambo. Bywa w pałacu królowej Wielkiej Brytanii, gdzie na przykład w czerwcu 2013 roku uroczyście powołano fundację Pozitiwnaja Rossija, której został szefem. Znamienne, że tworzenie pozytywnego obrazu Federacji Rosyjskiej powierzono sportowcom, przyjęcie w pałacu Kensington fundował bowiem szef Europejskiej Fundacji Dżudo Vincenzo Trani (przyjaciel Władimira Putina). Cel fundacji to – jak twierdzi sam Szestakow – „przeciwstawienie się potokowi jednostronnych informacji o Rosji i obiektywne pokazywanie zachodzących w niej procesów”[11]. Efekty działania fundacji są widoczne na ekranach angielskich telewizorów, na których pojawiają się filmy o Rosji robione na wzór urodzinowego tortu: dużo, słodko, z różowym lukrem i portretem prezydenta w charakterze wisienki.

Inni towarzysze z maty tatami, bracia Arkadij i Boris Rotenbergowie, należą dziś do najbogatszych ludzi w Rosji (czasopismo „Forbes” w 2012 roku oceniło majątek Arkadija na miliard dolarów, Borisa na 700 milionów dolarów). Jeden z pierwszych prezydenckich podpisów Putin złożył pod dekretem o utworzeniu państwowego przedsiębiorstwa Rosspirtprom, które wchłonęło siedemdziesiąt największych przedsiębiorstw przemysłu spirytusowego. Dyrektorem tego giganta został człowiek wskazany przez Arkadija Rotenberga, a otrzymane przez niego zamówienia państwowe w samym tylko roku 2013 zamknęły się sumą 260 milionów dolarów. Obaj Rotenbergowie należeli też do głównych wykonawców obiektów olimpijskich w Soczi i całej infrastruktury: zamówienia tylko dla Arkadija opiewały na 7,5 miliarda dolarów. (Tę bliską przyjaźń braci z prezydentem Rosji docenił rząd USA, wprowadzając sankcje po aneksji Krymu: bank prowadzony przez Arkadija Rotenberga wskazano jako pierwszy, w którym nie można zrealizować wypłat kartami Visa i MasterCard).

Nastał jednak taki dzień, gdy Władimir Putin zamienił duszne sale treningowe na świeże powietrze i stanął na narciarskim stoku. We wspomnieniach jego byłej żony Ludmiły wyglądało to tak:

„Gdzieś w 1981 roku zaczęliśmy jeździć na nartach. Wtedy mało kto się tym pasjonował… Jeździliśmy do Kawgołowa. Dzisiaj, po latach, te wyjazdy wydają się czymś nieprawdopodobnym. Tyle przesiadek! Tramwaj, metro, podmiejski pociąg elektryczny. Droga zabierała nam z półtorej godziny. Zimno. Póki się ruszaliśmy, było w porządku, potem zamarzaliśmy. Choć mieliśmy herbatę w termosie i kanapki. Z jednej strony była satysfakcja z jazdy, ale z drugiej wracając, zamarzaliśmy w tym pociągu. Niemniej w każdą sobotę i niedzielę wyprawialiśmy się do Kawgołowa. Instruktora nie mieliśmy. Uczyliśmy się sami. Stanął człek na nartach i jechał, jak nogi poniosą. Kupiliśmy polskie narty i buty firmy Alpina. Stroje narciarskie były rzadkością, trudno je było dostać i były drogie. Obchodziliśmy się bez nich i wyglądaliśmy, prawdę powiedziawszy, strasznie"[12].

I oto po latach widzimy, jak prezydent Rosji w wielkich, zasłaniających pół twarzy ciemnych okularach, które tak lubi, i w czerwonej kurtce ze wspaniałego wodoodpornego – lecz nie błyszczącego – materiału, z kapuzą, która jak przy wszystkich jego kurtkach, zadziwia trochę niemęskim futrzanym obszyciem, z orłem dwugłowym na piersiach, złotą nicią haftowanym, i z widocznym nad nim napisem: „Putin W.W." – zjeżdża po ogólnodostępnym stoku. A w „Izwiestiach" czytamy, że „w minioną sobotę, ku zdziwieniu narciarzy i snowboardzistów, Władimir Putin używał tych samych wyciągów i jeździł tymi samymi trasami co oni. W swój wolny dzień był gotów do kontaktowania się z wypoczywającymi: ktoś zadawał pytania dotyczące tras, ktoś inny po prostu chciał Władimira Władimirowicza pozdrowić, a jeszcze inny powiedział, że – mimo początkowego sceptycyzmu – zdumiony jest liczbą już wybudowanych olimpijskich obiektów". Po czym wszyscy podziwiali przywódcę narodu jeżdżącego na nartach, a przywódca „robi to po mistrzowsku"[13].

Już niebawem dziennik „Izwiestia" oznajmił, że w Rosji powstał narciarski film instruktażowy z prezydentem w roli głównej. Autorem filmu jest Leonid Tiagaczew, były przewodniczący Komitetu Olimpijskiego Federacji Rosyjskiej i osobisty instruktor prezydenta. Początkowo film miał służyć celom prywatnym, lecz zostanie przeznaczony do szkolenia nowicjuszy. „Głowa państwa ma bardzo dobrą technikę zwrotu i wspaniałą wahadłową technikę nóg. Putin osiągnął taki poziom, że chwalą go profesjonaliści ze Szwajcarii, Francji i Austrii"[14] – zapewniał gazetę Leonid Tiagaczew. Rzecznik prasowy prezydenta zatwierdził film do pokazów telewizyjnych, ale oceny techniki jazdy swojego pryncypała odmówił.

Ta sama aleja Kondratiewskaja, ta sama sala klubu „Turbostroitiel" co dawniej, tyle że dziś pozłacana tabliczka informuje: „Centrum dżudo". Ale to nie Wowa w białym kimonie tam stoi, lecz Władimir

Władimirowicz w czarnym garniturze i czarnym krawacie. Władimir Władimirowicz mocno zagryza wargi. Bo na miejscu, gdzie zwykle leżała mata tatami, umieszczono teraz postument, a na nim trumnę z jasnego drewna, po prawosławnemu otwartą, więc widać wychudłą, umęczoną długim chorowaniem twarz Anatolija Salomonowicza Rachlina. Władimir Władimirowicz podchodzi do trumny, pochyla się nad nią, z trudem powstrzymując łzy.

A potem wychodzi z sali, w milczeniu mija prezydencką limuzynę, gestem dłoni powstrzymuje ochronę i szybkim krokiem zmierza aleją Kondratiewską, która zna jego kroki sprzed lat. Idzie, lewą ręką porusza za szybko, jak zawsze, gdy jest rozemocjonowany. Idzie sam i na tle ogromnego białego budynku jego samotna sylwetka wydaje się jeszcze drobniejsza niż zwykle.

## Rekonensans w Wielkim Domu

Pierwszy raz szedł ku tamtemu gmachowi jesienią 1968 roku. Minął dom ciemnoszary, piękny, niewysoki, w patynie minionego wieku, z oknami w zakolach rysowanych ręką świetnego architekta albo w prostokątach oplecionych delikatną rzeźbą; minął budynek sąsiedni, w cynobrowym różu, z kremowymi łukami okien, z kremowym, wspartym na kariatydach balkonem, a także inne piękne domy niegdysiejszej stolicy, jakby ich nie zauważając. Spieszył dalej, ku wielkiemu ośmiokondygnacyjnemu jasnemu czworobokowi, na którego piętrach tkwiły wąskie okna w zdyscyplinowanych szeregach. Niewielka tablica obok prostokąta portalu informowała: „Zabytek architektury. Budynek administracyjny, zbudowany w latach 1931–1932, znajduje się pod ochroną państwa".

Mówili o nim: Wielki Dom.

Wierszyki układali: „W Litiejnej alei / cudowny dom stoi, / wchodzisz doń maluszkiem, / wychodzisz staruszkiem".

Wspominali, jak choćby Josif Brodski: „Po pięciogodzinnym przesłuchaniu w Grande Maison [franc. Wielki Dom – przyp. aut.]

zaproponowali, żebym donosił, a wtedy moje wiersze wydadzą na fińskim papierze... I przestaną dręczyć"[15].

Żartowali: Jaki jest najwyższy dom w Leningradzie? Wielki Dom na Litiejnej, z jego piwnic widać Magadan.

Przyszedł. Stanął. Adresu nie sprawdzał. Adres znali wszyscy: aleja Litiejnaja 4. Centrala KGB miasta Leningrad.

Kim wtedy był? Jak wyglądał?

Na zdjęciu z tamtego okresu ma poważne, trochę smutne spojrzenie, oczy lekko skośne, brwi ciemne, ładny zarys pełnych ust, jasną grzywkę zaczesaną na lewą stronę.

Z tą grzywką było tak.

„Wszyscy w dzieciństwie marzyliśmy, żeby zostać agentami wywiadu – mówi sąsiad z zaułka Baskowa, Siergiej Bogdanow. – Ale tylko Wowa wciąż nosił wojskową czapkę uszankę i wojskową kurtkę ojca. Zaczytywał się książką *Tarcza i miecz* o radzieckim agencie służącym w Abwehrze, a kiedy po raz pierwszy zobaczył czteroczęściowy film nakręcony na podstawie tej książki, po prostu oszalał ze szczęścia. Myśmy mu wtedy komplement powiedzieli: »Masz grzywkę jak ten agent Biełow z filmu!«. No i potem Wowczyk stanowczo odmawiał ścięcia tej grzywki... (Z kolei według kolegów z Metechi Wowa zawsze nosił długą grzywkę, bo z powodu rysujących się po obu stronach jego czoła wypukłości przypominających rogi przezywali go »czortem«).

Miał fioła na punkcie wywiadu. Ciągle powtarzał, że aby zostać prawdziwym agentem, trzeba się hartować. Kazał nam niemal na golasa skakać w zaspy albo pływać na krze. Nazywaliśmy tę zabawę zawodami przeżycia. Był początek wiosny. Na Newie ruszył pierwszy lód. Rozebraliśmy się, Putin i ja, do majtek i skoczyliśmy na krę. Trzeba było wykazać się siłą charakteru: sprawdzaliśmy, który z nas dłużej się na pływającej krze utrzyma.

Dowiedzieliśmy się, że w naszym domu mieszka były agent wywiadu i uprosiliśmy go, żeby nam pokazał szpiegowskie miejsca. No to pokazał ławkę, na której wcześniej siadywał jakiś szpieg i przekazywał informacje. Pod ławką przylepiał tajny znak – gumę do żucia. Dzisiaj wiem, że sąsiad wszystko zmyślił dla naszej rozrywki.

Wtedy jednak mu uwierzyliśmy, a Putin codziennie biegał do tej ławki i sprawdzał, czy nie pojawił się tajny znak...

Nam się Wowa wydawał nieco infantylny. Myśmy się pobawili w szpiegów, wyrośli i zapomnieli o tym. A Putin jakby się zatrzymał w dzieciństwie. Na podwórzu powtarzano sobie historię o tym, jak zgłosił się na ochotnika do KGB. Wszedł do budynku i zapytał tam kogoś, zdaje się strażnika: »Co trzeba zrobić, żeby u was pracować?«. Usłyszał rozsądną odpowiedź: »Uczyć się«"[16].

Kim zatem był, kiedy po raz pierwszy stanął pod gmachem KGB? Nie dzieckiem przecież, lecz osiemnastoletnim chłopakiem po przejściach.

A więc przyszedł, stanął przed bramą. Zastanawiał się, komu i jak ma zadać to najważniejsze pytanie.

Ta scena jest pewna.

Inne szczegóły narracji zmieniają się w zależności od tego, do kogo jest kierowana.

W wersji przeznaczonej dla kolegów z podwórza rozmawiał z Putinem strażnik. Poradził, by dobrze się uczył. „Wszystko wskazuje na to, że Wowa wtedy poszedł po rozum do głowy, bo dotychczas uczył się kiepsko"[17].

W opowieści dla dziennikarzy robiących z nim pierwszy biograficzny wywiad relacja jest obszerniejsza:

„Żeby się dowiedzieć, jak zostać agentem wywiadu, gdzieś na początku dziewiątej klasy poszedłem do sekretariatu KGB. Wyszedł do mnie jakiś wujek i – co dziwne – wysłuchał mnie.

– Chcę – powiadam – u was pracować.

– Świetnie, ale jest kilka przeszkód.

– Jakich?

– Po pierwsze, ochotników nie bierzemy. Po drugie, do nas można się dostać tylko po wojsku albo po jakiejś uczelni cywilnej.

Ja się oczywiście zainteresowałem:

– Po jakiej uczelni?

On mówi:

– Po jakiejkolwiek...

Najwidoczniej chciał się już mnie pozbyć.

A ja:

– A najlepiej po jakiej?

– Po prawniczej.

– Jasne"[18].

Okażmy dobrą wolę i wyobraźmy sobie taką scenę: do najbardziej strzeżonej twierdzy w mieście, gmachu KGB, dokąd i mysz się nie prześliźnie bez przepustki lub wezwania, młody człowiek wkracza sobie swobodnie i w dodatku niezatrzymywany dostaje się do sekretariatu, gdzie wychodzi do niego nie byle strażnik, lecz odpowiedzialny pracownik i wdaje się w dziwną, wcale niekrótką rozmowę. Wychodzi do petenta, czyli do kogoś nieprzypadkowego, i zaczyna z podrostkiem gawędzić. Z nudów?

To ważne, kiedy, jak i dlaczego Wowa Putin związał się z KGB, bo łatwiej będzie pojąć, dlaczego ze wszystkich funkcjonariuszy służb specjalnych, zawsze obecnych w radzieckiej i rosyjskiej władzy, asa wyciągnął właśnie on.

Amoralność, nieprawość, niegodziwość, nieuczciwość, podłość, przekupstwo, szantaż i agresja – wszystkie te elementy zawsze występowały w polityce, na ogół jednak kryły się za jej kulisami. Przy Putinie zaczęły grać główne role na najważniejszych scenach świata. Kiedyś ów świat miał nadzieję na ucywilizowanie polityki Kremla, tymczasem nastąpił proces odwrotny: putinizacja świata.

Zapewne zbliżone do prawdy okoliczności wypłynęły w rozmowie Władimira Putina z jego oficjalnym biografem Olegiem Błockim, absolwentem Wydziału Propagandy Specjalnej Instytutu Wojskowego, człowiekiem o wiele mu bliższym niż trójka dziennikarskich intelektualistów.

A więc tamtego dnia…

„Przyszedłem, wokół gmachu pochodziłem, popatrzyłem. Wszystko pozamykane. Podszedłem do tego, kto stał przy wejściu, i spytałem: »Gdzie tu dział kadr?«. Powiedział, że trzeba się udać do sekretariatu. »A dokąd?« »Na Czajkowskiego«. Poszedłem za róg, na Czajkowskiego, popatrzyłem na dni i godziny przyjęć.

I przyszedłem jeszcze raz. Otwarłem drzwi sekretariatu, wszedłem. Mówię, o co chodzi. Powiedziano mi: przyjdź wtedy i wtedy".

Stop! Putin przyszedł więc już po raz drugi. Musiało to wyglądać tak: najpierw zameldował się na portierni, stamtąd zadzwoniono do działu kadr, czy przyjmą takiego to a takiego w takiej to a takiej sprawie, po czym po petenta zjawił się urzędnik i doprowadził go do odpowiedniego gabinetu. Tę procedurę stosowano nawet w najmarniejszym radzieckim urzędzie. Czy możliwe zatem, że w gmachu KGB, gdzie w gabinetach przesłuchiwano, a w piwnicach bito, człowiek z ulicy przechadzał się swobodnie po korytarzach, szukając właściwych drzwi? Od progu urzędu wiedziano, kto po nim krąży i po co. Pracownicy sekretariatu byli więc przygotowani na przyjęcie interesanta, a gdy wszedł, powiadomili go o wyznaczonym następnym terminie przyjęcia, podbili przepustkę i do widzenia.

Wyznaczenie kolejnego terminu oznaczało zainteresowanie petentem, bo najpewniej sprawdzano, kto zacz.

I oto młody człowiek przychodzi po raz trzeci. Co dalej? Możemy się tylko domyślać… Procedura na portierni się powtarza. W sekretariacie już wiedzą, kto ku nim zmierza. Są przygotowani. Gdy więc otwiera drzwi, wychodzi ku niemu mężczyzna, który – jak opowiadał Błockiemu Putin – „nie przyjął mnie ot tak, w biegu, lecz zaprowadził do gabinetu, posadził naprzeciwko i rozmawiał ze dwadzieścia pięć minut. Bardzo serio rozmawiał. Uważnie mnie wysłuchał i dokładnie opowiedział o wszelkich wariantach przyjęcia do pracy"[19].

Padło w tej rozmowie owo sakramentalne stwierdzenie: „ochotników nie bierzemy", przytoczono też rady, co zrobić, by w Wielkim Domu pracować. Innych podobieństw między wersją przeznaczoną dla dziennikarzy a opowieścią dla kolegi ze struktur wojskowych nie ma. Putina nie przyjął jakiś „wujek" (tak rosyjskie dzieci określają nieznajomych mężczyzn), lecz oczekujący jego przybycia odpowiedzialny funkcjonariusz Komitetu Bezpieczeństwa Państwowego ZSRR w Leningradzie. Putin zaś – jak pierwszy naiwny – mówi do Błockiego: „Kimże ja wtedy byłem? Najzwyklejszym chłopakiem!"[20]. „Najzwyklejsi chłopcy" nie oblegają masowo progów urzędu budzącego raczej trwogę niż podziw, choć byli i tacy, którzy wierzyli w reklamowane przez KGB „czyste ręce i gorące serca".

O tym, że nie było to częste, świadczy choćby reakcja kolegów z podwórza. Wywiadowczej manii Wowy nie uważali za „najzwyklejszą". Wiedzieli doskonale, co się za nią może kryć.

Znany filolog Gabriel Superfin pisze: „W latach pięćdziesiątych pewnemu chłopakowi – nie wymienię jego nazwiska – zachciało się łowić szpiegów, zwrócił się więc do kompetentnych przyjaciół rodziców, a ci wprost powiedzieli: »Ty się najpierw zasłuż. Idź do tych i tych i posłuchaj, co mówią«"[21].

Trudno uwierzyć, by w wypadku młodego Putina było inaczej, by nie usłyszał: „Zanim cię przyjmiemy, musimy cię sprawdzić". A jak inaczej, jeśli nie przez dobrowolne donoszenie? Trudno też uwierzyć, by funkcjonariusz, który „bardzo serio" z nim rozmawiał, a także „dokładnie opowiedział o wszelkich wariantach przyjęcia do pracy", nie zapewnił go, że jeśli się sprawdzi, otrzyma stosowną pomoc w trudnych sytuacjach życiowych, może i przy przyjęciu na uniwersytet.

Tak czy inaczej, od tej pory młody Putin odrzucał inne możliwości nauki. Trenerzy zaproponowali mu dostanie się bez egzaminów na dowolne studia techniczne, rodzice na to nalegali, bo studia chroniły przed wojskiem, ale on swoje: nic tylko uniwersytet i prawo. „A jak ty się tam dostaniesz?" – pytano. „Moja sprawa" – odpowiadał. I wziął się do nauki. Najwidoczniej na tyle ostro, że wiedzy wystarczyło do zdania egzaminów na wydział, gdzie na jedno miejsce przypadało czterdziestu chętnych.

A jak on sam objaśnia chęć zatrudnienia się właśnie w KGB? Najbardziej pociągająca wydawała się mu możliwość wpływania na losy innych, i to z ukrycia. Co bowiem w statusie szpiega było dlań najistotniejsze? Walka i władza. To, „jak niewielkimi siłami jednego człowieka można osiągnąć coś, czego nie są w stanie dokonać całe armie. Jeden agent decydował o losach tysięcy ludzi"[22].

Tamtego jesiennego dnia wszedł do budynku przy Litiejnej młody, niepewny siebie, zagubiony chłopak, któremu los szykował byt skromny i nieciekawy. Wyszedł ktoś, kto właśnie podpisał na siebie cyrograf w zamian za życiowy sukces.

## Uniwersytet

Długi jasnoszary pięciopiętrowy budynek w stylu wczesnego radzieckiego klasycyzmu, zdobiony gustownie, acz oszczędnie, to Wydział Prawa uczelni, która wtedy, kiedy uczęszczał tam nasz bohater, a więc w latach 1970–1975, nosiła nazwę „Państwowy Uniwersytet Leningradzki Orderu Lenina i Orderu Czerwonego Sztandaru Pracy imienia A.A. Żdanowa".

Dziś przy wejściu widać wielką tablicę z jasnego drewna. Pod jej półokrągłym złoconym zwieńczeniem, pod herbem miasta, inskrypcją „Universitas Petropolitana MDCCXXIV" i napisem „Absolwenci Wydziału Prawa" widnieje na pierwszym miejscu portret Władimira Władimirowicza Putina.

Jaki on był, gdy jako student chodził tymi korytarzami i siadywał gdzieś tu w wykładowych salach?

„Jaki był Putin? Nijaki. Na naszym fakultecie studiowały wyraziste osobowości, ludzie bardzo utalentowani. Putin jednak niczym się nie wyróżniał – mówi Leonid Połochow, kolega Putina ze studiów, prokurator wojskowy, deputowany do petersburskiej rady miejskiej, jeden z nielicznych, którzy chcieli podzielić się wspomnieniami o dawnym koledze. – Putin był niewidoczny, żaden lider. Zabierał głos tylko na komsomolskich zebraniach. Bzdury gadał, jak wszyscy. Ale kiedyś gorąco bronił studenta, którego chcieli wyrzucić z uniwersytetu. Bardzo się zapalił. To mi się spodobało. A tak w ogóle małomówny był.

I skromny, aż za bardzo. My – normalnie – konserwy kupimy, ogórki pokroimy i dawaj pić. A on nawet kieliszka nie osuszył. Bardzo ostrożny człowiek. Awansował przecież nie przypadkiem. Karierę zaplanował dokładnie. Uparcie piął się w górę. On, oczywiście, może zaprzeczać, że to nie tak, ale ja swoje wiem. Wybrał organizację najbardziej w tamtym czasie wpływową. Gdy spytałem, dlaczego tam idzie, powiedział, że podoba mu się ta robota. Może to i dobrze, że od młodości zabiegał o karierę? Podczas gdy my, głupcy, o przyszłości nie myśleliśmy, on już dokładnie wiedział, czego chce od życia. Do partii wstąpił jeszcze na studiach.

Mnie też ciągnęli do KGB, ale ja wolałem śpiewać Wysockiego, choćby w łazience. W tamtych czasach często chodziliśmy nad Newę. Ja z gitarą, wokół gromada. Milicja nas ciągle ganiała, groziła. Putin ani razu z nami nie poszedł. To chyba o czymś świadczy..."[23].

„Większość studentów na naszym roku to przyjezdni – wspominają koledzy ze studiów. – Mieszkaliśmy w akademiku. I głównie tam się odbywały imprezy. Ale raczej bez niego. Był rzadkim u nas gościem [...]. Skromny, milczący, nigdy nie przeklinał, a gdy już musiał słuchać czyichś piętrowych wiązanek – czerwieniał, wstydził się [...]. Jako kolega, owszem, pomógł, podpowiedział [...]. Wszystkich nas chciał sportem zarazić. Czasem szliśmy nad rzekę, kąpaliśmy się, a potem on nam różne chwyty pokazywał [...].

Wszyscyśmy marzyli, by zostać śledczymi i pracować w milicji, dlatego większą uwagę poświęcaliśmy prawu karnemu i cywilnemu. A Wołodii było wszystko jedno: wszystkich przedmiotów uczył się tak samo. I do dziś nie możemy pojąć, dlaczego to akurat jego wzięli do KGB. Chociaż... Pewnie właśnie takich jak on biorą do organów. Bo on się w gruncie rzeczy niczym nie wyróżniał, no, owszem, miał świetną pamięć i dopóki był z nami na roku, zaliczał wszystkie egzaminy. Nawet z żadną koleżanką nie romansował"[24].

On o sobie:

„Uczyłem się dobrze. Pracą społeczną się nie zajmowałem, komsomolskim aktywistą nie byłem [...]. Przez wszystkie uniwersyteckie lata czekałem, żeby sobie o mnie przypomniał ten człowiek z sekretariatu KGB. Wyglądało na to, że o mnie zapomnieli. [...]. Ale na czwartym roku znalazł mnie jakiś facet i zaproponował spotkanie. Nie powiedział, skąd jest, ale jakoś od razu zrozumiałem. Bo on mówi: »Idzie o pański przydział do pracy. Chciałbym o tym porozmawiać. Ale na razie wolałbym nie precyzować dokąd«. Wtedy się połapałem. Jeśli nie chce mówić dokąd, znaczy – tam"[25].

Przy następnym spotkaniu ów tajemniczy osobnik zapytał: „Wołodia, co ty na to, gdyby ci zaproponowano, że tak powiem, pracę w organach?". „Rozmawiał wtedy ze mną – opowiadał Putin dziennikarzom – Dmitrij Gancerow. Zapamiętałem nazwisko"[26].

I to by była główna wersja opowieści zatytułowanej „Putin – studia – KGB".

Potwierdza ją biograf Putina Oleg Błocki, pisząc: „W rezultacie tych spotkań, które odbywały się mniej więcej raz lub dwa razy w miesiącu, Gancerow nabrał pewności, że Władimir Putin nadaje się do pracy w KGB"[27]. Co mogło go przekonać? Interesujące donosy na kolegów i wykładowców czy coś jeszcze? Okazało się bowiem, że od czwartego roku studiów (to znaczy od czasu, gdy objął go opieką ów Gancerow) Władimir Putin zaczął korzystać z indywidualnego toku nauki[28]. Najwidoczniej stałe godziny uniwersyteckich zajęć kolidowały z innymi zajęciami. Jakimi? „Student Władimir Putin był znany w mieście jako aktywny członek niesławnej pamięci oddziału operacyjnego mającego na koncie (oprócz wielu innych sprawek) pobicia opozycyjnie nastrojonych obywateli"[29] – pisze Julij Rybakow, leningradczyk, dysydent skazany w latach siedemdziesiątych ubiegłego wieku na sześć lat łagru o zaostrzonym rygorze.

Jak się ma do tego owo cytowane przez naszego bohatera nieśmiałe, rzucone ponoć podczas drugiego spotkania pytanie funkcjonariusza KGB: „Wołodia, co ty na to, gdyby ci zaproponowano, że tak powiem, pracę w organach?".

Czas studiów. Putin od kulis. Inny. Rzeczywisty. Bez maski.

„Do drugiego roku – opowiadają koledzy – Wołodia miał jednego przyjaciela. Też dobrze się uczył i niczym nie wyróżniał, cichutki jak trusia, z tym że Putin był znakomicie wysportowany, a jego przyjaciel – słabiutki, cherlawy. No i Wołodia postanowił go potrenować. Zapisał go do sekcji. I oto na pierwszych zawodach ten chłopak podczas upadku złamał sobie kręg szyjny [...]. Zmarł. Żegnał go cały fakultet w uniwersyteckiej auli. Wołodia stał tuż przy trumnie.

Jak on wtedy płakał! Ten płacz mieliśmy w uszach jeszcze przez parę dni [...]. Do końca studiów obwiniał się o śmierć przyjaciela”[30].

Obwiniał się, bo to on wówczas z nim walczył i to po jego zbyt mocnym rzucie przez biodro tamten tak nieszczęśliwie upadł. Prawie trzydzieści lat później Putin powiedział: „Dobry był chłopak. A ja do dziś żałuję, że go wciągnąłem w dżudo”[31].

Towarzysze z mat tatami stwierdzili, że bardzo się od tamtego czasu zmienił.

## Nie Stirlitz ani nie James Bond

W 1975 roku Władimir Putin kończy studia. Pracę dyplomową pisze na temat: *Klauzula najwyższego uprzywilejowania w prawie międzynarodowym.*

A później zrobiło się dość nudno.

Dziennikarzom, swoim biografom, opowiadał: „Przyjęli mnie do pracy w sekretariacie zarządu, potem do pododdziału kontrwywiadu i tam przepracowałem około pięciu miesięcy”[32]. Nie wiadomo, ani kiedy go przyjęli do pracy w sekretariacie, ani kiedy nastąpiło owo „potem”. Dziennikarze dopytywali:

„– Czy powiedzieli, że wezmą pana do pracy w wywiadzie?

– Jasne, że nie. Mówili mniej więcej tak: »Proponujemy popracować tam, dokąd poślemy. Gotów pan?«.

– Czy od razu się pan zgodził pójść tam, gdzie poślą?

– Ma się rozumieć. Oni sami nie wiedzieli, gdzie będę pracować”[33].

„Oni” jednak wiedzieli, że nie dostanie pracy tam, gdzie chciałby najbardziej, czyli w wywiadzie, za „imperialistyczną” granicą. Tam, gdzie najtrudniej, ale i splendor największy, i zarobek solidny. Ów „wujek” bowiem, który lata temu doradził mu studia prawnicze, automatycznie go od takiego wywiadu odsunął. Wywiad zagraniczny zatrudniał przede wszystkim tych, którzy dobrze znali języki obce. Znajomość prawa, zwłaszcza międzynarodowego, owszem, była potrzebna w KGB, ale nie komuś, kto miał zostać szpiegiem, lecz temu, kto miał łapać szpiegów u siebie w kraju. Nie w wywiadzie więc praca, lecz w kontrwywiadzie[34]. Bycie szpiegiem w obcym kraju a łowienie szpiegów u siebie to zupełnie co innego. Szpieg za granicą jest jak królik wśród lisów w obcym środowisku, a w dobrze sobie znanym lesie sam staje się lisem, i to w dodatku polującym bez żadnego ryzyka.

Prawnicy przydawali się też do ścigania i rozpracowywania dysydentów oraz innych „wrogów ludu". Czyżby ów pierwszy rozmówca Wołodii z alei Litiejnej w Leningradzie od razu prawidłowo ocenił jego predyspozycje i skierował go do walki z rodzimym „podejrzanym elementem"? Znawcy problemu mówią o donosicielstwie, ale prawdopodobnie wystarczył jego prawdziwie sowiecki stosunek do „imperialistycznego" Zachodu. Być może fachowiec od kadr w KGB stwierdził, iż likwidowanie „imperialistycznych miazmatów" oraz śledzenie przeciwników marksizmu-leninizmu w wykonaniu Putina bardziej się ojczyźnie przyda niż jego ewentualne sukcesy szpiegowskie. I nie pomylił się ów jegomość. Za prezydentury Putina unicestwiona została prawdziwa, legalna, demokratyczna opozycja, a on stale i wszędzie widzi szpiegów, zaś nienawiść do krajów Europy Zachodniej i Stanów Zjednoczonych uważa za obowiązek patriotyczny.

Żeby zrozumieć, co to jest KGB, trzeba choć na chwilę wejść do któregoś z budynków Firmy, jak pracownicy między sobą nazywają tę instytucję.

Świeżo upieczony prokurator Połochow odwiedzający świeżo upieczonego pracownika KGB Putina w jego pierwszym miejscu pracy w Leningradzie dziwi się:

„Tu na drzwiach nawet numeru gabinetu nie ma.

– Wowa – pytam – kto tam pracuje? I wskazuję na sąsiednie drzwi.

A on:

– Cicho. Co cię to obchodzi? Szef nam powiedział: »Wy tu w gabinecie możecie się przyjaźnić, ale kto w sąsiednim, nie wasza sprawa«.

Więc pytam Wołodię:

– To ty nie wiesz, kto naprzeciwko pracuje?

– A po co? – odpowiada.

Oni tam w KGB w najmniejszej sprawie widzieli spiski. Ukradł im kiedyś ktoś odbiornik radiowy, to postawili na nogi cały wydział śledczy, szukając wśród swoich szpiega, który najwidoczniej w tym odbiorniku miał zamontowany podsłuch. U nich nie ma prostych spraw, tylko zmowy, sprzysiężenia, intrygi...

I taka atmosfera Putina kształtowała"[35].

Prokurator Połochow wspomina też, że Putin, z którym w ciągu pierwszych lat pracy często się spotykali, „niezadowolony był ze swojego statusu. Mówił: »Popatrz, ty już jesteś naczelnikiem wydziału śledczego, a ja – nikim. To niesprawiedliwe«. On sobie zawsze powtarzał: »Chcę wyżej, chcę więcej«"[36].

Także teraz w opowieściach o swoim życiu unika zwyczajności. Praca w sekretariacie? Owszem, wspomni: „Pokręciłem się kilka miesięcy formalnie, papiery w teczkach układałem, ale już po pół roku odprawili mnie na kursy przygotowawczo-operacyjne do szkoły pod Leningradem"[37]. Praca w kontrwywiadzie? Owszem, ale nikt z jego słów się nie domyśli, że ten kontrwywiad to „piątka", czyli wydział ideologiczny, śledzenie i tępienie dysydentów, tropienie „nieprawomyślnych". Wszędzie. W Cerkwi także. A co się działo potem? Żadnych dat, żadnych konkretów. Ani znakomitych opinii.

Jego ówczesny szef, generał-major Oleg Kaługin, pierwszy zastępca naczelnika KGB w Leningradzie (późniejszy naczelnik Głównego Zarządu Kontrwywiadu i rezydent radzieckiego wywiadu w Waszyngtonie), z trudem sobie przypomina podwładnego o nazwisku Putin. „Była to, prawdę powiedziawszy, blada, niemal niepozorna postać, niezwracająca na siebie uwagi i do niczego nieaspirująca"[38].

Tymczasem Putin z właściwą sobie skromnością opowiadał dziennikarzom: „Na mnie najwidoczniej zwrócili uwagę pracownicy wywiadu zagranicznego i zaczęli ze mną rozmawiać, a ja oczywiście się zgodziłem"[39]. Fakty tego nie potwierdzają. Dopiero w połowie 1979 roku, po prawie czterech latach pracy w leningradzkim oddziale KGB, wysłano Putina na kolejne, zaledwie półroczne kursy działań operacyjnych (śledczego operacyjnego) do Moskwy, do Wyższej Szkoły KGB ZSRR, która z wywiadem zagranicznym nie miała nic wspólnego. Po tych kursach nie otrzymał skierowania do szkoły wywiadu w Moskwie, lecz został zawrócony do Leningradu, do kontrwywiadu zwanego wywiadem terenowym. W nazwie tej jest tyleż logiki, co na przykład w określeniu „pustynna łódź podwodna", ale tak właśnie nazwano „rozpracowywanie" cudzoziemców na terenie ZSRR. W Leningradzie chodziło o działaczy komunistycznych lub studentów z *socstran* Europy czy Afryki. Ot, taki połów ryb w domowym akwarium.

Po kolejnych czterech latach udało się Putinowi dostać na roczny (od lipca 1984 do lipca 1985 roku) kurs w szkole prawdziwego wywiadu, czyli w Instytucie Orderu Czerwonego Sztandaru. Była to ostatnia dla niego szansa przygotowania się do wyjazdu za granicę. Mówiąc o tym dziennikarzom, dorzucił informację: „Dość szybko pojechałem na roczne szkolenie specjalne do Moskwy"[40]. Szybko? Od podjęcia pierwszej pracy w KGB mijało lat dziesięć, a on oficjalnie miał trzydzieści dwa lata.

## Instytut Czerwonego Sztandaru

Krasnoznamiennyj Institut, czyli Instytut Czerwonego Sztandaru przez kursantów zwany KI, jest pięknie położony w ogromnym parku, a właściwie w lasku, w miejscowości Czełobitiewo w podmoskiewskim rejonie Mytiszcze. Długi trzypiętrowy budynek z jasnoczerwonej cegły, duże okna, obszerne wejście. Kursanci pobyt tu wspominają z przyjemnością: świetne warunki, znakomite wyposażenie sportowe, zajęcia w niewielkich, kilkunastoosobowych grupach, sympatyczni wykładowcy, niemal rodzinna atmosfera.

Putinowi nadano konspiracyjne nazwisko Płatow.

Jak go koledzy zapamiętali?

„Był niezauważalny [...]. Niczym szczególnym się nie odznaczał [...]. Specjalnych wrażeń znajomość z Władimirem Putinem nie zostawiała [...]. Był skromny, sukcesami sportowymi się nie chwalił, jego mistrzostwo w sztukach walki wyszło na jaw dopiero wtedy, kiedy jeden z kolegów żartem go zaatakował [...]. Nie lubił porannych biegów, nad inne rodzaje sportu przedkładał pływanie, w wolnych chwilach lubił czytać, leżąc [...]. Nie pił, nie palił [...]. Jako elew się nie wyróżniał [...]. Dowódcą grupy został dlatego, że był już majorem, a więc najstarszy stopniem"[41].

A jednak czymś się kolega Płatow wyróżniał: strojem. „Był zadbany i pedantyczny. Ubierał się zdecydowanie inaczej niż reszta. Nosił długi płaszcz, co w tamtym czasie i w jego wieku było dość niezwykłe. Lubił kapelusze z szerokim rondem. Do tego wszystkiego miał parasol w kształcie laski"[42]. Nie trzeba naukowego wsparcia ze strony mędrców od psychoanalizy, by tłumaczyć to, co widać gołym okiem: że ktoś tak przebrany czuje się źle we własnej skórze, więc przywdziewa cudzą. Chce być inny, lepszy. Najlepszy! Ma niecałe 170 centymetrów wzrostu i wór kompleksów, ale przecież JEST! I musi to podkreślać.

„Pamiętam, upał trzydziestostopniowy, ja w koszuli z krótkim rękawem, a on na moje wykłady przychodzi w zapiętym na ostatni guzik ciemnym garniturze z kamizelką – mówi pułkownik Michaił Frołow, wykładowca i przełożony Putina w Instytucie. – On uważał, że to konieczne, by wyrazić szacunek dla szefa. Ja go nawet innym za przykład stawiałem: »Popatrzcie na towarzysza Płatowa!«"[43].

„A ja mu powiedziałem – wspomina Aleksandr Kulkow, bezpośredni przełożony – że Niemiec tak by się nie ubrał. Bo Niemiec, nawet urzędnik państwowy, ubiera się prościej, wygodniej. Ale Władimir Władimirowicz kierował się wyłącznie regulaminem. Na wykłady kazali chodzić w krawacie – chodził w krawacie, na egzamin w garniturze, to on w garniturze z kamizelką"[44].

Siergiej Żakow, specjalista w kształceniu szpiegów, kadrowy pracownik Zarządu „C" w centrali wywiadu PGU (Pierwoje gławnoje uprawlenije) KGB ZSRR, niestrudzony krytyk Putina, kwalifikuje jego upodobania garderobiane jako nietypowe, „nieadekwatne do sytuacji zachowanie" wymagające interwencji psychologa. Człowiek wbijający się podczas upału w garnitur z kamizelką to według niego albo „skrajny konformista niedopuszczający żadnej dowolności w zachowaniu", albo „cyniczny pochlebca oraz lizus okazujący szefom gotowość subordynacji zawsze i za wszelką cenę. Albo jedno i drugie"[45].

Jakże jednak trzeba być zdeterminowanym, by w upał tak się odziewać! Jak bardzo trzeba chcieć wygrać tę partię, mając świadomość, że tylko od własnej nauki i własnego postępowania zależy przyszłość, którą trzeba budować z myślą już nie tylko o sobie (od roku był żonaty, a Ludmiła oczekiwała dziecka).

Przykre, ale nic to wszystko Putinowi nie pomogło.

„Wołodia znalazł się wśród tego jednego procenta nieudaczników na naszym roku, których uznano za nienadających się do służby w wywiadzie za granicą"[46] – stwierdza Jurij Szwiec, kolega Putina z tej samej grupy, po ukończeniu Instytutu wysłany do Stanów Zjednoczonych.

„Zamknięty w sobie, nietowarzyski, w działaniu przejawiający pewną akademickość"[47] – napisał pułkownik Frołow w charakterystyce wystawianej słuchaczom Instytutu na koniec kursu. Dla potencjalnego agenta wywiadu to wyrok. Agent, którego zadaniem jest zbieranie informacji od innych i werbunek, nie może być „nietowarzyski", nie może też – na co wskazuje owa „akademickość" – zachowywać się jak pozbawiony wyobraźni sztywniak.

Do charakterystyki dodali jeszcze „obniżone poczucie niebezpieczeństwa", co – jak sam Putin określał w rozmowie z dziennikarzami – uważano za wadę bardzo poważną[48], ale on dawał do zrozumienia, że raczej się tym szczyci.

„Tak, to prawda, ojciec też tę cechę u Putina zauważył – przytakuje po latach Michaił Rachlin, syn trenera Anatolija Rachlina. – Ojciec mawiał, że są ludzie, którzy czując zagrożenie, zatrzymują się przed następnym krokiem, a są też tacy, którzy na niebezpieczeństwo świadomie się narażają i mogą z niego wyjść zwycięsko. Putin należy właśnie do tych drugich"[49]. To, co chwalebne w sporcie, w polityce może okazać się zgubne. Po latach, gdy wywołując konflikt na Ukrainie, Putin przybliży świat do kolejnej wojny globalnej, jego wygórowane ambicje i poważne problemy psychologiczne staną się problemami całego świata. W tamtym wszelako czasie dopiero się zarysowywały i nie uniemożliwiały mu służby w KGB.

Po odbyciu szkolenia Władimir Władimirowicz został skierowany do przedstawicielstwa KGB w Niemieckiej Republice Demokratycznej, do wspomnianego „wywiadu terenowego", tyle że na większym obszarze. Do połowów już nie w akwarium, lecz – powiedzmy – w wannie. W porównaniu z rodzimą była to wanna luksusowa.

Jak się jednak okazuje, i to szczęście spadło na Putina przypadkiem.

Kursant Instytutu Orderu Czerwonego Sztandaru, generał-major Nowosiełow[50], wspomina:

„Nasz przydział? To rzeczywiście interesujące. Putin i ja byliśmy »sierotami«. Tak nazywano słuchaczy niemających kuratorów. Kurator to człowiek z centrali wywiadu w Jasieniewie (PGU KGB), który wybiera sobie w Instytucie podopiecznego, regularnie do niego przyjeżdża na rozmowy, i ten słuchacz już wie, do jakiego wydziału w centrali pójdzie pracować. Wyjazd za granicę następuje później. A do nas z Wołodią nikt nie przyjeżdżał. Lecz i tak miałem lepsze perspektywy niż on. Planowano dla mnie wyjazd do Drezna. Tam jednym z kierowników był znajomy z poprzedniego miejsca pracy. Chciał mnie wziąć do siebie. Tymczasem w maju 1985 wezwano mnie pilnie do centrali w Jasieniewie i zaproponowano pracę gdzie indziej. Gdy wróciłem, normalnie po ludzku podzieliłem się z Wołodią tą nowiną i zaproponowałem: »Wołodia, jedź tam zamiast mnie«. Zgodził się chętnie. Zwłaszcza że – jak się okazało – w Dreźnie mógł się za nim wstawić (i chętnie to zrobił) znajomy z leningradzkiego KGB, Boris Malutin"[51].

Nie byłby sobą nasz bohater, gdyby nie skłamał. Piętnaście lat później, opowiadając o swoich losach dziennikarzom, pochwalił się, że mu proponowano pracę nie tylko w Niemczech Wschodnich, lecz także w Zachodnich, a on ją odrzucił, bo „musiałby popracować w odpowiednim oddziale centralnego aparatu w Moskwie jeszcze dwa lub trzy lata, lecz zdecydował, że lepiej wyjechać od razu"[52]. Ten „aparat centralny" to właśnie sztab wywiadu zagranicznego w Jasieniewie, miejsce, o którym przez wszystkie tamte lata marzył i do którego pobiegłby bez wahania, ale nigdy go o to nie poproszono. A mówił to już nie ów „zamknięty i nietowarzyski" nieudacznik z Instytutu Czerwonego Sztandaru, lecz człowiek nieprawdopodobnego sukcesu, który za parę tygodni miał zostać prezydentem Rosji. Dlaczego kłamał? Po co? Czyżby wciąż pozostawał tamtym chłopakiem z zaułka Baskowa, ciągle oczekującym uznania i akceptacji? Albo tą figurą przesuwaną po szachownicy leningradzkiego KGB, która wciąż jeszcze nie uleczyła zranionej ambicji?

Fakty pozostają faktami: Siergiej Nikołajewicz, były przełożony Putina, utrzymuje, że jego podwładny nie przeszedł najważniejszego wywiadowczego szkolenia. Z kolei wspomniany już generał KGB Oleg Kaługin oświadczył z mównicy Community Center w Nowym Jorku w grudniu 2009 roku, że „Putin nigdy nie pracował w prawdziwym wywiadzie. Prawdziwy wywiad działał poza granicami bloku radzieckiego. Do NRD kierowano płotki z wewnętrznego aparatu KGB do pomniejszych zadań wywiadowczych”[53].

Wszystko to dla naszego bohatera nie miało znaczenia. W tamtych czasach wyjazd ze Związku Radzieckiego do pracy gdziekolwiek za granicą to był los wygrany na loterii. „Kiedy Wołodia Putin dostał wreszcie skierowanie do Niemiec, był po prostu szczęśliwy, promieniał radością”[54] – wspomina Leonid Połochow.

I tak w połowie 1985 roku major KGB Władimir Putin przyjeżdża do „Florencji Północy”, do „miasta baroku” – Drezna. Po jakimś czasie dołącza do niego ciężarna żona z niespełna roczną córeczką*.

## Doktryna Breżniewa, doktryna Putina

„Kiedy godził się pan na pracę w organach, to o 1937 roku** pan nie myślał?” – pytają dziennikarze jeszcze nieznanego ogółowi kandydata na prezydenta demokratycznej Rosji.

Putin odpowiada:

---

* Więcej na temat rodziny zob. w rozdziale *Ona* i *Córki*.

** 30 lipca 1937 roku NKWD wydało tajny rozkaz numer 00447 nakazujący masową likwidację „elementów antyradzieckich”. Ofiarą terroru padły już nie – jak dotychczas – poszczególne kategorie obywateli (na przykład kułacy), lecz całe społeczeństwo. „Nic się nie stanie, jeśli w czasie tej operacji przypadkowo się rozstrzela tysiąc ludzi” – mówił szef NKWD Nikołaj Jeżow. Rok 1937 to początek okresu, który przeszedł do historii pod nazwą wielki terror.

„– Nie myślałem. Absolutnie. Moje wyobrażenia o KGB powstały na podstawie romantycznych opowieści o pracy wywiadowców. Można mnie było, bez przesady, uważać za udany produkt patriotycznego wychowania sowieckiego człowieka.

– Niczego pan o represjach nie wiedział?

– Pojęcia nie miałem. Coś słyszałem o kulcie jednostki, że ucierpieli ludzie...

– Ale ci, którzy chcieli wiedzieć, wiedzieli wszystko!"[55].

On też wiedział, ale gdyby się przyznał, straciłyby wiarygodność wszystkie te opowieści o romantyzmie KGB, w który wierzył. Dlatego nie wspomniał, że w szkole numer 281, do której trafił po klasie ósmej, panowała bardzo liberalna atmosfera, wyraźne pokłosie chruszczowowskiej „odwilży".

„Oczywiście nie wszystko było dostępne, nie wszystko dozwolone – mówi Tamara Stilmachowa, nauczycielka Putina – ale Diemienkow Michaił Iłarionowicz, znakomity pedagog, który wykładał u nas literaturę, przynosił pierwsze drukowane utwory Sołżenicyna czy *W okopach Stalingradu* Niekrasowa i młodzież to czytała. Jasne, że poza programem. U nas wtedy pracowała grupa młodych nauczycieli o dość liberalnych poglądach. Uczniowie brali udział w wielu półoficjalnych szkolnych imprezach, podczas których o tym się rozmawiało. I w takiej atmosferze Wołodia przebywał przez te dwa lata w naszej szkole"[56].

Na studiach – nie inaczej. Kolega Połochow tak wspomina swoją reakcję na wiadomość o związaniu się Wołodii z KGB: „Ostrożnie, jak dziś pamiętam, zagadnąłem go, co z Sołżenicynem, co z Grigorienką* i innymi. Na to on: »Mnie to obojętne«. A przecież i Sołżenicyna, i samizdaty** czytaliśmy razem. Wszyscy o tym wiedzieli"[57].

Władimir Putin, odpowiadając dziennikarzom, chowa się za najbanalniejszą z wymówek: „Ja przecież wtedy zupełnym szczeniakiem

* Piotr Grigorienko – generał Armii Radzieckiej, uczestnik ruchu dysydenckiego, obrońca praw człowieka, założyciel Ukraińskiej Grupy Helsińskiej.

** Samizdat (ros. *samodiejatielnoje izdatielstwo*) – wydawnictwo niezależne, określenie tzw. literatury drugiego obiegu wydawanej nielegalnie w ZSRR od drugiej połowy lat pięćdziesiątych XX wieku.

byłem! Gdy szedłem na uniwersytet, miałem osiemnaście lat, gdy go skończyłem – dwadzieścia trzy”[58].

Uwzględniając nawet dwa lata różnicy między prawdziwą a oficjalną datą urodzenia (1950 i 1952), i tak mamy wówczas do czynienia z prawie dorosłym człowiekiem. Dlatego chowanie się u progu pierwszej prezydentury za dziecinną nieświadomością bytu kandydatowi na prezydenta nie przystoi.

Rok 1968 – ten, w którym Putin zameldował się przy alei Litiejnej – to rok szczególny: buntowała się wówczas młodzież całego świata, od Stanów Zjednoczonych, przez Europę Zachodnią, po państwa bloku socjalistycznego. Buntowała się Warszawa, buntowała Praga.

O świecie zachodnim Putin zapewne wiedział tyle, ile raportowała sowiecka propaganda, bo przecież nie przykładał – jak „wrogowie ludu” – oka i ucha do szpar w żelaznej kurtynie. W sierpniu 1968 roku, gdy czołgi Układu Warszawskiego rozjeżdżały praskie barykady i ginęli ludzie, nagłówki gazet czytanych przez Putina głosiły, iż „naród radziecki udziela bratniej pomocy narodowi czeskiemu w walce z kontrrewolucją imperialistyczną”. Ciekawe, czy wiedział, że „prośbę” o tę „pomoc” wyprodukowała radiostacja Wełtawa, specjalnie utworzona na tę okoliczność przez KGB?

Ponieważ na świecie huczało o radzieckiej agresji, inwazji i łamaniu czechosłowackiej suwerenności państwowej, sekretarz generalny KC KPZR Leonid Iljicz Breżniew udowodnił, iż świat jest w błędzie. Stworzył mianowicie doktrynę ograniczonej suwerenności (zwaną później doktryną Breżniewa). Głosiła ona, że kraje socjalistyczne prowadzą wspólną i jednolitą politykę, której kierunki wytycza Kreml. Gdyby któreś z państw chciało się wyłamać, „możliwa jest zbrojna interwencja w celu samoobrony przed ingerencją wrogiej ideologii”.

Gdy pół wieku po tamtych wydarzeniach Władimir Putin, butnie i bezwzględnie łamiąc ustalenia międzynarodowe, zagarnął Krym, na świecie znów zahuczało, a zwietrzała doktryna zyskała jego imię. Szok okazał się jednak większy niż w tamtych (jak się wydawało, minionych) latach zimnej wojny. Breżniew bronił komunizmu, tej pętli zarzuconej z Kremla na państwa Europy Środkowej. Putin zamierza z powrotem zagnać do postradzieckiego imperium szczęśliwców, którzy się stamtąd wyrwali (przede wszystkim krnąbrnych Ukraińców). Breżniew używał haseł marksizmu-leninizmu, Putin wywiesił na sztandarach hasło obrony wszystkich obywateli mówiących po rosyjsku, zarówno w samej Rosji, jak i poza jej granicami, przed mitycznym „ukraińskim faszyzmem" sterowanym przez Waszyngton. Chcą czy nie, są krzywdzeni czy nie są – nieważne. Mają wrócić, wraz z oderwanymi od Rosji terenami, do imperium i pośród wietrzejących pomników oraz wyciąganych ze śmietnika portretów cementować jego wielkość.

„My oczywiście nie przypuszczamy, że rosyjskie czołgi wjadą teraz na Majdan w Kijowie, jak w 1968 roku do Czechosłowacji, ale szantaż, korupcję, łgarstwo, zastraszanie mamy zapewnione" – pisał w pierwszych dniach istnienia Euromajdanu rosyjski opozycyjny publicysta Siergiej Mitrofanow[59]. Pisał tak, zanim w Kijowie padły pierwsze śmiercionośne strzały, zanim rosyjskie czołgi zaczęły miażdżyć wschodnią Ukrainę, zanim zaczęto wcielać w życie nową śmiercionośną doktrynę. Doktrynę Putina.

## Drezno. Czas szczęśliwy bez happy endu

Radeberger Strasse 101. Niemal podmiejska, tonąca w zieleni dzielnica Drezna. Szary długi pięciopiętrowy blok podzielony na dwanaście klatek – własność Ministerstwa Bezpieczeństwa NRD. Tu na drugim piętrze, w dwóch pokojach z aneksem gospodarczym rodzina Putinów przeżyła niemal pięć lat. „Nasi w NRD pracowali całkiem legalnie. Mieszkaliśmy w domu Stasi*. Sąsiedzi wiedzieli, gdzie pracujemy, myśmy wiedzieli, gdzie pracują oni"[61] – mówi Ludmiła Aleksandrowna, żona Władimira. Oficjalnie jednak Władimir

* Stasi (niem. Ministerium für Staatssicherheit – Ministerstwo Bezpieczeństwa Państwowego Niemieckiej Republiki Demokratycznej.

Putin pracował „pod przykryciem" jako kierownik Domu Przyjaźni Niemiecko-Radzieckiej.

Ludmiła wspominała te lata jako dobry okres małżeństwa. Na zdjęciach z tamtego czasu Władimir Putin wygląda na szczęśliwego ojca rodziny*.

Spokój, stabilność, wygoda. Może nieprzesadne, bo Ludmiła z dwójką maluchów musiała taskać wózek na drugie piętro bez windy, ale zawsze to lepsze niż ostatnio wynajmowany pokój czy – wcześniej – dwupokojowe mieszkanie rodziców Władimira na peryferiach Leningradu, gdzie okno w ich pokoiku znajdowało się tuż pod sufitem. Od miejsca zamieszkania do rezydentury KGB przy Angelika Strasse 4 było minut dziesięć. Ładna, jasna, jednopiętrowa, otoczona starymi drzewami willa, którą sobie kiedyś wybudował znakomity dyrygent Karl Bohm, była sympatycznym miejscem pracy sześciu funkcjonariuszy z Kraju Rad. Po drodze do pracy Putin odprowadzał starszą córeczkę do przedszkola mieszczącego się tuż obok domu, młodszą do żłobka nieopodal i o dziewiątej wchodził do gabinetu, gdzie przy sąsiednim biurku trudził się drugi Wołodia, dla odróżnienia zwany „Dużym". Był to Władimir Gortanow, tutaj funkcjonujący pod nazwiskiem Usolcew, który podczas pobytu w Dreźnie (1982–1987) robił rzecz przez władze źle widzianą: prowadził notatki.

Po latach, gdy został statecznym biznesmenem żyjącym w Czechach, napisał książkę *Sosłużywiec* (Kolega z pracy) o dwóch wspólnie spędzonych z Putinem drezdeńskich latach. Nie dowiadujemy się z niej zbyt wiele o sprawach zasadniczych (w końcu Usolcew był pracownikiem tajnych służb), ale lepiej poznajemy naszego bohatera. Mimo że autor wyraża się raczej przychylnie o Putinie, a jego oceny są obiektywne, w internecie znajdziemy jedynie fragmenty książki oraz kilka wywiadów z autorem. Całości w wersji elektronicznej faktycznie kupić nie można, nie mówiąc już o egzemplarzu papierowym z zaledwie kilkutysięcznego (na Rosję to nawet nie kropla w morzu) wydania z 2004 roku.

---

* Więcej na ten temat zob. w rozdziale *Masza i Katia*.

Ani Dreznem, ani pracą Usolcew zachwycony nie był: „To nie miasto, o jakim marzyliśmy [...]. Cała nasza działalność to profanacja pracy wywiadowczej, pozorowany wywiad, zabawa w szpiegów. Jeśliby amerykański agent przeniknął do jakiejś rezydentury KGB w Niemczech Wschodnich, ogromnie by się zdziwił, że groźne KGB w gruncie rzeczy zajmuje się dyrdymałami. W Pierwszym Zarządzie Głównym KGB, czyli w wywiadzie, praca w przedstawicielstwie w NRD nie należała do prestiżowych. Nazywali NRD »kadrową sadzawką«. Przed wysłaniem tu broniło się wielu"[62]. „Żyliśmy w hermetycznym, zamkniętym świecie, zajmując się z ogłupiającą rutyną bezmyślnymi raportami i niekończącym się studiowaniem akt osobowych"[63].

„Ogłupiająca rutyna" polegała na porannym spotykaniu się z miejscowym radzieckim agentem, emerytowanym policjantem, pisaniu tasiemcowych sprawozdań z każdej niemal czynności oraz tłumaczeniu całej tej pisaniny na rosyjski[64].

Mimo wszystko, choć Drezno to nie Bonn czy Berlin Zachodni, nie było tam aż tak nudno. Ponoć właśnie w Dreźnie (niedługo przed pojawieniem się Władimira Putina) centrala KGB planowała zabicie Ericha Honeckera – sekretarza generalnego Socjalistycznej Partii Jedności Niemiec (Sozialistische Einheitspartei Deutschlands – SED), przywódcy państwa wschodnioniemieckiego[65]. Moskwa zamierzała zmienić także kierownictwo Stasi, a zwolnione stanowiska obsadzić ludźmi bezwzględnie posłusznymi Kremlowi.

Zaczęło się od tego, że według Konstantina Czernienki, sekretarza generalnego KC KPZR i ówczesnego przewodniczącego Prezydium Rady Najwyższej ZSRR, Honecker popełnił niemal zbrodnię: w lutym 1985 roku samowolnie, nie pytając Moskwy o zgodę, zaprosił amerykańskich i angielskich lotników, którzy czterdzieści lat wcześniej bombardowali Drezno podczas drugiej wojny światowej, na otwarcie odbudowanej opery Semper. Poczytano mu to niemal za zdradę. KGB rozstawiło na placu Teatralnym w Dreźnie ludzi z mikrofonami, tak iż przemówienia Honeckera słuchano bezpośrednio na Kremlu. Chociaż Honecker uchodził za najwierniejszego wasala radzieckich władz, uwierzyły one doniesieniom, że bez ich zgody przygotowywał spotkania z politykami amerykańskimi i zachodnioeuropejskimi, rozważając wyjście Niemieckiej Republiki Demokratycznej z Układu Warszawskiego. Czy oskarżenie opierało się na faktach, czy też było wyrazem obawy, że za liderem NRD pójdą przywódcy pozostałych państw obozu socjalistycznego – rozstrzygną historycy. Wiadomo tylko, że przy poszukiwaniu źródeł operacji „Łucz" (Promień) pojawia się wersja, iż rozkaz „zabić Honeckera" został wydany.

Jego realizacja miała nastąpić metodą – prawdę powiedziawszy – toporną: podczas spotkania z robotnikami w którymś z drezdeńskich zakładów pracy jeden agent miał strzelić do Honeckera z pistoletu, drugi – snajper – oddać strzał kontrolny. Zaplanowano drogi ucieczki (między innymi Łabą w łodzi). Według tej wersji wydarzeń KGB w Dreźnie przeprowadziło przygotowania i oczekiwało tylko na rozkaz z Moskwy. Tymczasem 10 marca 1985 roku, szczęśliwym dla potencjalnej ofiary trafem, Konstantin Czernienko zmarł (co pracownicy centrali KGB w Dreźnie uczcili szampanem), a nowy przywódca Związku Radzieckiego, Michaił Gorbaczow, napisał na teczce z aktami tej sprawy: „Kategorycznie nie"[66].

To „nie" odwoływało jedynie decyzję w sprawie zabójstwa Honeckera, resztę operacji „Łucz" – infiltrację Stasi, gromadzenie wiedzy o sytuacji politycznej i osiągnięciach naukowych NRD – pozostawiając aktualną. Do centrali KGB szły więc raporty o nastawionych krytycznie do ustroju czy niezadowolonych Niemcach w partii i służbach specjalnych, a także o tych, których ewentualnie można by zwerbować.

W tej właśnie fazie operacji „Łucz" (w połowie 1985 roku) pojawił się w Dreźnie nasz bohater, więc i jemu przypadł w udziale ten zbożny trud. Wiktor Adianow, drezdeński kolega Putina, oględnie nazywa działalność wśród służb niemieckich „podtrzymywaniem kontaktów, co oczywiście oznaczało pewną funkcję kontrolną". Oznaczało także kontaktowanie się na płaszczyźnie prywatnej. Niejeden kufel piwa Rosjanie z Niemcami osuszyli. Razem łowili ryby i smażyli szaszłyki, a „Wołodia wpraszał się nawet na te spotkania, na które nie miał wstępu z racji niskiego stopnia, ale że był sekretarzem partyjnym grupy, musiano go do tych spotkań dopuścić". Spotkania były ważne, bo – jak to sprecyzował Adianow – chodziło o to, by „przez »kolegów« mieć w każdym momencie dostęp do informacji Stasi"[67].

Radzieckie służby specjalne nie prowadziły – według umów międzypaństwowych – „działalności operacyjnej" na terenie krajów bloku wschodniego, z wyjątkiem NRD – państwa „frontowego", graniczącego z „imperialistycznym Zachodem". Służby państw socjalistycznych na ogół dobrowolnie współpracowały z KGB. Wyjątek – według Usolcewa – stanowiły służby polskie, wykazujące największą niezależność[68]. Choć jak widać, także ze wschodnioniemieckimi bywały problemy. Atmosfera wzajemnej nieufności dotarła również do Drezna, gdzie Horst Bohm, naczelnik miejscowego zarządu Stasi i przyjaciel Honeckera, zabronił pracownikom KGB wstępu do położonego niedaleko od nich budynku Stasi, do którego dotychczas wchodzili swobodnie.

Czy uczestnicy akcji „Łucz" wiedzieli, że biorą udział w specyficznej operacji? Oczywiście. Putin też. „Usprawiedliwialiśmy swoje istnienie, nie tyle szpiegując »głównego nieprzyjaciela«: NATO, ile rozpracowując coraz bardziej niezależnego sojusznika: Niemcy pod wodzą Honeckera. Zbieranie informacji o SED przez grupę »Łucz« było równocześnie głównym zadaniem i imitacją pracy wywiadowczej. Ta robota trudności nie sprawiała"[69] – mówi Usolcew i przyznaje, że Putin brał w niej udział.

On swoim zwyczajem i w tej sprawie kłamie. Na pytanie dziennikarzy, co to takiego operacja „Łucz" i czy brał w niej udział, odpowiedział: „Dokładnie nie wiem. Ja się tym nie zajmowałem. Nie wiem nawet, czy przeprowadzano ją, czy nie. O ile mi wiadomo, było to chyba związane z politycznym kierownictwem NRD. Nie miałem z tym nic wspólnego"[70].

Wprawdzie były agent nie ma obowiązku publicznie zdawać relacji ze swojej działalności, ale jeśli kandyduje na urząd prezydenta, sprawa wygląda inaczej. Dziennikarze, historycy, politycy, którzy zaczynają weryfikować fakty z jego życia, natrafiają na problem, z którym sobie nie poradzą przez wszystkie te lata: Władimir Putin kłamie.

Ma za nic prawdę, bo wie, że prosto w oczy, i to publicznie, nikt mu kłamstwa nie zarzuci. Czy to z braku okazji, czy też odwagi. Zawsze więc stwarza takie okoliczności, w których nie skoczy mu do gardła żaden oponent.

Kłamie, bo zrodzony w dzieciństwie odruch, utrwalony kagebowską specyfiką, pozostał jego podstawowym sposobem porozumiewania się ze światem.

Kłamie, bo nie dojrzał do sprostania prawdzie.

Kłamie, bo kłamstwo to najskuteczniejsza broń tchórza.

Na pytanie, czy brał udział w akcji „Łucz", mógłby przy odrobinie odwagi odpowiedzieć na przykład: „Tak, ale wolałbym o tym nie mówić. Akcję zleciły ówczesne władze, w innym ustroju, nie warto do tego wracać". Owo „tak" uczyniłoby go jednak w pewnej mierze współodpowiedzialnym za niezgodną z prawem, dość paskudną operację, podczas gdy on chce uniknąć odpowiedzialności, zawsze gotów wskazać winnych, których trzeba by oskarżyć zamiast niego: czy to opozycję w kraju, czy to polityków – od Warszawy po Waszyngton.

Kłamstwo, istotny element działania służb specjalnych, oscyluje w granicach bezpiecznych dopóty, dopóki kłamiący zdają sobie sprawę, że kłamią. Gorzej, jeśli w tę zakłamaną prawdę sami uwierzą, jak choćby ostatni szef KGB Władimir Kriuczkow, który twierdził z przekonaniem, że „utrata NRD przez obóz socjalistyczny okazała się możliwa tylko na skutek spisku Michaiła Gorbaczowa z Helmutem Kohlem"[71]. Władimir Putin, którego kościec zbudowany jest z tego samego tworzywa władzy totalitarnej, nigdy nie pojmie, że narody, które w strachu i pokorze powinny zginać kark przed tą władzą, ośmielają się mieć własną wolę i ją demonstracyjnie wyrażać. Za każdym masowym oporem wobec rządzących, czy to na ukraińskim Majdanie, czy na egipskim placu Tahrir, czy na placach i ulicach Moskwy, Putin dopatruje się roboty spiskowców i wysłanników swojego „głównego wroga" – Stanów Zjednoczonych, NATO i reszty zgniłego Zachodu.

Myśl o wolnej woli mas nie mieści mu się w głowie.

Także wtedy, w Niemczech Wschodnich, ani on, ani jego szefowie nie docenili rewolucyjnego wrzenia w narodzie oraz jego siły. W doniesieniach do centrali nie bili na alarm i pozostawali w przekonaniu, że sytuacja w NRD jest pod kontrolą. „Trudno było sobie wyobrazić, że w NRD mogą się zacząć tak gwałtowne zmiany. No, nikomu to nawet do głowy nie wpadło! Co więcej, gdy się już zaczęły, nie zdawaliśmy sobie sprawy, czym się to może zakończyć”[72] – przyznaje sam Putin. Nic przeto dziwnego, że wybitny ekspert w dziedzinie tajnych służb ZSRR, profesor Christopher Andrew, stwierdza, iż „nawet bezpośrednio przed erą Gorbaczowa Biuro Polityczne więcej wysondowałoby z zachodnich gazet niż ze ściśle tajnych raportów radzieckiego wywiadu”[73]. W rezultacie o upadku muru berlińskiego centrala KGB rezydująca w podberlińskiej dzielnicy Karlshorst dowiedziała się z informacji przekazywanych przez zachodnioniemiecką telewizję[74].

Lepsze wyniki Putin i koledzy osiągali w zdobywaniu informacji naukowej. Z tego, co piszą i mówią współpracownicy Putina, wynika, że nie wymagało to wiele szpiegowskiego trudu. Prace przysyłane z Zachodu naukowcom w NRD zatrzymywano na cle i odprawiano do KGB. Wszystko, co miało związek z technologią komputerową czy laserową, kopiowano i wysyłano do Moskwy. Nierzadko radzieccy uczeni po prostu włączali otrzymane dane do swoich dysertacji. Właściwi adresaci nigdy tych przesyłek nie otrzymali. Tak właśnie wywiązywano się ze „zdobywania informacji naukowo-technicznej z RFN i NATO”[75]. Bagatelizować tego jednak nie należy: na początku lat osiemdziesiątych nieco ponad połowa materiałów wywiadowczych pozyskanych przez Zarząd T (wywiad naukowo-techniczny) Pierwszego Zarządu Głównego KGB pochodziła właśnie od sojuszniczych służb wywiadowczych, głównie wschodnioniemieckich. Jednak – jak pisze agent brytyjskiego wywiadu w KGB Wasilij Mitrochin – „łatwiej było zdobyć materiały naukowo-techniczne, a nawet całe urządzenia u zachodnioniemieckiego Siemensa, niż spożytkować je w kraju. Maniakalne podejrzenia centrali KGB sprawiały, że obawiano się komputerów Siemensa, które mogły mieć zainstalowane podsłuchy lub jakieś inne urządzenia. Obawa przed »pluskwą« w komputerach sprawiła, że leżały w magazynach przez pięć lat. Zamiast komputerów Siemensa zainstalowano przestarzałe maszyny produkcji NRD"[76].

Sprawy wewnętrzne Niemiec Wschodnich to jeden obszar działalności sześciu panów z Angelika Strasse 4. Drugi wymagał już działań prawdziwie szpiegowskich, tyle że – jak na szpiegostwo – niezwykle długotrwałych i nudnych. Tuż za granicą NRD, w Bawarii, w bazach NATO stacjonowały „zielone berety", czyli oddziały amerykańskiego specnazu*, a w Wildflecken i Münster znajdowały się poligony wojskowe. Radzieccy szpiedzy zdobywali jednak ich tajemnice nie za pomocą tajnej aparatury, lecz wertując tysiące dostarczonych przez Stasi akt obywateli Drezna, do których zamierzali przyjechać krewni z Niemiec Zachodnich. Szukali takich, których ewentualnie można by przekonać, by informowali o ruchach wojsk amerykańskich.

Przypominało to „poszukiwanie pereł w kupie gnoju – pisze Usolcew. – Znajdowaliśmy się jednak pod ciągłą presją, bo każdy werbunek zwiększał szanse na awans. Przeglądaliśmy więc akta tysięcy potencjalnych kandydatów, w końcu dwadzieścia, może trzydzieści osób typowaliśmy na informatorów, a tylko jednostki przechodziły przygotowanie na agentów. Płaciliśmy im grosze, zresztą nie wiedzieli, czy pracują dla KGB czy dla Stasi, bo posługiwaliśmy się przecież legitymacjami niemieckiej bezpieki. Legitymacje dostarczał Putin, bo jemu podlegał »wywiad z wykorzystaniem fałszywych dokumentów«"[77]. Pewnej pikanterii dodaje pewność Usolcewa, że wielu tych agentów otrzymywało zapłatę także od zachodnioniemieckiej służby wywiadowczej (BND)[78]. Radzieccy przyjaciele tym samym mieli swoje „wtyczki" w zachodnioniemieckim wywiadzie. I odwrotnie zapewne też.

Jeden z pracowników drezdeńskiego Stasi twierdzi, że w drugiej połowie lat osiemdziesiątych KGB dokładało wielkich starań, by zwerbować zachodnioniemieckich biznesmenów i uczonych

* Specnaz – oddziały specjalnego przeznaczenia.

odwiedzających NRD. Chodziło prawdopodobnie o pracowników firmy Siemens oraz IBM współpracujących ze wschodnioniemiecką fabryką komputerów Robotron. Do werbowania stosowano szantaż, a do szantażu – kamery ukryte w pokojach hotelu Bellvue, gdzie goście spędzali czas w towarzystwie dam nie najcięższej konduity[79]. Do takich zadań specjalnych nikt się nie przyzna, nie dowiemy się więc, czy wchodziły one w zakres obowiązków Putina, zapewne jednak był o nich dobrze poinformowany. A po paru latach takim szantażem sam mistrzowsko się posłużył.

Terenem połowów „Małego Wołodii" był miejscowy Uniwersytet Techniczny (politechnika), a celem – międzynarodowy studencki narybek. Ciężki to musiał być trud, jako że uczęszczało tam około 10 tysięcy studentów. Na współpracę najłatwiej godzili się przybysze z Trzeciego Świata. Tak Usolcew, jak i rozmówca amerykańskiej dziennikarki rosyjskiego pochodzenia Mashy Gessen – były agent KGB w Berlinie Siergiej Biezrukow – uważają za największy sukces szpiegowski Putina zwerbowanie studenta z Kolumbii[80]. Za jego pośrednictwem KGB dotarło do kolumbijskiej rodziny amerykańskiego sierżanta i za 800 marek kupiło nieutajnione opisy procedur bojowych. KGB skąpiło pieniędzy, bo ich nie miało. Czym zatem kusiło potencjalnych szpiegów? Ideologią tylko.

Odnosił więc Putin w Dreźnie sukcesy czy nie odnosił?

Nie słyszał o nim wówczas ani szef KGB Władimir Kriuczkow, ani ówczesny szef wschodnioniemieckiego wywiadu Markus Wolf, bo tak wysoko nie docierają echa drobnej wywiadowczej krzątaniny. Sam Putin jest z siebie zadowolony. „Dobrze mi szła robota" – mówi i chwali się dziennikarzom, że go dwa razy awansowano: „Wyżej awansować już nie mogłem, bo to byłaby funkcja kierownicza, a zwierzchnik tam był tylko jeden. No ale w nagrodę zostałem członkiem komitetu partyjnego przedstawicielstwa KGB w Dreźnie"[81].

Niemieccy koledzy ze Stasi zapamiętali go jako „typowego przedstawiciela czerwonej arystokracji, dumnego, że jego przodkowie brali udział w rewolucji październikowej", a także jako wroga mocnego alkoholu: podczas jakiegoś przyjęcia wprawił ich w zdumienie, wylewając wódkę do doniczki[82]. Jeden ze współpracowników scharakteryzował go chyba najtrafniej: „Zawsze był bardzo ostrożny, zawsze utrzymywał się w ryzach samokontroli. Pracował za kulisami, nie przyciągając uwagi. Po prostu go nie zauważano. To mądry facet. Milczący, ale bardzo efektywny”[83].

O jego wywiadowczych sukcesach wiadomości mamy dość wyrywkowe, gdyż inne być nie mogą. Najistotniejsze, co z tej szpiegowskiej drobnicy przydało się przyszłemu prezydentowi. Prawie wszystko. Zarówno nawiązane wtedy kontakty, jak i doświadczenia werbunku.

Dziennikarz niemieckiego czasopisma „Cicero” wyniuchał i opisał w artykule *Was tat Putin in Dresden* („Czym zajmował się Putin w Dreźnie?”)[84] dwóch zwerbowanych przez niego obywateli NRD: Reinhardta E. i Georga C., którzy – już jako agenci KGB – podjęli pracę w komendzie obwodowej niemieckiej policji. Putin był ich oficerem prowadzącym – opracowywał plany operacyjne i odbywał konspiracyjne spotkania. To chyba jednak nie wszystkie jego sukcesy. Drezdeński szef Putina, Lazar Matwiejew, może przesadnie chwali swojego faworyta za sieć zbudowaną nie tylko w Europie, lecz także na Bliskim Wschodzie oraz w Azji[85], niemniej można mieć niemal pewność, że część ludzi z tej sieci przyczynia się dzisiaj do sukcesów prezydenta Putina w manewrowaniu polityką w tamtych regionach świata (w Iranie, w Syrii…), tak jak kiedyś odegrała zasadniczą rolę w przygotowaniu nowej wojny czeczeńskiej, która – niczym katapulta – wystrzeliła go wprost na Kreml*.

Owocny wydaje się również kontakt Putina z terroryzmem, zwłaszcza odkąd Jurij Andropow (najpierw przewodniczący KGB – Komitetu do spraw Bezpieczeństwa Państwowego przy Radzie Ministrów ZSRR, a od roku 1982 sekretarz generalny KC KPZR i później przewodniczący Prezydium Rady Najwyższej) zgodził się na wykorzystywanie terrorystów w akcjach skierowanych przeciwko celom w Stanach Zjednoczonych lub innych krajach NATO[86]. Według opinii ostatniego ministra spraw wewnętrznych NRD Petera Michaela Diestla Niemiecka Republika Demokratyczna

* Więcej na ten temat zob. w części *Moskiewskie labirynty*.

przekształciła się za zgodą oraz wiedzą Moskwy w „eldorado dla terrorystów"[87].

W książce o Putinie Masha Gessen wspomina rozmowę z byłym bojówkarzem zachodnioniemieckiej Rote Armee Fraktion – Frakcji Czerwonej Armii – największej organizacji terrorystycznej tamtych czasów. Jej emblemat to pistolet maszynowy MP5, czerwona pięcioramienna gwiazda i wielkie litery RAF. Jej ideologia: marksizm, maoizm, walka z burżuazyjną władzą, amerykańskim imperializmem i „zachodnią zgnilizną". Jej sponsor i opiekun: KGB ZSRR. Rozmówca dziennikarki opowiadał, że ilekroć bojówkarze RAF przyjeżdżali do Drezna, radzieccy koledzy (którzy nie mieli prawa wjazdu do Berlina Zachodniego) prosili o kupienie im czegoś w bajkowych – z perspektywy skromnej NRD – sklepach. „Wowa zawsze czegoś chciał. Przekazywał, komu tylko mógł, listę rzeczy z Zachodu, których tak bardzo pragnął", ale – w odróżnieniu od kolegów ze Stasi – „nigdy nawet nie przeszło mu przez myśl, by zapytać, ile ma nam oddać, choć i tak odpowiedzielibyśmy, że nic"[88].

Mniejsza jednak o finansowe drobiazgi. Ważniejsze znaczenie ma fakt, iż bojówkarze z RAF, którzy siali postrach w latach siedemdziesiątych i osiemdziesiątych ubiegłego wieku, napadając na ambasady, banki, centrale koncernów, mordując polityków i finansistów, spokojnie pojawiali się w Dreźnie na ćwiczeniach. Zapewne wpadali wówczas na Angelika Strasse 4, gdzie przyjmował ich ten, który – korzystając może i z ich doświadczeń – będzie kiedyś w swoim kraju raczej inspirować się terroryzmem, niżeli go zwalczać*.

„Wydawanie rozkazów bojówkarzom Frakcji Czerwonej Armii […] było dokładnie tym, o czym za młodu marzył Putin" – pisze wspomniana dziennikarka, zastrzegając się, że „nie ma jednak dowodów, by był on w jakikolwiek sposób powiązany z działalnością tej organizacji"[89]. Czego więc dotyczyło to „wydawanie rozkazów

* Więcej na temat udziału rosyjskich służb specjalnych w przygotowaniu aktów terrorystycznych (wysadzanie domów w 1999 roku, napad na Dubrowkę podczas spektaklu *Nord-Ost*, akcja w szkole nr 1 w Biesłanie i in.) zob. w dalszych rozdziałach.

bojówkarzom Frakcji Czerwonej Armii" przez Putina? Kolejności toastów za zwycięstwo nad amerykańskim imperializmem czy gatunku wypijanego piwa? Nie zapominajmy, że to właśnie jemu podlegał w drezdeńskim KGB „wywiad z wykorzystaniem fałszywych dokumentów".

Jeśli bojówkarze RAF pojawiali się w Dreźnie na ćwiczeniach, to znaczy, że w okolicy działał ośrodek szkoleniowy dla terrorystów (podobne ośrodki funkcjonowały w innych krajach socjalistycznych, choćby na polskich Mazurach w Mrągowie czy w Dolnej Grupie pod Grudziądzem). Pojawiali się też w państwach arabskich, jako że blisko współpracowali z terrorystami Ludowego Frontu Wyzwolenia Palestyny. Broń, fundusze i fałszywe dokumenty dostarczały terrorystom Stasi i KGB.

Czy Władimir Putin mógł o tym nie wiedzieć? Czy można wykluczyć, że nie brał w tym udziału? Tak czy inaczej, z bojówkarzami RAF musiało go wiązać coś więcej niż tylko opisany przez jednego z nich „najnowocześniejszy model radioodbiornika Grundig Satellit", który jako prezent sprawił mu szczególną radość. Pożytecznych relacji towarzyskich czy biznesowych nie ucina się z dnia na dzień. Kierowana przez Putina FSB chętnie z nich korzystała.

Podobnie jak z archiwum KGB, które w ostatnim momencie, gdy już padał pod ciosami mur berliński, Putin wyniósł z drezdeńskiej centrali Stasi, chroniąc przed ujawnieniem setki, a może i tysiące agentów, co się mu zalicza do najpoważniejszych drezdeńskich zasług. Gdy dziesięć lat później zakotwiczy się w centrali FSB przy placu Łubiańskim, i jeszcze później, gdy przeniesie się na Kreml, całe to *dossier* nabierze specjalnej wagi. Iluż ludzi na stanowiskach można trzymać w szachu, mając w zanadrzu ich agenturalne teczki! „Moskwa po mistrzowsku rozwija swoje energetyczne panowanie w Europie Środkowej. Przyczyną są chyba nie tyle kontrolowane przez nią rurociągi, ile tajne akta bułgarskich, serbskich, słowackich i węgierskich polityków znajdujące się w moskiewskich archiwach"[90] – konstatuje austriackie pismo „Der Standard" przy okazji nakrycia rosyjskiego szpiega w Wiedniu (*notabene* okazał się nim szwagier Ludmiły Putinowej – Władimir Wożżow).

Wyobraźmy sobie Putina z tamtych lat. JEST! Zaistniał. Coś naprawdę od niego zależy. To już nie mikrus, o którym koledzy i wykładowcy na uniwersytecie, współpracownicy w leningradzkim oddziale KGB czy słuchacze moskiewskiego Instytutu Czerwonego Sztandaru mówili „nijaki". On coraz bardziej staje się JAKIŚ, coraz bardziej staje się kimś. Może jego koledzy czują się sfrustrowani mało interesującym zajęciem, on chyba nie. Jest ulubieńcem zwierzchników. Dlaczego? Trafnie zaobserwował to Usolcew: „On ma wyjątkowy talent podobania się szefom, zwłaszcza starszym. Ukrywa się pod wypracowaną maską uprzejmości i ugrzecznienia. Robi wrażenie posłusznego, nawet uległego człowieka"[91]. Nic dziwnego, że jego bezpośredni szef, pułkownik Lazar Matwiejew, uważał, iż z „Władimirem Władimirowiczem nie było żadnych nieporozumień. On zawsze mówił wprost, co robi, a czego w danej chwili wykonać nie może, niezwykle jasno objaśniając przyczyny i całość problemu"[92].

Dziesięć lat później niemal te same słowa o urzędniku swojej administracji wypowiedział prezydent Jelcyn zastanawiający się nad wyborem następcy*. Według żony pułkownika Matwiejewa Wołodia jest „skromny, ale nie nieśmiały, ma poczucie własnej godności"[93], a zdaniem córki Jelcyna „ojcu podobał się uśmiech Wołodii"[94]. Ten uśmiech okaże się jeszcze bardzo przydatny. Na razie Władimir Władimirowicz stał się faworytem naczelnika w Dreźnie i szefostwa w centrali KGB w Karlhorst. Drezdeńscy koledzy dodają, że „choć Putin do nielegalnej pracy zwerbował może ze dwie osoby, tak się jakoś zakręcił, że za każdą z nich dostał gwiazdkę na pagony". Uważają też, że w celu przypodobania się kierownictwu zawsze doprowadzał sprawę do końca, choćby jej bezsensowność była oczywista[95].

W przyszłości Putin oczaruje wiele osób nie tylko uśmiechem o zwodniczym wdzięku nieśmiałości, lecz także tym czymś, co Irena Leśniewska, dyrektorka telewizji REN TV, sformułowała następująco: „Usłyszeliśmy od niego dokładnie to, co chcieliśmy usłyszeć. I wszyscy wokół nas – podobnie"[96]. Podobnie też będzie mówił

* Więcej na temat relacji Jelcyna z Putinem zob. w części *Moskiewskie labirynty*.

niemal każdy, kto się z Putinem spotykał. I miliony zapatrzonych w niego rodaków, którym zawsze powie to, co dla ich uszu najmilsze.

Zarówno koledzy, jak i drezdeński szef zobaczyli w jego braku skrupułów, sprycie i cynizmie cechy niezwykle przydatne w tym zawodzie: „Putin jest mistrzem kombinacji, zakamuflowanych intryg, sztucznych sytuacji koniecznych dla celów operacyjnych, w zakulisowych grach przechytrzyć go niezwykle trudno. Jest nie tylko sprawnym reżyserem, lecz także mistrzem manipulacji »obiektami«"[97].

Co to są „sztuczne sytuacje dla celów operacyjnych", w których okazał się mistrzem?

„Po to, by poznać przyszłego agenta, trzeba taką sztuczną sytuację stworzyć. Musi ona wyglądać naturalnie. Powiedzmy, że »obiekt« ma zamiar wyjechać do innego miasta, wsiada więc do pociągu, a tu w przedziale sympatyczna dziewczyna. Zaczyna się miła rozmowa i tak dalej. I jemu do głowy nie przyjdzie, że dziewczyna całkiem nie przypadkiem okaże się pomocnicą Władimira Władimirowicza"[98].

Taką „sztuczną sytuację dla celów operacyjnych" (nie dla wywiadu wprawdzie, lecz dla własnej korzyści) cynicznie stworzył w 1997 roku wysoki urzędnik kremlowski Władimir Władimirowicz Putin jednemu z pracowników merostwa. Tragicznie się to zresztą dla tego pracownika zakończyło*.

W Dreźnie Puitn miał to, o czym od dziecka marzył: konspirację i pewne poczucie władzy. Nawet jeśli zwerbował zaledwie parę osób i były to tylko płotki, to jednak powołał do życia siatkę własnych agentów, ci zaś mieli swoich rezydentów, rezydenci innych agentów, a wszyscy razem, nie wiedząc nawet o tym, jemu podlegali. Co zatem kształtowało umysłowość przyszłego prezydenta? Konspiracja i profesjonalne kłamstwo. Jeszcze kilka lat ćwiczeń i w tej materii nie będzie miał sobie równych.

Drezdeńscy koledzy Putina najchętniej opowiadają o piwie. Piwo, temat bezpieczny, wybija się w ich wspomnieniach niemal na plan pierwszy:

---

* Więcej na ten temat zob. w części *Mieć!*

„W piwnicy zrobiono saunę. Korzystaliśmy z niej w piątki lub soboty. A przy tym popijaliśmy piwo. Przywoziliśmy je z pobliskiej miejscowości Radeberger, gdzie obok browaru znajdowała się piwiarnia. Raz jeździłem po nie ja – mówi Wołodia Bragin – a raz Wołodia Putin"[99].

„Brałem taki pojemnik ponadtrzylitrowy. Nalewałem do niego piwo, naciskałem kranik i piłem jak z beczki. No i tak na tydzień przypadało 3,8 litra. A do pracy dwa kroki od domu, nie było gdzie spalić tych kalorii. I żadnego sportu"[100] – wspomina Putin, który przytył tam 9 kilogramów!

Jaki z Putina kompan?

„Świetny – twierdzi Usolcew. – Dusza towarzystwa. Zna masę dowcipów, umie je opowiadać, ale potrafi też słuchać. Może nawet wypić, lecz wstawionym go nigdy nie widziałem"[101]. Z kolei ich szef Lazar Matwiejew, pułkownik KGB o długim stażu, zabawiał swoich podopiecznych „gadaniem o łagrach dla radzieckich działaczy kultury, gdzie przeprowadzał niemało przesłuchań uwięzionych piosenkarzy, pisarzy i poetów"[102].

*W Dreźnie Wołodia mocno przytył*

Sześć rodzin pracowników KGB w Dreźnie tworzyło zamknięty światek. Nawzajem się odwiedzali, razem świętowali, wyprawiali się na wycieczki (tylko po okolicy, na dalszy wyjazd musieli mieć zgodę zwierzchników), do teatru czy po prostu na zakupy. Może i było Drezno prowincją, ale nie dla zwykłych zjadaczy radzieckiego chleba. Wypełnione towarami półki enerdowskich sklepów to dla nich niemal przedsionek raju. Niemiecką Republikę Demokratyczną traktował Kreml jak okno wystawowe bloku socjalistycznego, więc było tam bardziej bogato i kolorowo niż w pozostałych krajach siermiężnej wspólnoty. A i tak część z nich – choćby Polska, Węgry czy Czechosłowacja – prezentowała się o wiele dostatniej niż Związek Radziecki. Nigdzie więc nie walczono tak o przywileje związane z władzą (między innymi o możliwość zaopatrywania się w lepszych sklepach) jak w Kraju Rad, bo zaspokajały one odwieczną potrzebę posiadania, chociaż to uprzywilejowanie w wydaniu radzieckim oznaczało raptem dostęp do lepszego kawałka mięsa lub ryby, butów polskiej albo czeskiej produkcji bądź też zestawu meblowego z Polski czy NRD.

Nawet jak na skromne enerdowskie standardy, kagebiści zarabiali grosze. Pensja wynosiła 1800 marek wschodnich* plus niewielki dodatek w rublach wysyłany na konto w ZSRR. Po jakimś czasie zaczęto agentom wypłacać premie w wysokości 100 dolarów gotówką. Za to mogli sobie pozwolić na zakupy w sklepie I Gwardyjskiej Dywizji Pancernej, gdzie sprzedawano nawet banany, a także na szaleństwa w sklepie dyplomatycznym w Berlinie Wschodnim. Oszczędzali jednak na wszystkim, by do kraju wrócić z jakim takim zapasem.

Każdy radził sobie, jak umiał, na przykład sprzedając bezpłatne katalogi firm odzieżowych (Neckermanna, Otto lub Quelle) krawcowym i zamożnym znajomym w Leningradzie czy Moskwie. Putin miał ogromne zdolności organizacyjne – co nie bez zazdrości zauważa Usolcew – i dzięki swoim kontaktom załatwiał lwią część tego skarbu dla siebie. Mimo to Usolcew lubił kolegę z pracy i do dziś jest mu wdzięczny za to, że „tak lekko, przyjemnie, komfortowo

* Jedna marka wschodnia równała się 0,2 marki zachodnioniemieckiej.

się z nim pracowało i dzieliło wspólny gabinet bez najmniejszych spięć". Ale i nie bez zdziwień.

Usolcew pochodzi z Syberii, a tam żyją ludzie inni niż w centralnej Rosji. Skazani na klimat, w którym bez pomocnej ręki wyżyć trudno, wzajemnie sobie pomagają. Od stuleci pomagają też zsyłanym tu nieszczęśnikom. Są otwarci, prostolinijni, szczerzy. Właśnie szczerość Usolcewowi zaszkodziła. Otóż po przyjeździe do Moskwy, do znanego nam już Instytutu Czerwonego Sztandaru, ze zwykłą na Syberii otwartością zaczął pokpiwać sobie z władzy, tej najwyższej. Koledzy donieśli, gdzie trzeba, i młody Sybirak, z wykształcenia fizyk, zamiast do obiecanej Agencji Atomowej w Wiedniu, trafił karnie do Mińska. A z Mińska do Drezna, „bo trzeba było zapchać dziurę po koledze, który odmówił wyjazdu do NRD, a mógł sobie na to pozwolić, gdyż jego teść był ministrem"[103].

Opowiadając tę historię Putinowi, Usolcew ubolewał nad obłudą kolegów: „Jakiż to wywiad, jeśli ludzie są wobec siebie tak fałszywi?". Mocno się zdziwił, słysząc w odpowiedzi: „Byłeś idiotą. No i co dobrego zrobiłeś dla swojej rodziny tą swoją prowincjonalną szczerością? Ty nie myśl o ludzkości, myśl o sobie. I tak niczego się nie zmieni, więc żyć trzeba dla siebie [...]. On był pragmatykiem. Myślał jedno, mówił drugie. Był skończonym konformistą, niewierzącym z żadne zmiany i grającym rolę zdeklarowanego komunisty. Radził mi, bym nie krytykował życia w ZSRR i myślał o rodzinie"[104].

Zadziwiająca dla Usolcewa, majora KGB – organizacji przesiąkniętej antysemityzmem – była tolerancja Putina w stosunku do Żydów. Wspominał, że Putin „nigdy się z antysemityzmem nie zgadzał, uwagi na ten temat robił bez ostentacji, jednak z lekką, właściwą mu ironią"[105]. Może odzywała się dawna sympatia do żydowskich sąsiadów z „komunałki" przy zaułku Baskowa, którzy za małym Wową przepadali, traktując go jak syna?

Usolcew, choć dość koledze życzliwy, przyznaje, że gubił się w jego politycznych poglądach, tym bardziej że Putin był pierwszym sekretarzem podstawowej organizacji partyjnej. Z jednej strony zdecydowanie nie wierzył w masowość stalinowskiego terroru, z drugiej – podziwiał Andrieja Sacharowa za stanowczość jego opozycyjnych przekonań i za osiągnięcia naukowe. Czcił imperium radzieckie, lecz twierdził, że „system trzeba zmienić, skończyć z państwem socjalistycznym, wprowadzić własność prywatną i możliwość dziedziczenia"[106].

Było to w owych czasach absolutne bluźnierstwo. To po pierwsze. A po drugie, jasno z tego wynikało, że w sowieckim systemie gotów byłby zmienić tylko prawo dotyczące własności, pozostawiając właściwy temu systemowi zamordyzm. Pod tym względem nic się przez następne lata nie zmieniło: stanąwszy na czele państwa, uczynił z niego zlepek postsowieckiej dyktatury i bandyckiego kapitalizmu. „Żył dla siebie": liczyli się przede wszystkim on i liczna kasta jego „kolegów z pracy", podczas gdy niemal połowa rodaków musiała zadowolić się egzystencją poniżej minimum socjalnego.

Zapytany kiedyś o to, jaka cecha charakteru najbardziej mu się kojarzy z Putinem, Usolcew odpowiedział: umiłowanie życia. Najmocniej bowiem „koledze z pracy" wryła się w pamięć ich wspólna wyprawa do Czechosłowacji, dokąd po raz pierwszy pojechali służbowo, by spotkać się z „obiektem z kapitalistycznej zagranicy", czyli z zachodnioniemieckim agentem. Zwiedzali Pragę, którą Putin się zachwycił. Potem pojechali do Karlowych Warów. „Mały Wołodia" się uparł, by wejść do domu kultury, skąd dobiegały muzyka, śpiew i odgłosy tańca. Wejścia bronił jednak „straszliwie srogi bramkarz". I co? „Wołodia się z nim szybko dogadał, wsunąwszy mu jakiś banknot". Usolcew trochę zdumiony obserwował, jak „Putin dosłownie nasiąka atmosferą zabawy. Zachwycony mówił: »Ot, jak trzeba żyć! Budujemy durny komunizm i tracimy życie na durne zmartwienia [...]. Najbardziej prawowierni komuniści nigdy nie zapominali o własnych potrzebach«"[107].

Jak zaspokajać te potrzeby? Putin odpowiadał przytaczaną wielokrotnie anegdotą o interesancie, któremu urzędnik powtarzał: *Nado żdat'* (trzeba czekać), nic przez rok nie załatwiając. Wreszcie oświecił go znajomy: „No przecież on ci mówi: *Nadoż dat'* (trzeba dać)"[108]. W roku 2010, po dziesięciu latach jego rządów, ujrzały światło dzienne wspomnienia Lennarta Dalgrena, pierwszego w Rosji dyrektora znanej szwedzkiej firmy meblowej IKEA, który chciał doprowadzić do spotkania Ingvara Kampradona, twórcy koncernu, z Władimirem Putinem. Długo nic nie mógł wskórać, aż pewnego wieczoru znalazł się w gronie ludzi, wśród których można było ten temat poruszyć. „Jeden z obecnych powiedział – pisze Dalgren – że IKEA chyba się nie spotka z Putinem. Zapytałem dlaczego. W odpowiedzi – nie wiem, czy serio – usłyszałem, że »IKEA na wszystkim oszczędza, zaś według naszego taksometru spotkanie z Putinem będzie kosztować od 5 do 10 milionów dolarów, a przecież wy tego nigdy nie zapłacicie«. Nic na to nie odpowiedziałem"[109]. (W tym czasie wyrok uniewinniający w sądach moskiewskich kosztował milion dolarów, wykupienie się ze służby wojskowej – około 10 tysięcy dolarów, dostanie się na Wydział Architektury w Moskwie – kilka tysięcy)[110]. Zdecydowana większość obywateli Federacji Rosyjskiej twierdzi, że takiego łapownictwa jak za czasów Putina – w przywykłej przecież do łapownictwa Rosji – nigdy wcześniej nie było.

Rok 1989. Drezno.

W ojczyźnie szaleje orkan pierestrojki. Niepojęty i obcy sekretarz generalny KPZR Michaił Gorbaczow wprowadza niepojęte dla Putina zmiany, na przykład uwalnia zza drutów dysydentów (zapewne i tych, którym on pomagał się tam dostać), a minister spraw zagranicznych Eduard Szewardnadze, Gruzin, oznajmia wysłannikom bezradnego Honeckera, że „doktryna Breżniewa już nie obowiązuje"[111], więc każde z państw obozu socjalistycznego musi sobie samo radzić z masami, którym zachciało się buntu.

W maju sfałszowano w NRD wybory samorządowe. Ludzie się wściekli i wyszli na ulice. Ciekawe, że w ustrojach dyktatorskich naród przez dziesięciolecia na fałszerstwa wyborcze nie reaguje, aż nagle ma dość i mówi „nie". To „nie" zmienia bezmyślny motłoch w domagającą się poszanowania społeczność (jak na Ukrainie podczas pomarańczowej rewolucji czy w Kairze na placu Tahrir, gdy zaczynała się arabska wiosna, i w Rosji, gdy zimą 2011 roku wybuchały bunty).

4 września, po zakończeniu wakacji szkolnych, przed budynkiem Nicoleikirche w Lipsku zebrało się około tysiąca dwustu obywateli. Na jednych plakatach namalowali: *Stasi raus!* (Stasi, precz!), na innych żądanie dla nich, zatrzaśniętych za żelazną kurtyną, najważniejsze: *Reisefreiheit statt Massenflucht* (Wolność podróżowania zamiast masowych ucieczek). W tamtym czasie z NRD kilkaset osób dziennie uciekało do stolic państw bloku wschodniego (do Warszawy, gdzie już w czerwcu w wyborach zwyciężyła Solidarność, do Pragi szykującej aksamitną rewolucję czy do uwolnionego od socjalistycznej władzy Budapesztu) i tam usiłowało się dostać do ambasad państw kapitalistycznych, by otrzymać dokumenty umożliwiające wyjazd na wymarzony Zachód. Najbardziej Niemcy z NRD pragnęli zjednoczenia z Niemcami z RFN, obrócenia w gruzy przeklętego muru berlińskiego.

W każdy poniedziałek demonstrowano nie tylko w Lipsku, lecz także w innych miastach Niemiec Wschodnich, a ludzi przybywało i przybywało. 15 tysięcy, 75 tysięcy, 120 tysięcy… Honecker sprowadził do Lipska oddziały pancerne, ale ich nie użył, ponoć wstrzymany rozkazem z Moskwy[112]. Nadeszła wreszcie ta sobota, 4 listopada, kiedy w samym centrum Berlina Wschodniego, na Alexanderplatz, zgromadziło się pół miliona, a może nawet 800 tysięcy demonstrantów. 9 listopada 1989 roku o szóstej po południu wszystkie przejścia graniczne między Niemcami Wschodnimi a Zachodnimi zostały otwarte. Runął berliński mur.

Oszalały z radości tłum z dnia na dzień się zamieniał w agresywną ciżbę dewastującą znienawidzone symbole terroru. W ciągu następnych tygodni w różnych miejscowościach NRD atakowano przede wszystkim budynki Ministerstwa Bezpieczeństwa Państwowego. Przyszedł czas i na budynek stojący nieopodal siedziby KGB przy cichej willowej Angelika Strasse w Dreźnie i dlatego podpułkownik Władimir Putin przeżył trudny wieczór. Będzie o nim opowiadał zarówno on sam, jak i inni. Dzięki temu możemy obserwować, jak powstaje idealny produkt fabryki propagandy, sprawnie przerabiającej fakty na mity, a mity na kult.

Opowiadanie pierwsze pochodzi z lutego 2000 roku, gdy Putin kandydował na prezydenta:

„Wokół naszego budynku zebrali się ludzie. Niemcy rozgromili swój zarząd Ministerstwa Bezpieczeństwa, niech tam, to ich wewnętrzna sprawa. Ale my nie jesteśmy ich wewnętrzną sprawą. Groźba była poważna. Tam są dokumenty. Nikt palcem nie kiwnął, żeby nam pomóc [...]. Kiedy tłum nabrał śmiałości, wyszedłem do ludzi i spytałem, czego chcą. Wytłumaczyłem im, że tu znajduje się radziecka organizacja wojskowa. A z tłumu pytają: »To dlaczego u was na podwórzu stoją samochody z niemieckimi numerami? I co wy tu w ogóle robicie?«. Że niby oni nie wiedzą. Powiedziałem, że mamy umowę, która nam pozwala na używanie niemieckich numerów. »A pan kto taki? – krzyknęli. – Za dobrze pan mówi po niemiecku«. Powiedziałem, że jestem tłumaczem. Ludzie byli nastawieni agresywnie. Zadzwoniłem do naszej grupy wojskowej, naświetliłem sytuację. A oni mi mówią: »Nic nie możemy zrobić bez rozporządzenia z Moskwy. A Moskwa milczy«. Potem, po paru godzinach, przyjechali nasi wojskowi. I tłum się rozszedł"[113].

Opowiadanie drugie (pod tytułem „Nie chciałem dopuścić do tego, by zginęli ludzie") zajmuje już cały rozdział w biograficznej książce Olega Błockiego *Władimir Putin. Doroga k własti* (Władimir Putin. Droga do władzy), która ukazała się w drugim roku prezydentury:

„Wieczór, gdy wzburzeni Niemcy podeszli pod nasz budynek w Dreźnie, pamiętam bardzo dobrze. Był grudzień 1989 roku. Prawie noc. Tuż przedtem tłum wdarł się do budynku niemieckiej bezpieki i zabrał stamtąd broń [...]. W Dreźnie stacjonował sztab radzieckich wojsk pancernych [...]. Poprosiłem, by przysłano żołnierzy do ochrony. Odpowiedziano, że na to trzeba rozkazu z Moskwy. A Moskwa milczy... Obiekt ochraniała niewielka grupa żołnierzy straży granicznej. Oni, jak w takim wypadku należy, rozłożyli broń, granaty, amunicję, otwarli okna i wystawili z nich lufy automatów. A ja podszedłem do ogrodzenia, żeby pogadać z ludźmi. Ogrodzenie było niskie, przeskoczyć je mogli łatwo. Szczerze powiedziawszy, to był dla mnie moment ważnego wyboru.

Bo moglibyśmy się zabarykadować, stworzyć pierścień obronny i nie podejmując żadnych rozmów, działać zgodnie z instrukcją. Tak, zapewne byłyby ofiary, ale formalnie, według prawa, mielibyśmy rację, działalibyśmy absolutnie zgodnie z oficjalnymi instrukcjami na wypadek szturmu. Nie mieliśmy prawa nikogo wpuścić do obiektu, gdzie znajdowała się tajna dokumentacja. Powiem więcej: gdyby wpadła w cudze ręce, oskarżono by mnie o przestępstwo służbowe i natychmiast postawiono przed trybunałem wojskowym. W dodatku dokumenty dotyczyły konkretnych ludzkich losów. Musiałem wypełnić swój obowiązek wobec tych, którzy zawierzyli kiedyś organom bezpieczeństwa. Jasne było, że dokumentów nie oddamy! Nigdy i za nic! Nie chciałem jednak dopuścić do tego, by zginęli ludzie, nawet ci, którzy odnosili się do nas w tę noc nieprzyjaźnie, wykrzykując groźby i przekleństwa. Nie chciałem dopuścić, żeby w jakikolwiek sposób ucierpieli. A w ogóle to pertraktacji z agresywnym tłumem nie opisano w żadnej instrukcji. Jeśliby się to źle skończyło, taka inicjatywa zostałaby srogo ukarana. Pod sąd może by i nie oddali, choć w zasadzie mogli, ale ze służby wygnaliby w hańbie i bez żadnej zapłaty. W zasadzie to mogli się ze mną rozprawić, jak chcieli.

Wychodząc ku ludziom na ulicy, doskonale pojmowałem, że ryzykuję nie tylko karierę, lecz także przyszłość mojej rodziny. Doszedłem jednak do wniosku, że uchronienie życia tych, których akta leżały u mnie na biurku, i tych, którzy mieli zamiar szturmować budynek, jest więcej warte niż każda kariera. Stanowczo podjąłem decyzję, że karierę trzeba złożyć w ofierze. Żadna kariera nie jest warta nawet jednego ludzkiego życia. Koledzy mówili: »Nie wychodź, mogą zabić, jeśli plecami się odwrócisz, albo zakładnika z ciebie zrobić« [...].

Tłum napierał. Zacząłem rozmowę [...]. Wiedziałem, ile ryzykuję, wychodząc do tłumu. Ale musiałem. Nie miałem prawa wpuścić ich do budynku radzieckiego KGB. Musiałem, bo mogłyby się zacząć tragiczne wydarzenia i na napadających patrzylibyśmy już tylko przez celownik. Wreszcie dałem rozkaz uzbrojonemu żołnierzowi, by demonstracyjnie przeładował automat, po czym z wolna się obróciliśmy i odeszliśmy do budynku [...]. Ale ludzie nie rozchodzili się jeszcze długo. I dopiero później komendant wojskowy przysłał mi jeden albo dwa samochody z uzbrojonymi komandosami. Żołnierze wyskoczyli z ciężarówek i zajęli pozycje wokół budynku. Tłum rozszedł się nocą"[114].

W tej historii powtórzona też została rozmowa Putina z tłumem, tylko nieco mocniej ubarwiona, niewarta zatem przytoczenia.

Zauważmy, że w tej relacji pojawiła się – nieobecna w pierwszej – broń. A zatem i śmiertelne ryzyko. Wyjątkowe, bo podczas rozruchów w NRD nigdzie nie użyto broni, nie zginęła ani jedna osoba. Ochraniany przez Putina budynek to nie jakieś wielkie gmaszysko, lecz jednopiętrowa willa, zaś na niewielkiej Angelika Strasse nie zmieściłby się tłum ludzi. Wszystko to – jak zwykle u Putina – nie do końca jest kłamstwem, niemniej daleko odbiega od prawdy.

Człowiek będący prezydentem największego państwa na świecie mógłby po prostu wzruszyć ramionami i oświadczyć, że wykonał, co do niego należało, i tyle. Tym bardziej że nie był jedynym uzbrojonym mężczyzną na terenie pomieszczeń KGB. On jednak, cokolwiek kiedykolwiek i gdziekolwiek o sobie publicznie mówi, zawsze ulega pokusie koloryzacji lub potrzebie przechwałek. Czy to nie wskazuje na dość mocne narcystyczne odchylenie od psychologicznej normy dorosłego człowieka?

Powstała jeszcze jedna wersja opowieści na temat wydarzeń owego wieczoru sprzed lat i „nieznanego wyczynu pułkownika Putina". W popularnym programie telewizyjnym „Moment prawdy"[115], powtarzanym niejednokrotnie na głównym kanale państwowym ORT 1 i dostępnym też na YouTubie, patetyczny męski głos mówi zza kadru:

„To znana w Niemczech i prawie nieznana w Rosji historia o tym, jak młody podpułkownik Władimir Putin samotnie uspokoił w Dreźnie tłum młodych Niemców pijanych sznapsem, piwem i wolnością, która się na nich nagle zwaliła. Tysiące ludzi, tysiące, stały się świadkami tego wyczynu, ale w gazetach o tym ani słowa. Była to noc, gdy runął mur berliński. Tłum wdziera się na podwórze KGB ZSRR. 5 tysięcy rozwścieczonych ludzi. Są pijani, z butelkami piwa. Podpułkownik próbuje ich samotnie powstrzymać. Zwraca się do tłumu: »To, że padł mur berliński, to tylko dobra wola naszego państwa! Budynek, który ochraniam, stanowi własność Związku Radzieckiego. Nas jest ośmiu. Ja mam dwanaście naboi. Jeden zostawiam dla siebie. Ale muszę wypełnić mój obowiązek i będę strzelać. Inaczej nie mogę. Jestem oficerem!«. Gdy to powiedział, obrócił się i powoli zaczął wchodzić na schody, oczekując, że ktoś ciśnie w niego kamieniem lub butelką. Bardzo wolno wchodził. Dwanaście stopni. Koszula od potu przylgnęła do ciała. A gdy się obrócił, zobaczył, że tłum zaczął się rozchodzić.

W Dreźnie do dziś wielu opowiada tę historię. Stała się żywą legendą miasta. Niemcy z dumą powtarzają, że posłuchali nieznanego podpułkownika, którego nazwisko nic nikomu wtedy nie mówiło. Dziś ten podpułkownik jest znany na całym świecie. To rosyjski prezydent Władimir Putin".

Niemiec Siegfried Dannat Grabs, który stał wtedy w tłumie na Angelika Strasse, wspomina:

„5 grudnia obywatele miasta szturmowali budynek Stasi na Bautzener Strasse. Brama willi KGB w sąsiedniej uliczce Angelika Strasse była zamknięta. Demonstranci zaczęli żądać, by ją otwarto. Z willi wyszedł niewielkiego wzrostu rosyjski oficer. Podszedł do bramy i powiedział, że trzeba odejść dalej. »Moi towarzysze są uzbrojeni –oznajmił – i dałem rozkaz użycia broni w razie nielegalnego przekroczenia granicy terytorium« [...]. Z wolna zaczęliśmy się rozchodzić"[116].

Strach przed wzburzonymi ludźmi pozostał. Chyba niczego bardziej Putin się nie boi. W przyszłości zrobi wszystko, by go odgradzały od nich uzbrojone szpalery lub ściany telewizyjnego studia. Gorbaczow i zwłaszcza Jelcyn śmiało wchodzili w tłum, czym doprowadzali ochroniarzy do rozpaczy. Putin zaś liczbę ochroniarzy zwiększa i zwiększa, zapory mnoży i mnoży, a strach w nim rośnie i rośnie.

Dla porządku trzeba dodać, że dokumentacja zebrana w biurze KGB przy Angelika Strasse 4 nie była już zagrożona, bo – jak sam Putin wspomina – „wszystko zniszczyliśmy, wszystkie nasze powiązania, kontakty, wszystkie nasze agenturalne sieci. Osobiście spaliłem ogromną ilość materiałów. Paliliśmy tyle, że piec trzasnął. Paliliśmy dniem i nocą. A to, co najcenniejsze, zostało wywiezione do Moskwy". Na pytanie dziennikarzy, kiedy to było, uzupełnia: „W 1989. Gdy zaczęli atakować zarząd Ministerstwa Bezpieczeństwa. Baliśmy się, że przyjdą i do nas"[117].

## Podejrzenia wobec podpułkownika Putina

A potem karnie skrócono mu pobyt za granicą o pół roku i (wszystko na to wskazuje) wyrzucono z KGB.

Zrobił to generał Leonid Szebarszyn – nowy szef wywiadu. Mówiono, że to „pierwszy od dziesięcioleci rzeczywiście kompetentny zwierzchnik PZG KGB"[118]. Został nim w lutym 1989 roku, a najprawdopodobniej już w marcu wezwał podpułkownika Putina na rozmowę. Co mu zarzucał, można tylko się domyślać.

Najpewniej na biurku generała leżał wydany przez Horsta Bohma, naczelnika drezdeńskiego wydziału Ministerstwa Bezpieczeństwa Państwowego NRD, rozkaz aresztowania Władimira Putina oskarżonego (jak twierdzi niemiecki historyk Hans-Joachim Hoppe) o „pozyskanie informacji stanowiących tajemnicę wojskową NRD". W marcu 1989 roku Bohm oskarżył funkcjonariuszy KGB „o próby zwerbowania oficerów sił zbrojnych NRD"[119]. Czyżby to był niefortunny dowód nadmiernej mobilizacji grupy „Łucz"?

Reszty można się domyślać, wertując czasopisma, głównie niemieckie i austriackie, które w 2000 roku, gdy się okazało, że Władimir Putin ma zostać prezydentem Rosji, sypnęły publikacjami na jego temat.

Najwięcej wiadomości znajdujemy w „News Magazine", jednym z ważniejszych w Austrii pism opiniotwórczych. W artykule *Ein Agent macht Karriere* (Kariera pewnego agenta) czytamy, że od 1986 roku Putin odpowiadał za wywiad na terenie Wiednia. Wiedeń zaś uchodził za centralne miejsce działania wschodnich służb tajnych[120]. Jeśli to prawda, wywiad radziecki mógłby być tylko dumny ze swojego pracownika. Tymczasem, jeśli austriaccy dziennikarze się nie mylą, agent Putin zapisał się w tamtejszych annałach dość niechlubnie. Czytamy bowiem, że „nie wypłacał zwerbowanym austriackim politykom (członkom austriackiego parlamentu) całej należnej sumy, tylko jej część, żądając przy tym pokwitowania całości honorarium za agenturalne usługi". Dane te pismo „News Magazine" otrzymało od austriackiego kontrwywiadu, a ten uzyskał je bezpośrednio od przesłuchiwanych polityków[121]. (Ciekawe skądinąd, czy wyjątkowa przychylność dla Putina Austrii wyłamującej się ze stanowiska Unii Europejskiej po agresji Rosji na Ukrainę nie jest pokłosiem agenturalnych zaszłości).

Austriackie grzechy to drobiazg wobec informacji o niesankcjonowanych kontaktach Władimira Putina z oficerami wywiadu Federalnej Republiki Niemiec oraz Stanów Zjednoczonych. Artykuł na ten temat zamieściło petersburskie pismo „Nasze Otieczestwo", które prowadziło szczegółową kronikę skandalu w ślad za zachodnią prasą. Sprawdzenie wiadomości podanych przez „Nasze Otieczestwo" się nie powiodło, gdyż zlikwidowano jego internetowe archiwum. Z redaktorem naczelnym Jewgienijem Szczekatichinem porozmawiać nie można, bo zmarł na atak serca w 2005 roku.

Niemiecki „Berliner Morgenpost" z kolei opublikował wiadomość, że oficer Putin „werbował przedstawicieli zachodnioniemieckiego biznesu"[122], a poważny tygodnik „Moskowskije Nowosti" potwierdził informację o jego „niesankcjonowanych kontaktach z przedstawicielami służb specjalnych z Niemiec Zachodnich"[123]. Zważywszy, że w drezdeńskiej rezydenturze KGB do obowiązków Putina należało organizowanie lokali do kontaktów z agentami w innych krajach i że przy tworzeniu fałszywych paszportów pomagała mu drezdeńska administracja[124], wypady za „kapitalistyczną" granicę wydają się prawdopodobne.

Powiązania oficera KGB Władimira Putina ze służbami specjalnymi w Niemczech Zachodnich podczas jego pobytu w Dreźnie potwierdził także sąd w Liechtensteinie, badając w 2000 roku powiązania mafii rosyjskiej z mafiami zachodnimi*. Jürgen Roth, znany niemiecki dziennikarz śledczy zajmujący się między innymi przestępczymi związkami Niemiec z Rosją, twierdzi, iż na liście oficerów zachodnioniemieckich służb specjalnych w czasie istnienia NRD figuruje nazwisko „Putin". Roth utrzymuje, że już wtedy miał on bliskie powiązania ze środowiskiem służb specjalnych zamieszanych w brudne sprawy. Idzie tu nie wyłącznie o korupcję, ale i o szpiegostwo[125].

Gdyby tylko część tych rewelacji okazała się zgodna z prawdą (szpiegostwo Putina na rzecz służb zachodnich wydaje się nieprawdopodobne, a i kara byłaby o wiele sroższa), generał Szebarszyn miałby o czym z nim rozmawiać. Gdzie odbyła się ta rozmowa – nie wiemy. Wiemy natomiast, że na początku marca 1989 roku Władimir Putin znajdował się w rodzinnym mieście nad Newą.

Oto fotografia. Stara, czarno-biała. Leningrad, plac przed soborem Kazanskim. Na jezdni leży mężczyzna. Milicjanci wykręcają mu ręce. Obok, lekko przechylony w ich stronę, jakby kontrolując przebieg akcji, niewysoki człowiek w wełnianej, naciągniętej na uszy czapce. Podpis: „W. Putin przeprowadza zatrzymanie Walerija Tieriechowa, lidera Związku Demokratów. Sobór Kazanski, 12 marca 1989".

Twarz dobrze widoczna. Podobieństwo nie pozostawia wątpliwości. Zdjęcie opublikował w książce *Moj wiek* Julij Rybakow[126], uczestnik tamtej demonstracji, który widział Putina dyrygującego funkcjonariuszami MSW i KGB. Zdjęcie ukazało się w kilku zachodnich gazetach, co zmusiło Kreml do zabrania głosu. Rzecznik prasowy prezydenta stwierdził, że „nie mógł to być prezydent, bo wtedy go w Leningradzie nie było. Na polecenie prezydenta sprawdziliśmy dokładnie, kiedy wrócił z Niemiec, i okazało się, że [...] trzy miesiące po tym, jak zrobiono tę fotografię. Przykro, że [...] ludzie o twarzach rewolucjonistów, cytujący Shakespeare'a, cytujący *Hamleta* – kłamią"[127].

---

* Więcej na ten temat zob. w części *Mieć!*

Julij Rybakow nie po to latami łagrów w ZSRR zapłacił za mówienie prawdy, żeby teraz kłamać. Znał Putina z wcześniejszych podobnych czynów (o czym już była mowa), więc go z nikim nie pomylił. Człowiek na fotografii to Putin. Najwidoczniej zatrzymały go w mieście rozkazy generała Szebarszyna, a potem, po decydującej rozmowie, wrócił do Drezna, by dokończyć prowadzone sprawy oraz zlikwidować drezdeńskie gospodarstwo. Dlatego jesienią i zimą 1989 roku, a nawet jeszcze w styczniu 1990, mógł przebywać w Dreźnie. Mógł zatem w ostatniej chwili wynieść z siedziby drezdeńskiego zarządu Stasi archiwum kontaktów KGB i – o czym już była mowa – w grudniu dzielnie bronić rezydentury KGB.

Rzecznik prezydenta mija się z prawdą, mówiąc, że ten „wrócił z Niemiec trzy miesiące po tym, jak zrobiono fotografię". Znaczyłoby to, że w czerwcu 1989 roku. A co z obroną willi KGB w grudniu? A co z wyniesieniem akt z budynku Stasi? Putin i jego żona, w różnych skądinąd rozmowach, podają późniejsze terminy. Doprawdy trudno znaleźć inną w historii współczesnej osobę, w której życiorysie fakty byłyby tak odległe od ich przedstawiania przez samego bohatera! Istny z niego baron Münchhausen.

Gdy Putin był jeszcze kandydatem na prezydenta, dziennikarze z „Moskowskich Nowosti" pisali, jak „trudno rozbijać mity tworzone z niewiedzy bądź złej woli przez rodzime lub zagraniczne środki przekazu wokół osoby Władimira Putina. Ale sam kandydat na prezydenta drogą minimalnych starań mógłby uczynić swoją biografię o wiele bardziej przejrzystą. Ułatwiłby rodakom podjęcie decyzji w najbliższych wyborach"[128].

Wyborcy na całym świecie lubią ładne historyjki o swoich liderach, tyle że szybko je wychwytuje miejscowa opozycja, odzierając z „ładności". W Rosji Putina natomiast opozycja nie ma dostępu do telewizji, dysponuje paroma niskonakładowymi pismami oraz internetem, stąd też ładne historyjki o „przywódcy narodu" urastają do strzelistych aktów wiary. A sam przywódca z największą starannością buduje mity na własny temat. Aż nudne się staje prostowanie.

Zupełnie zrozumiałe, że wyrzucenie z KGB oznaczało dla Putina straszny cios. Z kim się hiobową wieścią podzielił, nie wiemy.

Koledzy tylko powtarzają, że w ostatnim roku służby w Dreźnie Putin, który przecież dwukrotnie tam awansował, powtarzał, iż „po powrocie do Leningradu zostanie taksówkarzem"[129]. Dlaczego? Związek Radziecki istniał przecież aż do grudnia 1991 roku, a wraz z nim przetrwało KGB i ogromna liczba pracowników tej instytucji, tyle że pod szyldem FSB. Bronić Putina już nie miał kto, bo tak mu życzliwy pułkownik Matwiejew od roku w Dreźnie nie pracował. Dziesięć lat później, gdy wokół jego dawnego faworyta rozpętało się medialne tsunami, powtarzał ulubioną wersję Putina, jak to po powrocie z placówki w NRD proponowano mu pracę w centrali wywiadu w Jasieniewie, lecz on zrezygnował, bo nie widział przyszłości dla tej instytucji[130]. Matwiejew przytakiwał: „Tak, tak, była taka propozycja, lecz mieszkania w Moskwie nie dawali"[131].

I doprawdy nie wiedzielibyśmy, w co wierzyć, gdyby nie to, że Putin po powrocie do Leningradu spotkał Leonida Połochowa, już wspominanego kolegę ze studiów, prokuratora wojskowego, profesora, deputowanego do Rady Miejskiej:

„Nie widzieliśmy się przez pięć lat. I oto w roku 1990 spotykam go w urzędzie miejskim.

– Cześć – mówi. – Kim teraz jesteś?

– Deputowanym do Rady Miejskiej, a ty?

– A ja… Znowu nikim. Wywalili mnie z KGB. Bez emerytury, bez niczego.

– Z jakiego powodu? – pytam.

– Z powodu nieprzydatności"[132].

To słowa samego Putina. Połochow w tymże wywiadzie udzielonym dziennikarzowi gazety „Moskowskij Komsomoljec" dorzuca: „Putin poszedł w politykę, bo go wygnali z KGB. Wprost powiedział: »A dokąd mam iść? Co ja potrafię?«. I bardzo był zawzięty na tych, co podpisali rozkaz o jego zwolnieniu z wywiadu. Uważał to za wielką niesprawiedliwość. »Nic to, Lonia – powtarzał – ja się jeszcze odegram. Oni jeszcze o mnie usłyszą. Jeszcze popamiętają«. Myślę, że Putin szedł do władzy także po to, by się zemścić"[133].

Podobno zabił się sam.

Podobno – według oficjalnych mediów – był załamany gwałtownym ślepnięciem, śmiercią córki, śmiercią żony, starością, samotnością, chorobami.

Ślepnięcie? – dziwią się bliscy. – Przecież sam prowadził samochód. Latem jeździł na daczę... Śmierć córki? Prawie trzydzieści lat temu. Żony? Dziewięć lat. Starość? Prowadził dużą firmę konsultingową, zasiadał w kilku radach nadzorczych, współtworzył znany w stolicy klub intelektualny – i siedemdziesiąt siedem skończonych lat mu w tym wszystkim nie przeszkadzało. Choroba? Jedni mówią, że skarżył się na nadwagę, inni, że schudł ostatnio. Tak czy inaczej, tacy jak on mają do dyspozycji znakomitą opiekę medyczną. Samotność? Odwiedzały go wnuki, syn, synowa.

To ona znalazła zwłoki.

30 marca 2012 roku w centrum Moskwy, w mieszkaniu przy ulicy Twerskaja Jamskaja 2. Obok zwłok (media podają różne miejsca) leżał pistolet, taki specjalny, jaki jest przyznawany w nagrodę, z wygrawerowanym nazwiskiem.

Na tym egzemplarzu wygrawerowano: „Leonid Szebarszyn".

Z tego pistoletu miał strzelić sobie w głowę. Podobno znaleziono list pożegnalny, ale treści nie ujawniono.

Jedni głosili: „Leonid Szebarszyn, były szef wywiadu radzieckiego, zastrzelił się w Moskwie". Inni – ostrożniej: „W Moskwie znaleziono martwego byłego szefa wywiadu". Śmierć Szebarszyna już zawsze będzie łączona z określeniem „zagadkowa". „Żaden z pracowników wywiadu, do których się zwracaliśmy, nie zgodził się na rozmowę"[134] – oznajmili dziennikarze „Moskowskiego Komsomolca".

Na aktach śledztwa pieczęć: „Ściśle tajne".

Nie dowiemy się więc, czy samobójca może do siebie wystrzelić trzy razy, bo w czaszce generała znaleziono trzy kule.

Potem posypały się publikacje w prasie i internecie łączące śmierć generała z osobą Władimira Putina. Oczywiście pojawił się wątek zemsty. Nie ma na to nawet cienia dowodu. Pozostała tylko pełna tajemnic teczka z aktami i zaskoczenie, że tak łatwo wielu rodaków prezydenta łączy jego osobę z każdym głośnym niewyjaśnionym zgonem.

Pozostały jeszcze aforyzmy. W ich układaniu Szebarszyn był mistrzem. Wśród ostatnich, które obiegły internet przed wyborami prezydenckimi w marcu 2012 roku, znalazły się te dwa: „Uważam za obraźliwą opinię, że nasz wielki naród nie potrafi wskazać kandydata do zastąpienia obecnej władzy. Jakby zabrakło u nas nowych łotrów, oszustów i szarlatanów". „Prezydent nie może się obejść bez narodu. W tym jego słabość". Albo kilka wcześniejszych: „Większość idzie do polityki, bo to interes bardziej dochodowy niż rabunek z bronią w ręku". „Trudno powiedzieć coś tak głupiego, co zadziwiłoby Rosję". „Według danych urzędu statystycznego Rosjanie najczęściej umierają od tego, że żyją w Rosji". Na koniec jeszcze ten określający charakter rosyjskiej władzy: „W naszym rządzie trzeba stworzyć departament do spraw kontaktów z przestępczością" – niezbyt trafiony, odkąd przestępcy już się w rządzie znajdują.

## Zdradziecki Niemiec

„Drodzy towarzysze! – zaczął noworoczne orędzie Michaił Gorbaczow tuż przed północą w sylwestrowy wieczór 1989 roku. – Zakończył się najtrudniejszy rok pierestrojki. W dramatycznych zdarzeniach, które miały miejsce w Berlinie, Sofii, Pradze i Bukareszcie, znalazła potwierdzenie potrzeba połączenia socjalizmu z demokracją. Na progu rok 1990, rok rewolucyjnej przebudowy socjalizmu"[135]. Zadźwięczały kremlowskie kuranty, a po nich zagrzmiał hymn „niezłomnych wolnych republik złączonych na wieki przez Wielką Ruś" w „jedyny, potężny Związek Radziecki". A miliony ludzi od Buga po Kamczatkę wzniosły toast, jeszcze w to wierząc.

W Dreźnie noworoczny szampan wydawał się gorzki i wodnisty, jak ta „rewolucyjna przebudowa socjalizmu". Tu socjalizm dogorywał pod ruinami muru berlińskiego i każdy z rezydujących przy Angelika Strasse czuł, jak odprysk tego muru rani go osobiście.

Trzeba było ratować, co się da: jeśli nie marksistowsko-leninowskie ideały, to przynajmniej dotychczasowe kontakty. No i – póki czas – nawiązać nowe, z myślą o spożytkowaniu ich w Niemczech Zachodnich.

16 stycznia 1990 roku w jednym z mieszkań nowego drezdeńskiego bloku odbyło się na poły konspiracyjne spotkanie, pospiesznie zorganizowane przez dwóch oficerów KGB. Oprócz nich zjawiło się dwóch Niemców: pracownik Stasi, od dawna będący także agentem KGB, oraz przedstawiciel wschodnioniemieckiego Ministerstwa Bezpieczeństwa Państwowego, już bezrobotny. Na stole szampan, zachodni zresztą. Specjalnych powodów do świętowania nie ma. Niemcy czują zbliżający się koniec enerdowskiego państwa i jego tajnych służb. Rosjanie też są w trudnej sytuacji. Nakazano im intensywne poszukiwania nowych wywiadowców z perspektywą wykorzystania ich pracy w Niemczech Zachodnich, ale przecież tu, w Dreźnie, jak i w całych Niemczech Wschodnich, wszystko stoi na głowie, nic nie biegnie utartym torem. Także to spotkanie, podczas którego nikt nie przestrzega zasad konspiracji. Żona gospodarza krząta się przy poczęstunku, wokół biegają dzieci.

Tamtego styczniowego wieczoru były wywiadowca Ministerstwa Bezpieczeństwa w NRD o pseudonimie Klaus Caundik dał się zwerbować Putinowi, z którym od lat pijał piwo, piekł szaszłyki i spędzał rodzinne weekendy. Czterech panów wzniosło toast za pomyślną współpracę tudzież demokratyczny socjalizm w NRD.

Demokratyczny socjalizm będzie tu tonął już bez Putina, który niebawem NRD opuścił, pozostawiając przy Angelika Strasse bombę z opóźnionym zapłonem. Wybuchła ona jedenaście miesięcy później, kiedy Klaus Caundik, już pod własnym nazwiskiem Zuhold, przeszedł do dawnego wywiadu zachodnioniemieckiego, wnosząc w wianie nazwiska piętnastu radzieckich agentów.

Czterej zostali aresztowani w kwietniu 1993 roku.

Wiele lat później, w lipcu 2015 roku, Zuhold opowiedział Davidowi Crafordowi i Marcusowi Bensmannowi, dziennikarzom śledczym z niemieckiej agencji dziennikarskiej CORRECT!V, parę ciekawych rzeczy o Władimirze Putinie. Na przykład to, że bardzo interesował go uczony, który miał dostęp do dokumentów dotyczących badań nad truciznami niepozostawiającymi śladów i opracowywał szczegółowe instrukcje stosowania tych trucizn. Uczony opierał się naciskom Putina, więc ten zastosował szantaż: podrzucił mu materiały pornograficzne znalezione w archiwach Stasi. Wykonał to rękami swojego najlepszego, bardzo mu oddanego agenta Georga S., pseudonim Szorch, którego cenił tak bardzo, że zamykał oczy nawet na jego poważne przestępstwa. Dziennikarze z CORRECT!V podają, że „według niepotwierdzonej informacji podczas »imprezy« Szorch zgwałcił dziesięcioletnią córkę jednego z agentów i jej przyjaciółkę, co nie miało potem żadnych konsekwencji prawnych"[136].

Georga S. aresztowano w 1993 roku. Podczas rewizji znaleziono u niego materiały, którymi posłużył się kiedyś do szantażu, ale nie przywiązano do nich wagi. Dosyć to dziwne, lecz zarzutów związanych ze szpiegostwem też mu nie postawiono. Podjął pracę jako prywatny detektyw i powodziło mu się dobrze aż do 1999 roku. Do czasu, kiedy Władimir Putin został premierem. Tuż potem zjawili się u niego jacyś ludzie, którym sam otworzył drzwi, i ciężko go pobili metalowymi rurkami. Od tej pory już nie mógł pracować, żył z zasiłku, rozpił się i umarł w wieku sześćdziesięciu dwóch lat. Zuchold twierdzi, że Georg S. bał się Putina. Być może po aresztowaniu w 1993 roku zbyt głęboko wprowadził niemieckie służby specjalne w szczegóły współpracy z dawnym radzieckim agentem urzędującym w białej willi przy Angelika Strasse 4 w Dreźnie[137].

Wiązanie dramatu Georga S. z nowym rosyjskim premierem to tylko domysły. Jednak jego losy bardzo przypominają historię z października 1991 roku, kiedy w Petersburgu Jurij Szutow, niepokorny wobec mera i jego pomocnika, został niemal śmiertelnie pobity przez nasłanych drabów*. Jedna ze znajomych wicemera, pracująca z nim w Smolnym, powiedziała kiedyś dziennikarzom: „Jeśli Putin przyjaźni się z człowiekiem, to wielkie dla niego szczęście, ale jeśli kogoś nienawidzi, to wielka dla niego bieda"[138].

---

* Więcej na ten temat zob. w rozdziale *Szutow po raz pierwszy*.

# Część III

# Znad Łaby nad Newę

Niedługo po tamtym styczniowym wieczorze do zapełnionego już kontenera z drezdeńskim dobytkiem Putin wepchnął dwudziestoletnią lodówkę – prezent od niemieckich przyjaciół (posłuży jeszcze parę lat) – a sam z żoną i córeczkami wsiadł do pociągu. W przedziale Ludmiła powiesiła pod płaszczem torebkę z resztą marek wschodnio- i zachodnioniemieckich. Na jakiejś stacji wyszła z rodziną zaczerpnąć powietrza, a gdy wrócili, torebki nie było. Pieniądze zaoszczędzone w Dreźnie przez Putinów starczyły zaledwie na używaną wołgę.

„Przez trzy miesiące po powrocie żyło się ciężko, mąż nie dostawał pensji. Co do pracy Władimir Władimirowicz nie miał żadnej jasności [...]. Sytuacja tam się zmieniła. Chociaż według mnie w Niemczech odnosił sukcesy, najwyraźniej teraz się zastanawiał, co dalej"[1]. „Pod koniec trzeciego miesiąca poczułam strach, bo po prostu brakowało pieniędzy, ale potem nagle wypłacili wszystko"[2] – wspomina Ludmiła Putinowa.

Trudna to dla Władimira musiała być sytuacja. On, tak ambitny i od piętnastu lat z KGB tak ściśle związany, znalazł się nagle za burtą jako „aktywna rezerwa", czyli cywilny funkcjonariusz KGB. O jego przymusowym rozstaniu z tą organizacją wiedziało niewielu. Sam – jak już wspomniano – rozpowiadał wokół o wspaniałych propozycjach z centrali wywiadu KGB w Moskwie, które to propozycje ponoć odrzucił[3].

Kłopoty trwały krótko.

Już w maju widzimy go na Uniwersytecie Leningradzkim w gabinecie z tabliczką: „Zastępca prorektora do spraw międzynarodowych" (sam Putin utrzymuje, że był zastępcą rektora). Funkcję prorektora pełnił wówczas Jurij Mołczanow, z KGB związany od studiów doktoranckich, kiedy to dobrowolnie zgłosił się do wydziału międzynarodowego tego uniwersytetu jako instruktor. (Wydział ten, odpowiadający za wyjazdy radzieckich studentów i wykładowców na zagraniczne staże, zawsze był związany z organami bezpieczeństwa). W 1987 roku Mołczanow – nieoczekiwanie dla wielu – znalazł się na stanowisku prorektora do spraw międzynarodowych.

A teraz – równie nieoczekiwanie – stanowisko jego zastępcy objęła nieznana osoba o nazwisku Władimir Putin. Będzie się zajmować tym, co dobrze zna: nadzorem nad zagranicznymi studentami pierwszych i ostatnich lat. Z wolna zabierze się też do pisania doktoratu na temat międzynarodowego prawa prywatnego.

Nie nauką jednak Putin się zajmuje, lecz biznesem: obaj z Mołczanowem tworzą w imieniu uniwersytetu spółkę joint venture z amerykańskim koncernem Procter & Gamble, któremu na niezwykle dogodnych warunkach wynajmują pałacyk na prestiżowym Wybrzeżu Uniwersyteckim, zręcznie – dzięki tej spółce – obchodząc obowiązujący jeszcze radziecki zakaz wynajmowania obiektów podmiotom z zagranicy. Uniwersytet miał w niej zaledwie 1 procent udziałów, profesura uczelni – w czasach totalnego deficytu środków czystości – amerykańskie mydła i proszki do prania[4]. Co zaś miała spółka Putin & Mołczanow? Pani Ludmiła zapewne właśnie wtedy przestała z przerażeniem zaglądać do portfela.

## Sobczak. Akt pierwszy spektaklu

Jeszcze chwila i zacznie się nieprawdopodobny spektakl. Akcja toczyć się będzie na dwóch planach: na scenie, w sposób namaszczony i w majestacie państwa tudzież prawa, oraz za kulisami – awanturniczo, w świecie przestępstwa i mafii.

Na scenie wystąpi ich dwóch: Anatolij Aleksandrowicz Sobczak i Władimir Władimirowicz Putin. Don Kichot i Sancho Pansa. Za kulisami działać będzie dwugłowy Al Capone.

To spektakl w dwóch aktach. Pierwszy obejmuje lat sześć (1990–1996), drugi – cztery (1996–2000).

W epilogu jeden z bohaterów zostanie prezydentem największego państwa świata. Drugi umrze w niewyjaśnionych okolicznościach, a na dokumentach śledztwa pojawi się pieczęć: „Ściśle tajne".

Miejsce akcji w akcie pierwszym: Leningrad (któremu nowe czasy niebawem przywrócą dawną nazwę: Petersburg), piękny pałac o nazwie Instytut Smolny, za carów Instytut Szlachetnie Urodzonych Panien, w roku 1917 miejsce, gdzie „grzmiąc buciskami, waliła hołota"[5] (rewolucyjna oczywiście), a w czasach, o których mowa, siedziba Rady Miejskiej i merostwa.

W akcie drugim: Moskwa, kremlowski pałac z przyległościami.

W epilogu: hotel w miejscowości Swietłogorsk pod Kaliningradem.

Anatolij Aleksandrowicz Sobczak to jedna z gwiazd demokracji wschodzącej w Związku Radzieckim.

Rok 1989. Leningrad. Ogromny plac. Tłum. Na skraju placu budynek. Na piętrze otwarte okno. W nim mówca. Wysoki, przystojny. Jasna marynarka w kratę, jasna koszula bez krawata, ciemne spodnie. Na tle robotniczych mówców w garniturach z fabryki Bolszewiczka czy dysydentów w rozciągniętych golfach wygląda jak burżuj. Mistrz intonacji i gestu. Przemawia: „Jeśli tysiące, setki tysięcy, miliony ludzi rozejrzą się wokół siebie, to zrozumieją, że trzeba żyć inaczej. Że od każdego z nas zależy, czy będziemy jutro żyli lepiej. Nie czekajmy na cud! Wszystko w naszych rękach! Trudności pokonamy! Nasza świetlana przyszłość będzie dziełem naszych rąk!"[6].

Na placu las uniesionych, klaszczących rąk. Wszyscy skandują: „Sobczak! Sobczak!". Uśmiech rozjaśnia ściągnięte twarze. Od tłumu bije entuzjazm.

Mówca też się uśmiecha, błyskają białe zęby.

Sobczak jest profesorem prawa gospodarczego na uniwersytecie, który jeszcze przez rok będzie nosił nazwę Państwowy Uniwersytet Leningradzki Orderu Lenina i Orderu Czerwonego Sztandaru Pracy imienia A.A. Żdanowa. Talent oratorski objawiał już w młodości jako adwokat w zapadłej mieścinie na południu Związku Radzieckiego, dokąd w 1959 roku skierował go nakaz pracy po studiach prawniczych w Leningradzie. Tak świetnie dawał sobie radę w sali sądowej, że okoliczna ludność (zwłaszcza płeć piękna) ciągnęła na jego adwokackie występy jak do teatru. Gdy wrócił do Leningradu, został wykładowcą. Najpierw w Specjalnej Szkole Milicyjnej, potem w Wyższej Szkole Przemysłowej, wreszcie – na rodzimej uczelni. I oto teraz, najczęściej na stopniach stacji metra Wasileostrowskaja, z megafonem w ręce zagrzewa tłum do walki o jutro bez komunizmu. Staje się gwiazdą wieców. Idolem leningradczyków.

Związek Radziecki dogorywa. Większość jeszcze tego nie widzi, nawet nie podejrzewa, choć karnawał pierestrojki, przebudowy, która miała być tylko terapią komunistycznego molocha, a nie jego pogrzebem, trwa już piąty rok. W 1985 roku Michaił Gorbaczow, sekretarz generalny Komunistycznej Partii Związku Radzieckiego, rozpoczął ten proces pod hasłami *uskorienija* (przyspieszenia reform) i *głasnosti* (jawności). Miał się z tych przemian wynurzyć Związek Radziecki po remoncie generalnym, w wersji *light*, nadal z Gorbaczowem u steru. Taki był wariant docelowy. Innych sekretarz generalny nie przewidywał. W jego rozwlekłych przemówieniach „wiecznie żywy" Lenin pozostawał piewcą demokracji socjalistycznej, a spuszczone z łańcucha swobody demokratyczne miały umacniać socjalistyczną władzę.

Tysiąckrotnie wypowiadane słowo „demokracja" oznaczało tu jedynie poprawiony socjalizm wraz z nieśmiałym uchyleniem furtki dla gospodarki rynkowej oraz szerszym – dla wolności słowa. Według Gorbaczowa „partia komunistyczna rozkwita i już poddała krytycznej analizie sytuację [...], wypracowała linie działania [...], które zrozumieli i zaakceptowali ludzie radzieccy"[7]. Pierestrojka w rozumieniu jej inicjatora miała więc jak Herakles oczyścić komunistyczną stajnię Augiasza. Inicjator nie zdawał sobie sprawy, że cały system to wielki śmietnik, a po jego usunięciu zawali się czyszczona konstrukcja. Nie zostanie z niej nic.

W tak zwanym bloku socjalistycznym bunt rozpoczął się dawno, bo już w 1980 roku, od „wybuchu" dziesięciomilionowej polskiej

Solidarności, która zeszła do podziemia, gdy na rozkaz Leonida Breżniewa generał Wojciech Jaruzelski stłamsił ją, wprowadzając stan wojenny. Po dziewięciu latach rozprzestrzeniania się na pozostałe państwa socjalistyczne bunt spektakularnie objawił się pod murem berlińskim. Tymczasem w Związku Radzieckim nadal trwał socjalizm broniony przez KGB, część generalicji wojskowej oraz tysiące ortodoksyjnych aktywistów partii komunistycznej, zwalczany zaś przez miliony na placach i ulicach.

Wrzało.

Dawno temu, gdy muzyk Siergiej Roldugin, przyjaciel Wowy, prowadzał go do filharmonii, a Wowa pytał, jak muzyki słuchać należy, tak tłumaczył mu *Piątą symfonię* Szostakowicza: „Słyszysz? Zagrali… To spokojne życie, budują komunizm. A słyszysz ten akord? Z daleka nadchodzi faszystowski temat, posłuchaj: oto idzie, oto miedzianki zagrały, znaczy miedziane instrumenty dęte. Teraz ten temat będzie narastał. A teraz ten, gdzie życie w pokoju, które było na początku. Teraz one się zderzają, to tu, to tam, to tu, to tam…”[8].

Wowie taka edukacja muzyczna bardzo przypadła do gustu.

Teraz słyszał tylko wielką kakofonię.

„Pierestrojkę i wszystko, co działo się z końcem lat osiemdziesiątych, obserwowaliśmy w Niemczech w telewizji. To uniesienie, ten entuzjazm, który przeżywali ludzie w tamtych latach, znaliśmy tylko z opowiadań. Dla nas to pozostawało poza kadrem”[9] – wspomina Ludmiła, żona Putina.

„Pamiętam, że po powrocie z Niemiec on mnie po prostu zamęczał pytaniami o wszystko, co się tu dzieje. No bo to było jakby nowe państwo”[10] – mówił znany nam już kolega Putina, prokurator Leonid Połochow, wówczas deputowany do Rady Miejskiej. Dotychczasowy porządek stanął na głowie: jeszcze niedawno przez Putina aresztowani dysydenci stawali się bohaterami. Szli po władzę. Tworzyli jakieś partie. „Im mniej deputowanych, tym lepiej, bo mniej z nimi kłopotów” – oznajmił pewnego razu Putin Połochowowi. „Wowa, to po co w ogóle robić wybory?” – oburzył się Połochow. „Bo też one wcale nie są potrzebne”[11] – odpowiedział z przekonaniem przyszły prezydent. I dziesięć lat później sparaliżował dekretem tworzenie partii, a niemal wszystkie wybory za jego rządów były fałszowane.

Niczego, co się działo w tamtym czasie, Putin w gruncie rzeczy nie aprobował. Okupacyjna *de facto* Armia Radziecka pakowała manatki w całej Europie Środkowej. A dużo miała do pakowania: w samej Polsce stale stacjonowało około 70 tysięcy żołnierzy (do 1953 roku blisko pół miliona) wyposażonych w ponad sześćset nowoczesnych czołgów, a z ukrytych w lesie lotnisk w każdej chwili mogło wzbić się w powietrze kilkaset myśliwców i bombowców[12]. Jak się po latach okazało, to właśnie było dla Putina najdotkliwsze: kurczące się pole manewru Sowietskogo Sojuza. Z satysfakcją cytował słowa Henry'ego Kissingera, amerykańskiego polityka, laureata Pokojowej Nagrody Nobla, który miał mu powiedzieć, że „Związek Radziecki nie powinien był tak spiesznie wychodzić z Europy Wschodniej. Zbyt szybko się zmienia równowaga na świecie. Nie rozumiem, po co Gorbaczow to zrobił". Uzupełniając zaś słowa Kissingera, powiedział do dziennikarzy w 2000 roku, będąc już kandydatem na prezydenta: Żal mi było utraconej pozycji Związku Radzieckiego w Europie. Uniknęlibyśmy bardzo wielu problemów, gdybyśmy tak pochopnie stamtąd nie uciekli"[13].

Jak rozumieć słowa: „gdybyśmy tak pochopnie stamtąd nie uciekli"? Czy należało wprowadzić tam wojsko, a narodom urządzić rzeź? Jak Chruszczow w Budapeszcie… Jak Breżniew w Pradze…

Wtedy jeszcze wnikliwie się słowom Putina nie przysłuchiwano. Nie przeczuwano, że powrót na „utracone pozycje" stanie się głównym celem nowego gospodarza Kremla.

Pierestrojka uczyniła coś nieprawdopodobnego: ludzie radzieccy przestali się bać! Na placach miast tłumy. Głowa przy głowie. Demonstrują, manifestują, wiecują. Na transparentach napisy, za które jeszcze niedawno groził łagier: „Precz z władzą radziecką!", „Rewolucja październikowa – tragedia narodowa", „Żądamy zmian! Mniej cenzury! Więcej prawdy!", „Zachodnich radiostacji nie zagłuszać!", „Archiwa otworzyć!", „Zakazane książki wydać!", „Więźniów politycznych wypuścić!", „Wielopartyjność dopuścić!".

Transparenty są nieliczne, kołyszą się nad rozgorączkowanym tłumem jakby onieśmielone. Tłum skanduje: „Pierestrojka! Głasnost'!". Tłum krzyczy: „Wolności!", „Pluralizmu!", „Uczciwości!", „Demokracji!". Krzyczy z taką siłą, jakby krzyk miał moc sprawczą, jakby już nazajutrz hasła miały się zamienić w rzeczywistość. Krzyczą na wiecach: „Demokracja!", ale co to naprawdę jest, nie wiedzą ani mówcy, ani tłum. Przecież historia nigdy Rosjan na czas dłuższy tym prezentem nie obdarowała. Nie mieli okazji poznać przedmiotu swojego pożądania.

Rozedrganą pierestrojkową rzeczywistość władza postanowiła usankcjonować: powołać do życia nowy organ władzy w sposób dla Związku Radzieckiego niezwykły, organizując pierwsze od przeszło siedemdziesięciu lat prawdziwe wybory, w których kandydaci ze sobą naprawdę konkurowali. To już nie była imitacja wyborów ze stawianiem krzyżyka przy jedynym, wyznaczonym przez jedyną partię nazwisku. I tak, po wolnych, prawdziwych wyborach ukonstytuował się organ władzy wykonawczej pod nazwą Pierwszy Zjazd Deputowanych Ludowych. Zdarzyło się jeszcze coś niebywałego: telewizja transmitowała jego obrady na żywo.

Między 25 maja a 9 czerwca 1989 roku cały Związek Radziecki utknął przed telewizorami, obserwując debatę jak w transie. Po raz pierwszy przemówiła opozycja. Demokratyczna fronda. Szok.

Dzięki kilku znakomitym opozycyjnym mówcom emocje rozsadzały amfiteatr kremlowskiego Pałacu Zjazdów. Jelcyn! Afanasjew! Starowojtowa! Sobczak! Sacharow! Liderzy Międzyregionalnej Grupy Deputowanych – pierwszej w Związku Radzieckim legalnej opozycji w parlamencie.

Niedawno, w kwietniu 1989 roku, wojsko krwawo stłumiło pokojową manifestację w Tbilisi. Powołano komisję parlamentarną, a na jej czele postawiono Sobczaka. Teraz w przemówieniach linczuje on Gorbaczowa, wojsko i KGB za każdą z dwudziestu ofiar śmiertelnych i za każdego z ponad tysiąca rannych. Zna szczegóły. Zna prawo. Wie wszystko. Mówi świetnie. Złośliwie. Bez kartki. Jego tbiliskie filipiki przejdą do historii, on zaś, dzięki nim, do pierwszego rzędu antykomunistów. Razem z nimi stawia obrazoburcze żądania: znieść monopol jednej partii, a własność prywatną wprowadzić do konstytucji! I staje się tej konstytucji jednym z głównych twórców.

Jest autentyczny i szczery. Barwny jak jego kolejna marynarka w kratę. Ulubieniec telewizyjnych mas.

Kiedy z Leningradu jechał do Moskwy na Zjazd, znali go tylko leningradczycy. Gdy z Moskwy wracał do Leningradu, znał go cały Związek Radziecki, chociaż w przeciwieństwie do Sacharowa, Jelcyna czy Starowojtowej wcześniej nie należał do żadnego z odłamów opozycji, ani partyjnej, ani pozapartyjnej. Nie działał w żadnym ruchu „za" albo „przeciw". Nie walczył, nie narażał się. Zabłysnął dopiero wówczas, gdy błyszczeć zezwolono.

Na kolejnym Zjeździe Deputowanych (między 12 a 24 grudnia 1989 roku) zdradził demokratów: oni się domagali, żeby pierwszego prezydenta ZSRR wybierał naród, on się uparł – zgodnie z wolą Komunistycznej Partii Związku Radzieckiego, do której stosunkowo niedawno (w 1988 roku) przystał – by uczyniono to teraz, zaraz, w Kremlowskiej Sali Pałacu Zjazdów. Uparł się też, by prezydentem był Michaił Gorbaczow, pozostając równocześnie sekretarzem generalnym KPZR. Wspaniałą, demagogiczną oracją Sobczak tak nastraszył deputowanych wojną domową, która ogarnie kraj w wypadku wyborów powszechnych, że się z nim zgodzili. Polityczna Moskwa się zdziwiła. Rosja jakoś mu to zapomniała.

Kim więc naprawdę jest ten, kto wywierał przemożny wpływ na myśli i czyny przyszłego prezydenta?

Spójrzmy, kto jako sufler stał za kulisami słynnego Zjazdu Deputowanych Ludowych: to eksprzewodniczący KGB Władimir Kriuczkow.

„Kriuczkow nalegał, żeby wcześniej nieznany w Moskwie Sobczak został przewodniczącym komisji do spraw Tbilisi – mówi Siergiej Grigorianc, jeden z najbardziej rozpoznawalnych dysydentów, mający za sobą dziewięć lat łagru o ostrym reżimie i całe życie poświęcone walce z dyktaturą komunistyczną. – To Kriuczkow dostarczał mu materiały. Bo sprawa Tbilisi miała Sobczakowi zrobić wielką reklamę. Po co? Otóż KGB przygotowywało zapasową kandydaturę na prezydenta ZSRR, zastępcę lub następcę Gorbaczowa. Zrozumiałem to dopiero podczas wspólnego z Sobczakiem wyjazdu do Madrytu na konferencję ruchów demokratycznych.

Był rok 1990. Irak napadł na Kuwejt, trwała wojna. A Sobczak w Hiszpanii oznajmił, iż Związek Radziecki jest przyjacielem Saddama Husajna i może przyjść mu z wojskową pomocą. W tamtym miejscu zabrzmiało to jak bluźnierstwo, jak groźba... Gdy zaś omawiano sytuację w ZSRR – a było to tuż po krwawej pacyfikacji antyradzieckiego wiecu w Wilnie, gdzie zabito trzynaście osób – Sobczak stwierdził ni mniej, ni więcej, że zbrodnie obecnych, tak zwanych demokratycznych władz republik nadbałtyckich – Litwy, Łotwy, Estonii – przewyższają wszystkie zbrodnie epoki Stalina!

Gdy swoim zdumieniem podzieliłem się z hiszpańskim organizatorem tej dziwnej konferencji, ten zapytał: »Widzi pan, kto siedzi w pierwszym rzędzie? Pracownicy radzieckiej ambasady i paru radzieckich dziennikarzy«. Im obojętne było, co mówię ja czy jeden z przywódców polskiej Solidarności – Zbigniew Romaszewski. Oni zapisywali każde słowo Sobczaka. A on mówił tylko do nich. Jakby zdawał egzamin. Dla mnie jest oczywiste, że Sobczak współpracował z Łubianką* i był jej kartą zapasową. Na wszelki wypadek”[14].

A i sam Sobczak wspomniał kiedyś dziennikarzowi, że próbowano go zwerbować: „W swoim czasie, po obronie dyplomu, pułkownik KGB długo i uparcie przekonywał mnie, bym szedł do pracy w organach. Ryzykując ich niezadowolenie, odmówiłem, lecz dwudziestu kolegów z roku nie upierało się i poszło do KGB. Co w tym dziwnego?”[15].

Właściwie nic, oprócz tego, że KGB nie proponowało pracy pierwszym z brzegu, tylko dobrze sprawdzonym „informatorom”, po prostu donosicielom, i zwykle pozostawiało ich na zewnątrz organizacji jako cenne źródła informacji. Nic zatem dziwnego, że

* Łubianka – potoczna nazwa centrali KGB mieszczącej się na placu Łubiańskim w Moskwie.

właśnie Władimir Putin stał się dla Sobczaka najbardziej zaufanym człowiekiem w Petersburgu.

Na pytanie, jak się poznali, obaj kłamią (najwidoczniej nie zdążyli uzgodnić wersji).

Sobczak: „Doskonale zapamiętałem Putina jako studenta, [a potem – przyp. aut.] on pracował u nas na wydziale. Dlaczego został moim pomocnikiem? Zupełnie przypadkowo spotkałem go w 1990 roku na uniwersyteckim korytarzu, poznałem, przywitałem się, zacząłem wypytywać. Wyjaśniło się, że był na długiej delegacji w Niemczech, a teraz jest pomocnikiem rektora do spraw międzynarodowych. Studentem był bardzo dobrym, choć ma taką cechę, że się nie wyróżnia. Pozbawiony jest chełpliwości, żądzy władzy, ale z charakteru jest przywódcą”[16].

Putin: „Na uniwersytecie spotkałem kolegów ze studiów, którzy teraz tu pracowali. Jeden z nich mówił, że Sobczak, który w tym czasie został przewodniczącym Rady Miejskiej, nie ma nikogo w zespole, że otaczają go jacyś kanciarze, i spytał, czy nie mógłbym mu pomóc.

– Jak? – zainteresowałem się.

– Idź do niego pracować.

– No wiesz, musiałbym pomyśleć. Przecież jestem funkcjonariuszem KGB. A on o tym nie wie. Mogę go skompromitować [...].

Kiedy byłem studentem, nie miałem z nim żadnych powiązań, był po prostu jednym z tych wykładowców, którzy przez semestr czy dwa mieli u nas wykłady.

Spotkałem się z Anatolijem Aleksandrowiczem w Radzie Miejskiej. Dobrze pamiętam tę scenę: wszedłem, przedstawiłem się, zacząłem rozmowę. Sobczak, człowiek impulsywny, od razu do mnie:

– Od poniedziałku proszę przyjść do pracy.

Na to ja:

– Z największą chęcią będę u pana pracować, ale jest pewna okoliczność, która może w tym przeszkodzić.

– Jaka?

– Muszę powiedzieć, że jestem nie tylko pomocnikiem rektora, ale i kadrowym oficerem KGB...

Sobczak zamyślił się. Wyglądał na rzeczywiście zaskoczonego. Podumał, podumał i rzucił:

– No i ch… z tym!"[17].

Jak na zawodowego kłamcę, kiepska to historyjka, we wszystkich biografiach smakowicie cytowana raczej jako anegdota niż fakt.

Co za tymi kłamstwami się kryje? Jedni biografowie[18] są przekonani, że demokracie Sobczakowi KGB przydzieliło anioła stróża. Inni[19], że Sobczak sam szukał sojusznika w solidnych strukturach. Pierwszą wersję odrzuca najpoważniejszy w tych sprawach autorytet, mianowicie szef KGB Władimir Kriuczkow, który zdecydowanie twierdzi: „Pracownik »aktywnej rezerwy« KGB, a nim był wtedy Putin, nie mógł być wykorzystywany jako agent. Tym bardziej że Sobczak doskonale znał »czekistowską«* przeszłość Putina"[20]. Musiał ją znać, bo każdy na uniwersytecie wiedział, iż stanowiska związane z kontaktami zagranicznymi są obsadzane przez ludzi z KGB. Istnieją jednak mocne przesłanki, że sam Anatolij Aleksandrowicz był z KGB mocno związany. „Myślę, że między nim a Władimirem Władimirowiczem były od dawna nieformalne powiązania o charakterze informacyjnym i nic w tym dziwnego, bo wszyscy wykładowcy wyższego stopnia mieli nieoficjalne kontakty z KGB. Zaryzykuję stwierdzenie, że Anatolij Sobczak był na uniwersytecie agentem Władimira Putina"[21] – napisał zbiegły z Rosji petersburski dziennikarz Dmitrij Zapolskij.

Popularny działacz demokratyczny, dziennikarz Boris Wiszniewski, uważa, że „jako asystent prorektora do spraw międzynarodowych Putin musiał czytać wszystkie donosy, jakie profesorowie uniwersytetu pisywali na siebie nawzajem. Nie wykluczam

---

* Czeka (Wsierossijskaja czrezwyczajnaja komissija po bor'bie s kontriewolucyju i sabotażem – WCK) – Ogólnorosyjska Nadzwyczajna Komisja do Walki z Kontrrewolucją i Sabotażem utworzona 7 grudnia 1917 roku. Organizacja w istocie terroryzująca społeczeństwo i podporządkowująca je władzy. Zastąpiona później przez GPU (Objedinionnoje gosudarstwiennoje politiczeskoje uprawlenije), a w ostatnich czasach przez KGB (Komitiet Gossudarstwiennoj Biezopasnosti) i FSB (Fiedieralnaja Służba Biezopasnosti), ale jej funkcje pozostały niezmienne. Dlatego nadal funkcjonariuszy tych organów nazywa się czekistami.

ewentualności, iż natrafił na jakiś dokument podpisany przez Sobczaka. Cóż by się stało z nieposzlakowanym wizerunkiem ojca demokracji, gdyby taki dokument opublikowano?"[22].

Wiele więc wskazuje na to, że obaj panowie znali się od dawna, choćby powierzchownie, i mieli wiele wspólnego, choćby przekonania.

„Nie ma co obwiniać NKWD–KGB za mogiły lat trzydziestych i represje – powiedział Sobczak pewnego dnia 1990 roku w rozmowie prywatnej. – Likwidacja ludzi to skutek uboczny osiągania celu. Do tego, by operatywnie udoskonalać system, konieczna była publiczna likwidacja szkodzących mu podmiotów. Oskarżanie NKWD–KGB jest absurdalne, to była w gruncie rzeczy zwykła konstrukcja państwowa"[23].

Gdzie podobne słowa usłyszymy dziesięć lat później? W Putinowym przesłaniu do historyków, by Stalina mianować „efektywnym menedżerem".

Ale wiosną 1990 roku nowa demokratyczna Rada Miejska Leningradu, szukając przewodniczącego, ster rządów oddała właśnie sławnemu Sobczakowi.

I szybko zaczęła tego żałować.

*Anatolij Sobczak i Władimir Putin.*
*Na pytanie, jak się poznali, obaj kłamią*

Po roku wydała oświadczenie[24], w którym nie zostawiła suchej nitki na liderze demokratów.

Kim więc naprawdę był Anatolij Sobczak, który niemal automatycznie, także za pomocą intrygi (tak wyznaczył datę wyborów mera, że kontrkandydatom zostało mniej niż dziesięć dni na to, by się zaprezentować), z przewodniczącego Rady Miejskiej stał się merem Petersburga?

Nie był antykomunistą, raczej komunistą.

Kluczowe stanowiska obsadził niedawnymi funkcjonariuszami KPZR i KGB; ideę niedopuszczania byłych aktywistów partyjnych do wyższych stanowisk nazwał „polowaniem na czarownice"; nową trójkolorową flagę Rosji kazał usunąć z balkonu, nazywając ją szmatą, i długo bronił komunistycznej nazwy miasta Leningrad (powrót do dawnej nazwy Petersburg został przegłosowany przez radnych wbrew jego wnioskowi). A gdy to się nie powiodło, bronił przynajmniej dobrego imienia Lenina. Podczas uroczystości inaugurującej objęcie stanowiska mera zebrani usłyszeli:

„Zapewniam, że imię Lenina, jego muzea, jego pomniki, izby jego pamięci nadal będą tak szanowane jak dotychczas; będą strzeżone w naszym mieście i będzie utrzymywany ich godny wygląd. Zrobimy wszystko, by w wielkim mieście Petersburg imię wielkiego człowieka Władimira Iljicza Uljanowa było szanowane jako imię człowieka, który wniósł wielki wkład do historii Rosji, do historii naszego narodu"[25].

Nie był demokratą, lecz narzucającym dyktaturę satrapą.

„Podstawą konfliktu między przewodniczącym Rady Miejskiej a większością deputowanych było dążenie A.A. Sobczaka do zawładnięcia nieograniczoną i niekontrolowaną władzą w mieście, tak ustawodawczą, jak wykonawczą, godną udzielnego księcia"[26] – pisali deputowani, przytaczając niezbite na to dowody, łącznie z żądaniem mera, by mógł osobiście zdymisjonować Radę Miejską i inne władze wybrane demokratycznie.

Czyż nie jest to gotowy wzorzec uzurpacji władzy autorytarnej, według którego przyszły prezydent skroi swoje rządy?

Nie był działaczem społecznym, lecz egoistycznym biznesmenem.

Nie będąc jeszcze merem, tylko przewodniczącym Rady Miejskiej, Sobczak tworzył przedsiębiorstwa (na przykład spółkę Nowa Holandia) na warunkach korzystnych dla akcjonariuszy (czytaj: dla siebie), a bardzo niekorzystnych dla miasta, przy czym sprawami miasta w ogóle się nie zajmował.

Nie był dżentelmenem, lecz prostakiem.

Pomiatał wszystkimi dookoła, nie widząc w nich równych sobie. Radnych nazywał „idiotami", „hołotą" i „bydłem", a petentów – „chłamem".

Anatolij Sobczak, demokrata, zastygł w obrazie już dawno minionym. W pozie – na pokaz – dla milionów. Pamiętają go z telewizyjnego ekranu, gdy elegancko ubrany wygłasza porywające mowy. To manekin.

Sobczak z krwi i kości – syn inżyniera kolejowego i księgowej, urodzony w 1937 roku na dalekiej Syberii, w miejscowości Czyta, z trudem wiążący koniec z końcem w Leningradzie (miał na utrzymaniu córkę z pierwszego małżeństwa), lokator ciasnego mieszkania na przedmieściu, od niedawna powtórnie żonaty z młodą, ładną prowincjuszką w pretensjach – znalazł się w miejscu, w którym władza oznacza pieniądze i erupcję chciwości. Jeśli nie uciekniesz, zagarnie cię jak lawa wypływająca z wulkanu.

Sobczak pozostał.

Putin też nie uciekł.

Anatolij Sobczak objął stanowisko przewodniczącego leningradzkiej Rady Miejskiej 23 maja 1990 roku. Putin dołączył do niego po paru dniach. Podział ról zarysował się szybko: Sobczak lubił występować przed wpatrzonym w niego tłumem, lubił wygłaszać entuzjastyczne oracje przeciw komunistycznym porządkom, lubił bywać i reprezentować. Pracy administracyjnej nie lubił. Putin okazał się idealnym pomocnikiem, referentem, zaufanym sekretarzem. Pracowity, zorganizowany, w dokumentacji najrozmaitszej się orientujący, wprowadzony w struktury miejscowego KGB, cichy, uprzejmy, a także – co należało wówczas do rzadkości – znający język

*Putin w pierwszym okresie pracy w Smolnym, idealny pomocnik, referent, zaufany sekretarz*

obcy. No i niewolniczo w swojego szefa wpatrzony. Nie mówił o nim inaczej jak „gospodarz" („gospodarz powiedział", „gospodarz zdecydował", „wszystko jest w gestii gospodarza")[27], demonstrując szacunek do szefa i dystans. Co starszym Rosjanom musiał się wtedy przypominać inny szef zwany przez podwładnych „gospodarzem": Józef Stalin…

## Szutow po raz pierwszy

Leon Weinstein, świadek tamtych czasów, bywalec gabinetów w Smolnym, rosyjski emigrant żyjący w Stanach Zjednoczonych, uważa, że mówiąc o Sobczaku, nie można pominąć jego dwóch asystentów: Jurija Szutowa i Władimira Putina.

O Szutowie pisze tak:

„Często spotykaliśmy się w sekretariacie u Sobczaka i nawet wyskakiwaliśmy na piwo pogadać o świetlanej przyszłości Rosji. Jura […] w tamtym czasie był zakochany w Sobczaku. Ideologicznie. Po prostu po raz pierwszy w życiu uwierzył w ludzką bezinteresowność, szlachetność i stworzył sobie obraz takiego wędrującego Lancelota, który przyszedł do miasta, by je oczyścić ze smoków oraz wszelkiej nieprawości [...]. Sobczak jednak, człowiek z krwi i kości, miłośnik celebrytów tudzież imprez, porównania nie wytrzymał i w pewnym momencie gorliwa miłość Jury zamieniła się w nie mniej gorliwą nienawiść"[28]. Spowodowało to też odwrót od wszystkich demokratów, jako że lepszego wśród nich przykładu niż Sobczak w jego otoczeniu nie było.

Warto dodać, że autor tych słów, nieźle obsmarowany w poczytnych książkach Szutowa, nie miał specjalnego powodu do sympatii dla dawnego kompana od piwa. Zachował jednak obiektywizm. Putina tak wspomina:

„W przeciwieństwie do Szutowa Putin mówił mało, w oczy nie patrzył, odzywał się cichym, ledwie słyszalnym głosem. Ale to on, a nie raptus Szutow, wystraszył mnie okropnie już podczas pierwszego naszego spotkania. Znaleźliśmy się sam na sam w gabinecie obok sekretariatu mera, uścisnęliśmy sobie ręce, zamieniliśmy parę nic nie znaczących słów, a potem Władimir (przedstawił się tylko jako „Władimir") opowiedział mi, jak i do kogo trzeba się zwrócić w jakiejś zupełnie już wtedy dla mnie nieważnej sprawie. Patrzył na moje lewe ramię, ani razu nie podnosząc oczu, i cichym, beznamiętnym głosem, ledwie na progu słyszalności, wysuwał propozycje jakby urwane, zawieszone w powietrzu i zasnuwające naszą pustą rozmowę atmosferą tajemniczości czy sekretu, jakby coś nas wiązało, a obcy nawet nie powinni się domyślać, że się znamy...

I wówczas z podświadomości wylazło wszystko, co podczas osiemnastu lat emigracji wyciskałem, wypierałem, wymiatałem i czyściłem, dopóki wreszcie nie poczułem się człowiekiem wolnym, którego życie należy do niego samego, a nie do ciemnej, wiecznie zagrażającej siły, która – jeśli zechce – zamknie przed tobą uniwersytet, dobrą pracę, wyjazd za granicę, może ci odebrać wolność słowa, przemieszczania się i korespondencji. Może ci odebrać wszystko... Nowi ludzie w Sobczakowskim aparacie sprawili, że rozczarowałem się co do mera. Idealizm Szutowa ustępował miejsca rozbudzonej przez Putina dawnej nieufności wobec władzy"[29].

Szutow, rocznik 1946, to istny wulkan energii. Trochę pędziwiatr, trochę poszukiwacz przygód, ciemnooki, o wesołym spojrzeniu. Studia ukończył w leningradzkim Instytucie Budowy Okrętów, potem podejmował różne prace: od kierowcy buldożera czy kierownika spółdzielni wydobywającej złoto na Kołymie i Czukotce aż po poważną funkcję naczelnika miejskiego urzędu statystycznego. Napisanej pracy doktorskiej z ekonomii obronić nie zdążył, bo – jak czytamy we wstępie do jednej z jego książek – „w 1981 roku został aresztowany z powodu fałszywego oskarżenia, parę lat przebywał w zamknięciu, po czym sąd (w 1986 roku) go uniewinnił i rehabilitował"[30]. Tak czy inaczej, pięć lat w kopalniach złota we wschodniej Syberii nie utemperowało jego buńczucznej natury.

Po powrocie do Leningradu został dyrektorem przedsiębiorstwa produkcyjnego, włączył się do polityki i jako „zakochany w Sobczaku" organizował dlań wiece poparcia. Przy czym początkowo to nie Szutow zabiegał o współpracę z Sobczakiem, lecz odwrotnie. „Oczywiście to mi pochlebiało, choć przedstawić sobie sferę wzajemnych interesów było mi trudno"[31] – napisał później we wspomnieniach. Nieoficjalnie ta współpraca trwała ponad pół roku, oficjalnie – sześć dni: od 5 do 12 listopada 1990 roku.

Do Smolnego wszedł oddany merowi człowiek, wyszedł zagorzały wróg, który zabrał się do epokowego utrwalania dziejów Petersburga widzianych przez pryzmat niegodziwości kreatury o nazwisku Anatolij Sobczak. Do tego celu wynajął specjalnego człowieka, zdolnego dziennikarza Marka Grigoriewa, i specjalne pomieszczenie – pokój w ogromnym klocku hotelu Leningrad. W lutym 1991 roku wybuchł w tym pokoju pożar. Spłonęło wszystko, z Grigoriewem włącznie. Śledczy podejrzewali umyślne podpalenie, ale winnych znaleźć się nie udało.

To był dopiero początek zabójczej gry.

„Wieczorem 6 października 1991 roku – czytamy w aktach sprawy karnej prowadzonej przez śledczego J.M. Waniuszyna – działający z polecenia Putina dwaj funkcjonariusze Wydziału Walki z Przestępczością Zorganizowaną przeprowadzili nielegalną rewizję u byłego pomocnika Sobczaka, Szutowa J.T. Celem rewizji było zabranie znajdującego się u Szutowa magnetofonowego zapisu rozmowy Sobczaka z rezydentem francuskiego wywiadu”[32].

Na Szutowa, który niespodziewanie wrócił do domu, spadły takie ciosy nożem i uderzenia młotkiem w głowę, które powinny zabić.

Nie zabiły.

Co to za rozmowa z obcym szpiegiem i w jaki sposób nagranie dostało się w ręce Szutowa? Nie wiadomo. Musiała być bardzo ważna, jeśli warto było mobilizować wysokich rangą funkcjonariuszy milicji (Szachanowa i Milina – ich nazwiska pojawią się jeszcze niejeden raz)* do odzyskania taśmy i jej zniszczenia.

Trepanacja czaszki i leczenie innych poważnych urazów zatrzymały Szutowa w szpitalu prawie rok. Opuszczał go, kulejąc. Niedługo potem, w marcu 1992, został aresztowany i oskarżony o „przechowywanie broni oraz amunicji”, a także o „rozbój wraz z grupą obywateli”. Tych „obywateli” po raz pierwszy zobaczył na procesie. Przypisano mu wtedy chyba wszystkie popełnione w tym czasie głośne przestępstwa – od zabójstwa litewskich pograniczników po zamach na prezydenta Azerbejdżanu.

Jakaż była odpowiedź Jurija Szutowa? W więzieniu napisał pierwszą książkę: *Sobczacze sierdce* (Serce Sobczaka), która każdemu Rosjaninowi kojarzyła się, jeśli nie bezpośrednio z opowieścią Michaiła Bułhakowa *Psie serce*, to na pewno z filmem, jaki na jej podstawie powstał. Jest to historia opisująca, jak na skutek naukowego eksperymentu połączenia człowieka z psem (w celach odmładzających) przemiły i dobry czworonóg zmienia się w odrażającego, okrutnego ludzkiego osobnika. Szutow podobnie przedstawił metamorfozę człowieka porządnego w stwór próżny, arogancki, przewrotny, kłamliwy i przestępczy. Zrobił to barwnie, z temperamentem i dużą dozą talentu. Książka zyskała sławę.

Ale nie dlatego w 1994 roku, po półtorarocznym pobycie za kratami (zdołał – odsiadując wyrok – wziąć nawet udział w wyborach do Dumy Państwowej), został warunkowo zwolniony z więzienia, lecz zapewne dlatego, że w postsowieckiej Rosji wielu sędziów

---

* Więcej na ten temat zob. w rozdziale *Przyjaciele z Finlandii*.

Jurij Szutow

reanimowało sprawiedliwość i rozpatrujący sprawę Szutowa zwolnili go za dobre sprawowanie, zobowiązując jedynie do nieopuszczania miasta.

W 1996 roku Jurij T. Szutow orzeczeniem sądu apelacyjnego dzielnicy Wyborg miasta Petersburg został uniewinniony. I na swoje nieszczęście wrócił zarówno do literatury, którą traktuje jako hobby, jak i do polityki, którą traktuje poważnie. Tak poważnie, że znowu stał się groźny dla bardzo już wtedy wysoko uplasowanego Władimira Putina.

## Panowie w Smolnym

12 czerwca 1991 roku Sobczak został wybrany na stanowisko mera Petersburga.

28 czerwca utworzył Komitet Współpracy z Zagranicą. Uczynił to „pod Putina", którego mianował dyrektorem. Ten gabinet z widniejącą na drzwiach mosiężną tabliczką z nowym tytułem był świadkiem ostatecznej metamorfozy człowieka zasiadającego tu za wielkim biurkiem.

„Takiego [Putina], jakiego znamy dziś, o wiele bardziej ukształtowała praca w merostwie niż w KGB. Z dnia na dzień stawał się bardziej pewny siebie, bardziej zamknięty i bardziej obcy"[33] – powie Połochow po latach.

Tamten czas dawał nieprawdopodobne możliwości realizacji Putinowego hasła „Żyć dla siebie". Należało tylko się na nim skoncentrować.

Oto efekty. Na początek wymieńmy je w punktach:

Najpierw opanowali miejscową telewizję. Główny kanał pokazywał przede wszystkim mera. Oponentów prawie wcale.

Potem opanowali porty. Tam odbierali narkotyki z Kolumbii, stamtąd wysyłali w świat okręty wojenne z demobilu po zaniżonych cenach, łodzie podwodne, ropę naftową, metale szlachetne, rzadkie pierwiastki, bawełnę, drewno...

Potem podporządkowali sobie cła i kasyna.

Na jednej tylko transakcji okradli miasto na 93 miliony dolarów.

Kontrolowali cały handel z zagranicą przechodzący przez Petersburg.

Handlowali wychowankami domów dziecka.

Za pieniądze pozyskane z nielegalnych interesów kupowali za granicą wille i hotele.

Przywłaszczali sobie mieszkania w Petersburgu i bezprawnie rozdawali je krewnym i znajomym.

Defraudowali środki utworzonego przez nich Funduszu Ocalenia Petersburga. Na miejscu i za granicą.

Jak wkrótce zobaczymy, to jeszcze nie cała zawartość prokuratorskich akt.

Pamiętamy, że zaoszczędzone w Dreźnie pieniądze starczyły Putinowi tylko na kupno w 1990 roku używanej wołgi. Mieszkanie (które dostali dzięki jego ojcu) znajdowało się w opłakanym stanie, a pieniędzy brakowało nie tylko na remont, lecz także na meble.

Tymczasem już w 1992 roku państwo Putinowie spędzili wczasy zimowe z dziećmi w austriackiej gminie Göstling, w pensjonacie Krenn[34].

W 1993 roku, w styczniu, przyjechali do tej gminy ponownie, ponieważ Władimir zamierzał kupić tam dom. Gościł ich burmistrz Victor Gusel. Rozmowy zakończyły się wspólnym lunchem w Gasthaus Poechhacker. Na pamiątkę została wspólna fotografia opublikowana w austriackim tygodniku „News"[35].

W 1998 roku Władimir Putin znalazł się na sporządzonej przez czasopismo „Global Finance" liście sześciuset najbardziej wpływowych finansistów świata[36].

„Zaraz po powrocie do Leningradu mąż pogrążył się w pracy [...]. W Pitrze* po prostu w domu nie bywał. Wyglądało to tak, jakby zniknął z domu, uciekł"[37] – opowiadała Ludmiła Putinowa.

„Wołodia bardzo się zmienił, gdy zaczął pracować w merostwie. Coraz rzadziej się widywaliśmy. Był bardzo zajęty, wyjeżdżał z domu wcześnie, przyjeżdżał nocą [...]. Nawet gdy zbieraliśmy się na daczy, na szaszłyki, on chodził wzdłuż płotu, myślami przebywał gdzie indziej [...]. Pogrążył się po uszy w petersburskich sprawach i jakby ochłódł [...]. Stał się... pragmatykiem"[38] – to świadectwo przyjaciela Putina, Siergieja Roldugina.

„W pierwszych miesiącach pracy w Radzie Miejskiej Putin zrobił na ludziach wrażenie człowieka pełnego zapału, ciekawego, zaangażowanego w sprawy miasta, później jednak jawił się jako obojętny i wyzuty z uczuć. Człowiek w pustym gabinecie, spoglądający na wszystkich lodowatym wzrokiem"[39] – to z kolei opinia jednej z pracownic merostwa.

## Rozstanie z KGB

W żadnej innej sprawie dotyczącej swojego życiorysu Putin nie stworzył tylu legend co w tej, gdy wszędzie podkreślał, że po powrocie z Drezna nadal się zaliczał do pracowników instytucji przy alei Litiejnej 4. Tam jednak już od dawna go nie widywano. I na to znalazł wytłumaczenie: „Moi przełożeni to ludzie dość delikatni i rozumiejący sytuację, nie stawiali mi żadnych warunków – mówił do dziennikarzy pytających o okoliczności rozstania z KGB. – I dlatego, chociaż formalnie figurowałem wśród pracowników organów bezpieczeństwa, w budynku Zarządu prawie się nie pojawiałem"[40].

A więc zapłaty z KGB nie dostawał, w pomieszczeniach Firmy nie bywał, niemniej ciągle – według tego, co mówił – był uważany za pracownika, i to cenionego. „W organach miałem stabilną sytuację,

---

* Potoczne określenie Petersburga.

dobrze się do mnie odnoszono. Wszystko szło pomyślnie, ale zadecydowałem, że odejdę"[41]. Dlaczego tak postanowił? Bo – jak twierdzi – jego „czekistowska przeszłość" stawała się przyczyną szantażu. Zdarzało się, że koledzy z Firmy szukali przez niego dojścia do mera, żądając podpisu, którym on *in blanco* dysponował. „Ja już jednak byłem doświadczonym działaczem, tyle lat bez wpadki, od razu ich przejrzałem [...]. Różni petenci poza tymi, którym jako zastępca mera odmawiałem jakiejś pomocy, napomykali, że »niedobrzy ludzie, wrogowie różni« wyniuchali, że w gruncie rzeczy jestem »pracownikiem organów bezpieczeństwa«, ale że »są gotowi temu zaprzeczyć«, jeśli ja wyświadczę im pewną przysługę"[42] – mówił Putin.

Trudno dać temu wiarę, gdyż wszyscy w merostwie wiedzieli choćby to, że poprzednie jego stanowisko na uniwersytecie przydzielano – jak wszystkie związane z zagranicą – ludziom z KGB.

„Długo myślałem, zbierałem się, potem wziąłem się w garść, siadłem i od razu napisałem podanie o zwolnienie – wyjaśniał. – Ale to podanie gdzieś się zapodziało. Ktoś najwidoczniej nijak nie mógł się zdecydować. Tak więc gdy zaczął się pucz, pozostawałem czynnym oficerem KGB"[43]. Pucz trwał trzy dni. Pod koniec Putin – wedle jego własnej relacji – już w KGB nie służył. Aby pojąć bezsens tego twierdzenia, trzeba zrozumieć, czym ten pucz był.

Uważa się go za najtrudniejszą dla ZSRR próbę od czasu rewolucji październikowej, za spisek przeciwko prezydentowi Michaiłowi Gorbaczowowi i wdrażanym przez niego reformom. Do uczestników spisku należało osiem najważniejszych osób sprawujących władzę w ZSRR: wiceprezydent, premier, minister obrony, minister spraw wewnętrznych, dyrektor KGB, wiceprzewodniczący Rady Obrony, przewodniczący Związku Rolników oraz szef Stowarzyszenia Państwowych Przedsiębiorstw Przemysłowych, Transportu i Łączności. Za cel pucz miał unicestwienie dokonań pierestrojki i zawrócenie kraju z drogi ledwie raczkującej demokracji ku reżimowi radzieckiemu.

Dlaczego nastąpił właśnie wtedy, w drugiej połowie sierpnia 1991 roku, kiedy obywatele *nieobiatnoj strany* wylegiwali się na rodzimych plażach Morza Czarnego i Kaspijskiego (były to jeszcze czasy żelaznej kurtyny i niemożności wyjazdu obywateli radzieckich na Zachód) albo siedzieli w swoich podmiejskich daczach? Dlatego, że na 20 sierpnia 1991 roku zapowiedziano podpisanie tak zwanego traktatu o Związku, aktu rujnującego jedną z podstaw władzy totalitarnej: centralizm państwowy. Rujnacja polegała na oddaniu republikom znacznej części uprawnień władzy centralnej. Wielu jej przedstawicielom trudno się było pogodzić choćby z tym, że dwa miesiące wcześniej (12 czerwca 1990 roku) największa z republik ZSRR, Republika Rosyjska – reprezentowana przez zagorzałego zwolennika zmian, przewodniczącego Rady Najwyższej (ówczesnego parlamentu) Borisa Jelcyna – przyjęła Deklarację o suwerenności państwowej.

Główny inspirator puczu – przewodniczący KGB Władimir Kriuczkow – od roku planował wraz z najbliższymi współpracownikami „ustabilizowanie" kraju za pomocą stanu wyjątkowego. Według tajnych dokumentów wywiezionych na Zachód przez archiwistę KGB Wasilija Mitrochina[44] wypadki miały następujący przebieg:

Gdy tylko prezydent ZSRR Michaił Gorbaczow (dla spiskowców TEMAT 110) wyjechał z Moskwy na urlop, spotkali się oni we wspaniałej podmoskiewskiej rezydencji KGB i sformowali Państwowy Komitet do spraw Stanu Wyjątkowego (Gosudarstwiennyj komitiet po czriezwyczajnomu położeniju – GKCzP). Po czym przez dwa tygodnie przygotowywali główną fazę przewrotu – wprowadzenie stanu wyjątkowego i przeszkodzenie w podpisaniu traktatu. Polecili wydrukować 300 tysięcy nakazów aresztowań, a fabryka pod Pskowem wykuwała 250 tysięcy par kajdanków[45].

Kriuczkow odwołał z urlopów cały personel KGB, postawił ludzi w stan gotowości i podwoił im płace. Dla najbardziej prominentnych więźniów opróżniono cele na dwóch piętrach więzienia Lefortowo. W tajnym bunkrze na Łubiance zorganizowano rezerwowy sztab dowodzenia puczem, na wypadek gdyby doszło do walk[46]. 18 sierpnia w Foros na Krymie odcięto od łączności ze światem Michaiła Gorbaczowa, który nie zgodził się na wprowadzenie stanu wyjątkowego, i zamknięto go w areszcie domowym we wspaniałej ogromnej willi, oficjalnie będącej domem wypoczynkowym Biura Politycznego KPZR. Akcja była o tyle prosta do przeprowadzenia, że niemal cały personel – od kucharki po strażników – wywodził się z KGB.

Gdy w poniedziałek 19 sierpnia 1991 roku Rosjanie włączyli telewizory, by rzucić okiem na poranny dziennik telewizyjny „Wriemia", nie od razu chyba pojęli, co monotonnym głosem odczytuje, uważnie wpatrując się w kartkę, lektorka o bladej twarzy. Był to dekret wiceprezydenta ZSRR Giennadija Janajewa:

„W związku z niemożnością pełnienia – ze względu na stan zdrowia – swoich obowiązków przez Michaiła Gorbaczowa jego pełnomocnictwa przechodzą na wiceprezydenta ZSRR i od dziś, to jest od 19 sierpnia od godziny czwartej rano, ogłasza się stan wyjątkowy mający obowiązywać przez sześć miesięcy"[47].

Następnego dnia obywatele radzieccy usłyszeli dalszą część obwieszczeń i dekretów: przejmujemy kontrolę nad telewizją; zabraniamy działań wszelkim partiom i ruchom społecznym; zakazujemy demonstracji i pochodów. Za naruszenie zakazów – srogie kary.

I oto gąsienice setek czołgów zaczęły rozgniatać rozgrzany sierpniowym słońcem asfalt moskiewskich ulic, a ogromne opony wozów pancernych zostawiały w nim głęboki ślad. Tłum – od paru lat przyzwyczajony do nieustannych demonstracji – wyległ, by wznosić barykady, piętrząc przewrócone trolejbusy, ciężarówki i latarnie. Pod gmachem parlamentu (potocznie zwanego „Białym Domem") pojawił się Boris Jelcyn. Przyszły też tysiące jego zwolenników. Nadciągało wojsko. Czołgi wpełzły już na bulwar pod wielkim białym gmachem, już go otoczyły, gdy nagle zaczęło się dziać coś nieprzewidzianego: młodzi ludzie z tłumu uśmiechali się do równie młodych żołnierzy. „Będziecie do nas strzelać?" – pytali, podając im lody albo wodę, bo był upał. Żołnierze niepewnie kręcili głowami.

Pewności nabrali ich dowódcy. Odwrót czołgów Tamańskiej Dywizji Pancernej zarządził szef sztabu Siergiej Jewdokimow, rozkaz odwrotu wydał także dowódca batalionu komandosów Tulskiej Dywizji Powietrzno-Desantowej generał Aleksandr Lebiedʼ. Obaj przeszli na stronę Borisa Jelcyna.

„Dlaczego pan to zrobił?" – zapytałam generała Lebiedia parę lat później. Odpowiedział: „Zwyczajni rosyjscy ludzie szarpali mnie za rękaw: »Do nas będziesz strzelał, generale?«. Cały czas stawiałem sobie pytanie: kogo ja mam bronić i przed kim? Nie broniłem »Białego Domu«, broniłem zdrowego rozsądku. I nic ponadto. Nie ma bowiem sytuacji, nie ma takiej siły, która by skłoniła mnie, rosyjskiego generała, abym w stolicy rosyjskiego państwa za pomocą rosyjskiej techniki bojowej strzelał do narodu rosyjskiego"[48].

Nie wykonały też rozkazu jednostki Alfa mające aresztować Jelcyna i tysiące osób z listy reformatorów. Podczas trzech dni puczu zginęły trzy osoby.

Rankiem 21 sierpnia minister obrony marszałek Dmitrij Jazow, puczysta, wydał rozkaz wyprowadzenia z Moskwy wszystkich jednostek bojowych. A po południu parlament uznał za bezprawne odsunięcie prezydenta ZSRR od rządów i zażądał unieważnienia wszystkich dekretów stanu wyjątkowego. O piątej po południu na Foros wylądowała delegacja puczystów z Kriuczkowem na czele, by uwolnić Gorbaczowa. Równocześnie inny uczestnik puczu, wiceprezydent Giennadij Janajew, podpisał dekret o rozwiązaniu GKCzP.

O dziesiątej wieczorem generalny prokurator ZSRR wydał postanowienie o aresztowaniu wszystkich spiskowców. Jeden z nich – minister spraw wewnętrznych Boris Pugo – popełnił samobójstwo.

Co robił w tym czasie Putin?

Putin starał się być niewidoczny. Podobno za pośrednictwem dawnych kolegów z KGB udało mu się przekonać leningradzki Zarząd do zachowania neutralności w tym konflikcie[49]. Sobczak z kolei – jak czytamy w raporcie liderki leningradzkich demokratów Mariny Salje[50] – starał się zapewnić sobie poparcie obu stron: wspierał solidaryzującego się z puczystami miejsowego komendanta wojskowego, ale też wygłosił antypuczystowską mowę w miejscowej telewizji, ważną, bo miała niemal ogólnorosyjski zasięg i dotarła do takich miejsc, gdzie funkcjonowała wyłącznie telewizja kontrolowana przez spiskowców. Drugiego dnia puczu obaj panowie, po północy, „ukryli się […] w bunkrze pod największą w mieście fabryką.

Pojawili się tylko raz, by wystąpić na konferencji prasowej. Sobczak był przerażony"[51].

Na stwierdzenie dziennikarzy: „Przypuśćmy, że pucz zakończyłby się tak, jak puczyści chcieli. Pan jest oficerem KGB. Pana z Sobczakiem na pewno by sądzono", Putin oznajmił:

„Przecież ja już nie byłem oficerem KGB. Gdy tylko zaczął się pucz, od razu zdecydowałem, za kim jestem. Dokładnie wiedziałem, że na rozkaz puczystów nigdzie nie pójdę i po ich stronie nigdy nie stanę. Doskonale rozumiałem, że oceniono by to co najmniej jako przestępstwo służbowe. Dlatego 20 sierpnia po raz drugi napisałem podanie o zwolnienie z organów [...]. Sobczak od razu zadzwonił do Kriuczkowa, a potem do naczelnika mojego Zarządu. I następnego dnia powiadomiono mnie, że podanie jest podpisane"[52].

Putin mówił to w lutym 2000 roku. Nie takie kłamstwa dotąd uchodziły mu płazem. Przywykł więc, że nikt im wprost nie zaprzeczy i że bez względu na ich kaliber, choćby najcięższy, jego kariera nie ucierpi. Był już tak pewny siebie, że nie dbał nawet o prawdopodobieństwo swoich wymysłów.

A opowiadał rzeczy nieprawdopodobne: podczas gdy w Moskwie czołgi i barykady, tysiące ludzi na demonstracjach, są zabici, wojsko odmawia wykonania rozkazów, na biurku Kriuczkowa dzwoni telefon z Petersburga (aparatów komórkowych wtedy nie było). Rozdygotany Kriuczkow podnosi słuchawkę i słyszy, że Anatolij Sobczak, który poprzedniego wieczoru w programie telewizyjnym zmieszał go i resztę puczystów z błotem (mimo usiłowań nie udało się przerwać transmisji), teraz domaga się jego podpisu pod zwolnieniem ze służby podpułkownika Putina.

Nawet jeśli wyobrazimy sobie, że dyrektor KGB, w tym momencie główna osoba w państwie, jakimś cudem zechciałby pomóc któremuś podpułkownikowi w opuszczeniu szeregów kierowanej przez siebie organizacji, to jak by to należało przeprowadzić technicznie? „W jaki sposób Putin dostarczyłby do Zarządu KGB wniosek o zwolnienie (ten, który miał zostać podpisany następnego dnia), skoro w tym dniu ani na chwilę nie opuścił Sobczaka?"[53] – pyta dziennikarka opisująca leningradzkie wydarzenia tamtych dni.

Kłamiąc tak barwnie, Putin dokonuje niemal akrobacji, byśmy uwierzyli, że wciąż jeszcze figurował na listach pracowników Firmy. Będąc jednak z nią organizacyjnie związany, musiałby jako oficer w randze podpułkownika wiedzieć z wyprzedzeniem o przewrocie, bo – przypomnijmy – Kriuczkow postawił w stan gotowości całą organizację w państwie. A jeśli wiedział i był kategorycznie przeciwny puczowi, to czemu nie wystąpił z wnioskiem o zwolnienie wcześniej? Czemu, wreszcie, nie przygotował swojego patrona na zdarzenia, tylko pozwolił, by go zupełnie zaskoczyły?

Kłamie desperacko, bo nigdy nie przyzna, że już rok wcześniej usunięto go z KGB. Jak chwast. „Z powodu nieprzydatności".

# Część IV

# Mieć!

## Nieamerykańskie dzieci

Ukąszenia biedy nigdy się nie zabliźniają. Na zawsze pozostają w podświadomości. Sobczak, który często bywał głodny podczas studiów, pochłania kanapki z kawiorem na bankietach i chyłkiem zabiera z merostwa do domu próbki zagranicznych ciastek przynoszone przez biznesmenów. A nasz bohater – jak zobaczymy – też nie przegnał ze wspomnień upokorzeń biednego dzieciństwa.

„To, co mówił Sobczak raptem po paru kieliszkach koniaku, i to z zakąską, wprawiło mnie w zakłopotanie – pisze Jurij Szutow, pomocnik Anatolija Aleksandrowicza w początkowym okresie jego rządów w Smolnym. – »Przyswojenie światu ogólnoludzkich wartości«, o czym górnolotnie wspominał, pojmował dosłownie: przyswoić sobie tyle, ile się da, proporcjonalnie do zdolności i stanowiska chapać i kraść wszystko, na czym się oko zatrzyma. Najpierw jednak, jak rozumiałem, trzeba otępić naród za pośrednictwem podporządkowanej sobie prasy i telewizji. Potem stworzyć kastę, najlepiej zaś całą klasę złodziei z profesji, a gangsterów z powołania, i na ich plecach osiągnąć świetlaną przyszłość [...]. »Demokracja« to zasłona dymna, zza której można łatwo i bezpiecznie grabić państwo. To parawan umożliwiający utrzymywanie opinii publicznej w odpowiedniej kondycji [...]. Co do swojego złodziejskiego talentu »szef« od dawna nie miał wątpliwości, bo poganiał wszystkich, by szybciej rozwalali stare bariery moralne i prawne; spieszno mu było dobrać się do tych »ogólnoludzkich wartości«”[1].

Jeśli łamanie prawa ma być sposobem na życie, trzeba się do tego przygotować. Każdy z obydwu bohaterów oddzielnie nabierał odpowiednich umiejętności. Władimir Władimirowicz miał za sobą doświadczenia okresu drezdeńskiego – czy to z naciąganiem rachunków swoich austriackich agentów, czy też z innymi, lekkiego kalibru kombinacjami. Prawdziwym talentem do machinacji miał dopiero zabłysnąć przy tworzeniu spółek, towarzystw, grup, holdingów, korporacji, konsorcjów, syndykatów, stowarzyszeń i związków.

Anatolij Aleksandrowicz też poczynił odpowiednie przygotowania. Praktyczne i teoretyczne.

Ze wspomnień Jurija Szutowa:

„Widząc tamtego faceta ze Stanów wchodzącego do szefa, przypomniałem sobie niedawną z nim rozmowę w Nowym Jorku podczas lekkiej kolacji. Opowiadał, jak mu się dobrze wiedzie, odkąd Sobczak zaproponował mu prowadzenie w Kalifornii Fundacji Ocalenia Leningradu, co zresztą »patron« przede mną ukrywał. Gdy trochę zdziwiony zapytałem [...], co ma z tej całej Fundacji, on – przekonany, że gada z zaufanym człowiekiem »patrona« – opowiedział o przywłaszczaniu przez Sobczaka prawie wszystkich pieniędzy ofiarowanych przez Amerykanów na potrzeby Leningradu"[2].

„Od pierwszych dni, najczęściej w samochodzie, kiedy zastępowałem służbowego kierowcę, Sobczak sprowadzał rozmowę na temat swojej trudnej sytuacji materialnej i najskrytszego pragnienia, by gdzieś dorobić [...]. Kiedyś zupełnie serio entuzjazmował się podpowiedzianą przez kogoś, absolutnie niedorzeczną propozycją, by otworzyć maleńkie biuro prawne, zarejestrowane na podstawioną osobę, w celu przeprowadzania formalności związanych ze sprzedażą cudzoziemcom dzieci z domów dziecka. Bo ceny za dzieci są kusząco wysokie"[3].

Jurij Szutow niebawem przestał pracować u Anatolija Sobczaka. Ale był tam Władimir Putin, i on zorganizował system sprzedaży dzieci za granicę za pośrednictwem domu dziecka w centralnej dzielnicy Sankt Petersburga, co potwierdziły ujawnione w 1999 roku akta szefa zespołu dochodzeniowego Władimira Łysiejki oraz Michaiła Katyszewa – zastępcy prokuratora generalnego[4] (który w 2000 roku, tuż po objęciu władzy przez Putina, stracił stanowisko szefa Głównego Wydziału Śledczego Prokuratury Generalnej).

„Sprzedawanie dzieci” brzmi groźnie, choć w istocie było dla nich dobrodziejstwem. Wyrwane ze wspólnego nieszczęścia wszystkich domów dziecka, spotęgowanego radzieckim niedostatkiem, trafiały do zachodniego raju, gdzie zyskiwały wszelkie wygody i radosne perspektywy, a przede wszystkim prawdziwe rodziny. Niezgodny z prawem był system przekazywania własności radzieckiej (dzieci) w ręce kapitalistów. Niezgodne z prawem i moralnie naganne było pokątne bogacenie się na tym procederze, dla dzieci natomiast praktyka ta stanowiła wybawienie, chociaż najmniej o nie w tym wszystkim chodziło.

Dwadzieścia lat później, w grudniu 2012 roku, prezydent Władimir Putin podpisał ustawę zabraniającą obywatelom Stanów Zjednoczonych adoptowania rosyjskich dzieci. Zrobił to z przyczyn politycznych: w odwecie za zakaz wjazdu do USA paru osób winnych śmierci uwięzionego w Moskwie Siergieja Magnickiego – księgowego i audytora zagranicznej korporacji. Na skierowaną osobiście do niego petycję społeczną z podpisami ponad 100 tysięcy osób (zebrano je w ciągu trzech dni), by dzieciom nie blokować lepszej przyszłości, odpowiedział: „Na świecie z pewnością istnieje wiele miejsc, gdzie poziom życia jest wyższy niż u nas. No to co? Wyślemy tam wszystkie dzieci? A może wszyscy tam się przeniesiemy?”[5].

Co z tego, że wedle nowej ustawy rosyjskie potomstwo ma być adoptowane przez rosyjskich rodziców, jeśli ślicznego, mądrego Wańkę z Tomska, który urodził się prawie całkowicie pozbawiony nóg i bez ręki (ta wada wrodzona – hemimelia kończyn – występuje w Rosji dość często z powodów określanych jako „negatywne czynniki środowiska zewnętrznego”), obejrzało wielu rodaków, lecz żaden nie zdecydował się zabrać do swojego domu pełzającego chłopczyka. Konieczność wymieniania drogich protez w miarę rośnięcia dziecka okazała się barierą nie do pokonania. Na fotografię Wani w internecie zareagowało małżeństwo Brederickòw, Melanie i James, posiadający już własne, zdrowe potomstwo. Przejechali pół świata, by załatwić formalności. Zdążyli w ostatnim momencie. Teraz opiekunki Wańki z rosyjskiego domu dziecka z radością pokazują zdjęcia chłopca grającego w koszykówkę. „Strach pomyśleć, co by było, gdyby Brederickowie się spóźnili o kilka dni"[6] – mówi jedna z nich.

W rodzinnym Petersburgu Putina ustawa „zawiesiła" między rosyjskim domem dziecka a amerykańskimi rodzicami trzydzieścioro troje ciężko okaleczonych dzieci. Sześcioro trafiło do rosyjskich rodzin. O reszcie dzieci – w liczbie prawie dwustu – którym uniemożliwiono wyjazd do czekających na nie rodzin, niczego więcej się nie dowiemy. Personel domów dziecka milczy i rozkłada ręce: mówić o tym zabroniono. A udowodnionej śmierci w Niżnym Nowogrodzie półtorarocznej Daszy z zespołem Downa, której wyjazd za granicę wstrzymano, oficjalne czynniki zaprzeczają.

Ustawę zabraniającą adopcji dzieci przez Amerykanów Rosjanie nazwali „ustawą nikczemników", określając tak deputowanych do Dumy, którzy za nią głosowali, albo „ustawą króla Heroda", nie pozostawiając wątpliwości, kogo mają na myśli. Prezydent odrzucił także prośbę o zgodę na zaadoptowanie przynajmniej tych dzieci, które już potencjalnych rodziców poznały. Można by rzec, że zasmakował w wyrządzaniu dzieciom krzywdy, tyle że najpewniej nie o dzieciach myślał, lecz o Amerykanach, którzy nie zostali ich rodzicami. Przed kamerami nie krył zadowolenia.

„Okrucieństwo jest spóźnionym odwetem na rzeczywistości, odreagowaniem pierwotnego poczucia krzywdy, bezsilności, upokorzenia, a w rezultacie kompensacją poczucia niższości i odzyskaniem utraconej mocy"[7] – twierdzą psychologowie. Ciekawe, w jakiej mierze można tę regułę odnieść do Władimira Putina.

Pierwsze, co Putin uczynił jako dyrektor Komitetu Współpracy z Zagranicą, to zapewnił sobie bezpieczne zaplecze: szefem KGB w mieście nad Newą został jego dobry znajomy Wiktor Czerkiesow, były naczelnik służby śledczej leningradzkiego KGB, któremu kiedyś podlegały także sprawy „antyradzieckiej działalności" (z przesłuchań pamiętał go niejeden dysydent). Czerkiesow towarzyszył

Putinowi przez wszystkie lata pracy w merostwie, a potem widoczny był na bardzo wysokich stanowiskach państwowych.

Skąd wiadomo, co działo się w Petersburgu – nie licząc działalności oficjalnej – pod rządami Anatolija Sobczaka oraz „szarej eminencji", Władimira Putina?

W sprawach defraudacji popełnionych przez Putina na początku jego pracy w Radzie Miejskiej przeprowadzili dochodzenie deputowani do tej Rady, stąd też dziennikarze mieli dostęp do oryginalnych materiałów.

Ogromne śledztwo w sprawie przestępczych organizacji gospodarczych, w których Putin odgrywał główną rolę, przeprowadzili dziennikarze „Nowej Gaziety" i w marcu 2000 roku opublikowali serię artykułów wraz z kserokopiami akt.

Zawartości teczek spraw karnych prowadzonych od 1995 roku na polecenie prokuratora generalnego Jurija Skuratowa nie widział nikt postronny, niemniej pewnego listopadowego dnia 2000 roku obszerne ich streszczenie znalazło się w czasopiśmie „Stringer" jako „notatka odnosząca się do Putina W.W.". Wydawnictwo to jest związane z potężną postacią byłego szefa ochrony prezydenta Jelcyna – generała KGB Aleksandra Korżakowa, który zmierzał do przejęcia władzy w Rosji. Ponieważ głównego rywala na tej drodze widział w Sobczaku, postanowił go zniszczyć z pomocą Prokuratury Generalnej. Nie było to trudne, bo przestępcza działalność Sobczaka od dawna była przedmiotem dochodzenia prowadzonego przez miejscowe organa śledcze. Przy okazji wypłynęły liczne i poważne zarzuty w stosunku do Władimira Putina.

Do procesu jednak nie doszło (z przyczyn, które niebawem staną się jasne), Korżakowowi zaś przejęcie władzy się nie udało. Uznał jednak, że z tak obfitym i różnorodnym materiałem dowodowym dotyczącym niedawno wybranego prezydenta warto Rosjan zapoznać. Pewnie miał słuszność, tyle że niewielki procent jego rodaków czytuje regionalne pismo „Stringer", zagląda na portal o tej nazwie czy szuka materiałów kompromitujących prezydenta, więc całe to *dossier* nijak Putinowi nie zaszkodziło.

Czym tedy – wedle wspomnianych dochodzeń – zajmował się poza sceną Marinskiego Pałacu pierwszy zastępca mera Petersburga, dyrektor Komitetu Współpracy z Zagranicą Władimir Putin, który „w opinii osób dobrze go znających od samego początku kariery przejawiał brak moralnych skrupułów i dążenie do osobistego wzbogacenia się"[8]?

## Hazard w Petersburgu

Mer Anatolij Sobczak już 24 grudnia 1991 roku powołał przy merostwie Radę Kontroli nad Kasynami i Domami Gry, a jej przewodniczącym uczynił Władimira Putina.

Czemu oficjalnie miał ten hazard służyć?

„W tamtym czasie – wyjaśniał kiedyś Putin dziennikarzom – próbowaliśmy zaprowadzić porządek w hazardowym biznesie Sankt Petersburga. Wtedy uważałem, nie wiem, czy słusznie, że sfera takiej działalności powinna podlegać monopolowi państwowemu [...]. Spróbowałem zrobić tak, by państwo wprowadziło w mieście ostrą kontrolę nad obszarami hazardu [...]. W gruncie rzeczy to był błąd, bo wszystkie pieniądze ze stołów przepadały w szarej strefie. Ale jeśli zostałbym nadal na stanowisku w Pitrze, dodusiłbym te kasyna. Wszystkich bym zmusił do pracy na potrzeby społeczne. Musieliby się dzielić dochodami z miastem. To byłyby pieniądze dla emerytów, nauczycieli i lekarzy"[9].

„Trudno sobie wyobrazić – pisze publicysta, założyciel niezależnego centrum informacyjnego »Panorama« Władimir Pribyłowski – by przez całe cztery lata (1992–1996) właściciele kasyn kradli i naśmiewali się z władz, a urzędnicy i kuratorzy z FSB, inspektorzy podatkowi i pracownicy merostwa tego nie zauważali. Bardziej logiczne jest przypuszczenie, że urzędnicy dostawali swoją dolę, podobnie jak to się zresztą działo w całym kraju nie tylko w branży hazardowej"[10].

Z przytoczonych w gazecie „Stringer" materiałów dochodzeniowych petersburskiej prokuratury (prokuratorzy prowadzący:

Władimir Jeremienko i Jurij Waniuszyn) wynika, że zastępca mera Władimir Putin, odpowiedzialny za wydawanie zezwoleń na kasyna gry, otrzymywał za każde zezwolenie od 100 do 300 tysięcy dolarów. Pieniądze dla niego odbierał Roman Cepow, były pracownik MSW, właściciel stworzonej dzięki Putinowi i roztaczającej nad nim opiekę prywatnej agencji ochroniarskiej Baltik Eskort, a przy tym funkcjonariusz Regionalnego Zarządu do spraw Zwalczania Przestępczości Zorganizowanej petersburskiej milicji (wyposażony przez swojego bossa w pięć fałszywych dokumentów tożsamości wydanych przez FSB, Służbę Wywiadu Zagranicznego oraz MSW). Pomysł założenia agencji wyszedł od Wiktora Zołotowa, jeszcze jednej postaci z Dużego Domu przy alei Litiejnej, gdzie pracował w Dziewiątym Zarządzie KGB. Dzięki Putinowi wielu zatrudnionych w Baltik Eskort wpisano na listę pracowników merostwa, co ułatwiało przepływ poza oficjalną księgowością pieniędzy, którymi posługiwało się merostwo w interesach z częścią biznesmenów. Jak widać, Wiktor Zołotow i Roman Cepow to osoby w tamtym czasie dla Władimira Putina bardzo ważne. W przyszłości Wiktor Zołotow został szefem Służby Bezpieczeństwa prezydenta, a od 2014 roku – głównodowodzącym wojsk MSW i generałem armii. Dla Cepowa natomiast los okazał się mniej łaskawy. Wręcz okrutny*.

W 1993 roku podwładni prokuratora Jeremienki zajęli się jednym z obiektów hazardowego biznesu: spółką joint venture Melodia, która na hazardzie nielegalnie zarobiła 16 milionów dolarów. Przy okazji wyszło na jaw, że w mieście bezprawnie działało sto osiemdziesiąt domów gry oraz tysiąc sześćset jednorękich bandytów, a ponad sto innych „podmiotów komercyjnych" miało wpisane do statutu zezwolenie na hazard. Wszystkie hulały prawem kaduka, bo legalnie – to znaczy za zezwoleniem Ministerstwa Finansów – funkcjonowało w Petersburgu tylko jedno kasyno. Na dokumentach zezwalających firmom na nadzorowanie automatów do gry często widniał podpis Władimira Putina[11].

---

* Więcej na ten temat zob. w rozdziale *Dobry rok 2003*.

Cały ten trud dla dobra „emerytów, nauczycieli i lekarzy" był podejmowany pod patronatem bossów mafijnych z jednej strony i FSB z drugiej. Prawą ręką Putina został znany leningradzki „autorytet" w świecie przestępczym– Michaił Miriłaszwili zwany Miszą Kutaisskim (niebawem jeden z potentatów rosyjskiego hazardowego biznesu). Merostwo trudziło się też na niwie hazardu, legalne struktury wiążąc z nielegalnymi na supły nie do rozwiązania. Taką na przykład firmę o nazwie Newa Szans (*szans* znaczy „powodzenie") zarejestrowano raz – jako przedsiębiorstwo komunalne, dwa – jako spółkę akcyjną jawną (notabene prezesem został funkcjonariusz rezerwy KGB Walerij Połomarczuk), trzy – jako zamkniętą spółkę akcyjną, cztery – jako spółkę akcyjną z prawem do publicznej emisji akcji (z pułkownikiem leningradzkiego KGB na stanowisku szefa), a wszystko pod tym samym lub podobnym adresem i z częściowo powtarzającymi się nazwiskami. Zero szans na rozpoznanie, kto w takich spółkach co posiada albo do kogo one należą. W latach 1992–1995 firma Newa Szans matkowała dwudziestu pięciu różnym przedsiębiorstwom, najczęściej hazardowym (domom gry, loteriom, ośmiu kasynom). Żadne z nich nie mogło istnieć bez zgody szefa Komitetu Współpracy z Zagranicą.

W tamtym czasie Władimir Władimirowicz zawarł także bliską znajomość i prowadził liczne interesy z Dmitrijem Rożdiestwienskim, właścicielem jednego z kasyn oraz spółki Russkoje Wideo, do której należała telewizja o tej samej nazwie. Kilka lat później niewłaściwą decyzję podjętą w sprawie tej telewizji Rożdiestwienski przypłacił życiem*. Natomiast świetna przyszłość czekała tych partnerów Władimira Władimirowicza, którzy podejmowali decyzje z jego punktu widzenia właściwe: nadzorca całej sieci petersburskich domów gry, wspomniany wcześniej Walerij Połomarczuk, został przedstawicielem w Petersburgu ogromnej kompanii naftowej Łukoil (2 procent wydobycia światowych zasobów ropy), a jego następca – jednym z bossów branży hazardowej na terenie całej Rosji.

---

* Więcej na ten temat zob. w rozdziale *Zemsta Zacheuszka*.

Na samym początku działalności mer oddał w ręce swojego zastępcy nadzór nad najważniejszymi instytucjami: Głównym Zarządem Spraw Wewnętrznych, Zarządem Administracji, Zarządem Hoteli, Zarządem Prawnym oraz nad Izbą Rejestracyjną.

To oficjalnie. A potajemnie powierzył mu pieczę nad Urzędem Celnym merostwa, skąd za pośrednictwem fikcyjnego przedsiębiorstwa zaprzyjaźnieni odbiorcy wywozili tony skonfiskowanych metali, hektolitry alkoholu tudzież inne przydatne rzeczy[12]. Cena tej przyjaźni najpewniej się wahała zależnie od trafionej na cle zdobyczy. Ceny stałe natomiast wyznaczano za usługi stałe: spółka Farmavit asygnowała na rzecz Putina 20 tysięcy dolarów miesięcznie, a kierownik biura do spraw obrzędów (pogrzeby), niejaki Makutow, 30 tysięcy. Ile takich firm i ilu takich kierowników było, tego prokuratorom nie udało się zliczyć.

Wśród zarzutów figurujących w materiale *Sprawka w otnoszenii Putina W.W.* (Informacja dotycząca Putina W.W.) zamieszczonym w piśmie „Stringer" 14 listopada 2000 roku znajduje się i ten, że W.W. Putin razem z szefem petersburskiego FSB Czerkiesowem pobierali co miesiąc „działkę" od „petersburskiego króla naftowego" Pawła Kapysza, dyrektora generalnego Bałtyckiej Grupy Naftowo-Finansowej. Gdy Kapysz zlecił zamordowanie zarządcy terminala naftowego, który wszedł mu w drogę, Putin za jedyne 50 tysięcy dolarów podjął się pertraktacji i namówił dżentelmena do opuszczenia Petersburga. Tenże Kapysz dał w 1996 roku 6 milionów dolarów tytułem subwencji na kierowaną przez Putina drugą kampanię wyborczą Sobczaka; subwencja została ulokowana w jednym z petersburskich banków, który zaraz potem upadł[13].

Po raz pierwszy wspomniany dokument ukazał się w prasie późnym latem 1999 roku. Dobiegała końca druga kadencja rządów prezydenta Borisa Jelcyna, a o miejsce po nim starali się między innymi ówczesny dyrektor FSB Władimir Putin i szef MSW Władimir Ruszajło. Gdy szala zwycięstwa zaczęła się przechylać na stronę Putina, do niechętnej mu prasy przeciekła owa „lista przestępstw". Jej bogata zawartość – łącznie z numerami prowadzonych spraw, nazwiskami śledczych i prokuratorów – mogła pochodzić przede wszystkim z akt milicyjnych (a więc z MSW).

## Narkobiznes

Mer Sobczak, wicemer Putin oraz szef petersburskiego KGB Czerkiesow (tudzież ich podwładni) podporządkowali sobie leningradzkie porty, w szczególności filię portu Łomonosow na terenie dawnej bazy wojskowej. Nie wiadomo, czy wiceadmirał Władimir Griszanow, komendant Leningradzkiej Bazy Wojskowej i zastępca komendanta głównego Wojskowej Floty Morskiej do spraw uzbrojenia, który walnie im w tym pomagał, zdawał sobie sprawę, jakie towary będą te porty opuszczać, a jakie do nich przybywać.

Na przykład kokaina.

„Od początku lat dziewięćdziesiątych przez rosyjskie miasto Petersburg biegnie ważny szlak przerzutowy kokainy. Stamtąd wysyłana jest do Europy, głównie do Niemiec. Transakcje prowadzone są na dużą skalę, obejmują od kilku do kilkudziesięciu kilogramów narkotyku"[14] – informuje tajny raport Bundesnachrichtendienst (BND), Federalnej Służby Wywiadowczej w Republice Federalnej Niemiec, cytowany w „Sowierszenno Siekrietno", w obszernym artykule traktującym o związkach Putina z mafią narkotykową". Wtórują mu pisma zachodnie, między innymi niemiecki „Die Welt"[15] i francuski „Le Monde"[16]. Z tych materiałów prasowych wynika, że związki te były bliskie, a przemyt prowadzono na ogromną skalę.

Pewnego lutowego dnia 1993 roku na wody zatoki w pobliżu Petersburga wpłynął statek handlowy z transportem kolumbijskiego mięsa w puszkach o wadze 1092 kilogramów. W puszkach znajdowała się kokaina. Przesyłkę tym razem bacznie śledziły służby specjalne kilku państw. Gdy były już bliskie zdemaskowania sieci handlarzy narkotyków (od bossów kolumbijskich karteli, przez bossów petersburskich, po narkotykowe płotki), ni stąd, ni zowąd do kolumbijskiego statku na wodach Zatoki Wyborskiej podpłynęły łodzie petersburskiej służby bezpieczeństwa. Krótka akcja i na ich pokład przerzucono przeszło tonę kokainy (ówczesna orientacyjna wartość tego towaru na rynku wynosiła około 120 milionów dolarów). Międzynarodowe starania wzięły w łeb.

Wedle przepisów międzynarodowych narkotyk powinien być komisyjnie zniszczony. Wedle ówczesnych praw miasta nad Newą narkotyk został zdeponowany w miejscowym magazynie. Wkrótce powstała sieć spółek, ze spółką Komitetu Współpracy z Zagranicą włącznie, a na ich czele postawiono belgijską spółkę DTI, tę samą, która miała dostarczyć „kolumbijskie mięso" z Petersburga do Holandii. Zasadniczy cel jej działania – handel narkotykami – został zamaskowany inną działalnością gospodarczą, dla której miasto Petersburg uruchomiło jeden z największych swoich terminali celnych.

Gdy w 1996 roku Putin trafił do Moskwy, kolumbijska kokaina trafiła tam za nim „z uwagi na konieczność prowadzenia dalszych prac dochodzeniowych".

## Spółka SPAG i Litwinienko

Była to spółka niemiecko-rosyjska. Jej cel oficjalny: inwestycje na petersburskim rynku nieruchomości (kupowanie, budowanie, remontowanie). Cel właściwy został sprecyzowany przez prokuratora generalnego Liechtensteinu Gottfrieda Klotza: „Ci dżentelmeni ciągnęli zyski z handlu narkotykami, który był prowadzony przez kartele kolumbijskie. Prali te pieniądze na rynku giełdowym"[17]. „Nowaja Gazieta" ujęła to wprost: „Kompania SPAG wysłała do Sankt Petersburga dziesiątki milionów marek niemieckich. Do wyprania"[18].

Przy narodzinach SPAG był obecny Putin, a patronat nad firmą objął sam Sobczak. Do narodzin doszło we Frankfurcie nad Menem A.D. 1992, gdy Władimir Władimirowicz przybył tam w ramach delegacji wraz z bliskim przyjacielem Władimirem Smirnowem, kamratem Kumarina, szefa potężnej mafii petersburskiej zwanej tambowską. Obaj – Putin i Smirnow – skutecznie wtedy zachęcili frankfurckich inwestorów do utworzenia kompanii St. Petersburg Immobilien und Beteiligungen Aktiengesellschaft.

Mer Petersburga w liście gratulacyjnym zapewniał: „Macie nasze polityczne i administracyjne poparcie”[19]. Centralą SPAG (w miejscowości Morfelden-Walldorf) kierował Rudolf Ritter, a głównym ogniwem między nią a Petersburgiem stała się spółka Znamienskaja; jej szefem został Smirnow, a członkiem zarządu – Kumarin. W 1994 roku spółka Znamienskaja została zarejestrowana przez Komitet Współpracy z Zagranicą petersburskiego merostwa.

Niemiecka policja zainteresowała się kompanią SPAG, podejrzewając Rudolfa Rittera, obywatela Liechtensteinu (brata ministra gospodarki tego kraju), o pranie pieniędzy kolumbijskich i meksykańskich karteli narkotykowych. Pieniądze przechodziły przez firmy w Madrycie, w Mediolanie, w Helsinkach, ale głównie w Petersburgu. Pewnego dnia na przejściu granicznym zatrzymano Rudolfa Rittera. W znalezionych przy nim dokumentach figurowało nazwisko Władimira Putina jako zastępcy dyrektora SPAG. Gdy sprawa wyszła na jaw w trakcie prezydenckiej kampanii wyborczej w 1999 roku, stanowisko to zarejestrowano jako funkcję konsultanta wykonywaną nieodpłatnie. Formalnie Putin piastował ją aż do czasu swojej pierwszej prezydenckiej inauguracji, czyli do 7 maja 2000 roku. Tak więc i jako zastępca mera Petersburga, i jako wysoki urzędnik na Kremlu, i jako szef FSB, i jako pełniący obowiązki prezydenta przed pierwszymi wyborami Władimir Putin był członkiem i konsultantem kompanii ściśle związanej ze światową siecią karteli narkotykowych.

Zgodnie z dokumentami niemieckiej Izby Rejestracyjnej oprócz Putina jeszcze trzech innych urzędników petersburskiego merostwa wchodziło w skład „rady konsultacyjnej” firmy SPAG, wśród nich Hermann Gref, który już za prezydentury Władimira Władimirowicza został ministrem rozwoju gospodarczego i handlu.

W prokuratorskich dokumentach Niemców pojawiło się też niezrozumiałe dla nich sformułowanie „mafia tambowska” jako główna petersburska pralnia pieniędzy oraz nazwisko Putina jako protektora jej działań. Na skierowane przez Niemców do prokuratury rosyjskiej pytanie, co to takiego ci „tambowscy", padła odpowiedź: „Nie wiemy, taka struktura u nas nie jest notowana".

Mafijna działalność firmy SPAG wplątała się nawet w stosunki rosyjsko-ukraińskie, a po wielu latach, w 2015 roku wypłynęła także w Londynie, układając się w sensacyjny scenariusz.

12 czerwca 2000 roku przewodniczący Ukraińskiej Służby Bezpieczeństwa (SBU) generał Leonid Derkacz położył przed prezydentem Ukrainy Leonidem Kuczmą grubą teczkę z poufnym raportem opartym na dokumentach, które Ukraińcom udało się w Niemczech sprzątnąć rosyjskim służbom sprzed nosa. Narkobiznes oraz pranie pieniędzy przez spółkę SPAG z udziałem Władimira Putina były widoczne jak na dłoni. Treść raportu Leonid Derkacz relacjonował prezydentowi osobiście. Rola Putina w tej spółce, szefa „tambowskiej mafii" Kumarina i ich najbliższych współpracowników była wyraźnie określona. Kuczma poinstruował Derkacza, by złożył Amerykanom ustny raport w tej sprawie[20].

I tu następuje owego sensacyjnego scenariusza punkt najważniejszy, rozmowy w gabinecie Kuczmy nagrywał bowiem zamontowanym tam magnetofonem oficer służb specjalnych Ukrainy, Mykoła Melnyczenka, który przez dwa lata podsłuchiwał swojego prezydenta. Taśmy wywiózł za granicę i oddał w ręce osiadłego w Waszyngtonie zaufanego człowieka – Jurija Szwieca.

Jurij Szwiec, Ukrainiec z pochodzenia, dawny agent KGB wysokiego szczebla (przypomnijmy, że Instytut Krasnoznamienny w Moskwie kończył w jednej grupie z Władimirem Putinem)*, w latach osiemdziesiątych zatrudniony w rezydenturze w USA, od 1993 roku mieszkający w Stanach Zjednoczonych, gdzie zajmuje się doradztwem finansowym związanym z handlem z Rosją. To jego w 2006 roku poprosił Aleksandr Litwinienko, by przygotował dla kompanii Titon szczegółowy raport wywiadowczy na temat nie tylko osoby Putina, lecz także jego przyjaciela Wiktora Iwanowa,

* Więcej na ten temat zob. w rozdziale *Instytut Czerwonego Sztandaru*.

również aktywnego w spółce SPAG i w interesach z „mafią tambowską".

I dlatego właśnie Jurija Szwieca spotykamy w marcu 2015 roku w sali sądowej Wysokiego Królewskiego Trybunału Sprawiedliwości w Londynie, gdzie toczy się proces w sprawie zabójstwa Aleksandra Litwinienki*.

Z jego zeznań wynika, że Wiktor Iwanow od 1988 roku służył w leningradzkim Zarządzie KGB/FSB, przy czym do roku 1994 był szefem Wydziału do Walki z Przemytem i efektywnie pomagał Putinowi w przejęciu kontroli nad petersburskim portem morskim będącym – o czym była już mowa – punktem przeładunkowym kolumbijskich narkotyków przeznaczonych dla Europy Zachodniej. Pułkownik Wiktor Iwanow prosto z FSB przeskoczył do merostwa, gdzie stanął na czele zarządu miejskich organów administracji. Sprawował nad nimi nadzór prawny.

Zeznając przed londyńskim trybunałem na procesie otwartym, Szwiec dowodził, że działalność Wiktora Iwanowa oraz szefa „mafii tambowskiej" Kumarina podlegała kontroli dyrektora Komitetu Współpracy z Zagranicą petersburskiego merostwa – Władimira Putina.

Podczas londyńskich przesłuchań wypłynął też problem produkcji polonu 110. Jeszcze w 2006 roku, tuż po śmierci Litwinienki, autor gazety „Nowyj Pietierburg" wiązał z tą produkcją nazwisko Władimira Smirnowa, od 2002 roku dyrektora generalnego jedynej w Rosji kompanii eksportującej produkcję atomową Techsnabeksport o międzynarodowym logo Tenex. Podkreślał przy tym, że ta produkcja znajduje się pod ścisłym nadzorem FSB i jest niebywale starannie kontrolowana przez państwową korporację Rosatom[21]. Dodajmy, że chodzi tu o tego samego Smirnowa, który w 1992 roku wraz z Putinem zakładał we Frankfurcie korporację SPAG.

Przed londyńskim trybunałem potwierdzono, że radioaktywną substancję, którą otruto Litwinienkę, produkuje się tylko w Rosji, w zakładzie Awangard w Saratowie. Inne zakłady na świecie

* Więcej na ten temat zob. w rozdziale *Sasza Litwinienko*.

zaniechały produkcji w 1970 roku. Zeznający w tej sprawie profesor Norman Dombey z uniwersytetu w Sussex uważa to za dowód współuczestnictwa służb rosyjskich w zabójstwie Litwinienki[22]. Czyżby kolumbijska kokaina oraz nazwiska Putin, Smirnow, Iwanow układały się tu w całość? Dając wyraz wyjątkowemu zaufaniu do Wiktora Iwanowa, prezydent Putin w 2008 roku uczynił go nie tylko dyrektorem Federalnej Służby Kontroli Narkotyków, lecz także przewodniczącym Państwowego Komitetu Antynarkotykowego.

Zachodnie służby dyplomatyczne (i oczywiście wywiadowcze) najprawdopodobniej są dobrze poinformowane o przestępczych zaszłościach prezydenta Rosji i jak się wydaje, zręcznie tę wiedzę wykorzystują.

Weźmy choćby dawną sprawę z 2001 roku. Ogólne zdziwienie zapanowało, gdy po zamachu 11 września na World Trade Center prezydent Rosji dobrowolnie i bez targów umożliwił Amerykanom rozbudowę baz w Azji Środkowej. Część komentatorów przyjęła to za dobrą monetę, którą zagrał Putin w walce z terroryzmem, ale inni podejrzewali, że była to cena za daną mu przez Georga W. Busha

*Pogrzeb Litwinienki. Trumna wyłożona od wewnątrz specjalnym metalem zabezpieczającym przed promieniowaniem radioaktywnym była bardzo ciężka*

obietnicę milczenia w sprawie pewnych powiązań kolumbijskiej mafii narkotykowej[23].

Istnienie podobnego „kontraktu" podejrzewano także później, w grudniu 2013 roku, gdy Putin niespodziewanie wypuścił na wolność trzymanego od dziesięciu lat za drutami Michaiła Chodorkowskiego. Ponieważ nastąpiło to po długich pertraktacjach prowadzonych przez dyplomatów niemieckich, pojawiła się wersja, iż prezydent Rosji ustąpił pod groźbą ujawnienia znanych Niemcom kompromitujących faktów z jego życia[24]. Tak było czy inaczej – nie wiadomo. Wiadomo jednak, że nad Kremlem krąży widmo demaskacji, widmo szaleńczych tytułów w prasie całego świata, na przykład: „Prezydent Rosji przez lata był szefem potężnej mafii narkotykowej!".

Na razie nic z tego. Niesłychanych starań dołożono, by skomplikować międzynarodowe śledztwo w sprawie SPAG, handlu kolumbijskimi narkotykami i prania pieniędzy w Petersburgu. Bo i cóż z tego, że 13 maja 2003 roku czterdziestu funkcjonariuszy Niemieckiego Federalnego Biura Śledczego dokonało nalotu na biura SPAG w Morfelden-Walldorf i że równocześnie przeszukiwano dwadzieścia osiem lokali biurowych i mieszkań w Hamburgu oraz Monachium, jeśli już w południe, po tym jak zadzwonił odpowiedni telefon na biurku kanclerza Gerharda Schrödera i w odpowiednim gabinecie Ministerstwa Spraw Wewnętrznych Rosji, dalsze czynności zablokowano? Cała ta sprawa spowodowała jednak to, że Rosja została wciągnięta na czarną na listę państw zamieszanych w pranie brudnych pieniędzy.

Prawnik Ben Emerson, reprezentujący wdowę po Litwinience przed sądem w Londynie, stwierdził, że Rosja jest krajem, „w którym przestępcy i politycy stanowią jedną grupę, a Putin powinien zostać ujawniony jako pospolity przestępca przebrany za głowę państwa"[25]. Żeby stało się to możliwe, musiałby przestać go chronić immunitet prezydenta Rosji.

Charakter państwa poznaje się na ogół po tym, jacy ludzie siedzą w więzieniach. W tym szczególnym wypadku państwu nadaje charakter człowiek, który zamiast na więzienną pryczę trafił na tron.

## Dobry pan i psie konserwy

Najkrócej można powiedzieć tak: ukradł co najmniej 93 miliony dolarów. Ukradł je w doborowym, niezbyt wielkim gronie. Ukradł mieszkańcom Petersburga.

Był rok 1991. Agonia gospodarki planowej przed trudnymi narodzinami gospodarki rynkowej. Puste półki, koczujące pod sklepami tłumy.

„Warunki życia pogarszały się z dnia na dzień. Ogromne kolejki stały wokół domów towarowych i sklepów spożywczych. Ludzie już wieczorem zajmowali miejsce w tych kolejkach w nadziei, że rano uda im się pierwszym dopaść do półek, na których i tak właściwie niczego nie było. Milicja starała się nie dopuścić do rozruchów, wystawiała patrole przy domach towarowych, ale nie obyło się bez ofiar. Rubel błyskawicznie tracił na wartości. Ludzie, próbując jakoś ochronić resztki oszczędności, wykupywali wszystko, co jeszcze można było kupić. Ze sklepów znikły cukier i sól, kasza i zapałki, nie mówiąc już o konserwach. Ludzi o przyzwoitym wyglądzie można było zobaczyć, jak wieczorem na przystankach zbierają niedopałki. Bo papierosów też nie było"[26] – wspomina tamten czas Ludmiła Putinowa.

Od listopada 1990 roku w mieście obowiązywały kartki niemal na wszystko. Na mieszkańca przypadało półtora kilograma mięsa na miesiąc, kilogram przetworów mięsnych, dziesięć jaj, ćwiartka oleju, pół kilograma mąki oraz kilogram ryżu, kaszy lub makaronu.

Dla rosnącej rzeszy biedoty czy też po prostu mieszkańców, którym już się skończyły zapasy, a na kupowanie po paskarskich cenach nie było ich stać, otwierała stołówki organizacja Pomoc Maltańska z miasta Bamberg.

Czym zajmował się wtedy Komitet Współpracy z Zagranicą w merostwie i Władimir Putin osobiście? Machinacjami na miliony dolarów, także takimi, które wiązały się z dostawą żywności. Miała być dostarczona do miasta w zamian za eksportowane surowce.

„Wszystkie przedstawiane tu fakty, daty, liczby znajdują potwierdzenie w dokumentach..."[27] – rozpoczyna swój raport Marina Salje, opoka petersburskich demokratów, w Radzie Miejskiej przewodnicząca Wydziału do spraw Zaopatrzenia Miasta, osoba o nieposzlakowanej reputacji sprawdzonej w latach społecznej działalności. Dokumenty, o których mówi, zostały zebrane podczas dochodzenia Roboczej Grupy Deputowanych, której była przewodniczącą. Grupa ta miała ustalić, gdzie podziała się żywność, która na podstawie umów barterowych powinna była trafić do Petersburga, ale nie trafiła. Po żmudnym dochodzeniu ustalono, że pod pretekstem sprowadzenia do miasta produktów spożywczych w zamian za surowce, takie jak ropa naftowa, gaz, drewno, metale, metale ziem rzadkich, bawełna itp., dokonano malwersacji na kwotę 93 milionów dolarów. Surowce wywieziono, żywności nie dostarczono. Nawet jednej konserwy. Wszystkie umowy zawarto z firmami „krzakami".

„Cały sens operacji – pisze Marina Salje w raporcie – polegał na tym, by z zaufanym człowiekiem sklecić umowę wadliwą z prawnego punktu widzenia, wydać mu licencję, zobligować celników, aby na jej podstawie przepuścili towar przez granicę, sprzedać towar za granicą i wsadzić pieniądze do kieszeni. Tak właśnie się działo"[28].

Prowizje przy tych umowach były niebotyczne. Za dwanaście podpisanych przez Putina umów wypłacono ponad 34 miliony dolarów prowizji. Oto na przykład w roku 1992 w umowie z 3 stycznia z organizacją Czerwonego Krzyża prowizję ustalono na 540 tysięcy dolarów, w umowie z 10 stycznia z Interlesbirżą – na 5 milionów dolarów, a w umowie z 10 stycznia na dostawę 20 tysięcy ton bawełny za 24 miliony dolarów prowizja wyniosła już 50 procent tej kwoty, czyli 12 milionów dolarów[29].

Ceny na towary z kolei wielokrotnie zaniżano. Na przykład w jednym tylko kontrakcie (między Komitetem Współpracy z Zagranicą a korporacją Dżikop), w którym Komitet udzielił pozwolenia na eksport 13 997 kilogramów metali ziem rzadkich, ceny większości z nich określono na poziomie jednej siódmej, jednej dziesiątej, jednej dwudziestej, a nawet jednej dwutysięcznej cen rynkowych. W kontrakcie ustalono cenę 72,6 marki niemieckiej za kilogram skandu, podczas gdy ceny giełdowe tego metalu przekraczały kwotę 150 tysięcy marek. Tylko w rezultacie tej jednej umowy z cenami dumpingowymi miasto straciło (a ktoś zarobił) ponad 14 milionów marek niemieckich, co w przeliczeniu wynosi więcej niż 9 milionów dolarów. A ile ktoś skorzystał na przykład przy kontraktacie na sprzedaż złomu żelaznego po 50 dolarów za tonę przy cenie faktycznej 4120 dolarów za tonę? I tak dalej, i tak dalej.

Na wywóz wielu towarów konieczne były licencje. Początkowo Komitet Współpracy z Zagranicą wydawał je kontrahentom bezprawnie, gdyż prawo takie miał tylko specjalny urząd w Moskwie. Potem porozumiał się z odpowiednim człowiekiem w Moskwie, Piotrem Awenem, od 1991 roku ministrem handlu zagranicznego Federacji Rosyjskiej, od którego otrzymał „prawo wydawania zezwoleń eksportowych" i – zgodnie z możliwościami – zaszalał: wydał zezwolenia na wywóz surowców o wartości miliarda dolarów, z czego 900 milionów „wyparowało". Surowce wywieziono, miasto zaś nie otrzymało w zamian ani grosza. Gdzieś przepadło 997 ton czystego aluminium o wartości ponad 717 milionów dolarów, 20 tysięcy ton cementu czy 100 tysięcy ton bawełny za 120 milionów dolarów. Przepadło też 45 tysięcy opakowań czarnego kawioru, które wcześniej zniknęły z wołgogradzkiej fabryki rybnej.

Pieniądze uzyskane z tych machinacji wędrowały do jednego z austriackich banków.

„W. Putin pozbawił współmieszkańców nie tylko żywności, ale jeszcze co najmniej 100 milionów dolarów" – czytamy w raporcie Mariny Salje[30].

Piotr Awen (dziś członek Zarządu Rosyjskiego Związku Przemysłowców i Przedsiębiorców, z majątkiem szacowanym przez magazyn „Forbes" na 3,5 miliarda dolarów) szybko został prezesem Alfa Banku, w latach dziewięćdziesiątych ubiegłego wieku najważniejszej struktury finansowej Petersburga oraz całego obwodu leningradzkiego*, a niebawem też jednego z potężniejszych banków Rosji. Daremnie się domagał kontroli jego finansów Wiktor Iljuchin, przewodniczący parlamentarnego Komitetu Bezpieczeństwa, twierdząc,

* Zmiana nazwy miasta Leningrad na Petersburg nie objęła obwodu, w którym się to miasto znajduje.

że źródłem tych finansów w znacznej mierze były transakcje z kolumbijskimi kartelami narkotykowymi. Pewnego dnia Piotr Awen, polemizując z młodymi opozycjonistami, określił ich mianem „nieudaczników", którzy nie potrafią „wziąć się do roboty", więc idą na barykady. „A ja i moi koledzy – mówił – uczciwie zapracowaliśmy na nasze kapitały i nie mamy się czego wstydzić"[31].

Prezydent Putin też się niczego nie wstydzi. Na pytanie dziennikarzy, o co właściwie chodziło w dochodzeniu Roboczej Grupy Deputowanych pod przewodnictwem Mariny Salje, odpowiedział:

„Tam faktycznie żadnego dochodzenia nie było. Z punktu widzenia prawa karnego nie było kogo ani czego ścigać [...]. Myślę, że ten skandal miał służyć temu, żeby Sobczak mnie zwolnił za to, że byłem dawnym kagebistą. Myślę, że niektórzy deputowani współpracowali z firmami, które chciały na umowach zarobić, lecz nic im z tego nie wyszło. No to znaleźli złego kagebistę, który im w tym przeszkadzał, i postanowili go wygnać. A na to miejsce postawić swojego człowieka"[32].

Gdyby za cynizm dawano nagrody, Putin dostałby Nobla. Bo nie tylko cynicznie kłamie – to wielu potrafi – ale jeszcze swoje oszustwa przerzuca na uczciwych, którzy mu je udowodnili, z siebie zaś robi godną współczucia ofiarę. Jest to cynizm bezkarny. W styczniu 2000 roku, gdy odbyła się wspomniana rozmowa z dziennikarzami, główny kandydat na prezydenta wiedział, że nie spotka się ani z naganą, ani z odporem. Wtedy były to tylko wprawki w cynicznym manipulowaniu opinią publiczną. Pełne możliwości zaprezentował podczas wojen wydawanych Czeczenii, Gruzji, Ukrainie...

Nic głupszego nie mogli zrobić praworządni radni miejscy działający razem z Mariną Salje, niż przekazać merowi Sobczakowi kilka dużych pudeł zawierających raport o przestępstwach Putina i zażądać usunięcia go z merostwa oraz postawienia przed sądem. Dlaczego zaufali merowi, którego już wcześniej oceniali negatywnie? Na to pytanie Marina Salje tak odpowiedziała dziennikarce Mashy Gessen: „Bo on potrafił znakomicie się ukrywać za parawanem demokraty. Wiedział, że musi się przedstawić w dobrym świetle, i robił to doskonale. Odgrywał demokratę, ale naprawdę był jedynie demagogiem"[33].

Co zrobił Sobczak? Rozwiązał Radę Miejską złożoną z ludzi, których serdecznie nie cierpiał. „Irytował go – pisze Gessen – ich wojujący idealizm, absurdalne upieranie się przy postępowaniu właściwym, a nie ogólnie przyjętym, ich uparte czepianie się wymyślonego kodeksu zasad moralnych"[34]. Powołał więc Zgromadzenie Ustawodawcze złożone z klakierów oraz zaprzyjaźnionych biznesmenów. Stworzył też miejski rząd, na którego czele sam stanął. A Putina uczynił pierwszym wicepremierem oraz swoim zastępcą do spraw współpracy z zagranicą i – rzecz jasna – pozostawił na stanowisku szefa Komitetu Współpracy z Zagranicą. Ważniejszą rolę zaczął też odgrywać szef Komitetu Ekonomicznego i Finansowego merostwa – Aleksiej Kudrin (w przyszłości minister finansów).

A co z mieszkańcami Petersburga sterczącymi w kolejkach pod sklepami bez towaru? Sobczak zapełnił półki zapasami z magazynów wojskowych (do czego zresztą nie miał prawa), a gdy i tych zabrakło, Putin sprowadził 60 ton konserw mięsnych dla psów „w ramach zapobieżenia niedostatkowi białka u mieszkańców Petersburga", o czym z pewną dozą dumy zawiadomił służbową notatką ówczesnego ministra gospodarki Andrieja Nieczajewa[35].

I nadal wszystko toczyło się bez przeszkód. Milczał prezydent Jelcyn, mimo że Salje osobiście wręczyła mu skrócony raport, streściła jego zawartość i zażądała oddania sprawy do prokuratury. A gdy naczelny inspektor państwowy Jurij Bołdyriew przesłał raport do wiadomości gospodarzowi Kremla, Kancelaria Prezydenta odesłała materiały do przedstawicielstwa w Petersburgu. I tak koło się zamknęło, a mera i jego zastępcę otoczyło milczenie.

Nie, to jeszcze nie cała zawartość akt prokuratorskich leżących kiedyś w sejfach Petersburga. Znajdowały się w nich ponadto dowody na wspólną z mafijnym bossem, Ilją Traberem, sprzedaż statków po zaniżonych cenach; na sprywatyzowanie z udziałem mafiosa Michaiła Miriłaszwilego (o pseudonimie Misza Kutaisski) Wytwórni Wódek i Likierów; na wymuszenie około 800 tysięcy dolarów od Aleksandra Sabadasza w sporze prywatyzacyjnym dotyczącym luksusowego hotelu Astoria (notabene, gdy Putin został prezydentem, Sabadasz znalazł się w Radzie Federacji – wyższej izbie rosyjskiego parlamentu); na tajemniczy transfer w 1996 roku do banku w Szwajcarii 30 milionów dolarów z funduszu wyborczego Sobczaka; na wspomniane już wyżej machinacje popełniane wspólnie z lokalną stacją telewizyjną Russkoje Wideo, którą nieprzewidujący właściciel Dmitrij Rożdiestwienski sprzedał komuś, kto okazał się wrogiem Putina.

Nie, to też jeszcze nie wszystko. Istniała bowiem korporacja o nazwie XX Trest, mająca się zajmować remontowaniem i konserwacją zagranicznego majątku miasta Petersburg. Na jej konto szły pieniądze z budżetu miasta, Ministerstwa Finansów oraz Banku Centralnego. Za pośrednictwem dwudziestu siedmiu stworzonych przez siebie firm XX Trest przeprowadził operacje na kwotę 28 milionów dolarów. Środki kierowano zwykle przez Dresdener Bank (reprezentowany w Petersburgu przez Matthiasa Warniga, byłego pracownika Stasi)* do ośmiu państw, głównie Hiszpanii i Finlandii. Filię korporacji zarejestrowano w hiszpańskiej miejscowości Torreviecha w lipcu 1994 roku i dzięki jej staraniom powstał tu zespół hotelowy La Paloma, a także restauracja. Niedaleko miasta Quesada, w gminie Rojales, XX Trest zakupił willę Dona Piena o powierzchni 203 metrów kwadratowych oraz hektar ziemi. Do Władimira Putina miała należeć willa w hiszpańskim kurorcie Benidorm. W roku 2000, przed objęciem przez niego prezydentury, pojawili się w Hiszpanii rosyjscy prawnicy i pospiesznie pozbyli się znacznej części tych nieruchomości.

Oficjalnie natomiast XX Trest odnowił prawosławną cerkiew w Jerozolimie. Za 20 tysięcy dolarów.

* Matthias Warnig zrobił w Rosji zawrotną karierę: został członkiem rad nadzorczych dwóch związanych z Putinem banków: Banku Rossija oraz WTB (oba znalazły się na liście rosyjskich banków objętych sankcjami Zachodu w 2014 roku), należy do rad nadzorczych największych rosyjskich korporacji naftowych (Rosnieft i Transnieft), a także do kierownictwa kompanii Rusłan – największego na świecie producenta aluminium. Po powrocie do Niemiec został generalnym dyrektorem konsorcjum niemieckich firm E.ON i BASF oraz rosyjskiego Gazpromu, który jest operatorem Gazociągu Północnego Nord Stream.

Co przy tym wszystkim znaczyły banalne machinacje z mieszkaniami komunalnymi, z których przy pomocy milicji usuwano lokatorów do gorszych lokali, ponieważ okazało się, że obecnie przez nich zajmowane są potrzebne merowi? Tym sposobem Sobczak zdobył niemal stupięćdziesięciometrowe mieszkanie, a potem – przesuwając ściany – powiększał je aż po strych, choć jako główni lokatorzy formalnie zameldowani tam byli inni ludzie. W poczuciu absolutnej i trwałej bezkarności (pewien był bowiem ponownej elekcji) rozdawał mieszkania na prawo i lewo. W luksusowej dzielnicy (na Wasiljewskiej Wyspie) trafiła się życiowa przystań rodzinie Putinów w wyremontowanym na koszt miasta budynku, który powinni byli zasiedlić czekający od lat w kolejce obywatele, ale zasiedlili go Putin i znajomi z merostwa. Władimir Władimirowicz twierdzi wprawdzie, że mieszkanie uzyskał drogą zamiany, jednak nazwisko drugiej strony w dokumentach nie figuruje.

Wszystko to są drobiazgi w porównaniu z wcześniej wymienionymi sprawami, niemniej właśnie afera mieszkaniowa – jako najbardziej widoczna – zaważyła na losach mera i jego otoczenia.

O to, jak się u Władimira Putina pojawiło 500 tysięcy dolarów (tyle warta była według wyceny jego willa pod Petersburgiem – 153 metry kwadratowe na działce o powierzchni niemal 7 tysięcy metrów kwadratowych)[36], jakoś nikt nie zapytał. Mało kto zresztą domyślał się jej istnienia. Do pracy Władimir Putin nadal przyjeżdżał mocno zużytą wołgą. Tak więc, spokojnie patrząc w oczy wysłuchującym go w lutym 2000 roku dziennikarzom, oświadczył: „Sobczak nie miał pieniędzy na mieszkanie [...], bo myśmy się nie zajmowali wyprowadzaniem środków z budżetu miasta. Nawet do głowy nam nie przyszło, że można takim sposobem zdobyć potrzebne pieniądze”[37].

Były to czasy, kiedy w Rosji działała jeszcze opozycja, zarówno demokratyczna (największa partia Jabłoko), jak i silnie lewicowa – z Komunistyczną Partią Federacji Rosyjskiej (KPFR) na czele. Ta ostatnia, mając mocne poparcie w społeczeństwie i ministrów w rządzie, zmierzała do przejęcia władzy, wymiatając demokratów.

Machinacje demokraty Sobczaka oraz jego podwładnych były dla niej wodą na młyn. Minister spraw wewnętrznych Anatolij Kulikow oraz wspominany już wcześniej prokurator generalny Jurij Skuratow, obaj z KPFR, zawarli koalicję. Wszczęte przeciwko merowi Petersburga i jego współpracownikom „śledztwo dotyczące pobierania łapówek przez wysoko postawione osoby w merostwie Sankt Petersburga", noszące numer 18238278-95, utknęło jednak w miejscu. Dzięki staraniom przyjaciół z petersburskiego FSB do więzienia trafili... śledczy, a oficer Oleg Kaliniczenko, który dochodzenie zainicjował, zamknął się w klasztorze.

Gdy w 1999 roku stało się jasne, że Putin będzie prezydentem, zdesperowana Marina Salje wyjechała z Petersburga na zapadłą wieś w powiecie pskowskim, nikomu nie zostawiając adresu. Inny radny, Jurij Gładkow, prowadzący wspólnie z nią dochodzenie w sprawie przestępstw popełnionych przez Putina, nigdy nie udzielił wywiadu. Dziennikarz „Wiedomosti" Władimir Iwanidze, który zajmował się śledztwem prowadzonym przez Marinę Salje, daremnie próbował umieścić w prasie artykuł na ten temat, a po otrzymaniu poważnych pogróżek na jakiś czas opuścił Rosję.

Łączna kwota, z której kierowany przez Putina Komitet nie rozliczył się wtedy przed Radą Miejską, wyniosła 850 milionów dolarów.

## Przyjaciele ze Spółdzielni „Oziero" i tatami

Rok 1996. Sankt Petersburg. Władimir Putin ma problemy. By je przemyśleć, ucieka od ludzi nad wodę, z wędką, jak niegdyś nad gruzińską rzekę Kurę, potem nad Newę, a jeszcze później nad Łabę przepływającą przez Drezno (bo i tam należał do klubu rybackiego), tak teraz nad to piękne jezioro w pobliżu Petersburga, rozległe, jak wszystkie jeziora w Karelii, dawniej noszące dźwięczną nazwę Kiimajarvi (w języku Finów, do drugiej wojny światowej prawowitych właścicieli tych ziem), obecnie – Komsomolskie. A miejscowość zwie się Sołowiowka.

Siedzi więc nad brzegiem Komsomolskiego, zanurzył wędkę i duma. Za nim wznosi się dwupiętrowy dom z ciemnoczerwonej cegły, dach kryty drogim czerwonym klinkierem, podmurowanie wysokie, wnętrza wyłożone boazerią, a całość schowana za dwumetrowym murem, na którym widnieją ostrzeżenia: „Uwaga, teren prywatny, przejścia nie ma, ostrożnie, zły pies". To jego ówczesny pałac. Wszystko wokół właściwie należy do niego. Cały cypel, z którego przymusowo wysiedlono letników. Cała okolica Sołowiowki jest do jego i jego najbliższych przyjaciół dyspozycji. Lotnisko dla helikopterów też. Dostępu na teren, podobnie jak wstępu na plażę okolicznym mieszkańcom i letnikom bronią szlaban, budka strażnicza oraz zastęp ochroniarzy.

Kilka lat później, jesienią 1999 roku, kiedy prezydentura będzie już w zasięgu ręki Putina, szef okręgu administracyjnego, do którego należała Sołowiowka, otrzymał z Moskwy rozkaz, by zniszczyć całą dokumentację dotyczącą wszystkich domów na cyplu. Jakimś cudem zachowała się lista założycieli Spółdzielni „Oziero", do których te domy należały, w dodatku z ich odręcznie wpisanymi danymi. Osiem nazwisk: Władimir Putin, Jurij Kowalczuk, Władimir Jakunin, Andriej i Siergiej Fursienko, Nikołaj Szamałow, Władimir Smirnow, Jewgienij Miaczin. Wszyscy oni sięgną po bardzo wysokie stanowiska państwowe i znajdą się na listach najbardziej skutecznych oligarchów.

Jurij Kowalczuk, jedna z najbliższych Putinowi osób, w 2005 roku stanie na czele dyrekcji wielkiego Banku Rossija (który powstał dzięki przelanym na jego konto przez Obwodowy Komitet KPZR – tuż przed rozwiązaniem partii – 500 milionom rubli, przy ówczesnym kursie 60 kopiejek za dolara); potem utworzy konsorcjum Nacjonalnaja Miedia Gruppa, któremu podlegać będą między innymi główne kanały telewizji państwowej i kilka opiniotwórczych gazet; stanie się też właścicielem nieruchomości przy Twerskiej, reprezentacyjnej ulicy Moskwy. W 2014 roku to jego w pierwszej kolejności obejmą finansowe i wizowe sankcje krajów zachodnich nałożone z powodu „kryzysu krymskiego". Jako jedyna organizacja na owej liście sankcji znajdzie się też Bank Rossija – faktyczne imperium finansowe Kremla. Andriej Fursienko z kolei zostanie ministrem oświaty i pod jego pieczą powstanie podręcznik nieszczędzący pochwał Józefowi Stalinowi. Władimir Jakunin obejmie dyrekcję Rosyjskiej Kolei Żelaznej (wcześniej będąc wiceministrem transportu). Nikołaj Szamałow – udziałowiec Banku Rossija, jeden z ważniejszych w Rosji dostawców sprzętu medycznego – zostanie kiedyś oskarżony przez Agencję Reutera, która przeprowadzi własne śledztwo, o przekazywanie do szwajcarskiego banku nielegalnych zarobków, które stały się źródłem finansowania sławnego już, wartego miliard dolarów „pałacu Putina" w miejscowości Gelendżyk nad Morzem Czarnym*. Władimir Smirnow – prezes Spółdzielni „Oziero" – to ten, który utworzy z Putinem spółkę SPAG. A Wiktor Miaczin to po prostu dyrektor Banku Rossija.

Ale to wszystko nastąpi później. W 1996 roku, kiedy panowie ci składali podpisy na liście założycieli Spółdzielni „Oziero", nie przypuszczali, że się kiedyś przeprowadzą (Szamałow, Miaczin, Sergiej Fursienko i Kowalczuk) do pałaców, niedaleko, na ekskluzywnej Kamiennej Wyspie w centrum Petersburga, przy których tamte ich wille ze Spółdzielni „Oziero" będą wyglądały jak kurniki. No i sam Putin będzie tu miał swoje *pied-à-terre*: kilka historycznych willi, łaźnię, pomieszczenia dla służby, staw z wysepką, park i małe lądowisko dla helikopterów.

Znajdzie tu też odpowiednie lokum Arkadij Rotenberg, sparingpartner prezydenta w dżudo (przypomnijmy – główny wykonawca zabudowań na olimpiadę w Soczi), oraz przyjaciel z czasów sportowych zmagań, Wasilij Szestakow, ten sam, którego już widzieliśmy na starym zdjęciu w hali sportowej, gdy Wołodia lekko przerzuca go przez ramię. Aby się postronni w życie wyspy nie wtrącali, objęto ją specjalnym dekretem miejskim o ochronie rzadkich gatunków. Dekret nie uściśla jakich.

---

* Syn Nikołaja Szamałowa, Kiriłł, zostanie mężem jednej z córek Putina. Zob. rozdział *Masza i Katia*.

## Trudne lato 1996

Wróćmy jednak do czasów, gdy Putin miał poważne kłopoty, czyli do wiosny i lata 1996 roku.

Wznowiono śledztwo. Nad Putinem zawisła groźba procesu.

Telewizja, radio, gazety donoszą, że za kraty może powędrować cała władza pięciomilionowego miasta, także Anatolij Sobczak ze swoimi zastępcami i krewnymi. Sprawa przeciwko Sobczakowi nabrała rozgłosu, bo Sobczak jest znany i przez ogromną część Rosjan pamiętany jako obrońca „zwykłych ludzi", współtwórca nowej konstytucji, wróg komunistycznego reżimu. Panuje przekonanie, że komuniści biorą na nim odwet. Dlatego demokratyzująca się Rosja w przestępstwa mera nie wierzy.

Do groźby jednego procesu dołącza się obawa przed następnym: komitet śledczy MSW Federacji Rosyjskiej oraz Drugi Oddział MSW w Petersburgu wszczynają jeszcze jedną sprawę karną (numer 144128). Chodzi o wspomniany już XX Trust. Udowodniono, że na skutek osobistych dyspozycji Putina oraz Aleksieja Kudrina (odpowiedzialnego za finanse merostwa) XX Trust otrzymał kredyty i pożyczki na sumę 28 miliardów rubli, z czego na potrzeby miasta wydał miliard.

Prokurator Leonid Połochow, znany nam już kolega Putina ze studiów, wspomina:

„Putin zadzwonił do mnie o drugiej w nocy i powiedział: »Jutro mnie wzywają. Pomóż, bracie!«. No to dzwonię do swoich ludzi i mówię: »Nie ruszać Putina!« […]. Widziałem te materiały. Czego tam nie było! Ale nie mogłem uwierzyć, że Putin może być aż tak w to zamieszany. Jeśli podchodzić formalnie, to wszystkim rządził »Gospodarz«, tyle że wiele dokumentów osobiście podpisywał Putin"[38].

Na jak długo wystarczy protekcji kolegi Połochowa? Nie na całe życie przecież.

Putin ma nad czym rozmyślać, bo chyba Sobczak ani siebie, ani jego już nie obroni. Z Kremla idą wyraźne sygnały, że na wygranej dotychczasowego mera tam nikomu nie zależy. Poważny moskiewski bank otwarcie wspiera konkurenta Sobczaka, Władimira Jakowlewa, dotychczasowego zastępcę mera do spraw administracji miasta. Tajemnicą poliszynela jest to, że Jelcyn nie cierpi Sobczaka, który – gdzie tylko może – nieustannie go krytykuje, kpi z jego niedokształcenia, popisując się swoją erudycją, jest wyniosły i nadęty.

„Co więc miał robić Putin, będąc szefem sztabu wyborczego Sobczaka? Faktem jest, że kampania była prowadzona fatalnie. Ale czy ktoś wprost powiedział Putinowi, żeby się w tej kampanii nie przemęczał, tego nikt nie wie"[39] – konstatuje ówczesny wicepremier Rosji Alfred Koch.

Do jakiego zatem wniosku doszedł nasz bohater, samotnie rozmyślając nad jeziorem?

Że trzeba ratować skórę.

I pojechał do Moskwy, do prezydenta, z prośbą o dekret pozwalający na wcześniejsze przeprowadzenie wyborów w Petersburgu: w maju zamiast w czerwcu. Teoretycznie ten manewr miał ratować Sobczaka, bo odbierał konkurentowi dodatkowy czas na kampanię wyborczą, ale praktycznie dobił nie Jakowlewa, którego kampania szła doskonale, lecz Sobczaka. Wielu uważało to posunięcie za zdradę interesów dotychczasowego mera i przyczynę przegranej. Zwłaszcza że relacje między Jakowlewem a Putinem dotychczas nie układały się źle, mógł więc Putin mieć nadzieję, że nowy mer go zatrudni.

Z kim jeszcze – oprócz prezydenta – mógł się wtedy Putin spotkać w Moskwie? Najprawdopodobniej z Borisem Bieriezowskim, magnatem świetnie wówczas umocowanym w prezydenckim otoczeniu. Znali się od dawna. Kilka lat wcześniej Bieriezowski trafił do „szarej eminencji" w merostwie Petersburga jako interesant: zamierzał mianowicie otworzyć w mieście stację obsługi samochodów importowanych przez swoją firmę, między innymi mercedesów. Putin wykazał się wtedy swoją mocną stroną („Jestem specjalistą od kontaktów z ludźmi", wyznał kiedyś przyjacielowi): zagrał uczciwego urzędnika i nie wziął proponowanej łapówki! Po latach Bieriezowski powiedział rosyjskiej dziennikarce: „Był pierwszym urzędnikiem, który nie brał łapówek [...]. Naprawdę zrobiło to na mnie piorunujące wrażenie"[40]. Odtąd ilekroć bywał w Petersburgu, wpadał w odwiedziny do Putina. Podobno w tamtym czasie panowie nawet razem wyjeżdżali na narty do Szwajcarii.

Czy strategia „specjalisty od kontaktów z ludźmi" będzie tą najwłaściwszą? To się okaże niebawem.

16 czerwca 1996 roku mer Petersburga Anatolij Sobczak wybory na drugą kadencję przegrał.

Na scenę petersburskiej władzy Władimir Władimirowicz wkraczał w nieforemnej ciemnoczerwonej dwurzędówce, źle skrojonych spodniach, w byle jakim krawacie i koszuli z nieładnie układającym się kołnierzykiem, z twarzą napiętą i spojrzeniem spode łba. Schodził ze sceny w doskonale uszytym garniturze, wytwornej koszuli i eleganckim krawacie. A w jego oczach i ustach czaił się uśmiech z domieszką kpiny.

Część V

# Moskiewskie labirynty

# Jelcyn

Rok 1995. Późna jesień. Kuncewo. Podmoskiewska dzielnica dla wybranych. Las. Za niewysokim żeliwnym ogrodzeniem rozległy biały budynek z lat sześćdziesiątych tamtego wieku. Przy zamkniętej bramie tablica: „Centralny Szpital Kliniczny. Zarząd Administracji Prezydenta".

Cóż z tego, że prezydencki apartament ma kilka pokoi i nawet salę konferencyjną, cóż z tego, że widok stąd piękny, jeśli jemu nie wolno wstać? Uparli się. Zabraniają. Jemu zabraniają! Jakże on nie cierpi tego lekarskiego dopytywania, nadskakiwania, zabraniania. To jego choroba, jego sprawa, jego ból. I wstyd. Zawsze wstydził się słabości. Już wtedy, w 1949 roku, gdy jako osiemnastolatek uciekł przez okno ze szpitala, gdzie kazali mu leżeć dwa miesiące z powodu silnego bólu w piersiach i zaburzeń pracy serca. Początkowa diagnoza: angina. Późniejsza: ostry reumatyzm stawowy. A także nawracające bolesne zapalenie wsierdzia, kłopoty z układem oddechowym, puchnące nogi i zadyszka. Dekompensacja wady serca – mówili. No i co z tego? On, uralski chłopak, Boris Jelcyn, miał się poddać? Prawie 190 centymetrów wzrostu, mistrz obwodu swierdłowskiego w siatkówce, kapitan reprezentacji siatkarzy na mistrzostwach ZSRR – on miałby się poddać? No i nie poddał się, ale diagnoza brzmiała: wada serca z reumatycznym porażeniem zastawek.

„Znaczenia temu nie nadawałem, odleżałem, odpocząłem i do boju! [...] Przecież uprawiałem sport, pływałem w lodowatej wodzie, biegałem na nartach, grałem w siatkówkę i w tenisa, uwielbiałem spacery. Zawsze liczyłem na swój organizm: da sobie radę. Jak widać, myliłem się”[1] – pisał we wspomnieniach kończących jego prezydenturę.

I oto znów leży po kolejnym ciężkim zawale. Trzy miesiące wcześniej, w lipcu, gnieździł się tu przez dwa tygodnie też z powodu kłopotów z sercem, potem odesłali go do sanatorium, do Barwichy. Teraz znowu go tam wyślą. Wygląda na to, że do końca roku już się na Kremlu nie pojawi, a rzecznik prasowy z kamienną twarzą będzie oznajmiał, że „prezydent pracuje nad dokumentami”. Tak więc on, prezydent Boris Jelcyn, przywita nowy – 1996 – rok z trwogą. Kończy się jego pierwsza kadencja, a tu ciężka choroba powaliła go jesienią, przegrana popierającej go partii – zimą. W Dumie przewagę uzyskali komuniści. Teraz rwą się do prezydentury. Tymczasem jego poparcie sięga raptem 3 procent.

Jak zapisać w kronikach, że na historię Rosji końca lat dziewięćdziesiątych XX wieku (a wraz z nią i reszty globu) duży wpływ miała zawartość czterech pożółkłych teczek o grubości 15 centymetrów i wadze 5 kilogramów każda? To dokumentacja chorób Borisa Jelcyna.

I jak właściwie ująć historię jednego zaplątanego w kremlowskich korytarzach romansu córki Borisa Jelcyna – Tatiany?

Gdyby nie te choroby i ten romans, kronikarz XXI wieku, pisząc o prezydencie Rosji, wymieniłby zapewne inne nazwisko niż Putin.

Oto skrócony wypis z tych czterech teczek:

Lewa ręka bez dwóch palców urwanych przez granat, kiedy jedenastoletni Boris rozbijał go młotkiem; głuchota na prawe ucho (dlatego tłumacze zawsze stawali po jego lewej stronie), bo po przemrożeniu w Swierdłowsku (Ural, wrota Syberii) Jelcyn, wbrew opinii lekarzy zalecających kompresy, ciepło i spokój, wyjechał w mróz do jeszcze zimniejszego miasta na jakieś zebranie, a gdy wywiązało się zapalenie uszu, zgrzytając z bólu zębami, brał udział w spotkaniach z narodem na ulicy, co zakończyło się ciężką operacją prawego ucha. Kręgosłup kontuzjowany wielokrotnie w drobnych wypadkach drogowych, najsilniej w wypadku lotniczym w Hiszpanii (konieczność operacji), stąd częste objawy paraliżu miejscowego. W 1993 roku podczas podróży do Chin prezydent doznał porażenia kończyn. Wizytę skrócono. Do samolotu wchodził, powłócząc nogą. Z samolotu wyniesiono go na noszach.

Wszystkie te choroby i niedomagania dałoby się może ukryć w potężnym ciele przystojnego „chłopaka z Uralu", gdyby nie alkohol. To, co uszłoby płazem każdemu przeciętnemu Rosjaninowi, nie stanowiąc przeszkody w wykonywaniu obowiązków inżyniera budowlanego czy pierwszego sekretarza KPZR w Swierdłowsku, a nawet Komitetu Miejskiego w Moskwie, okazało się zgubne na Kremlu. Sekretarz partii mógłby sobie ewentualnie pozwolić na „strzał z dwóch luf" (to znaczy wychylenie zawartości dwóch butelek równocześnie, popisowy numer Borisa Nikołajewicza), ale prezydent? Nie było nikogo, kto zwróciłby mu uwagę i znalazł u niego posłuch? Szkolny kolega Siergiej Mołczanow wspominał, że Jelcyn był gwałtowny, nie dopuszczał sprzeciwu, upierał się przy swoim zdaniu i – nie bacząc na okoliczności – postępował tak, jak uważał za stosowne[2]. Świadomość posiadania władzy nasiliła te cechy, a ciężar rządzenia nasilił stres. I potrzebę jego rozładowania.

Naród, choć sam pijący jak żaden inny, alkoholowych ekscesów prezydentowi nie wybaczał. Nazbierało się ich podczas pierwszej kadencji wystarczająco dużo, by przyćmić wprowadzane przez niego zasadnicze zmiany demokratyczne. Jeśli dołożyć do tego fatalny stan finansów państwowych (cóż z tego, że przez prezydenta niezawiniony), niewypłacane pensje i emerytury, wojnę wydaną Czeczenii pod koniec 1994 roku, rozprzężenie w szeregach gubernatorów, władyków prowincji, to końcowy rezultat pierwszych pięciu lat nie mógł być inny. Poparcie: 3 procent.

Co dalej?

„Stanąłem [...] jak na rozstaju, gdzie zewsząd wieją wiatry i przeciągi, i omal od nich nie padłem: krzepki organizm zawiódł, najbliżsi przyjaciele już wytypowali mojego zmiennika, duchowi przywódcy porzucili, a naród nie mógł wybaczyć »szokowej terapii« [...]. Wydawało się, że wszystko przegrane [...]. Może rzeczywiście pora zejść z politycznej sceny? Ale myśl, że tym ułatwię drogę powrotu komunistom, była nie do zniesienia. W decyzji pomogła mi moja pasja, moja wola oporu”[3] – pisał Jelcyn na początku 1996 roku.

Pomogła też pamięć rodzinna, pamięć o sprawach, które rzadko wspominał: pamięć represji. W 1934 roku jego dziadek z ojcowskiej linii, Giennadij Władimirowicz, został wraz z żoną zesłany i na zesłaniu umarł. Drugiego dziadka „rozkułaczono” i też zesłano. Ojciec, również zesłany w 1934 roku, trzy lata przeżył w gułagu. Jelcyn wstąpił do partii dopiero w wieku trzydziestu lat. Właściwie został zmuszony. Im wyżej go w tej partii plasowano, tym mocniej z nią walczył. Jeszcze w czasach ZSRR rzucił – i to na zjeździe – legitymacją partyjną. Wreszcie – już jako prezydent Federacji Rosyjskiej – zlikwidował partię, zmienił hymn, „posterunek numer 1”, czyli główną wartę honorową, przeniósł sprzed mauzoleum Lenina przed Grób Nieznanego Żołnierza, unikał radzieckich emblematów, podpisał akt kończący istnienie Związku Radzieckiego, no i udaremnił komunistyczny pucz w 1991 roku.

Nie tylko w jego domu, lecz chyba w żadnym domu we wsi Butki, gdzie się urodził, ani w miasteczku Bieriezniki, gdzie się wychował, dobrowolnie portretów Stalina nikt nie wieszał. Ural to wrota Syberii. Dla milionów nieszczęśników brama do gułagu. Tu trudniej niż gdzie indziej w *nieobjatnoj stranie* popaść w komunistyczną schizofrenię. I oto on miałby teraz dobrowolnie oddać władzę komunistom?

Przenigdy!

Późno, bo późno, gdyż dopiero w lutym 1996 roku, Boris Jelcyn oznajmił, że idzie na wybory.

Fizycznie jednak nigdzie nie poszedł. Siedział, leżał, spacerował, najczęściej w sanatorium w Barwisze. Tu przyjeżdżali urzędnicy, tu przywożono mu dokumenty. Życie polityczne zamarło. Istniała tylko jedna sprawa, jeden problem, jeden cel: wybory prezydenta. I jedno hasło: „Głosuj (na Jelcyna, oczywiście) albo przegrasz!”. Najważniejszym miejscem w Rosji stał się jego sztab wyborczy. Kierował nim główny ekonomista w ówczesnym rządzie, liberał, wicepremier Anatolij Czubajs.

„Pojąłem, że w sztabie potrzebny mi jest swój człowiek – wspominał Jelcyn. – Człowiek, który uczciwie powie, co się dzieje, pomoże zobaczyć sytuację innymi oczami. I że powinien to być człowiek spoza wszelkich ugrupowań [...]. Ale skąd go wziąć? Pewnego razu przyjechał do mnie do Barwichy Walentin Jumaszew. Podzieliłem się z nim tymi myślami. A on: »A może Tania?«. Z początku nawet nie zrozumiałem, o kim mówi [...]. Nigdy nie naruszałem żelaznej zasady: rodzina osobno, praca osobno. Nie naruszałem aż do wiosny 1996 roku... Córka w sztabie wyborczym? Jak ludzie to przyjmą? Co powiedzą dziennikarze, politycy? I ludzie na Kremlu? Z drugiej strony Tania to jedyny człowiek, który może przekazać mi każdą informację. Jej powiedzą to, czego mnie nie powiedzą wprost [...]. Teraz Tania była ciągle obok. O ileż stałem się spokojniejszy! Podejdzie, poprawi krawat i od razu nastrój mi się polepsza [...]. Wcześniej myślałem, że obciążeń związanych z przedwyborczym wyścigiem po prostu nie wytrzymam. Fizycznie. Bałem się, że padnę. I nagle zrozumiałem: dam radę. Nie padnę"[4].

## Wala J.

Rok 1996. Maj. Przedwyborcze centrum prasowe Borisa Jelcyna. Lekki szum półgłosem toczonych rozmów, śmiechów, żartów. W salce obok sympatyczny bufet z winem. Pośrodku, w otoczeniu dziennikarzy, Gieorgij Satarow – konsultant prezydenta, socjolog, politolog, którego niegdyś Jelcyn tak przedstawił Billowi Clintonowi: „To mój mózg". Przemiły, mądry, z kilkudniowym zarostem, jak zwykle bez krawata, komentuje heroiczne wyczyny głowy państwa w przedwyborczych jazdach po Rosji.

Bo Jelcyn szaleje. Spotyka się z ludźmi w swoim dawnym stylu: wchodzi w tłum, wita się, rozmawia z każdym, kto do niego zagada. Uśmiechnięty, życzliwy... A to bawi się podczas narodowego święta Tatarstanu –Sabantuj, a to śpiewa lub tańczy w Rostowie, na scenie, z zespołem młodzieżowym...

„Tego wymagał scenariusz – wyjaśnił w swoich wspomnieniach szef prezydenckiej służby bezpieczeństwa Aleksandr Korżakow. – Boris Nikołajewicz powinien był zademonstrować publice młodego ducha i zatańczyć coś, co go uwiarygodni. A czuł się tego dnia okropnie. Już na lotnisku wyglądał na śmiertelnie zmęczonego, blady był bardziej niż zwykle. Ale na koncert przyjechał. Przed wejściem na scenę córka sumiennie przypudrowała nos tacie prezydentowi:

– No, tatku, musisz…

Tatko wygłosił krótką mowę i poprosił muzyków, żeby zagrali coś wesołego […]. Po czym zaczął dziarsko podrygiwać, usiłując tańczyć modnego wówczas „szejka"… Modliliśmy się, żeby kandydat nie padł martwy na scenie […]. Po tańcach Tania rzuciła się do całowania tancerza:

– Tatku, jakiś ty dzielny, jakiś ty wspaniały! Ale dałeś czadu!

[…]

Po koncercie powiedziałem Tatianie:

– Co ty wyrabiasz z ojcem?

Oburzyła się:

– Sasza, pan nic nie rozumie!

Wtedy stało się dla mnie jasne: nie prezydent ma zostać u władzy za wszelką cenę, ale jego »odnowione otoczenie«. Przy Borisie Nikołajewiczu pojawili się nie tyle nowi towarzysze walki, ile nowi treserzy"[5].

Korżakow wszystko zrozumiał. Dotychczas to on był głównym treserem Jelcyna. Już w 1994 roku dzięki wpływowi, jaki miał na decyzje głowy państwa, znalazł się na liście czołowych polityków Rosji. A teraz ten, z którym był związany od przeszło dziesięciu lat, wymykał się spod jego kontroli.

Na spotkania z Jelcynem przychodziło coraz więcej ludzi. Wprawdzie nie 500 tysięcy zasłuchanych, jak w 1991 roku na placu Manezowym, kiedy smukły i prężny wzywał do walki o nową Rosję, niemniej zbierał się kilkutysięczny tłum. Jelcyn znowu zdobywał punkty.

Tyle było widać na scenie. Za kulisami natomiast rozgrywał się dramat. Przerzucany z jednej strefy klimatycznej do drugiej, sypiający po cztery godziny na dobę, napychany tabletkami, kłuty zastrzykami Jelcyn przeszedł dwa zawały. Jeden po drugim. Ostatni – na tydzień przed drugą turą. Rezydencja, w której przebywał, stała się zamaskowaną salą szpitalną. Pozornie jednak wszystko wyglądało normalnie.

W centrum prasowym wszyscy się cieszyli. Notowania rosły. Satarow opowiadał, my, dziennikarze, notowaliśmy. Nagle zrobiło się cicho. Weszli ONI: Tatiana Diaczenko i Walentin Jumaszew. Wówczas niemal najważniejsze osoby w państwie. Ona – błyskająca w uśmiechu zębami, w popielatych spodniach, popielatej marynarce w jasne prążki, świetnie ostrzyżona, jak nowa, niepodobna do szarej myszy, którą od czasu do czasu widywało się przy prezydencie – podeszła do Satarowa, przywitała się, a w naszym kierunku wesoło rzuciła: „Jak tam, dziatki?". On, nieco od niej niższy, w dżinsach, ciemnej marynarce, eleganckiej koszuli z rozpiętym kołnierzykiem, niepodobny do tego, którego w Domu Dziennikarza na Nikickim Bulwarze widywałam w wyświechtanych dżinsach, rozciągniętym swetrze, z niedomytymi włosami i pryszczami na twarzy.

Dużo wcześniej, w 1988 roku, Jelcyn zauważył sprytnego dziennikarza tygodnika „Ogoniok" kręcącego o nim film dokumentalny. Pełną parą szły wtedy wybory do Rady Najwyższej ZSRR. Jelcyn i Jumaszew przypadli sobie do gustu. Młody człowiek okazał się towarzyski, grał na gitarze, śpiewał… Któregoś dnia obaj zaszyli się na dalekiej wsi, w chałupie bez wygód i prysznica. Leżąc na sianie lub spacerując po lesie, Boris Jelcyn przez niemal dwa tygodnie dyktował dziennikarzowi to, co leżało mu na sercu. A był wtedy partyjnym odszczepieńcem na wysokim stanowisku, ulubieńcem narodu prześladowanym przez najwyższe władze. Tak powstał ciekawy zapis ostatnich lat pierestrojki. Niewielka książeczka nosząca polski tytuł *Wyznania* (oryg. *Ispowied' na zadannuju tiemu*) przysporzyła Jelcynowi jeszcze większego rozgłosu, a dziennikarza związała z jej bohaterem. Z czasem ich relacje stały się niemal rodzinne.

Walentin był późnym dzieckiem w biednej, prowincjonalnej rodzinie, wnukiem zesłańców, którzy dopiero po śmierci Stalina wrócili z Kazachstanu do Rosji. Ojciec wcześnie zniknął z jego życia, on zaś wraz z matką znalazł się w miejscu wyjątkowym: w podmoskiewskiej miejscowości Pieriediełkino, jedynym na świecie rezerwacie pisarzy przesiedlonych tu do kilkudziesięciu willi wybudowanych na rozkaz Stalina, by nic twórcom nie przeszkadzało w opiewaniu sukcesów Związku Radzieckiego (ale i tak niejeden wprost stąd powędrował do łagru). Żyli tu niegdyś i Pasternak, i Bułhakow, i Okudżawa. Matka Walentina sprzątała dacze sławnych mieszkańców, a syn zarabiał swoje pierwsze pieniądze, oprowadzając zagranicznych turystów.

Walentin, który wyrósł bez ojca, mógł w Borisie Nikołajewiczu Jelcynie, człowieku stanowczym, ale też szczerze serdecznym, szukać tego, czego mu w życiu zabrakło. Jelcyn z kolei zawsze marzył o synu. A Wala – utalentowany rozrabiaka, w miarę posłuszny, w miarę samodzielny, świadomie lub nie – wypełniał tę lukę. Jelcyn śmiał się nieraz, że tak ważne dla Rosjan *otczestwo*, czyli imię po ojcu, u Walentina brzmiało: Borisowicz, syn Borisa.

Drugą wspólną książkę – *Notatki prezydenta. Od puczu do puczu* – Jumaszew pisał, będąc już sąsiadem państwa Jelcynów w pięciopiętrowym domu wybudowanym specjalnie dla prezydenta i bliskich mu ludzi przy ulicy Osiennej w eleganckiej dzielnicy Kryłatskoje. Tatiana, młodsza córka Jelcyna, długo traktowała Walę jak przyjaciela, nawet jak brata. Oboje tkwili w drugich nieudanych związkach. Ona – matematyczka o ścisłym umyśle, on – wesołek z dziennikarskiej braci, swobodny i jak żaden inny młody człowiek odwiedzający dom państwa Jelcynów nieskrępowany polityką.

Z czasem przyjaźń zmieniła się w romans, romans w miłość. Nie było jeszcze telefonów komórkowych, więc posyłali sobie karteczki: „Czekam na daczy. Twoja Tania", „Przyjeżdżaj na daczę. Wala". Później Tatiana w swoim blogu napisała, że jej życie zmienił pocałunek Walentina, który rozbudził ją i wyzwolił: „Nigdy nie myślałam, iż kontakt z mężczyzną może dawać tyle zadowolenia, że seks to coś tak ważnego, wspaniałego, bajkowego, bez czego życie jest przaśne i nudne".

Jak to zwykle bywa, o romansowych sprawach swoich bliskich rodzina dowiaduje się ostatnia. Otoczenie ukrywało przed Jelcynem i jego żoną prawdę o romansie córki. Tania formalnie pozostawała przecież żoną pana Diaczenki. I choć specjalnej sympatii starszych państwa ten zięć sobie nie zaskarbił, utrzymywano ich w przekonaniu, że tych dwoje tak często bywa razem nie z powodu romansu, lecz raczej z uwagi na „służbową przyjaźń". Dla Jelcyna w sprawach służbowych i „okołosłużbowych" o wiele bardziej od córki liczył się Jumaszew, przynajmniej do czasu owej kampanii wyborczej. Łączyło ich bowiem coś jeszcze. Finanse.

Oto, co czytamy w pewnym oświadczeniu złożonym przed londyńskim sądem:

„Druga książka Jelcyna *Notatki prezydenta* była ukończona na początku 1994 roku. Jumaszew uznał, że do jej wydania potrzebne są duże pieniądze. Jelcyn nigdy nie zajmował się sprawami wydawniczymi. Dopiero potem się okazało, że kilka znanych wydawnictw chciało książkę wydać i zapłacić porządne honorarium. Ale Jumaszew przedstawił sytuację tak, że bez pieniędzy pewnego biznesmena się nie obejdzie. Tym biznesmenem okazał się Boris Bieriezowski. Jumaszew i Bieriezowski prowadzili już jakieś interesy wcześniej. Jumaszew przedstawił tę sprawę prezydentowi tak, jakby nikt poza Bieriezowskim nie kwapił się, żeby sfinansować wydanie książki. Bieriezowski wyłożył na nią 250 tysięcy dolarów i uznał to za niezwykłą szczodrość w stosunku do prezydenta.

W tamtych czasach Jelcyn nigdy od nikogo nie brał pieniędzy. O łapówce mowy być nie mogło. Nawet brakowało mu środków na dokończenie budowy własnej daczy. Miał wielką nadzieję, że wydanie *Notatek prezydenta* za granicą przyniesie znaczny dochód. Ale książka za granicą rozchodziła się kiepsko, gdyż była zrozumiała tylko dla rosyjskiego czytelnika – dotyczyła zdarzeń ważnych wyłącznie dla Rosji.

Jumaszew i Bieriezowski postanowili naprawić błąd. I zaczęli napełniać osobiste konto Jelcyna w londyńskim oddziale banku Barclays, objaśniając, że to jego tantiemy z książki. Pod koniec 1994 roku na koncie znajdowało się już około 3 milionów dolarów. Bieriezowski niejednokrotnie się chwalił, że przyczynił się do zgromadzenia osobistego majątku Jelcyna. Przez lata 1994 i 1995 niechlujny dziennikarzyna Walentin Jumaszew przynosił co miesiąc prezydentowi w walizeczce pieniądze z procentów: około 16 tysięcy dolarów gotówką. A Jelcyn wkładał je do sejfu"[6].

Tak oto pojawił się na Kremlu i utrwalił swoje wpływy jeden z kilku ludzi, którzy w 1999 roku postawią wszystko na jedną kartę. Tą kartą będzie Putin.

Czy Jelcyn w tamtych czasach mógł być w sprawach finansowych aż tak naiwny? Owszem. Jako pierwszy sekretarz Komitetu Obwodowego KPZR w Swierdłowsku mieszkał z żoną i dwiema córkami w trzech pokojach nawet bez dywanów, które w porządnym rosyjskim domu leżą na podłogach i wiszą na ścianach. We wspomnieniach jego ówczesnych przyjaciół niemal zawsze przewija się zdziwienie, jak też Naina i Boris skromnie żyją. Gdy zaś Jelcyn zwiedzał (zajmowaną wcześniej przez Gorbaczowa) średnio luksusową willę, wyposażoną w kilka łazienek, był tym luksusem oburzony. Będąc pierwszym sekretarzem Komitetu Miejskiego KPZR w Moskwie, ostentacyjnie zrezygnował z przywileju zaopatrywania się w sklepach dla uprzywilejowanych, czym zmusił żonę do stania w kolejkach.

Tak. Jelcyn długo był uczciwym człowiekiem.

„On bardzo się różnił od innych pracowników nomenklatury i to właśnie mnie zachwycało – napisał cytowany już Korżakow. – Po sierpniowym puczu (w 1991 roku) wydawało mi się, że Rosja wygrała szczęśliwy los na loterii. Władza prawie bezkrwawo przeszła w ręce demokratów [...]. Ale Boris Nikołajewicz dał się złamać temu, co towarzyszy nieograniczonej władzy: pochlebstwom, materialnym dobrom, całkowitemu brakowi kontroli [...]. Większość jego reform sprowadzała się do nieskończonych zmian na wyższych szczeblach władzy"[7].

Boris Nikołajewicz zaczynał rządy w towarzystwie najlepszych i najuczciwszych ludzi funkcjonujących w polityce końca osiemdziesiątych i początku dziewięćdziesiątych lat minionego wieku. Słuchał rad Jeleny Bonner, wdowy po zmarłym rok wcześniej laureacie Pokojowej Nagrody Nobla Andrieju Sacharowie, miał w swoim otoczeniu Galinę Starowojtową, Siergieja Kowalowa, Siergieja Juszenkowa i wielu im podobnych, mądrych, do szpiku kości bezinteresownych (Sacharow całą sumę otrzymaną z tytułu Nagrody Nobla przeznaczył na cele charytatywne). Mijały lata i pod koniec pierwszej kadencji nie ostał się przy nim nikt z nich. Dymisjami sypał jak z rękawa, przy czym miejsce osób odsuwanych zajmowali ludzie coraz mniej zajęci sprawami państwa, a coraz bardziej własnymi interesami. A i on sam, coraz słabszy i bardziej chory, ograniczył się głównie do interesów własnego klanu, utożsamianych – może podświadomie – z interesami państwa.

3 lipca 1996 roku w specjalnie przygotowanym punkcie wyborczym w sanatorium w Barwisze Boris Nikołajewicz Jelcyn drżącą ręką wrzucił do urny kartę do głosowania.

Zwyciężył, ale tylko formalnie, bo wyniki wyborów sfałszowano, odejmując głosy konkurentom. Dla przykładu: w jednym tylko z okręgów wyborczych w Kazaniu – stolicy Tatarstanu – Ziuganowowi zabrano 1285 głosów, Jawlinskiemu – 897, Żyrinowskiemu – 205, a generałowi Lebiediowi – 1192. Podobnie działo się w całej Federacji Rosyjskiej. Jest na to wiele dowodów[8].

Uroczystość inauguracji była przygnębiająca. Przysięgę narodowi składał żywy trup. Na uginających się nogach.

9 listopada 1996 roku Jelcyn przeszedł ciężką operację wstawienia kilku bajpasów i przez półtora roku właściwie nie pojawił się na Kremlu.

Tatiana Diaczenko została oficjalnie mianowana pomocnikiem prezydenta, otrzymała gabinet i całą należną wysokiemu urzędnikowi oprawę (służbowe żyguli rychło zamieniła na audi, audi na mercedesa).

Walentin Jumaszew został doradcą prezydenta do spraw łączności ze środkami masowej informacji.

Władza praktycznie przeszła w ich ręce. Nie wydawali dekretów i postanowień – robił to prezydent pod ich wpływem. Nie odwoływali ani nie mianowali ważnych urzędników – robił to prezydent wedle ich sugestii.

Jumaszew nie parał się dotychczas biznesem, świetnie natomiast nawiązywał kontakty z biznesmenami. Przekonał zatem Borisa Jelcyna do pomysłu utworzenia prezydenckiego klubu, miejsca, gdzie można by w godnym towarzystwie pograć w tenisa (ulubiony sport prezydenta), popływać w basenie, a przy kolacji omówić (z biznesmenami) ważne sprawy państwowe. Prestiżowy klub prezydencki powstał w dawnym „domu przyjęć" pierwszego sekretarza KPZR Leonida Breżniewa, w prestiżowej okolicy Worobiowe Wzgórza. Ogromne składki członkowskie wpłacone przez klubowiczów Jumaszewowi gdzieś się rozpłynęły, niemniej w klubie pojawił się jego pierwszy protegowany – Boris Bieriezowski, i po jakimś czasie przyprowadził swojego protegowanego – Romana Abramowicza. Zaczynała się era oligarchów.

## Tania

Znakomicie to wymyślili panowie Jumaszew i „jego" oligarchowie: wprowadzenie ambitnej córki prezydenta do polityki okazało się strzałem w dziesiątkę. „Tatiana Borisowna jest władcza i wyrachowana. Po ojcu odziedziczyła trudny charakter. Przywykła rządzić mężczyznami"[9] – czytamy w jednym z czasopism publikujących jej charakterystykę. „Nieformalna potęga Tatiany Diaczenko praktycznie nie ma granic. Córka prezydenta załatwia na Kremlu niemało spraw, zwłaszcza tych, które wymagają bezpośredniego dostępu do Borisa Jelcyna"[10] – pisał tygodnik. Bieriezowski nazywał ją „jednym z najskuteczniejszych łączników", Korżakow – „prawie jedynym łącznikiem". Stała się kluczową figurą rosyjskiego „kapitalizmu łapówkowego", zazdrośnie przy tym strzegąc dostępu do prezydenta i jednocześnie starannie dbając, by nie wysuwać się na pierwszy plan.

Oto sytuacja ilustrująca ten specyficzny rodzaj kapitalizmu:

Dyrektor Roswoorużenije, głównego wówczas przedsiębiorstwa zajmującego się handlem bronią, usłyszał pewnego dnia: „Zastanawiamy się, czy zatrzymać pana, czy zmienić. Powinien się pan jakoś wykazać". Tu padła propozycja podzielenia się zyskami z przedsiębiorstwa. Na co dyrektor: „Jakże to? Przecież ja mam na wszystko dokumentację". „Ach, to nic – brzmiała odpowiedź prezydenckiej latorośli. – Poznam pana z pewnym człowiekiem, który zna wszelkie chwyty, wszystko zrobi". I przyprowadziła Romana Abramowicza. Dyrektor był w szoku. „Nigdy nie przypuszczałem – mówił – że takie metody w ogóle są możliwe. Toż to geniusz oszustwa!". Z rad tego geniusza jednak nie skorzystał[11].

Niebawem na scenie politycznej będą się rozgrywały niepojęte wprost wydarzenia: bankructwo państwa, gwałtowne zmiany premierów i sekretarzy Rady Bezpieczeństwa, nowa wojna z Czeczenią... Trudno uwierzyć, że wszystkim tym – na obszarze od Bugu po Morze Chińskie – zza kulis zawiadywało kilka osób, najwidoczniej na losy państwa i 140 milionów jego mieszkańców obojętnych.

Do osób tych, tworzących krąg wokół „prezydenckiego doradcy numer 1", Tatiany Diaczenko, należeli: Walentin Jumaszew, Boris Bieriezowski, Roman Abramowicz, ewentualnie jeszcze paru potężnych biznesmenów oraz Anatolij Czubajs – wysokiej rangi urzędnik państwowy, były wicepremier, „młody reformator", dokładny, obowiązkowy i... bezpardonowy – jedyna w tym gronie postać, poza Jelcynem, która wydawała się przejmować sprawami państwa. Krąg nazwano Rodziną. Wewnątrz niej zapadały decyzje co do własności

*Anatolij Czubajs i Władimir Putin. Przyjaźń czy tylko wspólnota interesów?*

największych w państwie przedsiębiorstw, mianowania premierów czy sekretarzy Rady Bezpieczeństwa.

W Rodzinie padło też nazwisko „Putin".

## Roman A.

Mówi się, że aby zostać milionerem, trzeba ukraść pierwszy milion. Mówi się, że pod koniec lat osiemdziesiątych ten młokos Abramowicz (urodzony w 1966 roku) ukradł trzy wagony z mazutem. Ale to nieprawda. Ukradł pięćdziesiąt pięć cystern zawierających 4 tysiące ton mazutu. 12 lutego 1992 roku firma Aweks-Komi z Syktywkaru podpisała umowę z Zakładem Przerobu Ropy w Uchcie na dostawę ropy do Moskwy. Kiedy cysterny nadeszły, odebrał je Roman Abramowicz, pokazał fałszywe pełnomocnictwo i przeadresował ładunek do jednostki wojskowej pod Kaliningradem. Gdy Zakład w Uchcie zażądał od kupującego zapłaty, okazało się, że firma Aweks-Komi nie ma pojęcia o transakcji i żadnej umowy nie podpisywała. Podczas śledztwa ustalono, iż wszystkie dokumenty były fałszywe, a ładunek jakimś cudem dotarł do Rygi, gdzie zniknął, podobnie jak akt oskarżenia z moskiewskiej prokuratury. Wartość tych pięćdziesięciu pięciu cystern to 3 miliony 800 tysięcy rubli, co w tamtym czasie było zawrotną sumą.

Roman Arkadijewicz Abramowicz miał już pewne doświadczenie w przedsiębiorczości. W połowie lat osiemdziesiątych ubiegłego wieku, kiedy wyrzucono go z fabryczki ozdób metalowych, bo wszystko chciał tam modernizować, brakowało mu nawet na tramwaj, a mimo to, siedząc w wynajmowanej klitce na skrzynce (krzeseł tam nie było), rzekł do znajomego: „A ja kupię świat!".

Najpierw handlował gumowymi zabawkami z cudzej fabryczki, potem otworzył własną i pod koniec 1989 roku jeździł już samochodem marki Żiguli, tu i ówdzie oklejonym skoczem. W dotyczących go aktach FSB czytamy, iż „z kompetentnego źródła wiadomo, że w rozkręceniu biznesu (Petroltransu) pomógł mu

Bieriezowski, z którym od 1991 roku pozostawał w przyjacielskich relacjach"[12].

W latach 1991–1996 Roman Abramowicz założył trzynaście firm. W aktach FSB napisano, że „praktycznie wszystkie zakładane w roku 1995 i 1996 okazały się firmami »krzakami« utworzonymi do konkretnych zadań, na ogół związanych z przekazywaniem ogromnych sum z budżetu na potrzeby przedwyborczej kampanii prezydenta lub uzyskaniem przez jego rodzinę nieruchomości za granicą"[13]. Dla osobistych korzyści też.

Tak więc w połowie lat dziewięćdziesiątych ubiegłego wieku Roman Abramowicz był już milionerem. Unikał wszakże blichtru i pokazywania się w większym towarzystwie ze względu na poważne braki w wykształceniu. Żeby „kupić świat", to nie wystarczyło. Był zaledwie na rozbiegu do skoku o tyczce. Do skoku popchnął go Bieriezowski. Za tyczkę posłużył Jumaszew. Wkupiwszy się w jego łaski (załatwił Walentinowi na przykład samochód opancerzony i solidną ochronę), nadal grając skromnisia, w przetartych dżinsach i rozdeptanych adidasach, „grillował szaszłyki na polanie prezydenckiej daczy, nosił skrzynki z wodą, rąbał drwa, nie unikał żadnej roboty. I cały czas się przy tym nieśmiało uśmiechał"[14]. Rzeczywiście, żadnej w tym przesady. Wicepremier Boris Niemcow, który odwiedził pewnego popołudnia daczę Jumaszewa, opowiadał znajomej dziennikarce, że „Wala z Tanią w milczeniu [...] jedli szaszłyki. Przygotowywał im je jakiś chłopak, którego wtedy nie znałem. Myślałem, że to kucharz. Potem mi powiedzieli: Roman Abramowicz"[15].

Prawdopodobnie to on, a nie Bieriezowski, napełniał londyńskie konto Jelcyna naiwnie myślącego, że cały świat rozczytuje się w jego *Notatkach prezydenta*. Z czasem Jumaszew został biznesowym partnerem Abramowicza, lobbując w jego interesach na szczytach władzy.

W zamian Abramowicz regularnie opłacał wypoczynkowe pobyty Jumaszewa i Diaczenko w górskich kurortach Szwajcarii, przynosił im co miesiąc „walizeczkę, do której wchodziło 200 tysięcy dolarów"[16], finansował kupno domu dla nich w Garmisch-Partenkirchen, a ze środków swojej szwajcarskiej firmy Runikom kupił

Roman Abramowicz. Jeden z najbogatszych ludzi na świecie nie miał nawet na bilet tramwajowy, gdy powiedział: „A ja kupię świat!"

w celach rekreacyjnych jachty „Stream" i „Sophie Choyces" dla ludzi z bliskiego kręgu Jelcyna. To także on sterował strumieniem surowców i pieniędzy swojej kompanii naftowej Sibinieft.

W przyszłości zaś zaprzyjaźnił się z Władimirem Putinem, który – wedle jednego z jego biografów, Chrisa Hutchinsa – „rozpromienia się na widok Abramowicza wchodzącego do pokoju i traktuje go prawie jak syna"[17]. Zażądał na przykład, by Abramowicz rozwiódł się z żoną, jako że od dawna widywano go z niejaką Darią Żukową (zamieszkałą w Londynie modelką). Przy czym żądając tego, Putin kierował się nie tyle dobrem dziewczyny, ile jej ojca. Aleksandr Żukow bowiem to związany z Gazpromem potężny biznesmen branży naftowej i handlu bronią, powiązany z rosyjskim wywiadem wojskowym (GRU). Oddany Putinowi Abramowicz będzie zawsze do jego usług, ot, choćby takich jak zorganizowanie latem 2010 roku na swoim jachcie oddalonego od oczu ciekawskich spotkania VIP-ów, z udziałem szefa Prezydenckiej Administracji Władimira Kożyna, Jumaszewa i Tatiany (która została żoną Walentina) oraz paru szczególnie bliskich Putinowi oligarchów. I to on obiecał prezydentowi sfinansowanie części przygotowań do mundialu w 2018 roku.

## Znad Newy nad rzekę Moskwę

Czerwiec 1996. Petersburg. Instytut Smolny. Gabinet byłego zastępcy byłego mera, byłej szarej eminencji Petersburga, Władimira Putina.

On sam właśnie porządkuje dokumenty. Dzwoni telefon.

„- Co robisz?

- No cóż, papiery zbieram i zwalniam pomieszczenie.

- A gdzie masz zamiar pracować?

- Jeszcze nie wiem.

- Proponuję u mnie. W Urzędzie Prezydenckim nudno ci będzie, ale w Administracji w sam raz.

- Dobrze - odpowiedziałem.

Po drugiej stronie przewodu telefonicznego słuchawkę trzymał Paweł Borodin"[18].

To wersja Putina, w rzeczywistości bowiem petersburską osobistość na moskiewskim dworze przerzucano początkowo z rąk do rąk jak gorący kartofel: Jegorow do Czubajsa, Czubajs do Kudrina, Kudrin do Jastrzembskiego, Jastrzembski znów do Kudrina, Kudrin do Bolszakowa, Bolszakow do Borodina... Bingo! Większość tych ludzi (z wyjątkiem do niedawna współpracującego z petersburskim merostwem petersburżanina Bolszakowa, którego właśnie mianowano wicepremierem) związana była z centrum dowodzenia państwem, czyli z Administracją Prezydenta.

Ten urząd to rosyjska specyfika. Niegdyś nosił nazwę Jego Imperatorskiej Wysokości Kancelaria Własna, ale imperator Mikołaj I tak rozszerzył jej pełnomocnictwa, że Kancelaria stała się głównym carskim ośrodkiem dowodzenia państwem. Za czasów pierwszych sekretarzy jej omnipotencję przejął Komitet Centralny KPZR (właściwie Biuro Polityczne). W nowej Rosji nastąpił płynny powrót na dawne miejsce przy głowie państwa. Sens istnienia tej struktury można (z niewielką przesadą) ująć tak: rząd sobie, parlament sobie, a państwem rządzi Administracja Prezydenta.

Tylko od prezydenta zależy jej znaczenie. W czasach pierwszej kadencji Jelcyna (1991–1996) mało kto znał nazwisko szefa tej instytucji. Bo „wczesny Jelcyn", entuzjastyczny demokrata, neofita bardzo starający się odciąć od radzieckiej przeszłości, Administrację wykorzystywał do zadań, do których została konstytucyjnie powołana, to znaczy do organizowania działalności prezydenta. „Wczesny Jelcyn" bywał wprawdzie czasem nietrzeźwy, lecz w zasadzie zdrowy: skutki pijaństwa nie rzutowały jeszcze na działalność państwową. Przy „późnym Jelcynie", schorowanym, szef Administracji stał się praktycznie drugą osobą w państwie.

Gdy na Kremlu pojawił się Putin, na czele Administracji Prezydenta stanął Anatolij Czubajs. Ten sam, który pracując przez rok (1991–1992) w petersburskim merostwie, miał okazję poznać wady i zalety szarej eminencji zwanej też – ze względu na podejrzliwość – „Stasi". Ciekawe, dlaczego Czubajs właśnie teraz, gdy dawnemu koledze obiecano miejsce w podlegającej mu instytucji, to miejsce zlikwidował, a pomocną dłoń bez wahania podał innemu koledze z merostwa – Aleksiejowi Kudrinowi, czyniąc go nie tylko swoim zastępcą, lecz także naczelnikiem Głównego Zarządu Kontroli, podporządkowanego Administracji Prezydenta?

Nadany przez Bieriezowskiego sygnał: „SOS dla Putina!", błądzący po kremlowskich korytarzach, spotkał się – jak już wspomniano – z odzewem Borodina. Dzięki temu petersburski uciekinier witał się z wysokim urzędnikiem kremlowskim, swoim nowym szefem, odetchnąwszy z ulgą: znalazł się bowiem poza zasięgiem rażenia śledczych z Petersburga. I tak będzie nadal, jeśli Sobczak nie wpadnie w ich sidła i nie zostanie doprowadzony do sali sądowej.

Paweł Borodin, nieoficjalnie zwany „prezydencką portmonetką" lub „szarą eminencją Kremla", to zaufany człowiek Jelcyna trzęsący kremlowską kasą i rosyjskim majątkiem nieruchomym za granicą, wartym wtedy ponad 580 miliardów dolarów. Nawet po uwzględnieniu „zużycia materiału" był to nadal niewyobrażalnie wielki majątek: siedemset piętnaście nieruchomości w siedemdziesięciu ośmiu państwach. Cały blok socjalistyczny został nimi nafaszerowany czy to w postaci koszar, czy też całych dzielnic budowanych na potrzeby żołnierzy radzieckich i ich rodzin, nie wyłączając infrastruktury w postaci rozmaitych świetlic, domów kultury, przedszkoli i szkół, przedstawicielstw handlu i kultury, zabudowań stoczniowych i fabrycznych... Wszystko to miało przejść na własność dawnych wasali Moskwy za sumę z nimi uzgodnioną bądź za darmo (jak bowiem wyceniać budynki mieszkalne zdewastowane do cna, ponieważ lokatorzy przed ich opuszczeniem posprzedawali na pniu lub zabrali do ojczyzny, co tylko się dało, z sedesami włącznie?). W takich okolicznościach – jak utrzymują znawcy tematu[19] – nieruchomości mogły być przekazywane za inną cenę na papierze, a inną w rzeczywistości. Gdzie lądowała różnica? Wiadomo.

Filippe Turowier, obywatel Szwajcarii o rosyjskich korzeniach, przedstawiciel kilku potężnych banków szwajcarskich, powiedział dziennikarzom z „Nowej Gaziety":

„Wołodia Putin to historia wyjątkowa i długa [...]. W ciągu ośmiu miesięcy pracy w Zarządzie Gospodarczym Putin odpowiadał za dawną radziecką własność za granicą, także za tę należącą do partii. I na tym wszystkim położył łapę [...]. Kiedy tylko rozpoczęto tak zwaną klasyfikację majątku byłego ZSRR i partii, natychmiast utworzono wokół nich najrozmaitsze »lewe« firmy, jakieś tam spółki otwarte i zamknięte, korporacje. Im się dostała ogromna część najdroższych nieruchomości [...], więc zagraniczna własność wróciła do państwa dokładnie obłupiona. A obłupił ją dzisiejszy premier"[20].

Tym „dzisiejszym premierem" w momencie ukazania się owego tekstu (1999 rok) był Władimir Putin. Gdy więc w różnych wywiadach nasz bohater podkreśla, że w Moskwie wykorzystywał doświadczenie nabyte w petersburskim merostwie, wyjątkowo nie mija się z prawdą.

Borodin jednak Putinowi nie ufał. Nie z powodu malwersacji (bo nikt tu nikogo nie podejrzewał o taką słabostkę jak uczciwość), lecz niepewności, czy nowy współpracownik donosi do dawnej firmy czy nie donosi. Na wszelki wypadek nie udostępnił mu biura w swojej głównej siedzibie przy ulicy Nikickiej, każąc mu się gnieździć w byle jakim pomieszczeniu przy pięknej skądinąd i nieodległej od Kremla starej ulicy Warwarka.

Tak się zaczął rok 1997.

Zarówno według chińskiego, jak i zachodniego horoskopu (była żona Putina, Ludmiła, określała ludzi i zdarzenia głównie według horoskopów) człowiek spod znaku Tygrysa albo Wodnika miał w tym roku odnieść sukces. Aby jednak pojąć, jak i dlaczego nastąpiły korzystne zmiany w życiu Władimira Putina, musimy się przenieść na ulicę Nowokuzniecką 40 w Moskwie, do Domu Przyjęć przedsiębiorstwa Logowaz, a prościej – do klubu Bieriezowskiego. Właśnie w tym luksusowym miejscu spotkań Boris Abramowicz przedstawił Władimira Władimirowicza Walentinowi Borysowiczowi. Powstał triumwirat: Bieriezowski – Putin – Jumaszew.

## Wala i Wołodia

Ci dwaj do siebie pasowali: wyglądem, życiorysem, charakterem. Wyglądem: obaj niewysokiego wzrostu, nierzucający się w oczy, o rysach dość pospolitych. Życiorysem: nieduża różnica wieku (Putin wedle „oficjalnej" daty urodzenia rocznik 1952, Jumaszew – 1957), obaj mający za sobą trudne, pozbawione prawdziwego ojca, ubogie dzieciństwo. Charakterem: u obu występowała wspólna dla ludzi o takiej proweniencji mieszanina kompleksów niższości i wyższości. Poza tym – wyjątkowym u obu talentem do intryg, planowania złożonych akcji, oszukiwania przeciwników, projektowania zasadzek, u Putina spotęgowanym jeszcze – imponującą Jumaszewowi – praktyką w KGB. O Jumaszewie mówili: „Mądry, chytry, podstępny. Zbyt ambitny [...]. Błyszczeć nie lubi. Woli kierować sprawami z drugiego szeregu. Boleśnie reaguje na krytykę. Zapamiętuje nazwisko autora, czeka na właściwy moment i mści się [...]. W wielu dziedzinach dyletant, ale nadrabia to doskonałą pamięcią [...]. Często kłamie. Jeśli jest mowa o ludziach, to siebie zawsze przedstawia jako bezinteresownego bojownika o sprawiedliwość [...]. Nieodłączną częścią jego gry jest umiejętność dostosowywania się do okoliczności [...]. Pracować może długo, ale ma zwyczaj się spóźniać. Raczej stroni od alkoholu. Jeździ na nartach"[21].

Czyż to nie jest – wypisz wymaluj – Władimir Putin?

Tymczasem 7 stycznia 1997 roku Jelcyn trafia do szpitala z zapaleniem płuc. Frakcja komunistów w Dumie żąda jego dymisji z powodu złego stanu zdrowia. Mimo że wniosek nie uzyskuje większości, napięcie rośnie. Głównym problemem prezydenta jest pusta kasa. Cena za baryłkę ropy wzrosła wprawdzie o 10 dolarów i wynosi już prawie 20 dolarów, ale to nie wystarcza, by prowadzić reformy czy zapłacić od dawna zaległe pensje. Sięga więc po ostatnią, jak mu się wydaje, deskę ratunku: stawia na młodych. Niespełna sześćdziesięcioletniemu premierowi Czernomyrdinowi dodaje pomocników w postaci dwóch młodych reformatorów: gubernatora Niżnego Nowogrodu Borisa Niemcowa i ekonomisty Anatolija Czubajsa. W związku z tym Czubajs opuszcza dotychczasowe stanowisko i jako wicepremier przeprowadza się do „Białego Domu", ogromnego rządowego kompleksu gmachów z drugiej połowy minionego wieku, o bardzo ciekawej architekturze – usytuowanego nad rzeką Moskwą, na Nabrzeżu Krasnopriesnienskim.

Do jego gabinetu na Kremlu, w bloku numer 1, wkracza Walentin Jumaszew, nowy szef Administracji Prezydenta Federacji Rosyjskiej.

Jumaszew – wolny duch, niebiorący dotychczas udziału w otwartej polityce, niemający pojęcia o sprawach administracyjnych, o zawiadywaniu zbiurokratyzowanym resortem – obawia się tego stanowiska, jednak przekonany przez Tatianę wyraża zgodę. Wie, kto wykona za niego administracyjną robotę.

Putin.

Tak nasz bohater otrzymał pierwszy kremlowski awans: 25 maja 1998 roku został zastępcą szefa Administracji Prezydenta.

Jednocześnie uzyskał awans drugi: na szefa Głównego Zarządu Kontroli w tejże Administracji. To miejsce właśnie zwolnił kolega Kudrin, którego kolega Czubajs zabrał ze sobą do „Białego Domu" jako swojego zastępcę. Każdy z nich miał zapewne odpowiednie kwalifikacje do wykonywania czekających ich zadań (w przyszłości Aleksiej Kudrin jako wieloletni minister finansów za czasów Putina walnie się przyczyni do ustabilizowania rosyjskiego budżetu). Miał je i Putin po sześciu latach brania udziału w zarządzaniu pięciomilionowym Petersburgiem.

Jego gabinet w prezydenckiej Administracji zapewne wyglądał tak: przestronna elegancka komnata, a nie klitka w bocznej uliczce; długi stół nakryty czerwonym płótnem, na stole mosiężna lampa z alabastrowym zielonkawym abażurem, wygodne skórzane fotele, obszerne biurko, za nim stylowa biblioteczka pełna równo ustawionych, pięknie oprawnych woluminów...

Nowe życie, Wowa!

Do drugiego gabinetu trafiła na konferencję prasową korespondentka gazety „Kommiersant" Jelena Triegubowa i opisała to tak:

„W nudnym szarym pomieszczeniu, na wskroś przesiąkniętym zgnilizną starych partyjnych dokumentów, przy długim, długim stole siedziało, nie kryjąc znudzenia, kilku bezbarwnych dziennikarzy. Za nimi, u szczytu stołu siedział prawie niewidoczny, nieduży, nudny i szary człowieczek. Nie wiadomo, dlaczego ciągle zaciskał szczęki. Padały nudne pytania moich kolegów i jeszcze nudniejsze jego odpowiedzi, ja zaś obserwowałam twarz tego człowieczka, próbując rozpoznać przyczynę podejrzanego dysonansu: cyklicznego tężenia mięśni na policzkach w trakcie bezbarwnej rozmowy. Najwidoczniej toczył się w nim jakiś wewnętrzny proces: albo bał się trudnego pytania, albo właśnie na takie pytanie czekał. Jego oczy pozostawały przy tym nie tyle bezbarwne i obojętne, ile nieobecne. Trudno było pojąć, gdzie właściwie spoglądał, bo jego wzrok rozpływał się w powietrzu, rozmazywał po twarzach obecnych. Jakby ten człowiek usiłował nas przekonać, że go w ogóle nie ma, mistrzowsko zlewając się z kolorem własnego gabinetu. Wydawało się, że zahipnotyzowani goście pospadają zaraz z krzeseł jak senne muchy z powały.

Ale gdy zadałam trudne pytanie, oczy Putina momentalnie ożyły, on zaś powoli – jakby wychodząc z anabiozy – zaczął odpowiadać, coraz dosadniej i natarczywiej przekonując, że państwo gnije, a zreformować je może tylko to, co pozostało z dawnego KGB, bo tylko tam zachowała się pewna czystość... Wcześniej jednak kategorycznie oświadczył, że następna część konferencji jest zamknięta, i zabronił cytować jego słowa gdziekolwiek.

Już wtedy wyraźnie podobały mu się efekty specjalne: wszystkie groźne frazy cedził jakby niedbale przez dolną wargę, przy czym po jego twarzy przebiegał jakiś błogi chłopięcy uśmiech. Najwyraźniej chciał się pokazać jako człowiek, który już teraz, nie wstając od stołu, nie zmieniając tonu głosu i wyrazu twarzy, może spokojnie zetrzeć w proch [...] każdego, kto stanie na drodze jego ukochanych organów bezpieczeństwa. Wyraźnie widać było, że napawa się wrażeniem, jakie zrobiła na audytorium jego surowość, i że coraz bardziej się »nakręca« [...]. »Jeśli trzeba będzie wsadzić do więzienia, wsadzimy!«"[22].

Władimir Putin zakasał rękawy.

Przeprowadzano kontrole we wszystkich podległych mu jednostkach, czyli w całej administracji państwowej: w resortach, siłach zbrojnych, monopolach. Osiemdziesięciu dziewięciu władyków republik, krajów, obwodów, okręgów, wydzielonych miast, z których się składa *nieobjatnaja strana*, sprawdzano głównie pod kątem niewłaściwego korzystania ze środków budżetowych. Nie jechano do nich z pustymi rękami: na każdego koledzy z FSB przygotowali odpowiednie „papiery", spis przewinień w życiu publicznym i prywatnym. Znakomity środek łagodnej perswazji.

Częste i dokładne inspekcje Głównego Zarządu Kontroli dały rezultaty. Sam szef zechciał się nimi pochwalić przed dziennikarzami i na konferencji prasowej rozdał im biuletyn informacyjny, z którego wynikało, że wszczęto pięćdziesiąt spraw karnych, dwadzieścia osób postawiono przed sądem, ujawniono niecelowe wydatki z budżetu państwowego na kwotę biliona rubli! Dziennikarze byli zaskoczeni nie tylko osiągnięciami nieznanego im dotąd wysokiego urzędnika państwowego, lecz także samym faktem zorganizowania tego rodzaju konferencji prasowej. Dotychczas nikt na Kremlu taką reklamą swojej osoby się nie zajmował[23].

Przy okazji prac kontrolnych doszło do zdymisjonowania ministra obrony Igora Rodionowa, co – jak niebawem zobaczymy – miało przykre następstwa.

Przełożeni byli zadowoleni, Putin ponoć mniej: „Praca taka... niekreatywna sama w sobie. Ważna, potrzebna, ale dla mnie mało interesująca"[24] – powiedział swoim biografom, jakby z lekceważeniem dodając, że nawet przemyśliwał o jej porzuceniu. On, który o pracy na Kremlu jeszcze niedawno nawet marzyć nie śmiał i którego przecież Kreml chronił przed procesem karnym.

Oto fragment dokumentu z dochodzenia w sprawie numer 393939 prowadzonego wtedy przez śledczych z petersburskiego Wydziału do Walki z Przestępczością Gospodarczą MSW:

„Zdobyliśmy dowody przestępczych działań związanych z wykorzystaniem stanowiska publicznego do celów prywatnych przez W. Putina, jednego z wysokich rangą urzędników Administracji Prezydenta [...]. Oficjalna pozycja, jaką w chwili obecnej zajmuje ta osoba, w znacznym stopniu utrudnia pracę grupy operacyjno-dochodzeniowej oraz pozwala A. Sobczakowi czuć się względnie bezpiecznie"[25].

Władimir Putin podejmuje działania obronne. Telefony z Kremla załatwiają wiele. Prokurator Władimir Jeremienko z petersburskiej prokuratury miejskiej (wprowadzony tam z inicjatywy Anatolija Sobczaka) śmiało rusza do akcji. Swego czasu hamował, jak mógł, zapędy śledcze podwładnych tropiących przestępców z merostwa (co, sądząc z zawartości akt, nie bardzo mu się udawało) i odrzucił raport Mariny Salje jako podstawę do wszczęcia sprawy karnej przeciw Putinowi i jego wspólnikom. Teraz rozpoczął bezprecedensowy pogrom całego petersburskiego Wydziału do Walki z Przestępczością Gospodarczą. W poszukiwaniu tak zwanych haków kazał przejrzeć akta pracowników nawet sprzed trzech lat. Tak znaleziono na przykład skargę pewnego przesłuchiwanego na naczelnika tego wydziału, który ponoć bił go podczas przesłuchania. Mimo że świadectwo lekarskie ani wcześniejsze dochodzenie miejskiej prokuratury tego nie potwierdziły, naczelnik znalazł się w petersburskim więzieniu Kresty. Innego pracownika wydziału osadzono w więzieniu FSB pod zarzutem „próby wymuszenia łapówki", jednak bez najmniejszego na to dowodu. Śledczy z prokuratury miejskiej przeprowadzili rewizje we wszystkich gabinetach Wydziału do Walki z Przestępczością Gospodarczą i zatrzymali zawartość sejfów oraz twardych dysków zawierających materiały dotyczące korupcji. Praca wydziału została sparaliżowana[26].

Na tym możliwości Putina się kończyły. Nie był w stanie powstrzymać działań ministra spraw wewnętrznych Anatolija Kulikowa i prokuratora generalnego Jurija Skuratowa, którzy już spowodowali aresztowanie jednej z asystentek mera i już posłali za kraty szefa Wydziału Planowania w merostwie oraz dyrektora gabinetu mera. A gdy na prośbę Putina sam Jumaszew zwrócił się do prokuratora Skuratowa o przyhamowanie akcji, usłyszał: „Walentinie Borisowiczu, pan sobie nie wyobraża, co się tam działo. Jaka korupcja! Sobczak zebrał wokół siebie taaakich bandytów!”[27].

Prokuratura Generalna Rosji podjęła decyzję o aresztowaniu byłego mera. Na wezwaniu do stawienia się w prokuraturze widnieje data: 3 listopada 1997 roku. Zaraz po przedstawieniu zarzutów miało nastąpić zatrzymanie. Dla Rosjan wierzących jeszcze w Sobczaka demokratę byłby to cios w splot słoneczny. Dla Putina – najprawdopodobniej koniec kariery, wyrok skazujący, i to z niejednego paragrafu.

## Przyjaciele z Finlandii

Jest poniedziałek 3 listopada 1997 roku. Anatolij Sobczak z małżonką Ludmiłą Narusową przekraczają bramę prokuratury. Otacza ich grupa umundurowanych milicjantów. Narusowa krzyczy: „Na pomoc! On chory! Serce! Serce!”. Mundurowi grzecznie wyprowadzają ich z budynku, wsadzają do samochodu i odwożą do szpitala Wojskowej Akademii Medycznej. Sobczak zostaje przyjęty przez dyrektora Jurija Szewczenkę, znajomego Putina (w przyszłości ministra zdrowia). Niedoszły podsądny zmienia się w pacjenta z diagnozą: zawał serca.

Telewidzowie wieczornych wiadomości dzielą się na tych, którzy wierzą, że prześladowany i zaszczuty przez komunistów wzorowy demokrata doznał zawału, oraz na tych, którzy nie wierzą i są przekonani, że prokuratura ma rację. Nie wierzy moskiewski śledczy Michiejew, bo zwraca się do ministra zdrowia o przeprowadzenie niezależnego badania lekarskiego przez lekarzy z Moskwy, nie wierzy też minister, bo taką zgodę wydaje. Zespół moskiewskich kardiologów ma się stawić u łoża chorego 10 listopada 1997 roku.

Trzy dni wcześniej, 7 listopada, zjawia się w szpitalu generał-pułkownik Aleksandr Grigorjew, zastępca dyrektora petersburskiego FSB (widoczny na młodzieńczej fotografii z Wołodią na tle sągu drewna), a za parę lat dyrektor Federalnej Agencji Rezerw Państwowych, i w asyście dwóch funkcjonariuszy Wydziału do Walki z Przestępczością Zorganizowaną (Szachanowa oraz Milina, tych samych, którzy kiedyś pobili Jurija Szutowa) wyprowadza Sobczaka wraz z żoną do samochodu, który wiezie ich prosto na pas startowy lotniska Pułkowo. Tam – ku zdziwieniu obsługi lotniska spodziewającej się pacjenta na noszach – Sobczak rączo biegnie do trapu niewielkiego samolotu i… odlatuje do Paryża samolotem sanitarnym fińskich linii lotniczych Jetflite, na prośbę Putina wynajętym przez światowej sławy rosyjskiego wiolonczelistę Mstisława Rostropowicza, przekonanego, iż ratuje ostoję rosyjskiej demokracji.

Tamtego roku 7 listopada przypadał akurat w piątek i obchodzony był uroczyście jako wielkie święto państwowe, wprawdzie nie na pamiątkę rewolucji październikowej, jak w ZSRR, lecz pod nazwą Dzień Jedności Narodowej. Obyczaj w każdym razie przetrwał i naród zgodnie zasiadł za biesiadnym stołem. Nieobecność Anatolija Sobczaka zauważono więc dopiero w poniedziałek. Pojawiła się informacja, że w trybie pilnym został on przetransportowany do amerykańskiej kliniki w Paryżu na operację serca.

Generał-pułkownik Aleksandr Grigorjew, zastępca dyrektora petersburskiego FSB, z Wołodią na tle sągu drewna

Putin osobiście nadzorował działania w Petersburgu od początku listopada.

Ludmiła Narusowa, wróciwszy po paru dniach z Francji, oznajmiła, że operacja się udała, mąż niebawem wyjdzie ze szpitala. Jako deputowana do Dumy Państwowej często spotykała się z dziennikarzami, perorując o straszliwie krzywdzących prokuratorskich oskarżeniach (wtedy jeszcze nie były dostępne w internecie zdjęcia pałacowych wnętrz ich mieszkania)[28]. Zapytałam kiedyś, jak się żyje jej mężowi i... z czego? „Z wykładów na Sorbonie" - odparła. Jak sprawdzili na miejscu znajomi dziennikarze, istotnie, było tych wykładów kilka, ale nie tyle, by żyć w Paryżu za otrzymane honorarium.

Z czego więc się Sobczak utrzymywał w stolicy światowej kultury? Prawdopodobnie z wdzięczności banku Credit Lyonnais, jednego z pierwszych w Sankt Petersburgu zagranicznych banków ze stuprocentowym zagranicznym kapitałem, któremu jako mer oddał niemal za darmo piękny budynek na siedzibę i zapewnił wyjątkowo dogodne warunki. Związki z bankiem przyniosły korzyści miastu (niskie oprocentowanie kredytów) i – jak mówiono – merowi też (ponoć w wysokości 300 tysięcy franków rocznie). Ale te sprawy wyszły na jaw długi czas po tym, jak w Dumie rozmawiałam z Ludmiłą Narusową.

Rosyjscy dziennikarze z kolei dowiadywali się o zdrowie Sobczaka w owej amerykańskiej klinice, w której miał być operowany, lecz ani tam, ani w żadnym innym paryskim szpitalu śladów jego pobytu nie znaleźli.

A jak Putin widzi wydarzenia tamtego listopadowego dnia?

Przed pierwszymi prezydenckimi wyborami w 2000 roku dziennikarze wypytywali go, czy z odjazdem Sobczaka to nie był „jakiś chytry numer". Na co usłyszeli, że:

„- Nie było w tym nic chytrego. Byłem w Pitrze, spotkałem się z nim, odwiedziłem w szpitalu.

– Pan przyleciał się pożegnać?

– Nie, nie żegnałem się, odwiedziłem go w szpitalu, i to wszystko. A 7 listopada jego przyjaciele, zdaje się z Finlandii, przysłali samolot sanitarny, którym on [Sobczak] odleciał do Francji, do szpitala.

– A więc nikt niczego nie organizował, po prostu przysłali samolot?

– Tak, przyjaciele przysłali...

– Z zewnątrz to wygląda jak operacja specjalna, dobrze przygotowana przez profesjonalistów.

– Też coś! Nic w tym nie było specjalnego... On przeszedł przez kontrolę paszportową i celną. Wszystko jak się należy. Pieczątki wstawili. Do samolotu włożyli. Wszystko.

– Brawo! A aresztować go mogli?

– Pewnie mogli. Tylko nie bardzo wiem za co.

– Do tej pory pan nie wie?

– Właśnie to wiem, że nie było go za co aresztować. Inkryminowano mu jakąś mętną historię z mieszkaniem...

– A pan się orientował w tej historii?

– Nie. Prawdę powiedziawszy, nawet szczegółów nie znałem"[29].

„Człowiek czasem zbacza z drogi prawdy, ale po namyśle zazwyczaj idzie dalej" – rzekł kiedyś Winston Churchill. W przypadku Władimira Putina można powiedzieć, iż czasem zbacza z drogi kłamstwa, ale bez namysłu na nią wraca. Bo „czymże jest kłamstwo? Często tylko wyrazem strachu przed możliwością uduszenia się prawdą"[30]. A nasz bohater spokojnie oddycha pełną piersią.

Ciekawe, czy tamtego listopadowego wieczoru stroniący od alkoholu Putin wychylił jednak lampkę szampana za tak udaną operację specjalną. Gdyby przypuszczał, jakie będzie miał z niej profity, wychyliłby i dwie.

Dla Kremla stał się bohaterem. Wiernym. Najlojalniejszym z lojalnych.

„Moja reakcja była dość złożona, kiedy się dowiedziałem, jak Putin wyprawiał Sobczaka za granicę. Ryzykował nie tylko osobiście. Z drugiej strony ten postępek zasługiwał na głęboki ludzki szacunek"[31] – napisał Boris Jelcyn we wspomnieniach. Do laurowego wieńca „kremlowscy" wpletli Putinowi jeszcze heroiczną odmowę pozostania w merostwie po przegranej szefa. On sam rozgłaszał, iż bardzo go proszono, lecz pozostał nieugięty. Puścił w obieg frazę, że „lepiej być powieszonym za wierność niż za zdradę".

„Wszystko to bzdura – twierdzi deputowany do petersburskiego Zgromadzenia Ustawodawczego, znany politolog i publicysta Boris Wiszniewski. – Dwa dni po tym, jak Jakowlew został merem, wpadłem w jakichś sprawach do Smolnego. Natknąłem się na Jakowlewa.

Stoimy, rozmawiamy. Podchodzi urzędnik i mówi: »Władimirze Anatolijewiczu, Putin przyjechał, siedzi i czeka, co pan w jego sprawie postanowi«. Jakowlew poczerwieniał i rzucił: »Żeby mi tu jutro śladu po tym piździelcu nie było«"[32].

No tak, ale o tym w 1997 roku na Kremlu nie wiedziano, bo o Putinie nikt wtedy jeszcze nie pisał ani nie wspominał w mediach. Więc jego wersję wzięto za dobrą monetę. Tak było wygodniej dla wszystkich. I tak na długie lata zostało, bo weryfikacja jego kłamstw z czasem stała się niebezpieczna.

## Egzekucja bez wyroku

Tak więc ścigany mer miasta nad Newą zmylił trop, umknął prokuratorom i snuł się markotny po bulwarach nad Sekwaną. Ze wszystkich miejsc w Paryżu najbardziej lubił okolice mostu Almy. Spozierając na moknącego pod nim kamiennego żołnierza, symbol zdeptania Rosji przez Francję w wojnie krymskiej, być może myślał o swojej porażce.

„Czuł się w Paryżu źle – mówił dziennikarzowi Radia Swoboda Arkadij Waksberg, niegdyś rosyjski prawnik, później pisarz mieszkający w Paryżu. – Nie chodzi o zdrowie, bo na zdrowie nigdy nie narzekał. Dziennikarze mogli go sobie szukać po paryskich szpitalach. Ta ciężka choroba serca była najwyraźniej wymyślona po to, by ratować go przed prokuratorami. Nie widziałem żadnych oznak tego, że się w Paryżu leczy na serce, a widywaliśmy się często, przerw żadnych nie było, żadnego tam procesu leczenia... On nie czuł się tu na swoim miejscu, ot co. Powtarzał, że wegetuje, że na próżno traci czas, choć przecież napisał w Paryżu dwie książki[33], był przyjmowany zarówno w ambasadzie rosyjskiej, jak i przez polityków francuskich, miał znajomych wśród dawnej emigracji... Znaliśmy się od wielu lat, bo od 1989 roku. W Paryżu widywaliśmy się często w chińskich knajpkach obok mostu Almy, chociaż przeważnie u mnie. Ciekawe, ale on chętniej rozmawiał o przeszłości i sowieckiej historii niż o sprawach bieżących. Albo nie chciał mi o nich mówić, albo się bał”[34].

Tymczasem 13 września 1998 roku telewizja i prasa odtrąbiły w Rosji sukces Prokuratury Generalnej, której się wreszcie udało postawić byłego mera Petersburga w stan oskarżenia. „Śledczy w sprawie Sobczaka dysponują materiałami, które muszą szokować i wzburzyć każdego normalnego człowieka”[35] – oświadczył prokurator generalny Jurij Skuratow, po czym zjawił się w Paryżu, gdzie na konferencji prasowej nazwał byłego mera przestępcą i badał możliwości sprowadzenia go do kraju.

Władimir Putin był już wtedy dyrektorem FSB*, lecz nie miał możliwości interwencji w Prokuraturze Generalnej. Wiosną 1999 roku, kiedy mianują go premierem i oczywiste się stanie, iż Jelcyn przygotowuje go do prezydentury, będzie miał łatwiejsze zadanie, ale nawet wtedy nad Sobczakiem (a więc i nad nim także) zawiśnie groźba procesu.

Może więc lepiej, żeby Sobczak nie wracał? Żeby porządnie nauczył się francuskiego i wtopił w żyjącą nad Sekwaną rosyjską emigrację? Tak radzi mu wielu. Ale byłemu merowi spieszno do kraju, do pałacowego mieszkania, do rodziny i stanowisk. Przecież nie może być inaczej, gdy wszystko na to wskazuje, że jego uczeń, jego podwładny, jego zaufany będzie niebawem dzierżył pełnię władzy!

„On przygotowywał się do reanimowania przerwanej działalności politycznej. Bardzo dobrze pamiętam, jak przyszedł się pożegnać – wspominał Waksberg. – Wiele wtedy plotkowano o tym, że powróci do Paryża jako ambasador. Zapytałem go o to i pamiętam jego odpowiedź: »No nie, celuj wyżej«”[36].

Czyżby coś mu obiecano? Funkcję przewodniczącego Sądu Konstytucyjnego na przykład? Albo ważnego ministra? Takie pogłoski krążyły choćby w korytarzach Dumy Państwowej, gdzie i mnie udało się je usłyszeć.

Nadszedł rok 1999. Pewnego letniego dnia, 12 lipca, Anatolij Aleksandrowicz Sobczak wszedł w Paryżu na pokład samolotu linii

* Więcej na ten temat zob. w rozdziale *Z Kremla i okolic na Łubiankę*.

lotniczych Air France i wysiadł z niego na lotnisku Pułkowo roześmiany, pełen nadziei.

Wszystko się dobrze układało, główni prześladowcy – od prokuratora generalnego* po najmarniejszego śledczego – zostali już unieszkodliwieni, a dochodzenie w sprawie przeciw byłemu merowi Petersburga przerwano 10 listopada „z powodu braku znamion przestępstwa". Sprawa „przerwana" nie znaczy jednak „umorzona", zepchnięta raz na zawsze w prawniczy niebyt. Tkwi w segregatorach i komputerach niczym bomba, do której na razie zawieruszył się detonator.

Niby wszystko było w porządku, lecz nic dobrego się nie działo. Sobczak przegrał wybory do Dumy. Nikt mu też nie proponował jakiegoś stanowiska politycznego czy administracyjnego. Nastał luty 2000 roku. Od dwóch miesięcy cały świat wiedział, że stary prezydent wskazał, jak monarcha, swojego następcę, lecz że ten następca musi, jak demokrata, przejść przez wybory. Putin – jakby na pocieszenie – czyni Sobczaka swoim mężem zaufania w kampanii wyborczej, a Sobczak prowadzi agitację na rzecz byłego podwładnego pełen dobrej woli, energii, swady, pewności siebie tudzież dobrego humoru.

W czwartek, 17 lutego, w domu państwa Sobczaków zadzwonił telefon. Anatolij Aleksandrowicz usłyszał od Putina polecenie wyjazdu do obwodu kaliningradzkiego, bo tamtejszy gubernator przygotowuje spotkania związane z kampanią wyborczą. Ludmiła Borisowna Narusowa, nieodmiennie atrakcyjna żona Sobczaka, mocno się zdenerwowała, bo z powodu ważnego posiedzenia w Dumie Państwowej nie mogła pojechać z mężem[37], a od jego przyjazdu starała się go nie odstępować. Czy dlatego, że miała w pamięci jego romans z piękną Julią Wietosznową, Miss Petersburga? Czy też dlatego, że dotarły do niej słuchy o paryskich amorach Anatolija Aleksandrowicza, który ponoć nawet pomieszkiwał z pewną damą i jej dwunastoletnią córką? Czy po prostu dlatego, że się niepokoiła tknięta przeczuciem?

---

* Więcej o okolicznościach związanych z odsunięciem prokuratora generalnego Jurija Skuratowa zob. w rozdziale *Z Kremla i okolic na Łubiankę*.

Anatolij Sobczak pojechał sam i zajął pokój w przytulnym i luksusowym hotelu Ruś w Swietłogorsku pod Kaliningradem.

Spotkanie z gubernatorem Leonidem Gorbienką nie należało raczej do przyjemnych: dużo prostactwa i tyleż wódy. Od jednego i drugiego *monsieur* Sobczak od dawna odwykł. Ale towarzyszyli mu też ludzie bardziej sympatyczni: dwaj znajomi biznesmeni z czasów wspólnych petersburskich interesów – Szabat Kałmanowicz i Andriej Buriakow, którzy go tu zaprosili, by omówić projekt wolnej strefy handlowej w obwodzie kaliningradzkim.

19 lutego, późnym wieczorem, Anatolij Aleksandrowicz wrócił do hotelu, położył się na łóżku i… z wolna zaczął umierać.

Od tej chwili wszystko stało się tajne: kordon milicji otoczył kaliningradzki szpital, w którym odbywała się sekcja, a ludzie w mundurach zablokowali dojścia do kostnicy oddziału ekspertyz sądowo-medycznych. „To na wyraźne żądanie Putina"[38] – usłyszeli dziennikarze Grupy Kryzys przeprowadzający własne śledztwo. Od Putina pochodził też zakaz udzielania jakichkolwiek informacji, ujawniania dokumentów, nawet wpisu o przyjęciu zwłok. Zakaz zakazem, a poza szpital wydostała się sensacja: obecności alkoholu i jakichkolwiek leków w żołądku denata nie stwierdzono, serce miał jak dzwon, bez śladu choroby wieńcowej czy ingerencji chirurgicznej. Nie przeszedł zawału w 1997 roku, a teraz nie umarł na serce.

Według oficjalnego komunikatu „śmierć najprawdopodobniej nastąpiła w wyniku spożycia alkoholu, który w połączeniu z pewnymi środkami medycznymi wywołał śmiertelny atak serca". W pokoju miały się ponoć znajdować dwie osoby postronne, przy czym media niezbyt delikatnie sugerowały, że chodziło o młode damy nieciężkich obyczajów. Jednym słowem, wysłannik kandydata na prezydenta, uniwersytecki profesor i wciąż jeszcze znany polityk, spił się (czego wcześniej nigdy nie robił), napchał viagrą (której dotąd – sądząc po powodzeniu u płci pięknej – nie potrzebował), a jego serce nie wytrzymało łóżkowych akrobacji. Sam sobie jest winny. I tyle.

Dlaczego zatem na kaliningradzkim lotnisku roiło się od milicyjnych mundurów oraz uzbrojonych funkcjonariuszy różnych formacji (ochrona lotniska, patrol drogowy, służba bezpieczeństwa kompanii Kaliningrad Avia) strzegących funeralnego aeroplanu mającego przetransportować doczesne szczątki Anatolija Aleksandrowicza Sobczaka, lat sześćdziesiąt trzy?

Ludmiła Narusowa nie zażądała powtórnej ekspertyzy, poprosiła tylko Putina, by wpłynął na zablokowanie wiadomości o zdrowym sercu jej męża. Do akcji włączył się doktor Szewczenko (wówczas już minister zdrowia, praktykujący jak dawniej w petersburskim szpitalu), ten sam, który trzy lata wcześniej stwierdził u Sobczaka zawał. Teraz diagnozę powtórzył, usiłując uratować to, co zostało jeszcze do uratowania u byłego idola demokratów – honor.

Jakiś bies wstąpił jednak w ludzi, od dziennikarzy, przez polityków, po zwykłych zjadaczy chleba, bo nie chcieli uwierzyć w oficjalną wersję zgonu.

„Ostatnio spotykaliśmy się z Sobczakiem często, czuł się świetnie, był nieprawdopodobnie energiczny i krzepki, a więc wersja, jakoby zmarł na zawał, budzi głęboką wątpliwość" – oświadczył jeden z najpopularniejszych rosyjskich aktorów, gwiazdor kultowego filmu *Moskwa nie wierzy łzom*, Oleg Basiłaszwili. Wtórowała mu – i to gdzie! w państwowej telewizji RTR! – znana dziennikarka telewizyjna Bella Kurkowa. Były to bowiem jeszcze przedputinowskie czasy wolnych mediów, w których prezentowano także opinie sprzeczne z wersją lansowaną przez Kreml.

Aby wątpliwościom ukręcić łeb, kaliningradzka prokuratura po trzech miesiącach, w maju, wszczęła śledztwo „w sprawie śmierci byłego mera Sankt Petersburga Sobczaka Anatolija Aleksandrowicza" z paragrafu kodeksu karnego o „zabójstwo w okolicznościach obciążających". Ale już w sierpniu, po niespełna trzech miesiącach, śledztwo zamknięto „z powodu braku znamion przestępstwa". W uzasadnieniu napisano, iż „śmierć nastąpiła na skutek chronicznej choroby serca, do której dołączyła się ostra niewydolność wieńcowa".

„Sobczak umierał na moich rękach – powiedział dziennikarzom Agencji Rosbałt zaprzyjaźniony z nim od lat Szabat Kałmanowicz. – Nikogo oprócz nas w pokoju nie było"[39].

„Nas" to znaczy jego i Andrieja Buriakowa. To oni byli tymi „osobami postronnymi" w pokoju umierającego, a nie mityczne prostytutki. Kałmanowicz to przedsiębiorca dużego formatu, właściciel wielkich bazarów w Moskwie i Petersburgu, sponsor kobiecej drużyny koszykówki, doradca gubernatora obwodu moskiewskiego, przyjaciel artystów. Buriakow to też biznesmen, tylko na mniejszą skalę.

Dlaczego zastępca prokuratora obwodu kaliningradzkiego Eduard Frołow odmówił dziennikarzom ujawnienia nazwisk obu tych mężczyzn, powołując się na tajemnicę śledztwa? Dlaczego nikt ich nie przesłuchał? Czy dlatego, że trzeba by zapisać w protokole zeznań to, co powiedzieli kolegom Sobczaka z partii Demokratyczna Rosja – że po wejściu wieczorem do jego pokoju zrobiło im się słabo: jeden dostał silnego bólu głowy, drugiego dopadł atak serca. W czasie gdy czekali na pogotowie, dolegliwości się nasiliły; ulgę przyniosło dopiero otwarcie lufcika, gdyż całego okna, mimo prób, nie udało się otworzyć. W pomieszczeniu trudno było wytrzymać[40].

Tymczasem nad Sekwaną Arkadij Waksberg, kiedyś adwokat, potem dramaturg, scenarzysta i autor książek o ważnych śledztwach historycznych, pisze kolejne dzieło, daje mu tytuł *Laboratorija jadow* (Laboratorium trucizn) i wprowadza nas na Łubiankę lat trzydziestych minionego wieku. Tam doktor medycyny Grigorij Majranowski tworzy „toksykologiczne laboratorium NKWD – KGB – MGB". Poszukując trucizny, która nie zostawia śladów w organizmie i otoczeniu ofiary, eksperymentuje na skazanych na śmierć więźniach. Wynalazł niejedną. Najprawdopodobniej i tę, która zabiła leżącego na hotelowym łóżku i czytającego przy włączonej lampce nocnej książkę Anatolija Aleksandrowicza. Wiele wskazuje na to, że żarówkę powleczono preparatem, który ulatniając się w miarę jej nagrzewania, zatruwał powietrze[41]. Nagłe pogorszenie się samopoczucia dwóch zdrowych mężczyzn w sile wieku, którzy weszli do tego pokoju, mogłoby to potwierdzać.

Żadnych jednak czynności śledczych w pomieszczeniu nie przeprowadzono i jak powiedziano, świadków umierania Anatolija Sobczaka nikt nie przesłuchał.

2 listopada 2009 roku do mercedesa Szabata Kałmanowicza wypuszczono z przejeżdżającej obok łady kilka serii z automatu.

Dochodzenie nie ujawniło ani sprawców zamachu, ani organizatorów, ani zleceniodawców. Dwa lata później w podobny sposób zabito Andrieja Buriakowa. W obu przypadkach pojawiły się w gazetach teksty insynuujące gangsterskie porachunki.

Kilka miesięcy po ukazaniu się książki wybuchł stojący w garażu samochód Arkadija Waksberga. Właściciela na szczęście w środku nie było.

Nie dowiemy się, co robił owej ponurej lutowej nocy ten, który kiedyś nosił teczkę za swoim szefem i nie odstępował go niczym wierny ochroniarz. Teczka była duża, widać ją na wielu zdjęciach. Sobczak przed Putinem, Putin krok za nim. Sancho Pansa za swoim Don Kichotem.

Nie dowiemy się, o czym myślał ten Sancho Pansa teraz, gdy Don Kichot leżał w kostnicy, a on sam za miesiąc miał zostać prezydentem największego państwa świata. Zaledwie przed dwoma dniami mówił dziennikarzom: „Mało kto wiedział, że łączyły nas z Anatolijem Aleksandrowiczem bliskie, koleżeńskie, pełne głębokiego zaufania relacje. Szczególnie dużo rozmawialiśmy podczas wyjazdów za granicę, gdy zostawaliśmy praktycznie we dwóch na kilka dni. Myślę, że mogę go nazwać starszym towarzyszem”[42].

Ale ciut wcześniej tym samym dziennikarzom opowiadał, jakie to gafy popełniał pierwszy mer Petersburga, jaki był w sobie zadufany, jak publicznie nazywał generałów tępakami czy lekceważąc ważne spotkania i okłamując czekających zebranych, biegł przyjmować gwiazdę estrady Ałłę Pugaczową…

Ot, taka to specyficzna wobec towarzysza lojalność.

To jednak niesłychane, co głoszą, w dodatku za pośrednictwem Agencji Prasowej Nowosti, współpracownicy byłego prokuratora generalnego Jurija Skuratowa:

„Trzeba brać pod uwagę wersję, że pierwszy mer Sankt Petersburga nie umarł śmiercią naturalną, tylko został zabity z rozkazu pełniącego obowiązki prezydenta Władimira Putina. Sobczak był bowiem świadomym lub mimowolnym wspólnikiem znacznej części przestępstw kompromitujących Putina w czasie jego pracy na stanowisku pierwszego zastępcy mera Sankt Petersburga. Putin mógł się obawiać, że te materiały wypłyną w najmniej odpowiednim momencie. W naszych czasach zainscenizować zawał jest dość łatwo, i służby specjalne mogły pomóc Putinowi w pozbyciu się głównego świadka na jego ewentualnym procesie"[43].

Wielu dziennikarzy poważnych pism, takich jak „Kommiersant", powtarza tę wersję:

„Należy stwierdzić, że rolę Sobczaka w przedwyborczych planach jego ucznia Władimira Putina niektórzy analitycy oceniali negatywnie: eksmerowi znane były »niepożądane« fakty z okresu życia jego pomocnika w Smolnym i podczas procesu mógłby się tą wiedzą podzielić"[44].

Według prowadzących własne śledztwo dziennikarzy Grupy Kryzys „jedynym człowiekiem żywotnie zainteresowanym śmiercią Sobczaka jest Władimir Putin. Zbyt wiele tu postawiono na jedną kartę, zbyt wielu sprawom mogło szkodzić po prostu fizyczne istnienie Sobczaka. Źródła zbliżone do Putina nie ukrywają, że zrobił wszystko, by Sobczak wrócił do Rosji po swojej panicznej ucieczce przed procesem karnym. Po co Putin to robił? Z wdzięczności dla nauczyciela i mentora wprowadzającego go w świat wielkiej polityki? Nie. Putin po prostu ratował siebie"[45]. Dalej następują rozważania, jakiej trucizny ewentualnie użyto i kiedy.

Z kolei dziennik „Izwiestia" pisał: „Jego śmierć jest aktem zabójstwa politycznego przeprowadzonego po to, by zapobiec wpływowi negatywnej opinii o Sobczaku na kampanię wyborczą jego ucznia i współpracownika Władimira Putina"[46].

„Żegnać Sobczaka przyszło pół miasta – relacjonowała dziennikarka Jelena Triegubowa. – Na dworze panował dwudziestostopniowy mróz. Ponieważ miał przyjechać sam Władimir Władimirowicz, zwykłych śmiertelników prezydencka ochrona na cmentarz nie wpuszczała. Czyniła trudności krewnym oraz oficjalnym delegacjom, zezwalając im na wejście po długim oczekiwaniu. Tymczasem ludzie napierali i nagle przy bramie powstał taki ścisk, że gdyby ktoś upadł, przypłaciłby to życiem. Część rodziny Sobczaka została za bramą, bo na cmentarz jej nie wpuszczono. Ci, co się dostali, tkwili nad rozkopaną mogiłą skostniali i wściekli. Tkwili tak co najmniej godzinę, zanim pojawił się Putin. Bez prezydenta przecież by nie zaczęli.

W telewizorze ceremonia wypadła bardzo godnie. Putin efektownie uronił łzę, zdobywając serca wyborców. Ani o zablokowaniu wejścia na cmentarz, ani o niemal śmiertelnym tłoku, ani o zmuszeniu żałobników do godzinnego stania na wielkim mrozie na żadnym z kanałów nie wspomniano"[47].

A może ta łza nie dla efektu popłynęła? Może Władimir Władimirowicz w samotności rozpaczał tak jak wtedy, kiedy niezręcznym rzutem na matę zabił w sportowej sali najserdeczniejszego przyjaciela? A może szukając w sobie podobnych emocji, natrafił jedynie na twardy głaz?

Minęły lata. Nadszedł rok 2012, rok powszechnych buntów przeciw fałszowaniu wyborów i ponownemu wkroczeniu Władimira Putina do Pałacu Kremlowskiego. Zbuntowała się nawet Ksenia Sobczak, córka Anatolija, lwica salonowa i telewizyjna celebrytka. Za karę zrobiono u niej rewizję, zabrano poupychany po schowkach majątek, obśmiano w mediach, a sekundującą córce Ludmiłę Narusową przegnano z Rady Federacji pod byle pretekstem.

I oto po latach posłuszeństwa wdowa po Sobczaku oznajmia, że ma zamiar skończyć książkę swojego męża o Stalinie:

„Książka ma pokazać, jak ktoś wcale nie najwybitniejszy wśród plejady pierwszych bolszewików (Lenin, Trocki) potrafił zorganizować taki system władzy, w którym stał się wszechmocny, a likwidując wokół siebie wszystkie wybitne osobowości, zdołał – wyróżniając się na oczyszczonym tle – wzbudzić totalny strach, przez co dotarł do tego najwyższego miejsca. Byłoby zbyt prymitywne mówić o jakichś paralelach, niemniej ta historia jest bardzo pouczająca"[48].

Jest w Petersburgu plac imienia Sobczaka, jest jego popiersie i cały pomnik; są tablice pamiątkowe – jedna na uniwersytecie, druga na domu, w którym mieszkał. W rocznicę urodzin ukazał się znaczek z jego podobizną, a w dziesiątą rocznicę śmierci – niemal hagiograficzny film z Putinem w roli głównej.

Co i komu chciał przekazać inicjator tych poczynań upamiętniających osobę, która nagle zniknęła w podziemiach Hadesu?

Potomnym być może zamierzał przypomnieć, że oto żył tu człowiek wielki, ważny, zasłużony dla tego miasta i kraju.

Siebie zaś chciał utwierdzić w przekonaniu, że oto zrobił dla „starszego towarzysza" wszystko, co mógł.

Doprawdy wszystko.

## Z Kremla i okolic na Łubiankę

Rok 1998. Kreml się chwieje. Tracą cierpliwość nawet ci, co Jelcyna jeszcze szanują i doceniają nieograniczoną wolność słowa, z której korzystają pastwiący się nad nim dziennikarze oraz zajadła komunistyczna opozycja w Dumie, bez najmniejszego z jego strony sprzeciwu. Tracą orientację, którą wpadkę prezydenta spowodował alkohol, którą choroba, a którą jedno i drugie. Ale jakie to ma znaczenie? Tak czy inaczej, coraz częściej się go wstydzą. Jak choćby wiosną tego roku, gdy podczas spotkania „Wielkiej Trójki" – Jelcyn, Chirac, Kohl – pomylił rozpoczęcie rozmów z konferencją prasową. Albo gdy omal nie upadł na jakimś lotnisku (skąd mogli wiedzieć, że poprzedniego wieczoru zbijano mu czterdziestostopniową gorączkę?), albo gdy twarz ma nieruchomą jak maska i zapomina dalszego ciągu zdania, albo gdy przejawia skłonność do bezsensownej improwizacji (na przykład zobowiązuje się do likwidacji wszystkich głowic jądrowych czy zalicza Japonię oraz Niemcy do mocarstw atomowych), gdy myli nazwiska, nazwy państw, fakty, gdy ma kłopoty z orientacją przestrzenną i koordynacją ruchów[49].

„No i co miałem robić? Udowadniać wszystkim, że serce i ciśnienie wpływają na mowę i chód, że nieustannych stresów, bezsenności oraz [działania] leków, które muszę w związku z tym przyjmować,

[...] nie należy mylić z syndromem alkoholowym? Bić się w piersi miałem?"[50] – pisał Jelcyn w swoich wspomnieniach.

Cokolwiek powodowało te dramaty, skutek był jeden: gwałtowne poszukiwanie następcy przez Rodzinę, czyli Tatianę Diaczenko, Walentina Jumaszewa i kilka bliskich im osób, w atmosferze strachu, czy prezydent dotrwa do końca kadencji w 2000 roku. Czy dożyje.

Jego następca musiał wcześniej zostać premierem, bo dopiero z tej pozycji mógł – wedle tutejszego zwyczaju – startować wyżej. Sześćdziesięcioletni wówczas Wiktor Czernomyrdin, piastujący to stanowisko od przeszło pięciu lat, według Rodziny się nie nadawał: zbyt silna osobowość, zbyt duża samodzielność. Dymisja spadła na niego jak piorun z jasnego nieba. A także na Rosjan przywykłych do jego fachowości i zabawnych powiedzonek („Chcieliśmy jak najlepiej, a wyszło jak zwykle").

Zanim się Rosjanie otrząsnęli z tego wielkiego zdziwienia, ogarnęło ich jeszcze większe. Oto naprzeciw nich postawiono nowego premiera – trzydziestosześcioletniego wiceministra paliw i energetyki Siergieja Władlenowicza Kirijenkę (ojciec premiera nosił popularne kiedyś imię Władlen, utworzone od początkowych sylab imienia i nazwiska Władimira Lenina). Drobny, gadatliwy, zawsze uśmiechnięty, natychmiast nazwany przez rodaków „Kinder Niespodzianką", piastował wysoki urząd premiera raptem przez pięć miesięcy.

Tymczasem Władimir Putin znowu awansował: został pierwszym zastępcą szefa Administracji Prezydenta odpowiedzialnym za politykę regionalną, czyli za konieczne ściągnięcie cugli gubernatorom. Politolog Nikołaj Pietrow z moskiewskiego Centrum Carnegie wyraził powszechne przekonanie, mówiąc, iż „Putin wykorzystywał metody szantażu w stosunku do regionalnych polityków. Gdy nie robili tego, co chciał Kreml, przedstawiał im kompromitujące materiały i groził, że je opublikuje". Cytujący te słowa autor artykułu[51] w piśmie „Sowierszenno Siekrietno" przypomina również rzucony niegdyś przez Putina żart: „Istnieją trzy drogi oddziaływania na człowieka: szantaż, wódka i groźba zabicia".

Tak czy inaczej, Tatiana Diaczenko zyskała zręcznego pomocnika, który potrafił gubernatorów podporządkować Kremlowi. Jakże się to przydało przy nadchodzących wyborach!

Władimir Władimirowicz stał się niemal przyjacielem Rodziny.

Jak mu się to udało?

Jelcyn tłumaczył to tak:

„Czasem Putin, zastępując Jumaszewa, zostawał [w Administracji] sam, jakby »robiąc za starszego«. Wtedy spotykaliśmy się częściej. Raporty Putina były wzorcowo jasne. On bardzo starannie unikał poufałości, do której dążyli inni zastępcy szefa Administracji. Nie próbował wykładać swoich koncepcji, swojego poglądu na świat i na Rosję; wydawało się, że specjalnie usuwał z naszych kontaktów jakikolwiek element osobisty. I właśnie dlatego chciałem z nim rozmawiać! Zdumiewała mnie też jego natychmiastowa reakcja na moje pytania. Zdarzało się, że nawet te nieskomplikowane powodowały, iż ludzie się czerwienili i z wysiłkiem dobierali słowa. Putin odpowiadał tak spokojnie i naturalnie, że miało się wrażenie, iż ten młody – według mojej miary – człowiek jest gotów absolutnie na wszystko w życiu i że na każde wyzwanie odpowie jasno i precyzyjnie”[52].

Tak to jest, gdy do doświadczeń trudnego dzieciństwa dorzuci się lata sportowej walki (dżudo jest też życiową filozofią uczącą sztuki uników), wesprze je szkoleniem w służbach specjalnych, zaprawi dozą inteligencji, uncją aktorskiego talentu, ogromną pracowitością i dużą porcją cynizmu. Powstaje wówczas swoista znakomitość potrafiąca przewidzieć ruchy przeciwnika, który nawet nie podejrzewa, jakiej poddawany jest obróbce.

Przeciwniczka Putina, Irina Hakamada, tak opisuje sposób prowadzenia przez niego rozmowy:

„Putin ma specjalny sposób kontaktowania się z ludźmi. Wykazuje ogromną cierpliwość. Nawet jeśli się z czyimś stanowiskiem nie zgadza, będzie słuchał, słuchał długo i uprzejmie. Jeśli chce się z nim rozmawiać jak równy z równym, trzeba być bardzo dobrze profesjonalnie przygotowanym do tej wymiany zdań”[53].

Dziennikarka Jelena Triegubowa, akredytowana kiedyś na Kremlu jako sprawozdawca dziennika „Kommiersant", poznawszy Putina bliżej (zaprosił ją do restauracji), opisała go tak:

„Wszystkie jego profesjonalne triki stosowane wobec rozmówcy były banalne i łatwe do odczytania, niemniej sposób, w jaki to robił, był czystą wirtuozerią. Nie wiem jak - mimiką, intonacją, spojrzeniem - zmuszał podczas rozmowy do podświadomego odczuwania, że łączy nas ten sam krąg zainteresowań, choć żadnych logicznych powodów, by tak sądzić, nie było. Odwrotnie - wszystko świadczyło o tym, że to zupełnie obcy mi człowiek [...]. Genialnie, niczym lustro, odbija osobę, z którą przebywa, wpajając jej przekonanie, że jest taki jak ona [...]. Z przerażającą dokładnością naśladuje mimikę, ruch głowy, wysunięcie podbródka, a nawet rysy twarzy swojego rozmówcy [...]. Robi to tak sprytnie, że rozmówca nie zdaje sobie z tego sprawy, lecz czuje się komfortowo. Niejednokrotnie obserwowałam ten jego fenomenalny dar podczas spotkań z przywódcami innych państw, na których przychylności mu zależało"[54].

Jeśli dodać do tego niezłe poczucie humoru (w tamtych czasach także na własny temat) oraz - według Triegubowej - „chłopięcy, żeby nie powiedzieć podwórkowy wdzięk", otrzymujemy sympatyczny dodatek do istotnych właściwości naszego bohatera, które przełożeni z KGB, charakteryzując go, podsumowali krótko: „Skłonny do intryg; wyróżnia się ogromną ambicją, żądzą władzy i rozgłosu; karierowicz o jezuickim rozumowaniu; chytry człowiek bez zasad, działa według prawidła: cel uświęca środki"[55].

Jak widać, nawet generałowie radzieckiej bezpieki mieli zastrzeżenia do tej trywialnej zasady Machiavellego o sposobach rządzenia państwem. Putin istotnie zastrzeżeń nie miewa, bez względu na to, o jakie cele i środki chodzi. Niebawem ta cecha charakteru bardzo mu się przydała.

20 lipca 1998 roku Boris Jelcyn miał zostać aresztowany. Armia przygotowywała pucz. We wspomnieniach jednego z głównych jego organizatorów, dziś pułkownika rezerwy Nikołaja Batałowa, odżywają obrazy sprzed lat:

– Nie za bardzo się ukrywałem. Byłem przekonany, że wszyscy są „za". Przeszedłem razem z kolegą spokojnie przez Spasską Wieżę, tę, na której zegar i słynne kuranty. Każdy z nas niósł dwie potężne walizy. Przez nikogo niezatrzymywani szliśmy między wieżami Troicką a Nikolską ku budynkowi Arsenału, gdzie stacjonuje pułk zwany Kremlowskim. W walizach znajdowały się zamki do karabinów żołnierzy tego pułku oraz naboje, bo karabiny Pułku Kremlowskiego służyły tylko do pokazów jako atrapy bojowe. Teraz przystosowywano je do walki[56].

Dowództwo puczu znajdowało się w Wołgogradzie, w 8. Gwardyjskim Korpusie Armijnym uważanym za jedną z najlepiej wyszkolonych jednostek wojskowych w Rosji. Pewnego lipcowego dnia jednostka ta miała wyjść na główny plac Wołgogradu i ruszyć na Moskwę. Na drugim końcu państwa, nad Oceanem Spokojnym, czekały samoloty, by dostarczyć do stolicy dwa bataliony piechoty morskiej. Nad Morzem Czarnym (w Sewastopolu) gotowała się do lotu brygada tej formacji. Akcję mieli wesprzeć podchorążowie riazańskiej Szkoły Wojsk Powietrzno-Desantowych, a dowódcy 4. Kantemirowskiej Dywizji Pancernej i 5. Tamańskiej Dywizji Zmotoryzowanej zobowiązali się nie występować przeciw buntownikom.

Wcześniej jednak należało zapewnić sobie poparcie mas. Planowano rozruchy, strajki niezadowolonych, o co nie było trudno, bo pracownicy wielu branż od dawna nie dostawali pensji. Strajkujący mieli zagrodzić trasy dostaw najpotrzebniejszych towarów, na przykład papierosów. Były technicznie przygotowane mosty, dworce, telegrafy. Czekały wagony i autobusy mające dowieźć wojsko i zorganizowanych cywilów. W odpowiedniej chwili puczystom podporządkowałaby się i łączność.

Całość została przygotowana przez legalną, poważną organizację o nazwie Ruch Poparcia Armii, Przemysłu Obronnego i Nauki Wojskowej. W komitecie naczelnym znajdowały się takie tuzy jak niedawno odsunięty od władzy minister obrony Igor Rodionow czy były wieloletni szef KGB Władimir Kriuczkow. Do osób cywilnych najbardziej zainteresowanych sukcesem puczu należał potężny mer Moskwy Jurij Łużkow – włączając się w działania zamachowców, mógł na skróty dojść do wymarzonej prezydentury. Ba, wsparcie wojska było uzgodnione z białoruskim prezydentem Aleksandrem Łukaszenką.

Na czele całej operacji stał Lew Rochlin, najpopularniejszy z generałów. Ten sam, który dumnie odmówił przyjęcia orderów za udział w wojnie z Czeczenią (twierdził, że „za bojowe działania we własnym kraju ordery się nie należą", skądinąd jednak prowadził te bojowe działania wyjątkowo bezwzględnie i brutalnie); ten, na spotkanie z którym w lutym przyszło 200 tysięcy ludzi; ten, którego za zbytni radykalizm nawet komuniści w Dumie usunęli ze stanowiska szefa komisji obrony; ten wreszcie, który miał czelność dyrektorowi Administracji Prezydenta Jumaszewowi, oferującemu mu stanowisko wiceministra obrony, rzucić w słuchawkę: „Powiedz swojemu Jelcynowi, żeby się odp…". Odpowiedź usłyszał cały kraj, gdy w telewizji Jelcyn, bledszy niż zwykle, zagroził: „Zmieciemy Rochlina!".

„Nie mam prawa zatajać ostatniej rozmowy z generałem – napisał w swojej książce *Włast' w trotilowom ekwiwalentie* (Władza w trotylowym ekwiwalencie) Michaił Połtoranin, były wicepremier (do 1992 roku) oraz minister prasy i informacji (do 1996 roku). – Rochlin oświadczył, że jeden z jego agentów z ochrony Rodziny powiedział mu, że czwórka w składzie: Boris Jelcyn, jego córka Tatiana Diaczenko, dyrektor Administracji Prezydenta Walentin Jumaszew i ich nowy faworyt, wówczas zastępca Jumaszewa, Aleksandr Wołoszyn omawiali warianty likwidacji lidera Ruchu Poparcia Armii, Przemysłu Obronnego i Nauki Wojskowej. Takie akcje jak wypadek samochodowy czy kula snajpera w zatłoczonym miejscu odrzucili jako niebezpieczne dla władzy. Zastnawiali się, komu powierzyć sprawę. Rozpatrywali kandydaturę byłego naczelnika moskiewskiego oddziału KGB Sawostianowa, ale doszli do wniosku, że nie jest psychicznie gotów, taki moralny czyścioszek, demokrata w gruncie rzeczy, a tu potrzebny jest prawdziwy czekista ze stalinowskim charakterem. Tatiana Diaczenko z Jumaszewem oświadczyli Jelcynowi, że jest taki człowiek, i to na Kremlu. Mówili o nim »Cichy« i tak go opisali: »Ma zimne oczy i zimny umysł«"[57].

3 lipca 1998 roku o czwartej nad ranem Rochlin został zastrzelony w domu podczas snu.

Jak wynika z dziennikarskiego śledztwa[58] i dochodzenia Michaiła Połtoranina, zabójstwo najprawdopodobniej przebiegało tak, jak opisał je we wspomnianej książce: „Tamtej nocy nad ranem trzej mężczyźni w maskach, zapewne wpuszczeni przez generalskiego ochroniarza, pojawili się w kuchni, gdzie Tamara Rochlinowa jeszcze się krzątała po urodzinowej kolacji syna. Zatkali jej usta, zaciągnęli ją na piętro, tam podprowadzili do łóżka, w którym spał Lew Rochlin, stanęli za jej plecami, wykręcili do tyłu ręce, a jeden z nich wystrzelił z pistoletu z tłumikiem prosto w skroń generała, po czym wcisnęli jej do ręki pistolet, pobili ją (obdukcja wykazała »obrażenia cielesne zadane na dwadzieścia różnych sposobów, w tym butami i pięściami«) i poszli. O szóstej rano zadzwoniła do znajomego lekarza i powiedziała, że kazano jej wziąć winę na siebie, bo jeśli odmówi, rozprawią się z synem i córką"[59].

Natychmiast oskarżono żonę generała, Tamarę, która przez dwadzieścia pięć lat pożycia małżeńskiego uchodziła za wierną, oddaną mu osobę. Podczas niejawnej rozprawy skazano ją na osiem lat więzienia, później wyrok zmniejszono do lat czterech, jeszcze później (w połowie 2001 roku) postanowieniem Sądu Najwyższego zwolniono z więzienia z braku dowodów winy. A jeszcze później Tamara Rochlinowa wygrała proces przeciwko Rosji w Europejskim Trybunale Praw Człowieka w Strasburgu, także z tytułu okrutnego traktowania jej w miejscach odosobnienia. Osadzono ją między innymi w celi na pierwszym piętrze więzienia Lefortowo. Poświadczył to Aleksandr Litwinienko: „Po sąsiedzku siedziała kobieta. Całymi nocami krzyczała. Myślałem: chyba ją tam męczą? Potem dowiedziałem się, że to żona Rochlina"[60]. Z kolei Oleg Mironow, obrońca praw człowieka, mówił: „Odwiedzałem Tamarę Rochlinową podczas śledztwa w rejonie Kapotni. Tam były straszne warunki. Ledwo znaleźliśmy ten areszt śledczy wśród kałuż i błota. Przebywała w wielkiej wspólnej celi, gdzie kilka kobiet spało na betonowej podłodze, bo nie starczyło miejsc na pryczach"[61].

Tego samego dnia, gdy zabito Rochlina, w okolicznym lasku (który służył za toaletę budującym tu dacze Ukraińcom) znaleziono trzy spalone ciała ze śladami po kulach. Śledczy jednak twierdzili, że zwłoki leżały tam od dawna. „Dzień po śmierci Lwa Jakowlewicza byłem w tym lasku i rozmawiałem z wystraszonymi Ukraińcami, którzy natknęli się na jeszcze dymiące zwłoki"[62] – pisze Michaił Połtoranin.

Niedługo potem, 25 lipca 1998 roku, ówczesny premier Kirijenko wyleciał do Karelii, gdzie w miejscowości Szujska Czupa odpoczywał Boris Jelcyn. Na krótkiej konferencji prasowej Jelcyn, między informacjami o mnóstwie załatwionych spraw bieżących, oznajmił: „Doprowadziliśmy także do skutku pewne sprawy kadrowe: jednych zdjęliśmy, innych mianowaliśmy. A kogo, dowiecie się od rzecznika prasowego"[63].

Tego samego dnia wieczorem Kirijenko wrócił do Moskwy. Na lotnisku czekał na niego Władimir Putin. Oto jego relacja z tego spotkania:

„Wychodzi Kirijenko i mówi:

– Cześć, Wołodia! Gratuluję!

Ja na to:

– Z jakiego powodu?

A on:

– Dekret podpisany. Mianowano cię dyrektorem FSB.

– No cóż, dziekuję, chłopaki...

Nie mogę powiedzieć, żebym się ucieszył... Nie miałem ochoty wchodzić jeszcze raz do tej samej wody. Nikt nawet mi nie wspomniał, że może być taka nominacja"[64].

„Wszystko odbywało się w nadzwyczajnym pośpiechu – wspomina ówczesny dyrektor FSB Nikołaj Kowalow. – To była sobota. I w nocy, w sobotę, Kirijenko ogłasza dekret o mianowaniu nowego dyrektora FSB. I w nocy, w sobotę, ja przekazuję sprawy Władimirowi Putinowi. Wszystko w dwadzieścia minut. W dwadzieścia minut przekazałem Federalną Służbę Bezpieczeństwa nowemu dyrektorowi. Czegoś takiego jeszcze nie było [...]. Potem zapytałem Kirijenkę: »Siergieju Władlenowiczu, według moich obliczeń spalił pan z 7 ton paliwa, żeby podpisać ten jeden dekret. O co tu chodzi?«"[65].

25 lipca 1998 roku nocą Władimir Putin został dyrektorem FSB.

## Szutow po raz drugi

Uwolniony w 1996 roku od wszelkich podejrzeń Jurij Szutow nie tylko napisał kolejne poczytne książki, lecz także zrobił karierę polityczną. I jedno, i drugie z Sobczakiem w tle. *Sobczaczija prochindiada, ili kak wsiech obokrali* (Sobczacze przekręty albo jak wszystkich okradli), *Kriestnyj otiec „piterskich"* (Ojciec chrzestny „petersburskich"), a potem jeszcze *Kak zakalałas' szwal* (Jak hartowała się hołota). Ten ostatni tytuł zręcznie nawiązuje do znanej wszystkim Rosjanom biblii socrealizmu, powieści *Jak hartowała się stal*[66]. Po rosyjsku *szwal* to „hołota", i dobrze się ze słowem „stal" rymuje. W tych pisanych z temperamentem denuncjacjach nazwiska w zasadzie nie padają, a o kim mowa, wiadomo na podstawie samych opisów postaci. Nazwisko „Putin" nie pojawia się ani razu, przeto tylko ten się domyśli, o kogo chodzi, kto znał struktury władzy w Smolnym.

Po przegranej Sobczaka w 1996 roku startujący do fotela mera Szutow zajął w wyborach wysokie miejsce. Zauważono go w Moskwie i zaproszono do współpracy. I to nie byle gdzie, tylko w Dumie Państwowej. To monumentalne szare gmaszysko z lat trzydziestych minionego stulecia, mające budzić respekt dla potęgi i majestatu Związku Radzieckiego, w latach dziewięćdziesiątych kipiało namiętnościami, sporami, awanturami, było najdobitniejszym dowodem tworzenia się w Rosji demokracji, miejscem o niepowtarzalnej atmosferze, bardzo wówczas lubianym przez dziennikarzy.

Czerwone chodniki ciągnęły się wzdłuż korytarzy dziesięciu wymuskanych pięter, oświetlanych przez długie, ażurowe, pozłacane żyrandole, na eleganckich drzwiach widniały duże złocone tabliczki z nazwiskami. W części, gdzie mieściły się pokoje frakcji

Komunistycznej Partii Federacji Rosyjskiej, tabliczka na jednym z gabinetów obwieszczała: „Siergiej Baburin, zastępca przewodniczącego Dumy". Nieopodal mniejsze pomieszczenie i mniejsza tabliczka: „Pomocnicy". Wśród nich Jurij Titowicz Szutow, przewodniczący Regionalnej (Petersburg i obwód leningradzki) Komisji Kontroli Prywatyzacji w latach 1992–1996. Do długiej nazwy komisji należałoby dorzucić jeszcze jeden człon: do spraw pociągnięcia do odpowiedzialności urzędników za negatywne rezultaty prywatyzacji.

Szutow nie był jednak deputowanym, tylko społecznym pomocnikiem deputowanego, nie chronił go immunitet, nie ujawniał więc całej swojej wiedzy o Sobczaku i Putinie, skupiał się na pomniejszych figurach, a i tak siał popłoch w Petersburgu. Większej odwagi nabrał, gdy w grudniu 1998 roku został wybrany do Zgromadzenia Ustawodawczego Petersburga, bo odtąd chronił go już immunitet deputowanego. Wtedy właśnie zaczął się ukazywać w poczytnej gazecie „Nowyj Pietierburg" cykl artykułów *Wsie ludi korola* (Wszyscy ludzie króla). Znalazł się wśród nich tekst o malwersacjach finansowych W.W. Putina.

Najbardziej jednak dotkliwa dla Putina, wówczas dyrektora FSB, okazała się obszerna notatka o „nielegalnych kontaktach W.W. Putina z przedstawicielem agenturalnej siatki przeciwnika podczas niemal pięcioletniej służby w NRD", a także o tym, że „Sobczak jako profesor Uniwersytetu Leningradzkiego był informatorem KGB, co ułatwiło przyjęcie do pracy w merostwie kagebisty Władimira Putina"[67]. Skąd Szutow czerpał takie informacje? „Myślę, że z jednej paskudnej organizacji – mówi znajomy Szutowa, dziennikarz „Nowego Pietierburga" Nikołaj Andruszeczko. – Mam wrażenie, że on był, tak jak Putin, »gebesznikiem«, znali się od lat. Szutow znienawidził Putina, kiedy się przekonał, że wszystko, co on robi, robi ze szkodą dla Petersburga i dla Rosji. Szutow może i miał parę negatywnych cech, owszem, ale był zdeklarowanym patriotą"[68].

Putin się nie bronił, nie pozwał autora do sądu, nie polemizował, nie zaprzeczał. Ale dwa miesiące później, w lutym 1999 roku, Jurij Szutow został aresztowany pomimo immunitetu i sądzony jako herszt gangu winnego dokonania sześciu morderstw, dwóch zamachów na życie, jednego porwania, jednego napadu zbrojnego oraz oszustw związanych z wykorzystywaniem stanowiska służbowego. Niektórych „swoich podwładnych" poznał już podczas poprzedniej rozprawy, innych zobaczył po raz pierwszy dopiero teraz. Tymczasem za pośrednictwem mediów poszła w świat wieść o groźnym „gangu Szutowa", szalejącym w mieście nad Newą w Roku Pańskim 1998.

O gangu, którego w rzeczywistości nie było.

## Lata 1995–1998. Petersburg

Ciekawe, czy wskazując Putina jako organizatora rozprawienia się z generałem Rochlinem, Tatiana Diaczenko, Walentin Jumaszew i Aleksandr Wołoszyn kierowali się tylko „zimnymi oczami i zimnym umysłem" czy też konkretnym dowodem dającym pewność, że to właściwy człowiek i że wykonania zadania nie odmówi? Czy sięgnęli po taki dowód do jego dotychczasowej biografii?

Wiele wskazuje na to, że gdyby ludzi, których śmierć może być związana z Władimirem Putinem, pochować w jednym miejscu, ich groby zajęłyby niemałą aleję cmentarną. Ginęli od strzałów, od trucizn, od ataków serca, choć byli w pełni zdrowi, w wypadkach drogowych lub w niewyjaśnionych okolicznościach. Wspólne było tylko to, że między ich śmiercią a jego osobą można się dopatrzyć związku przyczynowo-skutkowego, czasem bezpośredniego, wystarczającego uczciwym sędziom do werdyktu skazującego nawet przy żelaznej zasadzie procesowej, iż wątpliwości przemawiają na korzyść oskarżonego, czasem zaś bardziej zagmatwanego, godnego solidnego procesu poszlakowego. Tak czy inaczej, wszelkie podejrzenia rozwiałyby się podczas uczciwych i jawnych rozpraw sądowych. Ale takich nie było.

Najczęściej śledztwo gmatwano tak, by zatrzeć ślady, zamiast je ujawnić, udowadniano winę przypadkowym osobom, akty oskarżenia pisano w FSB, a procesy toczyły się przy drzwiach zamkniętych.

Jeśli już do procesów dochodziło, nazwiska Putina nie wymawiano w salach rozpraw. Było jak cień, który pada na te sale i nigdy się nie zmaterializuje.

Już w Petersburgu Putin był nietykalny, a cóż dopiero w Moskwie.

Ponieważ jednak podejrzenia o zbrodnie pojawiły się w związku z jego osobą, a nie w związku z jego poprzednikami (Gorbaczowem i Jelcynem), nie sposób ich w tych rozważaniach pominąć. Przekonani o jego winie śledczy (dwóch zabito zaraz po ucieczce Sobczaka do Paryża)[69] czy prokuratorzy wiedzą i pamiętają. Wszystkich nie da się zastraszyć, przekupić, ubezwłasnowolnić albo zabić. Oni czekają na czas, kiedy będą mogli to nazwisko ujawnić. On uczyni wszystko, by ten czas nigdy nie nadszedł, by dożywotnio mógł się chronić za immunitetem i za murami Kremla, stając się w gruncie rzeczy ich więźniem.

By lepiej zrozumieć łańcuch przyczyn i skutków zbrodni przypisywanych Putinowi, musimy posłużyć się chronologią, kolejno zapełniając ową cmentarną aleję. Cofnijmy się więc do połowy lat dziewięćdziesiątych ubiegłego wieku.

Rok 1995, 2 października, wieczór. Starszy pan idzie wynieść śmieci i natyka się na leżącego sąsiada. Nikt strzałów nie słyszał, a z głowy najwyraźniej dopiero co zastrzelonego człowieka jeszcze obficie sączy się krew. Denatem był Iwan Łuszczynski, dyrektor Bałtyckiej Żeglugi Morskiej (BŻM), który sprzeciwiał się forsowanym przez mera Sobczaka, niekorzystnym dla przedsiębiorstwa transakcjom. Oznaczały bowiem spekulacyjne wyzbycie się majątku, o czym kilka miesięcy wcześniej Sobczak rozmawiał z ewentualnymi kontrahentami. BŻM tonęła w długach i Łuszczynski robił wszystko, by ją ratować innymi sposobami.

Po śmierci dyrektora BŻM Agencja Interfax pisała: „Niewykluczone, że aktywność Łuszczynskiego przeszkadzała tym, którzy zamierzali wszelkimi sposobami przejąć kontrolę nad bankrutującym przedsiębiorstwem"[70].

Kontrolę nad bankrutującym przedsiębiorstwem przejęło merostwo. Dyrektorem został kolega Putina ze studiów. Pod koniec roku zanotowano w firmie straty w wysokości 216 miliardów rubli. (Obecnie ów kolega pełni funkcję pełnomocnego przedstawiciela prezydenta w Sądzie Konstytucyjnym).

Łuszczynski nie tylko przeszkadzał. Mógł też być niebezpieczny. Jako dyrektor znał opiewające na dziesiątki milionów dolarów umowy dotyczące sprzedaży statków i związane z tym machinacje.

Sprawców morderstwa Łuczynskiego nie znaleziono.

Rok 1997, 18 sierpnia, godzina ósma pięćdziesiąt. Centrum Petersburga. Z pięknej starej ulicy Rubinsteina w kierunku Newskiego Prospektu wyjeżdża volvo. Służbowe. Przystojny trzydziestosześcioletni brunet obok kierowcy to wicegubernator stolicy nad Newą, Michaił Maniewicz. Na tylnym siedzeniu – ładna blondynka, jego żona. Samochód zatrzymuje się przed światłami, a na dachu przeciwległego domu ktoś podnosi do oka karabin snajperski z celownikiem optycznym i precyzyjnie lokuje pięć kul w szyi, piersi i głowie mężczyzny. Kierowca nie doznaje szwanku. Żonę ledwie drasnęło.

Żona była pod specjalną ochroną.

Kiedyś pewien pracownik FSB poprosił koleżankę pracującą jako kurierka, by udała się do Moskwy i na dworcu przekazała zapieczętowaną torbę mężczyźnie, który się do niej zgłosi. Podczas podróży okazało się, że miejsce obok miłej blondynki zajmuje młody brunet. Tak dobrze się im rozmawiało, że wymienili się numerami telefonów. W Moskwie do kobiety podszedł mężczyzna, ona przekazała mu torbę, a on po przejściu paru metrów – przekonany, że nikt go nie obserwuje – wrzucił ją do pojemnika na śmieci.

Młodym brunetem był Michaił Maniewicz, młodą blondynką jego przyszła żona, a pracownikiem FSB proszącym o przysługę – Władimir Putin[71].

Tym sposobem, stosując rutynowe działania służb specjalnych (wspominali o nich jego koledzy z Drezna), Władimir Putin umocował swojego kontrolera (kontrolerkę) przy człowieku, od którego zależały istotne decyzje dotyczące własności miejskiej.

Rzecz dziwna: w żadnej dostępnej w internecie biografii Maniewicza nie wspomina się, że był żonaty, tym samym pomija się panieńskie nazwisko małżonki. Ona zaś – jak zapamiętali świadkowie[72] – podczas pogrzebu nie uroniła ani jednej łzy, zachowując się raczej jak obcy człowiek niż niepocieszona wdowa.

Putin – jak widać – nie dowierzał świetnie wykształconemu synowi profesora ekonomii, doktorowi nauk ekonomicznych, który od roku 1992 po rok 1996 przewodniczył Komitetowi Zarządu Majątkiem Miejskim w merostwie Petersburga. Czy pracując ramię w ramię z Putinem, Maniewicz mógł się nie orientować w jego związanych z tym majątkiem malwersacjach? Zresztą w niektórych – czyżby nieświadomie? – sam brał udział. Podpisywał przecież rozporządzenia, dzięki którym wspominany już XX Trust, w istocie organizacja przestępcza, otrzymał korzystne kredyty na sumę około 28 miliardów rubli, z czego tylko miliard wydano na potrzeby miasta.

Maniewicz pozostał w merostwie przy następcy Sobczaka – Jakowlewie. Mimo wysokiego stanowiska był dostępny dla organów śledczych czy też – co w tamtym momencie było niebezpieczniejsze – dla komisji powołanej w Dumie Państwowej do zanalizowania wyników prywatyzacji w Petersburgu. Komisja zebrała bogatą dokumentację i zamierzała wezwać Maniewicza na przesłuchanie jako świadka. Otóż Komitet Zarządu Majątkiem Miejskim rozkradał – i to na wielką skalę – majątek państwowy pod pozorem prywatyzacji. „Mogę osobiście potwierdzić – mówi członek Rady Miejskiej Petersburga, dziennikarz Nikołaj Andruszeczko – że ani jeden zabytkowy budynek w Petersburgu nie został legalnie sprywatyzowany”[73].

A Duma – w tamtym czasie mocno „czerwona”, z silną frakcją KPFR i silnym wiceprzewodniczącym, komunistą Giennadijem Sielezniowem – radośnie by na całą Rosję roztrąbiła winy Sobczaka i wspólników, a więc i wysokiego kremlowskiego urzędnika W.W. Putina. Zapewne też przedłożyłaby te dowody w Prokuraturze Generalnej. Maniewicz, młody i kiepsko w kłamstwie wytrenowany inteligent, mógł się okazać „słabym ogniwem” w putinowsko-sobczakowskim łańcuchu, mógł przed komisją powiedzieć za dużo, choćby w obronie własnej. Był – jak twierdzą członkowie owej komisji – najporządniejszy w całym merostwie. Następca Sobczaka, mer Jakowlew, awansował go na wicegubernatora (mer Petersburga jest równocześnie gubernatorem całego obwodu).

Czy latem 1997 roku Władimir Putin, siedząc już na wysokich kremlowskich stołkach, mógł być pewien zeznań Maniewicza? Nie.

Czy te zeznania mogły mu zaszkodzić? Tak.

Gdy więc się rozgościł w swoim nowym gabinecie dyrektora FSB, zażądał przekazania mu wszystkich dokumentów dotyczących zabójstwa Michaiła Maniewicza i w imieniu centrali FSB przejął nadzór nad śledztwem. W 2000 roku powiedział swoim biografom:

„Misza to wspaniały chłopak. Tak mi żal, że go zabili, taka niesprawiedliwość! Komu on przeszkadzał? Po prostu porażające. Taki łagodny, inteligentny, giętki w dobrym znaczeniu tego słowa... Do tej pory nie pojmuję, jak to się mogło zdarzyć. Po prostu nie rozumiem"[74].

Ten dramat odbił się głośnym echem także poza Petersburgiem. Dochodzenie wziął pod osobistą kontrolę sam Boris Jelcyn, a prokuratura miała mu meldować o postępach śledztwa.

Nie miała jednak o czym. Postępów przez wiele lat nie zanotowano.

Nie był Maniewicz postacią polityczną wielkiego formatu, był tylko urzędnikiem miejskim wysokiego szczebla, a Petersburg uwiecznił go niczym bohatera. Jest tedy tablica pamiątkowa na domu, w którym mieszkał („Pamięci wybitnego ekonomisty, wicegubernatora Sankt Petersburga"), jest i pomnik na placu Maniewicza, jest też szkoła imienia Maniewicza, a na jego grobie – ogromna, podziurawiona kulami kamienna instalacja.

Co i komu chciał przekazać Władimir Putin, inicjator tych poczynań, uwieczniających wicegubernatora obwodu leningradzkiego?

Potomnym być może zamierzał przypomnieć, że oto żył tu sympatyczny facet, którego ktoś kiedyś postanowił zabić.

Siebie zaś chciał utwierdzić w przekonaniu, że oto zrobił „dla Miszy" wszystko, co mógł.

Doprawdy wszystko.

Rok 1998, 27 lutego. Ktoś wystrzelił osiem kul w Igora Dubowika nieopodal domu, w którym mieszkał. Pieniędzy i dokumentów nie ruszono. Dubowik – doradca prawny mera Jakowlewa, członek jego stałej rady konsultacyjnej, która przed wyborami w 1996 roku rozpracowywała ciemne interesy Sobczaka i najbliższych współpracowników – miał wówczas, w 1998 roku, bezpośrednie dojście do komisji w Dumie Państwowej, która od roku zajmowała się sprawą korupcji w organach władzy. Ta komisja, podobnie jak inna komisja parlamentarna analizująca wyniki prywatyzacji w Sankt Petersburgu, była obsadzona przez komunistów czyhających tylko na to, by uderzyć w liberałów Jelcyna.

Uderzenie w nieobecnego Sobczaka miałoby swoją siłę, ale cios w urzędującego, i to na Kremlu, Władimira Putina, zastępcę szefa Administracji Prezydenta, miałby siłę rażenia pioruna. Czy Dubowik był aż tak potężny, by ten cios zadać? Tego się nie dowiemy. Śledztwo skoncentrowano wokół wątku bandyckich porachunków i sędzia zgodnie z odgórnym poleceniem skazał upatrzoną ofiarę*.

Rok 1998, 10 października. Na podwórze pewnego domu w Petersburgu wjechało volvo, a w nim prezes Petersburskiej Kompanii Paliwowej i były kandydat na gubernatora Petersburga – Dmitrij Filippow. Jeden z trzech jego ochroniarzy wszedł do ciemnej klatki schodowej: oświetlenie od dwóch tygodni nie działało i jakoś nikt nie spieszył się, by je naprawić. Ochroniarz oświetlił latarką schody, zepsutą lampę też, sprawdził piętro, na którym szef rezydował, i dał znać, że wszystko w porządku. Filippow wraz z drugim ochroniarzem wyszedł z samochodu i otworzył drzwi. Wtedy nastąpił wybuch: w zepsutej lampie umieszczono zdalnie sterowane radiem urządzenie. Po trzech dniach Filippow zmarł.

Był to działacz znaczący zarówno w minionym świecie (wchodził w skład prezydium Rady Ministrów ZSRR), jak i w obecnym: nie zmieniwszy poglądów, pozostał mężem zaufania wspomnianego Giennadija Sielezniowa, jednego z najważniejszych ludzi w KPFR.

---

* Więcej na ten temat w dalszej części książki.

Od dawna zbierał dowody przestępstw Sobczaka, Putina *et consortes*. Przekazywał je do Prokuratury Generalnej, a także do FSB i MSW w Petersburgu. Utrzymywał stały kontakt z centralami tych służb w Moskwie, udzielając im znacznej pomocy, gdy w celu dochodzenia funkcjonariusze zjawiali się w mieście nad Newą. Był tu ich opiekunem i przewodnikiem. Zaproszony wiosną 1998 roku do centrali FSB na Łubiance, przez kilka godzin przekazywał swoje rewelacje tamtejszym pracownikom, którzy nagrywali je na dyktafon, a po powrocie do Petersburga pochwalił się znajomym: „Jakie ja im rzeczy opowiedziałem! Jakie sprawy wyjaśniłem!”[75].

Niedługo potem do swojego gabinetu na Łubiance wszedł nowy dyrektor FSB Władimir Władimirowicz Putin i przystąpił do systematycznego niszczenia niewygodnych danych na temat swojej przeszłości. A może nie tylko danych?

Bliskim przyjacielem Filippowa, człowiekiem znającym szczegóły jego prywatnych śledztw, był Michaił Oszerow, również przyjaciel przewodniczącego Dumy Giennadija Sielezniowa, członek Rady Bezpieczeństwa w Dumie Państwowej. Czy na niego też wydano wyrok, bo zbyt dużo wiedział? 16 października 1998 roku, schodząc rano po schodach, zobaczył pracownika administracji, który wstawiał wybitą szybę. Gdy go minął, ten wyciągnął z podręcznej skrzynki pistolet, dwukrotnie strzelił mu w głowę, rzucił broń, wyskoczył z bramy i wsiadł do czekającego auta.

Oszerow przeżył, jest inwalidą.

W 1998 roku Giennadij Sielezniow nie krył, iż zamierza kandydować w najbliższych wyborach prezydenckich w 2000 roku. Filippow i Oszerow aktywnie wspierali jego kampanię wyborczą. Po zamachach na nich Sielezniow z kandydowania zrezygnował. Śledztwo w obu wypadkach – Filippowa i Oszerowa – skoncentrowano wokół wątku bandyckich porachunków i sędzia zgodnie z odgórnym poleceniem skazał upatrzoną ofiarę.

Rok 1998, 28 września. Jewgienij Agariew, wiceprzewodniczący miejskiego Komitetu do spraw Rynku Usług, wyszedł przed ósmą rano wraz z żoną z mieszkania na szóstym piętrze pięknego starego domu przy alei Szlisselburskiej w centrum Petersburga. Zepsutej windy od paru dni nie naprawiano, więc żeby wydostać się na schody, trzeba było przejść przez loggię. Gdy Agariew otwierał prowadzące do niej drzwi, wybuchła podwieszona u sufitu bomba i urwała wchodzącemu głowę. Szczęśliwym trafem żonie nic się nie stało.

„Za co mogli się rozprawić z Agariewem? Odpowiedzi trzeba szukać na cmentarzach"[76] – powiedzieli dziennikarzom śledczy petersburskiej prokuratury. Agariewowi podlegały czterdzieści trzy nekropolie, ale w Petersburgu ogólnodostępne były tylko dwie, a ponad dziesięć przyjmowało jedynie bardzo bogatych nieboszczyków. Przyjemność przebywania w dobrym cmentarnym towarzystwie kosztowała nawet kilkadziesiąt tysięcy dolarów. Przyjęciami zawiadywała głównie mafia tambowska. Przypomnijmy cytowane wcześniej materiały dochodzeniowe petersburskiej prokuratury: w związku z osobą W.W. Putina był w nich wspomniany kierownik biura usług rytualnych Makutow, każdego miesiąca wypłacający wicemerowi 30 tysięcy dolarów. Za co? Przypuszczalnie wyjaśnił tę kwestię Jewgienij Agariew. Z jego inspiracji miejscowy Wydział do Walki z Przestępczością Gospodarczą poważnie zajął się śledztwem w sprawie urzędników miejskiej administracji powiązanych z biznesem usług rytualnych.

Latem 1998 roku operację nagle przerwano.

Latem 1998 roku Putin został dyrektorem FSB.

W bombach użytych do zamordowania Filippowa i Agariewa eksperci wykryli heksogen, silny środek wybuchowy będący w dyspozycji wyłącznie FSB i wojska.

Nie przeszkodziło to sędziom w zakwalifikowaniu tych zabójstw jako zwykłych bandyckich porachunków.

Jakiś czas później opozycyjna „Nowaja Gazieta" tak podsumowała zbrodnie popełnione wtedy w Petersburgu:

„I znów w telewizyjnym pudle widzimy potężnych urzędników z wielkim namaszczeniem rozprawiających o skąpym finansowaniu organów ochrony prawa i o brakach rosyjskiego systemu prawnego. Media znowu krzyczą znajomymi do bólu tytułami: »Petersburg odzyskuje sławę kryminalnej stolicy«, »Komu służą konflikty?«.

A w rezultacie te same niedofinansowane organy ochrony prawa, mając realne wersje zdarzeń, nie będą rozpracowywać ich bez rozkazu z góry i dysponując najprawdziwszymi zeznaniami świadków, nie zaczną ich nawet sprawdzać. Dlaczego? Ano dlatego, że wykonawcy najgłośniejszych zabójstw ostatnich lat najprawdopodobniej są związani z bardzo wysoko postawionymi urzędnikami ze Smolnego"[77].

Rok 1998, jesień, 20 listopada. Rosja w szoku: zabito Galinę Starowojtową. Kraj zamarł. Powszechne przygnębienie. Rozpaczali jej zwolennicy i przyjaciele, żałowali nawet przeciwnicy. W dniu jej pogrzebu największy z petersburskich placów zapełnili, głowa przy głowie, ludzie odziani w czerń. Zamordowano polityka, może jedynego, o którym wielu z absolutnym przekonaniem mówiło: uczciwy, pryncypialny, mądry. I dodawało: nasz.

Ja także. Była skarbem dla dziennikarzy. Należała do tych deputowanych Dumy, do których drzwi stały zawsze otworem. Świetnie wykształcona, udzielała jasnych, mądrych odpowiedzi na każdy temat: od gospodarki, przez sprawy narodowościowe, po wojskowe. Walczyła o lustrację blokującą dostęp do stanowisk państwowych dawnym funkcjonariuszom partii i KGB, walczyła z korupcją. Obdarzona donośnym głosem, znakomitym refleksem, dowcipna i bezkompromisowa. Niepowtarzalna.

Gdzieś pod koniec października przyszłam do niej właściwie po radę: co mam robić, bo podczas pobytu w Czeczenii mówiono mi o milionowych łapówkach, które stamtąd powędrowały na Kreml*, i zapytałam ją jako osobę orientującą się w sprawach tamtego rejonu, czy to możliwe. Naszą rozmowę, podczas której nie ukrywałam ogromnego zdziwienia, zakończyła mniej więcej tak: „Kristina, ależ pani naiwna! Was, dziennikarzy zagranicznych, ciągle dziwią rozmiary tutejszego łapówkarstwa, a przecież *szyroka strana moja radnaja* – zanuciła znaną każdemu dziecku radziecką pieśń

---

* Więcej na ten temat zob. w części poświęconej wojnie w Czeczenii (1994–1996).

patriotyczną – więc nasza korupcja też. Gdyby pani wiedziała, jaką korupcję ja mam tu, o! w tych teczkach! I to nie w dalekiej Czeczenii, tylko w moim rodzimym Petersburgu".

Jej śpiewana odpowiedź rozbawiła mnie, lecz asystentka, miła, siwa, szczupła kobieta o typowych rysach rosyjskiej inteligentki dawnego formatu (naprawdę istnieje coś takiego), spojrzała na nią wyraźnie karcąco.

20 listopada na petersburskim lotnisku czekał jej asystent, dwudziestosiedmioletni Rusłan Linkow. Po pewnym czasie weszli oboje w bramę domu pod numerem 91, przy starym pięknym bulwarze nad Kanałem Gribojedowa. W korytarzu ciemno, jakby wszystkie żarówki hurtem diabli wzięli. Zrobili parę kroków, padły strzały. Ją zabiły, jego raniły. Ustalono, że porzucona broń (dziewięciomilimetrowy pistolet Beretta oraz automat Agran 2000) została sprowadzona zza granicy i kosztowała od 5 do 8 tysięcy dolarów.

Rusłan Linkow stał się głównym świadkiem dramatu. Śledczy chcieli z nim rozmawiać, a dziennikarze dopytywali o jego zdrowie.

„Pacjent wyszedł już ze stanu ciężkiego, nie wykazuje zaburzeń pamięci ani mowy i prawdopodobnie będzie mógł zeznawać jeszcze dziś wieczorem" – powiedział Władimir Łopata, dyżurny lekarz na oddziale reanimacji Kliniki Chirurgii Wojskowo-Medycznej, z którym rozmawiałam w niedzielne popołudnie, dwa dni po morderstwie. Była to ta sama klinika, do której rok wcześniej trafił Anatolij Sobczak, i kierował nią ten sam Jurij Szewczenko, który wtedy stwierdził u pacjenta atak serca. Wiele wskazuje na to, że w jego szpitalu zdarzył się kolejny cud.

Linkow nie zeznawał ani tego wieczoru, ani następnego, a potem nagle oznajmił, że stracił pamięć, śledczy i prokuratorzy zaś jakby go omijali. „Przesłuchiwano go ostrożnie, nie przejawiając zwyczajnej w takich wypadkach stanowczości"[78] – zauważyli dziennikarze wielu mediów. Lekarze zapytani o stan pacjenta odpowiadali niechętnie. Potem Linkow opuścił szpital i na długi czas przepadł.

Tajemnica Rusłana Linkowa najprawdopodobniej wiąże się z tym wieczorem, kiedy otwarły się drzwi do jego szpitalnej izolatki, cicho wszedł przez nie niewysoki mężczyzna, przedstawił się jako dyrektor FSB Władimir Putin i przez kilkadziesiąt minut wykładał świadkowi jasno, co ma zachować w pamięci, a o czym zapomnieć. Do uszu ochroniarza dobiegały oderwane zdania, nawet jakby zakamuflowane groźby („Nie przetrząsaj trawy, nie wylezą węże"). W końcu gość wyszedł, powściągliwie kiwnął głową ochroniarzowi i oddalił się w milczeniu[79].

Dopiero potem do kliniki wpuszczono strażników praworządności, którym – jak już wspomniano – Linkow kategorycznie oświadczył, że pamięć go opuściła. A oni nie nalegali na jej powrót.

Ale mniejszość, czyli włączeni do dochodzenia szeregowi funkcjonariusze milicji, robili swoje. Dziennikarze też. Niektórzy milicjanci z wybranymi dziennikarzami współpracowali. Jak wynika z relacji jednego z najwybitniejszych rosyjskich reporterów śledczych, wicenaczelnego „Nowej Gazety" Jurija Szczekoczichina, nie było to proste*.

Poniedziałek. 22 lutego 1999 roku.

„W sobotę przyleciałem do Petersburga. Na lotnisku miałem się spotkać z młodym oficerem FSB Romanem. Zgodził się na wywiad dla »Nowej Gazety«. Moi przyjaciele przyjechali po niego, ale już nie było go w domu. Jeden z nich mówi, że pięć minut wcześniej wszedł do jego mieszkania dyżurny zarządu FSB Petersburga, drugi – że go uprowadzono.

Roman wchodził w skład brygady śledczej badającej zabójstwo Galiny Starowojtowej. Oto, co zdążył mi wcześniej przekazać: ustalono, że w bramie domu Galiny Starowojtowej stał człowiek z radiotelefonem, który powiadomił o czasie jej przyjazdu. Roman chciał znaleźć tego człowieka. Zabroniono mu. Zaczął się zajmować dwoma ostatnimi miesiącami życia Galiny Wasiliewnej. Zabroniono mu. Chciał się dowiedzieć, z jakiego mieszkania zaraz po zabójstwie dzwonił jej pomocnik Rusłan Linkow. Zabroniono mu. Chciał zobaczyć się ze mną. Uprowadzono go.

---

* Jurija Szczekoczichina zabito w 2003 roku; więcej na ten temat zob. w rozdziale *Dobry rok 2003*.

Galina Starowojtowa na przyjęciu w Ambasadzie Polskiej w Moskwie, maj 1998 rok

Petersburg – miasto mafii, nieraz pisaliśmy o tym. Naszych znajomych z organów sprawiedliwości, którzy zajmują się dochodzeniami w sprawie korupcji, śledzą ludzie z miejscowego FSB. Oskarżają ich o branie pieniędzy od »Nowej Gazety«. Dodają, że należy ona do Bieriezowskiego, a ja, jako zastępca redaktora naczelnego, mam konta w jego bankach. Uczciwi funkcjonariusze są zmęczeni tymi kłamstwami. Są przekonani, że zabójstwo Galiny Starowojtowej można wyjaśnić. Romana, oficera FSB, przede mną schowano. Uprzedzano go przecież: »Zwolnimy za długi język«”[80].

W tytule tego artykułu Jurij Szczekoczichin postawił pytanie: Czy FSB zna tajemnicę zabójstwa Galiny Starowojtowej?

Jedni traktowali śmierć deputowanej jako ofiarę złożoną na ołtarzu demokratycznych wyborów w bandyckim otoczeniu. Inni – przede wszystkim Rusłan Linkow – z uporem wskazywali na komunistów, zwłaszcza na Sielezniowa jako organizatora zamachu. A powód mógł mieć szczególny…

Sielezniow, jak już tu była mowa, zamierzał startować w wyborach prezydenckich w roku 2000. Miał duże szanse przynajmniej dojść do drugiej tury – prezentował się sympatyczniej i nowocześniej niż niezmienny lider KPFR, kostyczny, nudnawy, o wiele mniej inteligentny jego imiennik Giennadij Ziuganow, na którego i tak głosowała większość w poprzednich wyborach, sfałszowanych na jego niekorzyść. Atakowali więc Sielezniowa wszyscy możliwi konkurenci.

Tu bierze początek dziwna intryga, która taką by i pozostała, gdyby nie późniejszy dramat. Otóż 17 listopada (trzy dni przed zabójstwem Starowojtowej) w miejscowej niewielkiej gazecie

„Siewiernaja Stolica" ukazał się artykuł[81], pełen szczegółów jakby wprost z milicyjnych czy innych akt śledczych, mający udowodnić mafijne wymuszanie przez ludzi Sielezniowa ogromnych wpłat na rzecz jego sztabu wyborczego. Pod artykułem podpisali się Anna Prochorowa i Pietr Glebow. Tuż po śmierci Starowojtowej okazało się, że to artykuł jej i Linkowa.

Grubymi nićmi szyta insynuacja miała wskazywać na Sielezniowa jako zleceniodawcę zabójstwa. Insynuacja udana, bo to właśnie jego nazwisko wymieniano w tym kontekście najczęściej. Można tylko snuć przypuszczenia, kto autorom prasowego donosu dostarczył materiały do artykułu i dlaczego Starowojtowa zaangażowała w to swój autorytet: czy z niechęci do KPFR, czy z innych powodów? Można też tylko domniemywać, dlaczego Linkow się upierał, by o zbrodnię oskarżyć właśnie Sielezniowa. Wszystko to zostaje w sferze domysłów, bo śledztwo poszło zupełnie innym torem.

Poszukiwania przestępców trwały cztery lata. Postawionym wreszcie przed sądem oskarżonym nie przypisano żadnego z przytoczonych motywów, tylko zabójstwo z przyczyn ideologicznych. Śledczy doszli mianowicie do wniosku, iż morderstwa w dniu Michała Archanioła dokonała organizacja prawosławnych oszołomów skupiona wokół gazety „Russkij Prawosławnyj Patriot", uważająca Galinę Starowojtową (rodowitą Rosjankę, córkę Kozaczki) za przywódczynię żydomasońskiego spisku przeciwko Rosji. Przekonujących dowodów nie szukano. Oskarżenie sklecono, przytaczając cytaty z tej marginalnej, wychodzącej do dziś gazetki.

Rusłan Linkow z ustaleniami śledztwa się zgodził, a w 2005 roku rozpoznał podczas procesu twarz zamachowca widzianą siedem lat wcześniej w błysku wystrzału.

Sędziowie zignorowali ogłoszoną w 2004 roku ekspertyzę sytuacyjną przeprowadzoną niedługo po zabójstwie (z początkiem 1999 roku) przez Główny Zarząd Spraw Wewnętrznych Petersburga i Katedrę Ekspertyz Sądowych Akademii Wojskowo-Medycznej. Według ekspertyzy ocena wiarygodności zeznań Rusłana Linkowa jako świadka wynosiła trzynaście punktów w skali pięćdziesięciopunktowej.

Okazało się mianowicie, że do Linkowa strzelano pięć do ośmiu minut później niż do Starowojtowej i nie na parterze, gdy – jak zeznał – szedł obok niej, lecz na pierwszym piętrze, przy drzwiach jej mieszkania, gdzie – jak śledztwo wykazało – rozmawiał z napastnikami; a co najważniejsze – eksperci stwierdzili, iż w świetle błysku wystrzału nie można przyjrzeć się twarzy strzelającego. Wątpliwe zatem, czy rozpoznany przez Linkowa człowiek naprawdę jest tym, który zabił Galinę Wasiljewną, czy też kimś, kogo do przyjęcia tej roli zmuszono.

„Nie ulega wątpliwości, że sądzeni są wykonawcy zabójstwa Galiny Wasiljewnej”[82] – kategorycznie stwierdził Rusłan Linkow w wywiadzie udzielonym w 2005 roku.

A gdzie zleceniodawca zbrodni? W 2011 roku, po sześciu latach pobytu w łagrze, jeden z głównych oskarżonych przypomniał sobie, kto mu wykonanie tego zadania powierzył. Oskarżenie o tę zbrodnię siedzącego już w łagrze niejakiego Michaiła Głuszczenki automatycznie dołączono do innych ciążących na nim zarzutów. W marcu 2015 roku, niemal siedemnaście lat po dokonaniu zabójstwa, tenże Głuszczenko przypomniał sobie, kto mu je zlecił. Okazuje się, że odbywający już karę z innych powodów dobry znajomy Władimira Putina, szef tambowskiej mafii – Władimir Kumarin. Ten sam, który kiedyś bez problemów wchodził do gabinetu Putina w Smolnym, ten sam, którego Putin zrobił członkiem zarządu petersburskiej filii spółki SPAG.

Władimir Kumarin jeszcze długo zza drutów kolczastych nie wyjdzie, głównie dlatego, że za dużo wie. Choćby to, komu naprawdę przeszkadzała wiedza Galiny Starowojtowej zamknięta w teczkach w jej gabinecie w Dumie.

A jeśli za druty powędrowali nie ci, co trzeba? Może całkiem niewinni? „W dzisiejszej Rosji prawie jedna trzecia ludzi siedzących w więzieniach nie popełniła tego, o co jest oskarżona. To mniej więcej 250 tysięcy osób. Tyle samo otrzymało wyroki niesprawiedliwe”[83] – twierdzi znana dziennikarka Olga Romanowa specjalizująca się w problematyce rosyjskiego systemu penitencjarnego. Z kolei rosyjski tygodnik demograficzny „Demoskop Weekly”[84] liczbę niewinnie skazanych odsiadujących wyroki w ostatnim dziesięcioleciu określa na 40 tysięcy. Najwięcej od czasów stalinowskiego terroru.

## Szutow po raz trzeci

O zabójstwo Dubownika, Filippowa, Oszerowa, Agariewa, a nawet Maniewicza i Starowojtowej oskarżono jednego człowieka, ową „odgórnie wskazaną ofiarę": Jurija Titowicza Szutowa, osobistego więźnia Władimira Putina, dogorywającego w łagrze pod Solikamskiem w obwodzie permskim.

16 listopada 1999 roku. Na schodach i w korytarzu prowadzącym do sali rozpraw Kujbyszewskiego Okręgowego Sądu w Petersburgu tłok. Zwolennicy Jurija Titowicza przyszli, by wspierać swojego deputowanego. Wśród nich są ludzie starsi, sowieckiej daty i sowieckich przekonań. Tu laska, tam kule, tu czyjaś zgarbiona sylwetka albo długa siwa broda. Pani sędzia ogłasza werdykt: Jurij Titowicz Szutow jest niewinny, wszczęcie sprawy karnej przeciwko niemu było bezpodstawne, materiał dowodowy sfabrykowano.

Wolność Szutowa trwała niecałe dziesięć minut. Do sali wdarł się przysłany z Moskwy oddział specnazu FSB. Ludzie w mundurach moro i kominiarkach, z kałaszami, pistoletami i pałami wskoczyli na stół sędziowski, pobili przybyłych, operatorowi telewizyjnemu złamali rękę. Krzyk, wrzask, płacz. A że to były jeszcze czasy wolności słowa (Putin, od trzech miesięcy premier, niebawem nazwał je „czasami chaosu"), tę pierwszą w nowej Rosji profanację świątyni sprawiedliwości pokazały wszystkie stacje telewizyjne. Sprawa Szutowa była głośna, stąd obecność operatorów w sali sądowej.

Szutowa pobito i przewieziono do budynku prokuratury miejskiej. Tu nadal znęcano się nad nim tak, że ogłuchł na jedno ucho, oślepł na jedno oko, doznał ciężkich urazów głowy i przetrącono mu kręgosłup. Nigdy już nie mógł chodzić. Niezależnych lekarzy do prokuratury nie wpuszczono, a miejscowi stwierdzili, że podsądny jest zdrowy. Adwokaci Szutowa wezwali karetkę pogotowia, której personel chciał pacjenta natychmiast wieźć do szpitala. Zamiast jednak do szpitala, Szutow trafił do aresztu, a potem do więzienia w Niżnym Nowogrodzie.

Ten, kto ów koszmar zorganizował, wiedział, że uniewinniony Szutow nie może wyjść z budynku sądu, bo powie przed kamerami telewizyjnymi nie tylko to, o czym wcześniej pisał, ale o wiele więcej. A wtedy premier Putin – mimo wszystko – mógłby mieć trudności z przedzierzgnięciem się w prezydenta Putina.

Zaraz po aresztowaniu Szutowa, przeprowadzonym tuż przed podsumowaniem działań regionalnej komisji rezultatów prywatyzacji, której przewodniczył kilka lat, śledczy zajęli w Dumie całe jej archiwum.

A potem zapadła cisza, jakby o sprawie zapomniano. Rozeszły się plotki, że tracący często przytomność, wlokący za sobą nogi Szutow próbował popełnić samobójstwo, choć to do niego raczej niepodobne. Dopiero w styczniu 2001 roku petersburska prokuratura sprawę przekazała sądowi do ponownego rozpatrzenia, oskarżając „gang Szutowa" o osiem zabójstw, cztery zamachy i pięć przygotowań do zabójstwa. Równocześnie jednak nie dopatrzyła się związku Szutowa z uśmierceniem Maniewicza i Starowojtowej.

Odtąd nie działo się nic aż do 2002 roku, gdy proces rozpoczęto od nowa. Oskarżony Szutow, siedzący na wózku inwalidzkim, od czasu do czasu tracił przytomność, ogłosił bowiem głodówkę, gdyż nie dopuszczano doń adwokata, pozbawiono go specjalnie dla niego przygotowanego biurka i krzesła w celi, dręczono na wiele wymyślnych sposobów.

A potem znowu nie działo się nic.

Rozprawy odkładano z niewiadomych przyczyn.

Wreszcie w sierpniu 2004 roku Szutowa po raz pierwszy od dwóch lat wywieziono z aresztu śledczego i postawiono przed sądem miejskim w Petersburgu. Mdlał podczas rozpraw i miał drgawki. Gdy wracał do przytomności, gwałtownie żądał powołania należnej mu ławy przysięgłych. Za karę usunięto go z sali sądowej i przywieziono dopiero na ogłoszenie wyroku. Cały proces toczył się pod jego nieobecność! Na skutek machinacji sądowych został też pozbawiony pomocy adwokatów.

Niczego oskarżonemu Szutowowi nie udowodniono, nawet nie podjęto takich prób. Przy opisywaniu okoliczności rozmaitych przestępstw (kto kradł, kto napadał, kto strzelał itp.) dodawano konkluzję, że to „gang Szutowa" albo on sam. Były to jednak tylko bezpodstawne, niepoparte faktami, pozbawione konkretnych dowodów oskarżenia, ograniczające się do podania nazwiska. „Gorzej niż w ZSRR"[85] – stwierdził były funkcjonariusz FSB, dziś adwokat Michaił Triepaszkin.

16 lutego 2006 roku, po siedmiu latach od aresztowania, zapadł wyrok: dożywotnie więzienie. Do skazanego nie bardzo to wszystko docierało. Siedział na wózku inwalidzkim i głucho jęczał, a otaczający go lekarze co rusz wsuwali mu w usta jakieś pigułki. Za lekarzami ścisły krąg strażników sądowych i funkcjonariuszy służb specjalnych blokował dostęp do oskarżonego oraz wszystkie wejścia do klubu petersburskiego więzienia Kresty. Ten ponury spektakl urządzono bowiem za więzienną bramą, najwyraźniej obawiając się jawnej rozprawy w otwartej przestrzeni publicznej.

Po ogłoszeniu wyroku wzięli sprawę w swoje ręce jedni z najlepszych rosyjskich adwokatów (Dmitrij Arganowski i Karina Moskalenko) i skierowali ją do Trybunału Praw Człowieka w Strasburgu. Był rok 2008. Szutowowi wstrzymano podawanie koniecznych leków. Zdaniem jego bliskich chodziło o to, by nie dożył do strasburskiego orzeczenia. Trybunał, który – przypomnijmy – nie orzeka o czyjejkolwiek winie, a tylko o tym, czy oskarżonemu zapewniono sprawiedliwy sąd, sprawę przyjął w 2010 roku. Wszystko wskazuje na to, że zapadnie korzystny dla Szutowa werdykt. Dla żywego albo martwego. Z tym że martwemu będzie już wszystko jedno.

Dawno, dawno temu, gdy mięsa w radzieckich sklepach było mniej niż mało, na koloniach letnich pewnej leningradzkiej szkoły dzieci hodowały kaczki dla „uzupełnienia racji żywnościowych".

„Przyszedł czas, by kaczkę zabić – pisze prowadząca te kolonie nauczycielka. – Nikt nie chciał tego zrobić. Dzieci zabawiły się więc w teatr, urządzając sąd nad kaczką, którą oskarżono o to, że narusza zasady współżycia: je więcej niż inne, wypływa dalej, niż pozwolono, zasypia później niż pozostałe. Przywiązały bidulę za szyję, na kata zarzuciły jakiś czerwony ręcznik... Te o słabych nerwach odeszły od miejsca kaźni jak najdalej.

Następna kaźń odbywała się na dwa dni przed wyjazdem. Rola kata przypadła pewnemu chłopakowi, który za nic jednak nie chciał ptaka zabić. Na pomoc przyszedł mu drugi. Narzucił sobie ręcznik na twarz i powiedział: »Połóżcie kaczce głowę tak, bym nie patrząc, mógł ją odciąć jednym ruchem«"[86].

## Sasza Litwinienko

Spotkanie wyznaczył w Hyde Parku. Był czerwiec 2003 roku.

Jak wygląda? Czy tak jak w Moskwie przed laty, w 1998 roku, podczas rozmowy w parku Sokolniki, czy też musnął go zachodni *charme* i objawi mi się nonszalancko elegancki londyńczyk?

Aleksandr Litwinienko niewiele się zmienił. Takie same znoszone dżinsy, taka sama turecka skórzana kurtka – uniform moskiewskiej ulicy, taka sama, mimo skończonej czterdziestki, sylwetka wysportowanego chłopaka, chłopięca twarz, gęste, lekko wijące się ciemnoblond włosy i te same ciemnoniebieskie oczy, które zatrzymują się na rozmówcy jakby mimochodem. Jest może trochę bledszy, może trochę bardziej spięty niż dawniej. I jak wtedy bez cienia uśmiechu. W 1998 roku przyczyna naszego spotkania* była konkretna, a sytuacja bardziej napięta. Aleksandr mówił przeważnie o sobie. Teraz głównie o Firmie. Odniosłam wrażenie, że nie człowieka mam przed sobą, lecz żywy komputer uruchomiony tylko na chwilę, w której otwiera jeden plik po drugim, jakby w obawie, że go zaraz wyłączą. Wymienia nazwiska, adresy, liczby, daty, przestępstwa, zbrodnie – szczegółowo, obficie, dokładnie, monotonnie.

---

* Więcej na ten temat zob. w rozdziale *Spółka SPAG i Litwinienko*.

Jakby chodziło głównie o to, by to wszystko z siebie wyrzucić w nadziei, że słuchający włączył funkcję „zapisz". Emanowała z niego determinacja. Na króla życia nie wyglądał.

To nie była frapująca opowieść szpiegowska (Litwinienko nie miał nic wspólnego z wywiadem), lecz relacja o tym, czym stał się świat, od którego uciekł: świat strażników prawa zmieniony w świat bandytów. Świat deprawacji, demoralizacji, gigantycznego zepsucia, przekupstwa, łapówkarstwa. Świat FSB lat dziewięćdziesiątych ubiegłego wieku. W „czyste ręce i gorące serca" kagebistów wierzyli niegdyś zwykli ludzie, wierzyło też niemało funkcjonariuszy. Sam Litwinienko wstąpił do służby, gdy miał lat osiemnaście, bo od dziecka słyszał od dziadka, weterana Wielkiej Wojny Ojczyźnianej, że wszyscy mężczyźni w rodzinie muszą służyć Rosji. Uzyskał stopień podpułkownika jako najmłodszy w historii tej organizacji. Polityka go nie interesowała. Ściganie i likwidacja przeciwników politycznych to była – raczej pogardzana – specjalność innych wydziałów. Tacy jak on walczyli z przestępcami, na ogół konkurując z milicją, i poczytywali to sobie za zasługę dla ojczyzny, za zaszczyt.

„Byłem oficerem operacyjnym – z pewną dumą mówił Litwinienko. – Człowiekiem od czarnej roboty. Taki się nazywa »pies gończy«, »oper«". A potem nakreślił ogólne tło lat dziewięćdziesiątych, które postawiły wszystko na głowie. Sypnęły fortunami postsowieckich biznesmenów, a postsowieccy funkcjonariusze FSB stwierdzili, że biznesmeni powinni się dzielić. Zaczęli więc ściągać od nich haracz „za opiekę". Kto nie dawał, ten tracił biznes albo życie. A że biznesmenami stawali się coraz częściej przestępcy, to funkcjonariusze bezpieczeństwa (i milicja także) ochraniali ich przed innymi przestępcami za pieniądze z przestępstw, które powinni ścigać. Oba światy: gangsterów w mundurach i gangsterów w garniturach splotły się w ogromną kryminalną sieć, rozpostartą od prowincjonalnego posterunku FSB czy milicji po Kreml.

„Szarpałem się jak mucha w sieci – opowiadał Litwinienko, krążąc po Hyde Parku. – Tak czy inaczej, w tej potyczce zwyciężała sieć. Na początku, gdy powierzają ci śledztwo, nie widzisz jej. Więc ty, »oper«, organizujesz długie i drobiazgowe dochodzenie, na przykład w sprawie wielomilionowych machinacji na moskiewskim rynku Łużniki. Z narażeniem życia swojego i innych »psów« przejmujesz milion korupcyjnych dolarów, a tu przed nosem wyrasta ci zastępca mera Moskwy i widzisz, jak ten cały przechwycony milion, okupiony twoją pracą, twoim sprytem, twoim strachem, milicjanci odwożą do merostwa. I widzisz, że najbardziej są »umoczeni« twoi szefowie z FSB, zwłaszcza ci z Urzędu do Walki z Przemytem i Korupcją. Raz się zdarzyło, że »oper« na własne oczy zobaczył, jak namierzony bandyta wręczał walizeczkę z dolarami jego własnemu szefowi z Firmy".

Litwinienko pytał retorycznie, co ma na przykład robić taki „oper", gdy uda mu się udowodnić, że w rzece narkotyków płynącej z Afganistanu do Europy Zachodniej przez Rosję po uszy są zanurzeni dyrektorzy z FSB i MSW, a pieniądze z powiązań kryminalnych trafiają do wiceministra spraw wewnętrznych (później stanął na czele rosyjskiego biura Interpolu) i są osobiście przez niego oddawane szefowi tego resortu, Kulikowowi.

Na tak sformułowane pytanie Litwinienko sam sobie odpowiadał: „Powinien podłączyć się do sieci albo wybrać los muchy". Pewna znajoma, córka oficera, który otrzymywał pensję odpowiadającą 100 dolarom i miał trzypokojowe mieszkanie w najdroższej dzielnicy Moskwy, luksusowy dom pod miastem i luksusowe samochody (i nikt go nie pytał, skąd bierze na to pieniądze), mówiła mu: „Co ty, głupi jesteś?".

„Jakiż ja byłem naiwny – wzdychał Litwinienko. – Wierzyłem, że gdy tylko przedstawię generałom dowody korupcji szefów Firmy czy MSW, skończy się to draństwo. Jedyne, co zyskałem, to reputację miejskiego przygłupa".

Tego chłodnego czerwcowego dnia, gdy snuliśmy się po ścieżkach londyńskiego Hyde Parku, mijał już trzeci rok pobytu Litwinienki za granicą, a mimo to nadal całym swoim jestestwem przynależał do Rosji i jej bolesnych spraw.

Pięć lat wcześniej, latem 1998 roku, Litwinienko przesiadywał nocami w kuchni, rozrysowując kolorowy plan powiązań FSB i MSW z różnymi grupami przestępczymi: uzbecką i gruzińską, tambowską i sołncewską. Jego żona Marina przedrukowywała ten plan dziesiątki razy. To miał być raport, który prezydentowi Jelcynowi wręczy nowo mianowany dyrektor FSB Władimir Putin.

„Idź do Putina, niech cię pozna. Zobaczysz, jaki to świetny facet" – namawiał Litwinienkę Boris Bieriezowski, gdy tylko Putin został dyrektorem FSB. Litwinienko i Bieriezowski znali się od pewnego czerwcowego dnia 1994 roku, kiedy wybuchł samochód oligarchy wyjeżdżającego z domu przyjęć przedsiębiorstwa Logowaz przy ulicy Nowokuźnieckiej, a Litwinience przypadło śledztwo w tej sprawie.

„Owszem. Bardzo chciałem, żeby ktoś zmienił Firmę. Bieriezowski nalegał. Boże, jak on go wychwalał! Mówiłem mu raz i drugi, że na mój nos »opera« to facet nieszczery, ale on swoje: »Ty go nie znasz, on jest uczciwy, łapówek nie bierze, Sobczaka uratował, lojalny jest«. Dla mnie jednak w Putinie było coś śliskiego, mówił cicho, nie patrzył ludziom w oczy… Ale zaufałem Borisowi, on go w końcu lepiej znał". Wypowiedziawszy te słowa, Litwinienko z taką siłą kopnął jakiś kamień na ścieżce Hyde Parku, że dźwięk jego uderzenia w drzewo zarejestrował się w dyktafonie jak wystrzał.

*Londyn, Boże Narodzenie 2003 rok. Boris Bieriezowski i Aleksandr Litwinienko z dziećmi: córką z pierwszego małżeństwa Sonią i synem z drugiego małżeństwa Anatolijem*

No i poszedł Sasza z owym drogocennym planem do dyrektora Putina. Niezapomniane spotkanie tak opisał w książce *Przestępcy z Łubianki* (oryg. *Łubianskaja Priestupnaja Gruppirowka*):

„Przyniosłem wielki plan, na którym zostały uwidocznione wszystkie znane mi powiązania grup przestępczych. Główne ugrupowania bandyckie, najbardziej niebezpieczne. Od nich strzałki prowadziły do skorumpowanych ludzi w urzędach państwowych, w MSW, FSB, policji podatkowej. Strzałki w dół kierowały do firm prywatnych, które zajmowały się praniem pieniędzy [...]. Oprócz tego dałem mu informację o grupie uzbeckiej. Zaznaczyłem jej filie w Rosji, Ameryce, Afganistanie i związki z naszymi generałami w FSB, z kierownictwem MSW [...]. Wykazałem, że zajmują się nielegalnym obrotem narkotykami. I że narkotyki idą od generała Dustuma z Afganistanu.

Wykazałem, że uzbeckie kontakty w Moskwie nie ograniczają się do przestępców, ale sięgają wyższych urzędników państwowych. Była tam też informacja o tym, że Siergiej Jastrzembski zbudował sobie daczę na Sokolej Górze za pieniądze Gafura, które do Moskwy docierały przez jego zaufanego człowieka – Aliszera [...].

Nie przyszedłem sam. Przyszedłem z kolegami [...], ale Putin przyjął tylko mnie. Wyszedł zza biurka, przywitał się. Najwyraźniej chciał sprawić wrażenie szczerego, wzbudzającego zaufanie. My, »operacyjni«, mamy inny styl bycia. Żadnych tam przywitań, ukłonów, obchodzimy się bez uprzejmości, i tak wszystko jasne. Popatrzymy jeden drugiemu w oczy i już wiadomo – wierzyć czy nie. Od razu uderzyła mnie jego nieszczerość. Nie robił wrażenia dyrektora FSB, ale człowieka, który taką gra rolę.

Rozłożyłem przed nim ten plan. Po chwili zrobił taką minę, jakby mu się już przyjrzał, choć tego nie mógł przecież zrobić w trzy minuty. Mówił: »Tak, tak, jasne. A to co? A to?«. Przypominał wiejskiego sekretarza partii, który niespodziewanie przeniesiony do huty, na widok wielkiego pieca zadaje pytanie: »Co to?«. Chyba udawał, że nie rozumie, o co tu chodzi [...].

Spytałem: »Zostawić panu ten plan?»Nie, nie trzeba. Dziękuję, proszę zabrać« [...].

Dałem mu wtedy jeszcze listę nazwisk i powiedziałem: »Oto ludzie, których dobrze znam i którzy są gotowi walczyć z korupcją. Pierwszy wśród nich to Anatolij Trofimow [...]. Popróbujmy przynajmniej wyjaśnić, kto jest najbardziej skorumpowany na najwyższych szczeblach władzy i ustalić związki tych ludzi z przestępcami«.

Putin ze wszystkim się zgadzał, listę zostawił. Wziął też informację o grupie uzbeckiej. Obiecał, że zadzwoni, nie zadzwonił"[87].

Tamtego dnia Aleksandr Litwinienko przekazał nowemu dyrektorowi jeszcze jedną wiadomość. Zdawałoby się – piorunującą. Ponad pół roku przed objęciem przez Putina kierownictwa FSB, 27 grudnia 1997 roku, Litwinienko i kilku jego najbliższych współpracowników usłyszało od bezpośredniego szefa, że oto stają się grupą do zadań specjalnych URPO (Wydział Specjalny do Walki z Przestępczością Zorganizowaną), mającą rozwiązywać specjalne problemy rządu oraz władz FSB, ale środkami pozaprawnymi. Pierwsze zadanie: zabić Bieriezowskiego. „Ty go znasz najlepiej – usłyszał wtedy Litwinienko od przełożonego. – Ty go zabijesz".

„Wiele paskudnych rzeczy potrafiłem robić w Firmie, ale nie zabijać. Tu się moje posłuszeństwo kończyło" – powiedział mi w Londynie. Powiedział to tak, że trudno było mu nie uwierzyć.

Inni też się nie palili do wykonania zadania. Przeraził ich rozkaz zabicia jednej z najważniejszych osób w państwie (wówczas zastępcy sekretarza Rady Bezpieczeństwa), polecenie niemieszczące się w żadnych normach prawnych, niepotwierdzone na piśmie. A czy następnymi w kolejności do unicestwienia nie będą oni sami? Zwlekali. Mieli więc coraz więcej kłopotów. Litwinienko był śledzony. Grożono mu sfabrykowaniem sprawy karnej i więzieniem. Miał nadzieję, że Putin, dobrze przecież znający Bieriezowskiego, ba! nieomal jego podopieczny, oburzy się i zobowiąże podległych mu dyrektorów, by zaraz sprawę wyjaśnili, a polecenie unieważnili. Zwrócił się więc do niego o obronę.

Putin nie zareagował.

Natychmiast po spotkaniu z Litwinienką kazał go śledzić.

## Uzbek i Gafur

I na kogóż to chciał podnieść rękę biedny Litwinienko! Na ludzi, którzy parali się handlem narkotykami, podobnie jak Putin. Aliszer Usmanow o pseudonimie Uzbek (szkolny kolega Jastrzembskiego – ówczesnego rzecznika prasowego Kremla), niegdyś związany z mafią sołncewską, wraz z Arsłanbiekiem Rachimowem o pseudonimie Gafur bezkarnie kontrolowali produkcję narkotyków w Azji Środkowej oraz ich transport do Rosji i Europy. Niedługo po wizycie Litwinienki u Putina Aliszer Usmanow został dyrektorem kompanii gazowej związanej z Gazpromem, a w 2000 roku, gdy Putina wybrano na prezydenta, doradcą dyrektora Gazpromu.

W jego pałacu w Taszkiencie złote jest wszystko, co się do złocenia nadaje: wsporniki łóżek i foteli, krany, klamki, zawiasy, inkrustacje w pięknych wschodnich mozaikach, żyrandole, świeczniki, rzeczy na biurku, nogi od biurka... Z jego posiadłości w Wielkiej Brytanii, gdzie – z majątkiem wycenionym w 2015 roku na 14,4 miliarda dolarów – rok 2016 przywitał, kupując Uber (ponoć najdroższą w świecie innowację w dziedzinie usług transportowych), zdjęć w internecie brak. Są zaś fotografie z uroczystości wręczenia mu ważnych orderów państwowych przez prezydenta Putina, który wiele ma wobec niego powodów do wdzięczności choćby za to, iż w 2006 roku Aliszer Usmanow wykupił od prezydenckiego wroga, jakim stał się Boris Bieriezowski, akcje holdingu wydawniczego Kommiersant z popularnym opiniotwórczym dziennikiem o tej samej nazwie.

Ciekawe, czy Usmanowa nadal łączą bliskie kontakty z „supermafiosem" Arsłanbiekiem Rachimowem, czyli Gafurem, współzarządzającym Brothers' Circle – międzynarodową grupą przestępczą największych mafiosów z Europy Wschodniej? Gafur znajduje się na indeksie Ministerstwa Finansów USA jako jeden z szefów światowej mafii narkotykowej i jeden z pięciu najbardziej wpływowych na świecie ludzi kierujących rynkiem heroiny, co nie przeszkadza mu być w Uzbekistanie prezesem wielu potężnych kompanii handlowych czy prezydentem Azjatyckiej Federacji Boksu. Jego strona w internecie zaczyna się od maksymy: „Wartość człowieka określa nie to, co posiada, lecz to, co robi dla ludzi, społeczeństwa i Ojczyzny".

Na początku 2014 roku media oznajmiły, iż „Rosja zawdzięcza olimpiadę w znacznej mierze biznesmenowi z Uzbekistanu"[88], natomiast dzięki jego „osobistej współpracy" z odpowiednimi urzędnikami UEFA Rosji dostała się także organizacja mundialu w 2018 roku[89]. Rachimow nadal cieszy się swoimi posiadłościami w Emiratach Arabskich, a podczas olimpiady w Soczi zasiadał jako gość honorowy w loży prezydenckiej Putina.

## Pechowiec Dwali

Oto co znaczy znaleźć się w nieodpowiednim miejscu o nieodpowiedniej porze.

Nieodpowiednim miejscem okazał się stolik w restauracji, przy którym z Litwinienką i jego trzema znajomymi siedział Dawid Dwali, tajny informator „opera" Litwinienki, odnoszący poważne sukcesy biznesmen, który miał niegdyś kontakty ze środowiskiem kryminalnym Petersburga, znał więc Putina. W 1996 roku, po przegranej mera Sobczaka, gdy nasz bohater był bez pieniędzy (śledzony bał się korzystać z ukrytego majątku), Dwali pożyczył mu 2 tysiące dolarów. Zaraz po wygranych wyborach w 2000 roku Putin powierzył mu stanowisko jednego ze swoich doradców gospodarczych.

Nieodpowiednią porą był pewien wieczór na początku kwietnia 2000 roku (tuż po pierwszych wygranych przez Putina wyborach prezydenckich), bo już wtedy Litwinienki nie odstępowali na krok agenci FSB. Jeden z nich siedział właśnie przy wspomnianym stoliku. Niczego niepodejrzewający Dwali zwrócił się do Litwinienki: „Putin będzie cię niszczyć i nikt ci nie pomoże. Zniszczy cię, bo od dawna pracuje w Pitrze z grupą uzbecką. Od dawna się karmi pieniędzmi tych facetów. To wspólne pieniądze".

„Dawid Dwali mówił wprost o powiązaniach Putina z kryminalistami – wspominał Litwinienko. – Nie wierzyłem mu: »Co ty, przecież to prezydent!«". A wtedy rozluźniony paroma kieliszkami Dwali zaczął opowiadać o petersburskich wyczynach wicemera, który pod opieką mafii handlował metalami i innymi dochodowymi towarami. „Nie mogłem uprzedzić Dawida, nie mogłem przekazać mu żadnego znaku" – tłumaczył się po latach Litwinienko dziennikarzowi Akramowi Murtazajewowi przeprowadzającemu z nim w Londynie wywiady, które złożyły się później na książkę.

Tymczasem Dawid Dwali znowu wychylił szklaneczkę i rezonował: „Popatrz, jak Wołodia szybko polubił władzę. Gdy Jelcyn jeździł po Moskwie, to tylko połowę jezdni zamykano, a gdy on jedzie – całą drogę wyłączają. To nie jest człowiek, któremu można dać władzę. On nie ma nawyków polityka, on ma inny sposób myślenia. Można o Jelcynie gadać różnie, ale to był polityk. A Putin – nie. On u władzy jest groźny"[90].

Dwa tygodnie później przejeżdżający obok Dawida rowerzysta wystrzelił mu z bliska prosto w głowę. Jak w innych podobnych wypadkach, media zamknęły sprawę konkluzją o „biznesowych nieporozumieniach". Milicja jednak twierdziła, że Dwali nie był o nic podejrzewany, związków ze światem przestępczym Moskwy nie miał, o groźbach jego biznesowi partnerzy nie słyszeli, ochroniarzy nie zatrudniał, a śledztwo w sprawie jego zabicia będzie bardzo trudne i nie wiadomo, czym się zakończy[91].

Wiadomo. Jak wszystkie podobne – niczym.

## Pan na Łubiance

Ciekawe, czy czterdziestoośmioletni Władimir Putin, po raz pierwszy wkraczając jako dyrektor do sławnego gmachu na placu Łubianka, wspominał płowowłosego nastolatka Wowę, który zdecydowanym krokiem zmierzał aleją Litiejną w Leningradzie do wymarzonego KGB.

Później, gdy już zajął najważniejszy gabinet na Kremlu, a dziennikarz zapytał go o widok za zasłoniętym kotarą oknem, odpowiedział, że widoki miejskie go raczej nie interesują. Pewnie więc tamtego lipcowego dnia 1998 roku bez emocji spojrzał na piękne, półkoliste, neoklasyczne okna, na piętrze pierwszym rozdzielone lekkimi kolumnami o skromnym zwieńczeniu, na piętrze drugim pełne neobarokowych ornamentów, na wyższej kondygnacji – prostokątne, z kolumienkami, bogato zdobione, i wreszcie, tuż pod dachem – z okrągłym, opartym na rzeźbionych liściach wielkim zegarem. Czerwień ornamentów ładnie się odcina od żółtopomarańczowej elewacji.

Cackali się sto lat temu z tą budowlą dla ubezpieczeniowej spółki Rossija francuscy architekci, a po rewolucji, w latach trzydziestych XX wieku, starannie zajęli się nią znakomici Rosjanie. „Prosili, żebym zbudował kazamaty, no to im zbudowałem, ale takie trochę weselsze" – miał powiedzieć najsławniejszy wśród nich, Aleksiej Szczusiew (twórca mauzoleum Lenina), gdy na rozkaz Berii powiększał kompleks budynków dla ówczesnego NKWD. A swoją drogą, aż dziw, jak dbano o estetykę oprawy tak nieestetycznego zjawiska jak przemoc.

Daremnie się starał Szczusiew. Kto by się tam zachwycał centralą KGB! Większość wie, że to miejsce najsroższego bezprawia, kazamat, tortur i śmierci. Zaś mniejszość, ludzie tu pracujący, przecież nie architekturą się zachwycają. Zachwycają się sobą. Przynajmniej w pieśni. Nowy hymn FSB brzmi tak:

> Moskwa budzi się z poranka,
> Na zegarze Nowy Rok,
> Nie śpi, trudzi się Łubianka,
> By spokojnie żył nasz lud…
> Jak nie patrzeć,
> ktoś dziś musi
> też pokoju w kraju strzec…
> Wypijmy, panowie,
> Wypijmy, panowie,
> Za tych, co służą w FSB…
> Jeszcześmy do cna nie wyrwali

Hołoty, zła, zgnilizny,
Panowie, chrońcie honor swój
I w Boga wierzcie,
To słodsze będą blizny...*

Kiedy młody Wołodia Putin maszerował aleją Litiejną ku swojemu przeznaczeniu, funkcjonariusze KGB śpiewali inną romantyczną pieśń o tym, że:

Nasza służba niebezpieczna i trudna,
Nie rzuci ci się w oczy.
Lecz gdy z uczciwej drogi zboczycz,
To ci wydamy bój.
Los wyznaczył nam taki znój
I w dzień, i w nocy[92].

O Bogu tam nic nie było, to pewne.

Którą bramą wchodził do żółtopomarańczowego gmachu dyrektor FSB Władimir Putin? Którymi korytarzami zmierzał po czerwonym kokosowym chodniku do tego najważniejszego gabinetu, do którego już jednak nie wchodziło się przez szafę.

Tak właśnie: przez szafę. Więziony na Łubiance w 1940 roku Polak, rotmistrz Narcyz Łopianowski, zapamiętał, że labiryntem korytarzy doprowadzono go przez trzecie piętro na klatkę schodową z napisem: „Piętro czwarte. Wejście główne", pod drzwi oznaczone numerem 523. „Znaleźliśmy się w dużym pokoju o szarym obiciu, luksusowo urządzonym. Przy lewej ścianie był stół zawalony stosem papierów. Wzdłuż prawej ściany ustawiona była ogromna szafa, której jasny kolor nie harmonizował z ogólnym tłem, co sprawiało, że mebel ten od razu rzucał się w oczy". Sekretarka dała kluczyk znajdującemu się w gabinecie pułkownikowi, a ten „podszedł do szafy,

* Nieoficjalny hymn FSB, słowa Jewgiennij Fionow, zasłużony artysta Rosji, przeł. Krystyna Kurczab-Redlich.

kluczykiem otworzył drzwi tego niezwykłego mebla i wszedł do wewnątrz. Tymczasem kobieta nacisnęła jakiś guzik i weszli moi dwaj dozorcy. Kazano mi obrócić się twarzą do ściany. Po pewnym czasie »głos z szafy« polecił strażnikom wprowadzić mnie do wewnątrz. Po wejściu do szafy zobaczyłem jakieś drzwi zasłonięte ciemnoczerwoną kotarą… Odsunąłem kotarę i wszedłem”[93].

Mniej więcej to samo opisuje rok później polski generał Zygmunt Berling:

„Puściliśmy się w dłuższą wędrówkę po całym labiryncie korytarzy, by w końcu dotrzeć do celu w postaci dużego, pięknie urządzonego pokoju biurowego. Za biurkiem siedział oficer […]. Podszedł do ogromnej szafy, otwarł jej drzwi i uprzejmym gestem zaprosił mnie do środka […]. Bezszelestnie otwarła się tylna ściana szafy i ujrzałem przed sobą duży, luksusowo urządzony gabinet”[94].

Przyjmowany przez dyrektora KGB Jurija Andropowa szef polskiego MSW generał Czesław Kiszczak już nie wspominał o utajnionym wejściu, tylko – swojsko – o ukrytym za grubymi foliałami bardzo reprezentacyjnym barku, z którego sam gospodarz z powodu choroby nie korzystał[95].

W czasach naszego bohatera jego gabinet mieścił się na trzecim piętrze, ale – jak się okaże – brak tajnej szafy stanowił problem dla gospodarza. Oto relacja z pierwszej tu wizyty Borisa Bieriezowskiego przekazana przez zaprzyjaźnionego z nim dziennikarza Alexa Goldfarba:

„Remont zrobiono zgodnie z ascetycznym gustem nowego dyrektora – meble z jasnego drewna, w najwyższym stopniu funkcjonalne – wyraźny wpływ lat spędzonych w NRD. Na polecenie Putina poprzedni gabinet szefa KGB, gdzie Beria i Andropow rządzili losami narodów, przekazano do muzeum. Niewielka postać Putina wydawała się jeszcze mniejsza za wielkim biurkiem, na którym stało odlane z brązu popiersie Dzierżyńskiego. Putin położył palec na ustach, nakazując milczenie, i gestem wskazał, by iść za nim. Przeszli przez prywatną jadalnię dyrektora i znaleźli się w kwadratowym pomieszczeniu bez okien, naprzeciwko starego szybu windy. »To najbezpieczniejsze miejsce do rozmowy« – powiedział Putin”[96].

Najprawdopodobniej tu właśnie będą zapadały kluczowe dla przyszłości Rosji decyzje, tu dojrzeją szczegóły akcji dotyczącej zmiany gospodarza Kremla.

Wcześniej jednak Putin podejmie się zadania, jakiego od niego oczekiwał Kreml – oczyszczenia FSB z wrogów Jelcyna, Rodziny oraz zaprzyjaźnionych oligarchów. Dopiero potem przystąpi do manewrów w celu ostatecznego zwycięstwa. Własnego.

Pułkownik Putin (nowy dyrektor proponowanego mu stopnia generała nie przyjął, w pracy zawsze nosił garnitur, nie mundur) ze wszystkim uporał się bezbłędnie. Zwolnił 2 tysiące funkcjonariuszy, łącznie z najważniejszymi generałami. Zlikwidował dwa (przeszkadzające Rodzinie) wydziały kontrolujące gospodarkę i w zamian utworzył... sześć nowych, z nowym kierownictwem. Dość prędko przywrócił do pracy niemal wszystkich zwolnionych, i to na dużo lepszych warunkach niż poprzednio. No i czyż nie miał racji, określając siebie mianem „specjalisty od stosunków międzyludzkich”? Czy ktoś go pokonał w manipulowaniu ludźmi? Za jednym zamachem wykazał lojalność wobec Jelcyna, Rodziny i przyspawanych do niej oligarchów oraz zasłużył na wdzięczność większości podwładnych, a na miejsce niechętnych sobie generałów wprowadził starych, wypróbowanych leningradzkich przyjaciół.

Pierwszym z nich był Wiktor Czerkiesow, którego już w 1991 roku uczynił szefem miejscowego FSB. Drugim – pułkownik FSB Aleksandr Grigorjew, który zorganizował ucieczkę Sobczaka do Paryża. A zaraz po nich awansował ludzi z KGB, których nazwiska na długie lata połączyły się z jego nazwiskiem, mianowicie Siergieja Iwanowa, asa wywiadu władającego biegle angielskim i szwedzkim, generała KGB, rodowitego leningradczyka, kolegę z alei Litiejnej, w przyszłości sekretarza Rady Bezpieczeństwa Federacji Rosyjskiej, potem ministra obrony, a wreszcie szefa Administracji Prezydenta, niezmiennie lidera kremlowskich „jastrzębi”. W październiku 2014 roku oświadczył na przykład uczestnikom klubu Wałdaj: „Choćby kroić Rosję i zabijać, Krymu nigdy nie oddamy!”. Nic dziwnego, że natychmiast, jeszcze w marcu 2014 roku, objęły go wprowadzone przez USA sankcje.

Następnego przybysza z Petersburga warto dobrze zapamiętać, bo jego nazwisko (a także nazwisko ściągniętego przezeń na Łubiankę Władimira Proniczewa) będzie się wynurzać z cienia niemal wszystkich najtragiczniejszych aktów terrorystycznych: wybuchających jesienią 1999 roku domów, ataku na Dom Kultury „Dubrowka" podczas spektaklu *Nord-Ost* czy na szkołę numer 1 w Biesłanie. Nazwisko to brzmi: Nikołaj Płatonowicz Patruszew. Absolwent Leningradzkiego Instytutu Budowy Okrętów, który projektowanie jednostek pływających zamienił na pracę w KGB, na Litiejną trafił w roku 1975, tym samym, w którym zatrudnił się w Firmie Putin. Piętnaście lat później, gdy został naczelnikiem Wydziału do Walki z Kontrabandą i Korupcją w obwodzie leningradzkim, na jego biurko trafiły dokumenty oskarżające kolegę Putina o znane nam już machinacje z wywozem metali kolorowych o wartości 93 milionów dolarów. Czym się to skończyło? Przyjaźnią Patruszewa z Putinem.

Nikołaj Patruszew dla korupcji miał zrozumienie: w 1992 roku, gdy został szefem kontrwywiadu Republiki Karelia, zajął się kontrabandą cennej brzozy karelskiej. Prokuratura Karelii wszczęła śledztwo, ale Patruszewa uratował inny leningradczyk (który jeszcze nie raz na tych stronach zagości), Siergiej Stiepaszyn, wówczas dyrektor Federalnej Służby Kontrwywiadu (później zamienionej w FSB). Stiepaszyn wezwał Patruszewa do Moskwy, awansując go na niedosiężnego dyrektora Zarządu Bezpieczeństwa Wewnętrznego Federalnej Służby Kontrwywiadu. Warto dodać, że istotą pracy tej instytucji (jakby kontrwywiadu w kontrwywiadzie) jest zbieranie „kwitów" na własnych funkcjonariuszy. To Patruszewowi Putin oddał swoje stanowisko szefa Zarządu Kontroli na Kremlu, to jego mianował swoim zastępcą na Łubiance, a potem, gdy opuszczał dyrektorski gabinet, przekazał go właśnie Patruszewowi, żartując przy tym ze swojego niskiego stopnia: „Pułkownik Putin przekazuje stanowisko" – zameldował. Na co Patruszew musiał odpowiedzieć: „Generał-pułkownik Patruszew stanowisko przyjmuje".

Generała-pułkownika Patruszewa sankcje ze strony Stanów Zjednoczonych objęły w lipcu 2014 roku, a ci, którzy wtedy wymieniali ludzi Kremla zdolnych do rozpętania trzeciej wojny światowej, jego nazwisko umieszczali tuż po nazwisku Putina. Na tej liście znalazły się też nazwiska pozostałych dwóch sprowadzonych z Petersburga i stale przy Putinie obecnych „jastrzębi" z KGB: Wiktora Iwanowa i Igora Sieczina[97].

W najważniejszych gabinetach Łubianki pod kierownictwem Putina panowały zgoda i jednomyślność: jedni o drugich wiedzieli wszystko i do jednego celu zmierzali – do pełni władzy, do przywrócenia starych, dobrych czasów, kiedy zwykli zjadacze chleba bledli, wymawiając nazwę KGB. Jednakże nowa, popierestrojkowa Rosja w ciągu ośmiu lat raczkującej demokracji Jelcynowskiej na tyle zmieniła mentalność służb specjalnych, że teraz nawet część oficerów FSB oświadczała dziennikarzom: „Mamy dość dyktatorskich ambicji byłego podpułkownika i przerabiania naszej Firmy w centralę szpicli politycznych. Czy po to zlikwidowano znienawidzony przez ideowych kagebistów Wydział Piąty, zajmujący się »myślącymi inaczej«, by dzisiaj całe FSB stało się wielkim ośrodkiem śledzenia politycznych wrogów władzy?"[98].

„Właśnie rzuciłem Firmę – z rozgoryczeniem mówił mi na początku 1999 roku rosły czterdziestoparolatek Nikołaj P., specjalizujący się teraz w medycynie naturalnej. – Jako oficer operacyjny z dwudziestoletnim stażem miałem nadzieję, że dostanę do rozpracowania któreś z głośnych zabójstw. Zważywszy na to, co się teraz dzieje w samej Moskwie, powinniśmy ganiać tu jak psy, nie mówiąc już o tym, co się dzieje w Petersburgu. A tu nic. Łapanie terrorystów, zamachowców, morderców i finansowych macherów przestało FSB interesować, chyba że leży w ich prywatnym interesie, by kogoś »podstawić« albo »umoczyć«. Koledzy z wydziału gospodarczego rozpracowywali przekręty Bieriezowskiego związane ze sprzedażą samochodów. No to wtedy przyszło polecenie: »Stop!«. Prowadzono śledztwo w sprawie machinacji z obligacjami państwowymi, które Skarb Państwa doprowadziły do ruiny. Znów »Stop!«. Cały impet idzie teraz w śledzenie członków różnych partii czy pisanie raportów z podsłuchiwania działaczy politycznych. Dwudziestu z nas, rasowych »operów« przez całe życie tropiących bandytów, skierowano do prostackiej, paskudnej roboty: rozpracowywania nielojalnych dziennikarzy i źródeł ich informacji. Niedobrze się od tego robi. Przypominają się czasy pionierów i Komsomołu, kiedy wszystkim na wszystkich kazano donosić. A morderstwa od Morza Kaspijskiego po Bałtyk nikogo teraz na Łubiance nie obchodzą"[99].

Daremne żale.

Nie po to „były podpułkownik" brał jedną przeszkodę za drugą, nie po to usuwał ze swojej drogi każdego, kto ewentualnie mógł mu zagrażać, żeby teraz zmienić kurs.

W ciągu roku, jaki spędził w najważniejszym gabinecie na Łubiance, ten „specjalista od stosunków międzyludzkich" dbał właściwie tylko o nie. Do jego służbowej willi przyjeżdżali na szaszłyki i piwo nie tylko dawni koledzy z Wielkiego Domu przy Litiejnej, nie tylko generalicja, którą testował na okoliczność wierności Rodzinie, lecz także jej główni członkowie: Tola Czubajs (wicepremier) i Tania Diaczenko z Walą Jumaszewem (nadal kierownikiem Administracji Prezydenta), a po pewnym czasie dołączył (także w imieniu Borisa Bieriezowskiego) Sasza Wołoszyn (zastępca Jumaszewa). Ci jednak mniej pili i zakąszali, więcej zaś przesiadywali z gospodarzem w jego gabinecie nad przyniesionymi ze sobą dokumentami, podczas gdy żona gospodarza, Ludmiła, pilnowała, by służba nie znalazła się w zasięgu słyszalności ich rozmów[100].

Sprawy Rodziny wyglądały źle.

Wiosną 1998 roku szwajcarska prokuratura oskarżyła szwajcarską firmę Mabetex Engineering i podległą jej Mercata Trading & Engineering SA o wypłacanie najwyższym urzędnikom kremlowskim milionów dolarów łapówek za zlecone im roboty remontowe na Kremlu, w budynku Dumy Państwowej oraz w Urzędzie Rady Ministrów. (Główny podejrzany w tym śledztwie, Paweł Borodin, pierwszy kremlowski szef Putina, został w styczniu 2001 roku na wniosek szwajcarskiej prokuratury aresztowany na lotnisku w Nowym Jorku, dokąd poleciał na inaugurację prezydentury George'a W. Busha). Na liście podejrzanych figurowało też paru wysokich kremlowskich urzędników oraz rodzina prezydenta Jelcyna: żona i córki wraz z mężami. Śledztwo prowadziła Carla del Ponte, generalna prokurator Szwajcarii. W marcu 1998 roku przyjechała do Moskwy, by podzielić się swoją wiedzą z prokuratorem generalnym Rosji Jurijem Skuratowem (znanym nam już ze śledztwa w sprawie mera Sobczaka). Jako świadków w tej sprawie wezwano do Szwajcarii nie tylko samego Borodina, lecz także żonę Jelcyna i jego obie córki.

8 października 1998 roku Skuratow oficjalnie rozpoczął dochodzenie w związku z zarzutem korupcji przeciwko Zarządowi Gospodarczemu Administracji Prezydenta. Sprawa karna miała jednak w tle intrygę polityczną: prokurator generalny wspierał rosnących w siłę przeciwników Jelcyna - mera Moskwy Jurija Łużkowa oraz ministra spraw zagranicznych Jewgienija Primakowa zwanego Prymusem. Tak utworzyła się potężna frakcja zagrażająca ówczesnej władzy na Kremlu, zagrażająca Rodzinie, a więc także Putinowi.

Do tego skandalu doszedł następny, nagłaśniany w USA (przez „The New York Times", „The Wall Street Journal", „USA Today") skandal wokół Bank of New York, na którego rosyjskich kontach, w tym na koncie Tatiany Diaczenko, dopatrzono się podejrzanych 10 miliardów dolarów.

Skuratow szykował także oskarżenie Tatiany Diaczenko i najwyższych urzędników kremlowskich (między innymi wicepremiera Anatolija Czubajsa) o doprowadzenie państwa do bankructwa w sierpniu 1998 roku w wyniku karkołomnych matactw na rynku obligacji państwowych (jedyny taki przypadek we współczesnym świecie).

Jak unieszkodliwić Skuratowa? Nad tym debatowano wieczorami w rządowej willi państwa Putinów pod Moskwą. I jeszcze nad tym, jak szybko postępuje choroba prezydenta i spadają jego notowania.

Kto rozwiąże problem Skuratowa?

Kto zastąpi Jelcyna?

No kto?

## Dowód lojalności

Szeroki tapczan, białe prześcieradło, korpulentny mężczyzna i dwie niemrawe dziewczyny. *Troje w łóżku* - krótki, kiepsko nagrany ukrytą kamerą filmik soft porno, pokazany tuż po wieczornych wiadomościach 16 marca 1999 roku w głównym telewizyjnym kanale Rossija. W męskiej roli „osoba podobna do prokuratora generalnego", która rzeczywiście Jurija Skuratowa przypominała.

Po emisji wystąpiło dwóch panów, którzy – jak zapowiedziano – prowadzili w tej sprawie śledztwo. Pierwszy, czerwieniący się i z konfuzji lekko jąkający, to dyrektor MSW Siergiej Stiepaszyn. Drugi, blady, o twardym, metalicznym głosie, objaśniający, iż naród oglądał właśnie prokuratora generalnego zabawiającego się za pieniądze pochodzące z przestępstw, to dyrektor FSB Władimir Putin.

Następnego dnia kariera prokuratora powinna była się zakończyć, aby Rodzina, Bieriezowski, Czubajs i inni mogli wreszcie odetchnąć. Zgodnie z konstytucją prokuratora może zdymisjonować tylko Rada Federacji (izba wyższa parlamentu rosyjskiego składająca się z gubernatorów), a ta, dysponując takim dowodem, powinna to uczynić niezwłocznie. Tak zakładał plan „kremlowskich". Ale plan się nie powiódł, bo Rada Federacji powiedziała prezydentowi: „Nie!" (co w czasach Putina jest nie do pomyślenia) i prokuratora generalnego na stanowisku zostawiła.

Kreml. Noc z 1 na 2 kwietnia 1999 roku. Godzina druga. Pojawiają się trzej zaspani zastępcy prokuratora generalnego i jeden zastępca z prokuratury moskiewskiej, właśnie wezwani przez nowego szefa Administracji Prezydenta – Aleksandra Wołoszyna. Kładzie on przed nimi przysłane z FSB oświadczenia prostytutek opisujących, kiedy, gdzie i za jakie pieniądze figlowały z gościem o imieniu Jurij. Oświadczenia są bliźniaczo podobne w treści i kończą się zdaniem: „Niedawno oglądałam telewizję, zobaczyłam tam Jurę i dowiedziałam się, że to prokurator generalny Skuratow".

Wołoszyn powiadamia gości, że prokuratorskie figle prawie przez rok opłacał (łącznie z pobytem w luksusowym hotelu nad Morzem Czarnym) oskarżony o wiele przestępstw bankier, traktując to jako łapówkę, i żąda wszczęcia przeciw Skuratowowi śledztwa w sprawie „nadużycia stanowiska służbowego". Zastępcy Skuratowa oponują, nie widząc wystarczających podstaw prawnych, godzi się natomiast prokurator z prokuratury miejskiej, któremu chwilę wcześniej pokazano podobne nagranie z nim w roli głównej, tyle że nie z panienkami, lecz z chłopcami[101], po czym zagrożono wyemitowaniem filmu w telewizji.

Rankiem gabinet Skuratowa został opieczętowany wraz z całą dokumentacją prokuratury szwajcarskiej od prokurator Carli del Ponte, a także z częścią amerykańskiej dokumentacji Bank of New York.

I tak szef Administracji Prezydenta Rosji, posługując się karalnym szantażem, wymusił wszczęcie niezgodnego z prawem śledztwa w stosunku do prokuratora generalnego, by zatuszować przestępstwa rodziny prezydenta i znanych biznesmenów. Prokurator po tym ciosie już się nie podniósł. Trwające rok walki na forum Rady Federacji o zachowanie go na zajmowanym dotychczas stanowisku skończyły się po roku jej kapitulacją.

Od początku do końca seksaferę nagraniową Jurija Skuratowa pilotował Władimir Putin.

„Sprawa Skuratowa była dość paskudna, bo grzebanie w cudzej pościeli jest i nieprzyjemne, i nieprzyzwoite, ale Putinowi ręka nie drgnęła, zaś Jelcyn – jak można sądzić – potraktował to jako próbę lojalności, a lojalność polityków i urzędników miała dla Borisa Nikołajewicza znaczenie zasadnicze"[102] – podsumował cały ten skandal Boris Niemcow w swojej ostatniej książce *Ispowied' buntaria* (Spowiedź buntownika).

Mniej więcej w tamtym czasie Aleksandr Wołoszyn zwrócił się do wicedyrektora telewizji państwowej Michaiła Lesina z pytaniem: „Jak myślisz, czy Putin może zostać prezydentem?"[103]. Lesin uważał, że może. Pod rządami Putina został ministrem prasy i telewizji, potem doradcą prezydenta i twórcą rosyjskiego kanału TV w języku angielskim Russia Today (jego córka kieruje amerykańskim biurem tego kanału), a także właścicielem nieruchomości w Los Angeles, wycenionej w 2014 roku na 28 milionów dolarów.

Mniej więcej w tamtym czasie, latem 1998 roku, na daczy Igora Małaszenki – współtwórcy pierwszej niezależnej stacji telewizyjnej NTW (wymyślonej i finansowanej przez magnata Władimira Gusinskiego) – zjawili się Tania i Wala. Ciesząca się ogromną popularnością NTW miała dwie zasadnicze cechy: wysoki poziom oraz krytyczny stosunek do Jelcyna i jego świty. Teraz, gdy Bieriezowski w swoim Programie Pierwszym, czyli ORT1 (Obszczestwiennoje Rossijskoje Telewidienije), przecierał ścieżki komuś o nazwisku Putin, Tania i Wala chcieli wiedzieć, czy NTW także będzie go popierać. Aby bliżej poznać Putina, Igor Małaszenko poprosił wspólnego znajomego o zorganizowanie spotkania.

Odbyło się ono u Piotra Awena (przypomnijmy: tego, który w 1991 roku jako minister handlu zagranicznego Federacji Rosyjskiej niezgodnie z prawem zezwolił Putinowi i jego Komitetowi Współpracy z Zagranicą na wydawanie licencji, co umożliwiło im dokonywanie potężnych przekrętów), w tej samej drewnianej willi z wieżyczkami, którą zaszczycał niegdyś swoją obecnością Stalin wpadając tu na wino do swojego apologety pisarza Aleksieja Tołstoja. Putin przybył w towarzystwie córek.

W rozmowie z dwójką dziennikarzy z „The Washington Post" Małaszenko wspominał: „Poniosłem fiasko na całej linii. Po trzech i pół godzinie rozmowy wiedziałem o Putinie równie mało jak przedtem. Miał bardzo płytką osobowość"[104]. Podczas tamtego wieczoru rozegrała się błaha na pozór scena, dla Małaszenki jednak tak ważna, że opisywał ją każdemu, kto go o Putina pytał. Przyjaciel Małaszenki Alex Goldfarb przekazał o niej taką relację:

„Rozmowa nie bardzo się kleiła. Zrobiło się ciekawiej, gdy pojawiła się żona Małaszenki. Wróciła z lotniska, gdzie odprowadzała córkę odlatującą do Londynu, jako że ta uczyła się tam w prywatnej szkole. Rozmowa zeszła na zalety angielskiego nauczania. Putin milczał, jego córki także. Nagle zadzwonił telefon. Dzwoniła z Londynu córka Małaszenki, zdenerwowana, gdyż szkolny samochód nie przyjechał po nią na lotnisko, i prosiła mamę o interwencję w szkole. Matka jej poradziła, żeby po prostu wzięła taksówkę i pojechała do swojego akademika. Córka jednak upierała się, by czekać na transport zapewniony przez szkołę.

Wtedy wtrącił się Putin:

– Według mnie popełniła pani błąd. To córka miała rację, nie pani… Nigdy nie można być pewnym, kto siedzi za kierownicą jako taksówkarz.

– Ależ to londyńska taksówka – broniła się Małaszenkowa.

– Pani nie rozumie – powiedział Putin. – To nie ma znaczenia.

Małaszenko myślał, że Putin żartuje. Podejrzenie wydawało się bzdurne. I takim było, ale nie dla Putina. On uzasadniał, że dyrektor jednej z dwóch największych w Rosji stacji telewizyjnych to nie pierwszy lepszy Rosjanin, lecz jeden z kreatorów opinii publicznej i na pewno znajduje się w kręgu zainteresowania zachodnich służb specjalnych. Powinien być bardziej ostrożny w sprawach dotyczących bezpieczeństwa jego bliskich[105].

Wieczne obawy, stałe podejrzenia, przekonanie, że nic nie jest takim, jakim się wydaje, szukanie ukrytych znaczeń i sygnałów wskazujących na wrogów, którzy czają się wszędzie – czy nie jest to stan umysłu, w którym przy prawidłowo zachowanej świadomości, postrzega się zakłóconą rzeczywistość? To jeszcze nie szaleństwo, ale już poważne zaburzenie psychiczne[106]. W przypadku Putina zwykło się podobne skłonności i zachowania przypisywać nawykom z KGB. Dlaczego jednak nie wiąże się ich z innymi ludźmi władzy, którzy także wywodzą się z KGB, choćby z Jewgienijem Primakowem czy Siergiejem Stiepaszynem? Podejrzliwość, obawa, nieufność są zrośnięte z Putinem od dawna. „Kiedyś Wołodia, już pod koniec pracy w merostwie, przyjechał do mnie na daczę. Posiedzieliśmy, pogadaliśmy. Idziemy spać. Patrzę, a on kładzie obok siebie pistolet pneumatyczny. »Wowka, coś ty! Myślisz, że to cię uratuje?«. A on odpowiada: »Uratować nie uratuje, ale tak jest spokojniej«"[107] – wspomina Siergiej Roldugin, przyjaciel Putina.

Tamtego lata 1998 roku, po kolacji w towarzystwie Putina, Małaszenko przez noc przemyślał sprawę i nazajutrz zapytał Jumaszewa:

„Jak możecie Putinowi ufać?". „Nie zdradził Sobczaka, nie zdradzi i nas" – odrzekł Jumaszew. Na to Małaszenko: „Nie bardzo znam Putina, ale wiem o nim jedno: jest z KGB, a KGB nie można ufać. Nie mogę ci pomóc"[108]. Niebawem się przekonał, że Putinowi odmawiać nie wolno. A już na pewno nie wolno mu grozić!

Latem 1999 roku, późnym wieczorem Boris Bieriezowski wracał do domu. Zawrócił go z drogi telefon od Putina, który niedawno został premierem. Bieriezowski zjawił się w „Białym Domu" koło północy. Putin był rozjuszony. Miał wściekłą, wykrzywioną złością twarz.

„– Twój przyjaciel był tutaj. Gusinski. On mi groził!

– Czym?

– Powiedział, że kiedy Primakow zostanie prezydentem, wsadzi do więzienia wszystkich: Tanię, Walę, ciebie i mnie razem z wami, bo was kryję.

– Ale przecież mnie nie ma za co posadzić.

– Wiem, nie o to chodzi. Chodzi o to, że on mi groził!

– No i co z tego? On działa przeciw nam, a ciebie chciał po prostu sprawdzić, jak się zachowasz.

– Mnie nikt nie śmie grozić! On jeszcze tego pożałuje! Żebyś wiedział"[109].

Małaszenko stracił stanowisko niedługo po tym, jak Putin objął władzę na Kremlu. Szykanowany emigrował. A Gusinski trafił do więzienia.

Putin mści się za najdrobniejsze nawet zniewagi. Takich przykładów jest wiele, lecz ani jednego odwrotnego: że wybaczył, darował, zapomniał. Czy można o nim powiedzieć, że „jest jak zwinięta sprężyna, wciąż w stanie gotowości do napadu, do agresji" albo że znajduje się „w stanie nieustającej wojny z prawdziwymi i wyimaginowanymi przeciwnikami", a jego psychologiczne credo brzmi: „Nie dam po sobie deptać, nie poddam się żadnym naciskom ani autorytetom"; albo że „boi się słabości, pogardza miękkością, subtelnymi uczuciami i nie umie akceptować kompromisów", pozostaje zatem „w stanie nieustannej wojny z prawdziwymi lub wyimaginowanymi przeciwnikami, którzy chcą nad nim zapanować i odebrać mu niezależność"? Odpowiedź na wszystkie te pytania brzmi: Tak. Posiada więc Władimir Putin wiele cech, które autorzy bestsellera *Paranoja polityczna* – Robert S. Robin, pracownik naukowy w Tavistock Clinic i Wellcome Institute w Londynie, profesor nauk politycznych na Uniwersytecie Tulane, doradca administracji rządowej w zakresie psychologii politycznej, oraz Jerrold M. Post, specjalista w dziedzinie politycznej psychologii stosowanej, stypendysta Carnegie Corporation w Nowym Jorku, profesor psychiatrii i psychologii politycznej oraz polityki międzynarodowej Uniwersytetu George'a Washingtona – nazywają paranoją[110].

Gdy Putin dochodził do władzy, nikomu nawet podobne podejrzenie nie przyszło do głowy. W miarę upływu lat coraz częściej jednak powstawały wątpliwości co do stanu jego umysłu i psychiki, a nasiliły się bardzo w 2015 roku zarówno wśród dziennikarzy, jak i polityków oraz zwykłych obywateli. W marcu 2014 roku kanclerz Angela Merkel po rozmowie z Putinem powiedziała prezydentowi Obamie, że „nie jest pewna, czy Putin ma nadal kontakt z rzeczywistością"[111]. Rosyjski polityk, wielokrotnie tu wspominany Boris Niemcow, nieelegancko rzucił dziennikarzom: „Zrozumcie, on jest pieprznięty"[112], a na zorganizowanym w Odessie mityngu kukłę Putina odprowadzono do szpitala dla psychicznie chorych[113]. W rosyjskiej wersji Google, po wpisaniu hasła „Putin – paranoja", otwiera się kilkanaście stron, na których znaleźć można poważne rozprawy naukowe, porażające fotografie prezydenta, zabawne memy i komentarze blogerów…

## Decyzja

Ci, którzy Rosji przypatrują się dopiero od czasów prezydentury Władimira Władimirowicza i widzą niesłychaną wobec niego pokorę parlamentu, nie uwierzą, że latem 1999 roku zbuntowani posłowie chcieli pozbawić Borisa Jelcyna władzy, posługując się instytucją impeachmentu. Postawili mu pięć zarzutów, przy czym najpoważniejszy był pierwszy: przyczynienie się do rozbicia Związku Radzieckiego. Bunt inicjowała partia komunistów, KPFR, a dowodził nim ówczesny premier Jewgienij Primakow, mający i w Dumie, i w społeczeństwie ogromne poparcie.

Rodzina Jelcyna i oligarchowie bali się premiera Primakowa. Groził, że gdy zostanie prezydentem, całe to skorumpowane towarzystwo pośle za kraty. Dzięki amnestii z obozów karnych i więzień wyszło na wolność 94 tysiące więźniów, a Primakow całemu światu obwieścił ze szwajcarskiego Davos: „Owszem, amnestia to przejaw humanitaryzmu, ale też konieczność: trzeba bowiem zwolnić prycze dla tych, których wsadzać będziemy za przestępstwa gospodarcze". Na początku gotowej już listy przestępców widnieją nazwiska „kremlowskich": Tatiany Diaczenko, Borisa Bieriezowskiego, Anatolija Czubajsa...

W tej sztuacji Jelcyn uczynił coś, w czym jest mistrzem: zaskakuje wszystkich i dymisjonuje Primakowa ze stanowiska premiera, i to tuż przed głosowaniem zarówno w sprawie Skuratowa, jak i prezydenckiego impeachmentu. Rozgrzany walką parlament nagle stygnie: dymisję Skuratowa zatwierdza, o impeachmencie zapomina.

Walce z Primakowem poświęcił Jelcyn w swoich wspomnieniach dużo miejsca. Ciekawe, czy choć trochę wierzył we własne tłumaczenie tej – jak lubił nazywać swoje intrygi – *zagaguliny*.

„Całkowitym krachem nawet tych początków gospodarczej i demokratycznej wolności, które się udało stworzyć i zachować przez te lata – oto czym groziły rządy Primakowa. Nie mówiąc już o wolności słowa czy zachowaniu normalnej politycznej opozycji. W roli prezydenta potrzebny był Rosji, według mojej oceny, zupełnie inny człowiek, innego pokolenia, innej mentalności. Chcąc nie chcąc, Primakow w swoim politycznym otoczeniu skonsolidował zbyt dużo »czerwonego koloru«"[114].

A Putin? O, to zupełnie coś innego! Odpowiadał „narastającej w społeczeństwie potrzebie stalowego trzpienia, którym wzmocni się polityczną konstrukcję władzy; potrzebie inteligentnego, myślącego demokratycznie i nowocześnie, lecz po wojskowemu twardego człowieka"[115].

Czy przeszło Jelcynowi przez myśl, gdy w 1999 roku dyktował te zdania wiernemu Jumaszewowi, że jego wybranek, ten „zupełnie inny człowiek, z innego pokolenia i o innej mentalności", myślący „demokratycznie i nowocześnie", użyje swojego „stalowego trzpienia" oraz „wojskowej twardości" głównie do unicestwienia w Rosji wolności słowa, politycznej opozycji i demokracji w ogóle, a demokratów w szczególności? I że taki oto powstanie paradoks: Boris Jelcyn, dawny pierwszy sekretarz Komitetu

Obwodowego KPZR w Swierdłowsku, pierwszy sekretarz Komitetu Miejskiego KPZR w Moskwie, sekretarz nie tylko Komitetu Centralnego KPZR, lecz także członek Biura Politycznego, odżegna się od „czerwonego koloru", rozwiąże tę partię, hymn ZSRR odeśle do lamusa i stworzy w Rosji prawdziwe instytucje demokratyczne, podczas gdy uchodzący za demokratę Władimir Putin, który nawet aktywistą partyjnym nie był, zawróci Rosję z tej drogi i skieruje na powrót do ZSRR, z jego hymnem, emblematami, bohaterami, przemocą, więzieniami i propagandą.

Jelcyn musiał się jednak jakoś wytłumaczyć przed sobą i potomnymi z wyboru właśnie tego człowieka. Nie mógł przecież napisać: córka ukradła część miliardów przeznaczonych na ratowanie państwa, pomagał jej w tym człowiek, którego traktuję jak syna, w dodatku jej narzeczony, dlatego ratując nas wszystkich przed więzieniem, wybieram najbardziej lojalnego spośród otaczających mnie urzędników w nadziei, że nas wszystkich nie pozamyka.

Czy jednak Jelcyn rzeczywiście wiedział, co się wokół niego dzieje? A może nie chciał wiedzieć? Czy wierzył w to, co szeptali mu do ucha Tania z Walą? Choć media donosiły co rusz, że „prezydent pracuje nad dokumentami", wydaje się, że podsuwano mu je po dokładnej selekcji. Czy słyszał o aferach korupcyjnych wysokich urzędników petersburskiego merostwa i przestępstwach przypisywanych osobiście merowi Sobczakowi, o których aż huczało w mediach? A jeśli nawet słyszał, to najpewniej traktował jako element nagonki „komunistów" na „demokratów". Nic dziwnego więc, że zachwyciła go świetnie przygotowana ucieczka „demokraty" Sobczaka przed rozprawą ze strony „komunistycznych" prokuratorów i był pełen podziwu dla jej organizatora. „Gdy dowiedziałem się o wyczynie Putina, doznałem uczucia głębokiego szacunku i wdzięczności dla tego człowieka"[116] – napisał. Odmowę Putina, by służyć nowemu merowi po przegraniu przez Sobczaka wyborów, też zaliczono na Kremlu do czynów bohaterskich. Okoliczności obydwu tych zdarzeń już znamy. Putin działał wyłącznie w swoim interesie.

Wobec Jelcyna demonstrował taką samą bezwzględną służalczość jak w stosunku do wszystkich poprzednich szefów (z leningradzkiego KGB, z drezdeńskiego KGB czy z petersburskiego merostwa) i odcinał od niej kupony. Jelcyn uważał go za najbardziej lojalnego urzędnika. Dlatego gdy na przykład Primakow (były szef wywiadu KGB), będąc jeszcze premierem, oświadczył, że Putin kazał śledzić zarówno jego, jak i jego rodzinę, Jelcyn uznał to oskarżenie za „absurdalne i bezpodstawne".

W tym ostatnim, zupełnie zwariowanym roku rządów Jelcyna, ostatnim roku walki o Kreml, Prokuratura Generalna wydała (z poduszczenia Primakowa) nakaz aresztowania Borisa Bieriezowskiego. Do zatrzymania nie doszło, lecz nagonka na najbardziej „kremlowskiego" oligarchę szła ze wszystkich stron. A przecież ten docent technik obliczeniowych, naukowiec cybernetyk, członek Rosyjskiej Akademii Nauk był też ważnym urzędnikiem państwowym: od jesieni 1996 do jesieni 1997 roku sprawował funkcję zastępcy sekretarza Rady Bezpieczeństwa, potem sekretarza wykonawczego Wspólnoty Niepodległych Państw.

Podczas tej nagonki nasz bohater raz jeszcze pokazał, co znaczy być „specjalistą od kontaktów międzyludzkich".

Wieczór 22 lutego 1999 roku. Urodziny Leny, żony Bieriezowskiego. Ataki na jej męża osiągnęły apogeum: jest oskarżany przede wszystkim o malwersacje w Aerofłocie*, którego był głównym akcjonariuszem. W jednym tylko tygodniu przeprowadzono dwadzieścia cztery rewizje w pomieszczeniach mających związek z jego osobą, opluwano go w mediach itd., itp. Był jak trędowaty. Gdy oboje z żoną przyszli do kremlowskiego Pałacu Zjazdów na premierę nowego filmu Nikity Michałkowa *Cyrulik syberyjski*, zrobiło się wokół nich pusto. Wczorajsi przyjaciele z dnia na dzień zmienili się w przestraszone kreatury. W tej sytuacji na urodziny Leny Bieriezowscy zaprosili jedynie najbliższą rodzinę. W pewnej chwili telefon: zmierza do nich dyrektor FSB. Kwadrans później przed dom zajeżdża czarna limuzyna, wysiada z niej

* W rzeczywistości chodziło o to, że Aeorofłot finansował rozmaitego rodzaju działalność służb specjalnych, a po przejęciu firmy przez Bieriezowskiego finansowanie to przerwano, co były szef wywiadu KGB ZSRR Primakow uznał niemal za działalność antypaństwową.

ogromny bukiet róż, a za nim Władimir Władimirowicz we własnej osobie.

Skąd się tam wzięły telewizyjne kamery, nie wiadomo, ale ta scena – pokazana we wszystkich kanałach TV – utrwaliła się w pamięci właśnie przez ów bukiet. Wymiany zdań telewidzowie nie słyszeli, a zgodnie z relacją Bieriezowskiego wyglądała ona tak:

„Bieriezowski:

– Wołodia, jestem bardzo wzruszony, lecz po co komplikujesz sobie relacje z Prymusem?

Putin:

– To dla mnie nieważne. Jestem twoim przyjacielem i chciałem to zademonstrować. Robią z ciebie przestępcę, a ja wiem, że jesteś czysty"[117].

Mistrzowskie posunięcie! BAB (tak dziennikarze skracali imię i nazwisko Borisa Abramowicza Bieriezowskiego) wspominał je w każdym ze swoich licznych wywiadów, nie wiedząc, że Putin w podobnej sytuacji odwiedził też Primakowa. BAB, ten wieczny gracz, rozkoszujący się grą dla samego jej prowadzenia, nie zauważył, że nim samym grają. Wiele lat później przyznał: „Kiepsko się znam na ludziach, dlatego nie umiem rozpoznać zawczasu, kto ma w sobie podłość". Wcześniej jednak mówił to samo co Jelcyn: że Putin to właściwy człowiek! Wspierał też najbardziej skomplikowaną w ówczesnej Europie grę polityczną pod kryptonimem Naslednik („Następca"), ponieważ był przekonany, że osobnik, którego on popchnie ku Kremlowi, zachowa dlań wygodne stanowisko pałacowego wezyra.

Alex Goldfarb, przyjaciel Bieriezowskiego, wspomina, że kiedy przestrzegał go przed człowiekiem z KGB, „Boris odparł, że wierzy Putinowi, bo jeśli różnią się w opiniach, Putin nie kręci, tylko mówi wprost, co mu leży na wątrobie. W sumie są grupą o tych samych poglądach". Gdy rok po ucieczce Bieriezowskiego do Londynu Goldfarb przypomniał mu te słowa, ten tylko wzruszył ramionami: „Cóż tu rzec? Zapewne widziałem w nim to, co chciałem zobaczyć"[118].

A czy Jelcyn znał się na ludziach? „Boris Nikołajewicz nie był znawcą ludzkich dusz, jego polityka kadrowa była dramatyczna"[119].

I któż to powiedział? Ten sam Bieriezowski, który przyczynił się do tego, że już 29 marca 1999 roku, miesiąc po niespodziewanej wizycie urodzinowej, Putin dostał nominację na sekretarza Rady Bezpieczeństwa, zachowując przy tym swój gabinet na Łubiance.

Tak czy inaczej, kto to jest Putin, wiedziało kilkanaście osób związanych z Kremlem. Reszta o istnieniu takiej osoby nie miała pojęcia.

„Dobrze znałem Władimira Władimirowicza – wspomina ówczesny wicepremier Boris Niemcow. – Niczym się nie wyróżniał spośród szarej masy urzędników państwowych i nigdy nie miał wyjątkowych zasług wobec ojczyzny. Był tak niezauważalny, że nic o nim nie wiedział nawet mój asystent. Kiedyś dzwoni z Łubianki do mnie, do sekretariatu, a asystent odmawia połączenia ze mną i żąda, by się facet przedstawił. Słyszy odpowiedź: »Putin Władimir Władimirowicz, dyrektor FSB«. Asystent do mnie: »Dzwoni jakiś Putin. Mówi, że jest szefem FSB. Co z nim zrobić?«. Wybór następcy wywołał u mnie szok: nie mogłem uwierzyć, że mało komu znanego, niezauważalnego pułkownika KGB–FSB można było pół roku później wybrać na najwyższe stanowisko w państwie”[120].

Co więc należy zrobić, żeby ktoś zupełnie nieznany, bez długiej kariery politycznej (jak demokrata Grigorij Jawlinski, komunista Giennadij Ziuganow czy nacjonalista Władimir Żyrinowski) został – i to niemal od ręki – prezydentem stuczterdziestomilionowego kraju, a wcześniej jeszcze – wedle zwyczaju – premierem?

„Wyboru już dokonałem – notował wiosną 1999 roku Boris Jelcyn. – To Władimir Putin, dyrektor FSB. Ale postawić go teraz na stanowisku premiera nie mogłem. Jeszcze za wcześnie, za wcześnie, za wcześnie…”[121].

Skoro drogą normalną było za wcześnie, pozostawała droga nienormalna, droga takich intryg i zbrodni, że wielu historyków do dziś nie chce zajmować się tą sprawą lub wręcz neguje jej istnienie.

„Putin powinien pojawić się nieoczekiwanie w kulminacyjnym momencie przedwyborczej walki, kiedy jego zdecydowany charakter i surowość przydadzą się w pełni”[122] – postanowił Boris Jelcyn.

Cóż takiego się zdarzy, że prezydent z góry zakładał, iż konieczne będą nie mityczne zasady demokracji, lecz „zdecydowany charakter" i „surowość"?

Otóż zdarzy się wojna. (W budżecie na rok 1999 uwzględniono już „dodatkowe wydatki na armię i nieprzewidziane zdarzenia o wojskowym charakterze"). To ona sprawi, że „jakiś Putin", wybranek Rodziny, stanie się postacią pierwszoplanową. „Otoczeniu Jelcyna było obojętne, dokąd nowy prezydent zaprowadzi kraj, oni myśleli tylko o sobie. No i wybrali kandydata pod swoje interesy"[123] – napisał Boris Niemcow w opublikowanych wspomnieniach.

Bieriezowski w jednym z późniejszych wywiadów konstatował: „Wszystko, co robimy, robimy dla siebie. Rzucamy się na szaniec albo strzelamy w łeb też dla siebie [...]. Problem w tym, co na to inni. Dlaczego mnie się tak lekko żyje? Bo uważam, że decyzja, która jest korzystna dla mnie, jest też korzystna dla Rosji. Korzyścią nie natychmiastową. Strategiczną"[124].

Bieriezowkiego wygnano, prześladowano, wreszcie zamordowano. Jelcyna odcięto od mediów i zniesławiono, Rosję pod każdym względem cofnięto o dziesiątki lat. Taki jest pobieżny bilans strategii, która do celu zmierza po trupach. Nieważne czy pojedynczych osób, czy dziesiątków tysięcy. Politycy Kremla nie zwykli cofać się przed zbrodnią, jeśli upraszcza osiągnięcie ich celów.

Część VI

# Czeczenia

Dziennikarz Akram Murtazajew zapytał Aleksandra Litwinienkę:

„– Jeśli mógłbyś wybierać ze wszystkich znanych ci szefów FSB, którego byś wziął do operacji jako agenta?”.

– Z operacyjnego punktu widzenia najlepszy ze wszystkich byłby Putin. Trzeba by go tylko stale kontrolować, bo ciągle kłamie. Trudna byłaby z nim praca, ale rezultat lepszy niż przy pracy z kim innym.

– Dlaczego? Czy on jest najlepszym profesjonalistą?

– Putin to człowiek, który w grupie przestępczej dysponowałby wielkimi możliwościami operacyjnymi. Nie zwraca na siebie uwagi, świetnie przygotowany fizycznie. Posiadałby najwięcej informacji. I jest najambitniejszy z nich wszystkich… I najbardziej skuteczny”[1].

Pewna grupa przygotowuje wielką operację.

Jej cel: stanowisko prezydenta Rosji dla Władimira Władimirowicza Putina.

Środek do celu: wojna w Czeczenii.

Metody działania: akty terrorystyczne, bombardowania, ostrzał artyleryjski, tortury.

Czas trwania operacji: faza pierwsza od końca roku 1996 do lipca 1998; faza druga od lipca roku 1998 do marca 2000.

## Poprzednicy: car, generalissimus, prezydent

Aż trudno uwierzyć, jaką rolę w dziejach Rosji odegrała ta malutka kraina o powierzchni 19 300 kilometrów kwadratowych, tworząca nieregularny rdzawy kształt na mapie, i jak tragiczny jest los żyjącego tam narodu, nieustannie walczącego o przetrwanie. Najbardziej dramatyczna historia Czeczenii przypada na rządy Putina, będące zresztą kontynuacją działań wcześniejszych władców: carów, pierwszych sekretarzy partii i prezydentów. Wyniszczanie narodu zaczęło się wówczas, gdy kaukaskie państewka stanęły na drodze carskich żołnierzy prących ku Morzu Czarnemu, a najbardziej niepokornymi, stąd też najsrożej prześladowanymi mieszkańcami tych państewek okazali się Czeczeni. „Najgorsi z rozbójników napadających na nasze linie" – pisał w swoich pamiętnikach *Zapiski russkowo gienierała* (Notatki rosyjskiego generała), będących instruktażem okrucieństwa, Aleksiej Jermołow, carski generał, gubernator transkaukaskich prowincji, ogniem, mieczem i artylerią pacyfikujący Czeczenów genetycznie niesklonnych do pokory.

Jermołow uważał, że zmusić górali do posłuszeństwa można wyłącznie siłą. Z jego rozkazu stosowano metodę spalonej ziemi: najpierw palono auły, masowo przy tym mordując mieszkańców, wyrzynano bydło, niszczono zbiory, potem palono lasy. Jermołow zaganiał Czeczenów daleko w góry. Mieli tam zginąć z głodu albo wrócić jako uniżeni poddani Rosjan. Z tych poddanych – zgodnie z planami Jermołowa – „miano ulepić zdrajców, donosicieli, szpiclów".

Ambitne plany likwidacji Czeczenów starał się zrealizować generalissimus Stalin, hurtem wysyłając cały naród do piekła choćby za kilka powstań przeciwko władzy radzieckiej czy też za to, że niektórzy mieli nadzieję, iż reżim niemieckich nazistów okaże się dla nich łaskawszy niż reżim radzieckich komunistów.

Piekło zaczęło się mroźnego ranka 23 lutego 1944 roku. O godzinie szóstej do każdego domu wpadali funkcjonariusze NKWD, dając mieszkańcom kwadrans (czasem trochę więcej) na spakowanie się. Gdy z wysoko położonej, zasypanej śniegiem wioski Chajbach ludzie wyjść nie zdołali, zagnano ich wszystkich – w liczbie około siedmiuset – do stajni i podpalono. Do uciekających strzelano. W szpitalach Czeczenii i sąsiedniej

Inguszetii* rozstrzeliwano chorych. Piekło trwało dwa tygodnie, dopóki wszystkie domy we wszystkich aułach nie opustoszały.

„Rosjanie zabijali Czeczenów wszędzie: wysadzali w powietrze minami, palili, topili, truli. Zapasy żywności oblewali benzyną i podpalali, a zamiast nich rozrzucali zatrute jedzenie. Ofiarą padały przede wszystkim głodne dzieci, które nie rozumiały, dlaczego nie wolno jeść czystych i apetycznie wyglądających pokarmów. W jednym tylko rejonie Gałanczoż zabito ogromną liczbę ludzi. Setki trupów znalazły się w jeziorze o tej samej nazwie”[2] – pisze Loma Usmanow, obecnie asystent profesora Instytutu Językowego w Departamencie Obrony USA.

Po miesiącu jazdy w wagonach towarowych, często bez wody, grzebiąc na postojach prawie 2 tysiące zmarłych, dotarli Czeczeni do stepów Kazachstanu (część do gór Kirgizji). Tu – mimo ogromnej pomocy ze strony miejscowej ludności – zmarło z głodu i wycieńczenia około 200 tysięcy.

Trauma deportacji trwa przez pokolenia: wszyscy przywódcy czeczeńskich zrywów wolnościowych urodzili się na wygnaniu. Nietrudno im więc było o poparcie. Absolutna większość dorosłych Czeczenów też tam się urodziła, zachowywali więc w pamięci swoich bliskich, którzy na obczyźnie umierali.

Łaska Kremla spłynęła na wygnańców w roku 1957, kiedy zezwolono im na powrót do ojczyzny. 200 tysięcy ludzi posprzedawało swój dobytek z dnia na dzień i wróciło w rodzinne strony, gdzie nie tylko nikt na nich nie czekał, ale gdzie potraktowano ich jak intruzów. W ich domach mieszkali Rosjanie, we władzach zasiadali Rosjanie, ich miejsca pracy zajmowali Rosjanie. „W Czeczenii najniższy był procent ludzi ze średnim i wyższym wykształceniem w skali całego ZSRR, ograniczano nauczanie języka czeczeńskiego, zaś wszystkie kluczowe stanowiska (w tym na przykład w przemyśle naftowym) powierzano wyłącznie Rosjanom”[3] – pisze znawca Kaukazu Maciej Falkowski. Przed Czeczenami zamknięto też dostęp do

* Czeczeni i Ingusze tworzą jedną grupę etniczną Wajnachów. Deportacja objęła oba te narody północnego Kaukazu.

lepszych uczelni, dbając o to, by się wśród nich nie wykluła przemądrzała inteligencja.

Czy można się dziwić, że zamiast „dzień dobry" Czeczeni pozdrawiają się powiedzeniem „bądź wolny", a gdy kładą się spać, życzą sobie nawzajem „obudź się wolny"? Wolność stała się ich prawdziwą religią, chorobliwą *idée fixe*. Czy można się dziwić, że gdy w 1990 roku Jelcyn, po raz pierwszy zabiegający o prezydenturę Republiki Rosyjskiej (największej republiki w ZSRR), namawiał pozostałe republiki: „Bierzcie tyle suwerenności, ile zdołacie przełknąć!" – Czeczeni potraktowali to poważnie?

27 października 1991 roku odbyły się w Czeczenii wybory prezydenckie. Większością 91,7 procent głosów wygrał je generał sił powietrznych ZSRR Dżochar Dudajew, jedyny Czeczen, który w radzieckiej armii zaszedł tak wysoko (dlatego że w dokumentach figurował nie jako Czeczen, lecz jako Osetyjczyk). To do niego, do Tartu w Estońskiej Socjalistycznej Republice Radzieckiej (gdzie był dowódcą 326. Tarnopolskiej Dywizji Ciężkiego Lotnictwa Bojowego w 46. Armii Powietrznej oraz komendantem garnizonu), Jelcyn słał swoich umyślnych, by namawiali generała do powrotu do Czeczenii. Dlaczego? Dlatego że Czeczenia potrzebna była rwącemu się do władzy Borisowi Jelcynowi jako mina na polu walki z prezydentem ZSRR Michaiłem Gorbaczowem. Przewidywał bowiem, że urodzony na wygnaniu i skażony traumą deportacji Dudajew będzie dążył do niepodległości, więc to, co powie rodakom, podziała jak zapałka przyłożona do stogu siana.

*Pierwszy prezydent Czeczeńskiej Republiki Iczkeria, generał sił powietrznych ZSRR Dżochar Dudajew, jedyny Czeczen, który w radzieckiej armii zaszedł tak wysoko tylko dlatego, że w dokumentach figurował nie jako Czeczen, lecz jako Osetyjczyk*

Tę tajemnicę poliszynela potwierdza poseł do Dumy, pisarz Nikołaj Leonow. Analizując drogi rozpadu ZSRR, pisze: „Jakkolwiek by to było bolesne, impuls czeczeńskiej niepodległości dał Jelcyn. W nadziei na jak najszybsze ograniczenie wpływów Gorbaczowa w republikach przedstawiciele Jelcyna odszukali generała-majora lotnictwa Dżochara Dudajewa i pomogli mu podjąć decyzję o przeprowadzce do Groznego”[4].

Jakże to wszystko jest odległe od czarno-białych banałów w podręcznikach historii czy Wikipedii, gdzie prawo Czeczenów do niezawisłości nazywa się nacjonalizmem i twierdzi przy tym, że „ogłoszenie niepodległości Czeczenii było sprzeczne z obowiązującym prawem federalnym”. Nie było. Ani z ustawodawstwem wewnętrznym, ani międzynarodowym.

Ustawa o rozdziale pełnomocnictw między ZSRR a podmiotami Federacji, przyjęta przez Radę Najwyższą Związku Radzieckiego 26 kwietnia 1990 roku, w artykule pierwszym precyzowała, że republiki autonomiczne (a do takich właśnie należała Czeczeno-Inguska Autonomiczna Socjalistyczna Republika Radziecka) są takimi samymi podmiotami w obrębie ZSRR jak inne. 12 czerwca 1990 roku jeden z tych „innych podmiotów” – Rosyjska Federacyjna Socjalistyczna Republika Radziecka – ogłosił Deklarację o suwerenności państw w Rosyjskiej FSRR, zapowiadającą prawo narodów do suwerenności i niepodległości. Na rozpoczętej wtedy „paradzie suwerenności” zameldowała się większość republik autonomicznych, przy czym tylko dwie (Czeczeno-Inguska, niebawem rozdzielona na Czeczenię i Inguszetię, oraz Tatarstan) odmówiły w 1992 roku podpisania z Moskwą umowy federacyjnej. Tatarstan wkrótce się rozmyślił, Inguszetia też, podczas gdy Czeczenia, która 6 września 1991 roku ogłosiła suwerenność, dodawszy do swojej nazwy dawną czeczeńską nazwę Iczkeria, postanowiła pertraktować.

Tak więc w 1991 roku w pięknym czarnomorskim kurorcie Dagomys zaczął się rosyjsko-czeczeński pertraktacyjny kontredans: rosyjska delegacja, podpisawszy protokół „o rozpatrzeniu uznania Czeczeńskiej Republiki jako państwa niepodległego”, będzie to „rozpatrzenie” przeciągać z roku na rok, blokując równocześnie finanse dla Republiki oraz stwarzając jej jak najtrudniejsze warunki egzystencji przy – a jakże – dwukrotnym nawet (w 1992 roku) potwierdzeniu gotowości do dalszych rozmów o czeczeńskiej suwerenności.

Tymczasem rosyjskie media zaczęły zasypywać obywateli wiadomościami o czeczeńskich bandytach, złodziejach, przestępcach, o dziwnych aktach terrorystycznych (wybuchach w trolejbusie, w wagonie metra), w których natychmiast pojawiał się „czeczeński ślad". Wkrótce jednak eksperci od służb specjalnych – Aleksandr Litwinienko i Jurij Felsztinski – udowodnią w książce pod tytułem *FSB wzrywajet Rossiju* (FSB wysadza Rosję)[5], że udział w tych aktach miało FSB.

W tamtym czasie w rosyjskich miastach i miasteczkach Czeczeni stali się dla milicji zwierzyną łowną, przepuszczaną przez „ścieżki zdrowia". Mnożyły się też informacje o masowym prześladowaniu Rosjan w Czeczenii, tym straszniejsze, im bardziej zbliżał się atak Rosjan na Republikę. Owszem, jak przy każdej gwałtownej zmianie reżimu nastąpił wzrost przestępczości, bandyckie napady zdarzały się częściej niż w czasach spokoju, ale wymierzone były zarówno w Rosjan, jak i przedstawicieli innych zamieszkujących Czeczenię narodowości, nie wyłączając samych Czeczenów. Ile w tym było autentycznego bandyckiego rewanżu za zasiedlone przez obcych czeczeńskie domy po deportacji właścicieli, a ile prowokacji służb specjalnych – trudno powiedzieć. Wystarczyło jednak kilka takich zdarzeń, by zaczęto mówić o „ludobójstwie Rosjan w Czeczenii". Faktem jest, że na czyjś rozkaz wypuszczono z czeczeńskich więzień kryminalistów i że na pewno nie był to rozkaz Dudajewa ani żadnego z jego podwładnych.

„W Republice zaczęła działać »nieznana siła«, która organizowała ucieczki z więzień, bandyckie ugrupowania, antyrządowe manifestacje. Jednym z prowodyrów był Rusłan Łabazanow, zwyczajny kryminalista, zwerbowany i zwolniony z celi śmierci w Piatigorsku, by wykonywać różne zadania specjalne FSB"[6] – pisze żona prezydenta Ałła Dudajewa. Do tych zadań należało stworzenie silnej opozycji antydudajewowskiej (w budżecie Rosji wydzielono na nią ponoć 50 milionów rubli). Łabazanow (ze wspólnikami) zadanie wypełnił: manipulując przeciwnikami Dudajewa i zasilając ich agentami rosyjskich służb specjalnych, przygotowywał pole walki. Podobny mechanizm „rozkręcania" miejscowej opozycji przez agentów FSB został w przyszłości uruchomiony na Ukrainie, gdzie pułkownik FSB Igor Striełkow-Girkin (w FSB od 1998 roku, uczestnik obu wojen czeczeńskich) z pomocą rosyjskich żołnierzy zorganizował antymajdanową ukraińską opozycję, rozniecając pod bezpośrednim kierownictwem Kremla wojnę we wschodniej Ukrainie.

Każda wojna ma co najmniej kilka przyczyn, te najistotniejsze często są skryte głęboko za kulisami. „Wojna w Czeczenii miała być szybka i efektowna. Ot, taka mała zwycięska wojenka. W sam raz, by zwiększyć notowania prezydenta w opinii publicznej i podnieść morale obywateli mocno pokiereszowanych przez ostatnie wydarzenia światowej historii, czyli rozpad ZSRR"[7] – pisał rosyjski politolog i socjolog Dmitrij Furman, ilustrując to, co widoczne było na proscenium.

Za kulisami, tuż za sceną, stali generałowie, którym wojna miała posłużyć między innymi do ukrycia kolosalnych braków w uzbrojeniu. Podczas wycofywania radzieckiej Zachodniej Grupy Wojsk z Niemiec i przy rozformowywaniu wojsk w samej Rosji generalicja przehandlowała bowiem wszystko, na co znaleźli się nabywcy. Ich przedstawiciel, nowy minister obrony Pawieł Graczow, przekonał Jelcyna, że Czeczenów można pokonać „w dwie godziny siłami jednego pułku spadochroniarzy".

Głębiej za kulisami krył się natomiast – jak to określił Litwinienko – „prymitywny aspekt ekonomiczny w układach między rosyjskim kierownictwem a prezydentem Czeczeńskiej Republiki: od Dudajewa ciągle żądano pieniędzy. Łapówki wymuszali: szef Prezydenckiej Służby Bezpieczeństwa Aleksandr Korżakow; naczelnik Federalnej Służby Ochrony Federacji Rosyjskiej Michaił Barsukow oraz pierwszy wicepremier Federacji Rosyjskiej Oleg Soskowiec. Jasne, że nie zostawało w tyle Ministerstwo Obrony […]. Czeczeńskie kierownictwo stale wysyłało do Moskwy pieniądze – inaczej Dudajew w Moskwie nie załatwiłby nic. Ale w 1994 roku system zaczął buksować. Dudajew żądał osobistego spotkania z Jelcynem. Wtedy kontrolująca Dudajewa trójka zażądała za organizację spotkania kilku milionów dolarów. Dudajew odmówił, grożąc ujawnieniem całego kompromitującego urzędników materiału[8].

O łapówkach wspomina też Ałła Dudajewa, w cytowanej wcześniej książce. To o te właśnie łapówki pytałam Galinę Starowojtową podczas ostatniego z nią spotkania, o nich rozmawiałam z generałem Aleksandrem Lebiediem[9] i z przewodniczącym Rosyjskiej Izby Przedsiębiorców Arkadijem Wolskim[10]. Starowojtowa, która Dudajewa znała nieźle, potwierdziła ten fakt, dorzucając przy tym parę znanych nazwisk. Lebied' odrzekł, iż ten proceder trwał co najmniej od 1992 roku, o czym wie od najbliższych komendantów Dudajewa, a Wolski faktu wymuszania łapówek przez najwyższych urzędników kremlowskich nie potwierdził wprost, lecz obwinił ich o blokowanie dostępu do Jelcyna i popychanie go ku wojnie.

Są na to także potwierdzenia na piśmie.

Czeczeński politolog i historyk Abdurachman Awturchanow, pełnomocnik Dudajewa, pisał w liście do Borisa Jelcyna w 1994 roku: „Oto już dziewiąty raz Pańscy doradcy nie dopuścili do spotkania Pana z prezydentem Czeczenii – Dudajewem. My jednak prosimy Pana Prezydenta o przyjęcie czeczeńskiego prezydenta na Kremlu, aby omówić sprawy sporne"[11]. Ta prośba, podobnie jak wszystkie poprzednie, do prezydenta Rosji nie dotarła. Podczas spotkania z przedstawicielami Czeczenii na Kremlu w maju 1997 roku Jelcyn nie ukrywał wielkiego zdziwienia, gdy mu owe listy pokazano. Twierdził, że nigdy ich nie widział.

W ciszy kremlowskich i okołokremlowskich gabinetów szykowano Czeczenom nie tylko unicestwienie ojczyzny, lecz także nową deportację.

Oto fragmenty odpowiednich rozporządzeń:

Rozkaz ministra obrony Federacji Rosyjskiej z 5 grudnia 1994 roku:

„Ściśle tajne

Na podstawie tajnego dekretu prezydenta FR »O przedsięwzięciach w celu przywrócenia konstytucyjnego porządku na terytorium Czeczeńskiej Republiki« prowadzi się przygotowania do wprowadzenia tam jednej dywizji wojsk wewnętrznych i dwóch dywizji Ministerstwa Obrony [...].

W związku z oczekiwanym, ale niezorganizowanym sprzeciwem podjęto decyzję o wykorzystaniu tej okoliczności do przeprowadzenia masowej deportacji miejscowej ludności pod pretekstem wyprowadzenia jej z terenu działań bojowych do innych regionów Federacji Rosyjskiej.

Informacyjne zabezpieczenie wymienionych działań, także w polityce zewnętrznej, ma być przedstawiane wyłącznie jako akcja humanitarna dla dobra ludności cywilnej Czeczeńskiej Republiki, mająca ją ochronić przed zbrodniami bandytów Dudajewa.

Minister obrony Federacji Rosyjskiej i generał armii Graczow P.S."[12].

„Ściśle tajne

Rząd Federacji Rosyjskiej

Rozporządzenie nr 1887–R z 1 grudnia 1994 roku

W celu zorganizowanego przeprowadzenia działań w Czeczeńskiej Republice związanych z pomocą humanitarną dla ludności cywilnej wymagającej ewakuacji polecam utworzenie operacyjnej grupy pod kierownictwem ministra FR odpowiedzialnego za obronę cywilną, nadzwyczajne sytuacje oraz likwidację skutków klęsk żywiołowych – S. Szojgu.

Premier Rządu Federacji Rosyjskiej

W. Czernomyrdin"[13].

(Wybiegnijmy w przyszłość. W marcu 2014 roku minister obrony Federacji Rosyjskiej Siergiej Kużugietowicz Szojgu, wprowadzając rosyjskie wozy pancerne na Ukrainę, z przekonaniem oświadczył, że „rosyjskich wojsk na Krymie nie ma, a zdjęcia wojskowych pojazdów z numerami 21. regionu rosyjskiego to prowokacja").

Tak tedy, gdy w moskiewskich gabinetach od dawna toczyła się wojenna mobilizacja, poza nimi trwało pospolite mydlenie oczu, czyli „rozmowy pokojowe między pełnomocnikami Federacji Rosyjskiej i Czeczeńskiej Republiki". Do spotkania miało dojść

12 grudnia 1994 roku we Władykaukazie. Dzień wcześniej, 11 grudnia, wprowadzono kolumny rosyjskich czołgów do Czeczenii i rozpoczęto zaprowadzanie „porządku konstytucyjnego".

Graczow zapewniał Jelcyna, że Grozny zostanie zdobyty na Nowy Rok. Ale wojna trwała dwa i pół roku. Opór Czeczenów był powszechny, ich wojsko świetnie zorganizowane.

„Cały naród powstał! – krzyczał do mnie zdesperowany rosyjski pułkownik wysłany do Czeczenii zimą 1994 roku. – Nie pojmujecie, że powstał cały naród?! Z narodem się nie wygra!"[14] – wspomina najsławniejszy z rosyjskich obrońców praw człowieka Siergiej Kowalow, który wielokrotnie bywał w Czeczenii podczas tamtej wojny.

Naród może mieć rację, naród może się mylić, ale za pomocą bomb i artylerii nie udowodni mu się, że jest w błędzie.

Wojna zakończyła się wycofaniem rozgromionej armii rosyjskiej i podpisaniem 31 sierpnia 1996 roku w miejscowości Chasaw-Jurt, na granicy z Dagestanem, układu pokojowego między czeczeńskim komendantem Asłanem Maschadowem a rosyjskim generałem Aleksandrem Lebiediem. Do zawarcia układu doszło nie tylko na

*Generał Aleksandr Lebied' bronił zdrowego rozsądku i pod „Białym Domem" w 1991 roku i w Chasaw-Jurcie w 1996 roku, zawierając pokój z Czeczenami. Zginął w katastrofie lotniczej w 2002 roku. Na zdjęciu z autorką, Tyraspol, czerwiec 1995 roku*

skutek porażki wojskowej, lecz także propagandowej. Tamtej wojnie towarzyszyli dziennikarze z całego świata. Z Rosji też, dlatego ponad 60 procent rosyjskiego społeczeństwa było przeciwne tej wojnie. Bo chociaż Program Pierwszy (Bieriezowskiego) epatował patriotycznym tryumfalizmem, NTW (Gusinskiego) podawała realne, tragiczne informacje, o których informowały telewizje światowe, bo do Czeczenii korespondenci wojenni przyjeżdżali nawet ze Stanów Zjednoczonych (niektórzy tam, niestety, zginęli).

Z czterystu dwudziestu jeden miejscowości w Czeczenii pięćdziesiąt zostało unicestwionych, zburzono 80 procent domów, zabito ponad 100 tysięcy ludzi (wśród nich Dudajewa), zniszczono stary uniwersytet, największy w Rosji Instytut Naftowy, muzeum z pamiątkami liczącymi parę tysięcy lat, a także cały potencjał kulturowy i przemysłowy kraju.

Thomas de Waal, analityk, który odwiedził Grozny po tamtej wojnie, napisał: „Zagłada sprowadzona na Grozny sprawia, że nawet zniszczenia, jakich doznało w czasie walk Sarajewo, wydają się lekkie. Jak broń konwencjonalna może wyrządzić takie szkody? Centrum miasta zmieniło się dosłownie w kupę gruzu, która kryła masowe mogiły mieszkańców. Ulice były teraz tylko pustymi arteriami biegnącymi między pustymi połaciami nieba... Łatwiej przyszłoby mi uwierzyć, że miejsce to ucierpiało w wyniku bomby atomowej”[15].

I znowu Kowalow: „Rozmawiałem z wieloma członkami gabinetu Dudajewa. Mieli dość specyficzne rozumienie niezależności Czeczenii: unia gospodarcza z Rosją i wspólna waluta, wspólny system bezpieczeństwa (z armią i ochroną zewnętrznych granic włącznie) oraz wspólna polityka zagraniczna. Niezależności pozostaje niewiele – w zasadzie ogranicza się do zamiany orła na fladze na wilka. I za to należało przelać tyle krwi?”[16].

Zginęło ponad 8 tysięcy żołnierzy rosyjskich.

Jelcyn usprawiedliwia wojnę po swojemu: „Nie możemy obojętnie obserwować, jak odpada kawałek Rosji, bo to może się stać początkiem rozpadu państwa”[17].

Nieprawda, nikt do prawdziwej secesji się nie kwapił. Powtarzanie, że za Czeczenią poszedłby Tatarstan, który po ogłoszeniu

*Kreml, 12 maja 1997. Prezydenci Boris Jelcyn i Asłan Maschadow podpisują umowę o pokoju i wzajemnych stosunkach między Federacją Rosyjską i Czeczeńską Republiką Iczkeria. Za nimi od lewej: Mowładi Udugow, Iwan Rybkin, Achmied Zakajew*

niepodległości nie podpisał umowy federacyjnej z Rosją, a w ślad za Czeczenią i Tatarstanem poszłyby inne republiki, to tylko wykręty usprawiedliwiające masakrę w imię własnych interesów. Tatarstanowi nadano status „niepodległego państwa stowarzyszonego z Federacją Rosyjską" i jakoś nie wstrząsnęło to posadami rosyjskiego kolosa, chociaż kraj ten otrzymał w 1994 roku właśnie to, czego chcieli Czeczeni: niepodległość polityczną przy wspólnej z Rosją strefie ekonomiczno-walutowej, armii i polityce zagranicznej.

W prawie międzynarodowym istnieje – zatwierdzone przez ONZ – antykolonialne prawo do samostanowienia narodu, który stworzył własne organy sprawowania władzy. Dlatego wyzwoliły się Algeria, Angola czy Mozambik. Norwegia też kiedyś dość bezboleśnie oddzieliła się od Szwecji, Słowacja od Czech, a przecież Czeczenia od nich wszystkich znaczenie ma mniejsze, nawet jeśli uwzględnić strategiczne i ekonomiczne interesy Moskwy.

Nie o nie tu jednak chodziło.

Chodziło o pogrzebanie czeczeńskich mrzonek o wolności pod stosem zwłok. Czeczeński honor usiłowano złamać za pomocą łapanek zwanych zaczystkami, przez terroryzowanie całych wsi, plądrowanie domów, gwałcenie kobiet, zabijanie starców i dzieci, torturowanie mężczyzn w „obozach filtracyjnych". Badacze wojen utrzymują, że doprowadzono do „niemającej precedensu w historii"[18] masakry ludności cywilnej.

Chodziło o „strach przed utratą wizerunku »wielkiego mocarstwa«. To on powoduje, że Rosja prowadzi działania bojowe aż do całkowitego unicestwienia nieprzyjaciela, zamiast pertraktacji i pokojowego uregulowania stawia ultimatum, odrzuca wszelkie pojęcia moralności, a cel osiąga za wszelką cenę".

To słowa Dżochara Dudajewa, który do przyczyn tamtej wojny dorzucał jeszcze i tę: „Strach państw Zachodu przed »atomowym niedźwiedziem« i osobiste tchórzostwo głów państw zastraszanych przez służby specjalne Rosji"[19].

Od napisania tych słów minęło dwadzieścia lat.

Dziś, gdy rosyjska artyleria zamienia w gruzy domy we wschodniej Ukrainie, gdy naruszane są wszelkie umowy i porozumienia, gdy świat drży z obawy przed nową wojną totalną, możemy nad słusznością słów nieszczęsnego generała tylko bezradnie pokiwać głową.

## Pomocnicy. Denijew

„Z dokumentów Międzynarodowego Komitetu Czerwonego Krzyża:

Zabójstwo sześciu pracowników MKCK w Nowych Atagach w Czeczenii

Oto zarys strasznych zdarzeń, które zaczęły się 17 grudnia 1996 roku o godzinie trzeciej trzydzieści według czasu miejscowego. Opowiedzieli o nich ci, którzy przeżyli.

Grupa pięcio- lub sześcioosobowa, w maskach i mundurach wojskowych, uzbrojona w pistolety z tłumikiem, dostała się na teren szpitala, pokonując ponaddwumetrowy mur.

Po drodze bandyci próbowali otwierać każde drzwi. Tam, gdzie nie były one zamknięte, zabili pięcioro delegatów, przystawiwszy im broń do głowy.

W związku z tym nasuwają się następujące wnioski:

1. Zabójstwa dokonano z zimną krwią, metodycznie i profesjonalnie.
2. Zaatakowano tylko zagranicznych pracowników MKCK. Zabito pielęgniarkę z Hiszpanii, pielęgniarkę z Kanady, pielęgniarkę z Norwegii i pielęgniarkę z Nowej Zelandii, lekarza ze Szwajcarii oraz budowniczego z Holandii.
3. Gdyby nie strzały jednego z pracowników ochrony, które odstraszyły napastników, liczba ofiar byłaby większa.
4. Celem napaści nie była grabież.

Szpital w Nowych Atagach, przekazany MKCK przez rząd norweski i Norweski Czerwony Krzyż, rozpoczął działalność 2 września 1996 roku. Świadczył pomoc wszystkim stronom konfliktu, przede wszystkim rannym, tak cywilom, jak i innym. Przez trzy i pół miesiąca funkcjonowania szpitala leczeniem objęto około 2 tysięcy ludzi. W czasie napadu w szpitalu znajdowało się trzech pacjentów. Resztę wywieziono do uruchomionych po zakończeniu działań wojennych szpitali w Groznym. Pacjenci znajdują się pod opieką lekarską.

Genewa, 20 grudnia 1996 roku"[20].

Cel akcji: zmienić nastawienie opinii światowej w stosunku do Czeczenów z przychylnego na wrogie właśnie teraz, w przeddzień utworzenia przez nich zrębów samodzielnej republiki. Za miesiąc bowiem, 27 stycznia 1997 roku, miały się tam odbyć pierwsze po tej wydanej Czeczenom przez Jelcyna wojnie (która przeszła do historii Rosji jako „pierwsza czeczeńska") wybory prezydenckie i parlamentarne.

Świat nie zmienił pozytywnego nastawienia do Czeczenów z dnia na dzień, mimo że – co oczywiste – został wstrząśnięty tym dramatem. Zdjęcia okrwawionych zwłok młodych kobiet i mężczyzn poskutkowały: wszystkie międzynarodowe organizacje humanitarne, tak potrzebne w zdruzgotanej wojną Republice, w ciągu kilku dni ją opuściły.

Kto napadł na szpital Czerwonego Krzyża? Czeczeni wiedzieli to już nazajutrz: ludzie Adama Denijewa. Zagadką był on dla nich na początku lat dziewięćdziesiątych minionego stulecia, w epoce „wczesnego Dudajewa", kiedy stworzył tajemniczą organizację pod nazwą Islamska Partia Odrodzenia i dość nachalnie zaczął lansować „powrót do czystej wiary islamskiej" – wahabizmu. Gorącym zwolennikiem tej „czystej wiary" stał się młody dziennikarz miejscowej prasy Mowładi Udugow, który kilka lat później odegrał ważną rolę w Czeczenii, kierując ją ku wahabizmowi. Centrum tej organizacji znajdowało się w Dagestanie, a zarządzał nim niejaki Bagautdin Kiebiedow. Obaj, Denijew i Kiebiedow, jak dalej zobaczymy, oddali Władimirowi Putinowi bezcenne przysługi.

Zagadka Denijewa rozwiązywała się stopniowo…

„W tym czasie – wspomina towarzysz broni Dudajewa, komendant polowy Achmied Zakajew, wówczas minister kultury Czeczeńskiej Republiki Iczkeria – mnożyły się niczym nie motywowane zabójstwa. Znajdowano zwłoki Czeczenów, Rosjan, Kozaków. Zabijano ich ot tak, po prostu, nawet nie pozorując grabieży, tylko po to, żeby u ludności wywołać strach, a światu pokazać, jak bezsilna jest czeczeńska państwowość […]. Nasze dochodzenie ujawniło, że Islamska Partia Odrodzenia to organizacja do specjalnych poruczeń, można powiedzieć – pierwsza czeczeńska organizacja terrorystyczna ściśle związana z rosyjskimi służbami specjalnymi, a Adam Denijew to podpułkownik KGB, później FSB"[21].

Nagle Denijew zniknął. Odnalazł się w Moskwie, gdzie rezydował w luksusowym biurze przy paradnej alei Leninowskiej. Tam jako kalif nowego ruchu Adamałła (Ludzkość), wprawdzie bez brody, ale ze stylowo strzyżonym wąsem, w białych szarawarach i takimż sarafanie, zajmował się sprawami religii, głównie jednak masową produkcją wideokaset z przemowami o przyjaźni czeczeńsko-rosyjskiej i o zgubnym dążeniu do niepodległości. Biznesem również się zajmował. To był akurat czas, kiedy Czeczenów masowo odławiała milicja, a mer Moskwy wprowadził dla nich niezwykle zaostrzone prawo meldunkowe. Denijew nie miał kłopotów z meldunkiem.

Biuro zamknął pod koniec 1994 roku i zjawił się w ojczyźnie w ślad za rosyjskimi czołgami. Pozostał donośną tubą rosyjskich racji i sprawnym wykonawcą poleceń FSB. Po akcji w Nowych Atagach wrócił do Moskwy, nadal prowadził interesy, finansował opozycję przeciw legalnie wybranej przez Czeczenów władzy, paradował w jedwabnych muzułmańskich szatach, kazał się nazywać szajchem kalifem i nadzorował swoje oddziały zbrojne w Czeczenii oraz podległych mu, działających tam agentów.

W lutym 1998 roku prokurator generalny Rosji otrzymał pismo tej treści:

„W związku ze śledztwem dotyczącym sprawy karnej nr 96620018 związanej z faktem umyślnego zabójstwa zagranicznych pracowników Międzynarodowego Komitetu Czerwonego Krzyża stwierdza się, że na podstawie zebranych przez nas materiałów ustalono, iż organizatorem tego szczególnie ciężkiego przestępstwa jest ob. Denijew Adam, r. ur.1961, pochodzący z miejscowości Awtury w rejonie szalinskim CzRI.

Ustalono też, że Denijew A. mieszka w Moskwie, FR.

W związku z powyższym, w celu pociągnięcia ob. Denijewa A. do odpowiedzialności prawnej, żądamy wydania Denijewa A. organom porządku prawnego CzRI.

Generalny Prokurator Czeczeńskiej Republiki Iczkeria

Ch. Serbijew".

Prokurator Serbijew odpowiedzi nie otrzymał.

Jesienią 1998 roku funkcjonariusze Służby Bezpieczeństwa Narodowego Czeczeńskiej Republiki Iczkeria przeprowadzili rewizję w pomieszczeniach należących do jednej z grup podległych Adamowi Denijewowi. Zarekwirowali kasety wideo z nagraniami kaźni żołnierzy rosyjskich, na przykład odcinania im głów przez członków tejże grupy. Były to te nagrania, które Władimir Putin demonstrował w latach 1999–2000 na Zachodzie jako dowód przestępstw bojowników czeczeńskich[22].

## Radość skazańca

27 stycznia 1997 roku w Groznym świeciło słońce. Lśniło w odłamkach szyb, w powyginanym hełmie z dziurą po naboju, w rozbitych muszlach klozetowych, na kranie sterczącym z niegdyś kuchennej ściany i na bielejących, gęsto porozstawianych tabliczkach „Uwaga! Miny!". Skrzył śnieg. Sunący po nim ludzie rzucali zabawne granatowe cienie, których przybywało w okolicy lokali wyborczych.

Trudno było ustalić prawdziwą liczbę uprawnionych do głosowania. Oficjalnie na listach figurowało 513 585 nazwisk. Przed wojną żył tu milion 200 tysięcy Czeczenów. W trakcie wyborów okazało się, że na listach figurują także osoby, których już nie ma wśród żywych, lecz ich zgonów nie zdążono odnotować. Nad całą procedurą czuwali obserwatorzy z OBWE, a po Groznym krążyły dziesiątki dziennikarzy z całego świata, nawet z Afryki.

Z wolnych wyborów cieszył się nie „elektorat", lecz naród przekonany, że startuje w wymarzoną niepodległość. Dla ludzi wydeptujących śnieg każda w tej sprawie wątpliwość oznaczałaby cios w serce: nie po to od setek lat przelewali krew, żeby teraz zaprzepaścić niedawno odniesione zwycięstwo.

Wybory wygrał Asłan Maschadow (otrzymał 59,3 procent głosów), zwolennik państwa świeckiego, pokojowych stosunków z Rosją i wzmocnienia więzi z Zachodem. Gratulacje przesłał mu prezydent Rosji Boris Jelcyn, stwierdzając – podobnie jak obserwatorzy zagraniczni – że wybory były legalne tudzież demokratyczne.

Przegrał komendant polowy Szamil Basajew (23,5 procent głosów), zwolennik opartego na szariacie państwa wyznaniowego, jawnie głoszący wrogość wobec Moskwy i nieufność wobec Zachodu.

Po ogłoszeniu wyników ponurzy byli obaj. Maschadow zbyt dobrze znał i Basajewa, i moskiewskich polityków, by się ich nie obawiać.

W mieście bez prądu, mieście migocących świec i lamp naftowych rozpalali ogniska i tańczyli lezginkę ci, co głosowali na Maschadowa.

Ci, co głosowali na Basajewa, wrócili do domów i czekali na rozkazy jego sztabu niedaleko placu Minutka, gdzie natychmiast rozpoczęto narady wojenne. Wiele przyszłych dramatów Czeczenii i Rosji tam miało swój początek. Chorobliwie ambitny Basajew zrobił wszystko, by Maschadowowi władzę odebrać, a gdy to się nie udało – skompromitować go, zdeprecjonować, zniszczyć. Tego – jak się okaże – chciał także chorobliwie ambitny Putin. Każdemu z nich w drodze do władzy potrzebna była niespokojna Czeczenia. Przyjdzie czas, gdy połączą działania.

12 lutego 1997 roku, w dniu prezydenckiej inauguracji Maschadowa, notowałam:

„Grozny to miasto leniwie przechadzających się mężczyzn z niedbale przerzuconymi przez ramię karabinami. Mężczyźni nie zdejmują strojów bojowych, nie zrzucają broni z ramion. Na inauguracji prezydentury Maschadowa, po złożeniu przez niego przysięgi przed armią, zaczęli strzelać”[23]. Strzelali długo, do ostatniego naboju. Na razie tylko na wiwat.

Powojenna Czeczenia to nędza, ruiny, bezrobocie, wstrzymywanie przez Moskwę uzgodnionych reparacji, blokada dróg kolejowych i powietrznych. To dzieci i staruszkowie ciągnący wózki, do których wrzucano wszystko, co dawało się sprzedać: puszki, druty, śruby, hełmy, odłamki... Ośmioletni Ibrahim pociągnął za drut, wybuchła mina. Stracił wzrok i prawą rękę. Z lewej został kikut.

„To jest kolejna wojna z bezradnymi ludźmi, emerytami, kobietami, dziećmi i z całą resztą, która została bez chleba i dachu nad głową” – mówił Maschadow na konferencji prasowej w październiku 1997 roku.

Ponoć na odbudowę Republiki Moskwa wyasygnowała 800 miliardów rubli, ale do Narodowego Banku Czeczenii trafiło ledwie 120 miliardów. Według źródeł rosyjskich w Moskwie rozkradano 40 procent tych pieniędzy, a 20 procent gdzieś w Czeczenii. Resztki docierające do Maschadowa ledwie starczały na wypłatę rent i emerytur, więc publicznie pytał, co właściwie robią umundurowani urzędnicy Federacji Rosyjskiej rezydujący na lotnisku w Groznym (w jedynym chyba bloku, gdzie rurami płynęła woda, a przewodami prąd), którzy powinni nad tymi pieniędzmi czuwać.

Bieda w Czeczenii była planowa. Gdyby zaczęto odbudowywać przemysł, mężczyźni zdjęliby karabiny i chwycili za łopaty. Zaczęliby coś produkować, sprzedawać, zarabiać. Powoli doszłoby do stabilizacji. W Republice zapanowałby jaki taki spokój. Ale spokój jawił się jak zły sen zarówno czeczeńskiej, jak i rosyjskiej „partii wojny". Dla jednych i drugich chaos był złotodajny. Dlatego co sprytniejsi i potężniejsi połączyli wysiłki, chałupniczo wydobywali tkwiącą tuż pod ziemią ropę i zbijali na niej fortuny. Mniej sprytni sprzedawali przy drogach kiepskiej jakości benzynę w ogromnych, pięciolitrowych słojach.

Wedle ocen czeczeńskiego Ministerstwa Paliw i Energetyki w 1998 roku w Republice wydobyto 843 tysiące ton ropy naftowej, z czego 400 tysięcy rozkradli Czeczeni na spółkę z Rosjanami. Czeczeński przemysł petrochemiczny wykorzystywał zaledwie 10 procent swoich możliwości. O toczących się nocą cysternach mieszkańcy mówili: „Dziś jedzie transport generała Troszewa, jutro pojedzie Basajewa".

Był to przemysł nielegalny, ale Republiki nie hańbił.

Hańbiły ją porwania.

I o to chodziło, by obrzydzić światu czeczeńską nację tak, żeby nikt nigdy nie zechciał jej już pomagać ani nawet współczuć. Przecież nie mogło wyjść na jaw, że Kreml zamordował przeszło 100 tysięcy ludzi bez ważnego powodu. Świat musiał zobaczyć w nich bandytów.

„Do użytku służbowego*

Instrukcja do rozporządzenia nr 229 Przewodniczącego Rady Ministrów FR Wiktora Czernomyrdina z dnia 2 marca 1996 roku o sposobie przedstawiania w środkach masowego przekazu wydarzeń związanych z konfliktem czeczeńskim (fragmenty):

– Pokazywać charakter wroga jako bandycki, kryminalny, antyludzki i antyrosyjski.

* Zwrot oznaczający, że dokument objęty jest klauzulą najniższego stopnia tajemnicy państwowej.

– Wykazywać prymitywizm przeciwnika, jego okrucieństwo i zezwierzęcenie.

– Ukazywać finansowe zainteresowanie czeczeńskich bojowników-bandytów i ich tchórzostwo.

– Objaśniać, że Rosja ratuje ludność Czeczenii przed wyniszczeniem w konfliktach wewnętrznych.

– Unikać doniesień o porażkach wojsk rosyjskich.

– Ukazywać zgubność czeczeńskiej drogi.

– Twierdzić, że w 1991 roku w Czeczenii legalną władzę obalono gwałtem.

– Podkreślać, że Czeczenię wspierają reakcyjne siły Zachodu i stronnicy fundamentalizmu islamskiego, wysyłając dziesiątki tysięcy świetnie wyszkolonych najemników do prowadzenia działalności antyrosyjskiej”[24].

## Agenci i porywacze

Rok 1997. Lato. Centrum Groznego. Pisk opon. Jeden gazik zajeżdża drogę drugiemu. Dwóch uzbrojonych mężczyzn strzela w powietrze i jednym skokiem dopada drzwiczek zatrzymanego samochodu, wyciąga kogoś ze środka, wpycha do swojego wozu. Minuta, dwie, i po wszystkim. Tamtego popołudnia nie dojechał do celu sympatyczny Mauro Galigani, porwany zaledwie kilka metrów ode mnie. Był jednym z sześćdziesięciu cudzoziemców uprowadzonych w Czeczenii w latach 1996–1999.

Od 1997 roku miejscowych zakładników, czeczeńskich, dagestańskich, rosyjskich, zaczęto liczyć już nie na dziesiątki, lecz na setki.

Najpierw znikali znani rosyjscy dziennikarze, a potem jak leci… Najczęściej obcokrajowcy, choć nie gardzono bogatszymi sąsiadami – tymi z ulicy obok, jak i z najbliższej republiki. Czy to z Inguszetii, czy to z Dagestanu. Porywano szybko, sprawnie.

Porywacze żądali milionów dolarów i je otrzymywali. Powstał cały przemysł porwań.

Maschadow sam nie mógł nad tym procederem zapanować. Poza oddaną mu gwardią nie pomagał mu nikt. Daremnie żądał, by Moskwa stworzyła wspólną grupę do walki z porwaniami. W dziennikach telewizyjnych natomiast coraz częściej pokazywano Borisa Bieriezowskiego, zastępcę sekretarza Rady Bezpieczeństwa Federacji Rosyjskiej, jak radośnie zbiega z trapu samolotu, którym przywiózł kolejne oswobodzone ofiary porwań.

Z notatnika przyjaciela Bieriezowskiego, Alexa Goldfarba:

„Na granicy Dagestanu i Czeczenii zostało uwolnionych i samolotem Bieriezowskiego dostarczonych do Moskwy czworo porwanych rosyjskich dziennikarzy. Kanał NTW zapłacił ponad milion dolarów za uwolnienie jeszcze trzech, uprowadzonych trzy miesiące wcześniej. Komendanci polowi, mający udział w porwaniach, koordynują swoje działania z radykalnymi islamskimi ugrupowaniami, których wpływ wyraźnie się w Czeczenii zwiększył. Prezydent Asłan Maschadow oznajmił, że porwania ludzi będą karane śmiercią. Siły Maschadowa próbowały uwolnić zakładników, ale bez sukcesu”[25].

Z mojego notatnika:

„Po porwaniu Mauro jestem u ministra spraw wewnętrznych Kazbieka Machaszowa. Klitka, odrapane biurko, dwa krzesła, zdezelowana półka z kilkoma książkami, flaga z wilczycą, afisz z Dudajewem. On – zmęczony, siwiejący, niewysoki. Mundur moro, mocno podniszczony.

– Czy wy w ogóle coś z tymi porwaniami robicie? – pytam.

Wybuchnął:

– A potrafisz się bić ze związanymi rękami? [Czeczeni do wszystkich zwracają się na »ty« – przyp. aut.]. Przecież Bieriezowski nie powiadamia mnie czy Maschadowa, po jakiego zakładnika jedzie ani przez jakiego pośrednika się dogadał, a co gorsza, nie powie z kim, z jaką grupą! Bandyci porywają na przykład ludzi z rosyjskiego FSB, ale FSB nie rwie się, żeby ich odbić, tylko organizuje wykup. Żeby zarobić. Zleca sprawę swojemu pośrednikowi, rosyjski budżet daje mu pieniądze na uwolnienie zakładnika, a są to setki tysięcy, czasem i miliony dolarów, i częścią tych pieniędzy dzieli się ze zleceniodawcami wykupu z FSB. Ten sam schemat jest w MSW.

Najgorzej w tym wszystkim mają zakładnicy, prości żołnierze albo milicjanci. Czy nie rozumiesz, kto to wszystko nakręca?

Nie rozumiem".

Rok 1998. Lato. Grozny.

Brody. Dużo ich. Gęste, okalające twarze szczelnym półkolem. Długie albo krótsze, rozczapierzone na boki jak miotły. Wąsy strzyżone nie byle jak, tylko w akuratny wzór, jakby w kwadrat. Na każdym brodaczu karabin. Skąd się ich tylu nabrało w ciągu roku, kiedy mnie tu nie było? I skąd te kobiety ze zsuniętymi na czoło, ciasno otulającymi głowę chustami? Niewiele ich, ale jednak są.

No i to wyczuwalne w rozmowach napięcie. Ani śladu ubiegłorocznej powojennej radości.

Mówi Zarema Sułtygowa, nauczycielka:

„Mąż nie mógł po mnie przyjechać pod szkołę, więc poprosiłam kierownika, naszego sąsiada, by mnie podwiózł. Zatrzymali nas brodacze. Wyciągnęli z samochodu, legitymowali. Wypytywali, kim ja jestem dla niego, kim on dla mnie, dlaczego wsiadłam do samochodu z obcym mężczyzną, dokąd jedziemy".

Ramzan – gdy pytam o nich – rzuca coś, wściekły, przez zęby. Nie przekleństwo (Czeczeni nie przeklinają), raczej groźbę. Złapali go, gdy pił piwo, i skazali na publiczne wymierzenie dwudziestu batów. To dla Czeczena hańba. Ramzan zaciska pięść.

Na grozznieńskim rynku, gdzie wśród stoisk z baraniną, bandażami, kasetami i ciuchami zawsze można było kupić wyciągnięte spod jakiegoś stołu pół litra, teraz sprzedawcy nawet słyszeć o tym nie chcą. Jeszcze im kto kramik podpali.

„Wywracają nasz świat do góry nogami. Dopuszczają niewolnictwo, starszych nie szanują, żenią się z kuzynkami, i to bliskimi. Wprowadzają dzikie stosunki między nami, sieją nienawiść. Gdzie to jest w Koranie? Nasza wiara to dla nich przeniewierstwo. Maschadow – zdrajca islamu. Wzywają do zabijania".

To wahabici.

Skąd się tu wzięli?

Gdy zimą 1997 roku mieszkałam w Groznym przez ponad dwa miesiące, religijnej namiętności nie dostrzegłam. Owszem, bojownicy – a wielu swoje zwycięstwo nad „federałami" przypisywało Allahowi – przerywali spotkanie czy naradę, by udać się na namaz*. Inni mężczyźni, gdy było ich kilku, też się modlili o wyznaczonych porach. Ale w samotności nie każdy zawracał sobie głowę tradycją. Tak właśnie – tradycją, bo żyli raczej według adatów (zasad obyczaju opartego na religijnych nakazach) niżeli samą religią. W tamtych powojennych czasach modlące się kobiety widywałam rzadko. Kiedy brakowało pracy dla mężczyzn, to one, handlując na bazarze czy w przydrożnym kramie, utrzymywały dom. Na włosy narzucały zwiniętą apaszkę: raczej na znak przynależności do czeczeńskiej wspólnoty niż jako chustę kryjącą kuszące loki. Nosiły obcisłe, lekko wydekoltowane suknie do połowy łydki i buty na obcasie. Nic w tym dziwnego, przecież Czeczeni, jak wszystkie wciśnięte do sowieckiego kolektywu narody, przez dziesięciolecia podlegali ateizacji. Do 1978 roku nie działał tam ani jeden meczet. Zachowali jednak trudny, dla obcych niepojęty, system obyczajów, precyzyjnie regulujący życie tejpów oraz rodzin, lecz więcej on miał wspólnego z czeczeńskością niż z Allahem. Żyli jednak wśród nich alimowie – szanowani mężowie, uczeni w Piśmie, gdy więc Czeczen potrzebował wsparcia duchowego, wiedział, do kogo się udać.

Issa Adger-Adajew, ostatni dyrektor zbombardowanego zimą 1995 roku Muzeum Narodowego w Groznym:

„Rozpleniło się to FSB-owskie nasienie jak wszy. Wczepiali się w młodych, przekupywali wszystkim, poczynając od magnetofonów czy wideo, aż po szykowne samochody. I dawali broń. Wzywali do walki z Maschadowem, z rządem, z naszą Gwardią Narodową. Wzywali do ich »czystej wiary«. Dla nas inną rolę miał mufti, inną dowódca wojskowy. Oni to połączyli. Nieważna była dla nich niepodległość, ważna – wojna z niewiernymi. A co my mamy do czyjejś wiary? Przecież nie prowadzimy walki islamu z prawosławiem,

* Namaz – rytualna modlitwa odmawiana przez muzułmanów pięć razy dziennie.

tylko walkę niepodległej Czeczenii z imperialną Moskwą. O niepodległość walczysz z żołnierzem, o wiarę walczysz z niewiernym, a więc z każdym, z cywilem też. Tu widać cel ich ideologii: szczucie na innych, sianie nienawiści. Może znalazłoby się wśród nich prawdziwie wierzących, ale nie wśród przywódców. Jasne, że to agenci"*.

Achmied Zakajew, jedna z najwybitniejszych postaci czeczeńskiego ruchu oporu, pisze:

„Na początku nie zdawaliśmy sobie sprawy z powagi sytuacji, z tego, jak bardzo nieprzypadkowe są przestępstwa dokonywane z okrucieństwem i cynizmem. Nie doceniliśmy przeciwnika, nie od razu pojęliśmy, że przeciw nam rozpętano brudną, podłą, ohydną wojnę służb specjalnych i jej świadomych lub przypadkowych agentów – czeczeńskich przestępców i bandytów. Najgorsze, że wrogowie byli niewidzialni; że z łatwością zakładali maski naszych zwolenników i towarzyszy. Nie doceniliśmy ich potęgi"[26].

To za ich sprawą słowo „Czeczen" na długo połączyło się ze słowami „terrorysta" i „bandyta". Ponieważ ludzie ci odegrali straszną, powiązaną z FSB, rolę w historii współczesnej Czeczenii i Rosji, należy zapamiętać ich imiona i nazwiska: Arbi Barajew i Szamil Basajew.

Tymczasem dawni towarzysze broni z wolna, tuż pod bokiem walczącego z porwaniami Maschadowa, stawali na czele band i pod opieką moskiewskich wysłanników FSB i MSW z sukcesem uprawiali ten proceder. Był wśród nich bliski kiedyś Maschadowowi wicepremier Wacha Arsanow (prawdopodobnie odpowiedzialny za porwanie w 1997 roku pięciu Polaków, którzy pojechali do Czeczenii z misją charytatywną), a także niegdysiejsi dzielni komendanci – bracia Achmadowowie z Urus-Martanu, którzy niemal przez rok przetrzymywali w zamknięciu porwane w Dagestanie dwie polskie uczone**.

* Issa Adger-Adajew – urodzony na zesłaniu w Kazachstanie wybitny czeczeński kulturoznawca, dyrektor Muzeum Narodowego Czeczenii zdewastowanego i ograbionego w 1994 roku. W Polsce przebywał od 2000 roku. Rozmowa przeprowadzona w Warszawie w grudniu 2000 roku. Zmarł w 2012 roku.

** Profesor Zofia Fiszer-Malanowska i docent Ewa Marchwińska-Wyrwał były zakładniczkami braci Achmadowów od sierpnia 1999 do marca 2000 roku.

Jak wyglądała ta opieka moskiewskich wysłanników FSB i MSW? Latem 1998 roku został porwany przedstawiciel prezydenta Rosji w Czeczenii, Walentin Własow. Znalazł go u Arbiego Barajewa oraz braci Achmadowów wysłannik Borisa Bieriezowskiego, wiceminister MSW FR Władimir Ruszajło, i wykupił za sumę 5 (niektórzy twierdzą, że 7) milionów dolarów. Czy nie można było zorganizować akcji uwolnienia z udziałem sił Maschadowa? Otóż nie. Przecież po to rzucano miliony bandytom – którzy uzbrajali po zęby swoje organizacje – by zniszczyć Maschadowa i całą tę wywalczoną niedawno czeczeńską niepodległość.

Rola FSB w porywaniu ludzi stawała się oczywista, choć nie do udowodnienia. Kiedy prokurator Raszyd Ozdojew zaczął ujawniać powiązania gangów przestępczych z podwładnymi Łubianki, zaginął bez wieści. Ostatni raz widziano go, jak wysiadał z samolotu przylatującego z Moskwy, gdzie złożył czternastostronnicowy raport o nadużyciach w FSB[27].

Czeczenia walczyła z nędzą: reparacji Moskwa nie wypłacała, przemysł leżał w gruzach, pracy dla mężczyzn nie było. Byli za to towarzysze niedawnej walki i była broń. Coraz więcej oddziałów bojowych przeobrażało się w religijne kongregacje – dżamaaty, a wczorajsi komendanci wojskowi – w kalifów czy amirów. Zapuszczali brody i zmieniali imiona czeczeńskie na arabskie. Namnożyło się więc w Czeczenii różnych „abu". Z czasem stało się jasne, że nie wszyscy czeczeńscy wahabici są bandytami, ale prawie wszyscy bandyci są wahabitami. Dla wielu religia nie miała znaczenia. Liczyła się przynależność do dżamaatu pod opieką godnego, czyli majętnego abu.

Skąd oni się wzięli? Jak im się udawało w czasach ogromnych podejrzeń i szykan wobec każdego o „niesłowiańskim" wyglądzie przyjść z taką brodą do rosyjskiego konsulatu, bez problemów otrzymać wizę, spokojnie polecieć do Moskwy, a stamtąd – bez przeszkód – na obstawiony posterunkami Kaukaz? Przybywali więc legalnie, islam propagowali agresywny, wzywali do obalenia władzy „munafików" i „murtaddów", czyli odstępców religijnych i zdrajców wiary w rodzaju Maschadowa i innych niepopierających ich Czeczenów.

Pierwszym z wielkich był Abu Abd ar-Rachman, młody człowiek, Czeczen z pochodzenia, przybysz z Syrii. Następnym – Arab Abu Umar z Arabii Saudyjskiej. Za nimi pojawili się inni.

Mnożyły się dżamaaty liczące po kilkaset osób, ich członkowie coraz agresywniej demonstrowali wrogość wobec legalnej władzy i żądali, by Maschadow zrobił z Czeczenii państwo religijne. Najmocniej wśród Czeczenów wspierał ich Szamil Basajew, ambitnie zmierzający do przejęcia władzy w kraju. Żeby zaspokoić jego ambicję i przerzucić nań choć część odpowiedzialności za Republikę, Maschadow mianował Basajewa premierem. Na niewiele to się jednak zdało.

Dżamaaty stanowiły zwykle parawan, zza którego bandyci dokonywali porwań. Ich zarobki liczono w tysiącach, setkach tysięcy, a często w milionach dolarów, podczas gdy reszta Czeczenów klepała biedę. Do czeczeńskich emisariuszy wahabizmu dołączył jego główny dagestański propagator Bagautdin Kiebiedow (ten sam, który na początku lat dziewięćdziesiątych był „ojcem duchowym" znanego nam już pierwszego czeczeńskiego wahabity Adama Denijewa i niebawem odegrał ważną rolę w sprowokowaniu nowej wojny czeczeńskiej). Jednakże młodym ludziom, którzy istotnie szukali w religii wsparcia, każdy przybysz jako tako w zawiłościach islamu zorientowany mógł się jawić jako mędrzec, bo żaden z nich przecież islamu nie studiował ani nawet Koranu nie czytał, i to nie tylko dlatego, że prawdziwa Księga musi być spisana w języku arabskim, którego nie znają, lecz z braku wcześniejszego zainteresowania religią.

„Najgorsze spadło na nas latem 1998 roku i było związane z Putinem. Gdy został dyrektorem FSB, reanimował uśpioną od czasów ZSRR agenturę na Bliskim Wschodzie i natychmiast niezwykle aktywnie wykorzystał ją w Czeczenii" – twierdzi jeden z najważniejszych świadków tamtych czasów, przedstawiciel Czeczeńskiej Republiki Iczkeria na wygnaniu – wspominany już tu Achmied Zakajew.

Putin miał co reanimować, korzystając ze swoich drezdeńskich doświadczeń. Jego szef, Lazar Matwiejew, chwalił go przecież właśnie za sukcesy agenturalne na Bliskim Wschodzie i w Azji Zachodniej.

Cztery odcięte głowy znalezione 10 grudnia 1998 roku w worku wrzuconym do rowu przy trasie Rostów – Baku, niedaleko stanicy Assinowska na granicy ingusko-czeczeńskiej, były bezpośrednim dowodem istnienia agenturalnej sieci powiązań między Czeczenią a krajami arabskimi.

Relacja Achmieda Zakajewa:

„2 października 1998 roku, około dziesiątej rano, wpadli do mnie do pracy, aby się pożegnać, pracownicy brytyjskiej kompanii Granger Telecom. Skończyli w Czeczenii ogromną robotę i następnego dnia o ósmej rano mieli podłączyć do europejskiego sputnika opracowany przez nich system Czeczen-Telekom. Na dwunastą w południe zarezerwowano im samolot do Moskwy. Można sobie wyobrazić naszą radość: od 3 października 1998 roku działać będzie w Czeczenii niezależna od Rosji sieć telefoniczna! Była to pierwsza zagraniczna inwestycja na taką skalę. Mało tego: nazajutrz w Moskwie, w hotelu Radisson Słowiańska, miał zostać podpisany przez Czeczen-Telekom kontrakt z angielską kompanią naftową Omni Petroleum Corporation na zakup 2 milionów czeczeńskiej ropy, z przedpłatą w wysokości około 150 milionów dolarów potraktowaną jako bezprocentowy kredyt udzielony nam przez Wielką Brytanię. Epokowa sprawa dla Czeczenii nie tylko ze względów gospodarczych, lecz także – a może przede wszystkim – politycznych, bo czuliśmy przychylność angielskiego rządu. Dzięki temu kontraktowi można było odrodzić kraj.

A więc 3 października miało nas spotkać nie jedno szczęście, lecz dwa. O trzeciej nad ranem uroczyście podpisano w Moskwie nasz wspaniały kontrakt, a o trzeciej czterdzieści pięć zadzwonił do mnie gospodarz domu, w którym mieszkali chłopcy z Granger Telecom, i powiedział, że ich porwano.

Wyczerpaliśmy wszystkie dostępne nam możliwości poszukiwań. Zwróciliśmy się o pomoc do tych, którzy mieli dobre układy z dżamaatami, do Basajewa, do Wachy Arsanowa, do Zelimchana Jandarbijewa (chwalącego się bliską znajomością ze znanymi całej Czeczenii hersztami porywaczy z Urus-Martanu – braćmi Achmadowami, a także z Arbim Barajewem). Każdy z nich przysięgał, że nic nie wie. Ogłosiliśmy więc nagrodę w wysokości 50 tysięcy dolarów za każdą informację o porwanych. I szybko dowiedzieliśmy się, kto porwaniem cudzoziemców kierował: człowiek z bandy Arbiego Barajewa, niejaki Apti Abitajew. Za porwanie obiecano im 10 milionów dolarów.

Wiedzieliśmy więc, kogo szukać, ale nie wiedzieliśmy gdzie. Między bandami istniał podział: jedne zajmowały się porywaniami, inne przetrzymywaniem zakładników, jeszcze inne pertraktacjami z tymi, co chcieli płacić. Oni wszyscy przerzucali ludzi z miejsca na miejsce. Jak ziemniaki. A przywódcy Zachodu, szczęśliwi, że odzyskali swoich obywateli, doskonale się orientując w powiązaniach porywaczy z MSW i FSB, nie okazywali Kremlowi nawet tego, że wiedzą, jak ich oszukuje.

Czas mijał, a my byliśmy bezradni. Wreszcie 2 grudnia, dwa miesiące od porwania, udało nam się pojmać Aptiego Abitajewa, lecz cudzoziemców we wskazanym przez niego miejscu już nie było. Wtedy Abitajew przekazał Barajewowi wideokasetę z prośbą, by uwolnić cudzoziemców, bo w przeciwnym razie może jemu, Abitajewowi, grozić śmierć. Barajew nie mógł jednak podjąć decyzji o uwolnieniu sam, musiał zwołać tak zwaną szurę, czyli zgromadzenie starszych. Składało się ono wyłącznie z przybyszy wysłanych do Czeczenii przez służby specjalne powiązane z Łubianką oraz z podporządkowanych jej agentów. Zebraniu przewodniczył Abu Umar, ten z Arabii Saudyjskiej, obecni byli również Abd ar-Rachman z Syrii i Bagautdin z Dagestanu, a ponadto Abu Dżunid, jeden z liderów wahabickiego ruchu – tu, jak się okaże, postać kluczowa – oraz jeden z braci Achmadowów, Ramzan, no i Arbi Barajew. Abu Umar przez cały czas telefonicznie konsultował się z kimś w Arabii Saudyjskiej, wreszcie po paru godzinach przekazał po arabsku wiadomość Abu Dżunidowi, ten zaś ogłosił fatwę – nakaz, by Anglikom i Nowozelandczykowi odciąć głowy i położyć je na granicy Czeczenii z Inguszetią jako przestrogę dla wszystkich, którzy chcieliby pomagać rządowi Maschadowa.

Wyrok wykonał Apti Abitajew”[28].

Następnego dnia obiegły świat potworne kadry. Zapadł ostateczny werdykt na państwo czeczeńskie. Kreml miał wolne ręce. Nie oglądając się na Zachód, mógł robić w Czeczenii wszystko. Straszliwy mord popełniony na cudzoziemcach był zwycięstwem Moskwy. Możliwe, że prezydent Jelcyn szczegółów tej akcji nie znał, ale Łubianka i jej szef znali je na pewno. Dzisiaj natomiast w rosyjskim wydaniu Wikipedii można przeczytać, że porwanie zlecił Usama ibn Ladin, a wśród winnych na jednym z pierwszych miejsc wymieniany jest Achmied Zakajew.

Do samochodu stojącego na poboczu szosy Staroprzemysłowej w Groznym zbliżają się trzy gaziki. Nagle jeden z nich przyspiesza, zrównuje się z zaparkowanym autem i… wylatuje w powietrze, drugi omija utworzony podczas wybuchu lej, przewraca się i zapala. Z trzeciego wybiegają ludzie i z płonącego wozu wyciągają prezydenta Asłana Maschadowa. Jest cały, tylko z niewielkich ran na czole płyną strużki krwi. Przy rozerwanym samochodzie leżą zwłoki jego dwóch ochroniarzy. Osiem osób ciężko raniono.

Jest 23 lipca 1998 roku.

Tego samego dnia w grozneńskiej telewizji rządowej Maschadow oskarżył o zorganizowanie zamachu „określone siły w Moskwie, które wszystkimi dostępnymi środkami próbują destabilizować sytuację na Kaukazie". Rosyjska telewizja opatrzyła jego wystąpienie komentarzem: „Władze Czeczenii jak zwykle widzą w tym kolejną prowokację rosyjskich służb specjalnych", zaś dyrektor FSB Władimir Putin wyraził zdziwienie wypowiedzią Maschadowa i kategorycznie zaprzeczył, by rosyjskie organy bezpieczeństwa brały udział w tym zdarzeniu.

Zleceniodawcą zamachu na Maschadowa – jak wykazało dochodzenie jego służb – był Abu Dżunid. Ten sam, który ogłosił wydany w Arabii Saudyjskiej wyrok śmierci na pracowników Granger Telecom. Kim byli jego tamtejsi mocodawcy, możemy się tylko domyślać. Kim zaś był Abu Dżunid, wyjaśniło się później, gdy przypadkiem został zatrzymany bez wymaganych dokumentów na jednym z posterunków w północnym Kaukazie. Nie tylko go nie aresztowano, co było rutyną w takiej sytuacji, lecz spokojnie i bez kłopotów umożliwiono wyjazd do Danii, choć z fragmentów znalezionego przy nim notatnika (które trafiły do internetu) wynikało, że to wielokrotny morderca.

A kim był Abu Abd ar-Rachman, potężny emisariusz wahabizmu, ten, który pierwszy przybył do Groznego z zagranicy?

Gdy na posterunku granicznym w Kabardo-Bałkarii stwierdzono, że obywatel Syrii Abd ar-Rachman asz-Sziszani ma przeterminowaną wizę, powiadomiono Moskwę, skąd przyszedł nakaz, aby go wypuścić i – co więcej – zapewnić mu spokojne dotarcie do Czeczenii. Zadaniem tym obarczono osobiście prezydenta Kabardo-Bałkarii. W Czeczenii na Abd ar-Rachmana czekała specjalna misja: miał zostać naczelnym przywódcą duchowym kraju. Najpierw jednak należało pozbawić tego zaszczytu lubianego, szanowanego i niezajmującego się polityką szajcha Fatchiego. Szajch Fatchi zmarł nagle na serce. Jego przyjaciel, który natarczywie domagał się ekshumacji zwłok w celu przeprowadzenia sekcji, zginął od ran otrzymanych podczas ostrzału jego samochodu.

W 2013 roku odnajdujemy jakiegoś sześćdziesięciosześcioletniego emira Abd ar-Rachmana asz-Sziszaniego na czele międzynarodowej brygady Kataib Muhadżirin walczącej w Syrii. Teraz na Bliskim Wschodzie „asz-Sziszanim" nazywają każdego ochotnika z Kaukazu. Trudno więc stwierdzić, czy ten Abd ar-Rachman asz-Sziszani to tamten „wrzucony" agenturalnie do Czeczenii, tym bardziej że film z jego zdjęciem jest „niedostępny, ponieważ związane z nim konto zostało usunięte".

O Arbim Barajewie, Basajewie i Bagautdinie Kiebiedowie z Dagestanu będzie jeszcze mowa.

Można by w ogóle nie porównywać znaczenia rosyjskiej agentury w maleńkiej, nieznanej na Zachodzie republice, której obywatele noszą trudne do zapamiętania nazwiska, z operacjami służb specjalnych przeprowadzanymi na wielką skalę w czasie wielkich wojen, gdyby nie to, że przy pomocy tej agentury zrealizowano scenariusz, nad którym się biedzili i Władimir Putin na Łubiance, i Siergiej Stiepaszyn w MSW, i Aleksandr Wołoszyn w gabinecie kierownictwa

Administracji Prezydenta, i sekretarz wykonawczy Wspólnoty Niepodległych Państw* Boris Bieriezowski, no i że bez niej inaczej by wyglądała historia Rosji początku XXI wieku, a więc i historia świata. Kreml miałby innego gospodarza. Zanim jednak Putin sięgnął po kremlowski fotel, równy tronowi, upłynęło jeszcze trochę czasu i wiele krwi. Zarówno czeczeńskiej, jak i rosyjskiej.

„Mało im grobów po wojnie? Mało im śmierci od Ruskich? Straszne, co się teraz dzieje" – słyszałam wiosną 1998 roku w Groznym. W wahabickiej telewizji Kaukaz Mowładi Udugow (przypomnijmy, że na początku lat dziewięćdziesiątych ubiegłego wieku jako młody dziennikarz wspierał on „pierwszego wahabitę" Adama Denijewa, organizatora zabójstwa pracowników Międzynarodowego Czerwonego Krzyża w grudniu 1996 roku) głosi ideę „czystego islamu", z której tyle tylko wynika, że Czeczeni, którzy popierają Maschadowa, to wiarołomcy, i jeśli się nie nawrócą, „trzeba ich fizycznie zlikwidować". Z kolei na kanale oficjalnym, republikańskim, mufti Achmad Kadyrow co wieczór głosi, że wahabici to zło i że Koran nakazuje ich zabić.

„Nasi mężczyźni znowu zaciskają pięści – żaliły się kobiety. – Wzywać do zabijania? Swoich zabijać? Najstarsi Czeczeni tego nie pamiętają! Tylko nieszczęście z tego będzie".

I było.

Siedziało sobie w sierpniu 1998 roku trzech Czeczenów w barze i piło wódkę. Bar znajdował się w miejscowości Gudermes, gdzie wahabici wprowadzili już swoje restrykcyjne prawa. Wpadli, bar rozbili, chłopaków pobili, a wahabicka telewizja doniosła, że nazajutrz czeka ich kara czterdziestu pałek. Okropne poniżenie. Młodzi ludzie należeli do wrogich wahabitom oddziałów wspieranych przez muftiego Kadyrowa. Oddziały ruszyły na pomoc. W odpowiedzi znany nam już amir Abd ar-Rachman rzucił „islamski pułk" pod dowództwem Arbiego Barajewa (tego, przypomnijmy, który

* Wspólnota Niepodległych Państw zrzesza większość byłych republik Związku Radzieckiego.

zorganizował porwanie Anglików i Nowozelandczyka). Polała się krew. Pochowano ze dwadzieścia osób. Zaczęła się czeczeńska wojna domowa. Trwała trzy dni. Czeczenów z trudem pogodził szanowany przez wszystkich duchowny szajch Fatchi (który – jak wcześniej wspomniano – umarł potem nagle na zawał serca).

Podczas przypadkowego spotkania z Zakajewem pozbawiony zdolności aktorskich ówczesny minister spraw wewnętrznych Siergiej Stiepaszyn (główny po stronie rosyjskiej urzędnik odpowiadający za Czeczenię) z trudem krył zawód: porozumienie między Czeczenami psuło scenariusz. Podobnie zresztą jak dekret Maschadowa, uznający wahabicką ideologię za ekstremistyczną, zakazujący jej propagowania na terytorium Czeczenii oraz nakazujący eksmisję z Republiki wszystkich emisariuszy wahabizmu przybywających z Bliskiego Wschodu. Zaczęło się rozbrajanie dżamaatów.

Część VII

# Koronkowa robota z tronem w tle

## Dagestan

Tu przenosi się akcja: w nieskończenie piękne góry Kaukazu i jego zabudowane domami o białych dachach doliny. Niby jest tak samo jak w Czeczenii, a jednak trochę inaczej. W górskich miejscowościach nawet małe dziewczynki szczelnie owijają głowy chustami, widać więcej mężczyzn z nakrytymi głowami i długimi siwymi brodami. Wahabizm wrósł w te okolice już dawno, lecz egzystował jakby w letargu. Właśnie odtrąbiono mu pobudkę.

Oto sala wypełniona mężczyznami w białych lub czarnych nakryciach głowy. Na mównicy stoi ciemno odziany Szamil Basajew – młody, szczupły, blady, z zadbaną brodą. O jego odwadze krążą wśród Czeczenów legendy. O jego chorobliwej ambicji i żądzy władzy zaświadczają tragiczne karty czeczeńskiej i rosyjskiej historii. Jedna z nich właśnie się pisze.

Mówca monotonnym głosem peroruje o konieczności połączenia narodów Czeczenii i Dagestanu, które razem muszą zwalczać największych wrogów: bezbożnych agresorów z Rosji oraz religijną ciemnotę rodaków. Nie mówi po czeczeńsku, bo nie wszyscy Dagestańczycy by go zrozumieli: sami między sobą często nie mogą się dogadać, tyle wśród nich rozmaitych narodowości. Przemawia po rosyjsku. Taki to los podbitych przez Rosję narodów, że nawet walcząc przeciwko niej, posługują się jej językiem. Dagestan zaczął mówić po rosyjsku, odkąd w 1921 roku stał się Dagestańską Autonomiczną Socjalistyczną Republiką Radziecką.

Zgromadzeni mężczyźni wybrali go na przewodniczącego Kongresu Narodów Czeczenii i Dagestanu. Otoczony splendorem władzy, z nieodłącznym druhem Jordańczykiem Chattabem (specjalistą od dywersji wprawdzie, nie od religii), Basajew przybył niebawem w rejon Kadaru w górach i odtrąbił wahabizmowi sygnał do boju. W połowie sierpnia 1998 roku w miejscowości Karamachi (środkowy Dagestan) wahabici przegnali miejscową administrację, wygonili milicję i wszędzie ustawili posterunki ze znakami islamu.

Pozostała część Dagestanu nie poparła wahabitów. Burzyli się przeciwko nim mieszkańcy innych rejonów i władze Republiki, licząc na wsparcie Moskwy. Pod koniec sierpnia 1998 roku Basajew ogłosił, że jeśli władze rosyjskie zastosują przeciw mieszkańcom Karamachi środki siłowe, on wprowadzi do Dagestanu Islamską Międzynarodową Brygadę Pokojową. To samo obiecali inni wsławieni bandytyzmem ekskomendanci czeczeńskich oddziałów.

Czy to nie brzmi jak zaproszenie do wojny?

Jeszcze nie w tym akcie. Scenariusz ma swoją logikę.

W ciepły wrześniowy dzień 1998 roku do Dagestanu przyjechał minister spraw wewnętrznych Siergiej Stiepaszyn. Rozmawiał z władzami i wysłuchał obywateli zbuntowanych przeciw wahabitom, którzy – skądinąd – żyją dużo bogaciej od nich, na koniec wyruszył do jaskini lwa. Minął posterunki z zielonymi flagami islamu i napisami po rosyjsku oraz arabsku: „Wjeżdżacie na tereny, gdzie obowiązuje prawo szariatu", i zwiedził trzy wahabickie wioski – Karamachi, Czabanmachi i Kadar. W telewizyjnych informacjach pokazano jego zaczerwienioną od słońca pucołowatą twarz nad rozpiętą pod szyją niebieską koszulą i uśmiech, z jakim oznajmiał, że „żadnych podstaw do obaw ze strony wahabitów nie ma, bo to zupełnie niegroźny nurt religijny", którego wyznawcy „są pracowici, przestrzegają trzeźwości, a króluje u nich porządek"[1].

W raporcie sporządzonym dla rządu „w sprawie zmniejszenia napięć między organami władzy a dżamaatami we wsiach Karamachi i Czabanmachi oraz innymi rejonami Republiki" bronił ich, tłumacząc, iż „w napiętej sytuacji międzyklanowej i religijnej nieuchronnie pojawia się obraz wroga uosabianego przez ludzi, którzy żyją »nie tak« […]. Krążący w politycznym leksykonie termin »wahabizm« wymaga ostrożnego traktowania, bo stawszy się symbolem ekstremizmu, rzuca – chcąc nie chcąc – cień na ludzi głęboko religijnych, dalekich od celów politycznych. Ich wyjazdy do Arabii Saudyjskiej lub Emiratów Arabskich nie mają politycznego podtekstu"[2].

Człowiekiem „głęboko religijnym", zapraszającym ministra do ośrodków wahabizmu w Dagestanie, był już tu parokrotnie wspominany Bagautdin Kiebiedow, który ostatnio zbijał majątek na porwaniach dokonywanych pod skrzydłami wieloletniego agenta FSB Kazimagomieda o ksywie Gmirinski. Czy minister spraw wewnętrznych mógł o tym nie wiedzieć?

Telewizyjne oświadczenie Stiepaszyna uzupełnił prezydent Jelcyn, oznajmiając: „W Rosji panuje demokracja i jeśli w Dagestanie chcą żyć według szariatu, niechaj żyją według szariatu. To tacy sympatyczni brodacze"[3].

Wahabici stali się nagle wzorem wszelkich cnót, więc z rąk Maschadowa – i tak słabych – został wyrwany bat, którym właśnie ich z Czeczenii wyganiał.

Moskwa, plac Stary niedaleko Kremla, biura Administracji Prezydenta. Kilku panów wygląda na zadowolonych. To członkowie Komisji Przeciwdziałającej Ekstremizmowi. Właśnie postanowili, że „wahabizm to religijny, nieekstremistyczny prąd, który nie stanowi zagrożenia, gdyż przedstawia sobą pokojowy nurt islamu". Ciekawe, który z nich to wymyślił: minister spraw wewnętrznych Siergiej Stiepaszyn? Szef FSB i sekretarz Rady Bezpieczeństwa Władimir Putin? Czy może ten urzędnik o bladej, nieruchomej twarzy i niebanalnym imieniu odojcowskim: Aleksandr Stalewicz Wołoszyn, wiceszef Administracji Prezydenta Jelcyna?

To, co dalej nastąpiło, wygląda, eufemistycznie mówiąc, na skandal, a dosadniej – na zdradę interesów rosyjskich: w dowód zaufania dla wahabitów przystąpiono do wycofywania rosyjskich formacji wojskowych, nawet pograniczników, z regionów graniczących z Czeczenią. Jakby chciano zachęcić porywaczy, bandytów i emisariuszy dżamaatów do swobodnego krążenia między Czeczenią a Dagestanem. Jordańczyk, przyjaciel Basajewa, Amir Chattab, wyprawił w Karamachi huczny ślub z kolejną żoną. A „sympatyczni brodacze z pokojowego nurtu islamu" bez przeszkód kopali wokół swoich wsi okopy i ryli transzeje.

Barwicha, podmoskiewska willa prezydenta. Jelcyn sypia kiepsko. Nie tylko z powodów zdrowotnych. Do wyborów kilkanaście miesięcy, stan gospodarki po kryzysie w 1998 roku fatalny, komuniści umacniają swoje pozycje, groźba rozpraw sądowych wciąż wisi nad Kremlem. Rodzina nadal gorączkowo poszukuje kandydata na następcę. Zaskakującego. Wspaniałego. Nie do pobicia. Ale – jak już wspomniano – nowy kandydat powinien najpierw zostać premierem. Dać się poznać. Dać się pokochać jak Iwanuszka Duraczok i Batman zarazem. Tylko takiego premiera zatwierdzi Duma, ten matecznik znarowionych bestii.

„Kogo tam mamy na liście? – zastanawia się car. – Stiepaszyna czy Putina? Putina czy Stiepaszyna? Obaj inteligentni, obaj ze służb mundurowych. Ludzie nowego pokolenia, młodzi, energiczni, myślący. Ale jaka ogromna różnica w charakterach! [...] Stiepaszyn zbyt miękki, trochę lubi pozować, lubi teatralne gesty. Nie jestem pewien, czy – jeśli zajdzie potrzeba – pójdzie na całego, przejawi tę ogromną wolę i zdecydowanie potrzebne w walce politycznej. A Putin – odwrotnie. Wiem, że taką wolę ma. Ale nie należy go przedwcześnie wyprowadzać na ring walki politycznej. Źle, gdy jest za mało czasu dla politycznego rozbiegu, ale może być gorzej, gdy tego czasu jest za dużo. Społeczeństwo nie powinno przywyknąć do Putina w ciągu leniwych letnich miesięcy. Nie powinien osłabnąć czynnik zaskoczenia. Nie powinien zaniknąć nimb otaczającej go tajemnicy. Za wcześnie więc, by mianować Putina premierem. Tę lukę w czasie trzeba jednak kimś zapełnić. Czysto technicznie. Dla zamydlenia oczu. Nic nie poradzę – tę rolę muszę powierzyć sympatycznemu, porządnemu Siergiejowi Stiepaszynowi. Oczywiście powiem mu, że sprawa przyszłości, sprawa prezydenckich wyborów jest otwarta. Że ma szansę, by się wykazać.

A nazwiska Putina nie wypowiem. W żadnym wypadku!"[4].

Tak więc Stiepaszyn, który ogrom wysiłku włożył w pierwszą wojnę czeczeńską (łącznie ze stworzeniem „punktów filtracyjnych", czyli miejsc tortur), który wielokrotnie pertraktował z Czeczenami i zjeździł północny Kaukaz wzdłuż i wszerz, narażając się na rzeczywiste, a nie tylko dyplomatyczne niebezpieczeństwa (często rezygnował z ochrony, by szybciej poruszać się po zagrożonym terenie), który teraz z rozpaczliwą zawziętością lawirował między czeczeńskimi bandytami a rodzimymi manipulatorami i niemal po bohatersku odgrywał komedię z „pokojowo nastawionym wahabickim prądem religijnym" – a wszystko to, być może, dla majaczącej na horyzoncie czapki Monomacha – tak więc ten zasłużony, od dawna obecny w polityce Stiepaszyn miał teraz odegrać rolę nawet nie kozła ofiarnego, lecz osła, na którego grzbiecie wjedzie na Kreml gość, co prochu nie wąchał, okopy widział z daleka, Czeczenów znał z mafii lub literatury, a całe jego bohaterstwo polegało na skutecznym snuciu gabinetowych intryg.

Anonimowe źródło na Kremlu: „Putin tylko wydaje się szary i niezauważalny. To najprawdziwszy »psychologiczny kanibal«: mówi jedno, myśli drugie, robi trzecie. Jeśli otrzyma ludobójczy rozkaz, za który nie poniesie odpowiedzialności, wykona go. Rozstrzelać manifestację pokojową? Rozstrzela. Stiepaszyn byłby do tego zbyt inteligencki"[5].

„Kto w Moskwie odpowiada za Czeczenię?" – zapytałam jesienią 1998 roku w Dumie Siergieja Juszenkowa, członka Komitetu do spraw Obrony, problemy czeczeńskie znającego nie tylko ze słyszenia.

„Trudno to pojąć, ale oficjalnie jeden człowiek: minister spraw wewnętrznych Stiepaszyn. Kto to jednak widział, żeby w czasie pokoju po wojnie decyzje polityczne, narodowościowe, właściwie wszystkie oddawać w pacht strukturom siłowym? To chyba tylko nasz rosyjski wynalazek. A po co? Po to, żeby wszystkie kremlowskie i okołokremlowskie machinacje, i FSB-owskie też – choć wiadomo, że MSW z FSB zawsze konkurują – żeby to wszystko skryć pod jedną czapką. Generalską. A niepowodzenia, w razie czego, zwalić na właściciela tej czapki".

Tak więc, by urzeczywistnić swój plan, Jelcyn 11 maja 1999 roku zdymisjonował premiera Primakowa (który oprócz licznych niedostatków miał i ten, że zdecydowanie się przeciwstawiał nowemu konfliktowi z Czeczenią), a 12 maja przedstawił Dumie kandydata na nowego premiera: Panie i panowie, oto on, minister spraw wewnętrznych generał-major Siergiej Stiepaszyn. Duma kandydaturę przyjęła. Stiepaszyn został premierem. Najważniejszy gabinet na Kremlu wydawał się na wyciągnięcie ręki.

A nieco wcześniej…

5 marca 1999 roku. Kolejne porwanie, ale nietypowe, bo z pokładu samolotu. Dwa łaziki zagradzają drogę kołującemu przed startem TU-134. W otwartych drzwiach pojawiają się dwa typy w czarnych skórzanych kurtkach i czarnych maskach, wyrzucają kogoś na płytę lotniska, sami też wyskakują, taszczą tego wyrzuconego do łazika i na pełnym gazie opuszczają lotnisko.

Tak porwano pełnomocnego przedstawiciela prezydenta Rosji w Czeczeńskiej Republice, generała milicji Giennadija Szpiguna. O porwaniu trąbiły programy informacyjne, chociaż zazwyczaj milczały, dopóki zguba się nie znalazła. Tym razem nagłośniono żądaną przez porywaczy sumę 15 milionów dolarów, mimo że zwykle na temat wysokości okupu milczano. Kwota była wstrząsająca nie tylko dla laików, lecz także dla fachowców od porwań. Po prostu absurdalna.

Pytanie jednak, gdzie w tym wszystkim jest miejsce Władimira Putina. Otóż wciąż za kulisami, choć był w tym czasie bardzo zajętym człowiekiem. Z dyrektorskiego gabinetu na Łubiance przemieszczał się do Senackiego Pałacu na Kremlu, gdzie obraduje Rada Bezpieczeństwa. Bieriezowski, który z zastępcy sekretarza Rady Bezpieczeństwa FR stał się jej sekretarzem wykonawczym, popchnął swojego protegowanego na szczyt tej organizacji i uczynił go jej szefem. Funkcja dyrektora FSB i sekretarza Rady Bezpieczeństwa dawała władzę równą władzy premiera, przy czym obie kierowane przez Putina instytucje zajmowały się wtedy, w 1998 roku, tylko Czeczenią. Radę Bezpieczeństwa urzędnicy nazywali między sobą nawet „ministerstwem Czeczenii".

I to on, chociaż jego noga dotychczas nawet w pobliżu Czeczenii nie stanęła, otwarcie zawiadywał czeczeńskimi sprawami. Ledwie usiadłna krześle sekretarza Rady Bezpieczeństwa, a już się ukazał prezydencki dekret zwiększający rolę FSB na północnym Kaukazie i stawiający służbę bezpieczeństwa ponad wszystkim: ponad milicją, ponad wojskiem, ponad prawem. Tym sposobem Czeczenia stała się przedpolem manewrów, które niebawem objęły całą Rosję.

Minął kolejny dzień od porwania generała Szpiguna, kiedy minister Stiepaszyn dał „słowo oficera, że uwolni generała", i oznajmił, że „wobec faktu, iż władze Czeczenii nie panują nad sytuacją w Republice, zachodzi konieczność ingerencji z zewnątrz". Porwanie generała stało się więc *casus belli*, bo Rada Bezpieczeństwa ogłosiła, iż zezwala na „uderzenia bombowe na bazy bojowników".

Warto przypomnieć, że gdy wcześniej porwano przedstawiciela prezydenta, nikt z tego powodu wszczynać wojny nie zamierzał.

Czas mijał. O poszukiwaniach porwanego donosiły z narastającą antyczeczeńską histerią wszystkie telewizyjne programy informacyjne, przy czym jedyną nowością w kolejnych komunikatach była spadająca cena okupu: już tylko 5 milionów. Miliony jednak robiły swoje – działały na wyobraźnię, podsycając antyczeczeński gniew.

Czy rzeczywiście poszukiwano generała Szpiguna?

W eleganckim biurze przy alei Leninowskiej w Moskwie spotkałam się z Malikiem Sadułłajewem, właścicielem telewizyjnej loterii Russkoje Lotto, Czeczenem, któremu powiódł się legalny biznes. Chciał się włączyć w poszukiwania generała.

Opowiadał:

„Po uwolnieniu mojego brata, którego porwano, cieszyłem się w Czeczenii dużą popularnością. Miałem wysoką pozycję. Wiedziałem, gdzie szukać porwanych. Ale chciałem więcej, chciałem się rozprawić z wahabickimi bandami Basajewa i największymi porywaczami – Arbim Barajewem oraz braćmi Achmadow. Wszyscy mieli ich dość. Nienawidzili ich. Naród stanąłby za mną do walki z nimi.

Poprosiłem w Moskwie o spotkanie na najwyższym szczeblu, by przedstawić moją propozycję. Był lipiec 1999 roku.

Przyjechałem na spotkanie. Rezydencja Bieriezowskiego. Długi biały stół. Naprzeciw mnie delegacja z Kremla – sześć osób. Jeśli się nie mylę: Jumaszew, Wołoszyn, ktoś z FSB [...]. Mówię: »Mogę rozprawić się z wahabitami, z porywaczami. Niepotrzebne mi wasze pieniądze, wasza broń, tylko gwarancja, że nie potraktujecie mnie jak bandyty«. Bieriezowski na to: »Basajew i Udugow to nasi przyjaciele. Mamy z nimi różne umowy. Na przykład taką, że ani jeden papier od Maschadowa skierowany do prezydenta Rosji nie przejdzie bez mojej wiedzy. Ta umowa jest dotrzymywana. I każdy, kto pójdzie przeciwko Basajewowi, będzie skończony. Jasne?«"[6].

Jasne.

7 oraz 8 sierpnia 1999 roku ponad tysiąc bojowników Basajewa i Chattaba bez przeszkód wkroczyło na teren Dagestanu, prowokując działania wojenne ze strony Rosji, bo przecież Dagestan to część Federacji Rosyjskiej. A znany nam już przywódca wahabitów Bagautdin Kiebiedow wcześniej samowolnie wprowadził szariat w kolejnych miejscowościach. Rozpoczęły się starcia między broniącą dagestańskiego prawa milicją a wahabitami. Przeciw nim wystąpili też inni Dagestańczycy. Wtedy Bagautdin zwrócił się do „czeczeńskiego państwa i narodu" o pomoc „islamskiemu państwu Dagestan". Do boju ruszyły, od dawna się doń przygotowujące, oddziały czeczeńskich wahabitów.

Maschadow próbował uprzedzić Moskwę o szykującym się do wyprawy na Dagestan Basajewie. Jeszcze w lipcu wysłał swojego ministra bezpieczeństwa Turpała Alego Atgiriejewa, by powiadomił dyrektora FSB Władimira Putina o tym, co się dzieje na czeczeńsko-dagestańskiej granicy. Ministra aresztowano na lotnisku i przetrzymano trzy dni. Odpowiedź Putina była jasna.

Z dziennika Giennadija Troszewa[7], dowódcy rosyjskich wojsk okręgu północnokaukaskiego, wynika, że był on dokładnie poinformowany o zbliżaniu się oddziałów bojowników. Pod datą 4 sierpnia odnotował, że ich sześćsetosobowy oddział wyruszył w kierunku Dagestanu, że znane mu są dalsze plany ich dowódcy Szamila Basajewa i że spodziewany jest jego atak na dagestańskie posterunki graniczne. Ani słowa o powstrzymaniu bojowników czy o akcjach uprzedzających ich wtargnięcie do Dagestanu, a wiele o przygotowaniach do walk na miejscu.

Nie tak to miało wyglądać, gdy rok wcześniej minister Stiepaszyn umawiał się z „sympatycznymi brodaczami", że w odniesieniu do wahabickiej wspólnoty nie będą podejmowane działania siłowe, pod warunkiem że jej członkowie oddadzą całą znajdującą się u nich broń. Teoretycznie więc powinni być bezbronni, faktycznie zaś nikt od nich tej broni nie zażądał. Mało kto o tym wie, wielu natomiast pamięta, jak minister obiecywał: „Wszyscy będziemy wam pomagać, daję na to słowo honoru".

Istnieją zatem racjonalne powody, by wywrócić stołek premiera, na którym przez trzy miesiące Stiepaszyn „dla zamydlenia oczu zapełniał lukę", i posadzić na nim tego, dla którego cały ten spektakl rozegrano. Wezwał więc Jelcyn Stiepaszyna i oznajmił: „Siergieju Wadimowiczu, podpisałem dekret o mianowaniu Putina i o waszej dymisji"[8]. (Załamany Stiepaszyn odpowiedział długim wywodem w stylu: „Popełnia pan błąd, panie prezydencie, to ja jestem panu naprawdę oddany").

Zaraz po tym, 9 sierpnia, prezydent przedstawił Dumie kandydaturę nowego premiera – dyrektora FSB Władimira Władimirowicza Putina. Kandydatura została przyjęta w znacznej mierze z powodu totalnego zaskoczenia deputowanych. Nikt się jej nie spodziewał.

Tego dnia dziennikarz prowadzący wieczorne wiadomości w telewizji NTW powiedział: „Dziś nastąpiło historyczne zdarzenie. Nie jest nim kolejna zmiana premiera – do tego Rosjanie w ostatnim czasie przywykli. Historyczny moment polega na tym, że po raz pierwszy Boris Jelcyn wymienił imię swojego następcy na stanowisku prezydenta: Władimir Władimirowicz Putin. »Jestem przekonany – powiedział – że na tym stanowisku przyniesie on wielkie korzyści krajowi, a Rosjanie będą mogli ocenić robocze i osobiste zalety Putina. Ja jestem go pewien«"[9].

Również 9 sierpnia 1999 roku nagle uruchomiły się wycofane wcześniej z granicy z Dagestanem rosyjskie oddziały zbrojne. Alarm: Czeczenia napadła na Rosję! Wojna! Nowy premier Władimir Putin przejmuje dowodzenie. Artyleria i lotnictwo zaczynają walić po wahabickich wsiach i po „sympatycznych brodaczach" Stiepaszyna. Telewizja donosi o „zgnieceniu w zarodku islamskiego kalifatu", który miał się rozprzestrzenić na cały Kaukaz. Rosjanie od razu widzą różnicę między poprzednim premierem, niezdecydowanym i słabym, który z tymi wahabitami się cackał, a nowym – silnym, stanowczym.

Czy można zarzucić temu scenariuszowi brak precyzji?

Tyle że nawet w didaskaliach nie umieszczono w nim uwag o artyleryjskim ogniu zmiatającym z powierzchni ziemi niemal 2 tysiące domów o białych dachach ani o krwi w rzekach Kaukazu. Mało kogo interesujący raport wojskowy lapidarnie donosił, że „miejscowość została oczyszczona za pomocą artylerii i lotnictwa federalnych sił. Obie strony konfliktu poniosły straty"[10].

Nieniepokojone przez rosyjskich żołnierzy oddziały Basajewa i Chattaba powróciły do Czeczenii, dając pretekst do pierwszych bombowych ataków na Republikę, gdzie – jak głosiła propaganda – przebywali bandyci, którzy napadli na Rosję.

16 sierpnia czeczeński prezydent Maschadow oświadczył: „My nie mamy nic wspólnego z tym, co się dzieje w Dagestanie, i uważamy to za wewnętrzną sprawę Rosji, która uczyniła z Dagestanu pretekst do rozpętania krwawej wojny w Czeczenii". Ale czy ktoś Maschadowa usłyszy, jeśli występuje on jedynie na demonstracji w Groznym? Tam też została podjęta rezolucja, że „za bojowe działania poszczególnych osób nie ponoszą odpowiedzialności ani władze Czeczenii, ani jej naród".

Z raportu Olega Orłowa i Siergieja Kowalowa, pracowników organizacji Memoriał*:

„Miejscowy powstaniec, przeciwnik wahabitów, podprowadził nas do betonowego słupa na placu. Na słupie widać było krwawe smugi, obok na ziemi zaschniętą kałużę krwi. Mieszkańcy nam opowiedzieli, że żołnierze wojsk wewnętrznych porwali z domu śpiącego człowieka, u którego znaleźli granat. Ktoś z mieszkańców Karamachi rozpoznał w nim członka miejscowej społeczności wahabitów. Żołnierze oddali go milicjantom biorącym udział

* Międzynarodowe Stowarzyszenie Historyczno-Oświatowe, Dobroczynne i Obrony Praw Człowieka „Memoriał" – najważniejsze w Rosji stowarzyszenie zajmujące się propagowaniem wiedzy o ofiarach represji radzieckich, w tym w okresie stalinowskim, a także ochroną praw człowieka w krajach byłego ZSRR. Od 2014 roku szykanowane jako „agent" interesów zachodnich.

w »zaczystce«. Zaczęli go przesłuchiwać, pytali, gdzie znajdują się bojownicy. On nie odpowiadał. Przywiązali go do słupa, przestrzelili najpierw jedną, potem drugą nogę, odcięli ucho, w końcu zabili. Powstańcy byli wstrząśnięci rozprawą – okrutną i publiczną"[11].

Aleksandr Czerkasow z Memoriału: „Mieszkańcy Karamachi opowiadali, jak do wsi wszedł oddział jakiegoś specnazu: »Nagle widzimy, że unosi się dym z jednego domu, z drugiego, z trzeciego... I wcale nie z domów wahabitów. Grabią, no trudno, ale po co zaraz palić domy? Podpalili też dom naszego powstańca«"[12].

Tych przykrych widoków dziennikarze oszczędzili telewidzom na świecie nie dlatego, że z lenistwa czy strachu omijali pole walki, lecz dlatego, że premier Putin jak nikt inny pojął znaczenie telewizji: czego nie ma na ekranie, to nie istnieje. A tym, co jest, można dowolnie manipulować. W określonych warunkach. Stąd też na teren Dagestanu, a potem Czeczenii, obcym wstępu wzbroniono. Obcym, czyli dziennikarzom nienamaszczonym przez Kreml.

11 września 1999 roku Basajew i jego oddziały w biały dzień wycofywały się niespiesznie z okolic wioski Botlich. Kolumna złożona ze stu samochodów ciężarowych i z pieszych podążała główną drogą nieostrzeliwana ani z ziemi, ani z powietrza.

„Otrzymaliśmy bezpośredni rozkaz, by nie atakować. Czeczeni wracali nieostrzeliwani przez nasze śmigłowce bojowe"[13] – powiedział Florianowi Hasselowi, niemieckiemu korespondentowi „Frankfurter Rundschau", Elgar, jeden z pięciu dagestańskich policjantów walczących z oddziałami Basajewa.

„Sam widziałem, jak Basajew i Chattab potężną kolumną wracają przez granicę dagestańską do Czeczenii. Tuż obok stoi oddział rosyjski. Myśleliśmy, że wreszcie dadzą im łupnia. Będzie spokój... Tymczasem nic, cisza. A w pięć minut po zniknięciu ostatniego basajewskiego bojownika ostrzelano z ciężkich dział wieś Zantag, obok której przechodzili"[14] – opowiadał mi czeczeński uchodźca Szaman Zubarajew.

Czeczeńscy „agresorzy" wrócili do Czeczenii, a wraz z nimi przeniosły się działania wojenne. Na czeczeńskie wioski graniczące z Dagestanem posypały się rosyjskie bomby.

Zaczęła się „druga czeczeńska".

Zakończył się kolejny akt spektaklu według scenariusza o kryptonimie „Następca".

Żaden z autorów nie położył pod nim swojego podpisu.

Musimy zatem bazować na wyjaśnieniach świadków.

Boris Bieriezowski, pełniący w latach 1997–1998 najpierw funkcję zastępcy sekretarza Rady Bezpieczeństwa, a następnie sekretarza wykonawczego Wspólnoty Niepodległych Państw, przyznał już jako londyński emigrant:

„Konflikt w Dagestanie to realizacja zamysłu rosyjskich służb specjalnych. Są za nią odpowiedzialni przywódcy Rosji, którzy sprowokowali operację w Dagestanie. Wiem na pewno, że Maschadow był przeciwny tej akcji, jednak nie kontrolował Basajewa i Chattaba, którzy działali samodzielnie. Nie zdejmuję więc winy także z czeczeńskich przywódców – ponoszą pełną odpowiedzialność za tę operację wojskową"[15].

Sobie winy nie przypisał, chociaż plany wahabickich przywódców poznał za białym stołem w swojej rezydencji przy ulicy Nowokuznieckiej. Wiosną 1999 roku, parę miesięcy przed atakiem na Dagestan, siedział przy tym stole Mowładi Udugow, legendarna postać, dziennikarz, mistrz propagandy wahabizmu (przypomnijmy, że na tę drogę wstąpił pod wpływem Adama Denijewa, o którym była już mowa w związku z zamordowaniem pracowników Międzynarodowego Czerwonego Krzyża). Wyrzucony z rządu Maschadowa, snuł rozważania, że najazd Basajewa na Dagestan sprowokuje Rosję do ograniczonych działań zbrojnych, a wtedy Maschadow straci władzę, w Groznym powstanie rząd Basajewa i Udugowa, Moskwa da im autonomię religijną, w zamian za co oni dadzą Moskwie spokój z niepodległością Czeczenii. Rosjanie mogą sobie zabrać tereny nad rzeką Terek, bo i tak mieszkają tam głównie Kozacy, których nikt nie ma zamiaru nawracać na islam.

Te plany – o czym Udugow wiedział – współgrały z planami strony rosyjskiej. Czy były ich zaczynem, czy rezultatem, tego się już chyba nie dowiemy. Dowiemy się jednak, i to od samego Siergieja Stiepaszyna, który ujawnił dziennikarzom w styczniu 2000 roku (nie mogąc się pogodzić z gwałtowną zeszłoroczną dymisją), iż „plan aktywnych działań w Czeczenii opracowywano od początku marca 1999 roku. Władimir Putin był w tym czasie dyrektorem FSB i posiadał wszystkie informacje w tej sprawie. W marcu 1999 roku odbyło się spotkanie »struktur siłowych« (ministra spraw wewnętrznych, ministra obrony, szefa sztabu generalnego rosyjskich sił zbrojnych), na którym zatwierdzono planowany za parę miesięcy atak na Dagestan, a dyrektor FSB Władimir Putin brał w tym spotkaniu czynny udział"[16]. Postanowiono wtedy „odciąć Czeczenię", tworząc wokół jej granic „kordon sanitarny". Przewidywano zajęcie jednej trzeciej terytorium Republiki – obszaru na północ od rzeki Terek, bez Groznego. Plany Rosjan, jak widać, dokładnie współgrały z życzeniami czeczeńskich wahabitów[17].

W kwietniu 1999 roku Rada Bezpieczeństwa, na której czele przez kilka kluczowych dni stał Władimir Putin, ten plan zatwierdziła.

Mała wojenna zawierucha miała więc przynieść każdej ze stron oczekiwane korzyści. Ale szykujący się do premierostwa Putin miał własne plany.

„Basajew, który zaufał Rosjanom i uwierzył, że konflikt nie wyjdzie nigdy poza fazę teatralnych potyczek, doskonale wpasował się w rolę użytecznego idioty"[18] – konkluduje analityk prowadzonych przez Putina wojen, Holender Marcel H. van Herpen. Po uzgodnionym wtargnięciu grupy Czeczenów na terytorium Dagestanu Putin wypowiedział Czeczenii wojnę totalną.

Dotrzymywanie umów nie leży w jego charakterze.

## Łaskawość wybrańca

„Czy wiedział pan, że już wtedy, kiedy mianowano Stiepaszyna na premiera, mówiono o pańskiej kandydaturze na to stanowisko?"[19] – zapytali Putina dziennikarze, gdy został przedstawiony jako kandydat na prezydenta.

„– Nie. Nawet mi to głowy nie przyszło.

– A gdy Jelcyn na cały kraj ogłosił, że jest pan premierem, nic w panu nie drgnęło?

– Nie. Wszystko to się działo na tle właśnie rozpoczętej agresji w Dagestanie. Moja ocena sytuacji w sierpniu, kiedy bandyci napadli na Dagestan, była taka: jeśli my natychmiast tego nie zatrzymamy, Rosji takiej jak dziś nie będzie. Szło o to, by zahamować rozpad państwa. Na tym polegała moja – jakkolwiekby to dumnie zabrzmiało – historyczna misja. Myślałem, że moja kariera się na tym zakończy. Powiedziałem sobie: mam trochę czasu, dwa, trzy, cztery miesiące, żeby rozwalić tych bandytów... Żeby skonsolidować siły zbrojne MSW i FSB, żeby znaleźć wsparcie w społeczeństwie"[20].

Fraza „zahamować rozpad państwa" stała się w następnych latach reklamowym chwytem wszelkich oracji Putina, choć żaden obiektywny historyk nie potrafił tej tezy przekonująco udowodnić. A rola Putina w nasączaniu północnego Kaukazu zatruwającym fundamentalistycznym islamem pozostanie głęboko ukrytym, pogrzebanym pod grobami kolejnej czeczeńskiej wojny faktem. Trzeba powiedzieć jasno: islamski fundamentalizm w Czeczenii rozwinął się wyłącznie dzięki organizacyjnej i finansowej pomocy zagranicznych oraz miejscowych agentów służb specjalnych, którzy uaktywnili się w Republice w okresie, gdy Władimir Putin był dyrektorem FSB. Nie wolno też zapominać, że wywołana ich działaniami wojna, zaplanowana na najwyższych szczeblach władzy Federacji Rosyjskiej, stała się zarzewiem wszystkich aktów terrorystycznych, jakie się w Rosji zdarzyły i – jak się niebawem okaże – były w swojej lwiej części korzystne dla prezydenta Putina.

Pytanie, czy on się naprawdę w roli prezydenta nie widział.

Pierwsza odnotowana na ten temat rozmowa toczyła się na trzecim piętrze budynku przy placu Łubianka, w znanym nam już kwadratowym pomieszczeniu bez okien, naprzeciwko starego szybu windy. Bieriezowski, omawiając różne kandydatury na przyszłego prezydenta, zapytał:

„– Wołodia, a co z tobą?

– A o co chodzi?

– Czy mógłbyś zostać prezydentem?

– Ja? To nie dla mnie, nie tego szukam w życiu.

– No to czego chcesz? Zostać tu na zawsze?

– Chcę... – Putin się zawahał. – Chcę być Bieriezowskim.

– No, nie może być – roześmiał się Boris"[21].

Czyż nie jest Wołodia P. mistrzem od „stosunków miedzyludzkich"? Nie chce być prezydentem, i już. A zrobić przy okazji ukłon w stronę wpływowego oligarchy nie zaszkodzi.

16 lipca 1999 roku. Biarritz. Niebieskie wody Zatoki Biskajskiej łagodnie omywają złociste plaże kurortu gwiazd filmowych i biznesmenów. Na lotnisku dla prywatnych odrzutowców ląduje gulfstream Bieriezowskiego nazywany Golfsztromem. Boris Abramowicz kieruje się do hotelu, w którym odpoczywa Putin z żoną i córkami. Dziwi się, że to zwykły apartamentowiec, gdzie państwo Putinowie zajmują pokój z maleńką kuchnią. Robi to na nim duże wrażenie, tak iż jeszcze niejeden raz będzie podkreślał skromność swojego faworyta. Zdziwiłby się zapewne, wiedząc, że tylko za szkołę córek Putin płacił w tamtym czasie 14,5 tysiąca marek niemieckich rocznie, żona robiła drogie zakupy w Wiedniu, a uciułany w Petersburgu majątek dawno przekroczył milion dolarów.

Poszli panowie na obiad, podczas którego Bieriezowski uroczyście oznajmił: „Przyjechałem na prośbę prezydenta. Chce ciebie mianować premierem".

„Było jasne, że najprawdopodobniej Putin zostanie następnym panującym w Rosji kontynuatorem monarszej dynastii gospodarzy Kremla" – komentuje spisujący tę relację Alex Goldfarb.

„– Chyba nie jestem na to gotów – mówi Putin.

– Tak, tak, wiem, ty chciałbyś zostać mną – śmieje się Bieriezowski.

– Nie żartuję – przerywa mu Putin. – Może byście mi, chłopcy, oddali Gazprom. Z tym na pewno sobie poradzę.

Na co Bieriezowski:

– Wołodia, doskonale cię rozumiem, komu potrzebny taki ból głowy? Ale sam osądź: my nie mamy komu zaufać. Prymus w wyborach pobije każdego, oprócz ciebie. Przecież nas nie zawiedziesz?

Zamilkli. Wreszcie Putin odparł z twarzą skazańca:

– Tak, masz rację. Ale ja muszę to jeszcze usłyszeć od samego Jelcyna.

– Oczywiście – ucieszył się Boris. – Po to on mnie tutaj przysłał, żebym wybadał twoją reakcję. Prezydent przecież nie może usłyszeć odmowy! Przywyknij"[22].

Może ta rozmowa wyglądała tak, może nieco inaczej, ale Putin naprawdę robił wrażenie, że na prezydenturze mu nie zależy. Prosty trik, trochę aktorstwa i jak świetnie działa!

Nie na wszystkich. Współpracownicy oceniali go inaczej: „Dobijanie się do władzy z jezuickim uporem". Tak w „analitycznej notatce" podwładni Putina z Łubianki określili jego poczynania. Czemu innemu, jeśli nie zapewnieniu sobie życzliwości mediów, miały służyć „żądania wzmożenia agenturalnej roboty wśród przedstawicieli prasy ze zwiększeniem finansowania tego kierunku", co w przekładzie na ludzki język znaczy: werbować i nie żałować pieniędzy. Informacje o dziennikarzach, podobnie jak dane z zarządzonych przez niego podsłuchów, kazał kłaść sobie na biurku. Co ciekawe, większość tych informacji Putin zachowywał dla siebie, a tylko część odsyłał do Administracji Prezydenta, do jej kierownika Wołoszyna, choć ten tak przecież był mu przychylny. Podwładni Putina twierdzili, że „agenturalnymi informacjami z Dagestanu" szef się z Administracją Prezydenta nie dzielił. Może zatem prezydent Jelcyn rzeczywiście wierzył w spontaniczność marszu Basajewa na Dagestan?

Według pracowników FSB najbardziej interesowały Putina jego „notowania w regionach jako potencjalnego prezydenta" i wycinki prasowe na własny temat[23].

## Heksogenowy następca

Sierpień 1999 roku. Kogo w sierpniu obchodzi polityka? Rosjanie, prawie wszyscy, spędzają lato na daczach, gdyż władza radziecka darowała chłopom i robotnikom po 600 metrów kwadratowych, żeby sobie siali nieobecne w sklepach marchewki i pietruszki, bo państwo miało ważniejsze rzeczy do produkowania. A na daczy kto by tam telewizję oglądał. No a jeśli nawet, to co za różnica, kto zostaje premierem. Putin? Niech sobie będzie jakiś Putin. Wybory? Na prezydenta? Eee tam, wybory... Kto tak naprawdę wierzy w wybory? Na Dagestan napadli? A gdzie ten Dagestan?

Na początku września 1999 roku Putin w sondażach badających poparcie dla ewentualnych kandydatów na prezydenta miał 2 procent.

Wtedy przez Rosję przetoczyła się seria ataków terrorystycznych.

4 września detonacja wstrząsa pięciopiętrowym budynkiem w miejscowości Bujnaksk w Dagestanie. Rezultat: sześćdziesiąt dwie ofiary. 9 września nad ranem wylatuje w powietrze dom przy ulicy Gurianowa w Moskwie: dziewięćdziesięciu czterech zabitych, stu sześćdziesięciu czterech ciężko rannych. 13 września, też w Moskwie, też nad ranem, przy szosie Kaszyrskiej tragedia się powtarza. Ginie sto dziewiętnaście osób. Trzy dni później na południu Rosji, w Wołgodonsku, pod walącymi się od wybuchu murami znajduje śmierć siedemnastu ludzi.

Słowo „heksogen" staje się najczęściej wymienianym słowem w eterze i prasie. Ślady środka wybuchowego o tej nazwie znaleziono w resztkach worków podkładanych w piwnicach wybranych budynków mieszkalnych. We wszystkich informacjach podaje się jako pewnik, że właścicielami sklepów, do których dostarczano worki, byli Czeczeni.

Rosja w szoku. Cywile i mundurowi przeszukują strychy i piwnice. Wokół domów dyżuruje ochrona. Sprawdzane są samochody, zwłaszcza te wjeżdżające do miast. Nikt nie bierze odpowiedzialności za te akty terroru, nikogo nie złapano, ale w części mediów pojawia się proste oskarżenie: to Czeczeni.

Wielu jednak wątpi, by drogami Kaukazu, wśród gęsto rozstawionych posterunków rosyjskich wojsk, w okolicznościach wojny Czeczeni zdołali przetransportować kilogramy heksogenu i przeprowadzić tak skomplikowaną akcję.

22 września w Riazaniu zdarzyło się coś, co do dzisiaj pozostaje najbardziej chronioną tajemnicą Kremla. O dwudziestej pierwszej

dziesięć wracający do domu przy ulicy Nowosiełowa kierowca autobusu zauważa dwóch mężczyzn i kobietę, którzy przenoszą jakieś worki z samochodu do piwnicy. Zauważa też, że riazańskie numery rejestracyjne z cyfrą 62 są papierowe, doklejone. Zaalarmowana milicja tajemniczych ludzi już nie zastaje, ale w piwnicy znajduje trzy worki z heksogenem i wmontowanym zapalnikiem zegarowym nastawionym na piątą trzydzieści.

Budynek jest podobny do tych wysadzonych w powietrze: zamieszkany przez zwykłych ludzi, odległy od prestiżowych dzielnic, wielopiętrowy (dwanaście kondygnacji), z jedną klatką schodową. Na parterze – tak jak w tamtych domach – działa sklep (tu: całodobowy spożywczy), a więc uzupełnianie jego zapasów (wnoszenie worków) nie powinno wzbudzać podejrzeń. Worki złożono (podobnie jak w tamtych domach) u podstawy budynku, żeby przy detonacji rozpadł się od razu.

Obecność w workach heksogenu oraz autentyczność zapalnika amatorskiej roboty potwierdza zarówno rozmontowujący urządzenie saper, jak i naczelnik riazańskiego oddziału FSB Aleksandr Siergiejew. 1200 milicjantów, wojskowych i funkcjonariuszy riazańskiej FSB, wyposażonych w portrety pamięciowe zauważonych mężczyzn i kobiety, rusza w pościg.

Następnego dnia, 23 września, Władimir Putin na przyjęciu dyplomatycznym mówi: „Nie sądzę, żeby to była jakaś wpadka: jeśli te worki z materiałami wybuchowymi zauważono, to plus przynajmniej taki, że ludność reaguje właściwie na zdarzenia w kraju".

23 września Nadieżda Juchanowa, operatorka w centrali telefonicznej w Riazaniu, powiadamia tamtejsze FSB, co usłyszała podczas łączenia rozmowy międzymiastowej z Moskwą. Ktoś powiedział: „Zauważono nas, musimy szybko wydostać się z miasta". Na to jego rozmówca odparł: „Rozdzielcie się, niech każde jedzie inną drogą". FSB ustala, że numer w Moskwie należy do centrali na Łubiance. Riazańskim funkcjonariuszom udaje się zatrzymać dwóch mężczyzn, którzy legitymują się dokumentami FSB. Zabiera ich z Riazania oficer wysokiego stopnia przybyły z Moskwy[24].

*Putin i Patruszew przyjaźnią się od lat*

Pół godziny wcześniej, podczas obrad poświęconych walce z przestępczością zorganizowaną, Władimir Ruszajło, minister spraw wewnętrznych, oświadczył, że w pracy milicji widać postęp, gdyż „w Riazaniu zapobieżono atakowi terrorystycznemu".

Nikołaj Patruszew, szef FSB, świeżo umieszczony na tym stanowisku przez Putina, kilkanaście minut później w tym samym budynku i na tej samej konferencji stwierdził, że o terrorze nie ma mowy: „Tu nie chodzi o wybuch, nie zapobieżono żadnej eksplozji, gdyż w Riazaniu odbywały się ćwiczenia i tam był cukier". Oświadczenie to padało w czasie, gdy riazańscy milicjanci zbliżali się do miejsca przebywania domniemanych terrorystów.

Jak z tego wynika, w kraju, który miał za sobą wysadzenie w powietrze czterech domów jednego po drugim, przeprowadzano tego rodzaju ćwiczenia nie tylko bez uprzedzenia miejscowej milicji i mieszkańców (niezgodnie z przepisami o obronie cywilnej), lecz nawet bez powiadomienia ministra spraw wewnętrznych Władimira Ruszajły. Kilka miesięcy później przedstawiciel FSB pokazywał jednak w telewizji polecenie przeprowadzenia tych ćwiczeń podpisane przez tego ministra i przez naczelnika FSB Patruszewa. O ćwiczeniach nie wspominał nawet rzecznik FSB Aleksandr Zdanowicz, w tamtym czasie stale widoczny na telewizyjnych ekranach.

Do dziś nikt nie odpowiedział na następujące pytania:

Dlaczego trzeba było aż dwóch dni, aby ogłosić, że chodziło o ćwiczenia? Dlaczego wyniki ekspertyzy ładunku znajdującego się w workach, jednoznacznie wskazujące na heksogen, zabrano z Riazania do Moskwy, gdzie ślad po nich zaginął? Dlaczego – skoro w workach był cukier – w ogóle oddano je do analizy i wysadzono w powietrze na poligonie wojskowym w Riazaniu? Dlaczego rzecznik prasowy FSB twierdził, że nie umieszczono w nich prawdziwego zapalnika, tylko zwykłe bateryjki ze sklepu, jeśli i mieszkańcy, i milicyjny saper, i naczelnik FSB w Riazaniu widzieli autentyczny zapalnik? Dlaczego nie ujawniono dokumentacji planowanych ćwiczeń, a dochodzenie w tej sprawie objęto ścisłą tajemnicą? Dlaczego wreszcie Patruszew – szef FSB i bliski przyjaciel Putina – nie uprzedził premiera o zamiarze przeprowadzenia ćwiczeń przy tak napiętej sytuacji w kraju?

Riazański oddział FSB publikuje oświadczenie:

„Informacja o ćwiczeniach międzyregionalnych była dla nas zaskoczeniem, a ogłoszono ją w tym momencie, kiedy nasze siły ujawniły miejsce pobytu osób odpowiedzialnych za podłożenie ładunku wybuchowego".

Z pozwem przeciwko FSB o bezprawne prowadzenie ćwiczeń z ich udziałem występują mieszkańcy domu przy ulicy Nowosiełowa (kilkaset osób, w tym noworodki i chorzy starcy, musiało noc spędzić na ulicy). Prokuratura pozwu nie przyjmuje.

Po nieudanej operacji w Riazaniu nie wysadzono już w Rosji żadnego budynku mieszkalnego[25].

Duma nie zgodziła się na powołanie komisji śledczej. Powstała więc komisja społeczna. Jej najważniejsi członkowie zostali zabici*.

Oto dalszy ciąg operacji pod kryptonimem „Następca", z uwzględnieniem szczegółowo opracowanej chronologii zdarzeń:

---

* Więcej na ten temat zob. w rozdziale *Dobry rok 2003*.

23 września 1999 roku (czyli w dniu, kiedy miał wylecieć w powietrze dom w Riazaniu) prezydent Jelcyn podpisuje Dekret o środkach podwyższenia efektywności antyterrorystycznej operacji na terytorium północno-kaukaskiego regionu FR, co przełożone na zwykły język oznacza: rozpoczynamy regularną wojnę w Czeczenii.

24 września w Moskwie odbywa się wielkie, wcześniej zaplanowane zebranie „antyterrorystyczne" z udziałem ministrów resortów siłowych, podczas którego przedstawiciele władz regionalnych odczytują swoje przemówienia, domagając się jednomyślnie „wszczęcia operacji antyterrorystycznej" w Czeczenii.

Tego samego dnia w stolicy Kazachstanu Astanie Władimir Putin wygłasza słynne oświadczenie: „Będziemy prześladować terrorystów wszędzie, jak ich na lotnisku złapiemy, to na lotnisku, i – proszę wybaczyć – jeśli w toalecie ich złapiemy, to i w wychodku ubijemy".

Po tej lotnej frazie już nikt nie pyta, kto to jest Putin.

Jego notowania szybują w górę.

Premier pojawia się wszędzie: w szkołach i szpitalach, fabrykach i uniwersytetach, jednostkach wojskowych i gospodarstwach wiejskich. Młody, sprawny, gibki, szybki. Po ociężałym Jelcynie, wiecznie „pracującym nad dokumentami", jest jak ożywczy podmuch wpuszczony do zatęchłego pomieszczenia. Zawsze otacza go pokaźna świta i operatorzy ORT, głównego kanału telewizyjnego odbieranego w każdym domu od Bugu do Nachodki. Putin staje się gwiazdą telewizyjną.

Oto w lekkiej kurtce wojskowej ściska ręce żołnierzom w Dagestanie. Wręcza im medale. I z coraz bardziej zaciętą twarzą piętnuje terrorystów na tle straszliwego kadru ukazującego, jak Czeczen odrąbuje głowę mężczyźnie przedstawianemu jako rosyjski żołnierz. Wniosek: tacy są Czeczeni. Nikt nie tłumaczy, co to za bandyta i dlaczego robi ten pokaz przed kamerą. Nikt nie objaśnia, skąd takie rozmnożenie się zbirów w międzywojennej Czeczenii, ani nie opowiada o potwornych torturach, od których umierali czeczeńscy mężczyźni. Telewidz słyszy natomiast zapewnienia premiera Putina, że cywilna ludność Czeczenii jest bezpieczna, bo tym razem,

„w odróżnieniu od poprzedniej wojny, armia dokonuje tylko uderzeń punktowych", czyli mierzy dokładnie w cele, jakimi są bazy bojowników.

Jest odwrotnie.

Podczas poprzedniej wojny ze śmigłowców zrzucano na cywilów bomby pojedynczo, teraz wykonywano naloty dywanowe. Po pierwszym – w miejscowości Elistanża – pozostały szkielety niektórych domów albo same gruzy. I czterdzieści osiem podłużnych białych tobołków ze zwłokami przygotowanymi do pochówku. Czeczeni zawijają zmarłych w białe prześcieradła. Niedługo prześcieradeł zabrakło.

Lotnicy wiedzieli dokładnie, na jakie obiekty zrzucać bomby, a jakie omijać. Podczas nalotu na Urus-Martan nietknięte zostały siedliska braci Achmedowów, królów porywaczy, a w miejscowości Ałchan Kała nawet odłamek nie spadł na rodzinny dom Arbiego Barajewa.

„Opowiadanie Libkchan Bazajewej, wiceszefowej Memoriału w Nazraniu:

To było w Szali, zaraz na początku drugiej wojny, w październiku 1999 roku. Bomba spadła na bazar, kiedy stamtąd odchodziłam. Uratowało mnie tych kilka już przebytych metrów. Usłyszałam huk i świst. Nie wiem, dlaczego nie uciekłam. Nogi wrosły w ziemię. Zamknęłam oczy. Czekałam na śmierć. Nagle – cisza. Może mi się tylko wydawało. Potem straszliwy ryk. Ryczeli ludzie. Ryczały krowy. Otwarłam oczy. Parę metrów przede mną kłębowisko ciał. Ludzkich i zwierzęcych. Wnętrzności. Krew chlupiąca pod nogami.

I wtedy zobaczyłam ją. Kobietę bez głowy. Z wielkim brzuchem. Brzuch się rusza. Dziecko się rusza. Żywe dziecko. Pobiegłam po lekarzy. Szpital obok. »Ratujcie przynajmniej dziecko!«. Pamiętam oczy lekarki. Wielkie. Białe. Chyba miała niebieskie oczy, ale jakby martwe, nieruchome. »Tak, tak« – powiedziała. I zemdlała. Spieszę się. Za chwilę dziecko się udusi. Szarpię za rękaw pielęgniarkę, która usiłuje komuś dopasować oderwaną rękę. Wyrywam jej tę rękę, odrzucam. I tak nikt jej nie przyszyje. Zbombardowano też szpital.

Ciągnę pielęgniarkę, która porywa torbę z narzędziami. Lekarkę polewam wodą. Otwiera oczy. Ciągnę ją z całej siły [...]. I one obie, tam na rynku, wśród trupów i wyjących rannych, rozcięły brzuch kobiecie bez głowy i wydobyły niemowlę, zanim się udusiło.

Ten chłopczyk chodzi dziś po Szali i mówi: »Jestem sierotą, zupełnym sierotą«.

Bo ojca też mu wtedy na bazarze zabito"[26].

21 października 1999 roku. Grozny. Bazar. Kiedyś spod stołów sprzedawano tu wódkę. Teraz o nią trudniej, za to żywności w bród, no i jak zwykle mnóstwo ubrań, garnków, leków oraz wszelkich bazarowych różności. Ciepłych pasztecików z serem lub mięsem też. Zainap Gaszajewa i Fatima Usmanowa z organizacji Echo Wojny właśnie po te paszteciki tu przyjechały. Cały dzień krążyły po dzielnicy Kalinina, na którą wczoraj spadły dwie bomby kasetowe (jedna na meczet w godzinie wieczornej modlitwy), i dokumentowały skutki, liczyły ofiary śmiertelne i rannych, a teraz chciały coś zjeść. Gdy podjeżdżały do bazaru, usłyszały dziwny dźwięk, jakby dzwonów, który narastał, aż stał się nie do wytrzymania. Potem zapadła cisza, a na niebie pojawiła się długa ogromna rura. Wyleciał z niej balon, czerwony jak zachodzące słońce. Niebo poczerwieniało. Rozległ się huk niczym gromu. Balon się rozerwał. Sekunda i paręnaście metrów dalej kobiety zobaczyły ludzi bez głów, rąk, nóg, z wylewającymi się jelitami. Przechodnie, handlarze, kupujący – wszyscy padali jeden na drugiego. Martwi na żywych, żywi na czyjeś jeszcze się ruszające kadłuby.

Zainap i Fatima nie słyszały krzyków ani jęków, widziały tylko otwierające się usta i wykrzywione twarze. Razem z kierowcą rzuciły się na pomoc. Krwi było po kostki. Zabrali kobietę z oderwaną ręką i pojechali do najbliższego szpitala. Z bagażników podjeżdżających samochodów wystawały kończyny jak fragmenty manekinów. Podłogi w salach i korytarzach były śliskie od krwi. Wśród umierających miotali się lekarze. W tym samym czasie, gdy jedna rakieta spadła na bazar, inna wylądowała przed szpitalem położniczym, skąd dowożono tu okaleczone kobiety i noworodki[27].

„Na przystanku przy bazarze stał żółty autobus pełen ludzi. Oprócz jednej kobiety, maleńkiego chłopca i kierowcy wszyscy martwi. Wyciągano ich i układano na schodach szpitala. W szpitalu brakowało już miejsc, zajęte były korytarze i schody. Pielęgniarki prosiły, żeby jechać do innych szpitali, ale tam było niewiele lepiej”[28] – opowiadała Malika Janusowa.

Na bazarze zginęło wtedy sto pięćdziesiąt siedem osób. Rannych było kilkaset. Ile z nich zmarło – nikt nie liczył.

Następny dzień obfitował w różnorodne wyjaśnienia urzędników, najczęściej zaprzeczające jakimkolwiek wybuchom w Groznym. Tylko w opozycyjnej telewizji NTW generał Władimir Szamanow, dowódca ugrupowania Zachód, przyznał, że eksplozje w Groznym to efekt uderzenia rakiety wysłanej przez wojsko federalne. Sprecyzował: „Najwidoczniej zastosowano środki starszego naczelnika”. „Kto ma prawo wydać rozkaz ich zastosowania?” – interesował się prowadzący program. „To nie do mnie pytanie, tylko do władz najwyższych”[29].

Odpowiedź „władz najwyższych” w osobie premiera Putina przebywającego w Helsinkach na szczycie Unia Europejska – Rosja brzmiała następująco:

„Owszem, potwierdzam, że na rynku w Groznym doszło do wybuchu. Ale chciałbym zwrócić uwagę, że był to rynek broni – tak to miejsce w Groznym się nazywa. To baza zbrojna, arsenał i siedziba dowództwa jednej z formacji bandyckich. Nie wykluczamy też, że wybuch nastąpił podczas potyczki między walczącymi ugrupowaniami”.

FSB też nie miało z tym nic wspólnego, ponieważ – jak stwierdził rzecznik prasowy tej instytucji – „nastąpiła samoistna eksplozja znajdującej się na rynku amunicji”.

Natomiast generał Rusłan Auszew, wówczas prezydent sąsiadującej z Czeczenią Inguszetii, obiektywnie stwierdził, że słychać było przelatujące rakiety, wystrzelone najprawdopodobniej z wyrzutni 58. Armii stacjonującej w Osetii Północnej. Generał dodał, że były to rakiety typu ziemia – ziemia, które w zasadzie są nośnikami broni jądrowej. Te zostały wyposażone w głowice kasetowe jakby nafaszerowane mniejszymi bombami, które wybuchając w powietrzu, wyrzucają ponad trzysta odłamków każda.

Na uruchomienie takich rakiet musiałaby wydać zgodę władza najwyższa. Najwyższą władzą w operacji antyterrorystycznej był premier Putin. Prezydent wyposażył go w nadzwyczajne pełnomocnictwa do walki z czeczeńskim terroryzmem.

W tym czasie ulubiony komentator telewizyjny Putina Michiał Leontiew* w stacji ORT oświadczył:

„Atak rakiet taktycznych na centrum Groznego to nie była barbarzyńska akcja, za jaką ją uznano na świecie. W ogóle wiadomości z Czeczenii o bombardowaniach i śmierci ludności cywilnej są właściwie optymistyczne, bo niebawem Czeczeni sami przyniosą głowy Basajewa i Maschadowa i na dodatek zapytają: »Co jeszcze mamy zrobić, żebyście przestali bombardować?«". Swój komentarz Leontiew zakończył przesłaniem, którego Putin oficjalnie powiedzieć nie mógł: Kreml przystąpił do „ostatecznego rozwiązania" kwestii czeczeńskiej[30].

Gdy premier Putin został prezydentem Putinem, okazało się po paru latach jego rządów, że żadnej eksplozji na rynku w Groznym nie było.

„W bazie danych informacji o takim zajściu nie odnotowano" – odpowiedziała prokuratura wojskowa stowarzyszeniu Za Prawa Człowieka domagającemu się śledztwa w tej sprawie.

„Ostrzał? Jaki ostrzał? O jakich bombardowaniach pani mówi? Przecież miasto jest całe, sam widziałem! Nic tam się nie działo" – usłyszała od młodego prokuratora wojskowego w 2008 roku odważna, nieoceniona działaczka na rzecz praw człowieka Natasza Estemirowa, gdy usiłowała spowodować dochodzenie w tej sprawie. Jej głos drżał, gdy mówiła mi o tym przez telefon – przecież była świadkiem tamtej tragedii, a fragmenty zgromadzonej przez siebie tuż po wybuchu dokumentacji udostępniła mi do wykorzystania w jednym z filmów[31] o Czeczenii.

* W 2014 roku Michaił Leontiew został nagrodzony przez Putina stanowiskiem wiceprezesa największego rosyjskiego koncernu naftowego Rosnieft.

Potem było już tylko gorzej.

Z bombardowanej Czeczenii uciekali ludzie. Ściślej: chcieli uciekać, ale zgodnie z nakazem dowodzącego operacją antyterrorystyczną premiera Putina granice sąsiednich republik zamknięto. Jedynie Rusłan Auszew, prezydent Inguszetii, generał, bohater Związku Radzieckiego, premierowi się nie podporządkował i granicy nie zamknął. Rosjanie zablokowali więc przejście do Inguszetii, wystawiając ogromny posterunek o nazwie Kaukaz 1. Pewnego dnia, konkretnie 29 października, ogłosili, że posterunek działa, szosa między Czeczenią a Inguszetią stanowi „korytarz sanitarny" i można nią jechać.

W drogę wyruszyły setki samochodów. Osobowe, ciężarówki, autobusy. Tłum z niewielkim dobytkiem albo i bez. Ludzie porywali, co mieli pod ręką, i uciekali przed kolejnym bombardowaniem. Nagle stop: Kaukaz 1 przestaje uciekinierów przepuszczać. Na szosie cztery rzędy samochodów stają w korku o długości dziesiątków kilometrów. Około południa nadlatują uzbrojone śmigłowce i zaczynają te samochody ostrzeliwać. Nalot trwa pół godziny. Pociski nie omijają też ciężarówek ze znakiem Czerwonego Krzyża na dachu. Po nalocie zostało wokół nich dwadzieścia pięć martwych ciał i siedemdziesięciu rannych.

Śmigłowce wracały trzykrotnie. Kto zdążył, uciekł z auta i przylgnął do drzewa, do krzewu, do ziemi. Między ostrzeliwanymi była Anna Politkowska, jedyna dziennikarka rosyjska, która przyjeżdżała do Czeczenii regularnie przez wszystkie lata „drugiej czeczeńskiej" (bywało, że przemycano ją do Republiki nawet w bagażniku) i po mistrzowsku pisała raporty do „Nowej Gaziety" na temat czeczeńskich koszmarów.

Tamten nalot tak wspominała:

„Oto one, śmigłowce. Zachodzą po raz kolejny. Zniżyły się tak, że widać ręce i twarze strzelców przy karabinach maszynowych. Niektórzy twierdzą, że nawet oczy. Ale ze strachu przesadzają. Najważniejsze są nogi niedbale wysunięte na zewnątrz przez otwarte włazy. Jakby nie przylecieli tu zabijać, tylko ochłodzić je pędem zimnego powietrza po dniu ciężkiej pracy. Te nogi są wielkie i straszne, zelówki zaraz cię rozdepczą. Lufy karabinów zaciśnięte między udami. Straszno, ale każdy chciałby zobaczyć, jak też wygląda jego morderca. Wydaje się, że ich rozśmieszamy, tak zabawnie przecież pełzamy po ziemi – stare tęgie kobiety, młode dziewczyny, dzieci... Serie z automatów świszczą wokół naszych ciał i w rytm tego poświstu ktoś zaczyna wyć. Zabity? Ranny?"[32].

Nie przerazi ten obraz rosyjskiego telewidza, bo go nie zobaczy. Ministerstwo Obrony generalnie zabroniło dziennikarzom wjazdu do Republiki, chyba że za przepustką i w towarzystwie wojskowych. Ministerstwo Prasy i Informacji zezwalało na pokazywanie w telewizji jedynie materiałów oficjalnych. Stąd też Czeczeni, druga strona konfliktu, występowali na ekranach wyłącznie w roli terrorystów i bandytów. Putin nie powtórzył błędu Jelcyna, który aprobował obecność w Republice międzynarodowych dziennikarzy przekazujących światu dramat czeczeńskich ofiar. Jelcyn tę wojnę w eterze przegrał. Świat go potępiał, Rosjanie Czeczenom współczuli, wojny nie chcieli. Współczynnik patriotyzmu niepokojąco malał, rzeczywistość przybierała różne odcienie, nie tylko bieli rosyjskich racji i czerni – czeczeńskich. Stawała się wielobarwna, skomplikowana, trudna do pojęcia. Pod rosyjskimi bombami ginęli przecież także mieszkający w Czeczenii Rosjanie. Komitet Matek Żołnierzy głośno liczył ofiary.

A teraz wszystko było proste: dobrzy Rosjanie, źli Czeczeni, więc większość telewidzów nie dziwiła się, gdy głównodowodzący operacją antyterrorystyczną premier Putin wręczał specjalne nagrody lotnikom bombardującym drogę Grozny – Nazrań, podkreślając przy tym, iż ich „sukcesy bojowe przyczyniły się do podniesienia bojowego ducha w oddziałach wojskowych biorących udział w antyterrorystycznej akcji w północnym Kaukazie"[33].

Dobro i zło na swoich miejscach, jak w czytankach radzieckich o ostatniej wojnie światowej: dobrzy Rosjanie, źli Niemcy. W ludziach rosło poczucie patriotyzmu.

Oto piękna sala Pałacu Taurydzkiego pod Petersburgiem. Wręczają nagrody za działalność społeczną. Na scenie laureatka, starsza kobieta w czarnej sukni, prezeska stowarzyszenia Petersburscy Kadeci, mówi:

„Jestem dzieckiem wojny. Ostatnim pociągiem udało się nam wyrwać z oblężonego Leningradu. Bombardowali nas, ostrzeliwali. To było straszne. Jedna wychowawczyni wyprowadziła dzieci z pociągu, nad którym krążył messerschmitt, i powiedziała: »Dzieci, podnieście rączki, pomachajcie, wujek lotnik zobaczy, że jesteście dziećmi, i nie będzie strzelać«. A »wujek« zobaczył małe dzieci z przedszkola, zniżył lot i wystrzelał wszystkie. Padały jak skoszone snopki. Zobaczyłam krew, usłyszałam jęk. Oto obraz wojny. Mam nadzieję, że nasza młodzież nie dopuści do takich okropieństw"[34].

Ta kobieta to znana nam już Wiera Dmitrijewna Guriewicz, której ulubionym wychowankiem był Wołodia Putin. „Jego" czeczeńska wojna zabiła ponad 30 tysięcy dzieci. Kalek nikt nie zliczy. Podobnie jak tych dzieci, które umarły, gdy Putin zarządził zamknięcie posterunku Kaukaz 1 na trzy doby. Akurat spadł śnieg. Zrobiło się mroźno. Dla słabych nie było ratunku. Kilkoro dzieci zmarło z powodu zapalenia płuc. Zmarła też wraz z noworodkiem rodząca w tych warunkach Malika Jusupowa. Jej mąż zawrócił do Czeczenii i poszedł wojować w góry, choć jaki tam z niego wojownik, jeśli całe życie był nauczycielem?

6 grudnia 1999 roku mieszkańcy Groznego usłyszeli „ultimatum Putina" – że mają wszyscy opuścić miasto w ciągu pięciu dni. Ci, którzy tego nie uczynią, zostaną potraktowani jak terroryści i bandyci. Użyje się wobec nich artylerii i lotnictwa. Ponieważ doradcy głównodowodzącego stwierdzili, że ludność nie zdoła się do rozporządzenia zastosować, Putin wprowadził zakaz wyjazdu z Czeczenii i wjazdu do niej mężczyzn w wieku od dziesięciu do sześćdziesięciu lat. Bo to terroryści... Na ulicach rozpoczęły się łapanki chłopców i mężczyzn, którzy potem przepadali bez śladu. Mieszkańcy bombardowanego miasta przenieśli się do piwnic.

Tamtej jesieni 1999 roku w telewizji ORT trwał nieprzerwany spektakl jednego aktora. Posłuchajmy, co on mówił:

„Nie mamy nic do ukrycia. Bandyci napadli raz i drugi, więc ich wybiliśmy. Jest jasne, że dopóki nie zlikwidujemy ich baz, to się nigdy nie skończy. Powtarzam: atakujemy tylko bazy terrorystów.

Daliśmy przy tym możliwość przedstawicielom międzynarodowych organizacji poruszania się po Czeczenii wszędzie, gdzie chcą. No ale wiecie, jak to się skończyło... Pracowników Czerwonego Krzyża, w tym kobiety z Norwegii, zastrzelili za to, że obok znaku Czerwonego Krzyża nie było Czerwonego Półksiężyca"[35].

I oto scena z 1996 roku, odegrana wówczas – przypomnijmy – przez kadrowego pracownika KGB–FSB Adama Denijewa, wskakuje po latach na właściwe miejsce do scenariusza. Telewidzowie być może przypomną sobie grozę tamtego zdarzenia, a że nie znają szczegółów, w logiczny ciąg im się ułożą niezaprzeczalne dowody bandytyzmu Czeczenów. Putin dobrze o tym wiedział. Wiedział też, że może kłamać bezkarnie. „My nie napadamy. My się bronimy. A kiedy daliśmy im potężnie w zęby, to wysadzili domy w Moskwie, w Bujnaksku, w Wołgodonsku"[36] – mówił do dziennikarzy, zapewniając przy tym, że decyzję o przedłużeniu operacji w Czeczenii podjął dopiero po tych eksplozjach. Kłamał, nie licząc się nawet z tym, że opozycyjna wobec kremlowskiej telewizja NTW pokazywała już od połowy lata wojskową bazę w miejscowości Chankała pełną żołnierzy 58. Armii, kolumny rosyjskich czołgów sunących w kierunku Czeczenii i niemal zmiecione (wskutek bombardowań) z powierzchni ziemi domy w Elistanży.

Co więc odpowiedział Putin na dziennikarskie pytania o to, czy wysadzanie domów nie miało usprawiedliwić rozpoczęcia wojny z Czeczenią i czy to aby nie robota rosyjskich służb specjalnych? „Bzdury! Łżą jak psy! Nie ma w rosyjskich służbach specjalnych ludzi, którzy byliby zdolni do takiego przestępstwa przeciw swojemu narodowi. Już samo takie przypuszczenie jest niemoralne i w istocie oznacza nic innego jak wojnę informacyjną przeciwko Rosji"[37].

Do „niemoralnych przypuszczeń" skłaniało jednakże wiele okoliczności. Choćby wypowiedzi prędkiego w słowach Bieriezowskiego, rzucane wtedy, gdy czuł się jeszcze potężnym kreatorem rzeczywistości, któremu łaskawie zezwolono wykazać swoją użyteczność w projekcie „Następca". Achmied Zakajew wspomina, że w 1998 roku Bieriezowski w rozmowie z nim stwierdził: „Wy przecież jesteście w stanie domy z ludźmi wysadzać"[38]. Z kolei dwóch zachodnich dziennikarzy, powołując się na anonimowe źródła, zapowiedziało istotne dla Rosji zdarzenia z dwumiesięcznym wyprzedzeniem. Jan Blomgren, korespondent szwedzkiego dziennika „Svenska Dagbladet", 6 czerwca 1999 roku napisał, że jedną z opcji rozważanych przez Kreml i jego współpracowników jest „przeprowadzenie w Moskwie bombowych zamachów terrorystycznych, które można by przypisać Czeczenom"[39]. Drugi, Giulio Chiesa, korespondent włoskiej „La Stampy", napisał w „Litieraturnoj Gaziecie", iż „terrorystyczne metody działania mogą posłużyć nie tylko grupom buntowników, lecz także rządom"[40]. Sophie Shihab z kolei, niesłychanie odważna korespondentka „Le Monde", która nie raz i nie dwa zapuszczała się do wojennej Czeczenii, wspominała młodego francuskiego biznesmena, który utrzymywał bliskie kontakty z Bieriezowskim. Pewnego dnia we wrześniu 1999 roku przerażony stwierdził: „Boris zapowiedział kolejne ataki. On oszalał. To już koniec. Nie chcę mieć z nim więcej do czynienia. Pewnie wydaje mu się, że wywołując chaos, zdoła wynieść swojego silnego kandydata do władzy"[41].

Do najbardziej spektakularnych dowodów należy stenogram numer 281 z zamkniętego posiedzenia Rady Dumy. Dowiadujemy się z niego, że 13 września 1999 roku przewodniczącemu obradom Giennadijowi Sielezniowowi doręczono notatkę, którą zaraz odczytał: „Oto podają mi tu jeszcze informację: według komunikatu z Rostowa nad Donem dzisiaj w nocy wysadzono dom mieszkalny w mieście Wołgodonsk"[42].

Wołgodonsk? Dlaczego Wołgodonsk, jeśli tego dnia nad ranem wyleciał w powietrze dom w Moskwie, przy szosie Kaszyrskiej? Dom w Wołgodonsku – jak wcześniej wspomniano – wyleciał w powietrze trzy dni później, 16 września. Następnego dnia Władimir Żyrinowski, przewodniczący frakcji dużej nacjonalistycznej partii (LDPR), we właściwy mu wrzaskliwy sposób zwrócił się do przewodniczącego Dumy Sielezniowa: „Pan nam w poniedziałek powiedział, że wysadzono dom w Wołgodonsku. Trzy dni przed wybuchem! To prowokacja czy co?! Trzy dni czekamy i nic się nie dzieje, a trzeciego dnia dom wylatuje w powietrze! Co to właściwie jest?"[43].

Żyrinowski pieklił się jeszcze chwilę, jakiś generał krzyczał, że to deputowany jest głównym wrogiem Rosji i trzeba go rozstrzelać. Powstało zamieszanie. Ciągle domagającego się odpowiedzi Żyrinowskiego deputowani pozbawili głosu na miesiąc. A wszystko to można było oglądać w transmisji telewizyjnej na żywo, bo takie to jeszcze wtedy były czasy.

Wręczenie przewodniczącemu Dumy notatki o wybuchu, który miał nastąpić dopiero za trzy dni, mogło być pomyłką. Najprawdopodbniej jednak nie popełnił jej pomocnik Sielezniowa o nazwisku Lach, wieloletni agent FSB, lecz ci, którzy mu tę notatkę wręczyli[44]. A jeśli to nie była pomyłka? Może usłyszawszy wcześniej o planach FSB, Sielezniow celowo skierował podejrzenia na FSB i Putina, chcąc mu odpłacić za dziwne zabójstwa swoich przyjaciół w Petersburgu rok wcześniej? Nie ma to zresztą dla tej sprawy znaczenia. Ważne, że taka notatka w ogóle istniała i że we wrześniu 1999 roku FSB miało grafik aktów terrorystycznych.

A co w tym czasie działo się z generałem Szpigunem? Jego porwanie potraktowano przecież jako jedną z przyczyn „operacji antyterrorystycznej". Wobec tragedii setek ludzi i ogólnonarodowej paniki jedno zagubione gdzieś w górach życie straciło na znaczeniu. Do tematu poszukiwań generała wracano coraz rzadziej, z poczuciem narastającej beznadziei. Ponoć Basajew przetrzymywał go w Urus-Martanie, ponoć był w Gruzji, ponoć w Turcji. Ponoć szukało go wojsko, milicja i FSB. Agencja ITAR-TASS przekazała na przykład oświadczenie „wysoko postawionego źródła", że „na początku antyterrorystycznej operacji przeprowadzono nieudaną próbę oswobodzenia Giennadija Szpiguna. Trzech członków jego ochrony zastrzelił jeden z dowódców polowych"[45].

Wszystko to kłamstwa. Nie tylko nie podjęto żadnych standardowych działań w celu uwolnienia generała, lecz także jak twierdzi zaangażowany w poszukiwania zakładników korespondent wojenny „Nowej Gaziety" Wiaczesław Izmajłow, „kierownictwo MSW faktycznie zabroniło czeczeńskiej milicji zajmować się uwolnieniem Szpiguna. Los generała nie interesował ani ministra MSW, ani jego ludzi"[46]. O okupie rozmawiano krótko i niechętnie, podobnie jak o wymianie na któregokolwiek z dowódców polowych, chociaż wcześniej minister spraw wewnętrznych Ruszajło nie raz się na taką wymianę godził.

Czyżby generał był potrzebny jedynie jako element powracającej w mediach na czas kampaniii wyborczej propagandy czeczeńskiego barbarzyństwa? Rodzinie nawet nie wspomniano, że bandyci znacznie obniżyli swoje żądania. Może sama postarałaby się o środki na wykup?

Aż pewnego marcowego dnia 2000 roku, tuż po wyborach prezydenckich, gdy nowy gospodarz wszedł już na Kreml, generał przypadkowo się znalazł. Niemiecki dziennikarz czasopisma „Süddeutsche Zeitung", przemycany do Czeczenii przez rosyjskiego dziennikarza Aleksieja Szwedowa, natrafił na Szpiguna wysoko w górach. „Może chcecie zobaczyć generała?" – zapytało dziennikarzy kilku pijanych Czeczenów. Chcieli. Z przydrożnej rury wystawały nogi. Nie żył. Prezentował się nieźle, nie był wygłodzony, nie nosił śladów pobicia. Albo znudzona banda, straciwszy nadzieję na jakiekolwiek pieniądze, po prostu uderzyła go w głowę tak, by nie zostawić śladu, albo – przy czym upierali się Czeczeni – generał zmarł na zawał serca. Niemiec przesłał sensacyjną informację do swojej gazety.

Zrobił się skandal. W rosyjskich mediach pojawiła się wersja, jakoby dzielny generał żył, uciekł z niewoli i ukrywał się w górach. Ponieważ jednak Niemiec niczego takiego w swojej gazecie nie napisał, wyszło niezręcznie. „Znalezienie Szpiguna, jak widać, nie leżało w niczyich planach – stwierdza Aleksiej Szwedow. – W dzień po publikacji w »Süddeutsche Zeitung« Putin utrzymywał, że »żadnych dowodów na to, że Szpigun to Szpigun, nie ma. Znaleziono mężczyznę, i tyle. Co ma do tego Szpigun?«. Gdy wojskowy samolot przyleciał po ciało, mundurowi zaprzeczali, że należy ono do generała. Zwłoki odesłano do Rostowa w celu identyfikacji, choć nie wiadomo po co, bo nawet ci, którzy znali generała tylko z fotografii, mogli stwierdzić, że to on"[47]. Nie żył najwyżej od trzech dni. Okazało się zresztą, że w Rostowie generała nie było. Po kolejnych paru miesiącach oznajmiono, że ekspertyza potwierdziła jego tożsamość. Władze nadal utrzymywały, że porywacze żądali 5 milionów dolarów. „Było dla mnie jasne – konkluduje Aleksiej Szwedow – że ze Szpiguna uczyniono jeszcze jedną ofiarę Putinowskiej kampanii wyborczej"[48].

Czeczeni – naród mały i nieszczęsny, ciągle budujący od nowa, na zgliszczach po poprzedniej hekatombie. Naród ceniący piękne zasady, wśród których najważniejszy jest honor, i starający się ich przestrzegać w sprzyjających okolicznościach. Ale tych szczędził im los. Kiedyś zdrada stanowiła zbrodnię najcięższą. Lecz wojny nie rodzą aniołów. Deprawują. Gdy nacisk przeciwności nie ustaje, deprawują coraz łatwiej i coraz bardziej.

Aukai Collins, Amerykanin, który walczył w szeregach bojowników jeszcze w okresie poprzedniej wojny czeczeńskiej, po powrocie z Czeczenii wydzielającej trupi odór pisał: „Wiele zmieniło się od czasu mojej pierwszej podróży do tego miejsca [...]. Nawet w naszych własnych szeregach pojawiło się wiele podejrzeń i nieufności. W grudniu 1999 roku czuło się, że w powietrzu wisi zdrada"[49].

Przeciętny Czeczen, zapytany wprost o zdrajców, zrobi unik, zmieni temat. Bo w tamtej wojnie, tej pierwszej, wydanej przez Jelcyna, wszystko było inne, jednoznaczne. Niektórzy, jak Szamil Basajew, wyrośli na bohaterów, inni, jak Doku Umarow, Achmad Kadyrow czy nawet Arbi Barajew, też się dobrze zapisali. Jednakże ich późniejsza historia stanowi jeszcze jeden dowód, iż najmocniejszą i niedocenianą stroną rosyjskiej polityki – tak wewnętrznej, jak i zagranicznej – są służby specjalne. W Czeczenii rzuciły do gry ogromne pieniądze i takież obietnice przyszłych stanowisk. Było czym karmić chciwość i bezgraniczną ambicję, zwłaszcza że z watażką Barajewem czy ideologiem wahabizmu oraz specem od porwań Mowładim Udugowem spotykali się osobiście, wcale tego nie skrywając, a to ówczesny minister spraw wewnętrznych Rosji, wcześniej zaś szef Federalnej Służby Kontrwywiadu (FSK, zamienionej potem na FSB) Siergiej Stiepaszyn, a to minister spraw wewnętrznych Władimir Ruszajło.

Arbi Barajew – porywacz Własowa, Szpiguna, Anglików, Nowozelandczyka i wielu innych na tyle ważnych osób, by częste telewizyjne informacje o ich poszukiwaniach podtrzymywały niechęć do Czeczenów – został zwerbowany w 1997 roku przez agenta FSB Junusa Magomiedowa. Barajew pochodził z Ałchan-Kały, Magomiedow z sąsiedniego Ałchan-Jurtu. Magomiedowa zwerbował oficer kadrowy oddziału specjalnego z Nazrania (w sąsiedniej Inguszetii), który służył w wojskach pogranicza. Wykorzystując legitymację służbową funkcjonariusza FSB, Magomiedow przewoził Barajewa przez gęstą sieć posterunków wojskowych. Od pewnego momentu Barajew jeździł już sam. Żołnierze na posterunkach mu salutowali. Był okrutny i dla Czeczenów, i dla Rosjan, ale to nie powstrzymywało rosyjskich urzędników najwyższego szczebla przed utrzymywaniem z nim kontaktów. Wiosną 1999 roku w prestiżowej alei Marszałka Kutuzowa w Moskwie, w pobliżu zajmowanego przez Barajewa mieszkania, kilkakrotnie widziano samochód Aleksandra Wołoszyna, dyrektora Administracji Prezydenta.

(Wybiegając w przyszłość, do czerwca roku 2000, powiedzmy, że pierwszą czeczeńską szahidką, która wysadziła się w powietrze, była szesnastoletnia Chawa Żansurkajewa, kuzynka Barajewa, który sfilmował amatorską kamerą jej przygotowania do śmierci najpierw w domu, potem jazdę rozpędzoną ciężarówką na posterunek, wreszcie wybuch i jego krwawy finał. Taśmę z nagraniem oddał szefom z FSB).

Arbiego Barajewa zabito w czerwcu 2001 roku. Jeśli wierzyć szefowi FSB Nikołajowi Patruszewowi, nastąpiło to w wyniku „największej w tamtym roku operacji specjalnej rosyjskich służb". Tak czy inaczej, zbombardowano pół wsi, unicestwiając „siedlisko terrorystów". Wysoko postawieni opiekunowie widocznie doszli do wniosku, że oferowany przez Barajewa rodzaj usług już nie będzie potrzebny. Toczyła się wojna, porwania jako antyczeczeński element propagandowy straciły aktualność, świadka należało się pozbyć. Inna wersja mówi, że rozprawili się z nim sami Czeczeni.

Z Szamilem Basajewem już nie poszło tak prosto. Bo łatwo o nim powiedzieć „agent", ale dla Czeczenów przecież bohater, heros, o którym układano pieśni w czasie pierwszej wojny czeczeńskiej (grudzień 1993 – wrzesień 1996). Wcześniej jednak (czego ci od pieśni zapewne nie wiedzieli) rosyjski wywiad wojskowy (GRU) uczył go dywersji w bazie 345. Pułku Komandosów. Toczyła się wtedy wojna Abchazji z Gruzją i walczyć po stronie Abchazji – jak to czynił Basajew – znaczyło tyle, co walczyć po stronie Rosji, która niszczyła wybijającą się na niezależność Gruzję.

Skąd Basajew się wziął w GRU? W listopadzie 1991 roku, zaraz po ogłoszeniu przez Jelcyna stanu wojennego w Czeczenii (odwołanego po dwóch dniach), czterech Czeczenów w geście protestu, chcąc zwrócić uwagę świata na dramat Czeczenii, porwało do Turcji samolot z miejscowości Mineralne Wody na Kaukazie. Był między nimi dwudziestosześcioletni Szamil Basajew. Tak dostał się na listę osób ściganych przez służby specjalne. Najprawdopodobniej wtedy przystał na współpracę. Być może zaspokajała jego ambicje przywódcze.

Latem 1992 roku Abchazja, jedna z gruzińskich prowincji, zaczęła się domagać niepodległości. Wybuchła abchasko-gruzińska wojna (jak wszystkie wojny wewnętrzne zwana eufemistycznie konfliktem), w której Abchazję nieoficjalnie wspierała Rosja. Latem tamtego roku rosyjska straż graniczna zatrzymała dowodzony przez Szamila Basajewa oddział czeczeński zmierzający w stronę Abchazji. Z Moskwy przyszedł rozkaz: „Przepuścić!". Niebawem stało się oczywiste, że nad tak zwanym batalionem abchaskim (który wsławił się szczególnym okrucieństwem) czuwał, zbroił go i zabezpieczał Główny Oddział Wywiadowczy Sztabu Generalnego Federacji Rosyjskiej w porozumieniu z Federalną Służbą Kontrwywiadowczą (FSK) i kierownictwem rosyjskiego MSW.

Generał KGB ZSRR Jurij Drozdow, wieloletni szef kierownictwa wydziału C (wydział tak zwanych nielegalnych, czyli pracowników wywiadu pracujących pod przykrywką), potwierdził, iż Basajew był jednym z dowódców specjalnych oddziałów wywiadu wojskowego. „Tak, to prawda, ta informacja to nie żaden wymysł, lecz fakt"[50] – oświadczył w wywiadzie udzielonym portalowi Fontanka. W rozmowie z autorką ani generał Auszew, prezydent Inguszetii, ani generał Lebied' nie skrywali agenturalnych powiązań Basajewa[51]. Nawet były dyrektor Federalnej Służby Kontrwywiadu (w 1995 roku przekształconej w FSB) Siergiej Stiepaszyn przyznał, że „podczas konfliktu abchaskiego Szamil Basajew współpracował z jedną z rosyjskich służb"[52].

Basajew twierdził, że wszystko to bzdura, w żadnej bazie GRU nie ćwiczył, po prostu dlatego, że „Czeczenów tam nie brali"[53].

Był Basajew agentem czy nie był? Czy to rzeczywiście takie ważne? Ważne, bo największe zamachy terrorystyczne – ten w Dubrowce podczas spektaklu *Nord-Ost* i w Biesłanie* – przeprowadzono w szczególnie dogodnych dla prezydenta Putina momentach. Podobnie jak wspomniany atak na Dagestan. Czyżby więc najsławniejszy terrorysta czeczeński, figurujący na ONZ-owskich i unijnych listach terrorystów, uzgadniał swoje akcje z mocodawcami z GRU i FSB kierowanymi przez Administrację Prezydenta? Nie byłoby w tym nic oryginalnego: terroryści z niemieckiej Frakcji Czerwonej Armii (Rote Armee Fraktion – RAF) czy włoskich Czerwonych Brygad (Brigate Rosse), szalejący po Europie lat sześćdziesiątych minionego wieku, byli prostym zakończeniem sieci tkanych na Kremlu i Łubiance. Ich akcje jednak nie wpływały na losy narodów tak bezpośrednio, jak w Rosji Putina, gdzie przez lata umacniały jego międzynarodowe znaczenie jako głównej siły zdolnej pokonać terroryzm.

Czym innym niż opieką specjalną można tłumaczyć swobodę przemieszczania się Basajewa nie tylko po Czeczenii, lecz także po całym północnym Kaukazie w czasie zajadłej „operacji antyterrorystycznej"? Posterunki gęsto rozstawione, wszędzie legitymują, a jego nikt nie zauważa? W roku 2003 (a więc rok po zamachu terrorystycznym w Dubrowce, do którego organizacji się przyznał) przez dwa miesiące spokojnie sobie mieszkał w miejscowości Baksan w Kabardo-Bałkarii, a przeprowadzona wreszcie akcja jego schwytania planowo się nie powiodła[54].

---

* Więcej na ten temat zob. w rozdziale Nord-Ost, *czyli atak na teatr Dubrowka w Moskwie*.

*Styczeń 1997 roku. Grozny. Basajew w zaimprowizowanym domu dziecka, któremu pomagał finansowo. Pierwsza od lewej autorka*

Terrorysta Basajew napisał *Knigu mudżahida* (Księgę mudżahedina), wzorując się na *Podręczniku wojownika światła* Paulo Coelho. Układał też wiersze. Po czeczeńsku. Częściej jednak po rosyjsku. I stworzył pojęcie „rusizm". Co to takiego, tłumaczył w liście przekazanym na ręce Putina: „Wasze wielkoruskie marzenie polega na tym, by siedząc po uszy w łajnie, zaciągnąć tam wszystkich innych. To właśnie jest rusizm"[55].

10 lipca 2006 roku we wsi Ekażewo w Inguszetii wyleciała w powietrze naładowana materiałami wybuchowymi ciężarówka. Znalezione szczątki przypisano Basajewowi, chociaż żadna ekspertyza tego nie potwierdziła. FSB podało informację, iż Basajewa rozpoznano po brodzie. Czy można stwierdzić, czyja to broda, jeśli twarzy brak, a także bliskich krewnych (wszyscy zginęli), którzy byliby pomocni przy ustalaniu DNA? Śmierć Basajewa okazała się równie tajemnicza jak jego życie, ale fakt pozostaje faktem: Basajew zniknął. Szef FSB Nikołaj Patruszew likwidację Basajewa przedstawił jako wielki sukces rosyjskich służb. Czeczeni upierali się przy wersji przypadkowej eksplozji spowodowanej nieostrożnym

*Terrorysta numer 1 Szamil Basajew. Był agentem rosyjskich służb specjalnych czy nie był?*

obchodzeniem się z materiałem wybuchowym. Wielu było tego dnia w żałobie. W ukryciu. Otwarcie nie przyznał się do żałoby nikt.

Sierpień 1999 roku. Moskwa. „Biały Dom" - Urząd Rady Ministrów na Krasnopriesnienskim Wybrzeżu. Do gabinetu nowego premiera Putina wchodzi Bieriezowski. Pierwsze, co widzi, to popiersie Feliksa Dzierżyńskiego na biurku. To samo, które stało na dyrektorskim biurku Putina w FSB. „Nabrałem wtedy co do niego wątpliwości"[56] - powiedział znajomemu dziennikarzowi Bieriezowski. Dziwne, że wcześniej nie zauważył tablicy ku czci Jurija Andropowa, bezwzględnego szefa KGB, uroczyście umieszczonej przez Putina na głównym gmachu dawnego KGB, gdy tylko się tam zadomowił.

Mimo to Bieriezowski nadal uparcie robił wszystko, by z wielbiciela „Krwawego Feliksa" zmajstrować prezydenta. Niemal samodzielnie sfinansował mającą go wspierać partię o miłej dla rosyjskiego ucha nazwie Miedwieď (z czasem zamienionej na Jedinstwo, a potem na Jedną Rosję), a na jej czele postawił bardzo popularnego człowieka, znanego wszystkim „ministra od sytuacji nadzwyczajnych", czyli powodzi, pożarów i innych klęsk żywiołowych, a w tamtym czasie dobrodzieja uchodźców w Inguszetii, bo jego resort stawiał im namioty - małomównego Siergieja Szojgu, który - o czym była tu już mowa - za kilkanaście lat, jako minister obrony, posłał rosyjskie czołgi na Ukrainę. Przedstawiciele Zachodu okazali się równie bezradni wobec agresji, cynizmu i kłamstw Kremla względem Czeczenii w 1999 roku jak w 2014, gdy chodziło o Ukrainę, międląc w ustach te same frazesy o „głębokim zaniepokojeniu" i te same „wezwania do zaprzestania".

Rok 1999: „Wyrażamy głębokie zaniepokojenie agresywnymi działaniami rosyjskiej armii w Czeczenii" – powiedział fiński premier Paavo Lipponen premierowi Putinowi podczas szczytu Unia Europejska – Rosja w Helsinkach. I dodał: „Po niedawnych atakach na cywilne obiekty wzywamy rząd Rosji do zaprzestania eskalacji konfliktu i rozpoczęcia politycznego uregulowania. Wojskowe działania uważamy za nieefektywne"[57].

Rok 2014: „Jesteśmy bardzo zaniepokojeni ostatnimi wydarzeniami i doniesieniami o tym, co dzieje się w prowincjach Ukrainy. Powtarzamy nasz apel do Rosji, by natychmiast zaprzestała jakiejkolwiek formy wrogości na granicy, w tym przepływu broni, sprzętu i personelu wojskowego z Rosji na Ukrainę"[58] – to Catherine Ashton, wysoki przedstawiciel Unii Europejskiej do spraw zagranicznych i polityki bezpieczeństwa.

Tymczasem Putin, wysyłając na ludzi czołgi, wozy pancerne, wyrzutnie rakietowe i uzbrojone śmigłowce, zawsze z tym samym nieobecnym spojrzeniem wodnistoniebieskich oczu powtarzał w 1999 roku, że „Rosja nie rozwiązuje problemów politycznych drogą wojny, a status Czeczenii będzie uregulowany tylko w procesie pertraktacji"[59], w 2015 roku zapewniał z kolei, że „Rosja nie załatwia problemów politycznych drogą wojny i nie widzi alternatywy dla pokojowego rozwiązania na Ukrainie"[60]. Podczas gdy to mówił, na obu wszczętych przez niego wojnach ginęli tysiącami ludzie różniący się co najwyżej kolorem skóry. Ci w Czeczenii na ogół mieli ciemniejszą karnację.

Listopad 1999 roku. Miejscowość Karabułak, Inguszetia. Bart – największy z czterech obozów dla prawie 300 tysięcy uchodźców. Ogromny namiot, duszny od zapachu maszynki spirytusowej, małego żeliwnego, ogrzewanego drewnem piecyka i zapachu jedzenia. Mówi czterdziestoparoletnia Zura Magomiedowa, twarz szara, ściągnięta, pod oczami głębokie sińce, głowa lekko drży.

„Najgorszy jest ten świst, ciągle go słyszę, narastający, świdrujący, dudniący, przeszywający każdą tkankę, przed którym nie masz dokąd uciec […]. Siedzisz w piwnicy – jeśli masz piwnicę – i słyszysz, i chciałabyś zatkać uszy rękami, ale zatykasz uszy dzieciom.

Obóz „Bart", listopad 1999 roku

Namiot duszny od zapachu maszynki spirytusowej,
ogrzewanego drewnem piecyka…

A potem już tylko straszny huk, gruchot, rumor, łomot, brzęk szkła. I ogień. W płomieniach cały dom. Od razu cały, jakby go benzyną oblano. Płonie wszystko, co żywe. Potem wycie. Ludzi, krów. Miotające się w tym wszystkim dzieci. Siostrzenica Lejla, lat jedenaście, gdy zobaczyła oderwaną głowę matki, zaczęła fikać koziołki i wydawać dziwne dźwięki. Tak wytoczyła się na drogę. Tam zesztywniała. Tego dnia, a było to 27 albo 28 września, pochowaliśmy osiemnaście osób. Rannych dzieci było z dziesięcioro".

„Tylko do 10 października zbombardowano i ostrzelano z granatników oraz wyrzutni Grad: Grozny, Gudermes, Argun, Samaszki, Sierżen-Jurt, Zandak, Wiedieno, Nożaj-Jurt, Benoj, Zamaj-Jurt, Prawobrzeże, Keń-Jurt, Naur, Stanicę Naurską, Garagorsk" – wyliczają mężczyźni głosem sprawozdawców wojennych, przekonani, że każdy wie, co to granatnik albo wyrzutnia Grad. Plująca granatami rura albo ogromna skrzynia wyrzucająca naraz czterdzieści rakiet, jak pół drzewa każda, a wszystkie lecą na twój dom. To te wyrzutnie, o których ulubiony zespół prezydenta ułożył piosenkę z refrenem: „A w czystym polu wyrzutnia Grad, za nami Putin i Stalingrad…".

„Grzebać zmarłych musieliśmy nocą – mówią mężczyźni – choć obrządek wymaga, by pochować ich przed zachodem słońca. Ale jak lotnik zobaczy grupę ludzi na cmentarzu, to robi na niebie kółko i spuszcza bombę. Ciekawe, że bombardują te miejscowości, gdzie bojowników już nie ma albo ich tam nigdy nie było, nie bombardują zaś tych, gdzie oni są. W Urus-Martanie wahabici mieli bazę w budynku lecznicy weterynaryjnej i komendy wojskowej, ale gdy na początku października bombardowano miasto, ani jeden śmigłowiec tam nie poleciał".

10 października 1999 roku. Wiadomości na kanale telewizji ORT. Putin wypowiada „słowa szczerego zachwytu dla umiejętności lotników" i szczególnie ciepło wyraża się o rosyjskich producentach uzbrojenia, którzy „stworzyli niezwykle celną broń pozwalającą uderzać bezpośrednio w bazy bojowników, unikając zbędnych ofiar wśród ludności cywilnej"[61].

Październik 1999 roku. Moskwa. Studio telewizyjne Programu Pierwszego ORT. Główny propagandysta Bieriezowskiego Siergiej

Dorienko rozmawia z Władimirem Putinem. Putin w świetnie skrojonym ciemnym garniturze, eleganckiej białej koszuli i starannie dobranym dyskretnym krawacie. Bardzo szczupły, pod oczami cienie. Dorienko pyta o przebieg akcji antyterrorystycznej w Czeczenii. Putin swobodnie, bez wahania, odpowiada:

„W Czeczenii mamy jeden cel: faktycznie zlikwidować bazy terrorystów. Mamy do czynienia z poważnym, szkolonym za granicą przeciwnikiem. Nasz wywiad lokalizuje terrorystów i tam, gdzie się znajdują, likwiduje ich za pomocą artylerii i lotnictwa. Ale główny nasz cel to zyskać sympatię ludności. Z narodem nie można walczyć, nie można go rzucić na kolana. Zwalczamy tylko terrorystów".

„Amerykańska informacja na temat Czeczenii działa przeciw nam – mówi Dorienko. – Francuzi i Niemcy są takiego zdania jak Amerykanie. Czy możemy się znaleźć w izolacji?".

„A czego my właściwie chcemy? – żywo reaguje Putin. – Dostawać kredyty na lizaki czy stracić terytorium od Morza Czarnego po Kaspijskie? Przecież tego właśnie domagali się ci, co napadli na Dagestan!".

Tak oto prowokacyjna idea Basajewa, by rozprzestrzenić wahabizm poza Czeczenię, wpasowała się w odpowiednim czasie w odpowiednie argumenty głównego bohatera scenariusza.

5 kwietnia 2001 roku, podczas 57. sesji Komisji Praw Człowieka ONZ w Genewie, minister zdrowia Czeczeńskiej Republiki Iczkeria Umar Chanbijew mówił:

„Oprócz broni konwencjonalnej rosyjskie siły zbrojne użyły w zamieszkanych rejonach Czeczenii broni masowego rażenia zakazanej przez konwencje genewskie. Operacyjno-taktyczne rakiety ziemia – ziemia wybuchały w powietrzu, zasypując bardzo dużą okolicę mnóstwem odłamków w kształcie cegiełki o wymiarach 4 × 4 × 2 centymetry, krawędziach ostrych, chropowatych, rozrywających ciało i łamiących kości, a drobniejsze odłamki trafiające w wątrobę lub nerki rozrywają cały narząd. Zraniona takim odłamkiem kończyna zwykle musi być amputowana, a klatka piersiowa wygląda tak, jakby przegryzł ją szczur i rozrzucił niedojedzone resztki.

Przy ogromnej liczbie urazów czaszkowo-mózgowych (rakiety wybuchały w powietrzu nad głowami stojących lub idących ludzi) do szpitala dostarczano tylko 0,6 procent rannych w głowę, reszta ginęła na miejscu. Użycie broni konwencjonalnej powoduje, że na jednego zabitego przypada zwykle czterech rannych. Po ataku rakietowym liczba zabitych przekracza dwukrotnie liczbę rannych. Przy czym ataki tą bronią były w Czeczenii na porządku dziennym, a można przytoczyć także inne przykłady równie zgubnych następstw użycia zabronionej konwencjami broni przeciwko ludności cywilnej.

Z uwagi na to, że według kryteriów międzynarodowego prawa rosyjskie wojsko i służby specjalne dokonały w Czeczenii zbrodni wojennej niepodlegającej przedawnieniu, zaświadczam, że wydarzenia ostatniej wojny rosyjsko-czeczeńskiej, które opisałem, rzeczywiście miały miejsce. Byłem w tym czasie wiceprezesem rady ministrów i przebywałem w Republice Czeczeńskiej. Analiza ataków rakietowo-bombowych i artyleryjskich na czeczeńskie miejscowości pozwala stwierdzić, że były to celowe działania rosyjskich sił zbrojnych, zmierzające do masowej zagłady czeczeńskiej ludności cywilnej"[62].

Minęły lata, a prezydent Putin nadal walczy z terrorystami, tym razem w Syrii, gdzie dyktator Baszar al-Asad zmaga się z opozycją i gdzie grasuje bandycka organizacja terrorystyczna o nazwie Państwo Islamskie. Prezydent Rosji wszem wobec ogłasza: „Naszym celem jest walczyć z terroryzmem, zwyciężyć terroryzm, uderzać w tych bandytów i ich formacje, które stanowią groźbę dla naszego państwa. Będziemy pomagać rządowi Syrii w walce z Państwem Islamskim"[63]. Dość prędko się okazało, że to kolejne kłamstwo gospodarza Kremla. Już po dwóch miesiącach nowej Putinowskiej wojny z terroryzmem, w poniedziałek 22 grudnia 2015 roku rosyjska radiostacja Echo Moskwy przytoczyła następującą wypowiedź ministra spraw zagranicznych Turcji: „Podczas rosyjskiej operacji wojskowej w Syrii wśród ofiar bombardowań było sześciuset cywili. Tylko w ciągu minionej niedzieli na skutek nalotów rosyjskiego lotnictwa dwieście osób zginęło w prowincji Idlib. W 90 procentach ataki rosyjskich samolotów skierowane są przeciwko umiarkowanej opozycji, bombardowane są dzielnice mieszkaniowe"[64]. Tereny atakowane przez Rosjan znajdowały się dość daleko od terenów zajmowanych przez Państwo Islamskie.

Tak jak przed laty, Władimir Putin nie omieszkał podkreślić, iż „podziwia umiejętności pilotów, którzy niewątpliwie zasługują na najwyższy szacunek"[65].

Bezradni obserwatorzy antyterrorystycznych wyczynów Władimira Putina mogą jedynie stwierdzić, że syryjskie dzieci, śmiertelnie okaleczone przez rosyjskie bomby, wyglądają tak samo przerażająco jak śmiertelnie okaleczone dzieci czeczeńskie. I że gdyby świat rozliczył w przeszłości Putina za zbrodnie popełnione w Czeczenii, nie oglądalibyśmy jego ofiar w Gruzji, na Ukrainie, w Syrii…

Dostać się do tych ogromnych namiotów, gdzie rozwieszone na sznurkach prześcieradła służą za ściany działowe między rodzinami, gdzie zimą sople zasłaniają wejście, a latem wskaźnik termometru sięga cyfry 40 – to czeczeńskie marzenie jesienią 1999 czy zimą 2000 roku. Lecz uciec spod bomb nie każdy może. Jeśli w rodzinie brak auta, trzeba uskładać na jego wynajęcie. A jeśli zdrowia brak, by się przemieszczać po drodze zwanej teoretycznie „sanitarnym korytarzem", to co zrobić? Poza tym trzeba przejść przez sito kontroli komputerowej na posterunku Kaukaz 1, co nie jest bezpieczne na przykład dla tych, którzy przeciw Rosjanom walczyli u boku Dudajewa. Więc jak Czeczenia długa i szeroka, gnieżdżą się po piwnicach ci, którzy uciec spod bomb nie zdołali – starcy, ludzie chorzy w różnym wieku, a także mężczyźni o podejrzanym życiorysie.

W Czeczenii, zwłaszcza zaś w Groznym i okolicach, wody brak. Przedziurawione bombami rury kanalizacyjne są suche. Z wiadrami trzeba iść pod obstrzałem. Na wiejskim cmentarzu w Nowych Ałdach tylko w grudniu 1999 roku przybyło siedemdziesiąt pięć mogił ludzi, którzy do wody nie dotarli.

„Tę wojnę od poprzedniej odróżnia powszechność prześladowań – słyszę od pracowników organizacji Memoriał prowadzących monitoring w obozach dla uchodźców. – Podczas tamtej pierwszej, z początku lat dziewięćdziesiątych, »filtry«, czyli miejsca tortur, w zasadzie były nielegalne, teraz otrzymały status prawny »izolatorów śledczych« znajdujących się pod kontrolą Ministerstwa Sprawiedliwości albo MSW. Przedtem w »filtrach« też się strasznie znęcano nad ludźmi, ale nie ma porównania z torturami stosowanymi obecnie. Tamte tortury były straszne, ale raczej do przeżycia. Te nie. Przypalanie palnikiem gazowym to nowość. Przedtem torturowano nielegalnie, teraz w majestacie prawa. Do »filtra«, a jest ich w Czeczenii teraz bardzo dużo, bo do tortur przystosowano między innymi ciężarówki, można trafić za wszystko: za brak właściwego dokumentu, a dokumentów specjalnie się ludziom nie wydaje, za to, że wyszedłeś przed dom na papierosa po godzinie policyjnej, za to, że masz w domu pasek, na którym można nosić automat, za to, że znaleziono w domu czyjąś starą fotografię ze strzelbą... Teraz, pod koniec 1999 roku, najstraszliwsze z tych miejsc jest Czernokozowo. Trafiają tam też kobiety, nawet w zaawansowanej ciąży"[66].

„Bił ciężarną, bił ją przy mnie i powtarzał, że zabije, bo urodziłaby terrorystę. I w końcu ją zabił" – opowiadał Asłan, chudy, blady, żółtosine plamy na twarzy, lat ponad trzydzieści. Mówił powoli, z trudem znajdując odpowiednie słowa. Z Czernokozowa wyszedł niedawno. Wykupiła go mieszkająca w Moskwie dalsza rodzina. Samochód sprzedali. Na początku rozmawiać w ogóle nie chciał. Przed wyjściem z obozu podpisał oświadczenie, że do nikogo pretensji nie ma, traktowany był dobrze i żadnych informacji o „śledczym izolatorze Czernokozowo" udzielać nie będzie. Teraz zrobił to tylko dlatego, że poprosił go o to ktoś zaufany.

Dokumenty miał w porządku, do matki jechał. Na posterunku dowód tożsamości wzięli do sprawdzenia, jak zwykle, ale go podarli, i oskarżyli Asłana o to, że jest bojownikiem i że uczestniczył w dwóch dużych akcjach terrorystycznych. „A ja nawet z procy w życiu nie strzelałem – mówił Asłan. – Ale oni wszystko mieli już napisane, całe zeznanie gotowe. Kazali mi tylko wstawić imię, nazwisko, adres. Nie zgodziłem się. No i się zaczęło. Widzisz te czarne wgłębienia na nogach? To po prądzie. 220 wolt. Do palców przyczepiają metalowe klemy, podłączają do kontaktu. I nie tylko do palców... Wytrzymasz dzień, dwa dni, może i tydzień. Może miesiąc... Więcej nie. Podpisałem im wszystko, co chcieli [...].

Cela przeznaczona dla pięciu osób. Metrów może 8–9. Żadnej pryczy, nawet taboretu nie dali. Goły beton. Było nas dwudziestu pięciu. Możesz tylko stać. Ale to jeszcze do wytrzymania. Tam sami Czeczeni, pomagaliśmy jeden drugiemu. Najgorsze było to, co poza celą. Musisz wyjść do toalety. A puszczają czasem raz na dzień, czasem raz na dwa dni. I idziesz »pod bębnami«. Znaczy pod dwoma rzędami pał, które biją w ciebie jak w bęben. Pierwszego dnia to się nazywa »zameldowanie« [...].

Wpadają do celi, wywlekają cię na korytarz, rzucają na podłogę i krzyczą: »Pełzaj do naczelnika!«. Pełzniesz i pytasz przed drzwiami: »Można wpełznąć, obywatelu naczelniku?«. A on nie zezwala: »Leż i czekaj«. Starsi się nie zgadzali, woleli umrzeć. Ale te dzieciaki piętnasto-, osiemnastoletnie pełzały. Strasznie się nad nimi znęcano... No".

Tu Asłan się zacina. Czeczenowi nie przejdzie przez gardło słowo „gwałt", zwłaszcza jeśli idzie o mężczyzn. Koran zabrania samobójstw, ale niejeden się po czymś takim zastrzelił.

„Naczelnik mi powiedział: »Masz płakać, że urodziłeś się Czeczenem«. A ja mu w twarz: »Jestem dumny, że jestem Czeczenem«. Wisiałem za to na ścianie. Tam w celi tortur przybito do ściany cztery sworznie na ręce i na nogi. Podwieszają cię na nich. Tak rozkrzyżowany wisisz parę godzin albo i noc. A jednemu z Ałchan-Kały specjalnie rękę łamali w trzech miejscach za to, że napisał oświadczenie, że w Czernokozowie torturują. Łamali i śmiali się: »Teraz już nic nie napiszesz, nie masz czym« [...].

Chłopak jeden osiemnastoletni, dopiero co szkołę skończył, nie chciał podpisać przyznania się do winy, które mu podsuwali. No to przyprowadzili jego matkę i zaczęli torturować. Zaraz się przyznał do przygotowywania materiałów wybuchowych, min, ataków terrorystycznych i do tego, że jest snajperem i zabił dwudziestu pięciu żołnierzy rosyjskich. Potem zniknął. Przewieźli go gdzieś do więzienia w głębi Rosji jako terrorystę. Przyda się na jakimś procesie jako oskarżony, niejednego już skazano za zabójstwo kogoś, kogo wcześniej na oczy nie widział. A wcale bym się nie zdziwił, gdyby wszyscy, co przeszli przez tortury, poszli wojować. Nawet ci, co – jak ja – zwykłej gwintówki w rękach nie trzymali. Bo człowiek po tym poniżeniu, po tych mękach musi sobie udowodnić, że jest człowiekiem. Inaczej sam siebie cenić nie będzie. Do »izolatorów śledczych« wchodzi piekarz, murarz, nauczyciel, a wychodzi terrorysta. Myślę, że już tych parę miesięcy wojny z wielu zrobiło terrorystów"[67].

Andriej Babicki, dziennikarz Radia Swoboda, po powrocie do Moskwy z Czernokozowa, gdzie go zamknięto w styczniu 2000 roku, mówił do dziennikarzy: „Istnieje wypracowany mechanizm katowania wszystkich, którzy się tam dostaną. Nazywają ich bojownikami, ale wśród stu trzydziestu ludzi, którzy siedzieli razem ze mną, bojownika nie było ani jednego. Mężczyzn – jak grabiami – zgarniają z czeczeńskich miast i wsi [...]. Stosowane tam tortury nie mają precedensu. Nigdy takiego potwornego znęcania się nad ciałem ludzkim nie widziałem. I nigdy nie słyszałem takiego koszmarnego wyrażania bólu, takich krzyków. Dla władz nic w tej chwili w Czeczenii nie jest ważne, tylko to, by sprawnie działał aparat przemocy"[68].

„Obozy filtracyjne" funkcjonowały w Czeczenii do końca „operacji antyterrorystycznej", czyli do 2009 roku. Stosowane w nich tortury były o wiele okrutniejsze niż w amerykańskim więzieniu Abu Ghraib czy w obozie Guantanamo. Przez „filtry" przeszło kilkadziesiąt tysięcy ludzi. Tysiące tam uśmiercono. Zagradzając dziennikarzom drogę do Czeczenii, Władimir Putin sprawił, iż jej dramaty pozostały jej tajemnicą. Rzadko udawało się dziennikarzom część tej tajemnicy ujawniać w gazetach, a jeszcze rzadziej w telewizji. A wiadomo: czego nie ma w telewizyjnym dzienniku, tego nie ma w rzeczywistości. O „obozach filtracyjnych" i potwornych torturach wiedzieli jednak liderzy wszystkich państw zachodnich. Woleli milczeć.

Kończy się rok 1999. Spektakl czeczeński oklaskuje już spora część widowni. Ci sami deputowani do Dumy, którzy walcząc z Jelcynem, jeszcze w styczniu oskarżali go o rozpoczęcie wojny w Czeczenii, teraz, w listopadzie, niemal jednogłośnie popierają antyczeczeńską „operację antyterrorystyczną". Rozreklamowanie Czeczenów jako okrutnych porywaczy profituje.

Wojennej retoryce Putina sprzyja sytuacja światowa: NATO bombarduje Serbię, uważaną w Rosji za bratni kraj o wspólnych korzeniach, wspólnej religii, podobnym języku. Serbskie siły pod pozorem walki z bandyckimi formacjami przeprowadzają wśród ludności albańskiej Kosowa czystki etniczne, czyli mówiąc wprost: masowo mordują Chorwatów i albańskich muzułmanów. Rosja wzywa do rozwiązania konfliktu drogą dyplomacji, ale ta jej dyplomacja okazuje się korzystna tylko dla Serbów. Zbrodnie prezydenta Jugosławii Slobodana Miloševicia z perspektywy Kremla nie są zbrodniami. Boris Jelcyn protestuje więc przeciwko akcji NATO, ale bezskutecznie.

Rosjanie czują się poniżeni, odtrąceni od stołu, przy którym wielcy tego świata podejmują decyzje. Znów słychać, że „Rosja na kolanach", jak wówczas, gdy radzieckie wojska opuszczały garnizony w państwach bloku socjalistycznego, gdzie się zagnieździły na niemal pięćdziesiąt lat. Rozweselony Jelcyn, dyrygujący orkiestrą przy wymarszu radzieckich żołnierzy z Berlina, stał się dla wielu symbolem państwowej degrengolady. Jęk „Rosja na kolanach" narastał, gdy rozpadał się Układ Warszawski i część wczorajszych przymusowych wasali Kremla (Polska, Węgry, Czechy) została przyjęta do NATO. Rozszerzenie NATO na Wschód budziło wściekłość. Dopiero teraz widać, jakie znaczenie miało dla ludzi radzieckich panowanie nad połową Europy. Była ich, ich własna, jak Ukraina, Gruzja i państwa bałtyckie. W poczuciu dominacji oraz siły człowiek radziecki znajdował zadośćuczynienie za swój niedostatek i wszystkie niesione przez komunizm bolączki. A teraz stał się nagi, odarty z szat króla świata.

Rozdrażnienie przebija z prywatnych rozmów: „Karmiliśmy was, psiakrew, żmiję na piersi chodowaliśmy, a teraz nas zostawiacie, do wrogów się kleicie" – od zamiatającego podwórko Dimy usłyszałam to samo co od wielu znajomych. „Polska to prostytutka! Oddaje się tym, co jej lepiej płacą!"[69] – grzmiał Władimir Żyrinowski na konferencji prasowej, gdy przedstawiłam się jako dziennikarka z Polski. Żyjąc w Polsce, wiedziałam, że Rosjanie traktują Europę Wschodnią jak swoją własność, nie zdawałam sobie jednak sprawy, jak bardzo są do tej własności przywiązani. Teraz wyczuwało się złość, irytację, chęć odwetu.

„Zmilitaryzowano" budżet. Po raz pierwszy w postsowieckiej historii wydatki na obronę całkowicie utajniono. Z tego, co udało się dowiedzieć w komisji budżetowej Dumy, wynikało, że zwiększono je o kilkanaście miliardów rubli, a wydatki socjalne wyraźnie zmniejszono. Społeczeństwo jednak nie oponowało.

Niemal wszystkie ówczesne komentarze brzmiały tak:

„Ekspansja NATO ujawnia największą międzynarodową porażkę tych, którzy doszli do władzy w 1991 roku. Rozszerzenie NATO jest w długoterminowym planie najpoważniejszym zewnętrznym zagrożeniem dla Rosji od 1945 roku. To kryzys rosyjskiej państwowości, jej degradacja na skutek »reform« przeprowadzanych według zachodnich wzorów i recept. Obecne osaczanie Rosji wrogością nawet w jej dzisiejszym »demokratycznym« wydaniu potwierdza, że walka z komunizmem i zburzenie Związku Radzieckiego miały dla Zachodu nie ideologiczne, lecz głęboko geopolityczne znaczenie. Celem tej walki było osłabienie i zniszczenie Rosji. Ale NATO popełnia śmiertelny błąd historyczny. Rosja nigdy się nie pogodzi z poniżeniem i naruszeniem jej narodowych interesów"[70].

To, co czuje Putin, doskonale współgra z tym, co czują miliony jego rodaków. Ci, którzy piszą mu przemówienia, dobrze wiedzą, w jakie struny uderzać: w wojenne, oczywiście, z nieodmiennie tą samą antynatowską i antyamerykańską retoryką, która w 1999 roku dodana do antyczeczeńskiej i wzmocniona slangowym, czasem wręcz knajackim językiem tworzyła mocny środek odurzający. Piętnaście lat później, po aneksji Krymu, ta mikstura okazała się piorunująca, doprowadziła Rosjan do masowej egzaltacji patriotycznej o właściwościach zatruwających mózg. Nie tylko dlatego, że Ukraina jest większa od Czeczenii, ale że wreszcie się udało poczuć dawną potęgę i nastraszyć świat. A Putin powtarzał niemal to samo co przed laty:

„Nasze państwo jest w okrążeniu. Jakby nas dusili. To NATO. Rozrasta się jak nowotwór. Połknął naszych sojuszników z Układu Warszawskiego, teraz dobiera się do Ukrainy. Nasza decyzja co do Krymu także i to miała na względzie. Inaczej NATO wciągnęłoby Ukrainę i powiedziało, że to nie nasza sprawa. A oni by tam postawili wyrzutnie rakiet jądrowych. W rozmowach o obronie przeciwrakietowej Amerykanie odmawiają podpisania najmniejszego nawet dokumentu. Maleńkiego papierka. Eskalują wyścig zbrojeń. Nie chcą się porozumieć. Ale my jesteśmy cierpliwi, my zrobimy wszystko, by rosyjskiemu narodowi zapewnić bezpieczeństwo"[71].

Te słowa zostały wypowiedziane w kwietniu 2014 roku na telewizyjnej konferencji prasowej, podczas której adepci goebbelsowskiej propagandy, wpatrzeni w Putina z jawnym uwielbieniem, ostatnie zdania nagrodzili brawami.

Wróćmy jednak do tych chwil sprzed ogłoszenia światu początku ery Putina.

Przygotowania zakończone. Na scenie i za kulisami posprzątano. Ślady petersburskiej działalności „delfina" zniszczone, a potencjalni świadkowie albo w więzieniu, albo na cmentarzu. Były mer Sobczak na razie w Paryżu. Tajemnicę dzieciństwa szczęśliwie zabrali do grobu rodzice (matka w 1998 roku, ojciec w 1999). Konkurentów do prezydentury dobija telewizja Bieriezowskiego. No i jeszcze podarunek losu – ceny ropy poszły w górę, tak iż w ciągu pół roku premierowania Putina Rosja pokonała wielki kryzys bez najmniejszego wysiłku ze strony rządu.

Poważne powody do zmartwień ma teraz nie Putin, lecz rodzina Jelcynów. „The Wall Street Journal" i „The New York Times" rozpisują się o 7 miliardach dolarów nielegalnie wywiezionych z Rosji, wymieniają przy tym nazwiska byłych wicepremierów, ministrów i prezydenckich córek. Cóż z tego, że uciszono prokuratora Skuratowa, jeśli mąż Tatiany, Leonid Diaczenko, zostaje wezwany przez Kongres USA na przesłuchanie? W tej sytuacji Boris Jelcyn podejmuje heroiczną decyzję: poda się do dymisji już teraz, nie czekając pół roku do końca kadencji, czyli do czerwca. Genialne posunięcie z każdego punktu widzenia. Prywatnego – bo uda się rodzinie uciec przed procesem po otrzymaniu od nowego prezydenta wymarzonego glejtu. Publicznego – bo zgodnie z konstytucją nowe wybory prezydenckie muszą się odbyć w ciągu trzech miesięcy, a to skróci czas przedwyborczej walki.

We wspomnieniach Jelcyna wygląda to jak dopieszczony przez niego scenariusz. Ci, co właśnie weszliby na widownię, myśleliby, że oglądają dramat. Ci, którzy znali kulisy, wiedzieli, że to farsa.

Scena pierwsza. 14 grudnia 1999 roku. Gabinet prezydenta w rezydencji pod Moskwą. Dwa paradne fotele, mały stolik. Rozmawiają Jelcyn i Putin.

Jelcyn (w napięciu) pyta: „Władimirze Władimirowiczu, no i co, zostanie pan prezydentem?". Putin (bez wahania) odpowiada: „Myślę, że nie jestem do tej decyzji gotowy, Borisie Nikołajewiczu".

Czyż nie to samo odpowiedział Bieriezowskiemu, który – jak pamiętamy – przyjechał do niego na Lazurowe Wybrzeże w imieniu Borisa Nikołajewicza? Wtedy też nie zgodził się od razu, tylko pod warunkiem, że poprosi go prezydent. Koło się zamknęło. Prezydent właśnie go prosi. Wowa z zaułka Baskowa przedłuża tę chwilę, napawa się nią, daje się namawiać.

„Pierwsza reakcja Putina mnie zdeprymowała – zapisał Jelcyn w swoich wspomnieniach. – Nie, to nie była słabość. Putina słabym nie nazwiesz. To były wątpliwości silnego człowieka [...]. Nakłaniać go nie chciałem. Zacząłem opowiadać mu o sobie [...]". Po długiej rozmowie Jelcyn zapytał: „No więc jak? Pan mi w końcu nie odpowiedział". Na to Putin: „Zgadzam się, Borisie Nikołajewiczu"[72].

Scena druga (mająca faktycznie coś z dramatu, bo „car Boris" po ośmiu niesłychanie trudnych latach – równie trudnych nie miał chyba żaden z ówczesnych rządzących – żegna się z władzą). 29 grudnia 1999 roku. Gabinet prezydenta na Kremlu.

„On wchodzi – wspomina Jelcyn. – Od razu mam wrażenie, że już jest inny, bardziej zdecydowany chyba. Jestem zadowolony. Podoba mi się jego nastrój [...]. Omówiliśmy już wszystko. Oficjalny gabinet nie nastraja do wylewnych uczuć. Ale tu, teraz, kiedy ja obok niego po raz ostatni w roli prezydenta, a on ostatni raz jeszcze nie jako pierwsza osoba w państwie, wiele chciałoby się mu powiedzieć. Wydaje mi się, że jemu też. Ale nic nie mówimy. Ściskamy sobie dłonie. Obejmujemy się na pożegnanie. Następne spotkanie 31 grudnia 1999 roku"[73]. Boris Nikołajewicz, jak wielu ludzi nie tylko w Rosji, uznał tę datę za koniec XX wieku.

Zbliża się północ. O tej porze co roku z noworocznym orędziem występuje prezydent. Tak będzie i teraz. Dekoracje skromne: puste prezydenckie biurko, na nim jedynie stary piękny kałamarz z zielonego, szlachetnego uralskiego kamienia; za biurkiem choinka i flaga Rosji. Twarz Borisa Jelcyna blada, ciężka, obrzmiała od napięcia i choroby.

Zaczyna jak zwykle: „Drodzy Rosjanie…". Po pierwszych rutynowych słowach, puszczanych przeważnie mimo uszu, Rosjanie zastygają przy telewizorach:

„Podjąłem decyzję. Dzisiaj, w ostatni dzień odchodzącego wieku, podaję się do dymisji […]. Odchodzę. Odchodzę przed wyznaczonym terminem […]. Rosja powinna wejść w nowe tysiąclecie z nowymi politykami, mądrymi, silnymi, energicznymi. Najważniejsze, co w życiu zrobiłem: Rosja już nigdy nie wróci do przeszłości. Będzie teraz zmierzać tylko naprzód. Nie powinienem temu przeszkadzać, jeśli w państwie jest silny człowiek, godny tego, żeby być prezydentem. Człowiek, z którym praktycznie każdy Rosjanin wiąże nadzieje na przyszłość. Dlaczego miałbym mu przeszkadzać? […] Podając się do dymisji, podpisałem dekret o przekazaniu obowiązków prezydenta Rosji prezesowi Rady Ministrów Władimirowi Władimirowiczowi Putinowi. Na czas trzech miesięcy zostanie on głową państwa. A za trzy miesiące odbędą się wybory prezydenckie […]. Nie wątpię, jakiego wyboru dokonacie w marcu 2000 roku".

Jelcyn mówił długo, niemal jedenaście minut. Mówił wzruszająco:

„Dziś, w ten niezwykle ważny dla mnie dzień, chcę powiedzieć wam coś od siebie. Chcę prosić o wybaczenie. Proszę o wybaczenie za to, że nie spełniłem marzeń. To, co wydawało się łatwe, okazało się męczące i trudne. Proszę o wybaczenie, że nie sprostałem nadziejom ludzi, którzy wierzyli, że za jednym zamachem uda się nam skoczyć z szarego zastoju totalitarnej przeszłości do świetlanej, bogatej, cywilizowanej przyszłości. Sam w to wierzyłem. Nigdy tego nie mówiłem, ale chcę, żebyście wiedzieli: ból każdego z was czułem w sercu [...]. Bezsenne noce, męczące przeżywanie, co robić, żeby ludziom choć odrobinę, choć troszeczkę żyło się lepiej. Nie było dla mnie ważniejszego zadania [...]. Chcę powiedzieć każdemu z was – bądźcie szczęśliwi. Zasłużyliście na szczęście. Zasłużyliście na szczęście i na spokój.

Najlepszego w Nowym Roku, drodzy moi!".

Mistrz, który układał scenariusz tamtej nocy (najpewniej był to Walentin Jumaszew, bo to on podsunął Jelcynowi myśl o wcześniejszym opuszczeniu Kremla), świetnie rozłożył akcenty. Po łagodnym i długim pożegnaniu odchodzącego prezydenta nastąpiło krótsze i o wiele ostrzejsze wystąpienie nowego, nagrane już przed południem, bo na wieczór, jak zobaczymy, mówca miał inne plany. Siedząc przy pustym biurku, w dziwnym studiu, gdzie głos brzmi ostro i metalicznie, Putin surowo oznajmił: „Zwracam uwagę, że ani przez minutę nie było przerwy w sprawowaniu władzy w państwie". Po czym groźnie, jakby ktoś na tę władzę się zamierzał, przestrzegł:

*Boris Jelcyn z rodziną żegna 1997 rok. Od lewej: starsza córka Jelena, wnuk Boris (syn Tatiany), młodsza córka Tatiana, Jelcyn, żona Naina, mąż Jeleny Walerij Okułow, wnuczka Masza – córka Jeleny*

„Chcę uprzedzić, że jakiekolwiek próby łamania rosyjskiej konstytucji będą zdecydowanie przecinane! Wolność słowa, wolność sumienia, wolność środków masowego przekazu, prawo własności – te podstawowe elementy cywilizowanego społeczeństwa będą niezawodnie bronione przez państwo". I składając ukłon swojemu dobroczyńcy, dodał: „Naprawdę ocenić, jak wiele dla Rosji zdziałał Boris Nikołajewicz Jelcyn, będzie można dopiero po latach. W tym, że Rosja poszła drogą demokracji i reform i okazała się państwem silnym i niezależnym, jego ogromna zasługa".

Wszystko to spokojnie oświadczył człowiek, który miał już przygotowany brutalny plan zduszenia wolności słowa, zamknięcia opozycyjnych kanałów TV, likwidacji wielu czasopism i wyrwania z korzeniami młodych pędów posianej przez Jelcyna demokracji. Niewiele wody w rzece Moskwie upłynie, gdy lata rządów Jelcyna Putin nazwie „chaosem lat dziewięćdziesiątych", jego samego zaś obwini o to, że „rzucił Rosję na kolana".

Tamtego wieczoru Władimir Władimirowicz wypowiedział jeszcze życzenia „pokoju i szczęścia w każdym domu". Jak się do tych życzeń miały bomby obracające w perzynę czeczeńskie domy i setki ludzkich istnień zarówno po czeczeńskiej, jak i rosyjskiej stronie?

O Czeczenii w noworocznym orędziu mowy nie było.

Tego samego dnia w Czeczenii rozdawano ordery bohaterom. Bohaterowie stali w rzadkich szeregach, odziani w ledwie podobne do wojskowej odzieży mundury, zniszczone i brudne, oraz w czarne włóczkowe czapki nasunięte głęboko na czoło. Mieli tak zmęczone twarze, że przyobleczenie ich w uśmiech okazało się trudem nie do pokonania. Chociaż w tej wojnie stosowano do zabijania przede wszystkim maszyny, to przecież bez ludzi one nie działały. A jak to mówią na Rusi, „ludzi u nas dostatek", czyli że liczyć się z każdym nie trzeba. Tego tylko dnia w jednej tylko bitwie o Wilcze Wrota 84. batalion zwiadowczy stracił kilkudziesięciu żołnierzy. Gdy został zaatakowany, ujawniła się „nieporadność dowódców, na skutek której poniesiono zbędne straty w ludziach. Pomocy grupom ginącym pod ostrzałem bojowników nie udzielono, gdyż dowódcy bali się wziąć odpowiedzialność za samodzielne decyzje. Widoczny był ich strach o własną skórę, stąd późniejsze próby oskarżania oficerów niższego szczebla za rosnącą liczbę strat"[74].

Tego dnia Grozny ostrzeliwano z miotaczy min i z czołgów. W mieście nie było już gazu i prądu. Brakowało wody. Mieszkańcy żyli w piwnicach. W podziemiach przy ulicy Aszchabadzkiej, na przedmieściu Czarnoriecze, przebywało sto pięćdziesiąt osób, w tym sześćdziesięcioro dzieci. Ludzie ci nie mieli możliwości wyjścia choćby po wodę, bo snajperzy otwierali do nich ogień. Każdego wieczoru odbywały się dziesiątki pogrzebów osób, które umarły w piwnicach albo zostały zastrzelone po ich opuszczeniu[75].

A jednak nie wszystko daje się zaplanować. Scenariusz przewidywał, że nowy, tryskający patriotyzmem i dynamizmem prezydent wychyli tej nocy noworoczny toast w Czeczenii, wśród żołnierzy, na lotnisku w Groznym – miejscu bezpiecznym, pod pełną kontrolą rosyjskich wojsk. A jednak Putin na Grozny się nie zdecydował i w ostatniej chwili zmienił cel na spokojny Gudermes, domenę Achmada hadżiego Kadyrowa, który bez jednego wystrzału poddał to miasto wojskom rosyjskim.

Będzie to noc niezapomniana nie tylko dla pełniącego obowiązki prezydenta.

„Po całym dniu lotów zaczęliśmy przygotowywać się do święta – opowiada pułkownik 148. Pułku Kaspijskiego, prosząc o niepodawanie nazwiska. – Choinkę zdobimy, stół nakrywamy, szampana tylko brakuje. Aż tu o ósmej wieczorem przychodzi rozkaz, żeby całym zastępem lecieć do Machaczkały. Tam nam wyjaśniają, że mamy dostarczyć do Gudermesu pełniącego obowiązki prezydenta z żoną i artystami. Ależ robótka… Przecież nasze maszyny nie są przystosowane do przewozu pasażerów, tym bardziej takich! Cóż robić, coś tam podmietliśmy, kurz strzepnęliśmy, siedzenia przetarliśmy na wszelki wypadek i akurat goście się pojawili. Mnie przypadł Putin z małżonką i ochroną, artyści mieli polecieć z kolegą. Towarzyszyły nam bojowe MI.

Gdy tylko się wznieśliśmy, otoczyło nas mleko. Tak na Kaukazie bywa, z minuty na minutę mgła choć oko wykol. Samoloty bojowe odprawiłem od razu z powrotem. Ładna historia – myślę – bez osłony, nocą, nad terenem walk, w absolutnej mgle leci głowa państwa nie tylko z żoną, lecz także z walizeczką jądrową. I ja za to wszystko odpowiadam. Dolatuję do Gudermesu, a tam nie widać nic. Ani sygnału, ani płomyczka – gdzie lądować? Melduję ochronie, że wracamy do Machaczkały, bo ryzykować nie mam prawa. A tu do kabiny stuka jakiś generał i oznajmia, że Putin każe lądować w Gudermesie. No to drugi raz zataczam koło i dalej nic nie widzę.

Melduję pasażerom, że jesteśmy zmuszeni zawracać. Na to przez generała oznajmiają mi ponowny rozkaz Putina: »Lądować!«. Odpowiadam: »Na pokładzie dowódcą jestem ja, i ja lepiej wiem – lądować czy nie lądować«. Po chwili generał wraca i znowu: »Putin nalega na wypełnienie rozkazu«. Na to drugi pilot zdejmuje hełm i posyła w kierunku pasażerów potężną wiązankę, wyjaśniając, że sam Pan Bóg by tu nie lądował. To wyczerpujące wyjaśnienie doleciało chyba gdzie trzeba, bo więcej rozkazu nie powtórzono. Patrzę na zegar i widzę, że Nowy Rok będziemy witać na wysokościach, o czym podróżnych zawiadamiam.

Proszą, żeby im włączyć światło. Hmm… Tylko tyle? Jakby to był autobus albo choinka w girlandach. Doprawdy aż się rumienię ze wstydu, w jakich to warunkach będzie witać taką wspaniałą datę głowa państwa. Ale cóż poradzę? Oświetlenia nie przewidziano. A tu nowe utrapienie: na minuty przed wybiciem północy wyjaśnia się, że moi pasażerowie mają szampana, ale nie mają szklanek. Czuję, jak włosy pod hełmem stają mi dęba: kryształowych kielichów na pokładzie też nie przewidziano. Drugi pilot wygrzebał ze schowka dwie plastikowe szklaneczki, niestety nie sterylnie czyste.

Jak się to skończyło? Tuż przed Machaczkałą przekazano nam do kabiny butelkę szampana z wyrazami wdzięczności od Władimira Władimirowicza”[76].

Gdybyż to liderzy polityki światowej mieli odwagę pilotów śmigłowca bojowego 148. Pułku Kaspijskiego, piętnaście lat później Europa nie dygotałaby ze strachu przed kolejnym rozkazem Putina, tylko piła ofiarowanego przezeń szampana, spokojnie patrząc na Kreml.

Putin dojechał do Gudermesu około wpół do trzeciej nad ranem. Oczekującym go komandosom, zdrętwiałym od chłodu, złożył noworoczne życzenia, nagrodził najlepszych i wręczył im pamiątkowe noże, wzywając, by znaleźli dla nich właściwe zastosowanie.

„Gdybyście widzieli ten zachwyt w ich oczach, kiedy przyjechaliśmy – wspomina Ludmiła Putin. – Twarze mieli zmęczone, nieobecne nawet. Ale w oczach pojawiło się niedowierzanie: to naprawdę sam Putin przyjechał do nich świętować Nowy Rok"[77].

Rola żony, wiernej towarzyszki kandydata na prezydenta, została przez Ludmiłę Aleksandrowną odegrana wzorowo, a zmęczenie nie zaszkodziło jej ładnej twarzy po raz pierwszy demonstrowanej elektoratowi.

Natychmiast po powrocie do Moskwy Władimir Putin podpisał Dekret o gwarancjach dla prezydenta kończącego wypełnianie swoich obowiązków, a także dla członków jego rodziny. Oto zmaterializował się dokument, z powodu którego właściwie całą operację „Następca" przeprowadzono: to glejt do wolności dający niepodważalne gwarancje bezpieczeństwa. Dekret stanowi bowiem, że: „Prezydent Federacji Rosyjskiej kończący wykonywanie swoich obowiązków posiada przywilej nietykalności. Nie może być pociągnięty do odpowiedzialności karnej ani administracyjnej, zatrzymany, aresztowany, poddany rewizji lub kontroli osobistej".

Cenny to dokument, bo ma zastosowanie wobec każdego prezydenta, który w przyszłości będzie kończył swoje urzędowanie.

1 stycznia 2000 roku państwo Jelcynowie przyjmowali u siebie państwa Putinów i zapewne wznosili radosne toasty, wśród których nie mogło zabraknąć i tego za dobro ojczyzny.

Natychmiast się okazało, że dla Jelcyna to dobro znaczy co innego niż dla Putina. Dla Jelcyna ważnym z punktu widzenia państwa dobrem była konstytucja, czyli prawo. Dla Putina – siła. Armia. Większość dekretów wydanych przez niego w okresie, gdy pełnił obowiązki prezydenta (przez trzy miesiące do wyborów, a więc do 26 marca), właśnie jej dotyczyło. W nagłówkach gazet powtarzało się pytanie: „Czy Putin będzie nowym Pinochetem?".

Po raz pierwszy w postsowieckiej historii wydatki na obronę w 2000 roku utajniono, mimo że Rosja takie informacje powinna dostarczać Organizacji Bezpieczeństwa i Współpracy w Europie czy

Międzynarodowemu Funduszowi Walutowemu. Trzeba było ukryć ogromne wydatki na wojnę w Czeczenii. W doktrynie wojennej Federacji Rosyjskiej pojawiło się prawo do wykorzystania arsenału atomowego, „jeśli wszelkie inne sposoby rozwiązania konfliktu zostaną wyczerpane lub uznane za nieskuteczne”[78], przywrócono obowiązkowe w ZSRR szkolenia rezerwistów i zajęcia wojskowe w szkołach. Lwią część informacji spływających do rządu objęto klauzulą tajności. Utajniono też pewien fragment dekretu dotyczący rezerwistów. Nikt nie miał wiedzieć, że zostanie wysłany do Czeczenii jako żołnierz.

# Część VIII

# Wojna

## Żołnierze i oprawcy

Żołnierze byli różni. Jedni to poborowi – przeważnie gołowąsy, mniej lub bardziej głodni, wystraszeni, kiepsko odziani. Ekspediowano ich tu jak paczki z adresem „Czeczenia". Wyglądali zwyczajnie. W większości – przeciętni obywatele. Mięso armatnie.

Drudzy to najemnicy zwani kontraktowymi, dobrowolnie podpisujący kontrakt na zabijanie za pieniądze. Obok bezrobotnych byli wśród nich życiowi nieudacznicy szukający na wojnie szczęścia albo adrenaliny, albo jednego i drugiego, więźniowie po odbytych wyrokach za ciężkie przestępstwa albo przedterminowo zwolnieni (takich zwolnień tuż przed wojną udzielono więcej niż zwykle). W większości raczej zwyrodnialcy. Wysyłani do walki, częściej jednak do rozprawiania się z ludnością. Wysocy, mocni, dobrze zbudowani. Zawsze w kuloodpornych kamizelkach, latem w wojskowych kapeluszach moro albo chustkach zawiązanych na piracką modłę; na oczach ciemne okulary; na dłoniach czarne rękawice bez palców; na głowach często czarne opończe z wyciętymi otworami na oczy i usta. Od mieszanki alkoholu i narkotyków ich oczy stały się jakby białe, szkliste, ze źrenicami wąskimi jak u węża. To oni stanowili trzon wojska użytego do „operacji antyterrorystycznej".

Na śmigłowcach szturmowych latali jedni i drudzy. Z tym że niektórzy zrzucali ładunki do rzeki, byle nie na zwykłych ludzi, a inni czyhali nad trasą ucieczki z Groznego do Inguszetii i dopóty kołowali, strzelając, dopóki się nikt już nie ruszał. Polowali na większe zbiorowiska: na kondukt pogrzebowy albo ślub.

Na przykład 16 stycznia 2000 roku na posterunku między Aczchoj Martanem a Katyr-Jurtem zatrzymał się do kontroli samochód z Asiet Junusową, dwójką jej małych dzieci i zwłokami męża, który zmarł w szpitalu w Inguszetii, postrzelony ze śmigłowca na drodze z Czeczenii. Ledwo auto stanęło, kontraktowi zaczęli strzelać. Buchnęły płomienie. Dzieci wyskoczyły z maszyny, za nimi Asiet, krzycząc: „Na Allaha, ratujcie!". Jeden, w chustce na głowie, nie przestając strzelać, rzucił: „Allaha nie ma, czeczeńska wywłoko! Koniec z tobą". Jedno dziecko zemdlało, drugie – ranne w nogę – krzyczało, Asiet leżała z przestrzelonym ramieniem, samochód ze zwłokami męża płonął. Kontraktowi odeszli na posterunek. Wtedy się zbliżyli młodzi żołnierze obserwujący tę scenę z boku. Przenieśli Asiet z dziećmi do wozu pancernego, a potem – przez pola, omijając inne posterunki – zawieźli pod szpital, przenieśli do środka i bez słowa się oddalili[1].

Innym razem rosyjscy milicjanci na posterunku w Garagorsku, między Inguszetią a Czeczenią, przepuścili samochód, w którym wieziono rannego mężczyznę. Nawet niewprawne oko rozpoznałoby w nim bojownika. Jego życie zależało tylko od nich. Zatrzymując go, zarobiliby awans, premię. Owszem, dostali łapówkę (ale przecież każdy przechodzący przez posterunek wsadzał w podawany do sprawdzenia dokument co najmniej 10 rubli), lecz mimo to mogli z nim zrobić wszystko. Milicjanci byli z Petersburga.

Co wolno było kontraktowym w Czeczenii?

„Wszystko. Rozumiesz? Wszystko! – mówiła mi Anna Politkowska pewnego listopadowego wieczoru 1999 roku w barze hotelu Assa w Nazraniu. Mówiła bez wzburzenia, monotonnym, zmęczonym głosem. – Dostali niepisaną zgodę na wszystko. Mamy przecież dyktaturę prawa, no nie? Więc to dla nich jest takie właśnie prawo. Nawet w sztabie się ich boją, połowa kontraktowych to dopiero co zwolnieni więźniowie, a ilu z nich skazano za gwałt? Oni tu rządzą. Oficerowie, nawet ci, co przeszli przez Afganistan, chwytają się za głowę, gdy kontraktowi mówią do nich tym swoim bandyckim żargonem. – Tu Anna jednak podniosła głos: – Nie rozumiem, nie mogę pojąć, tego się nie da objąć zwykłym ludzkim rozumem. Widziałaś ich oczy? Piją i ćpają na okrągło. I oni wrócą do Rosji. I będą rządzić. A ja mam dzieci".

A oto relacja Asłanbieka Apajewa, przewodniczącego Komitetu Obrony Praw Przymusowych Przesiedleńców, eksperta Moskiewskiej Grupy Helsińskiej:

„To, o czym mi tamten żołnierz, nazwijmy go Władimirem, ze łzami w oczach opowiadał, wydarzyło się w końcu stycznia 2000 roku. Jego oddział rzucili na »zaczystkę« we wsi Brzózka, tuż pod Groznym. Wielu tam było kontraktowych. Pijanych, naćpanych. W jednym z domów natknęli się na siedmioosobową rodzinę. Mężczyzn, kobiety, dwóch podrostków i dwoje dzieci najemnicy zastrzelili od razu. Żywą zostawili tylko trzynasto-, czternastoletnią dziewczynkę. Rzucili ją na transporter i zawieźli do miejsca stacjonowania oddziału we wsi Zagriażska w staroprzemysłowym rejonie. Oficerowie gwałcili ją przez tydzień, potem oddali najemnikom. Ci ją bili i gwałcili co dzień, godzinami. Grupowo. Gdy mdlała, oblewali wodą. Gdy już była półżywa, zdecydowali, jak jeden z nich powiedział, »wykorzystać ją dla sprawy«.

Półżywe gołe dziecko podwiesili za ręce tak, że jej nogi ledwie dotykały podłogi. W tym czasie do oddziału przyprowadzono zatrzymanego na ulicy chłopaka. Przez kilka dni bito go i torturowano, każąc powiedzieć, gdzie broń i gdzie bojownicy. On milczał. Kontraktowi przypalali mu ciało rozżarzonymi kawałkami żelaza, kłuli i cięli nożami, bili go pałkami i kopali wojskowymi butami, a on nic: nikogo nie zna, nic nie wie. I tego właśnie chłopaka kazano Władimirowi przyprowadzić do pomieszczenia, gdzie była ta dziewczynka i paru najemników. Ledwo żywego chłopaka postawili przed ledwo żywą dziewczynką i kazali mu mówić, bo inaczej »się za nią wezmą«. Ten milczał. Wtedy jeden z nich nożem odciął jej pierś. Dziewczynka zawyła. Chłopak zemdlał. Zaczęli go bić, żądali, by patrzył, bo to »z jego winy ona umiera«. Ten sam kontraktowy odciął jej drugą pierś, dziewczynka straciła przytomność. Chłopak zaczął coś bredzić, że widział, jak jeden z mieszkańców chował automat w rurze kanalizacyjnej. Bardzo to rozweseliło najemników.

Któryś z nich powiedział: »Teraz to już ani ty, ani ona nam nie jesteście potrzebni«, i zaczęli dobijać dziewczynkę. Najpierw odrąbali jej nogi toporem do mięsa, potem ręce, w końcu głowę. Kawałki wrzucili do wielkiego plastikowego worka. Chłopaka wyprowadzili na zewnątrz, przywiązali do skrzynki z trotylem, na niej położyli worek ze szczątkami dziewczynki i wysadzili w powietrze oboje"[2].

Pełniący obowiązki prezydenta Władimir Putin, głównodowodzący „operacją antyterrorystyczną", wprowadził właśnie nową doktrynę, „dyktaturę prawa", i na miesiąc przed wyborami w liście otwartym do rosyjskich wyborców objaśniał, jak sprawdza się w praktyce: „Czeczenia była okupowana przez kryminalistów i zamieniona w ich twierdzę. Wystarczyło nam jednak wejść w bezpośrednie starcie z bandytami, rozgromić ich, by uczynić realnym krok ku umocnieniu norm, ku dyktaturze prawa równego dla wszystkich [...]. Świat bandytów otrzymał straszny cios. Ale to dopiero pierwszy krok. Za nim będą dalsze"[3].

„Zaczystki". Formalnie: sprawdzanie dokumentów. Operacja specjalna przeprowadzona z ziemi lub powietrza. To znaczy, że albo z wozów pancernych o każdej porze, także wieczorem i nocą, tak około trzeciej nad ranem, albo ze śmigłowców szturmowych za dnia, często o świcie zrzucających desant. Wojsko otacza miejscowość dwoma, czasem trzema pierścieniami. W zewnętrznym – żołnierze zwykli, w wewnętrznym – kontraktowi. Ryk wozów, wrzaski.

Rok 2000, styczeń. Stare Atagi pod Groznym.

„Wiedziałem, że furtka ma być otwarta, inaczej wozem pancernym rozwalą bramę. Było po szóstej rano, gdy wpadli na podwórko – mówi siedemdziesięcioletni Rasuł Saigow. – Skierowali na mnie automaty. Pokazuję dowód, nawet nie popatrzyli. »Pieniądze dawaj! Złoto dawaj! – krzyczą. – Wszystko, co masz cennego, dawaj! Stać tu, nie ruszać się!«. Szafę z odzieżą przewrócili na ziemię, rozwaliła się na pół. Zaczęli wybierać co ładniejsze rzeczy, buciki córki chowali za bluzy. Brali co lepsze nakrycia, serwis, mieli przygotowane duże plastikowe worki. To, co zostało, rozstrzelali, naczynia rozbili. Poduszki wzięli, lustro też. Wściekli byli, że w domu tylko ja stary i żona stara. Za młodego to by pieniądze dostali, a za starego – kto da? Z młodą... No, wiadomo. Zagnali żonę do piwnicy. Jeden stanął nad wejściem z granatem i mówi do mnie: »Dajesz pieniądze albo po niej«. Ale ja już nic nie miałem, bo oni przyszli tu dziesiąty raz. To ten odciągnął zawleczkę i rzucił. Nawet krzyknąć nie zdążyła. A pochować nie dali, bo jest instrukcja o zakazie przemieszczania się. Na cmentarz też"[4].

Rok 2001, sierpień. Wieś Enikałoj, piąta rano.

Mówi Zarina, lat około czterdziestu:

„Wozów bojowych ze sto sztuk, żołnierzy pełno. Wyskoczyliśmy na podwórko z dokumentami. Nie daj Boże trafi się niecierpliwy »federał« to – w najlepszym razie – możesz być skatowany albo zastrzelony na miejscu, w gorszym – zabrany. Chyba ze dwudziestu uzbrojonych po zęby, w maskach i panterkach, wdarło się na podwórze i do domu. Brudni, nieogoleni, naćpani i śmierdzący wódką. Klęli potwornie. Strzelali nam pod nogi. Wyrwali mi dowód i zaczęli drzeć. Wykupiłam go za 500 rubli, za wszystko, co miałam. Wpadli do sąsiadów, Magomiedowów. Usłyszeliśmy strzały. I rozdzierający krzyk piętnastoletniej Aminat, siostry Achmieda i Asłambieka: »Pomóżcie, proszę, czy nikt mnie nie słyszy?!«. »Zostawcie ją! – zawołał któryś z braci. – Lepiej nas zabijcie!«. Znowu strzały. Przez okno zobaczyliśmy na wpół rozebranego komendanta OMON-u leżącego na Aminat ociekającej krwią od ran postrzałowych. Inny krzyczał: »Kola, szybciej, ona jeszcze ciepła, potem ja i Sierioża«"[5].

Z raportu Centrum Obrony Praw Człowieka Memoriał:

„Mężczyźni, którym się nie udało wykupić, z rękami w kajdankach albo w pętli z drutu kolczastego, z głową nakrytą własną kurtką albo wsadzoną w worek plastikowy, są wrzucani na transportery i odwożeni do »punktów filtracyjnych«, oficjalnie zwanych miejscami czasowego zatrzymania. Te punkty znajdują się pod kontrolą oddziałów specnazu Głównego Zarządu Wykonywania Kar Ministerstwa Sprawiedliwości Federacji Rosyjskiej, armii i wojsk wewnętrznych, a także wywiadu wojskowego (GRU). Więźniów w jednostkach wojskowych najczęściej przetrzymuje się w dołach głębokich na 3–4 metry. Bywa, że zimą do połowy zalanych wodą.

Trafiają tam też żołnierze poborowi, »skazani« przez kontraktowych. To bezprawie, ale w ówczesnej Czeczenii powszechne. Wszędzie potwornie bito, łamano kości, odbijano nerki i płuca, stosowano tortury prądem, jednak więźniowie, którzy wyszli z życiem z »filtra« w sztabie Zjednoczonej Grupy Federalnych Sił w Chankale, dzielnicy Groznego (najczęściej wykupieni przez rodziny), twierdzą, że tamtejsze metody bicia i tortury były wyjątkowo okrutne"[6].

Teoretycznie powinni być „odfiltrowywani", czyli odławiani, bojownicy. Po torturach bojownikiem stawał się każdy. A wtedy sadzano takiego wśród sterty automatów, granatów, min i pokazywano w telewizji na dowód skuteczności kolejnej „operacji specjalnej" rosyjskich wojsk w Czeczenii.

Mówi Said-Emin Apajew z ulicy Nagornej 135, zatrzymany podczas „zaczystki" w Starych Atagach:

„Twarzą do ściany, z podniesionymi rękami, rozstawionymi nogami i opuszczonymi głowami – tak kazali stać sześć, siedem godzin. Nie ruszać się, nie rozmawiać! Inaczej – kopią po łydkach, po goleniach, okładają kułakami i kolbami. Na noc zamknęli w więźniarce. Rano znowu pod ścianę i stać do wieczora. Potem zaprowadzili do śledczego, bili, ale nie po twarzy. Głównie po brzuchu i nerkach. Bez pozostawiania śladów. Śledczy żądał, żeby wskazać trasy bojowników. A przecież oni dobrze wiedzieli, że żaden bojownik nie siedzi w domu i nie czeka na »zaczystkę« i że u mnie żadnej broni nie było. Potem kazali coś podpisać i wypuścili"[7].

Przez te dni telewizja pokazywała Said-Emina i innych stojących pod ścianą jako tło dla generała Władimira Mołtienskiego oznajmiającego, że to bandyci zatrzymani z bronią w ręku podczas operacji specjalnej.

Pokazywała też ponad siedemdziesięciu czeczeńskich bojowników wziętych do niewoli w strasznym stanie: okaleczonych, pobitych, półżywych. Potrzebowało tego społeczeństwo, bo „mała zwycięska wojna" przestawała być mała. A przecież powinna była się zakończyć zwycięstwem jeszcze przed wyborami.

W Moskwie sprawy toczyły się dobrze, mimo że znakomita – chyba w tamtym czasie jedna z lepszych na świecie – telewizja

NTW Władimira Gusinskiego usiłowała pokazać dramat Czeczenii i ze wszystkich sił lansowała demokratę Grigorija Jawlinskiego na prezydenta. Notowania Putina, – faworyta Pierwszego Programu Telewizji, rosły. O ile w sierpniu 1999 roku popierał go zaledwie znikomy procent elektoratu, o tyle po wrześniowym wysadzaniu domów i sławetnym haśle „ubijać w wychodku" wskaźnik poparcia w styczniu 2000 roku poszybował do 84 procent. W lutym jednak zaznaczył się spadek nastrojów. Grozny wprawdzie został wzięty, ale w górskich rejonach Czeczenii zwyciężali bojownicy. Straty wojsk rosyjskich rosły. W marcu poległa praktycznie cała 104. Kompania MSW, a w Pskowie w krótkim czasie trzeba było pochować siedemdziesięciu dwóch komandosów. Gdzieś się ulotniła atmosfera szybkiego zwycięstwa.

Dopływ adrenaliny dla wyborców malał. A wybory za miesiąc. Sięgnięto więc po atrakcję specjalną: areszt Salmana Radujewa. Kto to Salman Radujew? Większość Czeczenów wzrusza ramionami i z niechęcią rzuca: „Chory na głowę". Rozmawiać o nim nie chcą. Przeciwnie niż Bieriezowski i jego Program Pierwszy ORT.

Salman Radujew, daleki krewny legendarnego Dżochara Dudajewa, cierpiący na chorobliwą manię wielkości, stworzył kilkusetosobowy oddział złożony z podobnych sobie aberrantów, nazwał go Armią Generała Dudajewa, stanął na jego czele i zajął się polityczną dywersją, szkodząc nie tylko Maschadowowi, lecz także wszystkim Czeczenom – na przykład wtedy, kiedy przyznając się do zamachu na prezydenta Gruzji (dokonanego ewidentnie przez gruzińskich wrogów prezydenta), omal nie spowodował zerwania stosunków dyplomatycznych z tak ważną dla Czeczenii sąsiednią republiką.

Uwielbiał publiczne wystąpienia i stał się twarzą Czeczenii w okresie między wojnami. Cenną twarzą, bo przed kamerami przyznawał się do wszystkich prawdopodobnych i nieprawdopodobnych ataków terrorystycznych, a nawet do wywoływania różnych katastrof. Czeczeni mieli go za niebezpiecznego klowna. Rosjanie natomiast udawali, że traktują go poważnie nawet wtedy, gdy groził wysadzaniem elektrowni atomowych czy „utopieniem Rosjan we krwi", i nadali mu prestiżowy tytuł „terrorysty numer 2" (pierwsze miejsce oddając Basajewowi).

*Salman Radujew (w środku). Czeczeni mieli go za niebezpiecznego klauna, rosyjska propaganda za wielkiego terrorystę*

Lecz z początkiem kampanii wojennej, gdy cały rząd z Maschadowem na czele poszedł walczyć w góry, Radujew rozpuścił swoją „armię" i zniknął.

I czym znowu podnieść adrenalinę elektoratowi?

Teraz zza kulis wyłoniła się w całej okazałości nowa postać, dotychczas występująca tylko w epizodach, ale dla historii Rosji i Czeczenii niezwykle ważna: postawny pięćdziesięciolatek o pomiętej, zmęczonej twarzy, w garniturze i baraniej czapie – Achmad Kadyrow używający tytułu hadżi, przysługującego komuś, kto odbył pielgrzymkę do Mekki. Za czasów Dudajewa ten mufti powtarzał żołnierzom czeczeńskim: „Zabijcie tylu Rosjan, ilu zdołacie". Teraz pomagał Rosjanom zabijać Czeczenów.

Zaraz złowi Radujewa jak pająk muchę w sieć.

„Czy byłeś związany z KGB?" – zapytał Kadyrowa naczelnik czeczeńskiego wojskowego sztabu operacyjnego na początku 1998 roku, trzymając w ręce obszerną notatkę operacyjną stwierdzającą, iż w trakcie nauki w bucharskiej medresie (szkole dla duchownych muzułmańskich) Achmad Abdułchamidowicz Kadyrow został zwerbowany przez KGB. „Owszem – odparł zapytany – przecież w tamtym czasie nie można było studiować religii, nie podpisawszy w KGB deklaracji współpracy. Ale przez ostatnie lata nikt z KGB, a później z FSB, się ze mną nie kontaktował. Mogę przysiąc na Koran"[8].

Niewykluczone, że wtedy nie kłamał, bo jeszcze nie znał Putina osobiście. Poznał go, gdy ten jako dyrektor FSB wskrzeszał stare kadry. Achmad Kadyrow został wówczas zaproszony na Łubiankę (zaproszenie przekazał mu niejaki Rusłan Atłangierijew, dawny agent KGB (po latach powiązany z zabójstwem Anny Politkowskiej). Od tamtej pory Kadyrow zmienił front. Latem 1998 roku pod pretekstem krucjaty przeciw wahabitom gromadził liczne, w gruncie rzeczy prorosyjskie oddziały, które – jak już wcześniej napisano – zwalczały nie tylko wahabitów, lecz także rząd Maschadowa. Pewnego dnia, gdy z prywatnego powodu zebrali się u niego członkowie czeczeńskiego rządu, nagrał to spotkanie wideokamerą. Zapytany, po co to robi, odparł, że z myślą o historii. To prawda: kasetę przekazał na Łubiankę, do kolebki historii dzisiejszej Rosji. Zapis miał udowodnić Putinowi, że Achmada Kadyrowa popierają najważniejsze osoby w Czeczenii. Niebawem Kadyrow zaczął się pojawiać w rosyjskiej telewizji jako ten, który uosabia świetlaną przyszłość Republiki, w przeciwieństwie do ówczesnego prezydenta Maschadowa.

Nienawidzący Maschadowa Radujew uważał Kadyrowa za sojusznika. Po wtargnięciu wojsk rosyjskich do Czeczenii złożył mu więc taką propozycję: on, Radujew, rozpuści swoją armię i nie będzie walczył z Rosjanami, a Kadyrow pomoże mu przedostać się na Bliski Wschód, gdzie Radujew zorganizuje kampanię przeciwko Maschadowowi. Zgoda? Zgoda. Radujew zgolił brodę, odprawił ochroniarzy i czekał we wsi Nowogroznyj na swojego dobroczyńcę. A dobroczyńca kazał dostarczyć go wprost na Łubiankę[9].

13 marca, na trzynaście dni przed wyborami prezydenckimi, pełniący obowiązki prezydenta Władimir Putin zakomunikował na posiedzeniu Rady Ministrów, że „służby specjalne odniosły wielki sukces: w wyniku skomplikowanej operacji został pojmany Salman

Radujew. Krwawa bestia jest w więzieniu, gdzie jej miejsce, i można mieć nadzieję, że to dopiero początek aresztowań". Następca Putina na stanowisku szefa FSB, Nikołaj Patruszew, uzupełnił sensacyjną wiadomość, dodając, że „przy planowaniu tej operacji wzięto pod uwagę, iż liczba osobistej ochrony Radujewa wynosi sto osób i że pod jego rozkazami służy do 10 tysięcy ludzi".

Telewidzowie przecierali oczy: na ekranie – zamiast dotychczas prezentowanego bandyty z rudą brodą, w ciemnych okularach i fantazyjnym kaszkiecie – zobaczyli chudego, drobnego mężczyznę o jednym oku szklanym, zdeformowanej twarzy, najwyraźniej chorego.

Mimo wszystko notowania Putina poszybowały zgodnie z oczekiwaniami.

Trzy miesiące później urzędujący prezydent Rosji Putin mianował Achmada Kadyrowa szefem administracji Czeczeńskiej Republiki (nazwy Iczkeria, dodanej w 1997 roku, już nawet wymieniać nie było wolno). Po raz pierwszy w historii Czeczenów gnębić ich miała władza własna, czeczeńska, jedynie wspomagana przez Rosjan. Tak się zmaterializowała dawna idea Putina „czeczenizacji problemu czeczeńskiego". Powiedzie się, jak wszystkie jego intrygi.

A Radujew? Skazany na dożywocie w strasznym obozie Biały Łabędź przeżył rok. O jego ostatnich dniach opowiadał pracownikom Memoriału przywieziony tam inny Czeczen: „Ze mną w jednym skrzydle był zamknięty Salman Radujew. Słyszałem, jak krzyczał w spacerowniku pod naszymi oknami, gdzie każdego wieczoru się nad nim znęcano".

Według opinii Ministerstwa Sprawiedliwości i lekarzy więziennych „znanego terrorystę pokonały zadawnione choroby"[10].

Tamtego dnia, 13 marca 2000 roku, dwa tygodnie przed wyborami prezydenckimi, kiedy „znanego terrorystę" zamykano w więzieniu, na cmentarzu Nowodiewiczym, w kwaterze numer 10, grzebano ofiarę katastrofy lotniczej, Artioma Borowika, szefa wydawnictwa Sowierszenno Siekrietno, który wykazywał nadmierną ciekawość co do szczegółów życiorysu Władimira Putina.

## Bohater przestworzy

Do wyborów tydzień. Coby tu jeszcze wymyślić? O żadnych debatach mowy być nie może: Władimir Putin odmawia, i zawsze odmawiać będzie, uczestnictwa w tego rodzaju rywalizacji. Tu nośne hasła nie wystarczą. Żeby stanąć oko w oko z przeciwnikiem, który znienacka może zadać niewygodne pytania albo zaprzeczyć temu, co on mówi, trzeba wiedzy, refleksu i odwagi. To zbyt trudna konkurencja dla kogoś, kto niemal zawsze mija się z prawdą. Niech więc sobie podebatują pozostali kandydaci: ekonomista Jawlinski ze społecznikiem Ziuganowem, Ziuganow z nacjonalistą Żyrinowskim. Bo Putin i jego propagandyści i tak wiedzą, że do uszu i serc Rosjan dolecą jedynie jego hasła o „godności narodowej", „zwycięskim duchu", „żelaznej woli państwa", „potencjale wielkiego imperium", „odbudowie geopolitycznego autorytetu". Dlatego on może wznieść się ponad debaty.

Może wznieść się w znaczeniu dosłownym: w błyszczącym hełmie i hermetycznym skafandrze leci myśliwcem odrzutowym z niedalekiego wprawdzie Krasnodaru do Czeczenii, tym razem rzeczywiście na lotnisko w Groznym. Leci jako drugi pilot, ale czy to ważne? „Zniewalający jak Batman, jak Spiderman, jak James Bond..." – pisze o nim nazajutrz włoska „La Stampa". Towarzyszą mu kamery, lecz na telewizyjnych ekranach nie widać kilku stacji radiolokacyjnych obserwujących lot ani asysty innych odrzutowców z lukami pełnymi bomb. Do telewizji nie przedostaje się wiadomość, że na godzinę wstrzymano ruch na całej trasie powietrznej, a w Groznym na kilka godzin unieruchomiono wszystkie samoloty. W oczach wyborców, zwłaszcza zaś wyborczyń, Putin utrwala się jako wzorzec męskości i odwagi. Ma zwyciężyć, i to w pierwszej turze! Druga mogłaby być ryzykowna. I hańbiąca.

Czym mogą mu do dnia głosowania zagrozić pozostali konkurenci? Lotem w kosmos?

A czy myśmy już tego gdzieś nie widzieli? Czy to nie Hitler latał na messerschmitcie? Czy to nie Hess sam prowadził samolot myśliwski? Czy to nie Göring był asem lotnictwa podczas pierwszej wojny światowej? Czy ich hasła bardzo różniły się od Putinowskich?

Komentator Radia Swoboda Maksim Sokołow tak pisał w tamtych dniach:

„Dawno, dawno temu w dość demokratycznym państwie sędziwy prezydent obdarzył stanowiskiem kanclerza-premiera młodego, energicznego następcę. A potem zapłonął Reichstag [...]. Historycy nie odpowiedzieli na pytanie, kto go podpalił, historia pokazała, kto odniósł korzyści [...].

Nie tak dawno sędziwy gwarant Konstytucji obdarzył stanowiskiem premiera młodego następcę, a potem wylatywały w powietrze bloki mieszkalne i zaczęła się nowa wojna czeczeńska, którą wychwalają superkłamcy.

Kto na tym korzysta? Spójrzcie na notowania człowieka, który odnawia tablicę pamiątkową ku czci Andropowa i wznosi toast z okazji rocznicy urodzin Stalina”[11].

26 marca 2000 roku, gdy w Rosji wybierano prezydenta, w czeczeńskej wsi Tangi-Czu kończył się drugi miesiąc „zaczystki" zamienionej w blokadę. Do wsi nie dało się wjechać ani z niej wyjechać, a o wezwaniu lekarza nawet nie było co marzyć. Tangi-Czu odcięto od świata. Wozy pancerne stacjonującego w okolicy 160. Pułku Artylerii podjeżdżały pod domy nocą. W Tangi-Czu, jak w całej Czeczenii, ludzie na noc się nie rozbierali, żeby w każdej chwili być gotowi. Na wszystko.

Tym skrawkiem ziemi i jego mieszkańcami władał oficer o twarzy krągłej i opuchniętej od wódki, pułkownik Jurij Budanow.

Głosować poszli wszyscy mieszkańcy, bo obiecano rozdawanie pomocy humanitarnej w lokalach wyborczych. Wracali z pustymi wózkami. Głosowali też (zgodnie z rozkazem Putina) żołnierze 160. Pułku Artylerii. Potem siedli do uczty świątecznej i pili za zdrowie nowego prezydenta. Później starsi oficerowie wydali rozkaz ostrzelania wsi. Młodszy oficer, chcąc uniknąć ofiar wśród cywilów, tak skierował ogień karabinów maszynowych, że szedł on ponad dachami i zburzył tylko pusty dom. Dwaj starsi oficerowie, głównie jednak Budanow, zaczęli bić młodszego i kopać, a na koniec wrzucili go do „zindana" – rowu głębokiego na 2 metry, zakrywanego deskami (miejsce przetrzymywania wziętych w „zaczystce" Czeczenów). Potem znów pili. Wreszcie kazali do „zindana" nasypać chlorku.

Po tym wszystkim pułkownik Budanow ruszył do wsi i wdarł się z żołnierzami do domu Kungajewów, gdzie najpierw rzucił się na trzynastoletnią Chawę, ale gdy zobaczył osiemnastoletnią Elzę, ją kazał zabrać, a że zemdlała – polecił zawinąć ją w koc, wynieść, wrzucić do wozu pancernego i zawieźć do swojej kwatery.

O czwartej nad ranem wezwał żołnierzy, żeby zabrali ciało „broniącej się snajperki" i zagrzebali je w lesie. Dziewczyna była naga, miała na sobie bieliznę pociętą nożem, na twarzy i ciele widoczne ślady bicia, na szyi – duszenia. Na podłodze krew.

Żołnierz w „zindanie" miał więcej szczęścia. Tę świąteczną noc przeżył.

W porannym raporcie pułkownik Budanow zameldował, że noc z 26 na 27 marca 2000 roku przeszła spokojnie, bez specjalnych wydarzeń.

Gdyby nie bunt podkomendnych pułkownika Budanowa, ta sprawa – jak setki podobnych – trafiłaby do zamkniętego na dziesięć spustów lamusa historii drugiej wojny czeczeńskiej. Tylko dzięki żołnierzom 160. Pułku Artylerii Budanow stanął przed sądem.

## Farsa wyborcza

Wyniki wyborów trzeba było sfałszować.

Wieczór wyborczy 26 marca 2000 roku. Godzina dwudziesta druga. Rosja przed telewizorami. Na ekranach długie tablice wykresów. Wskazówka na wykresie procentowym przy nazwisku Władimira Putina zatrzymuje się na liczbie 44,5. Źle, zanosi się na drugą turę. Mniej niż połowa Rosjan – jak widać – uległa wojennej euforii, terrorystycznej panice i sportowemu urokowi kandydata numer 1. W sali koncertowej telewizji Ostankino, gdzie zasiada jego sztab wyborczy, zapanowało przerażenie. Nie na długo. Przecież na wschodzie kraju lokale wyborcze pozamykano już osiem, dziewięć godzin wcześniej, więc tamtejsze komisje – od Krasnojarska, przez Syberię, po Ural – już wiedzą, że wyniki należy skorygować.

I oto w ciągu kilku godzin na oczach milionów telewidzów wskaźnik głosów oddanych na Putina urósł do 52,9 procent, czyli o 2 miliony 200 tysięcy dopisanych głosów. Po drugiej w nocy kandydat numer 1 mógł już wejść do sali w Ostankino jako zwycięzca w pierwszej turze. Miał szarą twarz i szary sweter.

Okazało się, że sfałszowano również tę początkową liczbę – 44,5 procent. Pierwszy doniósł o tym po przeprowadzeniu własnego śledztwa angielskojęzyczny moskiewski dziennik „Moscow Times". Oszustw wyborczych dokonywano najbanalniej w świecie, odejmując głosy innym kandydatom i dodając je Putinowi. Przykłady podała też komisja Dumy Państwowej pod przewodnictwem deputowanego Aleksandra Salija, powołana przez Komunistyczną Partię Federacji Rosyjskiej, z której ramienia startował Ziuganow. Oto kilka z nich z jednego tylko – dagestańskiego – rejonu, gdzie porównano kopie protokołów udostępnionych obserwatorom tuż po podliczeniu głosów z ostatecznymi, oficjalnymi wynikami:

W lokalu wyborczym numer 1036 Ziuganow otrzymał 801 głosów, a według oficjalnego protokołu – 150 (ukradziono 651 głosów). Na Putina, według kopii, oddano 452 głosy, a oficjalnie – głosów 2038 (dołożono 1586).

W lokalu numer 1044 Ziuganowowi ukradziono 862 głosy z 863 (!), Putinowi do otrzymanych 227 dopisano 1772.

W trzydziestu czterech kontrolowanych komisjach wyborczych Ziuganowowi zabrano w sumie 8462 głosy, Puitnowi dopisano 13 805.

W dwudziestu lokalach okręgu Kyzył-Jurt Ziuganowowi odjęto 6161 głosów, Putinowi dopisano 14 105.

Posługiwano się też innym prostym sposobem: wrzucano do urn wcześniej przygotowane i wypełnione karty do głosowania lub wypełniano je za wyborców, którzy nie głosowali.

W bombardowanej Czeczenii ponoć oddano na Putina 192 tysiące głosów, zaś na przeciwnika wojny – Grigorija Jawlinskiego – 35 tysięcy.

W Dagestanie na listy wyborców wpisano nazwiska zmarłych lub tych, którzy dawno się stamtąd wyprowadzili. W Kabardo-Bałkarii oferowano do 200 rubli wyborcom, którzy czystą kartę do głosowania oddali pracownikom sztabu Putina. Podobne procedury stosowano w całym państwie.

Ujawniono, że w okresie między wyborami parlamentarnymi (19 grudnia 1999 roku) a prezydenckimi liczba uprawnionych do głosowania wzrosła o 1 milion 300 tysięcy.

Obserwatorzy międzynarodowi nie zgłosili zastrzeżeń wobec fałszerskich praktyk. Pewnie ich nie zauważyli. Świat pospieszył z gratulacjami.

Zaczynała się era Władimira Putina.

## Jeszcze nie koronacja

Osobiście zadecydował: prezydencką przysięgę złoży tam, gdzie koronowano carów, a nie – jak Gorbaczow czy Jelcyn – w zwykłej (choć kiedyś największej na całym terytorium ZSRR) sali widowiskowej dawnego Pałacu Zjazdów, gdzie nie tylko konwentykle partyjne się odbywały, lecz także wszystkie ważne imprezy państwowe. Stać na miejscu, w którym kiedyś tańczyła słynna Maja Plisiecka* czy paradowali sekretarze generalni partii, a nawet prezydenci, to w rzeczy samej zupełnie coś innego niż podążać śladami koronowanego cara.

Ta inauguracja musi być inna. Na j e g o miarę.

Przygotowania trwały dwa tygodnie. W próbie generalnej wzięli udział żołnierze z pułku specjalnego przeznaczenia przywiezieni

* Maja Plisiecka – rosyjska tancerka i choreografka, jedna z najwybitniejszych postaci baletu XX wieku.

spod Moskwy z misją specjalną: mieli sprawdzić, ile osób pomieści się w trzech salach Wielkiego Pałacu Kremlowskiego i jak należy je ustawić na półtorametrowej przestrzeni z obu stron czerwonego dywanu, po którym będzie stąpał Jego Wysokość.

Według relacji Andrieja Kolesnikowa, dziennikarza z tak zwanej kremlowskiej puli, „eksperyment wykazał, że półtora tysiąca ludzi bez trącania się łokciami i deptania sobie po piętach będzie mogło w komfortowych warunkach zademonstrować swój szacunek przechodzącemu przez sale i korytarze prezydentowi elektowi Rosji. Zdyscyplinowani wojacy pułku specjalnego przeznaczenia stali wzdłuż czerwonego dywanu, wstrzymując oddech. [...] Kiedy repetycje zakończono, w skromnie oświetlonych komnatach Wielkiego Pałacu Kremlowskiego pojawił się tuż przed północą, nic nikomu nie mówiąc, Władimir Putin. W zupełnej ciszy pokonał całą długość czerwonego dywanu, a osiągnięty rezultat go zadowolił. Był zgodny z planem. Według słów świadków tej nocy Władimir Putin spał dobrze. Jak zwykle”[12].

Denerwował się natomiast Jelcyn.

Wstał jeszcze wcześniej niż zazwyczaj, już o piątej rano. Długo razem z Tatianą wybierali garnitur i krawat. Najpierw zdecydowali się na ubranie czarne, ostatecznie wybrali granatowe. Czarne wyglądałoby zbyt ponuro.

Co było potem, widział cały świat. Miliony dolarów niedawno włożone w remont Kremla lśniły teraz jasnym złotem na ściennych reliefach, na strzelistych ostrołukach sklepień, na wieńcach zdobiących kolumny wzdłuż położonych w amfiladzie trzech paradnych komnat, na ozdobnych girlandach i dwugłowych orłach umieszczonych w rozłożystych kandelabrach, a także w złotych kielichach kinkietów z kilkoma tysiącami żarówek. Przy dźwiękach trąb żołnierze Gwardii Honorowej, pokonując baletowo-defiladowym krokiem metry czerwonego dywanu, wnieśli flagę państwową i sztandar prezydencki. Po chwili równie uroczyście i malowniczo transportowali Konstytucję Federacji Rosyjskiej oraz poduszkę, na której spoczywało insygnium prezydenckiej władzy: dwugłowy orzeł na długim, ponadmetrowym, wysadzanym drogimi kamieniami łańcuchu z wyrytymi nazwiskami prezydentów. Niemal dwumetrowego wzrostu Jelcyn prezentował się w tej ozdobie okazale. Putin z niej zrezygnował.

Na podium zajmowały miejsca ważne osoby towarzyszące (prezydent Jelcyn, przewodniczący Sądu Konstytucyjnego, przewodniczący Dumy i Rady Federacji, przewodniczący Centralnej Komisji Wyborczej). Przewodniczący Dumy Giennadij Sielezniow (ten, który chciał kiedyś stanąć do prezydenckiego wyścigu, a jego towarzysze ginęli w Petersburgu w niewyjaśnionych okolicznościach) na szczęście nie musiał nic mówić. Za to przewodniczący Centralnej Komisji Wyborczej wyrecytował dokładną liczbę obywateli biorących udział w wyborach (75 181 071) tudzież liczbę głosów oddanych na Władimira Putina (39 740 434), tak by każdy z obecnych umocnił się w przekonaniu o legitymizacji władzy nowego prezydenta.

Podczas gdy żołnierze wykonywali swój balet na niekończącej się czerwonej dróżce, a ważne osobistości zajmowały miejsce na podium, do Kremla zbliżał się orszak prezydenckich limuzyn. Wychynął z opustoszałej alei, w ciszy przemknął pod wieżą Spasską, podjechał pod wejście do Pałacu Kremlowskiego z wyłożonym na ulicy czerwonym dywanem. Ze wspaniałego pojazdu wysiadł Putin. Jeszcze tylko uścisk dłoni z komendantem pałacu i oto zaczyna się zapierający dech spektakl.

Niespiesznie, w ciszy i samotności, Putin wstępuje po schodach, a gdy staje na najwyższym stopniu przed wejściem do głównych sal, mistrz ceremonii zapowiada z pełną dramaturgii emfazą: „Władimir Władimirowicz Putin". Z wolna uchylają się ogromne złote drzwi, trębacze w białych strojach unoszą złote instrumenty do ust, odziani na niebiesko dobosze dudnią w bębny. Stroje są z czasów wojen napoleońskich, więc może i on się czuje jak cesarz? „Który z politycznych przywódców pana interesuje?" – pytali go kiedyś dziennikarze. „Napoleon Bonaparte"[13] – odpowiedział poważnie.

A czyż nie poważnie mija teraz ogromne, złocone, pełne reliefów odrzwia? Czyż nie poważnie ignoruje fakt, że na ich tle wydaje się jeszcze niższy, niż jest? Czyż tej mieszanki kompleksu niskiego wzrostu (Napoleon 168, Putin 170 centymetrów) z poczuciem wyższości nie nazywa się „kompleksem napoleońskim"? Czyż nie z cesarską nonszalancją przechodzi obok rzędów przytłaczających swoim ogromem, pokrytych złotem kolumn? Czyż nie lekceważy tego, iż z wysokości plafonów, spod których filmują go kamery wszystkich telewizji świata, wygląda jak nakręcana zabawka z lewą ręką poruszaną jakimś oddzielonym od reszty ciała mechanizmem? Czyż nie z łaskawością monarchy lekko skłania głowę ku tym i owym, zatrzymując na ustach odrobinę lekceważący uśmiech?

Jeszcze kilka kroków i wchodzi w światła Komnaty Andriejewskiej, a kamery prowadzą go aż przed carski tron zasłonięty niebieską kotarą. Na kotarze godło państwa. A nad nim, w złotych promieniach, ogromny symbol oka opatrzności, bez którego władza carska nie czułaby się wystarczająco dostojna.

Nowy prezydent, kładąc rękę na oprawnej w jaszczurczą skórę konstytucji, składa przysięgę. Jej pierwsze słowa odnoszą się do przestrzegania „praw oraz swobód człowieka i obywatela", a więc tych, które właśnie gwałci w Czeczenii, a niebawem z nich wszystkich bez wyjątku uczyni pusty frazes.

*Władimir Putin podczas ceremonii zaprzysiężenia 7 maja 2012 roku*

Pora na wystąpienia obu prezydentów. Jelcyn mówi wolno i z przekonaniem o demokracji, Putin wyrzuca z siebie stanowcze słowa o wielkości państwa. Jelcyn o wolności, która jest największym osiągnięciem współczesnej Rosji, i o obywatelach, którzy przestali się bać władzy. Putin o Rosji wielkiej, potężnej i monumentalnej, której trzeba bronić, i o rosyjskich obywatelach, których nowa władza będzie chroniła także poza granicami kraju. Słowo „bronić" pada raz za razem, choć przecież nikt nie napada. Czyż nie słychać w tym zapowiedzi przyszłych, rojących mu się już wtedy w głowie, wojen z republikami, które wyrwały się ze Związku Radzieckiego? Bo czy poza ich obszarem żyją gdzieś jeszcze rosyjscy obywatele, którym tubylcy chcieliby zrobić krzywdę? Putin swój plan rysował wyraźnie, lecz słuchano go nieuważnie. Nawet wtedy, gdy lekko podnosząc głos, rzekł dobitnie: „Jedno państwo! Jeden naród!". Tu zawiesił głos i po efektownej przerwie dokończył: „Jedna przyszłość!".

Jelcyna obdarzono krótkimi oklaskami, Putina długimi.

Uroczystość inauguracyjna trwała godzinę. Przez ten czas świat przecierał oczy ze zdumienia, obserwując zarówno sam spektakl, jak i przepych dekoracji z tym bohaterem w roli głównej i nie przestając przy tym pytać: *Who is mister Putin?* Lider polityczny? Wielki działacz społeczny? Znany gubernator czy bodajże mer? Nawet polityczny moskiewski światek został zaskoczony: „Nie mogłem uwierzyć – napisał były wicepremier Boris Niemcow – że mało komu znanemu, szaremu pułkownikowi KGB–FSB Putinowi można było po pół roku powierzyć najwyższe stanowisko w państwie. Tylko plastelinowy naród, dobrze podgrzany na słońcu i długo wałkowany, może głosować na człowieka, który swoją karierę polityczną zaczyna od wyborów prezydenckich"[14].

Tymczasem „szary pułkownik" miał wszelkie powody do dumy: przechytrzył wszystkich. Primakow, z którym walczyli „kremlowscy", uosabiał dla nich wartości ZSRR i KGB, Putinowi wystarczyło więc nie wypowiadać się na ten temat. Było to tym łatwiejsze, że nikt go o ideologię nie pytał. To, że jest demokratą, że – przynajmniej tak jak jego poprzednik – uszanuje pluralizm, wolność słowa i prawa człowieka, wydawało się jego kreatorom oczywiste. Nawet jeśli przemknęły im przez głowę jakieś wątpliwości, to je szybko przegonili, przywołując na pamięć jego związki z uznanym demokratą Sobczakiem (który – jak pamiętamy – demokratą był raczej na pokaz).

Ponieważ kandydat na prezydenta odmówił udziału w przedwyborczych debatach, nie odsłonił się w szermierce na poglądy: nie musiał się ścierać ze znanym liberałem i demokratą Jawlinskim czy przytakiwać komuniście Ziuganowowi. Każdy zatem, kto chciał, mógł w nim widzieć wyraziciela swoich własnych przekonań.

Nie wszyscy chcieli. Wspominany już wielokrotnie Siergiej Stiepaszyn, były szef służb specjalnych i ekspremier, w jednym z wywiadów przestrzegał: „Wołodia nie kukła, nie jest taki, jak się wydaje. Jak tylko się umocni, to dopiero pokaże”[15].

„On przyjmuje zasady kremlowskich gier, co nie znaczy, że zawsze będzie się do nich stosował – przestrzegała jeszcze przed jego pierwszymi wyborami Lilija Szewcowa, profesor socjologii, czołowy analityk Fundacji Carnegie w Moskwie. – On najwidoczniej posiada »drugie dno«, którego kremlowscy animatorzy nie są w stanie kontrolować. Zewnętrzna niepokaźność, zwłaszcza rzucająca się w oczy w porównaniu z Jelcynem, zimne oczy i hermetyczność – wszystko to może skrywać neurozę, a także niepewność siebie, które kompensuje wielkim okrucieństwem”[16].

Jego przedwyborcza kampania to „operacja antyterrorystyczna”, czyli masowe uśmiercanie Czeczenów. Nikt z „kremlowskich” w to nie wnikał, a Jelcyn kierował się w tej sprawie głównie przekazami Putina.

„Jeśli idzie o Jelcyna, to on mnie w pełni wspiera w sprawie Czeczenii – mówił Putin dziennikarzom. – Zaufał mi, i już”[17].

Zaufał do tego stopnia, że nawet nie polecił sprawdzić zawartości teczek z materiałami prokuratorskich śledztw w sprawach karnych dotyczących merostwa w Petersburgu. Dziesięć lat dzielące Putina od powrotu z Drezna nikogo na Kremlu nie interesowały, a jego machinacje na miliony dolarów albo do wiadomości Jelcyna nie docierały, albo je – z uwagi na dobro najbliższych (podejrzanych o miliardowe nadużycia) – ignorował. Był Putin z Sobczakiem? Był. No to musi być demokratą. I tak też Jelcyn zawsze go nazywał.

Minę miał pierwszy prezydent podczas inauguracji nietęgą. Swoją orację zakończył przesłaniem, które już raz zabrzmiało, gdy przekazywał dokumenty Putinowi w kremlowskim gabinecie. Powtórzył z wyraźną prośbą w głosie, jakby niepewny jej spełnienia: „Chrońcie Rosję".

Chronić Rosję trzeba było właśnie przed tym, kogo on sam do władzy doprowadził. Lepiej więc by zrobił, wkładając na tę uroczystość czarny garnitur.

Tak czy inaczej, 7 maja 2000 roku przysięgał na Konstytucję Federacji Rosyjskiej liczący się w międzynarodowej mafii narkotykowej osobnik; posiadacz ogromnego nielegalnego majątku; człowiek, którego nazwisko wiązano z wieloma niewyjaśnionymi zgonami, zabójstwami i niedawną (9 marca 2000 roku) katastrofą samolotową; szef FSB podczas przygotowań do „prowokacji dagestańskiej"; premier, który nie wszczął śledztwa w sprawie wysadzania domów w Rosji we wrześniu 1999 roku, a podejmowane dochodzenia krępował; bezwzględny pacyfikator ludności cywilnej w Czeczenii; beneficjent wielkiego fałszerstwa wyborczego – żeby tylko wymienić dokonania największego kalibru.

Miał prawo czuć się absolutnym zwycięzcą. Ale urządzanie na swoją cześć niemal carskiej uroczystości świadczyło o czymś więcej: o rozwiniętym narcyzmie, dość poważnym zaburzeniu osobowości u zwykłych zjadaczy chleba, groźnym zaś u kogoś, komu dano wolność całkowitą, wolność od norm i wartości[18].

Nieco wcześniej, gdy jeszcze tylko pełnił przekazane mu przez Jelcyna obowiązki prezydenta, dziennikarze zadali pytanie, czy chce być prezydentem. W odpowiedzi usłyszeli: „Kiedy zacząłem pracować w tym charakterze, poczułem... zadowolenie (może to nie całkiem właściwe słowo) z tego powodu, że samodzielnie podejmuję decyzje, że jestem instancją ostateczną"[19].

Tak silna potrzeba uznania własnej wielkości i bycia podziwianym, jaką ukazała uroczystość inauguracji, mogła zatrwożyć zarówno psychologów, jak i czytelników często tu cytowanej niewielkiej książki *Ot pierwogo lica…*, wywiadu rzeki z przyszłym prezydentem, którzy musieli zauważyć jego ciągłe manewrowanie słowem „ja", tak by przedstawić siebie jako najlepszego, najmądrzejszego i niezastąpionego w każdych okolicznościach. Jeśli dorzucimy do tego lawinę kłamstw, często wykluczających się wzajemnie, jakby kłamiącemu nie zależało na wiarygodności, albo manię spóźniania się zawsze i wszędzie bez względu na to, czy godzinami czekają na mrozie żołnierze, dziennikarze, politycy czy też – jak okaże się później – królowa brytyjska lub papież, dojdziemy do wniosku, że rysuje się osobowość z jawnie zaburzoną psychiką. Jawnie, ale może niegroźnie?

Lata rządów Władimira Putina nie napawają optymizmem. Najbardziej optymizmu brakowało, gdy nadszedł rok 2014 i agresja na Ukrainę. Wtedy nikt się już nie pytał: *Who is mister Putin?* Znów dały się wyczuć podmuchy zimnej wojny i obawa przed wojną gorącą. A nie musiałoby tak być, gdyby wtedy, w roku 2000, liderzy polityki światowej potraktowali Władimira Putina serio. Tymczasem politycy zachodni za czasów rządów Jelcyna odłożyli do lamusa kremlinologię, dziedzinę badania sekretów władzy radzieckiej, wierząc, że dawna wrogość przemieniła się w trwałe partnerstwo.

Stało się więc tak, jakby drużyna nieco zblazowanych graczy ochoczo przyjęła nowego rozgrywającego, gotowa rozpocząć mecz. Tyle że oni chcieli grać według cywilizowanych zasad, a on według podwórkowej grypsery.

## Tajemnica lewej ręki

Lewa ręka Putina stała się od dnia inauguracji prezydentury ważnym tematem naukowych dociekań. Dlaczego podnosi się i opuszcza niezależnie od prawej, lekko zgiętej w łokciu, spokojniejszej, jakby przyklejonej do boku? Lewą nogę też obserwowano uważnie: dlaczego porusza się pewniej niż prawa? Brenda Connors – szefowa Wojskowego Instytutu Marynarki Wojennej przy Pentagonie specjalizującego się między innymi w studiowaniu ruchów ciała rosyjskiego prezydenta i innych światowych przywódców (aby lepiej przewidzieć ich poczynania i doradzać amerykańskim politykom) – po wielokrotnym obejrzeniu nagrania z inauguracji prezydentury Władimira Putina oraz innych nagrań, a także po konsultacjach z medykami oraz fizjoterapeutami stwierdziła, że „najprawdopodobniej jest on ofiarą embrionalnego wylewu, który mógł się zdarzyć jeszcze w łonie matki, albo doznał uszkodzenia przy porodzie kleszczowym". To znaczy, że albo matka doznała udaru lub mocnego uderzenia (na skutek upadku?), co odbiło się na mózgu dziecka i wpłynęło na motorykę ciała, albo noworodek doznał tak zwanego paraliżu Erba, czyli uszkodzenia jednej z kończyn przy wydostawaniu się na ten świat.

Jeśli tak, to niedomaganie to musiało się ujawnić dość późno, bo żadne z dawnych gruzińskich dzieci znających Wowę od maleńkości (od trzeciego roku życia) nie wspominało o jakiejkolwiek jego niesprawności fizycznej. Podobnie chłopcy z zaułka Baskowa, którzy podziwiali jego sprawność. Być może jakieś uszkodzenie ośrodkowego układu nerwowego przydarzyło mu się później? Być może poważną fazę tej przypadłości pokonał już na pierwszych treningach sambo w wiosce Metechi? A może po prostu źle mu się zrosła prawa ręka złamana podczas bójki w 1984 roku i dlatego jest mniej ruchliwa? A może urodził się jako mańkut, a potem przymuszano go do posługiwania się prawą ręką, stąd zegarek właśnie na niej? Ale dlaczego jego lewe oko od czasu do czasu lekko zezuje?

Oczywiście są to bardzo ciekawe kwestie, ale chyba o wiele ciekawsze jest to, czy mózg prezydenta doznał jakichś uszkodzeń rzutujących na charakter. Które z jego niepojętych zachowań są powodowane fizjologią, którymi powinien się zająć psycholog, a którymi być może psychiatra? Pierwsze ustalenia Pentagonu przedostały się do wiadomości publicznej dopiero w 2008 roku, po napaści Rosji na Gruzję. Raport poświęcony poruszaniu się, umysłowi i podejmowaniu decyzji przez prezydenta Rosji oprócz wcześniej wspomnianych konkluzji zawiera też wniosek, że rosyjski prezydent cierpi na „neurologiczną nieprawidłowość będącą formą autyzmu, mianowicie na zespół Aspergera”[20]. I oto znowu wracamy do udaru czy uderzenia, jakiego matka rosyjskiego prezydenta doznała, będąc w ciąży, i jaki trwale uszkodził płód. W konsekwencji „rozwój neurologiczny został zahamowany w niemowlęctwie. Autorytarny styl Putina i obsesja na punkcie »skrajnej samokontroli« są sposobami nadkompensacji tego stanu”[21].

Przypomnijmy, że kiedy psychologowie z Instytutu KGB imienia Czerwonego Sztandaru pisali charakterystykę kursanta Władimira Putina, jako cechę negatywną wymienili „zaniżone poczucie niebezpieczeństwa” (którym zresztą sam się szczyci). Skąd się ono mogło wziąć? Naukowcy zajmujący się podobnymi przypadkami uważają, iż „najprawdopodobniej z nieprawidłowości neurologicznych, głównie w obrębie płata czołowego mózgu. Obszar ten jest powiązany również z warunkowaniem strachu. Niewłaściwa budowa tego fragmentu mózgu może być spowodowana między innymi urazem lub uwarunkowana genetycznie”[22]. O urazie już to i owo wiemy, a co do genetyki…

Nikt przecież nie badał mózgu Wiery Nikołajewnej z domu Putin ani prawdziwego ojca Wołodii P. – Płatona Priwałowa, który przepadł w pomroce dziejów. Biorąc jednak pod uwagę niezwykle trudne dzieciństwo chłopca, można przypuszczać, że do powstania trwałych szkód w jego systemie nerwowym prawdopodobnie przyczyniły się razy zadawane przez ojczyma Osiepaszwilego i ciężka ręka oficjalnego ojca – Władimira Spiridonowicza Putina. Tak czy inaczej, raport Pentagonu w znanych nam zarysach wydaje się dość ubogi w naukowe spostrzeżenia, zwłaszcza że bazowanie na przekazach wideo jest zwodnicze, bo nie zawsze daje się odróżnić prezydenta Putina od jego sobowtórów.

Spostrzeżeń nie skąpią też specjaliści rosyjscy.

Inessę Goldberg, eksperta grafologii, rosyjską członkinię Izraelskiego Stowarzyszenia Grafologii Naukowej i grafologa sądowego, poproszono o ocenę charakteru nieznanego jej autora tekstu na kartce papieru zapełnionej nierównym pismem. Po analizie doszła do następujących wniosków:

„Przed nami osobowość złożona, skrywająca wiele konfliktów wewnętrznych i mająca za sobą mnóstwo negatywnych, trudnych doświadczeń, które wsiąknęły w nią jak w gąbkę. W połączeniu z raczej histerycznym usposobieniem wpłynęły na tę osobowość, pozostawiając w niej trwały ślad.

Autor analizowanego fragmentu to osoba bardzo zamknięta w sobie, jakby ściśnięta psychicznie i fizycznie. Czuje to i pragnie pozbyć się znienawidzonej niepewności oraz niskiej samooceny lub je przynajmniej ukryć, ze wszystkich sił dążąc do kompensowania swoich problemów w innych sferach.

Zawsze stara się sięgać coraz wyżej i stawać się kimś jeszcze bardziej znaczącym, aby zdobyć szacunek, przede wszystkim samego siebie, który trudno byłoby rozwinąć przy tak krytycznym i tłamszącym indywidualność wychowaniu, jakiego doświadczył ten człowiek, zwłaszcza z ojcowskiej strony.

Człowiek, którego pismo jest tu przedmiotem badań, należy do tych, którzy zamykają się w sobie i żyją wedle własnych zasad; zazwyczaj też są bardzo nieufni i przesadnie ostrożni w stosunku do ludzi.

Wyraźna cecha takiej osobowości to łączenie zimnej kalkulacji z impulsywnymi wybuchami, negatywistycznymi nastrojami i reakcjami.

Człowiek o dużej inteligencji, zawsze posiadający własne, inne od pozostałych zdanie, jednak o dużych trudnościach adaptacyjnych. W tym charakterze pisma (a więc i osobowości) przejrzyście jest wyrażony »syndrom ofiary« i »mentalność obrazy«, ta osoba zawsze czuje się bowiem obrażana, znieważana, dyskryminowana. Nastrój takich ludzi często udziela się innym obrażonym i znieważonym, w czyich duszach (i charakterze) są nuty gniewu, a oni mają zdolność poprowadzenia ich za sobą.

Autor pisma bywa w kontaktach dość szorstki i chłodny, to jego mechanizm obronny. Może kierować swoje złośliwe i kpiące strzały w stronę tych, którzy się z nim nie zgadzają.

Z powodu wymienionych słabych stron osobowości człowiek ten nie jest cierpliwy, nie jest tolerancyjny, nie jest w stanie pojąć psychiki innych ludzi, w szczególności kobiet. Jest dość uparty, nieustępliwy i niezwykle krytyczny w stosunku do wszystkich, także do siebie; jego zasady, wartości, samokontrola wydają się zbyt surowe i mogą zagnać go w ślepy zaułek. Brak mu giętkości dyplomaty.

Myśli ogólnie, nie jest praktyczny. Rozumuje logicznie, ale z dużą dozą intuicji. Właśnie intuicyjne »czucie« często z nawiązką kompensuje mu brak praktyczności"[23].

Że też z nacisku długopisu, wielkości liter, ich szerokości, pochylenia, sposobu łączenia oraz odległości między nimi, między wyrazami i linijkami, można się dowiedzieć aż tyle… Prawie tyle samo co w Pentagonie.

Grafolog (choć posługiwał się dawną metodą analizy niemieckiego profesora Carla Gustava Junga) wyjaśnił ważną sprawę: poszerzanie odczucia krzywdy. Poniżany niegdyś Putin, z „syndromem ofiary" i „mentalnością obrazy", utożsamia się z poniżaną – według niego – Rosją. On ofiara i ona ofiara. Od upadku systemu radzieckiego czują się, jakby ziemia usunęła im się spod stóp. On wie, że tak to odbiera większość rodaków. Też obrażonych i znieważonych faktem, że już nie są obywatelami państwa, którego wszyscy się boją. A to było takie przyjemne!

Zapytany o przyczyny sukcesu swojego głównego współpracownika były mer Sobczak odparł: „Żadnej zagadki w tym nie ma: naród widzi w nim swoje odbicie"[24]. Gdy więc w 2005 roku Putin obwieszczał, że „rozpad ZSRR był największą geopolityczną katastrofą całego stulecia", nie blefował, on tak uważał, bo mentalność Wowy wyciągającego ze śmietnika portret Stalina pozostała mentalnością Władimira Władimirowicza.

Mylili się też ci, którzy sądzili, że mija się z prawdą, twierdząc, iż „osobistych wrogów nie ma, a jego wrogowie to wrogowie Rosji"[25]. On naprawdę tak myśli, powodowany uczuciem zadawnionej krzywdy upatruje i mnoży wrogów wszędzie: wśród Czeczenów, Gruzinów, Ukraińców, Amerykanów, w Unii Europejskiej i w NATO…

„Uważa, że osobiście jako człowiek ma obowiązek przede wszystkim wobec Czeczenii. Władimir Władimirowicz, tak mi się wydaje, traktuje czeczeńską problematykę jak absolutnie osobistą misję.

Jest do głębi urażony tym, że napadli na Rosję. I to jest dla niego wewnętrzny priorytet"[26] – mówił Anatolij Czubajs.

Cóż, można uwierzyć, że specjalista od ekonomii Czubajs, niedawny wicepremier, nie był wciągnięty w kremlowskie intrygi wojenne i nie zdawał sobie sprawy, jak to się stało, że „napadli na Rosję". Ale Putin? Wiadomo już, jak bardzo był w niszczenie wolnej Czeczenii wplątany; wiadomo, że jako dyrektor FSB musiał znać detale prowokacji dagestańskiej; wiadomo, że śledztwo w sprawie wysadzania domów było odgórnie (przez FSB) blokowane, a więc...

Pytanie zatem, czy tak świetnie potrafił przed dobrze znającym go Czubajsem udawać głęboki moralny wstrząs spowodowany agresją Czeczenii na Rosję, czy też naprawdę – odrzuciwszy doskonale znane sobie fakty – uwierzył we własne słowa od miesięcy powtarzane przed telewizyjnymi kamerami, czyli we własne kłamstwa. Czy też już ostatecznie uznał, iż można bezkarnie wprowadzać w błąd otoczenie, i przestał się obawiać przyłapania na oszustwie. Tu znów wracamy do ustaleń specjalistów[27] zajmujących się kłamstwem naukowo, którzy plasują notorycznych kłamców w psychologicznej przegródce z napisem „zaburzenia osobowości".

W tym czasie, kiedy kandydat na prezydenta Władimir Putin dowodził swoją „antyterrorystyczną kampanią" wyborczą, potworności prowadzonej przez niego wojny stały się znane poza granicami Rosji. „The Independent" z 11 lutego 2000 roku donosił o Czeczenach gwałconych i torturowanych w tak zwanych obozach filtracyjnych:

„»Czeczeni są systematycznie gwałceni, bici i zabijani w rosyjskich 'obozach filtracyjnych' w północnej Czeczenii – czytamy w liście rosyjskiego żołnierza, który to list trafił do naszej redakcji. – Ich tam dosłownie zabijają. Słyszę krzyki krzepkich chłopców, którym łamią kości. Niektórych gwałcą, niektórych zmuszają do wzajemnych gwałtów. Jeśli istnieje piekło, to ono jest tu« – pisze rosyjski żołnierz odbywający służbę w obozie w Czernokozowie nad rzeką Terek. Rosyjskie władze potwierdziły, że Czeczeni podejrzewani o działalność terrorystyczną są przetrzymywani w Czernokozowie. Jednak wszyscy więźniowie Czernokozowa dostali się tu przypadkiem, złapani na ulicy, uprowadzeni z drogi"[28].

A jak rozpoznać terrorystę?

Naczelny prokurator wojskowy Federacji Rosyjskiej Jurij Diemin na spotkaniu z członkami Memoriału oraz Międzynarodowej Ligi Praw Człowieka oświadczył, że „terrorystę można określić po wieku (dwadzieścia pięć – czterdzieści lat), płci, krzepkiej budowie ciała, śladach noszenia broni oraz po zgolonej brodzie”[29]. Różnorodność więźniów w „obozach filtracyjnych” w Czeczenii nie potwierdza definicji pana prokuratora.

Wspomniana już wcześniej francuska dziennikarka Sophie Shihab w artykule o planowanym w Moskwie przepuszczeniu 150 tysięcy Czeczenów przez „obozy filtracyjne” napisała 15 lutego 2000 roku w „Le Monde”:

„Musie mówić trudno. To pierwszy z więźniów obozu tortur w Czernokozowie, który zgodził się rozmawiać z dziennikarzem. Wydostał się stamtąd, bo rodzina zapłaciła okup. Nie może chodzić ani siedzieć dłużej niż minutę. Mówi, że w obozie przebywają starcy, kobiety i dzieci oraz że w stosunku do wszystkich są stosowane tortury i gwałt. Musa relacjonuje także spotkanie ze śledczym, który pokazał mu dokument FSB stwierdzający, że przez »obozy filtracyjne« ma przejść 150 tysięcy Czeczenów. Cel: ci, co przeżyją, mają zostać kalekami na całe życie. Musa powtarza to, co wszyscy w Czeczenii: to nie jest wojna przeciw bojownikom, ale przeciw całemu narodowi czeczeńskiemu”[30].

11 lutego 2000 roku Centrum Obrony Praw Człowieka Memoriał w raporcie z Czeczenii stwierdzało, że:

„W wyniku bombardowania wsi znajdujących się w obrębie wyznaczonej przez komendanturę wojskową tak zwanej strefy bezpieczeństwa zginęły setki ludzi. Pomimo że w szpitalach katastrofalnie brakuje miejsc, lekarstw i obsługi medycznej, rosyjskie władze nie dopuszczają na czeczeńskie terytorium zagranicznych organizacji humanitarnych.

Użycie w górskich rejonach Czeczenii, uznanych przez dowództwo za strefę bezpieczeństwa, półtonowych bomb paliwowo-powietrznych ODAB 500 (zawierających 93 kilogramy łatwo parującego tlenku etylenu i zakwalifikowanych przez ONZ jako

»niehumanitarny środek prowadzenia wojny powodujący niezmierne cierpienia ludności«)[31] potwierdza prowadzenie celowych działań przeciwko ludności cywilnej. Wojska federalne blokują przy tym dowóz żywności do tych terenów, jak też jakąkolwiek możliwość wydostania się stamtąd. Śmierć ogromnej liczby cywilów, zaplanowane zabójstwa, porwania, nielegalne przetrzymywanie i tortury ludzi pozwalają stwierdzić, że władze federalne prowadzą w Czeczenii nie kampanię antyterrorystyczną, lecz własną kampanię terroru"[32].

W tym samym czasie, w lutym 2000 roku, Władimir Putin, głównodowodzący „operacją antyterrorystyczną", w odpowiedzi na zarzut dziennikarzy, że ustanawia w Czeczenii dyktaturę, oświadczył to co zwykle: „Nic podobnego. My stosujemy siłę nie wobec narodu, lecz bandytów. [...] Rosję sprowokowano do działań, które teraz tam prowadzi"[33].

Czyżbyśmy mieli do czynienia jakby z dwoma Putinami: jednym, który tworzy fakty, i drugim, który odrzuca swój w nich udział? Jeden Putin organizuje napaść Rosjan na Czeczenię, drugi twierdzi, że Czeczeni napadli na Rosję. Nie oni są jego ofiarami, lecz on – ich. Wracamy więc znowu do pytania, czy to tylko gra, polityka czy coś więcej? Bo z uwagi na zapalczywość i głębokie przekonanie, z jakim peroruje, nasuwa się pytanie, czy wie, że kłamie, czy też jest przekonany, że mówi prawdę?

Jeśli wie, to należy do ludzi, którzy „mają wrodzoną skłonność do kłamania, oszukiwania i manipulacji [...]. Przyłapani na kłamstwie i postawieni w obliczu prawdy rzadko są zmieszani czy zakłopotani – po prostu zmieniają swoją historyjkę albo przystępują do przekręcania faktów tak, aby stały się zgodne z kłamstwem. W efekcie mamy serię sprzecznych twierdzeń i kompletnie ogłupiałego słuchacza"[34]. Nauka kwalifikuje takich ludzi jako psychopatów.

Jeśli jednak kłamca „nie przyjmuje do wiadomości najbardziej niezbitych dowodów podważających jego przekonania, uważa je za oszukaństwo spreparowane, by uśpić jego czujność", kwalifikacja takiej osobowości jest o wiele poważniejsza, wskazująca na skłonność do urojeń, specyficzną przypadłość skądinąd zdrowych ludzi, łatwo przerzucaną na społeczeństwo, bo „są kultury, w których paranoja jest trwale zakorzeniona, a spiskowa mentalność przepaja życie codzienne". Związek Radziecki czasów Stalina podawany jest tu za klasyczny przykład[35].

Wybitna rosyjska socjolożka, wiodąca politolożka moskiewskiego Centrum Carnegie, cytowana już tu profesor Lilija Szewcowa konstatuje:

„Reżim celowo stara się utrzymywać opinię publiczną w stanie schizofrenii, by w ten sposób utrudnić kształtowanie kultury obywatelskiej [...]. Jeśli w Rosji nasila się oczekiwanie na rządy silnej ręki, to nie dlatego, że Rosjanie są niezdolni do życia w demokratycznym i wolnym społeczeństwie, ale z powodu ich celowego dezorientowania i wepchnięcia przez elitę władzy w pułapkę lęków, fobii i braku pewności. Posługującą się przy tym nacjonalizmem i ksenofobią także wobec mniejszości muzułmańskiej, często bezkrytycznie przedstawianej jako terroryści"[36].

Po kilkunastu latach cały czeczeński koszmar powtórzył się na Ukrainie. Dopiero wtedy, gdy świat ujrzał rozpartego w fotelu, dziwnie się zachowującego prezydenta Rosji, ze śmiechem zaprzeczającego faktom oczywistym, obserwatorzy, ci zwykli i ci prominentni, zaczęli się zastanawiać nad stanem jego psychiki.

Za późno.

Niespętany dyplomatyczną poprawnością Mirosław Czech, polski dziennikarz ukraińskiego pochodzenia zajmujący się Wschodem, szukając przyczyn takiego stanu psychicznego lidera Rosjan, napisał wprost: „Zbrodniczy charakter polityki Putina ma dwa źródła, wzajemnie się przenikające: złamaną psychikę i głęboko przyswojone szkolenie kagebowskie, a nie jest – jak sądzi wielu – efektem jakiejś podbudowy filozoficznej"[37].

Co więc pozostaje? Ponowny rzut oka na podwórze w gruzińskiej wiosce Metechi i w leningradzkim zaułku Baskowa, gdzie miota się ten obolały chłopak. Profesor psychiatrii Anna Terruwe, twórczyni pojęcia „niezaspokojenie emocjonalne" (inaczej zwanego nerwicą braku), udowodniła, iż „kolejny etap człowieczego rozwoju jest możliwy tylko wtedy, jeśli poprzedni przebiegł prawidłowo. Jeśli nie – powstaje luka już nie do zapełnienia; wyrwa, w której daremnie lokować potrzeby wyższego etapu. Niemożliwa jest droga na skróty! Ciało rośnie i dojrzewa, procesy poznawcze eksplodują, a emocje utkwiły w miejscu. Pod względem uczuciowym człowiek staje się wewnętrznie skarlały. Ludzie, którzy nie mieli w dzieciństwie odpowiedniej dawki miłości oraz bezpieczeństwa emocjonalnego, nie są w stanie zaspokoić poczucia własnej wartości”[38].

Intelektualnie mamy więc do czynienia z Władimirem Władimirowiczem, lecz emocjonalnie z Wową, „produktem patriotycznego wychowania człowieka radzieckiego” (jak sam się nazywa), wyrastającym pod portretami Stalina i wychowywanym przez zatwardziałego komunistę, żołnierza wojsk NKWD. Z Wową, który już na tym etapie pozostanie i popadając w coraz głębszą dysfunkcję psychologiczną, będzie nieustannie poszukiwał swojego lepszego ja, które olśniewałoby zarówno podwórko, jak i miasto, państwo, świat…

W opinii Tymothy'ego Coltona, profesora Uniwersytetu Harvarda zajmującego się współczesną historią Rosji, Putin zostałby dokładnie takim samym politykiem, nawet wówczas gdyby w młodości pracował w Ministerstwie Rolnictwa.

Warto tu powtórzyć: to nie KGB popchnęło Putina do władzy, lecz Putin, otrzymawszy władzę, oddał ją KGB–FSB. I to nie KGB (przemianowane już na FSB) zaplanowało powrót do ZSRR w jego siłowej i imperialnej postaci, lecz Putin tam je zawrócił.

Bo KGB lat dziewięćdziesiątych ubiegłego wieku już nieco odbiegało od radzieckiego wzorca. Zmiany zainicjował jeszcze Gorbaczow, który mianował zwierzchnikiem KGB byłego radzieckiego ministra MSW Wadima Bakatina (na marginesie zaznaczmy, że dopiero pod jego rządami aresztanci zaczęli dostawać gorące posiłki), stawiając przed nim zadanie rozwiązania służb specjalnych. Zmiany te kontynuował Jelcyn, by – jak sam mówił – „rozwalić ten pozostały jeszcze z czasów stalinowskich straszny system gnębienia”[39].

Gdyby powiodły się reformy wprowadzone we wczesnych latach dziewięćdziesiątych przez Wadima Bakatina (który dobrowolnie oddał amerykańskiej ambasadzie plan sieci podsłuchów w jej budynku), powstałaby zupełnie inna instytucja. Nakazano bowiem KGB się odideologizować, działać, przestrzegając legalności, oraz –

uwaga! – nie naruszać praw człowieka. A ponieważ radzieckie KGB głównie ich nieprzestrzeganiem się zajmowało, podobne żądania wywołały u większości kagebistów szok, jak choćby postulat, by działać „w miarę możliwości otwarcie, gdyż społeczeństwo powinno rozumieć cele służb specjalnych". Wyrzucono ze struktur matecznik Putina, czyli Wydział Piąty, ten od śledzenia tudzież prześladowania myślących inaczej, i wysłano na zieloną trawkę kilkadziesiąt tysięcy żołnierzy specnazu szkolonych do pacyfikacji nieposłusznych. Wreszcie zlikwidowano samo KGB, dzieląc je na trzy organizacje.

Zrobiono zatem sporo, by tę machinę przestawić z torów totalitaryzmu na tory demokracji. Chociaż udało się to tylko częściowo, i tak zmieniło nastawienie Firmy do społeczeństwa: przestało ono być zwierzyną łowną z przyczyn politycznych. Gorbaczow wypuścił ostatniego więźnia politycznego z czasów sowieckich, Jelcyn nie miał kogo prześladować, bo istnienie opozycji uważał za oczywiste.

I nie kto inny jak wspomniany właśnie szef KGB Wadim Bakatin twierdził, że „do tego, by mieć demokratyczne służby specjalne, potrzebna jest demokracja, a po to, by mieć demokrację, trzeba przynajmniej stworzyć społeczeństwo obywatelskie... Krok po kroku budując demokrację, trzeba wykazywać tolerancję wobec myślących inaczej oraz szanować prawo, bo bez tego demokracji nie ma. Nigdy się nie wydostaniemy z systemu, w którym przez osiemdziesiąt lat kultywowano nienawiść, podejrzliwość, strach, jeśli pójdziemy po trupach, wykorzystując tę moralność, przy której człowiek pozostawał nic nie znaczącą śrubką"[40].

Zbyt to było piękne, by mogło być prawdziwe...

Wszystkie te szczytne zamiary spełzły na niczym, ale – choć wiele złego można o służbach specjalnych powiedzieć – trzeba przyznać, że od początku rządów Jelcyna nie zajmowały się prześladowaniami z przyczyn politycznych. Aż do czasu, gdy w późnych latach dziewięćdziesiątych stanął na ich czele Władimir Władimirowicz Putin jako dyrektor FSB.

## Jak go widzą...

Patrząc na Putina, w państwach zachodnich i Stanach Zjednoczonych dostawano zeza rozbieżnego. Mając bowiem na uwadze święty spokój i korzystne interesy na rosyjskim rynku, chciano w nim widzieć demokratę i kontynuatora demokratycznych reform, zarazem jednak nie dało się nie dostrzec okrucieństwa i bezsensu prowadzonej przez niego wojny w Czeczenii. Zdarzali się jednak też tacy, co patrzyli na wprost i widzieli to, co należało zobaczyć.

Tym, którzy chcieli w nim ujrzeć demokratę, ułatwił życie, gdy jeszcze jako pełniący obowiązki prezydenta opublikował w nowoczesnej formie (był koniec 1999 roku), na portalu rządowym, program o intrygującym tytule *Rossija na rubieże tysiaczeletij* (Rosja na granicy tysiącleci).

Zaraz potem gazety na całym świecie wytłuściły na głównych kolumnach najważniejszą jego tezę:

„Rosja potrzebuje silnej władzy państwowej i powinna ją dostać. Ale ja nie jestem za powrotem do totalitaryzmu. Historia dowodzi, że wszystkie rodzaje dyktatury, wszystkie formy władzy autorytarnej mijają. Tylko system demokratyczny jest trwały. Ma wiele wad, ale ludzkość nie wynalazła niczego lepszego”[41]. Bingo!

Jeden z waszyngtońskich politologów zauważył:

„Pod tym mógłby się podpisać Washington, Jefferson i obaj Rooseveltowie, ale – jak wiadomo – nie należy chwalić dnia przed wieczorem. Jelcyn na początku, w swoim »romantycznym okresie«, mówił jeszcze ładniej”[42].

Ciekawi nowego gospodarza Kremla zjeżdżali do Moskwy na oględziny najważniejsi politycy lub ich wysłannicy. Bądź co bądź, funkcjonariusz KGB i były szpieg w roli prezydenta największego terytorialnie państwa na świecie zdarzył się w historii po raz pierwszy. Dotychczas nie mieli o nim dobrego zdania: blokowała je nie tylko jego przeszłość, ale przede wszystkim wojna w Czeczenii oraz imperialna retoryka w oświadczeniach.

Dyplomaci wyglądali na zachwyconych albo takich udawali. Dziennikarze nie udawali, zachwyconych było mniej.

„Jest mądry, poważny, zorientowany na konstruktywne rozwiązywanie problemów, nieskłonny do szerokiej polemiki i bez wątpienia zainteresowany rozwojem stosunków rosyjsko-amerykańskich”[43] – oświadczył Strobe Talbott, ówczesny zastępca sekretarza stanu USA.

„To człowiek energiczny, elokwentny, przekonany o swoich racjach, swobodnie orientujący się we wszystkich omawianych sprawach”[44] – deklarował minister spraw zagranicznych Francji Hubert Védrine.

„To człowiek o dużym intelekcie, z dokładnym planem tego, co chce osiągnąć w Rosji. Jego Rosja to silne mocarstwo, gdzie królują prawo i porządek, a przy tym demokratyczne i liberalne państwo”[45] – entuzjazmował się premier Wielkiej Brytanii Tony Blair, dość długo nazywając Putina *my friend*.

Wybiegając nieco w przyszłość, trzeba stwierdzić, że wobec Putina Blair był lojalny: gdy w 2002 roku przyszli do niego znani zbiegowie z ZSRR (dysydent Władimir Bukowski, były pułkownik wywiadu Oleg Gordijewski i były pracownik GRU Wiktor Suworow) z prośbą o pomoc w ucieczce prześladowanemu pracownikowi FSB Litwinience, premier chwycił się za głowę, zatupał ze złości i powiedział: „Zapomnijcie o tym! I żeby mi niczego takiego nie było!”[46].

„To bardzo dobrze poinformowany człowiek i interesujący rozmówca, bez wątpienia rosyjski patriota, który chce, by Zachód normalnie odnosił się do jego kraju. Zobaczmy, co rzeczywiście będzie robił, i dopiero potem wydawajmy sądy”[47] – relacjonowała dziennikarzom Madeleine Albright, sekretarz stanu w rządzie Clintona, z którą zamiast czterdziestu minut rozmawiał trzy godziny, co zrobiło na niej duże wrażenie.

O tym, że Putin potrafi być – jeśli chce – interesującym rozmówcą, była już tu mowa. Jakiż ogrom pracy musiał w to włożyć ktoś, komu w młodości przyjaciel powiedział: „Wowa, ty po prostu mówisz okropnie. Jak tak można? Mówisz bardzo szybko, tak nie należy”. Ten sam przyjaciel obecnie dodaje: „Teraz to on jest istny Cycero w porównaniu z tamtym… Mówi emocjonalnie, zasadnie, jasno. Gdzie on się tego nauczył?”[48].

Rozmowa rozmową, ale „ekonomia, głupcze!", jest najważniejsza. I tu znowu posunięcie znakomite: Putin powołuje do życia Centrum Opracowań Strategicznych i oddaje je we władanie liberalnym ekonomistom i prawnikom. Centrum – jak głosi on sam – opracowuje warianty rozwoju Rosji na następne dziesięć lat. Think tank na światowym poziomie. Znowu bingo! Wśród wierzycieli z Klubu Paryskiego (nieformalnej grupy wysokich urzędników do spraw finansów z dziewiętnastu najbogatszych krajów świata) i Londyńskiego (nieformalnego stowarzyszenia około pięciuset banków komercyjnych powstałego w celu restrukturyzacji zadłużenia poszczególnych państw) oraz z Międzynarodowego Funduszu Walutowego zaczyna się budzić nadzieja.

Będzie dobrze!

Będzie, jeśli zniknie główny punkt sporny między Rosją a Zachodem: Czeczenia. Przeciągająca się wojna wysysała bowiem środki z budżetu i należało ją – choćby ze względu na państwową kasę – jak najszybciej zakończyć!

I tu w dyskusjach z głównodowodzącym „antyterrorystyczną operacją" Władimirem Putinem rozmówcy doznali szoku. Ich vis-à-vis zmieniał się na twarzy, zieleniał i mocno podenerwowany wyrzucał z siebie więcej sloganów niż argumentów.

Minister Hubert Védrine oględnie stwierdził, że „rosyjski przywódca jest mocno rozdrażniony tym, iż Zachód nie rozumie działań Rosji w Czeczenii i tego, że tamtejszy konflikt nie jest lokalny, lecz globalny, bo walczą w nim ludzie ibn Ladina, Hezbollahu i w ogóle światowego terroryzmu!"[49]. Przy uwagach Védrine'a, że „do walki z terroryzmem Kreml wybrał złe metody, bo cierpią głównie cywile", oraz że on nie rozumie, „dlaczego władze uparcie nie rozmawiają z Asłanem Maschadowem", gospodarz z trudem powstrzymywał wściekłość.

Madelaine Albright w sprawie czeczeńskiej miała jeszcze lepsze pomysły:

„Na wszystkich kolejnych spotkaniach powtarzałam […], że Rosja nie może zachowywać się tak, jakby wszyscy Czeczeni byli terrorystami. Nalegałam, by [Putin] zezwolił na niezależne badanie rzekomych okrucieństw, wpuścił organizacje humanitarne i podjął rokowania prowadzące do pokoju politycznego"[50]. Amerykańska sekretarz stanu wypełniała swój zbożny dyplomatyczny obowiązek: uparcie rozmawiała ze ścianą. Historia zaś pokazała, że za takie żądania płaci się życiem. Nie amerykańskim, rzecz jasna, lecz czeczeńskim i rosyjskim. I to już w nieodległej przyszłości.

Na razie, w styczniu 2000 roku, Madeleine Albright spotkała się w Moskwie z Władimirem Putinem tylko pełniącym obowiązki prezydenta. Spokojnie rozmawiali o rakietach antybalistycznych, Iranie i finansach, ale gdy przeszli do tematu Czeczenii, „ton rozmowy stał się wysoce emocjonalny. Putin twierdził, że region opanowali kryminaliści, którzy kradną, porywają, handlują narkotykami, podrabiają pieniądze[51] i zamierzają ustanowić państwo terrorystyczne [...]. Uważał, że Rosja zachowuje się tak, jak bym sobie życzyła, by Europa niegdyś zachowała się wobec Hitlera. Mówił:

– Zwalczamy ich teraz, zanim urosną w siłę, by nie mieć kolejnego Monachium. I zmiażdżymy ich!

– Czy jesteście gotowi szukać porozumienia politycznego? – spytałam.

Putin odrzekł, że nie ma z kim negocjować:

– Prawomocni przywódcy są bezsilni, reszta to bandyci i mordercy.

Mówił z dużą pewnością siebie, a słuchając mnie, robił notatki, jak gdyby porządkował myśli, spoglądając na tłumacza szaroniebieskimi oczami bez wyrazu.

Po kolacji zostaliśmy zaproszeni na wieczór muzyczny. Putin i Clinton siedzieli pośrodku w dużych fotelach [...]. Rosjanie postanowili sprawić przyjemność gościowi honorowemu i wybrali jazz. Prezydent Clinton przytupywał, jak zawsze podczas takich występów, chłonąc muzykę całym ciałem. Putin natomiast siedział sztywny, z kamiennym wyrazem twarzy"[52].

Kiedy w maju 2000 roku, po uroczystej inauguracji Putina, Clinton w drodze na lotnisko zajrzał na daczę do Jelcyna, powiedział mu: „Boris, w odróżnieniu od ciebie w Putinie nie ma demokraty"[53].

Tyle politycy.

Większość zachodnich dziennikarzy daleka była od entuzjazmu. Z przykrością odnotowali choćby „zupełny brak ciepła i osobistego kontaktu podczas rozmowy, która z jego udziałem jest tylko oficjalnym zajęciem. On od góry do dołu jest zasznurowany”[54]. Brytyjski „The Economist” pisał: „Szpiegom udaje się zwykle dobrze ukrywać swoje motywy. Wygląda na to, że Władimir Putin duszą przynależy do paranoidalnego, bezwzględnego świata radzieckich służb specjalnych z czasów zimnej wojny. Wiele okoliczności o tym świadczy. Także i o tym, że to »noworuska szara eminencja«, która z zadowoleniem sięga po brudne metody i »wykręcanie rąk«. Ten autorytarny władca wygląda niezbyt pociągająco dla zewnętrznych obserwatorów. Ale poważnym powodem do niepokoju jest jego wojenny zapał, bo może on kiedyś doprowadzić do jeszcze bardziej okrutnych i nieadekwatnych działań niż te w Czeczenii”[55].

O ileż mniej byłoby na świecie problemów, gdyby politycy uważniej czytali gazety!

## Ekonomia, głupcze!

Tu i ówdzie dziennikarze chwalili „refleks i adwokacką elokwencję”[56] Putina, lecz na ogół wyrażali wątpliwości co do jego talentów jako polityka. Mylili się, przynajmniej w tak ważnej dziedzinie jak PR. Trudno wprawdzie stwierdzić, co on sam wymyśla ku własnej chwale, a co jego doradcy, ale Rosja pod jego rządami głównie propagandą stoi. Weźmy choćby ów think tank młodych liberalnych reformatorów i umiejscowienie ich tuż przy prezydencie. Znalazł się wśród nich Andriej Iłłarionow, jeden z członków znanego leningradzkiego klubu młodych ekonomistów i socjologów Pierestrojka, który wypuścił w świat wielkiej ekonomii plejadę znakomitych specjalistów, między innymi Anatolija Czubajsa oraz Aleksieja Kudrina. Jednakże Iłłarionowa różniły od nich: przeszłość, cele, sposób bycia i temperament. W przeszłości nie pracował bowiem z Władimirem Putinem w petersburskim merostwie, nie dążył do władzy, sposób bycia miał prostolinijny, a temperament porywisty.

Właśnie temu analitykowi, słynącemu z ultraliberalnych poglądów ekonomicznych, zaproponował prezydent stanowisko swojego doradcy. Po co? Dla reklamy. Dziennikarka Masha Gessen konstatuje: „Sam fakt pojawienia się Iłłarionowa i innych ekonomistów w najbliższym otoczeniu Putina został odebrany przez amerykańską prasę jako czytelny pozytywny sygnał [...]. Wielki biznes przyjął Putina z radością"[57].

Niemiecki biznes też.

Czasopisma niemieckie były na ogół zgodne, że Putin swoje wysokie notowania i autorytet zawdzięcza wojnie w Czeczenii i wybuchom w blokach mieszkalnych w rosyjskich miastach, ale przyczyn tych faktów nie zgłębiały. Ich uwagę przyciągała gospodarka, której – jak pisał „Frankfurter Allgemeine Zeitung" – „niezłe wskaźniki nie są zasługą Putina, lecz wysokich światowych cen rosyjskiej ropy", ale nadzieje trzeba wiązać z Centrum Opracowań Strategicznych, gdzie „młodzi ekonomiści i prawnicy przygotowują wariantowe modele rozwoju Rosji na następne dziesięć lat"[58]. Nikomu do głowy nie przyszło, że te modele mają podobną wartość jak tekturowe modele samochodzików najlepszych marek.

Słynny ekonomiczny think tank miał głównie służyć za kolorowy parawan dla Putinowskiego przedsiębiorstwa Rosja. Na czele Centrum prezydent postawił Hermana Grefa, przyjaciela z czasów petersburskiego merostwa, któremu powierzył zarządzanie majątkiem miejskim zaraz po śmierci nieszczęsnego Michaiła Maniewicza*, zastrzelonego w jasny dzień w centrum Petersburga. Gref doczekał się potem czterech spraw karnych. Żadnej nie sfinalizowano. Pierwszej – dlatego że biznesmen oskarżający go o wzięcie 600 tysięcy dolarów łapówki został zastrzelony, drugiej – dlatego że zbyt dociekliwy prokurator stracił pracę i przepadł, a pozostałe „wpadły do Lete", rzeki zapomnienia, w ślad za sprawami karnymi Władimira Putina, z którymi były powiązane.

---

* Zob. rozdział *Lata 1995–1998. Petersburg.*

Niemniej Centrum znakomicie wypełnia swoją funkcję: jego programy, opracowania, badania, konsultacje, seminaria międzynarodowe, referaty w Davos, sesje w ramach Klubu Wałdajskiego dla zagranicznych polityków i dziennikarzy przybywających na zaproszenie prezydenta skutecznie przekonywały wszystkich chętnych, że Rosja się bogaci, bo Putin o nią dba.

Jednak w ocenie najwybitniejszych rosyjskich ekonomistów, choćby ministra gospodarki w latach 1994–1997, a obecnie dyrektora naukowego Wyższej Szkoły Gospodarki Jewgienija Jasina, opracowane przez ten think tank reformy emerytur, służby zdrowia, oświaty, budowy infrastruktury czy budownictwa mieszkaniowego zostały zrealizowane najwyżej w 10–15 procentach, i to mimo ogromnej finansowej prosperity towarzyszącej rządom Putina niemal przez cały ten czas[59].

Według danych rosyjskiego urzędu statystycznego obejmujących pierwszy kwartał 2015 roku liczba osób żyjących w nędzy wynosi 16 milionów[60], przy czym urząd przewiduje tendencję wzrostową. Ludzi żyjących tylko w biedzie, a nie w nędzy, nawet nie policzono. W latach 1995–2008 przybyło w Rosji 5 tysięcy kilometrów autostrad[61], a w całym roku 2008 zbudowano 2300 kilometrów dróg, to znaczy tyle, ile w Chinach buduje się w ciągu dziesięciu dni[62]. 60 procent linii energetycznych jest doszczętnie zużytych, co poważnie blokuje rozwój przemysłu. Rosja nadal bazuje głównie na transporcie kolejowym z epoki ZSRR, a 80 procent lokomotyw właściwie nie nadaje się do użytku. Samoloty pasażerskie bardzo często ulegają katastrofom (od 2001 do 2011 roku zdarzyło się ich osiemnaście), nie tyle jednak z powodu złego stanu maszyn, ile na skutek złego przygotowania pilotów, bo ze względu na wysoką cenę paliwa nie trenują oni w samolotach, lecz na symulatorach lotu[63]. Zbudowano zaledwie 3,1 procent potrzebnych Rosjanom mieszkań; w Petersburgu ludzie gnieżdżą się jeszcze w ponad 100 tysiącach tak zwanych komunałek. W dziedzinie opracowań technologicznych, Rosja znajduje się na poziomie lat siedemdziesiątych i osiemdziesiątych ubiegłego wieku. Słabo rozwijający się przemysł bazuje głównie na materiałach z importu. Pod względem efektywności zarządzania

Rosja zajmuje sto trzydzieste trzecie miejsce wśród dwustu szesnastu państw.

Te tematy zapewne nie trafiały ani na seminaria Centrum Opracowań Strategicznych, ani do Davos, ani na posiedzenia Klubu Wałdajskiego – międzynarodowego stowarzyszenia fanów Putina. W czerwcu 2015 roku przed uczestnikami Forum Ekonomicznego w Petersburgu Herman Gref i Aleksiej Kudrin znów rozpościerali barwną panoramę przyszłych reform, w tym politycznych, które zamierzają realizować wespół z Putinem. „Oni zapewne wyobrażają sobie szanse na sukces liberalnych zmian w Rosji jak rzucanie monetą: dwadzieścia pięć razy wyszedł mocarstwowy orzeł, ale za dwudziestym szóstym razem uda się [wyrzucić reszkę]”[64] – stwierdza komentujący to forum dziennikarz.

## *Si vis pacem, para bellum*

„Na ileż to rzezi pozwalaliśmy, by później żałować, żeśmy ich nie przerwali? Ileż już było Guernic od czasu tej pierwszej, frankistowskiej, namalowanej przez Picassa? Każde pokolenie ma na swoim koncie tchórzliwe zaniechania i nieinterwencje”[65]. Ta konstatacja André Glucksmanna, wielkiego współczesnego intelektualisty francuskiego, może służyć jako motto stosunków Zachodu i Rosji w początkach XXI wieku, historii „tchórzliwych zaniechań i nieinterwencji” ze strony liderów świata demokracji wobec lidera świata despotyzmu.

Aby odnieść sukces, zawsze trzeba mieć – oprócz wielu innych rzeczy – także szczęście. Los obdarzył nim szczodrze Putina – polityka. Od początku jego gospodarzenia na Kremlu cena ropy zwyżkowała, a walory moralne ówczesnych przywódców Europy i USA się dewaluowały. Chirac, Blair, Bush, Schröder, Berlusconi jak jeden mąż zachwycili się Putinem, ignorując wszystkie okoliczności: rzeź Czeczenów, niewyjaśnione akty terroryzmu, procesy politycznych przeciwników zakończone długimi wyrokami pozbawienia wolności, niewyjaśnione zgony niewygodnych dla Putina dziennikarzy i polityków. Mało prawdopodobne, by Margaret Thatcher czy Ronald Reagan, ich poprzednicy, postępowali podobnie.

Chirac trzymał się zasady, że „nie należy łączyć inicjatyw z pobudek moralnych z gospodarczymi. To są dwie zupełnie inne sfery"[66]. Jeśli więc we wrześniu 2006 roku odznaczył Putina Wielkim Krzyżem Orderu Legii Honorowej, to zapewne nie za „inicjatywy z pobudek moralnych". W 2008 roku, będąc już eksprezydentem Francji, zwrócił się do niego tymi słowami: „Pod twoim przywództwem jakość życia w Rosji znacznie wzrosła, Rosja umocniła swoją pozycję w Europie i na arenie międzynarodowej, a lata twojej prezydentury były dla Rosji wspaniałe"[67].

Prezydent George W. Bush – jak wiadomo – spotkał się z Putinem po raz pierwszy w Słowenii w czerwcu 2001 roku, wysłuchał jego wzruszającej opowieści o uratowanym z pożaru krzyżyku od matki i oznajmił: „Spojrzałem mu głęboko w oczy. Zobaczyłem uczciwego i bezpośredniego człowieka […], zrozumiałem jego duszę".

*Jacques Chirac do Putina:*
*„Lata twojej prezydentury były dla Rosji wspaniałe"*

George W. Bush o Putinie: „Zrozumiałem jego duszę”

Berlusconi po wizycie na Krymie we wrześniu 2015 roku: „Powinniście zobaczyć miłość, wdzięczność i serdeczność, z jaką mieszkańcy Krymu witali Putina. Kobiety rzucały mu się w ramiona i mówiły: „Dziękujemy, Władimirze!”

Silvio Berlusconi, mistrz niewybrednych wypowiedzi i gorszących zachowań, cwaniak oszukujący fiskusa nawet jako premier, miłośnik piłki nożnej, swojego klubu AC Milan i orgietek „bunga-bunga" (ponoć widziano na nich Putina), jako szef włoskiego rządu zajadle bronił swojego przyjaciela na forum Unii Europejskiej, a później także przed sankcjami nałożonymi na Rosję po aneksji Krymu.

A za co podziwiał Putina Gerhard Schröder, zwolennik rządów silnej ręki, piłki nożnej i klubu Borussia Dortmund?

„Kiedyś Schröder był w Moskwie – opowiadał polskiemu dziennikarzowi niemiecki kolega towarzyszący wówczas kanclerzowi. – W drodze na Kreml miasto jak wymarłe. Liczę: pięć, sześć, siedem pasów autostrady i wszystkie puste. Każde skrzyżowanie zablokowane. Piętnaście aut eskorty za nami, tyle samo z przodu. »Popatrz, to się nazywa imperium!« – mówi do mnie Schröder. Ten wyraz Putinowskiej wszechmocy bardzo mu imponował"[68]. Już w 2004 roku obserwatorzy doliczyli się pięćdziesięciu jeden spotkań obu przywódców, potem chyba stracili rachubę. Po zakończeniu kanclerzowania Gerhard Schröder – jak wiadomo – przyjął od Putina w prezencie stanowisko dyrektora Rurociągu Północnego Nord Stream z pensją około miliona euro rocznie, co przewodniczący komisji spraw zagranicznych Kongresu Stanów Zjednoczonych Thomas Lantos nazwał polityczną prostytucją. Jednych Niemców oburzała, ale wśród wielu niemieckich biznesmenów znalazła poklask. Mało to obchodzi samego zainteresowanego, który swoje siedemdziesiąte urodziny świętował w ogromnym pięknym pałacu książąt Jusupowów w Petersburgu w marcu 2014 roku, właśnie wtedy, gdy rosyjskie wojska wkraczały na Krym.

Można odnieść wrażenie, że ci panowie, rugując moralność z gier politycznych, sprowadzili politykę do poziomu ustawionych rozgrywek na boisku. Putin rzeczywiście do nich pasował. Tragizm sytuacji polega na tym, że oni boisko już opuścili, on zaś pozostał. I to nie jako pomocnik, lecz główny rozgrywający.

Pytanie, czy naprawdę nie dostrzegali, że Władimir Putin od pierwszych słów i dekretów likwidował zaczątki demokracji

*Gerhard Schröder o Putinie po aneksji Krymu w marcu 2014 roku: „Trzeba być ostrożnym, grożąc mu palcem"*

wprowadzone przez Gorbaczowa i Jelcyna, że każdym swoim słowem podczas pierwszego wystąpienia w parlamencie nawiązywał do minionych – zdawałoby się na zawsze – czasów.

Już w pierwszym orędziu grzmiał o „umocnieniu państwa": „Choć się o tym mówi nie pierwszy rok, ten najważniejszy dla rosyjskiej polityki cel pozostaje tylko w sferze deklaracji i pustych rozmów. Dokąd doszliśmy? Donikąd!". Obrzuciwszy znad mównicy wściekłym wzrokiem salę, jakby brał wszystkich obecnych na świadków popełnionych dotąd przestępstw przeciwko Rosji, wypowiedział – uwaga, uwaga! – słowa, których większość słuchaczy od Warszawy po Waszyngton słyszeć nie chce, a jeśli usłyszy, i tak udaje głuchych: „Spór o współzależność siły i wolności jest stary jak świat. Także dzisiaj sprzyja spekulacjom na temat dyktatury i autorytaryzmu. Ale nasze stanowisko jest absolutnie jasne: tylko silne – jeśli komuś nie podoba się słowo »silne«, powiemy »efektywne« – państwo może stworzyć warunki do rozkwitu naszej ojczyzny"[69].

By jednak słuchaczy nie poraził wydźwięk tego przekazu, orator ocieplił go słowem „demokracja" użytym we wszystkich możliwych przypadkach:

„Tylko demokratyczne państwo może zagwarantować swobody obywatelskie, gospodarcze i polityczne; tylko w demokratycznym państwie wielość politycznych partii gwarantuje więź między władzą a narodem i właśnie teraz powstały najlepsze warunki dokonywania wyborów; tylko w demokratycznym społeczeństwie mogą istnieć naprawdę wolne środki masowego przekazu; tylko demokratycznemu państwu jest potrzebne społeczeństwo obywatelskie, a rosyjskiej demokracji konieczna jest wolność słowa".

Przekaz był logiczny: ponieważ tylko demokratyczne państwo zapewnia wam to wszystko, co mnie w rządzeniu przeszkadza, państwo nie będzie demokratyczne. Ale mało kto wtedy ów przekaz zrozumiał prawidłowo. Genialne skądinąd posunięcie: uprzedzałem, nie moja wina, żeście nie pojęli…

Rok wcześniej, żegnając się z rodakami, schorowany Jelcyn, z trudem dobierając słowa, cedził:

„Polityczni liderzy przychodzą i odchodzą. Ale Rosja pozostanie Rosją. Nieodłączną częścią cywilizowanego świata, chroniącą przy tym swoje tradycyjne wartości […]. Wiem, że jedno zrobiłem na pewno: Rosja już nigdy, nigdy nie wróci do przeszłości. Będzie zmierzać do przodu, ku demokracji"[70].

Jak się czuł ów demiurg, twórca Putina, słuchając jego słów o bezradności swoich rządów, o chaosie lat dziewięćdziesiątych, o tym, że rzucił Rosję na kolana? Jak się czuł, obserwując dewastację wszystkiego, co budował?

14 kwietnia 2007 roku, podczas wielkiej manifestacji zwanej „marszem niezgody", pobito i aresztowano kilka niegdyś bliskich Jelcynowi osób: Borisa Niemcowa, Michaiła Kasjanowa, Irinę Hakamadę. Chodzą słuchy, że widząc to, Jelcyn dostał ataku serca. Ostatniego. Zmarł kilka dni później[71].

Zachód tak bardzo chciał widzieć Putina uczynionego „na wzór i podobieństwo swoje", tak bardzo chciał spokoju i lukratywnych z Rosją interesów, że nie przyjmował do wiadomości tego, czego Putin wcale nie ukrywał.

A on militaryzował państwo. Rodaków zapewniał, że w obronie własnej.

W roku 2000, na pierwszym posiedzeniu Rady Bezpieczeństwa, przekonywał: „Musimy być naprawdę silnym państwem. Najważniejsza jest dla nas potężna, dobrze wyposażona armia, gotowa z oddaniem służyć ojczyźnie w obliczu obecnych i przyszłych poważnych zagrożeń".

W lipcu tego samego roku oświadczył na Kremlu: „Są tacy, co nie odwykli jeszcze od zimnej wojny i dają sobie prawo do naruszania suwerenności innych państw pod pretekstem humanitarnych operacji. Nie znajdziemy z nimi wspólnego języka tam, gdzie stwarzają zagrożenie międzynarodowe". I podniósłszy głos, z zaciętym wyrazem twarzy i wysuniętym podbródkiem, przywódca narodu dorzucił: „Nie zapominajmy, że Stany Zjednoczone są jedynym państwem, które zastosowało broń jądrową! I to przeciw bezbronnej Japonii, która takiej broni nie miała. Czy mamy to wykreślić z pamięci? Nie! Dość tych podwójnych standardów! […] Dzisiaj Rosja tak nie działa!"[72].

Jeszcze się dobrze w kremlowskich komnatach nie rozgościł, jeszcze miesiąca brakowało do oficjalnego rozpoczęcia urzędowania, a już w kwietniu 2000 roku zaordynował Rosji nową doktrynę bezpieczeństwa zezwalającą na użycie broni atomowej, „jeżeli wszelkie inne środki rozwiązania konfliktu zostaną wyczerpane lub uznane za nieskuteczne"[73].

Cel: „Centralizacja państwowego i wojskowego kierownictwa oraz politycznych, dyplomatycznych, gospodarczych, socjalnych, informacyjnych, prawnych, wojskowych i innych środków skierowanych na zapewnienie bezpieczeństwa Federacji Rosyjskiej". Kto temu bezpieczeństwu zagraża? Nikt? To być nie może, bo wrogowie są wszędzie. Nawet za najbliższymi – do niedawna wewnętrznymi – granicami. Stąd też doktryna zezwalała na „rozmieszczenie ograniczonych kontyngentów Sił Zbrojnych Federacji Rosyjskiej w strategicznie ważnych regionach poza granicami Federacji Rosyjskiej", czyli na wojskową kontrolę na całym terytorium byłego ZSRR, bo czyż to nie są właśnie „strategicznie ważne regiony poza granicami Federacji Rosyjskiej"? Dekret zapewniał wzmocnienie całego kompleksu wojskowego pod każdym względem, także finansowym.

Biały piętrowy budynek Wojskowej Szkoły Średniej imienia Generała Matwieja Płatowa w miejscowości Biełaja Kalitwa na południu Rosji.

Transparent: „My, przyszłość wielkiej Rosji".

Ciemno. Piąta rano. Mróz: 15 stopni poniżej zera. Wokół budynku biegają piętnastoletni chłopcy w wojskowych mundurach. Po każdym okrążeniu piętnaście pompek. Na zakończenie zajęć nagie torsy nacierają śniegiem. Śmieją się. W jasnych przestronnych korytarzach budynku wiszą portrety dowódców – zwycięzców z ostatnich kilkuset lat. Ogromne ikony też wiszą.

Chłopcy maszerują. Skandują: „My, dzieci Rosji, naszym obowiązkiem jej obrona". Mówią: „Patriota to człowiek, który poświęca się dla kraju". Albo: „Dawniej nas się bali. Chcemy, żeby teraz też tak było". Albo: „Ameryka chce być światowym liderem, ale Rosja do tego nie dopuści". Albo: „Ameryka i Europa zawsze chcą nas upokorzyć". Na pytanie, do czego służy broń, odpowiadają: „Do obrony ojczyzny", i składają AK-47 w dwadzieścia sekund.

Ich czesne oraz internat niemal w całości opłaca państwo.

„Każdy nasz wychowanek to patriota. Dobro państwa będzie przedkładał nad własne" – oświadcza wychowawca w wysokiej kozackiej czapie. Wychowanek o nazwisku Popow dostał od matki komputer, podczas wakacji surfował po internecie i po powrocie do szkoły oznajmił, że chce żyć dla siebie, nie dla ojczyzny. Został zwolniony.

W ciągu pierwszych ośmiu lat rządów Władimira Putina wydatki na armię i uzbrojenie wzrosły pięciokrotnie. Żołd podwyższano dwukrotnie.

Szkół kadetów, których abiturienci zasilają potem oficerskie uczelnie wojskowe, jest w Rosji ponad sto. Docelowa liczba kadetów: milion.

*Dzieci od piątego roku życia biorą w Rosji udział w profesjonalnych obozach militarnych. Na zdjęciu kozacki instruktor i jego uczniowie w szkole kadetów w Stawropolu w lutym 2013 roku*

W nagrodę za dobre stopnie kadeci zostają wysłani do profesjonalnych obozów militarnych. Przechodzą szkolenia wojskowe i patriotyczne. Uczą się strzelać, uczą się bić. W salach i namiotach towarzyszy im portret gładko wygolonego, lekko uśmiechniętego idola. Każdy adept zabijania powtarza: „Ku chwale ojczyzny" oraz „Niech żyje Putin". I z radosną dumą chwali się, jak chwacko i lekko trzyma równocześnie dwa automaty, po jednym w każdej ręce. Na pytanie, do kogo będzie strzelał, odpowiada: „Do Amerykanów i ich sojuszników"[74].

Zdjęcia:

Głowa w hełmie. Zmrużone oko tuż przy celowniku. Hełm duży, głowa niewielka, buzia dziecięca.

Rzeka, w niej dwóch podrostków. Głowy owinęli chustkami (jak żołnierze najemnicy), obiema rękami z widocznym wysiłkiem utrzymują nad powierzchnią wody karabin.

Las, śnieg, na tle lasu mały człowiek w zimowym mundurze wojskowym.

Podpis pod zdjęciami: „Dzieci od piątego roku życia biorą w Rosji udział w profesjonalnych obozach militarnych, w trakcie których nie tylko uczy się je obsługi broni palnej, lecz także walki wręcz i taktyki wojskowej. Do obozów trafiają młodzi ludzie, których marzeniem jest dołączyć w przyszłości do elitarnych jednostek wojskowych i służyć pod dowództwem prezydenta Władimira Putina. Dzieci uczestniczą w długotrwałych marszach wojskowych, uczone są taktyki wojennej, walki wręcz oraz używania sprzętu wojskowego. Te powyżej dwunastego roku życia uczy się także strzelać z kałasznikowów i innej broni palnej. Szkolenia mają wpoić młodym ludziom miłość i oddanie ojczyźnie”[75].

W roku 2013 przywiało do Rosji obowiązek sprawnościowy rodem z głębokiego ZSRR, czyli GTO – *Gotow k trudu i oboronie* (Gotów do pracy i obrony).

Dzięki temu, tłumaczył minister rozwoju regionalnego, ma się odrodzić wojskowo-patriotyczne wychowanie oraz podnieść kondycja zdrowotna młodzieży. Przy końcu przewidziano egzamin ze strzelania. W salach sportowych pojawiły się plakaty z sowieckich czasów, a na nich umięśnieni mężczyźni oraz wysportowane damy ze znaczkiem GTO na piersi oraz czerwonymi flagami z sierpem i młotem w tle.

Podmuch z przeszłości przywiał też nazwy stopni owego GTO: „Śmiali i zręczni” dla dzieci, „Sportowa zmiana” dla podrostków, „Siła i męstwo” dla starszych nastolatków, „Fizyczna doskonałość” dla mężczyzn do lat trzydziestu dziewięciu i kobiet do trzydziestego czwartego roku życia oraz „Krzepkość i zdrowie” dla starszych. Przychodni zdrowia ani służby medycznej od tego nie przybyło. W 2013 roku brakowało w Rosji 40 tysięcy lekarzy![76] „Katastrofalnie brakuje nam kadr” – stwierdziła minister zdrowia Wieronika Skworcowa, oświadczając przy tym, że system ochrony zdrowia rozsypuje się od lat siedemdziesiątych XX wieku i niewiele się w nim na lepsze zmieniło.

Niedługo po wprowadzeniu GTO Putin przywrócił rodakom godnościowy tytuł Bohatera Pracy. Kiedyś był to Bohater Pracy Socjalistycznej. A dziś? Bohater Pracy Gazpromu!

Nawet Gogol by temu nie sprostał!

Gdzieś na początku 2000 roku moja sąsiadka w moskiewskim domu prosiła o pomoc, konkretną, finansową: zbierała na wykupienie syna z armii. Koszt: 5 tysięcy dolarów. Mówiła, że to i tak niedrogo. Matki chłopców zawsze robiły wszystko, co w ich mocy, by nie posłać dzieci do wojskowego piekła. Rosyjska „fala" chyba nie ma sobie równych, choć w żadnym wojsku z poborowymi się nie cackają. Każdy rok przynosił śmiertelne ofiary „docierania kotów", czyli „młodego wojska", a także masowe dezercje. Gdzieś żołnierze nabawili się ciężkiego zapalenia płuc (kilku nie przeżyło), bo podczas rosyjskiej zimy przewożono ich na drugi koniec kraju w nieogrzewanych wagonach, zapominając o „ładunku"; gdzieś pod Czelabińskiem tak się znęcano nad szeregowym Syczowem, że trzeba było mu potem amputować nogi i genitalia…

Nad wszystkimi poborowymi wisiała jeszcze groźba wysłania na wojnę do Czeczenii. W ciasnym lokalu Związku Komitetów Matek Żołnierzy w Moskwie (bardzo blisko głównego biura Administracji Prezydenta) zawsze pełno było kobiet, a czasem też mężczyzn, którym udzielano porad, co i jak mają zrobić, żeby chłopaka przed armią uratować. Jeszcze w 2008 roku, gdy działań wojennych w Czeczenii już prawie nie prowadzono, Walentina Mielnikowa, główna w tym Związku osoba, powiedziała mi, że przez ich trzy pokoiki przewija się w ciągu roku ponad 10 tysięcy petentów.

I oto wszystko się zmieniło. Nie tylko dlatego, że jednym z pierwszych dekretów Putin przywrócił do szkół przysposobienie wojskowe (usunięte stamtąd po rozpadzie ZSRR), nie tylko dlatego, że mężczyźni zdolni do służby wojskowej zaczęli teraz przechodzić obowiązkowe szkolenia okresowe. Ale także dlatego, że adepci wojskowego rzemiosła ze szkół kadeckich stali się już mężczyznami zdolnymi tylko do boju, że naród nasiąknął przez minione lata duchem bojowym, że zwycięstwo nad Gruzją w 2008 roku niezwykle poprawiło narodowe samopoczucie, a opanowanie Krymu wywołało masową euforię. Efekt: „Teraz chce się wywinąć od wojska sto razy mniej – dosłownie: sto razy – mężczyzn niż dawniej" – mówi Walentina Mielnikowa, a minister obrony Siergiej Szojgu raportuje, że na jedno miejsce w szkole oficerskiej przypada sześciu chętnych. Do wojska ciągnie naród nie tylko gnany patriotyzmem, lecz także często jedyną możliwością otrzymania pracy. Żołnierzy kontraktowych za kilka lat ma być ponad pół miliona.

A co jest szczytem marzeń młodego Rosjanina?

Praca w FSB[77].

Część IX

# Władimir Władimirowicz rządzi

## Zemsta Zacheuszka

Nie do zniesienia, doprawdy, była dla pełniącego obowiązki prezydenta Władimira Władimirowicza telewizja NTW. Nie dość, że jej korespondenci – w miarę możliwości – pokazywali prawdziwe dramaty wojny w Czeczenii, nie dość, że przytaczali uzasadnienia amerykańskiej i szwajcarskiej prokuratury oskarżającej o korupcję Rodzinę i jej najbliższe otoczenie, to jeszcze psuli atmosferę programami „Itogo" (Razem) i „Kukły" autorstwa Wiktora Szendierowicza, najinteligentniejszego kpiarza nie tylko w NTW, lecz chyba w całej ówczesnej Rosji. Ciekawe skądinąd, że prezydent Jelcyn jakoś przez lata znosił to satyryczne dokuczanie, afery zaczęły się dopiero za czasów pełniącego obowiązki prezydenta – Putina.

Grozą powiało w lutym 2000 roku po jednym z programów „Kukły", którego bohaterem było stworzenie z bajki Ernsta Theodora Amadeusa Hoffmanna (tego od *Dziadka do orzechów*) zatytułowanej *Zacheuszek Cynobrem zwany*, z niejasnych przyczyn od dawna bardzo popularnej w Rosji. W „Kukłach" lalka przedstawiająca owo stworzenie miała postać Putina. Treść bajki okazała się skandalicznie aktualna: otóż zaklęcie rzucone z litości przez dobrą wróżkę sprawia, że okropny maleńki Zacheuszek oczarowuje wszystkich wokół i robi karierę na dworze pomimo brzydoty i paskudnego charakteru. Cokolwiek się dzieje w pobliżu niego, a jest dobre, przypisuje się jego zasługom, każda zaś jego niegodziwość (a niczego innego nie popełnia) wydaje się ludziom czymś wspaniałym. Zacheuszek staje się ulubieńcem władcy kraju i jego córki.

Tajemnica czarodziejskiego powodzenia tkwi w trzech cynobrowych włoskach na łysej głowie. W programie Szendierowicza te trzy włoski były czesane czarodziejskim telewizyjnym grzebieniem. To, co potem nastąpiło, mogłoby z powodzeniem służyć za kanwę komedii politycznej, gdyby nie zgoła niekomediowy epilog.

W jednej z petersburskich gazet ukazał się list, podpisany przez rektora Uniwersytetu Leningradzkiego i dziekana tamtejszego Wydziału Prawa, zarzucającyprogramowi „Kukły", że wywołuje „uczucie oburzenia i protestu i może służyć za wymowny przykład nadużywania wolności słowa". Według profesorów macierzystej uczelni Putina ich ucznia „próbuje się zniesławić ze szczególną złośliwością i zacietrzewieniem, nie licząc się z jego czcią i godnością. A ponieważ dzieje się to podczas wypełniania przez niego obowiązków służbowych [to znaczy obowiązków prezydenta – przyp. aut.], działania twórców »Kukieł« podpadają pod artykuł 316 kodeksu karnego Federacji Rosyjskiej"[1].

Dobrze poinformowana dziennikarka „Nowej Gaziety", Ałła Bossart, podzieliła się kremlowską plotką, iż „po obejrzeniu *Zacheuszka* prototyp bohatera ponoć oznajmił: »Ja go zamknę!«. No, nie autora przecież, mamy wszak wolność słowa, ale sprawcę całego tego kramu"[2]. A sam Szendierowicz we wspomnieniowej książce *Zdieś' było NTW...* (Tu było NTW...) dodaje, że dotarło do niego, iż „t a m (spojrzenie wzwyż) szczególnie się obrazili za to, że bohater programu był niewielkiego wzrostu. Poraził mnie poziom polemiki. Czy we wzroście sprawa? Co za przedszkole! Zaprzecz metaforze! Udowodnij, że nie jesteś karłem w polityce ani produktem reklamy! W końcu nie mnie żartować na temat wzrostu – nie jestem wyższy od prezydenta"[3].

NTW sprawiła Putinowi jeszcze o wiele poważniejszy kłopot. Poszło o wysadzanie domów we wrześniu 1999 roku. Szczególnie dużo informacji dotyczyło zamachu, który się nie udał: w Riazaniu. Dziennikarze „Nowej Gaziety" udowodnili, że przy ulicy Nowsiełowa 11/14 mieszkańcy udaremnili prawdziwy atak terrorystyczny, a nie – jak twierdziły władze – planowe ćwiczenia, i że wszystkie przesłanki prowadzą do wniosku, iż ten zamach miał być przeprowadzony przez funkcjonariuszy moskiewskiego FSB[4]. Do tych samych wniosków doszli amerykańscy dziennikarze z „Baltimore Sun" i „Los Angeles Times". Sprawa stała się głośna na Zachodzie. Pojawiło się mnóstwo pytań kłopotliwych dla byłego dyrektora FSB, obecnie kandydata na prezydenta.

Władza nie reagowała. No bo jakaż jest siła oddziaływania jednej gazety, w dodatku – jak na Rosję – niskonakładowej (około 115 tysięcy)? Niewielka, a internet w roku 2000 stanowił tam jeszcze raczej mało popularną nowość, a poza tym gazety dopiero się przymierzały do swoich internetowych wydań. Więc artykułami w „Nowej Gaziecie" mogła być poruszona najwyżej inteligencja w większych miastach. Jej wściekłym prychaniem nikt by się na Kremlu nie przejął, gdyby tropem kolegów z prasy nie ruszył dziennikarz telewizji NTW Nikołaj Nikołajew, który przygotował reportaż *Niezawisimoje rassledowanije. Riazanskij sachar* (Niezależne śledztwo. Riazański cukier). Emisję zapowiedziano na 24 marca 2000 roku. Dwa dni przed wyborami.

Wedle relacji Igora Małaszenki, jednego z ówczesnych dyrektorów NTW, 23 marca w gabinecie Władimira Gusinskiego, właściciela holdingu Media Most, do którego należała stacja NTW, pojawił się kremlowski posłaniec Walentin Jumaszew, pomysłodawca projektu „Putin na prezydenta". „Przywiózł przestrogę, »sami wiecie od kogo«: Jeśli *Riazanskij sachar* zostanie wyemitowany, Gusinski może zapomnieć o przyszłości swojego kanału. A Putin przecież zwycięstwo ma gwarantowane. Jeśli reportaż nie będzie zdjęty z anteny, nowy prezydent już się z NTW policzy!"[5].

*Riazanskij sachar* pokazano. Mówili mieszkańcy domu, mówili pracownicy riazańskiego FSB, którzy stwierdzili, że w podłożonych workach znajduje się heksogen, a nie cukier, mówił snajper, który rozbrajał prawdziwy zapalnik zegarowy, a nie jakieś mityczne „ćwiczebne" bateryjki. Tłumaczenia osób urzędowych wypadły na tym tle nieporadnie, wręcz śmiesznie.

Wszystko to się działo w pewnej decyzyjnej pustce: bo nowo wybrany (26 marca 2000), ale niezaprzysiężony prezydent to jeszcze jakby nie całkiem prezydent, Jelcyn natomiast najwyraźniej usiłował przyhamować niszczycielskie zapędy swojego następcy i wysłał do niepokornych posłańca z gałązką oliwną, trochę tylko nadpaloną władczym gniewem. Tak więc w maju 2000 roku, niedługo przed wiekopomną inauguracją, z jednym z dyrektorów Media Mostu skontaktował się „nie najmniejszy – jak określa go Szendierowicz – kremlowski urzędnik" i przekazał mu kartkę z warunkami, po których spełnieniu „najazd" na NTW miał się skończyć. Należało więc zmienić politykę informacyjną o Czeczenii, zaprzestać ataków na Rodzinę, a przede wszystkim, warunek główny, usunąć z „Kukieł" Pierwszą Osobę. „Tak właśnie było napisane"[6] – podkreśla Szendierowicz.

Autorzy kukłę Putina usunęli, ale akcję następnego programu umieścili przy krzewie gorejącym z napisem „GB" (powszechnie używany skrót od KGB), tłumacząc, że to *Gospod' Bog*.

Wszyscy zachowywali się tak, jak gdyby nic się w polityce nie zmieniło, jakby dyktatorskie zapędy nowego władcy były tylko przemijającymi atakami gorączki, które można wyleczyć starymi domowymi sposobami. W obronie NTW pojawiały się listy i petycje, ludzie wychodzili na demonstracje, na których łzy mieszały się z deszczem, w obronę stacji zaangażował się osobiście Gorbaczow. Ale wszystko to były kadry starego filmiku o rosyjskiej demokracji. Dla Rosji napisano już zupełnie inny scenariusz.

Scenariusz kłamstwa totalnego.

Kiedy w niedzielę 7 maja na Kremlu Władimir Putin kładł dłoń na konstytucji, przysięgając stać na jej straży, nie wyłączył przecież artykułu 29, który gwarantuje „swobodę myśli i słowa" oraz „swobodę masowej informacji", ze szczególnym podkreśleniem w punkcie numer 5, że „cenzura jest zabroniona".

Tymczasem już parę dni później, 11 maja, złamał tę przysięgę, kiedy pacyfikowano Media Most w samiutkim centrum Moskwy, tuż przy pomniku Jurija Długorękiego na placu Puszkinskim, rzut beretem od Kremla. W latach dziewięćdziesiątych ubiegłego wieku Rosjanie przywykli do bandyckich porachunków, tym razem jednak wielkie chłopy w czarnych kominiarkach, patrzący na świat przez wąskie szczeliny na oczy, z automatyczną bronią komandosów w rękach, reprezentowali państwo: policję podatkową. Ona torowała drogę pracownikom prokuratury. Kto wydawał rozkazy, nie wiadomo, ale akcja przebiegała sprawnie: część uzbrojonych pchała pod ścianę zaskoczonych, niestawiających oporu pracowników, każąc im podnieść ręce, a niektórych dotkliwie turbując, część rzuciła się po trofea do szaf i komputerów, ładując ich zawartość do furgonetki. O co chodzi, prokuratorzy wyjaśniali dość mętnie.

Co ma do tego prezydent Putin?

Jakiś czas później, gdy dziennikarze spotkali się z nim w sprawie zamkniętego w Butyrkach dyrektora finansowego Media Mostu, Szendierowicz poprosił, by prezydent się zainteresował, dlaczego prokurator Ustinow „nie zabójcę i gwałciciela, lecz ojca małego dziecka trzyma w więzieniu o zaostrzonym rygorze i tygodniami torturuje przesłuchaniami wyłącznie w nocy". Prezydent odpowiedział: „A pan, Wiktorze Anatolijewiczu, chciałby, byśmy wrócili do czasów prawa działającego »na telefon«? Prokuratura w Rosji to zgodnie z konstytucją instytucja absolutnie niezależna. Nieprawdaż?". „I jego szare oczy – pisze Szendierowicz – rzuciły w moim kierunku niesłychanej czystości niebieski blask"[7].

Prezydentowi Putinowi nic do rosyjskiej prokuratury. A że generalny prokurator Ustinow niedawno otrzymał w prezencie od Administracji Prezydenta mieszkanie warte 400 tysięcy dolarów, to czysty przypadek.

Gusinskiego aresztowano 13 czerwca 2000 roku pod zarzutem „oszustwa na poważną skalę" i osadzono w więzieniu Butyrki. Tam odwiedził go minister do spraw prasy Michaił Lesin. Rezultat wizyty? Gusinski podpisuje dokument o przekazaniu większościowego pakietu akcji swojego holdingu Media Most (w jego skład wchodził kanał NTW, a także kilka znakomitych tygodników i codziennych gazet) medialnemu oddziałowi Gazpromu (utworzonemu *ad hoc* chwilę wcześniej) i w zamian za to odzyskuje wolność. Oczywiste, że umowę podpisał pod przymusem, i to fizycznym. Była to więc umowa bandycka. A jej stroną było państwo.

Gusinskiego wypuszczono po trzech dniach. Niedługo potem wyjechał z Rosji.

Pewnego kwietniowego dnia następnego roku dziennikarzom stacji, którzy przyszli do pracy, zastąpili drogę uzbrojeni i zamaskowani wysłannicy nowej władzy. Od tego czasu telewizja używająca logo NTW znajduje się wśród programów fałszujących rzeczywistość, a w czasie wojny na Ukrainie wyspecjalizowała się w donosicielskich quasi-dokumentach, sporządzonych na podstawie fałszywych, spreparowanych przez FSB oskarżeń. Za ich sprawą wielu ludzi trafiło do więzienia[8]. Od tamtej pory trwa też nieustający *show*, w którego centrum – wedle słów uczestniczącego w pracach jednego z rosyjskich kanałów telewizyjnych angielskiego dziennikarza Petera Pomerancewa – „znajduje się sam prezydent, postać stworzona z niczego, szara glina uformowana przez siłę telewizji"[9].

## On nie utonął

12 sierpnia 2000 roku, w sobotę, Władimir Putin rozpoczął pierwszy prezydencki urlop w swoim ulubionym miejscu wypoczynku: nad Morzem Czarnym, niedaleko Soczi, w ogromnej białej rezydencji o dźwięcznej nazwie Boczarow Ruczjej, którą niemal dwadzieścia lat wcześniej razem z Ludmiłą – wtedy jeszcze narzeczoną – tylko podziwiali z daleka, mieszkając w służbowych pomieszczeniach u znajomych strażników tego przybytku.

12 sierpnia 2000 roku o godzinie jedenastej dwadzieścia osiem uległ katastrofie podczas ćwiczeń na Morzu Barentsa atomowy okręt podwodny „Kursk" z dwudziestoma dwoma atomowymi torpedami i stu osiemnastoma marynarzami na pokładzie.

Przed Rosjanami trzymano to w tajemnicy przez dobę. Czy także przed najważniejszym z nich, skoro przez długich pięć dni nie zabrał na ten temat głosu ani nie pojawił się tam, gdzie powinien: w bazie Floty Północnej w Widiajewie, skąd „Kursk" wyruszył z ostatnim zadaniem.

„Rozmawiałem z prezydentem w sobotę. Przygotowywał się do urlopu. O katastrofie nie wspominał, najpewniej więc o niej nie wiedział" – mówił grupie dziennikarzy w Dumie jej przewodniczący Giennadij Sielezniow. Prezydent natomiast oświadczył w środę 16 sierpnia, że o awarii na „Kursku" został powiadomiony natychmiast. Dlaczego więc milczał?

Oba najważniejsze kanały telewizyjne – wtedy jeszcze działający po dawnemu Kanał Pierwszy ORT, gdzie wciąż rządzili ludzie Bieriezowskiego, i NTW, gdzie wciąż jeszcze dyrektorował Igor Małaszenko – pokazywały na przemian lodowate wody Morza Barentsa, bazę Widiajewo, zanoszące się od płaczu kobiety i bladych mężczyzn oraz opalonego Władimira Władimirowicza mknącego na nartach wodnych lub piekącego szaszłyki w iście carskich ogrodach.

Cała Rosja z zapartym tchem śledziła w telewizorach losy stu osiemnastu marynarzy zamkniętych w ogromnej puszce gdzieś w otchłaniach Oceanu Arktycznego. Żyją? Nie żyją? Napięcie sięgało zenitu. Dziennikarzom dostęp do informacji zablokowano. Byli zdani na oświadczenia dowództwa floty i sprowadzonych z Kremla urzędników. Nikt nie miał wątpliwości, że kluczą, improwizują, zwodzą. Wiadomo było tylko, że na pokładzie doszło do wybuchu i pożaru.

Nikt nie przyznał, że całe te ćwiczenia, pierwsze za prezydentury Putina, pod szumną nazwą „największych letnich manewrów Floty Północnej" – to wielka improwizacja.

„Na chłopaków robiono dosłownie łapankę, brakowało ludzi, bo część puszczono do domów na urlop i nie można było sklecić porządnej załogi. Łowiono ludzi także na inne jednostki. Panował straszny chaos. Na »Kursk« kierowano każdego, kto był pod ręką, nie patrząc dokładnie, jaki ma staż i co potrafi. Nikt na »Kursk« się nie pchał – wprawdzie nie była to jednostka stara, miała dopiero sześć lat, ale jej nie konserwowano, zdarzały się nawet torpedy szkoleniowe przerdzewiałe na wylot" – mówił jakiś czas potem dowódca grupy okrętów podwodnych specjalnego znaczenia Floty Północnej, kapitan ratownictwa Siergiej Piercew, który na miejscu katastrofy pojawił się jeszcze tego samego dnia. Przeprowadzoną z nim wtedy rozmowę o próbach ratowania „Kurska" warto tu zacytować w całości:

„– Jak to się stało, że na miejscu katastrofy byliście tak szybko?

– Wykonywaliśmy w tym rejonie ćwiczenia. Według planu mieliśmy przeprowadzić symulację ratowania załogi okrętu podwodnego, który uległ awarii. I przez cały dzień 11 sierpnia przygotowywaliśmy się do tej operacji. W bazie trenowaliśmy na okręcie podwodnym »Warszawianka« z silnikiem Diesla. Dokonaliśmy próbnego połączenia podwodnego aparatu »Bester« z powierzchnią stykową tego okrętu. Trening udał się doskonale – »Bester« przyssał się dokładnie. Potem »Warszawianka« wyszła w morze, w rejon ćwiczeń, gdzie miała przeprowadzić symulację wypadku, to znaczy iść na dno. Nas w tym czasie odesłali do domów, uprzedzając, że zostanie ogłoszony alarm szkoleniowy. Kiedy więc przyjechali po mnie do Murmańska 12 sierpnia około szesnastej, wcale się nie zdziwiłem.

– A kiedy się pan zorientował, że to, niestety, nie ćwiczenia?

– Nie od razu. W bazie nam nic nie powiedzieli, oprócz tego, że jedziemy uratować ludzi z okrętu. Czyli – myśleliśmy – zgodnie z planem. Na miejsce operacji przywieziono nas okrętem »Rudnicki«, 12 sierpnia około dwudziestej trzeciej. I dopiero wówczas powiedziano nam o zatonięciu »Kurska«. Wydali nam rozkaz: znaleźć okręt na głębokości 120 metrów.

– Jak to 120? Przecież cały czas słyszeliśmy, że »Kursk« leży na głębokości 108 metrów?

– Bo tak było. Współrzędne okrętu podano tylko w przybliżeniu. Echolokacji dna – jak zrozumiałem – nikt nie przeprowadził. Tak więc zanim nasi płetwonurkowie znaleźli okręt, musieli kilkakrotnie wychodzić na powierzchnię. Na skutek podania nieprawidłowych współrzędnych zdalnie sterowany »Bester«, mający zejść na głębokość 120 metrów, uderzył z dużą siłą w korpus »Kurska«.

– Kiedy to było? W nocy z 12 na 13 sierpnia czy później?

– Przed zanurzeniem trzeba aparat długo przygotowywać, na wodę spuściliśmy go więc dopiero 13 sierpnia o szesnastej. Leżący na dnie okręt pierwsi zobaczyli kapitan Majcak, mat Mironow i starszy sierżant Pietuchow. Szukali po omacku.

– Z braku oświetlenia?

– Nie. Nasze łodzie ratunkowe »AS-36« i »Bester« zostały ograbione z oprzyrządowania. Ukradziono echosondę i instrumenty pokładowe. Dopiero Majcak z kolegami dokładnie określili położenie okrętu. Zmieniliśmy ich i zeszliśmy na dno w pobliże »Kurska«. Ale nie od razu. Dopiero po tym, jak naładowaliśmy baterie. Bo energii akumulatorom wystarcza na cztery–sześć godzin pracy pod wodą, a potem trzeba je ładować przez prawie dobę. Dowództwo floty rozkazało nam połączyć się z płaszczyzną rufową. Poruszanie się w kierunku dziobu było kategorycznie zabronione. Do rufy »Kurska« spuszczaliśmy się mniej więcej przez piętnaście minut. Awaryjna boja rufowa była na miejscu. Cała część rufowa – a ja widziałem tylko ją – nie była naruszona w sposób widoczny. Okręt leżał przechylony na lewą burtę o jeden stopień, dziobem do dołu na trzy stopnie – idealne położenie do łączenia. Ale przyłączyć się nie mogliśmy. Ja schodziłem do »Kurska« z piętnaście razy. I za każdym razem byłem pewien, że wreszcie przyssamy się do tej powierzchni styku. Myślałem, co powiem chłopakom, których wydostanę. Ale, niestety, mamy sprzęt taki, jaki mamy. Nocami śni mi się ten koszmar…

– Dlaczego – po długim wprawdzie namyśle – zdecydował się pan powiedzieć prawdę?

– Dlatego że wszyscy chcą z nas teraz zrobić kozły ofiarne. Szczególnie prokuratura i służby specjalne. A myśmy ryzykowali życie"[10].

W środę 16 sierpnia w informacjach telewizyjnych ukazał się opalony „przywódca narodu", w jasnym polo z krótkimi rękawami, i rzeczowym tonem przekazał z Soczi, że „od pierwszej minuty robi się dla ratowania »Kurska« wszystko, co można, lecz próba przyłączenia się nie udała". O sytuacji powiadomił go kierujący akcją ratowniczą wicepremier Ilja Klebanow, który musiał opuścić posterunek u brzegów Morza Barentsa i przebyć kilka tysięcy kilometrów, by stawić się nad Morzem Czarnym. Twierdził, że w okolicach „Kurska" trwa sztorm, a okręt leży w pozycji skrajnie utrudniającej akcję ratowniczą.

Już 14 sierpnia rano poszła w świat elektryzująca wiadomość: wojskowi słyszeli sygnały akustyczne, miarowe stukanie. A więc marynarze żyją! ITAR-TASS podała, że kontakt z nimi utrzymują akustyczne służby okrętów nadwodnych.

Niemal natychmiast po katastrofie Wielka Brytania i Norwegia (12 sierpnia tamtejsze sejsmografy zanotowały dwie eksplozje odpowiadające sile wybuchu 2–3 ton trotylu) zaproponowały pomoc. Kreml zgodził się na nią dopiero 16 sierpnia. Z gotowością udzielenia wsparcia ratowniczego wystąpiły też Stany Zjednoczone. Dowództwo rosyjskiej marynarki ją odrzuciło. Podjęcie takiej decyzji bez zgody W.W. Putina, zwierzchnika sił zbrojnych, było niemożliwe. Zgoda na przyjęcie pomocy została wydana dopiero następnego dnia, najprawdopodobniej pod naporem opinii publicznej w Rosji i za granicą.

17 sierpnia w rejonie katastrofy znajdowali się już ratownicy angielscy, pojawili się też Norwegowie, którym cała akcja (opuszczenie na dno i otwarcie luku) zajęła niecałą dobę. Admirał norweskiej marynarki wojennej oznajmił, iż wcześniejsze doniesienia Rosjan o zniekształceniu pokryw włazów – uniemożliwiającym rzekomo dostęp do okrętu – są nieprawdziwe. Ujawnił też wielogodzinną zwłokę w dopuszczeniu płetwonurków na bliźniaczy okręt podwodny „Kurska", na którym mieli odbyć ćwiczenia. W tym czasie marynarze rosyjskiej Floty Północnej demontowali na tej jednostce aparaturę mającą według nich znaczenie strategiczne. Norwegia, bądź co bądź, należy do NATO!

Anglicy też się skarżyli. Według relacji starszego pilota brytyjskiej ratowniczej łodzi podwodnej RL5 dla BBC Rosjanie niezwykle utrudniali współpracę: zmieniali terminy działań albo w ogóle od nich odstępowali. Wysłanego przez Wielką Brytanię samolotu z aparaturą ratowniczą na teren rosyjskiej przestrzeni powietrznej nie wpuścili. „Jeśli w kimś jeszcze na okręcie tliła się iskra życia, to zgasła dlatego, że kazano nam siedzieć bezczynnie. Twierdzenie władz rosyjskich, że »dla uratowania załogi zrobiono wszystko, co możliwe«, wyprowadziło nas z równowagi. Mieliśmy najnowocześniejsze w Europie oprzyrządowanie, specjalnie przeznaczone do ratowania załogi zatopionego okrętu, a Rosjanie nie pozwolili nam go wykorzystać".

Gdy Norwegowie otwarli luk do dziewiątej komory, tej, w której mogli się schronić pozostali przy życiu marynarze, uszły stamtąd bąble powietrza – znak, że przez długi czas był tam tak zwany worek powietrzny.

Radiacja na okręcie utrzymywała się w normie.

Władimir Putin – jak powiedziano – odrzucał oskarżenia o zwłokę w przyjęciu obcej pomocy i twierdził, że zgodził się na nią zaraz po otrzymaniu propozycji. Żonglował datami, zapewniając, że przyszła całą dobę później, niż to faktycznie miało miejsce. 16 sierpnia – na tle swojej opalonej, roześmianej świty – zapewniał, że „robimy, co możemy". Z kolei 18 sierpnia, w piątek, na szczycie liderów Wspólnoty Niepodległych Państw (WNP)* w Jałcie oświadczył bez emocji, patrząc spokojnie w kamerę: „Zaraz po otrzymaniu wiadomości o zdarzeniu na Morzu Barentsa w pierwszym odruchu chciałem polecieć na miejsce zatonięcia atomowego podwodnego okrętu »Kursk«, ale się powstrzymałem. Myślę, że postąpiłem właściwie, bo przybycie w rejon tragedii niespecjalistów, urzędników wysokiej rangi nie pomaga, a częściej przeszkadza. Wszyscy powinni być na swoich miejscach"[11].

Dowództwo zaczęło zaprzeczać informacjom o dochodzących z pokładu miarowych sygnałach SOS i twierdzić, że wszyscy zginęli od razu na skutek wybuchu.

Zarówno zdjęcia zatopionego krążownika zrobione przez rosyjskich ratowników, jak i listę marynarzy „Kurska" utajniono. Pierwsza konferencja dla dziennikarzy trwała dwanaście minut, odczytano na niej ogólnikowy komunikat i nie udzielono odpowiedzi na żadne pytania. W sobotę 19 sierpnia dowódca floty oznajmił, że najprawdopodobniej wszyscy marynarze zginęli.

Krewni marynarzy „Kurska" przyjeżdżali do Widiajewa na swój koszt z najodleglejszych zakątków tego ogromnego kraju. Czasem na bilet składała się cała wieś. Powitano ich niechętnie. Umieszczono w domu kultury, przysłano psychologów, ale informacji nie udzielano. Dziesiątego dnia po tragedii wszystko się nagle zmieniło.

---

* Wspólnota Niepodległych Państw – zrzeszenie większości byłych republik Związku Radzieckiego, utworzone w grudniu 1991 roku na mocy układu białowieskiego.

Wieś zaczęto czyścić, pucować, stare płoty rozwalać, dziury w drodze łatać, do krewnych marynarzy odnosić się z szacunkiem. Do Widiajewa zmierzał Władimir Putin.

Sumienie go ruszyło? Współczucie? Obowiązek prezydencki wreszcie?

„To był sierpniowy piątek – wspomina Marina Litwinowicz, dziennikarka od dawna związana z prorządowymi środkami masowego przekazu, w tamtym czasie członkini kremlowskiej grupy ustalającej politykę medialną. – Zwykle spotykaliśmy się w piątki, szefowie trzech głównych sieci telewizyjnych, szef Administracji Prezydenta Wołoszyn i ja. Ale sierpień to czas urlopów. Na tradycyjne piątkowe zebranie przyszło tylko ich dwóch: Dobrodiejew – szef jednego z kanałów – i Wołoszyn. A tu »Kursk« tonie, a Putin w Soczi. Rzuciliśmy się na Wołoszyna, wściekli, podwyższonym głosem żądając, żeby zmusił Putina do wyjazdu do Widiajewa. Zresztą on sam, taki zawsze flegmatyczny, też był wściekły. Wreszcie zadzwonił i uprosił (uprosił!) go, by wreszcie tam pojechał. Co przeszkadzało mu to zrobić choćby dwa dni wcześniej? No i oczywiście, jak tylko pojechał, wszyscy napisali: »O, wreszcie pojechał, jaki dobry, jak on ludziom współczuje«. A parę osób wiedziało, że on ni cholery nikomu nie współczuje i że właściwie zbieg okoliczności zmusił go do wyjazdu. Czułam, że ma to wszystko w nosie, że mu to wisi”[12].

W Widiajewie z pięćset osób czekało na prezydenta w ulewnym deszczu. Po jakimś czasie przeszli do auli i nadal czekali. Od piątej po południu. Pojawił się o dziewiątej wieczorem.

„Ludzie się nie buntowali, najważniejsze, że przyjechał – zanotował Andriej Kolesnikow, dziennikarz towarzyszący wówczas Putinowi. »Czy on samobójca? – dziwiła się siwa kobieta na ganku Domu Oficerów. – My go przecież rozszarpiemy na kawałki!«”[13].

Zanim pojawił się wśród nich, odwiedził wdowę po kapitanie „Kurska” – Giennadiju Laczinie. Zdjęcia ze spotkania robił prezydencki operator, bez dźwięku. Po rozmowie wyszli na klatkę schodową. Kremlowska kamera, niedawno filmująca złoto Komnaty Andriejewskiej, teraz ślizgała się po brudnej, odartej z farby ścianie obskurnej klatki schodowej domu, w którym mieszkał kapitan najnowocześniejszego okrętu atomowego Rosji. Prezydent machnął ręką: „Dość tego filmowania!".

Przed domem tłum ludzi. Putin szedł wśród nich ze spuszczoną głową. Słychać było tylko, jak ich odgania prezydencka służba bezpieczeństwa[14].

„On naprawdę się bał – stwierdza obecny tam dziennikarz Grigorij Niecharoszew. – To tchórzliwy człowiek, jak się wydaje. W rozmowie z krewnymi marynarzy zupełnie się zagubił, widać było, że nie jest przygotowany na takie emocje. Tracił panowanie nad sobą, krzyczał: »Z telewizji to wiecie! Telewizja kłamie! Kłamie! Tam są tacy, którzy dziś wrzeszczą najbardziej, a przez ostatnie dziesięć lat rozwalali państwo i armię, i flotę, a teraz giną ludzie!... Oni rozkradli pieniądze, a kupili wszystkich i wszystko!«. Co chwila wracał do tego, że wszystkiemu są winni oligarchowie. Kobiety krzyczą: »Ratuj naszych synów!«, a ten, że oligarchowie rozwalili flotę, a teraz próbują wykorzystać tę tragedię przeciw nam. My im jeszcze pokażemy! W sali panowała atmosfera histerii, kobiety krzyczały, a on o oligarchach"[15].

Zanim jeszcze prezydent pojawił się w Widiajewie, bez konsultacji z rodzinami marynarzy ogłoszono datę żałoby narodowej, chyba tylko po to, by podkreślić zatroskanie władz. Bliscy marynarzy protestowali: „Jakim prawem?! Może oni jeszcze żyją?!" – i żądali odwołania żałoby. Prezydent oświadczył, że to nie jest możliwe. Nazajutrz, gdy cała Rosja obchodziła żałobę, w Widiajewie nie przyjęto jej do wiadomości. Nadieżda Tylik, krewna jednego z marynarzy, krzyczała najgłośniej i najbliżej prezydenta. Nagle za jej plecami pojawił się człowiek w mundurze i kobieta ze strzykawką. Szybki ruch ręki i uspokojona Nadieżda Tylik osunęła się na ziemię. Mimo że do sali wpuszczono tylko jedną kamerę lokalnej stacji telewizyjnej i umieszczono ją na samej górze auli, w klitce za szkłem, tę scenę udało się utrwalić.

Wśród zapłakanych ludzi napięte twarze funkcjonariuszy służby bezpieczeństwa. Spotkanie było burzliwe, trwało parę godzin. Putin kłamał, mówiąc o czasie, kiedy go powiadomiono; kłamał, że działaniom ratunkowym przeszkadzał sztorm, podczas gdy sztormu w ogóle nie było; kłamał, raz informując, że utracono z nim łączność, innym razem, że nawiązano; kłamał, zapewniając, że rosyjski sprzęt ratunkowy był sprawny, a zagranica ofiarowała pomoc dopiero 16 sierpnia... W jednym był szczery: wojskowych – powiedział – można krytykować, ale nie oskarżać.

Wykazał się przy tym właściwą mu umiejętnością ignorowania trudnych pytań i natychmiastowego oskarżania innych ludzi. Znakomita gra na zmęczenie przeciwnika. Wzburzoną salę wreszcie uspokoił, sięgając po najlepiej znany sobie argument: pieniądze. Najpierw przez godzinę męczył ludzi, opowiadając o zagmatwanych przepisach prawnych dotyczących odszkodowań za osoby zmarłe na posterunku, potem obiecał, że obejdzie te przepisy i wypłaci za każdego członka załogi równowartość dziesięcioletniej średniej pensji oficera. Zaczęły się rozmowy o wysokości tej pensji. Mieszkania też obiecał, nawet w Petersburgu.

I nie rozerwali go na kawałki.

*Prezydent miał uczestniczyć w uroczystym złożeniu wieńców na wodzie – w miejscu, w którym zatonął „Kursk". Rodziny się nie zgodziły*

Następnego dnia prezydent miał uczestniczyć w uroczystym złożeniu wieńców na wodzie – tam, gdzie okręt zatonął. Rodziny się nie zgodziły. Odleciał więc do Moskwy wcześniej.

Kiedy w sobotę dziennikarz Niecharoszew poszedł do kiosku, by kupić numer „Niezawisimej Gaziety" ze swoim sprawozdaniem z Widiajewa, okazało się, że jej nie dowieziono. „Maszyny drukarskie się zepsuły" – stwierdził naczelny. Ale to nie maszyny się zepsuły: cały nakład gazety zniszczono.

W październiku norweska firma Halliburton z pomocą rosyjskich nurków zaczęła wydobywać zwłoki z „Kurska". Akcję prowadzono ze specjalnej norweskiej platformy „Regalia". Na Morzu Barentsa trwał sztorm. Gdyby nie to, przedśmiertna notatka dwudziestosiedmioletniego kapitana Dmitrija Kolesnikowa zostałaby objęta tajemnicą państwową, a wydobyte ciała czterech marynarzy przetransportowano by natychmiast śmigłowcem z pokładu okrętu do laboratorium pod ścisłą kontrolą służb. Ponieważ jednak zwłoki obejrzano najpierw w obecności Norwegów, ukrycie notatki stało się niemożliwe. Jej oryginału jednak publicznie nie pokazano. Do mediów trafiły jedynie kopie wybranych fragmentów.

Nadpalona kartka w linię, na niej data: 12 sierpnia, godzina piętnasta czterdzieści pięć i słowa: „Tu ciemno pisać, ale popróbuję na ślepo... Nie ma już chyba szans. Procent 10–20. Mamy jednak nadzieję, że ktoś to chociaż przeczyta. Zostawiam listę składu osobowego w poszczególnych komorach, niektórzy marynarze znajdują się w dziewiątej i będą się starali wyjść. Pozdrawiam wszystkich. Rozpaczać nie trzeba".

To część notatki składającej się z dwóch dużych kartek papieru. Na jednej – lista marynarzy w dziewiątej, najbezpieczniejszej jeszcze komorze, na drugiej – list do żony (pobrali się cztery miesiące wcześniej). Zamiast oryginału dostała stronę przedrukowanego tekstu, a całej notatki nikt z postronnych nie widział.

Jeszcze jedną notatkę znaleziono przy marynarzu, którego zwłoki wydobyto z pokładu okrętu podwodnego „Kursk" na początku listopada. Wicepremier Ilja Klebanow, nie pokazując jej dziennikarzom, powiedział: „Nie mogę wam jej zacytować, przytoczę tylko jej sens: »W dziewiątej komorze dwudziestu trzech ludzi. Samopoczucie złe. Osłabieni działaniem CO podczas pożaru. Ciśnienie w komorze się podwyższa. Przy wyjściu na powierzchnię nie wytrzymamy kompresji. Wytrzymamy jeszcze nie dłużej niż dobę… Jest pierwsza w południe, 12 sierpnia«".

Autora tekstu wicepremier nie wymienił. Tajemnicą pozostanie zapewne też fakt, dlaczego dopiero tydzień po wydobyciu zwłok ujawniono istnienie kolejnego ważnego dokumentu związanego z tą tragedią. Ważnego, na kartce zapisano bowiem jeszcze kilka terminów technicznych, o których Klebanow wspomniał, nie ujawniając jednak ich treści. Oznajmił natomiast to, co on i dowódca marynarki wojennej Rosji Władimir Kurojedow powtarzali od początku: że najbardziej prawdopodobną przyczyną tragedii „Kurska" było zderzenie z innym obiektem podwodnym, przy czym „nie był to obiekt rosyjskiego pochodzenia". Jednym słowem: K-141 staranowali Amerykanie.

Jeszcze rok później akcję podnoszenia wraku „Kurska" z dna otaczano ścisłą tajemnicą. Statek rosyjski, który miał dowieźć dziennikarzy na miejsce katastrofy, zatrzymano 2 mile od celu. Rosja zabroniła też wpłynąć na swoje wody norweskiemu statkowi wycieczkowemu „Pauline".

Dlaczego?

Najprawdopodobniej dlatego, że katastrofę spowodował wystrzał rakiety z atomowego krążownika noszącego imię cara Piotra Wielkiego („Piotr Wielikij") – okrętu flagowego Floty Północnej. Do takiego wniosku mogą skłaniać ekspertyzy naukowców, wypowiedzi świadków, dane z norweskich sejsmografów i te materiały śledztwa, do których udało się dotrzeć dziennikarzom.

„O »Kursku« wiem prawie wszystko" – oznajmił siedzący przede mną postawny, siwiejący mężczyzna o zmęczonej twarzy. Mój rozmówca Michaił Rudenko, fizyk, członek Rosyjskiej Akademii Nauk, miał za sobą czterdzieści jeden lat pracy w przemyśle obronnym ZSRR, między innymi w Specjalnym Biurze Konstruktorskim imienia W.P. Głuszki w Chimkach pod Moskwą, gdzie projektowano broń dla marynarki wojennej. Natychmiast po otrzymaniu wiadomości o katastrofie „Kurska" wraz z szefem Moskiewskiego Stowarzyszenia Wynalazców Nikołajem Kniaziewem stworzył plan ratowania załogi okrętu, przedstawił go kompetentnym instancjom najwyższym, ale nie doczekawszy się odpowiedzi, zaczął prowadzić własne śledztwo. Rozmawiałam z nim jesienią 2000 roku.

„– Co według pana – zapytałam – jest najważniejszym dokumentem mogącym wyjaśnić przyczyny zatonięcia „Kurska"?

– Według mnie – odpowiedział – z dostępnych materiałów najbardziej wiarygodny jest zapis norweskiej stacji sejsmograficznej. Wiarygodne są oczywiście i notatki marynarzy, ale przecież nikomu ich nie pokazano.

– Co się da wyczytać z zapisu tego sejsmografu?

– Najpierw równa linia. Cisza. Wszystko w porządku. Potem – nagły skok. Eksperci oceniają, że to uderzenie hydrodynamiczne o sile wybuchu od 150 do 300 kilogramów trotylu.

– Torpeda?

– Najprawdopodobniej tak. Tylko ona, uderzywszy z ogromną prędkością w burtę okrętu, w mgnieniu oka mogła spowodować uwolnienie tak ogromnej ilości energii, którą sejsmograf zapisał jako pierwszy szczyt. A potem drugi szczyt – wybuch. Zapis nie daje odpowiedzi na pytanie, czy wybuchała głowica bojowa, czy reaktor. Później faza trzecia – kilka krzywych. Najwidoczniej eksplodowały torpedy, wybuchając jedna za drugą. Jeśli każda z nich miała ładunek o mocy odpowiadającej 400–500 kilogramom trotylu, to otrzymamy siłę wybuchu 2–2,5 tony. Właśnie taką cyfrę wymieniali norwescy sejsmografowie, oceniając wskaźniki swojej aparatury. Uderzenie torpedą pasuje nawet do opisu uszkodzenia burty. Głowica z częściami skrzydeł »nurkuje« i uderza w »Kursk«. Przebija korpus (biorąc pod uwagę prędkość przewyższającą prędkość dźwięku, te dwa uderzenia zlewają się w jedno) i wybucha w drugiej komorze. Nawet media potwierdzają, że krawędź otworu w korpusie »Kurska« zgięta jest do wewnątrz i stopiona. W drugiej komorze znajduje się centralny punkt. Jeśli – jak pisano zaraz po katastrofie – »Piotr Wielikij« w ramach ćwiczeń szykował się do ataku torpedowego, dowódca »Kurska«, przygotowując się do odparcia tego ataku, wydawał komendy, które przekazywano do wszystkich komór. Wszyscy na okręcie słyszeli, że jedną z komend w pół słowa przerwał wybuch. Tylko to tłumaczy, dlaczego dwudziestosiedmioletni kapitan Dimitrij Kolesnikow (który napisał pierwszą znalezioną przy zwłokach notatkę) od razu zrozumiał, że dowódca okrętu zginął, i przejął jego obowiązki.

– Minister obrony Igor Siergiejew mówił, że w odległości około 300 metrów od »Kurska« znaleziono coś »wielkości okrętu«, i to coś potem »zniknęło«. Co to mogło być?

– Miało to oczywiście sugerować obecność innego obiektu podwodnego. A według mnie to była oderwana od »Kurska« pierwsza komora. I to ona była widoczna na ekranie radaru rosyjskiego krążownika »Piotr Wielikij«.

– Tego, z którego wystrzelono feralną torpedę?

– Wszystko na to wskazuje"[16].

Tak uważają też inni eksperci.

„Sądząc z dotychczasowych informacji, wszystko będzie sprowadzone do jakiejś niesprawnej torpedy. Ta wersja, przyjęta za ostateczną, szczęśliwie pogrzebie liczne pytania, na które nie ma odpowiedzi po dziś dzień" – twierdzi autor artykułu *Siekrietnoje orużyje protiw „Kurska"* (Tajna broń przeciw „Kurskowi"), zamieszczonego na znanym opozycyjnym portalu Grani w marcu 2002 roku. „Tymczasem pożar nie mógł powstać z powodu wybuchu torpedy na okręcie, gdyż nie doszło do wycieku, automatyczny system nawilżania rakiet był sprawny, woda zmywała nadtlenek wodoru, tworząc nieszkodliwą mieszankę usuwaną z komory automatycznie. Urządzenia podnoszące okręt przygotowany już do wypłynięcia uszkodziła jakaś siła zewnętrzna. Śledztwo wykazało też, że nie odnaleziono jednej z siedmiu torped wystrzelonych tamtego dnia z innych okrętów. Była to rakietotorpeda »Wodopad«, której – wbrew zakazowi doświadczeń z nową bronią podczas ćwiczeń – właśnie tego dnia użyto"[17].

Kapitan pierwszej rangi Siergiej Owczarenko jeszcze 31 października 2000 roku na łamach gazety „Żyzn'" opowiadał, jak razem z innymi marynarzami na krążowniku „Piotr Wielikij" zaobserwowali w rejonie, gdzie spadł „Wodopad", „nietypowe potężne wybuchy", a na okręcie silne wstrząsy.

„Jak z tym żyć?" – retorycznie pytali marynarze rozmawiający z Jeleną Wasiljewą, znaną w Murmańsku działaczką społeczną[18], która w sprawie „Kurska" prowadziła własne śledztwo. 12 sierpnia rano morze było spokojne. Dowódca Floty Północnej admirał Wiaczesław Popow, dowódca Pierwszej Flotylli Okrętów Podwodnych Floty Północnej wiceadmirał Michaił Mocak i kumple ze sztabu poprzedniego wieczoru tak „dali w szyję", że jeszcze rano ledwie mówili. Ale zachciało się im postrzelać. I padł rozkaz: „Przygotować ostrzał!". Na krążowniku „Piotr Wielikij" rozległy się wszystkie alarmy. Dwie torpedy poszły w morze...

O jedenastej trzydzieści starszy oficer dowodzący hydroakustyczną grupą zobaczył na ekranie radaru dużą świetlistą plamę, a po chwili w głośnikach rozległ się trzask. Krążownikiem zatrzęsło. Wybuch usłyszał także stojący na mostku admirał Floty Północnej Wiaczesław Popow. Czekał na torpedę, którą właśnie wtedy powinien był wypuścić „Kursk" w ramach ćwiczeń strzelniczych. Po godzinie, nie doczekawszy się torpedy z „Kurska" ani planowego wypłynięcia okrętu, Popow wezwał śmigłowiec, wrócił do bazy w Siewieromorsku i oznajmił dziennikarzom, że ćwiczenia zakończyły się sukcesem. Wychodzi na to, że Popow i Mocak uciekli z miejsca przestępstwa.

Na krążowniku, który znajdował się 30 mil od „Kurska", też słychać było stukanie ocalałych marynarzy. Należało natychmiast ogłosić alarm. Ogłoszono go po dwunastu godzinach.

Dwa dni po katastrofie podporucznik Igor Archipczenko mówił Jelenie Wasiljewej: „12 sierpnia siedziałem »na telegramach«, przyjmowałem wszystkie szyfrówki podczas ćwiczeń Floty Północnej. W drugiej połowie dnia dostaliśmy rozkaz: »O zdarzeniu milczeć!«"[19].

A prezydent?

„Prezydent – pisze we wspomnieniach Wasiljewa – chronił dowódcom tyłki i wtedy, i potem, gdy na jego polecenie prokurator Ustinow manipulował śledztwem tak, żeby ślad prawdy w nim nie pozostał"[20].

Czy nie dlatego także prokuratura odmówiła przyjęcia pozwu od rodzin marynarzy, które domagały się wszczęcia dochodzenia w sprawie przyczyn katastrofy?

Boris Kuzniecow, adwokat tych rodzin, twierdzi, że „Michaił Wasiljewicz Mocak jako dowódca Flotylli Okrętów Podwodnych Floty Północnej współdowodzący manewrami jest jednym z głównych winnych tragedii, gdyż przez dłuższy czas nie spełniał żądań dowództwa marynarki wojennej dotyczących przygotowania floty do działań ratunkowych, ignorował zadania związane z przeprowadzeniem manewrów, nie organizował specjalnych szkoleń personelu ani kontroli sprawności środków technicznych. W związku z czym personel okazał się nieprzygotowany do niesienia pomocy załodze atomowego okrętu podwodnego »Kursk«. Awaria na »Kursku« została zgłoszona dopiero 12 sierpnia o dwudziestej trzeciej trzydzieści, a sam okręt zlokalizowano po trzydziestu jeden godzinach od zatonięcia”[21].

To dowódca Flotylli Okrętów Podwodnych Floty Północnej wiceadmirał Michaił Mocak najczęściej powtarzał, że „Kursk” został staranowany przez amerykański okręt podwodny.

Jaką Mocakowi wymierzono karę?

W 2001 roku Władimir Putin wydał rozporządzenie, by wiceadmirała zdegradować o jeden stopień w związku z katastrofą K-141 „Kursk”, ale już w styczniu 2002 roku Mocak otrzymał niezwykle lukratywne i prestiżowe stanowisko pierwszego zastępcy pełnomocnika prezydenta Rosji w Północno-Zachodnim Okręgu Federalnym. Tę funkcję pełnił do roku 2014.

Jest członkiem partii Jedna Rosja.

A jak ukarano admirała Popowa?

W 2001 roku przestał dowodzić Flotą Północną, lecz na otarcie łez otrzymał bardzo wysokie stanowisko w Ministerstwie Energii Atomowej oraz immunitet, zaszczyty i ogromne pieniądze jako przedstawiciel obwodu murmańskiego w wyższej izbie parlamentu, czyli Radzie Federacji.

Jest członkiem partii Jedna Rosja.

A kogo Władimir Putin zamierzał srogo ukarać?

Borisa Kuzniecowa, adwokata rodzin marynarzy. W 2007 roku musiał on uciekać za granicę dosłownie w przeddzień aresztowania z osobistego rozkazu prezydenta (o czym powiadomili go życzliwi z Kremla). W 2009 roku spaliła się łaźnia na daczy jego córki pod Petersburgiem, a w niej kilka tysięcy tomów z archiwum adwokata wraz ze złożonymi tam tydzień wcześniej piętnastoma tomami materiałów dotyczących atomowego okrętu podwodnego „Kursk". Straż pożarna stwierdziła podpalenie, ale prokuratura wszczęcia śledztwa odmówiła.

O aresztowaniu adwokata postanowiono tuż po tym, jak w prasie ukazała się informacja, że krewni marynarzy zamierzają pociągnąć do odpowiedzialności karnej za zatonięcie okrętu „Kursk" głównodowodzącego rosyjskimi siłami zbrojnymi Władimira Putina. A tę odpowiedzialność z prawnego punktu widzenia dokładnie określił właśnie Boris Kuzniecow. Sprowadza się ona do takich faktów:

Głównodowodzący siłami zbrojnymi zupełnie zlekceważył przygotowania do największych we współczesnej historii Rosji manewrów Floty Północnej, nie konsultował się z jej dowództwem, a na czas manewrów wyznaczył sobie urlop. Odniósł się do swoich obowiązków niedbale, pozostawiając najważniejszą wówczas ćwiczebną operację wojskową bez kontroli. W efekcie, zamiast wielkich planowanych manewrów okrętów Floty Północnej, dowództwo przeprowadziło tylko „kompleksowe przygotowanie okrętów wielocelowej grupy na Morzu Barentsa", nieprzewidziane w żadnych dokumentach. W rezultacie atomowy okręt podwodny został wypuszczony na ćwiczenia zupełnie nieprzygotowany. Reasumując: przestępcze zaniechanie prezydenta Federacji Rosyjskiej W.W. Putina przyczyniło się do bałaganu podczas ćwiczeń i śmierci stu osiemnastu ludzi[22].

Jakże to: „przestępcze zaniechanie"? Parę miesięcy wcześniej, w kwietniu 2000 roku, prezydent w pasiastym podkoszulku i marynarskiej furażerce pozował do zdjęć na mostku kapitańskim okrętu „Karelia", a to przez lornetę spoglądając w dal, a to pochylając się nad mapami w towarzystwie admirałów Popowa, Mocaka czy zaprzyjaźnionego Władimira Kurojedowa. Czyż nie pojechał tam wtedy, by omawiać zbliżające się manewry?

Kuzniecow nie polemizuje z podstawowymi ustaleniami śledztwa co do przyczyny tragedii. Podkreśla jednak, że za paliwo dla torped na „Kursku" służył – niestosowany już w nowocześniejszych typach broni – nadtlenek wodoru. Dodaje, że takie torpedy są bardzo niebezpieczne w eksploatacji, a załoga „Kurska" nie ćwiczyła się w obsłudze tej broni! Nigdy! Nie przypadkiem więc wszystkie dokumenty dotyczące szkolenia załogi były od początku do końca sfałszowane! Podobnie jak ekspertyza stwierdzająca, że marynarze żyli nie dłużej niż osiem godzin, czyli że w momencie zlokalizowania okrętu nie było już kogo ratować. Władze robiły wszystko, żeby zdjąć z siebie odpowiedzialność, w rzeczywistości bowiem ostatnie stuki z okrętu zarejestrowano 14 sierpnia o godzinie jedenastej. Są też przesłanki, że w dziewiątej komorze ludzie żyli jeszcze tego dnia wieczorem[23].

Wystrzeleniem torpedy z krążownika „Piotr Wielikij" w śledztwie się nie zajmowano. Wersję staranowania „Kurska" przez Amerykanów też odsunięto na bok. Ale nie w propagandzie: tam odegrała główną rolę. Pięknie odmalował ją francuski reżyser Jean-Michel Carré w filmie *Le Koursk – un sous-marin en eaux troubles* (Podwodny okręt w mętnej wodzie)[24], który to film adwokat Kuzniecow określił jako „fałszywkę zrobioną na zamówienie rosyjskich służb specjalnych". Istotnie – przedstawione w filmie najnowocześniejsze na świecie, wspaniale się prezentujące (bez przeterminowanych uszczelek i dziur w przerdzewiałych korpusach) uzbrojenie atomowe na pokładzie „Kurska" mogło wzbudzić zawiść Amerykanów i ich niebezpieczną, niemal zbrodniczą ciekawość.

Kiedy świetnie wyglądający, zrelaksowany Władimir Putin, odpowiadając w amerykańskiej telewizji na pytanie sławnego prezentera Larry'ego Kinga: „Co się przydarzyło okrętowi »Kursk«?", jakby z kpiącym uśmiechem odparł: „On zatonął", chciał amerykańskim telewidzom przesłać informację, że nawet jeżeli Amerykanie staranowali nasz okręt, nie będziemy tego nagłaśniać. A na szczegółowe pytania Kinga tak przekonująco replikował, że zauroczony komentator prawie mu nie przerywał. Zafascynowanie Putinem Larry'emu Kingowi nie przeszło: w 2013 roku został jedną z amerykańskich twarzy rosyjskiego kanału propagandowego RT nadającego w Stanach Zjednoczonych.

Kpiący uśmiech Putina w całej tej historii – bez względu na przyczynę – stał się na długie lata znakiem firmowym prezydenta.

Boris Kuzniecow swoje doświadczenia i wiedzę zamknął w książce pod tytułem *Prawda o „Kurskie", kotoruju skrył gienprokuror Ustinow. Zapiski adwokata* (Prawda o „Kursku", którą ukrył prokurator generalny Ustinow. Notatki adwokata). Próbowano oskarżyć adwokata o „rozpowszechnianie tajemnicy państwowej", usiłowano też wstrzymać kolportaż pierwszego wydania jego książki (co się w znacznej mierze udało), drugiego, uzupełnionego, nie chciał wydrukować w Rosji nikt. Ukazało się w Estonii i wzorem literatury zabronionej w czasach ZSRR przesączało się do Rosji nielegalnie. Po pewnym czasie książka pojawiła się w internecie, gdzie jest łatwo dostępna.

Zabawnie w tym kontekście brzmią głosy zachodnich wielbicieli Putina, którzy – jak polski profesor idei Andrzej Walicki – twierdzą, że „w Rosji Putina wolność ruchu wydawniczego jest w praktyce całkowita [...]. To powiedzieć można o dziełach literackich, wolnych od cenzury i bardzo niekiedy krytycznych w ocenie oficjalnej Rosji"[25]. Zaiste, zarówno historia „Kurska", udokumentowana przez znającego ją na wylot adwokata, jak też (co zobaczymy później) dokładny raport Aleksandra Litwinienki w sprawie wysadzania domów we wrześniu 1999 roku, zamieszczony w książce *FSB wzrywajet Rossiju* (FSB wysadza Rosję), dobitnie świadczą – tak jak losy ich autorów – o tym, że pan profesor i jemu podobni bardzo się mylą, bo „wolność ruchu wydawniczego" nie dotyczy tych pozycji, które mogłyby szargać majestat głowy państwa. Jak się bowiem mają te wszystkie teorie wydumane za biurkami w celu przekonania opinii publicznej, że w Rosji „skończyła się definitywnie epoka ideokracji, czyli nieograniczonej władzy ideologicznego państwa nad sumieniami i umysłami ludzi"[26], do stwierdzenia praktyka, adwokata Kuzniecowa, że „to, co się dzieje na posiedzeniach sądowych, jednoznacznie pokazuje, jak bardzo rosyjski system sądowniczy został wbudowany w strukturę władzy wykonawczej"[27]. Jednym słowem: jak sędziów, śledczych i prokuratorów wciśnięto w pancerz strachu przed Kremlem. Opinię tę podzielają dziś tysiące Rosjan.

A co do sumień i umysłów... Epoka Putina pozbawiła sumienia sprzedajnych sędziów, zastraszonych prokuratorów, fałszujących dowody śledczych i zniewoliła umysły ich i im podobnych. A ci, wobec których ten zabieg się nie powiódł, wyruszyli na emigrację. Wewnętrzną albo zewnętrzną. Kryterium prawdy jest praktyka, a całe to ideologizowanie Putina jest warte tyle, ile pocięty na żyletki największy na świecie atomowy okręt podwodny „Kursk" – duma wojennej floty Federacji Rosyjskiej.

Ideologiczne pranie mózgów przez omnipotentną telewizję, trzebienie nie tylko przebłysku myśli krytycznej, lecz nawet ciekawości najnowszych dziejów własnego kraju daje wspaniałe rezultaty: w 2000 roku 72 procent Rosjan było zdania, że władze nie uczyniły wszystkiego dla uratowania marynarzy. Piętnaście lat później tak uważało już tylko 35 procent ankietowanych[28].

Ministerstwo Obrony obiecało, że do 2030 roku nastąpi odtajnienie danych związanych z katastrofą K-141 „Kursk".

Ciężkim był „Kursk" przeżyciem dla Władimira Putina. Pierwszy raz, odkąd stanął u steru władzy, nie spotkał się z powszechnym aplauzem. Pierwszy raz ośmielono się go krytykować jawnie i boleśnie. Jego! Pierwszy raz musiał się tłumaczyć, a do tego akurat nikt go nie przygotował. Rozpasana wolność słowa rzucała się mu do gardła, a jego krętactwa mało kto brał poważnie. Porzucił go też najwierniejszy obrońca – ORT 1 – po tym, jak Bieriezowski, dzwoniąc z Lazurowego Wybrzeża, ośmielił się żądać, by prezydent natychmiast jechał do Widiajewa, i – na skutek nieopuszczającej go pychy – domagał się spotkania z prezydentem w przekonaniu, że ma jeszcze na niego jakiś wpływ.

„– Czy ja na to zasłużyłem?! – wściekły Putin zwrócił się do Bieriezowskiego. – Mam tu raport, że twoi ludzie najmują za 10 dolarów jakieś dziwki, żeby udawały żony i siostry marynarzy i lżyły mnie przed kamerami!

– Wołodia, to nie dziwki, to prawdziwe żony i siostry. Twoi idioci z KGB karmią cię niestworzonymi historiami, a ty, jeśli im wierzysz, niedaleko od nich odszedłeś"[29].

Taki początek miała ostatnia rozmowa między doktorem Frankensteinem a wyprodukowanym przez niego stworem.

Putina doprowadził do pasji emitowany w ORT 1 (wciąż jeszcze należącej do Bieriezowskiego) program o „Kursku". Prowadzący pokazywał, jak kłamliwe były wypowiedzi prezydenta dla telewizji i kierowane do rodzin marynarzy podczas spotkania w Widiajewie. Na wszystkie stwierdzenia Putina prowadzący głębokim basem odpowiadał: „To nie tak, panie prezydencie", po czym słowem i obrazem to udowadniał.

Bas należał do Siergieja Dorienki, tego samego mistrza propagandy, który jako tuba Bieriezowskiego nie tak dawno lansował niejakiego W.W. Putina na prezydenta. Po wyborach stała się bowiem rzecz nieprzewidziana: Bieriezowski przejrzał. Bieriezowski, który – jak pisze jego znajomy Alex Goldfarb – „łącząc bystry umysł ze ślepotą emocji, dostrzegał emanującą od Putina groźbę, ale był do niego przywiązany jak do swojego tworu. Nowy władca Kremla wciąż jeszcze pozostawał dla niego Wołodią, Kopciuszkiem przeniesionym za pomocą jego czarów z kuchni do pałacu"[30].

Kopciuszek wyprawiał jednak rzeczy, które się czarodziejowi w głowie nie mieściły.

Niweczył na przykład to, co z trudem stworzył Jelcyn: samorządność w regionach. Żadnych przy tym przepisów, które jasno regulowałyby prawa i obowiązki centrum i regionów, żadnego wyjścia ku społeczeństwu, tylko jawne autokratyczne dominowanie państwa. Ktoś, komu się jeszcze śnił funkcjonujący od stuleci na „zgniłym Zachodzie" i zaaprobowany przez Jelcynowską konstytucję podział władzy na wykonawczą, ustawodawczą i sądowniczą, musiał mieć teraz ciężkie przebudzenie. Tak jak BAB.

Bieriezowskiemu wydawało się, że prezydent nie wie, co czyni, i trzeba mu to nienachalnie uświadomić. Błyskawicznie powołał grupę ekspertów i z przygotowanym przez nią dziesięciostronicowym memorandum o federalizmie i koniecznych związkach ze społeczeństwem zjawił się przed Putinem.

Putin przejrzał memorandum i skonstatował, że jego doradcy mają zgoła odmienne poglądy.

„– Boris, ja cię nie rozumiem – powiedział. – My to władza, a ty jakby jeden z nas. Jeśli wystąpisz przeciw nam, to kogo będziesz reprezentować?

Nastąpiła długa pauza. Wreszcie Boris odparł:

– Jestem przekonany, że popełniasz błąd co do samej istoty sprawy. Nie pozostaje mi nic innego, jak zacząć z tobą publiczną polemikę. Niech i inni się wypowiedzą.

– Masz pełne prawo – zauważył Putin zimno”[31].

I oto 30 maja 2000 roku w gazecie „Kommiersant" ukazał się długi, pełen merytorycznych uwag list Bieriezowskiego do prezydenta. Rozpoczynał się od słów: „Drogi Wołodia", a opatrzony był mottem: *Amicus Plato, sed magis amica veritas* (Przyjacielem mi Platon, lecz większą przyjaciółką prawda).

Był to grom z jasnego nieba. Nikt nie mógł pojąć, że Frankenstein dopiero teraz zaczyna rozumieć, kogo stworzył, i usiłuje jeszcze poddać ten produkt obróbce. Za późno. Putin, dla którego istnieją tylko dwie kategorie ludzi: „swoi" i „obcy", zaliczył go nie tylko do „obcych", lecz także do najbardziej przez siebie znienawidzonej kategorii: do zdrajców.

I oto Bieriezowski znowu zjawił się na Kremlu. Przyjął go Wołoszyn. Ten Wołoszyn, który kiedyś u niego pracował i którego osobiście wyprawił na Kreml dla wzmocnienia Rodziny. Rozmowa była krótka: „Słuchaj no – mówił Wołoszyn. – My uważamy, że ORT działa przeciwko prezydentowi. No to albo oddajesz nam kontrolę nad nią i rozstajemy się w pokoju, albo nie robisz tego i odprawiasz się w ślad za »Gusiem«"[32].

Następnego dnia odbyła się wspomniana rozmowa o dziwkach wynajętych w celu szkalowania prezydenta. Bieriezowski powtórzył to, co oznajmił prezydentowi zaraz po wyborach, gdy rozpływający się z wdzięczności Putin nazwał go swoim bratem: że nie przysięgał mu osobistej wierności i że był pewien, iż pójdzie on drogą Jelcyna, któremu do głowy by nie przyszło zamykanie ust dziennikarzom…

„– Do widzenia, Borisie Abramowiczu – chłodno odparł Putin.

– Żegnaj, Wołodia!

Obaj wiedzieli, że to ich ostatnie spotkanie"[33].

Niebawem Administracja Prezydenta zdobyła wpływy w ORT. Akcje Bieriezowskiego wykupił najwierniejszy z oligarchów, Roman Abramowicz, i sprezentował je Putinowi, zyskując w nim dozgonnego przyjaciela.

Oto jak wyglądało, tak cenione przez piewców Putina, „położenie kresu rozpasaniu rosyjskich oligarchów, które sięgnęło szczytu w czasach życzliwie ocenianej u nas prezydentury Jelcyna"[34]. Nie miało nic wspólnego z jakąkolwiek ideologią, a wiele z wypowiedzeniem przez oligarchów posłuszeństwa dyktatorowi. Wszyscy nieposłuszni zostali zniszczeni. Reszta zamieniła się w feudalnych wasali Kremla. Rządy Jelcyna natomiast są życzliwie oceniane przecież nie z powodu jego wielu błędów podczas najtrudniejszej chyba na świecie prezydentury, lecz z uwagi na wielkie, mimo wszystko, zasługi dla demokracji, która, bądź co bądź, jest ustrojem bardziej przyjaznym człowiekowi niż putinokracja.

By pozostać przy mediach… To Jelcyn powołał z myślą o ochronie wolności słowa Izbę Sądową do spraw Sporów Informacyjnych, niezależny quasi-sądowy organ zajmujący się przestrzeganiem uczciwości w mediach. Izba ta rzeczywiście dążyła do wprowadzenia wolności słowa w Rosji, a co najważniejsze – wolności od cenzury i karmionej strachem autocenzury, od politycznego chamstwa i politycznej niemoralności. Wywierała ogromny wpływ nie tylko na media, lecz także na tworzenie kultury informacyjnego prawa, prawa w ogóle.

Putin ją zlikwidował.

Doprawdy trzeba szczególnego zaćmienia umysłu, by – jak to czynią miłośnicy teorii, a nie faktów – przypisywać „»wczesnemu Putinowi« rolę konserwatywnego modernizatora, i to modernizatora w duchu jednoznacznie okcydentalistycznym"[35].

Całą polityczną działalność na emigracji Boris Bieriezowski poświęcił naprawianiu swojego największego życiowego błędu: wprowadzenia Putina na Kreml. Dotował filmy i książki obnażające przestępcze fakty z życia Putina, wspomagał ruchy demokratyczne w Rosji i poza nią (na przykład pomarańczową rewolucję na Ukrainie).

Scotland Yard dwukrotnie stwierdzał usiłowanie dokonania zabójstwa Bieriezowskiego przez przybyłych w tym celu obcokrajowców (raz chodziło o Rosjanina, a raz o Czeczena zamieszanego później także w zabójstwo Anny Politkowskiej).

Aż wreszcie…

26 marca 2013 roku w wiadomościach podano:

„Brytyjscy eksperci przeprowadzili sekcję zwłok rosyjskiego biznesmena Borisa Bieriezowskiego i ustalili przyczynę jego śmierci. Patomorfologiczna ekspertyza wykazała, że oligarcha udusił się na skutek powieszenia. Komunikat policji nie wspomina o samobójstwie. Odsunięty od łask oligarcha zmarł 23 marca o jedenastej rano według czasu londyńskiego, mając sześćdziesiąt siedem lat. Został znaleziony w łazience willi swojej byłej żony w miejscowości Askot, hrabstwo Berkshire, niedaleko Londynu”[36].

## Życzliwa wirtualność

Na początku 2000 roku sir David Frost, gwiazda programów analitycznych BBC, wcisnąwszy się w piękny kremlowski fotel, z nieco sceptyczną miną wsłuchiwał się w słowa Władimira Putina. Na przykład w te:

„Nie wyobrażam sobie swojego kraju oderwanego od Europy i od tak zwanego cywilizowanego świata […]. Nie tylko społeczeństwo, lecz także my sami jesteśmy zainteresowani obiektywną informacją. Właśnie obiektywna informacja to instrument, którym musimy się posługiwać […]. Nasze zadanie polega na tym, żeby iść drogą, która czyni naszą politykę otwartą i zrozumiałą dla większości naszych obywateli”[37].

Czy nie pięknie mówi? Czy nie to chce na początku jego rządów usłyszeć ów „cywilizowany świat"? Czy nie jest Putin swego rodzaju mistrzem słowa? Spokojnym, pewnym głosem artykułuje dokładnie to, co trzeba, a zachodni dziennikarz zadaje jedno po drugim, najwidoczniej uzgodnione, pytania – nie oponuje, nie wdaje się w polemikę, choć z jego twarzy nie schodzi lekki grymas. Swobodnie więc Władimir Władimirowicz prezentuje światu pięknie opakowane pudełko z napisem „demokratyczna Rosja", przekonany, że ważni ludzie Zachodu go nie otworzą, by nie naruszyć dekoracji. Ta dekoracja to ich alibi: Rosja jest w porządku, można z nią robić interesy i nie zawracać sobie głowy jej wewnętrznymi sprawami, choćby Czeczenią.

A tymczasem w pudełku leżał gotowy pakiet propozycji ustaw zaprzeczających każdemu wypowiedzianemu przez prezydenta słowu. Z inicjatywy Putina przyjęto doktrynę „informacyjnego bezpieczeństwa Rosji". Prezydent osobiście ogłosił, że informacja należy do „sektora strategicznego mającego bezpośredni związek z bezpieczeństwem państwa". Nieodrodny syn KGB postawił rezultaty dziennikarskiej roboty w jednym szeregu z tajnymi danymi wojskowych. Wniosek: informacja musi się znaleźć pod kontrolą państwa. Wszystkie te walki z Gusinskim czy Bieriezowskim odbywały się niejako po drodze do tego celu. Już w swoim pierwszym wystąpieniu przed parlamentem[38] lider wytłumaczył narodowi, że dziennikarska wolność stała się łakomym kąskiem dla polityków, a zależni od ich pieniędzy dziennikarze zamienili się w dezinformatorów. Posłużył się starym, wypróbowanym przez stalinowską propagandę argumentem, po który zawsze sięga postkomunistyczna władza zmierzająca do autorytaryzmu: krytycy tej władzy nieodmiennie są przedstawiani jako banda przekupiona przez wrogów państwa.

Czy prezydent wierzy w to, co mówi? To nieistotne. Istotne jest to, żeby niezależne media nie mogły mu przeszkadzać w rządzeniu i – nie daj Bóg – nie ujawniły druzgocących dla niego faktów, gdyby jakimś cudem udało im się do nich dotrzeć. A to, że dziennikarze mają nie tylko prawo, lecz także obowiązek krytykować władzę, należy uznać za wymysły zachodniej demokracji, nieobowiązujące w Rosji, która do demokracji wyznacza sobie własną drogę. Ten – zdawałoby się – inteligentny człowiek nie jest w stanie przekroczyć zabetonowanej w nim kiedyś emocjonalnej bariery, tak jakby nieustannie wyciągał portret Stalina z rosyjskich śmietników i wzorem swego bohatera uważał każdego, kto się z nim nie zgadza, za śmiertelnego wroga tudzież zdrajcę.

W przemówieniu wygłoszonym do Zgromadzenia Ogólnego (czyli członków Dumy i Rady Federacji) powtórzył, że „bez naprawdę niezależnej prasy i telewizji rosyjska demokracja po prostu nie przeżyje".

Wystarczyło więc zdusić tę niezależną prasę i telewizję, by demokracja zwiędła sama. Tak też się stało. Zniknęły niewychwalające wodza gazety („Siegodnia", „Obszczaja Gazieta" ), innym zostawiono tytuły, ale pozmieniano szefów i kierunek („Itogi"), jeszcze w innych („Wiersija") ciągano dziennikarzy na przesłuchania do FSB, korespondentom zagranicznym zabroniono wywożenia kaset z filmami nakręconymi w Rosji, zwłaszcza karano za wywóz nagrań z Czeczenii (włoski dziennikarz Antonio Russo z Radio Radicale został zabity w Gruzji w październiku 2000 roku, a z jego plecaka zniknęły kasety wideo z nagraniami świadczącymi o zbrodniach popełnianych przez Rosjan w Czeczenii)*. Prasa regionalna znalazła się pod walcem władz lokalnych. Natychmiast pojawiły się, jak za niedawnych radzieckich czasów, ponawiane „prośby ludzi pracy" o ustanowienie cenzury. Wprowadzono ją zatem w obwodach omskim i orłowskim.

Bastionem niezależnej prasy pozostaje – znana na świecie – „Nowaja Gazieta". Jej utrzymywanie się przy życiu (podobnie jak „inteligenckiej" radiostacji Echo Moskwy) ma dowodzić, iż reżim Putina jest demokratyczny. Nie da się jednak ukryć, że podczas rządów Putina zabito ośmiu dziennikarzy tej gazety. „Nowaja Gazieta" ma – jak na Rosję – nakład niewielki (około 150 tysięcy egzemplarzy), jest jednak dostępna w internecie.

---

* Zniknęła też kaseta z nagraniem rozmowy dziennikarza z matką Putina, Wierą Nikołajewną Osiepaszwili. Niektórzy obserwatorzy są zdania, że to ta kaseta była przyczyną napaści na dziennikarza.

Wychodzi też znakomite ilustrowane czasopismo „Nowoje Wriemia – The New Times". Regularnie jednak jego redakcję nachodzą funkcjonariusze służb specjalnych, a redaktorka naczelna Jewgienija Albatz coraz częściej odbiera listy i telefony z pogróżkami.

Czy likwidacja wolnych mediów ludziom przeszkadzała? Większości nie. Bo kiedyż mieli się przygotować do samodzielnego myślenia, do sprzeciwu, do własnych odpowiedzialnych wyborów? Trudny i biedny okres jelcynowski okazał się za krótkim pomostem między carską despotią, komunistycznym totalitaryzmem a demokracją. Ci statystycznie nieliczni obywatele, którzy do przyjęcia wolności byli przygotowani, dawali sobie radę z nawałem politycznych emocji. Reszta czuła się zagubiona.

„Ja nie chcę tylu kanałów telewizyjnych i tylu różnych komentarzy. Nie chcę, żeby mi telewizja pokazywała te przepychanki w Dumie. Dawniej było jasne, co myśleć, i tak było dobrze" – stwierdziła pewna siwa pani siedząca obok mnie przy urodzinowym stole u emerytowanego małżeństwa inżynierów na przedmieściach Moskwy. Ukształtowana mentalnie w Związku Radzieckim („jeden wódz, jeden naród, jedna prawda"), osoba ta nadmiarem wolności była zmęczona. Po co to komu?

Tak więc mniej więcej po roku od objęcia władzy Putin miał zagwarantowaną życzliwą wirtualność, stan, w którym czuje się najbezpieczniej. Żadnych spotkań z „wrogimi" dziennikarzami, z narodem, chyba że ze sprawdzonym pod każdym względem kolektywem – studentów, naukowców, przemysłowców, robotników... Jelcyn wpuścił do parlamentu dwadzieścia cztery partie, a każda mówiła, co chciała. Chaos! Przy Putinie są cztery partie i każda mówi, co chce Putin. Stabilizacja!

Jego partią jest – jak już powiedziano – Jedna Rosja (powstała z partii Miedwied), która podobnie jak kiedyś Komunistyczna Partia Związku Radzieckiego, stanowi ugrupowanie pomocne w robieniu administracyjnej kariery. Utrzymana przy życiu Komunistyczna Partia Federacji Rosyjskiej (KPFR) tolerowana jest o tyle, o ile pozostaje posłuszna. Bo gdy na przykład przed wyborami parlamentarnymi (w 2007 roku) Farid Chajbibulin, kandydat tej partii z Tatarstanu, zażądał od komisji wyborczej przedstawienia dokumentów (gdyż wydały mu się podejrzane), przewodnicząca komisji wezwała milicję, ta zaś tak go pobiła, że niedługo potem zmarł. Jednakże lider KPFR Giennadij Ziuganow, który wytaczał partyjne armaty przeciw Jelcynowi, przez Putina nigdy krytykowany nie był i o swoje życie niepokoić się nie musi. Może też spokojnie spędzać urlopy w nadmorskich pensjonatach po 800 dolarów za dobę[39], bo ponoć tych dolarów ma niejeden milion.

W porównaniu jednak z Władimirem Żyrinowskim, liderem drugiej dużej „opozycyjnej" partii, agentem KGB[40] od początku swojej politycznej działalności jeszcze w czasach ZSRR, jest prawie biedakiem. Partia Żyrinowskiego – nosząca nazwę Liberalno-Demokratyczna – nie ma nic wspólnego z liberalizmem i demokracją, w rzeczywistości jest to faszyzujące ugrupowanie nacjonalistyczne stworzone w 1989 roku z inicjatywy KGB z zadaniem imitowania demokracji i partyjnego pluralizmu. W 1999 roku „Nowaja Gazieta" pisała o stu dwudziestu dwóch mieszkaniach w Moskwie (o łącznej powierzchni 25 tysięcy metrów kwadratowych) i dwustu dwudziestu siedmiu samochodach zarejestrowanych na nazwisko lidera, ale on oświadczył, że to własność partii zapisana na niego ze względów formalnych. Jako przyjaciel Saddama Husajna otrzymywał od niego w prezencie doskonałe kontrakty na dostawę milionów ton ropy przemytniczymi kanałami, w ramach programu ONZ „Ropa za żywność". Na wyczarterowanych przez „Żyrika" samolotach ulatywały z poddanego blokadzie Iraku miliardy dolarów. Miliardy dolarów oraz lukratywne kontrakty na ropę wędrowały także z Libii, od pułkownika Kaddafiego. Dziennikarzom pytającym, skąd wziął taki wielki majątek, Żyrinowski wypalił: „Jacht? Podarowali. Samolot też. Przez piętnaście lat tyle się tego barachła zebrało, że już nie pamiętam, co sam kupiłem, a co podarowali"[41].

Siergiej Mironow, przewodniczący Sprawiedliwej Rosji, innej zaprzyjaźnionej frakcji w Dumie, był dyrektorem wykonawczym przedsiębiorstwa budowlanego Odrodzenie Sankt Petersburga, które mając liczne filie za granicą, było ściśle powiązane z petersburskim merostwem i dyrektorem Komitetu Współpracy z Zagranicą Władimirem Putinem. Można śmiało przypuszczać, że oficjalna gaża Mironowa nijak się ma do wartości jego majątku. (I Mironow, i Żyrinowski znaleźli się w 2014 roku na liście osób objętych unijnymi sankcjami w związku z aneksją Krymu). Sprawiedliwa Rosja jest też tolerowana w zależności od swojego posłuszeństwa. Przed wyborami samorządowymi jesienią 2015 roku deputowanej tej partii złamano szczękę[42], a dwóch innych deputowanych ciężko pobito: jednego pod Niżnym Nowogrodem[43], drugiego w stolicy Dagestanu – Machaczkale[44].

Nic przeto dziwnego, że w takim towarzystwie miejsca dla opozycyjnych partii być nie może. Cóż to byłby za dysonans w tym zgranym chórze!

Pierwsza bariera, przed jaką dekrety Putina postawiły nowe partie, to konieczność posiadania 10 tysięcy zarejestrowanych notarialnie członków oraz otwarcie oddziału w każdym większym obwodzie. W atmosferze narastającego strachu trudno było tylu ludzi zebrać i znaleźć pomieszczenie na oddział, ale jakoś te trudności pokonywano. Na próżno. Żadnej partii nie zarejestrowano, a liczbę członków wymaganą przy zakładaniu ugrupowania podwyższono aż do 50 tysięcy! Od 2010 roku obniżono ją do 40 tysięcy, a w 2012 zdecydowano się raptem na pięćset osób, doprowadzając do powstania mnóstwa absolutnie bezradnych, lecz „demokratycznych" bytów.

„Duma Państwowa to nie miejsce, gdzie się prowadzi polityczne batalie, broni jakichś haseł politycznych czy ideologicznych"[45] – stwierdził, obejmując stanowisko przewodniczącego izby niższej, bliski znajomy Putina z Leningradu – Boris Gryzłow.

W parlamencie rosyjskim może się nie prowadzi dyskusji (co przeczy samej idei parlamentaryzmu), ale na pewno w zamian za oddanie na kogoś głosu można sobie tam zażyczyć (w zależności od rangi nazwiska) od 3 do 20 tysięcy dolarów[46]. To żadna tajemnica. Ani powód do wstydu. Kiedy zapytałam Aleksieja Mitrofanowa, jednego z ważniejszych deputowanych Partii Liberalno-Demokratycznej, czy to prawda, co mówią – że za oddanie głosu deputowani biorą pieniądze, odparł zdziwiony: „A po co my tu jesteśmy?". Kiedyś Roman Abramowicz, Boris Bieriezowski, a zapewne też inni oligarchowie płacili 5–7 tysięcy dolarów za głos. Dziś inwestowanie w deputowanych stało się mniej opłacalne, bo parlament przestaje być nie tylko miejscem dyskusji, lecz także przepychania jakichkolwiek oddolnych (choćby biznesowych) inicjatyw.

Nie ma nadziei, by w tym zaskorupiałym organizmie pojawiła się choćby szczelina do wpuszczenia świeżego powietrza. Póki na Kremlu będzie Putin, póty w Dumie nie będzie opozycji. Jak to się robi? Ważna jest technika. Opracowana bez zarzutu, tyle że mozolna.

We wrześniu 2015 roku w jedenastu okręgach wyborczych przeprowadzano wybory do lokalnych samorządów. Kilka partii opozycyjnych (w tym Republikańska Partia Rosji PARNAS, której aż do swojej śmierci przewodniczył zastrzelony w lutym 2015 roku Boris Niemcow, Partia Postępu Aleksieja Nawalnego oraz kilka mniejszych ugrupowań) utworzyło Koalicję Demokratyczną. Zamierzano ją zarejestrować w tych okręgach, gdzie spodziewano się największego poparcia. W okręgu nowosybirskim należało zebrać 10,6 tysiąca podpisów. Zebrano więcej, wiedząc, że część zostanie zakwestionowana. Do tych list przykładano tak dużą wagę, że podpisy dano do sprawdzenia grafologom. Ale i tak komisja odrzuciła półtora tysiąca z nich. Bo na przykład w adresie zamiast ukośnika wpisano kreskę poziomą albo w imieniu lub nazwisku zrobiono błąd ortograficzny, albo ulicę Ługowską pomylono z Ługową. Tyle że tych błędów nie popełniali zbierający, lecz pracownicy komisji, którzy mozolnie wklepywali dane do komputera. Rezultat: Koalicja Demokratyczna w wyborach nie wystartowała, a opozycjoniści, którzy w proteście ogłosili strajk głodowy, omal nie rozstali się z życiem[47].

W Kostromie z kolei lokalnego szefa koalicji, który przyszedł na posterunek, by sprawdzić dane w policyjnym komputerze, aresztowano, podobnie jak policjanta, który mu te dane udostępnił.

Czy można bać się swojego narodu bardziej niż Władimir Putin i jego doradcy? Przecież duszenie opozycji w zarodku dokonuje się w tym samym czasie, gdy oficjalne sondaże wykazują siedemdziesięcio-, osiemdziesięcioprocentowe poparcie dla przywódcy narodu. Powinien zatem czuć się silny jak nigdy. Cały świat powtarza, że opozycja w Rosji jest słaba, czegóż więc się boi kremlowski macho? Ano tego, że wszystkie te badania są dęte, przeprowadzane wśród ludzi, którzy – ze strachu przed konsekwencjami oporu – zawsze powiedzą władzy „tak". Boi się powtórki tego, co zdarzyło się dwa lata wcześniej, kiedy najpierw szkalowano wybitnego działacza opozycji Aleksieja Nawalnego sfabrykowanymi oskarżeniami i nagonką w telewizji, a następnie dopuszczono go do kandydowania w wyborach na mera Moskwy po to, by go skompromitować. Sądzono, że pokazywanie go w telewizorze tylko z najgorszej strony przełoży się na śmiesznie małe poparcie. Nawalny okazał się jednak człowiekiem nie z telewizora, lecz z komputera, bo już parę lat wcześniej rozpoczął w internecie potężną antykorupcyjną akcję, tropiąc przekręty ludzi władzy. Gdy więc ten przystojny blondyn, biegły w sztuce przemawiania na demonstracjach, wspierany przez śliczną żonę i profesjonalny sztab wyborczy, pojawił się na ulicach Moskwy uśmiechnięty, z konkretnym planem zmian korzystnych dla mieszkańców, nie tak był widziany, jak na Kremlu to sobie wyobrażano. Głosowało na niego ponad 30 procent wyborców! Oficjalny wynik zaniżono do 27 procent, by uniknąć drugiej, zapewne przez niego wygranej tury. I tak oto powodowaną pychą władzę dzielił tylko krok od nieszczęścia: lider opozycjonistów o mało co nie został merem stolicy Rosji!

W prezydenckim gabinecie stoi ogromny telewizor. Putin lubi przed nim siadywać. To główne źródło jego informacji. Nie dociera do niego, że sam daje sygnał, jaka ta informacja ma być. Michaił Chodorkowski określił to bardziej technicznie: „On [Putin] niekiedy kiepsko łączy źródło informacji z okolicznościami faktów, o których to źródło powiadamia. Dla niego jakiś tam Czwarty Kanał* jest takim źródłem. A tego, że on przedtem dał do zrozumienia,

* „Czwarty Kanał" to właśnie NTW zamienione w „goebbelsowską" tubę propagandową Kremla.

jaka informacja ma być na tym kanale zamieszczona, już w swojej głowie nie łączy”[48].

Czyżby więc człowiek odpowiedzialny za niemal jedną szóstą globu tkwił w zamkniętym kręgu stworzonej przez siebie, fikcyjnej rzeczywistości?

A komputer?

Komputerem pan prezydent się nie posługuje.

## Zakłamywanie historii

Jewgienij Jewtuszenko*
**Spadkobiercy Stalina**

Marmur oniemiał.
Milczał.
I milczało szkło.
Milczeli wartownicy
wyprężeni,
jak w ziemię wrośli.

A z trumny oddech parował leciutką mgłą,
kiedy z drzwi mauzoleum wynoszono go świtem mroźnym.
Potrącając bagnety wart,
wolno w ciszy płynęła trumna,
trumna groźnie milczała,
śnieg tylko chrzęścił…

* Jewgienij Jewtuszenko (ur. 1932, obecnie na emigracji w USA) – jeden z pierwszych radzieckich poetów, którzy otwarcie krytykowali Stalina. Wiersz powstał z okazji wyniesienia zwłok generalissimusa z mauzolem w 1961 roku, pięć lat po tym, jak władze ZSRR uznały stalinowskie rządy za czas dyktatury, terroru i niemal boskiego kultu jednostki.Zwłoki spopielono, urnę umieszczono pod murem Kremla, w miejscu pochówku wybitnych Rosjan. Pod nagrobnym popiersiem wodza zawsze leżą świeże kwiaty.

Zaciskając balsamem nasycone pięści,
patrzył przez szparę człowiek,
                który udawał, że umarł.
[…]
Stalin coś knuje.
                Zdrzemnął się tylko na chwilę.
A więc proszę mój rząd:
                choć już tyle lat przeszło,
zechciejcie podwoić,
                potroić straż przy tej mogile,
by Stalin zmartwychwstać nie zdołał,
                a wraz ze Stalinem –
                                przeszłość. […]
Spadkobierców Stalina straszą dziś zawały.
To oni kiedyś w kraju byli najważniejsi.
Cóż,
                nie podoba im się,
                                że łagry opustoszały,
a przepełnione są sale,
                                gdzie poeci czytają wiersze.
Partio,
                tyś zaszczepiła niepokój poecie
i niech nikt niepokoju mego nie uśmierza.
Póki są spadkobiercy Stalina na świecie,
to
                jakby Stalin jeszcze w mauzoleum leżał.

(przeł. Witold Dąbrowski)

Pewnego wieczoru 1974 roku, dwadzieścia lat po śmierci generalissimusa, pewna osiemnastoletnia dziewczyna, grzejąc się przy ognisku na Syberii, mogła – ot, tak po prostu – zaproponować toast za Stalina, a na pytanie siedzącego obok poety Jewgienija Jewtuszenki, czy nie słyszała, ilu ludzi zamordowano podczas Stalinowskich rządów, z przekonaniem odpowiedzieć: „Dwadzieścia, trzydzieści osób".

Antystalinowska euforia wywołana w 1956 roku na XX Zjeździe KPZR referatem nowego sekretarza generalnego Nikity Chruszczowa *O kulcie jednostki i jego następstwach* przycichła. Procesy polityczne wprawdzie nie ustały, ale wytaczano je rzadziej, o masowych prześladowaniach nie było już mowy. Chruszczow bezlitośnie zwalczał ogniska opozycyjne, dysydentów wysyłał do łagrów i szpitali psychiatrycznych, ale takich spraw raczej nie nagłaśniano.

Dawni łagiernicy pisali wspomnienia, lecz ukazywały się one za granicą, więc *Opowiadań kołymskich* Warłama Szałamowa znajoma Jewtuszenki na pewno nie czytała. Tak zatem w późnych latach sześćdziesiątych ubiegłego wieku, gdy Putin był nastolatkiem, o terrorze stalinowskim już się nie mówiło, a o współczesnych prześladowaniach milczało.

Inna sprawa, że ludziom niespieszno było do poznania prawdy. Po co, jeśli eksploduje ona pytaniami o najbliższych...? Kim byli? Ofiarą czy katem? Zesłanym do łagru za opowiadanie antysowieckich dowcipów nieszczęśnikiem czy jego łagiernianym oprawcą? Takie pytania nie miały prawa zaistnieć w epoce budowy komunizmu. Żadnych wątpliwości co do bohaterskich życiorysów swojego oficjalnego ojca z NKWD czy dziadka, kucharza Stalina, nie miał ani mały Wowa, ani duży Wołodia, tym bardziej więc nie ma ich Władimir Władimirowicz. Bo historię zastąpił mit, mit historyczny, bajka dla dorosłych, która zawsze dobrze się kończy i formuje człowieka oderwanego od rzeczywistości. Człowieka jednej prawdy. Takim człowiekiem rządzić łatwo. Wiadomo, że gdy trzeba, krzyknie: „Hurra!", i pójdzie zabijać, gdy każą. Taki człowiek nie stawia pytań i śpi spokojnie. Dla kogoś takiego pisze się mitologię, czyli specjalne podręczniki historii.

A z nich, jak wspomina w 1987 roku w dzienniku „Izwiestia" nauczyciel historii Władimir Swirski, wykreślano nie tylko pewne nazwiska, lecz także wydarzenia: „Nie było potwornych zbrodni podczas kolektywizacji, nie było głodu lat trzydziestych, nie było prześladowań nauk humanistycznych, a także genetyki i cybernetyki, nie było zastoju gospodarczego. Nie było niczego, co psuje optymistyczny obraz, zakłóca płynne relacjonowanie mitu tworzonego przez dziesięciolecia. Jeżeli na podstawie podręczników szkolnych mielibyśmy oceniać wydarzenia historii radzieckiej, byłby to nieprzerwany marsz tryumfalny, czas, w którym najcięższą chorobę stanowił lekki zawrót głowy, zresztą też od nadmiaru sukcesów [...]. Autorzy podręczników upatrywali główne zadanie nie w tym, aby przybliżyć prawdę historyczną, analizować przyczyny faktów i skutki, pokazać młodemu pokoleniu, na czym polega doświadczenie historyczne, lecz w tym, aby jak najsprytniej je oszukać i jak najgłębiej ukryć prawdę"[49].

Trzeba odwagi, by takiemu megaoszustwu powiedzieć: „Stop!", i odrzucić mity, którymi dwustumilionowe radzieckie przedszkole karmiono.

Gorbaczow wprowadził *głasnost'*, stopniowo uwalniając rodaków od strachu przy roztrząsaniu trudnego „dziś" i strasznego „wczoraj": już nie wysyłano za druty kolczaste za posiadanie egzemplarza *Archipelagu Gułag* wydanego gdzieś na Zachodzie, a od 1990 roku można go było kupić także w moskiewskiej księgarni.

Jelcyn działał jeszcze śmielej: kazał otworzyć większość archiwów z tysiącami dokumentów opatrzonych pieczęcią „tajne" (jeśli ktoś się temu sprzeciwiał, to dotychczasowi archiwiści) i wpuścił do księgarń obrazoburcze, „kalające" historyczną mitologię radziecką dzieła Wiktora Suworowa. A w 1997 roku, po ustaleniach z kanclerzem Kohlem i prezydentem Chirakiem, postanowił wydać opracowany przez naukowców niemieckich, francuskich i rosyjskich odideologizowany podręcznik historii Europy XX wieku. A kiedy nie doszło do tego z przyczyn obiektywnych, zamówił za pośrednictwem Ministerstwa Oświaty na własnym, rosyjskim podwórku podręczniki historii niezafałszowanej. Tak wprowadzono do szkół podręcznik Aleksandra Kredera *Nowiejszaja istorija zarubieżnych stran, 1914–1997* (Najnowsza historia powszechna. 1914–1997).

Osią współczesnej mitologii historycznej jest dla Rosjan Wielka Wojna Ojczyźniana, czyli wojna z hitlerowskimi Niemcami, od początku do końca zakłamywana. I tak na przykład według tej mitologii druga wojna światowa nie rozpoczęła się 1 września 1939 roku od niemieckiej napaści na Polskę, lecz dwa lata później, 22 czerwca

1941 roku, gdy dotarła do granic Związku Radzieckiego; hitlerowcy, którzy napadli na ZSRR niespodziewanie, zostali zwyciężeni wyłącznie przez Armię Czerwoną pod wodzą genialnego dowódcy generalissimusa Józefa Wissarionowicza Stalina; pakt Ribbentrop–Mołotow był genialnym posunięciem taktycznym, bo odwlekał wojnę z Rzeszą, a cały ten „tajny protokół" to „fałszywka"; podziału Polski między Stalina a Hitlera też nie było, nastąpiło tylko odzyskanie przez Kreml zachodniej Ukrainy, bezprawnie anektowanej przez Polskę; o ataku Armii Czerwonej na Litwę, Łotwę czy Estonię mowy być nie może, bo tamtejsza klasa robotnicza sama prosiła Stalina o włączenie ich krajów do Związku Socjalistycznych Republik Radzieckich. I tak dalej, i tak dalej. Ktokolwiek w obecności Rosjanina wspomniałby o innych armiach walczących w tej wojnie, najpewniej usłyszałby: „I bez nich dalibyśmy Niemcom radę".

I oto z podręcznika Aleksandra Kredera młodzież dowiaduje się nagle, że także inne armie – oprócz radzieckiej – wniosły ogromny wkład w zwycięstwo nad Hitlerem; że znaczenie bitwy o Midway czy El Alamein było równie wielkie jak bitwy pod Kurskiem czy nawet Stalingradem i że bez amerykańskiej pomocy w ramach programu Lend-Lease trudno by się było Czerwonej Armii wyżywić czy też uzbroić. Najgorszą trucizną dla umysłów młodzieży okazały się jednak stwierdzenia historyka, że państwa Europy Środkowej to nie tylko terytoria „oswobodzone przez Armię Radziecką od hitlerowskiej okupacji", lecz także „poddane komunistycznemu totalitaryzmowi".

I rozhulała się nagonka na Kredera. Orzeczono, że *Nowiejszaja istorija zarubieżnych stran* to podręcznik antyrosyjski. Gubernatorzy o komunistycznej proweniencji usiłowali wyrzucić go ze szkół, jednak jelcynowskie Ministerstwo Oświaty stało za nim murem i co więcej – zaaprobowało kolejny podręcznik. Tytuł: *Otieczestwiennaja istorija XX wieka* (Historia ojczysta XX wieku). Autor: Igor Dołucki. Dynamitem okazała się treść, a zapalnikiem – sposób jej przedstawienia. Autor przytaczał bowiem różne punkty widzenia i wspierał je wypowiedziami, a nawet anegdotami dysydentów. Zachęcał przy tym uczniów: zastanówcie się, co muszą czuć do Rosjan

Litwini, Łotysze czy Estończycy; zastanówcie się, dlaczego zachodnia Ukraina witała Niemców jak wyzwolicieli; zastanówcie się nad postawą Czeczenów... Zastanówcie się! Zajmijcie samodzielne stanowisko! Udowodnijcie swoje racje!

Niedopuszczalny indywidualizm.

I niedopuszczalne treści: zagłodzenie niemal 10 milionów chłopów – „kułaków" – na Ukrainie w latach trzydziestych; rozstrzelanie przez NKWD w Katyniu i innych miejscach przeszło 20 tysięcy polskich oficerów; rozstrzelanie na początku wojny 160 tysięcy obywateli radzieckich „za sianie paniki i tchórzostwo"; kanibalizm podczas straszliwego głodu w blokowanym przez Niemców Leningradzie; deportacja Czeczenów i Inguszy w 1944 roku; nieokiełznany powojenny szowinizm Kraju Rad; antysemityzm wpychający niewinnych ludzi do więzień; inwazja na Węgry w 1956 i na Czechosłowację w 1968 roku. I tak dalej, i tak dalej.

Jedni nauczyciele byli podręcznikami Kredera i Dołuckiego zachwyceni, inni – przeciwnie. Wielka awantura narastała od początku rządów Władimira Putina i dosięgła Kredera śmiertelnym zawałem serca. Podręcznik Dołuckiego jako zdrajcy, oszczercy tudzież agenta CIA znalazł się w 2003 roku na ministerialnym indeksie. Autor miał bowiem czelność dołączyć do ostatniego wydania (a było ich pod rządami Jelcyna siedem) rozdział o prezydenturze nowego gospodarza Kremla. Przedstawił uczniom dwie opinie: jedna (wyrażona przez znanego historyka i publicystę Jurija Butrina) stwierdzała, że prezydent Putin dokonał przewrotu ustrojowego, zastępując wybór gubernatorów do Rady Federacji mianowaniem, a także praktycznie uniemożliwiając powstawanie partii politycznych, czego skutkiem jest dyktatura autorytarna. Drugą opinię wydał lider opozycji demokratycznej Grigorij Jawlinski: w 2001 roku w Rosji ostatecznie uformowało się państwo policyjne. Po tych cytatach Dołucki postawił uczniom zadanie: „Spróbujcie tym opiniom zaprzeczyć lub je potwierdzić. Przytoczcie fakty, odwołując się do prasy i wypowiedzi w innych mediach".

Posypały się recenzje takie jak ta: „Dla takich podręczników w ogóle nie ma miejsca w naszym kraju. To rusofobiczny podręcznik, który narusza podstawy patriotyzmu i państwowości. Czasami słucham radiostacji Swoboda i twierdzę, że Dołucki w podręczniku odzwierciedla wszystkie te idee, które głosi CIA w celu osłabienia naszego państwa: na przykład powiększa rozmiary represji". Podpis: „Starszy pracownik naukowy Centrum Historii Wojskowości Władimir Artamonow".

Federalna komisja ekspertów doszła do wniosku, że podręcznik „jest wrogą agitacją". A sam Władimir Putin, dopatrzywszy się w nim „świadomego zaniżania roli narodu radzieckiego w walce z faszyzmem" oraz „rzeczy absolutnie nie do przyjęcia dla naszego państwa", będących „jak plunięcie w twarz", orzekł: „Teraz mamy inne, twórcze zadania. Fakty mają budzić patriotyzm i uczucie dumy z własnej historii, własnego państwa. Musimy przy tym usunąć plewy i szumowiny, co przez te lata się nawarstwiły"[50].

I sam je – wedle możności – usuwał. Pomór głodowy na Ukrainie, przegrana Stalina na początku Wielkiej Wojny Ojczyźnianej, ogromne ilości wojska, które wysyłał na pewną śmierć (według niektórych rosyjskich historyków na jednego zabitego Niemca przypadało dziesięciu zabitych Rosjan)[51], błędny zdaniem wielu badaczy historii rozkaz obrony Leningradu, gdzie w ciągu dziewięciuset dni blokady zginęło półtora miliona ludzi, przy czym większość z głodu – wszystko to „wymyślona sprawa", „przestępcze przerabianie historii, zniekształcanie niepodważalnych faktów", „informacyjna dywersja prowadzona pod pretekstem poszukiwania prawdy, zamiast której płodzi się łgarstwa i nowe mity". „Mówią, że Europa po drugiej wojnie światowej utonęła w mroku stalinizmu. A jeśliby zwyciężyła druga strona? Wtedy wielu narodów po prostu by już nie było! Wytrzebiono by je!"[52]. (Samemu prezydentowi przydałaby się powtórka z ustaleń konferencji jałtańskiej, bo to one, a nie siła radzieckiego oręża, zadecydowały o oddaniu części Europy w pacht Stalinowi, nie zaś Rooseveltowi i Churchillowi).

Zakrzątnęli się więc historycy od zadań specjalnych Rosyjskiej Akademii Nauk, Rosyjskiego Stowarzyszenia Historycznego, Historii Wojskowości Ministerstwa Obrony, Akademii Wojskowości,

Federalnej Służby Bezpieczeństwa, a nawet z Ministerstwa Spraw Zagranicznych. Mnożyły się w kraju naukowe konferencje poświęcone historii drugiej wojny światowej w jej radzieckim, skróconym wydaniu (22 czerwca 1941 – 9 maja 1945). Ruszyły do boju hufce „obrony prawdy o wojnie i patriotycznego wychowania młodzieży w obiektywnym naświetleniu wojennej historii Rosji"[53]. „Koniec ataków na Stalina! – ogłosił w Dumie Matwiej Jewsijejew, przedstawiciel partii Jedna Rosja. – To ideologiczny atak na Rosję. Jeśli wyprzemy się Stalina, wyprzemy się i jej wielkości".

Władimir Władimirowicz stwierdził zatem, że zbytek podręczników tylko w głowach mąci, że nauczać trzeba wedle jednego wzoru, który zatwierdzać będzie osobiście. W Związku Radzieckim (i we wszystkich krajach tak zwanego obozu socjalistycznego) też obowiązywał jeden podręcznik, i komu to przeszkadzało? Na ulicach pojawili się aktywiści partii Wielka Ojczyzna z tablicami: „Jedna Ojczyzna, jeden Naród, jeden podręcznik". Ogłoszono zatem konkurs na napisanie „ideologicznie poprawnych" podręczników szkolnych na podstawie „jednej historyczno-kulturowej koncepcji". Przy okazji Naukowy Instytut Rozwoju Współczesnej Ideologii orzekł, iż „największymi kłamcami historycznymi są kraje zachodnie: przede wszystkim Polska, Litwa, Łotwa i Estonia" (pierwsze ofiary stalinowskiej agresji zgodnie z tajnym protokołem paktu Ribbentrop–Mołotow).

Do września 2015 roku były gotowe wprawdzie trzy podręczniki, ale o jednej ustalonej linii patriotycznej. Nie ma w nich mowy o winie lub błędach władzy rosyjskiej czy radzieckiej. Lata trzydzieste ubiegłego wieku, lata wielkiego terroru, przedstawiono jako „radziecki sposób modernizacji", rewolucje październikowa i lutowa zasłużyły na wspólne miano „rewolucji rosyjskiej" (nie radzieckiej), zwycięstwo w drugiej wojnie światowej przypisano głównie Armii Radzieckiej, zbrodnię NKWD w Katyniu nazwano „tragedią katyńską", wyraźnie sugerując sprawstwo Niemców. I tak dalej. I tak dalej. O czeczeńskich wojnach wprowadzono do podręcznika „prawdę naukową", a żadnego podboju dokonanego przez Rosję carską czy radziecką nie określono jako kolonialnego.

Ukrainie – rzecz jasna – poświęcono dużo miejsca, dowodząc, że Rosja tradycyjnie przyszła tam w pokojowych zamiarach. „Kiedy pojawiło się niebezpieczeństwo krwawego konfliktu między stronnikami pełnej autonomii Krymu a stronnikami Majdanu, Rosja postanowiła wziąć na swoje barki troskę o zachowanie pokoju na tym rosyjskojęzycznym półwyspie". Znany z antyzachodniego nastawienia Siergiej Naryszkin, przewodniczący Dumy i równocześnie szef Rosyjskiego Stowarzyszenia Historycznego patronującego pracom nad podręcznikiem, rzecz całą tak podsumował: „Państwa Zachodu, ze Stanami Zjednoczonymi na czele, stworzyły wspólny antyrosyjski front w celu »ukarania« Rosji za Krym i za odrzucenie przez większość ludności południowo-wschodniej Ukrainy nacjonalizmu kijowskiej władzy"[54].

Nic tylko usiąść i zapłakać nad cichą i pokojową Rosją gnębioną przez krwiożerczą resztę świata. Lecz jeśli Rosja zawsze i wszędzie niesie pokój, na Ukrainie także, to czemu pan prezydent jest pewien, że Krym A.D. 2014 posłuży w podręczniku za wzór militarnego zwycięstwa Rosji[55]? Przedstawiając nauczycielom nowe podręczniki historii, pani Ludmiła Ogorodowa, wiceminister oświaty w rządzie Federacji Rosyjskiej, zapewniła, iż „wszystkie fakty są starannie sprawdzone i uzgodnione z międzynarodową społecznością naukową"[56]. Nie ujawniła niestety, kto tę społeczność reprezentował.

W związku z historią zdarzają się i towarzyskie nieporozumienia. Pewnego wieczoru w pewnym moskiewskim mieszkaniu zebrało się międzynarodowe towarzystwo: Holenderka, Niemiec, Polacy i Rosjanie. Gdy się okazało, że jeden z Rosjan to komandos w rezerwie, Niemiec, chcąc mu sprawić przyjemność, wspomniał, że jego dziadka służącego w Reichswerze na początku lat trzydziestych ubiegłego wieku szkolili w Lipecku wspaniali spadochroniarze radzieccy, bo tylko oni potrafili skakać w warunkach bojowych. Dziadek pamiętał też wielkie wspólne radziecko-niemieckie manewry w 1935 roku pod Kijowem i pomoc, jaką od Stalina otrzymywał tworzący się Wehrmacht. Rosyjski komandos pobladł i zapytał: „Chcesz powiedzieć, że Stalin przed wojną współpracował z Hitlerem?". Kiedy

Niemiec potwierdził, dodając, że to u nich żadna tajemnica, komandos wrzasnął: „Won stąd, ty niemiecko-faszystowska świnio!".

Dla Rosjan uczonych historii w wydaniu radzieckim, a potem putinowskim, już samo podejrzenie Stalina o współpracę z Hitlerem przed wojną, w dodatku w latach trzydziestych, jest zdradą narodową. Dlaczego? Bo zgodnie z ulubionym powiedzonkiem Rosjan „to być nie może, bo po prostu nie może być". Kropka.

Cóż, jeśli fakty zaprzeczają mitom, tym gorzej dla faktów. Zwolennicy faktów, Rosjanie chcący się przedrzeć przez mgłę rodzimej mitologii, są skazani na poważne trudności i banicję ze świata „prawdziwych patriotów". Tak właśnie się zdarzyło w Jekaterynburgu, ponadmilionowym mieście u stóp Uralu, gdzie pracownicy muzeum fotografii zamierzali z udziałem tamtejszych konsulatów ze Stanów Zjednoczonych i Wielkiej Brytanii uczcić w 2015 roku siedemdziesiątą rocznicę zwycięstwa w drugiej wojnie światowej, organizując wielką wystawę fotograficzną pod tytułem *Tryumf i tragedia. Sojusznicy w drugiej wojnie światowej*. Na stu pięćdziesięciu fotografiach przedstawili bitwę o Anglię, walki w Afryce Północnej i na Oceanie Spokojnym, desant w Normandii, walki we Francji.

W przeddzień otwarcia wystawy muzeum zamknięto. Dziennikarkę, która w miejscowej gazecie napisała, że uczyniono to na żądanie FSB z Moskwy, zwolniono z pracy, a w prasie zamieszczono taki komentarz: „W centrum Rosji za pieniądze zachodnich sponsorów otwiera się wystawę, która idzie na rękę tym, którzy uważają, że »wojnę wygrali bez nas«". Wygląda na to, że dla moskiewskiego FSB słowo „sojusznicy" nie jest zrozumiałe, podobnie jak dla miejscowego gubernatora, który demonstracyjnie odmówił spotkania z przybyłym do Jekaterynburga ambasadorem amerykańskim w Rosji.

Gdyby nie ingerencja FSB i zamknięcie muzeum „z powodów technicznych", wystawa – być może – nie zyskałaby aż takiego rozgłosu. Ale zyskała: zajęła się nią prasa, radio i oczywiście blogerzy. Niemal natychmiast wszystkie fotografie z wystawy opublikowała „Nowaja Gazieta", a Jewgienij Rojzman, mer Jekaterynburga, pięćdziesięcioletni poeta, artysta, sportowiec, przede wszystkim zaś dystansujący się wobec Kremla działacz społeczny z krwi i kości, udostępnił je mieszkańcom, tyle że na ścianach miejscowego kina Kosmos. Wtedy dopiero się okazało, jakie to ważne wydarzenie i jak bardzo potęga dzisiejszej władzy opiera się na nieznajomości historii. A także, jak bardzo pożądana jest wiedza i jak różnie Rosjanie na nią reagują.

„To historia wojny, o której my prawie nic nie wiemy – pisze miejscowa dziennikarka. – Pytaliśmy mieszkańców Jekaterynburga na przykład o datę rozpoczęcia drugiej wojny światowej. Niemal wszyscy mówili: 22 czerwca 1941. Ot, jak wypaczona jest nasza wiedza! Mało wiemy o bitwie o Anglię czy o walkach w Afryce Północnej, nic nie wiemy o desancie w Normandii, kiepsko przedstawiamy sobie, co się działo we Francji czy na zachodzie Niemiec, a o działaniach wojennych na Oceanie Spokojnym nie słyszał prawie nikt. Pierwszy raz dotarł do nas koszmar Bergen-Belsen czy Buchenwaldu i tragedia cywilów w Europie. Dopiero teraz chciałoby się dowiedzieć czegoś więcej o tej wojnie”[57]. A jeden z internautów pod tym tekstem stwierdza: „Takich wystaw powinno być u nas siedemdziesiąt. Ot co!”.

Ale ta wiedza bywa też nienawistna.

Władze Czelabińska, na przykład, gdzie wystawa miała być eksponowana w sierpniu 2015 roku, zrezygnowały z niej bez podania przyczyn. Z kolei na znanym i profesjonalnie zrobionym portalu Politrussia natychmiast znalazły się zdjęcia znalazła się seria zdjęć, które miały udowodnić, że „sprzedajni” Amerykanie i Anglicy w gruncie rzeczy współpracowali z Hitlerem. Na przykład fotografię (wyglądającą skądinąd na fotomontaż) Hitlera i wielkiego przedsiębiorcy amerykańskiego Johna T. Watsona opatrzono takim podpisem: „Amerykańska krew w finansowych żyłach Trzeciej Rzeszy”. Reszta – w tymże duchu. Anonimowy autor sugeruje, że zwolennicy wystawy w Jekaterynburgu są dobrze opłacani (przez ambasady USA i Wielkiej Brytanii, oczywiście), że sojusznicy działali tylko w swoim interesie, a nie w interesie Związku Radzieckiego, oraz że Niemców podczas wojny wspierała finansjera amerykańska i angielska[58]. Na innym portalu oburzają się weterani wojenni: Amerykanie i Anglicy to żadni sojusznicy, a co do tej ich pomocy w ramach programu Lend-Lease „trudno pozbyć się wrażenia, że […] wyglądała tak, jakby ktoś, kto podpalił dom z ludźmi, od czasu do czasu rzucał tam butelki z benzyną, kosze z jedzeniem, ubranie i pastę do zębów. I to jeszcze na kredyt". Albo: „Mongołowie za darmo nam dali więcej niż Amerykanie, którzy wciąż chcą od nas pieniędzy. I za co ich chwalić?"[59].

„Radzieckie mity pieczołowicie marginalizują pomoc zachodnią w czasie wojny – mówi historyk, profesor Boris Sokołow, autor pracy *Prawdy i mity Wielkiej Wojny Ojczyźnianej 1941–1945*. – Ta pomoc jest prawie zupełnie przemilczana, wzmiankowano jedynie, że stanowiła 4 procent wartości sowieckiej produkcji wojennej. A tymczasem dostarczano Związkowi Radzieckiemu wszystko: niezawodne ciężarówki – amerykańskie studebakery i kanadyjskie chevrolety widoczne na każdym filmie dokumentalnym, poczynając od roku 1944 – to symbol Armii Czerwonej, taki jak pepesza czy gwiazdka na furażerce.

Dostawy alianckie obejmowały też choćby ponad 51 procent benzyny lotniczej użytej w czasie wojny przez ZSRR, ponad 53 procent prochu i materiałów wybuchowych, miedź, aluminium, nikiel, ołów… Dalej: szyny kolejowe (83 procent produkcji wojennej ZSRR), opony i kauczuk (43 procent), a jeszcze cukier, radiostacje, blachy pancerne, obrabiarki, lekarstwa… No i sławną »tuszonkę«: dostawy tych konserw stanowiły prawie 20 procent sowieckiej produkcji mięsa.

Nie tylko bez pomocy rzeczowej, lecz także bez akcji wojsk zachodnich Armii Czerwonej byłoby ciężko. Weźmy sławną operację Bagration. To błyskotliwe zwycięstwo Armii Czerwonej na Białorusi, które zepchnęło Niemców aż do linii Wisły, możliwe się stało nie tylko dzięki miażdżącej przewadze liczebnej Armii Czerwonej – w ludziach, czołgach, artylerii, samolotach – lecz także dzięki lądowaniu aliantów w Normandii, które wymusiło na Hitlerze wycofanie z Białorusi całego korpusu pancernego SS.

Spora część kłamstw utrwaliła się jednak na dobre. W Rosji podtrzymuje się przekonanie, że otwarcie drugiego frontu i w ogóle wkład zbrojny aliantów miały znaczenie marginalne. Tylko

Armia Czerwona zmiażdżyła Wehrmacht i zmiażdżyłaby go tak czy inaczej”[60].

Danina krwi żołnierzy Armii Czerwonej w czasie drugiej wojny światowej była straszliwa. Nikt nie zaprzecza ich ogromnemu wkładowi w zwycięstwo nad Hitlerem. To oni oswobodzili państwa Europy Środkowej od niemieckich okupantów, tyle że czynili to „po drodze”, idąc na Berlin, a ich celem było dotarcie tam, a nie niesienie tym państwom wolności. Nikt nie zaprzeczy i temu, że było to najbardziej nieszczęśliwe wojsko w tej wojnie. Źle wyszkolone, zabiedzone, gnane do przodu przez szeregi żołnierzy NKWD (gotowe strzelać do każdego, kto zrobiłby krok w tył czy w bok), a w niewoli skazane na potworne traktowanie nie tylko przez wroga, lecz także przez własne dowództwo. Jedynie w państwie rządzonym przez Stalina żołnierzy, którym udało się przeżyć niewolę niemiecką, skazywano na dogorywanie w radzieckich łagrach. Według oficjalnych danych za niby to „współpracę z przeciwnikiem” skierowano do obozów prawie 235 tysięcy jeńców.

Przejmująco pisał o tym idol i mistrz Putina – Aleksandr Sołżenicyn. Ten wiekopomny autor trzytomowego dzieła *Archipelag Gułag*, które wielu zachodnim komunistom otwarło oczy na marksizm-leninizm, po powrocie ze Stanów Zjednoczonych do Rosji obdarzył wielką sympatią właśnie Władimira Władimirowicza. Sołżenicyn – „wróg numer 1” Związku Radzieckiego – odmówił przyjęcia największej nagrody państwowej z rąk Gorbaczowa i Jelcyna, którzy znienawidzony przez niego system burzyli, a przyjął ją od byłego oficera KGB, który ten system – w miarę aktualnych możliwości – odbudowuje.

Nie znaczy to jednak, że ten oficer KGB każe umieścić na liście obowiązkowych lektur szkolnych *Archipelag Gułag*. Książka, czterokrotnie skrócona (do objętości jednego tomu) przez wdowę po pisarzu, została zaakceptowana jako lektura „nieobowiązkowa”, „rekomendowana”, co oznacza, że jeśli pedagog nie czuje się na siłach, by objaśniać uczniom zawiłości rodzimej historii, lepiej niech się do tego nie bierze. Czy w dzisiejszej Rosji wielu nauczycieli zdecyduje się na to objaśnianie?

Jednotomowy *Archipelag Gułag* wyszedł w śladowym – jak na Rosję – nakładzie 5 tysięcy egzemplarzy. Informacji o posyłaniu do łagrów ledwie żywych radzieckich jeńców wracających z niemieckiej niewoli trudno się tam doszukać.

Z przeprowadzonej w 2012 roku przez tygodnik „Nowoje Wriemia" ankiety dotyczącej wiedzy historycznej w szkołach Rosji wynikało, że najwięcej uczniowie wiedzą o panowaniu Aleksandra Newskiego (XIII wiek) i o czasach nieco późniejszych. O Stalinie, owszem, słyszeli jako o wielkim budowniczym państwa, który „zastał Rosję z drewnianą sochą, a zostawił z bombą atomową", tym i owym obiły się o uszy represje czasu wielkiego terroru. O potwornościach, jakie zgotowała ojczyzna milionom żołnierzy Armii Czerwonej rzucanym na śmierć jako mięso armatnie i setkom tysięcy tych, którzy przeżyli niemiecką niewolę, lecz nie przeżyli radzieckiej – rozmawiają chyba jeszcze tylko ich rodziny.

Prezydent Putin tych faktów nie przyjmuje do wiadomości:

„Język kołkiem staje, nie dając wypowiedzieć wszystkich tych bezwstydnych wywodów i tak zwanych obserwacji niemających nic wspólnego z prawdą – skonstatował na posiedzeniu komitetu organizacyjnego obchodów siedemdziesięciolecia zwycięstwa. – Jasny jest ich cel: osłabienie siły i poderwanie moralnego autorytetu Rosji, pozbawienie jej statusu państwa zwycięzcy [...], rozdzielenie i skłócenie narodów, wykorzystanie spekulacji historycznych w geopolitycznych grach"[61].

A więc koniec zabawy, panowie historycy, politycy i reszta „spekulantów historycznych". W 2014 roku Duma przyjęła w trybie przyspieszonym ustawę nakładającą grzywnę w wysokości ponad 10,5 tysiąca dolarów (w rublach) lub karę do pięciu lat więzienia „za publiczną rehabilitację nazizmu", a pod tym pojęciem może się kryć każda krytyka Armii Czerwonej i jej wodza. Karane ma być też „rozpowszechnianie z założenia kłamliwych twierdzeń o działalności ZSRR w czasie drugiej wojny światowej", bo jest to – wedle pracownika naukowego Instytutu Rosyjskiej Historii RAN Jurija Żukowa – „wyraźny przejaw proamerykańskiego, antyrosyjskiego spojrzenia na to, co my nazywamy Wielką Ojczyźnianą"[62].

A jeśli kary nałożyć nie można – jak choćby w przypadku zagranicznego filmu o Związku Radzieckim – można zabronić jego dystrybucji, mimo że wcześniej na nią zezwolono. Tak postąpiono z amerykańsko-angielskim filmem *Number 44*, którego akcja rozgrywa się wprawdzie w 1953 roku, jeszcze za życia Stalina, w paranoicznej atmosferze panującej w totalitarnym radzieckim społeczeństwie, ale film więcej niż o stalinowskim państwie mówi o dzisiejszej Rosji, gdzie organy bezpieczeństwa – tak jak za Stalina – grają główną rolę.

Prawdziwy powód ingerencji wyjaśnił minister kultury Rosji: „To nie państwo, lecz Tolkienowski Mordor z fizycznie i psychicznie niepełnowartościowymi niedoludźmi – oto jak tam pokazano nasze państwo, to samo, które dopiero co odniosło zwycięstwo w wielkiej wojnie, wdarło się między światowych liderów i wkrótce wysłało pierwszego człowieka w kosmos. Pora sformułować wreszcie to, co sami o sobie myślimy jako o następcach wielkiej unikatowej rosyjskiej cywilizacji. Inaczej nas zdepczą!”[63].

Niebawem się okazało, że „unikatowej rosyjskiej cywilizacji" zagrażają również książki. Głównie te, które powstały dzięki Fundacji Georga Sorosa Społeczeństwo Otwarte, za czasów Jelcyna inwestujące ogromne środki w demokratyzację Rosji (na przykład poprzez finansowanie organizacji społeczeństwa obywatelskiego, przedsięwzięć kulturalnych itp.). Najpierw pani wiceminister obwodu swierdłowskiego skazała na usunięcie z bibliotek Uralu dwóch pozycji, twierdząc, że praca Antony'ego Beevora *The Fall of Berlin 1945* (Upadek Berlina 1945), opowiadająca między innymi o masowym gwałceniu kobiet niemieckich przez żołnierzy Armii Czerwonej, a także sprzeczna z oficjalną radziecką historią drugiej wojny światowej książka Johna Keegana *A History of Warfare* (Historia działań wojennych) – „rozpowszechniają stereotypy i mylnie przedstawiają informacje o zdarzeniach drugiej wojny światowej, zaprzeczają dokumentom historycznym i są przesiąknięte propagandą nazistowską"[64]. Na uniwersytecie w Uchcie polecono pozbyć się czterystu trzynastu książek „obcych ideologicznie" (mimo że znajdują się na tej liście pozycje wybitnych rosyjskich naukowców), na Uniwersytecie w Workucie – czterdziestu trzech. Czeka je stos. Część z nich spalono już na początku 2016 roku[65].

W tym samym czasie Władimir Putin uznał za rosyjską ideę narodową patriotyzm. Chcąc ją społeczeństwu jeszcze głębiej zaszczepić, „trzeba świadomie i stale o niej mówić w każdych okolicznościach, nieustannie", bo „patriotyzm to święty obowiązek Rosjan". W latach 2016–2021 władze mają zamiar wydać na patriotyczne wychowanie społeczeństwa niemal 2 miliardy rubli[66]. Cóż innego pozostaje prezydentowi, kiedy w Rosji zagnieździł się kryzys finansowy, bo cena ropy dramatycznie spadła, a podły Zachód nie zdjął sankcji? Musi odwołać się do najważniejszej dla władz cechy rosyjskiego patriotyzmu: „gotowości poświęcenia swoich prywatnych interesów dla dobra ojczyzny"[67]. Ciekawe, czego jeszcze – oprócz palenia książek i zaciskania pasa – zażąda od przepełnionego patriotyzmem narodu jego wódz.

Jedno jest pewne: jeszcze więcej niż dotychczas zarobią rozmaici propagatorzy „idei narodowej", jeszcze więcej pojawi się w telewizji patriotycznych sloganów oraz antyamerykańskiej i antyzachodniej propagandy i jeszcze mniej zostanie środków choćby na tak prawdziwie patriotyczną działalność jak rozwijanie nauki. Ona się jakoś w patriotyczny horyzont prezydenta Rosji nie wpisuje.

## Zadeptywanie nauki

W prezydenckim gabinecie na Kremlu wisi portret cara Piotra I, imperatora, który Rosyjską Akademię Nauk (RAN) utworzył i umożliwił jej rozkwit. (Dzięki temu prowadzili swoje badania Michaił Łomonosow i Dmitrij Mendelejew). Naprzeciwko portretu stoi biurko Władimira Putina, który Rosyjską Akademię Nauk zniszczył, a rosyjską naukę zmarnował. W skutek tego Rosjanie, jeśli zdobywają laury naukowe, to nie w Rosji, „patriotycznie", lecz „zdradziecko" za granicą.

W maju 2001 roku (w pierwszą rocznicę sprawowania prezydentury przez Putina) RAN i wszystkie instytuty naukowe objął dekret mający „chronić naukę przed szkodami, jakie może ponieść Federacja Rosyjska". Na mocy tego dekretu kontroli FSB podlegały kontakty naukowców z zagranicą, między innymi porozumienia z zagranicznymi uczelniami, wnioski o granty zagraniczne, wyjazdy Rosjan za granicę i wizytowanie uczelni przez cudzoziemców, kontrolowanie wysyłanych za granicę prac, raporty z pobytu pracowników naukowych za granicą[68]. Rezultat: w ciągu paru lat Rosję opuścił niemal cały młody, wartościowy narybek naukowy.

W 2010 roku Nagrodę Nobla z dziedziny fizyki otrzymali dwaj Rosjanie: Konstantin Nowosiełow z miasta Niżny Tagił oraz Andriej Gejm z Soczi, z tym, żepierwszy jako obywatel holenderski, drugi – brytyjski, obaj zatrudnieni w Manchesterze. Iloma znaczącymi patentami czy odkryciami naukowymi może się poszczycić Rosja Władimira Putina? „Liczba międzynarodowych patentów wydanych przez biuro patentowe USA wynalazcom z Rosji, w przeliczeniu na liczbę osób z uniwersyteckim wykształceniem, wynosi mniej więcej tyle, ile w Liberii" – mówi ekspert w dziedzinie demografii, politolog i ekonomista, znawca Rosji profesor Nicholas Eberstadt. I dodaje: „W Rosji mieszka 5 procent wszystkich zdolnych do pracy obywateli świata z wykształceniem co najmniej średnim. Tak niewielka liczba międzynarodowych patentów wydanych Rosjanom szokuje, podobnie jak minimalny eksport usług niezwiązanych z wydobyciem surowców.

Wszyscy, którzy mają kontakty z Rosjanami, zauważają, jak wielu wśród nich jest ludzi utalentowanych. Ale ich nie widać. W Rosji doszło do wielkiego kryzysu ludzkiego potencjału [...]. Niewiele jest państw na świecie, w których publikuje się tak mało artykułów naukowych. Ale kiedy tylko Rosjanie znajdą się za granicami Rosji, od razu osiągają sukcesy. Opuszczając rosyjskie środowisko, zaczynają rozkwitać. Nie wiem, co za problem tkwi wewnątrz tej czarnej skrzynki, ale on tam na pewno jest" – konstatuje Nicholas Eberstadt[69].

Uchylmy zatem wieka tej czarnej skrzynki i przyjrzyjmy się jednej ze scen, która wiele by mogła amerykańskiemu profesorowi wytłumaczyć.

3 lipca 2013 roku. Kreml. Naprzeciwko Władimira Putina, niemal pod portretem wielkiego cara, siedział nowo mianowany (dzięki rekomendacjom prezydenta) prezes RAN. Panowie ustalali restrukturyzację Akademii przez połączenie jej z dwiema podobnymi instytucjami (Rosyjską Akademią Nauk Medycznych oraz Rosyjską Akademią Nauk Rolniczych) w jednego molocha, który wchłonie całą ich bazę materialną (sama Akademia Nauk Rolniczych ma 2,4 miliona metrów kwadratowych gruntów), naukowcy zostaną przymusowo „zagonieni do kołchozów"[70]. „Jednym z celów reformy RAN jest zawładnięcie jej majątkiem"[71] – konstatuje jeden z wielu przeciwników tych zmian, akademik Jurij Ryżow, w radiu Echo Moskwy.

Podczas wspomnianej rozmowy prezydent niezbyt głośno powiedział: „Ostatnimi laty w szeregach Akademii coraz częściej pojawiają się nazwiska moich kolegów z różnych resortów, urzędników wysokiego szczebla. Są bardzo aktywni i cenieni w wielu dziedzinach, także wnaukowej. Trzeba przeanalizować [...], jak dalej będą działać w sferze nauki. Myślę, że to nie jest błahy problem".

Problem ulokowania znajomych prezydenta na odpowiednich stanowiskach oczywiście nie był błahy. Wiceprezesem Rosyjskiej Akademii Nauk został zatem „uczony", którego praca naukowa okazała się plagiatem dwóch przestarzałych amerykańskich podręczników autorstwa Davida Crepsa i Eugene'a Silberberga, a członkostwo Akademii otrzymał były radca producenta broni – koncernu Roswoorużenije – niegdyś właściciel petersburskiej Stoczni Północnej, którego 99 procent pracy naukowej to plagiat prac rosyjskich analityków wojskowych (Konstantina Makijenki i Rusłana Puchowa)[72].

Plagiat! Cóż z tego? Władimir Putin w swojej pracy doktorskiej *Strategiczne planowanie odtwarzania mineralno-surowcowej bazy regionu w warunkach formowania stosunków rynkowych (Sankt Petersburg i obwód leningradzki)* umieścił przepisane dosłownie, akapit po akapicie, szesnaście stron z mocno zresztą przestarzałej, bo wydanej w 1978 roku, pracy profesorów uniwersytetu w Pittsburgu Williama R. Kinga i Davida I. Clelanda, *Strategic Planning and*

*Policy* (Strategiczne planowanie a państwo). Sto czterdzieści stron pracy Putina zajęła systematyka leningradzkich źródeł mineralnych, kilka stron jednak niewątpliwie napisał sam doktorant oburzony, iż po rozpadzie ZSRR Rosja została pozbawiona portów, bo większość oddano Ukrainie i krajom nadbałtyckim. A dlaczego w ogóle absolwent prawa W.W. Putin zajął się geologią? Dlatego że był rok 1997 i pracując już na Kremlu, nie miał zapewne głowy do tej nadobowiązkowej, choć prestiżowej robótki. W Instytucie Górniczym rektorem był Władimir Litwinienko, jego przyjaciel (skądinąd stały mąż zaufania podczas wyborów prezydenckich Putina), co taką decyzję zapewne ułatwiło. Plagiat odkryli dwaj młodzi pracownicy waszyngtońskiego centrum naukowego The Brookings Intitution, Igor Diaczenko i Clifford Geddi. W 2006 roku o plagiacie w pracy doktorskiej prezydenta pisały „Washington Post" i „The Times". W Rosji milczano, jedynie tygodnik „Własť" w 2006 roku zamieścił materiał, cytując słowo w słowo niektóre zapożyczone fragmenty. Hańbę jednak zrównoważył komentarz promotora inkryminowanej pracy doktorskiej, owego rektora Władimira Litwinienki, podkreślający, iż „Putin jest naukowcem, któremu nie można nic zarzucić, jego praca doktorska zaś z powodzeniem mogłaby być pracą habilitacyjną, a cała sprawa plagiatu to knowania Zachodu".

„Fakt prezydenckiego plagiatu bardzo dyskredytuje i tak już mocno przez podobne praktyki podkopany system nauki w państwie – komentuje zdarzenie Igor Diaczenko i dodaje: – Nikt na świecie już nie traktuje poważnie rosyjskiego wykształcenia. Oczywiście, zawsze można to zrzucić na krecią robotę CIA"[73].

A co do rektora Władimira Litwinienki… To, iż stał się właścicielem 5 procent akcji ogromnego górniczego kombinatu Apatit w obwodzie murmańskim, a tym samym dolarowym milionerem, nikogo w Rosji Putina nie dziwi.

Los prawdziwych naukowców bywa w Rosji opłakany. W 2003 roku rozpoczęły się procesy szpiegowskie, w wyniku których do łagrów na wiele lat zesłano uczonych na podstawie fałszywych, sprokurowanych przez FSB oskarżeń o zdradę tajemnic państwowych. Tego fałszerstwa dowiedli wybitni rosyjscy przedstawiciele nauki, wśród nich laureat Nagrody Nobla Zhores Alferov. Chodziło o „sprzedawanie", i to podczas wykładów czy wspólnych oficjalnych badań naukowych (najczęściej w Chinach), tajemnic, które już dawno w Rosji przestały uchodzić za tajne (utajniano je zatem z późniejszą datą). Za druty powędrowali na długie lata wybitni specjaliści o światowej renomie (z dziedziny fizyki plazmy, badań oceanicznych, badań kosmosu): Walentin Mojsiejew, Igor Sutiagin, Władimir Szczurow, Walentin Daniłow, Wiktor Kowalczuk, Anatolij Babkin, Oskar Kajbyszew, Igor Rieszetin. Wielu z nich wyszło na wolność dopiero po odbyciu pełnej, ponaddziesięcioletniej kary. W 2014 roku umarł w kolonii karnej uznany przez Amnesty International za więźnia politycznego Jewgienij Afanasjew – profesor Bałtyckiego Technicznego Uniwersytetu Państwowego, skazany na dwanaście i pół roku kolonii o zaostrzonym rygorze na podstawie zarzutów sfabrykowanych przez FSB.

Instytuty i katedry, którymi kierowali oskarżeni, przeważnie zostały przejęte przez pracowników FSB lub inne, równie zasługujące na nie osoby. Nie ma doprawdy wątpliwości, że będą one – zgodnie z podstawowym wymaganiem statutu RAN – „wzbogacać naukę pracami pierwszorzędnego znaczenia".

## Bezprawie mocarnych

„– I po co ty tam znowu jedziesz? – nie bez rozdrażnienia pyta Lena, moja moskiewska sąsiadka. – Mówią ci wszystko w telewizji, czego jeszcze chcesz?

– Prawdy. Przecież jestem dziennikarzem.

– Diabli wiedzą, kim jesteś – wzrusza ramionami Lena. – Mówią, że wy wszyscy to agenci. Ale jak na agenta, to ty chyba jesteś za biedna.

Bardzo się z Leną lubimy, znamy już parę lat, niejedną herbatę wspólnie wychyliłyśmy, zaś Lena nieraz bardzo mi w moskiewskim bytowaniu pomogła. A teraz w dwóch pokoikach należącego do niej niewielkiego biura turystycznego powiesiła portrety prezydenta Putina, który przyjemnie śni się jej po nocach, bo jest wysportowany i mówi po niemiecku. Ja zaś znowu pakuję plecak i pcham się do tych »czurek«*, i ona naprawdę nie rozumie po co.

– Jaka prawda? – żyma się szczerze. – Dlaczego mam nie wierzyć w to, co mówią?

– A czytasz czasem »Nową Gazietę« i to, co pisze Politkowska?

– Po co? Mówią, że to brukowiec.

Coraz trudniej było mi się porozumieć z moskiewskimi przyjaciółmi. Spoglądali na mnie z wyrzutem, jakbym wyjazdami do Czeczenii sprawiała im osobistą przykrość. Gdy po powrocie pokazywałam im zdjęcia storturowanych zwłok, wzdychali: »Co oni z nami robią!«. A gdy wyjaśniałam, że ofiary na zdjęciach to zmasakrowani przez rosyjskich żołnierzy Czeczeni, odsuwali się ode mnie z niechęcią. Z czasem o wiele lepiej niż w Moskwie czułam się na Kaukazie Północnym. Z napotkanymi tutaj Rosjanami mówiliśmy tym samym językiem. Jeśli – oczywiście – nie byli to żołnierze specnazu.

Kolejny raz wsiadłam więc do pociągu i po niecałych dwóch dobach wyszłam na dworcu we Władykaukazie – stolicy sąsiadującej z Czeczenią Osetii Północnej. Tu czekała założycielka prężnej polskiej organizacji humanitarnej – Maria, która zapakowała mnie do samochodu z emblematem tej organizacji i przewiozła przez gęstą sieć posterunków. W moich dokumentach brakowało najważniejszego: zezwolenia wydanego przez Administrację Prezydenta na wjazd dziennikarza na teren ATO – *antitierroristiczeskoj opieracyi*. W przypadku dziennikarza zagranicznego było to przestępstwo zasługujące na »filtr« (co na przykładzie wspomnianego już tutaj Andrieja Babickiego dziennikarzom zademonstrowano). To, że na posterunkach nie sprawdzano moich dokumentów, było zasługą wdzięku Marii, jej urody oraz właściwych znajomości. Maria zdeponowała mnie w Nazraniu u Zajnap Gaszajewej, twórczyni

* Czurka (dosłownie: kołek) – obraźliwe przezwisko nadane przez rdzennych Rosjan narodom Azji Środkowej, w szerszym znaczeniu wszystkim „nieruskim", zwłaszcza mieszkańcom Kaukazu.

czeczeńskiej antywojennej organizacji Echo Wojny, w jej mieszkaniu-biurze pełnym krzątających się pracowników tej organizacji oraz zrozpaczonych uchodźców.

Pewnego dnia przyszła tam Tamara Kałajewa, jedna z cichych bohaterek tamtej wojny, siwiejąca kobieta o wyglądzie nędzarki, chowająca pod biednym przyodziewkiem dobry aparat fotograficzny oraz japońską kamerę, i z tym wyposażeniem przemierzająca Czeczenię wzdłuż i wszerz. Pokazała mi zrobione rankiem zdjęcie: oderwana głowa, raczej skalp, a na siatce ogrodzenia tu i ówdzie kawałki ciała. »Teraz wysadzają ludzi w powietrze, żeby się pozbyć dowodów tortur« – powiedziała. – »Tego chłopaka wysadzono o piątej nad ranem, jak ludzie zaczynali namaz*. A w Meskier-Jurcie dwadzieścia jeden osób owiniętych lontem rozerwał dynamitowy fajerwerk. Najbliżsi zbierali szczątki ubrań, by przynajmniej im urządzić pogrzeb«”[74].

„Jutro jedziemy do Groznego – oznajmiła Zajnap.

I znowu granica ingusko-czeczeńska. Garagorsk. Posterunek wojskowy: betonowa, owinięta drutem kolczastym twierdza, zamiast ścian – worki z piaskiem, między nimi lufy automatów. Do posterunku podjeżdża się zygzakiem, omijając betonowe bloki ułożone w poprzek drogi, by kierowca musiał zwolnić. Znak stopu, za nim tablica: »Strzelamy bez ostrzeżenia«. Za nią druga: »Kierowco. Zatrzymaj samochód. Wyłącz silnik. Otwórz bagażnik. Przygotuj dokumenty do kontroli«. Kilkunastu uzbrojonych po zęby żołnierzy. Nasz los w ich rękach. Mocnych, wytatuowanych, opalonych, z dłońmi w strzeleckich rękawicach bez palców. Jeśli zechcą, podrzucą kierowcy naboje albo granat, zrobią z niego bojownika, wezmą do »filtra«, gdzie – po jakimś czasie – przyzna się nawet do największych zbrodni. Jeśli zechcą, a liczbę wsuniętych w dokumenty banknotów uznają za wystarczającą – machną ręką i rzucą: »Odjeżdżać«. Posterunki noszą miano »złotych«, za obsadzenie na nich żołnierze płacą dowódcom potężny dolarowy haracz.

---

* Namaz – obowiązkowa modlitwa muzułmańska odmawiana pięć razy dziennie.

Jestem, jak zwykle, pod opieką specjalną. Milczący młodzieniec w panterce, o smutnych brązowych oczach, przyjaciel naszego kierowcy Rusłana, dysponuje glejtem ułatwiającym poruszanie się po Republice. Żołnierz długo ogląda ten glejt, jakby go nie widząc, i powtarza: »Dokumenty!«. Mówię : »Tak, tak«, i wolno zaczynam się rozglądać za torbą. Pod moim czeczeńskim przyodziewkiem są małe kasety i do kamery, i do dyktafonu. Kamera rozłożona na części jest na Zajnap i w jej torbie. Młodzieniec o brązowych oczach udaje oburzenie przedłużającą się kontrolą, ale żołnierz swoje: »Dokumenty!«. I wtedy właśnie ktoś do niego woła: »Kola, szybko tutaj!«. I Kola się od nas odwraca, niechętnie machając ręką: »Odjeżdżać!«.

Ruszamy. »Co to za legitymacja?« – pytam tego o piwnych oczach. »Po co ci to wiedzieć?«. Paskudne uczucie. Nie wierzą mi! Ale Zajnap mówi: »Im mniej wiesz, tym w razie czego mniej powiesz. Ja też nie wiem, jak on się nazywa«. »W razie czego…« […].

Do szpitala przemykam się z krewnymi trzydziestoletniego Mowsara. Chuda blada twarz, ogromne zgaszone czarne oczy. W końcu czerwca 2002 roku zabrano go z ojcem z Czeczen-Aułu. Wszystkim naciągnęli czarne plastikowe worki na głowę. Ręce związali z tyłu. Po przyjeździe do celu zrzucili ich z ciężarówki. Mowsar złamał przy upadku kręgosłup. Stracił przytomność. Żołnierze, myśląc, że udaje martwego, powiedzieli kierowcy: »Przejedź go«. Widząc, że nie reaguje, przypalali mu pięty papierosami. Wreszcie odjechali, a on tak leżał dwa dni. Teraz uratować go może operacja za wiele tysięcy dolarów. Mowsar umrze […].

Szpital nie ma prawa przyjąć ofiar tortur. O przywożonych tam ludziach mówi się, że to z wypadku, katastrofy czy innego »zwykłego« zdarzenia… Wsuwa się w kieszenie pieniądze uzyskane za resztę dobytku, za ostatnią krowę…

Prawniczka Anne Le Tallec, która w sierpniu 2002 roku w Czeczenii i Inguszetii sporządzała raport dla walczącej z torturami organizacji ACAT (Action des Chrétiens pour l'abolition de la torture), a także dla ONZ, powiedziała: »Przeprowadziłam ponad sześćdziesiąt rozmów z ofiarami 'filtracji'. Pozwala to stwierdzić, że przeciwko ludności cywilnej Czeczenii prowadzi się dobrze zaplanowaną i zorganizowaną akcję, której celem jest spowodowanie inwalidztwa i bezpłodności jak największej liczby osób«.

Anne rozmawiała nie tylko z mężczyznami, którym w narządy rodne wstrzykiwano bielinkę i benzynę, ale i z kobietami, którym robiono zastrzyki z »czegoś zielonego«, urągając przy tym, że czeczeńskich bandytów rodzić już nie będą"[75].

Pewnego wieczoru w Groznym, w mieszkaniu Natalii Estemirowej, znanej obrończyni praw człowieka wydzierającej ludzi z „filtrów" i walczącej o sprawiedliwość z prokuratorami, przybita Anna Politkowska opowiadała historię (która potem stała się kanwą jednego z jej artykułów) usłyszaną od rosyjskiego oficera, załamanego i tym przypadkiem, i resztą rozkazów spływających od upojonego wojną dowództwa. „Ze sztabu w Chankale – mówił żołnierz – wychodzi tylko jeden rozkaz: »Walit' wsio«, czyli zabijać wszystko, co na drodze, a ofiary spisze się jako rezultat łowienia bandytów. 11 stycznia ktoś w Chankale wymyślił na przykład oddział piętnastu Arabów ochraniających Chattaba, przemieszczający się przez okolice, gdzie Chattaba nigdy nie widziano… Specnazowcy z GRU zabili więc sześcioro pasażerów jadącego drogą samochodu, w tym

*Anna Politkowska w redakcji „Nowej Gaziety", marzec 2003 roku*

brzemienną kobietę. Przedtem ich torturowali, potem ciała spalili. Nikt z tych w Chankale nie ma pojęcia o sytuacji w górach. – Oni jak w hipnozie powtarzają: »Tam wszyscy to bandyci, nie żałować«"[76].

Aaron Rhodes, spotykany często na ingusko-czeczeńskich szlakach dyrektor wykonawczy Helsińskiej Fundacji Praw Człowieka, powtarzał, że nad kilkusettysięczną Czeczenią zawisła groźba ludobójstwa[77].

Fragment wywiadu z Putinem w programie BBC „Breakfast with Frost" (Śniadanie z Frostem) w telewizji BBC:

„– Powtarzają się oskarżenia o przestępstwa wojenne w stosunku do cywili. Czy uważa pan, że to możliwe, by rosyjskie wojska czy żołnierze kontraktowi popełniali podobne przestępstwa?

– My wyzwalamy naród od tej zarazy, my mamy obowiązek to zrobić w interesie samego narodu czeczeńskiego i innych narodów Federacji Rosyjskiej. My ciągle podkreślamy: wszystkie nasze działania skierowane są na to, by minimalizować straty. Ale w gruncie rzeczy żadnych większych strat wśród ludności cywilnej nie było i nie ma.

– A niemiecki film o torturowanych Czeczenach, a artykuły w »Moskow Times«?

– My wiemy, że jedną z form walki jest wojna informacyjna. Te kadry, o których pan wspomina, były ukradzione naszemu dziennikarzowi i przedstawione międzynarodowej publiczności jako dowód rozstrzelania jeńców. Nie ma to nic wspólnego z prawdą. To ich linia walki i oporu. Powtarzam: to nie ma nic wspólnego z prawdą, to całkowite łgarstwo i falsyfikacja. My nie mamy najmniejszej potrzeby, by walczyć ze spokojnymi cywilami" [78].

Ze wspomnień Andrieja Iłłarionowa, byłego doradcy ekonomicznego Władimira Putina:

„Zaraz na początku rozmowy podszedł do niego oficer i wręczył mu kartkę. Putin przebiegł ją wzrokiem i uroczyście ogłosił: »Właśnie zdobyliśmy Szatoj! Zgnietliśmy ich doszczętnie!«. Nie wytrzymałem i powiedziałem wszystko, co myślę na temat czeczeńskiej wojny. Że uważam ją za niesłuszną, bezprawną, niszczycielską, a to, co tam robimy, za przestępstwo. Wyraz oczu Putina się zmienił, jego wzrok stał się twardy, w głosie zadźwięczał metal, czuło się emanującą od niego nienawiść. Kłóciliśmy się przez godzinę”[79].

W rozmowie z dziennikarką Mashą Gessen Iłłarionow dodał: „Gdy Putin dostał tę wiadomość, był bardzo uradowany, mocno gestykulował... Powtarzał, że to wszystko bandyci, że on ich wykończy i że zapewni integralność Federacji Rosyjskiej. Podczas prywatnej rozmowy ze mną posługiwał się dokładnie takimi samymi słowami jak w publicznych wypowiedziach na ten temat. Przedstawiał swoje poglądy szczerze”[80].

Czy zatem obsesyjna wiara prezydenta Rosji w jedyną, głoszoną przez niego prawdę nie jest – o czym już tu była mowa – odmianą manii, rodzajem wygodnego schronu dla spaczonej osobowości? Osobowości agresywnej, skłonnej do obwiniania innych, żyjącej kłamstwem, znakomicie umiejącej racjonalizować wyrządzane krzywdy, a więc osobowości psychopatycznej? Ojciec współczesnej psychiatrii Philippe Pinel to, co jego poprzednicy nazwali psychopatią, określa łagodniej jako „manię bez delirium”[81].

Ludzie tego pokroju, niemal wszyscy, a na pewno Władimir Władimirowicz, „sprawiają frapujące wrażenie, jakby posiadali najzacniejsze ludzkie zalety. Łatwo zdobywają przyjaciół, są manipulatorami wykorzystującymi swoje werbalne zdolności do wychodzenia z opałów. Wielu psychopatów uwielbia być podziwianymi i rozkoszować się pochlebstwami. Są to niekonwencjonalni ludzie, którzy gromadzą wokół siebie tłumy wielbicieli, są błyskotliwi, bardzo pewni siebie, mają dar przekonywania. To często ludzie z pierwszych stron gazet, gwiazdorzy pracujący w show-biznesie, a także »wielcy« charyzmatyczni przywódcy religijni lub politycy umiejący pociągać za sobą tłumy jak nikt inny”[82].

I wszystko jedno, czy cechy charakteru tych ludzi są nabyte czy wrodzone, fizjologiczne czy powstałe na skutek błędów wychowawczych, ważne, że są. I że reszta świata – w większości – poddaje się wpływowi takich charakterów. Jak to się na przykład stało, że ci sami przywódcy polityczni, którzy w 1999 roku na szczycie OBWE w Stambule ostro ganili Borisa Jelcyna za zgodę na rozpoczęcie wojny w Czeczenii, w rozmowach z Putinem łagodnieli? „Wojna w żadnym wypadku nie zlikwiduje terroryzmu" – pouczał Jelcyna kanclerz Schröder. „Zmniejszyć eskalację wojenną!"[83] – nakazywał mu prezydent Chirac. A niebawem obaj przyznawali Putinowi rację we wszystkim, obdarzali go przyjaźnią i orderami. Uwierzyli we wszystkie kłamstwa, które przedstawiał jako prawdę (bo chyba – nieustannie je powtarzając – sam w nie uwierzył).

Uwierzyli być może dlatego, że – jak to ujął William March, amerykański pisarz specjalizujący się w powieściach psychologicznych – „dobrzy ludzie rzadko bywają podejrzliwi, nie potrafią zrozumieć, że ktoś inny mógłby zrobić coś, do czego oni sami nie są zdolni. Na ogół przyjmują niedramatyczne rozwiązanie jako właściwe i na tym poprzestają"[84]. Trudno polityków nazwać dobrymi ludźmi, ale najwidoczniej byli na tyle „dobrzy", że odrzucili wszelkie sugestie, iż rosyjski lider mógłby przygotowywać „prowokację dagestańską" czy wysadzanie budynków mieszkalnych. Albo niewiele ich te sprawy obchodziły, albo bardzo chcieli w wygodną politycznie prawdę uwierzyć.

Bo to, co się stało na początku XXI wieku z tak zwanym cywilizowanym światem, Czeczenią i Putinem, wygląda tak, jakby ten świat, Europa i Stany Zjednoczone, zapadł się jak zahipnotyzowany w jakąś dziwną przestrzeń: Putin łamał wszelkie ustalone przez nich prawa, deptał traktaty i konwencje, na co większość państw reagowała słabo, nie stawiając oporu. Które traktaty i konwencje deptał? Wszystkie dotyczące prowadzenia działań zbrojnych i praw ludności cywilnej. A więc wszystkie konwencje genewskie wraz z ich protokołami dodatkowymi (zakazującymi takich działań jak torturowanie i okaleczanie, rabunek, przeprowadzanie akcji odwetowych, porywanie, stosowanie kar zbiorowych itp.), a także rezolucje Komisji Praw Człowieka ONZ (z 25 kwietnia 2000 roku z 20 kwietnia 2001 roku) przypominające, że Federacja Rosyjska również podpisała Europejską konwencję praw człowieka.

Doktor nauk prawnych Marcin Marcinko z Haskiej Akademii Prawa Międzynarodowego tak pisał na temat prowadzonej przez Putina wojny:

„Operacja, która ma za zadanie wytępienie terroryzmu, sama przeprowadzana jest przy użyciu taktyk oraz działań terrorystycznych, co – nawet tylko przy pośrednim poparciu ze strony państwa – może być uznane za terroryzm państwowy, a to z kolei uzasadniałoby odpowiedzialność za naruszenie norm prawnomiędzynarodowych. Represje, jakie spotykają czeczeńskich cywili (bezpodstawne aresztowania, mordy), nie są z pewnością przypadkami jednostkowymi ani wybrykami pojedynczych zwyrodniałych żołnierzy. Można raczej mówić o działaniach planowych, do tego akceptowanych – przynajmniej milcząco – przez Moskwę"[85].

Rada Europy, której Rosja jest członkiem od 1996 roku, ukaranie Moskwy ograniczyła do kilkumiesięcznego odebrania Rosjanom głosu na swoim forum. Ta instytucja międzynarodowa skupiająca prawie wszystkie państwa europejskiego kontynentu, powołana po to, „aby chronić i wcielać w życie ideały i zasady stanowiące ich wspólne dziedzictwo"[86], od czasu przystąpienia do niej Rosji coraz częściej rezygnowała z rozliczania władz na Kremlu z przestrzegania tych ideałów i zasad.

„Czeczeni przecież także naruszają prawa człowieka" – twierdzili na forum Rady Europy obrońcy Putinowskich racji, powołując się najczęściej na krążące w internecie (ciągle te same) filmy z brodatym Czeczenem odrąbującym Rosjaninowi głowę. Mówiono też (słusznie) o przetrzymywaniu rosyjskich żołnierzy w niewoli, aby wymienić ich na bojowników czeczeńskich, nie mówiono natomiast, że Rosjanie każą sobie płacić za wydanie pochwyconych przez siebie i katowanych w „filtrach" ludzi, a także za zwłoki czy też fragmenty zwłok. Każde działanie urągające człowieczeństwu i prawu – w tym, rzecz jasna, i czeczeńskie – podlega potępieniu i karze, tyle że mówiąc o odpowiedzialności, nie należy zapominać o przyczynie i skutku, o tym, że najpierw był napad wojsk rosyjskich na Czeczenię i potworności ich działań wobec mieszkańców Republiki, a potem zdarzała się zbrodnicza (zawsze głośno potępiana przez prezydenta Maschadowa) odpowiedź. Nie zaś na odwrót. Mistrzostwo Putina i jego doradców polega na tym, że absolutnej większości potrafili wmówić kolejność odwrotną.

„Rudolf Binding, niemiecki socjaldemokrata przez wiele lat zajmujący się w Zgromadzeniu Parlamentarnym Rady Europy naruszeniami praw człowieka w Republice Czeczeńskiej, w 2003 roku wystąpił w Strasburgu z wnioskiem o powołanie międzynarodowego trybunału badającego zbrodnie wojenne popełniane w Czeczenii. Poparła go większość członków Zgromadzenia. Ale właśnie wybuchła wojna w Iraku i były ważniejsze sprawy. Przed odejściem na emeryturę w 2005 roku przygotował czterdziestostronicowy raport zawierający korespondencję z prokuratorem generalnym Rosji Władimirem Ustinowem. Na żadne ze swoich pytań dotyczących niemal stu zabójstw i zaginięć ludzi w Czeczenii, z którymi zwrócił się do Prokuratury Generalnej Rosji, odpowiedzi nie otrzymał.

13 marca 2007 roku. Strasburg. Rada Europy. Posiedzenie nadzwyczajne. Rada decyduje się na publiczne ogłoszenie raportu o torturach stosowanych przez rosyjskie wojsko w Czeczenii. Nadzwyczajność polega na upublicznieniu dokumentu. Podstawą działania Komitetu Przeciwko Torturom Rady Europy jest bowiem zasada konfidencjonalności w stosunkach z państwem, którego raport dotyczy – mówienie państwu zbrodniarzowi szeptem i na ucho, że jest zbrodniarzem. W ciągu ostatnich piętnastu lat Komitet Przeciwko Torturom RE zdecydował się na ten krok zaledwie pięć razy. Z tego trzy razy w sprawie Czeczenii. Jakąż delikatną nicią tkane są prawa mające się przeciwstawić żelaznej konstrukcji zbrodniczego bezprawia! Zwalczający tortury muszą się niemal łasić do oprawców, by ci zechcieli ich bodaj wysłuchać!”[87].

Trzeba było dopiero napaści na Krym i Ukrainę, by Zgromadzenie Parlamentarne Rady Europy pozbawiło delegację Rosji prawa głosu i wykluczyło czasowo ze wszystkich struktur kierowniczych. W Moskwie uznano tę sankcję za niesprawiedliwą oraz niesłuszną i zagrożono opuszczeniem Rady Europy. Jeśli Rosja uwolniłaby się z pęt humanitarnego prawa międzynarodowego, to już nawet skarcić jej nie będzie można. Swoją drogą karcenie Władimira Putina nie tylko należy do nieproduktywnych zajęć, lecz także przynosi zawsze skutki odwrotne. Nie działa na niego siła argumentów. Pojmuje tylko argumenty siły.

Mimo to wielu ludzi od początku politycznej aktywności Putina jasno oceniało nadciągające wraz z nim niebezpieczeństwo. Byli to przede wszystkim ci, o których filozofka Hannah Arendt, zastanawiając się nad społeczeństwem czasów Hitlera, pisała: „Całkowity moralny upadek przyzwoitego społeczeństwa [...] wskazuje, że godni zaufania w takich czasach są ludzie [...] nawykli do badania wszystkiego i samodzielnego podejmowania decyzji"[88] – intelektualiści i artyści. Już u zarania ery Putina, w marcu 2000 roku, na łamach znanej francuskiej gazety „Le Monde" światowej sławy intelektualiści i znakomici artyści przestrzegali przed totalitaryzmem uosabianym przez rosyjskiego przywódcę. Tylko jednego dnia stu trzydziestu największych uczonych, historyków i politologów zażądało od prezydenta Francji Jacques'a Chiraca podjęcia stanowczych środków nacisku na rosyjską władzę. Następnego dnia protestowali tacy pisarze jak: John Le Carré, Umberto Eco, Ivan Klima, nobliści: Günter Grass i Claude Simon, reżyserzy: Constantin Costa-Gavras, Jean-Luc Godard, Bernardo Bertolucci, Volker Schlöndorff, aktorzy: Jane Birkin, Michel Piccoli, Vanessa Redgrave, sławna śpiewaczka operowa Barbara Hendricks, filozofowie i publicyści: André Glucksmann, Bernard-Henri Lévy, Leszek Kołakowski, ksiądz Adam Boniecki i oczywiście dziennikarz Andriej Babicki. Podpisy zajęły szesnaście stronic. Przestroga brzmiała:

„Grozny został bezkarnie zmieciony z powierzchni ziemi. Bezkarnie spalono doszczętnie wsie. Bezkarnie dobito rannych. Bezkarnie zbeszczeszczono zwłoki. Świat milczy, stając się współwinnym tego wszystkiego. Nie słyszymy wyraźnego potępienia Rosji. Nie widzimy nacisku dyplomatycznego, sankcji finansowych lub prawnych. Putin dziś sądzi, że na wszystko może sobie pozwolić. Rosyjski sztab generalny rozszarpujący Czeczenię ucieka się do potwornych metod. Jutro ci, których dziś uważamy za autorytety moralne, nasi tak zwani politycy realiści okażą skruchę. Ale jutro będzie za późno dla narodu czeczeńskiego, dla społeczeństwa Rosji. I za późno dla naszych dzieci"[89].

Wśród podpisów był podpis Václava Havla – najuczciwszego i najmądrzejszego z ówczesnych polityków, który wszędzie, gdzie mógł, powtarzał: „Jeśli Zachód nie ustabilizuje Wschodu, to Wschód zdestabilizuje Zachód"[90]. Ale nawet jemu w najgorszych snach się nie śniło, jak bardzo uosabiany przez Putina Wschód przyłoży się kiedyś do tej destabilizacji polityką wobec Syrii i bombardowaniami, pod których wpływem jeszcze się nasilą fale uchodźców zalewające Europę.

## Boris, my friend. Wołodia, my friend

Polubili się od pierwszego wejrzenia. Gdy w rosyjskiej wersji Google wstukać: „Clinton–Jelcyn", od razu ukaże się rosyjski prezydent przed mikrofonem, a przy nim zaśmiewający się do łez prezydent Stanów Zjednoczonych, serdecznym gestem kładący rękę na potężnych barkach swojego gościa. Pod zdjęciem podpis: „New York, Hyde Park, 23 października 1995 roku. Kolejny (trzeci) szczyt Clinton–Jelcyn". Dzięki sympatii *druga Billa* do rosyjskiego prezydenta sypnął się na Rosję deszcz pożyczek z Międzynarodowego Funduszu Walutowego, a dzięki opartemu na tej sympatii zaufaniu nie kontrolowano zbyt intensywnie celowości ich wydatkowania. Clinton wierzył, że są to – przynajmniej w części – inwestycje w demokratyzujące się państwo. W zakres demokratyzacji nie wnikał. Została ona jakby automatycznie przypisana Rosji 1 lutego 1992 roku, to znaczy, odkąd w Camp David, rustykalnej, skromnej posiadłości wypoczynkowej amerykańskich prezydentów, Boris Jelcyn i George H. Bush zadeklarowali, że „nie uważają się wzajemnie za potencjalnych wrogów, a stosunki dwustronne obu państw będą w przyszłości oparte na przyjaźni i partnerstwie oraz wspólnym poszanowaniu ideałów demokracji oraz wolności obywatelskich". Podpisana pół roku później w Waszyngtonie Karta partnerstwa i przyjaźni amerykańsko-rosyjskiej pieczętowała ich strategiczne partnerstwo i reformy demokratyczne w Rosji, reformy na miarę demokracji gwarantowanej przez konstytucję pisaną „pod Jelcyna", która pełnię władzy oddawała w ręce prezydenta, a nie – jak w większości państw demokratycznych – w ręce parlamentu. Nie byłoby w tym może nic złego (jak w systemie prezydenckim USA), gdyby prezydent zawsze się podporządkowywał parlamentowi czy sądom i gdyby te instytucje były naprawdę od niego niezależne. Wiadomo jednak, że Kreml posługuje się metodami specjalnymi. Dlatego Jelcynowi – gdy w 1994 roku postanowił wywołać wojnę w Czeczenii – udało się narzucić swoją wolę tak niezależnej instytucji jak Sąd Konstytucyjny, który tę decyzję zaaprobował. Tylko jeden sędzia, demokrata z krwi i kości – Ernest Amietistow* – twierdząc, że „żadna konstytucja nie jest warta ludzkiej krwi", sprzeciwił się Jelcynowi. Mimo że Amietistow robił to wielokrotnie, Jelcyn darzył go niezmiennym szacunkiem. Przynajmniej tyle w nim było demokraty…

Ale demokrata Bill Clinton powinien był jednak – zgodnie chociażby z amerykańską Konwencją praw człowieka – zaprzątać sobie głowę faktem, że *friend Boris* w ramach mitycznego „porządku konstytucyjnego" urządza naloty dywanowe na Grozny (tylko w pierwszym miesiącu wojny przeprowadzono ich – według raportu Siergieja Kowalowa – około 25 tysięcy), w których – jak twierdzą specjaliści – „zginęło równie wiele osób, co w Dreźnie pod koniec drugiej wojny światowej"[91]. Jeszcze wiele miesięcy po wojnie Grozny był miastem gruzów, bez prądu, bez bieżącej wody (zniszczono system kanalizacyjny) i prawie bez mieszkańców. Rozmieszczone wszędzie niewielkie białe tabliczki ostrzegały: „Uwaga! Miny!", inne, oznaczone numerami, wskazywały bezimienne groby. Na zdjęciach, które wtedy w Czeczenii zrobiłam, widać też ludzi, którzy przeszli przez „punkty filtracyjne". Widziałam i słyszałam wówczas rzeczy straszne, ale co to słowo naprawdę może znaczyć, przekonałam się, dokumentując „wojnę Putina".

Bill Clinton wieści z Czeczenii zapewne nie śledził (mimo że również amerykańskim dziennikarzom bomby urywały tam głowy), skoro w maju 1995 roku, gdy działania wojskowe osiągnęły

* Ernest Amietistow – obrońca praw człowieka, współtwórca stowarzyszenia Memoriał i Moskiewskiej Grupy Helsińskiej.

apogeum, w bajkowo pięknej Granowitej, Graniastej Komnacie na Kremlu, radośnie przytupując, słuchał sobie znakomitych rosyjskich jazzmanów i nie dręczył „przyjaciela Borisa" żądaniami zakończenia bezprawnej barbarzyńskiej wojny. Więcej nawet: on go w tej wojnie popierał. W kwietniu 1996 roku (po tym, jak sam zagrał w królewskiej Komnacie Katarzyny na przygotowanym dla niego saksofonie) podczas konferencji prasowej oświadczył: „Chciałbym przypomnieć, że i w naszym kraju toczyła się niegdyś wojna domowa. Ponieśliśmy w niej większe straty w ludziach niż w jakimkolwiek konflikcie zbrojnym XX wieku, a wszystko to w obronie idei, za którą oddał życie Abraham Lincoln – że żaden stan nie ma prawa wycofać się z Unii"[92].

Trudno o bardziej nietrafne porównanie: żaden fragment amerykańskich puzzli nie pasował do czeczeńsko-rosyjskiej układanki. Najwidoczniej pan prezydent nigdy nie otwierał teczki z raportami CIA o przygotowanej przez Rodzinę, Bieriezowskiego i FSB (z jej dyrektorem Władimirem Putinem na czele) „prowokacji dagestańskiej". Najpewniej CIA, poważnie traktując koniec zimnej wojny, raportami dotyczącymi Kremla już nie zawracała sobie głowy.

Czymże wówczas była ta sławna agencja? „Pasem transmisyjnym informacji, przypominającym linie montażowe z lat dwudziestych XX wieku, i biurokracją wywodzącą się z lat pięćdziesiątych"[93] – napisał autor pracy o CIA Tim Weiner, dodając, że w 1997 roku komisja do spraw wywiadu uznała, iż „agencja pełna jest niedoświadczonych pracowników, którzy nie znają języków obcych i nie rozumieją, co się dzieje na scenie politycznej państw, w których przyszło im działać". Skąd zatem mieli czerpać wiedzę o łamigłówkach Kremla amerykańscy prezydenci?

Tak czy inaczej, pewnego listopadowego dnia 1999 roku (tuż po tym, jak rosyjscy piloci ostrzelali zatłoczoną drogę z Groznego do Inguszetii*, a do inguskich szpitali zwożono tylu rannych, że na podłodze brakło miejsca dla żywych, w kostnicach zaś dla martwych) na szczycie OBWE w Stambule Clinton oznajmił: „Rosja ma

---

* Opis tej drogi Anny Politkowskiej zob. w rozdziale *Heksogenowy następca*.

nie tylko prawo, ale i obowiązek bronić własnej integralności. Ja sam często się zastanawiam, co bym zrobił na miejscu Jelcyna. Zanim ktokolwiek osądzi Rosję, powinien najpierw dać odpowiedź na to pytanie"[94]. Był to jeszcze taki czas, gdy obecni w Nazraniu dziennikarze – także rosyjscy – słowa Clintona potraktowali jak zdradę – siebie, tych ludzi pod bombami i ostrzałem, a przede wszystkim wzniosłych zasad, którymi od lat karmiła romantyków amerykańska demokracja.

Popierając Kreml, Clinton nie był osamotniony. Ówczesny premier Wielkiej Brytanii Tony Blair jako pierwszy zachodni lider złożył wizytę Władimirowi Putinowi po rozpoczęciu przez niego nowej wojny. Chciał – według słów brytyjskiego specjalisty od spraw Rosji Angusa Roxburgha – by Wielka Brytania stała się wybranym partnerem Rosji w Europie, postanowił więc „zająć pierwsze miejsce w kolejce" i wybrał się do Moskwy jeszcze przed wyborem Putina na prezydenta. Słuchając podpowiedzi doradców, którzy w Putinie widzieli „nowy, otwarty na Zachód typ przywódcy"[95], zignorował raport Foreign Office sugerujący jego osobistą odpowiedzialność za okrucieństwa popełniane w Czeczenii.

Gospodarz przyjął go z carskim przepychem i 11 marca 2000 roku posadził w carskiej loży Teatru Maryjskiego w Petersburgu. Pokazywano – zgodnie z duchem czasu – *Wojnę i pokój*. Świadek tamtego wieczoru, holenderski profesor prawa Jacobus Cornelis Houtappel, zanotował: „W ogromnej balkonowej loży carskiej pojawili się Ludmiła Putina, Tony Blair, Cherrie Blair i Władimir Putin […]. Towarzystwo […] było niczym *tableau vivant* nowego sojuszu Rosji z Zachodem. Ja widziałem w carskiej loży kolejny akt zdrady. Najpierw Bill Clinton na szczycie prezydentów i szefów rządów w Stambule klepał *my friend Boris* po ramieniu, a teraz ten premier Anglii podlizuje się nowemu imperatorowi, który fetuje swój okrutny tryumf na Kaukazie"[96].

„Ten premier Anglii" zrobił wszystko, by to *friend Wolodia* złożył pierwszą wizytę głowy rosyjskiego państwa na brytyjskim dworze królewskim od czasu cara Mikołaja I. Odbywała się ona w tym samym czasie, gdy sławna aktorka angielska Vanessa Redgrave urządzała w Londynie festiwal filmów o Czeczenii. Niewielka sala festiwalowa mieściła się przy ulicy dochodzącej do Trafalgar Square, którą przejeżdżała kareta z królową Elżbietą II i prezydentem Rosji. Widzowie festiwalowi, którzy już drugi dzień oglądali bombardowania, ataki czołgów oraz wozów pancernych, zamaskowanych, po zęby uzbrojonych żołnierzy, gruzy, storturowane ciała, trupy, zdesperowanych uchodźców, krew i łzy, w przerwie wyszli przed kino. I oto na ich oczach, a także na oczach autorów filmów, bezradnych świadków czeczeńskiej tragedii, w największej glorii paradował jej sprawca. Tu i ówdzie ktoś krzyknął: *Putin murder!*, ale zabrzmiało to cieniej niż pisk. Dorośli mężczyźni mieli łzy w oczach.

Kilka londyńskich dzienników zauważyło festiwal. Koincydencję wydarzeń też. A w jednej z najważniejszych rosyjskich gazet – w „Izwiestiach" – Tony Blair zapewniał, że „nigdy stosunki między Anglią a Rosją nie były tak dobre jak teraz" i że osobiście bardzo się cieszy z odwiedzin rosyjskiego prezydenta. „Nie jest dla nikogo tajemnicą – pisał – iż od czasu, gdy objęliśmy nasze funkcje, między prezydentem Putinem a mną rozwijały się ciepłe, osobiste kontakty. Oczywiście to nie znaczy, że zawsze się we wszystkim zgadzamy. Były w przeszłości różnice zdań i będą niewątpliwie różnice zdań w przyszłości. Ale te różnice zdań, chociaż realne, nie zaciemniają naszej jednomyślności w wielu ważnych sprawach. Nie przeszkadzają one ani prezydentowi Putinowi, ani mnie w kontynuowaniu naszej pracy, która zmierza do realizowania naszych wspólnych wartości dla dobra naszych krajów i całego świata"[97].

(Wyrazu twarzy Mr Blaira po tym, jak Scotland Yard udowodnił związek „przyjaciela Wołodii" z zabójstwem w Londynie Aleksandra Litwinienki, niestety nie odnotowano).

Najdorodniejszą, a przy tym najłatwiejszą zdobyczą Władimira Putina okazał się George W. Bush (od stycznia 2001 roku nowy, czterdziesty trzeci) prezydent USA, syn Busha seniora, któremu Boris Jelcyn przyrzekał przyjaźń, partnerstwo i demokrację. Głęboka wiara pomogła mu w młodości wyleczyć się z alkoholizmu, nie przeszkodziła natomiast pozostać zagorzałym zwolennikiem kary śmierci. Gdy był gubernatorem Teksasu, nie ułaskawił ani jednego skazańca (za jego rządów przeprowadzono tam sto trzynaście egzekucji).

O Bushu juniorze zrobił film Oliver Stone, jeden z najbardziej znanych i kontrowersyjnych reżyserów Hollywood. Bynajmniej jednak nie z zachwytu, lecz z ciekawości, jak cechy osobowe jednostki sprawującej władzę wpływają na losy świata. Tak mówił o swoim bohaterze:

„Pierwsze wrażenie: jest niewiarygodnie głupi. Ale potem zaczynamy widzieć, jaki wpływ miała na to [...] rodzinna presja [...]. Jego najważniejszy problem: nadmuchane ego, które przez długie lata czekało, by się ujawnić. Zanim skończył czterdzieści lat, Bush ponosił niemal wyłącznie porażki. W rodzinie traktowano go jak czarną owcę. A strasznie chciał być silniejszy niż ojciec [...]. Przypomina bohaterów granych przez Johna Wayne'a. Bo Bush ciągle gra kowboja – w sposobie, w jaki chodzi i mówi, w tym, jaki jest dumny z tego, że jest ignorantem. Ciągle powtarza, że nie czyta książek, chociaż kiedyś pewnie jakieś przeczytał [...]. Po koszmarnych doświadczeniach w Wietnamie Ameryka zrobiła dwa kroki w stronę cywilizacji. A potem przyszedł Bush i zrobił trzy wstecz"[98].

Może nic w tym dziwnego, iż akurat te dwie osobowości – George W. Bush i Władimir Władimirowicz Putin – tak bardzo przypadły sobie do gustu, że panowie spotykali się – jak wspomina Bush – ze czterdzieści razy? Na pierwsze ich spotkanie ministrowie spraw zagranicznych obu państw wybrali teren neutralny: Słowenię, a w niej malowniczą stolicę Lublanę i barokowy pałac w Brdo, niegdyś letnią rezydencję Josipa Broza-Tito. Był czerwiec 2001 roku.

„Chciałem zbudować z nim dobre relacje prywatne – wspomina dziewięć lat później Bush. – Jestem gorącym zwolennikiem dyplomacji opartej na osobistych relacjach. Abraham Lincoln mawiał: »Jeśli chcesz zdobyć człowieka dla swojej sprawy, najpierw przekonaj go, że jesteś przyjacielem«. Rosjanin był spięty. Mówił o długach, jakie Rosja odziedziczyła po ZSRR. Przerwałem mu i zapytałem: »Czy to prawda, że matka dała panu krzyżyk, który pan poświęcił w Jerozolimie?«. Zaskoczyło go to, ale szybko się pozbierał i opowiedział mi całą historię. Rysy jego twarzy złagodniały, kiedy opowiadał, jak powiesił krzyżyk w swojej daczy, w której wybuchł pożar. Gdy przyjechali strażacy, powiedział im, że dba tylko o ten krzyżyk. I tylko ten krzyżyk się z pożaru uratował"[99].

Putin opowiadał tę historyjkę wcześniej wiele razy, miał ją więc opanowaną tak w słowach, jak i w gestach. Dlatego mówiąc amerykańskiemu prezydentowi, że pamięta otwierającą się dłoń robotnika, a na niej ofiarowany przez matkę krzyżyk, zilustrował to stosownym gestem. „To według mnie mówi o panu bardzo wiele, panie prezydencie – odparł Bush. – Mogę zwracać się do pana po imieniu?"[100].

Panowie rozmawiali godzinę dłużej, niż było zaplanowane, rozluźniony Putin swobodnie używał swojego wrodzonego oraz nabytego szarmu tudzież umiejętności pozyskiwania sobie ludzi i odniósł spektakularne zwycięstwo.

„– Czy jest to człowiek, któremu Ameryka może zaufać? – zapytał Busha jeden z dziennikarzy.

Tamtego dnia Bush zaprosił nowego przyjaciela na swoje ranczo w Teksasie. Wizyta miała się odbyć za rok. Wcześniej jednak zatrzęsła się ziemia. Nastąpiło to 11 września 2001 roku.

## Tajemnica Ajmana

11 września 2001 roku, mniej więcej o ósmej trzydzieści rano – jak ustalił tygodnik „The New Yorker" – w górskiej kryjówce w pobliżu Kandaharu w Afganistanie Usama ibn Ladin oraz jego najbliższy współpracownik Ajman az-Zawahiri słuchali arabskiej stacji radiowej, śledząc rozwój wypadków. O dziewiątej pięćdziesiąt dwie Agencja Bezpieczeństwa Narodowego podsłuchała rozmowę telefoniczną przeprowadzoną przez kogoś z otoczenia ibn Ladina z kimś przebywającym najprawdopodobniej w Gruzji: „Mam dobre wieści. Kolejny cel będzie jeszcze zaatakowany. Oni wypełniają program doktora"[101].

„Doktor" to właśnie Ajman az-Zawahiri. Możemy sobie wyobrazić obu mężczyzn, oglądając zdjęcie z 8 listopada 2001 roku (niemal

7 października 2001 roku. Usama ibn Ladin i Ajman az-Zawahiri w kryjówce w górach

dwa miesiące po ataku na World Trade Center), najwidoczniej zrobione też w warunkach polowych, choć zapewne nie byli wówczas tak spokojni. Ascetycznie i poważnie wyglądający ibn Ladin (choć miał wtedy raptem czterdzieści cztery lata) zadumany patrzy w dal, a korpulentny, pięćdziesięcioletni wówczas Zawahiri jakby z błyskiem wesołości w oczach spogląda wprost w obiektyw. Broda ibn Ladina jest dłuższa, bardziej arabska, Zawahiriego krótsza, starannie przystrzyżona w czworokąt – ot, śniady Europejczyk z wypielęgnowanym zarostem. Obaj noszą długie, nieskazitelnie białe szaty. Zawahiri ma narzucony na ramiona jakby płaszcz, ibn Ladin – kurtkę moro. Gdyby nie ona i spoczywający między nimi kałasznikow AK-47 (porządny karabinek z drewnianymi elementami, więc nieparzący w upale, oryginalny rosyjski albo czeski), można by pomyśleć, że ci przyprószeni siwizną panowie, emanujący godnością i spokojem, zaraz uraczą łakociami czeredę wnuków.

Pięć lat wcześniej zdjęcia Zawahiriemu zrobiło FSB. Było to 1 grudnia 1996 roku. Wyglądał wtedy inaczej. Miał gładko wygoloną twarz z niewielkim wąsem, strój zachodniego biznesmena w podróży, w kieszeni paszport sudański na nazwisko Abdałła Imam Mohammed Amin. Tylko profesja się zgadzała: lekarz. Nie był sam: jeden towarzysz podróży nazywał się Ahmad Salam Mabruk* i kierował komórką organizacji Egipski Islamski Dżihad w Azerbejdżanie pod przykryciem firmy handlowej Bavari-C, drugi to Mahmud Hisham al-Hennavi**, bojownik podróżujący po Azji. Asystował im przewodnik czeczeński, gdyż panowie zmierzali do Czeczenii. Jechali z Azerbejdżanu, nielegalnie, trzykrotnie zmieniając samochód dla zatarcia śladów, co im się zresztą na niewiele zdało: aresztowano ich w Dagestanie, na granicy***.

Stemple wjazdowe w paszporcie Zawahiriego świadczyły o tym, że w ciągu ostatnich dwudziestu miesięcy był cztery razy w Jemenie, trzy razy w Malezji, dwa razy w Singapurze i raz w Chinach. Miał przy sobie komputer, sprzęt łączności, rachunek za modem kupiony w Dubaju, kartę bankową z Hongkongu, wyciągi z konta bankowego w Guangdongu, wyciągi z konta bankowego w St. Louis, kopie certyfikatu rejestracyjnego malezyjskiej spółki, w której figurował (pod pseudonimem) jako dyrektor. Przyłapany z tym wszystkim Ajman az-Zawahiri nie został oskarżony o szpiegostwo ani inne ciężkie przestępstwo. Zniknął, a jego towarzysze wraz z nim.

Po pięciu miesiącach, w maju 1997 roku, aresztanci odnaleźli się w sali sądowej w stolicy Dagestanu Machaczkale. Abulkhalik Abdusalamow, ich obrońca z urzędu, twierdził, że nigdy nie został do swoich klientów dopuszczony, nie potrafi sobie zatem wytłumaczyć, o co im chodziło i dlaczego mieli tak dużo elektronicznego sprzętu[102]. Prokurator żądał dla nich trzech lat więzienia za nielegalne przekroczenie granicy. Sąd obniżył wyrok (co rzadko się zdarza) do sześciu miesięcy. A że podsądni odsiedzieli już pięć miesięcy, niebawem zostali wypuszczeni na wolność.

---

* Mabruk schwytany został później w Egipcie i skazany na piętnaście lat więzienia.

** Al-Hennavi prawdopodobnie zginął w Czeczenii w 2005 roku.

*** Przypomnijmy z jaką łatwością przedostawali się w tym czasie do Czeczenii arabscy agenci KGB, zob. część *Koronkowa robota z tronem w tle*.

Jak podaje rosyjska Wikipedia, Zawahiri napisał w swoich wspomnieniach zatytułowanych *Dagiestan. Oswobożdienie posle otczajanija* (Dagestan. Uwolnienie po rozpaczy): „Bóg uczynił ich ślepymi na naszą tożsamość"[103], ale pod podanym adresem internetowym znajdujemy informację, iż strona „jest prawdopodobnie na sprzedaż", a żadne dotyczące Zawahiriego źródło o napisaniu przez niego książki pod takim tytułem nie wspomina. Być może użył tych słów w jedynym swoim dziele *Knights Under the Prophet's Banner*, chcąc jakoś wytłumaczyć to zadziwiające uwolnienie.

Dziwna to bowiem była ślepota.

Ajman az-Zawahiri (potomek profesorów, ambasadorów i imamów) już jako czternastolatek należał do radykalnej organizacji islamskiej Bractwo Muzułmańskie, a podczas studiów medycznych w Kairze utworzył o wiele bardziej radykalne ugrupowanie – Egipski Islamski Dżihad, zamierzające zmienić świecki Egipt we wrogie Stanom Zjednoczonym i Izraelowi państwo religijne. Po studiach odbył służbę wojskową jako chirurg, otworzył własną klinikę i… poszedł do więzienia. Egipski Islamski Dżihad był bowiem zamieszany w zabójczy zamach na prezydenta Egiptu Anwara Sadata w 1981 roku.

Zawahiriemu udziału w zamachu nie udowodniono, oskarżono go jednak o nielegalne posiadanie broni. Spędził w więzieniu trzydzieści sześć miesięcy, gdzie bity i torturowany wydał ponoć swoich towarzyszy. Straszne przeżycia – rzecz jasna – zradykalizowały młodego człowieka, nic więc dziwnego, że niemal wprost z więzienia pojechał do Afganistanu wspierać mudżahedinów walczących z komunistyczną władzą i przybyłą jej na pomoc Armią Radziecką*.

W górach Pakistanu, w pięknym starożytnym Peszawarze, gdzie znajdowało się centrum islamskich bojowników, Zawahiri leczył

---

* ZSRR chciał umocnić i utrzymać przy władzy rząd komunistyczny w sąsiednim Afganistanie. Ta interwencja zbrojna uruchomiła opór miejscowych muzułmańskich bojowników zwanych mudżahedinami, wspieranych przez USA. Z inspiracji Waszyngtonu i z jego pomocą zrodził się wtedy ruch talibów. Interwencja ZSRR w Afganistanie, jeden z najbardziej krwawych konfliktów XX wieku, trwała od 25 grudnia 1979 do 15 lutego 1989 roku.

rannych w szpitalu Czerwonego Półksiężyca. Tam też, w Peszawarze, najprawdopodobniej w 1986 roku spotkał Usamę ibn Ladina, syna miliardera saudyjskiego mającego bliskie kontakty z rodziną królewską. Usama – siedemnaste dziecko ojca tyrana, religijnego patriarchy żelazną ręką trzymającego swoje potomstwo i kobiety, poniewierającego matką Usamy, jako że była piątą żoną, a islam zezwala tylko na cztery – często był nazywany „synem służącej", a matka rzadko pojawiała się w jego życiu, zupełnie go zresztą nie rozumiejąc. „Trzy cechy jego charakteru – pisze badacz terroryzmu Józef Zawadzki z Akademii Wojskowej Marynarki Wojennej – zdają się bardzo ważne i widoczne: poczucie upokorzenia, potrzeba wolności oraz desperacka potrzeba miłości i akceptacji. Najważniejsze są dla niego: bezgraniczna lojalność, bliskość, podziw. Traumatyczne przeżycia z dzieciństwa zakłóciły normalny proces dorastania"[104]. Czy nam to aby kogoś nie przypomina?

Ajman az-Zawahiri, lekarz, świetnie się z nowym znajomym rozumie. Zaprzyjaźniają się. Pieniądze Usamy płyną teraz również do Egipskiego Islamskiego Dżihadu. Przedsiębiorczość ibn Ladina połączona ze strategicznym myśleniem az Zawahiriego stworzy nowy rodzaj terroryzmu: zastraszenie totalne. Zastraszyć zamierzają nie tylko USA i Izrael, lecz także ich sojuszników, ONZ, korporacje globalne, internet... Zastraszyć i podporządkować prawu islamu.

Kolebką międzynarodowego terroryzmu stał się napadnięty przez Armię Radziecką Afganistan. Tam ściągały tysiące muzułmańskich bojowników, by przez dziesięć lat (1979–1989), przy mocnym wsparciu ze strony USA, odpierać ataki wojsk radzieckich. Tam ćwiczebne obozy wojskowe zmieniały się także w społeczności religijne. Al-Kaida (dosłownie: baza) powstała pod koniec tamtej wojny po to, by ludzi z doświadczeniem wojennym wykorzystać do walki poza Afganistanem, ale pod przywództwem ibn Ladina. Do weteranów wojennych ciągle dołączał młody narybek.

Ajman az-Zawahiri zaczyna podróżować po świecie, rozciągając pajęczynę organizacji terrorystycznej i planując ataki. Jedzie do Sudanu (gdzie przebywa także Usama ibn Ladin), skąd będzie organizować zamachy na amerykańskich turystów, amerykańskie wojsko i amerykańskie ambasady. Jedzie też do Stanów Zjednoczonych i do Europy, gdzie w 1994 roku uruchamia dwie centrale: jedną w Genewie, drugą w Sofii. Jak utrzymuje czołowy amerykański ekspert od spraw terroryzmu Yossef Bodansky[105], mobilizuje tam bośniackie siły islamistyczne i umacnia swoje wpływy na Bałkanach, by po rozpadzie Jugosławii stworzyć w Bośni czy Kosowie trwałe islamskie autonomie.

Co to właściwie są te „siły islamistyczne", które trzeba mobilizować wśród muzułmanów? Czyż nie każdy muzułmanin jest islamistą? Nie, nie i jeszcze raz nie! To tak, jakby kiedyś zapytać, czy każdy chrześcijanin jest faszystą. Nazwa „muzułmanin" oznacza kogoś, kto wyznaje określoną religię, a zatem jest określeniem dotyczącym wiary. Islamista zaś to ktoś, kto Boga zaprzągł w kierat wojny, uczynił z niego oręż, a jego imię umieścił na sztandarach, jak żołnierze Hitlera dewizę *Gott mit uns* (Bóg jest z nami) na klamrach u pasów. Koran uczy, że „kto zabije wierzącego naumyślnie, to zapłatą dla niego będzie Gehenna, gdzie będzie przebywał wiecznie"[106] (s. IV, *Kobiety*, w. 93). Islamista to ktoś, kto tak jak fundamentaliści islamscy znieważa Koran, zabijając innych muzułmanów, którzy nie chcą wiary w Allaha zamienić na kałasznikowa.

„Muzułmański fundamentalizm jest ideologią totalitarną, opartą na świadomie dobranym elemencie zastępczym – islamie. Islam jest boską religią uniwersalną. Między nimi należy wprowadzić wyraźne rozróżnienie, jak w przypadku innych religii uniwersalnych"[107] – pisze Bassam Tibi, Arab, profesor nauk politycznych, znawca islamu. Nie wszyscy jednak islamiści są terrorystami. „Należy silnie podkreślić, że sam islam jako religia nie ma nic wspólnego z terroryzmem; nawet znaczenie słowa »dżihad« nie może być zawężane do pojęcia świętej wojny z niewiernymi, ponieważ przede wszystkim odnosi się

do samodoskonalenia jednostki. Jedynie niewielka część islamistów jest zdania, że tylko terror daje szansę osiągnięcia celów stawianych przez polityczny islam, i tylko oni tworzą trzeci, ostatni krąg – terrorystów"[108] – uzupełnia polski politolog Tadeusz A. Kisielewski.

Czy możliwe, żeby rosyjski wywiad, znakomicie zorientowany w arabskim świecie, nie zwrócił uwagi na tak od młodości aktywną i wybitną postać jak Ajman az-Zawahiri? Przecież służby specjalne państw Układu Warszawskiego od lat siedemdziesiątych ubiegłego wieku wspierały terrorystów z Ludowego Frontu Wyzwolenia Palestyny, którym – jak już wspomniano w związku z pracą Władimira Putina w Dreźnie – broń, fundusze i fałszywe dokumenty dostarczało Stasi i KGB. Przecież dowiedziono, że w ataku islamistów saudyjskich na Wielki Meczet w Mekce w 1979 roku miały swój udział wschodnioniemieckie oraz kubańskie służby specjalne[109], a w słynnym, trwającym czterysta czterdzieści cztery dni dramacie zakładników amerykańskiej ambasady w Iranie maczało palce KGB[110]. Służby „socjalistyczne" wspierały też Bractwo Muzułmańskie: Mohamed Atta, na przykład, członek Bractwa i jeden z głównych przywódców ataku na WTC 11 września, był szkolony w 1988 roku w Czechosłowacji, na poligonie Českiej Zbrojovki, na co dowody przytacza polski dziennikarz Witold Gadowski w książce *Tragarze śmierci*. Podobnie jak na inspirowanie przez KGB wspomnianego zamachu na egipskiego prezydenta Anwara Sadata, który zmienił politykę proradziecką na prozachodnią[111].

Czy bułgarskie służby specjalne, wciąż jeszcze mocno związane z dawnymi strukturami radzieckimi, mogły przeoczyć silne centrum terrorystyczne w stolicy swojego państwa, przez które przechodzili bojownicy zmierzający do Bośni? Mało prawdopodobne.

Tak czy inaczej, 27 kwietnia 1997 roku Ajman az-Zawahiri, jeden z najbardziej poszukiwanych terrorystów świata, spokojnie opuścił dagestański areszt, przy czym zwrócono mu cały dobytek: pieniądze, sprzęt łącznościowy i komputer, solennie zapewniając, że z zawartością twardego dysku nikt się nie zapoznał.

Potem, przez nikogo nie niepokojony, przez dziesięć dni przebywał w Dagestanie: prawdziwym centrum ekstremistycznego islamu, jakim stał się (nie bez pomocy służb specjalnych, o czym wcześniej wspominano) istniejący tam od dawna wahabizm. Jeden z towarzyszy Zawahiriego udał się nawet do Czeczenii na spotkanie z Chattabem, znanym nam już przyjacielem wojowniczego wahabity

Basajewa. W notatkach Zawahiriego pojawił się wtedy wpis: „Dostarczyliśmy im nasz produkt". Zwykle tak się określa materiały wybuchowe. Skąd je miał? Przecież nie woził ich z Azerbejdżanu, do którego przyleciał z Chin! W ogóle ich nie wwiózł do Federacji Rosyjskiej.

Przypomnijmy, że rok 1997 to początek egzystowania wolnej Czeczenii, z której istnieniem Kreml nie miał zamiaru się godzić i którą zamierzał wykorzystać w kolejnych pokrętnych walkach o władzę. „Wysłannik Al-Kaidy" odwiedzający Republikę posłuży Łubiance za dowód powiązań Czeczenów z międzynarodowym terroryzmem. (Putin zresztą utrzymywał, że Czeczenię odwiedził osobiście Usama ibn Ladin, i to dwukrotnie). Oficjalny przedstawiciel FSB Siergiej Ignatienko w wywiadzie dla „The Washington Post" tak to właśnie połączył, oświadczając, że „Zawahiriego zatrzymano w Dagestanie, gdzie islamscy ekstremiści próbowali narzucić wahabizm i przygotowywali pole dla nowych ataków terrorystycznych", a zwolniono go z aresztu, ponieważ „jego tożsamość nie została ustalona"[112].

Po zniknięciu Zawahiriego najpotężniejsi jego znajomi wszczęli poszukiwania. Bezskutecznie On natomiast stworzył historię o uprowadzeniu przez gang.

Dziennikarzy jednak gnębiło pytanie, dlaczego znany służbom specjalnym całego świata i poszukiwany przez Interpol terrorysta został wypuszczony z aresztu po pięciu miesiącach, i to z zachowaniem niemal wersalskich manier. Przewodniczący Instytutu Bliskiego Wschodu Jewgienij Satanowski beztrosko odpowiedział dziennikarzowi czasopisma „Itogi": „Niech pan sobie przypomni, co się u nas działo w latach dziewięćdziesiątych. Zupełny burdel. Tym można objaśnić także wypadek z Zawahirim"[113]. W swojej beztrosce przewodniczący zapomniał, że na czele wywiadu zagranicznego KGB–FSB w latach dziewięćdziesiątych ubiegłego wieku stał jeden z największych profesjonalistów, człowiek mający znakomite rozeznanie i wpływy w państwach islamskich, arabista Jewgienij Primakow. Wprawdzie wtedy, gdy aresztowano Zawahiriego, Primakow był już ministrem spraw zagranicznych, niewątpliwie jednak kontaktów z Firmą nie stracił.

Dlatego odpowiedzi musimy szukać gdzie indziej.

„Pracowałem w pionie specjalnym F, w sekcji do zadań specjalnych KGB – mówił mi Aleksandr Litwinienko w 2003 roku (wielokrotnie zresztą mniej więcej to samo powtarzał i publikował)[114]. – Nie wiem, czy aresztując tych Egipcjan, wiedziano, że jest wśród nich Zawahiri, czy to się okazało później. Ale wiem, że Zawahiri przeszedł sześciomiesięczny kurs przygotowania specjalnego w bazie FSB w Dagestanie. I wiem, że po tej udanej operacji wszyscy jego instruktorzy z FSB z Dagestanu otrzymali awans; w 1998 roku, gdy dyrektorem został Władimir Putin, byli już w Moskwie. Wiem, bo pracowałem w tym oddziale, gdzie oni. Mam wiele podstaw, by twierdzić, że Zawahiri to nie jedyne ogniwo między FSB a Al-Kaidą"[115].

Czy to mocne ogniwo? Tego nikt poza zainteresowanymi zapewne nie wie, jak i tego, czy Kreml mógł stać się siłą sprawczą jakichś działań Al-Kaidy. Co do informacji natomiast można przypuszczać, że było to ogniwo dość ważne. Przy czym nie ulega raczej wątpliwości, że ów sześciomiesięczny kurs, o którym mówił Litwinienko, Zawahiri odbył właśnie wówczas, gdy według oficjalnej wersji siedział pięć miesięcy w areszcie. W komputerze Zawahiriego musiały się znajdować plany działań Al-Kaidy – to on był bowiem jej planistą. Wątpliwe, by już na przełomie 1996 i 1997 roku miał plan ataku na WTC. Jednak układ między nim a FSB zapewne polegał na tym, że FSB pozwoliło mu realizować to, co już zdążył zaplanować i co zaplanuje w przyszłości, a w zamian gwarantowało dyskrecję. Warunkiem musiało być podporządkowanie się Zawahiriego Kremlowi. W przeciwnym razie Moskwa ujawniłaby jego zamiary swoim „zachodnim partnerom"[116].

A więc był 11 września 2001 roku. Godzina dziesiąta trzydzieści dwie. (W Moskwie zbliżała się piąta po południu). W Białym Domu odezwał się telefon. Władimir Putin chciał rozmawiać z prezydentem Bushem. Ponieważ Bush znajdował się na pokładzie samolotu Air Force One, rozmowę przeprowadziła sekretarz stanu Condoleezza Rice, która tak ją zrelacjonowała angielskiemu dziennikarzowi dziesięć lat później:

„Powiedziałam prezydentowi Putinowi, że nasze siły zbrojne zostały postawione w stan najwyższej gotowości, a on odparł na to: »Wiem«. Oczywiście! Dotarło do mnie nagle, że oni muszą wiedzieć wszystko, bo przecież obserwują nasze przygotowania. »My obniżamy gotowość wojsk i odwołujemy wszystkie ćwiczenia«, powiedział. I w tym momencie przyszła mi do głowy myśl: zimna wojna naprawdę już się skończyła"[117].

O godzinie jedenastej piętnaście prezydent Bush odebrał na pokładzie Air Force One telefon od Putina. Prezydent Rosji ponownie zadeklarował odwołanie rozpoczętych w przeddzień ćwiczeń wojskowych, mimo że wojska Stanów Zjednoczonych zostały postawione w stan gotowości. Podczas zimnej wojny ZSRR zawsze odpowiadał postawieniem w stan gotowości swoich sił zbrojnych na stan gotowości sił USA. „W tym momencie stało się dla mnie jasne – wspominał prezydent Bush – że prezydent Putin rozumie, iż zimna wojna się skończyła"[118]. W annałach odnotowano jeszcze takie słowa gospodarza Kremla: „Dobro zwycięży ze złem. Chcę, żebyś wiedział, George, że w tej walce jesteśmy razem!". Dodał też, że ogłasza w Rosji minutę ciszy[119].

Pani sekretarz stanu i doradca do spraw bezpieczeństwa narodowego prezydenta najpotężniejszego mocarstwa na świecie wyznaje spokojnie, iż „dotarło do niej nagle, że oni muszą wiedzieć wszystko", i to wtedy, gdy „oni" szykują się do wielkich wojskowych manewrów mających być pokazem sprawności górującej nad sprawnością przeciwnika. Z kolei prezydent tego mocarstwa, całkowicie zaskoczony dramatycznymi wydarzeniami, wysłuchuje opowieści o walce dobra ze złem właśnie z Kremla. Tenże prezydent Bush spotykał się z szefem CIA George'em Tenetem w Białym Domu prawie każdego poranka o ósmej, ale nic, co Tenet mówił na temat ibn Ladina, „nie przyciągało w pełni uwagi prezydenta. Dzień po dniu na porannej odprawie Tenet mówił prezydentowi i doradcy do spraw bezpieczeństwa narodowego Condoleezzie Rice o oznakach wskazujących na spisek Al-Kaidy przeciwko Ameryce. Busha jednak interesowały inne sprawy"[120] – pisze autor historii CIA Tim Weiner.

„Ekipa prezydenta George'a W. Busha (z Condoleezzą Rice na czele) naprzód zlekceważyła, a następnie poddała biurokratycznej mitrędze plan prewencyjnego uderzenia na komórki Al-Kaidy, który mógł zakłócić, opóźnić, ograniczyć, a być może nawet uniemożliwić zamach z 11 września. Autor tego planu, Richard Clarke, szef międzyagencyjnej Counter-Terrorism Security Group (CSG), przypuszczalnie najwybitniejszy amerykański ekspert w dziedzinie antyterroryzmu, uważany był za »kawał obsesjonata«; »Facet czytał o wiele za dużo fikcji literackiej«"[121].

Jeśli najwyższe kierownictwo USA nie słuchało coraz głośniej brzmiących klaksonów na własnej drodze, to tym mniej wsłuchiwało się w to, co piszczy w trawie u nowego rosyjskiego przyjaciela. I za miłą oczywistość uznało, że pierwszym zagranicznym przywódcą, który skontaktował się po atakach na WTC z George'em W. Bushem, był Władimir Putin, co cały świat przyjął do wiadomości z podziwem i na długo zachował w pamięci. Ciekawe, czy Władimir Władimirowicz właśnie oglądał w swoim gabinecie telewizję i zaskoczony natychmiast zarządził połączenie z Waszyngtonem, czy też znajdował się tuż przy telefonie, z którego – zupełnie niezaskoczony – skorzystał?

W Europie było wtedy popołudnie, czas obrad, narad i ważnych spotkań z udziałem przywódców państw. Zanim dotarła do nich wiadomość o zdarzeniach w Nowym Jorku, zanim pojęli ich znaczenie, zanim zarządzili połączenie z Waszyngtonem lub sami sięgnęli po telefon, już byli drudzy, a jak powiadają Amerykanie, drugi to pierwszy przegrany.

Putin wiedział, że „szykuje się coś poważnego", i już poprzedniego dnia telefonował do *druga George'a*, by go poinformować, że 9 września zabito Achmada Szacha Masuda, głównego wroga talibów, dowódcę Sojuszu Północnego*, co „wywiad rosyjski zinterpretował jako zapowiedź jeszcze gorszych wydarzeń"[122]. O zlecenie

---

* Mimo że ta organizacja od 1996 roku nosiła nazwę Zjednoczony Islamski Front Narodowy na rzecz Ocalenia Afganistanu, powszechnie nadal stosowano jej dawną nazwę Sojusz Północny.

zamachu oskarżano ibn Ladina, chociaż niektóre tropy wskazywały też na rosyjskie służby specjalne[123]. A może Putin – który w przeciwieństwie do jego amerykańskiego przyjaciela zaczynał dzień od raportów swoich służb specjalnych i szpiegów, także tych w CIA i/lub FBI – wiedział, że obie te firmy od dawna otrzymują sygnały o nadciągającej katastrofie? Czyżby więc przepływ informacji między głównymi amerykańskimi instytucjami wywiadu był gorszy niż między nimi a Putinem? Tak czy inaczej, *friend Wladimir* nie mógł (nawet gdyby chciał ) powiedzieć nic konkretnego, lecz wrażenie zrobił dobre, a przecież tylko o to chodziło.

Odwołanie manewrów wojskowych to przyjazny gest ze strony prezydenta Rosji, ale zapewne byłby bardziej wyrazisty, gdyby manewrów po prostu nie rozpoczynano, wiedząc, że „szykuje się coś poważnego". Tyle że wtedy ten gest byłby pozbawiony znaczenia medialnego.

Zanim chwilowo rozstaniemy się z Ajmanem az-Zawahirim, odnotujmy gwoli ścisłości, że dziennikarze telewizji Al Arabiya ustalili, iż śmierć Usamy ibn Ladina, „terrorysty numer 1", nie była rezultatem operacji specjalnej sił amerykańskich, lecz walki o władzę między przywódcami Al-Kaidy. Prezentowany w tej telewizji film dokumentalny miał świadczyć o tym, że ibn Ladina zdradził Ajman az-Zawahiri, który dwukrotnie posyłał do przebywającego w kryjówce pod Islamabadem ibn Ladina swoich łączników, wiedząc, że są śledzeni przez agentów CIA. W filmie była także mowa o tym, że za każdym razem, gdy Zawahiri awansował w hierarchii Al-Kaidy, ginął któryś z jego towarzyszy.

## Domowa hodowla Państwa Islamskiego

Gdy pod koniec roku 1989 przebywający w Dreźnie Putin usiłował wraz z kolegami ze Stasi śledzić bazy amerykańskie w sąsiednich Niemczech Zachodnich, CIA niczego śledzić nie usiłowała.

Ta mityczna dla mieszkańców państw bloku wschodniego instytucja donosiła, że radziecka gospodarka kwitnie i ZSRR ma przed sobą świetlaną przyszłość. Najlepsi kremlinolodzy CIA* nigdy w Związku Radzieckim nie byli, a w swoich raportach umieszczali wskaźniki z radzieckich gazet, nieco tylko pomniejszone. „Gdy padał mur berliński, w oddziale radzieckim CIA informacje czerpano z CNN. Biały Dom pytał: Co się dzieje w Moskwie? Co mówią nasi szpiedzy? Ciężko było przyznać, że w Związku Radzieckim nie ma żadnych godnych uwagi szpiegów – wszyscy zostali zgarnięci i zabici, a nikt z CIA nie wiedział dlaczego"[124]. A działo się tak głównie dlatego, że niejaki Aldrich Ames, szef kontrwywiadu CIA na Związek Radziecki i Europę Wschodnią, sprzedał za 2 miliony dolarów wszystkich szpiegów pracujących dla Stanów Zjednoczonych w Rosji.

Brak dokładnych informacji z jednej szóstej obszaru ziemskiego globu w czasie wstrząsających przemian spowodował nie tylko lekkomyślną protekcjonalność w stosunku do władz nowej Rosji, lecz także brzemienną w skutki niewiedzę co do tamtejszych źródeł islamskiego niebezpieczeństwa i związków z Al-Kaidą, a później też z Państwem Islamskim. Zasilają je bowiem oddziały wahabitów nie tylko czeczeńskich, lecz także z całej Azji Środkowej, czyli z terenów dawnych związkowych republik radzieckich: Kazachstanu, Uzbekistanu, Turkmenistanu, Kirgistanu i Tadżykistanu. Gdyby analitycy zbadali to zjawisko, szybko by odkryli, że przywódcy tych krajów wywodzą się głównie z KGB i późniejszej FSB, a jesienią 1991 roku zauważyliby w stolicy Tadżykistanu Duszanbe skromnego, milczącego Władimira Putina, asystenta demokraty Anatolija Sobczaka, a także kilku moskiewskich polityków, którzy się tu pofatygowali, by przekonać oporne władze do zarejestrowania Islamskiej Partii Odrodzenia. Pod naciskiem tej delegacji partię zarejestrowano, mimo że już wtedy określana była jako ekstremistyczna i wahabicka[125]. Zarejestrowano ją także w sąsiednich republikach: w Kirgizji oraz w leżącym o rzut kamieniem od Afganistanu Uzbekistanie.

---

* Na przykład główny analityk spraw radzieckich Bob Gates.

Islamską Partię Odrodzenia utworzono rok wcześniej, pod koniec istnienia ZSRR, w Astrachaniu. Okazała się kamieniem węgielnym wahabizmu na terytorium muzułmańskich republik byłego ZSRR. Do czego miał tam służyć ten – tak przecież potępiany – wahabizm?

„Do tego, by rozbić muzułmanów, podzielić ich na »prawidłowych« i »nieprawidłowych«. To znakomita, przez KGB wymyślona szczepionka przeciw narodowowyzwoleńczym ciągotom mieszkańców muzułmańskich republik byłego ZSRR, a wcześniej i później niezawodne zarzewie potrzebnych Moskwie pożarów w Rosji i na świecie. Przecież z pomocą wahabitów Moskwa wykończyła pokojowe skrzydło władzy w Czeczenii i czeczeńską niepodległość. Ale trzeba głośno krzyczeć, że ten wahabizm nie ma nic wspólnego z prawdziwym islamem, a nawet z tym, co głosił w XVIII wieku sam Abd Al Wahhab. Islam jest religią, a wahabizm w tym wojowniczym, dzisiejszym wydaniu jest polityką, która wysługuje się zdeformowaną religią"[126] – mówił znany nam już Achmied Zakajew.

W Tadżykistanie wahabicka szczepionka zadziałała zgodnie z życzeniem ją aplikujących: demokratom, którym marzył się los Ukrainy czy oderwanych od Rosji państw bałtyckich, przeszkodzili – jak twierdzi pierwszy prezydent tej republiki Kachar Machkamow – właśnie wahabici[127]. Był wśród nich Szamil Basajew, jak pamiętamy związany i z rosyjskimi służbami specjalnymi, i z rosyjskim wywiadem wojskowym GRU.

„Basajew to istota nadprzyrodzona. To człowiek, który korzysta z energii zupełnie innego poziomu. Kobiety podnoszą ku niemu dzieci, żeby mogły go dotknąć, żeby jego cudowność i im się udzieliła". Tę metafizyczną adorację wygłaszał w centrum Moskwy, w kawiarni niedaleko placu Łubianka, łysiejący mężczyzna w średnim wieku, o pucołowatej twarzy okolonej niewielkim zarostem i mocno upierścienionych palcach. Był rok 2004. Basajew od dawna uchodził w Rosji za „terrorystę numer 1", a tym, który go przede mną wychwalał, był Dżemal Gejdar – przewodniczący największej islamskiej organizacji w Rosji, tej właśnie, którą kiedyś osobiście założył w Astrachaniu z pomocą znanego nam już Bagautdina Kiebiedowa*.

„– Basajew – kontynuował mój rozmówca – to klasyczny wzór do naśladowania dla tych muzułmanów, którzy rozumieją islam jako projekt polityczny.

– Jako co?

– Prawdziwy islam to ideologia zwycięstwa. Prawdziwy muzułmanin to nie ten, co przestrzega postu w ramadanie i pięć razy dziennie odmawia namaz. Prawdziwy muzułmanin to ten, co walczy o zwycięstwo islamu na świecie, bo islam przychodzi po to, żeby zniszczyć wszystkie inne obyczaje. To globalna modernizacja. Walka z systemem.

– Jakim systemem?

– Światowym. Trzeba go zniszczyć.

– Mówi pan jak Hitler…

– Hitler niestety nie zajął Moskwy. Byłoby to nowym natchnieniem dla Rosjan. Nową energią, która rodzi się z traum. Może odnieśliby wtedy zwycięstwo całkowite, nie częściowe".

Jasne, że żadnej gazecie tych rewelacji nie zaproponowałam. Spisany z magnetofonu wywiad wrzuciłam do swojego archiwum, a pucołowatym czcicielem wojny przestałam się interesować.

Ale oto minęło dziesięć lat i okazało się, że Dżemal Gejdar – rosyjski aktywista islamski, filozof, społecznik, przewodniczący Islamskiego Komitetu Rosji, stały członek Islamsko-Arabskiej Konferencji Narodowej, deputowany do Narodowego Stowarzyszenia Federacji Rosyjskiej – to najgłośniejszy działacz muzułmański oraz obrońca Państwa Islamskiego w Rosji, organizacji, której wymienianiu w prasie musi towarzyszyć uwaga: „Jej działalność w Rosji jest zabroniona". Dość to dziwne, że działalność jest zabroniona, a jej wychwalanie – nie.

---

* Bagautdin Kiebiedow wspierał pierwszą czeczeńską wahabicką organizację agenta FSB Adama Denijewa, był obecny przy wydawaniu wyroku śmierci na Anglików i Nowozelandczyka, ściągnął Basajewa z prowokacyjną „pomocą" do Dagestanu, majątek zaś zbijał, porywając zakładników pod okiem wieloletniego agenta FSB Kazimagomieda o ksywce „Gmirinski".

W roku 2014 i 2015 Dżemal Gejdar był obecny wszędzie. Spokojnie, nie bacząc na zdziwienie czy oburzenie rozmówców, głosił w mediach, że Państwo Islamskie to nowe wspaniałe zjawisko, nowy wymiar islamu. Jest wspaniałe, bo oddzieliło muzułmanów „właściwych" od „niewłaściwych". W Radiu Moskwa padły myśli ubrane w zawikłaną pseudofilozoficzną nowomowę, które kiedyś, wyrażone wprost, zarejestrował mój magnetofon: że mianowicie trzeba dzielić muzułmanów na „właściwych" (tych od „politycznego dżihadu") i „niewłaściwych" (tych od „dżihadu teoretycznego"). Najpierw podzielono ich wewnątrz Rosji, teraz się ich dzieli w reszcie świata. To się właśnie udało – perorował Gejdar. Zaczęła się długo wyczekiwana walka z systemem, bo Państwo Islamskie oznacza pierwszy krok ku ogólnej destabilizacji. Krok, który rozbije Europę chorą z powodu „wrzodu ukraińskiego", przede wszystkim zaś uderzy w hegemonię Stanów Zjednoczonych. Prowadząca program oponuje:

„– Minister spraw zagranicznych Ławrow uważa, że Państwo Islamskie to największy wróg Rosji.

– To fantastyka. Prezydent Putin sam stwierdził, że choć z Państwem Islamskim sprawa jest złożona, to wrogiem Rosji ono nie jest. Nie tylko w Rosji się zdarza, że minister spraw zagranicznych mówi co innego niż prezydent"[128].

Z kolei dziennikarze Piewszego Programu ORT, z wielkiego popularnego programu „Wriemia pokażet" (Czas pokaże), w rozmowie z nim zwracają uwagę na potworne okrucieństwo islamistów.

„– To fikcja, montaż produkowany przez Amerykanów, bo tak naprawdę to nikt tych trupów nie widział.

– Ale zamordowani dziennikarze nie zmartwychwstali, nie ma ich…

– No cóż, toczy się wojna, a na wojnie zawsze są ofiary i sprawców sądzić jest bardzo trudno.

– A co pan powie matkom, których dzieci uciekły do Państwa Islamskiego?

– My nie mówimy o interesach matek, my mówimy o interesach państwa. Mówimy o Europie i o Rosji, a ich cele absolutnie nie są zgodne. Europa to wróg Rosji. Każdy, kto przeciwstawia się Europie, kto przeciwstawia się Ameryce, jest przyjacielem Rosji. Wróg mojego wroga to mój przyjaciel"[129].

Na innym kanale telewizyjnym mówił: „Toczy się wojna o porządek światowy. To wojna przeciw strukturom masońskim, które opanowały świat. Obecni władcy państw islamskich nie wywodzą się z nas, ich ustanowiło globalne społeczeństwo Zachodu"[130]. Na pytanie prowadzącej wspomniany wcześniej program radiowy, jak przeciwdziałać temu, by Rosjanie wstępowali w szeregi Państwa Islamskiego, odpowiedział: „A po co temu w ogóle przeciwdziałać?! Czy Rosjanie są gorsi od innych narodowości? Są ludzie, którzy chcą żyć jak chomiki, tylko dla siebie, a są ludzie, którzy chcą żyć z sensem. Ludzie z pasją. Rosjanie to naród pasjonarny*. Moskwa powinna wspierać Państwo Islamskie jako antyzachodnią siłę. Mocną antysystemową siłę. To jest walka przeciw imperialnemu kapitalizmowi, który schodzi ze sceny. To walka o to, kto będzie rządził jutro"[131].

W Rosji od 2006 roku obowiązuje Ustawa o ekstremizmie, którą się wysługując, posłano już do więzień i łagrów dziesiątki ludzi. Niemal każda z wypowiedzi tego aktywisty kwalifikuje się do zastosowania tej ustawy. W związku z treścią jego publicznych wystąpień oskarżenie wniósł deputowany** partii Jedna Rosja. Na próżno. Nawet wówczas, gdy Dżemal Gejdar, islamista, marksista (częściej jednak cytujący Lenina niż Marksa), wstąpił do partii Front Lewicy, której działacze są mocno prześladowani, i doczekał się w swoich kilku mieszkaniach rewizji (jak na rosyjskie standardy bardzo łagodnej), nie postawiono mu żadnego zarzutu.

Ma takie szczęście od jeszcze radzieckich czasów, gdy nawet założenie tajnego Czarnego Zakonu SS, przypominającego swoją

---

* „Pasjonarność" – upowszechniony przez rosyjskiego naukowca i pisarza Lwa Gumilowa (szczególnie w jego słynnej książce *Od Rusi do Rosji*) termin określający zdolność człowieka, a więc i narodu, do szczególnego, nadzwyczajnego wysiłku. Sam Gumilow określa pasjonarność jako „nadmiar energii biochemicznej żywej substancji, przejawiający się w zdolności człowieka do ponadnormalnego wysiłku"; zob. Lew Gumilow, *Od Rusi do Rosji*, przeł. Ewa Rojewska-Olejarczuk, Warszawa 1996, s. 278.

** Uczynił to deputowany Maksim Miszczenko w 2009 roku.

hierarchią, konspiracją i nazistowskim pozdrowieniem okultystyczny zakon Trzeciej Rzeszy, nie przysporzyło mu kłopotów. Wtedy, być może, chronił Dżemala wychowujący go dziadek (wysoko postawiony funkcjonariusz kaukaskiego NKWD, potem przewodniczący Sądu Najwyższego w Azerbejdżańskiej Socjalistycznej Republice Radzieckiej), który załatwił mu też przyjęcie do prestiżowego Instytutu Języków Wschodnich (najprostsza droga do służb specjalnych, wywiadu lub kariery partyjnej) i nie dał przepaść z kretesem, gdy wnuk zamiast nauką zajął się mistyką, okultyzmem i faszyzmem.

Ma już takie szczęście, że gdy innych sadzają za kratki za samo podejrzenie o wojowniczy wahabizm, on bezkarnie głosi jego tezy, zakłada kolejne dżamaty i namawia do walki w szeregach tej organizacji, podczas gdy chłopcy, którym udało się uciec z Syrii, z Państwa Islamskiego, i wrócić do domów – wędrują do łagru[132]. A gdy naczelny mufti Rosji czy przewodniczący Centralnego Duchownego Zarządu Muzułmanów Rosji przeciwstawiają się Dżemalowi Gejdarowi i Państwu Islamskiemu – prawie nie są widoczni w mediach. Bo nie są potrzebni. Nie oni grają uwerturę do światowego koncertu Władimira Putina, tylko tacy jak Dżemal Gejdar, jego wahabici i Państwo Islamskie. To oni zmierzają wraz z Władimirem Putinem do nowego podziału świata, nowej Jałty, w której on – jak niegdyś Stalin – będzie rozdawał karty.

„Oczywiście, że to nie Kreml ani FSB stały u kolebki Państwa Islamskiego; nikt przy zdrowych zmysłach nie pokusi się o takie uproszczenie, ale istnieje wiele dowodów na to, że znajdowały się w pobliżu" – mówi Achmied Zakajew dziennikarzowi Radia Swoboda. Jest rok 2013, czas, kiedy nazwa Państwo Islamskie Iraku i Lewantu mało kogo (poza samym Irakiem) jeszcze niepokoi, a przedstawiciel Czeczenów utrzymuje, że „Rosja, rosyjskie służby specjalne, Władimir Putin przygotowują kolejną niespodziankę zachodnim partnerom, z którymi już od pół roku toczą intensywne pertraktacje co do sytuacji w Syrii"[133].

Tą niespodzianką miało być potężne wzmocnienie Państwa Islamskiego przez najmocniejsze siły czeczeńskich wahabitów, członków kalifatu kaukaskiego z jego przywódcą Doku Umarowem na czele. Właśnie w internecie po raz kolejny odtrąbiono jego zgon, a tymczasem „on, żywy, zdrowy, zajmuje się przerzutami do Syrii. Wedle naszych informacji z Kremla prawdopodobnie już się tam znajduje"[134].

Zasilenie opozycji syryjskiej członkami „czeczeńskiej organizacji terrorystycznej" po pierwsze, daje władzy syryjskiej argument, że przeciw niej nie walczy ludność, ale terrorystyczne bandy, a po drugie, uprawdopodobnia wpływ rosyjskich służb specjalnych na posunięcia liderów Państwa Islamskiego, a także możliwość wglądu w informacje o zamiarach tej organizacji.

Doku Umarow to pierwszy z dowódców czeczeńskiego zbrojnego podziemia, który machnął ręką na niepodległość Republiki i przesunął walkę na płaszczyznę religijną. W 2007 roku utworzył „kalifat kaukaski od morza do morza", wypowiedział wojnę Stanom Zjednoczonym, Wielkiej Brytanii oraz Izraelowi, czym wywołał totalną niechęć wobec Czeczenów w tak zwanym cywilizowanym świecie, a Władimirowi Putinowi dostarczył argumentu, że walcząc z bojownikami czeczeńskimi, zawsze walczy o całość Rosji, od której oni chcą ten kalifat oderwać.

„W swoim czasie Doku Umarow znajdował się w rękach rosyjskich służb specjalnych, był więziony, i nagle jakimś cudownym sposobem znalazł się na wolności, po czym utworzył kalifat i wystąpił z tym oświadczeniem"[135] – mówi Achmied Zakajew w Radiu Swoboda. Powtarza zresztą te same podejrzenia, którymi dzielili się bojownicy opuszczający szeregi kalifatu.

To dzięki staraniom Doku Umarowa (który sam do Syrii jednak nie dotarł, zginął rok po wspomnianym ogłoszeniu jego zgonu w internecie) znalazł się w Syrii autor koncepcji kaukaskiego kalifatu, ideolog wahabizmu Isa Umarow (zbieżność nazwisk przypadkowa), starszy brat Mowładiego Udugowa (tego samego, którego pamiętamy jako młodego dziennikarza wspierającego „pierwszego czeczeńskiego wahabitę" Adama Denijewa, a potem ustalającego w Moskwie z Bieriezowskim szczegóły napadu na Dagestan w 1999 roku). Na prowadzonym przez Udugowa, popularnym na świecie, skrajnie ekstremistycznym portalu Kavkaz Center

Isa Umarow wzywał „prawdziwych muzułmanów tam, gdzie powinni się znaleźć wszyscy zwolennicy światowego dżihadu – do Syrii".

Wyruszył wtedy do Syrii i został jednym z przywódców Państwa Islamskiego Tarchan Batiraszwili, powszechnie zwany Umarem asz Sziszanim[136] (*asz Sziszani* znaczy „z Kaukazu"), nigdy nieukrywający, iż skierował go tam Doku Umarow[137]. Podobnie jak innego popularnego obecnie przywódcę Państwa Islamskiego – Muslima Abu Walida, czyli Murada Margoszwilego, byłego żołnierza wojsk obrony przeciwlotniczej ZSRR w Mongolii. Obaj zostali wpisani na listę najbardziej poszukiwanych przez USA terrorystów.

Joana Parashuk, angielska dziennikarka prowadząca śledztwo w sprawie walczących w Syrii Czeczenów, twierdzi, że istnieje „zabawna teoria, iż Umar asz Sziszani to w gruncie rzeczy agent FSB". Nie taka to znów zabawna teoria, gdyż dwudziestoośmioletni Umar asz Sziszani długo pozostawał pod wpływem Doku Umarowa. A wcześniej, jeszcze jako czternastolatek walczył w oddziale dowodzonym przez jednego z najbardziej znanych bojowników czeczeńskich, Rusłana Giełajewa, za którym przez długie lata ciągnął się cień wywiadu wojskowego GRU. Potem Tarchana Batiraszwilego aresztowano w bardzo zagadkowych okolicznościach za posiadanie broni i dość szybko zwolniono. Jego ojciec Tejmuraz Batiraszwili poświadcza, że do tego czasu syn nie tylko nie był wahabitą, ale nawet muzułmaninem.

Nie mniej kłopotu przysparza zarówno dziennikarzom, jak i niemieckim władzom Muslim Abu Walid asz Sziszani, były żołnierz radziecki, były dzielny bojownik pierwszej wojny czeczeńskiej, który zajmując się kontrabandą broni, został w 2003 roku aresztowany przez Rosjan. Gazety przypisywały mu wtedy tyle zbrodni, że gdyby popełnił choć część z nich, powinien być – zgodnie z putinowską praworządnością – skazany nawet na dożywocie. Tymczasem zasądzono mu dwa lata, a po powtórnym procesie – uniewinniono. Doprawdy cud...

A potem powędrował do centrum wahabickiego ekstremizmu, do Dagestanu, i został bojownikiem kaukaskiego kalifatu.

W 2014 roku dziennikarze „Frankfurter Allgemeine Zeitung" bili na trwogę, twierdząc, że dotychczas spokojna diaspora Czeczenów w Niemczech radykalizuje się za sprawą dobrodusznie wyglądającego rosłego faceta o niebieskich oczach, Muslima Abu Walida asz Sziszaniego, który stał się „idolem islamskiego audytorium w Niemczech"[138]. Dżihadyści, także ci potencjalni, mogą potężnie osłabić silne zachodnie, niesprzyjające ostatnio Putinowi państwo. Może o to chodzi?

W Syrii walczy kilka tysięcy Czeczenów i przedstawicieli bliskich im narodów kaukaskich. Przybywają tam z różnych powodów. Jedni po to, by wesprzeć Państwo Islamskie, inni, by walczyć przeciwko Baszarowi Al-Asadowi wspieranemu przez prezydenta Rosji, a dla nich Rosja to wróg. W istocie nie ma to większego znaczenia. Chodzi o permanentny chaos. W obronie najważniejszej strefy wpływów na Bliskim Wschodzie Kreml usiłuje nie dopuścić do odsunięcia Asada od władzy lub przynajmniej ten proces przedłużyć. Konieczna jest więc ustawiczna wojna, którą Putin – w odpowiednim dla siebie momencie – pokieruje zgodnie ze swoim interesem. A usłużni przywódcy „walczącego islamu" mogą się w tych grach bardzo przydać.

O ile jednak dla innych państw islamski terroryzm pozostaje zagrożeniem przychodzącym z zewnątrz, o tyle Rosja posługuje się nim także do manipulacji w polityce wewnętrznej. W związku z tym Konstantin Prieobrażenski, pułkownik KGB w rezerwie, od 2006 roku mieszkający w USA, zadaje pytanie: „Czy rzeczywiście reżim Putina nie wysługuje się terroryzmem dla cynicznego odniesienia zwycięstw zarówno na Zachodzie, jak i wewnątrz kraju? Ciekawe, dlaczego właśnie jemu przysługuje w tej sprawie swoisty immunitet chroniący przed śledztwem, jakie w sprawach związanych z terroryzmem prowadzi się w innych państwach"[139]. Pomimo że za czasów Władimira Putina na Rosję spadła istna plaga dziwnych ataków terrorystycznych, w sprawie żadnego z nich nie przeprowadzono jawnego, bezstronnego śledztwa.

## Osobliwości czeczeńskiego terroru

Rok 2015. Pewien popularny rosyjski portal internetowy ogłasza: „Książka usunięta". Chodzi o słynną książkę Aleksandra Litwinienki i Jurija Felsztinskiego *FSB wzrywajet Rossiju* o związku służb specjalnych z terrorem. Zamieszczona w jednej z bibliotek sieciowych została w styczniu 2015 roku uznana przez rosyjski sąd za pozycję ekstremistyczną i umieszczona na liście materiałów ekstremistycznych, a w czerwcu tego samego roku skazana przez Roskomnadzor (Federalna Służba Nadzoru Łączności, Informacji Technologicznych i Masowej Komunikacji) na banicję z wirtualnego świata, jako że „zawiera informacje, których rozprzestrzenianie w Federacji Rosyjskiej jest zakazane"[140].

Po raz pierwszy książkę „aresztowano", zamykając ją w skrzyniach z napisem „FSB" w grudniu 2003 roku – w ramach akcji „Wicher Antyterror" – gdy tylko ciężarówka z jej pierwszymi, drukowanymi na Łotwie w języku rosyjskim, egzemplarzami zbliżała się do Moskwy. A kiedy na podstawie tej, opublikowanej rok wcześniej w USA, książki pod tytułem *Blowing up Russia* został we Francji w 2002 roku nakręcony film o tym samym tytule, kilka tysięcy kaset z jego nagraniem zarekwirowali celnicy na lotnisku Pulkowo w Petersburgu. Gdy kasety mimo wszystko dotarły do Rosji, okazało się, że organizowanie pokazu filmu jest niebezpieczne: na przykład w Permie pobito żelaznymi prętami Aleksandra Kostariewa, a Igora Joffe – rurą żelazną; gdzie indziej bito po prostu rękami. Pomieszczenia, w których odbywały się pokazy, demolowano, wybijano szyby, łamano meble.

W 2015 roku walka z internetem nie jest jednak łatwa. Są portale, na których książkę można czytać, są takie, z których można ją bezpłatnie ściągnąć. Jest też film kończący się takimi słowami: „Jeśli przypuszczać, że wszystkie wybuchy w domach wysadzonych w powietrze we wrześniu 1999 roku są sprawą służb specjalnych, jasne, że ich przygotowanie zajęło kilka miesięcy. Do sierpnia 1999 roku na czele FSB stał Władimir Putin. Dlaczego zatem jako prezydent państwa nie zarządzi on otwartego śledztwa? Albo bardzo dobrze wie, co się naprawdę stało, albo niczego w państwie nie kontroluje. Tak czy inaczej, prawdziwe śledztwo niesie dla Kremla zbyt wielkie ryzyko. Jeśli istotnie potwierdzi się, że za akty terrorystyczne odpowiadają służby specjalne, legitymizacja władzy ludzi, którzy dziś rządzą państwem, automatycznie zostanie podważona"[141].

A jeśli nawet potwierdzi się udział tych służb, jeśli prowadzone nie tylko przez dziennikarzy i działaczy społecznych, lecz także przez zwykłych policyjnych śledczych dochodzenia dowiodą tego czarno na białym, to co wtedy? Wtedy ktoś dziennikarzy i działaczy zastrzeli lub otruje, nadgorliwi śledczy pójdą za kraty i nie odbędzie się ani jeden jawny proces. Opinia publiczna więc nie usłyszy, co w sali sądowej mają do powiedzenia oskarżeni. A jeśli znajdzie się uczciwy sędzia (jak na przykład w sprawie akcji terrorystycznej w Biesłanie), zostanie zastąpiony innym.

Dubrowka (albo *Nord-Ost*) i Biesłan to nazwy-hasła, synonimy masakry. Powszechna pamięć ogromną liczbę ofiar kojarzy z czeczeńskimi terrorystami. Wikipedia to potwierdza. A to nieprawda, bo w obu tych miejscach śmierć setek ludzi nastąpiła w wyniku szturmu rosyjskich oddziałów specjalnych. Niepotrzebnego, zarządzonego przez tajny sztab. Bezpośrednio z ręki terrorystów w obu atakach zginęły dwadzieścia trzy osoby.

Zabito wszystkich terrorystów, żadnego nie pojmano, nie postawiono przed sądem. Ci, którzy kazali zlikwidować te „dowody osobowe w sprawie", nigdy za to nie odpowiedzieli.

Okazało się, że nikomu na schwytaniu terrorystów nie zależało.

Ani na ratowaniu zakładników.

Okazało się też, że terroryści nie zeszli z gór, ale w większości zostali dostarczeni z więzienia.

Okazało się, że zarówno do oddziałów FSB, jak i do centrali już wcześniej docierały informacje o przygotowywanym zamachu terrorystycznym, lecz ich nie sprawdzono.

Okazało się, że tragiczne wydarzenia następowały albo równocześnie z niepopularnymi decyzjami władzy, której potrzebny był zjednoczony w trwodze naród, albo też akurat wtedy potwierdzały istnienie w Rosji terroryzmu międzynarodowego, kiedy organizacje międzynarodowe domagały się zakończenia wojny w Czeczenii.

Przede wszystkim jednak okazało się, że czeczeńscy terroryści byli kierowani, organizowani, a często i opłacani przez agentów FSB. W dodatku o szturmie i tu, i tu zdecydowali ci sami generałowie FSB: Władimir Proniczew i Aleksandr Tichonow. Po akcji w teatrze Dubrowka Władimir Putin, w uznaniu ich „męstwa i bohaterstwa", nadał obu tytuł Bohatera Federacji Rosyjskiej. Uczynił to potajemnie.

## *Nord-Ost*, czyli atak na teatr Dubrowka w Moskwie

23 października 2002 roku o wpół do dziesiątej wieczorem oddział złożony z czterdziestu jeden uzbrojonych czeczeńskich terrorystów (dwudziestu trzech mężczyzn i osiemnastu kobiet) wdziera się do teatru Dubrowka, gdzie po raz 323. jest grany popularny musical *Nord-Ost*. Terroryści żądają zakończenia wojny w Czeczenii i wyprowadzenia z niej wojsk federalnych. Żądają też rozmów z przedstawicielami władz. Do foteli na widowni co kilka rzędów przymocowują bomby. Kobiety w dziwnych arabskich strojach, zakrywających je od stóp do głów i niepodobnych do zwykłych strojów czeczeńskich, mają na sobie pasy szahidów, a na czołach zielone przepaski z arabskim wezwaniem do dżihadu. Wygląda to jak scenograficzna demonstracja organizowana przez Al-Kaidę, jak ogniwo mające połączyć ten zamach z terroryzmem światowym.

Dramat trwał trzy dni. Do terrorystów dostały się osoby prywatne (na przykład dziennikarka Anna Politkowska, polityk Irina Hakamada, lekarz Władimir Roszal), ale nikt ze strony władz czy wojska. W ciągu trzech dni z rąk zamachowców zginęło pięć osób.

Trzeciej doby nad ranem do teatru wpuszczono gaz usypiający. Kilku terrorystów, którzy początkowo usiłowali się bronić, zastrzelono. Resztę zabito w stanie uśpienia. Po dwóch godzinach do teatru weszli ratownicy oraz oddziały specjalne MSW i FSB. Tylko ci z FSB byli wyposażeni w antidotum niwelujące działanie gazu.

Akcji ratowniczej nie przygotowano, karetki przyjechały po trzech godzinach, skład gazu został utajniony, więc lekarzom trudno było ratować przywożonych z Dubrowki ludzi. Na widowni przebywało ponad osiemset osób. Według oficjalnych danych zginęło sto dwadzieścia dziewięć, według nieoficjalnych – sto siedemdziesiąt jeden. Większość tych, którzy przeżyli, została inwalidami (z powodu chorób krążenia i układu oddechowego).

Skąd się w centrum Moskwy wzięli terroryści? Jak wydostali się z Czeczenii, gdzie na granicy posterunki wojskowe rozstawiono co 50 metrów? Jak przewieźli bomby i resztę uzbrojenia przez drogi gęsto usiane posterunkami milicji?

„Dochodzenie w sprawie numer 229133, dotyczące wzięcia zakładników w teatrze Dubrowka, wszczęto wieczorem 23 października 2002 roku. Potem, według naszej wiedzy, realizowano prezydenckie postanowienie, by cicho tę sprawę pogrzebać, nikogo nie pociągając do odpowiedzialności"[142] – mówił w wywiadzie dla portalu Kasparow Dmitrij Miłowidow, współprzewodniczący organizacji Nord-Ost zrzeszającej byłych zakładników i ich rodziny. Prowadzone przez nią śledztwo skupiało się tylko na tym, kto wydał rozkaz przeprowadzenia szturmu, w którego wyniku śmierć ponieśli ich najbliżsi, i dlaczego nie przygotowano akcji ratunkowej. Dochodzenie, skąd się wzięli terroryści, okazało się głównie sprawą dziennikarzy, uczciwych śledczych i wojskowych, a także aktualnych i byłych pracowników służb specjalnych.

Oto zeznanie jednego z nich – R. Jusupowa, oficera Armii Radzieckiej i Armii Rosyjskiej – wysłuchane przez prokuratora generalnego Czeczeńskiej Republiki Iczkeria Sz.M. Wachajewa, prowadzącego śledztwo w sprawie ataku terrorystycznego w teatrze Dubrowka, i przytoczone przez niego w liście do pewnej dziennikarki:

„Gdy zaproponowano mi pracę dla FSB Czeczeńskiej Republiki, zgodziłem się z radością. Nie tylko z powodu osobistych porachunków z wahabitami, ale też z powodu przestępczych, drańskich zachowań rosyjskich wojskowych oraz przedstawicieli GRU, FSB i MSW Rosji. Zrozumiałem, że bez miejscowej agentury będę jak ślepy kociak. Wiem więc, co się działo w aresztach śledczych w Chankale, a są tam cztery: MSW, FSB, GRU i Ministerstwa Sprawiedliwości. To czarne dziury. Jeśli w nie człowiek wpadnie, nikt żadnej informacji o nim nie otrzyma. W Chankale obok Regionalnego Sztabu Operacyjnego znajduje się piętrowy budynek, a w nim supertajny oddział, gdzie pracują ludzie z centralnego aparatu FSB i GRU. Ten oddział jest ochraniany przez specnaz GRU, wejście tylko za specjalną przepustką wystawioną wyłącznie na polecenie naczelnika sztabu generała Anatolija Jeżkowa. Na początku 2002 roku pracowano tam nad operacją specjalną »Ściśle Tajne«. W połowie kwietnia w Czeczenii zaczęto przeprowadzać »zaczystki«, już nie tylko w celu zatrzymania bojowników, ale też ich najbliższych, w tym kobiet. Zatrzymanych zabierali do komendantury, torturowali, gwałcili, narkotyzowali.

Do tego budynku często przychodził przedstawiający się jako rzecznik prasowy prezydenta Maschadowa Chanpasz Terkibajew w towarzystwie przedstawicieli FSB i GRU z Moskwy. Wiem, że Terkibajewa zwerbowało GRU w Argunie. Wsypał wtedy wielu bojowników i swojego sąsiada ze wsi, Mowsara Sulejmanowa, którego potem powiązali z Arbim Barajewem, jego dalekim krewnym, znanym bandytą, z którym on żadnych związków nie miał, i nazwali Mowsarem Barajewem. Terkibajew wszystkim aresztowanym opowiadał, że jakoby jest przedstawicielem Maschadowa i ma jego pełnomocnictwa do pośredniczenia w pertraktacjach między Maschadowem a Putinem w sprawie przerwania wojny i wyprowadzenia rosyjskich wojsk z Czeczenii.

Kiedy nastąpił atak podczas spektaklu *Nord-Ost*, okazało się, że wśród terrorystek są kobiety, które trzymano w supertajnym oddziale Regionalnego Sztabu Operacyjnego. Już po wszystkim FSB zatrzymywała ich rodziców. Osobiście brał od nich podpisy pod oświadczeniami, że nie będą opowiadać o swoich córkach, naczelnik FSB rejonu naurskiego”[143].

Do tych zeznań wojskowego, a zarazem agenta FSB i GRU, jeszcze wrócimy. Na razie interesuje nas ów zwerbowany przez GRU Chanpasz Terkibajew. Jest to bowiem człowiek, który nie tylko razem z terrorystami wszedł do budynku teatru, lecz także z niego wyszedł. Na trop Terkibajewa wpadł Achmied Zakajew (mieszkający już wówczas w Londynie)*, do którego spływały informacje od rozrzuconej po świecie czeczeńskiej diaspory. Spłynęła więc i ta, że widziano Terkibajewa już po akcji w teatrze Dubrowka, choć przecież powinien być martwy, jako że figurował na liście bojowników, którzy zaatakowali teatr. Zakajew znał Terkibajewa z okresu pracy przy prezydencie Maschadowie, ale stracił do niego zaufanie po tym, jak Terkibajew – dwukrotnie aresztowany przez Rosjan – dość prędko był z aresztu zwalniany. Te informacje przekazał Politkowskiej. Okazało się, że Terkibajew wcale się nie ukrywał. Mieszkał w hotelu w Moskwie, gdzie pół roku po ataku na teatr Dubrowka udzielił jej wywiadu[144]. Nie zaprzeczał uczestnictwu w największym wówczas zamachu terrorystycznym w Rosji i chwalił się bliskimi kontaktami z bardzo wysoko postawionymi na Kremlu ludźmi: Siergiejem Jastrzembskim, ówczesnym rzecznikiem prasowym Putina, czy też z wpływowym zastępcą kierownika Administracji Prezydenta – Wladislawem Surkowem. Chełpliwość młodego, wówczas trzydziestoletniego Czeczena, wyjeżdżającego nawet w delegacjach rządowych za granicę, górowała nad ostrożnością. Może zresztą uważał – dysponując wieloma ważnymi legitymacjami (w tym i prasowymi, i takimi, których bez zgody służb specjalnych otrzymać nie sposób) – że zachowanie ostrożności nie jest już potrzebne?

Wiadomo, że Terkibajew przyczynił się do aresztowania tych, którzy potem znaleźli się na scenie teatru Dubrowka. Nie działał sam. Nie był najważniejszym agentem. Najważniejszy, o pseudonimie Abubakar, nosił nazwisko Rusłan Elmurzajew. Kim był?

Tu wracamy do zeznań wojskowego i agenta FSB oraz GRU R. Jusupowa przesłuchiwanego przez zastępcę prokuratora generalnego Czeczeńskiej Republiki Iczkeria:

---

* O tym, dlaczego w Londynie, będzie jeszcze mowa.

„W Republice działa także Elmurzajew Rusłan, zwerbowany przez GRU po tym, jak w 1992 roku wpadł w Moskwie w aferze z fałszowaniem bankowych awizów . Pseudonim Elmurzajewa – Abubakar. On ma specjalną przepustkę Regionalnego Sztabu Operacyjnego, podpisaną przez generała FSB Jeżkowa. Spokojnie jeździ po Czeczenii czarną wołgą i przedstawia się jako reprezentant bojowników Basajewa. Sam z nim nieraz jeździłem. Na posterunkach rosyjscy żołnierze mu salutowali.

Niedługo przed *Nord-Ost* Rusłan Elmurzajew otrzymał w Karaczajo-Czerkiesji drugi dowód osobisty na nazwisko Fuad Chuanow i pod tym nazwiskiem pracował jako szef służby bezpieczeństwa finansowego w małym banku Prima. Z tego właśnie banku niedługo przed akcją w Dubrowce otrzymał kredyt w wysokości 40 tysięcy dolarów. Za te pieniądze zostały w Moskwie zakupione i zarejestrowane dwa mikrobusy. Resztę wydano na fałszywe dokumenty itp. Zgodnie z informacją, którą posiada śledcza grupa Prokuratury Generalnej Czeczeńskiej Republiki, a którą potwierdzam, Elmurzajew R. był organizatorem i dowodzącym terrorystami, a atak na Dom Kultury »Dubrowka« to tajna operacja FSB i GRU pod kierownictwem generała FSB Anatolija Jeżkowa.

Ja, były oficer Armii Radzieckiej, Armii Rosyjskiej i agent FSB oraz GRU, poświadczam więc, że terrorystów w Czeczenii tworzą rosyjskie służby specjalne. R. Jusupow”[145].

Co to za bank ten Prima?

„To był maleńki bank służący głównie do prania pieniędzy – mówi dziennikarz, który usiłował ustalić, do kogo bank należał. – Abubakar był jego faktycznym właścicielem. Bankowi odebrano licencję, a gdy jego formalny dyrektor naczelny, Czeczen, uciekł, wszczęto kilka postępowań, ale nie w sprawie *Nord-Ost*, lecz w sprawie okradzionych klientów”[146].

Natomiast generał Anatolij Jeżkow, który według zeznań złożonych w Prokuraturze Generalnej Czeczenii organizował na terenie północnego Kaukazu tajną operację FSB oraz GRU w teatrze Dubrowka, to pochodzący z obwodu leningradzkiego naczelnik zarządu FSB w północnokaukaskim okręgu wojskowym, szef sztabu regionalnego prowadzącego antyterrorystyczną operację na terenie północnego Kaukazu, zastępca dyrektora FSB. Ten sam, którego 23 lipca 2001 roku uroczyście przyjmował na Kremlu prezydent Władimir Putin z okazji awansowania go na wyższe stanowisko.

Pytanie, czy większość terrorystów z teatru Dubrowka to rzeczywiście więźniowie kazamat w Chankale pod Groznym.

Mowsara Barajewa GRU aresztowało dwa miesiące przed zdarzeniami w Domu Kultury „Dubrowka". Uwagę na ten fakt zwróciła w styczniu 2003 roku znana francuska specjalistka od Czeczenii, dziennikarka Anne Nivat, powołując się bezpośrednio na doniesienia wywiadu wojskowego[147].

26 kwietnia 2003 roku Szamil Basajew, organizator napadu po stronie Czeczenów, oświadczył na portalu Kavkaz Center: „W końcu września 2002 roku miałem tylko dwie godziny, żeby z Mowsarem pomówić i dać mu instrukcje". Gdzie Basajew rozmawiał z Barajewem, aresztantem GRU w Chankale? Sam czy pod nadzorem jakiegoś oficera? Tak czy inaczej, na scenie teatru Dubrowka Mowsar Barajew zachowywał się tak, jakby nie miał pojęcia, co to za spektakl, w którym przyszło mu zagrać rolę statysty.

20 stycznia 2003 roku dziennikarz Jurij Szczekoczichin napisał w „Nowej Gaziecie" tak: „W zeszłym tygodniu dowiedziałem się z wiarygodnych źródeł, że jedna z terrorystek w Dubrowce była więźniarką obozu karnego, odsiadującą wieloletni wyrok. Rozpoznała ją mieszkająca w rejonie szczołkowskim matka"[148].

Ja z kolei mam w swoim archiwum zdjęcie kobiety, która twierdzi, że tuż przed tragedią w Dubrowce porwano jej córkę ze szpitala, w dodatku z zagipsowaną nogą. Zobaczyła ją dopiero w teatrze wśród szahidów.

Czy wszystkich terrorystów dostarczono z więziennej przechowalni jak towar na zamówienie? Czy też byli wśród nich ochotnicy? Czy nie po to, by uniemożliwić odpowiedź, zastrzelono ich co do jednego?

Oprócz Terkibajewa i Elmurzajewa.

Jak mogło dojść do tak wielkiej, dobrze zorganizowanej akcji terrorystycznej w centrum Moskwy?

Siergiej Kowalow, wieloletni więzień łagru, dziś znany obrońca praw człowieka, na tle głównej siedziby FSB na Placu Łubiańskim

To pytanie włączyła do swojego śledztwa w sprawie wysadzania domów we wrześniu 1999 roku społeczna komisja pod kierunkiem znanego obrońcy praw człowieka Siergieja Kowalowa i działacza demokratycznego Siergieja Juszenkowa. A ponieważ wśród ofiar dramatu w teatrze Dubrowka znalazł się też obywatel Stanów Zjednoczonych Sandy Booker, własne śledztwo prowadzili specjalizujący się w sprawach Rosji amerykańscy urzędnicy i naukowcy z Instytutu Hoovera przy Uniwersytecie w Stanford: John B. Dunlop oraz John B. Landon. Oczywiście pracowała też, jak mogła, moskiewska prokuratura.

„Był pełny sabotaż naszej pracy – mówił prokurator moskiewskiej prokuratury Aleksandr Łyczagin. – Wydawało się, że Prokuratury Generalnej w ogóle nie obchodzimy. Prosisz o konkretne materiały, oni uśmiechają się pod nosem i ich nie dają. A jeden z prokuratorów wprost powiedział: »Przeżyłem już sto kontroli, was też przeżyję«”[149]. W rezultacie prokurator naczelny moskiewskiej prokuratury i jego zastępca zostali ze stanowisk odwołani.

Ze wszystkich dochodzeń, które dało się przeprowadzić, wyłania się taki obraz:

Przygotowania ruszyły już w lutym. Abubakar-Elmurzajew oraz inny delegowany przez Basajewa bojownik poszukiwali chętnych do akcji w Moskwie. Niektórych zmuszali szantażem. Achiad Mieżyjew na przykład, od lat mieszkający w stolicy, zgodził się na współpracę po tym, jak jego rodzinie w Inguszetii zaczęto grozić rozprawą. Grożono i jemu, gdy zjawił się w Inguszetii. Groźbami nakłaniano też do współpracy jego brata, Alichana Mieżyjewa. Wyposażono ich w pieniądze oraz fałszywe dokumenty i zlecono organizację moskiewskiej bazy.

(Uprzedzając fakty, dodajmy, że Achiad Mieżyjew, którego wśród terrorystów nie było, został skazany na dwadzieścia dwa lata więzienia i w styczniu 2015 roku zmarł w kolonii karnej na gruźlicę).

W kwietniu 2002 roku w podmoskiewskiej miejscowości Czarne, w rejonie Bałaszycha, dom pod numerem 100 kupił wysłannik Abubakara Champasz Sobralew, wprowadził się tam z dwiema młodymi kobietami (żoną i siostrą), postawił wysokie ogrodzenie i zaczął przyjmować gości zajeżdżających najdroższymi, zwykle terenowymi samochodami. W niewielkim domku w ogrodzie zamieszkała najważniejsza w tej układance postać – Arman Mienkiejew. Kim jest?

Według portalu Agentura, prowadzonego przez znawcę rosyjskich służb specjalnych Andrieja Sołdatowa, „major Mienkiejew (matka Czeczenka, ojciec Kazach), dawniej zastępca dowódcy oddziału specjalnego przeznaczenia, służył w Czukowskiej Brygadzie specnazu GRU. Włada biegle perskim i arabskim. „Pasy szahidów, granaty i inne materiały wybuchowe używane przez terrorystów w Dubrowce przywieziono do Mienkiejewa wprost z Czeczenii na ciężarówkach z jabłkami”[150].

Wszystkie te urządzenia w trakcie akcji terrorystycznej były niesprawne. Część terrorystów o tym nie wiedziała. Zakładnicy, z którymi rozmawiałam (Nikołaj Lubimow, Irina Kołpakowa, Tamara Starkowa)[151], i ci, z którymi rozmawiali inni dziennikarze, poświadczali, że Czeczenki, jeszcze przytomne po wpuszczeniu na widownię gazu usypiającego, daremnie usiłowały – łącząc przewody – doprowadzić do wybuchu. Skoro tak, to nad czym i na czyje zlecenie trudził się pod Moskwą Arman Mienkiejew? Czy jego zleceniodawcy byli świadomi, że żadna bomba nie wybuchnie? A jeśli tymi zleceniodawcami, oprócz Czeczenów, byli dawni przełożeni z GRU, to po co na widownię wpuszczono usypiający gaz?

Armana Mienkiejewa aresztowano 22 listopada 2002 roku, miesiąc po napadzie na Dubrowkę. Funkcjonariusze prowadzący przesłuchanie w więzieniu FSB Lefortowo napisali w jego charakterystyce: „Wierny rosyjskiemu rządowi [...], potrafi strzec tajemnicy wojskowej i państwowej"[152]. Mienkiejewa po roku z aresztu zwolniono.

Zdecydowana większość wciąganych do akcji Czeczenów nie miała pojęcia, że przygotowywany przez nich dramat ma także rosyjskich reżyserów. Ale nawet i bez tej wiedzy byli wśród Czeczenów tacy, którzy nie tylko chcieli się wycofać, lecz także całe przedsięwzięcie udaremnić. Na przykład człowiek o nazwisku Loma Dagałajew, który za pośrednictwem Terkibajewa dał się zwerbować do FSB. W marcu 2002 roku, gdy został wciągnięty do organizowania akcji w Moskwie, nagrał na kasecie wideo (w obecności jednego z najważniejszych współpracowników Maschadowa)[153] zeznanie o planowanym zamachu terrorystycznym, w którym ważną rolę odgrywają on i Terkibajew. Oświadczył, że celem akcji ma być jeden z budynków rządowych i zaprezentował przed kamerą wydane w tym celu przepustki. Kilka dni później Dagałajew zginął w katastrofie samochodowej. Świadek owego nagrania, po przesłuchaniu w FSB, uciekł do Anglii[154].

Inne ostrzeżenie pochodziło od fachowca, byłego oficera operacyjnego FSB (kilka lat wcześniej usuniętego z Firmy w trybie służbowym) Michaiła Triepaszkina*, który na piśmie stwierdzał:

„Począwszy od maja 2002 roku, od osób związanych ze środowiskiem kryminalnym otrzymywano informacje o koncentracji Czeczenów pod Moskwą. Były funkcjonariusz służb specjalnych, pracujący obecnie jako prawnik w kilku firmach czeczeńskich, oświadcza, że w Moskwie pojawił się Abubakar i przez nikogo nie niepokojony czerpie dochody z hotelu Salut w południowo-zachodniej części miasta. Wiadomo, że hotel jest związany z bojownikami czeczeńskimi, ale nikt tam kontroli nie przeprowadza, ponieważ część dochodu jest oddawana niektórym szefom struktur siłowych. Z hotelem Salut jest związany generał KGB ZSRR Bogdancew, dlatego też Abubakara nikt nie rusza"[155].

---

* Michaił Triepaszkin odegrał ważną rolę w śledztwie dotyczącym wysadzania budynków mieszkalnych w 1999 roku, o czym była mowa wcześniej.

Jeszcze jedno ostrzeżenie pochodziło od mieszkającego w Moskwie Czeczena Achijada Bajsarowa (kiedyś aresztowanego za poważne przestępstwo, lecz dość prędko zwolnionego, co może wskazywać na zwerbowanie go do współpracy z FSB), który przy świadkach powiadomił kierownictwo FSB na Łubiance o mającym nazajutrz nastąpić ataku terrorystycznym[156].

Po wydarzeniach w Dubrowce Triepaszkin przekazał FSB całość zebranych przez siebie informacji o Abubakarze, między innymi i tę o rozszyfrowanym wcześniej agencie o pseudonimie Abdułła (którego FSB usytuowało przy pierwszym prezydencie Czeczenów – Dudajewie). Triepaszkin utrzymuje, że kiedy w 1995 roku Abdułłę zatrzymano w Czeczenii, wysoki rangą funkcjonariusz FSB (późniejszy jej dyrektor Nikołaj Patruszew) rozkazał zostawić go w spokoju.

Michaiła Triepaszkina aresztowano tuż przed rozprawą, na której miał przedstawić sądowi, co wie o zamachach terrorystycznych w Moskwie. Aresztowano go pod zarzutem „rozgłaszania tajemnic państwowych" i skazano na cztery lata kolonii karnej.

Planowany schemat akcji terrorystycznej w Moskwie przypominał ten z roku 1999. Miało nastąpić kilka eksplozji, eskalacja strachu, rosnąca panika, poczucie wszechobecnego zagrożenia. Akt główny miał się rozegrać w jakiejś wielkiej instytucji, najprawdopodobniej o znaczeniu politycznym.

Już w trakcie dramatu w teatrze Dubrowka przypomniałam sobie, że i mnie o nim uprzedzono. Kierowca, który towarzyszył mi podczas pobytu w Czeczenii i Inguszetii w sierpniu i wrześniu 2002 roku, powiedział w wielkiej oczywiście tajemnicy, że jest planowana akcja „podobna do akcji Palestyńczyków", i prosił, bym nie chodziła do Dumy i Rady Federacji. Gdy powiedziałam, że przecież po zamachu terrorystycznym cały świat ich znienawidzi, odparł: „A co nam po tym całym świecie? Czy my kogokolwiek obchodzimy? Nas mordują, świat milczy". Ostrzeżenia nie potraktowałam poważnie. Ludzie Kaukazu czasem mocno przesadzają, lubią się chwalić.

„Basajew mówi, że wyglądało to tak, jakby ktoś mu ukradł oddział, gdy tylko opuścił Czeczenię. Komando, wyszkolone osobiście przez Basajewa do szturmu na Dumę Państwową, niespodziewanie zaatakowało teatr Dubrowka. Zadaniem dwóch oddziałów, każdego po dwadzieścia osób, było zajęcie budynków Dumy i Rady Federacji. Organizatorzy mieli policzone metry od wejścia do wind, do schodów, do sali posiedzeń. Oddziały »ukradli« Abubakar i Terkibajew, którzy dołączyli do reszty dopiero w Moskwie"[157].

„Współpraca między Basajewem i Abubakarem nie układała się gładko. Ten ostatni zapewne zmierzał do realizacji całego zadania, jakim było sterroryzowanie Moskwy jeszcze przed atakiem na Dubrowkę. W tym najwidoczniej przeszkodził mu Basajew. Zainstalowane w samochodach pułapkach materiały wybuchowe nie zadziałały albo zadziałały z niewielką siłą. Abubakar się wściekał, że »ślubu nie było«: zgodnie z zaplanowanym wcześniej »aktem ślubnym« równocześnie z opanowaniem Dubrowki przez terrorystów miała wylecieć w powietrze i Piramida"[158]. Pod restauracją McDonald's Abubakar spowodował wprawdzie wybuch samochodu ze środkami detonującymi, ale o wiele słabszy, niż planowano (zginął jeden człowiek, raniono dziewięciu). Milicja natychmiast przystąpiła do śledztwa w sprawie tego wybuchu: ustalono właściciela samochodu, a dzięki temu jeszcze dwóch organizatorów, przy czym, jak się później okaże, żaden z nich wewnątrz Domu Kultury „Dubrowka" nie przebywał.

Dochodzenie w sprawie tego wybuchu prowadził podpułkownik Jewgienij Taratorin, zastępca naczelnika wydziału śledczego moskiewskiej milicji. O rezultatach poszukiwań i tajemniczym Abubakarze opowiedział w popularnym programie telewizyjnym „Czełowiek i zakon". Zamierzał jeszcze spotkać się z dziennikarzami, by zdać im relację z trudności, jakie pracownikom MSW czyni w tym śledztwie FSB. Nie zdążył: został oskarżony o korupcję i aresztowany.

Przez trzy dni władze nie wysłały do budynku teatru kompetentnego negocjatora, choćby po to, by zyskać na czasie przy przygotowywaniu akcji uwolnienia zakładników. Ich los był im obojętny. O wodę, coś do jedzenia, środki higieniczne starała się Anna Politkowska. Błyskawicznie wróciła z Los Angeles (gdzie wyjechała z wykładami), gdy przekazano jej, że Czeczeni chcą z nią rozmawiać.

Do teatru przyszło jeszcze paru cywili, na których terroryści się zgodzili. Wśród nich (jak już wcześniej wspomniano) Irina Hakamada, deputowana jednej z działających jeszcze partii demokratycznych. Po zamachu napisała list otwarty „do obywateli Rosji, którzy padli ofiarą terroryzmu państwowego":

„Prezydent dokonał wyboru. Postanowił ukryć prawdę. Ja też dokonałam wyboru. Postanowiłam powiedzieć, jak było. Po pierwsze, terroryści nie mieli zamiaru wysadzić teatru w powietrze, a po drugie, władzy nie zależało na uratowaniu zakładników. Kiedy wróciłam z teatru, szef Administracji Prezydenta Aleksandr Wołoszyn groził mi i przykazywał, żebym nie mieszała się do tej sprawy. Teraz dochodzę do wniosku, że ten zamach miał pomóc władzy rozpalić antyczeczeńską histerię, usprawiedliwić kontynuację wojny oraz utrzymać na wysokim poziomie popularność prezydenta"[159].

„Putin niespecjalnie myślał o ratowaniu ludzi – powiedział Boris Niemcow w Radiu Swoboda. – On chciał pokazać, jaki jest mocny i jak rozprawi się z terrorystami. Wszystkich można było uratować, ale nie to było głównym celem Putina. On, jak widać, jest człowiekiem okrutnym. A po drugie – przede wszystkim myślał o swoim wizerunku, o reklamie, i bardzo nie chciał, by jakiś inny polityk zarobił na tym punkty"[160].

Na wszelki wypadek stacje telewizyjne otrzymały zakaz transmisji z teatru i jego okolic.

Przez trzy dni tamtej tragedii było zimno i padał deszcz. Podchodziłam do ogrodzenia, za którym był sztab. Czym kierował – nie wiadomo, informacji rodzinom zakładników nie udzielał, traktowano ich tam brutalnie. Skamienieli wrastali w ziemię. Patrzyłam na uszargane wiatrem kartony, na olbrzymie napisy: „Jesteśmy za pokojem" albo „Nie! wojnie w Czeczenii".

Czeczenia zeszła z telewizyjnego ekranu. Zwaliła się im na głowy.

Terroryści wezwali rodziny zakładników, by wyszły na plac Czerwony i żądały zakończenia wojny w Czeczenii. Nawet w tak dramatycznych okolicznościach demonstracja nie była liczna, a jej członkowie wydawali się ciężko wystraszeni. Tylko niektórzy (jak reżyser Mark Rozowski potrafili otwarcie przyznać, że do tej pory wojna na Kaukazie była im obojętna. Daleka. I że odczuwają to jako winę[161].

Data tego aktu terrorystycznego nie była przypadkowa.

Dramat w teatrze Dubrowka zaczął się w środę 23 października 2002 roku, zakończył w sobotę 26 października. Dwa dni później, w poniedziałek 28 października, w Kopenhadze rozpoczynał się Pierwszy Światowy Kongres Czeczenów z udziałem znaczących zachodnich polityków i dziennikarzy. Te dwa zdarzenia miały ze sobą bezpośredni związek.

Planowano bowiem, że na kongresie zostanie ogłoszony plan pokojowego zakończenia konfliktu rosyjsko-czeczeńskiego i rozmów między prezydentem Putinem a legalnie wybranym czeczeńskim prezydentem Maschadowem. Maschadow i Basajew nie mieli ze sobą już nic wspólnego. Potwierdził to sam Basajew. Na nagraniu z 2001 roku, przeznaczonym dla innego dowódcy polowego, mówił: „Chcemy, żebyś powiedział naszym braciom, że z Maschadowem nie mamy żadnych kontaktów [...]. Cokolwiek bym mu mówił, to nie ma sensu, bo on nie chce nas zrozumieć. No to powiedziałem mu na zebraniu: »Idź swoją drogą, my [pójdziemy] swoją«"[162].

Przedstawiciele Zachodu czekali na ogłoszenie planu pokojowego, w którego przygotowaniu brali udział pod patronatem Amerykańskiego Komitetu Pokoju dla Czeczenii oraz Zbigniewa Brzezińskiego, byłego doradcy prezydenta Jimmy'ego Cartera do spraw bezpieczeństwa narodowego. Plan został opracowany przez ministra spraw zagranicznych Czeczenii-Iczkerii Iljasa Achmadowa (przy czym główne punkty przedstawiono także Madeleine Albright) i przewidywał obustronne przerwanie ognia, kontrolowane przez międzynarodowy komitet wykonawczy z udziałem urzędników ONZ, OBWE, Rady Europy oraz przedstawicieli Wspólnoty Niepodległych Państw.

Plan uzgadniano przeważnie na tajnych spotkaniach delegacji czeczeńskiej i rosyjskiej. Ich uczestnik Frederick Starr, przewodniczący Instytutu Azji Środkowej i Kaukazu przy Uniwersytecie Johna Hopkinsa w Waszyngtonie, wspomina:

„Dwukrotnie uczestniczyłem w tajnych rozmowach między deputowanymi Dumy i przedstawicielami rządu Maschadowa. W pierwszej turze Rosjan reprezentował dziennikarz, zastępca redaktora naczelnego »Nowej Gaziety« Jurij Szczekoczichin, równocześnie piastujący w Dumie stanowisko wiceprzewodniczącego Komitetu Bezpieczeństwa, i jeszcze jeden przedstawiciel Dumy z komisji do spraw Czeczenii. Czeczenów reprezentowała delegacja z twórcą planu pokojowego Iljasem Achmadowem na czele.

Myślałem, że będą się kłócić, ale więcej ich łączyło, niż dzieliło. Byli pewni, że obie strony zadowoli takie uregulowanie, by Czeczenia pozostała w składzie Federacji Rosyjskiej, lecz otrzymała maksimum autonomii pod kontrolą organizacji międzynarodowych. To absolutnie podważało stale powtarzany przez Putina wymysł, że Czeczeni dążą tylko do separatyzmu, że chcą naruszyć całość Federacji Rosyjskiej. Poza tym Maschadow był tym czeczeńskim przywódcą, który chciał stworzyć nowoczesną republikę, oddzielając religię od państwa i występując przeciw fundamentalistom"[163].

Następne spotkanie, jawne, odbyło się 18 listopada 2001 roku na moskiewskim lotnisku Szeremietiewo 2, w hallu hotelu Novotel. Naprzeciw siebie usiedli: wicepremier czeczeńskiego rządu Achmied Zakajew oraz generał rezerwy Wiktor Kazancew ze sztabu antyterrorystycznej operacji w północnym Kaukazie. Kazancew powtarzał dyrektywę Putina: rozmowy będą możliwe, jeśli cała armia partyzancka złoży broń i się podda; amnestia zostanie zastosowana tylko wobec tych, którzy „nie mają krwi na rękach". Czyli – żadnych ustępstw. Rezultat: fiasko.

Według Frederica Starra porozumieniu z Czeczenami kategorycznie sprzeciwiała się Administracja Prezydenta. Wiktor Iwanow oraz Igor Sieczin, dwaj zastępcy Wołoszyna, szefa administracji Putina, a przede wszystkim dyrektor FSB Nikołaj Patruszew. Ich cel – wojna „do zwycięskiego końca" – najwidoczniej był też celem Putina, mimo że na tej wojnie zginęło już około 4 tysięcy rosyjskich żołnierzy. Za jej kontynuacją opowiadali się również rosyjscy generałowie zbijający majątki na okradaniu własnego wojska (nawet z przydziałów żywności) i na handlu czeczeńską ropą.

Kolejne tajne spotkanie odbywało się 16–19 sierpnia 2002 roku w Księstwie Liechtensteinu, znowu z udziałem Jurija Szczekoczichina. Czeczenów reprezentował Achmied Zakajew.

Co na to Kreml?

„Kiedy na konferencji prasowej zapytano Putina o nasze pierwsze spotkanie w Szwajcarii – pisze Frederic Starr – zdecydowanie zaprzeczył, że takie spotkanie się odbyło. A gdy zaczęło być głośno o drugim naszym spotkaniu[164], moskiewski »Biały Dom« ogłosił, że to sprawka Bieriezowskiego, by Putina zdyskredytować. A Bieriezowski nie miał z tym wszystkim nic wspólnego. Jednym słowem – Putin propozycję odrzucił"[165].

21 października 2002 roku (dwa dni przed napadem na teatr Dubrowka) rzecznik prasowy Putina Siergiej Jastrzembski oznajmił, że nie ma mowy o żadnych pertraktacjach na warunkach wysuniętych przez separatystów i że „tylko oficjalny przedstawiciel Rosji generał Kazancew ma pełnomocnictwa do prowadzenia rozmów, a inne próby należy traktować jako własną inicjatywę osób prywatnych"[166].

Czego się Putin bał?

Tego, że w Czeczenii pojawią się przedstawiciele ONZ oraz innych organizacji międzynarodowych i ujawnią potworności stosowanego tam terroru, zobaczą masowe groby, które złożyłyby się zapewne na niejedną bałkańską Srebrenicę*. Putin bał się odpowiedzialności.

Gdyby 28 października w Kopenhadze został ogłoszony pokojowy plan zakończenia wojny w Czeczenii, w świat poszłaby informacja o gotowości Maschadowa do rozmów i zgoda na włączenie Czeczenii do Federacji Rosyjskiej. Trudno więc byłoby Putinowi tę propozycję odrzucić. Trudno też byłoby dowieść, że Maschadow nie ma w Czeczenii żadnego poparcia, jeśli na kongresie poparliby go przedstawiciele wszystkich czeczeńskich diaspor.

---

* Masakra w Srebrenicy – masowe egzekucje wykonane w okolicach tego miasta na 8373 muzułmańskich mężczyznach i chłopcach przez paramilitarne oddziały Serbów od 12 lipca do 16 lipca 1995 roku podczas wojny w Bośni.

Cała odpowiedzialność za dalsze prowadzenie wojny spadłaby na Putina.

W tej sytuacji nie mógł dopuścić do tryumfu Maschadowa.

Podobnie jak Basajew, którego sukces prezydenta Maschadowa usunąłby w cień, pozbawił racji bytu i sensu walki, zniweczył plany utworzenia w Czeczenii islamskiego państwa opartego na szariacie i obejmującego cały północny Kaukaz. Odciął się więc od starań Maschadowa, oświadczając na portalu bojowników wahabitów, że „wszelkie pertraktacje muszą służyć umocnieniu islamu […]. My nie przyjmiemy rezultatów odrębnych rozmów i nie pozwolimy nikomu decydować o naszym losie"[167].

Tak więc i dla Putina, i dla Basajewa największym problemem stał się Asłan Maschadow, a wspólnym celem – zniweczenie pokojowego planu zakończenia wojny w Czeczenii. Przedstawienie Maschadowa jako terrorysty przekreśla jakiekolwiek z nim pertraktacje.

Dlatego przed kamerami telewizji NTW, na opanowanym przez Czeczenów podium, rozegrała się taka scena: Mowsar Barajew odpowiada na pytania. Obok siedzi Abubakar*. Barajew mówi niezbyt składnie, niepewnie, że przyszli tu, aby zginąć w imię Allaha albo uwolnić ojczyznę od wojsk „federałów". Abubakar półgłosem rzuca mu podpowiedzi po czeczeńsku. Gdy na pytanie, kto ich tu przysłał, Barajew odpowiada: „Szamil Basajew", Abubakar się nachyla i po czeczeńsku nakazuje mu: *Pacza czogo ał* – wskaż prezydenta. Barajew posłusznie mówi: „Asłan Maschadow".

Kilka dni wcześniej na tym samym kanale telewizyjnym pokazano nagranie wideo, na którym Maschadow mówił: „W najbliższym czasie przeprowadzimy operację, która odwróci historię czeczeńskiej wojny". Nagranie zrobiono latem, a Maschadow zapowiadał wielką letnią operację partyzancką w Czeczenii. Tymczasem FSB

* Dwóch mężczyzn oskarżonych o wysadzanie budynków mieszkalnych w Moskwie we wrześniu 1999 roku oświadczyło w liście do „Nowej Gaziety", że tą akcją kierował dyrektor FSB Nikołaj Patruszew, którego podwładnym był podpułkownik o pseudonimie Abubakar. Być może chodzi o tę samą osobę. Więcej na ten temat zob. w: Krystyna Kurczab-Redlich, *Głową o mur Kremla…*, dz. cyt., s. 299.

przedstawiła to jako dowód zlecenia przez Maschadowa ataku terrorystycznego w Moskwie. Rzecznik prasowy Kremla oznajmił, że „Maschadowa nie wolno dłużej uważać za legalnego przedstawiciela separatystów", a „przywódców tego ruchu, nie wyłączając Maschadowa, należy zlikwidować".

Waszyngton niezwłocznie nazwał Maschadowa „trefnym towarem", który z rozmów pokojowych musi być wyłączony.

27 października, po zakończeniu akcji na Dubrowce, a w przeddzień konferencji w Kopenhadze, Władimir Putin kategorycznie zażądał od premiera Danii odwołania Światowego Kongresu Czeczenów. Duński premier Anders Fogh Rasmussen odpowiedział, że nie może tego zrobić, bo po pierwsze, kongres nie jest przedsięwzięciem rządowym, a po drugie, odwołanie go naruszyłoby konstytucyjne prawa obywateli do wolności słowa i zebrań. W odpowiedzi na twierdzenie Kremla, że wśród uczestników kongresu znajdują się terroryści, Rasmussen zapewnił, że Ministerstwo Spraw Zagranicznych Danii zebrało dokładne informacje o uczestnikach, zanim wydało im wizy. Oburzony oporem Putin zerwał rozmowy dwustronne, planowane w Kopenhadze za dwa tygodnie, i zażądał przeniesienia z Kopenhagi do Brukseli szczytu Unia Europejska – Rosja, przewidzianego na listopad.

Ale – tak czy inaczej – Putin osiągnął cel: czeczeński terror w Moskwie odarł Światowy Kongres Czeczenów z prestiżu, a z mozołem wypracowywany plan pokojowy stał się plikiem bezużytecznych papierów. Zagłuszył też głos przywódców czeczeńskich diaspor potępiających stosowanie terroru i zapewniających, że z zamachowcami nie mają nic wspólnego. Prezydent Rosji zaś przypisał sobie pełnomocnictwa równe pełnomocnictwom prezydenta USA po ataku z 11 września: nasilenie wojny z terroryzmem. Czeczeńskim.

28 października Kreml ogłosił, że i Maschadow, i Zakajew to międzynarodowi terroryści, zleceniodawcy zamachu terrorystycznego w teatrze Dubrowka, i zażądał od Danii ekstradycji Achmieda Zakajewa (Maschadow w górach Czeczenii był nieuchwytny), oskarżając go o wiele zbrodni. Zakajewa aresztowano, ale po tym,

*Achmied Zakajew. W 2003 roku londyński sąd oddalił żądanie jego ekstradycji wystosowane przez rosyjską Prokuraturę Generalną, gdy się okazało, że wszelkie dowody były sfałszowane lub wymuszone torturami*

jak stwierdzono bezzasadność rosyjskiego wniosku (na przykład odnaleziono żywego kapłana, którego „banda Zakajewa" ponoć zamordowała), odzyskał wolność. Niemniej poproszono go o opuszczenie Danii. Na zaproszenie życzliwej sprawie Czeczenów aktorki Vanessy Redgrave udał się zatem do Londynu.

Po wydarzeniach w teatrze Dubrowka prezydent Putin wystąpił w telewizji:

„Przeżyliśmy w ciągu tych dni straszne doświadczenie. Wszystkie nasze myśli były z ludźmi, którzy znaleźli się w rękach uzbrojonych łotrów. Mieliśmy nadzieję na uniknięcie nieszczęścia, ale każdy z nas rozumiał, że trzeba być gotowym na najgorsze [...]. Udała nam się rzecz prawie niemożliwa: uratowaliśmy życie setek, setek ludzi. Dowiedliśmy, że Rosji nie można rzucić na kolana. Nie mogliśmy jednak uratować wszystkich. Wybaczcie nam..."[168].

Odbierał gratulacje z całego świata, szczególnie wylewne od prezydenta Busha. Gdy amerykański ambasador w Moskwie Alexander Vershbow powiedział na konferencji prasowej, że „gdyby było więcej informacji, przeżyłoby co najmniej kilku zakładników więcej"[169], został przez Departament Stanu skarcony.

Spośród poszkodowanych wskutek ataku terrorystycznego w teatrze Dubrowka pięćdziesiąt osiem osób wniosło skargę do Europejskiego Trybunału Praw Człowieka w Strasburgu, pozywając rząd Federacji Rosyjskiej. Przedstawiciel Rosji w Trybunale wnioskował o ograniczenie dostępu do materiałów sprawy. Trybunał przychylił się do rosyjskiej prośby i rozprawę o zamachu terrorystycznym w Domu Kultury „Dubrowka" utajnił.

Natomiast jedyny pozostały przy życiu członek grupy terrorystów Chanpasz Terkibajew zginął w katastrofie samochodowej w Czeczenii w czerwcu 2003 roku, w przeddzień przesłuchania przez prawników amerykańskich prowadzących własne śledztwo w sprawie śmierci amerykańskiego obywatela podczas 323. spektaklu musicalu *Nord-Ost*.

Ciała Rusłana Abubakara-Elmurzajewa, który według śledczych zginął wraz z innymi terrorystami, nikomu do identyfikacji nie udostępniono.

W kolejne rocznice tragicznych wydarzeń w teatrze Dubrowka Władimir Putin nie pojawił się ani razu pod upamiętniającą je rzeźbą.

## Biesłan, czyli atak terrorystyczny na szkołę w Osetii Północnej*

To, co naprawdę zdarzyło się w Biesłanie 1 września 2004 roku, ma przejść do historii tylko pod taką postacią, jaką temu zdarzeniu nadał Kreml. Wszystkie inne wersje są niepożądane i – w miarę możności – unicestwiane.

3 września 2015 roku, w jedenastą rocznicę tragedii w Biesłanie, w centrum Moskwy został zatrzymany mężczyzna** rozdający broszurę pod tytułem *Prawda Biesłanu*. Po kilku godzinach wprawdzie go zwolniono, ale broszury odebrano i w razie recydywy zagrożono mu aresztem.

W 2009 roku decyzją sądu okręgowego Republiki Osetia Północna włączono do listy zabronionych materiałów ekstremistycznych skierowane „do prezydenta i Kongresu Stanów Zjednoczonych, prezydentów państw Europy, Parlamentu Europejskiego oraz

---

* Republika Osetii Północnej wchodzi w skład Federacji Rosyjskiej; graniczy z Czeczenią i Inguszetią.

** Był to docent fizyki teoretycznej Michaił Łaszkiewicz.

dziennikarzy i mediów światowych wezwanie do zapoznania się z zamieszczonymi na portalu Prawda Biesłana dowodami na udział władz w organizacji tego zamachu[170].

W 2014 roku, w związku z obchodami dziesiątej rocznicy tragedii organizowanymi przez portal Prawda Biesłana (na którym udostępniono efekty wieloletniego śledztwa prowadzonego przez mieszkańców Biesłanu, miejscową prokuraturę, działaczy społecznych oraz dziennikarzy), rosyjska państwowa kompania telekomunikacyjna Rostelekom na dłuższy czas zablokowała dostęp do tego portalu.

Wersja oficjalna głosi, że 1 września 2004 roku, podczas uroczystości rozpoczęcia roku szkolnego, grupa składająca się z trzydziestu trzech terrorystów napadła na szkołę numer 1 w Biesłanie. Przez niespełna trzy dni terroryści przetrzymywali w zaminowanym budynku tysiąc stu dwudziestu ośmiu zakładników, w większości dzieci. Trzeciego dnia o godzinie trzynastej pięć w szkole doszło do wybuchów, które spowodowały częściowe zawalenie się budynku. Wtedy siły Federalnej Służby Bezpieczeństwa rozpoczęły szturm. Podczas chaotycznej strzelaniny z udziałem cywilów posługujących się własną bronią zabito dwudziestu ośmiu terrorystów (troje zginęło wcześniej, w budynku). Jedyny terrorysta, którego pojmano żywcem, został skazany na dożywotnie więzienie.

Niemal nic z tego nie jest prawdą.

Do 2015 roku Prokuratura Generalna Federacji Rosyjskiej śledztwa nie zakończyła. Wątpliwe, by do tego zmierzała. Szybko natomiast uporały się z dochodzeniami dwie komisje: jedna – powołana wbrew intencjom Moskwy – w parlamencie lokalnym, północnoosetyjskim, druga w Dumie Państwowej. Wyniki prac tych komisji w wielu punktach są sprzeczne.

W Moskwie na przykład twierdzą, że wszystkie ofiary zginęły z rąk terrorystów, w Osetii natomiast formułują ciężkie oskarżenia, iż zdecydowaną większość zabili funkcjonariusze specnazu FSB oraz żołnierze 58. Armii stacjonującej w północnym Kaukazie, posłużywszy się przy szturmie ofensywną bronią stosowaną tylko w warunkach polowych: odrzutowymi miotaczami ognia, granatnikami oraz czołgami. Użycie tych rodzajów broni oraz żołnierzy niewyszkolonych w akcjach odbijania zakładników było niezgodne z zasadami i praktyką działań antyterrorystycznych na świecie i samo w sobie stanowi dowód, że nie w celu ratowania zakładników przeprowadzono ten szturm. Nic dziwnego, że zarówno komisja w Dumie Państwowej, jak i Prokuratura Generalna z całą mocą zaprzeczają tym ustaleniom.

W Moskwie, licząc terrorystów, zatrzymano się przy trzydziestu trzech: tylko jednego z nich pojmano, resztę zabito. Świadkowie przesłuchiwani w Osetii przez komisję parlamentarną oraz zeznający przed sądem podczas procesu terrorysty Nurpaszy Kułajewa twierdzili, że terrorystów było co najmniej pięćdziesięciu sześciu. Większość przyjechała na dwóch ciężarówkach, a nie na jednej, jak „zauważyło" oficjalne śledztwo.

Terroryści domagali się pertraktacji. W Moskwie ten temat pominięto, w Osetii zajmowano się nim dokładnie. Gdyby pertraktacje z terrorystami prowadzono, być może w ogóle nie byłoby ofiar, albo byłoby ich dużo mniej: po przybyciu każdego kolenego negocjatora obiecali wypuszczać po kilkadziesiąt osób.

Dlaczego więc nie pojawili się w szkole ci, których obecności terroryści zażądali: prezydent Osetii Alesandr Dzasochow, prezydent sąsiedniej Inguszetii, generał KGB Murat Ziazikow czy doradca prezydenta Putina do spraw Czeczenii Asłambiek Asłachanow? Nie pojawili się, ponieważ im zabroniono. Prezydent Osetii twierdził przed osetyjską komisją, że zakaz dotarł do niego od samego Putina, prezydenta Inguszetii przetrzymywano ponoć w tym czasie w moskiewskim hotelu Rossija, Asłachanow natomiast dostał zezwolenie na wyjazd do Biesłanu dopiero 3 września, czyli w dniu szturmu.

Tymczasem ponad tysiąc osób przetrzymywano bez wody i jedzenia w wypełnionej materiałami wybuchowymi szkolnej auli. Terroryści czekali na pertraktacje. Żądali, jak dwa lata wcześniej w Domu Kultury „Dubrowka", zakończenia okrutnej wojny i wyprowadzenia wojsk z Czeczenii. I podobnie jak tam, wystarczyłaby wola spełnienia tych żądań przez prezydenta Putina, żeby zakładnicy zostali uratowani. Dowiódł tego odsunięty przez Putina od władzy były prezydent Inguszetii, generał Rusłan Auszew, który z własnej woli do terrorystów poszedł i wyszedł, wyprowadzając dwadzieścia sześć matek z maleńkimi dziećmi.

„Popełniłem straszny błąd – przyznawał autor listu »od niewolnika Allaha Szamila Basajewa do prezydenta Putina«, datowanego na 17 września 2004 roku. – Nie przypuszczałem [...], że jesteś tak okrutnym człowiekiem, że nie zrobisz wszystkiego, by ratować dzieci”[171].

Jeśli naprawdę ten organizator zamachów terrorystycznych liczył na to, że prezydent Rosji, przerażony liczbą zakładników, wśród których przeważały dzieci, wyda rozkaz wycofania wojsk z Czeczenii, to się mylił: do Rosjan informacja o ataku na szkołę w Biesłanie dotarła bardzo okrojona, w wiadomościach telewizyjnych podano ją na poślednim miejscu, na ekranie królowały programy rozrywkowe, a liczbę zakładników zaniżono do trzystu pięćdziesięciu czterech.

Terrorystów to kłamstwo doprowadziło do furii: od tego momentu zarządzili, by dzieciom nie dawać nawet wody.

„Liczbę 354 wymieniano do samego końca, do 3 września – mówi przewodniczący osetyjskiej komisji parlamentarnej Stanislaw Kiesajew. – Najprawdopodobniej na polecenie Administracji Prezydenta Federacji Rosyjskiej. Bo jeśli zakładników jest tysiąc, trzeba przyznać, że chodzi o największy atak terrorystyczny na świecie, i podjąć środki specjalne. Prawdziwa informacja o liczbie zakładników kardynalnie zmieniłaby całą sytuację”[172].

Kim byli terroryści? Jak przeszli przez obstawioną posterunkami Czeczenię i pilnie strzeżone drogi północnego Kaukazu aż do osetyjskiego Biesłanu?

Żadne z oficjalnie prowadzonych śledztw na to pytanie nie odpowiedziało, podobnie jak na wiele innych: dlaczego z tras wiodących do szkoły numer 1 usunięto wszystkie posterunki? Dlaczego ochronie milicyjnej właśnie tej szkoły powierzono inne cele? Co robił milicjant zauważony w ciężarówce wiozącej uzbrojonych mężczyzn w kierunku Biesłanu? Dlaczego uparcie zaniżano liczbę terrorystów? Dlaczego nie wzięto pod uwagę oficjalnych ostrzeżeń o przygotowywanej przez bojowników Basajewa akcji specjalnej?

Odpowiedź dał sam Basajew:

„Do tego napadu właściwie popchnęli nas szefowie służb specjalnych Osetii Północnej, wprowadzając w nasze szeregi swojego agenta Władimira Chodowa zwanego Abdułłą"[173] – oznajmił na portalu Kavkaz Center.

Kim był Chodow?

Dziennikarze „Nowej Gaziety" ustalili, że pochodzący z Osetii Chodow został w 1997 roku aresztowany pod zarzutem gwałtu, po czym niby to zniknął. Poszukiwany też był na niby: zajmowała się nim milicja niezorientowana w sprawach służb specjalnych czy choćby swojego resortu. Stąd też, gdy jeden jej wydział Chodowa poszukiwał, drugi woził go własnym samochodem do rodzinnej miejscowości w odwiedziny do matki albo na pogrzeb brata.

Ten agent niezupełnie jednak się sprawdził, bo – jak twierdzi Basajew – „po miesiącu przebywania w grupie inguskich mudżahedinów przyznał się amirowi, że jest agentem służb specjalnych oraz FSB"[174]. Chcąc przekonać Basajewa, iż to prawda, dokonał, korzystając z dostarczonego przez te służby sprzętu (broni, ciężarówek), dwóch poważnych zamachów terrorystycznych*.

„Tak zyskał moje zaufanie – napisał Basajew. – Od wiosny 2004 roku razem z rosyjskimi służbami specjalnymi przygotowywaliśmy atak na kompleks rządowy we Władykaukazie**, planując go na 6 września – Dzień Niepodległości Czeczenii-Iczkerii. Miało wyglądać to tak, że przy wjeździe do Władykaukazu na bojowników czekałby oddział służb specjalnych, żeby ich zlikwidować, zaś Chodow miał się ukryć we włazie kanalizacyjnym. No i w związku z tym planem od 31 sierpnia otworzono nam »korytarz«. Ale tym »korytarzem« doszliśmy do Biesłanu, »pomyliwszy« czas i obiekt napadu"[175].

Przez cały rok 2003 trwała zabawa w kotka i myszkę między tymi, którzy Chodowa ścigali, a tymi, którzy go chronili. Dowody tego ścigania (faksy z sankcją aresztu) zniknęły: z akt wyrwano kartki, na

* Jednego we Władykaukazie, stolicy Osetii Północnej, drugiego w Jessentukach. Oba zamachy miały miejsce w 2003 roku.

** Atak na kompleks rządowy najprawdopodobniej miał doprowadzić – według zamierzeń służb specjalnych – do zmiany na stanowisku gubernatora Osetii Północnej.

których figurowało jego nazwisko (zapewne zostały zabrane przez FSB). Z bazy danych zniknęły też jego odciski palców. A Oleg Gajdienko, naczelnik FSB, który tego agenta prowadził, najpierw został szefem regionalnego Wydziału Walki z Terroryzmem, a potem jednym z dyrektorów w centrali FSB na Łubiance[176].

Wśród ujawnionych po szturmie na szkołę nazwisk zabitych terrorystów początkowo znajdowało się nazwisko Chodowa. Potem zniknęło. Razem z nim.

Większość zwłok zidentyfikowano dzięki istniejącej bazie odcisków palców osób kiedyś zatrzymanych, aresztowanych, więzionych. W aktach osetyjskiej milicji znajdowały się dowody dawniejszego aresztowania lub uwięzienia rozpoznanych w Biesłanie terrorystów. Wszyscy oni, łącznie z pojmanym Kułajewem (uprzednio aresztowanym w 2001 roku), po niedługiej odsiadce – czy to za przestępstwa pospolite, czy za udział w „nieformalnych oddziałach zbrojnych" (za samo podejrzenie o przynależność groziły tortury, długie lata więzienia, a najczęściej śmierć) – odzyskiwali wolność. Za oczywistą cenę: współpracy ze służbami specjalnymi. W rubryce „karalność" nie figurują.

Zabito ich strzałami w głowę. Strzelano tak, by nie dało się rozpoznać twarzy. „Czy to są ci, których widzieliście w szkole?" – pytano zakładników, oni jednak nie byli pewni. Prosili: „Pokażcie nam ich zdjęcia zrobione za życia". Bez skutku. Mieli pozostać w przekonaniu, że zginęli wszyscy terroryści, których widzieli. Nie ma człowieka, nie ma problemu.

Problem jednak istniał: wielu terrorystów „wyparowało". Zakładnicy widzieli w szkole kilka grup jakby ze sobą niezwiązanych. Jedni terroryści mówili między sobą po osetyjsku, inni po czeczeńsku. Była też duża, wyraźnie „słowiańska grupa" (jak to określił przebywający jakiś czas w szkole Rusłan Auszew), porozumiewająca się tylko po rosyjsku. Należała do niej kobieta w moro, zapamiętano ją palącą papierosy (na pewno więc nie pochodziła z Kaukazu). Nikogo z tej grupy wśród zabitych nie znaleziono. Podobnie jak jednego z hersztów bandy: niskiego, krępego, z ogromną blizną od ucha do szyi; miał na imię Ali i prowadził rozmowy z przedstawicielem sztabu operacyjnego FSB. Zniknęli w nocy poprzedzającej szturm.

Kim były kobiety uznane za terrorystki?

„Ja, była zakładniczka, Osetyjka, znam p r a w d ę o ataku na szkołę i o szturmie. Dopiero co wyszłam ze szpitala. Tam nas ostro przestrzegali, żebyśmy milczeli, ale jak ja mogę milczeć, wiedząc to, co wiem!" – tak zaczyna się list do internetowej agencji informacyjnej Czeczenpress, skierowany 29 września 2004 roku, niedługo po biesłańskim dramacie, do „maschadowskich", czyli pokojowo nastawionych Czeczenów. Redakcja zaznacza, że list jest podpisany, ale nazwisko byłej zakładniczki zostanie udostępnione tylko niezależnej komisji badającej tragedię w Biesłanie. Oto fragmenty tego listu:

„Mnie wszystko opowiedziała Timusza, tak nazywali tę dziewczynę, szahidkę. Timusza dała mojemu dziecku snickersa i wodę, była prostą i dobrą dziewczyną ze wsi. Timusza siedziała w żeńskim więzieniu za brata bojownika, który zginął w Czeczenii. Ją aresztowali w 1999 roku podczas »zaczystki«. Potem zawieźli do »obozu filtracyjnego«. Potem do więzienia, ale ona nie wiedziała, gdzie to więzienie jest. Przez cały czas nawet jej nie sądzili, tylko trzymali w pojedynczej celi. Tak spędziła cztery lata. Prawie oduczyła się mówić, z mężczyznami w ogóle nie rozmawiała. Spać kładła się obok nas.

Timusza mówiła, że pod koniec sierpnia trzy razy wzywał ją śledczy i pytał, czy chce do domu. Myślała, że z niej kpi, ale raz przyszła do niej do celi Rosjanka, na imię miała Luda, i zaproponowała jej wolność w zamian za uczestniczenie w inscenizacji napadu na szkołę. Mówiła, że wojna w Czeczenii już się kończy, i żeby postawić kropkę, trzeba tak zrobić, by wyglądało na to, że kończą ją z humanitarnych powodów. Rosjanka przekonywała Timuszę, że powinna wejść do grupy, która zainscenizuje napad na szkołę, a potem nastąpią pertraktacje z Czeczenami. Inaczej Putin tej wojny nie może zakończyć, trzeba, żeby wystąpił jako obrońca dzieci, bo ich życiem przecież nie będzie ryzykować.

Rosjanka mówiła bardzo przekonująco, Timusza jej uwierzyła. Tym bardziej że potem wezwano ją przed jakichś wysokich urzędników, którzy – jak się jej wydawało – rozmawiali z jeszcze wyższymi w Moskwie. Pojęła, że jest w Astrachaniu, skąd ją z grupą dokądś dostarczą. Potem zapowiedzieli, że nie wolno jej rozmawiać z nikim z grupy aż do czasu dotarcia do celu. Całą drogę ich pilnowano, mężczyznom też zabroniono się odzywać. Dali jej strój i pas szahidki, mężczyznom wydali ubrania moro. Mieli się w to przebrać przed wejściem do szkoły. Po przyjeździe do Wołgogradu przesadzili ich do samolotu do Biesłanu, potem do mikrobusów. Mężczyzn wyprowadzali pojedynczo i dawali im instrukcje. Timuszy powiedzieli tylko: »Zaganiajcie wszystkich do sali gimnastycznej, broń jest w klasach na parterze«.

Ja widziałam, jak rozdawano broń tym ludziom. Oni się między sobą nie znali, byli zdenerwowani, na nas krzyczeli i zaczęli przymocowywać jakieś miny czy bomby. Czekali na pertraktacje. Powiedzieli, że są oswobodzicielami Czeczenii i że nas wypuszczą, a jeśli zostaną przyjęte ich warunki, to nikt nie ucierpi. Dzwonili gdzieś z telefonów, które im przyniesiono razem z bronią. Czekali na kogoś do pertraktacji. Po każdej rozmowie zbierali się i dyskutowali. To był koszmar. Ze strachu nie czułam nawet pragnienia i głodu. Trzeciego dnia Timusza podeszła i powiedziała, że ich zdradzono, władze nie chcą z nimi rozmawiać, będzie szturm i ona musi umrzeć. Terroryści strasznie się denerwowali. Ich główny chodził między nami i powtarzał: »Nikomu na was nie zależy, teraz wszyscy umrzemy«.

Potem nastąpił straszny wybuch i straciłam przytomność. Gdy się ocknęłam, nic nie słyszałam, widziałam tylko poruszające się usta. Boże! Chyba ten, kto przeżył to wszystko, już nigdy nie będzie normalny. Dlaczego nam to zrobili?! Dlaczego chcieli nas zabić?! Dlaczego chcieli zabić bojowników? Oni nie dawali nam jeść, pić, niektórzy byli okropni, ale nic nam nie robili, nie ruszali nas. Do końca swoich dni nie zapomnę tego szturmu, tego piekła. Ten, kto to przeżył, nigdy nie będzie już mógł nie tylko patrzeć na Putina, ale nawet słuchać jego głosu. Jakiż on okrutny i perfidny! Z nas wszystkich zrobił swoich zakładników. Niech będzie przeklęty”[177].

W protokołach rosyjskiej Prokuratury Generalnej są dane dotyczące dwóch szahidek, Czeczenek, których tożsamość ustalono dzięki ekspertyzie molekularno-genetycznej. Z wynikami nie zapoznano krewnych, nie zażądano od nich identyfikacji zwłok, nawet im ich nie pokazano, nie zwrócono też żadnych rzeczy osobistych. Kobiety, o których mowa w protokołach, handlowały na bazarze. Ostatni raz widziano je 22 sierpnia 2004 roku na przystanku autobusowym w Machaczkale, skąd miały jechać po towar do Baku. Nikt ich później nie widział. Jedna była panną, druga rozwódką, mieszkały z matkami i rodzeństwem. Wahabizmem, o który je oskarżano, nigdy się nie interesowały. „Śledczy mówili, że u nas były wahabickie książki. A jakie ona mogła mieć wahabickie książki, jeśli nawet czytać nie umiała?"[178] – mówiła dziennikarzowi matka jednej z nich. Istnieje prawdopodobieństwo, że obie kobiety zlikwidowano po to, by uzyskać ich dowody osobiste. Może jeden z nich przypisano wiejskiej dziewczynie o imieniu Timusza?

Od września 2004 roku, co dwa tygodnie, a nawet częściej, bardzo wysoki siwy mężczyzna regularnie latał z Moskwy do Biesłanu, wybierając w samolocie pierwszy rząd z lewej strony, przeznaczony dla deputowanych Dumy. Był to Jurij Sawieljew, członek federalnej komisji parlamentarnej badającej okoliczności zamachu terrorystycznego w Biesłanie. Prowadził też własne, niezależne śledztwo. Opozycjonista? Liberał? Buntownik? Przeciwnie: komunista, nieprzyjaciel Zachodu, źle widziany w USA ze względu na pracę dla Iranu, a przede wszystkim – jak się okazało – profesjonalista: naukowiec, badacz, ekspert od budowy rakiet, autor dwutomowego dzieła o kierowaniu dynamiką lotu i zewnętrzną balistyką oraz podręcznika o podstawach fizyki spalania i wybuchu, który to przedmiot Sawieljew wykładał na Wydziale Nauki o Pociskach w Instytucie Mechaniki Wojskowej, gdzie był rektorem przez piętnaście lat.

Stworzył ponadsiedemsetstronicowy raport. Podważył w nim wszystkie tezy komisji, do której należał, od liczby terrorystów poczynając, a na przyczynie śmierci każdego zakładnika, wymienionego z nazwiska, kończąc. Tak się złożyło, że 1 września deputowany przejeżdżał przez Biesłan z delegacją Dumy. Wiedział więc, że i zakładników, i terrorystów było dużo więcej, niż podawano oficjalnie. Oświadczył to przewodniczącemu Dumy Borisowi Gryzłowowi, prosząc o powiadomienie prezydenta, najwyraźniej wprowadzanego w błąd. Nikt jednak więcej z nim w tej sprawie się nie kontaktował. Nie skorygowano też podawanych do wiadomości publicznej liczb.

Najważniejsze w dochodzeniu Sawieljewa było ustalenie przyczyny pierwszego wybuchu, bo według wersji oficjalnej szturm oddziałów specjalnych na szkołę (w tej wersji nic się nie mówi o udziale wojska) spowodował uruchomienie przez terrorystów bomby, wybuch pożaru w sali gimnastycznej i dobijanie strzałami ratujących się ucieczką zakładników.

Jurij Sawieljew udowodnił, że wojsko rozpoczęło szturm z dachów sąsiednich budynków, skąd wymierzono w szkołę broń, którą nazwał straszliwą: odrzutowe miotacze ognia o działaniu termobarycznym oraz granaty szturmowe o sile wybuchu 6,1 kilograma trotylu. Odrzutowe miotacze ognia o nazwie „Trzmiel" wystrzeliły w dach nad salą gimnastyczną o godzinie trzynastej trzy, a dwadzieścia dwie sekundy później z innego budynku wystrzelono granaty szturmowe RPG-6. „Trzmiele" spowodowały zawalenie się strychu i pożar. Straż pożarna ruszyła w kierunku szkoły natychmiast, ale powstrzymał ją rozkaz ze sztabu operacyjnego, dowodzonego przez FSB. Ogień zaczęto gasić po dwóch godzinach, o piętnastej dwadzieścia osiem.

„Trzmiele", granaty szturmowe (RPG-26 i RSzG przeznaczone do rażenia w przestrzeni zamkniętej i otwartej), a także inną broń oraz czołgi skierowano na tę część szkoły, gdzie znajdowali się ludzie: zakładnicy i terroryści. Ci zakładnicy, którym udało się uciec z płonącej sali gimnastycznej, ginęli od kul padających z zewnątrz. Według obliczeń Sawieljewa z pożaru uratowało się od trzystu do trzystu dziesięciu zakładników. Spośród nich stu sześciu lub stu dziesięciu zginęło od ostrzału z zewnątrz. Na ratunek płonącym rzucili się – niewprowadzeni przecież w machinacje sztabowe –

szeregowcy z oddziałów FSB i milicji. Trzynastu przypłaciło to życiem.

„Terroryści – mówi Sawieljew dziennikarce »Nowej Gaziety« – wyciągali zakładników z sali gimnastycznej, osłaniali ich kawałkami ławek przed pociskami z zewnątrz, wyprowadzali, wynosili, dosłownie wyganiali! Niektórzy dobijali swoich rannych. Według oficjalnej wersji to terroryści strzelali w plecy wybiegającym ze szkoły zakładnikom, ale na to dowodów nie ma.

Klasy i pracownie, które ocalały podczas szturmu, zaczęto późnym wieczorem burzyć – najpierw miotaczami ognia, potem pociskami czołgowymi, a wreszcie pociskiem moździerzowym. A potem wszystko zalano wodą z hydrantów. W obecności ministra do spraw sytuacji nadzwyczajnych Siergieja Szojgu przez noc i cały ranek tę górę gruzu wywożono do rowu w okolicach Biesłanu. Potem ludzie znajdowali tam fragmenty ciał i rzeczy zakładników”[179].

Kiedy wczesnym rankiem 4 września do Biesłanu przybył prezydent Putin, po szturmie nie było już śladu. Ale w wiadomościach telewizyjnych podawano, że „saperzy nadal rozminowują szkołę i dojścia do niej. Już unieszkodliwiono ponad dziesięć urządzeń minowych. Ratownicy Ministerstwa do spraw Sytuacji Nadzwyczajnych kontynuują działania poszukiwawcze”[180].

Prosto z lotniska prezydent udał się do szpitala. Przechodząc przez sale pełne rannych, zatrzymał się przy łóżku kierowniczki szkoły, co w wiadomościach telewizyjnych szczególnie podkreślono. Na zebraniu w siedzibie administracji okręgu zapewnił, że „wydał już rozporządzenia co do poszukiwań osób związanych z tym zamachem terrorystycznym, nakazał zablokowanie miasta oraz granic Republiki”. Zapewnił też, że „rozpatrywaliśmy wszystkie możliwe warianty rozwoju wypadków, ale nie przygotowywaliśmy szturmu”. Osetyjski prezydent z kolei (ten, którego daremnie terroryści wzywali na rozmowy) pospieszył z podziękowaniem: „Przez wszystkie te trudne godziny i dni czuliśmy Pańskie, Władimirze Władimirowiczu, mocne wsparcie”[181]. Prezydent spokojnie udał się na lotnisko.

Czy napadu na szkołę można było uniknąć?

W dokumentach osetyjskiego sądu znajduje się korespondencja telegraficzna, jaką wówczas prowadził z podwładnymi wiceminister spraw wewnętrznych Osetii Północnej pułkownik Michaił Mourarow:

10 sierpnia 2004 roku: „Podczas oględzin otoczenia posterunków milicji drogowej ujawniono istnienie objazdów i przejść pozwalających na ominięcie tych posterunków. Należy te przejścia i objazdy zlikwidować".

18 sierpnia: „Nakazuję wzmocnić ochronę szczególnie ważnych obiektów, w których przebywają duże grupy ludzi, oraz kontrolę transportu publicznego, dróg i targowisk".

27 sierpnia: „W celu udaremnienia prawdopodobnych zamachów terrorystycznych zarządzam, aby posterunkowi dokładnie sprawdzali przemieszczanie się wszystkich grup. Pod specjalną kontrolą mają się znaleźć miejsca szczególnie ważne, jak targowiska, hotele, przedszkola, szkoły".

28 sierpnia: „Zarządzona kontrola wykazała, że liczebność personelu osobowego na posterunkach została wyraźnie zmniejszona, co w warunkach nasilenia działań operacyjnych jest niedopuszczalne"[182].

Dlaczego ta „liczebność personelu osobowego na posterunkach" została zmniejszona, najprawdopodobniej niewprowadzony w plany FSB, Basajewa i agenta Chodowa wiceminister Mourarow nie mógł wiedzieć. Jednak wskutek alarmu wszczętego w kierownictwie MSW Osetii Północnej szkoły objęto specjalnym nadzorem. Ale 1 września, tuż przed godziną dziewiątą, milicjanci pilnujący szkoły numer 1 zostali skierowani do patrolowania drogi, którą miała przejeżdżać delegacja z Moskwy. „Rozkaz o wysłaniu patrolu z miasta na szosę tuż przed napadem przyszedł z góry. Z jak wysoka, trudno powiedzieć"[183] – zeznawała Ełła Kesajewa, jedna z założycielek organizacji Gołos Biesłana.

Ostrzeżeń było więcej:

„Oświadczam, że 1 września o godzinie piątej rano w miejscowości Szali został zatrzymany obywatel Arsamikow. Podczas przesłuchania Arsamikow powiedział, że na dzisiaj jest planowany atak na szkołę w mieście Biesłan". Tej treści raport dołączono do materiałów śledczych w Wydziale Walki z Przestępczością Zorganizowaną Osetii Północnej. Do raportu dodano jeszcze oświadczenie innego śledczego, uprzedzonego o planowanym ataku przez czeczeńskiego agenta, który dodał: „Dzieci żal, one przecież niewinne, ale zrobić to trzeba"[184]. Oba dokumenty trafiły do rąk jednego z naczelników północnoosetyjskiego MSW, Romana Sochijewa. Nie podjął on jednak żadnych kroków. Z czasem awansował, został współpracownikiem prezydenta Osetii Północnej odpowiedzialnym za walkę z przestępczością zorganizowaną.

Natychmiast po otrzymaniu informacji o napadzie na szkołę w Biesłanie Anna Politkowska pomknęła na lotnisko Domodiedowo. Spieszyła się. Była pewna, że terroryści zechcą z nią rozmawiać jak w teatrze Dubrowka. Mogła pomóc w pertraktacjach, mogła pomóc zakładnikom. Ale na lotnisku spędziła cały dzień. Dla innych pasażerów miejsca się znajdowały, dla niej nie. Tymczasem porozumiała się z Achmiedem Zakajewem w Londynie, ten z kolei porozumiał się z Maschadowem. Obydwaj – ryzykując życie – zaproponowali siebie w zamian za zakładników. To, że obecność Maschadowa korzystnie zmieniłaby scenariusz napadu, było prawie pewne. Także osetyjskie władze popierały tę inicjatywę. Sztab operacyjny jednak taką możliwość zdecydowanie odrzucił.

Pod wieczór 1 września dla dziennikarki znalazło się miejsce w samolocie. Doprowadził ją tam uprzejmy funkcjonariusz FSB. Po jakimś czasie – już na pokładzie samolotu – poprosiła o szklankę herbaty. Dziesięć minut po pierwszym łyku straciła przytomność. Lekarze w Rostowie nad Donem zrobili wszystko, by przywrócić ją do życia. Było to trudne i długo trwało.

Tego samego dnia Andriej Babicki, inny znany Czeczenom i przez nich ceniony dziennikarz (ten, nad którym dwa lata wcześniej znęcano się w „obozie filtracyjnym" w Czernokozowie), przyleciał zza granicy, by się udać do Biesłanu. Na lotnisku w Moskwie ktoś go brutalnie zaczepił. To wystarczyło do zatrzymania go pod zarzutem wywołania chuligańskiej awantury. Do Biesłanu nie wyleciał.

Dziennikarka gruzińskiej telewizji Rustawi-2, Nana Leżawa, do Biesłanu dotarła i przekazała stamtąd film pokazujący, że pierwsze strzały padły z zewnątrz, a nie od strony terrorystów. 3 września została zatrzymana. Przesłuchiwano ją przez pięć dni. W pewnym momencie poczęstowano kawą. Straciła przytomność. Lekarze stwierdzili w jej organizmie obecność niebezpiecznej dla życia trucizny o silnym działaniu psychotropowym, uszkadzającej mózg.

W 2006 roku dotkliwie pobito do utraty przytomności naczelną redaktorkę portalu Prawda Biesłana, Marinę Litwinowicz, która przeprowadziła wiele dochodzeń w sprawie ataku terrorystycznego w osetyjskiej szkole.

Ani w komisji parlamentarnej w Dumie Państwowej, ani w Prokuraturze Generalnej nie chciano przyjąć dowodów świadczących o użyciu w Biesłanie broni stosowanej do walki w otwartym terenie (w postaci znalezionych na dachu budynku naprzeciwko szkoły wyrzutni „Trzmiel" i łusek po pociskach) dostarczonych przez dziennikarki „Nowej Gaziety" i Jurija Sawieljewa. I mimo że do takiego przekazania przy świadkach wreszcie doszło, dowody te w aktach nie figurują. Raport Sawieljewa przez komisję przyjęty nie został.

## Inne akty terroru

Trudno dokładnie zliczyć, ile ich było, od kiedy Władimir Putin pojawił się na politycznym horyzoncie Rosji. A jeszcze trudniej dociec, kto i po co te zamachy terrorystyczne przygotowywał. Można jedynie zaobserwować pewną prawidłowość: im mniej o kolejnym nieszczęściu trąbiło „pudło zombi" (tak Rosjanie czasów Putina nazywają telewizor), tym bardziej wzrastało prawdopodobieństwo, że samodzielnie Czeczeni, dowodząc siły buntu wobec wojennego terroru, a także bezradności wszelkich antyterrorystycznych poczynań. Im bardziej zaś zamach terrorystyczny w telewizji eksponowano, tym większą można było mieć pewność, że został sprokurowany przez „służby" ze względu na jakąś aktualną użyteczność. Na przykład w celu uzasadnienia dalszej „operacji terrorystycznej".

8 sierpnia 2000 roku, rocznica rozpoczęcia wojny w Czeczenii. Centrum Moskwy. Bomba wybuchła w podziemnym przejściu stacji metra Puszkinska będącej jednym z głównych punktów przesiadkowych, ulubionym miejscem spotkań oraz wielkim podziemnym centrum handlowym. Siedem osób zginęło na miejscu, sześć zmarło w szpitalach. Śledztwo trwało pięć lat. W tym czasie dokonano ponad 100 ekspertyz, przesłuchano 300 świadków, sprawdzono dane 6432 osób, które wyjechały z Moskwy 8 i 9 sierpnia tamtego roku. Przeprowadzono też 6348 czynności mających potwierdzić finansowe podłoże zamachu. Przestępców nie znaleziono. Sprawę umorzono[185].

„Tego aktu terrorystycznego dokonali dwaj pracownicy FSB [...] znani jako major Ismaiłow i kapitan Fiodorow – twierdzą autorzy książki *FSB wzrywajet Rossiju*. – Trzy dni wcześniej, 5 sierpnia 2000 roku, dwunastu członków grupy specjalnej Andrieja Moriewa, którzy przyszli na Pietrowkę 38* po instrukcje przed kolejną operacją, stało się przypadkowymi świadkami rozmowy Ismaiłowa i Fiodorowa o akcji na placu Puszkina. Gdy trzy dni później nastąpił tam zamach terrorystyczny, Moriew na podstawie przedstawionych mu rysopisów zidentyfikował dwóch oficerów FSB"[186].

Dwa lata później 9 maja 2002 roku. Największe rosyjskie święto państwowe – Dzień Zwycięstwa. Podczas parady wojskowej w miejscowości Kaspijsk w Dagestanie wybuchła mina. Zginęły czterdzieści trzy osoby, sto siedemdziesiąt zostało rannych. Rosyjska Wikipedia informuje: „Ten akt terrorystyczny był zorganizowany przez Rappaniego Chaliłowa, dowódcę Dagestańskiego Frontu Sił Zbrojnych Czeczeńskiej Republiki Iczkeria".

Jako członków grupy terrorystycznej aresztowano ośmiu żołnierzy i oficerów 136. Brygady Strzelców stacjonującej w Kaspijsku oraz jednego cywila, który miał od nich kupić minę MON-90 i na rozkaz Rappaniego Chaliłowa podłożyć ją na skraju alei Lenina

* Siedziba MSW w Moskwie.

w Kaspijsku. Sędziowie sądu wojskowego odrzucili dowody na to, że w czasie, gdy doszło do przestępstwa, dwaj oskarżeni w ogóle w Kaspijsku nie przebywali. Głównym tropem prowadzącym do oskarżonych była ich wojskowa specjalność: saperzy, jako że tylko oni mogli sprzedać miny terrorystom.

A wina cywila o nazwisku Jusup Tajmurazow polegała na tym, że mieszkał w tej samej dzielnicy, z której pochodził ów czeczeński dowódca, i posiadał wspólne z nim zdjęcie z dzieciństwa. Tajmurazow mimo tortur nie zeznawał przeciwko żołnierzom. Niemniej trzydziestoczteroletni dowódca służby inżynieryjnej 136. Brygady Strzelców Nikołaj Jamkowoj został skazany na cztery lata więzienia za posiadanie broni (podrzucono mu ją do mieszkania matki, znanej i powszechnie szanowanej emerytowanej nauczycielki). Sam się przyznał. Plastikowymi butelkami z wodą (nie zostawiają śladów) odbijano mu płuca, wątrobę i nerki, przypalano go papierosami, rażono prądem, sadzano na butelkę. Podobnie traktowano także innych oskarżonych[187].

Udział w śledztwie brał osobiście szef FSB Nikołaj Patruszew. Z akt wynika, że aresztował uczestnika zamachu w Kaspijsku, kucharza owego czeczeńskiego dowódcy. Dziennikarze jednak udowodnili, że ów kucharz, Zaur Akawow, został zatrzymany cztery dni przed zamachem w Kaspijsku. Skąd się zatem tam wziął 9 maja 2002 roku, pozostaje sprawą FSB i generałów.

Rappani Chaliłow ujęty nie został. Ukrywał się w Gruzji, w Wąwozie Pankijskim, jedynym niestrzeżonym przez Rosjan odcinku granicy czeczeńskiej. Przebywało tam wielu czeczeńskich uchodźców, wśród nich bojownicy. Prezydent Gruzji Eduard Szewardnadze uważał, że to problem wewnętrzny Gruzji, i odrzucał żądania Władimira Putina, by wprowadzić tam wojsko rosyjskie. Rosyjski minister spraw zagranicznych utrzymywał jednak, że w Wąwozie Pankijskim ukrywają się członkowie Al-Kaidy i że widziano tam Usamę ibn Ladina.

Trzy dni po dramacie w Kaspijsku Dmitrij Rogozin, ówczesny przewodniczący Komitetu Spraw Zagranicznych w Dumie, oświadczył, iż „jeden z prawdopodobnych organizatorów ataku terrorystycznego w Kaspijsku, lider dagestańskich wahabitów Rappani Chaliłow, ukrywa się w Wąwozie Pankijskim w Gruzji. W związku z tym po 9 maja rosyjskie kierownictwo nie musi mieć żadnych moralnych skrupułów w sprawie przeprowadzenia tam operacji wojskowej, tak jak nie miały ich Stany Zjednoczone po 11 września ubiegłego roku"[188].

Niebawem nad Wąwóz Pankijski nadleciały rosyjskie śmigłowce bojowe. Od bomby zginęła jedna osoba, rannych było wielu. Prezydent Putin zagroził podjęciem dalszych jednostronnych działań militarnych przeciw Gruzji, jeśli Tbilisi nie zapewni bezpieczeństwa na granicy gruzińsko-rosyjskiej i nie podporządkuje się żądaniom Kremla.

Nikołaja Patruszewa, dyrektora FSB, Władimir Władimirowicz mianował szefem komisji przeprowadzającej śledztwo w sprawie zamachu terrorystycznego w Kaspijsku. A telewizja wielokrotnie pokazywała prezydenta, który z zaciekłym wyrazem twarzy grzmiał na zebraniu z udziałem przedstawicieli organów siłowych: „Atak terrorystyczny w Kaspijsku przeprowadzili cyniczni łajdacy, dla których nie ma niczego świętego. Mamy pełne prawo odnosić się do nich jak do nazistów, których jedyny cel to niesienie śmierci, sianie strachu i mordowanie"[189].

Trudno się z prezydentem nie zgodzić…

Tymczasem – jak już wspomniano – o zamachach, które bez wątpienia były dziełem ludzi z Kaukazu, w samej Czeczenii lub w jej pobliżu telewizja wspominała mimochodem lub nie wspominała wcale, gdyż zaprzeczały Putinowskiej tezie o „normalizacji sytuacji w Czeczenii". A przecież ciężarówki prowadzone przez szahidów (zarówno kobiety, jak i mężczyzn) wybuchały w Groznym przed posterunkami milicji, komendami FSB, siedzibą rządu (wysadził ją mężczyzna, któremu towarzyszyła porwana w Rosji dziewczynka)[190], w szpitalach. W samym tylko roku 2002 zginęło w zamachach terrorystycznych w Czeczenii około dwustu osób, nie licząc zmarłych później od ran. Czeczeni stosujący terror znani byli z imienia i nazwiska, wiadomo było też, dlaczego to robią: w proteście wobec terroru stosowanego przez Kreml. Jednakże wieści o dramacie członków groznienskiego rządu (siedemdziesiąt dwie ofiary) czy szpitala w pobliskim północnoosetyjskim Mozdoku (pięćdziesięciu zabitych) ledwie docierały do rosyjskiego telewidza.

Ale oto znowu głośny zamach: 5 grudnia 2003 roku. Piątek. Siódma czterdzieści pięć. Poranny szczyt komunikacyjny. Tuż za stacją pięknej uzdrowiskowej miejscowości Jessentuki na południu Rosji w pociągu podmiejskim wybuchła bomba. Zginęły czterdzieści dwie osoby, w większości studenci jadący do miejscowych uczelni. Rannych było dwustu dwunastu. Pierwsza informacja: zamachu dokonała czteroosobowa grupa, w tym trzy kobiety. W niedzielę wiceminister spraw wewnętrznych podał do wiadomości, że ujęto podejrzanego, przy czym „odmówił ujawnienia okoliczności zatrzymania, a także szczegółów śledztwa". Rychło się okazało, iż podejrzanym jest – wedle wypowiedzi Patruszewa dla Pierwszego Programu Telewizji – „jeden z głównych komendantów czeczeńskich bojowników, Ibrahim Israpiłow, który przyznał, iż działał z rozkazu Szamila Basajewa. Został zatrzymany w samochodzie, w którym przewoził 20 kilogramów trotylu, granaty, broń, najwidoczniej w celu dokonania kolejnego ataku terrorystycznego"[191]. W rzeczywistości tego groźnego komendanta czeczeńskiego wyciągnięto miesiąc wcześniej na posterunku między Czeczenią a Inguszetią, w miejscowości Garagorsk, z samochodu, którym jechał z dwójką dzieci i ciężarną żoną. Świadkami zajścia byli pasażerowie aut czekających na odprawę graniczną, wśród nich bliscy znajomi Israpiłowa. Nie zachodziła więc możliwość omyłki co do osoby.

Jedna z agencji informacyjnych podała, iż niedługo przed wybuchem stał w pobliżu torów kolejowych czarny samochód osobowy, z którego wysiadło kilku mężczyzn i filmowało nadjeżdżający pociąg do momentu wybuchu, po czym pospiesznie opuściło miejsce zdarzenia[192].

Zamachu terrorystycznego w Jessentukach dokonał znany nam już z zamachu na szkołę w Biesłanie agent FSB Władimir Chodow, skierowany do oddziału Szamila Basajewa, żeby zbliżył się do dowódcy. Przypomnijmy, że starał się zostać także agentem Basajewa w służbach specjalnych i miał go przekonać o swoich z nimi związkach. Jak wiadomo, przekonałwspólną z FSB organizacją zamachu w Jessentukach, tak potrzebnego do podtrzymania w społeczeństwie przekonania o zagrożeniu ze strony terroryzmu czeczeńskiego, mającym uzasadnić dalszą „operację antyterrorystyczną", niezbędną dowodzącemu niąprezydentowi Putinowi także do utrzymania wysokich notowań. Zapewne właśnie funkcjonariuszom „prowadzącym" Chodowa potrzebny był utrwalony na filmie dowód, iż zadanie zostało prawidłowo wykonane.

6 lutego 2004 roku. Moskwa. Godzina ósma trzydzieści. Wybucha wagon metra zaraz po opuszczeniu stacji Awtozawodskaja. Zniszczeniu ulegają dwa sąsiednie wagony. Według śledczych środek wybuchowy uruchomił mężczyzna pochodzący z Karaczajo-Czerkiesji, który zginął na miejscu. Ilu ludzi zabił? Oficjalnie podano, że czterdziestu jeden, ale wobec ogromu zniszczeń liczba ta wydaje się zaniżona. Ten człowiek, ponoć zdesperowany wahabita, nie krzyknął: „Allahu Akbar!", tylko zginął bez słowa. I znowu nikt nie wziął odpowiedzialności za kolejną tragedię.

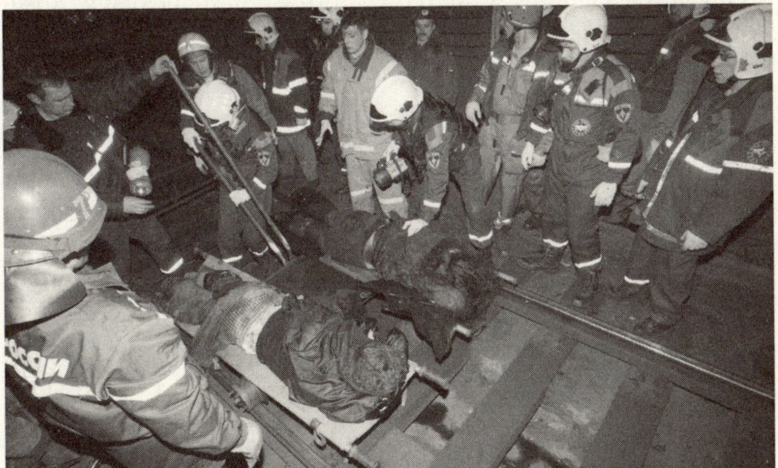

*Moskwa, 6 lutego 2004 roku.*
*Po wybuchu w wagonie metra na stacji Awtozawodskaja*

Prezydent Putin natychmiast stwierdził: „Z całą pewnością wiemy, że Maschadow i jego bandyci są zamieszani w ten terror. Rosja nie prowadzi rozmów z bandytami. Ona ich unicestwia!"[193]. Słowa te padły niedługo po tym, jak stu czterdziestu siedmiu posłów Parlamentu Europejskiego głosowało za przedstawionym przez Czeczenów planem pokojowego zakończenia konfliktu w północnym Kaukazie i wezwało prezydenta Rosji do rozmów z Asłanem Maschadowem. Więc znowu – jak przy ataku na Teatr „Dubrowka" – szło o medialne zniszczenie czeczeńskiego lidera uparcie dążącego do zakończenia wojny w Czeczenii. „Sam fakt, że po tego rodzaju przestępstwie rozlegają się wezwania do rozmów z Maschadowem, świadczy pośrednio o tym, że ci, którzy takie wezwania wysuwają, potwierdzają związek Maschadowa z bandytami i terrorystami" – dowodził mocno zdenerwowany gospodarz Kremla, jakby rozmijając się z logiką.

Asłan Maschadow jak zwykle zapewnił, że nie ma z tą „krwawą zbrodnią" nic wspólnego, a jego przedstawiciel Achmied Zakajew na stronie internetowej agencji prasowej Czeczenpress napisał: „Nie ma wątpliwości, że [termin] tego wybuchu został dopasowany do mających się odbyć w marcu wyborów prezydenckich w Rosji. Powtórne zwycięstwo Putin będzie znowu zawdzięczał poparciu ze strony przestraszonego społeczeństwa, pragnącego umocnienia rządów silnej ręki"[194].

Skoro tożsamość organizatorów zamachu nie budziła wątpliwości prezydenta, a więc zapewne też FSB, to dlaczego akta śledztwa opatrzono klauzulą „Ściśle tajne", proces odbywał się za zamkniętymi drzwiami, a Pawła Kosołapowa, uznanego za prowodyra (przypisano mu jeszcze inne zamachy terrorystyczne, choćby napad na zmierzający z Moskwy do Petersburga Newskij Express), łatwiej było zabić niż ująć?

24 sierpnia 2004 roku. Nad obwodami tulskim i rostowskim w odstępie jednej minuty rozerwały się w powietrzu dwa samoloty: TU-134 i TU-154. Z dziewięćdziesięcioma osobami na pokładzie. To były bez wątpienia zamachy terrorystyczne, ale stacje telewizyjne otrzymały polecenie, by przedstawić zdarzenia jako zwykłe

katastrofy. Niech przyczyną okaże się błąd pilota, pogoda, niesprawność aparatury, byle nie terror! Linie lotnicze wykazały jednak, że nie ponoszą żadnej winy. Szybko też wyszło na jaw, że do samolotów wsiadły – przekupując personel lotniska – Czeczenki, szahidki, które połączyły elementy bomby już na pokładzie, w toalecie.

Dlaczego dotychczas w przypadkach, w których terror czeczeński wcale nie był oczywisty, prezydent Putin twierdził, że jest oczywisty, a teraz, gdy nie ma co do zamachów terrorystycznych wątpliwości, twierdzi, że terroru nie było? Dlaczego nie to jest terrorem, co jest terrorem, lecz to, co on terrorem nazywa?

Czarna seria ataków trwała. 31 sierpnia 2004 roku w Moskwie, przy stacji metra Riżskaja, wysadziła się w powietrze kobieta, zabijając dziewięć osób, a pięćdziesiąt raniąc. W szahidce rozpoznano siostrę jednej z Czeczenek, które zdetonowały bomby w samolotach. I chociaż niebawem się okazało, że kobieta, której dowód osobisty znaleziono wśród szczątków samolotu, żyje i ma się dobrze, podobnie jak jej siostra, to najprawdopodobniej wszystkie te koszmarne akcje zorganizowali Czeczeni oraz członkowie dżamaatu z Karaczajo-Czerkiesji. (Po pewnym czasie odpowiedzialność za nie wziął Szamil Basajew).

1 września 2004 roku, następnego dnia po wybuchu w Moskwie, napadnięto na szkołę w Biesłanie.

„Dziwny jest ten terroryzm w Rosji – pisze znany publicysta i demokrata, niegdyś radziecki dysydent Andriej Podrabinek. – Nieprawdopodobne tragedie ludzkie sąsiadują z farsą, jaką raz po raz robią władze, służby specjalne i organy prawne. Bo rosyjski terroryzm ma swoją specyfikę. Tę, że za akty terroru nikt nie bierze odpowiedzialności, choć sens terroru polega na zastraszaniu władzy i społeczeństwa w czyimś konkretnie imieniu. Gdy po jakimś czasie ktoś się do popełnienia zamachu terrorystycznego przyznaje, wygląda to tak, jakby odpowiedzialnych za terror mianował Narodowy Komitet Antyterrorystyczny. I tę, że najczęściej brak jest oskarżonych, bo albo giną podczas zamachu, albo nie dożywają do procesu, likwidowani w policyjnych operacjach. Dlaczego jednak służbom specjalnym w innych krajach udaje się winnych aresztować i sądzić w procesach jawnych, bez pieczęci »Tajne«? Jeszcze inna specyfika polega na szczęśliwym zbiegu w czasie aktów terrorystycznych i niepopularnych decyzji władz, decyzji wymagających zjednoczenia narodu w celu wprowadzenia środków nadzwyczajnych"[195].

Istnieje jeszcze jedna osobliwość głośnych aktów terrorystycznych w Rosji. „U nas po tragedii zazwyczaj nie stanowisk się pozbawia, lecz swobód obywatelskich – stwierdza zastępca redaktora naczelnego „Nowej Gaziety" Andriej Lipski. – Po tragedii w Dubrowce podczas spektaklu *Nord-Ost* w 2002 roku wprowadzono ostre »antyterrorystyczne« poprawki w ustawie o mediach; po wybuchu w metrze z niepojętej »antyterrorystycznie« przyczyny usunięto z kolei podziemnej i najbliższej okolicy kioski z gazetami; po napadzie na szkołę w Biesłanie złamano demokratyczny system wyborczy [...]. Prezydent wprawdzie powtarza, że ostre środki skierowane przeciw terrorystom nie powinny umniejszać praw i wolności obywateli, ale zostawił ich nam już tak mało, że można je utracić niezauważalnie. Przypadkiem. W bojowym zapale"[196].

29 grudnia 2013 roku. Wołgograd. Podczas kontroli plecaka przy wejściu na dworzec wysadził się w powietrze młody mężczyzna (czternaście ofiar). Następnego dnia wybuch nastąpił w trolejbusie (szesnaście ofiar). Z identyfikacją sprawców działy się rzeczy trudne do wytłumaczenia i świadczące o tym, jak nieporadne się stały rosyjskie służby specjalne: w demonstrowanym w telewizji dowodzie osobistym kobiety, która miała wysadzić trolejbus, zmieniały się fotografie (podobizna dziewczyny w hidżabie pojawiła się dopiero po jakimś czasie), przy czym dokument zachował się w stanie nienaruszonym, mimo że jego właścicielkę wybuch rozerwał na kawałki. Szczegóły jej biografii podawały wszystkie stacje telewizyjne. Nie podały jednak, że ta dagestańska studentka, zanim przystąpiła do wahabitów, została zgwałcona przez rosyjskich żołnierzy, i że w jej krwi wykryto silnie działający narkotyk[197].

Głównym podejrzanym był partner owej szahidki, którego sytuacja nie odbiegała od znanego nam scenariusza. Zatrzymany został już wcześniej i wypuszczony. W internecie, na portalu miejscowej policji, figurowały jego zdjęcia z profilu i *en face* oraz zapis jego rozmowy z innymi bojownikami. Przedstawiciel wołgogradzkiego FSB w rozmowie z dziennikarką Marianą Maksimowską beztrosko stwierdzał: „Tak, był zatrzymany, mieliśmy go pod kontrolą, ale przecież nie mogliśmy chodzić za nim krok w krok" (obecnie wideo niedostępne). Wreszcie w jednej z centralnych gazet padło stwierdzenie: „Tego człowieka już dawno rozpracowywały służby specjalne. Akcje w Wołgogradzie przygotowywano od września". Andriej Piontkowski, politolog i publicysta, który dokładnie analizował ten zamach terrorystyczny, konstatuje, że „tragedie z 29 i 30 grudnia były po prostu zaprogramowane przez Putina i FSB"[198].

Niektórzy obserwatorzy uważali, że te ataki terrorystyczne to efekt rozgrywki miejscowych służb specjalnych w walce o dodatkowe finansowanie przed zbliżającymi się igrzyskami olimpijskimi w Soczi. Inni – że to akcja uzasadniająca jeszcze ściślejszą kontrolę ludności. Wersji jest wiele, nie one jednak są tu istotne, lecz ustawa, którą 1 stycznia 2014 roku podpisał prezydent Putin, jeszcze bardziej ograniczająca swobodę informacji, pozwalająca zablokować każdy portal internetowy „wzywający do uczestnictwa w przedsięwzięciach organizowanych z naruszeniem obowiązujących zasad". Koniec zatem z informowaniem o demonstracjach, pochodach, pikietach.

Jak od tego ucierpi islamski terroryzm – pojąć trudno.

8 października 2015 roku. Z komunikatu Narodowego Komitetu Antyterrorystycznego:

„W Moskwie udało się zapobiec groźnym zamachom terrorystycznym. Siły FSB zatrzymały uczestników grupy dywersyjno-terrorystycznej, która planowała wysadzenie w powietrze lotniska lub stacji metra. Funkcjonariusze wykryli tajny sztab terrorystów, bezpośrednio lub pośrednio powiązanych z Państwem Islamskim. Zatrzymano kilkanaście osób, na miejscu aresztowano trzy. Według informacji FSB przeszły one przygotowanie w obozach Państwa Islamskiego, a planowany atak miał na celu destabilizację kraju w odwecie za rosyjskie działania wojskowe w Syrii"[199].

Bohaterką zdarzenia stała się starsza pani, mieszkanka jednego z bloków w dzielnicy Krasnaja Priesnia, która mijając na schodach siedmiu ubranych na czarno mężczyzn, usłyszała słowo „detonator" i zawiadomiła policję. Niezwłocznie pojawiły się siły FSB, skonfiskowały plastikowe wiadro napełnione mieszanką wybuchową, do cna wypatroszyły mieszkanie, wyrzucając na ulicę nawet lodówkę, ewakuowały osiemdziesiąt jeden osób. Wśród zatrzymanych troje okazało się mieszkańcami Syrii, reszta pochodziła z północnego Kaukazu.

Dochodzenie dziennikarzy „Moskowskiego Komsomolca" i „Nowej Gaziety" dość prędko wykazało, że „antyterrorystyczną akcję" przygotowywano wcześniej, a sygnał od czujnej mieszkanki był uzgodniony. Operacja zbiegła się w czasie z decyzją prezydenta Putina o wysłaniu do Syrii rosyjskiego lotnictwa i żołnierzy,: przekonująco ukazując telewidzom niebezpieczeństwo grożące ze strony Państwa Islamskiego, z którym podjęto walkę. (Na miejscu okazało się zresztą, że nie z Państwem Islamskim, tylko z wrogami wspieranego przez Putina dyktatora Asada, bo to z jego wojskiem rosyjscy żołnierze utworzyli wspólny korpus z bazą nieopodal Latakii, lecz w takie szczegóły rosyjscy telewidzowie wprowadzani nie bywają). Nagłośnieniem nowego ataku terrorystycznego (wprawdzie tylko planowanego) skutecznie „przykryto" właśnie ogłoszony raport holenderskiej komisji do spraw katastrof lotniczych obwiniający Rosjan o zestrzelenie rakietą przeciwlotniczą „Buk" boeinga 777, należącego do Malaysia Airlines, lecącego nad Ukrainą. Raport ten był sprzeczny z wersją Kremla, według której winę ponosili Ukraińcy.

Wśród zamachowców aresztowanych w dzielnicy Krasnaja Priesnia znalazł się Asłan Bajsułtanow, choć jego śmierć – jako członka czeczeńskich nielegalnych sił zbrojnych – trzy dni wcześniej ogłosiła agencja TASS. Bajsułtanow ożył i próbował przed Lefortowskim Sądem Rejonowym w Moskwie opowiedzieć, jak go „zmuszono, by pojechał do Moskwy z pewną substancją"[200], ale sędzia zdecydowanie przerwał mu tę próbę.

Samoloty rosyjskie zaczęły zrzucać bomby na Syryjczyków znajdujących się po niewłaściwej stronie interesów Kremla. Ze zrujnowanego (jak kiedyś Grozny) miasta Aleppo uciekał, kto żyw, a światowy fanklub rosyjskiego prezydenta popadł w zachwyt nad rosyjskim lotnictwem, które „zmieniło przebieg konfliktu w Syrii"[201], i o grożącym Moskwie zamachu terrorystycznym wszyscy zapomnieli. Wszyscy oprócz paru kozłów ofiarnych czekających w areszcie na wyrok.

Od 1999 roku, to jest od czasu pojawienia się Władimira Putina w rosyjskiej polityce, w Rosji dokonano około stu czterdziestu zamachów terrorystycznych. Niemal wszystkie były związane z rozpoczętą przez niego wojną w Czeczenii. A czy wojna wydana przez niego Syryjczykom zakończy się tylko na pozorowanych atakach terroru, czas pokaże.

## Dobry rok 2003

Pięknie prezentuje się we fraku z błyszczącymi klapami i połyskującym pasem u spodni, w sztywnej białej koszuli z wielką białą muszką, z obliczem przyozdobionym łagodnym, nieco filuternym, a nawet szelmowskim uśmiechem. Oto on we własnej osobie stoi po prawej ręce królowej brytyjskiej, przyjmowany na jej dworze z największymi honorami.

W tamtych czerwcowych dniach 2003 roku wszędzie było można usłyszeć i przeczytać, że to nie tylko pierwsza od stu pięćdziesięciu dziewięciu lat wizyta głowy państwa rosyjskiego w Zjednoczonym Królestwie, lecz także pierwsza tej rangi wizyta od dwóch lat na brytyjskim dworze i w ogóle jedyna taka w tym roku. Był przeto Władimir Putin osobistym gościem królowej Elżbiety w pałacu Buckingham. Na jego cześć wydano bankiet (i nawet wybaczono mu kilkunastominutowe spóźnienie na spotkanie z królową). Następnego zaś dnia po obwieszonej brytyjskimi i rosyjskimi flagami avenue Malle w szyku stąpał konny orszak królewskiej gwardii, za nim wolno toczyła się królewska kareta, a w niej, obok królowej on, dostojny gość miło uśmiechający się do przechodniów.

*Doprawdy pięknie się prezentowali państwo Putinowie na dworze królowej Elżbiety. Rosjanki były dumne, widząc, że żona ich prezydenta ubrana jest bardziej paradnie niż sama królowa*

Wszystko układało się po jego myśli.

Rok wcześniej Siergiej Juszenkow, kierujący społeczną komisją śledczą w sprawie wysadzania domów w roku 1999, zapakował do pudła kasety z filmem *FSB wzrywajet Rossiju* o wybuchach w Bujnaksku, Moskwie i Wołgodońsku w 1999 roku i zawiózł je do Waszyngtonu. Miał umówione spotkania w Departamencie Stanu, w komisjach Kongresu, w redakcjach gazet, w instytutach politologii: tam, gdzie w czasie zimnej wojny szukali pomocy radzieccy dysydenci. „Niczego od nich nie chcę – mówił przed wyjazdem do znajomych dziennikarzy – ale może gdy zobaczą czarno na białym te kłamstwa i manipulacje, przynajmniej je nagłośnią i przestaną razem z Bushem afiszować się tą miłością do Putina. Przestaną nam szkodzić"[202].

Mówiąc „nam", miał na myśli nie tylko tych, z którymi lata temu zakładał pierwszą partię demokratyczną, lecz także opozycyjną wobec Putina część społeczeństwa. Jak liczną? „Notowania prezydenta w regionach spadają"[203] – donosił portal „Niezawissimoj Gaziety" w połowie 2002 roku, ale to i tak nie stanowiło groźby dla gospodarza Kremla. Mimo nieustannej obecności na ekranach telewizorów, z których zniknęli odlegli nawet konkurenci, miał zdecydowanych przeciwników na utrzymującym się poziomie 30 procent. Liczba wahających się jednak rosła. O nią usiłowali walczyć tacy jak Juszenkow.

„Status Juszenkowa jako deputowanego do Dumy pozwalał liczyć na oficjalne spotkania w Waszyngtonie. Ale przyjmowano nas na niskim szczeblu i chłodno. Po 11 września Putin uchodził za sojusznika i występowanie przeciwko niemu oznaczało występowanie przeciw przyjacielowi [...]. Chętniej przyjmowali nas kremlinolodzy, lecz udostępnienie nam miejsca na pokaz filmu okazało się aktem obywatelskiego bohaterstwa. Bali się, że im zamkną przedstawicielstwa w Moskwie"[204] – wspomina towarzyszący Juszenkowowi Alex Goldfarb.

Siergieja Juszenkowa, postawnego mężczyznę o niebieskich oczach, czasem przypominających oczy zdziwionego dziecka, poznałam w 1995 roku, gdy jako przewodniczący Komitetu Obrony w Dumie uświadamiał mi zawiłości czeczeńskich problemów. Przekonujący w argumentacji, porywający w przemówieniach, odpowiedzialny, uczciwy. Poważny, jakby z domieszką niegdysiejszej szlachetności, może i nieco naiwnej. Czasem w rozmowę wplatał żart, czasem wiersz. A to Jesienina, a to Lermontowa...

W 2000 roku współzakładał partię Liberalna Rosja, której jednak długo nie można było zarejestrować, mimo że tylko wśród młodzieży studenckiej miała ponad 20 tysięcy członków. Odczytana z końcem marca 2002 roku na jej kongresie deklaracja brzmiała tak:

„Liberalna Rosja to znaczy wolna Rosja. Wolna – znaczy kraj wolnych ludzi. Wolnych – znaczy niezależnych i odpowiedzialnych. Odpowiedzialnych za siebie i za kraj [...]. Cała historia Rosji to nieprzerwana walka o wolność, ponieważ oswobodzenie od zewnętrznych wrogów zawsze oznaczało ciemiężenie przez własną władzę. Tak było za carów, imperatorów, sekretarzy generalnych. Tak dzieje się i teraz. Musimy przyznać wreszcie, że zwykły człowiek jest ważniejszy od państwa [...]. Nikogo nie zapraszamy do naszej partii: walka o wolność w Rosji to sprawa niebezpieczna"*.

---

* Tekst deklaracji rozdawanej na kongresie partii Liberalna Rosja.

Kiedy w hotelu Kosmos odczytywano te słowa, z okna klatki schodowej na jedenastym piętrze pewnego moskiewskiego domu wypadł osiemnastoletni syn Aleksieja Simonowa, przewodniczącego Fundacji Obrony Jawności, zagorzałego obrońcy demokracji, wolności słowa oraz więźniów politycznych. Wesoły, szczęśliwie zakochany, głęboko wierzący chłopak. Orzeczenie milicji: samobójstwo.

Pół roku później, 21 sierpnia 2002 roku, członek kierownictwa Liberalnej Rosji Władimir Gołowlow wyszedł rano z psem na spacer. Zabito go dwoma strzałami na pustej ścieżce w parku, naprzeciwko domu.

– Siergiej, a pan się nie boi? Przecież nikt nie wie o 1999 roku tyle co pan – zapytałam Juszenkowa na Nikickim Bulwarze, gdy po długiej rozmowie wychodziliśmy z Domu Dziennikarza.

– Eee tam – roześmiał się. – Ja jestem kuloodporny.

Zastrzelono go 17 kwietnia 2003 roku, gdy podjechał służbowym samochodem pod dom, pożegnał się z kierowcą i ruszył w kierunku bramy.

Tego dnia partia Liberalna Rosja została zarejestrowana.

Jurija Szczekoczichina spotykało się w Dumie w Komitecie Bezpieczeństwa, którego był wiceprzewodniczącym, i w komisji do walki z korupcją, gdzie był członkiem kierownictwa. Zawsze w krawacie i dokładnie wyprasowanej koszuli, podczas gdy w redakcji „Nowej Gaziety", w której piastował funkcję zastępcy redaktora naczelnego, pojawiał się w dżinsach i swetrze. Średniego wzrostu, szczupły, siwiejący, o ciemnych wesołych oczach, gejzer tryskający energią. Zawsze chętny do rozmowy, do dzielenia się informacją: w biurze, na daczy, w knajpie. Z Juszenkowem łączyło go wiele, ale przede wszystkim praca w społecznej komisji badającej wybuchy domów w 1999 roku. Choć tak różni – Juszenkow stateczny i poważny, Szczekoczichin raczej brat łata – w jednym byli niezwykle podobni. W tym mianowicie, co dziennikarze „Nowej Gaziety" nazwali „naiwną wiarą w sprawiedliwość".

Będąc w Dumie członkiem komisji do walki z korupcją, Szczekoczichin dysponował groźnymi nawet dla Putina materiałami.

Choćby zapisem podsłuchanej rozmowy telefonicznej, z której wynikało, że pewna osoba miała przynieść do znajomego prokuratora 2 miliony dolarów, by „zabezpieczyć spotkanie głównego figuranta z prezydentem". Inne prowadzone przez niego sprawy były równie niebezpieczne, dotyczyły bowiem znikania państwowych miliardów w Czeczenii i rozkradania sprzętu wojskowego w Ministerstwie Obrony. Do najważniejszych jednak w tamtym czasie należały dwie inne, blisko związane z Kremlem, mianowicie nielegalne operacje finansowe ministra do spraw energii atomowej oraz pranie pieniędzy przez Bank of New York, w czym uczestniczyli wysoko postawieni prokuratorzy Prokuratury Generalnej i naczelnik Departamentu Bezpieczeństwa Finansowego FSB, wicedyrektor tej instytucji.

Na początku czerwca 2003 roku Szczekoczichin spotkał się w Moskwie z przedstawicielami FBI, którzy zaprosili go do Nowego Jorku, obiecawszy przekazać oryginalne dokumenty dotyczące prania pieniędzy. W końcu sierpnia na biurku prezydenta miała spocząć teczka z efektami pracy komisji do walki z korupcją i Putin musiałby oficjalnie skierować sprawę do ponownego zbadania przez nowych prokuratorów[205].

16 czerwca – po wypiciu herbaty podczas jednego z oficjalnych spotkań – Szczekoczichin poczuł się źle. 21 czerwca, już w stanie ciężkim, przewieziono go do Centralnego Szpitala Klinicznego. Wyłysiał, zmienił się w starca, skóra schodziła mu płatami, organy wewnętrzne przestawały pracować. Jego stan (początkowo uważany za skutek ciężkiej odmiany alergii) bardzo podobny był do tego, w jakim trzy lata później znajdował się w londyńskim szpitalu Aleksandr Litwinienko. Ale Szczekoczichin umierał w Moskwie i Centralny Szpital Kliniczny nie wydał rodzinie ani historii choroby, ani wyników analiz. Postawiono diagnozę: „ogólna intoksykacja". Zatrucie. Czym? Na to pytanie nie ma odpowiedzi. Żadnych ekspertyz. Tylko oświadczenie wręczone synowi: „Informacja o okolicznościach zwrócenia się o pomoc medyczną, jak również o stanie zdrowia obywatela i diagnozie jego choroby, a także inne informacje o przeprowadzonych badaniach i leczeniu stanowią tajemnicę lekarską". Potem synowi grożono rozprawą, jeśli nie przestanie dociekać przyczyny śmierci ojca.

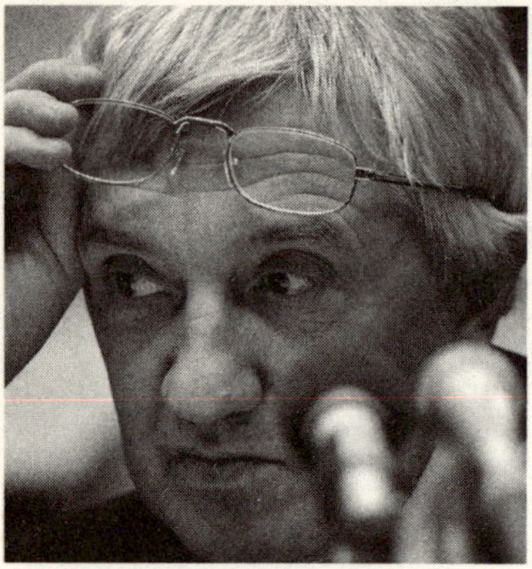

Szczekoczichin dysponował materiałami groźnymi nawet dla Putina

„My wiemy, że to zabójstwo, ale udowodnić tego już nie można, gdyż przez długie lata prokuratura robiła wszystko, by zniknęły ślady przestępstwa”[206] – napisali dziennikarze „Nowej Gaziety” w jedenastą rocznicę śmierci Jurija Szczekoczichina.

19 lutego 2003 roku. Kreml. Ogromna, otoczona kolumnami biała sala, w niej wielki biały stół. Wokół czołowi przedsiębiorcy zaproszeni przez gospodarza na spotkanie w obecności kamer. Na razie stoją i rozmawiają. Siedzi tylko Michaił Chodorkowski i wertuje kartki swojego wystąpienia na temat korupcji. Jest to czas, kiedy urzędnicy wysokich szczebli zaczynają domagać się wielomilionowych dolarowych łapówek. Nie chodzi już o jakiś procent od zysku. Korupcja staje się celem projektów biznesowych, ich rzeczywistym sensem. Budowano drogi czy rurociągi jedynie po to, by wyciągnąć od kogoś (najczęściej z budżetu państwa) nielegalne miliardy. Demolowano gospodarkę.

W ósmym punkcie swojego referatu Chodorkowski powiedział, wskazując na astronomicznie wysoką cenę, jaką za małe przedsiębiorstwo zapłaciła kompania Rosnieft kierowana przez prezydenckiego przyjaciela Igora Sieczina: „Wszyscy uważają, że ta umowa ma, powiedzmy, drugie dno. Jest tu dziś z nami prezes Rosnieftu. Może zechciałby to skomentować”[207]. Igor Sieczin nie zechciał. Skomentował za to sam prezydent, z kpiącym wyrazem twarzy przerzucając korupcyjne odium na Chodorkowskiego: „A skąd JUKOS ma dodatkowe zasoby, jak je uzyskał? To właśnie jest przedmiotem naszej dyskusji. Jak też problemy z urzędem skarbowym, które wprawdzie załatwiliście, ale…”[208].

„Będziemy mieć teraz problemy. Po co pan o tym mówił? Rozumiem potrzebę i tak dalej, ale czy nie mógł tego powiedzieć ktoś inny?" – zapytał Chodorkowskiego nazajutrz jeden ze wspólników. Chodorkowski spojrzał na niego, uśmiechnął się i rzekł: „Niewielu ludzi ma charakter"[209].

Chodorkowskiego aresztowano 25 października 2003 roku. Około piątej rano wyczarterowany przez JUKOS samolot zmierzający do Irkucka był zmuszony tankować w Nowosybirsku. Wtedy na pokład wpadło, wyważając drzwi, komando FSB, w hełmach, z wymierzoną bronią, i z okrzykami: „Jesteście aresztowani! Nie ruszać się!" – nałożyło Chodorkowskiemu kajdanki. Scenę filmowała telewizja.

Wcześniej, 3 lipca 2003 roku, ze szpitalnego łóżka wyciągnięto Płatona Lebiediewa, najważniejszego z członków zarządu koncernu JUKOS, założono mu kajdanki i pod okiem kamer wyprowadzono do aresztu.

Po aresztowaniu Lebiediewa Chodorkowski mógł jak wszyscy jego wspólnicy zostać za granicą. Ale uparcie wracał. A potem, po dwóch absolutnie bezprawnych procesach, został skazany na czternaście lat kolonii karnej, czyli łagru.

Putinowska „demokracja sterowana" mogła się rozwijać coraz swobodniej, bo prawdziwa coraz mniej jej zagrażała. Gdy w dalekim Nieftiejugańsku menedżerowie JUKOS-u oprócz kolorowych odwiertów naftowych pokazywali dziennikarzom mapę Rosji upstrzoną kropkami w miejscach, gdzie ich demokratyzująca społeczeństwo fundacja Otwarta Rosja założyła swoje ośrodki, trudno było w tę mnogość uwierzyć. Wystarczyło jednak ruszyć w Rosję, by się przekonać, że to wszystko naprawdę działa: kawiarenki internetowe na głębokiej prowincji, skomputeryzowane biblioteki, szkoły z internetem, a w nich przed każdym dzieciakiem komputer… I jeszcze szkolenia dla dziennikarzy, stypendia dla najzdolniejszych, szkoły z internatami. Z czasem się okazało, że 80 procent przedsięwzięć z „demokracją w tle" finansował JUKOS. Szkolenia, filmy, spektakle.

Wspomagał też partie. Nie tylko liberalne Jabłoko, lecz także Komunistyczną Partię Federacji Rosyjskiej – najpoważniejszą konkurentkę Putinowskiej Jednej Rosji. Zbliżały się wybory parlamentarne. Czyż mógł prezydent ofiarować własnej partii lepszy prezent niż odcięcie konkurencji od kasy?

Większość majątku JUKOS-u przejęła kompania Rosnieft, kierowana przez wspomnianego Igora Sieczina.

23 marca 2003 roku. Czeczenia. Tego dnia odbywało się referendum, które miało przypieczętować status Czeczenii jako części składowej Federacji Rosyjskiej. Opracowano nową konstytucję i projekty ustaw o wyborach parlamentu i prezydenta.

„Operacja antyterrorystyczna" trwała. Na ulicach wozy pancerne, na drogach czołgi, w górach bojownicy, w „filtrach" tortury. W niektórych wsiach od lutego wojskowi chodzili od domu do domu, sprawdzali dokumenty i mówili: „Kto nie pójdzie głosować, wybiera Czernokozowo (to tam, gdzie trzymano Babickiego), a kto pójdzie, niech się tu podpisze". W dniu referendum te wsie w całości stawiły się przy urnach. 1 marca w miejscowości Argun zastrzelono mężczyznę, który wypowiadał się przeciwko referendum, a jego dom spalono. Od początku marca zbierano dane osobowe ludności. W górskich rejonach robiono to pod pretekstem wydawania rekompensat za zburzone domy; w szpitalach – bez wiedzy chorych; w miejscach pracy dawano do wyboru: albo idziesz głosować, albo

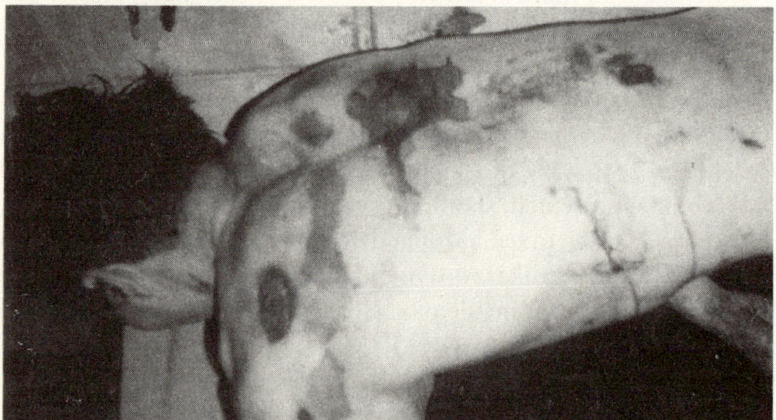

*„Operacja antyterrorystyczna" trwa, w „filtrach" torturują. Rusłan Azujew. Ślady przypalania palnikiem gazowym i prądem. Prawa część czaszki zmiażdżona*

tracisz robotę; studentom grożono odmową zaliczeń; profesorom – zwolnieniem. W Domu Kultury „Orgtiechnika", dokąd 15 marca studentów przywieziono na koncert, były urny i oficjalna telewizja czeczeńska. Dziennikarz zapewniał, że już głosowało pięćset osób"[210].

W Rosji przeprowadzono spis ludności, który wykazał, że ludność Czeczenii liczy tyle samo osób co w 1994 roku: 1,2 miliona. Według tego rachunku nikt w Republice od tego czasu nie umarł, nikt z niej nie wyjechał. Zyskano tym sposobem 500 tysięcy nazwisk, których sprawdzać przecież nie zamierzano.

Partia Jedna Rosja wysłała w lutym do Czeczenii przedstawicieli młodzieży, by przed kamerami telewizyjnymi świadczyli o sympatii dla czeczeńskich dzieci. Przywieźli im też kartki pocztowe z adresem prezydenta Rosji, by napisały, co myślą o referendum.

„W hallu Organizacji Ocalenia Narodowego w Nazraniu leży na stole stos projektów konstytucji po rosyjsku i czeczeńsku, a nad nim – przyczepiony do firanki – napis: »Projekt konstytucji oraz ordynacje wyborów do parlamentu i na prezydenta Czeczeńskiej Republiki napisane na Kremlu i siłą narzucone narodowi czeczeńskiemu«. Pod Groznym – plac pełen kobiet. Chórem krzyczą: »My referendum nie chcemy!«"[211].

Mimo przygotowań, w dzień głosowania w większości lokali w Groznym pusto, cicho, podłoga niezadeptana. Gwarno i tłoczno tylko w kilku punktach wyborczych, do których wożono pokaźną grupę oficjalnie akredytowanych dziennikarzy. Francuskiemu korespondentowi bez trudu udało się głosować. Członkowie komisji ledwie rzucali okiem na przedstawiony im dokument. Dziennikarzy trzymano jednak krótko: żadnych skoków na boki, samowolnych rozmów z ludnością. Jako przynależna do grupy, poddałam się i filmowałam to, co wolno. I tylko kątem oka rejestrowałam milczący pochód, w którym każdy kolejny szereg niósł przed sobą transparent z przypiętymi zdjęciami osób zmarłych na skutek tortur bądź też zaginionych. I tak znaleźli się na filmie o referendum (Nieoficjalną stroną przedsięwzięcia zajmował się zaprzyjaźniony czeczeński operator).

Wyniki ogłoszono szybko: za przyjęciem konstytucji głosowało 96 procent biorących udział w referendum. „To dobrze, że większość narodu czeczeńskiego wystąpiła w interesie państwowym. Nigdy nie pytano Czeczenów, czego oni sami chcą. My zrobiliśmy to pierwsi" – oświadczył Władimir Putin w wieczornych wiadomościach telewizyjnych.

Sprawozdawca Zgromadzenia Parlamentarnego Rady Europy do spraw Czeczenii lord Frank Judd usiłował wstrzymać przeprowadzenie referendum w ogarniętej wojną Czeczenii. Domagał się od Zgromadzenia, by zażądało od Moskwy przełożenia głosowania na termin późniejszy, argumentując, że w obecnych warunkach nie będzie ono ani demokratyczne, ani wiarygodne. Zgromadzenie w tej sprawie się do prezydenta Putina nie zwróciło. Lord Judd ustąpił ze stanowiska.

23 lipca 2003 roku. Rosyjski prezydent reformuje administrację. Podpisuje odpowiedni dekret na lata 2003–2004. Nakazuje proces podejmowania decyzji uprościć, efektywność zarządzania zwiększyć, struktury państwowe odbiurokratyzować, zakres ich usług dla społeczeństwa poszerzyć. Reformą administracji należało powiewać jak sztandarem przed przyszłorocznymi wyborami prezydenckimi.

Czym w rzeczywistości się stała ta reforma? Imitacją. Na swoim portalu przedsiębiorcy podsumowali ją tak: „Imitowano burzliwą działalność, wysokim urzędnikom (około 10 procent spośród 350 tysięcy pracowników aparatu centralnego) podniesiono płace, personel ministerstw wprawdzie zmniejszono o 20–25 procent, ale większość zwolnionych płynnie przesunięto do rozmaitych agencji"[212].

Ówczesny wiceminister rozwoju gospodarczego i handlu Michaił Dmitrijew nie miał złudzeń: „Po to, by administracja funkcjonowała prawidłowo, musi podlegać kontroli społecznej ze strony wielu działających partii, niezawisłych sądów, niezależnych środków masowej informacji […]. Bez politycznej woli nic z tego nie zaistnieje"[213] – konstatował i dość szybko przestał być ministrem. Z czasem został przewodniczącym Centrum Opracowań Strategicznych, ale i tak w 2014 roku musiał się podać do dymisji: zażądały tego władze najwyższe państwa.

1 października 2003 roku. Późne popołudnie. Moskwa. Wielkie centrum kinowe Na Krasnoj Priesnije, niemal sam środek stolicy. Dwaj mężczyźni na drabinie ściągają długie płótno z napisem: „Międzynarodowy Festiwal Filmów Dokumentalnych »Czeczenia«". Nazajutrz, 2 października, festiwal prezentujący dawno zapowiadane filmy, które wcześniej oglądano w Londynie, Waszyngtonie (w Kongresie USA), w Nowym Jorku i Tokio, miał się rozpocząć w Moskwie. Ale się nie rozpoczął. „Pokaz odwołany" – niespodziewanie oznajmił dyrektor kina.

„Dyrektora poddano bardzo silnym naciskom – tłumaczył jeden z organizatorów. – Po pierwsze, ze strony Administracji Prezydenta, po drugie, FSB. Żądano usunięcia czterech filmów: francuskiego (*Asassination of Russia* autorstwa Jeana-Charles'a Deniau) o atakach terrorystycznych we wrześniu 1999 roku, angielskiego (*Terror in Moscow* autorstwa Dana Reeda) o tragedii w teatrze Dubrowka, angielskiego (*Babitsky's War* autorstwa Paula Yule'a) oraz polskiego (*Czeczenia. Zabójstwo za zgodą świata* autorstwa Krystyny Kurczab-Redlich) o dzisiejszej Czeczenii i przeprowadzonym tam referendum"[214].

Czyżby mój film był aż tak groźny? Aż tak się go boją oficjele? Doprawdy nie spodziewałam się takiego wyróżnienia! (W 2004 roku w Biszkeku, stolicy Kirgizji, z powodu tego filmu odwołano cały festiwal i to nie z inicjatywy miejscowych urzędników, lecz Francuza z jakiejś międzynarodowej organizacji).

Pokaz filmów został przeniesiony do dość odległego Centrum imienia Sacharowa. Potencjalni widzowie, zdezorientowani nowym adresem, jakoś zapełnili niewielką salę.

„To, co jest możliwe wszędzie, w Rosji jest teraz niedopuszczalne. To, nad czym mogą płakać Japończycy, Anglicy i Amerykanie, okazuje się niebezpieczne dla stanu duszy Rosjan"[215] – podsumowała incydent Anna Politkowska. Tymczasem ona sama okazała się niebezpieczna… dla Niemców. Miała poprowadzić na Targach Książki we Frankfurcie dyskusję na temat prezentowanych swoich dwóch książek o Czeczenii. Jednak tuż przedtem dostała wiadomość, że „organizatorzy bardzo przepraszają, ale dyskusji nie będzie".

„Wraca strach, przenika wszystko. Jeden boi się stracić pracę, inny – konfliktów z FSB i tak dalej. Powiem więcej: strach wraca nie tylko w naszym kraju, nastał jakiś globalny totalitaryzm – mówił dyrektor rosyjskiego PEN Klubu Aleksandr Tkaczenko. – Przecież tam nie ma żadnej ideologii, to są filmy i książki o humanitarnej katastrofie, a przy takiej cenzurze ludzie się nie dowiedzą, co się naprawdę dzieje"[216].

A o cóż innego chodzi?

Wybiegnijmy teraz nieco w przyszłość, by rozwiązanie przez Putina konfliktu rosyjsko-czeczeńskiego docenić.

Pół roku po referendum pod lufami, w takich samych okolicznościach Czeczeni „wybrali" na prezydenta Achmada Kadyrowa (tego, który wezwany w 1998 roku na Łubiankę przez nowego dyrektora Putina i uświadomiony o swoim kilkudziesięcioletnim stażu w KGB*, przemienił się z dawnego wroga Moskwy, wzywającego w czasie pierwszej wojny czeczeńskiej swych współbraci, by „zabijali tylu Rosjan, ilu zdołają"[217], w ich orędownika). Achmad Kadyrow został w Czeczenii karzącym ramieniem Kremla, przy czym najciężej karał tych, którzy jemu osobiście przeszkadzali: hulających po górach zwolenników niepodległości Czeczenii. Z kolei karzącym ramieniem Kadyrowa seniora został słynący z okrucieństwa jego syn, Ramzan, dowódca gwardii przybocznej ojca.

Achmad Kadyrow – przekleństwo czy błogosławieństwo Czeczenii? Mimo że był kremlowskim nominantem, publicznie oskarżał wojsko rosyjskie o masowe przestępstwa wobec cywilów i domagał się jego wycofania z Czeczenii. Największą odwagą wykazał się, zabraniając rosyjskim generałom rozkradania czeczeńskiej ropy, której roczną wartość eksperci oceniali na 100 milionów dolarów. Zdecydowanie żądał, by cały dochód z wydobycia i przeróbki tego

---

* Więcej na ten temat zob. w rozdziale *Żołnierze i oprawcy*.

surowca pozostawał w Czeczenii, służąc odbudowie zniszczonej – nie z winy narodu – Republiki. No i stał się głównym wrogiem dowódców rosyjskiej armii w północnym Kaukazie. Władimir Putin usiłował pertraktować z nim na Kremlu, ale w sprawach wywozu ropy Kadyrow senior pozostał nieustępliwy.

Pozwalał sobie na wiele, wiedząc, że jest niezastąpiony: na kogóż oprócz niego Putin mógłby stawiać? Udało mu się ściągnąć z gór kilkuset bojowników w zamian za obietnicę amnestii, a wszystkich innych, którzy nadal walczyli z Rosjanami, ścigał jego syn Ramzan. Za to część rodaków go nienawidziła. Z kolei za to, że bronił czeczeńskich interesów przed Moskwą, część rodaków go szanowała.

Był człowiekiem wykształconym: nie tylko ukończył Instytut Islamski w Taszkiencie i utworzył pierwszy na północnym Kaukazie Instytut Islamski (został jego rektorem), ale studiował też na uniwersytecie w Jordanii. Miał wiedzę, odwagę, siłę i spryt. Odkąd uwierzył, że z Moskwą może wygrać, zażądał oddania mu pod nadzór nie tylko czeczeńskiej ropy i czeczeńskiego gazu, lecz także wojskowych operacji w Republice. Ba, zaczął domagać się dziejowej sprawiedliwości: 4 maja 2004 roku oświadczył w telewizji NTW, że zamierza powołać komisję śledczą w sprawie przyczyn drugiej wojny czeczeńskiej, co oznaczałoby naruszenie nietykalnej tajemnicy basajewsko-kremlowskiego spisku, czyli rajdu na Dagestan, dzięki któremu Putin wywindował się na Kreml. Od chwili telewizyjnego wystąpienia Kadyrowowi pozostało pięć dni życia: 9 maja 2004 roku o godzinie dziesiątej trzydzieści pięć wyleciał w powietrze na zdalnie odpalonej bombie, gdy na stadionie Dynamo w Groznym brał udział w corocznych obchodach zwycięstwa ZSRR nad Hitlerem.

Tak się złożyło, że syn Ramzan, zwykle nieodstępujący ojca na krok, tego dnia po raz pierwszy był nieobecny. Zatrzymały go w Moskwie sprawy zdrowotne. Zaraz po wybuchu na stadionie pojawili się w jego hotelowym pokoju ludzie z osobistej ochrony Władimira Putina. Poganiając go i nie dając mu się nawet przebrać, wsadzili go, tak jak stał, w dresie, do samochodu i zawieźli na Kreml, wprost przed kamery telewizyjne. Tym sposobem już w pierwszym bloku informacyjnym o tragedii w Groznym elektorat zobaczył, jak zasmucony prezydent Rosji ze współczuciem obejmuje Ramzana Kadyrowa, z trudem wstrzymującego łzy.

10 maja 2004 roku, na wniosek Putina Ramzan Kadyrow został mianowany wicepremierem Czeczeńskiej Republiki. A że niebawem (tak się złożyło) dotychczasowy premier Czeczenii został ciężko ranny w wypadku samochodowym w Moskwie (ciężarówka najechała na jego wóz służbowy), młody Kadyrow przejął jego obowiązki, stając się pierwszą osobą w państwie. Na prezydenturę musiał – zgodnie z czeczeńską konstytucją – poczekać do swoich trzydziestych urodzin, to znaczy do 2007 roku. Stanowisko otrzymał jednak nie w wyniku wyborów powszechnych, lecz na wniosek Władimira Putina i po zatwierdzeniu przez czeczeński parlament.

W 2004 roku 29 grudnia Putin wyróżnił go Medalem Złotej Gwiazdy Bohatera Federacji Rosyjskiej, a Machaczkalski Instytut Biznesu i Prawa ofiarował mu dyplom. Nieco wcześniej w jego rodzimej miejscowości Centeroj (strzeżonej przez dziesiątki posterunków) odwiedziła go Anna Politkowska. Pisała wówczas: „Pielgrzymują tu czeczeńscy funkcjonariusze, żeby pokłonić się przed głupkowatym obliczem z oznakami degeneracji [...]. Wszyscy wiedzą, jaki los spotkał szefa obwodu, który nie zapłacił Ramzanowi należnej doli. Kadyrowcy schwytali go i torturowali, a potem kazali rodzinie zapłacić 100 tysięcy dolarów okupu”[218].

Rozmowa Politkowskiej z Kadyrowem na temat studiów przebiegała tak:

„– Jakie ma pan wykształcenie?

– Wyższe prawnicze. Kończę. Zdaję egzaminy.

– Z czego?

– Jak to z czego? Egzaminy!

– A na jakiej uczelni?

– Filia moskiewskiej szkoły biznesu. W Gudermesie.

– Jaką pan wybrał specjalizację?

– Prawnik.

– A dyplom z jakiego prawa? Z karnego? Z cywilnego?

– Zapomniałem. Zapisali mi temat na kartce, ale zapomniałem. Tyle teraz roboty”[219].

W czerwcu 2006 roku Ramzan Kadyrow otrzymał w Dagestańskim Państwowym Uniwersytecie Technicznym stopień doktora habilitowanego nauk ekonomicznych. W tymże roku obdarzono go tytułem honorowego członka Rosyjskiej Akademii Nauk Przyrodniczych[220]. Jest także honorowym członkiem Akademii Nauk Czeczeńskiej Republiki i profesorem *honoris causa* wielu wyższych uczelni rosyjskich.

Publicznie deklaruje swą miłość do Władimira Putina i absolutne oddanie Rosji, mimo że w wąskim kręgu nie ukrywał, iż „ojca zabili Rosjanie, a wybuch zorganizowali specjaliści z FSB"[221]. Za niezliczone miliardy z rosyjskiej kasy uczynił z centrum Groznego wielkomiejskie city z szesnastopiętrowymi wieżowcami (w których nie ma komu mieszkać) i największym meczetem w Europie. Główną aleję nazwał aleją Putina. Ktoś, kto podałby taksówkarzowi starą nazwę aleja Zwycięstwa, trafiłby na posterunek.

Terror w Czeczenii panuje absolutny. Prywatne więzienie Kadyrowa wyposażono w wymyślne narzędzia tortur (którymi on sam się też posługuje), a lwy w jego prywatnym zoo ponoć bywają karmione ciałami tych, którzy tortur nie przeżyli. Świadkiem jego zbrodni był Umar Israpiłow, zastrzelony 13 stycznia 2009 roku w Wiedniu, w przeddzień przesłuchań przed sądem w Strasburgu, do którego on i torturowany w Centeroj jego ojciec złożyli skargę jako ofiary czeczeńskiego przywódcy.

Co najmniej osiemdziesięciotysięczna armia w czarnych mundurach i czarnych hełmach z osłoną na oczy wzbudza grozę samym wyglądem, nie mówiąc o zdolności bojowej. Władimir Putin powtarza, że kocha go jak syna[222]. Nie ma innego wyjścia: Ramzan Kadyrow trzyma w ryzach zarówno Czeczenię i północny Kaukaz, jak też policję w Moskwie czy Petersburgu. Ma dobre kontakty z Turcją, Syrią (ze wszystkimi stronami konfliktu) i Arabią Saudyjską. Jest potrzebny. Jest groźny. Jest ponad prawem.

A co na to Rosjanie?

Rosyjski dziennikarz polityczny Michaił Zygar w wydanej pod koniec roku 2015 książce *Wsia kriemlowskaja rat'. Kratkaja istorija sowriemiennoj Rossii* (Cała kremlowska armia. Krótka historia współczesnej Rosji), czyli „wszyscy ludzie Kremla", stwierdza: „Nastąpił cud masowej hipnozy. Putinowi udało się zmusić rosyjskie społeczeństwo do zapomnienia o koszmarze Czeczenii. Zapanowała jakby umowa społeczna: władza się nie czepia, póki słowa »Czeczenia« na głos się nie wypowiada. Umowa zadowoliła wszystkich: Republikę ze świadomości społecznej usunięto. A facet o »głupkowatym obliczu z oznakami degeneracji« niemal co dzień gościł w rosyjskiej telewizji, a także na odbywających się w Rosji forach międzynarodowych.

Mistrzowie kultury i sportu oraz inteligenci różnej maści z uśmiechem pozowali do zdjęć, obejmując się z Kadyrowem i jego – podejrzanymi o zabójstwa – ludźmi. A on – ze swoimi pistoletami ze złota i najdroższymi na świecie samochodami, z hodowlą koni arabskich i zapraszanymi na urodziny artystami z Holywood – przesunął się z kroniki kryminalnej do kroniki towarzyskiej. Zadziałała rosyjska właściwość – mieszanka strachu i niewiedzy zwana rosyjską apolitycznością: »Polityka mnie nie interesuje, nie wiem, co się dzieje w Czeczenii«. W tę grę w chowanego (kiedy dziecko zakrywa sobie oczy i myśli, że się schowało) bawi się też Władimir Putin: jeśli mówi, że czeczeński problem nie istnieje, znaczy – nie istnieje.

A dziennikarze? Ci pojęli, że dopóki nie piszesz o Czeczenii, jesteś bezpieczny. I praktycznie wszyscy się zgodzili, że Czeczenia to drobiazg, który doprawdy można poświęcić. A ci, co myśleli inaczej, ginęli"[223].

„Jesteś wrogiem narodu czeczeńskiego! Musisz za to odpowiedzieć"[224] – wrzeszczał Ramzan Kadyrow do Anny Politkowskiej przeprowadzającej z nim wywiad w sierpniu 2004 roku. Odpowiedziała dwa lata później: 7 października 2006 roku zastrzelono ją przy windzie domu, w którym mieszkała.

Tak wygląda zwycięstwo Putina nad Czeczenią: za wielomiliardowe sumy odebrane Rosjanom Kadyrow zrobił z Groznego Manhattan, a w kraju ustanowił swoje prawa, nie zaś Rosji, której prezydent pozostaje zakładnikiem bandyty z ukończonymi trzema klasami szkoły budowlanej.

Dlatego Ramzan Kadyrow może bezkarnie zabijać. Zarówno u siebie w Czeczenii, jak i w centrum Moskwy: 27 lutego 2015 roku w pobliżu murów Kremla ludzie z kadyrowskiego batalionu Siewier zastrzelili Borisa Niemcowa*.

Wróćmy jednak do roku 2003.

7 grudnia 2003 roku. Wybory do Dumy Państwowej. Godzina ósma czterdzieści pięć. W lokalu przy ulicy Kosygina w Moskwie pojawiają się państwo Putinowie. Oboje promienieją: ukochana prezydencka suka Koni urodziła ośmioro szczeniąt – sześcioro czarnych i dwoje podpalanych.

„Tego samego ranka w Jessentukach grzebano ofiary zamachu terrorystycznego na pociąg, którym studenci z regionu dojeżdżali na uczelnie. Po głosowaniu Putin podszedł do dziennikarzy. Wszyscy oczekiwali, że złoży kondolencje rodzinom ofiar i wyrazi żal, że władzom nie udało się zapobiec kolejnej tragedii. Ale nic z tego. Koni miała szczeniaki i w dzień pogrzebu ofiar zamachu prezydent mówił tylko o swoich labradorach"[225] – odnotowała w swoim *Dzienniku buntu* Politkowska.

7 grudnia 2003 roku. W lokalu przy ulicy Kosygina w Moskwie pojawiają się państwo Putinowie

W ustawionych i rozpracowanych wcześniej przez ogromny aparat „sterowanej demokracji" wyborach Jedna Rosja otrzymała prawie 40 procent głosów. Do parlamentu nie weszła żadna partia demokratyczna.

31 grudnia 2003 roku. Ośnieżone wieże Kremla. Prezydent Putin w czarnym płaszczu żegna mijający rok. „Wszystko, co osiągnęliśmy – mówi – to nie tylko podarunek losu. Cały rok

* Więcej na ten temat zob. *Zakończenie*.

wytrwale pracowaliśmy. Wzrósł autorytet państwa. To nasza wspólna praca. Mamy wszelkie podstawy, by miniony rok nazwać pełnym sukcesów”[226].

Jeszcze tylko zabrzmi hymn z jego melodią nie do zapomnienia i zacznie się kolejny dobry rok.

## Szczęśliwe wybory

9 lutego 2004 roku. Moskwa.

Rybkin znikł! Kandydat na prezydenta zaginął!

Ale czy kandydujący na urząd prezydenta Władimir Putin w ogóle może mieć konkurentów? Praktycznie – nie może. Teoretycznie – powinien. W demokratycznym państwie elektorat musi mieć wybór.

Na długo więc przed wyborami pojawiają się kontrkandydaci. Jeden, w butach ze skóry krokodyla, zapraszający dziennikarzy do swojej rezydencji, gdzie są pałacowe schody, złocone arki, rubinowe girlandy, kryształowe świeczniki, marmurowe rzeźby i żona w lamparcich skórach, to farmaceutyczny milioner, producent wysoko cenionej penicyliny, Władimir Bryncałow. Zapytany, co dla niego jest w życiu najważniejsze, beztrosko wypala: „Architektura, malarstwo, muzyka, literatura to bzdury dla biednych. Nic nie jest porównywalne z pieniędzmi”. A dlaczego kandyduje na prezydenta? „Potrzebne są przecież jakieś warianty, no nie? Przyjaźnię się z Putinem, trzeba mu pomóc”[227].

Inny kandydat, Siergiej Mironow, przyjaciel Putina z leningradzkich lat i przewodniczący Rady Federacji, oświadcza, iż stanął do konkurencji, żeby „wesprzeć reformatorski potencjał Putina”, bo „gdy towarzysz idzie w bój, trzeba stanąć za nim murem”[228]. Władimir Żyrinowski wysłał – chyba dla żartu – najmniej znaczącą personę w kierownictwie swojej partii, mistrza boksu i byłego ochroniarza Olega Małyszkina, który – choć awansował już do Komitetu Obrony w Dumie, nie potrafił przed kamerą wydusić sensownego słowa, za to gotów był do rękoczynów. Startowała też posłanka rozlatującej się już demokratycznej partii Sojusz Sił Prawicy, urodziwa Irina Hakamada, obiecująca, że gdy wygra, powie całą prawdę o tym, co się działo w teatrze Dubrowka (była – jak pamiętamy – jedną z osób, z którymi terroryści chcieli rozmawiać).

Startowało jeszcze kilku niezbyt liczących się polityków. Startował też Iwan Rybkin, kiedyś przewodniczący Dumy, później sekretarz Rady Bezpieczeństwa, przeciwnik wojny w Czeczenii i główny po stronie rosyjskiej nieoficjalny uczestnik rozmów z Maschadowem, a także – co tu może najważniejsze – sojusznik Borisa Bieriezowskiego, który przebywając w Londynie na emigracji, sponsorował wszelkie akcje przeciwko dawnemu pupilowi. Rybkin nie czekał z ujawnieniem skrywanych prawd do ogłoszenia wyników wyborów, bo nie miał w tej sprawie złudzeń. Publicznie oznajmił, iż to Władimir Putin i jego ludzie odpowiadają za wysadzanie domów w Moskwie w 1999 roku, a więc i za rozpoczęcie wojny w Czeczenii. Czuł się w tej sprawie spadkobiercą Juszenkowa i Szczekoczichina. A jakby tego było mało, w kampanii, którą Putin oparł na walce z oligarchami, nazwał go głównym oligarchą w kraju.

Ochotników zbierających podpisy za jego kandydaturą szykanowano już wcześniej. Milicja nachodziła ich w domach, spisywała protokoły, groziła wyrzuceniem z pracy, ze studiów. Pytanie, jak to właściwie jest z tą niby to wielką popularnością idola narodu, jeśli obawia się on konkurencji ze strony o wiele słabszych przeciwników. Cztery lata wcześniej, przy pierwszych wyborach prezydenckich Władimira Władimirowicza Centralna Komisja Wyborcza wymagała od kandydatów zebrania 500 tysięcy podpisów na listach poparcia w ciągu trzydziestu ośmiu dni. Teraz dorzuciła dni dziesięć, ale limit podpisów zwiększyła do 2 milionów. Podpisów na listach poparcia Rybkina zresztą najpierw nie przyjęto, a zatwierdzono je dopiero wtedy, gdy udało się go z gry wyeliminować.

Kandydat numer 1 jak zwykle unikał debat. Dawać odpór oponentom potrafi tylko w świetnie przygotowanych monologach. O jakich zresztą oponentach mogła jeszcze być mowa, jeśli w ciągu minionych czterech lat z medialnej przestrzeni usunięto wszystkich przeciwników Putina? Został – w gruncie rzeczy – jedynym graczem na politycznej scenie. Inaczej niż w 2000 roku, kiedy realnie się zmagał z kandydatem Komunistycznej Partii Federacji Rosyjskiej Giennadijem Ziuganowem. Tamte wybory były prawdziwe. Dlatego, żeby mógł wygrać Putin, trzeba było sfałszować wyniki. Teraz fałszowano samą ideę demokratycznej elekcji: walkę równoprawnych konkurentów. Urzędujący prezydent, z zasady nieustannie obecny na telewizyjnych ekranach, zawsze ma przewagę nad konkurentami. Jakże on musi być niepewny swojej pozycji, skoro boi się już nie potężnej opozycji, ale nawet jej cienia!

Stowarzyszenie Dziennikarzy obliczyło, że w analitycznych audycjach Programu Pierwszego i stacji RTR prezydent zajął niemal 100 procent czasu przeznaczonego na prezentację kandydatów, na innych kanałach – 47 procent; w gazetach ogólnorosyjskich poświęcono mu 69 procent tekstów, w regionalnych – 70 procent[229]. Jeśli już pisano czy mówiono o opozycji, to źle. „Obiektywność to w ogóle niewłaściwa charakterystyka rosyjskich mediów –zauważyła dziennikarka »Moskowskiego Komsomolca«. – Cynizm władzy zamieniającej wybory w farsę zrodził odwzajemniony cynizm w dziennikarskich kręgach"[230].

Przedwyborczych klipów Rybkina na wizję nie wpuszczono. Między innymi dlatego, że wzywały do głosowania przeciwko Putinowi[231].

W czwartek 5 lutego Iwan Rybkin przyjechał do domu po siódmej wieczorem, pożegnał się z ochroniarzem i kierowcą, zabrał ze skrzynki pocztę, zostawił żonie owoce, powiesił marynarkę i zniknął. Żona, która wróciła około jedenastej wieczorem, nie zastała żadnej kartki, którą zwykle zostawiał w wypadku nagłego wyjazdu. Myślała, że może jest na daczy, ale żaden z dwóch telefonów komórkowych nie odpowiadał. Nie poszła od razu na milicję, bo wiedziała, że zgłoszenia o zaginięciu przyjmuje się po trzech dniach. To dlatego wiadomość o zaginięciu Iwana Rybkina pojawiła się w mediach dopiero 9 lutego.

Ogłoszono, że zaginionego szuka milicyjna brygada operacyjno-śledcza. Wszczęto postępowanie w sprawie domniemanego zabójstwa. Potem je odwołano. Wąsaty pułkownik rezerwy FSB Giennadij Gudkow, wiceprzewodniczący komisji parlamentarnej do spraw bezpieczeństwa, dawał do zrozumienia dziennikarzom, że nie ma się czym niepokoić. Któraś z wiarygodnych niewielkich gazet opozycyjnych oznajmiła, że udało im się połączyć z jednym z telefonów Rybkina – jakiś męski głos rzucił w słuchawkę: „Iwan Pietrowicz nie może teraz rozmawiać", po czym rozległ się urywany sygnał.

Przewodniczący Centralnej Komisji Wyborczej ogłosił, że Iwan Rybkin figuruje na liście kandydatów startujących w wyborach 14 marca.

W sobotę 10 lutego Rybkin zadzwonił do szefowej swojego sztabu wyborczego z informacją, że przebywa w Kijowie, dokąd pojechał z przyjaciółmi, żeby „odpocząć od tego całego zgiełku", że „pogoda ładna", że wyłączył telefony i nie oglądał telewizji, bo w końcu „każdy ma prawo do dwóch, trzech dni życia prywatnego". Wszystko to mówił człowiek prawie niepijący, tak spokojny, że aż nudny, pięćdziesięcioparoletni. Szok. Na lotnisku w Moskwie, dokąd polityk przyleciał z Kijowa, szok jeszcze większy. Blady, jakby chory, Rybkin oczy krył za damskimi okularami przeciwsłonecznymi. Mówił cicho: „Wracam jak po trudnej turze pertraktacji z Czeczenami, ale bardzo się cieszę, że wracam". Na pytanie, czy ktoś go przetrzymywał, nie odpowiedział. A zresztą bez względu na to, co miałby do powiedzenia, elektorat już rechotał na samą myśl o jego „życiu prywatnym". I tak oto człowiek, który jeszcze niedawno śmiało dowodził swoich racji, teraz zrezygnował z uczestnictwa w telewizyjnej debacie kandydatów (bez Putina, oczywiście). Udzielił wywiadu radiu Echo Moskwy, ale z trudem się go słuchało: głos miał monotonny, zmęczony, gubił wątek wśród nieważnych szczegółów. Mówił o należącym do Administracji Prezydenta pensjonacie Lesnyje Dali, o pustym autobusie i samochodzie z firankami, o mieszkaniu, gdzie ciągle zmieniali się ludzie, którzy z kimś rozmawiali. Wszystko to na pozór pozbawione było związku, jakby bardzo zmęczony człowiek przypominał sobie fragmenty snu: pograniczników, którzy niczego nie sprawdzali, FSB, które się z nimi kontaktowało, herbatę, którą go poczęstowano, kanapki, po których poczuł senność. Na pytanie, czy został porwany, odpowiedział: „Nie ja to powinienem kwalifikować. Wszystko odbywało się za wiedzą służb specjalnych państwa,

Iwan Rybkin: „Rezygnuję ze startu w wyborach"

a tu nic się nie dzieje bez wiedzy prezydenta". A zapytany, czy dali mu jakiś zastrzyk, oznajmił: „Rezygnuję ze startu w wyborach".

Dwaj dawni funkcjonariusze KGB–FSB – generał Oleg Kaługin i major Aleksandr Litwinienko – jednomyślnie stwierdzili, że zastosowano „SP-117, serum prawdy. FSB posługuje się tym środkiem w wyjątkowych przypadkach, gdy chodzi o sprawy wagi państwowej. To rodzaj »włamania do mózgu« wyłączającego jego pewne partie. Człowiek mówi wtedy wszystko, co wie, i traci nad sobą kontrolę. Można z nim robić wszystko. I filmować to. Potem podaje się delikwentowi antidotum i pokazuje film. Rybkinowi też zapewne pokazali, grożąc ujawnieniem, jeśli nie zrezygnuje z kandydowania i nie przerwie działalności publicznej"[232].

Iwan Rybkin działalność przerwał. W styczniu 2014 roku zapytany o prezydenta odpowiedział: „Władimir Władimirowicz chętnie by już uciekł od wszystkich kłopotów, ale ludzie go nie puszczają. A tak w ogóle to mamy ze sobą świetny kontakt"[233].

Obserwatorzy z ramienia Organizacji Bezpieczeństwa i Współpracy w Europie (OBWE) stwierdzili, że podczas procesu wyborczego nie przestrzegano należycie zasad przeprowadzania demokratycznych wyborów, zwłaszcza zaś naruszono obowiązek niedyskryminowania przez media państwowe poszczególnych kandydatów, a także tajność głosowania.

Na Władimira Władimirowicza Putina oddano w wyborach prawie 50 milionów głosów, czyli 71,2 procent. Na następnego kandydata – niecałe 10 milionów, czyli około 14 procent.

Wybory uznano za ważne.

2 grudnia 2007 roku.

W wyborach do Dumy Państwowej, odbywających się zawsze w grudniu przed marcowymi wyborami prezydenckimi, fałszowanie odbywało się na każdym etapie – od kampanii wyborczej po liczenie głosów.

Sposoby fałszowania opisał „Moskowskij Komsomoljec":

„1. Tak zwana karuzela, czyli »specjalny« człowiek wynosi z lokalu wyborczego czyste karty do głosowania, »właściwie« je wypełnia i oddaje komuś, kto wrzuca je do urny, i wynosi kolejne karty.
2. Głosowanie według danych z dowodu osobistego. Na listach w komisjach wyborczych znajdują się nie tylko nazwiska i adresy wyborców, lecz także wszystkie ich dane osobowe. »Specjalni« członkowie komisji wyborczej umieszczają w protokołach wyborczych dane tych mieszkańców, o których się dowiedzieli (za pośrednictwem administracji domów), że nie stawią się przy urnach, i głosują w ich imieniu.
3. »Martwe dusze«. Na listach wyborców figurują nieboszczycy, za których głosują podstawione osoby.
4. Głosowanie w domu, jeśli nie odbywa się w obecności obserwatorów. Korzystającym z niego inwalidom oraz osobom starszym ze słabym wzrokiem i słuchem usłużnie się podpowiada, gdzie postawić krzyżyk, choć ustawa takich praktyk zabrania.
5. Głosowanie przedterminowe. Mimo że w wyborach 2007 roku takie głosowanie było zabronione, w niektórych rejonach Moskwy stosowano je. Administracjom domów polecono stwierdzić, kto na pewno na wybory się nie wybiera, i głosowano zamiast niego, wystawiając na jego nazwisko zaświadczenie, że głosuje w innym miejscu.
6. Wykorzystywanie studentów w akademikach. Godzinę przed zakończeniem głosowania zabiera się studentów do lokali wyborczych. Cena za »prawidłowy głos« od 100 rubli"[234].

Moskwa, dzień wyborów. Lokal wyborczy numer 730. Kobieta wpycha do urny karty do głosowania. Na wideo widać, że jest ich co najmniej dziesięć. Podaje je mężczyzna zza stołu komisji wyborczej.

Nikt w lokalu nie zwraca na to uwagi, mimo że siedzi tam obserwator z ramienia Jednej Rosji. Ów film został zrobiony przez niezależnego obserwatora zza pleców funkcjonariuszy milicji, którzy ochraniali lokal przed takimi właśnie jak on. Na filmie, bliżej kamery, widać też drugą urnę od strony komisji wyborczej oraz rękę wrzucającą, a raczej wpychającą, po kilka kart naraz.

Podobnych przykładów mnóstwo. I tak w mieście Kowrowo wyliczono, że spośród 150 tysięcy mieszkańców głosować poszło 140 tysięcy. Czyżby głosowały tam również niemowlęta?

Tymi sposobami wykończono wszystkie partie opozycyjne.

„Dzięki kremlowskim specjalistom od propagandy większość rosyjskiego społeczeństwa nawet się nie domyśla istnienia podobnych praktyk. O przebiegu wyborów ludzie dowiadują się głównie z manipulowanych przez władzę mediów. I chociaż teoretycznie każdy mógłby – gdyby chciał – poznać prawdę o wyborach z internetu, trzeba pamiętać, że tylko niewielka część Rosjan (nie więcej niż 1 procent) szuka w internecie wiadomości politycznych. Dlatego 99 procent wyborców potulnie konsumuje to, co im przygotowują oszuści, i nie czuje w tych popisach propagandy gorzkiego smaku totalnego kłamstwa, które zamienia wybory w paskudną podróbkę.

Jeśliby do ludzi dotarła bodaj dziesiąta część tej informacji, którą chciała im przekazać opozycja, jeśliby wiedzieli, co wyprawiała na tych wyborach partia władzy (w szerokim pojęciu), wydaje mi się, że żadna miłość do naszego prezydenta nie zmusiłaby wielu z nich do postawienia krzyżyka przy Jednej Rosji. Tak brudnej kampanii wyborczej przez minione osiemnaście lat »demokracji«, takiego wynaturzenia istoty wyborów jeszcze u nas nie było. Dyżurni regulujący potoki błota w polityce znajdują się na Kremlu. Wykończyli całą opozycję"[235] – pisał w 2007 roku specjalista z Wyborczego Stowarzyszenia Ekspertów Politycznych IZBASS Walentin Połuektow.

A przecież to był dopiero wstęp do wyborów głównych, prezydenckich, w 2008 roku.

Kończyła się druga kadencja prezydenta Władimira Putina, na trzecią kadencję konstytucja nie pozwalała. Szarada polegała na tym, czy Putin zmieni konstytucję i pozostanie na Kremlu, czy też wskaże swojego następcę.

W telewizorze od dwóch lat zmieniali się dwaj mianowani przez niego wicepremierzy: Siergiej Iwanow i Dmitrij Miedwiediew.

Iwanow, urodzony w rodzinie wojskowych, lecz chowany bez ojca, filolog perfekcyjnie władający angielskim, absolwent Instytutu Czerwonego Sztandaru KGB, as wywiadu (Finlandia, Kenia), przyjaciel Putina z czasów pracy w leningradzkim KGB, o czym sam tak pisał: „Poznaliśmy się, kiedy po uniwersytecie skierowano nas do jednego maleńkiego oddziału jednej niemaleńkiej organizacji. Potem ja wyjechałem z Leningradu na zawsze, a on tam został"[236]. Ale gdy tylko Putin objął stanowisko dyrektora FSB, uczynił Iwanowa swoim zastępcą do spraw analizy, prognozowania i planowania strategicznego. A gdy został prezydentem, mianował go ministrem obrony. Zapytany, co łączy go z Iwanowem, odparł: „Poczucie wspólnoty". W kwestii zapatrywań na pewno: w 2002 roku Iwanow zwrócił się do niego w imieniu weteranów, by miastu Wołgograd przywrócić dawną nazwę Stalingrad, a wojsku – znak radzieckiej gwiazdy pięcioramiennej. Tę ostatnią propozycję prezydent zaaprobował. Niewątpliwie od Putina różni Iwanowa stosunek do pieniędzy. Związków Iwanowa z biznesem nigdzie nie odnotowano, liczba jego zegarków ani ich wartość nie burzyła krwi dziennikarzom, a standard domu pod Moskwą mierzony „kremlowską miarą" należy do przeciętnych; dom wraz z ziemią wyceniono na 10 milionów dolarów[237].

Miedwiediew to co innego. Profesorski jedynak, który w dzieciństwie wolał studiować dziesięciotomową encyklopedię ojca niż ganiać po podwórku, wzorowy student prawa, następnie jego wykładowca na Uniwersytecie Leningradzkim, demokrata z przekonań, przynajmniej w czasach młodości. W okresie studenckim zwolennik Sobczaka, potem jego asystent, wreszcie – współpracownik w petersburskim merostwie, główny prawnik, doradca Władimira Putina. Gładki w mowie, kulturalny w obyciu. Ostrożny – nazwisko Miedwiediew nie figuruje w prokuratorskich aktach jego petersburskich szefów, ale przedsiębiorstwo Ilim Palm Enterprise (od 1995 roku był jego udziałowcem przez podstawioną osobę) wraz z całym holdingiem, do którego należało, wyceniono w roku 2000 na 5 miliardów dolarów. A gdy prezydent Putin zaraz po objęciu stanowiska zaczął reformować Gazprom, na czele rady dyrektorów postawił Dmitrija Miedwiediewa.

Nikogo nie dziwiło, że najwyższy urzędnik państwowy – zastępca przewodniczącego Administracji Prezydenta czy też jej przewodniczący, stały członek Rady Bezpieczeństwa – równocześnie rządził Gazpromem. Przyzwyczajono się już do polityki gospodarczej Putina: do powiązań wielkich koncernów z Kremlem. „Coraz trudniej pojąć, co jest państwem, a co korporacją – Gazprom czy Rosja? Pod rządami Putina Rosja przekształciła się z państwa w korporację, a Gazprom stał się państwem"[238] – opisał to zjawisko znany publicysta Witalij Portnikow.

Miedwiediew, choć tak ważny, szerokiej publiczności nie był znany. Więc w 2005 roku Putin stworzył „narodowe projekty priorytetowe" (zdrowie, nauka, mieszkania, rozwój wsi) i uczynił Miedwiediewa za nie odpowiedzialnym. Odtąd kamery towarzyszyły mu wszędzie: od szpitali i żłobków po budowy i obory. Naród zapoznawał się z Dmitrijem Anatoljewiczem. Już w 2006 roku rosyjska prasa jego właśnie uważała za faworyta w wyścigu do Kremla. Dziennikarze liczyli mu zegarki i wydane na nie dziesiątki tysięcy dolarów.

On zaś wyraźnie się starał upodobnić do Putina: naśladował jego sposób chodzenia, próbował mówić ostro i chropawo, twierdził, że „rósł jako podwórkowy dzieciak, masę czasu przebywając na ulicy", chociaż nauczyciele pamiętali, że „cały czas poświęcał nauce i rzadko można go było spotkać na podwórku z chłopakami, bo był z niego raczej »stary maleńki«", a koledzy ze studiów wspominali, że „choć towarzyski, częściej przesiadywał w bibliotece, niż bywał na zabawie". Tak czy inaczej, prezentował to, czego oczekiwał Zachód i znaczna część rosyjskiej inteligencji: złagodzenie obyczajów politycznych i powrót do demokracji.

10 grudnia 2007 roku. Moskwa. Pałac Zjazdów. Dochodzi druga po południu. Obradują cztery najważniejsze, działające za zezwoleniem

Kremla, partie. Prezydencki palec oficjalnie wskazuje na Dmitrija Miedwiediewa.

„Dmitrija Miedwiediewa znam bardzo dobrze i bardzo blisko od siedemnastu lat i w pełni popieram jego kandydaturę" – oznajmił Władimir Putin, co wystarczyło i jako rekomendacja kandydata na najważniejsze w państwie stanowisko, i jako prezentacja jego programu.

Oczywiście kandydata poparła także główna partia – Jedna Rosja.

Uczestnictwa w telewizyjnych debatach kandydat Miedwiediew odmówił.

Na bannerach wyborczych, na tle rosyjskich barw narodowych (niebiesko-biało-czerwonych), uśmiechnięci ONI: Putin w brązowej skórzanej kurtce, Miedwiediew w czarnej. I ekscytujące, doprawdy, hasła: „Rosjo, naprzód!", „2 marca wybieraj przyszłość!", „2 marca wybory prezydenta Federacji Rosyjskiej!". (W internecie popularność zyskał mem, na którym Putin śmieje się w kułak, a zwrócony w jego kierunku Miedwiediew też się uśmiecha. Podpis: „Człowieczku, jesteś nikim, twoje problemy tylko nas śmieszą").

Kim byli inni kandydaci? Dwaj „dyżurni" to komunista Giennadij Ziuganow (startujący po raz trzeci) i Władimir Żyrinowski (startujący po raz czwarty), lider nacjonalistycznej, w gruncie rzeczy faszyzującej Partii Liberalno-Demokratycznej.

Wyłoniła się też z politycznego niebytu dość dziwna postać: Andriej Bogdanow, wielki mistrz Wielkiej Loży Rosji, lider niezbyt znanej Partii Demokratycznej. Nikomu zagrozić nie mógł, niemniej ludzi zbierających dla niego podpisy przepytywała milicja na posterunkach i w domach: Jak zbierają podpisy? Po co? Radziła też, by dali sobie z tym spokój. Czyżby silny Kreml bał się konkurencji nawet tak marginalnego polityka?

Miał też wystartować poważny kandydat opozycji: były premier Michaił Kasjanow. Na zebranie wymaganych do zarejestrowania 2 milionów podpisów Centralna Komisja Wyborcza dała mu tylko miesiąc. Zgłosił się z listami zawierającymi 2,2 miliona podpisów, czyli o 200 tysięcy więcej – na wypadek gdyby komisja doszukała się jakichś nieprawidłowości. Doszukała się już nazajutrz, twierdząc, że podrobiono kilka tysięcy podpisów, i odmówiła Kasjanowowi rejestracji.

Gari Kasparow, szachowy mistrz świata, też zamierzał zostać kandydatem opozycji. W 2005 roku zrezygnował z dalszej kariery szachowej po to, by – jak powtarzał – odbudować rosyjską demokrację. Niemal zaraz po tym, jak ogłosił decyzję o starcie w wyborach prezydenckich, aresztowano go na pięć dni „za udział w nielegalnym marszu". Nie rezygnował jednak. Jeździł po kraju z zamiarem dotarcia do różnych środowisk, do wielu ludzi. Ale dokądkolwiek na spotkanie przyjechał, drzwi zastawał zamknięte. Oświadczano mu w ostatniej chwili, że awaria rur lub elektryczności, że zawalił się sufit lub spadła kurtyna. Albo niczego nie oświadczano: na miejscu zastawał zdezorientowanych ludzi czekających na niego na ulicy. Na ulicy można prowadzić mityng, ale nie zebranie wyborców, które wysunęłoby kandydaturę osoby startującej w wyborach prezydenckich, spełniając tym samym jeden z warunków zaliczenia jej do kręgu kandydatów. Sali na takie zebranie Kasparow nigdzie w Rosji znaleźć nie mógł, więc na trzy miesiące przed głosowaniem z kandydowania zrezygnował.

Putin zwyciężał. Jak zawsze – niewidocznym dla elektoratu sposobem. Widoczny był rezultat: brak przedstawicieli opozycji w prezydenckiej kampanii wyborczej. To wystarczyło, by dziennikarze i zachodni politycy lekko sformułowali i do dziś rozpowszechniali fałszywą w gruncie rzeczy informację, że „w Rosji opozycja jest słaba"; „w Rosji opozycja nie istnieje" itp., podczas gdy ona trwa – bez dostępu do telewizji, bez własnej wysokonakładowej gazety, bez możliwości zorganizowania większych zebrań i zjazdów, rozbijana intrygami od wewnątrz, bita i aresztowana podczas manifestacji. Niemal każde opozycyjne działanie, a z czasem nawet wpis na blogu, wymaga coraz większej odwagi i niejednokrotnie kończy się więzieniem. Powtarzając: „rosyjska opozycja nie istnieje", pozbawiamy szacunku tych, którzy dla nas niewidoczni, z desperacją manifestują niezgodę na Putinowski reżim.

Gari Kasparow, zmęczony groźbami pod adresem swoim i swoich bliskich, w czerwcu 2013 roku opuścił Rosję. Stoi na czele Międzynarodowej Rady Fundacji Obrony Praw Człowieka. W Nowym Jorku. Prowadzi znakomity portal opozycyjny Kasparow. I pisze książki przestrzegające świat przed Władimirem Putinem[239].

2 marca 2008 roku. Dzień wyborów. Moskwa, dzielnica Pieczatniki, lokal wyborczy numer 1513, stoją tam dwie urny. Jeszcze przed otwarciem pomieszczenia dwoje młodych, niezależnych obserwatorów zauważa w jednej z nich – zapieczętowanej i przykrytej papierem – karty wyborcze z widocznymi krzyżykami przy nazwisku Miedwiediew. Fotografują to i domagają się otwarcia urny. Odmawiają opuszczenia lokalu mimo wezwań ze strony sprowadzonej milicji. Przychodzący głosować korzystają tylko z drugiej, niezasłoniętej, urny. Po południu rozlega się alarm: „Szkoła zaminowana! Opuścić pomieszczenie!". Młodzi obserwatorzy oponują. Próbują wynieść tę zapełnioną już urnę. Wtedy włączają się syreny alarmowe i głos: „Uwaga! Uwaga! Alarm powietrzny! Wychodzić na ulicę!". Milicjanci dosłownie wynoszą obserwatorów z sali, mimo że przewodnicząca komisji wyborczej pozostaje. Po alarmie obserwatorzy wracają do lokalu wyborczego: w urnie leżą już tylko białe kartki papieru. Fotografują je i wychodzą[240].

W lokalu numer 734 w Petersburgu obserwatorzy z ramienia Komunistycznej Partii Federacji Rosyjskiej udowadniają, że zostały wydane 734 (zbieżność tej liczby z numerem lokalu wyborczego przypadkowa) karty do głosowania, a w urnie znalazło się ich 1136. W lokalu numer 703 obserwator z tej samej partii zatrzymał mężczyznę wrzucającego do urny dwadzieścia siedem kart z krzyżykiem przy nazwisku Miedwiediew[241].

Jeszcze gdzie indziej zdumiona mieszkanka zauważyła w spisie wyborców potwierdzenie, że w tym lokalu stawili się jej nieobecni w mieście rodzice. Przewodnicząca komisji, niezadowolona z głośnego zwrócenia uwagi, wezwała milicję.

W Petersburgu znana prawniczka prześledziła drogę podpisanego w jej obecności protokołu wyborczego do Terenowej Komisji

Wyborczej. Na piętrze budynku, gdzie ta komisja się znajdowała, naliczyła siedem gabinetów, do których protokoły wyborcze dostarczano. Z budynku została wyrzucona. Po ogłoszeniu wyników okazało się, że w obserwowanym przez nią lokalu Miedwiediewowi dorzucono osiemset głosów.

Obserwatorów na tych wyborach było niewielu. Cuda nad urną nie wymagały więc szczególnej zręczności[242]. OBWE swoich obserwatorów nie przysłała. „Nasza obecność jest konieczna wówczas, gdy wybory odbywają się w warunkach konkurencji. Jasne jest, że w tym roku w Rosji D.A. Miedwiediew otrzyma przytłaczającą większość głosów"[243] – oznajmił generalny sekretarz tej organizacji.

8 marca 2008 roku ogłoszono: Dmitrij Miedwiediew uzyskał 70,28 procent głosów i został prezydentem Federacji Rosyjskiej. Władimir Putin został premierem.

7 maja 2008 roku. Kreml. Złocone bramy otwierają się przed niewysokim mężczyzną, najmłodszym (czterdzieści dwa lata i osiem miesięcy) prezydentem w historii Rosji. Stąpając energicznie po czerwonym chodniku, w znajomy nam sposób porusza lewą ręką (cóż za zdolności naśladowcze!). Za chwilę zapewni, że będzie dbał o rozwój społeczeństwa obywatelskiego i swobód obywatelskich. Położy też nacisk na fundamentalną rolę prawa i zgubne skutki nihilizmu prawnego. Będzie mówił krótko, bo poprzedni mówca – Władimir Władimirowicz – zajmie główną część jego inauguracyjnej uroczystości długim sprawozdaniem z sukcesów swoich ośmioletnich rządów.

Kim nowy prezydent zostanie – bezwolną marionetką Putina czy samodzielnym politykiem? Jeszcze w lutym, przed wyborami, podbił serca liberałów, mówiąc, że podstawą działalności każdego państwa musi być zasada: „Wolność jest lepsza niż jej brak". A 5 listopada 2008 roku, występując przed obiema izbami rosyjskiego parlamentu (elitą rosyjskiej biurokracji), wygłosił mowę jak zajadły opozycjonista: „Biurokracja dość często koszmarnie kontroluje biznes, żeby nie zrobił czegoś nie tak. Bierze pod lupę środki przekazu, żeby nie powiedziały czegoś nie tak. Wtrąca się w proces wyborczy, żeby nie wybrano tego, co nie trzeba. Naciska na sądy, żeby wydały wyrok nie taki, lecz taki. I tak dalej". Biurokracja zareagowała burzliwymi oklaskami. Miedwiediew, znany miłośnik elektronicznych gadżetów, tabletów, iPhone'ów[244], prowadzący swój blog oraz instagram, dodał też, że wolność słowa musi być gwarantowana technologicznymi wynalazkami: „Namawiać urzędników, by zostawili w spokoju media, to działanie praktycznie daremne [...]. Trzeba więc aktywniej rozszerzać przestrzeń internetu i telewizji cyfrowej. Żaden urzędnik nie będzie mógł przeszkodzić dyskusjom w sieci i cenzurować naraz tysięcy kanałów"[245].

Zebrani klaskali, spoglądając po sobie z niedowierzaniem. Przecież w sprawach kontroli nad mediami i wolnymi wyborami mówca siedział już po uszy, kierując Administracją Prezydenta. „Na koniec, wyśpiewawszy odę na cześć społeczeństwa obywatelskiego i wolnych wyborów, przedstawił ostatnią propozycję: przedłużyć kadencję parlamentu z lat czterech do pięciu, a prezydencką z czterech do sześciu. Inicjatorem tych zmian nie był oczywiście on, lecz Władimir Putin. Miedwiediew tylko cynicznie dopasował pomysł zmiany konstytucji do terminu jubileuszu jej piętnastolecia i ze słowami: »Pokusa reformowania konstytucji jest absolutnie niestosowna«, zabrał się do jej poprawiania"[246] – pisze Michaił Zygar, autor wspomnianej już książki *Wsia kriemlowskaja rat'*.... Równie cynicznie zdymisjonował z dnia na dzień przewodniczącego Sądu Najwyższego, który się temu sprzeciwił.

A może Dmitrij Anatoljewicz Miedwiediew w roli demokraty grał z Putinem w spektaklu z udziałem „dobrego i złego policjanta"? Jako demokrata udzielił swojego pierwszego wywiadu opozycyjnej „Nowej Gaziecie" (w wypadku Putina rzecz nieprawdopodobna) i wygłosił niesłyszaną dotąd w Rosji tezę, że „jeśli partia rządząca nie ma nigdy szansy na przegraną, to się degraduje", podobnie jak „degraduje się opozycja, którą pozbawiono najmniejszej szansy na wygraną w uczciwej walce, co grozi państwu przemianą stabilizacji w stagnację". Po tych słowach liberałowie oraz demokraci w Rosji i poza nią niemal się w prezydencie Miedwiediewie zakochali.

Prezydenci nie piszą przemówień sami. Miedwiediewowi wydatnie pomagał Władisław Surkow – niesłychanie barwna postać (były hipis, autor powieści sensacyjnych, wierszy i piosenek dla punkowego zespołu Agatha Christie; w jego gabinecie wisiały zdjęcia Che Guevary i Tupaca Shakura) – uważany na przykład przez „The Washington Post" za szarą eminencję Kremla i „wybitny umysł polityczny".

Jego życie jest pełne zagadek. Ten syn Czeczena i Rosjanki najprawdopodobniej urodził się w Lipiecku jako Władisław Surkow, a dzieciństwo spędził w czeczeńskiej wiosce Duba-Jurt jako Asłanbiek Andarbiekowicz Dudajew (zbieżność nazwisk z generałem Dżacharem Dudajewem przypadkowa). Służbę wojskową odbył w oddziale specnazu GRU (jednostka specjalna wywiadu wojskowego). Przez jakiś czas studiował w szkole aktorskiej, a umiejętności biznesowo-polityczno-propagandowe szlifował pod okiem różnych mentorów: od Gusinskiego, przez Chodorkowskiego, po Bieriezowskiego (w 1998 roku został szefem PR w należącej wówczas do Bieriezowskiego telewizji ORT), aż trafił do Administracji Prezydenta Jelcyna, a następnie został najbliższym współpracownikiem Putina. Jedni określają go jako wybitnego socjotechnika, inni jako wielkiego manipulatora.

Nie cierpiąc chyba na nadmiar oporów moralnych, kierował się zawsze skutecznością działań. Ukuł pojęcie „suwerenna demokracja". Uchodzi też za twórcę „kontrolowanej opozycji", czyli popierającej Putina partii Sprawiedliwa Rosja, a także pro kremlowskiej organizacji młodzieżowej – ruchu o nazwie Nasi. Jego pomysłem były: sesja fotograficzna z udziałem przywódcy Rosjan prezentującego swój goły tors, przyznanie Gérardowi Depardieu rosyjskiego obywatelstwa oraz pokazowy proces dziewczyn z Pussy Riot, mający zwiększyć prestiż Cerkwi.

Według Michaiła Zygara rewolucyjne przemówienie prezydenta Miedwiediewa zostało skonstruowane za pomocą typowego dla Surkowa triku, to znaczy uznania za własne haseł opozycji. Tyle że teraz wydawało się, iż jego nowy patron (Putin rozstał się z Surkowem w atmosferze konfliktu) potraktował te hasła serio. Poparł na przykład protest tysięcy demonstrantów w obronie podmoskiewskiego lasu i wstrzymał budowę zagrażającej mu autostrady. „Putin nigdy by tak nie postąpił – uważa Michaił Zygar. – On sądzi, że uleganie protestom to przejaw słabości, tak samo jak pertraktacje z terrorystami"[247]. (A droga przez las w Chimkach, którą budował przyjaciel Putina Arkadij Rotenberg, i tak powstała).

Z pewnością natomiast grą nowego prezydenta nie było ani pozbawienie stanowiska popularnego mera Moskwy Jurija Łużkowa, mimo że ten manifestował sympatię dla Putina, ani przeprowadzenie czystki wśród „nieskutecznych menedżerów", czyli zasiedziałych i wiernych Putinowi gubernatorów, ani uchylenie drakońskich zmian w ustawie o zgromadzeniach, demonstracjach, pochodach i pikietach, praktycznie uniemożliwiających takie działania. Zdeprecjonował też lansowaną przy Putinie tezę, jakoby stalinowski wielki terror miał sens. „Dla represji nie ma usprawiedliwienia" – oznajmił. Nieprawdą jest, że „masowe ofiary to konieczność spowodowana wyższymi celami państwowymi".

Równocześnie jednak strofował Stany Zjednoczone i groził każdemu, kto „ma nadzieję na zaostrzenie sytuacji politycznej", popierał surową – nawet wobec potencjalnych opozycjonistów – ustawę o Federalnej Służbie Bezpieczeństwa, lekceważył prośby o ułaskawienie więźniów politycznych i wyroki ferowane na podstawie spreparowanych przez FSB oskarżeń. Pod jego rządami nie zostało wyjaśnione ani jedno polityczne zabójstwo, mimo iż „wziął je pod kontrolę specjalną". Pod jego rządami wybuchła też wojna w Gruzji, mimo że początkowo był jej niechętny i nie rzucił armii do ataku nawet popędzany telefonicznie przez Putina, który znajdował się wtedy na olimpiadzie w Chinach.

Nie był więc Miedwiediew marionetką Putina, ale też nie potrafił mu się zdecydowanie przeciwstawić. Szukał zaplecza. Popierała go Jelcynowska Rodzina – Tania, Wala i ich otoczenie – lecz koniecznie należało utworzyć liberalną partię, a do tego celu niezbędny był lider, który nadawałby takiemu ugrupowaniu znaczenie. Tę propozycję złożył Miedwiediew „kremlowskim liberałom": ministrowi finansów Aleksiejowi Kudrinowi, wicepremierowi Igorowi Szuwałowowi, byłemu ministrowi gospodarki Hermanowi Gefowi. Wszyscy odmówili. „Miedwiediew był wściekły – pisze Zygar. – Stawało się jasne, że żaden z będących u władzy liberałów nie ośmieli się stanąć po jego stronie, a on sam nie zamierzał nagłaśniać swoich ambicji, co z góry skazywało liberalną ideę na przegraną w następnych wyborach"[248].

Mimo wszystko Miedwiediew dążył do samodzielności: w 2011 roku poparł uchwałę Rady Bezpieczeństwa ONZ w sprawie ingerencji w Libii, gdzie pokojowe demonstracje zamieniły się w zbrojne powstanie przeciwko dyktatorowi Muammarowi Kaddafiemu, który groził krwawym ich stłumieniem. Miedwiediew – błyskotliwy, oczytany inteligent, profesor prawa rzymskiego, człowiek, który ani przez dzień nie pracował w służbach specjalnych – wbrew Ministerstwu Spraw Zagranicznych, wbrew wojskowym i wbrew samemu Putinowi stanął po stronie tych, którzy chcieli przerwać rzeź zbuntowanych Libijczyków. Rozjuszyło to Putina. Dla niego liczył się tylko Kaddafi, którego przyjmował jak przyjaciela i odwiedzał w jego beduińskim namiocie rozstawionym w kremlowskich ogrodach. No i ważny był sprzeciw wobec USA. Tak więc między Miedwiediewem a Putinem doszło nie tylko do rozbieżności stanowisk, lecz widocznej w kraju i za granicą wojny (choć wedle konstytucji polityka zagraniczna leży w gestii prezydenta, nie premiera).

Przez kilka miesięcy panowie nawet się nie widywali. Większość obowiązków premierskich (mało go w gruncie rzeczy interesujących) Putin przekazał swojemu zastępcy Igorowi Szuwałowowi. Interesantów przyjmował w podmoskiewskiej rezydencji w Nowo-Ogariowie. Korzystając z mniejszej liczby obowiązków, pokusił się o zmianę wizerunku za pomocą operacji plastycznych. Z Miedwiediewem spotkał się dopiero pod koniec lata 2011 roku na rybach w obwodzie astrachańskim. I tu, na łonie przyrody złożył mu propozycję nie do odrzucenia: on wraca na fotel prezydenta, a Miedwiediew do gabinetu premiera. Trzeci prezydent Federacji Rosyjskiej nie miał ani siły, ani argumentów, żeby się mu przeciwstawić.

Zgasły nadzieje liberałów, nastąpił punkt zwrotny w historii Rosji: nieodwołalna uzurpacja władzy.

27 listopada 2011 roku. Moskwa. Hala sportowa Łużniki. Ogromny olimpijski budynek omiatają światła w kolorach flagi rosyjskiej.

Wielki napis: „XII Zjazd Ogólnorosyjskiej Partii Politycznej Jedna Rosja". Na parkingu chyba dwadzieścia rzędów autokarów. Większość z nich przywiozła tu uczniów oraz studentów pierwszych lat studiów. Policja leniwie sprawdza zawartość plecaków, toreb i teczek. Komuś zabrano butelkę wody, komuś kefir. Dlaczego? „Pojęcia nie mamy – mówią policjanci. – Służba bezpieczeństwa kazała". Młodzież sprawnie przechodzi przez kontrolę, zastanawiając się, „co my tu właściwie robimy?"[249].

W olbrzymiej hali – granatowo. Granatowa materia na oparciach jedenastu tysięcy siedzeń. Granatowe obicia schodów wiodących na podium, granatowe podium. Granat to kolor partii Jedna Rosja. Granatowy i szary jest też kolor garniturów i kostiumów. Tylko gdzieniegdzie jaśnieje plama kolorowej sukienki. Mimo jupiterów wrażenie ciemności. Odcina się od niej biały niedźwiedź i powiewająca nad nim biało-niebiesko-czerwona flaga, widoczna w tej sali wszędzie, także na ogromnych ekranach po obu stronach mównicy.

W jasno podświetlonym wejściu, tam gdzie zwykle ukazują się sportowcy, dwie niewysokie sylwetki. Z megafonu pada uroczysta zapowiedź: „Prezydent Federacji Rosyjskiej Dmitrij Anatoljewicz Miedwiediew!". Witają go burzliwe oklaski. Po chwili: „Premier rządu Federacji Rosyjskiej, lider partii Jedna Rosja Władimir Władimirowicz Putin!". Burzliwe oklaski i okrzyki. Obaj idą szybko, każdy rytmicznie poruszając lewą ręką. Putin wbiega na podium, staje przy mównicy. Poprzedniego dnia, podczas otwarcia Zjazdu, odegrał tu błyskotliwą scenkę. Gdy zaczynał przemówienie, mikrofony nie działały. Postukał w nie i nawiązując do licznych akcji protestacyjnych dotyczących wyborów, powiedział: „Nas nie tak łatwo wysadzić z siodła. Mogę mówić głośniej. Komendanckiego głosu jeszcze nie straciłem, mogę przemawiać i bez mikrofonów!". Burzliwe oklaski, śmiech 11 tysięcy ludzi. Mikrofony się włączyły.

Teraz, w drugim dniu Zjazdu, następuje uzurpacji akt pierwszy: Putin proponuje, by obecny prezydent Dmitrij Miedwiediew stanął na czele listy Jednej Rosji w wyborach do Dumy Państwowej, które odbędą się za tydzień. Propozycja zostaje przyjęta. Burzliwe oklaski. 11 tysięcy ludzi wstaje.

Uzurpacji akt drugi: Miedwiediew jako nowy lider partii proponuje, by poparła ona kandydaturę obecnego premiera Władimira Władimirowicza Putina na prezydenta Federacji Rosyjskiej. 11 tysięcy ludzi podnosi się z krzeseł i klaszcze. Flagi powiewają. Kandydat z całego serca dziękuje zebranym i swoim „komendanckim głosem" żąda, by młodzież skwapliwiej krzyczała „Rosja!, Rosja!", bo coś jej to idzie niemrawo. Młodzież nabiera entuzjazmu.

Uzurpacji akt trzeci: Miedwiediew się zgadza w razie wygranej Jednej Rosji w wyborach do Dumy, a Władimira Putina w wyborach prezydenckich „kontynuować działalność modernizacyjną", czyli zostać premierem.

Putin z mównicy oznajmia: „Myśmy to wszystko już kilka lat temu uzgodnili". Miedwiediew dodaje: „Chcę z całą mocą potwierdzić, że to, co proponujemy Zjazdowi, jest głęboko przemyślaną decyzją. Wysuwając kandydaturę Putina na prezydenta, określamy ostatecznie i absolutnie naszą polityczną strategię nie w krótkiej, lecz długiej perspektywie [...]. Kandydatury są znane, program sformułowany, data wyborów parlamentarnych i prezydenckich wiadoma. My nikogo nie okłamujemy"[250].

Złożone na Zjeździe wnioski przyjęto jednomyślnie w tajnych głosowaniach.

## Niesuwerenna demokracja

Uzgodnili zatem wszystko tak, jakby cała Rosja była halą sportową w Łużnikach. Liczyli się z tym, że każdą opozycję ośmieszą, każdy bunt spacyfikują.

W pacyfikowaniu buntów nabrali wprawy. Pałami łomotał OMON już pierwsze akcje protestacyjne zwane marszami niezgody, które od 2005 roku zalewały w postaci kilkutysięcznego tłumu najpierw Newski Prospekt w Petersburgu, potem część Sadowego Pierścienia (Suchariewskaja – Sadowaja) w Moskwie. Nikt z organizatorów nie przypuszczał nawet, że niezgoda na Putinowski reżim okaże się tak

*Nikt z organizatorów protestów nie przypuszczał nawet, że niezgoda na putinowski reżim okaże się tak silna. Tylko w 2007 roku takie marsze organizowano piętnaście razy*

silna, a jej wyrażanie – tak powszechne. W samym tylko 2007 roku takie marsze organizowano piętnaście razy: w Moskwie i Petersburgu, w Samarze i Czelabińsku, Woroneżu, Murmańsku, Riazaniu, Rostowie nad Donem, w Kałudze i Pskowie, w Jarosławiu i Siertołowie. Za każdym razem autobusy dowoziły do aresztów i posterunków zatrzymanych, często pokrwawionych ludzi. Ze szczególną zajadłością rzucano się na trzymających transparenty z powtarzającymi się hasłami: „Nam trzeba innej Rosji!", „Nie – policyjnemu państwu!", „Precz z władzą czekistów!", „Rosja bez Putina!". I z mnóstwem karykatur prezydenta.

W 2009 roku pałowanie przeniosło się na place, gdzie zbierali się uczestnicy tak zwanej Strategii 31. Chodzi o 31. artykuł Konstytucji Federacji Rosyjskiej z 12 grudnia 1993 roku, który mówi, że „obywatele [...] mają prawo zbierać się pokojowo, bez broni; organizować zebrania, mityngi i demonstracje, marsze i pikiety". Manifestanci z numerem 31 na piersiach bronili prawa zapisanego w konstytucji, którą deptał jej gwarant, prezydent Federacji Rosyjskiej. Każdego 31. dnia miesiąca, w którym ta data występuje, Strategia 31 zapełniała plac przed Gościnnym Dworem w Petersburgu i plac Tryumfalny* w Moskwie. Anastazja Rybaczenko, uczestniczka

* Dawniej plac Majakowskiego.

tych manifestacji i działaczka Ruchu Solidarność, tak wspomina wydarzenia z 31 maja 2010 roku na placu Tryumfalnym:

„Widziałam, jak bito ludzi, którzy tylko fotografowali wiec, jak rzucano ich na ziemię, kopano, rozbijano aparaty. Mnie wykręcili ręce, zataszczyli do milicyjnego autobusu. Był pełny. Upał, okna zamknięte. Półtorej godziny wieźli nas na posterunek, choć znajdował się niedaleko. Jakaś dziewczyna zemdlała. Wysiedliśmy. Wykręcaliśmy mokre od potu ubrania. Niemal po godzinie kazali nam znowu wsiąść do autobusu. Odmówiliśmy. Wzięli nas siłą. Mnie rzucili na ziemię i ciągnęli przez kałuże, Aleksandrowi Artiemiewowi z popularnego portalu Gazeta.ru złamali rękę. Ale tym razem ludzie wyszli na plac w jakimś uniesieniu, pełni bojowej energii… Krzyczeli: »Do nas należeć będzie ostatnie słowo! Skręcimy tej władzy kark!«. I jeszcze ciągnięci po ziemi do autobusu pokazywali znak zwycięstwa”[251].

Buntem w Rosji Putina bywa nawet udział w koncercie, na którym śpiewane są teksty, których on nie akceptuje. 31 sierpnia 2010 roku antyfaszysta Emil Bałujew wybrał się ze znajomymi na taki występ. Na ulicy otoczyły ich milicyjne samochody. Zaczęto sprawdzać dokumenty. Potem wszystkich wepchnięto do milicyjnego autobusu, do którego po drodze zabierano jeszcze innych idących na koncert. Z siedemdziesiąt osób. Na ulicy przed posterunkiem milicji wepchnięto ich do stojącej tam klatki. „Potem zaprowadzono mnie na piętro – napisał Bałujew do organizacji O Prawa Człowieka – i zaczęto przesłuchiwać. Zdjęto mi odciski palców, sfotografowano. W pomieszczeniu, które było gabinetem komendanta, znajdowało się z dziesięć osób. Powiedzieli, że są z FSB. Wykręcili mi ręce do tyłu, zakuli w kajdanki, kazali stanąć w rozkroku i obrócić się tak, że bardzo bolały plecy. Bili po nogach, po głowie. Upadłem. Potem mnie wyprowadzono i kazano stanąć twarzą do ściany, a do gabinetu wprowadzano innych. Słychać było groźby, krzyki, odgłos padającego ciała. Potem znowu wprowadzono mnie do tego pomieszczenia. Grożono i bito, w końcu kazano podpisać papier, że będę z nimi współpracować. Obiecano duże korzyści. Po sześciu godzinach wypuszczono”[252].

Innym zatrzymanym kazano w tym czasie stać na podwórku, pod ścianą, z rękoma za głową, niektórych (dziewczynę) uderzono raz i drugi po nogach, obrażano, poniżano. Z budynku dochodziły krzyki. Bito Białorusina. Najpierw w gabinecie, potem w korytarzu, uderzając jego głową w ścianę. Wszystkich wypuszczono po wielokrotnych interwencjach organizacji O Prawa Człowieka.

Putin daje policji pełne prawo do bicia. W rozmowie z dziennikarzem „Kommiersanta" o demonstracjach stwierdza:

„Wszyscy nasi oponenci chcą państwa prawa. Co to znaczy państwo prawa? To, że przestrzega się obowiązującego prawa. Co mówi obowiązujące prawodawstwo o marszach? Trzeba otrzymać zezwolenie miejscowych organów władzy. Otrzymaliście? Idźcie i demonstrujcie. Jeśli nie – nie macie prawa. Wyjdziecie bezprawnie, dostaniecie pałą po łbie. Ot i wszystko! Ale oni mają inny cel! Oni chcą nas prowokować, żebyśmy im dali w łeb, i aby mogli, polewając się czerwoną farbą, mówić, że antynarodowa władza zachowuje się niegodnie i dławi prawa człowieka. Ich celem jest prowokacja"[253].

Czyżby Putin, prawnik z wykształcenia, nie wiedział, że przestrzeganie prawa obowiązuje także władzę, a konstytucja zapewnia obywatelom określone prawa bez łaskawego przyzwolenia rządzących? I że to on te prawa łamie? Bo obywatel ma obowiązek o planowanej demonstracji tylko zawiadomić (podać datę, miejsce, organizacje odpowiedzialne), a nie prosić o zgodę. Ale pod rządami Putina ludzi bije się i aresztuje bez względu na to, czy otrzymali zezwolenie na demonstrację, czy też go nie otrzymali. Karze się zarówno za opór, jak i za odwagę jego manifestowania.

Demonstracje związane z wyborami parlamentarnymi zaczęły się już w sierpniu 2011 roku na placu Tryumfalnym[254] w Moskwie i na Newskim Prospekcie w Petersburgu. Dominowały hasła: „Wybory bez opozycji to przestępstwo", „Precz z monopolem politycznym!". Na liście partii konkurencyjnych wobec Jednej Rosji znalazła się wprawdzie – oprócz „dyżurnej" partii komunistów i partii Żyrinowskiego – także zasłużona demokratyczna partia Jabłoko, ale jej lider Grigorij Jawlinski jak zwykle nie był dopuszczany przed kamery i nie pojawiał się na ekranach telewizorów, a aktywistów Jabłoka zatrzymywano, przesłuchiwano, aresztowano.

Na placach przeciw demonstrantom stawały kordony w mundurach moro, kuloodpornych kamizelkach, hełmach z plastikowymi ochraniaczami na oczy, z policyjnymi pałami w osłoniętych rękawicami dłoniach.

Nie demonstrantów jednak władza się wtedy obawiała, lecz tysięcy młodych, którzy w przedwyborczym okresie biegali na szkolenia organizacji Gołos, czyli Stowarzyszenia Obrony Praw Wyborców. Nie była to maleńka, amatorsko działająca organizacja, lecz poważna część Biura Instytucji Demokratycznych i Praw Człowieka przy OBWE. Ani też organizacja debiutująca. Od wielu lat usiłowała bowiem wpoić ludziom, że jako wyborcy mają specjalne prawa. Z biegiem lat, za sprawą techniki, która upowszechniła internet, wyposażyła wyborców w aparaty fotograficzne oraz kamery w telefonach komórkowych, a także w niewielkie kamery wideo – walka o prawo do uczciwych wyborów przychodziła znacznie łatwiej niż dawniej.

Dzięki organizacji Gołos pojawiła się w internecie „mapa nieprawidłowości", czyli miejsc, gdzie proces wyborów i jego wyniki były zawsze fałszowane. I nagle ludzie na dalekiej północy zobaczyli, że są oszukiwani przez władzę tak samo jak ci na dalekim południu i że nie jest to, jak myśleli dotychczas, miejscowa specyfika. Mapa spotkała się z gwałtowną reakcją także drugiej strony: główny kanał telewizyjny zmontował film przedstawiający kierującą stowarzyszeniem Lidię Szybanową niemal jak prezeskę prywatnego banku – ze wszystkich szuflad zajmowanego przez nią biurka wysypywały się paczki dolarów, a ją samą przez dwanaście godzin przetrzymywano na lotnisku, gdy wracała z Warszawy (z forum Unia Europejska – Rosja), nie dopuszczając do niej adwokata.

W dniu głosowania tysiące młodych w całej Rosji dokumentowały na filmach i fotografiach znane już z poprzednich wyborów fałszerstwa. Przyłapywano członków komisji wyborczych na fałszowaniu całych stosów kart. Jeżdżono za autobusami przewożącymi te same grupy ludzi z lokalu do lokalu, zatrzymywano tysiące protokołów, gdzie – podobnie jak w komisji numer 6 w Moskwie – partii

Jabłoko odjęto sto trzydzieści głosów, a Jednej Rosji dodano pięćset piętnaście. I tak dalej. I tak dalej… I choć 4 grudnia zablokowano internetowe portale organizacji Gołos i opozycyjnych redakcji (radia Echo Moskwy czy „Nowoje Wriemia"), to zdjęcia, raporty i filmy już następnego dnia krążyły na Facebooku i YouTube, służąc jako dowody w setkach skarg o naruszanie prawa wyborczego, odrzuconych zresztą przez Centralną Komisję Wyborczą. Nawet Michaił Gorbaczow stwierdził, że wybory były nieuczciwe. Hillary Clinton wyraziła „głębokie zaniepokojenie", a OBWE zgłosiła „poważne zastrzeżenia".

W wieczór wyborczy 4 grudnia tłumy wyszły na ulice. Podniosła się – niewidziana w Rosji od dwudziestu lat – fala protestów. Wysoka i długa fala. Kilka tysięcy, dziesiątki tysięcy, setki tysięcy ludzi. Moskwa, Petersburg, Briańsk, Woroneż, Tuła, Jarosław, Joszkar-Oła, Niżny Nowogród, Omsk, Tomsk, Tiumeń, Togliatti, Pietrozawodsk, Ufa, Samara, Czeboksary, Iżewsk, Irkuck, Nowosybirsk, Władywostok, Barnauł, Abakan, Kostroma, Smoleńsk, Perm, Wołgograd, Astrachań, Rostów nad Donem, Psków, Stawropol, Górny Ałtaj, Sachalin[255].

Wieczór 5 grudnia 2011 roku. Moskwa, bulwar Czistyje Prudy pełen ludzi. 6–7 tysięcy. Więcej się nie mieści. Dużo młodzieży. Na scenie przywódcy opozycji: popularny bloger ujawniający korupcję wśród najwyższych urzędników państwowych (Putina nie wykluczając), który Jedną Rosję nazwał „partią oszustów i złodziei" (co się błyskawicznie w narodzie przyjęło), Aleksiej Nawalny; lider Ruchu Solidarność Boris Niemcow; z partii Jabłoko Ilja Jaszyn (chciał startować w wyborach, ale odrzucono wszystkie podpisy złożone na popierających go listach); Jewgienija Czirikowa, drobna blondynka, która niedawno dowodziła obroną podmoskiewskiego lasu (w czerwcu, po konferencji prasowej w Niezależnym Centrum Prasowym, w obecności dziennikarzy została uprowadzona przez grupę policjantów i przez kilka dni przetrzymywana w niewiadomym miejscu).

Ogłaszają: „Wreszcie jesteśmy społeczeństwem obywatelskim! Nigdy w Moskwie nie czuło się takiej jedności jak teraz! Jeśli nas będzie dwa razy tyle, ta władza padnie!". Na innej wielkiej demonstracji Boris Niemcow mówi: „Mamy ich dość! Będą się znęcać nad Rosją bez końca! Znowu nas oszukali w wyborach i jeszcze nieraz nas oszukają [...]. Tu przyszli ludzie, którzy mają godność i sumienie. A oni mają za nic nas i nasze żądania. My im już nie ustąpimy!"[256].

Atmosfera radosna jak na pikniku, choć wokół kordony uzbrojonej po zęby, skrytej za tarczami policji. Tarcze się złocą w dodatkowych światłach wielkiego bulwaru iluminowanego już przed Nowym Rokiem światłach wielkiego bulwaru za policją – przystrojona ogromna choinka.

W internecie wiele wpisów podobnych do tego: „Dużo czy mało ludzi przychodzi na demonstrację w Moskwie – nieważne. Ważne, że z Moskwą jest solidarna cała Rosja. Fale protestu przechodzą przez cały kraj. Gdy będzie trzeba, przyjedziemy do Moskwy z całej Rosji. Jekaterynburg z wami! Hura i naprzód do zwycięstwa!"[257].

Premier Władimir Putin – jak zwykle w trudnych sytuacjach – zapadł się gdzieś na kilka dni. Dopiero 8 grudnia oświadczył na zebraniu nowej, popierającej go koalicji o nazwie Ogólnorosyjski Front Narodowy:

„Pierwsze, co zrobiła amerykańska sekretarz stanu Hillary Clinton, to orzekła, że wybory u nas nieuczciwe i niesprawiedliwe. To ona podała ton naszym działaczom w kraju, oni ten sygnał usłyszeli i przy wsparciu Departamentu Stanu USA zaczęli aktywną robotę. Rosję rozhuśtano, byśmy nie zapominali, kto na naszej planecie gospodarzem, i byśmy poczuli, że potrafią wpływać na nasz kraj". I dodał: „Mamy obowiązek bronić suwerenności i pomyślimy, jak udoskonalić prawo, by poczuli odpowiedzialność ci, którzy wpływają na nasze wewnętrzne procesy, wypełniając polecenia obcego państwa. Bo nasze społeczeństwo nie chce żadnych pomarańczowych rewolucji"[258].

Tylko podczas pierwszych dni demonstracji w Moskwie aresztowano ponad tysiąc osób, w całej Rosji mniej więcej drugie tyle. Poszli za kraty na dwa tygodnie Aleksiej Nawalny i Ilja Jaszyn. (Dwa lata później Międzynarodowy Trybunał Sprawiedliwości uznał bezzasadność tych aresztowań i zasądził od państwa rosyjskiego na rzecz poszkodowanych po 23 tysiące euro, których jak słychać, im nie wypłacono).

W większych miastach demonstrowano poparcie także dla Putina, Miedwiediewa tudzież Jednej Rosji. Na przykład na plac Maneżowy pod Kreml przyszło wedle oficjalnej informacji 25 tysięcy ludzi w różnym wieku, od młodych po mocno starszych, i o bardzo różnym (często sfatygowanym alkoholem) wyglądzie. Trudno tam było zauważyć uśmiech czy przejawy radości, za to mnóstwo flag państwowych i Jednej Rosji oraz portretów Władimira Putina i Dmitrija Miedwiediewa. Dlaczego przyszli? Młodzi blogerzy z ALPHA and OMEGA blog zarejestrowali się wcześniej u organizatorów mityngu, otrzymali talony na 400 rubli (niektórzy na rubli 900), a potem sfilmowali ich wypłacanie. Nie bez trudności: najpierw ich przeganiano, potem usiłowano wyrwać kamerę[259].

Czy to nie z uwagi na konieczność opłacania swoich stronników Władimir Putin trwa w przekonaniu, że wszędzie i zawsze opozycja polityczna karmi się dolarami od mitycznego Departamentu Stanu USA? Można ją zatem bezkarnie obrażać. W swojej corocznej telewizyjnej „bezpośredniej linii" porównywał uczestników demonstracji do baranów oraz złośliwych tudzież głupich małp banderlogów z *Księgi dżungli*, a symbol ich protestu – białe wstążki – wziął za propagandę walki z HIV, „za takie środki antykoncepcyjne, które sobie na piersiach pozawieszali"[260].

4 marca 2012 roku. Wybory prezydenckie. Od początku do końca sfałszowane. Konkurenci Putina ci sami co zawsze: Ziuganow, Żyrinowski, Mironow oraz – nowa twarz – jeden z najbogatszych biznesmenów Rosji, czterdziestodwuletni, dwumetrowy, demokratyzujący Michaił Prochorow, startujący za zgodą Kremla. Kolejny raz uniemożliwiono start jakiemukolwiek przedstawicielowi opozycji, odmówiono rejestracji Grigorijowi Jawlinskiemu oraz innym demokratom. Putin znów zajął niemal cały telewizyjny czas poza rozrywką (tylko między 1 lutego a 4 marca wypełnił pięćdziesiąt dziewięć godzin).

Jakie uzyskał poparcie? Małe. I to nawet według prognoz największych organizacji zajmujących się badaniem opinii społecznej. Na przykład według sondażu przeprowadzonego 21–22 stycznia 2012 roku przez Ogólnorosyjskie Centrum Badania Opinii Społecznej WCIOM (Wsierossijskij cientr uzuczenija obszczestwiennogo mnienija), najbliżej współpracujące z Administracją Prezydenta, szansa Putina na wygraną w pierwszej turze wynosiła 48,5 procent. Drugi ośrodek – podobny co do znaczenia i współpracy z Kremlem – Fundacja Opinia Społeczna FOM (Fond obszczestwiennoje mnienije) w badaniu przeprowadzonym 4–7 lutego ocenił tę szansę na 47 procent, podobnie jak uchodzące za najbardziej obiektywne Centrum Lewady w próbie między 20 a 23 stycznia; z kolei duże internetowe centrum badawcze ICP Superjob na podstawie badania z 20 i 21 stycznia ogłosiło, że poparcie wyniosło 26 procent.

Sondaże[261] przeprowadzane przez redakcje internetowe czy radiowe wykazywały poparcie jeszcze mniejsze: Lenta (z udziałem 745 110 osób) – 30,3 procent, Livejournal – 15 procent; „Niezależna ankieta kandydatów na prezydenta" (z udziałem 15 721 osób) – 8,7 procent; Echo Moskwy (z udziałem 213 453 osób) – 1,2 procent (!); portal Izbirkom2012 (z udziałem 473 390 osób) – 15,28 procent. W ankiecie przeprowadzonej przez Organizację Solidarność w dwudziestu sześciu regionach Rosji na próbie 2,5 tysiąca osób (profesjonalne pracownie ankietują 1,6 tysiąca osób) Władimira Putina popierało 26,2 procent.

Gdyby więc wybory prezydenckie w Rosji były przeprowadzone uczciwie, Putin nie zebrałby 50 procent głosów i konieczna okazałaby się druga tura. Być może i tak by zwyciężył, ale już sama perspektywa konkurencji podważyłaby jego wyjątkowość oraz zmusiła go do uczciwej walki z konkurentem. Ale to w Rosji 2012 roku było już zupełną fantastyką.

Do stosowanych od dawna oszustw tym razem doszło nowe, co ujawniła Komunistyczna Partia Federacji Rosyjskiej: do liczby wyborców dorzucono mianowicie 1 250 tysięcy dusz, i to od 1 stycznia 2012 roku, a jak wyliczył przewodniczący organizacji Demokratyczny Wybór Władimir Miłow, który fałszerstwom w tych wyborach poświęcił osobną pracę[262], niemal 10 milionów głosów uzyskanych na skutek machinacji zapewniło kandydatowi numer 1 wygraną w pierwszej turze.

Tym razem jednak o pozory zadbano szczególnie starannie: w każdym lokalu wyborczym miały być zamontowane dwie kamery – jedna filmująca całe wnętrze, druga urnę, a także miejsce obliczania głosów. Każdy zarejestrowany obserwator mógł się do tych kamer podłączyć. Teoretycznie. System działał sprawnie tylko w niektórych miastach, na prowincji zaś (którą w gruncie rzeczy stanowi większość tego kraju) pozostawał fikcją.

„Nie ma w Rosji 4 marca 2012 roku żadnych wyborów – podsumował w radiu Echo Moskwy Michaił Kasjanow. – Jest dokładnie wyreżyserowane specjalne przedsięwzięcie o ustalonych z góry wynikach"[263].

Nazajutrz po głosowaniu obserwatorzy OBWE stwierdzili, że prezydenckich wyborów w Rosji nie można uznać za sprawiedliwe, bo ich wyniki okazały się zbyt korzystne dla urzędującego premiera. Kampanię przedwyborczą pozbawiono uczciwej walki i na pewno nie przebiegała ona w warunkach wolności. Naruszenia takie jak wrzucanie do urn fałszywych kart do głosowania, ukrywanie przed obserwatorami list wyborczych itp. miały miejsce w jednej trzeciej lokali. Wyrazistą tego ilustracją są wyniki uzyskane choćby w Petersburgu, gdzie w połowie lokali wyborczych Władimir Putin zdobył około 80 procent głosów.

Cała ta polityczna impreza kosztowała miliardy rubli. Zabrakło ich na płace. Nie dla urzędników, rzecz jasna. Robotnicy wołgogradzkiej fabryki budowy statków poprosili, by wykreślić ich z list wyborców z powodu katastrofalnej sytuacji w przedsiębiorstwie. Od czterech miesięcy nie otrzymywali pensji, a w zakładzie wyłączono nawet gaz. Prąd był również niezapłacony, więc lada moment zostanie odcięty. „Jesteśmy zrozpaczeni – napisali do szefa regionu i kandydatów na prezydenta – bo ten zakład jest jedynym źródłem naszego zarobkowania"[264].

W totalnie skorumpowanej Centralnej Komisji Wyborczej kierowanej przez Władimira Czurowa, przyjaciela Putina jeszcze z czasów pracy w petersburskim merostwie (był jego zastępcą w Komitecie Stosunków z Zagranicą), znalazł się jeden uczciwy człowiek, profesor prawa Jewgienij Kołuszyn, który udokumentował brak legitymizacji tych wyborów z punktu widzenia prawa krajowego i międzynarodowego, powołując się na Konwencję o obronie praw człowieka[265] i federalne prawo o wyborach prezydenta Federacji Rosyjskiej[266].

Władimir Czurow w rozmowie z dziennikarką austriackiej gazety „Die Presse" oświadczył, że „prezydenckie wybory, które przeprowadzono 4 marca, były najbardziej uczciwe i transparentne na świecie"[267].

Według danych organizacji Obywatel Obserwator Putin otrzymał 45 procent głosów (Prochorow – 22 procent, Ziuganow – 19 procent, resztę Żyrinowski i Mironow). Z danych obywatelskiego sondażu wyborczego przeprowadzonego przez Sieciową Telewizję Społeczną wynika, że spośród 7 tysięcy wyborców przepytanych po wyjściu z lokali wyborczych w czterdziestu regionach kraju na Władimira Putina głosowało 27 procent.

Oficjalne wyniki podawały, że Władimir Putin otrzymał 63,6 procent głosów. Został więc trzeci raz prezydentem w po raz trzeci sfałszowanych wyborach. Z prawnego punktu widzenia nigdy nie był prezydentem legalnym.

Następnego dnia zaczęły na jego ręce spływać gratulacje z całego świata.

Na ulice rosyjskich miast wyszły tysiące demonstrantów.

Tylko że teraz to już była inna Rosja. Rosja trzeciej kadencji Putina. Rosja masowych aresztowań, jeszcze bardziej bezprawnych procesów i wyroków srozszych niż dotychczas. Jeszcze wczoraj musiał znosić tłumy skandujące: „Rosja bez Putina!", bo na przedwyborczą Rosję patrzył cały świat. Musiał znosić demonstrantów krzyczących do mikrofonów: „Putin złodziej!", i plakaty ze swoją twarzą za kratami. Teraz za kraty pójdą oni.

15 marca kanał telewizji NTW pokazał film pod tytułem *Anatomija protiesta* (Anatomia protestu), poprzedzony emocjonalną zapowiedzią lektora, czego się zaraz telewidzowie dowiedzą: „Protesty

za pieniądze! Ile kosztują bezdomni z plakatami, studenci i przedstawiciele inteligencji? Kto płacił ludziom na Arbacie? Jak opozycja przygotowuje swoje prowokacje i co robią na manifestacjach przedstawiciele ambasady amerykańskiej? Dokumentalne świadectwo z pierwszej ręki!”[268].

Kadry z demonstracji przeplatają się w filmie z kadrami, na których widać ręce wypłacające nowiutkie sturublówki stojącym w kolejce ludziom z białymi wstążeczkami w klapach. Po pięć każdemu. Te sceny – informuje Agencja Dziennikarstwa Obywatelskiego Readus News – kręcono 26 lutego w Moskwie, przy stacji metra Sokolniki, od godziny trzynastej trzydzieści. Przyszło tam ze sto pięćdziesiąt osób. Emeryci, uczniowie, kobiety w ciąży, pijacy, zatrudnieni w Moskwie robotnicy z Uzbekistanu. Na pytanie, po co przyszli, odpowiadali, że ich tu zgromadzono. Podchodzili kolejno do kobiety, a ta dawała im pieniądze wprost do ręki, przed kamerą. Policja sprawdziła jej dokumenty i spokojnie się temu przyglądała. Ludzie pieniądze brali i szybko się rozchodzili, wyrzucając białe kokardki[269].

„Przedstawiciel ambasady amerykańskiej” mówi w filmie po niemiecku, ale dla twórców to nieważne. Ci, dla których rzecz jest przeznaczona, zapewne tego nie zauważą. Bo chociaż obraz spotkał się z ostrą krytyką jako „grubymi nićmi szyta propagandowa podróbka”[270], swoje zadanie wypełnił: wielu telewidzów przekonał, że protesty i opozycyjni liderzy są opłacani przez wrogów Rosji. A czy sam Putin w to wierzy? Być może, bo – jak twierdzą współpracownicy – Putin ogląda głównie rodzimą telewizję.

Demonstrantów film nie odstraszył. Wychodzili na ulice przez cały kwiecień, mimo że wielu trafiało potem na posterunki policji. Przygotowywali się do akcji największej: marszu milionów 6 maja, podczas którego chcieli protestować przeciw mającej nastąpić nazajutrz inauguracji prezydentury Władimira Putina. W mediach społecznościowych pełno było wezwań do pójścia na marsz: od liberałów po komunistów, od nacjonalistów po antyfaszystów, od anarchistów po monarchistów, od gejów i lesbijek po prawosławnych. 6 maja zebrało się ich 100 tysięcy. Właściwie dlaczego?

„Władze zastosowały stare, zwykłe, podłe metody falsyfikacji , ale nagle ludzie mieli tego dość. Po pierwsze – z wolna zaczęli się orientować, jak są ogłupiani. Po drugie – władze przywykły, że wszystko im uchodzi bezkarnie, i przestały się czegokolwiek wstydzić. Po prostu szydziły z nas. I jeszcze nam otwarcie plunęły w oczy, na pół roku przed wyborem prezydenta ogłosiwszy, że wszystko już ustaliły bez nas. Wściekłość, bezsilność, poniżenie, obraza narastały jak kula śnieżna"[271] – czytamy na jednym z portali.

Tymczasem władze przygotowały pogrom. Kordony policji i wojsk wewnętrznych zagrodziły dostęp do wyznaczonego na demonstrację placu Błotnego. Żeby się tam dostać, należało przejść przez most. Na niemal zablokowanym przez policję zejściu z tego mostu powstało wąskie gardło. Z uzgodnionej z władzami przestrzeni placu demonstrantom zostawiono tylko niewielką część. A ludzi ciągnęły tysiące. Tłok narastał, wyjścia nie było. Wtedy jacyś młodzi ludzie w maskach i kapturach zaczęli spychać demonstrantów w kierunku policji, któryś rzucił w mundurowych świecę dymną.

„Jestem pewien – mówi Ilja Jaszyn, jeden z organizatorów demonstracji – że to prowokatorzy"[272]. „Mnie i pozostałych, którzy stali na przedzie, zaczęli na omonowski kordon pchać zakapturzeni ludzie. Tworzyli sztuczny tłok. Kiedy zrozumiałem, że to prowokatorzy, starałem się część osób skierować w inną stronę. Wiedziałem, że pójdzie prowokacja za prowokacją"[273] – dodaje Boris Niemcow.

Policjanci ruszyli ławą. „Umundurowani po zęby, a my jak nadzy. Mieli ołowiane oczy. Wrażenie straszne. Pałami na odlew bili po głowach. Ludzie zaczęli się bronić. Uciec nie było jak. Tamci wdzierali się w tłum, wyrywali po jednej osobie, taszczyli do swoich wozów. Mnie pobili. Opatrzono mnie potem na pogotowiu"[274] – opowiada Marina, członek Organizacji Solidarność, dotychczas na wszystkich akcjach protestu zgodnie z policją współpracującej w celu zapewnienia bezpieczeństwa zebranym.

Dokumentacja filmowa[275] jest bogata i straszna.

„Omonowcy prowokowali tłum i tak naprawdę działania demonstrantów należałoby kwalifikować jako obronę konieczną"[276] – przyznał jeden ze śledczych, nie ujawniając swojego nazwiska.

„Ta moskiewska akcja, jak i poprzednie, była zaplanowana jako akcja pokojowa i uzgodniona z władzami miasta. Zakończyła się jednak zaciętym starciem z policją. Tak wielkich walk ulicznych Moskwa nie widziała od dwudziestu lat, a może i dłużej"[277] – skonstatowano w poważnej gazecie internetowej Lenta.

Aresztowano sześćset pięćdziesiąt osób.

Bliska współpracownica Dmitrija Miedwiediewa Natalija Timakowa wygłosiła ponoć wówczas znamienną myśl: „Gdybyśmy wiedzieli, że poprze nas tyle narodu, inaczej zachowalibyśmy się we wrześniu"[278].

Poniedziałek, 7 maja 2012 roku. Władimir Władimirowicz wychodzi z pustego budynku rządu, gdzie przez ostatnie cztery lata zajmował gabinet premiera, wsiada do samochodu oczekującego na pustym placu i przez puste ulice Moskwy zmierza na Kreml. Ani człowieka, ani psa. Bezruch. Niemal w całej stolicy zakaz wychodzenia z domów.

Na Kremlu wita go carski orszak kawaleryjski oraz 2 tysiące wiernych ustawionych w korytarzach. Po złożeniu przysięgi na konstytucję (która teraz zapewnia mu prezydenturę przez lat sześć) dziękuje narodowi za wsparcie, mówi o sumieniu, wierze i miłości do ojczyzny; zapewnia, że Rosjanie żyją w demokratycznym państwie, gdzie każdy może się swobodnie realizować w miarę swoich sił i gdzie najważniejsze są: wolność, prawda i sprawiedliwość.

W tym czasie w centrum Moskwy policjanci z psami aresztują każdego z białą wstążeczką. W okolicy Domu Dziennikarza w łapankę wpadają nie tylko spokojni przechodnie, lecz także restauracyjni goście. Na „nieposłusznych" (określanych po wyglądzie) polowanie trwa do wieczora. Zostaje zatrzymanych pięćset osób, w przytłaczającej większości przypadkowych. Bo na tym polegało zadanie: pokazać, że aresztowany może być każdy. Niektórych wypuszczono już następnego dnia, innych trzymano za kratami dwa tygodnie.

8 maja Ilja Ponomariow, jeden z niewielu opozycyjnych deputowanych w Dumie, zapytał prezydenckiego sekretarza prasowego

Dmitrija Pieskowa, czy nie przesadził, mówiąc w internetowej telewizji Dożd', że policja na placu Błotnym powinna działać surowiej. Na co usłyszał: „Zbyt łagodnie to powiedziałem. Za rannego omonowca powinno się rozmazać wątrobę demonstrujących po asfalcie"[279]. Nie rzucił tego przypadkowo. Wcześniej bowiem jego mocodawca (jak informowała na podstawie wiarygodnych źródeł Natalia Gieworkian, jedna z trojga dziennikarzy, którzy dwanaście lat wcześniej przeprowadzili z Putinem długi wywiad *Ot pierwogo lica…*) miał zdecydować w swojej podmoskiewskiej rezydencji: „Dać im w kość, krwi się nie bać. Oni zepsuli nam święto, my zepsujemy im życie"[280].

Nic w tym dziwnego: to jest przecież ten sam Putin, który dwadzieścia jeden lat wcześniej, w 1991 roku w Petersburgu, podczas narady na temat walki z przestępczością stwierdził: „Jeśli przestępcy zbezczelnieli do tego stopnia, że podnoszą rękę na funkcjonariuszy milicji, ci powinni reagować natychmiast i ostro, może nawet okrutnie. Za każdego zabitego milicjanta powinno się ukatrupić dziesięciu… W ramach prawa, oczywiście"[281]. Na odpowiedni artykuł kodeksu ani prawnik Putin, ani rzecznik prasowy Kremla się jednak nie powołali, bo taki artykuł w żadnym prawodawstwie nie istnieje. Z wyjątkiem prawodawstwa mafijnego.

W 2012 roku egzekwowanie prawa wobec „więźniów z placu Błotnego" ich rodzice określili jako tortury i zamierzali skierować w tej sprawie skargę do ONZ.

24 czerwca 2012 roku. Sąd Miejski w Moskwie, sala numer 338. Początek procesu. W sali ogromna szklana klatka. W niej cztery szczeliny. Dwie wąskie z przodu, dwie szersze po bokach. Wąskie służą do porozumiewania się więźniów z sądem, szersze do porozumiewania się z adwokatami. Tak było podczas innych procesów, ale nie podczas tego. Podczas tego adwokaci mogą korzystać tylko z wąskich szczelin.

W klatce dziesięciu mężczyzn. Wokół klatki policjanci. Przed szczelinami – kolejka adwokatów. Szczeliny znajdują się na wysokości pasa, prawnicy muszą zatem albo klęknąć przed szczeliną, albo kucnąć, albo zgiąć się najniżej, jak potrafią. Po drugiej stronie szkła trzeba zrobić to samo, by przysunąć ucho do szczeliny.

Na protesty adwokatów pani sędzia nie reaguje. Ogłasza natomiast, że proces będzie kontynuowany przez całe lato, także w soboty i niedziele. To oznacza, że przez zazwyczaj gorące moskiewskie lato podsądni będą wstawali codziennie po piątej rano, by oczekiwać na więzienną karetkę, skuci po dwóch, w pomieszczeniu o rozmiarach półtora metra na metr. Ani się tam nie da wyprostować, ani usiąść. Ściany i podłoga są lepkie od brudu. Czasem czekanie w tym pomieszczeniu zwanym „szklanką" przeciąga się do kilku godzin. Wreszcie wsiadają do więźniarki, gdzie ściśnięci stoją godzinami, bo droga do sądu trwa o wiele dłużej, niż tego wymaga pokonanie faktycznej odległości. Nierzadko ktoś w więźniarce mdleje. Nierzadko wśród przewożonych znajduje się ktoś z otwartą gruźlicą*. W sali sądowej, w szklanej klatce, przebywają po osiem godzin dziennie. Wentylacji nie przewidziano. Ani oparć przy dwóch stojących tam ławkach. Na rozłożenie dokumentów czy zapisanie czegokolwiek miejsca nie ma.

Podsądnym wyznacza się piętnastominutową przerwę na posiłek: suchą kaszę lub makaron zalane wrzątkiem. Często jednak te produkty nie zdążą nabrać zdatnej do spożycia konsystencji. Często też więźniowie nie dostają nic. Na wyjście do toalety – za zgodą sędziego, pod konwojem – mają maksimum dziesięć minut, łącznie z drogą, nakładaniem i zdejmowaniem kajdanek. Po rozprawie długa droga powrotna. Do celi wracają około północy, już bez możliwości skorzystania z prysznica.

Ich proces trwa długo, dwa lata. W pierwszym etapie przewidziano przesłuchanie osiemdziesięciu poszkodowanych i trzystu pracowników policji. Poszkodowani to wyłącznie policjanci, także ci, którzy w sali sądowej oświadczają, że poszkodowanymi się nie czują, a na pytanie, czy któryś z podsądnych zrobił im krzywdę, ze spuszczonymi oczami odpowiadają: „Nie pamiętam"[282].

---

* Gruźlica panująca w rosyjskich więzieniach i koloniach karnych uchodzi za nieuleczalną.

Więźniom nie wolno spotykać się z rodzinami. Sąd zezwolił na to dopiero po dwóch latach, na końcu procesu. W trakcie jego trwania policja zagradzała dostęp do klatki nawet matkom. Gdy jedna z nich umarła, sąd nie zezwolił synowi na uczestniczenie w pogrzebie. Jeden z więźniów, cierpiący na silną wadę wzroku, w czasie procesu omal nie oślepł[283].

Obrona okazuje się fikcją. Prawo jej wymaga[284], więc jest. Adwokaci się skarżą: „Proszę Wysokiego Sądu, mnie naczelnik konwoju nie zezwolił na przekazanie mojemu klientowi dokumentów do klatki… Proszę Wysokiego Sądu, gdy stoję przy szczelinie i rozmawiam z klientem, konwojent stoi obok i uważnie się przysłuchuje… Proszę Wysokiego Sądu, nie dopuszczono mnie do klienta ani w sali rozpraw, ani w areszcie…".

Pani sędzia spokojnie słucha i pyta: „To wszystko?". I przechodzi do dalszego ciągu procesu, systematycznie odrzucając wnioski obrony, a także wypowiadane przez szczelinę w klatce skargi podsądnych: „Proszę Wysokiego Sądu, wczoraj osiem godzin trzymano nas w pomieszczeniu metr na półtora. W ciemności. Od trzech dni jesteśmy bez gorącego posiłku, nawet bez herbaty. Tu, w sali, nie wolno nam podać butelki wody, a przed nami jeszcze setki posiedzeń w sądzie".

„To wszystko?" – pyta pani sędzia i przechodzi do następnego punktu.

Po dwóch latach sąd skazał Siergieja Kirowa (docenta fizyki) za wyrwanie pałki policjantowi, który bił go po głowie, i za odepchnięcie drugiego policjanta na trzy lata i dziewięć miesięcy kolonii karnej. Andrieja Barabanowa (absolwenta szkoły matematycznej) za uderzenie policjanta – na trzy lata i siedem miesięcy kolonii zwykłej (przy czym sąd nie uwzględnił faktu, iż ów policjant zaprzeczał, jakoby ktoś go bił). Aleksieja Polichowicza (studenta Rosyjskiego Uniwersytetu Społecznego) za to, że podczas próby uwolnienia innego demonstranta pociągnął policjanta za rękę, czym spowodował u niego ból fizyczny – na trzy lata i sześć miesięcy kolonii zwykłej. Stiepana Zimina (studenta orientalistyki Uniwersytetu Moskiewskiego) za to, że kawałkiem asfaltu złamał palec policjantowi – na trzy lata i sześć miesięcy, przy czym sąd nie uwzględnił faktu, iż palec policjanta został złamany w inny sposób i w innym czasie. Denisa Łuckiewicza (studenta Wydziału Kulturoznawstwa Uniwersytetu Humanistycznego, już na placu ciężko pobitego) za to, że wyrwał hełm z rąk policjanta, narażając go tym na nieprzyjemne wrażenia – na trzy lata i sześć miesięcy kolonii karnej. Ilję Guszczina (studenta psychologii) za to, że trzymając za kamizelkę kuloodporną, odciągnął policjanta od demonstranta, którego ten kopał – na dwa lata i sześć miesięcy kolonii karnej. Aleksieja Margolina (docenta ekonomiki) za to, że dwukrotnie uderzył policjanta w kamizelce kuloodpornej – na trzy lata i sześć miesięcy kolonii karnej. Aleksieja Gaskarowa (jednego z liderów ruchu antyfaszystowskiego) za to, że żołnierza wojsk wewnętrznych pociągnął za rękę, a za nogę policjanta, który kopał człowieka leżącego na ziemi – na trzy lata i sześć miesięcy kolonii karnej. Dmitrija Iszewskiego (oficera artylerii) za to, że jednego policjanta uderzył kamieniem w głowę, a drugiemu zerwał hełm – na trzy lata i dwa miesiące kolonii karnej[285].

Tak rozprawiono się z płotkami. Z liderami rzecz załatwiono bardziej finezyjnie.

5 października 2012 roku. Kanał NTW wyświetla dokumentalny film sensacyjny *Anatomija protiesta 2* (Anatomia protestu 2), który – zgodnie z wcześniejszymi zapowiedziami – ma ujawnić najbliższe plany i tajne rozmowy opozycji z zagranicznymi zleceniodawcami rosyjskich protestów: kto bierze, ile i za co, a także planowane przejęcie władzy i akcje terrorystyczne w Moskwie. Główny dowód to nie najlepszej jakości nagranie ukrytą kamerą pomieszczenia, w którym widać kanapę, stolik, krzesła i paru panów, w tym jednego dość korpulentnego, najwyraźniej z lekka wstawionego. O czym mówią, nie słychać, lecz lektor zapewnia, że o zagranicznych pieniądzach na bunty w Rosji. Padają nawet nazwy miast. Korpulentny jegomość to ponoć Giwi Targamadze, szef parlamentarnej komisji bezpieczeństwa i obrony Gruzji, niezbyt wyraźnie widoczny. Dość wyraźnie natomiast widać liderów opozycyjnego Frontu Lewicy: Siergieja Udalcowa, Leonida Rozwozżajewa i jeszcze kilku innych.

„Tak właśnie się działa na podświadomość, to są znane sposoby technologii policyjnej – uważa kierownik Centrum Pomocy Psychologicznej w Sytuacjach Ekstremalnych Michaił Winogradow. – Tak funkcjonuje programowanie neuropsychologiczne: specyficzna rytmika scen, zmiana kadrów, tekst napisany w specjalny sposób i odpowiednia intonacja głosu – wszystko to ma wpływ na głębokie struktury mózgu i zostaje w podświadomości. Uzyskuje się efekt prania mózgu, przez Rosjan nazywany »zombirowaniem«”[286].

„Widzom się wmawia, stosując specjalne kadrowanie, że ten tajny zapis robiono przez dziurkę od klucza. To działa na podświadomość, ale dla byle profesjonalisty jest jasne, że kamera stoi na stole”[287] – wyjaśnia reżyser Michaił Diegtiar, wielokrotny laureat nagrody Rosyjskiej Akademii Telewizyjnej Tefi. Można też zauważyć, że zapis obrazu nie odpowiada zapisowi dźwięku. Ten często przypomina rozmowę telefoniczną.

W rosyjskim Komitecie Śledczym są innego zdania. Oświadczają, że to film dokumentalny. Śladów montażu nie ujawniono. Głosy są prawdziwe. Nielegalne spotkanie odbywało się w Mińsku. A ci, co wątpią, „nie doceniają profesjonalizmu rosyjskich służb specjalnych” – skonstatował na konferencji prasowej przedstawiciel tegoż Komitetu Śledczego.

Tym sposobem film stał się podstawą do aresztowania rozpoznanych na nim Rosjan. Jeden z nich (dowożony na proces z aresztu domowego, nie z celi) otrzymał najniższy w tej sprawie wyrok – dwa i pół roku; nie został wywieziony do kolonii karnej; otrzymał prawo widywania się z rodziną i z narzeczoną w więzieniu FSB Lefortowo, a po roku wyszedł na wolność. To on namówił kolegów opozycjonistów na wyprawę do Mińska, on skontaktował ich z Gruzinami i zaproponował rozkręcenie handlu winem (wymieniane w rozmowie miasta i liczby dotyczyły miejsc sprzedaży i ewentualnych kosztów), i to najprawdopodobniej on postawił kamerę na stole. (Oficjalna wersja otrzymania tajnego nagrania filmowego: pewien Gruzin wręczył je pracownikowi NTW w bramie).

Z kolei lider Frontu Lewicy i jeden z przywódców opozycji Siergiej Udalcow za „organizację masowych rozruchów na placu

Błotnym w Moskwie i przygotowywanie zamieszek w wielu rejonach Rosji" został skazany w lipcu 2014 roku na cztery lata i pięć miesięcy kolonii karnej.

Leonid Rozwozżajew zaraz po wyemitowaniu *Anatomii protiesta 2* usiłował uzyskać azyl polityczny w Kijowie, ale 19 października 2012 roku został porwany w okolicy biura naczelnego komisarza ONZ do spraw uchodźców i specjalnym samolotem przewieziony do Rosji. Tygodnik „Nowoje Wriemia", powołując się na własne źródła informacji, utrzymuje, iż „decyzje o podobnym charakterze wchodzą w zakres kompetencji pierwszej osoby w państwie, to znaczy Władimira Putina"[288].

Basmanny Sąd Rejonowy w Moskwie (znany ze współpracy z władzami) wydał zezwolenie na areszt Rozwozżajewa. Telewizja Life News pokazała materiał, na którym słychać, jak wychodzący z budynku sądu Rozwozżajew krzyczy: „Porwali mnie w Kijowie i dwa dni torturowali!"[289]. W grudniu w sali sądowej oświadczył: „Za plecami śledczego siedzi człowiek, który mnie torturował. Jestem przekonany, że to on". Sędzia odrzucił wniosek podsądnego, by sprawdzić dokumenty tego człowieka. Znane jest jednak jego nazwisko, wiadomo też, że został włączony do śledztwa w „sprawie placu Błotnego". Jeszcze podczas procesu przerzucano Rozwozżajewa z jednego syberyjskiego aresztu do drugiego (Irkuck, Angarsk, Czelabińsk). Tam bito go podczas przesłuchań, w celi i na korytarzu. Żądano, by złożył wymagane zeznania. Podczas procesu dwukrotnie dostał ataku serca (raz w sali sądowej).

W lipcu 2014 roku został skazany na cztery lata i pięć miesięcy kolonii karnej. 11 sierpnia 2015 roku zniknął. Adwokat nie mógł ustalić miejsca jego pobytu.

Znalazł się 4 września 2015 roku… na ekranie telewizyjnym jako główny aktor nowego, natarczywie reklamowanego filmu *Patołogoanatomija protiesta* (Patologoanatomia protestu) emitowanego przez NTW. Wpatrzony szklanym wzrokiem w jeden punkt, bez gestykulacji (przez mgnienie oka widać, że siedzi nieruchomo z założonymi do tyłu rękoma, jakby nie zdjęto mu kajdanek) recytował kwestie anonsowane w zapowiedziach: co do dziś ukrywał, komu, ile i za co płacił Gruzin Targamadze, kto naprawdę sprowokował potyczki z policją, co robią dawni oligarchowie za granicą, czym zajmują się zachodnie służby specjalne oraz kim są ci, co pociągają za sznurki rosyjskiej opozycji.

Na filmie wypowiedzi Rozwożżajewa przeplatają się ze scenami tłumu bijącego się z policją i przemawiającymi organizatorami protestów, Niemcowem, Nawalnym, a gdy w kadrze pojawia się ten ostatni, Rozwożżajew oznajmia, że akcja na placu Błotnym to jego prowokacja. Ktoś komuś daje paczki dolarów, miga Statua Wolności oraz budynek z napisem „USA", „Canvas", „Liberty Institute" i „democracy", a także ten sam co w filmie *Anatomija protiesta 2* pokój i ci sami, nie wiadomo co mówiący Gruzini wraz z kilkoma rosyjskimi opozycjonistami. Rozwożżajew wymienia sumę 150 tysięcy dolarów, którą Targamadze ma im dostarczyć w ciągu czterech miesięcy na organizację rozruchów w Moskwie.

Teraz generalny dyrektor Centrum Informacji Politycznej (a także doradca paru uniwersytetów i członek Stowarzyszenia Historyków Służb Specjalnych) wyjaśnia widzom, że ów amerykański budynek, który widzieli, to „laboratorium zajmujące się produkcją kolorowych rewolucji i eksportowaniem ich na cały świat, na przykład do Mołdawii*, Gruzji, na Ukrainę czy do Syrii (dla opozycji). W 2013 roku wyszkoleni przez ten instytut ludzie, udając 16. oddział aktywistów Majdanu, brali aktywny udział w przewrocie państwowym na Ukrainie. Instytutowi chodzi bowiem o stworzenie sieci oddziałów organizacji rewolucyjnych mających dokonywać przewrotów w konkretnych krajach"[290].

Film ma też przekonać widzów, że na terenie dawnych nadbałtyckich republik radzieckich (zwłaszcza na Litwie), jak i w byłych państwach obozu socjalistycznego (głównie w Rumunii) funkcjonuje stworzona przez Gruzinów sieć obozów szkoleniowych dla aktywistów. To stamtąd ponoć pochodzili członkowie ukraińskiego Prawego

* Zachodzące w Mołdawii zmiany demokratyczne są głębokie i mocno wspierane przez instytucje demokratyczne Stanów Zjednoczonych, co spotyka się ze sprzeciwem Kremla.

Sektora. Rozwozżajew dodaje tu swoją kwestię: „To w obozach na Litwie uczono nas technik robienia tłoku w starciu z policją i tego, jak się robi sztuczną krew. To, co widać na ulicy, na śniegu czy na ludziach, to nie krew, tylko farba"[291]. (W kadrze widać rękę wyciskającą z torebki na śnieg czerwoną ciecz). Rozwozżajew kończy z patosem: „Wielu przeszkadza sam fakt istnienia naszego kraju. Jeśli będziemy tacy lekkomyślni, jak myśmy byli, to możemy utracić Rosję!"[292].

W sprawę placu Błotnego było zaangażowanych około dwustu śledczych. „Siedzimy, pracujemy dniami i nocami, przeglądamy archiwum nagrań wideo. Gdy zauważamy coś sprzecznego z prawem, film zatrzymujemy, stopklatkę powiększamy i drukujemy; gromadzimy dane dotyczące człowieka w bazach MSW, potem przesłuchanie, gromadzenie dowodów, areszt. Posadzimy chyba jeszcze ze czterdzieści, pięćdziesiąt osób, także z innych demonstracji"[293] – mówią śledczy dziennikarzom portalu Bolszoj Gorod. Aleksandra Dołmatowa, głównego konstruktora w wielkiej korporacji zbrojeniowej, stałego uczestnika wszystkich aktów protestu, najpierw wezwano do służby bezpieczeństwa w przedsiębiorstwie, potem zaczęto śledzić, przed domem stawiano w dzień i w nocy „dziwnych" ludzi, potem przysłano samochód z radiolokacją i funkcjonariuszy, którzy przeszukiwali mieszkanie jego rodziców. W końcu Dołmatow wyjechał za granicę, jak setki innych w takiej sytuacji, i znalazł się w obozie dla uchodźców w Rotterdamie. Złożył podanie o azyl. Dołączył dowody na to, że w Rosji jest prześladowany z przyczyn politycznych. Azylu mu odmówiono. Zagrożono odesłaniem do ojczyzny. Wtedy dwukrotnie próbował popełnić samobójstwo. Odratowywano go i następnego dnia odsyłano do więzienia deportacyjnego. Na wiadomość o ostatecznej odmowie azylu Dołmatow dokonał trzeciej próby samobójczej. Skutecznej.

Gert Ates, kierownik międzynarodowej sieci walki z rasizmem, oświadczył w rozmowie ze znaną rosyjską obrończynią praw człowieka Oksaną Czełyszewą, że w sprawie Aleksandra Dołmatowa Holendrzy naruszyli wszystkie normy prawne obowiązujące w postępowaniu z uciekinierami politycznymi[294].

Władczyni Królestwa Niderlandów, królowa Beatrix, nazwała śmierć rosyjskiego uciekiniera „wielką tragedią", ale też „skomplikowanym przypadkiem". W żaden jednak sposób ani ten „przypadek", ani pogrom na placu Błotnym, ani widok sali sądowej z ludźmi w szklanej klatce nie zepsuły królowej humoru, gdy trzy miesiące później przyjmowała Władimira Putina w swoich pałacach. Uśmiech nie schodził z jej twarzy. Podpisano trzysta pięćdziesiąt dokumentów o współpracy kulturalnej i gospodarczej.

## Trzydzieści dwie sekundy i dwa lata

Gdyby nie patriarcha Cyryl nie byłoby całej tej awantury. Stawiający się za wzór cnót prawosławnych, a mający za nic duchownych prawdziwie oddanych ludziom na biednej prowincji*, zwierzchnik rosyjskiego Kościoła prawosławnego niespecjalnie ukrywał rzucające się w oczy bogactwo. Ale wiernych nawet nie tak drażnił zegarek za 35 tysięcy euro (jak u większości rządzących – marki Breguet), pałac nad Morzem Czarnym (w pobliżu pałacu Putina), mieszkanie warte bajońskie sumy czy jacht „Pallada" za 4 miliony dolarów (podarunek od Putina), z salą kinową, królewską sypialnią i meblami z najdroższych gatunków drewna obitych białą skórą[295], jak to, że najbardziej prestiżową budowlę sakralną Moskwy – sobór Chrystusa Zbawiciela – otoczył pomieszczeniami właściwymi dla centrum handlowego: z tyłu budyneczek z pizzerią, restauracja, obok

* W latach dziewięćdziesiątych ubiegłego stulecia, a konkretnie od roku 1996, Wydział Stosunków Międzynarodowych Rosyjskiego Kościoła Prawosławnego, na którego czele stał metropolita smoleński Cyryl, otrzymał prawo dysponowania humanitarną pomocą spływającą do Rosji z zagranicy, a także licencję na handel wyrobami tytoniowymi. Kościół oraz osobiście metropolita Cyryl zarabiali na sprzedaży darów z pomocy humanitarnej i na obrocie tytoniowym miliony dolarów, przy czym nic z tego nie trafiało do parafii na prowincji, mimo że temu właśnie miały służyć te koncesje. Cerkwie na prowincji odbudowywano głównie ze środków pochodzących od wiernych.

myjnia samochodowa i pralnia, wewnątrz sklepy z pamiątkami i kosmetykami, salon jubilerski oraz pomieszczenia wynajęte dwudziestu ośmiu przedsiębiorstwom, a także inne, łącznie z salą balową, do wynajęcia chętnym (bez zniżki nawet dla niepełnosprawnych dzieci, którym opiekunowie chcieli w cerkwi urządzić skromne święto); pod ziemią płatny parking na trzysta pięć miejsc…

Chyba nikt tak często jak patriarcha Cyryl (w cywilu Władimir Michajłowicz Gundiajew, leningradczyk, w KGB od lat siedemdziesiątych ubiegłego wieku, pseudonim operacyjny „Michajłow")[296] publicznie nie podkreślał historycznych zasług Władimira Władimirowicza dla Rosji i Kościoła prawosławnego: „Poświadczam, że przede wszystkim dzięki waszym wysiłkom udało się powstrzymać tendencję, która mogła doprowadzić do rozpadu naszego kraju. A najważniejsze i najradośniejsze jest to, że dziś, w nowych relacjach kościelno-państwowych, przy Pańskim bezpośrednim udziale zostały stworzone właściwe warunki dla dalszej owocnej współpracy Kościoła z aparatem rządu Rosji"[297] – pisał w 2011 roku w urodzinowych życzeniach dla Putina, naówczas premiera.

Także w doniosłych miesiącach zimy roku 2012 spieszył ze wsparciem dla władz. Przemawiając 1 lutego w soborze Chrystusa Zbawiciela z okazji trzeciej rocznicy swojej intronizacji, powiedział:

„Czas jest trwożny i wszystkie sygnały, które teraz odbieramy – strachu, bólu, żalu, koncentrują się w sercu patriarchy. Prawosławni nie chodzą na demonstracje, modlą się w ciszy monastyrów, w celach, w domach, choć całym sercem przeżywają to, co dzieje się dzisiaj z narodem naszym, i widzą w tym wyraźne podobieństwo do przedrewolucyjnych lat niezgody, zamętu i wrzenia. Widzą też podobieństwo do lat dziewięćdziesiątych, lat rujnowania kraju. Mimo modlitwy musimy także być czujni. Wzywam was wszystkich do czujności: nie każdy, nawet najgłośniejszy krzyk, najbardziej przenikające słowo okaże się prawdziwym i uczciwym. My wiemy, że wszyscy kusiciele, demoralizatorzy, prowokatorzy zawsze byli ukarani przez Boga. My nie prosimy o karę, ale o to, by przeciwstawić się człowieczemu złu, człowieczemu kłamstwu i nieprawdzie!"[298].

Już wtedy dziewczyny z Pussy Riot zawzięły się na patriarchę i jego handlowo-cerkiewne królestwo, ale decyzję o występie w soborze podjęły dopiero kilka dni później, po dwóch kolejnych wydarzeniach: ogromnym antyputinowskim marszu 4 lutego, kiedy w dzień tak lodowaty, że para zamarzała przy ustach, prawie 50 tysięcy ludzi wyszło na ulice Moskwy, oraz po następnym wystąpieniu Cyryla, który 8 lutego, w obecności Putina i kilkunastu przedstawicieli różnych wyznań zebranych w kapiącym od złota wnętrzu monastyru Daniłowskiego, mówił:

„Ja otwarcie powinienem to powiedzieć jako patriarcha, który jest powołany, by głosić prawdę, nie zwracając uwagi ani na polityczną koniunkturę, ani propagandowe akcenty, że ogromną rolę w prostowaniu drogi naszej ojczyzny odegrał osobiście pan, Władimirze Władimirowiczu. To, co Rosja przeszła w latach dziewięćdziesiątych, porównałbym z czasami smuty, najazdem Napoleona, Hitlera i wojną domową. Ale przyszły lata 2000 i dzięki łasce Bożej, przy aktywnym udziale kierownictwa państwa [tu patriarcha zwrócił się do siedzącego obok Putina, który lekko skinął głową], udało się nam wyjść z tego strasznego kryzysu [...]. Największe wartości, jakie mamy, to wolność, uczciwość, godność, sprawiedliwość [...]. My potrafimy pozostać wyspą wolności"[299].

Dziewczyny z Pussy Riot się wściekły. Kim wówczas były? Zbuntowaną grupą anonimowych młodych feministek, anarchistek, kobiet walczących o prawa gejów i lesbijek, sprzeciwiających się każdej formie przemocy, kłamstwa, niesprawiedliwości, przede wszystkim politycznej. Ich idee to walka z dyktaturą, szowinizmem, kultem siły; wolność myśli, swoboda twórczości, nonkonformizm, nadrzędność indywidualnej osobowości nad kolektywizmem.

Swoje buntownicze teksty nie tyle śpiewały, ile wykrzykiwały przy akompaniamencie elektrycznej gitary. Wyglądały bardzo kolorowo w barwnych kominiarkach zakrywających twarze, z wycięciem na oczy i usta, w kolorowych krótkich sukienkach, kolorowych rajstopach. Strona wokalna i choreografia nie były najważniejsze, lecz jakby marginalne wobec słów. Próby przed występem, a także sam występ ograniczający się do wykonania jednej piosenki, filmowały, robiły z tego klipy i wrzucały do internetu. „Koncertowały" na stacjach metra, dachach trolejbusów, dachach domów (raz był to dach budynku naprzeciwko aresztu śledczego z zatrzymanymi na demonstracji 6 maja 2012 roku). Dostawały się tam po zarzucanych sznurowych drabinkach albo zjeżdżając na linach. Performance, zabawa jako wyraz buntu.

Zaczęły przed grudniowymi wyborami do Dumy, wzywając Rosjan do arabskiej wiosny: „Egipskie powietrze korzystne dla płuc, poszukaj na balkonie łomu, uwolnij kamienie z bruku". Kiedy indziej śpiewały: „Śmierć więzieniu, wolność dla protestu". Po wielkiej demonstracji na placu Sacharowa, gdy nad tłumem krążyły wojskowe śmigłowce, a miasto otoczyły kordony wojska, napisały utwór o tym, jak Putin zsikał się ze strachu. Było tam dużo słów o buncie, rewolucji, społeczeństwie i obawach władzy, a zaśpiewały to (raczej wykrzyczały, boksując powietrze rękami) na wprost Kremla, na ocembrowaniu podwyższenia zwanego Łobnoje Miesto, gdzie dawniej ścinano skazańców.

Po występie na placu Czerwonym spędziły kilka godzin na niezbyt groźnej rozmowie z policjantami. I na tym by się wszystko skończyło, gdyby nie pieśń, którą 21 lutego 2012 roku postanowiły wykrzyczeć, wspierając się swoją agresywną choreografią, przed ołtarzem w niemal pustej cerkwi Chrystusa Zbawiciela. Zanim jednak zaczęły wykrzykiwać swój tekst, czystymi głosami zaśpiewały na cerkiewną nutę: „Bogurodzico, przepędź Putina". Brzmiało to jak modlitwa. Zdążyły jeszcze wyskandować: „Czarna sutanna, złote pagony, parafianie pełzną, bijąc pokłony", zanim cerkiewni strażnicy łagodnie eksmitowali trzy kolorowe panny ze świątyni. Występ trwał trzydzieści dwie sekundy. Klip w internecie, na podstawie którego je sądzono, nie był zapisem tego wydarzenia, lecz nałożonym na obraz wnętrza cerkwi Chrystusa Zbawiciela zapisem ich próby w pustym soborze w Jełochowie. Na klipie słychać cały tekst, między innymi: „szef KGB, ich główny święty, wiedzie protestujących pod strażą do aresztu", „patriarcha Gundiajew wierzy w Putina, lepiej, by w Boga drań uwierzył", „kościelna chwała przegniłych wodzów, w procesji czarne limuzyny", a powtarzający się zaśpiew:

„Bogurodzico, przepędź Putina", przeplata się ze skandowaniem: „Łajno, łajno, łajno boże".

Aresztowano je 3 marca 2012 roku: dwudziestodwuletnią Nadię Tołkonnikową, o rok starszą Maszę Alochiną i trzydziestoletnią Katię Samucewicz. Córka Nadii miała wówczas cztery lata, syn Maszy – lat pięć. Przetrzymywano je i sądzono z równym lekceważeniem prawa jak „więźniów z placu Błotnego", tyle że czasami klatkę miały bardziej komfortową, przewiewną, z żelaznych krat*. Ale tak samo godzinami czekały na transport w ciasnej, brudnej, ciemnej „szklance", tak samo dręczono je brakiem snu i jedzenia, tak samo godzinami wożono między aresztem a sądem. Dla jeszcze większego udręczenia wmontowano im w celach kamery stałego nadzoru, w które wyposażono także strażników.

Mimo podobieństw różnica między tymi procesami była zasadnicza: zagraniczne media słabo nagłaśniały rozprawy przeciwko wrzucanym za kraty, jeden po drugim, młodym uczestnikom ulicznych demonstracji. Natomiast skandalicznemu sądowi nad Pussy Riot nadały – przysłaniający tamte procesy – rozgłos światowy. Stało się tak nie dlatego, że grupę punkową sądzono za występ w świątyni (mało kto pochwalał taki eksces), ale dlatego, że sądzono ją tak surowo, oskarżywszy – co byłoby zgodne z faktami i logiką – nie o naruszenie prawa w ramach kodeksu administracyjnego (zagrożenie karą aresztu do piętnastu dni, grzywną lub robotami publicznymi), lecz o przestępstwo kryminalne grożące karą kilkuletniego więzienia. Z taką kwalifikacją nie mógł się pogodzić nawet przewodniczący prezydenckiego Komitetu Obrony Praw Człowieka i domagał się uwolnienia kobiet. Broniła ich podczas swoich występów w Moskwie Madonna, przywdziewając kolorową kominiarkę, usiłował się wstawić za nimi Paul McCartney, a premier Wielkiej Brytanii rozpoczął rozmowę z premierem Putinem od pytania, dlaczego trzy niewinne dziewczyny siedzą na ławie oskarżonych… List

* Szklana klatka była odpowiedzią strony rosyjskiej na werdykt Międzynarodowego Trybunału Praw Człowieka, który – w związku ze skargą Chodorkowskiego i Lebiediewa – uznał przetrzymywanie więźniów w klatce żelaznej za rodzaj tortury.

*Pussy Riot na sali sądowej*

w ich obronie podpisało stu wybitnych rosyjskich intelektualistów. Modelowa uroda Nadii Tołkonnikowej i kręcone rude włosy wokół bladej, drobnej twarzy Maszy Alochinej też zapewne odegrały jakąś rolę w tym ponurym spektaklu, którego motywacja polityczna była oczywista.

Telewizja publiczna nadała w czasie największej oglądalności trzy filmy przedstawiające oskarżone jako bezbożnice, heretyczki i płatne opozycjonistki.

„Popełniłyśmy etyczny błąd – przyznała Nadia Tołkonnikowa przed sądem. – Polegał on na tym, że pozwoliłyśmy sobie nasz niespodziewany występ punkowy dać w świątyni. Nie chciałyśmy obrazić wiernych. Nie o to nam chodziło. Ale to był tylko błąd".

Masza Alochina określiła przedstawienie w soborze jako „nieco absurdalny występ pozbawiony większego znaczenia", zdumiewając się, jak mógł doprowadzić do takiej katastrofy. Mowy końcowe wszystkich trzech oskarżonych przejdą zapewne do historii procesów politycznych czasu Putina. Dziewczyny pisały je niezależnie od siebie, podczas tych krótkich godzin nocnych, które im zostawiano na sen. Były to teksty zaskakujące głębią, odwołujące się do procesów Sokratesa, Josifa Brodskiego, Fiodora Dostojewskiego, cytujące de Montaigne'a i Pismo Święte.

„Jeśli układ polityczny zwraca całą swoją potęgę przeciwko trzem dziewczynom, które spędziły zaledwie trzydzieści sekund w soborze Chrystusa Zbawiciela, to znaczy jedynie, że układ ten obawia się prawdy, jaką ze sobą niesiemy. Nie kłamałyśmy tu ani przez chwilę, strona przeciwna kłamie natomiast bez umiaru i ludzie to czują. Ale prawda ma ontologiczną, egzystencjalną przewagę nad kłamstwem. W Starym Testamencie na przykład prawda zawsze zwycięża fałsz"[300] – mówiła Nadia Tołkonnikowa.

Masza Alochina, która jako wolontariuszka dobroczynnego stowarzyszenia prawosławnych inicjatyw Daniłowcy (od imienia świętego kniazia Daniła) prowadziła zajęcia w dziecięcym szpitalu psychiatrycznym numer 6 w Moskwie, w ostatnim słowie powiedziała:

„Odwiedzanie szpitala psychiatrycznego dla nieletnich upewniło mnie, że może się w nim znaleźć każdy wyrażający poglądy odmienne od ogólnie przyjętych. To norma. Stosunki międzyludzkie są tam oparte na wydobywaniu strachu z człowieka, na manipulowaniu strachem. Zaś stosunki w naszym kraju niewiele się od nich różnią. Ich cel to zdławienie ludzkiej indywidualności. Króluje pokora, uległość jako istota socjalizacji. Bo biblijną chrześcijańską pokorę zastąpiła socjalna uległość, a przecież, jak pisał nasz wielki filozof Bierdiajew, »istota uległości to istota niewolników Bożych, a nie synów Bożych«. Ulegli ludzie w naszym kraju nie czują się obywatelami. To masy działające jak automat"[301].

„Dlaczego Putin musi w ogóle odwoływać się do religii prawosławnej i jej estetyki? Mógł przecież wybrać bardziej świeckie narzędzia budowania autorytetu, choćby tylko swoją przerażającą policję czy elastyczny system sądowniczy. Możliwe, że ułomna, bezkompromisowa polityka Putina, w którą wlicza się i dopuszczenie do zatopienia okrętu podwodnego »Kursk«, i niewytłumaczalne wybuchy domów, i podobne im epizody, skłoniły go do poszukania bardziej przekonujących i przystępnych gwarancji utrzymania się przez następne lata u władzy. Wtedy właśnie użył estetyki prawosławia z wszystkimi odwołaniami do czasów największej świetności Imperium Rosyjskiego"[302] – skonstatowała Jekatierina Samucewicz.

Wyrok ogłoszono 20 sierpnia 2012 roku. Odczytywanie go trwało dwie godziny i czterdzieści minut. Dziewczyny wysłuchały go, stojąc, z rękami w kajdankach. Brzmiał: dwa lata kolonii karnej dla każdej. Po rozprawie odwoławczej Jekatierinie Samucewicz kolonię karną zamieniono na wyrok w zawieszeniu.

Władimir Putin, udzielając „ekskluzywnego wywiadu" dziennikarzowi NTW na pokładzie prezydenckiego samolotu i będąc w niezwykle dobrym nastroju, orzekł:

„Przecież to wstyd wymawiać nawet ich nazwę*. Jakie one są utalentowane: zmusiły cały świat do wymawiania tych nieprzystojnych słów. Im wcale nie chodziło o politykę, dopiero później nałożyły tekst z nazwiskiem prezydenta na wcześniejszy zapis. Mało że nachuliganiły, napaskudziły w chramie, to jeszcze tym sposobem osiągnęły dwa cele: ściągnęły na siebie uwagę i dokonały aktu samoobrony, no bo przecież zajmują się działalnością polityczną [prezydent zaśmiewał się]. W gruncie rzeczy słusznie, że je aresztowano. I słusznie postąpił sąd, podejmując taką decyzję. Bo nie wolno podważać podstaw moralności, obyczajności, burzyć państwa. No i doszło do rozprawy, a sąd wlepił im »dwójeczkę«. Mnie nic do tego. Co chciały, to dostały"[303].

Szesnaście, siedemnaście godzin pracy dziennie, od wpół do ósmej rano do wpół do pierwszej w nocy, żeby szyjąc mundury policyjne na zdezelowanych maszynach, wyrobić normę. Praca także w niedziele. Kara za opór – pozostawanie godzinami na zewnątrz baraków, również zimą (zdarzały się odmrożenia, amputacje stopy), zamykanie toalet i łazienek, niedopuszczanie do mycia przez dwa tygodnie, bicie (nieraz na śmierć) przez współwięźniarki współpracujące z administracją kolonii. To tylko niewielki wycinek opisu kolonii w słynącej z najokrutniejszych obozów Mordowii, jaki przesłała na zewnątrz Nadia Tołkonnikowa, zanim rozpoczęła kolejną głodówkę protestacyjną. „Marzące jedynie o odrobinie snu

* Wybierając dla siebie nazwę, zespół Pussy Riot inspirował się nazwą amerykańskiego ruchu Riot Grrrl walczącego z przemocą wobec kobiet i o ich prawa w polityce. Tłumaczyć ją można jako „bunt cipek" albo też „bunt kotków".

i łyku herbaty, wycieńczone, udręczone i brudne, skazane stają się miękkie jak wosk w rękach administracji, która widzi w nas jedynie darmową siłę roboczą. Na naszej zmianie szyje się sto pięćdziesiąt mundurów policyjnych dziennie. Gdzie znikają pieniądze uzyskane z ich sprzedaży?"[304].

Wspomniana przez prezydenta „dwójeczka" to dwadzieścia cztery miesiące. Tołkonnikowa i Alochina przebywały w łagrach (Tołkonnikowa w Mordowii, Alochina pod Niżnym Nowogrodem) miesięcy szesnaście, gdy nagle spadła na nie amnestia. Tak jak pokazowo były sądzone i skazane, tak teraz pokazowo wychodziły na wolność. Zbliżało się bowiem największe święto Władimira Putina – zimowa olimpiada w Soczi, a prezydenci, jeden za drugim, odmawiali udziału w uroczystości jej otwarcia. Między innymi dlatego, że dziesiąty rok trzymał za drutami Michaiła Chodorkowskiego i gnębił tam także dziewczyny z Pussy Riot. Olimpiada warta była miłosierdzia. Toteż Władimir Putin je okazał.

18 lutego 2014 roku na niewielkim nadmorskim skwerze w Soczi Alochina i Tołkonnikowa oraz trzy inne osoby z grupy Pussy Riot zostały zaatakowane gazem pieprzowym i pobite nahajkami przez kozackich gwardzistów w czarnych mundurach i okrągłych czapkach z czerwonym otokiem, gdy pod wielkim olimpijskim bannerem usiłowały wykrzyczeć przewrotne słowa piosenki: „Już Putin nauczy cię ojczyznę kochać!". Na pogotowiu, gdzie się zgłosiły, wykonano, acz niechętnie, obdukcję i opisano obrażenia. Policja w tej sprawie nie interweniowała. Zajęła się natomiast dziewczynami z zespołu, gdy w miejscu, gdzie nocowały, oskarżono je o kradzież. Zostały załadowane siłą do policyjnej suki, przewiezione na posterunek i przez dwadzieścia godzin brutalnie przesłuchiwane bez adwokata.

7 lutego 2014 roku „Los Angeles Times" w korespondencji z Rosji pisał, że „w Soczi brakuje radości": „Nasi dziennikarze rysują dość mroczny obraz Soczi, zauważając, że pomimo uroków morza, gór, wspaniałych nowych stadionów i matrioszek olimpiadzie,

organizowanej wśród »wszystkich możliwych cudów przyrody«, brakuje jednego: radości. W Adlerze mieszkańcy ze spuszczonymi głowami i ponurym wyrazem twarzy chodzą po terenach handlowych, gdzie nic nie przypomina o olimpiadzie. Autorytarnemu rosyjskiemu prezydentowi dotąd jakoś się nie udała realizacja olimpijskiego hasła: »Szybciej, wyżej, silniej«. Udało mu się za to inne hasło: »Groźniej i smutniej«"[305].

## Tajemnice księcia Alberta

Co łączy prezydenta największego państwa świata z władcą państwa o powierzchni 2 kilometrów kwadratowych, jeśli ten pierwszy robi temu drugiemu podarki o wartości setek tysięcy dolarów, regularnie gości go iście po cesarsku w carskich apartamentach i ustala grafik częstych spotkań z osobami na wysokim państwowym szczeblu?

„Władimira Putina z księciem Albertem II łączy od dawna przyjaźń i to tłumaczy drogie prezenty"[306] – wyjaśniał sekretarz prasowy prezydenta Dmitrij Pieskow. Zachodnia prasa utrzymywała jednak, że przyjaźń przyjaźnią, a szło o coś innego: „Członek Międzynarodowego Komitetu Olimpijskiego książę Monako Albert II otrzymywał drogie podarunki od przedstawicieli Rosji w przededniu wyboru miejsca zimowej olimpiady 2014 roku! [...]. Były to: ekspedycja polarna, łowienie ryb w Jeniseju w towarzystwie Putina, domek zbudowany w posiadłości księcia za rosyjskie pieniądze"[307] – donosił w ślad za angielskim dziennikiem „The Independent" rosyjski portal informacyjny Gazieta.ru.

9 lipca 2001 roku książę Albert przybył do Rosji po raz pierwszy z wizytą oficjalną przede wszystkim jako przewodniczący Monakijskiego Komitetu Olimpijskiego, aby wziąć udział w wyjątkowej sesji Międzynarodowego Komitetu Olimpijskiego. Oto pierwszy raz członkowie tej organizacji mieli podczas jednej sesji zadecydować zarówno o wyborze nowego prezydenta MKOl, jak i stolicy kolejnych letnich igrzysk olimpijskich. Kończyła się właśnie, trwająca

dwadzieścia jeden lat, epoka przewodniczącego MKOl Juana Antonia Samarancha. To on zaproponował Moskwę jako miejsce zakończenia swojej kariery, którą tam rozpoczął.

Przyjechał tu w 1977 roku jako pierwszy ambasador Hiszpanii w Związku Radzieckim. Mimo że wcześniej zajmował się głównie sportem (w 1966 roku, jeszcze za rządów generała Franco, został ministrem sportu i członkiem Międzynarodowego Komitetu Olimpijskiego), docenił rosyjską kulturę i stał się koneserem zabytkowych dzieł sztuki. Wysyłał je do Madrytu pocztą dyplomatyczną, omijając zakaz wywozu z Rosji przedmiotów o wartości historycznej i kulturalnej. Po pewnym czasie poprosił go o spotkanie agent Drugiego Zarządu Głównego KGB, któremu podlegała hiszpańska ambasada, i postawił przed wyborem: albo jego nielegalna działalność zostanie ujawniona, co zakończy jego dyplomatyczną karierę, albo Samaranch zostanie tajnym agentem KGB. Hiszpan wybrał to drugie.

Niebawem z odpowiedniego wydziału KGB rozesłano do szefów służb bezpieczeństwa państw bloku sowieckiego zaszyfrowane wytyczne opatrzone podpisem wiceprzewodniczącego KGB Wiktora Czebrikowa, by agenci służb bezpieczeństwa w narodowych komitetach olimpijskich tych państw i olimpijskich federacjach sportowych poparli kandydaturę Juana Antonia Samarancha w najbliższych wyborach na prezydenta MKOl. Takim sposobem Samaranch zaczął w 1980 roku w Moskwie swoją światową karierę[308].

Czasy jego rządów, oprócz oficjalnych i zapewne zasłużonych pochwał, spotkały się też z wieloma negatywnymi ocenami z powodu afer dopingowych i korupcyjnych, wobec których sportowa społeczność okazała się bezradna. „Międzynarodowy Komitet Olimpijski może być kontrolowany w bardzo ograniczonym zakresie. Mówiąc brutalnie: korupcja to jego prywatna sprawa. Jeszcze żaden działacz MKOl nie został skazany przez sąd za łapownictwo podczas działalności w tej organizacji"[309] – powiedział walczący z korupcją w innej światowej organizacji sportowej (UEFA) wieloletni działacz Spyros Marangos. Można być pewnym, że to nie Moskwa prześladowała Samarancha za afery korupcyjne, gdyż po pierwsze, sama w nich uczestniczyła, a po drugie, dlatego że on jej nigdy nie zawiódł.

16 lipca 2001 roku podczas 112. sesji MKOl w Moskwie, z udziałem właśnie księcia Alberta, na prezydenta wybrano Belga Jacques'a Rogge'a. Samaranch otrzymał dożywotnią godność Honorowego Prezydenta tej organizacji i zachował ogromne wpływy. Książę Albert wiele mu zawdzięcza: każdy kolejny jego awans we władzach olimpijskich był inicjowany przez Samarancha.

Tamtego lipca 2001 roku księcia Alberta przyjmowano w Rosji z honorami. Najpierw w Petersburgu, w sali tronowej pałacu Katarzyny w Carskim Siole (obecnie na terenie miejscowości Puszkin), wręczono mu atrybuty honorowego członka Morskiego Stowarzyszenia Sankt Petersburga. Potem w Moskwie zapewniono mu mnóstwo atrakcji i parę niezbyt zobowiązujących spotkań na wysokim szczeblu (z premierem). Wizyta, jak stwierdził sam książę, miała charakter „zapoznawczy". Jeśli książę rozmawiał wtedy z prezydentem Putinem, to chyba tylko w kuluarach sesji MKOl. Czy wspominano tam o skrystalizowanej już na Kremlu idei zorganizowania igrzysk zimowych w Rosji? Tego nie wiemy. Jak również tego, czy następca monakijskiego króla kojarzył nazwisko Putin z rosyjską zorganizowaną działalnością przestępczą na terenie swojego księstwa. Powinien był, gdyż na jej ślad trafił wynajęty przez niego w 1999 roku detektyw i dziennikarz śledczy – Amerykanin Robert Eringer, mieszkający kiedyś w Monako współpracownik kontrwywiadu FBI, związany także z CIA. Najpierw dostarczył on księciu wystarczająco dużo dowodów powiązań pewnego Rosjanina* z mafią, by ten odmówił mu prawa inwestowania w klub piłkarski AS Monaco, potem doradził odrzucenie oferty pewnego rosyjskiego bankiera**, aż wreszcie wpadł na trop bardziej istotny.

---

* Mowa o Aleksieju Fiedoriczewie. Mimo udzielonej księciu przestrogi 66,67 procent udziałów w klubie AS Monaco zostało i tak wykupione przez Rosjanina Dmitrija Rybołowlewa, który pozostawiał w rękach Grimaldich zaledwie 33,33 procent.

** W książce *The Spymaster of Monte Carlo* Robert Eringer wspomina o Siergieju Pugaczowie (wówczas uchodzącym za „bankiera Putina"), który usiłował namówić monakijskie przedsiębiorstwo hotelowe SBM, nieprowadzące inwestycji poza Monako, do zarządzania sześciogwiazdkowym hotelem przy placu Czerwonym, który Pugaczow budował.

„Moje francuskie źródło dostarczyło mi raport o funkcjonującej w Monako rosyjskiej spółce Sotrama. Jest to przykrywka dla handlu bronią i pralnia pieniędzy Putina oraz jego petersburskich kolesi"[310] – czytamy w opublikowanych przez niego wspomnieniach.

Spółkę Sotrama zarejestrował w latach dziewięćdziesiątych ubiegłego wieku Dmitrij Skingin, biznesmen petersburski powiązany z mafią tambowską. Podlegał mu między innymi Petersburski Terminal Naftowy, w czasie gdy Władimir Putin kierował Wydziałem Stosunków Zagranicznych merostwa w Petersburgu i wydawał zezwolenia na przedsięwzięcia biznesowe Skingina. „Dima twierdził – wspomina znajomy Skingina Maksim Frejdzon – że przy pierwszych przedsięwzięciach długo się targował z Władimirem Władimirowiczem. I ja mu wierzę. Najpierw ten żądał 15 procent od dochodów, taka była taksa, jeśli sprawa mogła szybko przynieść zysk [...]. W końcu się dogadali na 4 procent"[311].

Nie wiadomo, jaką część stanowiły udziały Władimira Władimirowicza w zyskach Sotramy, która w aktach Śledczego Wydziału Karnego Departamentu Spraw Wewnętrznych Zarządu Bezpieczeństwa Księstwa Monako figurowała jako „grupa zajmująca się praniem pieniędzy, mająca wiele podległych sobie, podejrzanych struktur, jak choćby Giennadija Timczenki Horizon International Trading AG z siedzibą w Liechtensteinie czy należącą do Skingina Caravel Establishment and Petroleus Inc. Realizowały one kontrakty na setki milionów dolarów zarówno z największymi rosyjskimi kompaniami naftowymi (Łukoil, Tatnieft, TNK i Sibnieft, będącą już wtedy częścią Gazpromu), jak i z zachodnimi (BP, Total, Glencore, Statoil). Policja monakijska ustaliła, że Skingin jest związany z Ilją Traberem, liderem tambowskiej grupy przestępczej"[312], tym samym, który na początku lat dziewięćdziesiątych minionego stulecia kierował transakcjami sprzedaży rosyjskich statków po zaniżonych cenach w sprywatyzowanym przez Władimira Putina Porcie Żeglugi Bałtyckiej[313].

„Zwerbowałem nowego agenta – napisał Eringer w swoich wspomnieniach. – Rodowitą Rosjankę, jasnowłosą, o niesamowitym wyglądzie i dobrych rosyjskich kontaktach. Pracowała w Sotramie.

Potwierdziła, że to »pralnia pieniędzy«. Sotrama wykazywała przed monakijskim fiskusem tylko 100 tysięcy euro przychodu, czyli kwotę potrzebną na płace i działalność plus niewielki zysk, a w rzeczywistości prała »miliony i miliony« za pośrednictwem macierzystego Horizon Oil Terminal w Petersburgu. Moja agentka uczestniczyła w przyjęciu, na którym dyrektor wykonawczy Sotramy wzniósł toast za prezydenta: »Bez Putina nic z tego nie byłoby możliwe!«”[314]. W roku 2000 Skingina z Monako wydalono, ale Sotrama pozostała, tyle że na jej czele postawiono Włocha.

16 czerwca 2002 roku książę Albert zatrudnił Eringera jako doradcę do spraw wywiadu i powierzył mu organizację służby wywiadowczej mającej się przede wszystkim zajmować rosyjską i włoską przestępczością zorganizowaną. Jeszcze wtedy książę chyba nie przypuszczał, jak blisko ta pierwsza jest powiązana z gospodarzem Kremla (wspomnijmy tu choćby o handlu narkotykami przez utworzoną w Liechtensteinie kompanię SPAG)*. Poczytywał więc Eringerowi za zasługę powołanie nieoficjalnego stowarzyszenia służb wywiadowczych najmniejszych europejskich państw: Liechtensteinu, Luksemburga, Malty, San Marino i Monako, przez założycieli nazwanego Columbus Group (od nazwy hotelu, w którym nastąpiła inauguracja działalności).

Część swojej wiedzy Eringer przekazał FBI. Z Robertem Muellerem, dyrektorem tej instytucji, a także z Porterem Gossem, dyrektorem CIA, zorganizował księciu Albertowi spotkania. Nie wiadomo jednak, czy już wtedy (na swoim portalu[315] nie precyzuje bowiem daty tamtych spotkań) posiadał całą tę wiedzę, którą potwierdził w kwietniu 2011 roku w rozmowie z dziennikarzem „Nowej Gazety”: „Doniesienia szpiega, jakiego mieliśmy w Sotramie, i informacje od zaprzyjaźnionych służb specjalnych dawały podstawy, by twierdzić, że Władimir Putin ma związki nie tylko z Sotramą, lecz także z całą siecią podobnych kompanii naftowych w Europie. Informacja o tych kompaniach była znana i innym służbom”[316].

---

* Więcej na ten temat zob. w rozdziale *Spółka SPAG i Litwinienko*.

„Kiedy znowu zobaczyłem się z facetem będącym moim francuskim źródłem – napisał w swoich wspomnieniach – zameldował mi, że francuski wywiad został odstawiony od Sotramy właśnie z powodu jej powiązań z Putinem, bo Francja negocjowała wtedy długoterminową umowę z Gazpromem. »Francuzi uważają Monako za swój rewir łowiecki – powiedział – a ty odsłaniasz sprawy, w których chcą mieć wyłączność*, na przykład powiązania spółek dystrybucyjnych Sotramy, takich jak Petro Trade**, łączących zorganizowaną przestępczość z Putinem«”[317],

Cóż jednak znaczy przyziemny świat finansów wobec spraw wyższego rzędu? Monako nie należało wówczas do Rady Europy, a członkostwo w niej podniosłoby niewątpliwie jego prestiż. I oto tak się złożyło, że w 2002 roku Rosja w osobie parlamentarzysty z nacjonalistycznej Partii Liberalno-Demokratycznej optowała za przyjęciem Księstwa do tej struktury, dzięki czemu w 2004 roku Monako zostało członkiem Rady Europy, Rosja zaś zyskała tam jeszcze jeden głos.

31 lipca 2003 roku następca monakijskiego tronu znowu zawitał do Petersburga. Oczekujący go w upale na lotnisku luminarze spływali potem. Książę przez dwa dni pobytu też, lecz mimo to – *noblesse oblige* – zwiedzał piękne petersburskie zabytki, składał wieńce, gdzie trzeba, aż dotarł do celu: wypełnionej rzeźbami i złotem wielkiej sali tronowej błękitno-złotego pałacu Katarzyny w Puszkinie. Odbywała się tam ceremonia mianowania honorowego konsula Księstwa Monako w Sankt Petersburgu. Został nim przewodniczący wspomnianego już Stowarzyszenia Morskiego, które podczas pierwszego pobytu księcia uczyniło go swoim honorowym członkiem. Przybyły z Moskwy przedstawiciel rosyjskiej dyplomacji stwierdził, że „obecność księcia na tej ceremonii świadczy o ważnym znaczeniu, jakie Monako nadaje współpracy między naszymi krajami”.

---

* Robert Eringer ostrzegł też księcia Alberta przed „osobnikiem mającym opinię tajnego łącznika między prezydentem Jakiem Chirakiem a Saddamem Husajnem”.

** Firma ta jest obecna niemal w całej Europie, nie wyłączając Polski.

Tymczasem Eringer, kierując Monaco Intelligence Service (MIS), wciągnął do walki z rosyjską mafią jeszcze dwanaście agencji zagranicznych, wśród nich amerykańską CIA i angielskie SIS (Secret Intelligence Service). Ostrzegł też księcia Alberta, iż konsul Monako w Rosji to człowiek, który w latach osiemdziesiątych ubiegłego wieku był oficerem KGB specjalizującym się w dezinformacji, a obecnie jest powiązany z „pralnią Putinowskich pieniędzy"[318], spółką Petro Trade, przy czym do jego zadań należy także inwigilacja księcia.

Miał więc książę Albert wszystkie karty w ręku, gdy 12 lipca 2005 roku, wstępując na tron po śmierci ojca, księcia Rainiera, wypowiadał rewolucyjne słowa: „Pieniądze i cnoty obywatelskie powinny iść w parze; znaczenie, jakie ma finansowy rynek Monako, zobowiązuje nas do maksymalnej czujności, by zapobiec prowadzeniu w naszym kraju jakichkolwiek podejrzanych operacji finansowych. Monako musi przestrzegać wymagań organizacji Financial Action Task Force on Money Laundering* walczącej z praniem brudnych pieniędzy"[319].

W tym samym czasie (w lipcu 2005 roku) w Lozannie Międzynarodowy Komitet Olimpijski przyjmował wnioski od krajów ubiegających się o organizację zimowych igrzysk olimpijskich w 2014 roku. Wśród nich był też wniosek dotyczący Soczi.

Książę Albert nie zrobił użytku z dostarczonych mu przez Eringera kart w sprawie czystości monakijskich interesów. Sotrama i inne pralnie pieniędzy pozostały nietknięte. Książę natomiast rozpoczął przygotowania do wielkiej przygody swojego życia: wyprawy w psich zaprzęgach na biegun północny, o której od dawna marzył i jako bobsleista olimpijczyk, i jako potomek znanego badacza polarnego. Tym razem dokładnie wiedział, do kogo się udaje: przed wyjazdem do Rosji Eringer wręczył mu pięć dokumentów związanych z Putinem i rosyjskimi pralniami pieniędzy w Monako[320].

---

* Jest to międzyrządowa organizacja powołana przez G7 w 1989 roku do opracowywania polityki walki z praniem brudnych pieniędzy, a od 2001 roku także walki z finansowaniem terroryzmu. Siedzibą organizacji jest Paryż.

Wyprawę zaplanowano na kwiecień 2006 roku. Nie byłaby możliwa „bez wysokiej protekcji prezydenta Rosji. Prezydent wydał polecenie wielu resortom, które mają zapewnić bezpieczeństwo księciu i transport do naszej stacji polarnej Barneo"[321] – mówił w lutym 2006 roku w radiu Echo Moskwy odpowiedzialny za wyprawę wiceprzewodniczący Komitetu Spraw Zagranicznych w Dumie, ten sam, który popierał wstąpienie Monako do Rady Europy.

Ośmioosobowej ekipie księcia oddano do dyspozycji dwa śmigłowce FSB, za sterami jednego z nich siedział generał Nikołaj Gawriłow, dowódca lotnictwa FSB, na czele delegacji witającej na biegunie księcia Alberta szampanem stał zaprzyjaźniony z nim generał FSB Władimir Proniczew (dowodzący szturmem w teatrze Dubrowka i Biesłanie), nad łącznością czuwał minister resortu Leonid Rejman (właściciel pięknej willi przy plaży w Monako), prestiżu dodawał król rosyjskich polarników, wiceprzewodniczący Dumy Artur Czilingarow. Nie zawiodły psy ani pogoda. Jego Wysokość Albert II Grimaldi, suwerenny książę Monako, książę Valentinois, markiz Baux, hrabia Polignac, był pierwszym panującym monarchą, który stanął na biegunie północnym. Następnego dnia w najpiękniejszych salach Kremla czekał nań z uroczystym przyjęciem na cześć rosyjsko-monakijskiej przyjaźni Władimir Putin. Ostatnią zapewne sprawą, o której myślał wtedy książę Albert, był kodeks etyczny MKOl zabraniający podejmowania członków Międzynarodowego Komitetu Olimpijskiego z gościnnością „wykraczającą poza ramy standardowych warunków obowiązujących w danym kraju"[322]. Całość kosztów wyprawy wzięła na siebie strona rosyjska.

22 czerwca 2006 roku. Lozanna. W pierwszym etapie eliminacji kandydatów do zorganizowania XXII Zimowych Igrzysk Olimpijskich w 2014 roku MKOl odrzucił cztery ubiegające się miasta (kazachskie Ałmaty, gruzińskie Bordżomi, hiszpańską Jacę i bułgarską Sofię), zostawiając na placu boju austriacki Salzburg, południowokoreański Pyeongchang i rosyjskie Soczi. Pierwsze dwa miasta to faworyci: świetnie przygotowane, jako że startowały po raz wtóry. Salzburg był pewien zwycięstwa: niewielkie odległości między obiektami sportowymi, znakomite trasy narciarskie, doświadczenie

w organizacji wielkich imprez, poparcie władz i społeczeństwa. Również Pyeongchang był pewien swego, bo oprócz atutów podobnych do Salzburga dołożył jeszcze racje polityczne: olimpiada mogłaby zwrócić uwagę na nieludzki reżim w Korei Północnej, a może nawet zapoczątkować proces zjednoczenia obu państw na półwyspie.

Co miało do zaoferowania Soczi? Oprócz gór – nic. Dlatego do wniosku dołączono największy projekt budżetowy na kwotę około 12 miliardów dolarów, co przekonało wysoką komisję MKOl. Podobnie jak obietnica stworzenia na południe od miasta sąsiadujących ze sobą obiektów olimpijskich, między którymi będzie można się przemieszczać pieszo, a także bliskość istniejącego już lotniska (co prawda w 2006 roku nawet nie przypominało ono lotniska międzynarodowego, nie mówiąc już o standardzie prowadzącej do niego drogi). Ośrodek turystyczno-wypoczynkowy w Krasnej Polanie ustępował każdemu ośrodkowi europejskiemu choćby pod względem kwalifikacji tamtejszej obsługi, dla której zwykła karta bankomatowa stanowiła złowrogi problem, czy niezbyt zadbanych tras zjazdowych i wyciągów, których często nie udawało się uruchomić. Pierwszą kolejkę linową zainstalowano w Krasnej Polanie właśnie w 2006 roku.

W ciągu lat poprzedzających igrzyska zimowe można wiele zbudować, ale klimatu się nie zmieni. Jest subtropikalny, jak w Kalifornii, i taki pozostanie. W lutym na Krasnej Polanie bywa około 10 stopni powyżej zera, a w Soczi termometry wskazują dwadzieścia kilka kresek. Mimo to Wikipedia – w związku ze złożonym przez Rosjan wnioskiem – podaje: „Prezydent Władimir Putin wykazał się wielką determinacją i usilnie zabiegał o to, aby jego państwu przypadła organizacja zimowych igrzysk olimpijskich". Czy dla prezydenta przeszkodą może być klimat?

Rok 2007 zaczął się dla księcia Alberta II przyjemnie, a dla Roberta Eringera kiepsko. Na prywatnym terytorium księcia w Roc Agel, niedaleko Monte Carlo, rosyjscy robotnicy zbudowali z rosyjskich materiałów kompleks luksusowych drewnianych domków z kilkoma sypialniami, saunami, kortem tenisowym, salami treningowymi i salą bilardową dla księcia. Całość schowali za górą Agel, w miejscu trudno dostępnym nawet dla fotografów wykonujących zdjęcia z powietrza. Rosjanie goszczą tu często.

27 i 28 marca 2007 roku książę uczestniczył w Moskwie jako gość prywatny w świętowaniu osiemdziesiątej rocznicy urodzin sławnego rosyjskiego wiolonczelisty Mstisława Rostropowicza. Dwa miesiące później wpadł prywatnie (13–14 maja 2007 roku) na finałowy mecz mistrzostw świata w hokeju.

Robert Eringer wyraźnie tracił wpływy na dworze, nie tylko zresztą osobiste: książę zlekceważył także zalecenia Monaco Intelligence Service w sprawach kadrowych, zasadniczych dla Księstwa. Zapowiadana podczas intronizacji harmonia między „pieniędzmi a cnotami obywatelskimi" i „przestrzeganie wymagań organizacji Financial Action Task Force on Money Laundering walczącej z praniem brudnych pieniędzy" interesowały księcia coraz mniej.

Czerwiec 2007 roku. Zbliżał się ostatni etap walki o igrzyska w Soczi. Na dziesięć dni przed finałowym głosowaniem notowania trzech kandydujących miast były równe. Teraz Putin pokazał, co potrafi. Już wcześniej zadysponował, by w Gwatemali kupić duży dom, wspaniale go wyremontować i umeblować, gości karmić kawiorem, poić szampanem, towarzystwo pięknych Rosjanek zapewnić. Potem posłał w tropiki ogromną aparaturę chłodzącą w prezencie dla miasta: lodowisko, na którym petersburscy łyżwiarze tańczyli balet *Śpiąca Królewna* do muzyki Czajkowskiego (na dowód tego, że prześladowanie homoseksualistów w Rosji to bzdura). Potem przyleciał osobiście (oficjalnie jako turysta) i udał się do hotelu InterContinental, gdzie w apartamencie na szóstym piętrze wraz z Władimirem Potaninem, magnatem uchodzącym za pomysłodawcę olimpiady w Soczi (majątek w 2015 roku – 13,5 miliarda dolarów), do późna w nocy przyjmował gości. Pierwszy to Jacques Rogge, ten, którego w Moskwie na swojego następcę namaścił Juan Antonio Samaranch. Na tym samym piętrze podobnie trudzili się najważniejsi rosyjscy działacze sportowi.

Z Samarancha uczyniono głównego lobbystę Rosjan. „On już nie rządzi MKOl, ale prawie wszyscy delegaci są wybrani przy nim, faktycznie dożywotnio - skonstatował członek MKOl Szamil Tarpiszczew (do KGB zwerbowany przed igrzyskami w Moskwie w 1980 roku) i dodał: - Ważne, jak się zachowają ci członkowie MKOl, którzy obiecali poparcie wszystkim trzem kandydatom. A takich jest większość. Kto ich lepiej zmotywuje, ten wygra"[323]. Ze źródła bliskiego rosyjskim organizatorom starań wiadomo, że na tę „motywację" wydano 50 milionów dolarów[324]. Austria, która nikogo nie motywowała, a na igrzyska zamierzała przeznaczyć raptem 12 miliardów, odpadła w pierwszym głosowaniu. Prezydent Korei Południowej wprawdzie przyjechał, ale z żadnym z decydentów MKOl się nie spotkał.

A Rosjanie mieli szczęście: przed drugim głosowaniem - w przerwie na obiad - mimo zakazu kontaktowania się z członkami MKOl udało im się z nimi porozmawiać. Nie tylko jednak czynem Władimir Władimirowicz podbił serca olimpijskich decydentów, lecz i słowem. Przez pięć minut i dwie sekundy płynną angielszczyzną gwarantował wszystko, co trzeba: góry i morze, naturalny śnieg, wspaniałe obiekty, sprawną komunikację. Przemówienie zakończył po francusku, czym zdobył głosy wahających się czarnoskórych delegatów z dawnych francuskich kolonii w Afryce.

4 lipca 2007 roku na 119. sesji Międzynarodowego Komitetu Olimpijskiego w Gwatemali rosyjskie Soczi zostało wybrane na stolicę XXII Zimowych Igrzysk Olimpijskich A.D. 2014. Federalny kanclerz Austrii Alfred Guzenbauer wyraził wątpliwość, „czy przy wyborze stolicy wszyscy członkowie Komitetu byli uczciwi"[325].

12 sierpnia 2007 roku książę Albert przybył z „wizytą roboczą" do Petersburga, gdzie „odbył spotkanie z prezydentem Federacji Rosyjskiej W.W. Putinem". Spotkanie trwało długo: stateczkiem po Newie obaj panowie płynęli od pałacu w Strelnej do pałacu w Peterhofie, gdzie przechadzali się po pałacowych ogrodach, wreszcie odpoczęli w Wielkim Pałacu i tam też przeprowadzili „rozmowy robocze". A potem zaczęła się kolejna podróżnicza przygoda księcia, który z Władimirem Władimirowiczem wyruszył na wielką

*Sierpień 2007 roku. Władimir Władimirowicz zrobił sobie fotosesję z nagim torsem, co podekscytowało zarówno kobiety, jak i mężczyzn*

syberyjską wyprawę do Republiki Tuwy, gdzie chlebem i solą przyjmował ich rodowity Tuwiniec – Siergiej Kużugietowicz Szojgu, minister sytuacji nadzwyczajnych. Potem książę na łodzi pokonywał progi Jeniseju, łowił ryby, nocował w specjalnie zbudowanych jurtach, korzystał z bani, słuchał miejscowych zespołów zawodzących niezwykłymi głosami, zwiedzał samotnię starowierów. A Władimir Władimirowicz z gołym torsem robił sobie fotosesję w nurtach Jeniseju, na brzegu Jeniseju, na koniu, na drzewie, z wędką albo strzelbą. (Zdjęcia obiegły świat i zemocjonowały tak kobiety, jak i mężczyzn, szczególnie środowiska gejowskie, które potraktowały demonstrującego swój tors rosyjskiego prezydenta jako przynależącego do nich[326]). Po czym prezydent wrócił do rządzenia, a książę udał się jeszcze nad jezioro Bajkał.

Tymczasem faktura za pierwszy kwartał 2008 roku (40 tysięcy dolarów), wystawiona księciu Albertowi II przez Roberta Eringera za działalność własną i MIS, pozostała niezapłacona. Książę znowu wyprawił się z Rosjanami na Antarktydę (2009 rok), zaś we wrześniu roku 2010 gościł w Moskwie, gdzie został honorowym członkiem prezydium ulubionego stowarzyszenia Putina – Rosyjskiego Towarzystwa Geograficznego.

9 grudnia 2010 roku prezydent MKOl Jacques Rogge otrzymał pismo od Roberta Eringera z żądaniem przeprowadzenia śledztwa przez komisję etyki MKOl w sprawie przyjmowania przez księcia, niezgodnie z kodeksem etycznym tej instytucji, korzyści materialnych od prezydenta Putina. Kodeks zabrania bowiem członkom MKOl – także jeśli są przywódcami państw – przyjmowania

jakichkolwiek prezentów i usług od przedstawicieli krajów pretendujących do organizacji olimpiad. Równocześnie z pismem do MKOl Eringer wystąpił z pozwem przeciwko księciu Albertowi do sądu stanu Kalifornia. Treść pozwu, a także trzydzieści jeden stron uzasadnienia, umieścił na swoim blogu, twierdząc, że każdy zarzut może potwierdzić dokumentami.

„Wszystko, co ten towarzysz Robert Eringer powiedział, to absolutne wymysły bez jakichkolwiek podstaw. Rzeczywiście książę jeździł na Północ. I rzeczywiście jeździł z Putinem do Tuwy, ale działo się to, zanim wystąpiliśmy z naszym wnioskiem w sprawie Soczi"[327] – wyjaśniał sekretarz prasowy prezydenta Putina, najwidoczniej nieświadom chronologii olimpijskiej epopei.

Leticia Pierra, szefowa służby prasowej w monakijskim pałacu książęcym na antenie rosyjskojęzycznej amerykańskiej rozgłośni Swoboda stwierdziła z kolei, że „jeśli idzie o pracę księcia w Międzynarodowym Komitecie Olimpijskim, to prezydent tej organizacji Jacques Rogge już w 2011 roku pisemnie wyraził pełne uznanie dla księcia, który broni zasady nieprzekupności i altruizmu MKOl od ponad dwudziestu pięciu lat".

MKOl – pod wpływem honorowego przewodniczącego Juana Antonia Samarancha – skargi Roberta Eringera nie rozpatrzył „z braku podstaw formalnych".

Apelacyjny Sąd Federalny stanu Kalifornia, w którym Eringer po złożeniu zeznań domagał się przesłuchania księcia Alberta II, stwierdził, że Monako, będąc krajem suwerennym, nie podlega jego jurysdykcji, a więc nie może on wezwać przedstawicieli Księstwa do stawiennictwa w procesie. Poza tym książę Albert jako głowa państwa korzysta z przywileju nietykalności.

Sprawa ta nie powstrzymała księcia Alberta przed podróżami do Rosji. Coraz więcej miał tam przyjaciół. 20 września 2011 roku na granicy rosyjsko-fińskiej odebrał go zaprzyjaźniony szef służby granicznej Rosji, generał FSB Władimir Proniczew, po czym obaj zaszyli się na dwa dni w luksusowym domu Władimira Brandausowa – karelskiego biznesmena o podejrzanej sławie (miejscowa prasa wytykała mu korupcję na ogromną skalę)[328], skąd generał Proniczew własnym samolotem odprawił księcia na Międzynarodowe Forum Arktyczne, gdzie powitał go znany mu już z Tuwy minister Szojgu.

Rok 2012. Prezydent Rosji Władimir Putin i książę Albert postanowili o corocznych spotkaniach przedstawicieli obu państw i o tym, że rok 2015 będzie Rokiem Rosji w Księstwie Monako, a rok 2016 – Rokiem Monako w Rosji[329].

Rok 2013, październik. Moskiewski Państwowy Instytut Stosunków Międzynarodowych. Książę Albert II otrzymuje godność doktora honoris causa tej prestiżowej uczelni. Podczas uroczystości rektor mówi o wybitnych zasługach księcia Monako w umacnianiu pokoju na świecie, budowaniu przyjacielskich stosunków między narodami, ochronie środowiska oraz zachowaniu równowagi ekologicznej planety.

Wkrótce po tym zaczynają się przedolimpijskie uroczystości. Książę Albert w kolorowej sportowej kurtce z napisem „Soczi 2014" uroczyście przejmuje na placu Czerwonym znicz olimpijski i biegnie z nim wzdłuż Kremla jako jeden z pierwszych członków sztafety. Jest znowu goszczony w kremlowskich komnatach, gdzie podczas uroczystego obiadu na jego cześć Władimir Putin mówi: „Jesteśmy szczególnie wdzięczni Waszej Wysokości za wsparcie olimpiady w Soczi i towarzyszenie nam w całym postępowaniu związanym z tą olimpiadą", a książę obdarowuje prezydenta najwyższym odznaczeniem Księstwa Monako – Krzyżem Wielkim Orderu Świętego Karola – który przed nim otrzymał tylko jeden Rosjanin: car Aleksander II.

Podczas otwarcia XXII Zimowych Igrzysk Olimpijskich w Soczi Albert II zajmuje wraz z małżonką lożę honorową.

„Jeśli w sprawie korupcji, którą wskazałem, nie przeprowadzi się śledztwa, dalsze wybory miast, organizatorów igrzysk olimpijskich, nie będą uczciwe, skoro członków najwyższej decydującej o tym instancji można przekupić"[330] – stwierdził w swojej skardze do MKOl Robert Eringer.

Śledztwa jednakże nie przeprowadzono, a rosyjskie portale określają Eringera jako alkoholizującego się kłamcę, cierpiącego na manię powiązań ze służbami specjalnymi, w których nigdy nie pracował.

Kolejny przewodniczący MKOl, Thomas Bach, jest bardzo z prezydentem Putinem zaprzyjaźniony.

## Słońce nad Soczi

Dyrektor Pierwszego Programu rosyjskiej telewizji, prezentując film o przygotowaniach do pokazu inaugurującego olimpiadę, powiedział: „Miliardy ludzi zobaczą inną Rosję. Rosję współczesną, silną, mądrą, subtelną", a jeden z twórców tego gigantycznego widowiska dodał, że olimpiada to szczyt narodowego prestiżu, wydarzenie, które pokaże światu, czym jest Rosja.

Trzy lata wcześniej. Soczi.

„Ci szaleńcy by nas pozabijali, gdyby im to było potrzebne, na razie tylko odcinają nam wodę i prąd. W czterdziestostopniowym upale na dwa dni odcięli wodę, potem źle podłączyli rury: odkręcamy krany, a w nich ścieki. Gdy im potrzebny prąd – my trzy dni siedzimy po ciemku. Potrzebna im droga – tarasują naszą, a my godzinami czekamy na przejazd".

„Wszędzie góry śmieci, złomu, tuż obok domów, wysypisk nie ma".

„Dla nas ta olimpiada to katastrofa. Tu stał mój dom. Wyrzucili nas. W gruzach legło życie moje i mojej rodziny – dziewięć osób, trzy pokolenia. Czterdzieści lat żyliśmy w tym domu przy ulicy Makarenki 10. A w izbie, co nam teraz dali, łazienki nie ma, toaleta na dworze. Jestem człowiekiem bezdomnym".

„Kiedy nasz dom zburzono pod lodowisko, cztery dni spędziliśmy na plaży. Teraz na jakiś czas dostaliśmy na nas troje 8 metrów w kuchni pensjonatu. Trzeci rok śpię na werandzie".

To mówią mieszkańcy Soczi w dokumentalnym filmie *Putin Games* (Igrzyska Putina), który Kreml nakładem 600 tysięcy funtów próbował zablokować. „Kiedy Rosjanie po raz trzeci zapukali do drzwi mieszkającej w Niemczech producentki filmu Simone Baumann, wiedziała, że najbezpieczniej będzie nie odpowiadać"[331] – tak zaczyna się artykuł o związanych z filmem kłopotach, zamieszczony w „The Telegraph" pod koniec 2013 roku.

Tonące w błocie setki ogromnych ciężarówek, uśmiechnięci biznesmeni różnych narodowości i nieszczęśliwi mieszkańcy olimpijskiej stolicy – to filmowa dokumentacja faktów, o których nie wolno było mówić w tamtym czasie w Rosji i o czym nadal nie wie większość jej obywateli. A wszystko działo się zgodnie z prawem: 1 grudnia 2007 roku prezydent Putin podpisał dekret numer 310 o organizacji XXII Zimowych Igrzysk Olimpijskich, w istocie pozbawiający właścicieli domów zawadzających budowie olimpijskich obiektów wszelkich praw w zamian za marne grosze odszkodowania albo obiecane inne lokum.

„»Pod olimpiadę wpadło«, jak obliczył wicegubernator Kraju Krasnodarskiego, 2,5 tysiąca rodzin […]. Natalija Kalinowska, przywódczyni skrzywdzonych przez igrzyska mieszkańców Doliny Imeretyńskiej, chciała opowiedzieć o tym całej Rosji. 23 grudnia 2012 roku zaproszono ją do Moskwy, do studia Programu Pierwszego, do popularnego programu *Swoboda i sprawiedliwost* (Wolność i sprawiedliwość). Na koszt telewizji pojechała do stolicy, ale przed rozpoczęciem emisji utknęła w garderobie. Trzymali ją tam pod kluczem pracownicy stacji, od których usłyszała, że do studia jej nie wpuszczą. Zdecydował o tym mer Soczi Anatolij Pachomow, też zaproszony do telewizji. I program poświęcony budowom olimpijskim składał się z samych zachwytów tudzież pochwał pod adresem prezydenta"[332] – napisał w reporterskiej książce o igrzyskach w Soczi korespondent „Gazety Wyborczej" Wacław Radziwinowicz.

Mer Pachomow stwierdził podczas programu, że „zgodnie z tym, co powiedział Władimir Władimirowicz Putin, przygotowujemy święto sportu dla całego świata, ale nie kosztem mieszkańców Soczi. Pieniądze z budżetu państwa, regionu i miasta przyniosą korzyść zwykłym obywatelom"[333].

17 kwietnia 2014 roku. Konferencja telewizyjna Władimira Putina. Prezydent mówi: „Obiekty olimpijskie będą służyły ludziom

nie przez jedno dziesięciolecie, lecz może przez lat sto. Taka infrastruktura w innych państwach powstaje w ciągu wieków, myśmy ją zbudowali w ciągu sześciu, siedmiu lat".

Luty 2015 roku. Rok po olimpiadzie. Popularna w Rosji dziennikarka telewizyjna Ksienia Sobczak*, przeprowadziwszy rekonesans w olimpijskiej stolicy, napisała, że „Soczi to wymarłe miasto. Na ulicach prawie nie ma ludzi. Wieczorami [...] nie świecą się światła w oknach restauracji, hoteli i budynków mieszkalnych [...]. W całym parku olimpijskim sześć samochodów. Wszystko wygląda jak porzucone"[334].

W fotoreportażu znanego w Rosji pisarza, dziennikarza, fotografa i blogera Aleksandra Bielieńkowa można zobaczyć długi rząd białych dwunastopiętrowych domów i dziesięciopiętrowych z czerwonymi dachami. Z lotu ptaka – piękne. Na placykach, wśród uschniętych drzewek (przywiezione zza granicy i sadzone w pośpiechu, nie przyjęły się na soczijskiej glebie), tu i ówdzie kolorowe huśtawki i zjeżdżalnie dla dzieci. Podczas olimpiady mieszkali tu wolontariusze i policjanci. Teraz nie ma żywej duszy. Ogrodzenie zakończone drutem kolczastym, ale wejść do środka można bez przeszkód. Wewnątrz bloków drzwi powyrywane z zawiasów, zniszczone. W pokojach – w najlepszym wypadku – bałagan, materace na podłodze, łóżek brak. Gdzie indziej kaloryfery wyrwane, sedesy też, tu i ówdzie nie ma umywalki czy kranu. Okna wybite. Na sufitach zacieki, bo dachy jak rzeszoto. Na wielu ścianach łuszczy się farba. W loggiach nie zrobiono odpływów, woda wlewa się do wnętrza. To osiedle Wesołe, pięćdziesiąt pięć klatek schodowych, setki mieszkań.

Żyje tam siedem rodzin. Gdy pada – pod parasolami. „Żyliśmy na Krasnej Polanie, wysiedlili nas. Mieszkaliśmy u krewnych, kątem. W lipcu 2014 roku władze powiedziały: »Bierzcie rzeczy i przenoście się tutaj, będzie wszystko, i ogrzewanie, i światło«. A nie było nawet wody i gazu. Windy nieczynne. Wodę i światło

* Ksienia Sobczak – córka Anatolija Sobczaka, byłego mera Petersburga.

wywalczyliśmy. Mieszkanie odremontowaliśmy. Dziury w dachu smołą zalaliśmy. Ale na zewnątrz ciemno, a tu niebezpiecznie. Na parterze wszędzie pijacy i narkomani"[335] – mówi Wiera Nikołajewna Riabcowa.

Wszystkie te lokale miano oddać przeszło tysiącowi kolejkowiczów, ludzi oczekujących od wielu, czasem od dwudziestu lat na administracyjny przydział tanich mieszkań.

Inne osiedle, z lotu ptaka też piękne: piętrowe białe domki, czerwone dachy, wokół zieleń. I pustka. To osiedle Wesołe 2, zbudowane w 2011 roku w Adlerze dla przymusowo wysiedlonych z powodu olimpiady. Ale postawiono tylko ściany. I tak jak na osiedlu wysokościowców nie ma tu gazu, światła i wody. Teraz w większości zapuszczone i rozgrabione. Butelki po wódce, na ścianach bohomazy i ślady krwi. Zwały śmieci, zarośla chwastów. Przymusowo wysiedleni mogą jeszcze długo na mieszkania czekać. „Czego nie zrobiono przed olimpiadą, tego po jej zakończeniu już nie ma kto dokończyć. Odpowiedzialne za budowę przedsiębiorstwa zmieniały się kilkakrotnie, ostatniego nie udało się zidentyfikować. Gdyby jednak ktoś próbował zasiedlić lokal samowolnie, skończyłby w sądzie. Są takie przypadki"[336].

Wspomniana dziennikarka Ksienia Sobczak w reportażu zamieszczonym w internetowej gazecie Snob poruszyła kwestię tych niszczejących pustostanów i tysięcy kolejkowiczów oczekujących na mieszkania[337]. Jej materiał znalazł się tam obok wielu innych, na ogół dramatycznych poolimpijskich raportów i zdjęć, na których widać na przykład, jak wśród ładnych domków Adleru pod Soczi pojawiły się ogromne rury, które miały dostarczać gaz, albo głębokie jamy w asfalcie nowiutkich przecież jezdni, przy których odpadają krawężniki. Ale to drobiazgi, da się je naprawić. Rekwiem natomiast należy wykonać dla Doliny Imeretyńskiej, której początki sięgają paleolitu i neolitu, już ponad sto lat temu uznanej przez cara Mikołaja II za obszar chroniony.

W głośnym raporcie z 2013 roku o zimowej olimpiadzie w subtropikach* Boris Niemcow i Leonid Martyniuk pisali: „Byliśmy przekonani, że olimpiada odbędzie się w górskich rejonach Soczi, w górskich wąwozach i na stokach Krasnej Polany. Okazało się jednak, że główne zawody, a także ceremonie otwarcia i zamknięcia igrzysk będą miały miejsce w Dolinie Imeretyńskiej, subtropikalnym błocie znajdującym się na brzegu Morza Czarnego, w najcieplejszym miejscu nie tylko Rosji, ale i Soczi"[338].

Władimir Putin właśnie na tym terenie postanowił wznieść główne budowle olimpijskie. Zieloną Dolinę Imeretyńską zasypał żwirem i kamieniami, zalał betonem. Przegnano stąd dwieście czternaście gatunków przelotnych ptaków (dwadzieścia sześć figuruje w Czerwonej Księdze, czyli spisie ginących gatunków fauny i flory w Rosji) rezydujących tu od wieków. Musiały się wynieść niedźwiedzie i reszta dzikiej zwierzyny. Reliktowy kolchidzki bukszpan (gatunek też umieszczony w Czerwonej Księdze) masowo wycinano, zaś w celu zazielenienia Soczi zwożono rośliny z Włoch, a wraz z nimi larwy owadów do cna wyniszczających ten bukszpan, który się przed piłą uratował.

„Ekolodzy z Greenpeace'u i Światowego Funduszu Przyrody (WWF) wycofali się ze współpracy z Rosjanami. Uczynili tak na znak protestu przeciw temu, że odpowiedzialna za budowle

---

* Boris Niemcow – w latach dziewięćdziesiątych gubernator i wicepremier, pod rządami Putina – lider opozycji doskonale zorientowany w sprawach gospodarczych państwa, główny autor wielu raportów obnażających ogrom grabieży tej gospodarki, korupcji Putina i jego otoczenia, a także dewastacji rosyjskiej przyrody, niszczonej przez fanaberie budowlane „kremlowskiej kamaryli". Raporty te ukazały się w formie elektronicznej, filmowej – upowszechnianej w internecie (przeciętna liczba widzów jednego filmu – 4 miliony) – i drukowanych broszur. Główne z nich to: *Żyzn' raba na galerach* (Życie niewolnika na galerach – tak określił kiedyś swój los Władimir Putin); *Putin. Korrupcyja*; *Putin. Itogi* (Putin. Rezultaty – podsumowanie dziesięciu lat rządów Putina), *Putin i Gazprom*; *Zimnaja olimpiada w tropikach*; *Putin. Wojna* (o wojnie na Ukrainie). Raporty te Niemcow tworzył we współpracy z innymi autorami. Jednym z nich był Leonid Martyniuk, obecnie na emigracji wymuszonej prześladowaniami (między innymi bezprawnym aresztowaniem).

olimpijskie kompania Olimpstroj lekceważy ich ekspertyzy i ignoruje ich rady”[339] – napisał Wacław Radziwinowicz we wspomnianej książce o olimpiadzie w Soczi. Aktywistom z rodzimej, rosyjskiej Ekologicznej Straży Kaukazu FSB urządzała nie tylko rewizje, grożąc podrzuceniem narkotyków czy broni, lecz także organizowała zamachy na życie, podcinając na przykład jednemu z nich, Władimirowi Kimajewowi, linki hamulcowe w skuterze[340]. Innego ekologa, Jewgienija Witiszkę, udało się pod byle pretekstem wysłać na trzy lata do kolonii karnej.

Kilkanaście kilometrów od centrum Soczi, w jego zachodniej części Ucz Dere, jak okiem sięgnąć hałdy odpadów. Spływająca z gór rzeczka Bitcha, w której pluskały pstrągi, przebija się przez odłamki betonowych płyt, zardzewiałą armaturę, tony polietylenu, zostawiając białe strzępy piany na wiotczejących oponach samochodowych. Kilka kilometrów niżej przepływa obok sanatorium leczącego choroby układu oddechowego i dermatologiczne. „Ogromne furgony z olimpijskich placów budowy szły tędy dniem i nocą i zwalały tu wszystko: pozostałości z budowy tuneli, z rozbiórki domów, odpady komunalne. Leży to latami, śmierdzi, czasem się pali, zatrute powietrze dociera do wiosek położonych niżej. Lekarze odnotowują choroby płuc, astmę, ale o przyczynach otwarcie boją się mówić. Ludzie umierają teraz częściej”[341]. To relacja Siergieja Dobrynina, reportera Radia Swoboda, z kwietnia 2014 roku.

Piękna była inauguracja XXII Zimowych Igrzysk Olimpijskich w Soczi. Dziewięciotonowe baśniowe konie w tradycyjnej rosyjskiej trojce dostojnie przebierały nogami pod dachem fantastycznie oświetlonego stadionu Fiszt, płynęły w przestrzeni cerkwie i kremlowskie wieże. Prawie 60 miliardów dolarów* odpływało wraz z nimi (przy czym co najmniej połowa do prywatnych kieszeni przyjaciół prezydenta). Zaś do milionów domów na wsiach

---

* Boris Niemcow i Leonid Martyniuk we wspomnianym raporcie z 2013 roku o zimowej olimpiadzie w subtropikach obliczyli, że igrzyska będą kosztować 50 miliardów dolarów; zob. www.putin-itogi.ru/zimnyaya-olimpiada-v-subtropikax/ [data dostępu: 16 marca 2016]. Według późniejszych ich obliczeń okazało się, że kosztowały prawie 60 miliardów dolarów.

nie doprowadzono gazu, a często i wody, asfaltem nie pokryto wielu kilometrów rozmokłych prowincjonalnych dróg, tysiące ludzi żyjących w „awaryjnych", czyli grożących rozpadem, budynkach, nie przeniosły się do normalnych mieszkań, przestarzałych szpitali nie zastąpiono nowymi, a w wielu regionach nie dojadą do nich karetki pogotowia, bo ich nie ma. Według danych urzędu statystycznego Rossat z 2011 roku 21 milionów obywateli Federacji Rosyjskiej żyjących poniżej granicy ubóstwa[342] nadal poniżej tej granicy pozostanie.

Putin chciał zrobić sobie prezent. Chciał być podziwiany w świetle najwspanialszych na świecie fajerwerków przez miliony przed telewizorami. „Doktryna komunistyczna – pisze Richard Pipes w *Rosji bolszewików* – umożliwiła ludziom pełnym kompleksów przenoszenie tych kompleksów na społeczeństwo i leczenie ich tam, a nie w sobie"[343].

Euforia czternastu dni wspaniałego widowiska to wprawdzie terapia skuteczna, lecz krótkotrwała. Więc mistrz ceremonii reanimuje święto i ustanawia „obchody rocznicy rozpoczęcia XXII Zimowych Igrzysk Olimpijskich".

7 lutego 2015 roku. Soczi. Olimpijski stadion lodowy. Uroczystość transmitowana przez Program Pierwszy Telewizji, odbierany w całej Rosji. Putin lekkim krokiem zmierza ku mównicy. Wypoczęty, opalony, w rozpiętej pod szyją białej koszuli i w czarnej rozpiętej marynarce, sprawny, krzepki. Na ławkach młodzież – najbardziej sympatyczna dla niego widownia.

„Drodzy przyjaciele – mówi. – Równo rok temu tu, w tym miejscu, zapłonął olimpijski ogień […]. Było dla nas sprawą honoru, by zorganizować to święto na najwyższym poziomie, najpełniej pokazać piękno i wielostronność naszego kraju, gościnność i otwartość na świat. Przygotowywaliśmy się do naszej rodzimej olimpiady prawie siedem lat. Uparcie pracowaliśmy wszyscy razem, cały kraj. Zbudowaliśmy nie tylko wspaniałe obiekty sportowe, ale dosłownie przeobraziliśmy ten region. Zrobiliśmy z Soczi nowoczesne miasto, wielkie centrum klasy światowej. Ta spuścizna, którą zostawiliśmy po olimpiadzie, może się okazać bezprecedensowa […]. Dziękuję wszystkim, a głównie budowniczym [...]. Kiedy początkowo odwiedzałem te ośrodki, myślałem: Czy doprawdy my to wszystko zrobimy? A potem myślałem: Doprawdy my to wszystko zrobiliśmy?! I rzeczywiście: myśmy to zrobili!"[344].

Burzliwe brawa.

Wszystko zapowiada się wspaniale, łącznie z pogodą. Bo gdy Putin do swoich rezydencji pod Soczi przyjeżdża, to od razu robi się piękna pogoda, deszcz ustaje, słońce świeci, tylko potem zawsze pada i miasto pokrywa się białym nalotem, słyszy od mieszkańców miasta Ksienia Sobczak. „Co? – dziwi się dziennikarka. – Putinowi specjalnie pogodę robią?". „No jasne! Cementem obłoki zatrzymują, bo ten pył do cementu podobny"[345]. Może soczinianie rzeczywiście znajdują na autach i chodnikach pozostałości swoistych reagentów (rozpraszanych w powietrzu cząsteczek lodu i ciekłego azotu), za pomocą których specjalne samoloty z wysokości 8 tysięcy metrów ulepszają dla prezydenta pogodę, a może on i do pogody ma wyjątkowe szczęście?

Czasem go jednak ono opuszcza.

Tak się zdarzyło po ujawnieniu największego skandalu dopingowego ostatnich lat, jaki miał miejsce w Rosji. Największego, bo zamieszane są w niego też najwyższe władze. Nigdy dotąd afer nie wiązano z systemem państwowym, stanowiły one prywatną sprawę sportowca, jego trenera i lekarza. „To, że używanie zakazanych środków funkcjonuje w Rosji jako system, któremu patronują władze, stało się dla wielu największą sensacją od czasu obalenia muru berlińskiego"[346].

9 listopada 2015 roku do mediów dotarł raport Światowej Agencji Antydopingowej WADA. W telewizjach zahuczało: Nie dopuścić Rosji do letniej olimpiady w Rio de Janeiro! Natychmiast wykluczyć z Międzynarodowej Federacji Lekkoatletycznej! Rosja kupuje i medale, i milczenie w sprawie dopingu, a nad wszystkim czuwa Federalna Służba Bezpieczeństwa! To nie pojedyncze przypadki, to rządząca rosyjskim sportem machina.

Raport zaczął powstawać 4 grudnia 2014 roku, nazajutrz po szokującym reportażu filmowym w niemieckiej telewizji ARD, w którym znani rosyjscy sportowcy (wielokrotna zwyciężczyni maratonów Lilija Szobuchowa, mistrzyni olimpijska z Londynu Marija Sawinowa czy dyskobolka Jewgienija Pecherina), a także rosyjscy trenerzy sypali dopingowymi szczegółami z życia rosyjskich sfer sportowych. Twórca filmu Hans Joachim Seppelt (Hajo), dziennikarz od lat zajmujący się sprawami dopingu, niemal przez rok zbierał materiały w Rosji i udowodnił, że nad przyjmowaniem środków dopingujących przez zawodników czuwał szef laboratorium antydopingowego w Moskwie – jedynego w Rosji z atestem Światowej Agencji Antydopingowej WADA – a ponadto, że zatrudnieni tam funkcjonariusze FSB przymuszali sportowców do korzystania z zakazanych prawnie środków. Bohaterowie filmu wyznają, że muszą się dopingować. Działacze i trenerzy mówią jasno: w naturalny sposób daleko nie zajdziesz. Do brania zachęcają. Kto nie bierze, ten frajer. Będzie z nim tylko kłopot. Medale wyłącznie na dopingu. Bierze 99 procent lekkoatletów, ale też pływacy, kolarze, biatloniści, biegacze na nartach. Chyba wszyscy[347]. Systematycznie. Najczęściej oksandrolon*, bo się dobrze wypłukuje. A jeśli nie zdąży zniknąć, trener załatwi to z opiekunem reprezentacji, szefem szkolenia w związku lekkoatletycznym. Jednak najlepiej nie dać się złapać, więc trener każe trzymać czyste próbki moczu w lodówce, na wszelki wypadek. A jak się nie ma, to też nie problem. „Dostaniesz różowy formularz, prześlij mi jego numer i śpij spokojnie" – miał powiedzieć jednej z rosyjskich zawodniczek profesor Siergiej Portugałow, szef komisji medycznej Rosyjskiej Federacji Lekkoatletycznej, który czuwał nad grafikiem przyjmowania dopingu przez zawodników. Za usługi należała mu się działka ze zdobytej przez sportowca premii. Na swoją działkę czekali też w laboratorium antydopingowym międzynarodowej federacji. Tylko że tam kosztowało to o wiele więcej (Szobuchowa za dopuszczenie do igrzysk w Londynie – pomimo dyskwalifikującego testu – zapłaciła 450 tysięcy euro, a w transakcji

* Oksandrolon – jeden z najsilniejszych sterydów anabolicznych.

miał jej pomagać szef rosyjskiej lekkoatletyki i skarbnik Międzynarodowego Stowarzyszenia Federacji Lekkoatletycznych (IAAF) Walentin Bałachniczew. W filmie widzimy też przewodniczącego IAAF, Lamine'a Diacka, oskarżonego o przyjęcie od Rosjan łapówki w wysokości miliona euro)[348].

Film Seppelta trwa siedemdziesiąt minut. Raport Światowej Agencji Antydopingowej ma trzysta dwadzieścia trzy strony. WADA – oprócz wniosku o odsunięcie Rosji od najbliższej letniej olimpiady – postuluje też, by rosyjskie laboratorium antydopingowe straciło akredytację pozwalającą na prowadzenie badań antydopingowych. Głównym powodem są „potwierdzone przypadki bezpośredniego ingerowania władz Rosji w przebieg procesu badawczego", gdyż to rosyjski minister sportu Witalij Mutko miał osobiście kierować przekupywaniem działaczy.

Rosjanie zareagowali standardowo: „To kolejna nagonka na Rosję! Musimy się bronić przed wrogością Zachodu nawet w sporcie! Jesteśmy atakowani, bo jesteśmy najlepsi, bo odnosimy najwięcej sukcesów" – konstatowały media. „Owszem, zdarzały się w naszym kraju przypadki stosowania dopingu, jak wszędzie, ale nie ma mowy o zorganizowanym procederze" – mówił przewodniczący Rosyjskiej Federacji Lekkoatletycznej. „To kwestia czysto polityczna, zarzuty są bezpodstawne" – twierdził przewodniczący instytucji medycznej opiekującej się sportowcami. „To stek kłamstw, bezpodstawnych oszczerstw i wymysłów" – oburzał się minister Witalij Mutko, o którym dziennikarze z niezależnej Agencji Federalnych Dochodzeń pisali w 2009 roku, iż przygotowywał 50 milionów dolarów „na zabezpieczenie procesu otrzymania przez Rosję prawa do organizacji mundialu w 2018 roku"[349]. Ten sam Witalij Mutko, pracując ręka w rękę z Władimirem Putinem w petersburskim merostwie, był oskarżony o potężne machinacje finansowe[350].

Władimir Putin nie tracił energii na próżne słowa, tylko znowu stanął na podium w wielkiej sali pod złoconymi kandelabrami, za plecami mając pięć olimpijskich kół. Tym razem uczynił to z okazji I Światowego Forum Olimpijczyków w Moskwie, o którym próżno by szukać wzmianki w jakichkolwiek blokach informacyjnych (z wyjątkiem rosyjskich). Stowarzyszenie Olimpijczyków powołano do życia dwadzieścia lat temu i dotychczas nikomu do głowy nie przyszło, by tę datę świętować. Teraz rocznica okazała się przydatna: można było zebrać pod jednym dachem wszystkich ważnych dla spraw olimpijskich gości. W pierwszym rzędzie zasiadł książę Albert, obok niego przewodniczący MKOl Thomas Bach.

Putin mówił:

„Wielkie Forum łączy 100 tysięcy olimpijczyków. To szczególnie ważne teraz, gdy sportowe ideały stają się zakładnikami politycznej koniunktury [...]. Pierre de Coubertin twierdził, że sport powinien być wzorcem etycznym dla ludzkości, bo ludzie potrzebują przyjaźni i braterstwa, łączenia państw i narodów na świętych igrzyskach olimpijskich, popierania pokoju. To wszystko odpowiada zasadom naszego państwa. My dokładnie przestrzegamy Karty olimpijskiej i nie dopuszczamy polityki do sportu. Dla nas najważniejsze jest to, by sport był poza polityką [...]. ONZ przyjęła rezolucję o sporcie jako środku wychowawczym. A my wnioskujemy o rezolucję ONZ, która twardo określiłaby zasadę depolityzacji sportu w prawie międzynarodowym. I taką rezolucję przygotuje nasze Forum"[351].

Wśród zdjęć z tej imprezy jest fotografia prezydenta Putina i przewodniczącego MKOl Bacha. Siedzą po przeciwnych stronach stołu i spoglądają na siebie z widoczną serdecznością i zrozumieniem. Uśmiechnięci, zrelaksowani. Nie ma wątpliwości, że przewodniczący światowej organizacji olimpijskiej przygotowany tu projekt rezolucji ONZ poprze, a gdy dokument zostanie przyjęty, wystarczy tylko przekonywać, że postulat odsunięcia Rosji od olimpiady i innych ważnych przedsięwzięć sportowych powstał z przyczyn politycznych. Waga rezolucji ONZ przytłoczy wnioski pomniejszych organizacji światowych, na przykład Agencji Antydopingowej.

W wywiadzie dla Assosiated Press Thomas Bach powiedział, że należy doprowadzić do sytuacji, w której Rosja w pełni się podporządkuje międzynarodowym przepisom antydopingowym. Oznajmił, że otrzymał już „zapewnienie od szefa Rosyjskiego Komitetu Olimpijskiego, że wszyscy urzędnicy, trenerzy, lekarze zamieszani w proceder poniosą konsekwencje. A przede wszystkim będą ukarani sportowcy, którzy łamali przepisy”[352].

Równocześnie prezydent Putin i jego urzędnicy solennie zapewniali, że trwa konieczna reforma ich antydopingowej polityki, prowadząca do radykalnej zmiany. Czy aby ta „radykalna zmiana” nie ograniczy się do usunięcia paru sportowców i odsunięcia (na jakiś czas) kilku wpływowych urzędników? Jeśli tak, to niewykluczone, że na stadion w Rio de Janeiro rosyjscy lekkoatleci wkroczą dumnie, dzierżąc narodową flagę.

Władimir Putin jest świetnym aktorem, zazwyczaj umiejętnie moduluje głos, rozkłada akcenty. Podczas Ogólnoświatowego Forum było inaczej. W jego wystąpieniu wyczuwało się zmęczenie i rozdrażnienie. Bo przecież w listopadzie 2015 roku miała się odbyć w Monte Carlo, pod egidą księcia Alberta II, wielka gala połączona z wyborem najlepszych lekkoatletów roku. Rosyjskich lekkoatletów. Dzięki tej imprezie, transmitowanej przez wszystkie stacje telewizyjne w Rosji, rosyjski telewidz miał otrzymać kolejny zastrzyk pewności, że Rosja jest nadal najpotężniejsza na świecie. Tymczasem galę trzeba było odwołać. Wroga intryga Zachodu (dopingowy skandal) zepsuła mu – tak dla niego ważne – sportowe święto. Podobnie jak półtora roku wcześniej zepsuł mu największą jego życiową uroczystość, olimpiadę w Soczi, przeklęty ukraiński Majdan.

## Ukraińska lekcja

A przecież to był dobry czas. Wszyscy o Putinie mówili. „Time”, który od lat wskazuje ludzi mających największy (co nie znaczy – najlepszy) wpływ na sprawy świata, przyznał mu tytuł Człowieka Roku 2013, w uzasadnieniu pisząc między innymi, że łatwo zrozumieć sekret sukcesów rosyjskiego prezydenta, jeśli się przeczyta podręcznik do nauki dżudo jego autorstwa. „On przewiduje dwa ruchy do przodu. Unia Europejska do ostatniej chwili oczekiwała, że prezydent Ukrainy Wiktor Janukowycz zrobi wszystko, by podpisać umowę stowarzyszeniową, a gdy tego nie zrobił, nie miała żadnego zapasowego planu, Putin zaś był gotów i czekał z 12 miliardami dolarów pod ręką"[353].

Zabawni ci Amerykanie, podobnie jak i reszta świata „zdeprawowanego" zasadami długo trwającej demokracji, pozostającego w przekonaniu, że inni, na przykład Putin, działają według tych samych reguł. A jest tak, jak opisał znany rosyjski dysydent Siergiej Kowalow w rozmowie z polskim dziennikarzem Pawłem Reszką: „Gramy w szachy. Pan, według zasad, chodzi gońcem po przekątnych, a wieżą po prostych. A ja każdą figurą tak, jak mi się podoba. A kiedy się zdenerwuję, walnę pana szachownicą po głowie. To jest właśnie Zachód i Putin"[354].

Zachód wierzył Janukowyczowi, który jeździł po Europie, mówił to, co trzeba, uśmiechał się, spotykał, z kim trzeba, i składał obietnice. I słusznie: prezydent Ukrainy poważnie podchodził do umowy stowarzyszeniowej, bo zapewniłaby mu ona łatwe zwycięstwo w wyborach prezydenckich w 2015 roku.

Ale...

14 sierpnia Moskwa zamknęła granice dla wszystkich ukraińskich towarów. Samo rolnictwo traciło na tym 5,5 miliona dolarów dziennie. 16 sierpnia Putin w rozmowie telefonicznej uświadomił Janukowyczowi skutki jego proeuropejskiej decyzji. Podpisanie z Unią umowy stowarzyszeniowej, która wprowadziłaby Ukrainę do europejskiej strefy wolnego handlu, było – według Putina – sprzeczne z interesami Euroazjatyckiej Unii Celnej Rosji, Białorusi i Kazachstanu, której on osobiście przewodzi.

Jeszcze 3 września 2013 roku Janukowycz przekonywał do poparcia umowy ukraiński parlament, w którym zasiadało wielu jej przeciwników, zwłaszcza tych, których biznes wiązał z rynkiem rosyjskim.

Bez wielkiej przesady można rzec, że cała Europa i niemal cała Ukraina czekały, wstrzymując oddech, na 28 i 29 listopada 2013 roku, kiedy to w Wilnie podczas odbywającego się szczytu Partnerstwa Wschodniego miał nastąpić przełomowy dla Ukrainy i Unii moment, przybliżający perspektywę ich zjednoczenia*. Ponad czterdziestomilionowe państwo miało porzucić skostniały, przeżarty korupcją i autorytaryzmem reżim i zbliżyć się nie tylko do demokracji i gospodarki Europy, lecz także do jej granic.

Wcześniej jednak…

18 października 2013 roku. Mińsk. Ogromna sala w świeżo wykończonej rezydencji prezydenta Łukaszenki. Biel ścian, złoto ornamentów, ciężkie kryształowe żyrandole, ogromny owalny stół. Odbywa się posiedzenie prezydentów krajów członkowskich Wspólnoty Niepodległych Państw. Janukowycz pod obstrzałem. Putin atakuje, malując ruinę rosyjskiej gospodarki jako skutek powiązania Ukrainy z Unią. Janukowycz się broni, proponując utworzenie koordynacyjnego trójkąta: Ukraina – Rosja – Unia Europejska, na co sekretarz prasowy Putina replikuje: „Jak można koordynować coś, czego koordynować się nie da?".

Kuluarowe rozmowy Putina i Janukowycza w Mińsku zapewne przebiegały łagodniej i były efektywne. Nieoficjalnej ich części nie znamy. Oficjalnie ogłoszono, że Moskwa obiecała Kijowowi trzy razy więcej niż Unia Europejska (nie żądając przy tym rezygnacji z łapownictwa czy z dyrygowania sądami): kredyt w wysokości 15 miliardów dolarów oraz znaczne obniżenie cen gazu. Po powrocie do Kijowa Janukowycz postawił Unii astronomiczne żądania finansowe. Doszedł bowiem do wniosku, że jeśli Rosja zablokuje handel z Ukrainą, Ukrainę będzie to kosztować 150–500 miliardów dolarów. Takiego pakietu finansowego bądź pożyczki Europa oczywiście Ukrainie udzielić nie mogła[355].

W listopadzie Janukowycz spotykał się z Putinem trzykrotnie. Raz w Soczi. Miejsca pozostałych spotkań nie ujawniono. W rezultacie Janukowycz odsunął sprawy Unii Europejskiej na dalszy plan, coraz więcej mówił o przyjaźni ukraińsko-rosyjskiej, aż wreszcie na tydzień przed spotkaniem w Wilnie, 21 listopada, ogłosił wstrzymanie

* Partnerstwo Wschodnie – program określający wymiar wschodni polityki Unii Europejskiej w ramach Europejskiej Polityki Sąsiedztwa, zainaugurowany w Pradze w 2009 roku, obejmuje Białoruś, Ukrainę, Mołdawię, Gruzję, Azerbejdżan i Armenię.

procesu przygotowań do podpisania umowy stowarzyszeniowej. Lata związanych z tym unijnych wysiłków i poniesionych kosztów poszły do kosza. Cios Putinowską szachownicą okazał się celny.

I na tym według kalkulacji Władimira Władimirowicza sprawa powinna była się zakończyć. Czynnik geopolityczny został rozegrany, finansowy też. A czynnik ludzki? No cóż... To przecież nie jego elektorat.

A tak w ogóle to kim właściwie są ci Ukraińcy? „Nieraz nurtowało mnie pytanie, jak mogą niektórzy Rosjanie, dobrze wykształceni, znający nierzadko języki obce, mający szerokie horyzonty [...], jak mogą tacy ludzie demonstrować tak głęboką niewiedzę, jeśli idzie o Ukrainę – napisał w powstałej w połowie lat dziewięćdziesiątych ubiegłego wieku książce *Ukraina to nie Rosja* prezydent Ukrainy Leonid Kuczma. – Według tych Rosjan Ukraina to, historycznie biorąc, nieodłączna część Rosji, która na skutek jakiegoś dziwacznego nieporozumienia oderwała się i jest po prostu zbłąkanym dziecięciem. Dziecię wkrótce się zmęczy błądzeniem po wądołach i powróci do mamusi szczęśliwe, że ma to wszystko już za sobą. Rosjanie [...] traktują Ukraińców jak takich sobie krewniaków ze wsi – całkiem sympatycznych, śpiewnych, mających swoje gastronomiczne upodobania, swoisty humor i zabawną wiejską gwarę. I to ci mili krewniacy dali się ogłupić jakimś »banderowcom«”[356].

Czy niepodległa Ukraina to rozległe tereny dawnej Siczy (Zaporoża)? Ziemie niepoddających się żadnej władzy Kozaków zaporoskich, po których spacyfikowaniu caryca Katarzyna II ogłosiła manifest, iż „Sicz [...] została zniszczona na rozkaz nasz przez postępki swoje [...] i okazane przez Kozaków nieposłuszeństwo wobec naszych najwyższych rozkazów, z wykluczeniem na przyszłe lata samej nazwy zaporoskich Kozaków”[357]. „Nieposłuszeństwo i duch indywidualizmu spowodowały, że z czasem nawet używanie nazwy »Ukraina« zostało zakazane, gdyż caratowi zbyt kojarzyło się z kozacką wolnością. Zastąpiono tę nazwę Małą Rosją, jak nazwano eparchię metropolii kijowskiej w odróżnieniu od eparchii metropolii Wielkiego Księstwa nazwanego Wielką Rosją. Język ukraiński uznano za lokalny dialekt”[358].

Według gospodarza Kremla właściwa Ukraina to tylko silnie związane z Moskwą jej republiki wschodnie.

„Zrozum, George – tłumaczył Putin Bushowi na zamkniętym spotkaniu Rosja – NATO w kwietniu 2008 roku – Ukraina to nawet nie państwo! Co to jest Ukraina? Część jej terytorium to wschodnia Europa, a część, i to znaczącą, myśmy im podarowali"[359]. Dlaczego zatem niemal sześćdziesięciomilionowa Ukraina aż do 1921 roku broniła się przed przyłączeniem do Związku Radzieckiego? To Putina nie interesuje. Nigdy nie przyjmował do wiadomości czegokolwiek, co burzyłoby obraz imperialnej wielkości jego ojczyzny.

Rok 1994, marzec. Petersburg. Rezydencja przeznaczona przez merostwo dla gości zagranicznych. Rozpoczyna się pierwsze po upadku Związku Radzieckiego Bergedorfskie Forum łączące zachodnich polityków i biznesmenów z przedstawicielami byłych państw bloku wschodniego. W sali obrad wysocy rangą goście z Niemiec, Stanów Zjednoczonych, Francji, Anglii, Polski i Estonii. Główny temat: rozszerzenie NATO na wschód. Niektórzy krytykują politykę Kremla. Przy wspólnym owalnym stole niepozorny człowiek stale coś notuje, a po przerwie niespodziewanie zabiera głos. Nikt go tu nie zna. Zrelaksowani po lunchu dyskutanci przysłuchują się z początku nieuważnie, a potem…

„Ostry, prawie agresywny ton Władimira Putina zmusił wszystkich do czujnej uwagi" – napisał Alexander Rahr w już tu przywoływanej książce *Władimir Putin. Der Deutsche im Kreml*. – »Na skutek rozpadu Związku Radzieckiego – odmierzał słowa Putin – 25 milionów Rosjan nagle znalazło się na terytorium innych państw i żyje teraz na terenach, które historycznie należały do Rosji, jak na przykład Krym […], a Rosja dla zachowania ogólnego pokoju, z nich zrezygnowała. Nie znaczy to, że zatwierdziła swoje obecne granice. Narody świata powinny szanować Rosjan, gdziekolwiek oni żyją, albowiem są wielką nacją!«.

Zrobiło się zamieszanie. »A jakież to terytoria Moskwa dobrowolnie odstąpiła nowym niepodległym państwom? – pytał petersburski profesor historii Watanijar Jagija, wbijając wzrok w swoje vis-à-vis. – Przecież Krym podbiła Rosja dopiero pod koniec

XVIII wieku! To, co pan mówi, panie Putin, prowokuje pojawienie się imperialnych nastrojów, a one umożliwią prowadzenie wielkomocarstwowej polityki«. Inny profesor, znany politolog Andriej Zagorski, nie bez zdenerwowania oświadczył, że »zdecydowana większość Rosjan ma po uszy imperialnej polityki przeszłych lat, zaś skrajnie nacjonalistyczne poglądy właściwe są jedynie politycznej mniejszości«. Ingeborge Fleischauer, dyrektorka Centrum Badań Rosyjskich Reform, nie ukrywała wielkiego niepokoju wywołanego mową Putina: »To przeżarty azjatycką tradycją archetyp, według którego terytoria zdobyte rosyjską [...] krwią powinny przynależeć do Rosjan. Pan Putin ma właśnie taką mentalność«"[360].

Chmurny dzień majowy 2009 roku. Moskwa, cmentarz Doński. Władimir Putin z bukietem czerwonych róż zmierza ku pięknemu nowemu grobowcowi. Na czarnej marmurowej płycie napis: „Generał Anton Iwanowicz Denikin". Nieopodal taki sam elegancki nagrobek. I napis: „Filozof Iwan Iljin". Na obu premier składa kwiaty.

Pada deszcz. Towarzyszący Putinowi duchowny Tichon trzyma nad nim parasol, a Władimir Władimirowicz głośno zaznajamia i jego, i liczny zastęp przedstawicieli mediów z myślami generała oraz z ideami filozofa. „Czytaliście *Dzienniki* Denikina?" – pyta dziennikarzy. Zawstydzeni przyznają, że nie czytali. „Koniecznie przeczytajcie! Tam są refleksje o Wielkiej i Małej Rosji, czyli Ukrainie. Denikin mówił jasno, że Ukraina to sprawa samej Rosji!"[361]. Dziennikarze przyrzekli, że przeczytają.

Między nowymi nagrobkami Denikina i Iljina znajduje się grób Iwana Szmielowa (zmarł w Paryżu, a jego prochy przewieziono do Rosji w 2000 roku), pisarza i publicysty pierwszej połowy XX wieku, przedstawiciela konserwatywno-chrześcijańskiego nurtu rosyjskiego piśmiennictwa, przyjaciela Iwana Iljina. W innym miejscu cmentarza spoczywa Aleksandr Sołżenicyn. Tam także pan premier złoży wiązankę róż. Wiadomości telewizyjne informują: „Dziś Władimir Putin składał kwiaty na grobach państwowców". A konkretniej? Tych, którzy widzieli Rosję wielką, przede wszystkim powiększoną o Ukrainę.

Przygotowania do tej celebracji trwały cztery lata. Prochy Denikina i Iljina trzeba było sprowadzić zza granicy. Denikina ze Stanów Zjednoczonych, Iljina ze Szwajcarii. Dziennikarzom opowiadano, że żyjąca we Francji córka Denikina, Marina, zwróciła się do prezydenta Putina z prośbą o umożliwienie pochowania ojca - zgodnie z jego życzeniem - w ziemi rosyjskiej. Przypuszczać jednak można, że kierunek korespondencji był odwrotny: to Putin szukał pretekstu do nagłośnienia antyukraińskich idei głoszonych przez jej ojca.

Niechęć prezydenta do niepokornych Ukraińców (zwłaszcza z terenów Galicji, Zakarpacia i Bukowiny, przez wieki bardziej związanych z Austro-Węgrami niż z Rosją) zmieniła się w nieskrywaną nienawiść po pomarańczowej rewolucji, eksplodującej po prezydenckich wyborach, w których on nie tylko wspierał kandydata Wiktora Janukowycza, siedmiokrotnie w tym celu przyjeżdżając do Kijowa, ale przed kamerami ukraińskiej i rosyjskiej telewizji gratulował mu zwycięstwa, zanim ogłoszono wyniki. Potem Janukowyczowi udowodniono fałszerstwa wyborcze, tłum odział się na pomarańczowo, wyszedł na Majdan, wytrzymał tam przez dwa zimowe miesiące i zmienił władzę. Zakpił z Putina, śmiertelnie go uraził i przeraził.

Najpierw nastąpiły akcje przeciw „pomarańczowym": antypomarańczowe demonstracje z setkami niesionych jego portretów, dla wzmocnienia efektu filmowane z helikopterów; antypomarańczowe zjazdy; antypomarańczowe pakty; antypomarańczowy komitet; antypomarańczowe hasła („Pomarańczowym rewolucjom - NIE!"; „NIE - pomarańczowej pysze!"; „NIE - amerykańskiej ambasadzie, gdzie pomarańczowi chodzą do wodopoju!"; „NIE - Ameryce i wszystkim, którzy z nią trzymają!"; „Wynieśmy pomarańczowe śmieci!")[362].

Potem przyszedł czas na teorię. Autorytetów dostarczyła historia.

Anton Iwanowicz Denikin, jeden z białogwardyjskich generałów, głosił „jedność i niepodzielność Rosji", a w posłaniu „do ludności Małorosji" odmawiał Ukraińcom prawa do samodzielności. Ideę utworzenia własnego, związanego z Zachodem (wówczas z Galicją) państwa pogardliwie nazywał „ukraińństwem". Pacyfikował więc Ukrainę, gdyż - jak twierdził - „jej legalny rząd samym swoim istnieniem dyskredytuje rosyjską władzę"[363]. Po opanowaniu Kijowa w 1919 roku zamknął Ukraińską Akademię Nauk, nie uznając ukraińskiej kultury. Twierdził, że żyzne ziemie Ukrainy mają Rosję karmić, a jej obywatele – za Rosję walczyć. W ukraińskich organizacjach widział głównie agentów Zachodu pracujących za niemieckie, austriackie czy francuskie pieniądze w celu doprowadzenia do rozpadu Rosji. Denikin pisał i powtarzał: „W świadomości uczciwych ludzi szczęście ojczyzny nie może być osiągnięte drogą jej rozczłonkowywania"[364].

Dzieło Denikina *Jedinaja i niedielimaja* (Jedyna i niepodzielna), z którego pochodzą powyższe cytaty, jest do kupienia i w rosyjskich księgarniach, i w internecie. Po niskiej cenie.

Iwan Iljin z kolei to filozof, pisarz i publicysta, stronnik „białych", od 1922 roku na emigracji, entuzjastyczny zwolennik monarchistów, ideolog rosyjskich konserwatystów. Kiedyś jego gorącym wyznawcą był Sołżenicyn, który w eseju o przebudowie Rosji, opublikowanym tuż przed rozpadem Związku Radzieckiego, wzywał do utworzenia z Ukrainy, Rosji, Białorusi i części Kazachstanu jednego państwa. Dziś Iljin jest intelektualnym natchnieniem reżysera Nikity Michałkowa, generalnego prokuratora Władimira Ustinowa, a przede wszystkim Władimira Putina. Jego myśli prezydent cytuje najczęściej. Oto próbka:

„Ukraiński separatyzm to zjawisko sztuczne, pozbawione realnych podstaw. Powstał z ambicji atamanów i międzynarodowej intrygi. Małorosja i Wielkorosja są związane w jeden węzeł wiarą, plemieniem, losem historycznym, geograficznym położeniem, gospodarką, kulturą i polityką. Cudzoziemcy przygotowujący ich rozczłonkowanie muszą pamiętać, że tym samym wypowiadają Rosji wieczną wojnę. Naród Rosji nie szuka niczyjej zguby, ale potrafi właściwie odpowiedzieć na każdą próbę rozdzielenia i będzie walczyć do końca. Niech pamiętają inne państwa, że lepiej mieć w Rosji przyjaciela niż wroga. Historia nie powiedziała jeszcze ostatniego słowa"[365].

Te myśli, zaczerpnięte z wydanego w 1938 roku dzieła Iljina *Osnowy borby za nacyonalnuju Rossiju* (Podstawy walki o narodową

Rosję), już wielokrotnie w przemówieniach prezydenta pobrzmiewały. Inne na razie pominięto. Na przykład tę: „W końcu faszyzm był słuszny, ponieważ wypływał ze zdrowego narodowo-patriotycznego uczucia, bez którego żaden naród nie może potwierdzić swojego istnienia ani stworzyć swojej kultury". Jeśli jednak słowo „faszyzm" zastąpimy chętnie używaną przez Putina „specyfiką rosyjską", to i tej myśli Iljina „dosłuchamy się" w wielu wystąpieniach prezydenta. Z pewnością za to nie usłyszymy innego zdania, mimo że Iljin powtarzał je często: „Cóż uczynił Hitler? Zatrzymał proces bolszewizacji w Niemczech, czym wyświadczył przeogromną przysługę całej Europie".

Okazałe marmurowe nagrobki Denikina i Iljina na cmentarzu Donskim Władimir Putin opłacił z własnej kieszeni.

Iljin został czołowym rosyjskim filozofem XXI wieku: telewizyjny kanał Rossija często emituje obraz *Zawieszczanije fiłosofa Ilijna* (Testament filozofa Ilijna), a także dokumentalny film o jego życiu. Pięćdziesiąt osiem tomów jego dzieł zdobi półki bibliotek, zaś ich fragmenty pojawiają się w tekstach egzaminacyjnych – gimnazjalnych i licealnych.

Wczesnym popołudniem 21 listopada 2013 roku nastąpiło to, czego się Władimir Putin spodziewał: premier Mykoła Azarow ogłosił Ukraińcom, że wstrzymuje przygotowania do zawarcia umowy stowarzyszeniowej z Unią.

Wczesnym wieczorem 21 listopada 2013 roku nastąpiło to, czego się Władimir Putin nie spodziewał: zaczęła się rewolucja.

Początki były spokojne: żądano, by za tydzień w Wilnie Janukowycz podpisał umowę stowarzyszeniową. W przeciwnym wypadku grożono dymisją rządu i prezydenta. Przywódcy protestu byli zdeterminowani. Manifestanci też. Głównie młodzi ludzie, którym ukradziono marzenia o Europie. O jej porządkach u siebie w kraju, o sobie – w jej przestrzeni bez wiz. Sławny od czasu pomarańczowej rewolucji Majdan Niepodległości zapełniał się namiotami jak dziewięć lat wcześniej, gdy zaczęto tu rozdawać pomarańczowe szaliki. Dziwnym zbiegiem okoliczności pomarańczowa rewolucja także się zaczęła 21 listopada. Czyżby historia pisała teraz jej zakończenie?

Wtedy też było zimno. I przyszły setki tysięcy protestujących. Tylko że prezydentem był jeszcze Leonid Kuczma. 2 grudnia 2004 roku Władimir Putin wezwał go na rozmowę. Spotkanie odbyło się na rządowym moskiewskim lotnisku Wnukowo 2. Według opisu dawnego doradcy Putina – Andrieja Iłłarionowa – gdy Putin żądał „zaprowadzenia porządku siłą", Kuczma uważnie patrzył w sufit. Gdy Putin nastawał i groził, Kuczma odpowiedział: „Władimirze Władimirowiczu, pan nie rozumie. Ukraina się zmieniła". „Ale myśmy się przecież umawiali!" – wycedził przez zęby Putin. Kuczma spoglądał długo na swoje sznurówki, zanim powtórzył: „Ukraina dziś jest inna"[366]. Rozmowa trwała tylko pół godziny. „Nie, wprost mi nie powiedział, żeby wprowadzać czołgi na plac... Ale Putin to człowiek bezwzględny – przyznał po latach Leonid Kuczma. – Powiedziałem mu wprost, że ja siłą Majdanu rozganiać nie będę"[367]. „O trzeciej w nocy zadzwonił do mnie skrajnie zdenerwowany Kuczma – wspomina ówczesny polski prezydent Aleksander Kwaśniewski – i prosił o pośrednictwo w rozmowach. Dwa albo trzy razy powtórzył: »Ja nie pozwolę, żeby tu polała się krew«"[368].

Dziewięć lat później Janukowycz pozwolił. Sam wydawał rozkazy, co potwierdziło dochodzenie generalnego prokuratora Ukrainy Wiktora Szokina[369]. Rozkazy wydawał też jego syn Aleksandr.

Świat z przerażeniem obserwował dramat Majdanu.

13 grudnia 2013 roku na lotnisku w Kijowie rosyjski samolot opuściła grupa dwudziestu siedmiu ludzi, pracowników rosyjskiego MSW i FSB. Przybyli tu na polecenie Władisława Surkowa, wówczas pełnomocnika Putina do spraw Ukrainy. Na czele grupy stał zastępca naczelnika Drugiego Wydziału FSB Federacji Rosyjskiej, generał Aleksiej Żało. Specjalność: walka z ruchem opozycyjnym. Wizyta miała charakter oficjalny. Doszło do kilkakrotnego spotkania z szefem Ukraińskiego Centrum Antyterrorystycznego Władimirem Tockim (który dowodził później, 18 lutego 2014 roku, krwawą rozprawą z Majdanem).

Pierwszy ostry atak na śpiący obóz demonstrantów przypuściły milicyjne oddziały specjalne Berkutu w nocy z 30 na 31 grudnia 2013 roku. Pałowano jak leci, kobiet nie oszczędzając. Rozpylano gaz łzawiący. Milicyjne autobusy setkami odwoziły zatrzymanych na posterunki, a karetki – rannych do szpitali.

9 i 10 stycznia 2014 roku ambasador Federacji Rosyjskiej w Kijowie Michaił Zurabow odwiedzał Administrację Prezydenta Ukrainy. Według relacji przekazanych przez świadków tamtych rozmów dziennikarce Soni Koszkinej, autorce książki o udziale rosyjskich służb w pacyfikowaniu „rewolucji godności" *Majdan. Nierasskazannaja istorija* (Majdan. Nieopowiedziana historia), uprzedził on szefa Administracji, że w najbliższym czasie na Ukrainę przybędą kompetentne osoby, które dostarczą wysoko postawionym pracownikom Ukraińskiej Służby Bezpieczeństwa (USB) i MSW gwarancje przyznania im rosyjskiego obywatelstwa (jeśli zajdzie taka potrzeba) oraz innych dóbr. Szło o to, by w odpowiedniej chwili nie wahali się zastosować siły przeciwko Majdanowi.

20 stycznia z dwudniową wizytą przybył do Kijowa Władisław Surkow. Cel: spotkanie z Wiktorem Janukowyczem.

21 stycznia padły dwie ofiary śmiertelne. Rannymi zapełniały się szpitale. Specnaz żądał od lekarzy, by ich ujawniali. Wielu ludzi wywieziono do lasu. Zostali ciężko pobici. Jurija Werbickiego – nauczyciela ze Lwowa – zakatowano na śmierć.

21 stycznia z lotniska wojskowego w Czkałowie pod Moskwą wyleciał śmigłowiec AN-12, na którego pokładzie – zgodnie z fakturą – przewożono 6 020 sztuk środków specjalnych (1 050 granatów Fakiel-S, 480 granatów Zaria-2, 480 granatów Płamia-M, 2 520 granatów ręcznych białego dymu RDG-2, 480 ręcznych granatów drażniących RGR, 495 ręcznych granatów drażniących o podwyższonej mocy, 500 granatów aerozolowych)[370]. Wedle dokumentów była to „pomoc humanitarna" przyjęta 22 stycznia przez MSW Ukrainy. Tych granatów, wypełnionych gwoździami i śrubami, Berkut użył, pacyfikując Majdan. 24 stycznia z lotniska w Czkałowie wysłano następny transport – 7 386 sztuk „środków specjalnych". Pisała o tym w książce, mówiła w telewizji, wreszcie udostępniła tę

wiedzę w internecie ukraińska dziennikarka Anna Koszkina, naczelna redaktorka największego ukraińskiego portalu LB.

7 lutego rozpoczęły się w Soczi igrzyska olimpijskie. Janukowycz zjawił się na ich otwarciu i wymachiwał ukraińską flagą. Pojechał tam zapewne na konsultacje z Władimirem Putinem. Moskwa z obiecanych 15 miliardów dolarów wypłaciła tylko 3. Co usłyszał od Putina ukraiński prezydent, nie wiadomo.

11 i 12 lutego Surkow znowu przebywał w Kijowie, skąd odleciał na Krym. Wrócił 14 lutego i pozostał do 15 lutego. Wtedy powstał dokładny plan likwidacji Majdanu.

16 lutego, jak wynika z dokumentów, wydano amunicję wewnętrznym wojskom Ukrainy.

18 lutego otwarto magazyny MSW, skąd wydano broń także *tituszkom*, czyli wojskowym w cywilu i prowokatorom. Tego dnia doszło do pierwszej masakry: dwudziestu pięciu zabitych, setki rannych. Głównie strzelali snajperzy.

18 lutego Aleksandr Janukowycz, syn prezydenta, poproszony przez przewodniczącego parlamentu o wpłynięcie na ojca, by nie dopuścił do przelewu krwi, powiedział: „Majdan to nasze przekleństwo i musimy iść do końca. Przysłużyć się krajowi to uwolnić go od tych idiotów".

20 lutego Surkow pojawił się w Kijowie po raz trzeci, w towarzystwie generała FSB Siergieja Biesiedy (szefa wydziału odpowiadającego za wywiad na Ukrainie).

20 lutego ogromny hotel Ukraina na skraju Majdanu zamienił się w kostnicę.

Zabito około stu osób. Snajperzy celowali w młodych, w studentów, w lekarzy, w dziennikarzy. Broń pojawiła się też wśród demonstrantów. Ranni byli po obu stronach. Trzystu pięćdziesięciu ludzi. Ten dzień przeszedł do historii jako „czarny czwartek". Władisław Surkow cały czas znajdował się w Kijowie, w budynku Służby Bezpieczeństwa. Przebywali tam również szeregowi pracownicy rosyjskiego FSB. „Ujawniono ich nazwiska, stopnie, kopie dowodów osobistych, daty przyjazdu i wyjazdu. Wiadomo, z jakiej korzystali łączności, a także i to, że dowodził nimi doradca prezydenta Putina,

Surkow"[371] – poinformował w ukraińskiej telewizji generalny prokurator Ukrainy Wiktor Szokin.

Tego samego dnia, 20 lutego, pojawiły się na Krymie „zielone ludziki", a Ministerstwo Obrony Rosji przygotowało medal „Za przywrócenie Krymu 20 II 2014–18 III 2014".

Putin, jak widać, z góry był pewien powodzenia. Bo – jak twierdzi Andriej Iłłarionow – plany zajęcia Krymu zostały zatwierdzone na posiedzeniu Rady Bezpieczeństwa 5 lipca 2013 roku, zaraz po tym, jak Angela Merkel dopuściła do podpisania umowy stowarzyszeniowej z Ukrainą.

„Scenariusz »powrotu Krymu do Rosji« władze Rosji zaplanowały i dokładnie realizowały dużo wcześniej. Jeszcze przed zagarnięciem Krymu rosyjskie służby specjalne werbowały w ukraińskiej armii generałów i oficerów, a także szefów i pracowników struktur siłowych, którzy w kluczowym momencie, złamawszy przysięgę, przeszli na stronę Federacji Rosyjskiej. Działania Rosji wspierali także, finansowani przez Moskwę, miejscowi politycy separatyści oraz media. Lojalny [wobec Rosji – przyp. aut.] okazał się też krymski biznes, który wcześniej otrzymał kredyty z rosyjskich banków na bardzo korzystnych, pozarynkowych warunkach"[372] – czytamy w inicjowanym przez Borisa Niemcowa raporcie *Putin. Wojna* o wydarzeniach na Ukrainie w latach 2013–2014.

W połowie sierpnia 2013 roku mianowany przez Putina na pomocnika odpowiedzialnego za Ukrainę Władisław Surkow znowu przyjechał do Kijowa z „nieoficjalną" wizytą i w hotelu Intercontinental spotkał się z przedstawicielami ukraińskiego biznesu („Żebyś wiedziała – powiedział ukraińskiej dziennikarce ukraiński biznesmen – wszystkie sprawy handlowe nasi muszą teraz ustalać z Surkowem"). 13–14 sierpnia 2013 roku Surkow przemieścił się na Krym[373].

„Powtarzałem i jeszcze raz powtórzę absolutnie szczerze: my nigdy nie planowaliśmy zdarzeń, które miały miejsce na Krymie. To znaczy, że wszystko stworzyliśmy praktycznie z niczego, kierując się sytuacją w danym momencie"[374] – zapewniał prezydent, komentując film *Krym. Put' na rodinu* (Krym. Droga do ojczyzny) o przyłączeniu Krymu do Rosji, którego jest głównym bohaterem.

11 lutego 2014 roku Władisław Surkow znowu był na Krymie. 12 lutego – w Doniecku.

Od 20 lutego 2014 roku zaczęto wmawiać światu, że cierpi na halucynacje, widząc na Krymie rosyjskie wojska, których tam nie ma. „My nie zamierzamy machać szablą i wojska na Krym wprowadzać"[375] – twierdził Władimir Putin podczas telewizyjnej konferencji prasowej 28 lutego 2014 roku, a minister obrony Rosji Siergiej Szojgu, odnosząc się do pokazywanych w internecie zdjęć rosyjskiego sprzętu wojskowego na Krymie z numerami 21. rosyjskiego regionu, zapewniał w głównym dzienniku telewizyjnym 5 marca 2014 roku, że to prowokacja: „To, co mówią jacyś żołnierze, że są z Rosji – to brednie. Naszych żołnierzy tam absolutnie nie ma"[376].

A co na to żołnierze z 31. Ulianowskiej Gwardyjskiej Desantowo-Szturmowej Brygady?

„Na Półwyspie Krymskim byliśmy chyba pierwsi, 24 lutego. Dwa dni wcześniej odprawili nas samolotami do Anapy, stamtąd ciężarówkami przywieźli do Noworosyjska, a następnie na wielkim okręcie desantowym odprawili do Sewastopola. Jak tylko zeszliśmy na ląd, kazali nam usunąć całą państwową symbolikę i znaki wojskowe. Wszystkim rozdali zielone kominiarki, ciemne okulary, ochraniacze na łokcie i kolana. To nas pierwszych nazwano »zielonymi ludzikami«. Rozmieścili nas w obozie, gdzie był przede wszystkim desant z Uljanowa – około 2 tysięcy ludzi"[377] – powiedział Oleg Tieriuszyn autorom raportu *Putin. Wojna*.

4 marca 2014 roku. Prezydencka rezydencja Nowo-Ogariowo pod Moskwą. Sala nieduża, jasna. Niewiele foteli dla publiczności. Wśród niej głównie młodzi dziennikarze. Na tę konferencję czekały wszystkie telewizje europejskie. Czekały długo. Putin spóźnił się dwie godziny. Nienaturalnie rozparty w fotelu oświadczył między innymi:

„Uważamy, że jeśli podejmiemy decyzję, jeśli ja podejmę decyzję o użyciu sił zbrojnych, to będzie ona legalna, w pełni zgodna z ogólnymi normami prawa międzynarodowego, ponieważ mamy apel legalnego prezydenta [...]. Rosja nie rozpatruje planów przyłączenia Krymu i nie ma powodu, by podsycać tam ruch separatystyczny, bo tylko sami obywatele w warunkach bezpieczeństwa i swobodnego wyrażania swojej woli mogą decydować o swojej przyszłości".

Na pytanie dziennikarza o obecność rosyjskich żołnierzy na Krymie odpowiedział:

„Tam jest pełno mundurów, które są podobne do naszych. Niech pan pójdzie do sklepu. W każdym można kupić takie mundury. Kto je nosi? Przecież nie nasze wojsko. To lokalne siły samoobrony".

„On jest w innym świecie... Nie jestem pewna, czy ma nadal kontakt z rzeczywistością"[378] – powiedziała kanclerz Merkel Barackowi Obamie po rozmowie telefonicznej z Władimirem Putinem, którą przeprowadziła niebawem po tej konferencji. Nie wiadomo, co pani kanclerz miała na myśli: czy autentyczne przekonanie rosyjskiego prezydenta, że ukraińska „rewolucja godności" jest dziełem wrogich zachodnich sił, przede wszystkim Waszyngtonu, czy też fizjologiczny stan psychozy paranoicznej. Co w tym wypadku na jedno wychodzi.

Władimir Putin nie jest agresorem, nie zagarnia Krymu dla swojej sławy i podniesienia notowań, które według jednej z najpoważniejszych instytucji zajmujących się badaniami socjologicznymi w Rosji Centrum Lewady w marcu 2012 roku zatrzymały się na poziomie 28 procent poparcia[379].

Władimir Putin działa dla dobra narodu rosyjskiego i zgodnie z jego wolą. I tę wolę mieszkańcy Krymu powinni wyrazić w dobrowolnym głosowaniu: w referendum.

„27 lutego 2014 roku byłem w Symferopolu*. Co tu dużo gadać: uzbrojeni ochotnicy zaganiali do auli krymskiego parlamentu deputowanych, żeby ci postanowili o przeprowadzeniu referendum i włączeniu Krymu do Rosji"[380] – oświadczył nie byle kto, bo Igor Girkin, były minister obrony samozwańczej Donieckiej Republiki Narodowej.

„W przeddzień referendum uprzedzono nas, że może zostać ogłoszony alarm i mamy być przygotowani. Ale wszystko poszło według planu, no bo na taki maleńki skrawek ziemi przygnano z Rosji

---

* Symferopol – stolica Krymu.

taką ilość wojska! Tylko Flota Czarnomorska to 15 tysięcy ludzi, a jeszcze ze 20 tysięcy na lądzie. Plus służby specjalne stacjonujące w mieście. Najmniejszy sprzeciw nakryliby czapkami"[381] – wspomina Aleksiej Karuna, odbywający wówczas służbę w lotnictwie Floty Czarnomorskiej.

Rankiem 27 lutego pełnomocnik Władimira Putina do spraw Ukrainy Władisław Surkow, generał FSB Siergiej Biesieda i przedstawiciele rosyjskich „struktur siłowych" przybyli na Krym[382].

W nocy z 26 na 27 lutego rosyjski specnaz objął kontrolę nad wszystkimi obiektami strategicznymi Krymu, także nad gmachem parlamentu. Uchwałę o przeprowadzeniu referendum i o niepodległości Krymu podejmowano nie tylko pod eskortą uzbrojonych żołnierzy, lecz także konspiracyjnie, to znaczy bez przewidzianej przez prawo w takich ważnych okolicznościach transmisji telewizyjnej oraz obecności dziennikarzy.

14 marca przeciwko referendum protestowało około 40 tysięcy mieszkańców Krymu.

16 marca referendum zostało przeprowadzone. Według członkini Medżlisu, samorządu Tatarów na Krymie, wzięło w nim udział od 30 do 50 procent mieszkańców[383], przy czym znaczna ich część uwierzyła głównemu hasłu rosyjskiej telewizji, że Kijów opanowali faszyści, banderowcy, a władzę objęła junta. Niemała część głosujących (na przykład w Sewastopolu) opowiedziała się za przyłączeniem do „macierzy", rzeczywiście czując się o wiele bardziej związana z Moskwą niż Kijowem.

Według oficjalnych wyników w referendum uczestniczyło 83,1 procent ludności Krymu, z czego 96,77 procent głosowało za przyłączeniem półwyspu do Federacji Rosyjskiej.

Pracownicy FOM (Fond obszczięstwiennoje mnienije – Fundacja Opinii Społecznej) i WCIOM (Wsierossijskij centr izuczienija obszczięstwiennogo mnienija – Ogólnorosyjskie Centrum Badania Opinii Społecznej) w rozmowie z dziennikarzami „Nowej Gaziety" niebawem stwierdzą, że „obserwuje się znaczny wzrost liczby ankiet, które mają legitymizować takie czy inne decyzje władzy, szczególnie w »pokrymskim« okresie"[384]. A niepokorna dyrekcja

Centrum Lewady otrzyma wprost z Prokuratury Generalnej ostrzeżenie stwierdzające, że praca socjologów tej organizacji jest działalnością polityczną i doprawdy niewiele brakuje, by oskarżono ich o to, że są „zagranicznymi agentami"[385], *.

18 marca 2014 roku. Wszystko w tym dniu było dla nich nadzwyczajne: nastrój, ubiór i miejsce spotkania. Przyszli radośni i odświętni, rozpromienieni i weseli, poklepywali się po plecach, uśmiechali, rozprawiali. Garnitury na miarę. Togi i sutanny. Kapelusz rabina obok nakrycia głowy muftiego. Eleganckie suknie i garsonki. Tu i ówdzie na marynarkach i żakietach kokardy lub wstążki w brązowo-pomarańczowe pasy upamiętniające wstęgę, na jakiej Katarzyna Wielka zawieszała w tej komnacie pierwszy ustanowiony przez siebie Order Świętego Jerzego.

Zebrani to posłowie i senatorowie Federacji Rosyjskiej. Nad ich głowami, na wysokości niemal 20 metrów, żyrandole zdobione misterną plecionką z płatków złota, pod stopami 60 metrów parkietu o pięknym wzorze z dwudziestu najdroższych rodzajów karelskiej brzozy, jesionu, indyjskiego palisandru, hebanu. W białych wnękach ławeczki obite brązowo-pomarańczową morą, nad nimi złocone misterne kinkiety na ścianie. Wokół symbole rosyjskich zwycięstw i terytorialnych podbojów – kolumny. Białe, strzeliste, otulone wijącym się ornamentem roślinnym. Na nich posągi kobiet z białego marmuru, w wieńcach laurowych, wśród których umieszczono tabliczki z datami zwycięstw. W głównym miejscu sali, między złotą materią udrapowaną wśród rzeźbionych w murze zakoli – herb

* W lipcu 2012 roku prezydent Putin podpisał ustawę nakładającą obowiązek nazywania „zagranicznymi agentami" organizacji pozarządowych, które są finansowane także ze środków zagranicznych i zajmują się sprawami politycznymi. Takie organizacje mają przechodzić odrębną rejestrację i w swoich materiałach informować, iż są „agentami zagranicznymi", co dla Rosjan oznacza – szpiegami. Odmowa starania się o taką rejestrację może być karana pozbawieniem wolności. Jest to akt wymierzony we wszystkie organizacje obrony praw człowieka, takie jak Centrum im. Sacharowa czy Memoriał. Wielu organizacjom (na przykład Human Rights Watch czy Fundacji Helsińskiej) grozi zakaz działalności na terenie Rosji.

z dwugłowym orłem. Niżej trójkolorowe flagi. Między nimi mównica.

Komnata Świętego Jerzego. Najbardziej majestatyczna z kremlowskich komnat.

Z głośnika (uroczyście): „Panie i panowie, prosimy zająć miejsca". Zamykają się usta. Uspokajają spojrzenia. Na twarzach błogostan jak przy oczekiwaniu na Dobrą Nowinę. Z głośnika (z namaszczeniem): „Prezydent Federacji Rosyjskiej Władimir Władimirowicz Putin!". Fanfary. Wszyscy wstają. Przez ogromne, złote, pełne płaskorzeźb drzwi szybkim krokiem wchodzi prezydent, wbiega po trzech stopniach na podwyższenie i staje przy mównicy. Milkną fanfary. On czyni dłonią jakby zezwalający gest. Oni siadają.

„Drodzy przyjaciele – zaczyna. – Zebraliśmy się dziś z powodu sprawy, która ma życiowe, historyczne znaczenie dla nas wszystkich. 17 marca na Krymie odbyło się referendum. Odbyło się w pełnej zgodności z procedurami demokratycznymi i normami prawa międzynarodowego. Witam przybyłych z Krymu i Sewastopola obywateli rosyjskich!".

Narastające oklaski. Owacja na stojąco. Z miejsc zajętych przez przybyszów z Krymu dobiegają podziękowania. Putin uśmiecha się jakby z zażenowaniem. Lekko potakuje. Sięga po szklankę, łykiem wody pokrywa wzruszenie. Mówi: „Dziękuję". Oklaski milkną.

Rytmicznym stalowym głosem prezydent odmierza słowa, dowodząc, że Krym zawsze był nie ukraiński, lecz rosyjski. „Na Krymie pozostały mogiły naszych żołnierzy, to dzięki ich męstwu w 1783 roku Krym był wzięty przez Imperium Rosyjskie...".

Tak właśnie: „Był wzięty...". Podbity, pokonany, ujarzmiony.

Burzliwe oklaski.

Potem zawinili bolszewicy, bo włączyli rosyjskie terytoria do Ukrainy. Potem – Chruszczow, bo w 1954 roku przekazał Ukrainie Krym. Ale nikt wtedy nie przypuszczał, że Ukraina i Rosja mogą kiedykolwiek nie być razem! Że mogą być odrębnymi państwami. Głos mówcy tężeje. „To, co zdawało się nieprawdopodobne, stało się rzeczywistością: Związek Radziecki się rozpadł! Nic nie zostało ze wspólnoty terytoriów, wspólnej waluty, wspólnych sił zbrojnych. Wielki kraj przestał istnieć! Trzeba szczerze przyznać, że i sama Rosja, dopuściwszy do parady suwerenności [tak Putin nazwał odzyskiwanie przez zniewolone narody wolności zabranej przez bolszewików - przyp. aut.], przyczyniła się do rozpadu Związku Radzieckiego!", przy czym „rosyjski naród został najbardziej rozdzielonym narodem na świecie". Rosyjski, czyli mówiący jednym językiem, co dla mówcy jest najważniejsze. Zapomina, że był to język zdobywcy, który niemal przez wiek sowietyzacji odmawiał tak zwanym mniejszościom narodowym równego dostępu do urzędów czy uniwersytetów, nie dopuszczał do awansów w miejscu pracy, w armii, wyśmiewał języki narodowe i kulturę. Tak też wyglądała sprawa z „bratnim narodem ukraińskim".

„Wtedy, w 1991 roku - odmierza słowa Putin, znakomicie rozkładając akcenty i zawieszając na słuchaczach ciężki wzrok - mieszkańców Krymu przekazano z rąk do rąk, jak worek kartofli. A rosyjskie państwo? A Rosja? Opuściła głowę i pogodziła się, przełknęła tę zniewagę. Ale - mówca nasila głos niemal do krzyku - stosunki z Ukrainą, z bratnim narodem ukraińskim, były i pozostaną dla nas najważniejsze!".

Oklaski. Dyżurne, obowiązkowe, krótkie.

„A że Ukraina chciała być »samodzielna« - konstatuje orator - to i utonęła w permanentnym, dwudziestoletnim kryzysie, politycznym i państwowym. Po latach samodzielności i niezależności Ukraińcy mieli dosyć swojej władzy, obrzydła im!".

Brawa. Długie. Spontaniczne.

Do objaśniania sytuacji na Ukrainie mówca przystępuje zgodnie z podstawowymi prawami goebbelsowskiej propagandy: kłamać przekonująco i zwięźle, i kłamstwo powtarzać. Każde z wypowiedzianych przezeń zdań będzie odwrotnością prawdy. Kaci stają się ofiarami. Kto ich uśmiercał? Neonaziści, nacjonaliści, rusofoby i antysemici. Z nich, i tylko z nich, wedle Putina składał się kilkudziesięciotysięczny, protestujący przez parę zimowych miesięcy w centrum Kijowa tłum i to oni do dziś określają polityczne życie na Ukrainie.

Odmierzając słowa, Putin maluje niebezpieczeństwa, jakie zawisły nad rosyjską ludnością Krymu:

„Ci, którzy stali za ostatnimi wypadkami na Ukrainie, przygotowywali przewrót państwowy. Nie powstrzymało ich nic. Posłużyli się terrorem, zabójstwami, pogromami. Faszyści, nacjonaliści, rusofoby i antysemici. Banderowcy". Ludność rosyjska musiała wezwać Moskwę na pomoc. I Moskwa, jak zawsze, na pomoc pospieszyła: „Mieszkańcy Krymu zwrócili się do nas, byśmy bronili ich prawa i życia. Rozumie się, że nie mogliśmy nie odpowiedzieć na tę prośbę. Nie mogliśmy pozostawić Krymu w biedzie. Byłaby to zdrada!".

Oklaski. Krótkie. Burzliwe.

„Daliśmy więc mieszkańcom Krymu możliwość określenia własnej przyszłości. Po raz pierwszy w historii. Ale cóż słyszymy od naszych kolegów z Europy Zachodniej i Ameryki Północnej? Że naruszamy normy prawa międzynarodowego. Dobrze, że choć wspomnieli o tym, że prawo międzynarodowe istnieje. I za to dzięki. Lepiej późno niż wcale".

Oklaski. Krótkie. Burzliwe. Uśmiechy, kręcenie głowami z podziwem.

O amerykańskim fałszu świadczy, według Putina, zgoda Stanów Zjednoczonych na odłączenie się Kosowa od Serbii i sprzeciw wobec odłączenia Krymu od Ukrainy. „Sami o tym napisali, roztrąbili na cały świat, a teraz się oburzają. Dlaczego?".

Oklaski. Krótkie. Burzliwe.

„Polityka powstrzymywania Rosji, prowadzona w XIX i XX wieku, jest kontynuowana i teraz. Nas ciągle chcą zagnać do kąta! A to właśnie przedstawiciele Zachodu pragną w swoim interesie rozbić tę ich Wielką Ukrainę. To obarcza ich sumienie. Ukraińcy! Nie wierzcie tym, którzy straszą was Rosją i krzyczą, że my chcemy podziału Ukrainy. A co do Krymu to był on i pozostanie rosyjski, ukraiński i krymsko-tatarski".

Oklaski.

„Ale nigdy nie będzie banderowski!".

Oklaski. Długie. Burzliwe. Ręce poruszają się w zgodnym rytmie.

„Wy wiecie – kontynuuje tryumfalnie Putin – że niemal całe społeczeństwo aprobuje przyłączenie Krymu do Rosji i nasz obowiązek obrony Rosjan na Krymie: 95 procent!".

Burzliwe oklaski.

„A 83 procent uważa, że Rosja powinna tak postąpić, mimo że utrudni to nasze stosunki z pewnymi państwami".

Burzliwe oklaski.

„86 procent uważa, że Krym zawsze był rosyjski!".

Burzliwe, przedłużające się oklaski. I szerokie uśmiechy.

„Tak więc absolutna większość popiera przyłączenie Krymu i miasta Sewastopol do Federacji Rosyjskiej".

Burzliwe, przedłużające się oklaski. Wszyscy wstają. Widać rosyjskie flagi i flagi Krymu, ktoś krzyczy „Hura!". Na twarzach zachwyt.

Władimir Putin wypowiada teraz najpiękniejszą frazę:

„Polityczna władza w Rosji może być oparta tylko na woli narodu. Bo tylko naród jest źródłem każdej władzy".

Oklaski.

Wreszcie mówca zwraca się do zebranych i do rosyjskiego narodu o przyjęcie do Federacji Rosyjskiej dwóch nowych podmiotów: półwyspu Krym i miasta Sewastopol.

Burzliwe, przedłużające się oklaski. Siedzący zrywają się z miejsc i stojąc, miarowo poruszają dłońmi. Atmosfera radośnie uroczysta, jakby każdy z obecnych dostał drogi prezent.

Jeszcze tylko wniesienie flag Rosji i Krymu, złożenie podpisów pod stosownymi aktami, ostatnie dźwięki fanfar i oto bezprawna agresja staje się międzynarodowym faktem dokonanym.

# Zakończenie

1 czerwca 2015 roku. Genewa. Biuro wysokiego komisarza ONZ do spraw uchodźców ogłasza, że w ciągu ostatnich dziesięciu miesięcy liczba ofiar konfliktu zbrojnego na Ukrainie wyniosła: 5 665 zabitych, 13 961 rannych, prawie 1,6 miliona uchodźców, z czego milion schronił się w kraju, a 600 tysięcy – za granicą. Cytowane przez internetową „Wschodnią Gazetę Codzienną Kresy" pismo „Frankfurter Allgemeine Sonntagszeitung" odpowiedziała na to, że według danych niemieckiego wywiadu liczba zabitych i rannych jest dziesięciokrotnie wyższa. Zginęło co najmniej 50 tysięcy osób. „Statystyki ONZ są zaniżane i niewiarygodne"[1].

Zarówno ONZ, jak i zachodnie media liczą ofiary ukraińskie, cywilów i wojskowych. Poległych Rosjan nikt nie liczy, bo ich tam nie ma. Oficjalnie.

4 marca 2014 roku. Konferencja prasowa w rezydencji Nowo-Ogariowo pod Moskwą.

Dziennikarz: Władimirze Władimirowiczu, ludzie, którzy zablokowali ukraińską armię na Krymie, nosili mundury bardzo podobne do rosyjskich mundurów wojskowych. Czy to byli żołnierze rosyjscy?

Władimir Putin: Niech się pan rozejrzy w krajach postsowieckich. Tam pełno mundurów… Niech pan idzie do sklepu, to kupi pan tam każdy możliwy mundur.

Dziennikarz: Byli tam rosyjscy żołnierze czy nie?

Władimir Putin: To były siły miejscowej obrony.

(Po roku w filmie *Krym. Put' na rodinu* Putin jednak przyznaje się do obecności żołnierzy rosyjskich na Krymie, a także do swojej roli jako głównodowodzącego operacją przejęcia półwyspu).

4 czerwca 2014 roku. Studio anglojęzycznej telewizji rosyjskiej RT (Russia Today).

Dziennikarz: USA i Biały Dom mają dowody na to, że Rosja skierowała na Ukrainę swoje siły zbrojne i dostarcza tam broń. Czy pan im wierzy?

Władimir Putin: Ja wam jeszcze raz mówię, że żadnych rosyjskich sił zbrojnych na Ukrainie nie ma.

Dziennikarz: To znaczy, że Amerykanie kłamią?

Władimir Putin: Kłamią.

Dziennikarz: Pan nie chce przyłączenia Ukrainy i destabilizowania tam sytuacji?

Władimir Putin: Nie. Myśmy nigdy tym się nie zajmowali i nie zajmujemy się.

6 kwietnia 2015 roku. Moskwa. Telewizyjna konferencja prasowa.

Irina Hakamada: Wiadomo, że Boris Niemcow posiadał informacje o obecności rosyjskich wojsk podczas wydarzeń na południowo-wschodniej Ukrainie. Czy może pan w końcu oświadczyć, czy były tam nasze wojska, czy ich nie było?

Władimir Putin: Mówię wprost i zdecydowanie: rosyjskich wojsk na Ukrainie nie ma.

28 sierpnia 2014 roku. Belgia. Siedziba Sojuszniczego Dowództwa Operacji NATO w Mons.

Przedstawiciel NATO pokazuje dziennikarzom zdjęcie satelitarne z 23 sierpnia przedstawiające rosyjskie działa samobieżne zgrupowane na terytorium wschodniej Ukrainy i szacuje na 20 tysięcy liczbę rosyjskich żołnierzy rozlokowanych wzdłuż granicy rosyjsko-ukraińskiej[2].

13 października 2014 roku (dziewięć miesięcy po rozpoczęciu działań wojennych w Doniecku i Ługańsku) w telewizji ukraińskiej

TSN występuje Jelena Wasilewa*, założycielka stowarzyszenia Gruz 200**, czyli Ładunek 200. Mówi:

„Poborowi nie wiedzą, że jadą walczyć. Mówi się im, że jadą na ćwiczenia. Matki nie wiedzą, dokąd rzucono ich dzieci. Ich pierwsza reakcja to oczywiście szok. Im przecież wmawiają, że żadnej wojny nie ma. Gdy w Komitecie Matek Żołnierzy chcą rodzicom radzić, jak synów – legalnie – teraz od poboru zwolnić, to słyszą: »Eee tam, żadnej wojny nie ma, nikogo do Donbasu nie posyłają«. I nagle na próg im przychodzi »ładunek 200«. I kwit, że chłopak umarł 150 kilometrów od Rostowa na zawał serca albo od przypadkowych ran, albo na skutek samobójstwa. Od początku tej wojny – według moich obliczeń – było 4,5 tysiąca takich zgonów, ale rosyjscy oficerowie, którzy ze mną współpracują, są zdania, że ta liczba jest wielokrotnie większa. A pochówków w najlepszym razie odbyło się kilkaset. I to bez honorów, jakie należą się żołnierzowi poległemu na wojnie, i w wielkim sekrecie, często wieczorem, przy świetle samochodowych świateł. Rodzinom nie wolno o nieszczęściu opowiadać, nie wolno im przyjmować kondolencji... Na wiele z nich wywierany jest silny nacisk, obiecują im pieniądze za milczenie, a matki – przesiąknięte patriotyczną propagandą – jakoś się godzą z tym, że syn poległ w obronie ojczyzny przed faszystami”[3].

Czerwiec 2014 roku. Donieck. Kostnica przepełniona. Na podłodze ciała tuż obok siebie, w niektórych miejscach – jedne na drugich. Mundur obok munduru, bez znaków rozpoznawczych (każe się je żołnierzom usuwać zaraz po dostarczeniu ich do celu). Na zewnątrz trzy pełne ciężarówki chłodnie[4]. W innej kostnicy, gęsto ułożone, duże czarne worki foliowe; w niedomkniętych – tu i ówdzie – widoczna woskowożółta twarz.

---

* Jest to ta sama obrończyni praw człowieka, która prowadziła własne dochodzenie w sprawie marynarzy zatopionych w podwodnym okręcie „Kursk”.

** Gruz 200 – termin wojskowy oznaczający transport zwłok w hermetycznym cynkowym kontenerze o wadze do 200 kilogramów. Inna wersja genezy tej nazwy mówi, że to formularz dokumentu (nr 200) wypełnianego przy transporcie zwłok. Termin upowszechnił się podczas wojny w Afganistanie.

Październik 2014 roku. Rostów nad Donem, cmentarz Północny. Wzdłuż szerokiej drogi trzy rzędy długich rowów, byle jak zasypanych ziemią. Na nich białe metalowe tabliczki z literami „N.K." (nieznana kobieta), częściej „N.M." (nieznany mężczyzna). I data. Zwykle rok 2014, ale zdarza się też 2013. „Najpierw był tu jeden rząd, potem drugi, a teraz już kopią czwarty" – mówi kobieta często odwiedzająca ten cmentarz do autora jednego z licznych internetowych filmów pod tytułem *Ładunek 200*.

Jeśli zabity żołnierz nie zostanie zabrany do Rostowa, to albo go zostawią na polu, albo może być zatopiony w kopalni, albo go spalą w krematorium" – wyjaśnia mężczyzna w mundurze.

„Faktem jest, że premier Miedwiediew przekazał wojskowym sześć ruchomych krematoriów IN-50.1k produkowanych w Petersburgu w celu utylizacji odpadów biologicznych (na przykład chorego bydła) – potwierdza Jelena Wasilewa. – Mam dwóch świadków, którzy takie krematoria pod Rostowem widzieli"[5].

„Podobne oświadczenia – twierdzi sekretarz prasowy prezydenta – budzą wątpliwość co do stanu umysłowego tych, którzy je publikują, nie mówiąc już o tych, co je tworzą"[6].

28 maja 2015 roku prezydent Władimir Putin podpisał dekret o utajnieniu informacji Ministerstwa Obrony o stratach poniesionych „w czasie pokoju podczas przeprowadzania operacji specjalnych". Za jego naruszenie grozi odpowiedzialność karna.

Siedemdziesięciotrzyletnia przewodnicząca Komitetu Matek Żołnierzy z Budionowska, Ludmiła Bogatienkowa, poszukująca poległych żołnierzy z 18. Zmotoryzowanej Brygady Strzeleckiej, została aresztowana w październiku 2014 roku pod spreparowanym zarzutem oszustwa. Jelena Wasilewa natomiast, oskarżona o ekstremizm, zmuszona była opuścić Rosję. Przeniosła się na Ukrainę. Kiedy w styczniu 2015 roku udzielała kolejnego wywiadu ukraińskim mediom, jej pomocnicy potwierdzili śmierć 6 280 żołnierzy. Tymi pomocnikami są głównie oficerowie rosyjskiej armii, którzy – według jej słów – trafili między „wojnę domową na Ukrainie" a „ćwiczenia pod Rostowem". To, co robią, jest wyrazem buntu, choć na razie niejawnego. Jawne, aczkolwiek niewielkie bunty rozpoczęły się już w garnizonach wojskowych, gdzie w sztabach dowództwa zbierają się żony protestujące przeciwko wysyłaniu mężów na wojnę. „Poza tym – mówi Wasilewa – zbyt dużo »ładunków 200« trafiło na prowincję, zaczęto o nich wspominać w lokalnych gazetach i na miejscowych portalach, a przede wszystkim przekazywać wieści z ust do ust. Ludzie widzą, do kogo przychodzą trumny, i coraz więcej rozumieją. Nasi ludzie w rosyjskim rządzie mówią, że notowania Putina spadły o ponad 30 procent, dlatego Duma z pianą na ustach krzyczy o osiemdziesięciosześcioprocentowym poparciu"[7].

Od ludzi na zapadłej prowincji, czyli na większości rosyjskiego terytorium, na przykład we wsi Listwianka w obwodzie nowosybirskim, gdzie drogi toną w błocie, do najbliższego szpitala jedzie się parę godzin i bieda aż piszczy, można usłyszeć – jak relacjonuje dziennikarka „Nowoje Wremia" – że: Krym nam oddali… Putin chroni nas przed wojną… Putin chroni nas przed faszyzmem… Amerykanie nas napadną… Przestaliśmy się kłaniać Ameryce… Podnieśliśmy się z kolan… Wszyscy na świecie nas szanują…

Działalność Putina na arenie międzynarodowej Rosjanom się podoba. Ale… Urzędnicy kradną, węgla nie dowieźli, lekarzy nie ma, dróg nie zrobili, błoto po kolana, karetka nie dojedzie, żyć nie ma za co… Poniżej granicy nędzy żyje większość… Więc w polityce krajowej Putin Rosjanom się nie podoba.

Ale ludzie przywykli, no i nie mają wyboru. „Jak będą mieli wybór, to zaraz pójdą za kimś innym. Tak! I Putin od razu zostanie nikim i zapomną, jak się nazywał"[8].

„Przed przyłączeniem Krymu Putin był politykiem, który zaczął już wszystkich męczyć. Na »przywódcę narodu« gotowych było głosować 33–36 procent, a 50 procent deklarowało, że następnym razem zamierza głosować na kogoś innego. System znalazł się w ślepym zaułku. Nie pomogła nawet olimpiada. Krym natomiast zadziałał jak wstrząs dla reżimu pogrążonego w głębokim kryzysie. Przedtem 80 procent Rosjan uważało, że Krym powinien być w Rosji. No to mają przyjemny bonus – odczucie, że państwo przywróciło sobie status wielkiego mocarstwa. Putin zuch! Putin najważniejszy! Teraz gotowych na niego oddać głos jest 50–55 procent… Wszystkie problemy gdzieś przepadły, Krym podziałał jak narkotyk. Jakże to okazało się ważne! Żywa rana po rozpadzie Związku Radzieckiego się zagoiła. Władza zna kompleksy narodu i cynicznie je wykorzystuje. Nas wzięli w twardy uścisk i wypuszczać nie mają zamiaru"[9] – ocenia Denis Wołkow, analityk z ośrodka badań społecznych Jurija Lewady w listopadzie 2015 roku.

W innej analizie Denis Wołkow potwierdza, iż notowania rosyjskiego lidera na ogół wzrastają po jego wojennych akcjach: po raz pierwszy (z 31 do 80 procent), gdy zaczął „operację antyterrorystyczną" w Czeczenii, po raz drugi w 2003 roku, gdy wydał wojnę „oligarchom" (aresztowanie Chodorkowskiego) i przeciwstawiał się USA atakującym Irak, po raz trzeci (do 87 procent) po wojnie z Gruzją. Potem, do lutego 2014 roku wskaźniki popularności prezydenta wyraźnie spadały (stracił co najmniej jedną trzecią zwolenników), a poszybowały po przyłączeniu Krymu i politycznej wojnie wydanej Stanom Zjednoczonym oraz Zachodowi[10]. Kolejną spadkową tendencję (wzmocnioną pogarszającą się sytuacją gospodarczą na skutek spadku cen ropy i sankcji zastosowanych wobec Moskwy przez USA i kraje Unii Europejskiej po aneksji Krymu) wstrzymały akcje rosyjskiego lotnictwa w Syrii, które – w przekonaniu większości Rosjan – odsuwają od nich groźbę terroryzmu Państwa Islamskiego. Bombardowania aprobuje 72 procent obywateli Federacji[11].

Oczywiście 89,9 procent poparcia dla prezydenta Putina, które co rusz pojawiają się w rosyjskich mediach (a za nimi i w światowych), to czysta fikcja przykremlowskich socjologów. Do jakich rozmiarów zostanie rozdmuchane to poparcie przed 2018 rokiem, czyli terminem następnych wyborów prezydenckich? (Jeśli Władimir Władimirowicz nadal pozostanie głównym kandydatem).

Po raz pierwszy od lat zabrakło pieniędzy na wypłaty w sferze budżetowej. Według prognoz na rok 2016 dług fiskusa wobec pracowników, którzy nie otrzymają pensji, wzrośnie do 2,3 biliona rubli. W Niżnym Nowogrodzie po raz pierwszy szpital odmówił bezpłatnego leczenia. W Wołgogradzie i innych miastach tamtejszego obwodu brak środków na remonty komunalne oraz zaległe wypłaty z listopada i grudnia 2015 roku. Brak na rozwój przemysłu.

W rejonie zabajkalskim we wrześniu nie było pieniędzy dla nauczycieli i lekarzy, w Omsku nauczyciele zostali uprzedzeni, że pensje mogą się spóźniać[12].

„Późną jesienią 2015 roku zaczął się w Rosji protest kierowców ciężarówek, którym podwyższono taryfę za przejazd trasami federalnymi. Od 2016 roku obowiązują także opłaty na drogach regionalnych. Wściekłość kierowców spotęgował fakt, iż solidna prowizja od ściąganych z nich opłat przypada synowi przyjaciela Putina Arkadija Rotenberga (głównego budowniczego obiektów olimpijskich). Kierowcy ustawiają rzędy ciężarówek na poboczach lub poruszając się wolno w długich kolumnach, tamują na trasie ruch. Policja wyłapuje przywódców buntu i wsadza do aresztu. Wyłapuje też puste ciężarówki zmierzające do Moskwy i je zawraca.

Bunt kierowców to najpoważniejszy i najgroźniejszy protest ekonomiczny w Putinowskiej Rosji od wielu lat. Protest mocnej grupy zawodowej na obszarze całego kraju. Przewozami zajmuje się milion osób. To ludzie ciężkiej pracy fizycznej, a nie – jak zimą 2011 i 2012 roku – „burżujscy inteligenci". W Dumie pojawiły się głosy, iż jest to intryga Stanów Zjednoczonych, które poprzez swoje wtyki w rządzie wprowadziły opłaty drogowe, by sprowokować bunt po to, by kraj stanął w obliczu wielkiego niebezpieczeństwa, bo rzekomi uczestnicy protestu – bojówkarze z Ukrainy, przygotowani przez Amerykanów – będą chcieli wywoływać starcia z policją, dążyć do obalenia władzy i zniszczenia państwowości rosyjskiej"[13].

Geniusze w Dumie będą mieli coraz więcej kłopotów z uzasadnianiem przyczyn narastającego kryzysu, bo gwałtownie zbiedniały wszystkie sfery społeczne. Przede wszystkim ta, która najwięcej skorzystała z „naftowej prosperity", czyli niesłychanie rozrośnięta grupa urzędnicza. „Rozpowszechniony był zwyczaj wypłacania podstawowej pensji, stosunkowo niewysokiej, oraz masy uznaniowych dodatków, premii i ulg. Teraz urzędy i przedsiębiorstwa państwowe zaczynają obcinać owe dodatki, poważnie bijąc Rosjan po kieszeni... Klasa średnia nie rezygnuje jeszcze całkowicie z zakupów, ale bardzo oszczędza. W ostatnich miesiącach spadła na przykład sprzedaż mięsa wieprzowego, a wzrosła taniego drobiu. Spadła sprzedaż droższych alkoholi... Drożejące kredyty dobijają średni biznes, lokale usługowe, gastronomię. W tych branżach zaczynają się masowe zwolnienia, właściciele mają problemy z wypłacaniem pensji pracownikom.

W 2016 roku wybuchł w Moskwie „bunt hipoteczny". Na ulice wyszli ci, którzy w czasach „naftowej prosperity" brali w obcych walutach kredyty hipoteczne, a teraz nie mogą ich spłacić. Są ich tysiące. Banki grożą eksmisjami... Innego rodzaju protesty wybuchają w wielu miastach: protestują nauczyciele, lekarze, robotnicy. „Jednak – według osądu autora tej relacji Michała Kacewicza z polskiej edycji tygodnika „Newsweek" – te »niezadowolenia punktowe«, wybuchające w różnych regionach Rosji dotyczą różnych grup zawodowych i daleko im do przyjmowania haseł politycznych. Podczas ostatnich protestów pojawiły się jednak pytania, dlaczego Rosję stać na wojnę w Syrii i na separatystów w Donbasie, a nie stać jej na pomoc dla własnych obywateli"[14].

Odpowiedź jest prosta, choć szeregowemu obywatelowi Rosji zapewne nieznana: „Wojna w Syrii kosztowała Rosję około jednego miliona dolarów dziennie, co w rezultacie dało sumę jednego miliarda dolarów. Cenę aneksji Krymu i wspierania separatystów w Donbasie już obliczono na 100 miliardów dolarów, ale ostateczny rachunek pojawi się w ciągu najbliższych dziesięciu lat" – konstatuje Dmitrij Butrin, kierownik działu ekonomicznego wydawnictwa „Kommiersant"[15].

O aneksji Krymu i separatystach w Donbasie powstał – z inicjatywy Borisa Niemcowa – już tu wspomniany raport *Putin. Wojna*. O wojnie w Syrii taki raport już nie powstanie. 27 lutego 2015 roku Boris Jefimowicz Niemcow został zabity niemal tuż pod murami Kremla. Bezpośrednich sprawców FSB wykryło szybko – pomogły kamery umocowane na Wielkim Moskworeckim Moście. Byli to Czeczeni z elitarnego pułku Ramzana Kadyrowa Siewier (Północ). Stwierdzono, że zbrodnię (przygotowania do niej i wykonanie) przeprowadzono z największym profesjonalizmem. Kadyrow jednak zablokował rosyjskim śledczym wstęp na teren Republiki Czeczeńskiej i śledztwo utknęło w martwym punkcie. Natychmiast pojawiły

„Kocham Putina" – od lat oświadcza jego najwierniejszy sojusznik Ramzan Kadyrow. Na zdjęciu w Gudermesie, grudzień 2011 roku

się rozważania co do roli jego samego jako zleceniodawcy zbrodni, które już tylko rozważaniami pozostaną, bo – tak jak w przypadku śmierci Anny Politkowskiej czy Natalii Estemirowej – nawet jeśliby wszelkie poszlaki zamieniły się w twarde dowody jego winy, żaden sąd w Rosji jej badać nie będzie.

Minął rok. Jest 5 marca 2016 roku. Kreml. Gabinet prezydencki.

Naprzeciw siebie siedzą Władimir Putin i Ramzan Kadyrow, którego kolejna kadencja na stanowisku głowy Czeczeńskiej Republiki (prezydentem nie pozwolił się nazywać, gdyż – według niego – ten tytuł należy się tylko Putinowi) mija za miesiąc. Putin długo i monotonnie wychwala swoje vis-á-vis jako tego, który wspaniale odbudował Czeczenię, zaprowadził w niej porządek i – lekko podnosząc głos – wyraża zgodę, by Kadyrow kandydował ponownie na stanowisko prezydenta.

Stabilność w Czeczenii (nieważne, że osiągnięta terrorem), czterdziestotysięczna armia i bezgraniczne oddanie, to – jak twierdzi cenione amerykańskie centrum analityczne Stratfor[16] w raporcie dotyczącym czeczeńskiego lidera – „czyni z Kadyrowa niezastąpiony instrument równoważący potęgę FSB, gdyż Władimir Putin stracił stuprocentowe zaufanie do niektórych członków wyższej kremlowskiej elity"[17].

Kiedyś FSB rozbiło w puch czeczeńskich bojowników, a teraz czeczeński watażka miałby pacyfikować nieposłusznych na Kremlu?! To nie farsa, to dramat. Tak bardzo czuje się niepewny na swoim tronie rosyjski car?

Walka z pamięcią o Borisie Niemcowie zaczęła się tuż po jego śmierci.

Tysiące kwiatów składanych w miejscu, gdzie go zabito, szybko uprzątali ochotnicy z prokremlowskich młodzieżówek oraz służby miejskie.

Duma odmówiła uczczenia pamięci byłego gubernatora i wicepremiera minutą ciszy.

Wszyscy, do których się zwracali jego przyjaciele z prośbą o udostępnienie sali na koncert ku jego pamięci – odmówili.

„Nie mamy pretensji do tych ludzi. Każdy ma swój biznes i swoje problemy. Po prostu odnotujemy fakt, że w Moskwie w kwietniu 2015 roku nie można zorganizować koncertu ku pamięci zabitego polityka. – I dodali: – Pozostaje pytanie: w jak bezwzględnych czasach żyjemy, co się z nami stało?"[18].

To proste: boją się.

Najpierw groziły im tylko kary pieniężne za naruszenie mnożonych przez władze zakazów dotyczących zebrań, mityngów, demonstracji, pochodów czy pikiet. Potem za udział w „rozruchach masowych" (a tak nazwano każdy przejaw opozycji wyrażanej na ulicach) aresztowano ich na trzy dni, potem na dwa tygodnie. Później zaczęto skazywać co najmniej na dwa lata więzienia czy kolonii karnej, często o zaostrzonym rygorze. Potem zaaprobowano organizowanie bez zezwoleń tylko jednoosobowych pikiet (byle między jednym pikietującym a drugim była zachowana odległość 50 metrów). A potem pod byle pretekstem zaczęto zatrzymywać i aresztować pikietujących z plakatami w ręku. W połowie 2014 roku ustanowiono przepis, który i tych pikietujących zezwala karać więzieniem. Wreszcie nadszedł grudzień 2015 roku i Władimir Putin podpisał ustawę, która dopuszcza, by FSB strzelało do tłumów (nawet jeśli są w nim kobiety, dzieci czy inwalidzi „w wypadku ich zbrojnego oporu czy napaści grupowej"), a służbom więziennym przyzwala na stosowanie wobec osadzonych siły dowolnie, bez dotychczasowych ograniczeń[19].

Ta siła może się wyrażać nie tylko stosowaniem pałek, pięści czy podkutych butów, lecz także na przykład paralizatorów elektrycznych.

7 grudnia 2015 roku. Moskwa. Basmanny Sąd. Niewielka sala. W niej około czterdziestu osób, głównie młodych. Przed żelazną

klatką – mężczyzna, może trzydziestoletni. Na brwi szrama: niedawno policjanci bili go w więźniarce. Nazywa się Ildar Dadin. Brał udział w akcjach protestu, wychodził na pikiety i trzymał plakat z napisem „6 maja 2012 – przestępstwo władz" lub „Putin zguba Rosji". Pani sędzia zaczyna odczytywać wyrok. Szybko i cicho, do uszu dolatują tylko oderwane frazy, ale ta: „sąd skazuje Ildara Dadina na trzy lata pozbawienia wolności", zabrzmiała wyraźnie. Kilkadziesiąt osób zakrzyknęło: „Hańba, hańba". Mimo że Dadin stoi nieruchomo, policjanci rzucają się na niego, wykręcają ręce, rzucają na podłogę. Sala skanduje: „Hańba! Szubrawcy! Łajdacy! Faszyści!". Policjanci rzucają się na wszystkich. Tumult, krzyki. Szarpanina. Osiłki w mundurach brutalnie wypychają z sali kobiety, starsze, młodsze, ciągną po ziemi tych, którzy upadli. Oparta o klatkę dziewczyna krzyczy najgłośniej: Jak możecie skazywać niewinnych?! Kim jesteście? Krzyczy przez łzy.

W swoim ostatnim słowie Ildar Dadin powiedział: „Jestem gotów iść do więzienia, byleby zostać człowiekiem. Nie uciekłem, bo nie chciałem się stać pasywnym uczestnikiem tworzącego się tu faszyzmu. Nie chciałem biernie brać udziału w zabijaniu Czeczenów, Gruzinów, Ukraińców i Syryjczyków. Owszem, boję się, bardzo chcę żyć, ale strach trzeba kontrolować, by pozostać człowiekiem. Nas, dla których godność i wolność są ważniejsze od naszego strachu, jest więcej, niż pan myśli, panie Putin. Wszystkich nie da się zamknąć lub zabić. I kiedyś po pana przyjdziemy"[20].

Za murami i wieżami Kremla siedzi Władimir Władimirowicz często nazywany najsilniejszym politykiem na ziemskim globie. Gdy wyjdzie przez główną kremlowską bramę, otoczy go największa we współczesnej historii Rosji rzesza ochroniarzy, wsiądzie z nimi do którejś z kilkunastu opancerzonych limuzyn, a te przy dźwięku syren, mknąc przez ulice pełne stojących karnie, zatrzymanych w ruchu samochodów, powiozą go do strzeżonej jak forteca rezydencji. Tam, oglądając kolejny dziennik telewizyjny, ponownie usłyszy, że wszystko jest dobrze, bo popiera go co najmniej 80 procent narodu.

Jeśli tak, to dlaczego panicznie się boi nawet tych, których bronią jest kartonowy plakat? A oni – czy długo jeszcze będą się go bać? Czy – choć wydaje się to tak bardzo nieprawdopodobne – skoczą mu do gardła w imieniu swoim i tych, których lekką ręką wysyłał za kraty lub na cmentarz?

Kiedyś opowiadał dziennikarzom: „Zobaczyłem na schodach ogromnego szczura. Zacząłem go gonić z kijem w ręce, aż zagnałem w kąt. A wtedy szczur zrobił zwrot i rzucił się na mnie. To było nieoczekiwane i straszne. Teraz ja uciekałem. Szczur gnał po stopniach, przeskakiwał przez poręcze. Miałem z dziesięć lat, byłem szybszy. Ale wtedy raz na zawsze zrozumiałem, co naprawdę znaczy zwrot »być zapędzonym w ślepą uliczkę«”[21].

Na razie to zapędzony przez niego w ślepą uliczkę świat skulił się trwożliwie. Ale gdy ruszy do ataku, Wowa, Wołodia, Władimir nie będzie miał dokąd uciec.

Dodatek

# Życie prywatne

# Ludmiła

7 marca 1980 roku. Leningrad. Przed ponurym szarym budynkiem, w którym do dziś się mieści hotel przy placu Powstania, staje rozklekotany autobus. Wysypuje się z niego wycieczka z Kaliningradu, kilkanaście osób. Wśród nich dwie dziewczyny, Galina i Ludmiła, stewardesy Kaliningradzkich Linii Lotniczych (krajowych oczywiście)*. Wycieczkowicze zostawiają rzeczy we wspólnym piętnastoosobowym pokoju i ruszają zwiedzać miasto. Przewodniczka oznajmia mimochodem, że główną atrakcją są tu ostatnio występy Arkadija Rajkina, a drugą – wspaniały musical. I że na jedno i drugie dostać się nie sposób.

Rajkin! Kim był, pojmą jedynie obywatele tak zwanych państw socjalistycznych minionej epoki, bo każde z nich miało kogoś takiego: satyryków obdarzonych niezwykłym poczuciem humoru i talentem, tak zręcznie wyśmiewających idiotyzmy i ciężary życia w tamtej rzeczywistości, że władza – traktując ich jak wentyl bezpieczeństwa – zezwalała im na działalność. Rajkin był bogiem radzieckich satyryków, niezwykle inteligentnym i życzliwym ludziom mistrzem, doprowadzającym widownię do parkosyzmów śmiechu. Z kolei musicale czy zwykłe sztuki teatralne służyły (i służą) Rosjanom za coś w rodzaju „estetycznej pralni" codziennego bytu i są jak święto.

Galina w sprawie biletów zadzwoniła do dalekiego znajomego, ten do swojego znajomego i bilety na Rajkina się zmaterializowały.

---

* Do 1991 roku miasto Kaliningrad było zamknięte dla cudzoziemców.

Znajomym znajomego okazał się Wołodia Putin. Czekał na nich na stopniach teatru, obok kasy. „Bardzo był skromnie ubrany, powiedziałabym nawet – biednie. Zupełnie nijaki, na ulicy nie zwróciłabym na niego uwagi. Po spektaklu okazało się, że może załatwić bilety do każdego teatru. Więc następnego dnia znów się spotkaliśmy, na musicalu, i trzeciego dnia też w teatrze imienia Lensowietu”[1].

Trzy dni, trzy teatry. I pora się żegnać. To było w metrze. Przyjaciel Wołodii stał z boku. Znał go jako człowieka niezbyt chętnie udzielającego informacji o sobie. Nagle widzi, że Wołodia zapisuje mi swój numer telefonu. »Czyś ty zwariował?« – zapytał go znajomy, o czym zresztą sam Wołodia mi potem powiedział” – relacjonuje Ludmiła biografowi Putina Olcgowi Błockiemu i dodaje: „Teraz wiem, że każdy krok mąż czyni świadomie. Nie myślę, by wtedy postąpił spontanicznie”[2].

I tak 9 marca 1980 roku na stacji leningradzkiego metra zaczęła się niesłychana przygoda Ludmiły Aleksandrownej Szkriebniow, urodzonej 6 stycznia 1958 roku, jednej z dwóch córek robotnika Kaliningradzkich Zakładów Remontowych i kasjerki autobusowej Jekatieriny. Gdy się spotkali, Putin miał już według oficjalnej metryki dwadzieścia siedem lat, a faktycznie prawie trzydzieści, i jak sam wspomina, „przyjaciele zaczęli mówić: »Daj spokój z tym kawalerstwem, ożeń się wreszcie«”[3]. Tymi przyjaciółmi najpewniej byli przełożeni z KGB uświadamiający adeptowi szkoły wywiadu przygotowywanemu do wysłania za granicę, że bez żony to niemożliwe. Potem nastąpiły trzy przedziwne lata. A nawet trzy lata i pół roku, zanim doszło do ślubu. Zapytana, co robiła przez cały ten czas, Ludmiła Aleksandrowna odpowiedziała: „Trzy i pół roku się do niego zalecałam! Dzwoniłam do niego i przylatywałam”[4].

Ale on czasem zachowywał się dziwnie. „Miał samochód, który – zdaje się – jego matka wygrała na loterii. Brakowało w nim tłumika. Pamiętam, przyjeżdżam do Leningradu, a on koniecznie chce mnie wozić po mieście. Mnie to zupełnie obojętne: będzie ten zaporożec czy nie będzie. No ale on wolał cały dzień stracić na poszukiwania głupiego tłumika, a ja przez ten czas siedziałam sama w hotelu. Z mojego punktu widzenia było to bezsensowne. Przyjeżdżam raz na miesiąc, na cztery dni, i chciałabym po prostu z nim pobyć. Było mi bardzo przykro... Tak stracić jeden z czterech dni, żeby nocą jeździć po mieście... bez tłumika"[5].

Gdyby nie szczególne właściwości charakteru Ludmiły, pewnie skończyłaby się ta znajomość jak poprzednia – rozstaniem. Bo od wcześniejszej narzeczonej młody Putin uciekł tuż przed ślubem. „To była jedna z najtrudniejszych decyzji w życiu – wspominał po latach. – Wyszedłem na ostatniego łajdaka. Zdecydowałem jednak, że lepiej to zrobić teraz, niż żebyśmy się potem męczyli oboje [...]. Powiedziałem jej całą prawdę, wszystko, co uważałem za konieczne"[6].

„Ta jego dziewczyna podobała mi się – mówił przyjaciel Putina Siergiej Roldugin w 2000 roku. – Medyk, z silnym charakterem [...]. Ale czy ona go kochała? Bo Luda, jego żona, czyli Ludik, jak ją nazywamy, kocha".

Wydaje się, że o tę siłę charakteru chodziło. Bo kochać Putina to doświadczenie szczególne. Dostępne raczej tym, którzy absolutnie poddają się jego woli. I dość dziwnym zwyczajom.

„Spotkania to historia specjalna – wspomina Ludmiła. – Ja nigdy się nie spóźniałam, a Władimir Władimirowicz – zawsze. Półtorej godziny to rzecz normalna. Ale nawet wiedząc o tym, nie potrafiłam przyjść później. A jeśli, myślałam, on dziś przyjdzie na czas [...]. Pamiętam, stoję w metrze. Pierwsze piętnaście minut spóźnienia wytrzymuję normalnie, pół godziny – też niby nic wielkiego. Ale gdy już godzina minie, a jego wciąż nie ma, to po prostu płaczesz z przykrości. A po półtorej godziny nie czujesz już nic [...]. Ale najbardziej dziwi, że choć zdarzało się to zawsze, za każdym razem odczuwałam to tak, jakby zdarzyło się po raz pierwszy. Do dziś nie mogę pojąć, czemu nie brałam ze sobą książki. Przecież można było po prostu czytać, czekając. Za każdym razem myślałam, że to spóźnienie będzie ostatnie. Ale... rozumiałam, że on tego nie robił specjalnie, że tak się składały okoliczności... Kiedy on się wreszcie pojawiał, niczego nie wyjaśniałam. Po półtorej godziny nie czułam już nic. Byłam wykończona. Władimir Władimirowicz zmęczeniem mnie brał, zmęczeniem [...]. Spóźnienia zawsze tłumaczył pracą, w której skądinąd był punktualny. A w życiu prywatnym się relaksował. No a gdzie jeszcze? Cóż, on taki był i wiedziałam, że inny nie będzie. Podobne zachowanie było uczciwe"[7].

Przedziwna ta kobieca natura! Ludmiła bardzo przypomina żonę zawsze tłumaczącą męża alkoholika, kobietę zaplątaną w swoje niewyjaśnione emocje, niemogącą pojąć, kim ona jest i kim naprawdę jest człowiek, o którym wielokrotnie mówi, że to ten, który jest jej potrzebny. I tłumaczącą swoje dziwne do niego przywiązanie jednym słowem: kocham.

„Złościło, obrażało i było zupełnie niepojęte, dlaczego mąż może powiedzieć, że będzie, powiedzmy, o dziewiątej wieczorem, i nie przyjść o tej porze. Ale to jeszcze pół biedy. Mógł przecież zadzwonić, powiedzieć, ile się spóźni. Przecież jeśli mówił, że przyjdzie o dziewiątej, a przychodził o dwunastej, to ja przez te trzy godziny nie mogłam znaleźć sobie miejsca. Czekałam. A nie ma nic bardziej męczącego niż czekanie... Czekam, denerwuję się, cały czas myślę o Władimirze Władimirowiczu. Tym bardziej że przez te wszystkie lata nie nauczyłam się, oczekując męża, robić cokolwiek innego. Zajmowałam się tylko czekaniem. Dla mnie słowo jest tak ważne! Jeśli Władimir Władimirowicz powiedział, że będzie o dziewiątej, znaczy, że czekam na niego o dziewiątej"[8] – opowiadała w roku 2001 Ludmiła Aleksandrowna biografowi jej męża, od niedawna prezydenta. Wydawało się jednak, jakby nie mówiła do rozmawiającego z nią dziennikarza, jakby jej było wszystko jedno, kto słucha, jakby w potężnej tamie otwarła się śluza, przez którą trzeba przepchnąć słowa, zanim znowu się zamknie.

Podkreślała przy tym, jaki on jest wspaniały i że nie chce nim rządzić, nie pretenduje do bycia liderką, on jest przecież taki odpowiedzialny! I ma prawdziwie męski charakter! Jest wesoły i dowcipny. A historię zna lepiej od niej. I wie tyle na każdy temat! I w tenisa gra, a ona ledwie piłkę odbija. Przede wszystkim jednak to człowiek niezawodny, można na nim polegać!

Ale...

„Przez całe nasze wspólne życie Władimir Władimirowicz mnie wypróbowywał. Cały czas poddawał kolejnym sprawdzianom i jakby obserwował z boku, czy im podołam... Pojechaliśmy kiedyś nad morze. Władimir Władimirowicz zabrał ze sobą kuszę podwodną, płetwy… Na to podwodne polowanie musieliśmy dotrzeć na niewielki półwysep. Najprościej było dostać się tam wpław. Ja wtedy ledwie utrzymywałam się na wodzie, i to z wielkim trudem. Pływać nauczyłam się później. Do półwyspu jakoś dopłynęłam na materacu, lecz wracać miałam – już nie pamiętam dlaczego – wpław, bo przejście lądem okazało się jeszcze trudniejsze. Wąskie, po skałach. Kiedy powiedziałam, że popłynę, Wołodia podał mi kuszę i zapytał: »Dopłyniesz?«. Gdy chwyciłam kuszę w wodzie, wydała mi się lekka. Więc mówię: »Tak«. Ale kiedy zaczęłam płynąć, trzymając ją nad głową, poczułam, jak jest ciężka. Czułam, że nie dopłynę. Ogarnęła mnie taka panika, że nie pamiętam, jak wydostałam się na brzeg"[9].

A jednak wyszła za tego człowieka za mąż, szczęśliwa, gdy po z górą trzyletnim namyśle powiedział: „Przyjaciółeczko, już wiesz, jaki jestem. Ze mnie w zasadzie niezbyt odpowiedni człowiek: milczek, czasem dość ostry, czasem mogący i obrazić. Słowem – ryzykowny towarzysz życia". A gdy zapewniła, że jej to nie przeszkadza, usłyszała: „No, skoro sprawy tak wyglądają, wiedz, że cię kocham i proponuję ślub takiego i takiego dnia"[10].

Ten radosny dzień to 28 lipca 1983 roku. Właściwie dwa dni, bo jednego dnia świętowano w gronie przyjaciół i rodziny na stateczku

*Radosny 28 lipca 1983 roku*

przycumowanym na Newie, a drugiego – w restauracji, w kręgu towarzyszy z KGB. Wreszcie nadszedł wyczekiwany czas: „Było tak dobrze i romantycznie! Władimir Władimirowicz spieszył z pracy do domu, a ja, gdy miał wracać, czekałam na niego w oknie… Było tak romantycznie, tak pięknie".

Jak długo? Rok. Zamieszkali z rodzicami Putina w dwupokojowym mieszkaniu, gdzie oczekiwanie w oknie o tyle było utrudnione, że okno w ich pokoju – nie wiadomo dlaczego – znajdowało się prawie pod sufitem.

28 kwietnia 1985 roku w Leningradzie przyszła na świat Masza. Ludmiła kończyła studiować język hiszpański na Wydziale Filologicznym Uniwersytetu imienia Żdanowa. Putin przebywał wtedy w Moskwie na rocznym kursie wywiadu w Instytucie KGB. To nie on jednak przyjeżdżał do studiującej żony zajmującej się niemowlakiem, mieszkającej już wtedy w wynajętym pokoju, lecz ona co miesiąc jeździła do niego. „Przyjechał do Leningradu dwa razy. Nie dało się częściej". Także wtedy, kiedy czekała na rozwiązanie. Sama wzięła taksówkę i pojechała rodzić. Gdy niedługo potem małżonek zawitał na trzy dni, to – rzecz jasna – „nie zajmował się pieluchami, zakupami, śniadaniami, obiadami i kolacjami", więc odetchnęła, gdy wyjechał.

Pracę dyplomową pisała już w Dreźnie, dokąd Putinowie przyjechali pod koniec roku. Pisała ją, będąc w zaawansowanej ciąży. „Że też się pani decydowała tak jedno po drugim rodzić?" – zapytali kiedyś dziennikarze. Odpowiedź padła taka sama jak w przypadku każdej jej życiowej decyzji: „Wołodia tak chciał".

Niemiecki lekarz stwierdził u Ludmiły Aleksandrownej silną anemię. „Nic dziwnego! – zżymała się jeszcze po latach. – Jestem w siódmym miesiącu, Masza na jednej ręce, w drugiej torba z zakupami i piechotą na piąte piętro, bo na drugie przeprowadziliśmy się potem. Pamiętam, jak na klatkę schodową wychodzi sąsiad i widzi, jak gramolę się na górę. Następuje niema scena: facetowi oczy robią się okrągłe ze zdumienia i niemal krzycząc: »Luda, jak tak można?!«, chwyta torbę i Maszę i niesie pod drzwi mojego mieszkania.

Ale to zdarzyło się raz. A ja takich wycieczek dzień w dzień robiłam co najmniej trzy. Potem usłyszałam, jak sąsiad mówi do męża: »Wołodia, trzeba żonie pomagać! Trzeba pomagać, Wołodia!«".

Żonie się nie pomaga. Kobieta w domu wszystko ma robić sama. Tę zasadę, dość powszechną wśród mężczyzn, wyznawał też Władimir Putin. Do swojej konsekwentności dorzucił jeszcze swoiste okrucieństwo:

„Przychodzi Wołodia na obiad. Ja oczywiście podaję do stołu. Mąż je. Z drżeniem serca czekam na reakcję. Ale jej nie ma.

– Jak mięso? – nie wytrzymuję.

– Wysuszone.

Mnie jakby nożem w serce. Tak się starałam, po mięso specjalnie jeździłam, gotowałam. Można rzec, duszę w nie włożyłam. I – wysuszone! Jeśli coś było naprawdę smaczne, to następowała ocena: niezłe. Nigdy nie można się było doczekać jakiejkolwiek pochwały [...]. Ale z drugiej strony znane jest przecież powiedzenie: »Nie chwal kobiety, żeby jej nie zepsuć«. Można rzec, że Władimir Władimirowicz trenował mnie w tym niezepsuciu [...]. Faktycznie, ja zawsze podporządkowywałam się żądaniom Władimira Władimirowicza. To właśnie on mi poradził, bym poszła na romanistykę ze specjalnością: język hiszpański [...]. Potem Wołodia mówi: »Poszłabyś na kurs maszynopisania«. Tak jest! Na kurs maszynopisania! Studiowałam wtedy na czwartym roku i byłam w ciąży z Maszą"[11].

„Oni odpowiadali sobie pod każdym względem"[12]. Siergiej Roldugin, przyjaciel Putina, jest o tym przekonany. A kolega z gabinetu w drezdeńskiej rezydencji KGB, Usolcew, wspomina: „On tak delikatnie i uprzedzająco grzecznie odnosił się do swojej młodej żony Ludy i zapamiętale kochał maleńką córeczkę Maszeńkę. Niedługo po przybyciu do Drezna w rodzinie Putinów pojawiła się druga córeczka, Katieńka"[13].

Psychologowie twierdzą, że uzupełnieniem osobowości autorytarnej, nieliczącej się z innymi ludźmi, jest osobowość o profilu masochistycznym, skłonna do podporządkowania, mająca trudności ze sprecyzowaniem własnych potrzeb, marząca o partnerze przywódcy, biorącym odpowiedzialność na siebie. „My doskonale z Wołodią pasujemy do siebie – zapewniała Ludmiła swoją niemiecką znajomą Irene Pietsch, żonę niemieckiego bankowca. – On jest tym, którego mi potrzeba: nie pije i nie bije!".

„Jeśli wytrzyma pani z Ludmiłą dłużej niż trzy tygodnie, postawię pani pomnik" – stwierdził Władimir Władimirowicz, uprzedzając tę mieszkającą w Hamburgu Niemkę o przyjeździe żony. I rzeczywiście, gospodyni w swoich obszernych wspomnieniach wiele miejsca poświęciła, delikatnie mówiąc, mało stabilnemu charakterowi przyjaciółki. Żona Władimira miała chyba jednak powody do szczególnej nerwowości. Kiedyś Irene Pietsch usłyszała od niej: „To wampir! Wszystkie siły ze mnie wysysa"[14]. W Ludmile narastała świadomość, że właściwie – jako najbliższy człowiek – nie jest mu potrzebna. Gdy w 1986 roku, po przegranych wyborach mera Sobczaka, odprawił ją z dziećmi na jakiś czas do znajomych w Hamburgu, po każdym telefonie do męża Ludmiła była coraz bardziej przygnębiona. „W tamtych dniach po porażce – napisała Irene Pietsch – Wołodia przebywał głównie z jednym ze swoich wiernych towarzyszy. Nie miał nic przeciwko temu, by żona zatrzymała się w Hamburgu na dłużej"[15].

Jako pierwsza dama Rosji Ludmiła nie zaistniała. Nie chciała zaistnieć. Nie cierpi sztafażu, przymusu, etykiety. Źle się w tym czuje i… nie najlepiej wygląda. Z jej stroju podczas wizyty u królowej angielskiej pokpiwała miejscowa prasa, natomiast rosyjska pisała, że „była bardziej elegancka niż królowa". I chyba to był jej ostatni nagłośniony występ za granicą (raz sama pojawiła się w Warszawie na zaproszenie Jolanty Kwaśniewskiej, żony ówczesnego polskiego prezydenta). A potem – jak wspomina – wolała jeździć z córkami na narty niż paradować na salonach.

Im wyżej mąż piął się w górę, tym większa rysowała się między nimi przepaść. W lipcu 1998 roku, gdy Putin został szefem KGB, Ludmiła gdzieś z południa Francji zadzwoniła do Irene z płaczem: „To straszne, wszystko zaczyna się od początku! On mi obiecał nigdy więcej do KGB nie wracać. No dlaczego on zawsze myśli tylko o swoich sprawach, a nigdy o mnie i o dzieciach?! Już nie będziemy się mogły swobodnie porozumiewać. Przeklęta izolacja!"[16].

We wszystkich (nielicznych skądinąd) wywiadach zapewniała, że o sprawach zawodowych z mężem nie rozmawiają. Ale o finansowych – owszem, choć sama Ludmiła nigdy o tym nie wspominała. Czyżby bez jego pomocy została w latach dziewięćdziesiątych (kiedy jej mąż rządził petersburskim merostwem) kierowniczką eleganckiego butiku Trussardi w centrum miasta? Zrezygnowała jednak z posady dość szybko i zaczęła wykładać język niemiecki w katedrze specjalizacji nauczycieli Uniwersytetu Leningradzkiego.

W 1994 roku, kiedy w wypadku samochodowym ciężko uszkodziła kręgosłup, jej mąż zrobił wszystko co w jego mocy, tak w Petersburgu, jak i za granicą, by ją wyleczyć.

Odkąd jednak pojawił się na Kremlu, żaden aparat fotograficzny ani kamera nie ułowiły gestu serdecznej bliskości między prezydentem a prezydentową. Podczas transmisji z kolejnych inauguracji komentator ogłaszał, że „pośród znamienitych gości zaproszonych na uroczystość zaprzysiężenia znajduje się małżonka prezydenta" – stojąca za barierką, z inauguracji na inaugurację coraz gorzej wyglądająca i coraz bardziej smutna.

Jedyne uroczystości, w jakich uczestniczyła dobrowolnie, to uroczystości cerkiewne: jest osobą głęboko wierzącą (co nie przeszkadza jej oceniać ludzi głównie wedle znaków zodiaku). Do bliskiego kręgu jej przyjaciół należy zakonnica żyjąca w monastyrze Snietogorskim w obwodzie pskowskim, dokąd w 2001 roku Ludmiłę dostarczono samolotem Challenger CL-601, którego wynajęcie kosztowało 30 tysięcy dolarów.

Gdy mocno przytyła, mówiono, że od alkoholu. Gdy schudła – że z powodu depresji.

Wreszcie zażądała rozwodu.

„Wiem na pewno, że to była inicjatywa Ludmiły Aleksandrownej – powiedziała żona mera Sobczaka, Ludmiła Narusowa. – I wiem, że Władimirowi Władimirowiczowi trudno było podjąć tę decyzję. To była jej decyzja i została uszanowana"[17].

Czerwcowy wieczór 2013 roku. Kreml. Pałac Zjazdów. Uroczysty spektakl baletowy *Esmeralda*. W przerwie podchodzi do prezydenckiej pary reporter głównego rosyjskiego kanału telewizyjnego i odbiera oficjalne oświadczenie Władimira Putina na temat rozwodu: „To nasza wspólna decyzja. Od dawna się już nie widujemy. Nasze małżeństwo się skończyło. Cała moja działalność jest skierowana na sferę publiczną. Komuś takie życie się może podobać, komuś nie, są ludzie, którzy źle się w tym czują. Ludmiła Aleksandrowna odbyła wachtę, osiem lat, już prawie dziewięć". A ona, trochę jakby nie na temat, dodała: „Ja nie lubię publicznych wystąpień, nie lubię latać samolotami. Bardzo kochamy dzieci, widujemy się z nimi często".

Była gustownie ubrana, zeszczuplała, oczy jej błyszczały... Niektórzy utrzymywali, że to nie ona (jakże to, była stewardesa boi się lotu samolotem?), lecz jej sobowtór. Ani jednego, ani drugiego stwierdzić nie można. Czy rozradowana rozwodem kobieta to prawdziwa Ludmiła? Miałaby się z czego cieszyć. Odzyskała wolność.

Czy rzeczywiście zamieszkała w klasztorze Spaso-Jelizarowskim pod Pskowem? Klasztor pięknie odremontowano, zarybiono staw, niedaleko stanął elegancki hotel oraz zabudowania dla pielgrzymów. Klasztor zabytkowy, tu zrodziła się koncepcja Moskwy jako „trzeciego Rzymu", tu wędrują drogocenne ikony, mnisi jednak zapewniają, że prezydencka żona tu nie rezyduje. Owszem, przyjeżdża od czasu do czasu i podobno zatrzymuje się w niewidocznym z zewnątrz pałacyku. Okolica naszpikowana jest kamerami. Ludmiły jednak nie zauważono. Widziano za to samego Putina, jakieś trzy miesiące przed rozwodem.

Książka Olega Błockiego, zawierająca wynurzenia żony prezydenta, dość prędko po premierze została wycofana z księgarń, a podpisane umowy na zagraniczne przekłady – unieważnione. Zapytana przez dziennikarzy, co to takiego szczęście rodzinne, Ludmiła Aleksandrowna odparła: „Chciałabym odpowiedzieć serio, choć często mówi się o tym z humorem. Długo myślałam, cóż to jest to szczęście. I doszłam do wniosku, że szczęście w ogóle nie istnieje".

W czasie kryzysu ukraińskiego internet obiegła fotografia uśmiechniętej Ludmiły w kostiumie w kolorach ukraińskiej flagi. Czy to ona „na złość eksmężowi", czy znowu sobowtór? Kiedy w kwietniu 2014 roku podczas konferencji telewizyjnej Putina z narodem padło pytanie, czy ma zamiar się ożenić, odparł: „Najpierw swoją byłą żonę Ludmiłę Aleksandrowną za mąż muszę wydać, a potem o sobie pomyślę”[18].

Artur Oczeretnyj, drugi mąż Ludmiły

Według danych Google to jej nazwisko pojawiało się w ostatnich latach najczęściej w rosyjskich wyszukiwarkach. Od 2016 roku ciekawscy już nie muszą daremnie stukać w klawisze, gdyż prasa przyniosła radosną wiadomość: pięćdziesięcioośmioletnia Ludmiła nosi teraz nazwisko Oczeretnaja, a jej mężem jest trzydziestosiedmioletni przystojniak o imieniu Artur, szef centrum zajmującego się programami pedagogicznymi, któremu Ludmiła Aleksandrowna patronuje. Centrum znajduje się w Kaliningradzie, rodzinnym mieście Ludmiły. Wygląda na to, że przynajmniej wybór nowego oblubieńca nie przebiegał według jej dawnej zasady „tak chce Wołodia”. A ona sama o wiele częściej niż dawniej pozwala się złowić paparazzim. Na zdjęciach widać jej uśmiech. Być może teraz potrafiłaby odpowiedzieć na pytanie, co to jest szczęście…

## Masza i Katia

Młody mężczyzna w dresie leżący na tapczanie to Władimir Putin. Uśmiecha się. Wygląda na szczęśliwego. W uniesionych nad głową rękach trzyma dużego ładnego dzieciaka, córeczkę Maszę. Obok, na białym kocyku, malutka córeczka Katia. Masza całuje tatę. Tak miły wyraz twarzy zobaczymy u Putina tylko na zdjęciach z maleńkimi córkami.

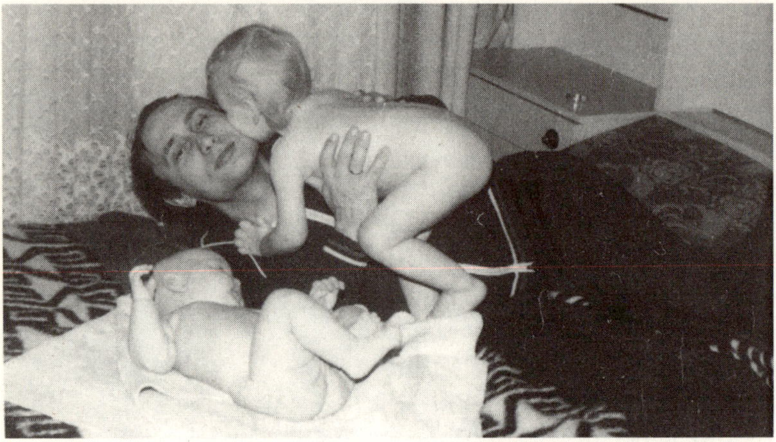

*Tak miły wyraz twarzy zobaczymy u Putina tylko na zdjęciach z maleńkimi córkami*

Te pierwsze fotografie robiono w Dreźnie, w domu przy Radeberger Strasse 101, gdzieś pod koniec 1986 roku. Masza urodziła się w Leningradzie 28 kwietnia 1985 roku i otrzymała imię oficjalnej matki Władimira – Marija. Katia przyszła na świat w Dreźnie 31sierpnia 1986 roku i dostała imię po matce Ludmiły – Jekatierina.

„Putin to bardzo rodzinny człowiek. Po pracy szedł do domu, a nie gdzieś do przyjaciół. Na takiego mężczyznę kobieta może zawsze liczyć”[19] – uważała Jewgienija Matwiejewa, żona drezdeńskiego szefa Putina.

„O siódmej wieczorem Władimir Władimirowicz kończył pracę i przychodził do domu [...]. Potem zajmował się dziećmi. Nie układał ich do snu, ale zawsze się z nimi bawił. On bardzo je kocha, każdego dnia się stara poświęcić im trochę czasu [...]. Kiedyś mi się wydawało, że tylko ja wychowuję dziewczynki, ale teraz, patrząc wstecz, rozumiem, że rola Władimira Władimirowicza była nie mniejsza niż moja, choć poświęcał im o wiele mniej czasu niż ja. Jego miłość do dzieci, to, jak je rozpuszczał i jak kierował procesem ich wychowania, najpewniej odegrało decydującą rolę w życiu Maszy i Katii”[20] – opowiadała w 2001 roku Ludmiła Putina biografowi prezydenta Olegowi Błockiemu.

Dawał córkom to, czego jemu kiedyś zabrakło. Dawał z nawiązką: miłość i rozsądną dyscyplinę. Córki państwa Putinów zostały dobrze wychowane.

„Oni bywali u mnie w Berlinie – wspominał szef KGB w Niemczech Wschodnich Jurij Lwowicz Leszczew. – Przyjeżdżali parę razy na koncerty, do teatru. Dziewczynki zostawiali u nas, były przecież maleńkie. Ale nawet w tym wieku okazywały już dobre wychowanie”[21].

„Nigdy przedtem ani potem nie widziałam tak dobrze wychowanych dzieci jak Masza i Katia […]. Ludmiła uczyła dziewczynki wzajemnego szacunku i dla ich słabych stron, i dla uczuć drugiego człowieka. Dzieci nie przerywały sobie nawzajem ani nikomu mówiącemu; matka uczyła je, by postawiły się na czyimś miejscu […]. Znały swoją wartość, potrafiły zachować dystans, tak że nie miałam najmniejszej pokusy, by odgrywać rolę przepełnionej miłością cioteczki”[22] – odnotowała Irene Pietsch, niemiecka znajoma żony Putina, spotykająca się z nią i jej dziećmi w Hamburgu. Żałowała, że nie udawało się jej spędzać z nimi wolnego czasu, gdyż latem dziewczynki wyjeżdżały z matką nad ciepłe morze do Francji lub Hiszpanii, a w zimie na narty w Alpy szwajcarskie lub francuskie, zaś autorka wspomnień w takim wypoczynku nie gustowała.

Po powrocie Putinów z Drezna do Petersburga obie córki pobierały nauki w prywatnej Peterschule, znakomitej szkole rosyjskiej z pogłębioną nauką języka niemieckiego, założonej jeszcze za Piotra I, zamkniętej po rewolucji październikowej, a wskrzeszonej w 1990 roku. „Katia Putin uczyła się w równoległej klasie z moim Antonem. To była pierwsza i druga klasa – wspomina Jurij Lwowicz. – Przywoził ją samochód z ochroniarzami. Masza też się tu uczyła. Na początku opłaty były symboliczne. Potem wysokie. To była i jest bardzo znana szkoła, z dobrą reputacją i dobrym niemieckim”[23].

Gdy po 1996 roku Władimir Putin przeniósł się do Moskwy, powstał problem, do jakiej szkoły oddać córki. Ludmiła Putina radziła się w tej sprawie, zarówno w rozmowach telefonicznych, jak i w listach, Irene Pietsch. Z jednej strony bowiem szkoła rosyjska miała szerszy program, a od uczniów wiele wymagano, z drugiej jednak nie brano pod uwagę ich cech indywidualnych. Ale nie to ostatecznie zaważyło na wyborze, lecz… stan szkolnych toalet. Był tak opłakany, że – według Ludmiły – stawał się groźny dla zdrowia[24].

Tak więc w Moskwie Masza i Katia zostały uczennicami znajdującej się na terenie ambasady niemieckiej Deutsche Schule Moskau – Friedrich Joseph Haass (z rocznym czesnym w wysokości 14 256 marek za dwoje dzieci), czyli szkoły imienia Friedricha Josepha Haassa, znanego lekarza niemieckiego żyjącego w XIX wieku w stolicy Rosji. Początkowo dziewczynki były dowożone kremlowskimi samochodami z ochroną, a potem, gdy Putin został prezydentem, nauczyciele przyjeżdżali do rządowej daczy w podmoskiewskiej miejscowości Barwicha. Osobliwe: nawet potomkowie królowej brytyjskiej nie pobierają nauki u dochodzących guwernerów, tylko uczęszczają do szkół.

Studia obie panny Putin odbywały również w trybie specjalnym. Spiskowe doświadczenia ich ojca oraz najpewniej strach przed zemstą za zlecone przezeń tajne wyroki czy popełniane w Czeczenii z jego rozkazu zbrodnie podsuwały mu groźne scenariusze. Pewnego razu, będąc świadkiem, jak gospodyni domu (do którego został zaproszony na kolację jeszcze jako szef FSB) zżymała się na córkę w Londynie, że ta nie mogąc się doczekać na samochód prywatnej szkoły, który miał ją zabrać z lotniska, odmówiła wezwania taksówki, wtrącił się:

„– To pani córka ma rację, a nie pani.

– Jak to? – zapytała zirytowana kobieta.

– Nigdy nie można być pewnym, że to naprawdę taksówka – wyjaśnił.

– Ależ to londyńska taksówka – broniła się gospodyni domu.

– Pani nie rozumie – powiedział. – To nie ma znaczenia”[25].

Na uniwersytecie w Petersburgu, gdzie dziewczęta studiowały, każdy fakultet strzegł tajemnicy na swój sposób[26]. Masza zdawała egzamin na studia, ale o szczegółach zabroniono mówić. W dziekanacie Wydziału Biologii i Gleboznawstwa obrona była natychmiastowa i frontalna: na samo pytanie dziennikarza o Mariję Putin sekretarka parsknęła: „No też coś! Jak można!”, dziekan odmówił rozmowy, prorektor odmówił rozmowy („Sam nigdy tych dziewczyn nie widziałem, choć z wielką ochotą bym z nimi porozmawiał"), prorektor do spraw nauki odmówił jakichkolwiek informacji i zażądał przedstawienia pytań na piśmie, bez gwarancji udzielenia odpowiedzi. Indagowani o Mariję Putin studenci odpowiadali, że nigdy jej nie widzieli, a w rozmowę na ten temat wdawać się nie zamierzali, „bo jeszcze problemy jakieś będą".

Na Wydziale Orientalistyki, gdzie studiowała Katia Putinówna, bali się mniej i mówili więcej: że zanim jeszcze zaczęła studiować japonistykę, uczyła się chińskiego i zdała wszystkie testy z tego języka, że zamierza studiować koreański i tak jak jej siostra korzysta z indywidualnego toku studiów, a wszystkie egzaminy zdaje z najwyższymi ocenami. Pytanie o częstotliwość jej pobytów na uczelni uprzejmy dziekan wydziału uznał za wtrącanie się w życie osobiste obywatela i odmówił odpowiedzi.

Sam Wydział Orientalistyki niespodziewanie rozkwitł: od stu pięćdziesięciu lat gnieżdżący się w pomieszczeniach innych filologii, niedługo po zapisaniu się prezydenckiej córki na listę jego studentów otrzymał własną siedzibę – ładny budyneczek w prestiżowej dzielnicy Petersburga.

Gdyby dociekliwy dziennikarz zapytał nie o Mariję Putin, a o Mariję Woroncową, może pani sekretarka okazałaby mu większą łaskawość. Na oficjalnym portalu Fakultetu Medycznego MGU (Moskowskogo gossudarstwiennogo uniwiersitieta) jest bowiem potwierdzenie, że niejaka Marija Władimirowna Woroncowa (data urodzenia identyczna z datą narodzin Maszy Putin) studiowała tam w latach 2006–2011, dyplom pisała na temat „Wzrostowe i metaboliczne efekty rekombinantnego hormonu wzrostu przy leczeniu dzieci z etiopatologicznie niskim wzrostem", a potem przygotowywała z endokrynologii doktorat. Niewykluczone więc wcale, że najpierw studiowała biologię w Petersburgu, a potem medycynę w Moskwie[27].

Ale też nie wiadomo, czy w Petersburgu można by spotkać Mariję Władimirowną Woroncową, bo w swojej wczesnej młodości korzystała z dokumentów wydanych na cztery nazwiska.

Jedno jest pewne: uczyła się znakomicie, otrzymała „czerwony dyplom", a z jej naukowego zacięcia płyną same korzyści: nowe budynki Instytutu Endokrynologii Dziecięcej, gdzie pracuje doktorantka Woroncowa, zaczęto budować już w 2011 roku, a nie – jak planowano – w 2013. I w rekordowym tempie na powierzchni 40 tysięcy metrów kwadratowych powstał chyba najnowocześniejszy w Europie obiekt tego typu. Rosyjskich podatników kosztowało to 6,6 miliarda rubli. Generalnym wykonawcą jest firma należąca do hokeistów, którzy – z inicjatywy prezydenta – stworzyli NHL (Nocznaja Hokkiejnaja Liga) i mieli honor rozegrać w 2015 roku z prezydentem mecz w dzień jego urodzin. A kierownik Instytutu Endokrynologii, tak się składa, że i promotor pracy doktorskiej prezydenckiej córki, podpisał z jednym z największych światowych koncernów farmakologicznych wiele umów, dzięki którym zakupy rosyjskiego rynku farmaceutycznego w tej firmie przyniosły jej (tylko za pierwsze półrocze 2015 roku) 2,33 miliarda euro zysku[28].

Podczas studiów w Moskwie Masza, o której mówiono a to, że jest córką bogatego generała, a to, że konstruktora rakiet, fotografowała się w kompanii chętnie. Na ogół była to bardzo zasobna kompania, bo tę drobną blondynkę widać na megajachcie klasy luks (dzień wynajmu łącznie z załogą 8179 euro) lub w Japonii, gdzie uczyła się japońskiego pisma i japońskich tańców w towarzystwie przewodniczki wynajętej w Holandii, ojczyźnie swojego męża.

Masza Putinówna podobno poznała Holendra Jorrita Joosta Faassena na jakiejś „imprezie" Gazpromu. Rosyjska Wikipedia podaje, że wyszła za niego za mąż w 2009 roku, a ogromna *liczba kamer w pobliżu superluksusowego apartamentowca w niewielkim, tonącym w tulipanach holenderskim miasteczku* Voorschoten pod Hagą mogła potwierdzać informację, iż mieszka tam starsza córka prezydenta Rosji. Po jakimś czasie jednak kamerami oraz ochroną FSO (Federalnej Służby Ochrony) i MSW objęto elitarny dom w Moskwie, nieopodal ambasady USA, gdzie pojawiła się drobna blondynka, do której ochroniarze z największym szacunkiem zwracali się: Mario Władimirowna.

15 sierpnia 2012 roku Marija Władimirowna została matką. Jedne źródła podają, że urodził się chłopiec (któremu nadano imię Władimir), inne – że dziewczynka. Ojciec dziecka, Jorrit Faassen,

z wykształcenia inżynier budownictwa przemysłowego, w 2007 roku podjął pracę w Gazprombank-Inwest, filii Gazpromu, jako główny specjalista od zarządzania nieruchomościami. Potem przeniósł się do największej państwowej kompanii gazowej Strojtransgaz. „To pod każdym względem miły młody człowiek o europejskich manierach" – mówi o nim były pracownik Strojtransgazu, nie omieszkawszy dodać, że zaraz po pojawieniu się owego miłego młodego człowieka w korporacji przydzielono mu sześćdziesięciometrowe biuro i służbowego lexusa. Przestrzegano też, że wchodzić z nim w konflikt nie warto, bo „to bardzo wpływowa osoba". Od 2010 roku jest wiceprzewodniczącym zarządu audytorsko-konsultingowej grupy MEF-Audit, bywa tylko na posiedzeniach zarządu i zajmuje się rozwojem kompanii za granicą[29].

A Masza Woroncowa – jak po dłuższym śledztwie poinformowała Agencja Reutera[30] – to Maria Faassen, doktor nauk biochemicznych, na portalu Uniwersytetu Moskiewskiego wymieniona jako współautorka pięciu prac naukowych opublikowanych w latach 2013–2015 (między innymi o stanie antyoksydacyjnego systemu krwi u pacjentów z akromegalią) oraz książki o idiopatycznej karłowości u dzieci, opublikowanej przez wydawnictwo Lambert Academic Publishing. Endokrynologiczne Centrum Naukowe, z którym jest związana, prowadzi dobroczynny program dla dzieci z chorobami endokrynologicznymi finansowany przez jednego z najbogatszych ludzi w Rosji, miliardera Michaiła Fridmana.

Ku wielkiemu zdziwieniu rodaków w 2016 roku zaczęły się pojawiać w prasie i internecie zdjęcia prezydenckich córek. Parę lat wcześniej obiegły fora internetowe zdjęcia uśmiechniętego prezydenta oraz eleganckiej i roześmianej Ludmiły w towarzystwie młodej eleganckiej kobiety, w której dopatrzono się ich starszej córki. Błąd. To była Daria Zacharowa, prawniczka federalnej agencji do spraw młodzieży Rosmołodioż. Teraz jednak uradowany naród ma do dyspozycji aż pięć zdjęć prawdziwej Maszy. Wygląda jednak na to, że unika ona rozgłosu nie tylko dlatego, że musi, ale i dlatego, że go nie lubi. Jak jej matka, której jest chyba faworytką. Kiedyś Ludmiła, niezbyt pochlebnie charakteryzując męża w rozmowie z Irene Pietsch, powiedziała: „Katia to kopia Wołodii, dlatego niełatwo mi być zawsze wobec niej sprawiedliwą, choć przecież ona temu nie jest winna"[31].

Katia, niższa i mniej urodziwa od siostry, to „żywe srebro", wszechstronnie utalentowana także w dziedzinie sportu. Wiadomo, że w szkole była mistrzynią biegu na 100 metrów. I oto po latach dziennikarz rosyjski Oleg Kaszyn w Jekatierinie Tichonowej, znakomitej tancerce sportowego rock and rolla, zajmującej pod flagą Rosji wysokie miejsca na różnych zawodach światowych, rozpoznał młodszą córkę prezydenta. Nazwisko Tichonowa to przerobione *otczestwo* (imię odojcowskie) babci dziewczynki ze strony matki – Jekatieriny Tichonownej Szkriebniewej.

Następną rewelacją okazało się odkrycie, iż dwudziestodziewięcioletnia Jekatierina Tichonowa stoi na czele firmy Inopraktika, która zajmuje się rozbudową Uniwersytetu Moskiewskiego. Ma przy nim powstać rosyjski odpowiednik Doliny Krzemowej (przypomnijmy, że w taki pomysł ówczesnego prezydenta Miedwiediewa – Skołkowo – zainwestowano miliardy dolarów). Na nową inicjatywę wydzielono już 1,7 miliarda dolarów, które są wpisane w program Gazprombanku. W listopadzie 2015 roku jeden z szefów tego banku, Andriej Akimow, w rozmowie z dziennikarzami Agencji Reutera stwierdził: „Wiedziałem, że Jekatierina Tichonowa to córka Putina, ale oczywiście decyzję o poparciu projektu uniwersyteckiego podejmowaliśmy niezależnie od jakichkolwiek powiązań"[32]. Po paru dniach jednak oznajmił, że dziennikarze przekręcili jego słowa, niczego podobnego nie powiedział, a córki Putina nie zna.

Uparta Agencja Reutera pod koniec listopada opublikowała jeszcze jedną sensację: wiadomość o ślubie Jekatieriny z Kiriłłem Szamałowem, synem starego przyjaciela Putina jeszcze z dawnych czasów petersburskich. Ślub odbył się w lutym 2013 roku pod Petersburgiem, w niewielkiej miejscowości narciarskiej Igor. „Panna młoda w długiej białej sukni obszytej perłami, pan młody w ciemnym surducie, do ślubu przyjechali tradycyjną rosyjską trójką koni. Gości była ponad setka. Położoną wśród sosen, nad pięknym jeziorem, u stóp wysokiego wzgórza miejscowość (prawie w całości należącą do rodziny innego starego przyjaciela Putina – Jurija Kowalczuka) otaczał kordon ochrony. Personel nie wiedział, kim są państwo młodzi, znał tylko ich imiona"[33].

Niemal zaraz po ślubie trzydziestojednoletni Kiriłł Szamałow otrzymał ogromną część akcji jednej z największych rosyjskich kompanii gazowych Sibur, ocenianą na 2,85 miliarda dolarów[34]. Ale Jekatierina Tichonowa daje się fotografować w niewielkim trzypokojowym mieszkaniu (61 metrów kwadratowych), w budynku położonym niedaleko uniwersytetu, które uchodzi za jej główne lokum. Trudno w istocie zaprzeczyć, że nie prezentuje cech podobnych do ojca.

Parę lat wcześniej, 16 czerwca 2011 roku w Paryżu, o godzinie dziesiątej czterdzieści dwie, niejaka Jekatierina Putin, obywatelka Federacji Rosyjskiej, rok urodzenia 1986, prowadząca samochód marki Porsche Cayenne, wjechawszy z nadmierną prędkością na skrzyżowanie ulic Rivoli i Castillion, potrąciła na przejściu dla pieszych kobietę w średnim wieku, Arabkę, którą w bardzo ciężkim stanie zabrano do szpitala. Czekając na przyjazd policji, kierująca porsche cayenne nawet z samochodu nie wysiadła. Policjanci po spisaniu protokołu pozwolili jej odjechać.

Wiadomość tej treści znalazła się na portalu jedynej gazety, która o tym doniosła – „Le Parisien" – i przetrwała tam dwadzieścia minut. Potem zniknęła bez śladu.

Podobny incydent miał miejsce kilkanaście lat wcześniej, 12 grudnia 1997 roku, kiedy to służbowy dżip o numerze K-256-00/77, w którym znajdował się szef Głównego Urzędu Kontroli przy Prezydencie Federacji Rosyjskiej Władimir Putin, zabił pięcioletniego Denisa Łapszyna. Tuż po wypadku, gdy pospiesznie zabierano zwłoki dziecka, jego rodzinę siłą wpychano do policyjnych samochodów i wywożono z miejsca tragedii, zacierając ślady, Putin stał odwrócony plecami do całej tej krzątaniny. Po jakimś czasie media oznajmiły, że „informacja, iż w wypadku brał udział osobisty kierowca W.W. Putina, a on sam znajdował się wówczas w dżipie, nie znalazła potwierdzenia"[35]. Kto zabił chłopca? Nie wiadomo. Rodzinie nie wypłacono ani grosza. Kierowca od odpowiedzialności został zwolniony.

Pod koniec grudnia 2015 roku podczas dorocznej ogromnej telewizyjnej konferencji prasowej prezydent Putin zapytany o Jekatierinę Tichonową odparł, że „jego dzieci nie były gwiazdorskimi dziećmi, nie szukały zadowolenia w błysku fleszów, żyją swoim życiem i zachowują się godnie. Biznesem się nie zajmują, polityką też nie. On zaś spraw rodzinnych nie omawia ze względów bezpieczeństwa”[36].

„Ogromna większość rodaków prezydenta prowadzącego politykę nienawiści wobec Stanów Zjednoczonych i pogardy dla »przesiąkniętej moralną zgnilizną« Europy Zachodniej tudzież »faszystowskiej« Ukrainy bardzo by się zdziwiła, poznawszy przyjaciół jego córek. Są wśród nich Holendrzy, Niemcy, włoski kucharz ze Szwajcarii, teatroman z Japonii, reżyser z Ukrainy… A prawosławnym patriotom mowę by odjęło na wieść, że przyjaciółką Marii jest artystka lesbijka, a jej trener fitness to gej z Holandii”[37].

Dobrze, że wreszcie najbardziej tajemniczy z gospodarzy Kremla zdecydował nieco uchylić zasłonę rodzinnych tajemnic. Dlaczego jednak nie uczynił tego wcześniej? Dlaczego właśnie teraz usiłuje ocieplić swój wizerunek rodzinną zwyczajnością (na miarę „zwyczajności” swojej władzy)? Czyżby tracąc pewność siebie, zaczął kokietować rodaków?

## One

Kwiecień 2008 roku. Gazeta „Moskowskij Koriespondent” opublikowała materiał o potajemnym rozwodzie prezydenta i ślubie, który prawdopodobnie połączył małżeńskimi więzami Putina i śliczną mistrzynię olimpijską z 2004 roku – Alinę Kabajewą. Sekretarz prasowy prezydenta odciął się od sprawy, Alina Kabajewa zagroziła redakcji sądem, pismo zamknięto, wybuchł skandal na cały świat. Na fotografiach Kabajewej i Putina, robionych przeważnie w Dumie, jako że sportsmenka została deputowaną z ramienia partii Jedna Rosja, Putin uśmiecha się, ona też, na jednym zdjęciu on ją przytula, na dwóch – ona z kwiatami. Wszystkich zdjęć jest pięć. A w prasie pełno doniesień o zbliżającym się ślubie. Gdy Kabajewa pokazuje się z dorodnym trzylatkiem na rękach, gazety donoszą, że to ich synek Dima. Po jakimś czasie dowiadujemy się i o córeczce. Tyle że nigdy i nigdzie nie zobaczymy – oprócz tamtych, prawie oficjalnych zdjęć – tych dwojga uchwyconych razem w sytuacji wskazującej na wspólne spędzanie czasu. Stałe zaprzeczanie przez Kreml informacjom typu: „odbył się ślub", „urodziło się kolejne dziecko", stwarza jednakże wrażenie istnienia między nimi sekretnego związku.

Amerykańskie pismo „New York Post" poinformowało, że Kabajewa mieszka w prezydenckiej rezydencji Boczarow Ruczej pod Soczi. Dziennikarze rosyjscy raz nawet widzieli jej nazwisko na liście pasażerów prezydenckiego samolotu zmierzającego do Soczi. Potwierdzeniem jej związku z prezydentem miało być powierzenie jej prowadzenia międzynarodowego magazynu sportowego w Programie Pierwszym rosyjskiej telewizji, a także wiadomości o nabywanych przez nią luksusowych mieszkaniach, domach, pałacach.

*Kabajewa: „Jeśli łączą nas jakieś relacje, dowiedzą się o nich potomni, nie wcześniej jednak niż za pół wieku"*

Tyle że sama Kabajewa nigdy swojego aliansu z prezydentem nie potwierdziła. Czując się tym wszystkim coraz bardziej zmęczona, pewnego dnia oświadczyła: „Cała ta historia została wyssana z palca. Nie ma żadnych dowodów na to, że między nami był czy jest romans. A jeśli łączą nas jakieś relacje, dowiedzą się o nich potomni, nie wcześniej jednak niż za pół wieku"[38].

W 2015 roku Kabajewej w mediach było coraz mniej, tu i ówdzie się pokazała z nieco zmienioną sylwetką, przytyła. Obok Putina zaczęto pokazywać długonogą i bardzo wysoką bokserkę Natalię Rogozinę. Na często powtarzanym zdjęciu widać ich – ją i prezydenta – jak siedzą w wiklinowych fotelach, chyba gdzieś w Soczi. Ona roześmiana i wpatrzona w niego, on – jakby wciśnięty w fotel i wpatrzony w dal. Trzydziestodziewięcioletnia Natalija jest ponoć przyjaciółką pięknej gimnastyczki.

Kiedyś osobę prezydenta łączono z niespełna trzydziestoletnią Janą Palikową, fotografką o idealnych wymiarach fotomodelki, którą zresztą była, prezentując się w męskich pismach kolorowych.

*Putin zaczął pokazywać się z długonogą i bardzo wysoką bokserką Natalią Rogoziną*

Zawodowi fotoreporterzy podawali w wątpliwość jej umiejętności obchodzenia się z aparatem fotograficznym. Wydaje się, że tak jak i inne piękne kobiety, którym przypisywano szczególne związki z prezydentem, odgrywała głównie rolę maskotki właściwie oddziałującej na wyobraźnię żeńskiego elektoratu, ważnego, bo to on zapewnia Putinowi wysokie notowania.

Nie zapominajmy, że w Rosji w ogóle brak mężczyzn (nieustanne wojny stale zmniejszają ich liczbę, a przeciętna długość ich życia sięga pięćdziesięciu pięciu lat), a „prawdziwych mężczyzn" w szczególności (do 40 procent mężczyzn regularnie nadużywa alkoholu, na alkoholizm cierpi ich około 2 milionów, a rocznie z tego powodu umiera ponad 500 tysięcy)[39]. Wszelkie przebieranki prezydenta w rozmaitego rodzaju mundury, prezentowanie się w okolicznościach właściwych macho (samoloty, okręty, motory) niewątpliwie podnoszą jego notowania wśród damskiego elektoratu. Młode kobiety śpiewają, że chcą takiego jak Putin (nie pije, nie bije i jest zadbany), a studentki ofiarowują mu kalendarz ze swoimi roznegliżowanymi zdjęciami.

Jako narzeczona Putina pojawiła się w mediach także przepiękna Anna Azerli, trzydziestopięcioletnia diwa operowa o urodzie wampa. W 2014 roku nagrała przebój, w którym prosi pana prezydenta, by pojął ją za żonę. Rosyjskiego przywódcę poznała kilka lat wcześniej na balu w Dreźnie, a w Moskwie na zamkniętej imprezie z udziałem samego „bohatera" wykonała swój matrymonialny hit. Przyznała, że uczyniła to „z przyjemnością" i że była „stremowana", gdyż „pokochała Putina od pierwszego wejrzenia". Diwa z nowojorskiej Metropolitan Opera i mediolańskiej La Scali postanowiła zostać także aktorką. W Rosji, w studiach Mosfilmu, realizuje „międzynarodowy program *Rock-and-Road*".

Z początkiem 2016 roku amerykańska gazeta „US Weekly" połączyła Putina z Wendi Deng – byłą żoną magnata prasowego Ruperta Murdocha. Dowodów fotograficznych brak (publikowane zdjęcia to oddzielne ich portrety), innych również (panią Deng widziano wprawdzie, jak wchodziła na jacht Romana Abramowicza), tym niemniej „US Weekly", a za nią rozmaite agencje powtarzają,

„powołując się na źródło bliskie prezydenta Rosji, że związek jest poważny”[40].

Wątpliwe. Ani w tej, ani w pozostałych dotyczących kobiet sprawach dziennikarze nie otrzymają odpowiedzi na nurtujące ich pytanie: dlaczego życie prywatne prezydenta stanowi aż takie tabu? Przecież romanse na najwyższych szczeblach tylko dodają wodzom uroku (na przykład elektorat z sympatią przyjął plotki o bliskich kontaktach Dmitrija Miedwiediewa z jego rzeczniczką prasową Natalija Timakową). „Dziennikarze w Moskwie przyswoili sobie zasadę: jeśli nie chcesz problemów, nie zadawaj pytań w delikatnej sprawie prezydenckiego życia prywatnego, ale nikt nie chce odpowiedzieć dlaczego” – pisze Barbara Włodarczyk w rosyjskiej edycji pisma „Viva” i dodaje: „Tak czy inaczej, trudna do wyjaśnienia tajemniczość rodzi mnóstwo domysłów, pobudza niezdrową ciekawość, a nawet bujną fantazję”[41].

## Oni

29 czerwca 2006 roku. Moskwa. Plac Czerwony tuż obok Kremla. Popołudnie. Mnóstwo spacerowiczów i zwiedzających. Nagle z bramy wychodzi Władimir Putin. Po spotkaniu z abiturientami wojskowych uczelni postanowił przejść się do swojego gabinetu. Ludzie przystanęli zszokowani. „Prezydent też przystanął – opowiada Walentina Konkina z Kołomny pod Moskwą. – Spojrzał na nas i zatrzymał wzrok na najmniejszym, na moim wnuku. Przywołał go gestem, wnuk podbiegł do niego”.

Co było dalej, zarejestrowały aparaty fotograficzne i kamery.

Putin przyklęknął przed chłopczykiem, uniósł jego koszulkę i pocałował go w brzuch.

– Jak masz na imię? – zapytał.

– Nikita.

– A skąd przyjechałeś?

– Z Kołomny.

Prezydent wyprostował się i odszedł.

– Jak się czułeś, Nikita, kiedy prezydent cię pocałował? – dopytywali się dziennikarze.

– Wcale mnie nie łaskotało. Poczułem coś przyjemnego.

Czy można wytłumaczyć taki gest Władimira Putina?

„Można – twierdził Aleksandr Litwinienko – jeśli się uważnie prześledzi niejasne strony w historii rosyjskiego prezydenta. Dlaczego po tym, jak ukończył Instytut Czerwonego Sztandaru KGB w Moskwie, gdzie przygotowuje się kadry do służby w wywiadzie, nie otrzymał awansu – jak inni – do Pierwszego Wydziału Głównego (wywiad), tylko odprawiono go z powrotem do Leningradu, i to na stanowisko niższe niż poprzednio? Każdy, kto miał kontakt ze służbami specjalnymi w ZSRR, wie, że dostać się do Instytutu Czerwonego Sztandaru było bardzo trudno. Żeby więc absolwent Instytutu, władający językiem niemieckim, znalazł się za burtą Pierwszego Wydziału, musiały wystąpić poważne przyczyny. Pytałem o nie tych, którzy go znali w tamtym czasie. Okazało się, że nie wysłano go wyżej po stwierdzeniu, że odbiega od normy seksualnej, i to dość szkodliwie. Odkryto to niedługo przed ukończeniem przez niego Instytutu, gdzie był przygotowywany do wyjazdu do Republiki Federalnej Niemiec. Nie przekazano tej wiadomości wyżej, gdyż kadrowcy obawiali się przyznać do swojego niedopatrzenia. Zawrócili go, skąd przybył, i tylko dzięki przypadkowi oraz protekcji wyjechał do Niemiec, ale Wschodnich, i to – według naszych miar – na prowincję. A gdy został dyrektorem FSB, całą dokumentację usunął. W Zarządzie Bezpieczeństwa Wewnętrznego znalazł też kasetę wideo z nagraniem swoich igraszek z nieletnimi chłopcami. Zdjęcia zrobiono w tym samym pomieszczeniu, w którym po latach sfilmowano – z jego rozkazu – prokuratora Skuratowa. Putin osobiście powiedział o tej swojej wpadce Skuratowowi, pomijając tylko płeć towarzyszących mu osób. O przygodzie Putina mówił nam zastępca dyrektora FSB, generał Trofimow, przerażony nowymi władzami resortu. Zastrzelono go na progu jego domu. Z czyjego rozkazu – nie udało się ustalić”[42].

Istnienie kasety wideo z takim nagraniem potwierdził też były generał KGB, obecnie na emigracji w Stanach Zjednoczonych, Oleg Kaługin[43].

W internecie dużo jest zdjęć prezydenta całującego lub przytulającego chłopców.

Według psychologów tego rodzaju dewiacja w jego przypadku byłaby uzasadniona:

„Czynnikiem spostrzeganym jako najważniejszy w powstawaniu męskiego homoseksualizmu jest brak pozytywnej i wiążącej relacji z ojcem: alienacja od ojca we wczesnym dzieciństwie, ponieważ ojciec był odbierany jako ktoś wrogi lub daleki, gwałtowny lub alkoholik”[44]. Ojcem trudno nazwać Płatona Priwałowa, który spłodził Władimira Putina, jednak nie znając go, nie możemy poznać jego genetycznego oddziaływania na biologicznego syna. Z kolei gruziński ojczym wpisuje się w tę charakterystykę, podobnie zresztą jak ojciec oficjalny – bijący małego Wowę często i mocno.

„Był u nas klub »Kristal«. Urządzaliśmy wieczorynki. Chłopcy lubili tańczyć, ale Wołodia w tym nie brał udziału[45]. On właściwie niespecjalnie interesował się dziewczynkami. Dziewczynki nim bardziej się interesowały. Wolał sport”[46] – wspomina wychowawczyni Putina Wiera Guriewicz. Tak się złożyło, że uprawiał sport należący do tak zwanych sportów kontaktowych. I że mogły go interesować nie tylko sportowe wyniki.

„Czy podczas studiów były jakieś romanse?” – zapytali Putina dziennikarze w wywiadzie rzece przed jego pierwszymi wyborami. „A kto ich nie miał?”[47] – odpowiedział i zaczął wspominać swoje niedoszłe małżeństwo, przesuwając je w czasie o parę lat, gdyż sprawa rozegrała się pod koniec lat siedemdziesiątych, cztery lata po skończeniu przez niego studiów.

„Na uniwersytecie za dziewczynami się nie oglądał, żadnych romansów nie miał. Na nasze wieczorynki nie przychodził, gdy zbieraliśmy się całą kompanią po domach, aby potańczyć, on wolał siedzieć nad książkami” – wspomina koleżanka z uniwersytetu Tamara Stelmachowa[48]. Gdy wiele lat później Boris Bieriezowski, szykując Putina do wstąpienia na kremlowski tron, poprosił

Romana Abramowicza o sprawdzenie jego życia prywatnego, w odpowiedzi na pytanie o inne – oprócz żony – kobiety usłyszał: „Absolutnie żadnych". W 2011 roku pojawiła się (jako przeciek z annałów niemieckiej tajnej policji Stasi) informacja, że podczas pobytu w Dreźnie Władimir Putin nie tylko zdradzał i bił żonę, lecz nawet dorobił się nieślubnego dziecka, ale wydaje się to jeszcze jednym przedwyborczym chwytem reklamującym kandydata na prezydenta jako „swojego chłopa", takiego jak wielu innych.

Może zostałoby to wszystko jego prywatną sprawą, gdyby nie owa sławetna sesja toples nad brzegiem Jeniseju, podczas której półnagi, w ciemnych okularach i kowbojskim kapeluszu pozował do zdjęć przez świat gejowski odebranych jako jednoznaczny znak wspólnoty. I gdyby nie krążące po świecie plotki, iż książę Albert, który mu towarzyszył, uchodzi nie tylko za playboya, lecz także homoseksualistę*. I gdyby nie brak kobiet w otoczeniu Putina. Żadnej nie widziano przy nim na nartach, na przechadzce w lesie, na tarasie rezydencji w Soczi, w siłowni w rezydencji pod Moskwą... czyli tam, gdzie pozował do fotografii z Miedwiediewem. I gdyby nie antygejowska ustawa, którą podpisał w czerwcu 2013 roku.

Ustawa przewiduje kary grzywny za „rozpowszechnianie treści homoseksualnych mogących zaszkodzić rozwojowi dziecka". Jej autorzy, deputowani Jednej Rosji, twierdzą, że w ich państwie preferowany jest tradycyjny model rodziny, a propaganda homoseksualna jest sprzeczna z tymi wzorcami. Rosyjscy „obrońcy czystej nacji" z ustawowej gorliwości zatłukli już człowieka na śmierć**.

Lecz Władisław Surkow, jeden z najbardziej znanych homoseksualistów kremlowskich (przypomnijmy: pomysłodawca „rozebranej" sesji zdjęciowej prezydenta), założyciel proputinowskich

---

* Książę Albert ożenił się dopiero w wieku pięćdziesięciu trzech lat, w istocie zmuszony przez obywateli domagających się utrzymania dynastii. Postawił przy tym żonie (pływaczce z Afryki Południowej) warunek urodzenia potomka. Księżna uciekała od męża parę razy, ale w 2014 roku powiła bliźnięta *Princ Albiert giej?*, http://www.buro247.ru/main/582.html [data dostępu: 16 marca 2016].

** Pierwszą ofiarą ustawy był, zatłuczony w maju 2013 roku w Wołgogradzie, Wladislaw Tornowy.

młodzieżówek Nasi i Młoda Rosja, w której kierownictwie jest wielu gejów, czy jedna z głównych osób w Administracji Prezydenta Wiaczesław Wołodin lub dyrektor Sbierbanku (największego banku w Europie) Herman Greff, a także nacjonalista Żyrinowski i wiele, wiele innych wysoko postawionych w rosyjskiej polityce osób o „nietradycyjnej orientacji seksualnej" – czuje się zupełnie bezpiecznie. Tak powinno być, ale nie w państwie produkującym podobne ustawy.

„Wprowadzać ustawę o zakazie propagandy homoseksualizmu wśród nieletnich i równocześnie trzymać w wysokim kierownictwie własnej administracji i podległych jej resortach zdeklarowanych gejów jest skandalem"[49] – pisze politolog rosyjski Stanisław Biełkowski, który w wydanej w Niemczech książce *Putin* nie wyklucza, iż jego bohater jest „utajonym homoseksualistą". Ciekawe, że sam Putin – jakby odcinając się od podpisanej przez siebie ustawy – będąc w Hamburgu, twierdził, iż nie ma w jego kraju nastrojów antygejowskich: „Zapewniam was, że pracuję z takimi ludźmi, czasem nagradzam ich państwowymi orderami za zasługi, nie ma w tym nic nadzwyczajnego"[50].

Wygląda na to, że Putin z tym, co uważa u siebie za słabość, nigdy się nie pogodził. W odrzutowcach, śmigłowcach, na lotniach i okrętach wojennych, z wędką czy strzelbą ściga ideał mężczyzny, którym nie dane mu było zostać.

I walczy z niepewnością, poniżając innych. Czymże bowiem jest to patologiczne spóźnianie się? Psychologowie twierdzą, że osoby zawsze się spóźniające bronią się przed uznaniem zależności od innych. Podporządkowując się ogólnie przyjętym zasadom, musiałyby przyznać, że są takie jak wszyscy[51].

Putin spóźnia się wszędzie: do papieża Franciszka – godzinę, do królowej angielskiej – dwanaście minut, do kanclerz Angeli Merkel – cztery godziny i kwadrans, do prezydenta Obamy – czterdzieści minut, do sekretarza stanu USA Johna Kerry'ego – trzy godziny, do żołnierzy 31. Brygady Desantowej – siedem godzin, i tak dalej. I wszyscy, jak niegdyś Ludmiła, pokornie czekają. Lecz czy taką osobę traktuje się z szacunkiem?

*Styczeń 2007 roku, rezydencja Boczarow Ruczej pod Soczi. Labradorka Koni jako argument w rozmowach z Angelą Merkel, która od dziecka ma uraz do psów*

Nie jest to jedyne dziwactwo Władimira Władimirowicza.

Pewnego czerwcowego dnia 2005 roku, na uroczystości wręczenia pucharu Super Bowl (amerykański futbol) Putin, zobaczywszy na palcu Roberta Krafta, właściciela zwycięskiej drużyny, wspaniały pierścień z czternastokaratowego złota, wysadzany stu dwudziestu czterema brylantami - nagrodę, którą ta drużyna miała otrzymać - poprosił o pokazanie mu tego cacka. Gdy znalazło się w jego rękach, powiedział podobno: „Tym mógłbym kogoś zabić", schował pierścień do kieszeni i wyszedł. Cóż zrobił skonsternowany Kraft? Nic. Oświadczył tylko, że incydentu nie było, że pierścień to podarunek dla rosyjskiego prezydenta. Innym razem, w nowojorskim Muzeum Guggenheima dyrektor pokazywał mu - jako ciekawostkę - wypełnioną wódką szklaną replikę kałasznikowa, a Putin kazał ją swojemu ochroniarzowi po prostu zabrać[52]. Co tym bardziej dziwi, że podobne cacko można kupić w Moskwie za kilkaset dolarów. Mimo że tego typu zachowania mają określoną kwalifikację w psychiatrii, nikt w Rosji nie ośmieli się zaproponować prezydentowi odpowiedniej terapii.

Omnipotencja postawiła go także ponad czasem, którym dowolnie manipuluje. W lipcu 2015 roku podczas gdy elektorat oglądał na ekranach „pudeł zombi" (przypomnijmy, że tak Rosjanie nazywają wciskający im propagandę telewizor) spotkanie prezydenta z przedstawicielami Izby Społecznej, on z Berlusconim zażywał kąpieli w odmładzającym wywarze z poroża młodych marali we wspaniałym ośrodku terapeutycznym w górach Ałtaj[53].

Czas odmierza najchętniej za pomocą zegarków marki Blancpain Leman Aqua Lung Large Date, z satynowanej stali, w których można nurkować na głębokość 100 metrów (o jego wartej 600 tysięcy dolarów kolekcji zegarków słyszało już chyba każde rosyjskie dziecko). Garnitury zamawia w firmie Brioni, buty – u włoskiego mistrza Salvatore Ferragamo.

Czego jeszcze może chcieć człowiek, który z dóbr materialnych ma już wszystko? Jesienią 2015 roku do obsługującej go floty powietrznej dołączono samolot, w którym zainstalowano podgrzewany sedes z pozłacaną klapą, umywalkę z pozłacanym wnętrzem i płytki ze złoconym obrzeżem[54]. O kapiących od złota dwudziestu chyba pałacach dla Putina i jego przyjaciół powiedziano już wiele. Wszystkie one, z wyjątkiem kosztującej miliard dolarów rezydencji w Gelenżyku pod Soczi (zapisanej na fikcyjnego właściciela)*, zbudowano ze środków budżetu Rosji. Większość, tak jak ośrodek w górach Ałtaj, stanowi własność Gazpromu. Podobnie jak flotylla najdroższych na świecie jachtów, o wartości przewyższającej wielokrotnie wartość wszystkich jachtów prezydenckich i królewskich razem wziętych. Majątek Putina wynosi ponoć 140 miliardów dolarów, co czyni go chyba najbogatszym człowiekiem na świecie.

Czego jeszcze może chcieć ktoś, kto ma wszystko? Tego, czego chciała posiadająca już wszystko starucha z rosyjskiej bajki *O rybaku i złotej rybce*: królowania nad światem. Starucha ostatecznie została z tym, od czego zaczęła: z rozbitym korytem. Z czym zostanie Władimir Putin?

---

* Posiadłość ta, składająca się z dwudziestu budynków, trzech lądowisk dla helikopterów, z odrębnymi sieciami gazowymi i elektrycznymi, windami na plażę itp., powstała dzięki powołaniu do życia systemu spółek, z których każda oddawała Putinowi 94 procent zysku. Zob.: Masha Gessen, *Putin...*, dz. cyt., s. 261.

# Niepełna lista ofiar Władmira Putina

**I: Lista osób, których zgon jest łączony z Władimirem Putinem, wymienionych w niniejszej książce:**

1. Iwan Łuszczynski, 2 października 1995, Petersburg, zastrzelony;
2. Michail Maniewicz, 18 sierpnia 1997, Petersburg, zastrzelony;
3. Igor Dubowik, 27 lutego 1998, Petersburg, zastrzelony;
4. generał Lew Rochlin, 3 lipca 1998, Naro Fominsk pod Moskwą, zastrzelony;
5. Dmitrij Filippow, 10 października 1998, Petersburg, zastrzelony;
6. Galina Starowojtowa, 20 listopada 1998, Petersburg, zastrzelona;
7. Paweł Kapysz, prezes Bałtyckiej Grupy Finansowej, 26 lipca 1999, Petersburg, zastrzelony;
8. Anatolij Sobczak, 17 lutego 2000, Swietłogorsk pod Kaliningradem, najprawdopodobniej otruty;
9. Georg S., pseudonim Szorch, przypuszczalnie rok 2000, Drezno, śmierć na skutek wcześniejszego pobicia;
10. Artiom Borowik, Zija Bażajew i 7 członków załogi, 9 marca 2000; Moskwa, katastrofa lotnicza;
11. Dawid Dwali, 27 kwietnia 2000, Moskwa, zastrzelony;
12. Dmitrij Rożdiestwienski, 5 czerwca 2002, Petersburg, oficjalna przyczyna zgonu: atak serca, najprawdopodobniej otruty;
13. Władimir Gołowlow, 21 sierpnia 2002, Moskwa, zastrzelony;
14. Siergiej Juszenkow, 17 kwietnia 2003, Moskwa, zastrzelony;
15. Jurij Szczekoczichin, 3 lipca 2003, Moskwa, otruty, najprawdopodobniej radioaktywnym talem;

16. Achmad Kadyrow, 9 maja 2004, Grozny, zmarł na skutek wybuchu bomby;
17. Roman Cepow, założyciel agencji Baltik Eksport, 24 września 2004, Petersburg, otruty;
18. generał FSB Anatolij Trofimow, 10 kwietnia 2005, Moskwa, zastrzelony;
19. Aleksandr Litwinienko, 23 listopada 2006, Londyn, otruty radioaktywnym Plonem 210;
20. generał Leonid Szebarszyn, 30 marca 2012, Moskwa, zastrzelony, oficjalna przyczyna zgonu: samobójstwo;
21. Jurij Szutow, 12 grudnia 2014, Solikamsk, zmarł podczas odbywania kary dożywotniego pozbawienia wolności.

**II. Lista osób, których zgon jest kojarzony z Władimirem Putinem, wymienionych w innych źródłach:**

1. generał Gierman Ugriumow, w 1999 roku szef Centrum Zadań Specjalnych, wskazany przez wykonawców zamachów terrorystycznych (wysadzanie domów w Bujnaksku, Moskwie i Wołgodonsku we wrześniu 1999 roku) jako osoba kierująca nimi z ramienia FSB[1], zmuszony do samobójstwa, zastrzelił się 31 maja 2001 roku w swoim gabinecie komendanta Sztabu Operacyjnego na Kaukazie Północnym w miejscowości Chankała, Czeczenia;
2. Witalij Rozin, następca Pawła Kapysza, 13 sierpnia 2001, Bałasowo (Obwód Pskowski) otruty[2];
3. Kiriłł Sadczikow, współpracownik Pawła Kapysza i Witalija Rozina, 15 listopada 2001, Petersburg, zastrzelony[3];
4. Robert Workman, styczeń 2004 roku, Londyn, zastrzelony najprawdopodobniej omyłkowo zamiast Timothy'ego Workmana, sędziego, który odrzucił rosyjskie wnioski o ekstradycję zbiegłych do Wielkiej Brytanii Borysa Bieriezowskiego i Achmieda Zakajewa[4];
5. Siergiej Magnicki, księgowy i audytor angielskiego funduszu inwestycyjnego Hermitage Capital Management, wykrył malwersacje na sumę 23 milionów dolarów dokonane przez

pracowników rosyjskich służb podatkowych oraz wysokich funkcjonariuszy MSW. Zmarł 16 listopada 2009 roku zamęczony w moskiewskim więzieniu Matroskaja Tiszina[5];

6. Aleksandr Pieriepieliczny, biznesmen, zmarł nagle 10 listopada 2012 roku w Londynie, niedługo przed przesłuchaniem w szwajcarskiej prokuraturze, w której miał zeznawać jako świadek w sprawie Hermitage Capital Management. W jego organiźmie wykryto trujące związki pochodzenia roślinnego[6].

**III. Lista ofiar zbiorowych, zmarłych wskutek zamachów terrorystycznych, o których mowa w książce, lub wskutek zaniechania akcji ratowniczej:**

1. Ofiary wysadzenia bloku mieszkalnego, 4 września 1999, Bujnaksk, 64 osoby;
2. Ofiary wysadzenia bloku mieszkalnego, 8 września 1999, ul. Gurianowa, Moskwa, 100 osób;
3. Ofiary wysadzenia bloku mieszkalnego, 13 września 1999, al. Kaszyrska, Moskwa, 124 osób
4. Ofiary wysadzenia bloku mieszkalnego, 16 września 1999, Wołgodonsk, 19 osób;
5. Wybuch na stacji metra Puszkinska, 8 sierpnia 2000, Moskwa, 13 osób;
6. Marynarze okrętu podwodnego „Kursk", którzy nie doczekali się pomocy po jego zatonięciu 12 sierpnia 2000 roku, 23 osoby;
7. Bomba na trasie pochodu, 9 maja 2002, Kaspisjsk, 43 osoby;
8. Ofiary ataku terrorystycznego w teatrze Dubrowka, 22 października 2002, Moskwa, 179 osób;
9. Wysadzenie pociągu, 5 grudnia 2003, Jessentuki, 42 osoby;
10. Wybuch w wagonie na stacji metra Awtozawodskaja, 6 lutego 2004, Moskwa, 41 osób;
11. Ofiary ataku terrorystycznego na szkołę nr 1 w Biesłanie, 1 września 2004, Osetia Północna, 334 osoby.
12. Wybuch bomby na dworcu kolejowym, 29 grudnia 2013, Wołgograd, 14 osób;

13. Wybuch bomby w autobusie, 30 grudnia 2013, Wołgograd, 16 osób.

Razem: 1012 osób

**IV. Osoby, których śmierć wiąże się z nazwiskiem Ramzana Kadrowa:**

1. Anna Politkowska, dziennikarka, 7 października 2006, Moskwa, zastrzelona. Być może Ramzan Kadyrow nie był związany z tym zabójstwem. Istnieje wersja wskazująca na jego przeciwników (między innymi na Mowładiego Atłangierijewa – jednego z szefów współpracującej z FSB przestępczej czeczeńskiej grupy Łazanska), którzy chcieli w ten sposób pokopać zaufanie, jakim Kadyrowa obdarzał Władimir Putin i w wyborach prezydenckich w Czeczenii przedstawić inną kandydaturę[7]. Tak czy inaczej, śledztwo w sprawie zabójstwa Politkowskiej zakończone w 2014 roku do głównych zleceniodawców zabójstwa nie doprowadziło.
2. Natalia Estemirowa, czeczeńska działaczka, obrończyni praw człowieka, 15 lipca 2009, Czeczenia, porwana i zastrzelona;
3. Boris Niemcow, jeden z liderów rosyjskiej opozycji, 27 lutego 2015, Moskwa, zastrzelony.

**V. Nazwiska niektórych generałów, blisko związanych z Władimirem Putinem, zmarłych nienaturalną śmiercią w niejasnych okolicznościach w latach 2010–2016:**

1. generał Jurij Iwanow, zastępca dyrektora GRU, druga co do znaczenia postać wywiadu wojskowego Federacji Rosyjskiej, znaleziony 16 sierpnia 2010 roku nad brzegiem Morza Śródziemnego w Turcji;
2. generał Wiktor Czewrizow, były szef wywiadu rosyjskich wojsk wewnętrznych, 4 października 2010 roku zastrzelił się na klatce schodowej domu, w którym mieszkał;
3. generał Grigorij Dubrow, przewodniczący Najwyższej Rady Oficerskiej Rosji, 28 października 2010 roku spadł z peronu kolejki podmiejskiej pod koła pociągu. Jego osobę wiązano z przygotowaniem zamachu stanu;

4. generał Boris Diebaszwili, 30 października 2010 roku znaleziony na ulicy w centrum Moskwy. Współpracownik generała Dubrowa;
5. generał Konstantin Moriew, naczelnik FSB obwodu twerskiego, 26 sierpnia 2011 roku znaleziony w swoim służbowym gabinecie z kulą w głowie;
6. generał Wasilij Bondariew, wykładowca w Akademii Sztabu Generalnego Federacji Rosyjskiej, 19 kwietnia 2013 roku powiesił się w łazience;
7. generał Boris Koliesnikow, wiceszef ds. bezpieczeństwa gospodarczego i walki z korupcją MSW, prowadzący śledztwo w sprawie korupcji w FSB, 16 czerwca 2014 roku podczas przesłuchania wyskoczył przez okno z piątego piętra Komitetu Śledczego.
8. generał Wiaczesław Buczniew, minister spraw wewnętrznych republiki Mari El, 3 stycznia 2015 roku został znaleziony w służbowym gabinecie z kulą w głowie. Możliwe samobójstwo.

Generałowie związani z konfliktem rosyjsko-ukraińskim:

9. generał Siergiej Miszanin, wojskowy komisarz obwodu niżnonowogordskiego, 21 lipca 2014 roku znaleziony w służbowym gabinecie z kulą w głowie. Wiadomo, że zajmował się werbunkiem najemników do walk na Ukrainie Wschodniej[8].
10. generał Aleksandr Szuszkin, wiceszef sztabu rosyjskich wojsk powietrznodesantowych, autor planu aneksji Krymu, komendant rosyjskiego oddziału desantowego podczas tej operacji. Zmarł 27 grudnia 2015 roku. Oficjalna wersja przyczyny śmierci: atak serca[9].
11. generał Igor Siergun, szef GRU, odpowiedzialny nie tylko za przeprowadzenie aneksji Krymu, ale i za całą skierowaną przeciw Ukrainie operację (utworzenie Republik Donieckiej i Ługańskiej), a prawdopodobnie także i za zestrzelenie boeinga 777 oraz za akcje lotnictwa rosyjskiego w Syrii, zmarł zgodnie z wersją oficjalną na atak serca 3 stycznia 2016 roku pod Moskwą, a według amerykańskiej kompanii analitycznej Stratfor – 1 stycznia 2016 roku w Libanie.

Z dwunastu generałów, którzy rozstali się z życiem w nienaturalny sposób od 1998 roku do 2010, sześciu zginęło w katastrofach samochodowych, jeden został otruty, jeden utonął w zagadkowych okolicznościach, reszta została zastrzelona albo w swoich służbowych gabinetach, albo w samochodach[10].

**VI. Ofiary działań wojennych podjętych za wiedzą lub na rozkaz Władimira Putina**

Ofiary te są trudne do policzenia, ponieważ rosyjskie Ministerstwo Obrony takich wiarygodnych danych nie dostarcza. Przypomnijmy więc tylko, że chodzi o wielotysięczne straty zarówno wśród żołnierzy rosyjskich, jak i po stronie walczących Czeczenów, Gruzinów, Ukraińców, Syryjczyków, a także o – najliczniejsze – straty wśród ludności cywilnej. Według Human Rights Watch i organizacji Memoriał zgodnie z najskromniejszymi obliczeniami w Czeczenii od 1999 roku do 2004 roku zginęło około 27 tysięcy cywilów[11]; według raportu OBWE ze stycznia 2015 roku straty wśród ludności cywilnej po stronie ukraińskiej wyniosły 5 tysięcy osób (wliczając ofiary katastrofy boeinga 777) i 2252 wojskowych[12], a według londyńskiej organizacji Syrian Obsevatory for Human Rights w rezultacie rosyjskich bombardowań od 30 września 2015 roku do 1 marca 2016 roku zginęło 1700 cywili[13].

Razem: 35 952 osoby.

*Górny rząd od lewej: Natalia Estemirowa, Boris Bierizowski, Siergiej Juszenkow; Środkowy rząd od lewej: Aleksandr Litwinienko, Boris Niemcow, Stanislaw Markiełow, Dolny rząd od lewej: Siergiej Magnicki, Anastasija Baburowa, Anna Politkowska. Stanislaw Markiełow, adwokat (broniący między innymi Czeczenów) i dziennikarka „Nowej Gaziety" Anastasija Baburowa zostali zastrzeleni 19 stycznia 2009 roku w centrum Moskwy przez młodych neonazistów*

# Podziękowania

Autor to stworzenie samotne. A autor pracujący nad książką o przywódcy dzisiejszej Rosji jest tym bardziej samotny, im bardziej opisywane przez niego fakty odbiegają od tego, jak je dotychczas przedstawiano. Czuje się, jakby skoczył w morze, żeby je pokonać wpław. Bez przyjaciół pilotujących pływaka z szalup, korygujących błędny kurs, podrzucających strawę dla ducha i ciała, poprawiających styl, ale też czasem i bezwzględnie popędzających – desperat wyzionąłby ducha i w niesławie opadł na dno.

Jeśli tak się nie stało w moim wypadku, to *nolens volens* trzeba uznać za oczywistość tajemny sojusz materializmu z mistyką. Czyż bez niego w pilotujących mnie szalupach mogły się znaleźć aż trzy Doroty, osoby – wedle specjalistów od imion – „mobilizujące, by stawiać czoła trudnym sytuacjom, a przy tym obdarzone silnym temperamentem"? A więc Dorota Gierycz – profesor prawa międzynarodowego, wykładowczyni praw człowieka na uniwersytetach amerykańskich i europejskich, zobowiązująca mnie (w końcu też absolwentkę prawa), do obrony tych praw poprzez opisywanie bezprawia. A więc Dorota Zarębska-Piotrowska, doktor psychologii, wraz z synem Maćkiem wspierająca mnie materiałami o Rosji z ich ogromnego archiwum i wspomagająca wskazówkami z zakresu swej profesji. A więc i pełna życzliwości pani Dorota Nowak sprawująca w wydawnictwie pieczę nad literaturą faktu i starająca się nie stracić cierpliwości podczas mojej przedłużającej się wyprawy przez morze. Wątpię, czy gdyby nie zastosowany przez panią Dorotę doping, w ogóle dotarłabym do brzegu.

Także nie bez materialistyczno-mistycznego sojuszu redaktorską pieczę nad książką sprawowała pani Barbara Stahl, jak to przypada Barbarom - osoba „spokojna, szlachetna, lubiąca otaczać ludzi opieką, nieustannie poszukująca dobrych rozwiązań". Mistrzyni profesji redaktorskiej. Dzięki jej cierpliwości, wytrwałości i dobrym rozwiązaniom zdania nabierały elegancji, tekst - zwartości, a przypisy - przejrzystości.

Poszczęściło mi się i z sojusznikami wśród mężczyzn.

Profesor Szymon („potrafi wiele poświęcić dla sprawy, gdy zajdzie taka potrzeba") Rudnicki, wybitny historyk i znawca Rosji, spędził wiele czasu na wyszukiwaniu interesujących lektur, ogromnie - jak się okazało - przydatnych w tej pracy. Tadeusz („niespokojny buntownik o precyzyjnym umyśle") A. Kisielewski, doktor politologii, precyzyjnie wyjaśniał komplikacje polityczne i szczodrze wspierał podpowiedziami z historii dotyczącej na przykład wojskowości czy wywiadu. Z kolei pan Andrzej („bez większego wysiłku potrafi wyobrazić sobie całość realizowanego projektu na podstawie jego najmniejszego szczegółu") Szewczyk, redaktor prowadzący, wykazał wielką ofiarność i wyrozumiałość w stosunku do autorki, która czasem sama gubiła się w pokonywanych przez nią odmętach, i ze spokojem przywracał harmonię jej niezbyt skoordynowanym ruchom.

Wszystkim tym Paniom i Panom serdecznie dziękuję za towarzyszenie mi podczas niełatwej wyprawy, którą już mamy za sobą. Szefowi Agencji Literackiej „Graal", panu Zbigniewowi Kańskiemu, który od lat przekonywał, że napisanie książki o Władimirze Putinie i Rosji pod jego rządami to mój obowiązek, dziękuję za zmuszenie mnie do tej pracy. A podziękuję szczególnie serdecznie, jeśli prawdą się okaże, że Zbigniew „chętnie podejmujący ryzyko i nieraz za sprawą wyjątkowego szczęścia odnoszący sukces", jeśli chodzi o tę książkę, będzie miał właśnie to „wyjątkowe szczęście".

Na koniec nieco prywaty: brak mi słów, by podziękować mojemu mężowi Jerzemu („ciepły, wierny, oddany przyjaciel") za opiekę, cierpliwość i wyrozumiałość w stosunku do żony, która ignorując dom, rodzinę oraz choćby namiastkę relaksu, spędziła z obcym mężczyzną (cóż z tego, że przy pełnej jego nieświadomości) chyba z tysiąc dni i nocy.

# Źródła


**Źródła w języku polskim**

Allbright Madeleine, *Pani Sekretarz Stanu*, przeł. Barbara Gadomska, Warszawa 2005.

Andrew Christopher, Mitrochin Wasilij, *Archiwum Mitrochina*, cz. 2 *KGB i świat*, przeł. Magdalena Maria Brzeska, Rafał Brzeski, Warszawa 2001.

Baker Peter, Glasser Susan, *Cień Kremla*, przeł. Władysław Jeżewski, Warszawa 2005.

Chodorkowski Michaił, Gieworkian Natalia, *Więzień Putina*, przeł. Agnieszka Sowińska, Warszawa 2012.

Collins Aukai, *Mój dżihad*, przeł. Piotr Szalaty, Ustroń 2013.

Felsztinski Jurij, Pribyłowski Władimir, *Korporacja zabójców. Rosja, KGB i prezydent Putin*, przeł. Cezary Murawski, Warszawa 2008.

Felsztinski Jurij, *Borys Bieriezowski. Zapiski wisielca*, przeł. Ewa Skórska, Warszawa 2015.

Gessen Masha, *Putin – człowiek bez twarzy*, przeł. Julia Szajkowska, Magda Witkowska, Warszawa 2012.

Goldfarb Alex, Litwinienko Marina, *Śmierć dysydenta. Dlaczego zginął Aleksander Litwinienko*, przeł. Władysław Jeżewski, Warszawa 2007.

Hare D. Robert, *Psychopaci są wśród nas*, przeł. Anna Skucińska, Kraków 2010.

Herpen Van Marcel H., *Wojny Putina: Czeczenia, Gruzja, Ukraina 2014*,przeł. Magda Witkowska, Julia Szajkowska, Warszawa 2014.

Kisielewski Tadeusz A., *Nafta znowu zmieni świat*, Poznań 2013.
Kisielewski Tadeusz A., *Schyłek Rosji*, Poznań 2007.
Kowalow Siergiej, *Lot białego kruka. Od Syberii po Czeczenię. Moja życiowa podróż*, przeł. Paweł Wieczorek, Warszawa 1998.
Kuczma Leonid, *Ukraina to nie Rosja*, przeł. Jerzy Redlich, Kraków 2004.
Kurczab-Redlich Krystyna, *Głową o mur Kremla. Nowe fakty*, wyd. 2, poprawione i rozszerzone, Warszawa 2012.
Litwinienko Aleksander, *Przestępcy z Łubianki*, przeł. Anna Kuhn, Warszawa 2007.
Lucas Edward, *Nowa zimna wojna. Jak Kreml zagraża Rosji i Zachodowi*, przeł. Jarosław Stawski, Poznań 2008.
Lucas Edward, *Podstęp. O szpiegach, kłamstwach i o tym, jak Rosja kiwa Zachód*, Warszawa 2014.
Milewska Monika, *Bogowie u władzy*, Gdańsk 2012.
*Nowa twarz Rosji* (praca zbiorowa), Warszawa 2012.
Orwell Georg, *Rok 1984*, przekł. Tomasz Mirkowicz, Warszawa 2015.
Owen David, *Chorzy u władzy*, przeł. Piotr Ostaszewski, Warszawa 2013.
Pipes Richard, *Rosja Bolszewików*," przeł. Władysław Jeżewski, Warszawa 2005.
Politkowska Anna, *Udręczona Rosja. Dziennik buntu*, przeł. Anna Michalska, Warszawa 2007.
Reitschuster Boris, *Władimir Putin – dokąd prowadzi Rosję?*, przeł. Marek Zeller, Warszawa 2005.
Robins Robert S., Post Jerrold M., *Paranoja polityczna. Psychologia nienawiści*, przeł. Hanna Jankowska, Warszawa 2007.
Roxburgh Angus, *Strongman u szczytu władzy. Władimir Putin i walka o Rosję*, przeł. Marcin Domagała, Warszawa 2014.
Sixsmith Martin, *Akta Litwinienki*, przeł. Maciej Szymański, Poznań 2007.
Sutter de Pascal, *Szaleńcy u władzy*, przeł. Hanna Zbonikowska -Bernatowicz, Warszawa 2009.
Weiner Tim, *Dziedzictwo popiołów. Historia CIA*, przeł. Katarzyna Bażyńska-Chojnacka, Piotr Chojnacki, Poznań 2009.

**Źródła w języku rosyjskim**

Błocki Oleg, *Władimir Putin. Doroga k własti*, Moskwa 2002.

Gieworkian Natalija, Timakowa Natalija, Kolesnikow Andriej, *Ot pierwogo lica. Razgowory s Władimirom Putinym*, Moskwa 2000.

Goldfarb Alex (przy współpracy Mariny Litwinienko), *Sasza, Wołodia, Boris. Istorija ubijstwa*, New York–London 2010.

Ibragimow Wacha, *Tajnaja biografia priezidienta Rossii*, Moskwa 2005.

Jelcyn Boris, *Priezidientskij marafon*, Moskwa 2000.

Kolesnikow Andriej, *Ja widieł Putina*, Moskwa 2005.

Korżakow Aleksandr, *Boris Jelcyn. Ot rasswieta do zakata*, Moskwa 1996.

Litwinienko Aleksandr, Felsztinski Jurij, *FSB wzrywajet Rossiju*, New York 2002.

Miedwiediew Roj, *Władimir Putin, diejstwujuszczij priezidient*, Moskwa 2005.

Muchin A.A., *Kto jest' Mister Putin i kto s nim priszoł*, Moskwa 2006.

Pietsch Irene, *Pikantnaja drużba. Moja podruga Ludmiła Putina, jejo siemja i drugije towariszczi*, Moskwa 2008.

*Rossija Putina. Pristasnyj wzgląd*, Moskwa 2003.

Szendierowicz Wiktor, *Zdies' było NTW i drugije istorii*, Moskwa 2004.

Szutow Jurij, *Kriestnyj otiec „Pitierskich"*, Moskwa 2011.

# Przypisy

**Część I. Dzieciństwo od kulis**

[1] Galina Sidorowa, *Artiom. Tragiedija pod grifom „Siekrietno"*, „Sowierszenno Siekrietno", 2003, nr 3/250.

[2] Zob. w: Wacha Ibragimow, *Tajnaja biografija priezidienta Rossii*, Iwierija 2000.

[3] Zob. film Ineke Smith, *Putin's Mama*, 2008, https://www.youtube.com/watch?v=KSBENOquJEM [data dostępu: 10 marca 2016].

[4] Zob. *Charakterystyka rozwojowa dziecka trzyletniego*, oprac. Ewa Dyduch, http://przedszkole.sucha-beskidzka.pl/teksty/charakte.pdf [data dostępu: 10 marca 2016].

[5] Sylwia Tomczyk, *Agresja jako reakcja na brak bezpieczeństwa*, http://www.profesor.pl/publikacja,10259,Artykuly,Agresja-jako-reakcja-na-brak-poczucia-bezpieczenstwa [data dostępu: 10 marca 2016].

[6] Zob. w: Wacha Ibragimow, *Tajnaja biografija...*, dz. cyt., s. 12.

[7] Zob. film Ineke Smith.

[8] Tamże.

[9] Irina Bobrowa, *Kto pridumał Putinu gruzinskuju mamu?*, „Moskowskij Komsomoljec", 13 czerwca 2006.

[10] Zob. w: Wacha Ibragimow, *Tajnaja biografija...*, dz. cyt., s. 15.

[11] Wacha Ibragimow, *Tajnaja biografija...*, dz. cyt., s. 33.

[12] Tamże, s. 84.

[13] Zob. film Ineke Smith.

[14] Zob. w: Wacha Ibragimow, *Tajnaja biografija...*, dz. cyt., s. 102.

[15] Zob. film Ineke Smith.

[16] Zob. w: Wacha Ibragimow, *Tajnaja biografija...*, dz. cyt., s. 70.

[17] Wacha Ibragimow, *Tajnaja biografija...*, dz. cyt., s. 72–73.

[18] Wacha Ibragimow, *Tajnaja biografija...*, dz. cyt., s. 54.

[19] Natalija Gieworkian, Natalija Timakowa, Andriej Kolesnikow, *Ot pierwogo lica. Razgowory s Władimirom Putinym*, Moskwa 2000.

[20] *Gruzija naszła mat' Putina*, Kavaz center television, https://rutube.ru/video/ba6f29a433abc9e2cb654a9ffa1e63d3/ [data dostępu: 21 października 2013].

[21] Steffen Dobbert, *Vera Putinas verlorener Sohn*, „Die Zeit", 7 maja 2015, http://www.zeit.de/feature/wladimir-putin-mutter [data dostępu: 10 marca 2016].
[22] Słowa nauczycielki Putina Wiery Guriewicz cyt. w: Natalija Gieworkian, Natalija Timakowa, Andriej Kolesnikow, *Ot pierwogo lica…*, dz. cyt., s. 13.
[23] Opis według zdjęć z arykułu Irina Bobrowa, *Kogda był Wowa malenkij*, „Moskowskij Komsomolec", 7 października 2010.
[24] Irina Bobrowa, *Kogda był Wowa malenkij*, „Moskowskij Komsomoljec", 7 października 2010.
[25] Zob. Film Ineke Smith.
[26] Irina Bobrowa, *Kogda był Wowa malenkij*, dz. cyt.
[27] Oleg Błocki, *Władimir Putin. Istorija żyzni*, t. 1, Moskwa 2001, s. 14.
[28] Natalija Gieworkian, Natalija Timakowa, Andriej Kolesnikow, *Ot pierwogo lica*, dz. cyt., s. 15.
[29] http://www.interfax-religion.ru/?act=news&div=43682 [data dostępu: 15 grudnia 2013].
[30] *Kto krestił Putina? K istorii formirowanija mifa o „krieszczeni" Putina*, http://rublev-museum.livejournal.com/404326.html, [data dostępu: 15 stycznia 2014].
[31] „Sobiesiednik", 12 grudnia 2001.
[32] „Nowaja Gazieta", 8 listopada 2012.
[33] http://echo.msk.ru/users/evpati/liked/entries.html [data dostępu: 15 marca 2014].
[34] Natalija Gieworkian, Natalija Timakowa, Andriej Kolesnikow, *Ot pierwogo lica…*, dz. cyt., s. 19.
[35] Inessa Goldberg, Nikołaj Dienisienkow, *Korrelacyje grafołogiczeskogo i socyoniczeskogo analiza na osnowie tipołogii K.G. Junga*, zob. w: *Psichołogiczeskij portriet Putina*, newsland.ru. http://psyfactor.org/lib/putin3.htm [data dostępu: 10 marca 2016].
[36] Edward Radziński, *Stalin*, przeł. Irena Lewandowska, Michał Jagiełło, Warszawa 2003, s. 31.
[37] David Lewis, *Człowiek, który stworzył Hitlera*, przeł. Dorota Kozińska, Warszawa 2005, s. 39–40.
[38] Natalija Gieworkian, Natalija Timakowa, Andriej Kolesnikow, *Ot pierwogo lica…*, dz. cyt., s. 12.
[39] Tamże, s. 16.
[40] Irina Bobrowa, *Kogda był Wowa malenkij*, dz. cyt.
[41] Tamże.
[42] Zob. film Ineke Smith.
[43] Oleg Błocki, *Władimir Putin. Istorija żyzni*, dz. cyt., s. 66, 68–69.
[44] Tamże, s. 67.
[45] Alex Goldfarb, *Sasha, Volodya, Boris*, New York 2007, s. 159.
[46] Edward Radziński, *Stalin*, dz. cyt., s. 35.
[47] Lech Niekrasz, *Dwaj jeźdźcy Apokalipsy*, Zielona Góra 1994, s. 25.
[48] Natalija Gieworkian, Natalija Timakowa, Andriej Kolesnikow, *Ot pierwogo lica…*, dz. cyt., s. 17.

[49] Tamże, s. 23.
[50] Tamże, s. 3.
[51] Podczas szczytu Unia Europejska – Rosja, listopad 2002.
[52] Na konferencji prasowej dla rosyjskich i zagranicznych dziennikarzy, luty 2008.
[53] Na konferencji prasowej dla rosyjskich i zagranicznych dziennikarzy, luty 2003.
[54] Na posiedzeniu rządu, marzec 2006.
[55] Julija Kantor, *Niczego liszniego*, „Izwiestia", 18 stycznia 2000.
[56] Natalija Gieworkian, Natalija Timakowa, Andriej Kolesnikow, *Ot pierwogo lica...*, dz. cyt., s. 16.
[57] Oleg Błocki, *Władimir Putin. Istorija życni*, dz. cyt., s. 62.
[58] Natalija Gieworkian, Natalija Timakowa, Andriej Kolesnikow, *Ot pierwogo lica...*, dz. cyt., s. 16.
[59] Tamże, s. 17.
[60] Oleg Błocki, *Władimir Putin. Istorija życni*, dz. cyt., s. 68.
[61] Natalija Gieworkian, Natalija Timakowa, Andriej Kolesnikow, *Ot pierwogo lica...*, dz. cyt., s. 19.
[62] Zob. Jerry Wyckoff, Barbara C. Unell, *Dyscyplina bez krzyku i bicia*, przeł. Dorota Ściepko, Warszawa 2004.
[63] Liza Briczkina, *Władimir Putin. Poslednij patron*, „Profil", 30 sierpnia 1999.
[64] Komentarz dziennikarki Mashy Gessen, CNN, 18 października 2013.
[65] Tamże.
[66] Zob. Siergiej Żakow, *Łże-Stirlitz (nizwierżenije kumira)*, cz. 1, *Kogda był Stirlitz malenkij*, s. 8. http://www.oocities.org/xyu3putin/xyu3vvp/vvp_kgb01.htm [data dostępu: 10 marca 2016].
[67] Zob. film Ineke Smith.
[68] Natalija Gieworkian, Natalija Timakowa, Andriej Kolesnikow, *Ot pierwogo lica...*, dz. cyt., s. 7.
[69] Tamże, s. 7.
[70] Siergiej Żakow, *Łże-Stirlitz*, dz. cyt., cz. 1, s. 69.
[71] Mark Sołonin, *22 ijunja, ili kogda naczałas' Wielikaja Otieczestwiennaja Wojna?*, Moskwa 2008, s. 16.
[72] Natalija Gieworkian, Natalija Timakowa, Andriej Kolesnikow, *Ot pierwogo lica...*, dz. cyt., s. 10.
[73] Natalija Gieworkian, Natalija Timakowa, Andriej Kolesnikow, *Ot pierwogo lica...*, dz. cyt., s. 19.
[74] Irina Smith, *Russizm, a obiektiwnaja realnost'*, www.chechenpress.org, 27 sierpnia 2006 [data dostępu: 10 marca 2016].
[75] S.A. Magarił, *Socyogumanitarnoje obrazowanije: niewyuczennyje uroki*. Przedruk z portalu Instytutu Socjologii RAN, http://www.isras.ru/ [data dostępu: 10 marca 2016].
[76] Aleksandr Janow, *Tien' groznogo caria*, Moskwa 1997, s. 131.

77 Wiera Guriewicz, *Władimir Putin. Roditieli. Druzja. Uczytiela*, wyd. 2, Sankt Petersburg 2004, s. 22.
78 Natalija Gieworkian, Natalija Timakowa, Andriej Kolesnikow, *Ot pierwogo lica...*, dz. cyt., s. 18.
79 Tamże, s. 12.
80 Agnieszka Skurczyńska, *Portrety Rosji. Wiera Dmitrijewna, nauczycielka Putina*, 11 lipca 2012, http://publicpost.ru/Theem/id/1677/portrety_rossii_vera_dmitrievna_uchitielnica_putina/_ [data dostępu: 16 marca 2016].
81 Zob. *Putin. Analiz psichiatra*, geopolitics.chat.ru/page/page70.html [data dostępu: 16 marca 2016].

**Część II. Kariera**

1 Natalija Gieworkian, Natalija Timakowa, Andriej Kolesnikow, *Ot pierwogo lica...*, dz. cyt., s. 5.
2 Tamże, s. 21.
3 Tamże, s. 20.
4 Oleg Błocki, *Władimir Putin. Istorija żyzni*, dz. cyt., s. 235.
5 Natalija Gieworkian, Natalija Timakowa, Andriej Kolesnikow, *Ot pierwogo lica...*, dz. cyt., s. 26.
6 Zob. Oleg Błocki, *Władimir Putin. Istorija żyzni*, dz. cyt., s. 299.
7 Cyt. za: Wacław Radziwinowicz, *Soczi. Igrzyska Putina*, Warszawa 2014, s. 14.
8 Natalija Gieworkian, Natalija Timakowa, Andriej Kolesnikow, *Ot pierwogo lica...*, dz. cyt., s. 30.
9 Tamże, s. 14.
10 Tamże, s. 20.
11 http://lenta.ru/news/2013/07/09/positive/ [data dostępu: 16 marca 2016].
12 Oleg Błocki, *Władimir Putin. Doroga k własti*, Moskwa 2002, s. 39, 40.
13 „Izwiestia", 11 stycznia 2011.
14 *Intieriesy. Władimir Putin*, putin.kremlin.ru/interests [data dostępu: 16 marca 2016].
15 Jewgienij Rejn, *Josif Brodskij. Człowiek w pejzaże*, Żurnałnyj Zał, Arion, 1996, nr 3, http://magazines.russ.ru/arion/1996/3/rein.html [data dostępu: 10 marca 2016].
16 http://www.mk.ru/authors/page/1607-bobrowa-irina.html [data dostępu: 10 marca 2016].
17 Tamże.
18 Natalija Gieworkian, Natalija Timakowa, Andriej Kolesnikow, *Ot pierwogo lica...*, dz. cyt., s. 25.
19 Oleg Błocki, *Władimir Putin. Doroga k własti*, dz. cyt., s. 91, 92.
20 Tamże, s. 90, 91, 92.
21 Gabriel Superfin, *Ja ni razu nie osmieliłsia sprosit'...*, *www.colta.ru/articles/society/1316*, 27 listopada 2013 [data dostępu: 10 marca 2016].

22 Natalija Gieworkian, Natalija Timakowa, Andriej Kolesnikow, *Ot pierwogo lica...*, dz. cyt., s. 24.
23 „Moskowskij Komsomoljec", 16 marca 2000.
24 „Moskowskij Komsomoljec", 18 sierpnia 1999.
25 Natalija Gieworkian, Natalija Timakowa, Andriej Kolesnikow, *Ot pierwogo lica...*, dz. cyt., s. 37.
26 Tamże, s. 39.
27 Oleg Błocki, *Władimir Putin. Istorija żyzni*, dz. cyt., s. 286.
28 „Moskowskij Komsomoljec", 18 sierpnia 1999.
29 Julij Rybakow, *Moj wiek*, Petersburg 2010, s. 426.
30 „Moskowskij Komsomolec", 18 sierpnia 1999.
31 Natalija Gieworkian, Natalija Timakowa, Andriej Kolesnikow, *Ot pierwogo lica...*, dz. cyt., s. 32.
32 Tamże, s. 42.
33 Tamże, s. 40.
34 Informacje dotyczące wywiadu, kontrwywiadu i drogi służbowej Władimira Putina aż do wyjazdu do NRD zob. w: portal „Issledowanije politologa, bywszego »nielegała« Siergieja Żakowa", cz. 6.
35 Leonid Połochow, *My s Putinym niesli briewna w raznyje storony*, wywiad, „Sobiesiednik" 2010, nr 45, s. 12–13.
36 „Moskowskij Komsomoljec", 16 marca 2000.
37 Natalija Gieworkian, Natilija Timakowa, Andriej Kolesnikow, *Ot pierwogo lica...*, dz. cyt., s. 43.
38 Wypowiedź w filmie *Towariszcz priezidient (W.W. Putin)*, prod. Telewizyjna Kompania „Echo".
39 Natalija Gieworkian, Natalija Timakowa, Andriej Kolesnikow, *Ot pierwogo lica...*, dz. cyt., s. 47.
40 Tamże.
41 Oleg Błocki, *Władimir Putin. Doroga k własti*, dz. cyt., s. 184, 185.
42 Tamże, s. 185.
43 Natalija Gieworkian, Natalija Timakowa, Andriej Kolesnikow, *Ot pierwogo lica...*, dz. cyt., s. 48.
44 Oleg Błocki, *Władimir Putin. Doroga k własti* dz. cyt., s. 176.
45 Siergiej Żakow, *Łże-Stirlitz...*, dz. cyt.
46 Zob. http://kresy24.pl/65356/agent-kgb-ujawnia-putin-zabil-litwinienke-zeby-ukryc-swoje-zwiazki-z-kolumbijska-mafia/ [data dostępu: 16 marca 2016].
47 Natalija Gieworkian, Natalija Timakowa, Andriej Kolesnikow, *Ot pierwogo lica...*, dz. cyt., s. 50.
48 Tamże, s. 34.
49 Zob. *Rachlin mładszyj: Otiec gowoził, czto u Putina było poniżennoje czuwstwo opastnosti*, „Newskije Nowosti", 23 lutego 2015.
50 Najprawdopodobniej jest to Boris Mirosznikow, od 2001 roku naczelnik Głównego Zarządu Specjalnych Przedsięwzięć Technicznych MSW; zob. http://

ruspolitics.ru/article/read/dose-na-putina-narkotiki-bandity-vorovstvo--i-kgb-21.html [data dostępu: 16 marca 2000].

[51] Oleg Błocki, *Władimir Putin. Doroga k własti*, dz. cyt., s. 231.

[52] Natalija Gieworkian, Natalija Timakowa, Andriej Kolesnikow, *Ot pierwogo lica...*, dz. cyt., s. 50.

[53] https://www.youtube.com/watch?v=k5A9LS1lvz8 [data dostępu: 16 marca 2016].

[54] Leonid Michajłowicz Połochow, *Moj drug Wowka Putin*, „Moskowskij Komsomoljec", 16–23 marca 2000, http://polocxov.ru/?p=252 [data dostępu: 16 marca 2016].

[55] Natalija Gieworkian, Natalija Timakowa, Andriej Kolesnikow, *Ot pierwogo lica...*, dz. cyt., s. 38, 39.

[56] W audycji: *Władimir Putin. Kak zakalałas' stal*, Radio Swoboda, 18 marca 2003.

[57] Leonid Połochow, *My s Putinym...*, dz. cyt., http://sobesednik.ru/politics/leonid-polokhov-my-s-putinym-nesli-brevna-v-raznye-storony [data dostępu: 16 marca 2016].

[58] Natalija Gieworkian, Natalija Timakowa, Andriej Kolesnikow, *Ot pierwogo lica...*, dz. cyt., s. 39.

[59] Siergiej Mitrofanow, *Praga 1968*, Kijew 2013, http://liberty.ru/columns/Zametki-skeptika-idealista/Praga-1968-Kiev-2013 [data dostępu: 16 marca 2016].

[60] Tamże.

[61] Natalija Gieworkian, Natalija Timakowa, Andriej Kolesnikow, *Ot pierwogo lica...*, dz. cyt., s. 62.

[62] Boris Mironow, *Priezidient Putin głazami bywszych druziej*, http://mironovboris.livejournal.com/88278.html?thread=1293526 [data dostępu: 16 marca 2016].

[63] Wywiad z dawnym kolegą Władimira Putina opublikowany 11 listopada 2003, http://www.svoboda.org/content/article/24187711.html [data dostępu: 16 marca 2016].

[64] Tamże.

[65] Rusłan Goriewoj *Opieracyja „Łucz": kak w KGB płanirowali ustranit' lidiera GDR*, http://server2.cripo.info/index.php?sect_id=9&aid=94278 [data dostępu: 21 lipca 2014].

[66] http://versia.ru/v-1985-godu-giensek-otmienil-spiecopieracyju-kgb-po-ustranieniu-lidiera-gdr [data dostępu: 16 marca 2016].

[67] *Putin był trudogolikom i lubił piwo Radeberger*, 22 grudnia 2004, http://www.newsru.com/world/22dec2004/putin.html [data dostępu: 16 marca 2016].

[68] *Takaja robota.* Wywiad ze współpracownikiem Władimira Putina w KGB, „Russkoje Słowo" 2006, nr 1.

[69] Newsru.com, 23 października 2003 [data dostępu: 16 marca 2016].

[70] Natalija Gieworkian, Natalija Timakowa, Andriej Kolesnikow, *Ot pierwogo lica...*, dz. cyt., s. 66.

[71] „Moskowskije Nowosti", 25 stycznia 2000.
[72] Natalija Gieworkian, Natalija Timakowa, Andriej Kolesnikow, *Ot pierwogo lica...*, dz. cyt., s. 70.
[73] Christopher Andrew, Wasilij Mitrochin, *Archiwum Mitrochina I. KGB w Europie i na Zachodzie*, przeł. Magdalena Maria Brzeska, Rafał Brzeski, Warszawa 2001, s. 797.
[74] Alexander Rahr, *Wladimir Putin. Der Deutsche im Kreml*, München 2002, s. 62–63.
[75] Wywiad z Wiktorem Adianowem, http://www.newsru.com/world/22dec2004/putin.html, 22 grudnia 2004 [data dostępu: 16 marca 2016].
[76] Christopher Andrew, Wasilij Mitrochin, *Archiwum Mitrochina I*, dz. cyt., s. 798.
[77] *Sosłużywiec Putina po KGB rasskazał o siekretnoj rabotie priezidienta-rezidienta w Drezdienie*, News.ru.com, 23 października 2003, [data dostępu: 16 marca 2016].
[78] Tamże.
[79] *Dieło Putina razwaliłos'*, http://tlt.ru [data dostępu: 16 marca 2016].
[80] Zob. w: Masha Gessen, *Putin. Człowiek bez twarzy*, przeł. Julia Szajkowska, Magda Witkowska, Warszawa 2012, s. 73.
[81] Natalija Gieworkian, Natalija Timakowa, Andriej Kolesnikow, *Ot pierwogo lica...*, dz. cyt., s. 66.
[82] A.A. Muchin, *Kto jest' mister Putin i kto s nim priszoł? Dossie na priezidienta Rossii i jego spiec służby*, Moskwa 2001, s. 32, cyt. za: „Wiersija" 2000, nr 2.
[83] Tamże, s. 33, cyt. za: „Kommiersant" 2000, nr 4.
[84] Christoph Seils, *Was tat Putin in* Dresden, „Cicero", 15 listopada 2004, http://inosmi.ru/inrussia/20041115/214625.html [data dostępu: 16 marca 2016].
[85] Oleg Błocki, *Władimir Putin. Doroga k własti*, dz. cyt., s. 229.
[86] Christopher Andrew, Wasilij Mitrochin, *Archiwum Mitrochina I...*, dz. cyt., s. 690.
[87] Tamże.
[88] Masha Gessen, *Putin...*, dz. cyt., s. 72.
[89] Masha Gessen, *Putin...*, dz. cyt., s. 72, 73.
[90] *Awstrijskaja priessa: pogoriewszyj rossijskij szpion – rodstwiennik Władimira Putina*, http://www.newsru.com/world/24jan2008/waszann.html [data dostępu: 21 czerwca 2007].
[91] *Sosłużywiec Putina po KGB rasskazał o siekrietnoj rabotie...*, dz. cyt.
[92] Oleg Błocki, *Władimir Putin. Doroga k własti*, dz. cyt., s. 233.
[93] Oleg Błocki, *Władimir Putin. Doroga k własti*, dz. cyt., s. 213.
[94] Boris Mironow, *Kriedo Putina: Alles maine!"*, http://mironovboris.livejournal.com/68731.html?thread=943995 [data dostępu: 16 marca 2016].
[95] Tamże.
[96] Tamże.
[97] Zob. wywiad z Władimirem Usolcewem w Radiu Swoboda, 11 listopada 2003, http://www.oocities.org/xyu3putin/xyu3wp/publications/031111svoboda_wp.htm [data dostępu: 16 marca 2016].
[98] Tamże.

[99] *Putin był trudogolikom…*, dz. cyt., 22 grudnia 2004 [data dostępu: 16 marca 2016].
[100] Natalija Gieworkian, Natalija Timakowa, Andriej Kolesnikow, *Ot pierwogo lica…*, dz. cyt., s. 64.
[101] *Sosłużywiec Putina po KGB rasskazał…*, dz. cyt.
[102] *Putin był trudogolikom…*, dz. cyt.
[103] Boris Mironow, *Kriedo Putina…*, dz. cyt.
[104] Tamże.
[105] *Sosłużywiec Putina po KGB rasskazał…*, dz. cyt.
[106] Boris Mironow, *Kriedo Putina…*, dz. cyt.
[107] Tamże.
[108] Władimir Usolcew, *Sosłużywiec*, dz. cyt., s. 201.
[109] *Woprieki absurdu. Kalija pokoriał Rossiju, a ona mienia*, „Russkij Forbes", 27 lutego 2010.
[110] Cyt. za: „Nowoje Wriemia": *Praczeczniaja zakryta. Stirka prodołżajetsia*, http://www.newtimes.ru/articles/detail/74564?sphrase_id=1352780#hcq=7OeQzyp [data dostępu: 16 marca 2016].
[111] Siergiej Michałycz, *Towariszczi agriessory*, „Nowaja Gazieta", 23 sierpnia 2004, http://www.novayagazeta.ru/society/23006.html [data dostępu: 16 marca 2016].
[112] Zob. Katarzyna Maniszewska, *Pionierzy terroryzmu europejskiego. Frakcja Czerwonej Armii*, Kraków 2014, s. 32.
[113] Natalija Gieworkian, Natalija Timakowa, Andriej Kolesnikow, *Ot pierwogo lica…*, dz. cyt., s. 71.
[114] Oleg Błocki, *Władimir Putin. Doroga k własti*, dz. cyt., s. 264.
[115] www.youtube.com/watch?v=3Tnz6DO0744 [data dostępu: 16 marca 2016].
[116] *Zdies' żył i rabotał podpołkownik Putin…*, *www.dw.de/p/NsT5.*
[117] Natalija Gieworkian, Natalija Timakowa, Andriej Kolesnikow, *Ot pierwogo lica…*, dz. cyt., s. 69.
[118] Christopher Andrew, Wasilij Mitrochin, *Archiwum Mitrochina I*, dz. cyt., s. 412.
[119] Horst Bohm, *Nacyonalnaja politiczeskaja encykłopedija, politike.ru/dictionary/787/word/b-m-horst http://politike.ru/dictionary/787/word/b-m-horst* według Alexander Rahr, *Władimir Putin. Der Deutsche im Kreml*, dz. cyt., s. 62–63.
[120] „News Magazine" 2000, nr 1, s. 71.
[121] Cyt. za: „News Magazine" 2000, nr 51–52, cyt. w: „Xwylya", 31 marca 2012.
[122] Cyt. za: „Moskowskije Nowosti", 25 stycznia 2000.
[123] Tamże.
[124] Zob. *Sosłużywiec Putina po KGB rasskazał o siekrietnoj rabotie…*, dz. cyt., [data dostępu: 16 marca 2016].
[125] *Bunt. Dieło Litwinienki*, (DVDRip) YouTube, code time 1.36.32, zob. Jürgen Roth, *Die Gangster aus dem Osten*, Hamburg 2003; więcej na ten temat zob. w rozdziale *Znad Łaby nad Newę*.
[126] Julij Rybakow, *Moj wiek*, Petersburg 2010, s. 426.

[127] http://www.itar-tass.com/c95/821031.html [data dostępu: 16 marca 2016].

[128] Leonid Nikitinskij, Jurij Szpanow, *Putin w razwiedkie: „zawklubom" Ili „superagient"?*, „Moskowskije Nowosti", 25 stycznia 2000, http://www.compromat.ru/page_9360.htm [data dostępu: 16 marca 2016].

[129] Wywiad z Władimirem Usolcewem w Radiu Swoboda, 11 listopada 2003, dz. cyt.

[130] Natalija Gieworkian, Natalija Timakowa, Andriej Kolesnikow, *Ot pierwogo lica...*, dz. cyt., s. 75.

[131] Oleg Błocki, *Władimir Putin. Doroga k własti*, dz. cyt., s. 281.

[132] Leonid Połochow, *Moj drug Wowka Putin*, wywiad Olega Zasorina, „Moskowskij Komsomoljec", 16–23 marca 2000, http://polocxov.ru/?p=252 [data dostępu: 12 września 2014].

[133] Tamże.

[134] „Moskowskij Komsomoljec", 30 marca 2012.

[135] Noworoczne orędzie Michaiła S. Gorbaczowa, 31 grudnia 1989, https://www.youtube.com/watch?v=1JswnLRdniI [data dostępu: 16 marca 2016].

[136] David Crawford, Marcus Bensmann, *Putins frühe Jahre 30.*, lipca 2015, https://correctiv.org/recherchen/system-putin/artikel/2015/07/30/putins-fruehe-jahre/, cyt. za: http://www.anticompromat.org/putin/drezden3.html [data dostępu: 16 marca 2016].

[137] Tamże.

[138] Wiktorija Wołoszyna, *Wasiljewskij ostrow Władimira Putina*, „Moskowskije Nowosti", 5 stycznia 2000. http://panorama.ru/works/putin/harakt00.html [data dostępu: 16 marca 2016].

**Część III. Znad Łaby nad Newę**

[1] Natalija Gieworkian, Natalija Timakowa, Andriej Kolesnikow, *Ot pierwogo lica...*, dz. cyt.,s. 77.

[2] Oleg Błocki, *Władimir Putin. Dorga k własti*, dz. cyt., s. 272.

[3] Natalija Gieworkian, Natalija Timakowa, Andriej Kolesnikow, *Ot pierwogo lica...*, dz. cyt., s. 76; Oleg Błocki, *Władimir Putin. Dorga k własti*, dz. cyt., s. 280, 281.

[4] Zob. Jurij Felsztinski, Władimir Pribyłowski, *Korporacja zabójców. Rosja KGB i prezydent Putin*, przeł. Cezary Murawski, Warszawa 2008, s. 55.

[5] Władimir Majakowski, fragment poematu *Włodzimierz Iljicz Lenin*, przeł. Adam Ważyk.

[6] Film *Anatolij Sobczak. 10 let spustia*, https://www.youtube.com/watch?v=4nJGBI3Rvk0 [data dostępu: 10 września 2014].

[7] Michaił Gorbaczow, *Przebudowa i nowe myślenie*, przeł. Alina Kurkus, Jerzy Malczyk, Warszawa 1988, s. 27.

[8] Natalija Gieworkian, Natalija Timakowa, Andriej Kolesnikow, *Ot pierwogo lica...*, dz. cyt., s. 44.

[9] Tamże, s. 77.
[10] Oleg Błocki, *Władimir Putin. Doroga k własti*, dz. cyt., s. 287.
[11] Leonid Połochow, *My s Putinym niesli briewna…*, dz. cyt., http://sobesednik.ru/politics/leonid-polokhov-my-s-putinym-nesli-brevna-v-raznye-storony [data dostępu: 16 marca 2016].
[12] Zob. Piotr Osęka, *Armia Radziecka z tobą od dziecka*, wyborcza.pl, 13 września 2012.
[13] Natalija Gieworkian, Natalija Timakowa, Andriej Kolesnikow, *Ot pierwogo lica…*, dz. cyt., s. 74.
[14] *Siergiej Grigorianc o Sobczakie*, 20 maja 2012, www.youtube.com/watch?v=xLsiPNwDpLM1 [data dostępu: 16 marca 2016].
[15] Andriej Wandinko, *Stukaczi priezidientami nie stanowiatsia*, „Komsomolskaja Prawda", 17 lutego 2000.
[16] Arkadij Sosnow, *On umieł stat' niezamienimym*, „Litieraturnaja Gazieta", 23–29 lutego 2000.
[17] Natalija Gieworkian, Natalija Timakowa, Andriej Kolesnikow, *Ot pierwogo lica…*, dz. cyt., s. 79.
[18] Jurij Felsztinski, Władimir Pribyłowski, *Korporacja zabójców…*, dz. cyt., s. 55.
[19] Masha Gessen, *Putin…*, dz. cyt., s. 103.
[20] „Moskowskije Nowosti", 25 stycznia 2000.
[21] Dmitrij Zapolskij, *Anatolij Sobczak był agientom na swiazi u Władimira Putina, katoryj jawlałsia oficerom KGB*, „Argumient", 27 sierpnia 2015, http://argumentua.com/stati/anatolii-sobchak-byl-agentom-na-svyazi-u-vladimira-putina-kotoryi-yavlyalsya-ofitserom-kgb [data dostępu: 16 marca 2016].
[22] Jurij Felsztinski, Władimir Pribyłowski, *Korporacja zabójców…*, dz. cyt., s. 58.
[23] Jurij Szutow, *Kriestnyj otiec „piterskich"*, Moskwa 2011, s. 58.
[24] Oświadczenie frakcji deputowanych przy Leningradzkim Froncie Narodowym, czerwiec 1991.
[25] „Wiestnik Lensowieta" 1991, nr 2, cyt. za: Marina Salje, Radio Swoboda, 15 kwietnia 2011.
[26] Oświadczenie frakcji deputowanych…, dz. cyt.
[27] Leonid Połochow, *My s Putinym…*, dz. cyt.
[28] Leon Weinstein, *Zachwatywajuszcze intieriesnyj Sobczak*, Żurnalnyj zał, http://magazines.russ.ru/neva/2005/2/van.html [data dostępu: 16 marca 2016].
[29] Tamże.
[30] Jurij Szutow, *Kriestnyj otiec…*, dz. cyt., s. 5.
[31] Tamże, s. 15.
[32] Aleksiej A. Muchin, *Kto jest' mister Putin*, dz. cyt., s. 41.
[33] *Leonid Połochow, My s Putinym…, dz. cyt.*
[34] *Żyzn' do Kriemla*, „Sowierszenno Siekrietno", http://www.sovsekretno.ru/articles/id/441 [data dostępu: 16 marca 2016].
[35] „News", 30 marca 2000.
[36] Zob. w: Aleksiej A. Muchin, *Kto jest' mister Putin…*, dz. cyt., s. 6.

[37] Oleg Błocki, *Władimir Putin. Doroga k własti*, dz. cyt., s. 273.
[38] Natalija Gieworkian, Natalija Timakowa, Andriej Kolesnikow, *Ot pierwogo lica...*, dz. cyt., s. 91.
[39] Zob. wywiad przeprowadzony przez Mashę Gessen z Irene Commeaut w 2010 roku, w: tejże, *Putin...*, dz. cyt., s. 128.
[40] Natalija Gieworkian, Natalija Timakowa, Andriej Kolesnikow, *Ot pierwogo lica...*, dz. cyt., s. 80.
[41] Tamże, s. 83.
[42] Tamże, s. 81.
[43] Tamże, s. 83.
[44] Zob. Christopher Andrew, Wasilij Mitrochin, *Archiwum Mitrochina I...*, dz. cyt., s. 693.
[45] Tamże.
[46] Tamże.
[47] Program „Wriemia", 19 sierpnia 1991, https://www.youtube.com/watch?v=MtUVHTONFb8 [data dostępu: 16 marca 2016].
[48] *Broniłem zdrowego rozsądku*, fragment wywiadu przeprowadzonego przez autorkę z generałem Aleksandrem Lebiediem w Tiraspolu, „Sztandar Młodych", 30 czerwca 1995.
[49] Aleksiej A. Muchin, *Kto jest' mister Putin...*, dz. cyt., s. 37.
[50] Marina Salje, *Jeszczo raz o „chamieleonie" Sobczakie. No poslednij!*, *www.svoboda.org/content/blog/3558396.html* [data dostępu: 16 marca 2016].
[51] Masha Gessen, *Putin...*, dz. cyt., s. 120.
[52] Natalija Gieworkian, Natalija Timakowa, Andriej Kolesnikow, *Ot pierwogo lica...*, dz. cyt.,s. 84, 85.
[53] Masza Gessen, *Putin...*, dz. cyt., s. 126.

**Część IV. Mieć!**

[1] Jurij Szutow, *Kriestnyj otiec...*, dz. cyt., s 161, 162.
[2] Tamże, s. 214.
[3] Tamże, s. 109.
[4] Zob. Aleksiej A. Muchin, *Kto jest' mister Putin...*, dz. cyt., s. 44.
[5] Wystąpienie Władimira Putina w rosyjskiej telewizji, 27 grudnia 2012.
[6] Audycja *Zaprietnyje dieti*, w: Radio Swoboda, 3 grudnia 2014, *www.svoboda.org/content/article/26722842.html* [data dostępu: 16 marca 2016].
[7] Bartłomiej Dobroczyński, *Psychologiczna geneza okrucieństwa*, http://www.diametros.iphils.uj.edu.pl/serwis/?l=1&p=deb5&m=43&ii=72 [data dostępu: 16 marca 2016].
[8] Zob.: *Sprawka w otnoszenii Putina W.W.*, „Stringer", 14 listopada 2000, http://www.compromat.ru/page_10373.htm [data dostępu: 16 marca 2016].
[9] Natalija Gieworkian, Natalija Timakowa, Andriej Kolesnikow, *Ot pierwogo lica...*, dz. cyt., s. 94.

[10] Władimir Pribiłowski, *Putin i kazino*, w: Publicznyja intierniet-bibliotieka Władimira Pribiłowskiego, http://www.anticompromat.org/putin/casino.html [data dostępu: 16 marca 2016].
[11] Jurij Felsztinski, Władimir Pribyłowski, *Korporacja zabójców…*, dz. cyt., s. 87, cyt. za: „Kommiersant Daily", 4 września 1993.
[12] Jurij Felsztinski, Władimir Pribyłowski, *Korporacja zabójców…*, dz. cyt., s. 68.
[13] *Sprawka w otnoszenii Putina…*, dz. cyt.
[14] Władimir Iwanidze, *Nierazborcziwyje swiazi siewiernoj stolicy*, „Sowierszenno Siekrietno" , nr 8/135; zob. też http://www.sovsekretno.ru/articles/id/514/ [data dostępu: 16 marca 2016].
[15] „Die Welt", 11 stycznia 2000.
[16] „Le Monde", 28 lipca 2000.
[17] Jurij Felsztinski, Władimir Pribyłowski, *Korporacja zabójców…*, dz. cyt., s. 94.
[18] *Posażennyje otcy. Rossijej władiejet odin czełowiek – jejo uprawlajuszczij*, „Nowaja Gazieta", 7 lutego 2004.
[19] Zob. Mark Hosenball, Christian Caryl, artykuł o skazie na nieposzlakowanej reputacji Putina, „The Newsweek", 28 sierpnia 2001; wersja ros. w: http://inosmi.ru/untitled/20010827/141222.html [data dostępu: 16 marca 2016].
[20] Władimir Pribyłowski, *Dieło firmy SPAG*, w: Jurij Felsztynski, Władimir Pribyłowski, *Opieracyja „Naslednik"*, http://www.anticompromat.org/putin/spag2007.html [data dostępu: 16 marca 2016].
[21] Nikołaj Andruszczenko, *Połonijem mogut rasporiazat'sia tolko gossudarstwiennyje organy RF*, „Nowyj Pietiersburg", 21 grudnia 2006, nr 49, www.newspb.org.
[22] http://zn.ua/WORLD/radioaktiwnyyj-polonij-kotorym-ubili-litwinenko-proizwoditsia-tolko-v-rossii-ekspiert-169502_.html [data dostępu: 16 marca 2016].
[23] Władimir Pribyłowski, *Dieło firmy SPAG*, dz. cyt.
[24] Anastasija Kirilenko, *Dosje na Putina*, www.swoboda.org/content/article/25208961.html [data dostępu: 16 marca 2016].
[25] http://wiadomosci.gazeta.pl/wiadomosci/1,114871,17322123,Ruszyl_proces_ws__Litwinienki__Prawnik_ostro___Putin.html, [data dostępu: 16 marca 2016].
[26] Oleg Błocki, *Władimir Putin. Doroga k własti*, dz. cyt., s. 305.
[27] Marina Salje, *W. Putin – „priezidient" korrumpirowannoj oligarchii*, Fundusz Społeczny „Głasnost"", 18 marca 2000, http://www.compromat.ru/page_9618.htm [data dostępu: 16 marca 2016].
[28] Tamże.
[29] Zob. film Walerija Bałajana, *Whoismisterputin*, zrealizowany na podstawie śledztw przeprowadzonych przez dwoje dziennikarzy: Anastasiję Kirilenko i Władimira Iwanidze, http://corruption.ru/news/786.html [data dostępu: 16 marca 2016].
[30] Jurij Felsztinski, Władimir Pribyłowski, *Korporacja zabójców…*, dz. cyt., s. 80 i 81.

[31] Zob. *Russkij pionier (Piotr Awen)*, http://www.zaharprilepin.ru/ru/pressa/aven-protiv-prilepina.html/ [data dostępu: 16 marca 2016].
[32] Natalija Gieworkian, Natalija Timakowa, Andriej Kolesnikow, *Ot pierwogo lica...*, dz. cyt., s. 90.
[33] Masha Gessen, *Putin...*, dz. cyt., s. 133.
[34] Tamże, s. 134.
[35] *Putin kormił pitercew sobaczimi konsierwami*. Wywiad z Andriejem Nieczajewem, radiostacja Echo Moskwy, 20 stycznia 2010, godz. 23.08. http://echo.msk.ru/programs/creditworthiness/650054-echo/
[36] Jurij Felsztinski, Władimir Pribyłowski, *Korporacja zabójców...*, dz. cyt., s. 96.
[37] Natalija Gieworkian, Natalija Timakowa, Andriej Kolesnikow, *Ot pierwogo lica...*, dz. cyt., s. 105.
[38] Leonid Połochow, *My s Putinym...*, dz. cyt.
[39] https://www.facebook.com/permalink.php?story_fbd [data dostępu: 16 marca 2016].
[40] Masha Gessen, *Putin...*, dz. cyt., s. 21.

## Część V. Moskiewskie labirynty

[1] Boris Jelcyn, *Priezidientskij marafon*, Moskwa 2000, s. 23.
[2] Siergiej Mołczanow, *Rodom iz Bieriezników: istoki krutogo prawa Jelcyna*, RIA Nowosti, 1 lutego 2012, *ria.ru/ocherki/20110201/328697035.html* [data dostępu: 16 marca 2016].
[3] Boris Jelcyn, *Priezidientskij marafon*, dz. cyt., s. 24.
[4] Tamże, s. 25–30.
[5] Aleksandr Korżakow, *Boris Jelcyn: ot rasswieta do zakata*, Moskwa 1997, s. 357, 358.
[6] Oświadczenie to znajduje się w aktach procesu „Bieriezowski przeciwko pismu »Forbes«", a składał je Aleksandr Korżakow, szef prezydenckiej ochrony, zob. „Stinger", czerwiec 2000, http://www.compromat.ru/page_9901.htm [data dostępu: 16 marca 2016].
[7] Aleksandr Korżakow, *Boris Jelcyn...*, dz. cyt., s. 359.
[8] Giulietto Chiesa, korespondent włoskiej gazety „La Stampa", poświęcił temu książkę *Russia, addio*; wyd. ros. *Proszczaj, Rossija*, Moskwa 1998; zob. też w: Krystyna Kurczab-Redlich, *Głową o mur Kremla*, wyd. 2, Warszawa 2012, s. 190–202.
[9] Oleg Łurje, *Tajno pro tajno*, „Sowierszenno Siekrietno" 1999, nr. http://www.compromat.ru/page_25496.htm [data dostępu: 16 marca 2016]. [
[10] Satcor.ru, 8 stycznia 2003, http://www.compromat.ru/page_12666.htm [data dostępu: 16 marca 2016].
[11] Zob. Aleksiej Czełnokow, *„Kriestnaja docz'" Kremla. Siemiejnyje tajny Tatiany Diaczenko*, https://books.google.ru/books?id=8wvi8JsJMhYC&pg=PT40&lpg=PT40&dq=татьяна+дьяченко+росвооружение&source=bl&ots=LnZ6N-sxpwh&#v=onepage&q&f=false [data dostępu: 16 marca 2016].

[12] http://www.compromat.ru/page_12610.htm [data dostępu: 16 marca 2016].

[13] *Bieriezowskij był stratieg siemji Jelcyna, Badri Patarkacyszwili - buchgaltier a Abramowicz - klucznik, kassir*, w: „Rosbałt", 16 listopada 2011, http://www.rosbalt.ru/moscow/2011/11/16/913186.html [data dostępu: 16 marca 2016].

[14] Aleksandr Korżakow, *Boris Jelcyn*..., dz. cyt., s. 311.

[15] Jelena Triegubowa, *Bajki kremlowskogo diggiera*, Moskwa 2003, s. 67.

[16] *Korżakow rasskazał, kak Abramowicz nosił w Kreml czemodany s dollarami*, http://www.city-n.ru/view/138745.html [data dostępu: 16 marca 2016].

[17] Gordon Rayner, Olinka Kostner, „Daily Mail", 15 marca 2007, http://www.theguardian.com/uk/2007/mar/16/russia.football [data dostępu: 16 marca 2016].

[18] Oleg Błocki, *Władimir Putin. Doroga k własti*, dz. cyt., s. 387.

[19] Zob. Jurij Felsztinski, Władimir Pribyłowski, *Korporacja zabójców*..., dz. cyt., s. 100.

[20] „Nowaja Gazieta", 29 grudnia 1999.

[21] *Czełowiek niewidimka*, „Stringer", czerwiec 2000, http://www.compromat.ru/page_9954.htm [data dostępu: 16 marca 2016].

[22] Jelena Triegubowa, *Bajki*..., dz. cyt., s. 141–143.

[23] http://panorama.ru/works/putin/harakt00.html [data dostępu: 16 marca 2016].

[24] Natalija Gieworkian, Natalija Timakowa, Andriej Kolesnikow, *Ot pierwogo lica*..., dz. cyt., s. 123.

[25] Jurij Felsztinski, Władimir Pribyłowski, *Korporacja zabójców*..., dz. cyt., s. 173.

[26] Siergiej Płużnikow, *Kwartirnoje dieło Sobczaka*, „Sowierszenno Siekrietno", 4 lutego 1997, http://www.compromat.ru/page_26659.htm [data dostępu: 16 marca 2016].

[27] Tamże.

[28] „Hello!", 31 października 2006, zob. *Kwartira mera Sobczaka*. Fotogaleria http://www.compromat.ru/page_19624.htm [data dostępu: 16 marca 2016].

[29] Natalija Gieworkian, Natalija Timakowa, Andriej Kolesnikow, *Ot pierwogo lica*..., dz. cyt., s. 111, 112.

[30] Aforyzm Franza Kafki, cyt za: *Wielka księga mądrości*, wybór i oprac. Jacek Illg, Tomasz Illg, Katowice 2004, s. 309.

[31] Boris Jelcyn, *Prezidientskij marafon*, dz. cyt., s. 380.

[32] Boris Wiszniewski, *Jakowlew nie prosił Putina ostat'sia*, http://echo.msk.ru/blog/echomsk/611266-echo/ 14:51, 8 sierpnia 2009. Od tamtej pory Władimir Jakowlew spotykał się z wielkimi utrudnieniami na każdym zajmowanym stanowisku.

[33] Pierwsza to *Djużyna nożej w spinu. Pouczitielnaja istorija o rossijskich politiczeskich prawach*; druga to *Iz Leningrada w Pietierburg: putieszestwije wo wriemieni i prostranstwie*.

[34] Dmitrij Wołczek, wywiad z Arkadijem Wakssbergiem, *Anatolij Sobczak: otrawlennaja pamiat'*, Radio Swoboda, 20 lutego 2010.

35 „Kommiersant", 19 września 1998.
36 Dmitrij Wołczek, wywiad z Arkadijem Wakssbergiem, dz. cyt.
37 Zob. Masha Gessen, *Putin…*, dz. cyt., s. 151.
38 *Uchod Sobczaka – nie prosto smiert', a bigiel i riezultat trawli*, CKS Gruppy Krizis, 25 lutego 2000, http://www.compromat.ru/page_26457.htm [data dostępu: 16 marca 2016].
39 Aleksandr Szwariew, *Zastrielen poslednij swidietiel smierti Sobczaka*, cyt. za: Agencja Rosbałt, 30 września 2011, http://www.compromat.ru/page_31303.htm [data dostępu: 16 marca 2016].
40 *Nieożydannoje razwitije dieła o rassledowanii obstojatielstw smierti Anatolija Sobczaka*, audycja w Radiu Swoboda, 31 czerwca 2000.
41 Zob. Masha Gessen, *Putin…*, dz. cyt., s. 152.
42 Natalija Gieworkian, Natalija Timakowa, Andriej Kolesnikow, *Ot pierwogo lica…*, dz. cyt., s. 113.
43 http://tlt.ru/articles.php?category = 4 APN, Obszczestwo / 23 lutego 2000 [data dostępu: 16 marca 2016].
44 Arsien Rstaki, Siergiej Płużnikow, *Kto ubrał Sobczaka s puti k Sierpcu Putina?* FreeLance Bureau, 24 lutego 2000, http://www.compromat.ru/page_10050.htm [data dostępu: 16 marca 2016].
45 *Uchod Sobczaka…*, dz. cyt.
46 Tamże.
47 Jelena Triegubowa, *Bajki…*, dz. cyt., s. 307.
48 *Mat' Sobczak bolsze nie lubit Putina*, http://vnssr.my1.ru/news/mat_sobchak_bolshe_ne_ljubit_putina/2012-11-10-10069 [data dostępu: 16 marca 2016].
49 Zob. Krystyna Kurczab-Redlich, *Głową o mur…*, dz. cyt., s. 200.
50 Boris Jelcyn, *Priezidientskij marafon*, dz. cyt., s. 350.
51 *Władimir Putin, Żizń do Kriemla*, oprac. na podstawie materiałów w niemieckich czasopismach „Der Spiegel" i „Stern", „Sowierszenno Siekrietno", *www.sovsekretno.ru/articles/id/441/* [data dostępu: 16 marca 2016].
52 Boris Jelcyn, *Priezidientskij marafon*, dz. cyt., s. 357.
53 Cyt. za: Roj Miedwiediew, *Diejstwujuszczij priezidient*, dz. cyt., s. 200.
54 Jelena Triegubowa, *Bajki…*, dz. cyt., s. 166.
55 A.A. Muchin, *Kto jest' Mister Putin…*, dz. cyt., s. 26.
56 Andriej Wiesiełow, Wiktor Diatlikowicz, Anastasija Nowikowa, *My dołżny byli ariestowat' priezidienta*, „Russkij Rieporter", 21 lipca 2011.
57 *Lwa Rochlina ubił Putin. I stał priezidientom Rossii.* Wypowiedź byłego członka rządu Federacji Rosyjskiej Michaiła Połtoranina na konferencji prasowej Agencji Interfax. www.luchmir.com/Politika2010/STOPPutinDec10.htm 10 listopada 2010 [data dostępu: 16 marca 2016].
58 Zob. „Niezawissimaja Gazieta", 7 lipca 1998.
59 Michaił Połtoranin, *Własť w trotilowom ekwiwalentie. Nasledie cara Borisa*, cz. 6, *Lew Rochlin, Ili „Otkroj, stuczitsia Stalin!"*, http://trueinform.ru/modules.php?name=Book&pa=showpage&pid=52 [data dostępu: 16 marca 2016].

[60] Aleksandr Litwinienko, Aleksandr Litwinienko, *Łubianskaja Priestupnaja Groppirowka*, New York 2002, s. 35, cyt. fragment przeł. Krystyna Kurczab-Redlich.

[61] Wypowiedź w Radiu Swoboda, 9 kwietnia 2005, godz. 17.44, http://www.svoboda.org/content/article/106411.html [data dostępu: 16 marca 2016].

[62] Michaił Połtoranin, *Właść*..., cz. 6, dz. cyt.

[63] *Wstriecza B. Jelcyna s. S. Kirijenko w Szujskoj Czupie*, http://www.gov.karelia.ru/gov/News/Leader/1998/0727a.html [data dostępu: 16 marca 2016].

[64] Natalija Gieworkian, Natalija Timakowa, Andriej Kolesnikow, *Ot pierwogo lica*..., dz. cyt., s. 124.

[65] Michaił Połtoranin, *Właść*..., dz. cyt.

[66] Zob. Nikołaj Ostrowski, *Jak hartowała się stal*, przeł. Wacław Rogowicz, wyd. 10, Warszawa 1977. Pierwsze wydanie w języku polskim: Kijów 1941.

[67] Zob. w: Władimir Pribyłowski, *Szutow Jurij Titowicz*, Antikompromat.ru http://www.anticompromat.org/shutov/shutbio.html [data dostępu: 16 marca 2016].

[68] Anastasija Kirilenko, *Putin, Szutow, „Oziero" i „Biełyj lebied'"*, audycja w:, 21 grudnia 2014, http://www.svoboda.org/content/article/26755073.html [data dostępu: 16 marca 2016].

[69] Tamże.

[70] Andriej Konstantinow, Igor Szuszarin (współpr.), *Banditskij Pietierburg*, t. 2, https://books.google.ru/books?id=WTT9sAB5864C&pg=PA360&lpg=RA360&dq=Iwan+Łuszczinskij+intierfax&source=bl&ots=s0aAAc-6R [data dostępu: 16 marca 2016].

[71] Zob. Siergiej Płużnikow, Siergiej Sokołow, *Tien' priezidienta*, FreeLance Bureau, 15 stycznia 2000, http://www.compromat.ru/page_9319.htm [data dostępu: 16 marca 2016].

[72] Tamże.

[73] Anastasija Kirilenko, *Putin, Szutow, „Oziero"* i „Biełyj lebied'", dz. cyt.

[74] Natalija Gieworkian, Natalija Timakowa, Andriej Kolesnikow, *Ot pierwogo lica*..., dz. cyt., s. 108.

[75] *Krowawyje sledy priwiedienija Putina*, jesień 1998, http://osinov.livejournal.com/4185.html [data dostępu: 16 marca 2016].

[76] Ubit kurator pietierburskich kładbiszcz 29 września 1998, http://www.kommersant.ru/doc/205953 [data dostępu: 16 marca 2016].

[77] „Nowaja Gazieta", 1 października 2001.

[78] *Czisto pitierskoje ubijstwo*, „Leningradskaja Prawda", 16 stycznia 2002, RIA Nowosti, http://ria.ru/spravka/20131120/978241181.html#ixzz3CoobI1wm [data dostępu: 16 marca 2016].

[79] Zob. Jurij Szutow, *Kto jejo ubił?* „Nowyj Pietierburg", 22 lutego 2005, http://rusk.ru/st.php?idar=6514 [data dostępu: 16 marca 2016].

[80] *FSB znajet motiwy ubijstwa Galiny Starowojtowoj? ys.novayagazeta.ru/text/1999-02-22.shtml* [data dostępu: 16 marca 2016].

81 Zob. Anna Prochorowa, Pietr Glebow, *Nowyje russkije kommunisty: sojuz sierpa i dolara*, „Siewiernaja Stolica", 17 listopada 1998. http://www.elections.spb.ru/razdel10/10.1/sevstolica_publ_a.htm [data dostępu: 16 marca 2016].

82 Anna Polanska, *Za czto ubili starowojtowu?* Rozmowa z Rusłanem Linkowskim, Paryż, 3 maja 2005, http://www.ds.ru/linkov.htm [data dostępu: 16 marca 2016].

83 *Ruś Sidiaszczaja. Niewinownyje nie dołężny sidiet' w tiurmie, https://ru-ru.facebook.com/russidyaschaya/posts/671292052922485* [data dostępu: 16 marca 2016].

84 Zob. *Diemografija „zakluczennosti"*, „Demoskop Weekly", 19 stycznia – 1 lutego 2009.

85 Michaił Triepaszkin, *Zamietki po diełu Jurija Szutowa*, http://zavolu.info/1534.html [data dostępu: 16 marca 2016].

86 Zob. Wiera Guriewicz, *Władimir Putin…*, dz. cyt., s. 71–72.

87 Aleksandr Litwinienko, *Łubianskaja Priestupnaja Groppirowka*, New York 2002, s. 105, 106, 107, cyt. fragment przeł. Krystyna Kurczab-Redlich.

88 „Birżewoj Lidier", 4 lutego 2014.

89 „Nowaja Gazieta", 16 stycznia 2014.

90 Aleksandr Litwinienko, *Łubianskaja priestupnaja*, dz. cyt., s. 108 i 109, cyt. fragment przeł. Krystyna Kurczab-Redlich.

91 Zob. *Ubijca skryłsia na wiełosipiedie*, „Kommiersant", 29 kwietnia 2000.

92 *Nasza służba i opasna, i trudna*, słowa M. Minkow, A. Gorochow, przeł. Krystyna Kurczab-Redlich.

93 Narcyz Łopianowski, *Rozmowy z NKWD 1940–1941*, opracował, wstępem i przypisami opatrzył Andrzej Krzysztof Kunert, Warszawa 1990, s. 29–30.

94 Zygmunt Berling, *Wspomnienia*, t. 1, *Z łagrów do Andersa*, Warszawa 1990, s. 81, 85–86.

95 Witold Bereś, Jerzy Skoczylas, *Generał Kiszczak mówi… prawie wszystko…*, Warszawa 1991, s. 166.

96 Alex Goldfarb, Marina Litvinenko (współpr.), *Sasha, Wolodya, Boris. Istorija ubijstwa*, New York–London 2010, s. 158.

97 Jurij Felsztinski, Michaił Stanczew, *Trzecia wojna światowa? Bitwa o Ukrainę*, przeł. Jerzy Redlich, Poznań 2015, s. 11.

98 Zob. *Skoro grianiet „Putingate"?*, FreeLance Bureau, 1 lutego 2000, http://www.compromat.ru/page_9378.htm [data dostępu: 16 marca 2016].

99 Fragment rozmowy autorki z oficerem FSB Nikołajem P., 1999, archiwum autorki.

100 Zob. *Skoro grianiet „Putingate"?*, dz. cyt.

101 Michaił Rostowski, *Tajna s gołuboj pieczatju*, „Moskowskij Komsomoljec", 29 stycznia 2003, http://www.mk.ru/editions/daily/article/2003/01/29/141677-tayna-s-goluboy-pechatyu.html

102 Zob. Boris Niemcow, *Kak Putin stał priejemnikom*, w: tegoż, *Ispowied' buntaria*, http://philologist.livejournal.com/7319397.html

[103] http://www.balashov.com.ua/blogs/troe_v_posteli_ili_ryba_gniet_s_golovy/
[104] Peter Baker, Susan Glasser, *Cień Kremla*, przeł. Władysław Jeżewski, Warszawa 2005, s. 61.
[105] Alex Goldfarb, Marina Litvinenko, *Sasza, Wołodia, Boris*, dz. cyt., s. 150.
[106] https://pl.wikipedia.org/wiki/Psychoza [data dostępu: 16 marca 2016].
[107] Natalija Gieworkian, Natalija Timakowa, Andriej Kolesnikow, *Ot pierwogo lica*, dz. cyt., s. 104.
[108] Peter Baker, Susan Glasser, *Cień Kremla*, dz. cyt., s. 62.
[109] Alex Goldfarb, Marina Litvinenko, *Sasza, Wołodia, Boris*, dz. cyt., s. 159.
[110] Zob. Robert S. Robins, Jerrold M. Post, *Paranoja polityczna. Psychopatologia nienawiści*, przeł. Hanna Jankowska, Warszawa 2007, s. 22, 23.
[111] http://www.polskieradio.pl/5/3/Artykul/1065934,Merkel-do-Obamy-Putin-stracil-kontakt-z-rzeczywistoscia [data dostępu: 16 marca 2016].
[112] https://www.youtube.com/watch?v=jaOmORmsx3I [data dostępu: 16 marca 2016].
[113] http://obozrevatel.com/politics/74306-odessityi-otpravili-putina-v-psihushku.htm [data dostępu: 16 marca 2016].
[114] Boris Jelcyn, *Prezidientskij marafon...*, dz. cyt., s. 302.
[115] Tamże, s. 255.
[116] Tamże, s. 276.
[117] Alex Goldfarb, Marina Litvinenko, *Sasza, Wołodia, Boris*, dz. cyt., s. 137.
[118] Tamże, s. 158.
[119] Jurij Felsztinski, *Borys Bieriezowski. Zapiski wisielca*, przeł. Ewa Skórska, Warszawa 2015, s. 93.
[120] http://pfu.tomsk.ru/.../nemtsov_boris.../ispoved_buntarya/read/4 [data dostępu: 16 marca 2016].
[121] Boris Jelcyn, *Prezidentskij marafon...*, dz. cyt., s. 305.
[122] Tamże, s. 315.
[123] http://pfu.tomsk.ru/.../nemtsov_boris.../ispoved_buntarya/read/4 [data dostępu: 16 marca 2016].
[124] Boris Bieriezowski, *S pistoletom Putina ja zaszoł w kabiniet Primakowa*, http://2002.novayagazeta.ru/nomer/2002/35n/n35n-s15.shtml [data dostępu: 16 marca 2016].

**Część VI. Czeczenia**

[1] Aleksandr Litwinienko, *Łubianskaja, priestupnaja gruppirowka*, dz. cyt., s. 96.
[2] Portal Adamalla, *Dieportacyja czeczencew i inguszej w 1944 godu*, wpis z 21 listopada 2010.
[3] www.kaukaz.net/cgi-bin/blosxom.cgi/polish/czeczenia/czeczenia_art4 [data dostępu: 16 marca 2016].
[4] Nikołaj Leonow, *Kriestnyj put' Rossii 1991–2000*, http://hrono.rspn.ryazan.ru//libris/lib_1/leonn00.html, cyt. w: Krystyna Kurczab-Redlich, *Głową o mur Kremla*, dz. cyt., s. 214.

[5] Aleksandr Litwinienko, Jurij Felsztinski, *FSB wzrywajet Rossiju*, New York 2002.
[6] Ałła Dudajewa, *Dżochar Dudajew. Million pierwyj*, Moskwa 2003, s. 133.
[7] Dmitrij Furman, *Samyj trudnyj narod dla Rossii*, http://old.sakharov-center.ru/chr/chrus01_1.htm [data dostępu: 16 marca 2016].
[8] Aleksandr Litwinienko, Jurij Felsztinski, *FSB wzrywaje Rossiju*, dz. cyt., s. 20.
[9] Rozmowa przeprowadzona przez autorkę przy okazji inauguracji prezydentury Asłana Maschadowa 12 lutego 1997 roku w Groznym.
[10] Rozmowa przeprowadzona przez autorkę w Moskwie, w Radzie Federacji, jesienią 2002 roku.
[11] Ałła Dudajewa, *Dżochar Dudajew...*, dz. cyt., s. 251.
[12] Prikaz Ministra Obrony Rossijskoj Fiedieracyi i Rukowoditiela Gruppy po razorużeniju i likwidacyi woorużonnych formirowanij na tierritorii Czeczenskoj Riespubliki, https://www.facebook.com/OukflChrIchkeria/posts/548810628490078 [data dostępu: 16 marca 2016].
[13] http://www.alppp.ru/law/konstitucionnyj-stroj/federativnoe-ustrojstvo/14/rasporjazhenie-pravitelstva-rf-ot-01-12-1994--1887-r.html [data dostępu: 16 marca 2016].
[14] Ałła Dudajewa, *Dżochar Dudajew...*, dz. cyt., s. 156.
[15] Cyt. za: Marcel H. van Herpen, *Wojny Putina*, przeł. Magda Witkowska, Julia Szajkowska, Warszawa 2014, s. 268.
[16] Siergiej Kowalow, *Lot białego kruka. Od Syberii po Czeczenię. Moja życiowa podróż*, przeł. Paweł Wieczorek, Warszawa 1998, s. 145.
[17] Boris Jelcyn, *Priezidientskij marafon...*, dz. cyt., s. 88.
[18] Marcel H. van Herpen, *Wojny Putina*, dz. cyt., s. 266.
[19] http://thechechenpress.com/archive-2010-year/2610-kontseptsiya-natsional-no-gosudarstvennoj-politiki-chechenskoj-respubliki-ichkeriya-chast-2.html [data dostępu: 16 marca 2016].
[20] Cyt. za: W.P. Romanow, *Czeczenia. Bieła kniga*; zob. w: Dokumienty Mieżdunarodnogo Komitieta Krasnogo Kriesta, Ubijstwo szesti sotrudnikow MKKK w Nowych Atagach w Czecznie, www.Czecznia.Biełajaknigahrono.ru/libris/lib_r/wh_book_3-7.php [data dostępu: 16 marca 2016].
[21] Achmied Zakajew, *Ujarzmić lub wytrzebić*, rękopis w archiwum autorki.
[22] Ałła Dudajewa, *Dżochar Dudajew...*, dz. cyt., s. 163.
[23] Krystyna Kurczab-Redlich, *Głową o mur Kremla*, dz. cyt., s. 248.
[24] Rozporządzenie i instrukcja w archiwum autorki; zob. też Krystyna Kurczab-Redlich, *Pandrioszka*, wyd. 1, Poznań 2000, s. 242.
[25] Alex Goldfarb, Marina Litvinenko, *Sasza, Wołodia, Boris*, dz. cyt., s. 91.
[26] Zob. Achmied Zakajew, *Ujarzmić lub wytrzebić*, dz. cyt.
[27] Peter Baker, Susan Glasser, *Cień Kremla*, dz. cyt., s. 292.
[28] Achmied Zakajew, *Ujarzmić lub wytrzebić*, dz. cyt.

**Część VII. Koronkowa robota z tronem w tle**

[1] *Kawkazkij Uzieł. Wtorżenije bojewnikow w Dagiestan*, 1999 *www.kavkaz-uzel.ru/articles/247053/* [data dostępu: 16 marca 2016].

[2] Protokoł wstrieczi Priedsiedatiela Gosudarstwiennogo sowieta Respubliki Dagiestan s priedstawitielami dżamaatow s. Karamachi i s. Czabanmachi i drugich rejonow respubliki g. Bajnaksk, 1 września 1998 roku; *Portriet ministra w kontiekstie smutnogo wriemieni: Siergiej Stiepaszyn*, https://books.google.ru/books?isbn=522402630X [data dostępu: 16 marca 2016].

[3] *Łuczik swieta w tiomnom carstwie*, *www.kavkazcenter.com/russ/.../luchik-sveta-v-temnom-tsarstve.shtml* [data dostępu: 16 marca 2016].

[4] Boris Jelcyn, *Priezidenckij marafon*..., dz. cyt., s. 311, 313.

[5] Liza Briczkina, *Władimir Putin. Poslednij patron*, „Profil", 30 sierpnia 1999, http://www.profile.ru/arkhiv/item/40938-items_3762 [data dostępu: 16 marca 2016].

[6] Rozmowa autorki z Malikiem Sadułłajewem, w: *Głową o mur Kremla*, dz. cyt., s. 266.

[7] Giennadij Troszew, *Moja wojna. Czeczenskij Dniewnik okopnogo gienierała*, Moskwa 2001, s. 230, 231.

[8] Boris Jelcyn, *Priezidenckij marafon*, dz. cyt.

[9] Telewizja NTW, program „Siegodnia", 9 sierpnia 1999.

[10] W: „Dagiestanskaja Prawda", 14 sierpnia 1999, https://dagpravda.ru/rubriki/obshchestvo/34983/ [data dostępu: 16 marca 2008].

[11] *Sobytija w Dagiestanie głazami oczewidcew*, Memoriał, *www.memo.ru/hr/hotpoints/N-Caucas/conf2809.htm*

[12] *Karamachi: I brat poszoł na brata*, *polit.ru/article/2004/08/18/karama/*

[13] Cyt. za: Marcel H. van Herpen, *Wojny Putina*, dz. cyt., s. 281.

[14] Fragment rozmowy przeprowadzonej przez autorkę w obozie w Inguszetii, listopad 1999; zob. też Krystyna Kurczab-Redlich, *Pandrioszka*, dz. cyt., s. 294.

[15] Jurij Felsztinski, *Boris Bieriezowski*..., dz. cyt., s. 165.

[16] Siergiej Prawosudow, *Błoka OWR woobszcze mogło i nie byt'*, „Niezawisimaja Gazieta", 14 stycznia 2000, http://www.ng.ru/politics/2000-01-14/1_ovr.html, [data dostępu: 16 marca 2016].

[17] Zob. Marcel H. van Herpen, *Wojny Putina*, dz. cyt., s. 281.

[18] Tamże.

[19] Natalija Gieworkian, Natalija Timakowa, Andriej Kolesnikow, *Ot pierwogo lica*..., dz. cyt., s. 130.

[20] Tamże, s. 133.

[21] Alex Goldfarb, Marina Litvinenko, *Sasza, Wołodia, Boris*, dz. cyt., s. 143.

[22] Tamże, s. 151.

[23] Zob. *Skoro grianiet „Putingate"*, dz. cyt.

[24] David Satter, *Darkness at Dawn. The Rise of the Russian Criminal State*, cyt za: Edward Lucas, *Nowa zimna wojna*, Poznań 2008, s. 65.

[25] Obszerną relację z opisanych wydarzeń zob. w: Krystyna Kurczab-Redlich, *Głową o mur Kremla…*, dz. cyt., s. 272–281.

[26] Fragment rozmowy przeprowadzonej przez autorkę w roku 2000 w Moskwie, zob. *Głową o mur Kremla*, dz. cyt., s. 304.

[27] Relacja na podstawie rozmowy autorki z Zainap Gaszajewą, przeprowadzonej w 2000 roku.

[28] Zob. w: Achmied Zakajew, *Ujarzmić lub wytrzebić*, dz. cyt.

[29] Zob. materiały Stowarzyszenia Memoriał, *Tocziecznyje udary*, Moskwa 1999, s. 13.

[30] http://haaman.com/news/2015-01-23/e-20-19 [data dostępu: 16 marca 2016].

[31] Film Krystyny Kurczab-Redlich *Czeczenia. Zabójstwo za zgodą świata*, Polsat 2003.

[32] Anna Politkowska, *Druga wojna czeczeńska*, przeł. Irena Lewandowska, Kraków 2006, s. 22.

[33] http://www.1tv.ru/news/social/114707 [data dostępu: 16marca 2016].

[34] Wiera Dmitrijewna Guriewicz, *Dieriewo żyzni*, 2012, www.youtube.com/watch?v=EbrfsEo6QLE [data dostępu: 16 marca 2016].

[35] Fragment wystąpienia Władimira Putina na spotkaniu z pisarzami w rosyjskim PEN Clubie, 3 grudnia 1999, cyt. za: Olga Kuczkina, *Mir za niedielu*, „Komsomolskaja Prawda", 4 grudnia 1999.

[36] Natalija Gieworkian, Natalija Timakowa, Andriej Kolesnikow, *Ot pierwogo lica…*, dz. cyt., s. 137.

[37] Tamże, s. 137.

[38] Achmied Zakajew, *Ujarzmić lub wytrzebić*, dz. cyt.

[39] Zob. Marcel H. van Herpen, *Wojny Putina*, dz. cyt., s. 284.

[40] Tamże.

[41] Tamże, s. 286.

[42] https://ru.wikipedia.org/wiki/Tierroristiczeskij_akt_w_Wołgodonskie [data dostępu: 16 marca 2016].

[43] http://rutube.ru/video/98de1a9c43ff6a84154f620f0118ffb5/ [data dostępu: 16 marca 2016].

[44] Zob. wypowiedź Aleksandra Litwinienki w filmie telewizji VPRO z 2004 roku, https://www.youtube.com/watch?v=pfQBM2z2a5A [data dostępu: 16 marca 2016].

[45] Agencja ITAR-TASS: *Gienierał Giennadij Szpigun żyw*, Kanał Pierwszy, 29 grudnia 1999, *https://www.1tv.ru/news/social/117679* [data dostępu: 16 marca 2016].

[46] Wiaczesław Izmajłow, *Kto pochitił gienierała Szpiguna*, „Nowaja Gazieta", 18 marca 2002, http://2002.novayagazeta.ru/nomer/2002/19n/n19n-s09.shtml [data dostępu: 16 marca 2016].

[47] Aleksiej Szwedow, *Rozmiennaja monieta*, „Stringer", 11 kwietnia 2001.

[48] Tamże.

[49] Aukai Collins, *Mój dżihad*, przeł. Piotr Szalaty, Ustroń 2013, s. 8.

50 Marius Laurinaviczius, *Rossija pri Putinie. U podnożyja „Islamskogo gosudarstwa" – sledy KGB, FSB i GRU?* Portal fontanka.ru [data dostępu: 16 marca 2016].

51 Rozmowa autorki z Rusłanem Auszewem odbyła się w październiku 2001, z Aleksandrem Lebiediem w maju 1997.

52 http://www.bbc.com/russian/russia/2009/12/091210_chechnya_war_history.shtml [data dostępu: 16 marca 2016].

53 „Niezawisimaja Gazieta", 12 marca 1996.

54 Zob. *Doku Umarow – amir i agient*, wywiad Fatimy Tlisowej z Wiaczesławem Izmajłowem w „Głosie Ameryki", *www.golos-ameriki.ru/content/ft-izmailov-umarov...02.../202085.html* [data dostępu: 16 marca 2016].

55 Zob. w: *Szamil Basajew był praw*, http://argumentua.com/stati/shamil-basaev-byl-prav-tochka-zreniya [data dostępu: 16 marca 2016].

56 Alex Goldfarb, Marina Litvinenko, *Sasza, Wołodia, Boris*, dz. cyt., s. 189.

57 Wypowiedź na szczycie UE – Rosja, Helsinki, październik 1999.

58 Reakcja UE na sytuację na Ukrainie, zob. w: *Jesteśmy zaniepokojeni, wmeritum.pl, Wiadomości,* http://wmeritum.pl/reakcja-ue-sytuacje-ukrainie-jestesmy-zaniepokojeni, 28 sierpnia 2014 [data dostępu: 16 marca 2016].

59 Wypowiedź na szczycie UE – Rosja, Helsinki, październik 1999.

60 Wypowiedź z 15 lutego 2015.

61 Telewizja ORT, Kanał Pierwszy, program „Nowosti", 20 października 1999, Https://www.youtube.com/watch?v=sQzz7HdaYlM

62 http://refugee.memo.ru/For_ALL/new.nsf/9d20281075518950c3256a8f006dae7b/8660066952f7bbbdc3256a2c005f606e!OpenDocument [data dostępu: 16 marca 2016].

63 Wypowiedź podczas plenarnej sesji dyskusyjnego klubu Wałdaj, 22 października 2015 https://lenta.ru/news/2015/10/22/ussyria/ [data dostępu: 16 marca 2016].

64 http://echo.msk.ru/news/1681016-echo.html [data dostępu: 16 marca 2016].

65 https://lenta.ru/news/2015/10/22/ussyria/ [data dostępu: 16 marca 2016].

66 Fragment rozmowy autorki z działaczami Memoriału – Olegiem Orłowem i Tatianą Kasatkiną, Nazrań, listopad 1999.

67 Fragmenty rozmowy autorki z dwoma Czeczenami w obozie dla uchodźców Bart, Karabułak, listopad 1999.

68 Zapis rozmowy Andrieja Babickiego z Peterem Weilem, 29 lutego 2000, www.memo.ru [data dostępu: 16 marca 2016].

69 Wypowiedź podczas pobytu Jean Marie le Pena w Moskwie, październik 1998.

70 *Poczemu razszyrenije NATO priedstawlajet ugrozu dla Rossii* (memorandum), Pravda.ru, 15 marca 1999 [data dostępu: 16 marca 2016].

71 Telewizyjna konferencja prasowa Władimira Putina, „Bezpośrednie połączenie z Władimirem Putinem", 17 kwietnia 2014, www.youtube.com/watch?v=UwEmkF2-RFM [data dostępu: 16 marca 2016].

72 Boris Jelcyn, *Prezidentskij marafon...*, dz. cyt., s. 14.

[73] Tamże, s. 15.
[74] *Wołczji Worota. Diekabr' 1999 – jeszczo odna czornaja stranica w istorii Czeczenskoj wojny*, „Wojennoje Obozrienije", 5 kwietnia 2012.
[75] Zob. *Wychod mirnych żytielej iz Groznogo: Diekabr' 1999*, w: raport Centrum Obrony Praw Człowieka Memoriał.
[76] Boris Prochorow, *Szampanskoje ot Putina*, „Nowyje Wiedomosti", nvdaily.ru/info/18561.html [data dostępu: 16 marca 2016].
[77] Natalija Gieworkian, Natalija Timakowa, Andriej Kolesnikow, *Ot pierwogo lica…*, dz. cyt.
[78] Masha Gessen, *Putin…*, dz. cyt., s. 162.

**Część VIII. Wojna**

[1] Na podstawie rozmowy autorki z Asiet Junusową w Groznym, czerwiec 2002.
[2] Ilias Mousajew, *Kto ubiwał, budiet ubit…*, *www.facebook.com/ilias.mousaev/posts/1546653932275431* [data dostępu: 16 marca 2016].
[3] *Otkrytoje pis'mo Władimira Putina k rossijskim izbieratielam*, „Niezawisimaja Gazieta", 25 lutego 2000.
[4] Według artykułu Anny Politkowskiej *Nowyje Atagi, zaczistka nr. 20 politkovskaya.novayagazeta.ru/pub/2002/2002-18.shtml* [data dostępu: 16 marca 2016].
[5] Zob. Krystyna Kurczab-Redlich, *Głową o mur Kremla*, dz. cyt., s. 308.
[6] *Filtracyonnyje łagieria w Czecznie*, w: raport Centrum Obrony Praw Człowieka Memoriał. *www.memo.ru/hr/hotpoints/N-Caucas/filtry00/filtral2.htm* [data dostępu: 16 marca 2016].
[7] Zob. Anna Politkowska, *Zaczistka nr 20*, dz. cyt.
[8] Na podstawie wspomnień Achmieda Zakajewa *Ujarzmić lub wytrzebić*, dz. cyt.
[9] Według relacji Jusupa Sosłambiekowa, przewodniczącego Konfederacji Narodów Kaukazu, w rozmowie z autorką, Moskwa, maj 2000.
[10] www.kommiersant.ru/doc/355933 [data dostępu: 16 marca 2016].
[11] Michaił Sokołow, *Za czto obmieniali Babickogo*, „Nowaja Gazieta", 10 lutego 2003, http://2000.novayagazeta.ru/nomer/2000/05d/n05d-s02.shtml [data dostępu: 16 marca 2016].
[12] Andriej Kolesnikow, *Ja widieł Putina*, Moskwa 2005, s. 13, 14.
[13] Natalija Gieworkian, Natalija Timakowa, Andriej Kolesnikow, *Ot pierwogo lica…*, dz. cyt., s. 175.
[14] http://pfu.tomsk.ru/…/nemtsov_boris…/ispoved_buntarya/read/4 [data dostępu: 16 marca 2016].
[15] Zob. cyt.: w: Lilija Szewcowa, Jelena Afanasjewa, *Na priezidientskich wyborach pobiedit Putin ili jego rejting?*, przytoczony w wywiadzie Afanasjewej z Szewcową, „Nowaja Gazieta", 27 grudnia 1999 – 2 stycznia 2000.
[16] Tamże.
[17] Natalija Gieworkian, Natalija Timakowa, Andriej Kolesnikow, *Ot pierwogo lica…*, dz. cyt., s. 134.

[18] http://www.psychiatria.pl/artykul/trujacy-kwiat-osobowosc-narcystyczna/10601/2.html [data dostępu: 16 marca 2016].

[19] Natalija Gieworkian, Natalija Timakowa, Andriej Kolesnikow, *Ot pierwogo lica…*, dz. cyt.

[20] http://www.telegraph.co.uk/news/worldnews/vladimir-putin/11392680/Vladimir-Putin-suffers-from-Aspergers-syndrome-Pentagon-report-claims.html [data dostępu: 16 marca 2016].

[21] Tamże.

[22] http://quantumfuture.net/pl/psychopath_2.html [data dostępu: 16 marca 2016].

[23] Inessa Goldberg, Nikołaj Dienisienkow, *Psichołogiczeskij portriet Putina*, dz. cyt.

[24] Cyt. za: „Kommiersant", 22 lutego 2000, http://panorama.ru/works/putin/harakt00.html [data dostępu: 16 marca 2016].

[25] Dmitrij Pinskier, *Nowoje lico nowogo lidiera*, „Itogi", 18 stycznia 2000.

[26] *Ja zdiełaju wsio, cztoby poddierżat' Putina*, wywiad Natalii Gieworkian z Anatolijem Czubajsem, „Kommiersant", 24 listopada 1999.

[27] Takich na przykład jak Paul Ekman, cyt. za: Tomasz Witkowski, http://www.psychologia.edu.pl/czytelnia/59-niebieska-linia/808-klamcy-patologiczni.html [data dostępu: 16 marca 2016].

[28] Patrick Cockburn, *Chechens „raped and beaten" in detention camps in Nazran, Ingushetia*, http://www.memo.ru/hr/hotpoints/N-Caucas/ch99/000211/k0211a.htm [data dostępu: 16 marca 2016].

[29] http://www.memo.ru/hr/hotpoints/chechen/france/ch07.htm [data dostępu: 16 marca 2016].

[30] Sophie Shihab, *Moscou aurait prevu de faire passer 150 000 Tchetchenes par les „camps de filtration"*, http://www.memo.ru/hr/hotpoints/N-Caucas/ch99/000215/k0215a.htm [data dostępu: 16 marca 2016].

[31] http://www.airwar.ru/weapon/ab/odab-500pm.html [data dostępu: 16 marca 2016].

[32] http://www.memo.ru/hr/hotpoints/caucas1/index.htm [data dostępu: 16 marca 2016].

[33] Natalija Gieworkian, Natalija Timakowa, Andriej Kolesnikow, *Ot pierwogo lica…*, dz. cyt., s. 156.

[34] Robert D. Hare, *Psychopaci są wśród nas*, przeł. Anna Skucińska, Kraków 2006.

[35] Robert S. Robins, Jerrold M. Post, *Paranoja polityczna. Psychologia nienawiści*, przeł. Hanna Jankowska, wyd. 2, Warszawa 2007, s. 53, 332.

[36] Lilia Shevtsova, *Russia: Lost in Transition. The Yeltsin and Putin Legacies*, Carnegie Endowment for Internationale Peace, Washington 2007, s. 320, za: Marcel H. van Harpen, *Wojny Putina*, dz.cyt., s. 112.

[37] Mirosław Czech, *Profesor opiewa Putina*, „Gazeta Wyborcza", 18–19 lipca 2015.

[38] Anna Terruwe, http//psychika.net/2009/12-niezaspokojenie emocjonalne-w.html [data dostępu: 16 marca 2016].

39 Boris Jelcyn, *Zapiski priezidienta*, Moskwa 1999 , przypis 19; zob. też hasło: *Bakatin Wadim Wiktorowicz*, https://ru.wikipedia.org/, [data dostępu: 16 marca 2016].

40 Cyt. za: Siergiej Grigorianc, *KGB wczera, siegodnia, zawtra*, Pierwsza Konferencja, Moskwa, 1995., *grigoryants.ru/category/kgb-vchera-segodnya-zavtra/* [data dostępu: 16 marca 2016].

41 *Władimir Putin obnarodował swoju programmu...*, *www.ng.ru/politics/1999-12.../1_putinpublish.html* [data dostępu: 16 marca 2016].

42 Cyt. za: W. Sisniow, *Slozy Tatiany*, „Trud", 6 stycznia 2000.

43 Jewgienij Artiemow, *S Putinym możno imiet' dieło*, „Izwiestia", 16 lutego 2000, cyt. za: *Władimir Putin – za i protiw. Zapad o Putinie*, www.panorama.ru/works/putin/zapad-00.html [data dostępu: 16 marca 2016].

44 Tamże.

45 Giennadij Sysojew, *Blair ocenił Putina oczen' wysoko*, „Kommiersant", 14 marca 2000.

46 Marina Litwinienko, *Sroka Dawosti nie budiet*, rozmowa z Jewgienijem Albacem, „Nowoje Wriemia", 18 stycznia 2016.

47 Madeleine Albright, *Pani Sekretarz Stanu*, Warszawa 2004, s. 430.

48 Natalija Gieworkian, Natalija Timakowa, Andriej Kolesnikow, *Ot pierwogo lica...*, dz. cyt., s. 37.

49 W: *Władimir Putin – za i protiw. Zapad o Putinie*, dz. cyt.

50 Madeleine Albright, *Pani Sekretarz Stanu*, dz. cyt., s. 429.

51 Putin był dobrze poinformowany, bo największą wytwórnię fałszywych pieniędzy prowadził jego agent Arbi Barajew.

52 Madelaine Albright, *Pani Sekretarz Stanu*, dz. cyt., s. 430, 433.

53 http://www.thedailybeast.com/articles/2014/04/22/blame-this-drunken-bear-for-vladimir-putin.html [data dostępu: 16 marca 2016].

54 Dmitrij Pinskier, *Krasnoznamiennyj sfinks*, „Itogi", 8 lutego 2000.

55 „The Economist", *Wielikij nieizwiestnyj*, w: *Zapad o Putinie*, dz. cyt.

56 „The Independent", *Zapad o Putinie*, dz. cyt.

57 Masha Gessen, *Putin...*, dz. cyt., s. 237.

58 Cyt. za: Elmar Gusiejnow (Paryż), Boris Łysenko (Berlin), *Nieizwiestnyj Putin*, „Izwiestia", 10 stycznia 2000, *dz. cyt.*

59 http://m.forbes.ru/article.php?id=50952 [data dostępu: 16 marca 2016].

60 *Urobien' biednosti w Rossii w pierwom kwartale podskocził...*, *www.interfax.ru/business/447073; zob. też: Niszczeta i biednost' – nowyj triend „stabilnoj Rossii"*, http://www.mk.ru/blogs/posts/nishheta-i-bednost-novyy-trend-stabilnoy-rossii.html [data dostępu: 16 marca 2016].

61 *Rossija w cyfrach*. Oficyalnoje izdanije. Fiedieralnaja służba gosudarstwiennoj statistiki, 2009, tabl. 18,9, http://www.zr.ru/category/zr-ru/ [data dostępu: 16 marca 2016].

62 http://www.zr.ru/content/news/37195-v_rossii_v_2008_godu_postroili_stolko_dorog_skolko_v_kitaje_za_10_dnej/ [data dostępu: 16 marca 2016].

[63] http://hozyain-club.ru/statistika-aviakatastrof-v-rossii.htm [data dostępu: 16 marca 2016].
[64] Boris Grozowski, *Nadieżdy nie umirajut*, „Nowoje Wriemia", 22 czerwca 2015.
[65] Przeł. Ludwika Włodek, wyborcza.pl, 1 kwietnia 2011.
[66] https://pl.wikiquote.org/wiki/Jacques_Chirac [data dostępu: 16 marca 2016].
[67] *Jacques Chirac pobłagodarił Władimira Putina kak swojego...*,www.rg.ru/2008/05/31/putin.html [data dostępu: 16 marca 2016].
[68] http://wiadomosci.dziennik.pl/opinie/artykuly/76493,jak-rosja-uwiodla-kanclerza-schroedera.html [data dostępu: 16 marca 2016].
[69] Przemówienie prezydenta Rosji do Zgromadzenia Federalnego, 28 lipca 2000, archive.kremlin.ru/text/appears/2000/07/28782.shtml [data dostępu: 16 marca 2016].
[70] Fragment noworocznego orędzia prezydenta Federacji Rosyjskiej Borisa Jelcyna, Moskwa 2000, https://www.youtube.com/watch?v=2tVRJGZ5AXM [data dostępu: 16 marca 2016].
[71] http://sobesednik.ru/politika/20150308-kara-murza-uvidev-izbienie-nemcova-elcin-govoryat-i-umer [data dostępu: 16 marca 2016].
[72] Wypowiedź zarejestrowana w filmie *Chołodnaja politika* (Zimna polityka) pokazywanym wielokrotnie w rosyjskim Kanale Pierwszym telewizji państwowej RTR.
[73] Masha Gessen, *Putin...*, dz. cyt., s. 162.
[74] Relacja na podstawie filmu wyprodukowanego w NHK – *Dzieci Putina*, cz. 4/4, 2008, https://www.youtube.com/watch?v=LT1wyA44p-Y [data dostępu: 16 marca 2016].
[75] Serwis Onet.pl, (jmr; żg) 25 marca 2014.
[76] Informacja z konferencji prasowej ministra zdrowia Wieroniki Skworcowej i wiceministra Igora Kagramaniana, 5 listopada 2013.
[77] Za artykułem *Smiena wieck*, „Nowoje Wriemia", 6 lipca 2015.

## Część IX. Władimir Władimirowicz rządzi

[1] *Dieło NTW*, http://www.e-reading.club/chapter.php/69910/3/Pribylovskiii_-_Voiina_Putina_so_svobodoii_slova__Hronika_postroeniya__informacionnoii_vertikali [data dostępu: 16 marca 2016].
[2] Tamże.
[3] Wiktor Szendierowicz, *Zdies' było NTW i drugije istorii*, Moskwa 2004, s. 16.
[4] Alex Goldfarb, Marina Litvinenko, *Sasza, Wołodia, Boris*, dz. cyt., s. 175.
[5] Tamże, s. 176.
[6] Wiktor Szendierowicz, *Zdies' było NTW...*, dz. cyt., s. 26.
[7] Tamże, s. 34.
[8] Więcej na ten temat zob. w rozdziale *Ukraińska lekcja*.
[9] Peter Pomerancew, *Jądro dziwności. Nowa Rosja*, wstęp, http://www.biblionetka.pl/art.aspx?id=940986 [data dostępu: 16 marca 2016].

[10] Krystyna Kurczab-Redlich, *Bezradni ratownicy*, „Dziennik Polski", 24 listopada 2000, http://www.dziennikpolski24.pl/artykul/2327370,bezradni-ratownicy,id,t.html [data dostępu: 16 marca 2016].

[11] http://lenta.ru/russia/2000/08/18/submarine_reaction/ [data dostępu: 16 marca 2016].

[12] Marina Litwinowicz, *Priedatiel naszych podwodnikow ili Priezidient Putin i tragedija podłodki „Kursk"*, http://maxpark.com/community/politic/content/1651808 [data dostępu: 16 marca 2016].

[13] Andriej Kolesnikow, *Ja widieł Putina*, dz. cyt., s. 37.

[14] Relacja w Programie Pierwszym rosyjskiej telewizji: http://www.1tv.ru/news/world/125047 [data dostępu: 16 marca 2016].

[15] Grigorij Niecharaszew, *Momientow, kogda ja prosnułsia znamienitym, było oczen' mnogo*, wywiad udzielony Natalii Rostowej, http://slon.ru/russia/momentov_kogda_ya_prosnulsya_znamenitym_bylo_ochen_mnogo_-796308.xhtml [data dostępu: 16 marca 2016].

[16] Fragmenty artykułu Krystyny Kurczab-Redlich *Tragedia na wykresie*, „Dziennik Polski", 23 listopada 2000, http://www.dziennikpolski24.pl/artykul/2324218,tragedia-na-wykresie,id,t.html [data dostępu: 16 marca 2016].

[17] Władimir Kalinin, *Siekrietnoje orużyje protiw „Kurska"*, http://grani.ru/Events/Disaster/Kursk/m.4257.html [data dostępu: 16 marca 2016].

[18] Jelenę Wasiljewą spotkamy także w rozdziale *Ukraińska lekcja*.

[19] Jelena Wasiljewa, *Wsia prawda o gibieli APRK „Kursk"*, cz. 4, http://www.evasiljeva.ru/2013/01/4.html [data dostępu: 16 marca 2016].

[20] Tamże.

[21] *Dieło „Kurska". Adwokat obwiniajet*, „Sowierszenno Siekrietno", 24 grudnia 2013, *www.sovsekretno.ru/articles/id/3987/* [data dostępu: 16 marca 2016].

[22] Tamże.

[23] Boris Kuzniecow, *„Kursk". Moriaki Putinu nikogda nie prostriat*, http://www.golos-ameriki.ru/content/interview-with-boris-kuznetsov/1873059.html [data dostępu: 16 marca 2016].

[24] *Le Koursk – un sous-marin en eaux troubles.* 2005, *www.youtube.com/watch?v=6X4afTIDvs8* [data dostępu: 16 marca 2016].

[25] Andrzej Walicki, *Nie jestem piewcą Putina*, „Gazeta Wyborcza", 8–9 sierpnia 2015.

[26] Tamże.

[27] *Dieło „Kurska..."*, dz. cyt., *www.sovsekretno.ru/articles/id/3987/* [data dostępu: 16 marca 2016].

[28] http://www.levada.ru/13-08-2015/gibel-kurska-vlast-opyat-prava [data dostępu: 16 marca 2016].

[29] Alex Goldfarb, Marina Litvinenko, *Sasza, Wołodia, Boris*, dz. cyt., s. 186.

[30] Tamże, s. 183.

[31] Tamże, s. 186.

[32] Tamże, s. 187.
[33] Tamże.
[34] Andrzej Walicki, *Nie jestem piewcą Putina*, dz. cyt.
[35] Tamże.
[36] http://www.rbcdaily.ru/society/562949986364182 [data dostępu: 16 marca 2016].
[37] Zob. wywiad w programie BBC „Breakfast with Frost", cz. 1, 5 marca 2000, w tłum. na j. ros.: www.youtube.com/watch?v=80MH5RPagVg [data dostępu: 16 marca 2016]. https://www.youtube.com/watch?v=1FYpLmPPbZU [data dostępu: 16 marca 2016].
[38] Zob. przemówienie prezydenta wygłoszone 8 lipca 2000 roku w Radzie Federacji, http://tass.ru/politika/1609716 [data dostępu: 16 marca 2016].
[39] Zob. Andriej Stiepnow, *Sieks-otdych Ziuganowa. Lidier KPFR priedawałsia sładkim utiecham na wille u moria*, „Żyzn'", 12 września 2007, http://www.compromat.ru/page_21418.htm [data dostępu: 16 marca 2016].
[40] Mówi o tym były szef leningradzkiego KGB Oleg Kaługin w rozmowie z ukraińskim dziennikarzem Dmytryjem Gordonem: „Żyrinowski przez całe życie pracuje w KGB", https://www.youtube.com/watch?v=rAINBWnVFqw [data dostępu: 16 marca 2016].
[41] http://ok.ru/zakonibespredel/topic/62243049540566 [data dostępu: 16 marca 2016].
[42] https://tjournal.ru/c/13957-kandidata-v-deputati-ot-spravedlivoi-rossii-izbili-v-kaluzhskoi-oblasti [data dostępu: 16 marca 2016].
[43] http://www.spravedlivo.ru/5_70755.html [data dostępu: 16 marca 2016].
[44] http://regnum.ru/news/polit/1898690.html [data dostępu: 16 marca 2016].
[45] https://ru.wikipedia.org/wiki/Gryzłow,_Boris_Wiaczesławowicz [data dostępu: 16 marca 2016].
[46] Zob. Iwan Dawidow, *Izbranniki w rublach i kopiejkach*, „Nowoje Wriemia – The New Times", 13 lipca 2015.
[47] Zob. Wacław Radziwinowicz, *Kreml wycina opozycję*, „Gazeta Wyborcza", 31 lipca 2015.
[48] Michaił Chodorkowski, *Zapad poka nie zadiejstwował u 2% swoich wozmożnostiej*, wywiad w „Nowoje Wriemia – The New Times", 15 grudnia 2014.
[49] Cyt. za: Jerzy Redlich, *Wybuch kontrolowany*, Warszawa 1988, s. 28; zob. też: Krystyna Kurczab-Redlich, *Głową o mur Kremla*, dz. cyt., s. 143.
[50] Wypowiedź na spotkaniu z historykami w Bibliotece imienia Włodzimierza Lenina w Moskwie 27 listopada 2003.
[51] Wywiad z prof. Borisem Sokołowem, http://historia.newsweek.pl/wielka-wojna-ojczyzniana-we-wspolczesnej-rosji-ii-wojna-swiatowa-historia-zsrr-alianci-newsweek- [data dostępu: 16 marca 2016].
[52] Wypowiedzi na konferencjach prasowych 4 grudnia 2008 i 19 grudnia 2013.
[53] M.A. Gariejew, *Ob obiektiwnom oswieszczenii wojennoj istorii Rossii* „Nowaja i Nowiejsza Istorija" 2006, nr 5.

[54] Siergiej Naryszkin, SSzA *chotiat podobrat'sia k ekonomi czeskim bogatstwam Rossii*, http://ria.ru/world/20150809/1174584409.html [data dostępu: 16 marca 2016].
[55] http://www.kommersant.ru/doc/2449468 [data dostępu: 16 marca 2016].
[56] http://tass.ru/obschestvo/2178614 [data dostępu: 16 marca 2016].
[57] Natalija Jelizarowa, Wystawka „Triumf i tragiedija: sojuzniki wo wtoroj mirowoj wojnie". Otzyw o wystawkie w „Kosmosie", 30 kwietnia 2015, http://www.uralweb.ru/poster/culture/6646.html [data dostępu: 16 marca 2016].
[58] *Triumf i tragiedija: sojuzniki Hitlera wo wtoroj mirowoj wojnie*, http://politrussia.com/society/triumf-i-tragediya-447/ [data dostępu: 16 marca 2016].
[59] Jewgienij Iwanow, *Gieroj Rossii o skandalnoj wystawkie w Domie Mietienkowa: Nielzia pokazywat' tolko amierikancew – „sojuzniki" iz nich nikakije*, Jekaterynburg, 13 kwietnia 2015, http://www.nakanune.ru/news/2015/4/13/22395590/# [data dostępu: 16 marca 2016].
[60] http://historia.newsweek.pl/wielka-wojna-ojczyzniana-we-wspolczesnej-rosji-ii-wojna-swiatowa-historia-zsrr-alianci-newsweek-pl,artykuly,341979,1.html [data dostępu: 16 marca 2016].
[61] http://mir24.tv/news/politics/12245588 [data dostępu: 16 marca 2016].
[62] Zob. Irina Pawłowa, *Posleslowije ko Dniu Pobiedy*, Grani.Ru, 13 maja 2009.
[63] „Nowoje Wriemia – The New Times", 20 kwietnia 2015, s. 50.
[64] „Nowaja Gazieta", 7 sierpnia 2015.
[65] http://www.gazeta.ru/politics/2016/01/13_a_8020199.shtml [data dostępu: 16 marca 2016].
[66] http://www.bbc.com/russian/news/2016/02/160203_putin_patriotism_idea [data dostępu: 16 marca 2016].
[67] https://ru.wikipedia.org/ [data dostępu: 16 marca 2016].
[68] http://ispu.ru/book/export/html/3270 [data dostępu: 16 marca 2016].
[69] *Nicholas Eberstadt o posledstwijach diemokraticzeskoj katastrofy w Rossii*, wywiad udzielony Siergiejowi Dobryninowi, 21 czerwca 2015, http://aillarionov.livejournal.com/830132.html [data dostępu: 16 marca 2016].
[70] *Rieforma RAN. Dobrowolno nielzia, primuditielno podrobnieje*, http://rosnauka.ru/publication/424 [data dostępu: 16 marca 2016].
[71] http://echo.msk.ru/programs/korzun/1113100-echo/comments.html [data dostępu: 16 marca 2016].
[72] Julija Łatynina, *W Akademii Nauk…*, 8 lipca 2013, http://www.ej.ru/?a=note&id=13079# [data dostępu: 16 marca 2016].
[73] Igor Diaczenko, *W swojej dissiertacyi Putin sam napisał…*, rozmowa z Igorem Sziepielinem, 27 czerwca 2013, slon.ru/.../v_svoey_dissertatsii_putin_sam_napisal_po_vidimomu_vsego... [data dostępu: 16 marca 2016].
[74] Krystyna Kurczab-Redlich, *Długa agonia Czeczenii*, „Newsweek", 29 września 2002.
[75] Krystyna Kurczab-Redlich, *Głową o mur Kremla…*, dz. cyt., s. 305, 311–312.
[76] Zob. *Dieło GRU nr 76002, kotoroje zamiat' nie udałos', politkovskaya.novayagazeta.ru/pub/2002/2002-13.shtml* [data dostępu: 16 marca 2016].

[77] Zob. Krystyna Kurczab-Redlich, *Długa agonia Czeczenii*, dz. cyt.

[78] Zob.wywiad w programie BBC, „Breakfast with Frost", dz. cyt.

[79] Andriej Iłłarionow, Słowo i dieło, http://royallib.com/book/illarionov_andrey/slovo_i_delo.html [data dostępu: 16 marca 2016].

[80] Masha Gessen, *Putin...*, dz. cyt., s. 236.

[81] Zob. https://pl.wikipedia.org/wiki/Philippe_Pinel [data dostępu: 16 marca 2016].

[82] Cyt. za: Kazimierz Pospiszyl, *Psychopatia*, http://quantumfuture.net/pl/psychopath_2.html [data dostępu: 16 marca 2016].

[83] Oleg Moroz, *Jelcyn otprawlajetsia w Stambuł*, http://www.olegmoroz.ru/index.html [data dostępu: 16 marca 2016].

[84] Cyt. za: Robert D. Hare, *Psychopaci są wśród nas*, dz. cyt., s. 13.

[85] Marcin Marcinko, *Kwestia terroryzmu w konflikcie rosyjsko-czeczeńskim a prawo międzynarodowe*, „Problemy Współczesnego Prawa Międzynarodowego, Europejskiego i Porównawczego", t. 2, *Artykuły*, A.D. MMIV, http://www.europeistyka.uj.edu.pl/documents/3458728/6ae388a1-cb2b-438f-8f00-6a9e63c83354 [data dostępu: 16 marca 2016].

[86] Zob. Statut Rady Europy, art. 1a.

[87] Krystyna Kurczab-Redlich, *Czeczenia. Powtórka z historii*, „Znak" 2007, nr 628.

[88] Hannah Arendt, *Myślenie*, przeł. Hanna Buczyńska-Garewicz, Warszawa 1991, s. 8.

[89] *Obszczestwiennost' Jewropy protiestuje protiw wojnu w Czecznie*, http://archive.svoboda.org/archive/crisis/caucasus/0300/ll.032300-3.asp [data dostępu: 16 marca 2016].

[90] Václav Havel, *L'alliance euro-americaine doit s'approfondir en s'elargissant* , „Le Monde", 21 maja 1997, cyt. za: Marcel H. van Herpen, *Wojny Putina*, dz. cyt., s. 377.

[91] Marcel H. van Herpen, *Wojny Putina*, dz. cyt., s. 267.

[92] Tamże, s. 270.

[93] Tim Weiner, *Dziedzictwo popiołów. Historia CIA*, przeł. Katarzyna Bażyńska-Chojnacka, Piotr Chojnacki, Poznań 2009, s. 516, 517.

[94] Zob. Oleg Moroz, *Jelcyn otprawlajetsia w Stambuł*, dz. cyt.

[95] Angus Roxburgh, *Strongman u szczytu władzy. Władimir Putin i walka o Rosję*, przeł. Marcin Domagała, Warszawa 2014, s. 50, 51.

[96] Jacobus Cornelis Houtappel, fragment książki *Helden van aleze tijd* (Bohaterowie naszych czasów) zatytułowany *Wojna i pokój*, zob.http://www.racjonalista.pl/kk.php/s,5363/q,Wojna.i.pokoj [data dostępu: 16 marca 2016].

[97] Tamże.

[98] Rozmowa Pawła T. Felisa z Oliverem Stone'em, *Zajrzałem w duszę Putina*, „Gazeta Wyborcza", 26 listopada 2008.

[99] Cyt. za: Mariusz Zawadzki, *Przyjaciel Władimir czy chłodny morderca*, Wyborcza.pl, Magazyn, 22 marca 2014.

100 Tamże.

101 http://wiadomosci.gazeta.pl/wiadomosci/1,114881,10263848,Zamachy_11_wrzesnia_2001_roku__rekonstrukcja_zdarzen.html [data dostępu: 16 marca 2016].

102 Zob. Andrew Higgins, Alan Cullison, *Saga of Dr. Zawahiri Sheds Light On the Roots of al Qaeda*, „The Wall Street Journal", 2 lipca 2002, *www.wsj.com/articles/SB1025558570331929960* [data dostępu: 16 marca 2016].

103 https://ru.wikipedia.org/wiki/Айман_аз-Завахири [data dostępu: 16 marca 2016].

104 Józef Zawadzki, *Postać bin Ladena*, w: *Ewolucja terroryzmu na przełomie XX i XXI wieku*, praca zbiorowa, Gdańsk 2009, s. 204.

105 Yossef Bodansky - autor biografii *Osama bin Laden. Człowiek, który wypowiedział wojnę Ameryce*, przeł. Marek Mastalerz, Maciejka Mazan, Warszawa 2001.

106 Koran, przeł. Józef Bielawski, Warszawa 1986.

107 Basam Tibi, *Fundamentalizm religijny*, przeł. Janusz Danecki, Warszawa 1997, s. 31.

108 Tadeusz A. Kisielewski, *Imperium Americanum? Międzynarodowe uwarunkowania sprawowania hegemonii*, Warszawa 2004, s. 166.

109 JR NYQUIST, *Ayman al-Zawahiri's Russian Adventure*, „Financial Sense" 2002, nr 7/16. http://www.financialsense.com/contributors/jr-nyquist/ayman-al-zawahiris-russian-adventure [data dostępu: 16 marca 2016].

110 Andrew Higgins, Alan Cullison, *Saga of Dr. Zawahiri...*, dz. cyt.

111 Zamach był wspomagany przez służby węgierskie oraz II Zarząd Sztabu Generalnego Ludowego Wojska Polskiego (dostarczenie karabinów i granatów); wgadowski.salon24.pl/260896,dlaczego-zabito-litwinienke [data dostępu: 16 marca 2016].

112 Andriej Iłłarionow, *Mieżdunarodnyj tierrorizm. Kriemlewskaja wiersija*, http://aillarionov.livejournal.com/313569.html?thread=16626401 [data dostępu: 16 marca 2016].

113 Cyt. za: Aleksandr Czudodiejew, *Tierrorist No...*, „Itogi", 9 maja 2011, http://www.itogi.ru/profil/2011/19/164866.html [data dostępu: 16 marca 2016].

114 Zob. na przykład http://aillarionov.livejournal.com/313569.html [data dostępu: 16 marca 2016].

115 Krystyna Kurczab-Redlich, *Przetarte szlaki terroru. Skąd się biorą terroryści*, „Rzeczpospolita", 16 lipca 2005.

116 Według JR NYQUIST, *Ayman al-Zawahiri's Russian Adventure*, dz. cyt.

117 Angus Roxburgh, *Strongman u szczytu władzy...*, dz. cyt., s. 61.

118 Zamachy_11_wrzesnia_2001_roku__rekonstrukcja_zdarzen.html; http://wiadomosci.gazeta.pl/wiadomosci/1,114881,10263848, [data dostępu: 16 marca 2016].

119 Zob. Mariusz Zawadzki, *Przyjaciel Władimir czy chłodny morderca*, dz. cyt.

120 Tim Weiner, *Dziedzictwo popiołów...*, dz. cyt., s. 530.

121 Tadeusz A. Kisielewski, *Rosja - Chiny - NATO*, Toruń 2002, s. 3.

122 Angus Roxburgh, *Strongman u szczytu władzy...*, dz. cyt. s. 60, 61.

123 *Waldemar Porębny, http://sycowice.net/index.php/2010/02/07/masud-ahmad-szah/* [data dostępu: 16 marca 2016].

124 Tim Weiner, *Dziedzictwo popiołów*, dz. cyt., s. 480, 481.

125 Pisał o tym Marius Łaurinawiczius, starszy analityk Centrum Badań Europy Wschodniej w: *Rossija pri Putinie. U podnożyja „Islamskogo gosudarstwa" – sledy KGB, FSB i GRU?*, http://ru.delfi.lt/opinions/comments/rossiya-pri--putine-u-podnozhiya-islamskogo-gosudarstva-sledy-kgb-fsb--i-gru.d?id=66820698&page=2 [data dostępu: 16 marca 2016].

126 W rozmowie z autorką w Londynie, czerwiec 2003. Podobna wypowiedź Achmieda Zakajewa w: Marius Łaurinawiczius, *Rossija pri Putinie...*, dz. cyt.

127 Zob. w: Marius Łaurinawiczius, *Rossija pri Putinie...*, dz. cyt.

128 Wypowiedź w Radiu Moskwa, audycja z 22 kwietnia 2015.

129 Wypowiedź w programie „Wriemia pokażet", 25 czerwca 2015.

130 „Wiesti Kawkaza", 25 września 2014.

131 Wypowiedź w Radiu Moskwa, dz. cyt.

132 Zob. artykuł o Saidzie Mażejewie z Czeczenii w: „Nowoje Wriemia – The New Times", 29 czerwca 2015, s. 9.

133 *Politik Achmied Zakajew o żyzni i smierti Doku Umarowa*, http://www.svoboda.org/content/article/25006931.html [data dostępu: 16 marca 2016].

134 Tamże.

135 Tamże.

136 Zginął w sierpniu 2015 roku.

137 Przedstawione tu informacje zob. w: Marius Łaurinawiczius, *Rossija pri Putinie...*, dz. cyt.

138 Markus Werhner, *Der Stoßtrupp des Dschihad*, „Frankfurter Allgemeine Zeitung", 8 grudnia 2014.

139 Cyt. za: Marius Łaurinawiczius, *Rossija biez Putina...*, dz. cyt.

140 *Roskomnadzor zablokirował dostup k knigie „FSB wzrywajet Rossiju"*, http://www.znak.com/urfo/news/2015-06-25/1041850.html#poll [data dostępu: 16 marca 2016].

141 Film *FSB wzrywajet Rossiju* , pokaz zakazany w rosyjskiej telewizji, https://www.youtube.com/watch?v=-rZy9Dp--aw [data dostępu: 16 marca 2016].

142 Wywiad Olgi Gulenok ze współprzewodniczącym organizacji Nord-Ost Dmitrijem Miłowidowem, *Nakaz miortwych, w smierti założnikow winowat Putin*, Kasparow.ru, 24 października 2008, http://www.kasparov.ru/material.php?id=4901CC70C12DF [data dostępu: 16 marca 2016].

143 Fragment listu prokuratora R. Wachajewa do rosyjskiej dziennikarki Julii Jusik, autorki książki o czeczeńskich szahidkach *Narzeczone Allaha*, którą prokurator nazwał „utworem jak z gabinetu Goebbelsa". List nosi tytuł *Pokajanije agienta GRU Jusupowa R*, (Wyznanie skruchy agenta GRU Jusupowa R) oraz datę 8 lipca 2007, http://grani.ru/Events/Terror/d.124466.html [data dostępu: 16 marca 2016].

[144] Anna Politkowska, *Odin iz gruppy tierroristow uceleł. My jego naszli*, „Nowaja Gazieta", 28 kwietnia 2003, http://2003.novayagazeta.ru/nomer/2003/30n/n30n-s00.shtml [data dostępu: 16 marca 2016].

[145] *Pokajanije agienta GRU Jusupowa R.*, dz. cyt.

[146] Zob. Jurij Sienatorow, *„Nord-Ost" zachwatił bankir*, „Izwiestia", 26 października 2004,http://bg.ru/society/nord_ost_10_let_spustja-15305/?chapter=5 [data dostępu: 16 marca 2016].

[147] Anne Nivat, *Crimes of War Project, Chechnya. The World Looks Away; Chechnya: Brutality and Indifference*, http://www.peacewomen.org/sites/default/files/reconpb_chechnyatheworldlooksaway_crimesofwar_2002_0.pdf [data dostępu: 16 marca 2016].

[148] Jurij Szczekoczichin, *Niezamieczennyje nowosti niedieli, kotoryje mienia udiwili*, „Nowaja Gazieta", 20 stycznia 2003.

[149] „Wriemia Nowostiej", 31 lipca 2003, http://grani.ru/Politics/Russia/Regions/m.39378.html [data dostępu: 16 marca 2016].

[150] John B. Dunlop, *Zachwat założnikow w Moskwie w oktiabrie 2002, www.zalozhniki.ru/comment/59047.html* [data dostępu: 16 marca 2016].

[151] Krystyna Kurczab-Redlich, *Głową o mur Kremla…*, dz. cyt., s. 318, 320, 321.

[152] Irina Borogan, *Obwiniajemogo w tragiedii „Nord-Osta" wypustili na swobodu*, „Wiersija", 1 października 2003, http://www.nord-ost.org/legal-proceedings/obvinyaemogo-v-podgotovke-tragedii-nord-osta-vypustili-na-svobodu_en.html [data dostępu: ]; zob. też Aleksandr Żegłow, *Prawitielstwu wierien*, „Dien'", 3 grudnia 2002, http://flb.ru/info/19082.html [data dostępu: 16 marca 2016]; cyt. za: Krystyna Kurczab-Redlich, *Głową o mur Kremla…*, s. 334.

[153] Był to Apti Batałow, naczelnik Departamentu Bezpieczeństwa Czeczeńskiej Republiki w latach 1997–1999, później szef Administracji Prezydenta Maschadowa, obecnie na emigracji w Londynie.

[154] Wiaczesław Ismajłow, *„Nord-Ost": nieizwiestnyje podrobnosti tierakta*, http://www.novayagazeta.ru/inquests/35293.htm [data dostępu: 16 marca 2016].

[155] Cyt. za: Krystyna Kurczab-Redlich, *Głową o mur Kremla…*, dz. cyt., s. 335, cyt. za: Michaił Triepaszkin, *Tainstwiennyj Abubakar*, www.chechenpress.com, 31 lipca 2003.

[156] Zob. Wiaczesław Izmajłow, *„Nord-Ost": nieizwiestnyje podrobnosti tierakta*, dz. cyt.

[157] Mirosław Kuleba, *Szamil Basajew*, Warszawa 2007, s. 333 i 334.

[158] Zob. Krystyna Kurczab-Redlich, *Głową o mur Kremla*, dz. cyt., s. 335.

[159] Cyt. za: Anna Politkowska, *Udręczona Rosja. Dziennik buntu*, przeł. Anna Michalska, Warszawa 2007, s. 51.

[160] *Nord-Ost: ugasajuszczaja nadieżda*, audycja w Radiu Swoboda, 23 października 2009, http://www.svoboda.org/content/article/1859003.html [data dostępu: 16 marca 2016].

[161] Zob. Krystyna Kurczab-Redlich, *Głową o mur Kremla…*, s. 328.

162 *Obraszczenije Basajewa k Giełajewu. Połnyj tiekst razszyfrowki wideoobraszczenija tierrorista*, zapis na kasecie wideo, 21 maja 2001, http://www.compromat.ru/page_10788.htm [data dostępu: 16 marca 2016].

163 *O rieszenii dla Czeczni (siekrietnyje pieriegowory c russkimi w Szwiejcarii i Liechtensteinie (2001 - 2002)*, tłum. na język rosyjski z „Washington Post", 17 września 2004, http://www.washingtonpost.com/wp-dyn/articles/A27550-2004Sep16.html [w październiku 2015 niedostępny].

164 Pisała o tym cała rosyjska prasa, najobszerniej „Kommiersant", 17 października 2002.

165 *O rieszenii dla Czeczni...*, dz. cyt.

166 Tamże.

167 http://www.kavkazcenter.com/russ/content/2002/01/18/897/peregovory-li-peregovory.shtml [data dostępu: 16 marca 2016].

168 Zob. przemówienie Putina do narodu po wydarzeniach w Dubrowce, https://www.youtube.com/watch?v=3oTIk6fBgYg [data dostępu: 16 marca 2016].

169 Cyt. za: Peter Baker, Susan Glasser, *Cień Kremla*, dz. cyt., s. 192.

170 https://ru.wikipedia.org/wiki/Gołos_Biesłana [data dostępu: 16 marca 2016].

171 *Ot raba Allaha Szamila Basajewa priezidientu Putinu, www.voinenet.ru/prestupleniya-na.../20941.html* [data dostępu: 16 marca 2016].

172 „Wriemia Nowostiej", 28 czerwca 2005.

173 Szamil Basajew, *U nas jest' mnogo, czto rasskazat' po Biesłanu...*, http://www.kavkazcenter.com/russ/content/2005/08/31/37225/shamil-basaev-u-nas-est--mnogo-chto-rasskazat-po-beslanu---.shtml [data dostępu: 16 marca 2016].

174 Tamże.

175 Szamil Basajew, *U nas jest' mnogo...*, dz. cyt.

176 *Zapiski s Mietkom Biesłan*, http://www.liveinternet.ru/users/5246401/tags/%E1%E5%F1%EB%E0%ED [data dostępu: 16 marca 2016].

177 *Riecept „tierrorizma". Kto zakazał zachwat szkoły w Biesłanie? Bywszaja założnica: „Ja znaju p r a w d u o zachwatie szkoły"*, Czeczenpress, dział listów, 29 września 2004. http://www.chechenpress.info/news/2004/09/29/01.shtml [data dostępu: 16 marca 2016].

178 *Żenszcziny-szahidki w Biesłanie: kto oni na samom diele?*, http://pravdabeslana.ru/nagaevaitaburova.htm [data dostępu: 16 marca 2016].

179 Jelena Miłaszyna, *Wydierżki iz monołoga Jurija Pietrowicza Sawieljewa. Biesłan, 10 let posle tierakta*, http://www.novayagazeta.ru/inquests/65063.html [data dostępu: 16 marca 2016].

180 *Władimir Putin utrom posietił Biesłan*, Pierwszy Kanał, *www.1tv.ru/news/crime/96994* [data dostępu: 16 marca 2016].

181 Tamże.

182 Oryginały telegramów zob. na portalu Prawda Biesłana, który jest też redagowany w języku angielskim.

183 Cyt. za: Wacław Radziwinowicz, *Czemu Biesłan był bezbronny?*, „Gazeta Wyborcza", 20 czerwca 2007.

184 Anna Politkowska, *Czto diełało MWD do Biesłana wo wriemia i posle...*, http://www.realart.narod.ru/Novgaz14.html [data dostępu: 16 marca 2016].

185 Zob. RIA Nowosti, http://ria.ru/spravka/20150808/1163392473.html#ixzz3oa5gidSz [data dostępu: 16 marca 2016].

186 Aleksandr Litwinienko, Jurij Felsztinski, *FSB wzrywajet Rossiju*, dz. cyt., s. 194.

187 Zob. Wiaczesław Izmajłow, *Nakrytyje wzrywnoj wołnoj Kaspijska*, „Nowaja Gazieta", 21 kwietnia 2003.

188 http://lenta.ru/terror/2002/05/13/kaspiisk/ [data dostępu: 16 marca 2016].

189 http://www.rbc.ru/politics/09/05/2002/48240.shtml [data dostępu: 16 marca 2016].

190 Wiaczesław Izmajłow, *Smiertnicy...*, dz. cyt., http://www.memo.ru/d/36746.html [data dostępu: 16 marca 2016].

191 *Tierakt w Jessientukach gotowiłsia po prikazu Basajewa*, http://www.1tv.ru/news/social/79581 [data dostępu: 16 marca 2016].

192 http://lenta.ru/terror/2003/12/07/video/ [data dostępu: 16 marca 2016].

193 „Nowosti Rossii", 6 lutego 2004.

194 http://palm.newsru.com/russia/06feb2004/mochit.html [data dostępu: 16 marca 2016].

195 Andriej Podrabinek, *Osobiennosti nacyonalnogo tierrorizma, imrussia.org/.../1636-the-peculiarities-of-terrorism-in..* [data dostępu: 16 marca 2016]

196 www.novayagazeta.ru/society/4224.html [data dostępu: 16 marca 2016].

197 Zob. Wiaczesław Izmajłow, *Smiertnicy...*, dz. cyt.

198 Andriej Piontkowski, *Tragedii 29 i 30 diekabria byli prosto zaprogrammirowany Putinym i FSB dla otwleczenija ot nasuszcznych problem*, http://neuezeiten.livejournal.com/2147906.html [data dostępu: 16 marca 2016].

199 http://lenta.ru/news/2015/10/11/prevention/ [data dostępu: 16 marca 2016].

200 http://www.novayagazeta.ru/news/1697234.html [data dostępu: 16 marca 2016].

201 Alfred Hackensberger, *Der ist Fast Geschlagen – aber nich wegen Putin*, „Die Welt", 15 marca 2016.

202 Alex Goldfarb, Marina Litvinenko, *Sasza, Wołodia, Boris*, dz. cyt., s. 229, 230.

203 Zob. http://lenta.ru/russia/2002/07/01/list/ [data dostępu: 16 marca 2016].

204 Alex Goldfarb, Marina Litvinenko, *Sasza, Wołodia, Boris*, dz. cyt., s. 229, 230.

205 Zob. *Agient nieizwiestien. „Nowaja Gazieta" nastaiwajet na wozobnowlenii oficjalnogo rassledowanija obstojatielstw gibieli Jurija Szczekoczichina*, „Nowaja Gazieta", 30 października 2006.

206 Zob. *My stawim toczku*, „Nowaja Gazieta", 3 lipca 2013, http://www.novayagazeta.ru/inquests/58870.html [data dostępu: 16 marca 2016].

207 *2003 god. Naczało dieła JUKOS-a*, https://www.youtube.com/watch?v=_Rajy-4gO4KA [data dostępu: 16 marca 2016].

208 Tamże.

209 Michaił Chodorkowski, Natalia Gieworkian, *Więzień Putina*, przeł. Agnieszka Sowińska, Warszawa 2012, s. 376.

[210] Krystyna Kurczab-Redlich, *Głową o mur Kremla...*, dz. cyt., s. 365.
[211] Tamże, s. 364.
[212] Istorija nowoj Rossii, http://www.ru-90.ru/ [data dostępu: 16 marca 2016].
[213] Tamże zob. *Administratiwnaja rieforma*, wywiad z Michaiłem E. Dmitrijewem [data dostępu: 16 marca 2016].
[214] Zob. *Interwju ugroza srywa mieżdunarodnogo festiwala dokumientalnych filmow „Czecznia"*, http://echo.msk.ru/programs/beseda/23528/ [data dostępu: 16 marca 2016].
[215] Anna Politkowska, *Pokaz nieprijemlen*, „Nowaja Gazieta", 2 października 2003.
[216] Zob. *Interwju ugroza...*, dz. cyt.
[217] *Achmat Kadyrow prizywał ubiwat'*, https://www.youtube.com/watch?v=v0vvSDktM_8 [data dostępu: 16 marca 2016].
[218] Anna Politkowska, *Udręczona Rosja...*, dz. cyt., s.154.
[219] Tamże, s. 157.
[220] http://www.kavkaz-uzel.ru/articles/85366/ [data dostępu: 16 marca 2016].
[221] http://www.anticompromat.org/kadyrov/kadyrbio.html [data dostępu: 16 marca 2016].
[222] https://www.youtube.com/watch?v=mqAcr0QtpM4 [data dostępu: 16 marca 2016].
[223] Michaił Zygar, *Wsia kriemlowskaja rat'. Kratkaja istorija sawriemiennoj Rossii*, Moskwa 2016, s.192.
[224] Anna Politkowska, *Udręczona Rosja*, dz. cyt.
[225] Anna Politkowska, *Udręczona Rosja...*, dz. cyt., s. 13.
[226] Noworoczne przemówienie Władimira Putina z 31 grudnia 2003, https://www.youtube.com/watch?v=QZ9cYVf2b2c [data dostępu: 16 marca 2016].
[227] Fragment rozmowy autorki z Władimirem Bryncałowem, luty 2004.
[228] Wypowiedź na zjeździe partii Żyzn', 4 stycznia 2004.
[229] *Sojuz żurnalistow: Wybory 2004 goda proszli w usłowijach cenzury*, *grani.ru › Obszczestwo › SMI* [data dostępu: 16 marca 2016].
[230] Tamże.
[231] Tamże.
[232] Alex Goldfarb, Marina Litvinenko, *Sasza, Wołodia, Boris*, dz. cyt., s. 286.
[233] *www.mk.ru/.../977911-pervyiy-spiker-gosdumyi-ryi* [data dostępu: 16 marca 2016].
[234] „Moskowskij Komsomoljec", 29 listopada 2005, http://www.compromat.ru/page_17807.htm [data dostępu: 16 marca 2016].
[235] Walentin Połuektow, *Poczti kriminalnaja chronika po sledam dumskoj, kampanii*, http://www.compromat.ru/page_22220.htm [data dostępu: 16 marca 2016].
[236] „Izwiestia", 9 listopada 2000.
[237] *Tajny skromnogo osobniaka gławy Administracyi Priezidienta Siergieja Iwanowa*, http://sobesednik.ru/rassledovanie/20140424-tayny-skromnogo-osobnyaka-glavy-administracii-prezidenta-rf [data dostępu: 16 marca 2016].

[238] Witalij Portnikow, *Gazprom nieruszymyj*, 14 maja 2010, http://grani.ru/opinion/portnikov/d.177981.html [data dostępu: 16 marca 2016].

[239] Ostatnią, wydaną w 2016 roku książką Gariego Kasparowa jest *Nadchodzi zima. Dlaczego trzeba powstrzymać Władimira Putina i wrogów wolnego świata.*

[240] Zob. *Pod boj sirien priszoł polnyj Miedwied*, 3 marca 2008, romanik.livejournal.com/174225.html [data dostępu: 16 marca 2016].

[241] Aleksiej Szaposznikow, *Tajnyj opros „Wiedomosti"*, 4 marca 2008.

[242] Zob. Boris Wiszniewski, *Falsifikacyja. Kak eto diełałos' w Pietierburgie*, „Nowaja Gazieta", 6 marca 2008.

[243] https://ru.wikipedia.org/Wiki [data dostępu: 16 marca 2016].

[244] W 2010 roku Steve Jobs podarował mu iPhone'a osobiście.

[245] Fragmenty wystąpienia Dmitrija Miedwiediewa cyt. za: RIA Nowosti http://ria.ru/crisis_news/20081105/154419227.html#ixzz43rJ77NHc [data dostępu: 16 marca 2016].

[246] Michaił Zygar, *Wsia kriemlowskaja rat'...*, dz. cyt., s. 18, 19.

[247] Tamże, s. 22.

[248] Tamże, s. 32.

[249] http://www.gazeta.ru/politics/elections2011/2011/09/24_a_3779937.shtml [data dostępu: 16 marca 2016].

[250] http://www.gazeta.ru/politics/elections2011/2011/09/24_a_3779937.shtml [data dostępu: 16 marca 2016].

[251] http://www.zaprava.ru/201509165481/glavnyie-novosti-dnya/ [data dostępu: 16 marca 2016].

[252] Tamże.

[253] Cyt. za: Andriej Kolesnikow, *Władimir Putin: Daju wam czestnoje partijnoje słowo*, „Kommiersant", 30 sierpnia 2010, www.kommersant.ru/doc/1495411 [data dostępu: 16 marca 2016].

[254] Obecnie trudno znaleźć zapis wideo wielkiej manifestacji z 30 sierpnia 2011 roku. Prawdopodobnie nie jest on dostępny w internecie.

[255] Zob. *Chronołogija akcyj protiesta protiw falsifikacyi w Rossii (2011–2012)*, https://ru.wikipedia.org/wiki/ [data dostępu: 16 marca 2016].

[256] http://fototelegraf.ru/?p=93381 [data dostępu: 16 marca 2016].

[257] http://inosmi.ru/photo/20111224/181186986_8.html [data dostępu: 16 marca 2016].

[258] http://www.bbc.com/russian/russia/2011/12/111208_putin_opposition_protests.shtml [data dostępu: 16 marca 2016].

[259] Zob. *Prawda o mitingie JedRa na Manieżkie, 12 diekabra*, https://www.youtube.com/watch?v=6punDAIZ_9k&feature=iv&src_vid=WCbthZFz-9E&annotation_id=annotation_67599 [data dostępu: 16 marca 2016].

[260] http://ru.tsn.ua/svit/putinu-ne-prostili-baranov-i-prezervativy.html [data dostępu: 16 marca 2016].

[261] Zob. *Priezidientskije wybory w Rossii (2012)*, https://ru.wikipedia.org/wiki/ [data dostępu: 16 marca 2016].

262 Władimir Miłow, *Falsifikacyja na wyborach priezidienta Rossijskoj Fiedieracyi 4 marta 2012*, demvybor.ru/documents/dv-president-final.pdf [data dostępu: 16 marca 2016].

263 http://echo.msk.ru/blog/kasyanov_mihail/863706-echo/ [data dostępu: 16 marca 2016].

264 Zob. *Priezidientskije wybory...*, dz. cyt.

265 Protokół numer 1 o wolnych wyborach, art. 3.

266 Art. 46, p. 5.

267 http://inosmi.ru/politic/20120714/194933326.html [data dostępu: 16 marca 2016].

268 http://www.ntv.ru/video/peredacha/296996/ [data dostępu: 16 marca 2016].

269 *Prowokacyja protiw „biełych lentoczek" na st.m. Sokolniki*, 26 lutego 2012, http://www.ridus.ru/news/23407/ [data dostępu: 16 marca 2016].

270 https://ru.wikipedia.org/wiki/Anatomija_protiesta# [data dostępu: 16 marca 2016].

271 Blog PKRP-RPK Trudowaja Rossija, nr 638, Obszczestwo, bloger Marksist, *Bołotnaja płoszczad': czto eto było?*, http://tr.rkrp-rpk.ru/get.php?3910 [data dostępu: 16 marca 2016].

272 *Czto proizoszło 6 maja 2012 goda na Bołotnoj płoszczadi?*, portal Bolszoj Gorod, http://bg.ru/society/bolotnaja_ploschad-17995/ [data dostępu: 16 marca 2016].

273 *Lica protiesta spustia god posle 6 maja*, slon.ru/.../litsa_protesta_spustya_god_s_6_maya_ilya [data dostępu: 16 marca 2016].

274 Tamże.

275 *Sobytija 6 maja na Bołotnoj. 17 Policejskoje nasilije*, https://www.youtube.com/watch?v=QloceWWaM6A [data dostępu: 16 marca 2016]; zob. też *Bołotnaja, 6 maja 2012. Kak eto było*, https://www.youtube.com/watch?v=Ae1n94l3kqs [data dostępu: 16 marca 2016].

276 Tamże.

277 *Grażdanie i omonowcy wpierwyje poprobowali drug druga na procznost'*, http://lenta.ru/articles/2012/05/07/shestoyemaya/ [data dostępu: 16 marca 2016].

278 Michaił Zygar, *Wsia kriemlowskaja rat'...*, dz cyt., s. 47.

279 *Dmitrij Pieskow zajawił mnie, czto mitingujuszczim nado...*, ilya-ponomarev.livejournal.com/482999.htm [data dostępu: 16 marca 2016].

280 Cyt. za: https://www.facebook.com/natalia.gevorkyan/posts/3953646042227 [data dostępu: 16 marca 2016].

281 Cyt. za: *Naczinajuszczij Putin (1991 god)*, https://www.youtube.com/watch?v=vGP99cz35HI [data dostępu: 16 marca 2016].

282 Jak omonowcy Andriej Archipow i Iwan Krugłow. Zob. *Storona obwinienija. Bołotnoje dieło*, bolotnoedelo.info/category/participants/butcher [data dostępu: 16 marca 2016].

283 Był to Władimir Akimienkow.

284 Art. 48 Konstytucji Federacji Rosyjskiej.

[285] *Pomnim i żdiom, Bołotnoje dieło*, 6 maja 2015, http://grani.ru/tags/may6/m.240702.html [data dostępu: 16 marca 2016].

[286] Jegor Winogradow, *Anatomija protiesta 2, ili sikwiel paskwilja pro oppoziciyu*, https://www.youtube.com/watch?v=EnPkGmLm2gg [data dostępu: 16 marca 2016].

[287] Tamże.

[288] *Anatomija prowokacyi. Reżym doszeł do repressiwnoj stadii*, „Nowoje Wriemia – The New Times", 29 października 2012.

[289] *Leonid Razwozżajew priznałsia w organizacyi biesporiadkow na mitingie 6 maja na Bołotnoj płoszczadi w Moskwie*, internetowa telewizja Life News, 22 października 2012, http://lifenews.ru/news/104270 [data dostępu: 16 marca 2016].

[290] *Rassliedowanije „Patołogoanatomija protiesta"*, telewizja NTW, http://www.ntv.ru/video/1181420/ [data dostępu: 16 marca 2016].

[291] Tamże.

[292] Tamże.

[293] Swietłana Rejter, Jegor Skoworoda, *Czto proizoszło 6 maja 2012 goda na Bołotnoj płoszczadi?*, http://bg.ru/society/bolotnaja_ploschad-17995/ [data dostępu: 16 marca 2016].

[294] https://www.facebook.com/oksana.chelysheva/posts/10151373715629889 [data dostępu: 16 marca 2016].

[295] Zob. Marija Gordiakowa, *Zaczem patriarchu jachta s jazyczeskim nazwanijem i gosudarztwiennymi gerbami*, http://www.online812.ru/2011/06/15/005/ [data dostępu: 16 marca 2016].

[296] Christopher Andrew, Wasilij Mitrochin, *Archiwum Mitrochina*, dz. cyt., s. 885; zob. też *Agient KGB „Michajłow"*..., http://www.compromat.ru/page_23895.htm [data dostępu: 16 marca 2016].

[297] http://ru.tsn.ua/svit/patriarh-kirill-putin-spas-rossiyu-ot-raspada.html [data dostępu: 16 marca 2016].

[298] Słowo Swiatiejszczego Patriarcha Kiriłła w trietju godowszczinu intronizacyi w Chramie Christa Spasitiela, http://www.patriarchia.ru/db/text/1992020.html [data dostępu: 16 marca 2016].

[299] Wystuplenije Patriarcha na wstriecze s W.W. Putinym, https://www.youtube.com/watch?v=5_CQRIQ_x4U [data dostępu: 16 marca 2016].

[300] Cyt. za: Masha Gessen, *Pussy Riot*, przeł. Julia Szajkowska, Warszawa 2014, s. 242.

[301] Wystąpienie Marii Alochinej przed sądem, https://www.youtube.com/watch?v=3L9FExcc_bg [data dostępu: 16 marca 2016].

[302] Cyt. za: Masha Gessen, *Pussy Riot*, dz. cyt., s. 264.

[303] http://www.ntv.ru/novosti/348598/ [data dostępu: 16 marca 2016].

[304] Masha Gessen, *Pussy Riot*, dz. cyt., s. 355–357.

[305] http://inosmi.ru/overview/20140207/217298647.html [data dostępu: 16 marca 2016].

[306] http://www.infox.ru/sport/olympiad/2010/12/14/Erindzhyera_obvinili.phtml [data dostępu: 16 marca 2016].

[307] http://www.independent.co.uk/news/world/europe/prince-took-gifts-from--russia-in-exchange-for-vote-says-ex-adviser-2158109.html [data dostępu: 16 marca 2016]; zob. też www.gazeta.ru/sport/2010/12/a_3465109.shtml [data dostępu: 16 marca 2016].

[308] Informacje na temat J.A. Samarancha zob. w: Jurij Felsztinski, Władimir Pribyłowski, *Korporacja zabójców…*, dz. cyt., s. 187.

[309] Zob. *Korupcja w UEFA. Komu Marangos pokaże dowody?*, http://www4.rp.pl/artykul/555076-Korupcja-w-UEFA--komu-Marangos-pokaze-dowody-.html, 27 października 2010, [data dostępu: 16 marca 2016].

[310] Robert Eringer, *The Art of the Ruse: Sotrama: Putin's smoking gun in Monaco* http://www.artoftheruse.com/2016/01/sotrama-putins-smoking-gun-in-monaco.html [data dostępu: 16 marca 2016].

[311] *Bratwa, nieft i Putin*, „Nowosti Ruspries", http://www.rospres.com/government/16107/ [data dostępu: 16 marca 2016].

[312] Roman Anin, *Malenkaja praczecznaja premjer-kłassa…*, „Nowaja Gazieta", 11 kwietnia 2011, http://www.novayagazeta.ru/inquests/6287.htmll, [data dostępu: 16 marca 2016].

[313] Zob. Jurij Felsztinski, Władimir Pribyłowski, *Korporacja zabójców…*, dz. cyt., s. 69.

[314] Robert Eringer, *The Spymaster of Monte Carlo*, dz. cyt.

[315] http://roberteringer.com/ [data dostępu: 16 marca 2016].

[316] Roman Anin, *Maleń'kaja praczecznaja priemjer-kłassa*, dz. cyt., www.novayagazeta.ru/inquests/6287.html, [data dostępu: 16 marca 2016].

[317] Robert Eringer, *The Spymaster of Monte Carlo*, dz. cyt.

[318] https://en.wikipedia.org/Wiki/Robert_Eringer [data dostępu: 16 marca 2016].

[319] Robert Eringer, *The Spymaster of Monte Carlo*, dz. cyt.

[320] Roman Anin, *Maleń'kaja praczecznaja priemjer kłassa…*, dz. cyt.

[321] http://echo.msk.ru/interview/ [data dostępu: 16 marca 2016].

[322] http://www.grani.ru/opinion/abarinov/ [data dostępu: 16 marca 2016].

[323] Cyt. za: Jurij Felsztinski, Władimir Pribyłowski, *Korporacja zabójców…*, dz. cyt., s. 188.

[324] Czermen Dzgojew, *Wsio p…iec, my tiepier władstieliny kolec*, „Newsweek", 9 lipca 2007, http://www.compromat.ru/page_21042.htm [data dostępu: 16 marca 2016].

[325] http://wap.sovsport.ru/news/text-item/263291 [data dostępu: 16 marca 2016].

[326] Zwróciła uwagę na ten fakt prasa zachodnia, na przykład Jan Fleischhauer w „Der Spiegel", 2 sierpnia 2013, tłum. rosyjskie: *Nieużeli Putin gej?*, http://www.inopressa.ru/article/02aug2013/spiegel/putin.html [data dostępu: 16 marca 2016].

[327] http://glavred.info/archive/2010/12/14/203841-19.html [data dostępu: 16 marca 2016].

[328] *Czto princ Monako diełał w Kostomukrze?*, „Karielskaja Gubiernija" nr 40, 5 października 2011, http://www.rep.ru/daily/2011/10/05/17721/ [data dostępu: 16 marca 2016].

329 http://www.m24.ru/articles/64066 [data dostępu: 16 marca 2016].

330 http://www.bbc.com/russian/international/2010/12/101213_prince_monaco_sochi_allegations.shtml [data dostępu: 16 marca 2016].

331 *The film Russia Tried to Block: The „Threats and Corruption" behind Sochi Olympics*, „The Telegraph", 24 listopada 2013, http://www.telegraph.co.uk/news/worldnews/europe/russia/10469999/ [data dostępu: 16 marca 2016].

332 Wacław Radziwinowicz, *Soczi. Igrzyska Putina*, Warszawa 2014, s. 71.

333 Film *Putin's Games* , https://www.youtube.com/watch?v=gG5RwmEd4ng [data dostępu: 16 marca 2016].

334 http://snob.ru/selected/entry/88318/page/4 [data dostępu: 16 marca 2016].

335 http://www.yaplakal.com/forum2/topic1208230.html [data dostępu: 16 marca 2016].

336 *Posle Olimpiady w Soczi zabyli o ważnych socyalnych obiazatielstwach*, „Arsieniewskije Wiesti" nr 12, 16 kwietnia 2015, http://www.arsvest.ru/rubr/2/24012 [data dostępu: 16 marca 2016].

337 blogsochi.ru/content/snob-devichi-sny-o-sochi [data dostępu: 16 marca 2016].

338 http://nemtsov.ru/2013/05/zimnyaya-olimpiada-v-subtropikax/ [data dostępu: 16 marca 2016].

339 Wacław Radziwinowicz, *Soczi*..., dz. cyt., s. 76.

340 Tamże, s. 81.

341 http://www.svoboda.org/content/article/25358685.html [data dostępu: 16 marca 2016].

342 http://www.gks.ru/wps/wcm/connect/rosstat_main/rosstat/ru/statistics/population/level/# [data dostępu: 16 marca 2016].

343 Richard Pipes, *Rosja bolszewików*, przeł. Władysław Jeżewski, Warszawa 2005, s. 547.

344 https://www.youtube.com/watch?v=kQXX4WX2pkc [data dostępu: 16 marca 2016].

345 Ksienia Czudinowa (dziennikarka gazety internetowej „Snob" towarzysząca Ksieni Sobczak podczas wizyty w Soczi), *Diewiczyje sny o Soczi*, http://snob.ru/selected/entry/88318 [data dostępu: 16 marca 2016].

346 Określenie użyte przez profesora Jerzego Smorawińskiego, przewodniczącego polskiej Komisji do Zwalczania Dopingu w Sporcie. *Smorawiński: Sensacja jak obalenie muru berlińskiego. Państwowy doping w Rosji*, http://kurier.pap.pl/depesza/158178/Smorawinski-sensacja-jak-obalenie-muru-berlinskiego--Panstwowy-doping-w-Rosji [data dostępu: 16 marca 2016].

347 Tamże.

348 Zob. *Doping w Rosji. ARD: 99 proc. najlepszych sportowców*..., 4 grudnia 2014, http://www.sport.pl/inne/1,64998,17073792,Doping_w_Rosji__ARD__99_proc__najlepszych_sportowcow.html [data dostępu: 16 marca 2016].

349 *Szief futbolnogo KGB: Witalij Mutko Prosit 60 mln*... Agientstwo Fiederalnych Rassliedowanij, http://flb.ru/infoprint/45617.html [data dostępu: 16 marca 2016]

350 *Sienator dlia tioti Wali*, _ http://www.compromat.ru/page_14169.htm [data dostępu: 16 marca 2016].

351 http://tass.ru/sport/2364004 [data dostępu: 16 marca 2016].

352 Thomas Bach, *Russia can only return if compliant with global rules, bigstory.ap.org/.../bach-russia-can-only-return-if-co. http://bigstory.ap.org/article/99d-3c806544044e69d75b824c9f6300e/bach-russia-can-only-return-if-compliant-global-rules* [data dostępu: 16 marca 2016].

353 *Vladimir Putin: The Times International Person of the Year*, http://www.thetimes.co.uk/tto/news/world/europe/article3960759.ece [data dostępu: 16 marca 2016].

354 Cyt. za: Rozmowa z Pawłem Reszką, *Perm 36*, „Tygodnik Powszechny" nr 45, 2015.

355 Zob. Jurij Felsztinski, Michaił Stanczew, dz. cyt., s. 188.

356 Leonid Kuczma, *Ukraina to nie Rosja*, przeł. Jerzy Redlich, Kraków 2004, s. 12.

357 https://pl.wikipedia.org/wiki/Sicz_Zaporoska [data dostępu: 16 marca 2016].

358 Leonid Kuczma, *Ukraina to nie Rosja*, dz. cyt., s. 161.

359 Wypowiedź z 7 kwietnia 2008, zob. http://www.segodnya.ua/ [data dostępu: 16 marca 2016].

360 http://www.e-reading.club/book.php?book=145384 [data dostępu: 16 marca 2016].

361 http://www.newsru.com/russia/24may2009/spo.html [data dostępu: 16 marca 2016].

362 *Pokłonnaja antiorańżewaja gora*, „Niezawisimaja Gazieta", 6 lutego 2012.

363 https://ru.wikipedia.org/wiki/Denikin_Anton_Iwanowicz [data dostępu: 16 marca 2016].

364 Tamże.

365 http://elena-sem.livejournal.com/2551860.html?page=1[data dostępu: 16 marca 2016].

366 Relację Andrieja Iłłarionowa, ówczesnego doradcy Putina, zob. w: „Ukrainska Prawda", 10 października 2013.

367 http://hvylya.net/news/exclusive/voyna-rossii-protiv-ukrainyi-nachalas--s-ubiystva-vyacheslava-chernovola-illarionov.html [data dostępu: 16 marca 2016].

368 http://www.bbc.com/russian/international/2012/01/120126_putin_russia_west_part_two [data dostępu: 16 marca 2016].

369 http://censor.net.ua/news/332126/shokin_prikaz_strelyat_po_mayidanu_otdal_yanukovich#_blank [data dostępu: 16 marca 2016].

370 http://lb.ua/news/2015/04/22/302707_vladislav_surkov_ukrainskiy_sled.html [data dostępu: 16 marca 2016].

371 *Gława SBU obwinił Surkowa w rukowodstwiesnajperami na Majdanie*, „Lenta", 20 lutego 2015, http://lenta.ru/news/2015/02/20/surkov/ [data dostępu: 16 marca 2016].

372 http://www.putin-itogi.ru/putin-voina/ [data dostępu: 16 marca 2016].

373 http://lb.ua/news/2015/04/22/302707_vladislav_surkov_ukrainskiy_sled.html [data dostępu: 16 marca 2016].

374 RIA Nowosti, http://ria.ru/politics/20150315/1052651990.html#ixzz3sunXU-S6I [data dostępu: 16 marca 2016].

375 https://www.youtube.com/watch?v=cDxnCkvNWIA [data dostępu: 16 marca 2016].

376 http://www.vesti.ru/doc.html?id=1348426 [data dostępu: 16 marca 2016].

377 http://www.putin-itogi.ru/putin-voina/ [data dostępu: 16 marca 2016].

378 http://wiadomosci.onet.pl/swiat/nyt-merkel-podejrzewa-ze-putin-stracil-kontakt-z-rzeczywistoscia/xmj22 [data dostępu: 16 marca 2016].

379 Tatiana Stanowaja, *Rejting Putina: Most nad propastiju ili czierwiwoje jabłoko*, //slon.ru/russia/reyting_putina_most_nad_propastyu_ili_chervivoe_yabloko-976358.xhtml [data dostępu: 16 marca 2016].

380 *Striełkow rasskazał o prinużdijeni deputatow k prowiedjeniju krymskogo, referenduma*, http://www.novayagazeta.ru/news/1691103.html [data dostępu: 16 marca 2016].

381 http://www.putin-itogi.ru/putin-voina/ [data dostępu: 16 marca 2016].

382 ttp://lb.ua/news/2015/04/22/302707_vladislav_surkov_ukrainskiy_sled.html [data dostępu: 16 marca 2016].

383 http://society.lb.ua/life/2014/03/14/259464_bolee_40_tis_chelovek_krimu.html [data dostępu: 16 marca 2016].

384 *Dieło sociołogow*, „Nowaja Gazieta", 7 października 2015.

385 Tamże.

**Zakończenie**

1 *Krwawy bilans. Tylko czy w ogóle prawdziwy? Ile jest ofiar…*, http://kresy24.pl/64157/krwawy-bilans-tylko-czy-w-ogole-prawdziwy-ile-jest-ofiar-wojny--na-ukrainie/ [data dostępu: 16 marca 2016].

2 http://wiadomosci.onet.pl/swiat/oficer-nato-sily-rosyjskie-aktywnie-zaangazowane-w-walki-na-ukrainie/30znx [data dostępu: 16 marca 2016].

3 http://ru.tsn.ua/politika/v-rossii-gruz-200-iz-ukrainy-vydayut-za-samoubiyc-391224.html i http://ru.tsn.ua/interview/moya-missiya-postaratsya--ostanovit-etu-bratoubiystvennuyu-voynu-406566.html [data dostępu: 16 marca 2016].

4 https://www.youtube.com/watch?v=twFps6CgU-0 [data dostępu: 16 marca 2016].

5 Bhttp://by24.org/2014/09/04/russian_army_near_rostov_gets_mobile_cremathorys/ [data dostępu: 16 marca 2016].

6 *W Kriemlie otreagirowali na informaciju o mobilnych…*, ttps://lenta.ru/news/2015/05/27/kremlin/ [data dostępu: 16 marca 2016].

7 *Rejting Putina upał do 30 %, chotja Gosduma dokazywajet, czto 86%,-Wasiljewa*, http://news24ua.com/reyting-putina-upal-do-30-hotya-gosduma-dokazyvaet-chto-86-vasileva [data dostępu: 16 marca 2016].

8 Olga Dmitriewa, *Ljubow eto…*,„Nowoje Wriemia – The New Times", 9 listopada 2015, s. 28–32.

[9] Denis Wołkow, *Stoit li dowieriat oficjalnym cifram rejtingow*, „Nowoje Wriemia – The New Times", 9 listopada 2015, s. 38.

[10] *Rejting Putina – realnost' ili wymysieł socjołogow?*, Kommentarij Carnegie, 7 lipca 2015, http://carnegie.ru/publications/?fa=60582 [data dostępu: 16 marca 2016].

[11] Cyt. za: Centrum Lewada , *72% Rossijan położitielno oceniwajut awiaudary WWS Rossiji po Sirii*, https://www.vedomosti.ru/politics/news/2015/10/08/611965-72-rossiyan-polozhitelno-sirii [data dostępu: 16 marca 2016].

[12] Cyt. za: Aleksiej Kuwszinow, *Bjudżetnyj sriez*, „Nowoje Wriemia – The New Times", 16 listopada 2015.

[13] Cyt. za: Wacław Radziwinowicz, *Kierowcy ciężarówek grożą, że zablokują Moskwę*, „Gazeta Wyborcza", 23 listopada 2015, http://wyborcza.pl/1,75477,19229616,kierowcy-ciezarowek-groza-ze-zablokuja-moskwe.html [data dostępu: 16 marca 2016].

[14] Michał Kacewicz, *Kryzys w Rosji:protesty na ulicach*, „Newsweek", 31 stycznia 2016 , http://opinie.newsweek.pl/kryzys-wyprowadza-rosjan-na-ulice,artykuly,378571,1.html [data dostępu: 16 marca 2016].

[15] Dmitrij Butrin, *Ciena Donbasa*, „Nowoje Wriemia – The New Times", 26 października 2015.

[16] Strategic Forecasting Inc. (Stratfor) – prywatna agencja wywiadu, założona w 1996 roku w Austin w stanie Teksas przez George'a Friedmana. Nazywana niekiedy „cieniem CIA".

[17] *Can Putin Manage Two Russian Titans?*, Stratfor, https://www.stratfor.com/.../can-putin-manage-t... [data dostępu: 16 marca 2016].

[18] http://www.polskieradio.pl/5/3/Artykul/1587411,Media-po-smierci-Niemcowa-Rosja-nie-zechciala-sie-zmienic [data dostępu: 16 marca 2016].

[19] http://publication.pravo.gov.ru/Document/View/0001201512300120?index=0&rangeSize=1 [data dostępu: 16 marca 2016].

[20] http://grani.ru/Politics/Russia/Politzeki/m.246720.html [data dostępu: 16 marca 2016].

[21] Natalija Gieworkian, Natalija Timakowa, Andriej Kolesnikow, *Ot pierwogo lica...*, dz. cyt., s. 13.

## Dodatek. Życie prywatne

[1] Natalija Gieworkian, Natalija Timakowa, Andriej Kolesnikow, *Ot pierwogo lica...*, dz. cyt., s. 52.

[2] Oleg Błocki, *Władimir Putin...*, dz. cyt., s. 15.

[3] Natalija Gieworkian, Natalija Timakowa, Andriej Kolesnikow, *Ot pierwogo lica...*, dz. cyt., s. 51.

[4] Tamże, s. 55.

[5] Oleg Błocki, *Władimir Putin...*, dz. cyt., s. 41.

[6] Natalija Gieworkian, Natalija Timakowa, Andriej Kolesnikow, *Ot pierwogo lica...*, dz. cyt., s. 36.
[7] Oleg Błocki, *Władimir Putin...*, dz. cyt., s. 24–26.
[8] Tamże, s. 61.
[9] Tamże, s. 39.
[10] Natalija Gieworkian, Natalija Timakowa, Andriej Kolesnikow, *Ot pierwogo lica...*, dz. cyt., s. 55.
[11] Oleg Błocki, *Władimir Putin...*, dz. cyt., s. 250–251.
[12] Natalija Gieworkian, Natalija Timakowa, Andriej Kolesnikow, *Ot pierwogo lica...*, dz. cyt., s. 57.
[13] *Takaja rabota*, Interwiu s sosłużywcem Władimira Putina po KGB, http://www.ruslo.cz/articles/119/ [data dostępu: 16 marca 2016].
[14] Irene Pietsch, *Pikantnaja drużba*, Moskwa 2002, s. 132.
[15] Tamże, s. 239.
[16] Tamże, s. 192.
[17] https://tvrain.ru/teleshow/diletanty/diletanty_ljudmila_narusova_ja_tochno_znaju_chto_initsiativa_razvoda_prinadlezhala_ljudmile_putinoj-356955/ [data dostępu: 16 marca 2016].
[18] http://medialeaks.ru/features/live-pryamaya-liniya-s-putinym [data dostępu: 16 marca 2016].
[19] Oleg Błocki, *Władimir Putin...*, dz. cyt., s. 213.
[20] Tamże, s. 254.
[21] Tamże, s. 212.
[22] Irene Pietsch, *Pikantnaja drużba*, dz. cyt., s. 213.
[23] Rita Bołtskaja, Inga Zemzare, *Doczki*, nr1, „Sobiesiednik", 7 sierpnia 2002, http://www.compromat.ru/page_12115.htm [data dostępu: 16 marca 2016].
[24] Irene Pietsch, *Heikle Freunschaften*, Wien 2001, tłum. na rosyjski Irene Pietsch, *Pikantnaja drużba*, dz. cyt., s. 215.
[25] Peter Baker, Susan Glasser, *Cień Kremla*, dz. cyt., s. 62.
[26] Informacje na ten temat przytoczono za: Danił Borisow, *Uczioba Kati i Maszi*, „Niezawisimaja Gazieta", 29 września 2006.
[27] Informacje o córce Putina Marii przytoczono za: Siergiej Kaniew, *Pierwaja docz strany*, „Nowoje Wriemia – The New Times", 1 lutego 2016 oraz *Starszaja docz Putina – biomiedik*, Reuter's, 11 listopada 2015, http://ru.reuters.com/article/topNews/idRUKCN0SZ2VL20151111?pageNumber=2&virtualBrandChannel=0 [data dostępu: 16 marca 2016].
[28] Cyt. za: Siergiej Kaniew, *Pierwaja docz strany*, dz. cyt.
[29] Irina Rieznik, *Letuczij stratieg*, „Wiedomosti", 14 lutego 2011, http://www.vedomosti.ru/business/articles/2011/02/14/letuchij_strateg [data dostępu: 16 marca 2016].
[30] Zob. *Starszaja docz Putina – biomiedik*, Reuter's, 11 listopada 2015.
[31] Irene Pietsch, *Pikantnaja drużba*, dz. cyt., s. 213.
[32] Zob. *Doczeri Putina i elita wtorogo pokolenija w Rossii*, Reuter's, 11 listopada 2015.

[33] Cyt. za: Forbes.ru, 18 grudnia 2015.

[34] http://www.pravda.com.ua/rus/news/2015/12/18/7092928/ [data dostępu: 16 marca 2016].

[35] *Esquire sostawił putiewoditiel po prawonaruszienjam Putina*, https://lenta.ru/news/2011/01/27/felony/ [data dostępu: 16 marca 2016].

[36] Bolszaja Press – koferencija priezidenta RF Władimira Putina, https://www.youtube.com/watch?v=ZpAl1oQoFno [data dostępu: 16 marca 2016].

[37] Siergiej Kaniew, *Pierwaja docz strany*, dz. cyt.

[38] http://sobesednik.ru/news/20130613-provokatsionnoe-intervyu-aliny-kabaevoi-shokirovalo-otkrovennostyu-otvetov-na-samye-os [data dostępu: 16 marca 2016].

[39] https://ru.wikipedia.org/wiki/Алкоголизм_в_России [data dostępu: 16 marca 2016].

[40] http://wiadomosci.onet.pl/swiat/us-weekly-putin-spotyka-sie-z-byla-zona-murdocha/zd34fj [data dostępu: 16 marca 2016].

[41] Barbara Włodarczyk, *Władimir Putin: Bywszaja żiena, liubownicy i libimyje żienszcziny dyktatora*, http://viva.ua/lifestar/news/28491-vladimir-putin-bivshaya-jena-lyubovnitsi-i-lyubimie-jenschini-diktatora.html [data dostępu: 16 marca 2016].

[42] Aleksandr Litwinienko, *Kremlowskij Czikatiło* (Czikatiło – nazwisko seryjnego mordercy, także pedofila), http://www.anticompromat.org/putin/pedofilia1.html [data dostępu: 16 marca 2016].

[43] https://www.youtube.com/watch?v=k5A9LS1lvz8 [data dostępu: 16 marca 2016].

[44] http://www.homoseksualizm.edu.pl/index.php/co-mowi-nauka/homoseksualizm-geneza/175-homoseksualizm-jako-zaburzenie-tosamoci-teoria-interak [data dostępu: 16 marca 2016].

[45] Natalija Gieworkian, Natalija Timakowa, Andriej Kolesnikow, *Ot pierwogo lica*, dz. cyt. s. 19.

[46] Tamże, s. 23.

[47] Tamże, s. 35.

[48] Radio Svoboda, *Sjużiety /Druzija Putina*, http://www.svoboda.org/content/transcript/27474231.html [data dostępu: 16 marca 2016].

[49] O książce Stanisława Biełkowskiego *Putin* w: *Skandalnaja kniga o Putinie*, InnoPressa, http://www.inopressa.ru/article/03dec2013/spiegel/belkovskiy.html [data dostępu: 16 marca 2016].

[50] www.vitaliy-andr.ru/archives/643 [data dostępu: 16 marca 2016].

[51] http://kobieta.wp.pl/kat,49400,title,Czym-jest-bierna-agresja,vid,15451123,wideo.html [data dostępu: 16 marca 2016].

[52] Masha Gessen, *Putin...*, dz. cyt., s. 263.

[53] http://www.rospres.com/dossier/16309/ [data dostępu: 16 marca 2016].

[54] http://www.rospres.com/government/17226/ [data dostępu: 16 marca 2016].

**Niepełna lista ofiar Władimira Putina**

[1] [b.a.], *Gieksogienowyj slied*, „Nowaja Gazieta" 9 grudnia 2002.

[2] *Putinskije zakaznyje ubijstwa, czast' II*, http://osinov.livejournal.com/7635.html [data dostępu: 16 marca 2016].

[3] Tamże.

[4] Martin Sixsmith, *Akta Litwinienki. Historia śmierci przepowiedzianej*, przeł. Maciej Szymański, Poznań 2007, s. 190.

[5] Cyt. Za: Masha Gessen, *Putin, człowiek bez twarzy*, dz. cyt., s. 249–250.

[6] http://www.svoboda.org/content/article/27025423.html [data dostępu: 16 marca 2016].

[7] Aleks Goldfarb, *Sasza, Wołodia, Boris*, dz. cyt., s. 363–364.

[8] http://www.lensmena.ru/2014/08/11408/ [data dostępu: 16 marca 2016].

[9] http://ura.ru/news/1052235693 [data dostępu: 16 marca 2016].

[10] *Zaczistka. Pochoronnyj marsz rossijskich gienerałow: powieszeny, rasstrielany, otrawlieny* http://www.kavkazcenter.com/russ/content/2016/01/13/111216/zachistka--pokhoronnyj-marsh-rossijskikh-generalov-povesheny-rasstrelyany-otr [data dostępu: 16 marca 2016].

[11] http://www.voinenet.ru/voina/statistika-i-arhiv/60.html [data dostępu: 16 marca 2016].

[12] http://rian.com.ua/infografika/20150122/362416951.html [data dostępu: 16 marca 2016].

[13] https://meduza.io/feature/2016/03/14/chego-dobilas-rossiya-v-sirii-korotko [data dostępu: 16 marca 2016].

# Spis treści

Fotografie wykorzystane we wnętrzu książki:
s. 26, 31, 32, 33, 49, 65, 103, 136, 212, 561, 697, 703, 704: © Laski Diffusionv/ East News
s. 139, 143, 531, 588: © Photoxpress / East News
s. 169, 286, 369, 417, 418 (dół), 420, 503, 542, 644, 687: © Associated Press / East News
s. 202, 254, 294: © Rex Shutterstockv/ East News
s. 245, 292, 353, 356, 489, 574: fot. z archiwum prywatnego autorki
s. 199, 335, 384, 568, 714: © Sputnik / East News
s. 354, 394, 418, 572, 583, 603, 629, 713, 721, 729: © AFP / East News
s. 424: © NYT / East News
s. 444: © Sipa Press / East News

Redakcja: Barbara Stahl
Korekta: Małgorzata Kuśnierz

Projekt okładki i stron tytułowych: Krzysztof Rychter
Fotografia wykorzystana na I stronie okładki:
© Michael Kappeler / Corbis / Profimedia
Zdjęcie autorki: © SMagdalena Wdowicz-Wierzbowska

Skład i łamanie: Dariusz Ziach

Druk i oprawa: Edica, Poznań
Książkę wydrukowano na papierze Ecco Book 60 g,
dostarczonym przez
antalis
Just ask Antalis

Grupa Wydawnicza Foksal Sp. z o.o.
00-391 Warszawa, al. 3 Maja 12
tel./faks (22) 646 05 10, 828 98 08
biuro@gwfoksal.pl
www.gwfoksal.pl

ISBN 978-83-280-2793-0